『현대 신약성서 연구』는 최근 신약학 분야에 관한 안내 지도다. 방대한 신약학의 최근 경향과 연구 흐름을 파악하는 것은 오늘날처럼 세분화되고 전문화된 학문 세계에서는 시간적으로나 물리적으로 불가능한 일처럼 보인다. 이 책은 그런 의미에서 각 분야 전문가들이 자기 전공 분야를 알기 쉽게 설명하면서 최근 신약 연구 동향의 큰 숲과 거대한 물줄기의 방향을 보여주는 종합안내소의 지도 역할을 한다. 또한 신약학 연구라는 복잡다단한 활주로를 내려다보는 관제탑에서 학자들의 전체 움직임과 관심사를 한눈에 보여주는 모니터 역할을 담당한다. 따라서 이 책은 최근 신약학 연구의 지형을 단시간에 파악하고자 하는 이들에게 요긴하고 유익한 로드맵이 될 것이다.

김경식 | 웨스트민스터신학대학원대학교 신약학 교수

신약성서 연구는 시간의 흐름과 함께 계속 발전되면서, 신약성서를 새롭게 볼 수 있는 놀라운 안목을 제시해왔다. 이로 인해 우리의 신약성서 이해의 폭과 깊이는 더욱 확대되었다. 바로 이런 맥락에서 이 책은 오늘날 신약학이 어떻게 나아가고 있는지에 대한 최신 연구 동향을 교과서적이며 모범적으로 제시하고 있다. 원서가 2004년에 발행되었으니 조금 늦은 감이 없지는 않지만, 그럼에도 불구하고 오늘날 신약성서 전 분야에서 신약학이 어떻게 발전하고 있는지를 알 수 있는 소중한 책이 아닐 수 없다. 물론 신약학 각 분야의 더 최신 연구는 *New Testament Abstracts*를 통해 알 수 있겠지만, 이 책은 나무보다는 숲을 볼 수 있는 전체적 조망을 제시함으로써, 신약성서를 통해 하나님의 뜻을 밝히 알고자 하는 목회자나 평신도 모두에게 실질적이면서도 유익한 안내자가 되리라고 확신한다.

김경진 | 백석대학교 기독교전문대학원장

대가는 해박한 지식을 바탕으로 전 분야를 꿰뚫고 있는 사람이다. 그런데 대가의 시대가 저물어가고 있다. 한 분야의 연구 문헌이 기하급수적으로 늘어나고 연구 방법도 다양해져, 한 사람이 모든 문헌과 연구 방법을 통달하기는 어렵다. 이제 전문가의 시대가 되었다. 그런데 이 시대의 문제는 나무 한 그루를 해부학적으로 보여줄 수 있

는 전문가는 넘쳐나되, 전체 숲을 보여줄 수 있는 사람은 드물다는 사실이다. 이 책은 이런 의식을 바탕으로 각 분야의 전문가가 신약학 각 분야의 현주소의 핵심을 보여줌으로써 전문가 시대에 독자로 하여금 신약학 전체의 숲을 한눈에 조망하게 한다. 이 책은 신약학 숲 지도인 셈이다. 누구든지 어느 구역에 있는 나무를 깊이 연구하려는 사람은 이 숲 지도를 가지고 찾아가면 될 것이다. **김동수** | 평택대학교 신학과 교수

이 책은 신약신학의 주요 주제들이 지난 20세기에 어떻게 논의되었는가를 다룬다. G. F. 하젤의 『현대 신약신학의 동향』이 20세기 중반까지의 신약 연구사를 간략히 다루었다면, 이 책은 20세기 중·후반의 복음주의권에서 수행된 신약 연구의 맥을 간결하면서도 깊이를 갖추어 소개한다. 특정 주제가 통시적으로 어떻게 연구되었는가를 안다면, 오늘날 쟁점이 되고 있는 연구 주제의 등장 배경을 알 수 있을 뿐 아니라, 앞으로의 연구 진행 과정도 전망할 수 있다. 최근 신약 연구는 세부 전공에 따라 지나치게 전문화되어 고립된 경향이 적지 않은데, 이 책의 독자는 신약을 통전적으로 이해하기 위해 다양한 주제를 섭렵할 수 있는 유익을 기대해도 좋다.

송영목 | 고신대학교 신약학 교수

신약성서는 초기 그리스도인들의 신앙 체험을 멋스럽게 묘사하지만, 1세기의 복잡하고 다양한 궤적을 세심하게 추적할 때 더욱 분명한 정체를 드러낸다. 본서는 연구자들이 주효하게 다뤄야 할 신약성서의 역사적 문제와 해석학적 주제를 통찰력 있게 토론할 뿐 아니라 주요 문서들이 강조하는 신학적 논쟁점에 대해 세계적으로 정평 있는 학자들의 탁월한 설명을 제공하여 독자를 매료시킨다. 최고 전문가들이 세심하게 나열하는 다양한 주제와 질문을 통해 후발 연구자들은 최근 연구사를 단번에 정리하게 되는 학문적 혜택을 얻는 동시에 신약성서 연구를 향한 의지를 불태우게 될 것이다. **윤철원** | 서울신학대학교 신약학 교수

현재 진행 중인 신약학의 거시적인 현주소를 파악하는 일은 신약성서를 전공하고 있는 학생들에게도 쉽지 않은 작업이다. 이 책은 신약학에서 최근 주제들이 어떤 내용으로 논의되고 있는지를 잘 보여주는 "핸드북"으로 과거의 이슈와 그 논쟁이 지금까지 어떻게 진행되었는지를 상세히 소개하고 있다. 비록 원서가 2004년도에 출판되었으나 여기에 수록된 자료들은 오늘날에도 여전히 유용하다. 각 논문의 집필자들은 지나치게 세밀하고 복잡한 논쟁을 피하고 굵직한 가지와 줄기만을 요약적으로 다루고 있어 주제마다 큰 그림을 편리하게 볼 수 있도록 도움을 준다. 한마디로 현대 신약학의 진액을 담은 책이다.

이민규 | 한국성서대학교 신학대학원 교수

스캇 맥나이트 교수와 그랜트 오스본 교수는 신약학 각 분야의 가장 탁월한 전문가들로부터 신약학의 최신 동향과 논쟁점을 파악할 수 있도록 이 책을 편집했다. 이 책은 신약성서 배경학, 신약학 해석방법론, 역사적 예수, 신약성서의 장르별 주요 주제 등 신약학 전반을 모두 아우르면서 현대 신약학의 주요한 논쟁들을 풍부한 참고 문헌과 함께 제공한다. 신약학이 무엇인지 알고 싶다면, 그리고 신약학의 최신 학문 동향을 자세히 알고자 한다면 이 책을 보라. 이 한 권 안에 신약학의 모든 것이 상세하고 풍부하면서도 명료하게 요약되어 있다.

이상일 | 총신대학교 신약학 교수

20세기 신약학 연구는 가파르고 복잡하다. 금세 연구의 새로운 길이 나고 논쟁의 새 건물이 들어선다. 잠시 한눈을 팔면 "신약성서 연구와 발전"이라는 도시의 지형이 어떻게 변했는지 쉽게 알기 힘들다. 『현대 신약성서 연구』는 이때 필요한 업데이트된 내비게이션이다. 20세기 후반의 연구를 깊이 있게 다루면서 20세기 전체 지형을 정리하여, 21세기 신약학의 영역과 방향을 가늠하게 해준다. 21세기로 올라서는 디딤돌 같은 책이다. 책의 구성은 논리적으로 탄탄하고, 그 영역은 빈틈없이 알차다. 이 책은 각 분야에서 활동하는 성실한 학자들의 연구실에 들어가 그들에게 흥미 있는 강의를 듣는 느낌이 들게 한다. 신약성서를 새롭게 연구하려는 의욕을 불러일으킨다. 학자와 학생, 목회자 모두에게 자극과 도전이 될 것을 의심치 않는다.

이진섭 | 에스라성경대학원대학교 신약학 교수

이 책은 신약학의 다양한 분야를 개관하며, 신약성서 연구의 각 분야에서 어떤 학문적 논의가 진행되고 있는지 최근의 경향을 알 수 있도록 안내하는 역할을 한다. 이 책에 기고한 집필자들은 신약성서 각 분야의 권위 있는 학자들로, 신약성서를 연구하려는 학생과 학자들 그리고 신약학의 전문 지식을 습득하려는 목회자들에게 신약성서의 연구 동향을 제공한다. 신약성서 각 분야의 권위 있는 학자들의 연구 결과에 관심이 있고 최근의 연구 추세를 파악하려는 모든 분들에게 일독을 권한다.

조석민 | 에스라성경대학원대학교 신약학 교수

자동차를 운전하다 헤맬 때가 있다. 내비게이션도 길을 찾지 못하기 때문이다. 신설도로에 대한 정보를 업데이트하지 못한 부주의로 인함이다. 신약학에서 일어나는 리모델링과 재건축 현장의 변화무쌍함이 적지 않은 이들을 미아(迷兒)로 내몰아버린다. 해마다 신약학 신도시가 성큼성큼 진격해오고 있다. 뒤처질 새라 신약학 신도시를 나름 선점한 "맛집들"을 22명의 전문 "셰프들"이 친절하게 안내해주었다. 『현대 신약성서 연구』는 옛 거주자들과 새 입주자들 모두의 지식을 팩트 체크해주고 업데이트해주는 신규 어플과 같다. 오늘의 신약학을 신선하고 편리하게 맛보기 원하는 신학생과 목회자와 신학자는 여기 있는 스마트한 어플을 여러분의 서재로 신속하게 다운받기를 권하고 싶다.

허주 | 아세아연합신학대학교 신약학 교수

이 책은 최근 신약성서 연구에 대한 유용한 조사와, 특별히 영어권 세계에서 지난 수십 년간 이뤄진 신약성서 연구의 학문적 발전에 관한 뛰어난 개요를 제공한다. 또한 냉철하고 설득력 있는 주해 방식을 보여주고, 방법론상의 일시적 유행, 변덕, 근본주의, 혹평과 같은 위험 요소들에 경종을 울린다. 신약성서에 관심이 있는 독자라면 이 책으로부터 값진 정보를 풍성히 얻을 것이다.

마르틴 헹엘(Martin Hengel) | 튀빙겐 대학교(University of Tübingen)

이 책은 신약성서 학계의 현재 동향에 관한 최신 정보가 박혀 있는 금광과도 같다. 신약성서 연구 관련 방법론 및 세분화의 급격한 증가로 인해, 목사와 학생, 심지어 교수들조차도 신약학 전 분야의 최근 정황을 파악하는 데 어려움을 겪고 있다. 명료하고 가독성 좋은 문체로 기록된 이 책은 모든 독자에게 멋진 보상을 제공할 것이다.

잭 딘 킹스베리(Jack Dean Kingsbury) | 버지니아 소재 유니온 신학교(Union Theological Seminary, Virginia)

최고 전문가들의 소논문을 모아놓은 이 책은 오늘날 제기되는 대다수의 주요 질문들로 독자의 주의를 환기시키는 데 성공하고 있다. 이 책은 비록 학생들을 대상으로 하고 있지만, 협소한 전문 분야를 벗어나 다른 영역에서 무슨 일이 벌어지고 있는지 알고 싶어 하는 교수들에게도 유용할 것이다.

데일 C. 앨리슨(Dale C. Allison) | 피츠버그 신학교(Pittsburgh Theological Seminary)

알면 알수록 모르는 것이 늘어간다고 좌절하고 있는가? 읽어야 하지만 당신이 절대로 읽지 않을 거라는 사실을 알고 있는 수많은 연구서와 소논문들(설사 이것들이 당신의 관심 분야에 속하더라도)로 인해 압도당하고 있는가? 만일 그렇다면, 이 책을 사라. 그러면 이 수많은 연구서와 소논문들이 다루고 있는 내용을 알게 될 것이다. 이 책의 집필진은 각 분야의 최고 전문가로 이루어져 있다. 여기에 담긴 소논문들을 통해, 당신이 신약성서 연구를 처음 접하든 계속 해오고 있든 상관없이 엄청난 도움을 얻게 될 것이다.

로버트 H. 건드리(Robert H. Gundry) | 웨스트몬트 대학(Westmont College)

이 책은 중요 논점과 종종 상당한 복잡성을 띠는 쟁점들을 탁월하게 소개함으로써 신약성서 이해를 위한 맥락의 가치를 입증해준다. 신학생, 목회자, 대다수의 성서학 교수들은 이 책을 자세히 탐독하여 유익을 얻게 될 것이다. 이 책의 소논문들은 훌륭한 연구 내용을 담고 있고 적절하며 쉽게 읽을 수 있다. 이 책을 강력 추천한다.

리 M. 맥도날드(Lee M. McDonald) | 아카디아 신학대학(Acadia Divinity College)

The Face of New Testament Studies

A Survey of Recent Research

현대 신약성서 연구

크레이그 L. 블롬버그·대럴 L. 복
제임스 D. G. 던·크레이그 A. 에반스 외 지음

스캇 맥나이트·그랜트 R. 오스본 엮음

송일 옮김

목차

제4부

초기 기독교

집필진

Craig L. Blomberg

크레이그 L. 블롬버그 아버딘 대학교(University of Aberdeen) 철학 박사, 콜로라도주 덴버 소재 덴버 신학교(Denver Seminary) 신약학 석좌 교수

Darrell L. Bock

대럴 L. 복 아버딘 대학교 철학 박사, 텍사스주 댈러스 소재 댈러스 신학교(Dallas Theological Seminary) 신약학 교수

Peter G. Bolt

피터 G. 볼트 런던 대학교(University of London) 철학 박사, 호주 시드니 소재 무어 신학교(Moore Theological College) 신약학 선임 교수

Bruce Chilton

브루스 칠턴 케임브리지 대학교(Cambridge University) 철학 박사, 뉴욕주 애넌데일-온-허드슨 소재 바드 대학(Bard College) 종교학 Bernard Iddings Bell 교수

Gregory A. Clark

그레고리 A. 클라크 시카고 소재 로욜라 대학교(Loyola University) 철학 박사, 일리노이주 시카고 소재 노스파크 대학교(North Park University) 철학 교수

David A. deSilva

데이비드 A. 드실바　에모리 대학교(Emory University) 철학 박사, 오하이오주 애슐랜드 소재 애슐랜드 신학교(Ashland Theological Seminary) 신약학 및 그리스어 교수

James D. G. Dunn

제임스 D. G. 던　케임브리지 대학교 철학 박사, 영국 더럼 대학교(University of Durham) 신학부 Lightfoot 명예 교수

Craig A. Evans

크레이그 A. 에반스　클레어몬트 대학원(Claremont Graduate University) 철학 박사, 캐나다 노바스코샤 울프빌 소재 아카디아 신학대학(Acadia Divinity College) 신약학 Payzant 석좌 교수

David A. Fiensy

데이비드 A. 핀지　듀크 대학교(Duke University) 철학 박사, 켄터키주 그레이슨 소재 켄터키 크리스천 대학(Kentucky Christian College) 신약학 및 그리스어 교수

Bruce N. Fisk

브루스 N. 피스크　듀크 대학교 철학 박사, 캘리포니아주 산타바바라 소재 웨스트몬트 대학(Westmont College) 신약학 조교수

Sean Freyne

숀 프레인　이탈리아 로마 소재 세인트토마스 대학교(Saint Thomas University) 신학 박사, 아일랜드 더블린 소재 트리니티 대학(Trinity College) 지중해 및 근동 지역학 디렉터

George H. Guthrie

조지 H. 거스리 사우스웨스턴 침례 신학교(Southwestern Baptist Theological Seminary) 철학 박사, 테네시주 잭슨 소재 유니온 대학교(Union University) 성서학 소장 및 Benjamin W. Perry 교수

Donald A. Hagner

도날드 A. 해그너 맨체스터 대학교(University of Manchester) 철학 박사, 캘리포니아주 패서디나 소재 풀러 신학교(Fuller Theological Seminary) George Eldon Ladd 신약학 교수

Scot McKnight

스캇 맥나이트 노팅엄 대학교(University of Nottingham) 철학 박사, 전 일리노이주 시카고 소재 노스파크 대학교 Karl A. Olsson 종교학 교수, 현 노던 침례신학교(Nothern Baptist Theological Seminary)신약학 교수

Grant R. Osborne

그랜트 R. 오스본 아버딘 대학교 철학 박사, 일리노이주 디어필드 소재 트리니티 복음주의 신학교(Trinity Evangelical Divnity School) 신약학 교수

Stanley E. Porter

스탠리 E. 포터 쉐필드 대학교(University of Sheffield) 철학 박사, 캐나다 온타리오주 해밀턴 소재 맥매스터 대학교(McMaster University) 총장, 학장 및 신약학 교수

Eckhard J. Schnabel

에크하르트 J. 슈나벨 아버딘 대학교 철학 박사, 일리노이주 디어필드 소재 트리니티 복음주의 신학교 신약학 조교수

Klaus Scholtissek

클라우스 숄티섹 뮌스터 대학교(University of Münster) 철학 박사, 독일 쾰른 대학교(University of Cologne) 성서신학 교수

Klyne R. Snodgrass

클라인 R. 스노드그라스 세인트앤드루스 대학교(University of St. Andrews) 철학 박사, 일리노이주 시카고 소재 노스파크 신학교 Paul W. Brandel 성서학 교수

Graham H. Twelftree

그레이엄 H. 트웰프트리 노팅엄 대학교 철학 박사, 버지니아주 버지니아 비치 소재 리젠트 대학교 신학부(Regent University School of Dinivity) 신약학 교수

Steve Walton

스티브 월턴 쉐필드 대학교 철학 박사, 영국 런던 신학교(London School of Theology) 그리스어 및 신약학 부교수

Robert L. Webb

로버트 L. 웹 쉐필드 대학교 철학 박사, 캐나다 온타리오주 토론토 소재 틴데일 신학교(Tyndale Seminary) 신약학 겸임 교수

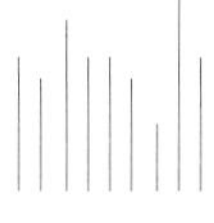

서문

이 책의 편집자 중 한 명에게 프로 골프 선수인 커미트 잘리(Kermit Zarley)라는 친구가 있다. 그가 언젠가 커미트에게 퍼팅에 대해 질문한 적이 있었다. 커미트의 답변은 인상적이었지만, 이 편집자는 그의 자세한 설명이 무슨 말인지 도무지 알아들을 수가 없었다. 서투른 퍼팅 실력을 갖춘 아마추어에게 프로 선수의 설명은 전혀 도움이 되지 않았던 것이다. 신약성서를 공부하는 대다수의 학생도 주석서, 논문, 학술지 소논문을 읽을 때 이와 비슷한 당혹감을 느낀다. 그들은 이렇게 묻는다. "이 학자는 누구지? 학계의 이런 흐름은 무엇을 의미하는 걸까? 이 자료는 어디서 찾을 수 있지? 일이 어떻게 진행되고 있는지 어떻게 알 수 있지?" 그러나 비단 학생들만 학계의 복잡함과 미묘함에 당황하는 것은 아니다. 신약학자들도 종종 동료 학자들의 저술에 당황한다! 예를 들어, 예수 학자의 주장은 바울 학자, 요한 학자, 베드로 학자, 히브리서 학자를 완전히 당혹스럽게 할 수 있다.

이 책의 집필자들은 "거시적" 관점에서 신약학 분야를 개관하며, 학계에서 가장 중요한 내용을 학생들에게 가르쳐준다. 『현대 구약성서 연구』(*The Face of Old Testament Studies* [ed. David W. Baker and Bill T. Arnold])

의 자매 연구서인 이 책의 목적은, 현재 신약학계에서 "무슨 일이 벌어지고 있는지"에 관해 학생과 학자 모두에게 안내서를 제공하는 것이다.

무슨 일이 벌어지고 있는지는 이 단락에 간단히 언급되어 있다. 즉 신약학계는 학자들의 그룹으로 깔끔하게 나뉘는데, 이 학자들은 (운동과 관련된 은유를 계속 사용하자면) "학문 게임"의 맨 앞 열에 위치한, 높이 존경받는(!) 본부석에 각각 앉아 있다. 그들은 자기 주변에 앉은 학자들과만 수다를 떠는 경향이 있지만, 다른 곳에 앉은 학자들도 안다. 학자들의 특별 구역은 각각 다음과 같이 정해진다. 즉 역사적 예수 학자, 각 복음서 학자(마태복음, 마가복음, 누가복음, 요한복음), 공관복음을 전반적으로 연구하는 학자, 바울 학자, 초기 기독교 역사 학자, 베드로 학자(유다서나 베드로후서에 초점을 맞추는 학자들은 극소수임), 히브리서 학자, 요한 문헌 학자, 묵시록(요한계시록) 전문가 등이다. 이 본부석을 둘러싸고 앉은 학자들도 있는데, 이들은 자신의 특별석에서 상황을 예의 주시한다. 여기에 속하는 학자로는 그리스어에 정통한 신약성서 그리스어 문법학자나, 수천 개에 달하는 고대 신약성서 사본을 연구하는 본문비평가들이 있다. 또 다른 학자들은 과거에 소위 "배경"으로 불린 주제에 집중하는데, 이들은 다음과 같은 자료에 정통한 지식을 갖고 있다. 즉 구약성서(그리고 신약성서에서 구약성서가 사용되는 방식), 유대교 문헌(구약 외경 혹은 위경 문헌, 사해 사본, 또는 랍비 문헌의 다양한 층 및 유형), 고고학/금석학 자료, 또는 그리스-로마 자료 등이다. 다른 학자들은 현대 지식 이론(예. 사회학)을 고대 본문에 적용한다. 그리고 상층에 앉은 소수의 학자는 여러 저자를 종합함으로써 신약신학을 논할지, 아니면 저자들을 모두 개별 칸막이석에 앉게 하고서 "신약신학을 해야 할지" 이야기한다. 신약성서 연구 학계에서 학자들의 자리는 결국 이런 방식으로 정리된다.

학생들이 특정 단계에서의 학계 동향을 확인하고자 한다면, 먼저 *New Testament Abstracts*(요약 자료 중 하나)와 최상의 연구들을 직접 읽어보는 것이 가장 현명한 처사다. 일 년에 세 번 간행되는 *New Testament Abstracts*(*NTA*)는 사실상 해당 연도에 나온 모든 학술지 소논문과 연구서의 내용을 "요약"하여 싣는다. 이 책의 분량은 현재 평균 2백 쪽에 달하며, 해마다 모두 합쳐서 대략 이천 편의 소논문과 천 권의 연구서를 요약한다. 각 요약은 짧은 문단 하나로 이루어진다. *NTA*를 일 년 읽었다고 학자가 되는 것은 아니지만, 이를 통해 학생은 학자들이 무엇을 하고 있는지 인지할 수 있다. 그러나 학계의 복잡한 내용 안으로 학생이 뛰어들기 전에, 더 큰 그림을 보는 일은 종종 더 유익하다. 따라서 우리는 이 책을 통해 그 큰 그림을 제공하고자 한다.

분야별로 학자들이 조직되어 있으므로, 각자의 칸막이석에 앉은 학자들이 곧 이 책의 구성 원칙이다. 이어지는 내용에서 우리는 저명한 학자들에게, 학생과 학자 모두를 위해, 학자들의 개별 전문 분야에서 현재 벌어지는 현상을 요약해달라고 요청했다. 또한 우리는 각 학자에게 자유를 주어 융통성 있게 자신의 연구를 수행할 수 있도록 했다. 따라서 어떤 소논문은 해당 분야의 학자에 초점을 맞추고, 어떤 소논문은 동향에 집중하며, 또 다른 소논문은 내용에 초점을 맞춘다. 그러나 우리는 이 책을 사용하는 학생들이 신약학계에서 벌어지는 최상의, 그리고 최신의 내용을 접하게 되리라 확신한다. 물론 이는 신약성서 연구의 모든 내용을 접하게 된다는 말이 아니라, 각 분야의 현재 동향에 관한 예를 접하게 된다는 뜻이다. 또한 이 책은 가끔 복음주의 학계의 공헌에 주목한다. 비록 복음주의가 신약성서 연구의 중심이었던 적은 거의 없었지만, 지난 40년 동안 다양한 선택 가운데서 결실을 맺으며 성장했다.

학생들과 그들의 동료 학자들이 이 책의 소논문들을 통해 성서적·신학적 지식의 목적지에 이르는 지름길을 발견하게 된다면, 편집자들은 더할 나위 없이 기쁘겠다. 이런 지식이 없다면 교회는 자신이 전파하는 복음의 내용과 맥락을 잃어버리게 될 것이다. 우리는 끊임없이 결실을 맺고 있는 신약성서 연구 분야에서 우리와 함께하라고 학생과 학자들 모두를 초대한다.

스캇 맥나이트

그랜트 R. 오스본

약어

참고 문헌 및 일반 문헌

AB	Anchor Bible
ABD	*The Anchor Bible Dictionary*, ed. D. N. Freedman et al., 6 vols. (New York: Doubleday, 1992)
ABG	Arbeiten zur Bibel und ihrer Geschichte
ABRL	Anchor Bible Reference Library
ACCS	Ancient Christian Commentary on Scripture
ACNT	Augsburg Commentaries on the New Testament
AGJU	Arbeiten zur Geschichte des antiken Judentums und des Urchristentums
AJBI	*Annual of the Japanese Biblical Institute*
ALGHJ	Arbeiten zur Literatur und Geschichte des hellenistischen Judentums
AnBib	Analecta biblica
ANRW	*Aufstieg und Niedergang der römischen Welt: Geschichte und Kultur Roms im Spiegel der neueren Forschung*, ed. H. Temporini and W. Haase (Berlin, 1972-)
ANTC	Abingdon New Testament Commentaries
ANTF	Arbeiten zur neutestamentlichen Textforschung
AR	*Archiv für Religionswissenschaft*

ASNU	Acta seminarii neotestamentici upsaliensis
AsTJ	*Asbury Theological Journal*
AUS	American University Studies
AUSS	*Andrews University Seminary Studies*
BA	*Biblical Archaeologist*
BAC	Biblioteca de autores cristianos
BAFCS	The Book of Acts in Its First Century Setting
BAR	*Biblical Archaeology Review*
BASOR	*Bulletin of the American Schools of Oriental Research*
BBB	Bonner biblische Beiträge
BBR	*Bulletin for Biblical Research*
BBRNT	Bibliographies for Biblical Research: New Testament Series
BCH	*Bulletin de correspondance hellénique*
BCILL	Bibliothèque des Cahiers de l'Institut de linguistique de Louvain
BECNT	Baker Exegetical Commentary on the New Testament
BETL	Bibliotheca ephemeridum theologicarum lovaniensium
BGBE	Beiträge zur Geschichte der biblischen Exegese
BHT	Beiträge zur historischen Theologie
Bib	*Biblica*
BIBALDS	BIBAL Dissertation Series
BibOr	Biblica et orientalia
BICS	*Bulletin of the Institute of Classical Studies*
BIS	Biblical Interpretation Series
BJRL	*Bulletin of the John Rylands University Library of Manchester*

BJS	Brown Judaic Studies
BL	*Bibel und Liturgie*
BLG	Biblical Languages, Greek
BLit	*Bibliothèque liturgique*
BNTC	Black's New Testament Commentaries
BR	*Biblical Research*
BRev	*Bible Review*
BSac	*Bibliotheca sacra*
BTB	*Biblical Theology Bulletin*
BTZ	*Berliner theologische Zeitschrift*
BZ	*Biblische Zeitschrift*
BZNW	Beihefte zur Zeitschrift für die neutestamentliche Wissenschaft
CBC	Cambridge Bible Commentary
CBET	Contributions to Biblical Exegesis and Theology
CBQ	*Catholic Biblical Quarterly*
CBQMS	Catholic Biblical Quarterly Monograph Series
CC	Continental Commentaries
ChrCent	*Christian Century*
CIJ	*Corpus inscriptionum judaicarum* (Rome: Pontificio Istituto di Archeologia Cristiana, 1952)
CJA	Christianity and Judaism in Antiquity
CJT	*Canadian Journal of Theology*
CNT	Commentaire du Noveau Testament
ConBNT	Coniectanea neotestamentica
CRBR	*Critical Review of Books in Religion*

CRINT	Compendia rerum iudicarum ad Novum Testamentum
CSHJ	Chicago Studies in the History of Judaism
CSL	Cambridge Studies in Linguistics
CTL	Cambridge Textbooks in Linguistics
CTR	*Criswell Theological Review*
CurBS	*Currents in Research: Biblical Studies*
CurTM	*Currents in Theology and Mission*
DBSup	*Dictionnaire de la Bible: Supplément*, ed. L. Pirot and A. Robert (Paris, 1928-)
DNP	*Der neue Pauly: Enzyklopädie der Antike*, ed. H. Cancik and H. Schneider (Stuttgart, 1996-)
EdF	Erträge der Forschung
EHS	Europäische Hochschulschriften
EKKNT	Evangelisch-katholischer Kommentar zum Neuen Testament
EncJud	*Encyclopaedia Judaica*, 16 vols. (Jerusalem, 1972)
ENF	Estudios de filología neotestamentaria
ESI	*Excavations and Surveys in Israel*
ETL	*Ephemerides theologicae lovanienses*
ETS	Erfurter theologische Studien
ETSMS	Evangelical Theological Society Manuscript Series
EvQ	*Evangelical Quarterly*
ExpTim	*Expository Times*
FF	Foundations and Facets
FRLANT	Forschungen zur Religion und Literatur des Alten und Neuen Testaments

FzB	Forschung zur Bibel
GBS	Guides to Biblical Scholarship
GNS	Good News Studies
GuL	*Geist und Leben*
HBS	Herders biblische Studien
HBT	*Horizons in Biblical Theology*
HDR	Harvard Dissertations in Religion
HNT	Handbuch zum Neuen Testament
HTKNT	Herders theologischer Kommentar zum Neuen Testament
HTR	*Harvard Theological Review*
HUT	Hermeneutische Untersuchungen zur Theologie
IBS	*Irish Biblical Studies*
ICC	International Critical Commentary
IEJ	*Israel Exploration Journal*
INJ	*Israel Numismatic Journal*
Int	*Interpretation*
IRT	Issues in Religion and Theology
IVPNTC	IVP New Testament Commentaries
JAAR	*Journal of the American Academy of Religion*
JAC	*Jahrbuch für Antike und Christentum*
JBL	*Journal of Biblical Literature*
JBLMS	Journal of Biblical Literature Monograph Series
JBTh	*Jahrbuch für biblische Theologie*
JETS	*Journal of the Evangelical Theological Society*
JFSR	*Journal of Feminist Studies in Religion*

JHC	*Journal of Higher Criticism*
JJS	*Journal of Jewish Studies*
JPT	*Journal of Pentecostal Theology*
JPTSup	Journal of Pentecostal Theology: Supplement Series
JQR	*Jewish Quarterly Review*
JR	*Journal of Religion*
JRA	*Journal of Roman Archaeology*
JRH	*Journal of Religious History*
JSJ	*Journal for the Study of Judaism*
JSJSup	Journal for the Study of Judaism: Supplement Series
JSNT	*Journal for the Study of the New Testament*
JSNTSup	Journal for the Study of the New Testament: Supplement Series
JSOT	*Journal for the Study of the Old Testament*
JSOTSup	Journal for the Study of the Old Testament Supplement Series
JSP	*Journal for the Study of the Pseudepigrapha*
JSPSup	Journal for the Study of the Pseudepigrapha: Supplement Series
JSS	*Journal of Semitic Studies*
JSSR	*Journal for the Scientific Study of Religion*
JTS	*Journal of Theological Studies*
KEK	Kritisch-exegetischer Kommentar über das Neue Testament (Meyer-Kommentar)
LD	Lectio divina
LEC	Library of Early Christianity

LQ	*Lutheran Quarterly*
LXX	Septuagint
LXXA	Septuagint text of Codex Alexandrinus
LXXB	Septuagint text of Codex Vaticanus
MNTC	Moffatt New Testament Commentary
MS/MSS	manuscript/manuscripts
MT	Masoretic Text
MTZ	*Münchener theologische Zeitschrift*
NA^{26}	*Novum Testamentum Graece*, ed. K. Aland et al., 26th ed. (Stuttgart, 1979)
NA^{27}	*Novum Testamentum Graece*, ed. B. Aland et al., 27th ed. (Stuttgart, 1993)
NAC	New American Commentary
NBL	*Neues Bibel-Lexikon*
NCB	New Century Bible
NEAEHL	*The New Encyclopedia of Archaeological Excavations in the Holy Land*, ed. E. Stern, 4 vols. (Jerusalem, 1993)
NEB	New English Bible
NEBNTSup	Die neue Echter-Bibel: Ergänzungsband zum Neuen Testament
NedTT	*Nederlands theologisch tijdschrift*
Neot	*Neotestamentica*
NewDocs	*New Documents Illustrating Early Christianity*, ed. G. H. R. Horsley and S. R. Llewelyn, 9 vols. (North Ryde, N.S.W., 1981-)
NICNT	New International Commentary on the New Testament

NIGTC	New International Greek Testament Commentary
NIV	New International Version
NIVAC	NIV Application Commentary
NovT	*Novum Testamentum*
NovTSup	Novum Testamentum Supplements
NRSV	New Revised Standard Version
NSBT	New Studies in Biblical Theology
NT	New Testament
NTAbh	Neutestamentliche Abhandlungen
NTD	Das Neue Testament Deutsch
NTDH	Neukirchener theologische Dissertationen und Habilitationen
NTG	New Testament Guides
NTOA	Novum Testamentum et Orbis antiquus
NTS	*New Testament Studies*
NTT	New Testament Theology
NTTS	New Testament Tools and Studies
OT	Old Testament
ÖTK	Ökumenischer Taschenbuch-Kommentar
OTM	Oxford Theological Monographs
PNTC	Pelican New Testament Commentaries
QD	Quaestiones disputatae
QR	*Quarterly Review*
RAC	*Reallexikon für Antike und Christentum*, ed. T. Kluser et al. (Stuttgart 1950–)
RB	*Revue biblique*

RBL	*Review of Biblical Literature*
ResQ	*Restoration Quarterly*
RevExp	*Review and Expositor*
RevQ	*Revue de Qumran*
RGG	*Religion in Geschichte und Gegenwart*, ed. K. Galling, 3rd ed., 7 vols. (Tübingen, 1957-65)
RHPR	*Revue d'histoire et de philosophie religieuses*
RNT	Regensburger Neues Testament
RRelRes	*Review of Religious Research*
RSR	*Recherches de science religieuse*
RSV	Revised Standard Version
RThom	*Revue thomiste*
RTR	*Reformed Theological Review*
RVV	Religionsgeschichtliche Versuche und Vorarbeiten
SBAB	Stuttgarter biblische Aufsatzbände
SBB	Stuttgarter biblische Beiträge
SBEC	Studies in Bible and Early Christianity
SBG	Studies in Biblical Greek
SBL	Society of Biblical Literature
SBLDS	Society of Biblical Literature Dissertation Series
SBLMS	Society of Biblical Literature Monograph Series
SBLRBS	Society of Biblical Literature Resources for Biblical Study
SBLSP	*Society of Biblical Literature Seminar Papers*
SBLSymS	Society of Biblical Literature Symposium Series
SBS	Stuttgarter Bibelstudien

SBT	Studies in Biblical Theology
SD	Studies and Documents
SEÅ	*Svensk exegetisk årsbok*
SemeiaSt	Semeia Studies
SFSHJ	South Florida Studies in the History of Judaism
SJLA	Studies in Judaism in Late Antiquity
SJT	*Scottish Journal of Theology*
SNT	Studien zum Neuen Testament
SNTA	Studiorum Novi Testamenti Auxilia
SNTG	Studies in New Testament Greek
SNTSMS	Society for New Testament Studies Monograph Series
SNTSU	Studien zum Neuen Testament und seiner Umwelt
SNTW	Studies of the New Testament and Its World
SP	Sacra Pagina
SPA	Studien der patristischen Arbeitsgemeinschaft
SPB	Studia Post-biblica
SR	*Studies in Religion*
SSEJC	Studies in Early Judaism and Christianity
StTh	Kohlhammer Studienbücher Theologie
SVTQ	*St. Vladimir's Theological Quarterly*
SwJT	*Southwestern Journal of Theology*
SWR	Studies in Women and Religion
TAPA	*Transactions of the American Philological Association*
TBei	*Theologische Beiträge*
TC	*TC: A Journal of Biblical Textual Criticism* (online)

TDNT	*Theological Dictionary of the New Testament*, ed. G. Kittel and G. Friedrich, trans. G. W. Bromiley, 10 vols. (Grand Rapids: Eerdmans, 1964-76)
TGl	*Theologie und Glaube*
Them	*Themelios*
THKNT	Theologischer Handkommentar zum Neuen Testament
ThTo	*Theology Today*
TJ	*Trinity Journal*
TNTC	Tyndale New Testament Commentaries
TP	*Theologie und Philosophie*
TPINTC	Trinity Press International New Testament Commentaries
TRev	*Theologische Revue*
TRu	*Theologische Rundschau*
TS	*Theological Studies*
TSAJ	Texte und Studien zum antiken Judentum
TSR	*Trinity Seminary Review*
TTZ	*Trierer theologische Zeitschrift*
TU	Texte und Untersuchungen
TUMSR	Trinity University Monograph Series in Religion
TynBul	*Tyndale Bulletin*
TZ	*Theologische Zeitschrift*
UBS^3	*The Greek New Testament*, ed. K. Aland at al., 3rd ed. (New York: United Bible Societies, 1975)
UBS^4	*The Greek New Testament*, ed. K. Aland at al., 4th ed. (New York: United Bible Societies; Stuttgart: Deutsche Bibelgesellschaft,

1993)

UTB Uni-Taschenbücher

VCSup Vigiliae Christianae Supplements

VF *Verkündigung und Forschung*

WBC Word Biblical Commentary

WTJ *Westminster Theological Journal*

WUNT Wissenschaftliche Untersuchungen zum Neuen Testament

ZBKNT Zürcher Bibelkommentare: Neue Testament

ZDPV *Zeitschrift des deutschen Palästina-Vereins*

ZNW *Zeitschrift für die neutestamentliche Wissenschaft und die Kunde der älteren Kirche*

ZPE *Zeitschrift für Papyrologie und Epigraphik*

ZRGG *Zeitschrift für Religions-und Geistesgeschichte*

ZTK *Zeitschrift für Theologie und Kirche*

고대 문헌

ʾAbot tractate *ʾAbot*

ʾAbot R. Nat. *ʾAbot de Rabbi Nathan*

Ann. Tacitus, *Annales*

Ant. Josephus, *Jewish Antiquities*

b. Babylonian Talmud

Ben. Seneca, *De beneficiis*

Cels. Origen, *Contra Celsum*

Dial. Justin Martyr, *Dialogue with Trypho*

Diatr. Epictetus, *Diatribai (Dissertationes)*

En.	*Enoch*
Geogr.	Strabo, *Geographica*
Hist.	Tacitus, *Historiae*
Hist. eccl.	Eusebius, *Historia ecclesiastica*
Inst.	Quintillian, *Institutio oratoria*
J. W.	Josephus, *Jewish War*
Legat.	Philo, *Legatio ad Gaium*
Life	Josephus, *The Life*
m.	Mishnah
Meg.	tractate *Megillah*
Meʿil.	tractate *Meʿilah*
Mek.	*Mekilta*
Midr.	*Midrash*
Nat. fac.	Galen, *De naturalibus facultatibus*
Naz.	tractate *Nazir*
Pesaḥ.	tractate *Pesaḥim*
Pesiq. Rab.	*Pesiqta Rabbati*
QE	Philo, *Questions and Answers on Exodus*
Rab.	*Rabbah*
Sanh.	tractate *Sanhedrin*
Sat.	Juvenal, *Satirae*
Sem.	tractate *Semaḥot*
Sukk.	tractate *Sukkah*
t.	Tosefta
Tg. Isa.	*Targum Isaiah*

Tg. Neof.	*Targum Neofiti*
Tg. Ps. -J.	*Targum Pseudo-Jonathan*
Vesp.	Suetonius, *Vespasianus*
y.	Jerusalem Talmud

제1부

신약성서의 맥락

제1장

갈릴리와 유대

예수 당시의 사회

Sean Freyne
숀 프레인

오늘날 신약학계에서 갈릴리에 대한 관심은 대체로 역사적 예수 탐구의 재개와 연관이 있다. 갈릴리는 제2차 유대 반란(기원후 132-135년) 이후의 시기에 랍비 유대교의 발상지였다. 또한 갈릴리의 세포리스와 티베리아스에 있었던 학파에서 미쉬나와 팔레스타인 탈무드와 같은 유대교의 고전 문헌이 기원후 200년에서 450년 사이에 생겨났다. 이에 본 연구는 기원후 1세기 갈릴리의 삶에 초점을 맞추게 될 것이다. 하지만 우리가 앞으로 살펴볼 내용으로서, 갈릴리 지역의 유대교적 특징에 대한 주제 역시 그 시기에 중요한 의미를 지닌다. 이 측면을 제대로 탐구하기 위해 우리는 갈릴리와 예루살렘과의 지속적인 관계에 특별한 관심을 기울여야 한다.

최근 학계는 예수를 열심당원 혁명가에서부터 견유학파 현자에 이르기까지 다양한 모습으로 묘사하는데, 예수에 관한 다채로운 묘사의 바탕에는 예수의 공생애 사역을 규정짓는 결정적 요소인 갈릴리 사회에 대한 서로 다른 이해가 자리 잡고 있다. 따라서 우리는 연구의 객관성을 유지하기 위해 예수에 관한 내용에 우선 집중하고, 그다음 실행이 가능한 대로 복음서 이외의 문헌이 갈릴리 사회에 대해 어떻게 묘사하는지 살펴봐야 한다. 더욱이 그리스 및 로마 시대와 관련된 지역에서 상당량의 고고학적 증거가 지난 25년간 발굴되었다. 갈릴리에 관한 기록 중 공관복음서를 제외하면 요세푸스(Josephus)의 문헌이 으뜸가는 중요성을 지니는데, 그렇다고 이 문헌이 아무런 문제가 없는 것은 아니다. 특히 제1차 유대 반란에 관한 요세푸스의 기록인 「유대 전쟁사」(*Jewish War*)와, 티베리아스의 유스투스의 비방에 반대하여 요세푸스가 스스로를 변호하는 「생애」(*Life*)는 둘 다 예루살렘에서 유대 혁명당을 대표하는 군대 지휘관으로서 자신이 갈릴리에서 보낸 시간에 대해 다루고 있지만, 이 이야기들은 지극히 편향된 내용이라고 말해도 전혀 과장이 아니다. 그러므로 우리는 적절히 균형 잡힌 시각을 견지하기 위해, 기원전 8세기부터 시작해서 갈릴리의 이전 역사에 대한 간략한 개요를 살펴볼 필요가 있다.

갈릴리 역사 개요

갈릴리의 어원적 의미는 "원"(circle)인데, 이는 내부 고원 지대에 거주하며 가나안 지역의 여러 도시 국가에 둘러싸여 살던 초기 이스라엘 사람들의 경험에서 유래했을 가능성이 높다. 반면 유대(Judea)라는 지명은 한 지파의 이름으로, 이스라엘의 통일 왕국 시대에 유다 지파 출신인 다윗 왕으로 인해 유명해졌다. 최초로 갈릴리에 거주한 지파는 스불론, 납달리, 그리고 아셀 지파였으며, 후에 단 지파가 북쪽으로 이주해 왔다. 각 지파와 그들의 특성에 관한 다양한 이야기(창 49장; 신 33장; 삿 5장)는 비록 사사 시대까지 거슬러 올라가지만, 이후 여러 근원으로 인한 위협 아래 민족적 정체성에 대한 문제가 생겨난 상황을 잘 반영하고 있다.[1] 기원전 8세기에 북쪽 지역은 아시리아의 맹공에 타격을 입었고, 티글라트-필레세르 3세(Tiglath-pileser III)의 침략에 시달린 결과 상부 갈릴리와 하부 갈릴리에 있던 많은 중심 지역이 파괴되고 인구가 감소했다(왕하 15:29; 사 9:1). 그러나 약 십 년 후의 사마리아 상황과는 달리(왕하 17:24), 이방인 곧 비이스라엘 인구가 그때에 갈릴리로 유입되었다는 언급은 어디에도 없다. 백오십 년 후, 유다는 바빌로니아 사람들에게 굴복하는데, 그 결과 예루살렘 성전은 파괴되고 유다 임금과 귀족들은 바빌로니아로 강제 추방된다. 회복은 페르시아 왕국의 지배 아래 빨리 일어났는데, 기원전 538년에 고레스 칙령으로 바빌로니아에 강제 추방되었던 유다 사람들의 후손이 돌아오게 되었고, 무너진 예루살렘 성전이 재건되었으며, 유다는 페르시아 왕국에 속한 예후드(Yehud, 유대를 의미함)로 재명명되었다. 요세푸스에 따르면, 이때부터 성전 국가의 거주민들은 **이우다이오이**(*Ioudaioi*, 유대인들)라는 이름으로 불리게 되었다(*Ant.* 11.173).

그다음 갈릴리를 언급하는 역사적 기록은 기원전 2세기 중반 문헌에 나타나는데, 이 시기에 독립적인 유대 국가가 마카비 왕조의 계승자인 하스몬 왕조에 의해 탄생했다. 이 두 왕조는 영토 확대 운동을 개시

1 Sean Freyne, *Galilee from Alexander the Great to Hadrian: A Study of Second Temple Judaism* (1980; reprint, Edinburgh: Clark, 2000), 3-21; Rafael Frankel, "Galilee: Prehellenistic," *ABD* 2:879-94.

하여 결국 기원전 9세기 다윗과 솔로몬 시대의 이스라엘 영토 크기와 맞먹는 넓은 왕국을 건설한다. 따라서 거의 천년 만에 비로소 예루살렘이 다시 종교적 수도이자 정치적인 중심지로 서고, 갈릴리와 유대 모두 같은 동족의 통치하에 들어오게 되었다. 동시에 **이우다이오스**(유대인)라는 명칭이 유대 거주민뿐만 아니라 예루살렘에서 하나님을 예배함으로써 유대 성전 이데올로기를 받아들인 모든 사람을 지칭하는 것으로 사용되기 시작했다.[2] 그러나 기원전 2세기 중반에 로마가 지중해 동쪽 지역의 패권자로 등장하자, 하스몬 왕조는 헤롯 왕가에 의해 대체되었다. 로마가 그 지역에서 자신들의 이익을 유지하고자 이두매 왕조인 헤롯 왕가에게 가신왕(client king)을 맡긴 것이다. 행정 중심지가 나사렛 근처의 세포리스였던 갈릴리는 유대 땅과 요단강 너머에 있는 페레아 지역과 더불어 유대인의 영토로 간주되었다. 그러나 이 지역들은 머잖아 헤롯 대왕의 영토로 편입되어 로마 황제 아우구스투스에게 조공을 바쳐야 하는 상황에 놓인다.

유대인의 왕으로서 헤롯의 장기 통치(기원전 40-4년)는 갈릴리와 유대 사회 모두에 큰 영향을 미쳤다. 헤롯이 죽었을 때 아우구스투스는 그의 아들 중 어느 누구도 단일 계승자로 임명하기를 거부하고 대신 각 아들에게 서로 다른 지역을 할당했다. 즉 갈릴리와 페레아는 안티파스(Antipas)에게, 유대는 아르켈라오스(Archelaus)에게, 그리고 빌립에게는 지금의 요르단 북쪽에 위치한 바타나이아(Batanaea), 트라코니티스(Trachonitis), 아우라니티스(Auranitis)를 할당했는데, 특히 이 세 지

2 Sean Freyne, "Behind the Names: Galileans, Samaritans, *Ioudaioi*," in *Galilee through the Centuries: Confluence of Cultures*, ed. Eric M. Meyers (Winona Lake, Ind.: Eisenbrauns, 1999), 39-55.

역은 아우구스투스가 충성에 대한 보상으로 헤롯 대왕에게 하사한 곳이었다. 따라서 이제 갈릴리는 행정상으로 유대와 다시 분리되었다. 이와 관련된 내용이 마태복음에 반영되어 있는데, 유대에서 태어났음에도 불구하고 예수가 어떻게 갈릴리에 살게 되었는지 설명하는 곳에서 나온다. 즉 요셉은 "아켈라오가 그의 아버지 헤롯을 이어 유대의 임금 됨을 듣고", 예수와 그의 어머니를 갈릴리로 데려왔고, 이후 그들은 나사렛에 정착하게 된다(마 2:22-23). 요세푸스는 이 정보와 관련된 더 폭넓은 배경을 다음과 같이 제공한다. 즉 아르켈라오스를 향한 백성의 원성이 극에 달하자 로마 제국은 기원후 6년에 그를 왕좌에서 내리고, 그때부터 유대를 로마 제국의 한 부속 지역으로서 로마에서 직접 관리를 파견하여 통치했다. 이때 로마 총독은 카이사레아 마리티마(Caesarea Maritima)에 거주했고 성전 도시 역할을 하는 예루살렘은 제사장 귀족 가문이 관리하게 했다.

안티파스는 자신의 바람과 달리 왕이라는 칭호를 얻지 못했고, 분봉왕(tetrarch)이라는 명칭에 만족해야 했다. 그는 기원후 39년까지 갈릴리와 페레아를 통치했으며, 왕좌에서 쫓겨나게 되자 그의 영토는 조카 아그리파 1세에게 넘겨졌다. 이처럼 상대적으로 약한 통치 기반을 가지고 있었음에도 불구하고, 안티파스는 아버지 헤롯 대왕의 통치 방식과 정책을 고수하여 자신의 영토에서 로마의 세력과 이익을 관철하고자 했다. 세례 요한을 박해한 이도 바로 안티파스였는데, 아마도 복음서에 제시된 내용(막 6:13-29)이 아니라 요세푸스의 기록에 나오는 것이 박해의 원인이었을 것이다. 요세푸스에 의하면, 당시 세례 요한은 인기가 많았고, 안티파스는 가난한 자들을 위해 정의를 외치는 요한으로 인해 반란이 일어날까 두려워했다(*Ant.* 18. 116-119). 안티파스의 이런 통치는 로마 제국의 눈에 심각한 실패로 여겨졌을 것이다. 왜냐하면 가신왕이 인정을 받기 위해서는 안정된 통치를 기반으로 로마와 로마의 가치관에 충성하고 있음을 입증해야 했기 때문이다. 예루살렘 성전 외에도 헤롯 대왕은 주요 건축 사업을 유대 영토 주변으로 국한했다. 예를 들어 사마리아는 라틴어로 황제를 의미하는 세바스테(Sebaste)라는 이름이 다시 붙여졌고, 그곳에 로마와 황제를 위한 신전이 세워졌다. 해변에 위치한 카이사레아 마리티마에도 신전이 세워졌으며, 멋진 항구가 개발되었다. 북쪽에는 황제를 위한 신전이 파네아스(Paneas)에 건설되었는데, 헤롯의 아들 중 하나인 빌립이 나중에 이곳을 가이사랴 빌립보라는 이름으로 개명했다. 또한 안티파스는 갈릴리에서 기념비적인 건축물을 통해 로마 제국의 절대 지배력을 기리는 전통을 이어갔다. 세포리스는 "갈릴리의 보석"으로 만들어졌고, 유일한 통치자인 아우구스투스를 암시하는 **아우토크라토리스**(*autokratoris*)라고 불렸다(*Ant.* 18.27). 기원후 19년에 안티파스는 새로운 도시인 티베리아스를 호반에 건설했는데, 이는 아우구스투스의 계승자를 황제로서 기리기 위함이었다.

갈릴리 역사에 대한 이런 간략한 설명은 기원후 1세기의 팔레스타인 사회를 정확하게 이해하는 데 결정적으로 중요하다. 역사적 요인들은 대체로 타 지역의 인구수 변화와 거주지 유형을 결정지으며, 결과적으로 종교와 사회가 어떻게 연계되었는지 설명해준다. 경제적 여건은 당시 정치적 현실로부터 영향을 받았는데, 이는 고대의 모든 경제 활동이 상당 부분 정치에 종속되어 있었기 때문이다. 이어서 살펴볼 주제가 바로 이와 관련된 내용인데, 이를 위해 우리는 갈릴리와 유대를 개별적으로 다루면서, 이 두 지역의 공통분모인 종교 전통에 바탕을 둔 상호 관계 측면에 초점을 맞출 것이다.

갈릴리 사람들은 누구였는가? 종교·문화적 소속

문헌에 기록된 갈릴리 사람들(Galileans)은 말 그대로 갈릴리에 거주했던 사람들을 의미한다. 그런데 그들은 정확히 누구였을까? 그들의 출생 기원은 무엇이고 그들은 어떤 사회·경제적 계층을 대표했을까? 그리고 그들의 종교·문화적 배경은 무엇이었는가? 이에 대한 명확한 답변을 기대하기는 어렵지만, 적절한 방식으로 이런 질문을 검토해볼 때, 우리는 다양한 답변의 평가 기준을 설정해볼 수 있다. 간단히 말해서, 앞서 제기된 질문들에 대해 논의된 현재의 대동소이한 반응을 중심으로 그 기준을 아래와 같이 크게 세 가지로 구분할 수 있다.

1. 먼저 독일 학자인 알브레히트 알트(Albrecht Alt)의 제안으로서, 후기 문헌에 등장하는 갈릴리 사람들은 고대 이스라엘 사람들의 직계 후손이며, 아시리아의 북이스라엘 초기 정벌 시 별다른 침략의 피해를 받지 않았고, 그 덕분에 수 세기 동안 본질적인 야웨 신앙을 고수할 수 있었다. 결과적으로 하스몬 왕조의 북쪽 영토 확장을 기회로 삼아, 갈릴리 거주민들은 자신들의 역사, 종교, 제사의 중심지를 예전의 북이스라엘 영토 내에 있는 사마리아로 돌아가게 함으로써 자유롭게 그리고 자연스럽게 **유대 민족**(*ethnos tōn Ioudaiōn*)으로 유입될 수 있었다.[3] 최근에, 리처드 호슬리(Richard Horsley)도 고대 이스라엘 사람들이 갈릴리에서 평온히 살았다는 내용에 동의했지만, 그는 하스몬 왕조 시대의 상황에 대해서는 사뭇 다른 견해를 피력했다. 수 세기에 걸쳐 갈릴리 사람들

3 Albrecht Alt, "Galiläische Probleme 1937-40," in *Kleine Schriften zur Geschichte des Volkes Israels*, 3 vols. (Munich: Beck, 1953-64), 2:363-435.

은 그들만의 관행을 전개해왔으며, 이로 인해 모세 오경을 근본으로 하는 똑같은 야웨 신앙을 유대인들과 공유했음에도 불구하고 결과적으로 유대인들과는 다를 수밖에 없었다는 것이다. 따라서 호슬리의 주장에 의하면, 하스몬 왕조의 영토 확장은 갈릴리 사람들에게 해방이 아니라 유대인의 법에 대한 강제를 의미했다. 여기서 유대인의 법이란 예루살렘 성전을 중심으로 하는 유대 국가의 귀족 수뇌부들의 물질적 필요를 채우기 위해 고안된 구속적 성향의 법을 말한다.[4]

2. 위와 상반된 견해가 몇몇 학자에 의해 제기되었는데, 이 학자들은 "이방의 갈릴리"(사 9:1; 마카베오상 5:15)라는 구절을, 특히 헬레니즘 시대 이후로 갈릴리 사람들과 갈릴리의 문화적 소속을 정확히 설명하는 표현으로 인정한다. 1941년에 발터 그룬트만(Watler Grundmann)의 주장은 이런 견해의 극단을 찍었는데, 그는 갈릴리가 이교도 지역이었고, 따라서 예수는 십중팔구 유대인이 아니었을 것이라고 주장했다.[5] 그렇다고 갈릴리의 이교적 성향 개념을 받아들이는 모든 학자가 그룬트만처럼 극단적 견해를 보이지는 않는다. 그 대신 이들은 갈릴리 사람들이 일반적으로 헬레니즘 문화에 더 노출되어 있었으므로, 주변 도시 에토스의 영향을 받아 더 개방된 형태의 유대교를 선호했다고 주장한다.[6] 가장 최근에는 갈릴리에 영향을 미친 그리스-로마 문화를 강조하며 갈릴리 사람들이 견유학파의 영향을 받았다는 주장이 제기되고

4 Richard Horsley, *Galilee: History, Politics, People* (Valley Forge, Pa.: Trinity, 1995), 34-62.

5 Walter Grundmann, *Jesus der Galiläer und das Judentum* (Leipzig: Wigand, 1941).

6 Walter Bauer, "Jesus der Galiläer," in *Festgabe für Adolf Jülicher* (Tübingen: Mohr, 1927), 16-34; W. Bertram, "Der Hellenismus in der Urheimat des Evangeliums," *AR* 32 (1935): 265-81.

있다. 견유학파는 예수와 그의 제자들이 보여준 운동이 그랬던 것처럼, 그리스-로마 사회 내에서 반문화적 성향을 띠었다.[7] 견유학파가 원래 도시에서 발생한 현상이기 때문에, 갈릴리에서 견유학파의 존재를 주장하는 이들은 갈릴리의 도시화에 대해서도 이야기하지만, 이를 뒷받침할 만한 구체적 증거는 제시하지 못한다.

3. 세 번째 견해는 개인적으로 볼 때 고고학적 증거와 가장 잘 부합하는 주장으로, 남쪽에서 북동쪽으로 전진해 나아갔던 하스몬 왕조의 갈릴리 유대화에 대해 이야기한다. 그러나 이 주장 내에도 차이점이 존재하고 있음을 주지해야 한다. 몇몇 학자는 요세푸스의 기록을 무비판적으로 수용하는데, 이 기록에 의하면, 하스몬 왕조의 아리스토불루스 1세(Aristobulus I)는 기원전 104년에 상부 갈릴리로 침입해온 아랍 출신의 반유목민인 이두레 사람들(Itureans)에게 강제로 할례를 시켰다(*Ant.* 13.319).[8] 요세푸스의 기록이 맞다면, 최근에 유대교로 개종한 갈릴리 유대인들은 남쪽의 골수 유대교인의 눈에 탐탁지 않게 비쳤을 것이다.

7 Burton L. Mack, *A Myth of Innocence: Mark and Christian Origins* (Philadelphia: Fortress, 1988), 53-97; idem, *The Lost Gospel: The Book of Q* (San Francisco: HarperSanFrancisco, 1993), 51-68; John D. Crossan, *The Historical Jesus: The Life of a Mediterranean Jewish Peasant* (San Francisco: HarperSanFrancisco, 1991); LeifVaage, *Galilean Upstarts: Jesus' First Followers according to Q* (Valley Forge, Pa.: Trinity, 1994); F. G. Downing, *Cynics and Christian Origins* (Edinburgh: Clark, 1994), 115-68. 이 가설에 대한 더 자세한 비평은 Hans D. Betz, "Jesus and the Cynics: Survey and Analysis of a Hypothesis," *JR* 74 (1994): 453-75을 보라.

8 Emil Schürer, *History of the Jewish People in the Age of Jesus Christ*, rev. ed., 3 vols. (Edinburgh: Clark, 1973-87), 2:7-10. 참조. W. Schottroff, "Die Ituräer," *ZDPV* 98 (1982): 125-47; M. Hartel, *Northern Golan Heights: The Archaeological Survey as Source for Local History* (Qatsrin: Israel Department for Antiquities and Museums); Shimon Dar, *Settlements and Cults Sites on Mount Hermon, Israel: Iturean Culture in the Hellenistic and Roman Periods*, BAR International Series 589 (Oxford: Tempus Reparatum, 1993).

또한 이런 배경은 이후 랍비들이 갈릴리 사람들의 불경건에 대해 왜 그토록 모멸적 언급을 늘어놓았는지에 대한 정황적 근거가 된다.[9] 다른 학자들은 물질 문화를 토대로 다음과 같이 주장한다. 즉 갈릴리는 하스몬 왕조의 정복이 시작되면서 남부 지역부터 유대인들이 정착하게 되었다는 것이다.[10] 이런 주장은 예루살렘 및 그곳에서의 제사 의식과 관련하여 여러 군데 기록되어 있는 갈릴리 사람들의 종교적 충성심을 설명해준다. 왜냐하면 갈릴리 사람들은 원래 유대 지역 출신으로서 하스몬 왕조를 지지하기 위해 갈릴리로 보내진 자들이었기 때문이다.[11] 갈릴리 유대인들에 대한 또 다른 견해는 바빌로니아의 영향과 관련이 있는데, 후기 문헌에 기록된 갈릴리 랍비들과 바빌로니아 랍비들 간의 교류는 이 견해를 뒷받침하는 증거가 된다.[12]

원칙적으로, 기원후 1세기의 현상 중 하나인 민족 간의 혼합을 고려해볼 때, 갈릴리 인구의 민족적 구성원으로 이스라엘 사람, 이두레 사람, 유대 사람, 심지어 바빌로니아 사람까지도 포함하지 못할 이유가 전혀 없다. 그리고 이런 다양한 민족적 요소를 전적으로 배제하는 것은 비현실적이기도 하다. 그러나 갈릴리 상황에 대한 우리의 현재 지식을

9 Adolf Büchler, *Der Galiläische 'Am ha-'aretz des Zweiten Jahrhunderts* (1906; reprint, Hildesheim: Olmsz, 1968).

10 Mordechai Aviam, "Galilee: the Hellenistic and Byzantine Period," in *The New Encyclopedia of Archaeological Excavations in the Holy Land*, ed. E. Stern, 4 vols. (Jerusalem: Israel Exploration Society, 1993), 2:455-58; Jonathan L. Reed, *Archaeology and the Galilean Jesus* (Harrisburg, Pa.: Trinity, 2000), 23-61.

11 Freyne, "Behind the Names," 39-56.

12 Etienne Nodet, "Galilee from the Exile to Jesus," in Etienne Nodet and Justin Taylor, *The Origins of Christianity: An Exploration* (Collegeville, Minn.: Liturgical Press, 1997), 127-64.

토대로 너무 터무니없거나 과장된 주장은 배제할 수 있다. 갈릴리가 이교도 지역이라는 주장은 제대로 된 문헌적 지지를 받지 못하고, 고고학적 증거도 전혀 찾아볼 수 없다. 또한 비록 이두래 사람들이 한동안 상부 갈릴리를 침략했을 가능성이 있다고 하더라도, 그들이 오랫동안 갈릴리에 살았다는 주장 역시 구체적인 근거를 찾을 수 없다. 갈릴리 사람들이 원래 유대인이었다는 주장에도 여러 문제가 있는데, 그중 가장 심각한 내용은 다음과 같다. 즉 대부분이 농부였던 그들이 수 세기에 걸쳐 공동의 제의 중심지가 없었음에도 야웨를 믿는 자신들의 신앙과 정체성을 개별적으로 유지했다는 것이다. 이는 거의 불가능한 주장이다.[13] 그러므로 남쪽 유대 지역의 이스라엘 사람들이 갈릴리로 이주하여 갈릴리의 유대화가 이루어졌다는 이론이 갈릴리에 대한 우리의 현 지식수준에 비추어 가장 가능성 있는 가설인 것 같다. 조사에 의하면, 하스몬 왕조 시대 이후로 갈릴리에서 많은 건축 터가 눈에 띄게 증가했고, 동시에 하르 미츠페 야밈(Har Mişpe Yamim) 같은 오래된 이교도 신전들은 파괴되었다.[14] 갈릴리의 변두리 지역뿐만 아니라, 세포리스, 요드팟(Jotapata), 가말라(Gamala), 메이론(Meiron) 같은 거대 지역에서의 발굴 작업을 통해 독특한 유대교 방식의 생활 물품이 발견되었다. 예를 들어 목욕통, 돌로 만든 물병, 도자기 재질의 가정용품은 모두 정결 의식과 관련된 것으로, 예루살렘과 예루살렘 성전에서의 정결 의식에 기초하고 있으며, 이런 유물은 갈릴리 주변에 위치한 이교도 도시

13 Freyne, "Behind the Names," 41-44; Philippe Bruneau, "Les Israelites de Delos et la Juivre Delienne," *BCH* 106 (1982): 465-504; A. Thomas Kraabel, "New Evidence of the Samaritan Diaspora Has Been Found on Delos," *BA* (1984): 44-46.

14 Rafael Frankel, "Har Mispe Yamim — 1988/89," *ESI* 9:100-102; Rafael Frankel and Rafael Ventura, "The Mispe Yamim Bronzes," *BASOR* 311 (1998): 39-55.

들의 문화적 에토스와 생활방식을 거부하고 있음을 상징적으로 보여준다.[15]

사회 계층: 피라미드식 권력 구조

최근 로마 제국 당시의 팔레스타인을 연구하는 대다수의 사회사 학자들은 게르하르트 렌스키(Gerhard Lenski)가 고안한 농업 제국 모델을 자신의 연구 가설로 채택한다. 이 모델이 제시하는 사회는 피라미드 형태를 취하는데, 이런 사회에서 대부분의 권력, 위신, 그리고 특권은 지배 계층과 세습적 귀족 계층에 귀속된다. 이는 피라미드의 최상위에 위치한 좁은 부분에 해당한다(여기서 지배 계층과 세습적 귀족 계층은 사회의 최상위 계층을 의미하지만, 비교되는 각 사회의 체제에 맞게 구분되어 사용될 수 있다). 최상위 계층 바로 밑에는 유지 계층(retainer classes)이 있는데, 이 계층은 최상위 계층인 엘리트의 현상 유지를 도우면서 그에 대한 보답으로 자신들에게 주어질 상대적 특권을 확보한다. 단계의 밑으로 더 내려가면 피라미드의 넓이가 커지는데 여기에 농민 계층이 있다. 이들은 토지를 소유한 자유인으로 사회의 근간을 이루는 대들보와 같은 역할

15 Jonathan Reed("Galileans, 'Israelite Village Communities' and the Sayings Gospel Q," in Meyers, *Galilee through the Centuries*, 87-108)는 이런 증거에 대한 가장 상세한 최신 자료를 보도한다. 참조. Eric Meyers, James Strange, and Denis Groh, "The Meiron Excavation Project: Archaeological Survey in Galilee and Golan, 1976," *BASOR* 233 (1978): 1-24; Eric Meyers, Ehud Netzer, and Carol Meyers, *Sepphoris* (Winona Lake, Ind.: Eisenbrauns, 1992); David Adan-Bayewitz and Mordechai Aviam, "Iotapata, Josephus and the Siege of 67: Preliminary Report of the 1992-94 Seasons," *JRA* 10 (1997): 131-65; Shmaryahu Gutman, "Gamala," in *NEAEHL* 2:459-63.

을 하지만, 상위 계층으로의 진출이 불가능하다. 대신에 이들은 늘어난 과세와 흉년 때문에, 혹은 지배 계층의 사리사욕에 따른 재물 축적으로 인해, 토지를 잃고 가난한 소작농으로 전락하거나 궁핍해질지도 모르는 지속적인 위험 속에 살아간다. 갈릴리의 지역적 특수 상황을 설명해주는 구체적인 내용의 수정이 더해진다면, 이와 같은 피라미드형 사회 모델은 로마 제국 시대의 갈릴리에 일반적으로 잘 들어맞는다.

비록 안티파스가 왕의 칭호를 받지 못하고 단순히 분봉왕에 그쳤지만, 갈릴리에서 그와 그의 왕실이 지배 계층이었다는 데에는 이견이 없다. 안티파스와 그의 무리들은 한편으론 로마 황제를 위한 유지 계층의 역할을 했지만, 안티파스가 지중해 동쪽 지역에 대한 로마 제국의 정책적 역할을 받아들일 준비가 되자, 그의 지위는 확실히 보장되었다.[16] 요세푸스에 의하면, 안티파스는 "자신의 냉철함을 좋아했다"(*Ant.* 18.245). 비록 안티파스가 어느 때 로마에서 시리아 총독에게 무례한 행동을 한 적도 있지만(*Ant.* 18.101-104), 그의 냉철한 성품은 복음서의 묘사와 일치한다. 아우구스투스는 칙령을 반포하여 갈릴리와 페레아로부터 2백 달란트의 개인적인 수입을 얻었고, 이 두 지역에 있는 건물과 다른 사업에, 특히 이것이 황실을 기념하는 일과 관련이 있을 경우에 특별 세금을 부과할 수 있었다(*Ant.* 17.318). 이런 이권으로 인해 안티파스와 그의 직계 가족은 이익을 보았을 뿐만 아니라, 안티파스 주변에 새로운 계층이 등장하게 되었다. 이 새로운 계층은 복음서에서 헤롯당(Herodians)으로 불리며, 헤롯 대왕이 집권한 이후 사라졌던 하스몬 왕

16 안티파스에 대한 가장 상세한 연구는 다음을 보라. Harold W. Hoehner, *Herod Antipas: A Contemporary of Jesus Christ*, SNTSMS 17 (Cambridge: Cambridge University Press, 1972).

조 출신의 귀족 계층을 대체하는 역할을 했으리라 여겨진다.[17]

한 가지 흥미로운 측면을 보여주는 대목이 있는데, 바로 헤롯의 생일잔치에 초대된 자들의 목록에 "대신들과 천부장들과 갈릴리의 귀인들"(막 6:21)이 기록되어 있다는 점이다. **천부장들**(*chiliarchoi*)은 분명히 어떤 군사적 인물을 의미하는데, 이는 헤롯의 영토에 상주하는 군대가 있었음을 암시한다. 이 군대는 비록 소규모지만, 유사시에 소집되는 군대와는 다른 성격을 갖고 있었을 것이다(*Ant.* 18.251-252). 이런 군 병력의 존재는 전혀 이상할 것이 없으며, 일정 지역에 주둔하는 병력과 달리 백성에게 반드시 큰 부담이 되었던 것도 아니다. 왕의 잔치에 참석한 **천부장들**의 임무는 십중팔구 지역 치안과 국경의 초소 관리였으며, 그들은 안티파스와 그의 가족에 대한 신변 보호도 책임졌을 것이다. 따라서 렌스키의 사회 모델에 의하면, 이들의 위치는 귀족 계층이 아니라 유지 계층에 속한다.

갈릴리의 귀인들(*prōtoi tēs Galilaias*)에 관한 정보는 요세푸스의 기록을 통해서도 알 수 있다. 이들의 역할과 관련된 두 가지 사건에 주목할 필요가 있다(*Ant.* 18.122, 261-309). 이 두 사건 모두에서 **귀인들**(*prōtoi*)은 영향력 있는 유대인들로 묘사되며, 종교적 가치에 적극적인 관심을 보인다. 그러면서 한편으로는 법과 질서의 유지 및 로마 제국에 바칠 조공에도 관심을 보인다. 요세푸스는 그의 저서에서 이 단어를 75회에 걸쳐 사용하는데, 대부분 이 용어는 "공직에 있는 유대인들"을 지칭한다.[18] 그렇다면 이 단어는 종종 언급되는 두 부류의 사람들, 즉 **능력자**

17 앞의 책, 331-43.

18 William Buehler, *The Pre-Herodian Civil War and Social Debate* (Basel: Rheinhardt, 1974), 20-53.

들(*dynatoi*) 및 **온전한 자들**(*hoi en telei*)과는 구별되어야 한다. 여기서 전자는 태어나면서부터가 아닌 후천적으로 권력에 오른 귀족을, 후자는 공직에 있는 자들을 의미한다.

마가복음이 언급하는 잔치에 초대된 세 번째 부류는 **대신들**(*megistanes*)로서 "위대한 사람들" 혹은 "웅장함"을 의미한다. 따라서 혹자는 70인역의 다니엘 5:23에 등장하는 조신(朝臣, courtiers)으로 이 사람들을 이해하고 싶을 것이다. 그러나 요세푸스는 유대 반란이 발발했을 때 아그리파 2세의 영토에서 자신들의 말, 무기, 그리고 소유물을 갖고 도망쳐 나온 귀족들을 지칭하는 데 이 단어를 사용하고 있다(*Life* 112). 결국 이 사람들은 궁정 관리 혹은 행정 관직자라기보다는, 유사시에 왕이나 통치자가 적극적인 지원을 기대할 수 있는 지방 군주들을 가리키는 것 같다. 이들이 복음서 곳곳에 나오는 헤롯당원과 동일한 인물들인지는 불확실하다(막 3:6; 12:13). 그러나 라틴어 이름 말미에 붙는 *-ianoi*는 한 개인을 추종하거나 지지한다는 의미를 가지고 있으므로, 이런 어미를 지닌 이름은 자신의 직계 집안보다 더 넓은 범위를 가리킬 것이다. 실제로, 제1차 유대 반란 당시 헤롯이라는 이름을 가진 사람이 두 명 존재했는데, 이들은 티베리아스의 지배 계층에 속하면서, 로마 제국에 대한 충성을 권장하고 요단강 일대의 토지를 소유하고 있었다. 이런 이해를 바탕으로, 갈릴리와 전국 각지에 있던 헤롯당원들은 부유한 토지 소유주였으며, 자신들의 부를 위해 헤롯 대왕과 그의 아들들이 내려주는 시혜에 의존하는 인물로 묘사될 수 있었다. 필연적으로 이들은 헤롯 왕가와 그들의 정책에 열과 성을 다해 충성했을 것이며, 어쩌면 갈릴리의 새로운 귀족 지배 계층으로 여겨질 수 있었을 것이다.

앞에서 이미 언급했듯이, 마가복음의 목록에 나오는 **천부장들**은 지배 계층보다는 유지 계층에 속한 자들이었다. 지배 계층에 속하는 다른 직군의 사람들도 요세푸스의 기록에 등장한다. 세포리스에 존재했던 **아르케이아**(*archeia*)는 공문서 기록관과 다양한 종류의 서기관을 의미하는데, 같은 의미의 단어로는 **코모그라마테이스**(*kōmogrammateis*)가 있다. "갈릴리의 각 마을과 유대와 예루살렘에서 온"(눅 5:17) 사람들은 바로 이런 자들을 지칭한다. 갈릴리에서 요세푸스와 경쟁 관계에 있었던 티베리아스의 유스투스는 훌륭한 그리스식 교육을 받았고 아그리파 2세를 섬기는 고위 공직에 있었다. 기원후 66년, 당시 요세푸스의 숙적이었던 기샬라의 요한 역시 상부 갈릴리에서 로마 제국의 행정 관직을 맡고 있었던 것으로 보인다(*Life* 73). 우리는 초기 헬레니즘 시대의 프톨레마이오스 왕조 이후부터 대물림해왔을 고위 관료 체제와 그 안에 부속된 하위 관료의 전반적인 조직도를 추정해볼 수 있다.[19] 이런 하위 관료에 속한 직업군은 시장 관리인들(*agoranomoi*), 세리들(*telōnai*), 재산 관리인들(*oikonomoi*), 재판관들(*kritai*), 감옥 간수들(*hypēretai, praktōres*)이며, 이들은 모두 복음서에 그대로 기록되거나 유사한 의미의 단어로 등장한다. 세리는 어딜 가나 있었던 것처럼 보이는데, 이는 안티파스에게 바치는 조공뿐만 아니라 다른 여러 형태의 세금과 요금이 백성에게 예외 없이 부과되었음을 암시한다.[20] **토지세**(*tributum soli*) 납부도 이런 세금 중 하나였는데, 이는 제1차 유대 반란 당시 상부 갈릴리에서 로마 제국에 바칠 물품을 보관했던 저장고를 통해 확인된다. 상부 갈릴리뿐만 아니라 갈릴리 전역에 걸쳐 이런 저장고가 존재했을 것이

19 George McLean Harper, *Village Administration in the Roman Province of Syria*, Yale Classical Studies 1 (Princeton: n.p., 1928), 107-68; Victor Tcherikover, *Palestine under the Ptolemies: A Contribution to the Study of the Zenon Papyri*, vols. 1-4 of *Mizraim* (New York: Steichert, 1937).

20 Fritz Herrenbrück, *Jesus und die Zöllner*, WUNT 41 (Tübingen: Mohr, 1990).

다(*Life* 71.119). 그 밖에도 **인두세**(*tributum capitis*)가 있었는데, 이는 로마 제국의 전형적인 세금 체계에 속했다. 이 인두세 징수로 인해 관료 체제를 위한 또 하나의 조세 항목이 갈릴리 사회 구조 내의 유지 계층에 추가로 부과되었을 것이다.

렌스키의 모델에 의하면, 유지 계층 밑에 농민 계층이 자리한다. 농민 계층에는 10에서 15헥타르에 해당하는 소규모 가족 단위의 토지 소유주와, 생존을 위해 땅을 빌려 농사를 짓고 보통 부재중인 토지 소유주에게 사용료를 지불했던 소작인이 포함된다. 본래 모든 유대인은 토지 경작의 의무가 있었고, 예루살렘 성전에 바칠 십일조와 농산품 제물에 관한 제반 사항은 모두 이런 토지 경작 의무에 기초하고 있었다. 그러나 로마 제국의 지배와 함께 팔레스타인에서도 그 밖의 지역과 마찬가지로 대규모 토지가 등장하게 되었고, 이는 필연적으로 전통적인 토지 소유 방식에 압력을 가했다. 토지에 관한 이런 압력은 이미 페르시아 시대에 느헤미야가 단행한 토지 개혁에서도 찾아볼 수 있다(느 5:1-12). 하스몬 왕조도 "모든 사람이 자기 소유의 포도원을 가지고 있어야 한다"(마카베오상 14:12)는 이스라엘의 이상적 가치에 동의를 표했다. 그러나 한편으로는 헤롯당이 행했던 것처럼 정복지에서 대규모 토지 정책을 시행했는데, 이는 다양한 증거를 통해 확인된다.[21] 이와 같은 토지 체제의 압박으로 점점 더 많은 사람이 토지에서 쫓겨나 빈곤에 처하게 되었다.

위와 같은 대략적 개요는 비록 부분적이긴 하지만, 기원후 1세기 갈릴리에서의 토지 소유 유형이 지닌 복합적 성향에 대해 알려준다. 분명

21 다음을 보라. David A. Fiensy, *The Social History of Palestine in the Herodian Period: The Land Is Mine* (Lewiston, N.Y.: Mellen, 1991).

한 것은 토지 소유 경향이 대규모 토지 확보로 기울고 있었고, 결과적으로 전통적인 유대 소작인 계층으로 하여금 그들의 생존형 농업 방식을 포기하게 만들었다는 사실이다. 티베리아스에 있었던 징세 관련 기관이 그 대표적인 예로, 소규모 지주들이 귀족 지배 계층의 필요를 채우기 위해 얼마나 큰 부담을 느꼈는지 잘 보여준다. 산업화 이전 상황에서 토지는 가장 기본적인 부의 근원이었지만, 당시 기준으로 볼 때 높은 인구 밀도를 보였던 갈릴리에서 토지의 공급률은 수요에 비해 저조했다(*J.W.* 3.41-43). 이런 상황에서 자꾸 늘어가는 세금은 많은 사람을 가난으로 몰아갔으며, 이들은 결국 렌스키의 피라미드 모델의 최하층에 놓이게 되었다. 다시 말해, 사회 구조의 제일 밑바닥에 있던 사람들은 땅이 없는 가난한 자들과 도시의 빈곤층이었다(*Life* 66-67). 소작인 관리자에서 소작인이 되고, 다시 일용 근로자로 전락하는 일이 많은 사람에게 비일비재하게 일어났으며, 이로 인해 사회적 차원의 분노와 빚, 강도 행위, 그리고 여성의 매춘이 늘어갔다. 이 모든 사회 계층에 대한 언급이 복음서에 나오는데, 이들은 예수의 비유에서 등장인물로 나타나거나, 헤롯 지배하의 갈릴리에서 일상생활의 혹독한 현실과 관련하여 급진적 대안을 필요로 했던 실제 인물로 등장한다.

경제 체제

갈릴리에서의 토지 소유 방식이 지닌 문제는 경제 상황에 대한 질문으로 즉각 연결된다. 왜냐하면 산업화 이전 사회에서 토지는 가장 중요한 자원이었기 때문이다. 갈릴리는 상대적으로 자연 자원이 풍부한 곳이었다. 헬몬산에서 눈이 녹아 내려온 물과 계절성 강우는 다양한 곡물의 성장과 높은 생산성을 보장했다. 요세푸스는 시적인 표현을 동원하여 가버나움에 있는 게네사르(Genessar) 평원의 기후 조건과, 이곳에서 생산되는 고급 품종의 과일에 대해 찬사를 아끼지 않았다(*J.W.* 3.506-521). 반면 하부 갈릴리에서는 아마(亞麻)뿐 아니라 다양한 곡물이 수확되었는데, 이는 요세푸스와 랍비 문헌에서 확인할 수 있다(*J.W.* 3.42-43).[22] 상부 갈릴리의 경사면은 포도주와 올리브유의 원료인 포도와 올리브 재배에 적합했는데, 요세푸스는 기샬라의 요한이 행했던 농업 관련 사업에 대해 기록하면서, 그곳을 지리적으로 생생히 묘사하고 있다(*Life* 74-75; *J.W.* 2.259-260).[23] 농사 활동 이외에도, 갈릴리 호수는 활발한 어업 활동을 지탱했던 천연자원으로, 어업을 위한 배와 그물 생산자들에 대한 필요뿐만 아니라, 액체 상품을 수출할 때 필요한 도자기 생산과 같은 특수 서비스에 대한 필요가 생기도록 했다.[24]

갈릴리 경제 연구가들이 가장 주목하는 점은 이런 경제 활동을 통해 갈릴리의 농민들이 어느 정도 이득을 보았는지, 혹은 세금과 다른 징수로 인해 지배 계급의 희생물이 되었는지에 대한 문제다.[25] 갈릴리 경제는 정치의 종속물로 농민은 단지 노예에 불과했던 걸까? 기본 자원은 누구의 이익을 위해 사용되었을까? 앞서 제안했듯이, 만일 갈릴리에서의 토지 소유 방식 유형이 대규모 토지와 가족 단위 소규모 토지의 혼합체라면, 농민들에게도 어느 정도 상업적 독립이 허락되었을 것이다. 그러나 세포리스의 도시 재정비와 티베리아스에서의 건축은 갈

22 Ze'ev Safrai, *The Economy of Roman Palestine* (London: Routledge, 1994).

23 Rafael Frankel, "Some Oil Presses from Western Galilee," *BASOR* 286 (1992): 39-71.

24 K. C. Hanson, "The Galilean Fishing Economy and the Jesus Tradition," *BTB* 27 (1997): 99-111.

25 Horsley, *Galilee*, 202-22.

릴리 경제의 전환점이 되는 사건이었을 것이다. 예수의 공생애 사역 기간에 발생한 이 사건은, 예수가 가난한 자들에 대한 축복을 강조하고, 모든 이의 필요를 돌보는 하나님의 섭리를 신뢰하도록 요구한 말씀의 직접적인 배경이 되었다.[26] 새로운 계층인 헤롯당원들의 호화로운 삶의 방식을 유지하기 위해 적절한 분량의 재화가 지배 계층인 그들에게 돌아가야 했는데(참조. 마 11:8), 이는 분명 소작인들에게 부담으로 작용했다. 이런 부담은 빚으로 연결되었고, 빚을 갚지 못하면 재산이 압류되었다. 이와 같은 상황에서 유일한 대안이 될 수 있는 생존 방식은 노예나 강도가 되는 것이었다.[27]

그러나 이런 상황은 이후의 문헌 증거를 고려하여 균형 있게 이해되어야 한다. 이 증거에 의하면, 유대의 농민 계층은 두 번의 유대 반란이라는 위기 상황을 겪고도 생존했다. 우리는 여러 시장과 마을 상인들, 그리고 상행위 법률을 빈번히 언급하는 랍비 문헌을 발견하게 된다.[28] 이런 증거는 단순히 후대의 미화로 치부될 수 없으며, 오히려 우리가 이미 복음서 및 요세푸스의 저서와 같은 기원후 1세기 문헌을 통해 확인한 삶의 유형의 연속선상에서 이해되어야 한다. 하지만 황제 가이우스 칼리굴라(기원후 39년)의 지배하에서 발생한 갈릴리 농민들의 파업이 보여주듯이, 최저 생활과 빈곤 사이의 경계선은 불분명했다. 예루살렘 성전 내에 황제 동상의 건립을 추진하는 데 저항하여 농민들

26 Sean Freyne, "The Geography, Politics, and Economics of Galilee and the Quest for the Historical Jesus," in *Studying the Historical Jesus: Evaluation of the Current State of Research*, ed. Bruce Chilton and Craig Evans, NTTS 19 (Leiden: Brill, 1994), 75-124.

27 Richard Horsley and John Hanson, *Bandits, Prophets, Messiahs: Popular Movements in the Time of Jesus* (Minneapolis: Winston, 1985).

28 Safrai, *Economy of Roman Palestine*, 224-72.

은 토지 경작을 멈추기로 결심했고, 이로 인해 헤롯 왕가의 몇몇 사람은 당황하게 되었다. 그들이 당황한 이유는 토지 경작이 안 되어 수확이 없으면 로마 제국에 바칠 연간 조공 목표량의 부족을 초래하고, 여차하면 사회적 무정부 상태로 이어질 수 있었기 때문이다(*Ant.* 18.273-274). 줄리어스 시저는 일찍이 이런 문제를 인지하고 기원전 47년에 예루살렘 성전을 후원할 수 있는 유대 농민들의 권리를 복원시켰고, 이에 따른 조치로 로마 제국이 거둬들여야 할 조공의 양을 삭감했다(*Ant.* 14.190-216). 하지만 안티파스가 해마다 자신의 수익으로 갈릴리와 페레아에서 거둔 액수는 2백 달란트(두로에서 통용된 은화 육십만 세겔에 해당)나 되었다. 이 액수는 이웃 지역에서 안티파스의 형제 빌립이 징수한 규모와 대조되는데, 빌립은 자신의 통치 영토로부터 연간 백 달란트를 거두어들였다. 그러나 아르켈라오스는 자신이 폐위되던 기원후 6년까지 해마다 유대, 사마리아, 이두매, 스트라토의 망대(카이사레아 마리티마)에 있는 연안 도시들, 그리고 욥바로부터 6백 달란트를 징수했다(*Ant.* 17.318-320). 여하튼 안티파스의 연간 요구액은 갈릴리 사람들에게 상당한 부담이었고, 비록 명시되어 있지는 않지만 로마에 직접 바쳐야 할 조공 역시 그들의 몫이었을 것이다.[29]

돈의 사용은 개발 도상 경제에 있어서 핵심이라고 할 수 있는데, 왜냐하면 보유 가치로서 돈의 기능은 국한된 지역에서만 가능한 물물 교환과는 비교할 수 없을 만큼 광범위하고 세분화된 상거래 체계를 가능하도록 만들기 때문이다. 요세푸스에 의하면, 기샬라의 요한은 시리아에서 온 동족 유대인들과의 상거래 시에 두로의 화폐를 사용했다. 이

29 Hoehner, *Herod Antipas*, 298-301.

정보는 여러 다양한 장소에서 발견된 고고학적 증거와 맥을 같이하는데, 여기서 두드러지게 발견되는 화폐 유물은 두로에서 사용된 주화로, 상부 갈릴리에 속한 메이론, 기샬라, 키르벳 쉐마에서 발견되었다. 그뿐 아니라 가말라와 요드팟에서도 화폐 유물이 발견되었는데, 이 두 지역은 제1차 유대 반란 당시 하부 갈릴리에 위치한 유대 민족주의의 요새였다.[30] 이는 당시의 상거래가 페니키아의 중요 항구 도시와 유대 내륙 지역 사이에 이루어졌음을 의미한다. 여기서 주목할 점은 두 지역이 원래 문화적 차이로 인해 종종 서로에 대한 적대감이 공개적으로 표출되었던 곳이라는 사실이다(*J.W.* 4.105). 가장 놀라운 점은 두로에서 통용되던 반 세겔이 모든 유대인 남성이 예루살렘 성전 유지를 위해 지불해야 했던 "성전용 주화"로 여겨졌다는 것이다. 이런 현상이 발생했던 일반적인 이유로, 백오십 년(기원전 126년-기원후 56년) 이상 두로에서 사용되던 화폐가 지니고 있었던 영속적 가치, 즉 화폐에 포함된 은 성분을 들 수 있다. 실제로 두로에서 통용되었던 은화가 아닌 다른 재질의 화폐는 그 가치가 절하되었다. 또 다른 이유로는, 두로에서 사용되던 화폐의 공급량이, 두로에서 만든 것이든 외국에서 만든 것이든 다른 어떤 종류의 통화보다 훨씬 많았다는 점을 들 수 있다. 두로의 화폐 주조소는 로마 제국이 인정한 두로 지역의 가장 중요한 시설물이었고, 헤롯 당원들에게는 은화 주조가 허락되지 않았다. 따라서 우리는 주화의 수량 하나만으로 갈릴리의 상업 활동이 페니키아의 한 항구 도시에 집중

30 Richard Hanson, *Tyrian Influence in the Upper Galilee* (Cambridge, Mass.: ASOR, 1980); Joyce Raynor and Yakov Meshorer, *The Coins of Ancient Meiron* (Winona Lake, Ind.: Eisenbrauns, 1985); D. Barag, "Tyrian Coinage in Galilee," *INJ* 6-7 (1982-83): 7-13; D. Syon, "The Coins of Gamala: an Interim Report," *INJ* 12 (1992-93): 34-55.

되어 있었다고 추론할 수 없다. 고대 사회에서 일단 발행된 주화는 오랜 기간 유통되었고, 그것이 생산되고 폐기되는 장소뿐만 아니라 여러 곳에서 상행위의 용도로 사용되었다.

갈릴리의 경제 흐름은, 적어도 이론상으로는, 그곳의 농민들과 예루살렘 종교 지도자들 모두가 지지하던 유대교적인 종교관과 정면으로 대치되는 가치와 태도에 토대를 두고 있었다. 헤롯당원들은 자신들이 향유하던 특권층으로서의 모든 생활 방식을 유지하기 위해 갈릴리의 풍부한 자원을 착복하여 자기 배를 채웠고, 받은 것을 사회에 환원하는 일에는 전혀 관심이 없었다. 하지만 정작 이스라엘이 꿈꿨던 이상적인 경제 사회의 모습은, 소외 계층 없이 전 공동체가 토지와 토지를 통한 수확물에 담겨진 축복을 공유하는 것이었다. 안티파스가 장기간 통치하는 동안 이상과 현실의 이런 충돌은, 세포리스와 티베리아스를 중심으로 드러난 에토스의 변화 가운데 있던 갈릴리 농민들의 삶 속에서 점점 뚜렷하게 나타나게 되었다.[31] 갈릴리 경제의 두 중심지였던 세포리스와 티베리아스, 이 두 지역의 과도한 현상 유지로 인해 갈릴리 전역의 천연자원과 인적 자원이 고갈되었을 뿐만 아니라 사회적 원성과 저항이 야기되었다. 이 저항은 제1차 유대 반란 당시에 극에 달했는데, 그때 갈릴리 사람들은 실제로 세포리스와 티베리아스 두 곳을 습격하여 귀족들과 그들의 사치스런 생활 방식에 대한 자신들의 분노를 표출했다(*Life* 66.301, 373-380). 그러나 이런 소외감이나 분노는 심지어 제1차 유대 반란이 일어나기 사십여 년 전, 예수가 갈릴리 마을에서 행했던 사역 동안에도 탐지될 수 있다. 복음서에는 헤롯당원들의 본거지에

31 Sean Freyne, "Herodian Economics in Galilee: Searching for a Suitable Model," in *Galilee and Gospel: Collected Essays* (Tübingen: Mohr Siebeck, 2000), 86-113.

대한 언급이 전무하고, "왕궁"에 살았던 이들의 생활방식은, 예수 자신과 그의 멘토인 세례 요한이 내건 가치와 대조를 이루면서 비판적인 시각으로 다뤄진다(마 11:8).[32]

갈릴리와 예루살렘

만일 갈릴리 농민들이 헤롯 왕가의 전폭적 지지를 받던 두 도시와 그들의 가치에 반감을 갖고 있었다면, 거룩한 도시 예루살렘은 그들의 기대에 있어 사뭇 다른 현실을 의미했을 것이다. 갈릴리 농민들에게 예루살렘에 있는 성전은 보는 것만으로도 경외와 놀라움의 대상이었다(막 13:1). 그러나 이스라엘 땅에 대한 연대 책임 의식이 포함된 공동의 우주에 대한 상징으로서 예루살렘 성전은 갈릴리 농민들에게 "지속적인 유대감과 동기"를 부여했으며, 이로 인해 이들은 예루살렘 성전을 순례하여 자유로이 드리는 제물을 통해 자신들의 정체성을 표현할 수 있었다.[33] 문제는 헤롯 왕조의 통치가 도래하자 예루살렘과 기존의 귀족 지배 계층이 큰 타격을 입게 되었다는 것이다. 비록 헤롯 대왕이 예루살렘 성전 부지를 확장하고 보수하는 등 예루살렘에 여러 웅장한 건축물을 세웠지만, 카이사레아 마리티마 등과 같은 다른 지역들에 대한 헤롯의 또 다른 관심과 지원은 종교와 정치적 당국 간의 분리를 의미했다.[34]

32 Gerd Theissen, *The Gospels in Context: Social and Political History in the Synoptic Gospels* (Edinburgh: Clark, 1992), 25-42; Sean Freyne, "Jesus and the Urban Culture of Galilee," in *Galilee and Gospel*, 183-207.

33 Sean Freyne, "The Geography of Restoration: Galilee-Jerusalem Relations in Early Jewish and Christian Experience," *NTS* 47 (2001): 289-311.

이와 같은 헤롯의 정책은 예루살렘이 미칠 수 있는 종교적 영향력의 지경을 극히 제한했으며, 이런 상황은 기원후 6년에 아르켈라오스의 폐위와 함께 시작된 로마 제국의 직접 통치 이후 더욱 두드러졌다. 헤롯은 종교 기관, 그중에서도 특히 대제사장 집단에 대한 통제에 신경을 썼는데, 디아스포라 유대인 중에서 대제사장을 직접 임명함으로써 결과적으로 유대인의 내적 삶에 영향을 미치는 대제사장 직분의 의미를 희석해버렸다. 그리스-로마 사회에서 부나 귀족 혈통과 같이 사회 계층을 구분해주는 기준 요소들이 아무리 고상해 보이더라도 어두운 역사적 현실을 감출 수는 없었다.[35] 최근 예루살렘의 유대인 구역에서 시행된 발굴 작업을 통해 이곳 귀족 지배층의 호화 생활이 증명되었듯이, 당시 귀족 계층은 폭력을 써서라도 자신들의 현상 유지를 위해 농민층으로부터 밀린 세금을 착취했고, 이로 인해 농민층은 점점 더 불만 세력으로 변해갔다(*Ant.* 20.180-181, 206-207).

그러므로 기원후 1세기 유대 지역 곳곳에서 다양한 사회적 혼란이 증가 일로에 있었다는 사실은 놀랍지 않다. 강도 행위, 예언자적 저항 운동, 그리고 사회의 주류 현상과 직결된 여러 종교적 이데올로기의 등장이 바로 사회적 혼란의 구체적인 모습이었다.[36] 따라서 에세네파가 도시를 떠나 유대 광야에서 영위한 척박한 공동체 생활과, 바리새인들이 강조한 검소한 생활 방식(*Ant.* 18.12, 18)은 가난을 수치가 아닌 이상적 미덕으로 다룸으로써 당시 만연하던 귀족 지배 계층의 에토스에 반

34 Doron Mendels, *The Rise and Fall of Jewish Nationalism* (New York: Doubleday, 1992), 277-332.

35 Martin Goodman, *The Ruling Class of Judaea: The Origins of the Jewish Revolt against Rome, A.D. 66-70* (Cambridge: Cambridge University Press, 1987), 특히 29-75.

36 Horsley and Hanson, *Bandits, Prophets, Messiahs*.

대하는 전형적인 반문화적 반응을 나타낸다. 그러나 갈릴리의 경우처럼, 유대 지역의 귀족 지배 계층과 그들의 특권 행위에 대한 적개심을 제대로 이해하기 위해서는, 기원후 66년 유대 반란의 발발로 극에 달했던 다양한 저항 세력과 그들의 전략을 고려해봐야 한다. 조세 납부의 거부, 로마에 대한 "충성을 상징하는 제사"의 중단, 빚 문서 소각(*J.W.* 2.404, 409, 427)과 같은 일련의 행위는 로마 총독 플로루스에 대한 적개심의 표출이었고, 이런 행위의 저변에는 강력한 사회적·계층적 요소들이 자리하고 있었다.[37] 요세푸스에 의하면, 대제사장들은 가식적이고 사적인 동기를 갖고 자신들의 경건을 공개적으로 표현하면서, 로마 군대를 받아들이도록 사람들을 설득했지만 허사였다(*J.W.* 2.321-324). 후에 아그리파는 대제사장들이 분노한 플로루스를 왜 달래려고 했는지 그 이유를 알게 된다. 즉 "대제사장들은 자신들의 지위와 소유를 지키기 위해 평화를 원했던 것이다"(*J.W.* 2.338). 실제로 정치적 반란이 사회적 혁명으로 이어졌는데, 혁명의 타도 대상도 로마 제국이 아니라 대제사장들 및 그들의 추종 세력으로 변하게 되었다. 이런 맥락에서, 기원후 67년에 베스파시안이 예루살렘으로 진격할 당시, 열심당원들은 주변 지역 "강도떼"의 지원을 받아 예루살렘 성전을 점령하고, 제비를 뽑아 자격 요건이 되지 않는 한 시골 사람을 대제사장으로 선출하여 원래 대제사장인 아나누스를 대신하게 했다. 요세푸스의 말을 빌리면, 아나누스는 "매우 현명한 사람으로, 음모꾼들의 술수만 아니었다면 예루살렘을 구할 수 있는 인물이었다"(*J.W.* 4.151).

갈릴리처럼 기원후 1세기의 유대도 급변하는 사회였으므로, 유대

37 Goodman, *Ruling Class of Judaea*, 152-95.

사회의 붕괴를 가져온 체계적인 요인들은 유대 혁명 기간에 생생히 드러났는데, 이는 로마 제국이 유대교 지역을 간접 지배한 초기부터 이미 작용하고 있었다. 정치적 이유로 유대교의 종교 기관을 지배했던 헤롯 대왕은 이에 대해 어느 정도 책임이 있다고 볼 수 있다. 헤롯은 자신의 폭정을 이용하여 이견의 싹만 보여도 이를 쳐내버렸는데, 어떤 저항도 불가능하도록 확실히 처리했다. 헤롯의 죽음에 대한 유대인들의 반응과 뒤를 이어 왕위에 오른 아르켈라오스가 보여준 사회 질서 유지와 관련한 무능함은, 유대 사회가 갈릴리와는 다른 방식으로 이미 혼란 속에 있었음을 보여준다. 갈릴리는 예수가 자란 곳이자, 이스라엘의 운명에 관한 그의 독특한 이해와 그에 따른 자신의 역할을 정립한 세계였다. 갈릴리에서 예수는, 헤롯 왕가인 안티파스가 강요하는 새로운 차원의 강압으로 인해 고유한 생활 방식과 가치가 사라져가는 지역 문화의 사회적 필요를 다루고자 애썼다. 그러나 예수는 **유대인** 예언자로서, 자신의 종교 전통의 중심지, 곧 예루살렘에 대한 문제도 다뤄야 했다. 예수는 자신 이전과 이후의 예언자들이 그러했듯이, 자신이 사랑했던 예루살렘 성전과 그 도시에 대한 심판을 선포해야 하는 결코 달갑지 않은 의무를 떠안고 있었던 것이다(눅 13:34-35).[38]

38 Gerd Theissen, "Die Tempelweissagung Jesu: Prophetie im Spannungsfeld zwischen Tempel und Land," *TZ* 32 (1976): 144-58; Sean Freyne, *Galilee, Jesus and the Gospels: Literary Approaches and Historical Investigations* (Minneapolis: Fortress, 1988), 224-39.

제2장

로마 제국과 소아시아

David A. Fiensy
데이비드 A. 핀지

초기 기독교가 전개되던 시기에 소아시아 사람들은 중요한 몇 가지 사건을 목격했다. 신약성서의 많은 서신은 소아시아에 있던 개인, 도시 혹은 지역을 수신 대상으로 삼는다. 그 예로, 빌레몬서, 디모데전후서, 에베소서, 골로새서, 요한계시록, 갈라디아서, 베드로전서를 들 수 있다. 또한 바울은 에베소에서 고린도전서를 기록했다(고전 15:32; 16:8). 더욱이 사도행전을 보면 바울은 소아시아 지역에 있던 두 지역, 즉 갈라디아와 아시아 지역을 관통하여 선교 여행을 한다. 기독교 전통에 의하면, 요한복음과 세 가지 요한 서신을 나오게 한 요한 공동체도 에베소, 즉 소아시아 지역에 위치한다. 마지막으로, 초기 기독교 운동의 가장 위대한 지도자 중 하나인 사도 바울과, 바울의 명성에는 못 미치지만 역시 주목해야 할 기독교 사역자들(디모데[행 16:1]와 에바브로[골 4:12]) 역시 소아시아 출신이었다. 그뿐 아니라 기원후 2세기에는 많은

기독교 지도자("정통"과 "이단" 모두를 포함하여)가 그곳에서 태어났다.[1]

그렇다면 초기 기독교 역사에서 소아시아 지역의 중요성이 입증되었으므로 이 지역을 조사한 연구들을 개관하는 일은 타당한 작업이다. 새롭게 발표된 많은 명문(銘文)과 최근 수십 년에 걸쳐 발견된 풍성한 고고학적 유물로 인해, 이런 탐구는 시기적으로도 매우 적합하다고 볼 수 있다. 또한 소아시아의 여러 지역에서 지금도 진행 중인 발굴 작업으로 인해 신약성서 연구에 중대한 결과를 미칠 다양한 문헌 및 자료가 발견되어왔다.[2]

이렇게 발견된 자료와 함께 신약성서 관련 문서를 고려해보자는 새로운 경향이 신약성서 연구에서 일어났고, 이런 신경향에 새로운 자료가 추가되고 있다. 만일 한 저명한 신약학자가 에베소와 버가모에서 수집한 일련의 명문과 유물 분석에 집중한다면, 이는 신약성서 학계에서 방법론상의 전환을 의미한다.[3]

우리는 신약성서 해석과 관련하여 새로운 증거에 의존해온 연구, 특히 지난 30년간 행해진 연구에 대해 알아볼 것이다. 우리는 전반적으로 신약성서 주석서와 개론 연구(저자 문제 등에 대한)가 고고학, 금석

1 Papias, Polycarp, Melito, Polycrates, Montanus, Irenaeus, Cerinthus, Quadratus, Marcion, 이들 모두가 소아시아에서 태어났다. 히브리 성서의 중요 번역자 중 하나인 Oukelos는 소아시아의 폰토스 출신이었다. 더욱이 다음에 열거하는 세 명의 저명한 그리스 철학자, 즉 Epictetus, Diogenes of Sinope, Peregrinus도 소아시아 출신이다.

2 G. H. R. Horsley("The Inscriptions of Ephesos and the New Testament," *NovT* 2 [1992]: 121)에 의하면, 그가 이 소논문을 저술할 당시에 에베소에만 약 3,750개의 명문이 존재하고 있었다.

3 다음을 보라. H. Koester, ed., *Ephesos, Metropolis of Asia: An Interdisciplinary Approach to Its Archaeology, Religion, and Culture* (Valley Forge, Pa.: Trinity, 1995); idem, *Pergamon, Citadel of the Gods: Archaeological Record, Literary Description, and Religious Development* (Harrisburg, Pa.: Trinity, 1998).

학, 화폐학을 통해 신약성서 본문의 내용을 밝혀주는 때 외에는 주석서와 개론 연구를 고려하지 않을 것이다.

학문적 유산

우리가 비록 지난 30여 년간 이루어진 최근 연구에 주목하고 싶더라도, 그 이전에 있던 주요 연구를 무시해버릴 수는 없다. 현재의 학자들이 이전의 연구를 인용하면서 반복적으로 언급하는 몇몇 인물이 있는데, 우선 소아시아 연구의 원조로 불리는 램지(W. M. Ramsay)를 들 수 있다. 오늘날 학자들은 고대 역사 및 신약성서 모두에 대해 램지의 다양한 연구 결과에 의존한다. 고전학자인 램지는 19세기 말에 이루어진 자신의 터키 여행을 바탕으로 1890년에 『소아시아의 역사적 지리』(*The Historical Geography of Asia Minor*)를 집필했다.[4] 그다음에 언급할 두 학자는 브로튼(T. R. S. Broughton)[5]과 매기(D. Magie)[6]로, 이들의 저술 역시 기본서로서 주목받고 있다. 브로튼은 소아시아 경제 발전에 대한 정보를

4 W. M. Ramsay, *The Historical Geography of Asia Minor* (London: John Murray, 1890). 다음도 보라. Ramsay, *The Letters to the Seven Churches of Asia and Their Place in the Plan of the Apocalypse* (London: Hodder & Stoughton, 1904); idem, *The Cities of St. Paul: Their Influence on His Life and Thought* (London: Hodder & Stoughton, 1907). 신약성서 연구 전반에 대한 Ramsay의 기여에 대해서는 다음을 보라. W. W. Gasque, *Sir William Ramsay: Archaeologist and New Testament Scholar* (Grand Rapids: Baker, 1966).

5 T. R. S. Broughton, "Roman Asia Minor," in *Economic Survey of Ancient Rome*, ed. T. Frank (Baltimore: Johns Hopkins University Press, 1938).

6 D. Magie, *Roman Rule in Asia Minor*, 2 vols. (Princeton, N.J.: Princeton University Press, 1950).

제공하고, 매기는 아탈루스 사망(기원전 133년)에서부터 기원후 285년까지의 소아시아 역사에 대해 자세히 알려준다.

주목할 만한 자원

존슨(S. E. Johnson)은 세 편의 논문을 통해 소아시아와 관련된 모든 연구를 제시하고자 했는데, 그중 마지막 논문은 1975년에 발표되었다. 존슨은 구체적으로 신약성서와 소아시아의 기독교에 관한 연구뿐만 아니라 고고학적 발굴에 대해서도 발표했다.[7] 『로마 세계의 흥망성쇠』(*Aufstieg und Niedergang der römischen Welt*)는 고대 로마 역사에 관한 연속 출판물로, 소아시아에 관한 이후의 연구에도 영향을 미쳤다. 1980년에 두 개의 출판물이 등장하는데, 하나는 갈라디아에 대해, 다른 하나는 소아시아의 도시들에 대해 이야기한다.[8] 그리고 1990년에 오스터(R. Oster)는 소아시아의 종교 중심지였던 에베소에 관한 논문을 출간했다.[9] 「미국 고고학 저널」(*American Journal of Archaeology*)에는 소아시아/

7 S. E. Johnson, "Asia Minor and Early Christianity" in *Christianity, Judaism, and Other Greco-Roman Cults*, ed. J. Neusner, 4 vols., SJLA 12 (Leiden: Brill, 1975), 2:77-145. 다음도 보라. Johnson, "Laodicea and Its Neighbors" *BA* 13 (1950): 1-18; "Early Christianity in Asia Minor," *JBL* 77 (1958): 1-17; "Unsolved Questions about Early Christianity in Anatolia," in *Studies in New Testament and Early Christian Literature*, ed. D. E. Aune, NovTSup 33 (Leiden: Brill, 1972), 181-93; "The Apostle Paul and the Riot in Ephesus," *Lexington Theological Quarterly* 14 (1979): 79-88.

8 S. Mitchell, "Population and the Land in Roman Galatia," in *ANRW* 2.7.2:1053-81; A. D. Macro, "The Cities of Asia Minor under the Roman Imperium," in *ANRW* 2.7.2:658-97.

9 R. Oster, "Ephesus as a Religious Center under the Principate, Paganism before

터키에서 1956년부터 1997년까지 거의 매년 이루어진 고고학적 연구의 결과가 실려 있다.[10] 마지막으로, 『소아시아 지역의 그리스어 명문』(*Inschriften griechischer Städte aus Kleinasien*)이라는 제목으로 현재 출판 진행 중인 책은 소아시아 지역과 관련하여 새로운 자료를 수집하고 제공하는 것을 목표로 삼는다.

사도행전

하나님 경외자들/예배자들

사도행전에서 바울은 소아시아의 새로운 지역에 들어갈 때마다, 그곳에서 특별한 의미가 있는 유대인들을 발견한다. 그는 그 지역의 회당에 들어가고(13:14; 14:1; 18:19; 19:8), 다양한 방식으로 유대인들과 관계를 맺는다(16:1; 19:13). 명문들을 통해 볼 때, 사도행전의 사건들이 발생하던 시기에 다수의 유대인이 소아시아 지역에 살고 있었음을 알 수 있다.[11] 비록 새로운 증거의 등장으로 인해, 사도행전의 디아스포라 유대

Constantine," in *ANRW* 2.18.3:1661-728. 다음도 보라. Oster, *A Bibliography of Ancient Ephesus* (Metuchen, N.J.: Scarecrow, 1987).

10 1993년까지의 연구 결과는 M. J. Mellink에 의해 보도되었고, 1994년부터 1997년까지의 연구 결과는 Marie-Henriette Gates에 의해 보도되었다.

11 다음을 보라. M. Stern, "The Jewish Diaspora," in *The Jewish People in the First Century*, ed. S. Safrai and M. Stern, 2 vols., CRINT 1.1-2 (Philadelphia: Fortress, 1974), 1:143-55; E. Schürer, *The History of the Jewish People in the Age of Jesus Christ (175 B.C. — A.D. 135)*, ed. G. Vermès et al., 3 vols. in 4 (Edinburgh: Clark, 1973-87), 3.1:17-36; A. T. Kraabel, "Judaism in Western Asia Minor under the Roman Empire" (Ph. D. diss., Harvard University, 1968); P. R. Trebilco, *The Jewish Communities in Asia*

인들의 성격에 대한 우리의 견해를 재고해봐야 하지만,[12] 그럼에도 이 증거는 사도행전과 요세푸스가 소아시아 지역의 유대인들에 대해 보도하는 정보를 일반적으로 지지한다.

그러나 또 다른 명문이 아프로디시아스에서 발견되기까지, 기존의 증거로는 그 존재를 확실히 증명하기에 역부족이었던 그룹이 있었다. 이 그룹은 사도행전의 여러 구절에서 언급된다. 이 사람들은 몇몇 구절에서 "하나님을 경외하는 자들"(οἱ φοβούμενοι τὸν θεόν) 혹은 "하나님을 경외하는 사람"으로 불리며(10:2, 22, 35; 13:16, 26), 다른 구절들에서는 "(하나님을) 경배하는 자들"(οἱ σεβόμενοι [τὸν θεόν])로 불린다(13:43, 50; 16:14; 17:4, 17; 18:7). 하나님을 경외하는 사람 중 최초로 기독교로 개종한 카이사레아의 고넬료의 이야기를 보도한 후(10-11장), 누가는 소아시아에 있는 비시디아 안디옥에서 일어난 바울과 바나바에 대한 이야기를 전한다(13장). 이곳에 있는 회당에서 바울은 이스라엘 사람과 하나님 경외자 모두에게 말씀을 전하고(13:16, 26), 이스라엘 사람들이 믿지 않자, 바울과 바나바는 사역의 방향을 이방인들(분명히 하나님을 경외하는 사람들)에게로 틀어버린다(13:46-48). 다시 말해, 완전한 이스라엘 사람들이 바울의 메시지를 받아들인 것이 아니라, 하나님 경외자들이 그의 메시지를 받아들였다. 이런 언급과 신약성서 밖의 몇몇 문헌(주로

Minor (Cambridge: Cambridge University Press, 1991); P. W. van der Horst, "Jews and Christians in Aphrodisias in the Light of Their Relations in Other Cities in Asia Minor," *NedTT* 43 (1989): 106-21; F. F. Bruce, "Jews and Christians in the Lycus Valley," *BSac* 141 (1984): 3-15.

12 다음을 보라. A. T. Kraabel, "The Roman Diaspora: Six Questionable Assumptions," in *Diaspora Jews and Judaism*, ed. J. A. Overman and R. S. MacLennan, SFSHJ 41 (Atlanta: Scholars Press, 1992).

요세푸스, 필론, 유베날리스, 에픽테토스, 그리고 탈무드[13])을 토대로 학자들은 하나님 경외자들에 대해 일치된 의견을 보인다. 즉 하나님 경외자들은 토라를 배웠고 유대인들에게 받아들여질 만한 윤리적 삶을 살았지만, 할례를 받지 않은 이방인 무리로, 디아스포라에 있는 회당과 어느 정도 관계를 맺고 있었다는 것이다. 이는 또 다른 의견 일치로 이어지는데, 곧 이 이방인들은 반유대인들(half-Jews)로, 유대인보다 바울의 선포에 더 개방적이었다는 것이다.

하지만 위와 같은 일치된 의견에 몇몇 이의가 제기되어왔다. 우선, 윌콕스(M. Wilcox)는 사도행전이 앞에서 말한 학자들의 의견 일치가 예상하는 그런 그룹을 묘사하고 있는지 의심했다. 단지 사도행전 16:14과 17:4만이 모두가 예상하는 그런 모습의 이방인들을 언급하지만, 이 구절조차도 애매모호한 측면을 가지고 있다. 윌콕스에게 이 구절들은 단지 특정인의 경건함을 의미할 뿐, "회당에서 비주류인 이방인 추종자들"의 회원 자격을 의미하는 것은 아니었다. 윌콕스의 결론은 다음과 같다. 즉 더 이상의 외부 증거가 발견되지 않는 이상, 어느 누구도 이 구절들을 예로 들면서 특정 계층의 이방인들이 정기적으로 회당에 모여 하나님께 예배를 드렸다는 사실을 언급한다고 해석해서는 안 된다

13 F. Siegert, "Gottesfürchtige und Sympathisanten," *JSJ* 4 (1973): 109-64에서 Siegert가 수집한 인상적인 증거를 보라. 다음도 참조하라. B. Lifshitz, "De nouveau sur les 'Synmpathisants,'" *JSJ* 1 (1970): 77-84; L. H. Feldman, "The Omnipresence of the God-Fearers," *BAR* 12, no. 5 (1986): 58-69; J. G. Gager, "Jews, Gentiles, and Synagogues in the Book of Acts," in *Christians among Jews and Gentiles*, ed. G. W. E. Nickelsburg and G. W. MacRae (Philadelphia: Fortress, 1986), 91-99. 주로 인용되는 본문의 출처는 다음과 같다(다른 인용 본문의 출처는 위에 언급된 문헌을 보라). Josephus, *Ant.* 14. 110; 20.34-38, 195; Philo, *QE* 2.2.; Juvenal, *Sat.* 14.96-106; Epictetus, *Diatr.* 2.9.19-21; *Deut. Rab.* 2.24; *b. Sanh.* 70b; *Mek.* on Exod. 22:20; *y. Meg.* 1.11.

는 것이다.[14]

크라벨(A. T. Kraabel)은 하나님 경외자의 정체성에 관한 일치된 이론에 반대하여 좀 더 심각한 이의를 제기했다. 그는 사르디스에서 발굴된 유물을 수년간 연구했지만 회당에서 예배를 드렸던 이방인 그룹에 대한 확실한 언급이나 증거를 찾지 못했다. 실제로 사르디스와 그 밖의 지역에서 발견된 백여 개 이상의 회당 명문을 조사해보면, 약간 유사한 표현인 θεοσεβής가 있긴 하지만, 사도행전에 언급된 이방인 그룹과 일치하는 표현을 찾을 수는 없다. 이에 크라벨은 이방인 그룹에 대한 기존의 일치된 견해에 의문을 품기 시작했고, 비록 누가가 회당에 출석하는 이방인 그룹에 대해 언급하고 있지만 이는 역사적 사실에 바탕을 둔 기록이 아니라는 결론에 이르렀다. 그에 의하면, 오히려 하나님 경외자들은 누가가 고안해낸 신학적 산물로, 복음이 어떻게 유대인들에게 거부당하고 이방인들에게 수용되었는지를 설명하기 위한 목적을 지닌다. 따라서 하나님 경외자들은 역사적으로 실존한 인물들이 아니라 누가의 문학적 창작물이라는 것이다.[15] 게다가 신약성서 외의 자료 중 하나님 경외자들을 언급하는 문헌은 언제나 사도행전의 관점에서 해석된다. 만일 우리가 그와 같은 자료를 사도행전의 영향을 받지 않고 읽는

14 M. Wilcox, "The 'God-Fearers' in Acts—A Reconsideration," *JSNT* 13 (1981): 102-22. 다음의 두 학자는 이와 동일한 관찰을 유사한 방식으로 제시했다. L. H. Feldman, "Jewish 'Sympathizers' in Classical Literature and Inscriptions," *TAPA* 81 (1950): 200-208; and by K. Lake, "Proselytes and God-Fearers," in *The Beginnings of Christianity*, ed. F. J. Foakes-Jackson and K. Lake, 5 vols. (Grand Rapids: Baker, 1979), 5:74-96.

15 A. T. Kraabel, "The Disappearance of the 'God-Fearers,'" *Numen* 28, no. 2 (1981): 113-26; idem, "Greeks, Jews, and Lutherans in the Middle Half of Acts," in *Christians among Jews and Gentiles*, ed. G. W. E. Nickelsburg and G. W. MacRae (Philadelphia: Fortress, 1986), 147-57; and Kraabel with R S. MacLennan, "The God-Fearers—A Literary and Theological Invention," *BAR* 12, no. 5 (1986): 46-53, 64.

다면, 그 자료는 분명 지금까지 말했던 이방인 그룹을 지칭하지 않는다는 것이다. 크라벨은 다음과 같이 결론 내린다. "하나님 경외자들이 실존했다손 치더라도…이들은 고립된 존재로, 다수의 생각과 달리 그리 영향력 있는 세력은 아니었다. 어떤 의미에서 이들의 존재는 학자적 공상이 만들어낸 허구다."[16] 이와 같은 의견을 담은 크라벨의 연구 논문들은 아프로디시아스 명문 발굴 이전에 발표되었지만, 이 명문 발굴 이후인 1992년까지도 그는 여전히 하나님 경외자들에 대한 기존의 일치된 견해를 받아들이려 하지 않았다. 같은 해 크라벨은 자신의 연구 논문을 통해 사도행전에서 묘사된 하나님 경외자들 배후에 진실의 알맹이가 있다고 그 역사성을 인정했지만, 누가에 의해 역사적 핵심이 과장되었다고 주장했다. 아마도 크라벨은 하나님 경외자들에 대한 기존의 일반적 견해 속에서 반유대교적인 정서를 보고 있는 것 같다. 크라벨에 의하면, 누가의 의도는 어떻게 유대교가 교체되었는가를 보여주려는 것이었다. 하지만 그는 "유대인 이웃들과 그들의 경건성에 관심을 갖고 있었던 이방인들이 분명히 존재했다"라고 인정한다.[17]

소아시아 서쪽에 위치한 도시 아프로디시아스에서 회당 명문이 발견된 이후, 회당에 가입된 하나님 경외자 그룹의 실존에 대한 질문이 대부분의 학자들 사이에서 해결되었다. 회당 명문은 돌기둥에 새

16 Kraabel and MacLennan, "God-Fearers," 48.

17 Kraabel, "The God-fearers Meet the Beloved Disciple," in Overman and MacLennan, *Diaspora Jews and Judaism*, 특히 282. Kraabel은 M. Hengel의 공격적인 발언을 언급하는데, 이 발언의 취지는 다음과 같다. 즉 하나님을 경외하는 사람들의 존재는 디아스포라 내의 유대교가 생존을 위해 "궁극적으로 옹호 불가능한 타협을 지속적으로" 할 수밖에 없었음을 보여준다는 것이다. 다음을 보라. Kraabel, "Disappearance of the 'God-fearers,'" 129.

겨져 있었는데, 이 명문을 해석한 레이놀즈(J. Reynolds)와 탄넨바움(R. Tannenbaum)에 의하면, 이 돌기둥 양면에는 유대인의 무료 급식소 건립을 도운 후원자 명단이 새겨져 있었다고 한다.[18] 돌기둥의 한 면에는 토라 연구와 기도에 매진했던 사람들의 특수한 그룹 즉 δεκανία에 대한 명단이 있는데, 이 명단 중 다수는 유대인 이름이지만, 세 명은 유대교 개종자(προσήλυτος)로, 두 명(윰모니우스[Eummonius], 안토니누스[Antoninus])은 하나님 예배자들(θεοσεβής)로 언급된다. 당연히 이 두 명의 하나님 예배자에게 많은 관심이 쏠렸다. 왜냐하면 그들은 하나님 예배자라는 독특한 명칭으로 구분되어 있지만, 다른 유대인들과 함께 율법을 배우고 회당에서 예배를 드렸기 때문이다. 이는 사도행전에 나오는 하나님을 경외하는 사람들에 대한 묘사와 동일해 보인다. 돌기둥의 다른 면에는 두 개의 긴 명단이 새겨져 있는데, 이 두 명단은 사이의 여백을 통해 구분되어 있다. 윗부분에 있는 명단은 대부분 유대인 이름을 담고 있고, 아래 명단은 "많은 수의 하나님 예배자들"이라는 어구로 시작되고 있다. 이 아래 명단에 있는 사람들은 유대인들과 구분되어 표기되어 있고 "하나님 예배자들"이라는 칭호를 갖고 있으므로, 이들 역시 사도행전에 나오는 하나님 경외자들의 역사적 실존을 입증해준다. 이

18 J. Reynolds and R. Tannenbaum, *Jews and God-Fearers at Aphrodisias: Greek Inscriptions with Commentary* (Cambridge: Cambridge University Press, 1987). 다음도 보라. R. Tannenbaum, "Jews and God-Fearers in the Holy City of Aphrodite," *BAR* 12, no. 5 (1986): 54-57. *theosebēs*라는 용어를 포함하는 다른 명문들이 발견되었지만, 이 용어가 사도행전의 하나님을 경외하는 사람들과 동일한 존재를 언급하는지는 논란의 여지가 많다. 이 명문 관련 연구를 알고자 한다면 다음을 보라. P. Trebilco, *Jewish Communities in Asia Minor*, SNTSMS 69 (Cambridge: Cambridge University Press, 1991), 155-65; Irina Levinskaya, *The Book of Acts in Its Diaspora Setting*, BAFCS 5 (Grand Rapids: Eerdmans, 1996), 59-70.

런 결론은 강한 지지를 받아왔으며 이제는 하나님 경외자들에 대한 일치된 견해가, 어쩌면 약간 수정된 형태로,[19] 아프로디시아스 명문을 근거로 그 유효성을 인정받게 되었다고 별 문제 없이 말할 수 있게 되었다.[20] 바레트(C. K. Barrett)는 이 주제와 관련하여 다음과 같이 신중한 결론을 내린다. (1) 몇몇 이방인들은 유대인의 윤리 의식, 신학, 예배에 매료되었지만 개종은 하지 않았다. (2) 적어도 한 지역(아프로디시아스) 이

19 Siegert("Gottesfürchtige und Sympathisanten," 147-49, 163)는 하나님 경외자들과 회당 지지자들을 구별하길 원한다. 전자는 유대교를 고수했지만, 그렇다고 모든 면에서 유대인은 아니었다. 후자는 유대인의 하나님을 반드시 숭배할 필요는 없었지만, 안식일 준수와 같은 특정 유대교 관습을 받아들였거나, 유대인들에게 정치적으로 우호적인 태도를 갖고 있었다. J. Murphy-O'Connor("Lots of God-Fearers? *Theosebeis* in the Aphrodisias Inscription" *RB* 2 [1992]: 418-24)는 이런 구별을 추천하는데, 그의 추측에 의하면, 하나님을 경배하며 토라를 공부하고 있었던 두 사람, 즉 Eummonius와 Antoninus는 실제 하나님 경외자들이었지만, 반대편 기둥에 이름이 기록된 사람들은 단순히 무료 급식소 후원자들을 의미했다. 아마도 회당 지지자의 훌륭한 예가 되는 인물은 Julia Sever로, 그녀는 네로 황제의 치세 동안 아크모니아에서 황제 숭배 의식을 집전하는 여사제이자 유대교 회당의 후원자였다. 다음을 보라. Kraabel, "Judaism in Western Asia Minor," 46, 78; Trebilco, *Jewish Communities in Asia Minor*, 59.

20 다음에 열거하는 학자들은 하나님 경외자들을 회당 지지자 그룹으로 본다. Levinskaya, *The Book of Acts*, 80; Trebilco, *Jewish Communities in Asia Minor*, 164; Gager, "Jews, Gentiles, and Synagogues"; Feldman, "Omnipresence of the God-Fearers"; Lifshitz, "De nouveau sur les 'Sympathisants'"; Siegert, "Gottesfürchtige und Sympathisanten"; Schürer, *History of the Jewish People*, 3.1:165-72; J. A. Overman, "The God-Fearers: Some Neglected Features," *JSNT* 32 (1988): 17-26; B. Witherington III, *The Acts of the Apostles: A Socio-rhetorical Commentary* (Grand Rapids: Eerdmans, 1998), 343; P. W. van der Horst, "Juden und Christen in Aphrodisias im Licht ihrer Beziehungen in anderen Städten Kleinasiens," in *Juden und Christen in der Antike*, ed. J. van Amersfoort and J. van Oort, SPA 1 (Kampen: Kok, 1990), 130; and S. McKnight, *A Light among the Gentiles: Jewish Missionary Activity in the Second Temple Period* (Philadelphia: Fortress, 1991), 110-14. Kraabel 외에도 다음에 열거하는 학자들은 이 이론에 반대한다. M. Goodman(*Mission and Conversion: Proselytizing in the Religious History of the Roman Empire* [Oxford: Clarendon, 1994], 47)은 하나님 경외자 그룹의 출현 시기를 기원후 2세기 이후로 보고, Murphy-O'Connor("Lots of God-Fearers?")는 기존의 하나님 경외자들과 상당히 다른 개념의 하나님 경외자만을 인정한다.

상에서, 하나님 경외자들은 회당 내에서 인지도가 있는 구성원이었다. (3) 이런 이방인들은 기독교 전파자들에게 대단히 중요한 전도 대상자들이었다. (4) 누가는 이런 상황을 잘 인지하고 있었다.[21]

에베소에서의 바울

3차 전도 여행 도중에 바울은 에베소에서 예정된 기간보다 더 머물게 된다(행 19:10; 20:31). 그는 한동안 그곳에 있는 유대교 회당에서 가르치며 유대인 축귀자도 만나고 반기독교 폭동도 목격한다. 사도행전을 보면, 유대인들이 에베소에 살고 있었음을 알 수 있지만, 이들과 관련된 많은 정보를 발견할 수는 없다. 지금까지 발견된 명문 중 유대인을 언급하는 명문은 단 세 개에 불과하며, 유대인의 특징을 나타내는 상징적 유물도 몇 개에 지나지 않는다. 바울이 가르친 유대인 회당에 관한 고고학적 증거는 더욱더 희박한 실정이다.[22] 누가에 의하면, 바울은 가르치는 장소를 유대교 회당에서 두란노 서원으로 옮긴다(19:9).

21 C. K. Barrett, *A Critical and Exegetical Commentary on the Acts of the Apostles*, 2 vols., ICC (Edinburgh: Clark, 1994), 1:501. T. M. Finn("The God-fearers Reconsidered," *CBQ* 47 [1985]: 75-84)의 다음과 같은 결론도 보라. (1) "하나님 경외자"라는 용어는 사도행전 당시에 기술적인 용어가 아니었다. (2) 누가는 사도행전에서 이방인들의 복음화 과정을 지나치게 단순화하고 있다. (3) 하나님 경외자들과 관련하여 사도행전을 입증해주는 문학적 증거가 존재한다. 그리고 McKnight(*Light among the Gentiles*, 110)의 다음과 같은 결론도 보라. (1) 유대교에 애착을 가진 이방인 무리는 지지자들로 불렸을 것이다. (2) "하나님 경외자"라는 용어는 기술적인 용어가 아니었다.

22 Horsley, "Inscriptions of Ephesos," 122-25. 관련 고고학적 유물은 다음과 같다. 촛대가 새겨진 네 개의 등잔, 촛대가 그려진 유리 조각, 촛대에 그려진 시트론 열매와 종려나무 가지 그리고 뿔피리, 도서관 앞 계단에 새겨진 촛대, 구약성서 구절을 담고 있는 보석 등이다. 다음도 보라. E. M. Yamauchi, *New Testament Cities in Western Asia Minor* (Grand Rapids: Baker, 1980), 110.

두란노라는 이름을 가진 사람의 존재가 한 명문을 통해 입증되었지만, 이 두란노가 사도행전의 두란노와 같은지는 확실하지 않다. 게다가 αὐδειτώριον(라틴어로 *auditorium*)을 언급하는 명문이 발견되기도 했는데, 이 단어는 도서관에 부속된 강연 장소를 의미했다.[23]

폭동(19:23-40)이 관심을 끄는 이유는 많은 명문과 고전 문헌에서 사도행전의 본문과 병행하는 내용이 발견되기 때문이다. 결국 여기서 살펴본 세부 사항을 통해 우리는 다음과 같은 결론에 이르게 된다. 즉 사도행전의 저자는 적어도 에베소의 문화에 대해 알고 있었고, 어쩌면 자신이 기록한 폭동을 직접 목격했을 수도 있다는 것이다.[24] 사도행전에서 에베소와 관련된 다음과 같은 표현, 즉 "신전지기"(19:35)를 의미하는 νεωκόρος, 서기장(γραμματεύς, 19:35), "큰 여신 아데미"와 "에베소 사람의 아데미"(19:27, 28, 34, 35), 많은 곳에서의 아르테미스(Artemis) 숭상에 대한 진술(19:27), "은장색"(ἀργυροκόπος, 19:24), "민회"(ἔννομος ἐκκλησία, 19:39)는 모두 에베소 명문들을 통해 단어 하나하나가 입증되고 있다.[25]

23 C. J. Hemer, *The Book of Acts in the Setting of Hellenistic History*, WUNT 49 (Tübingen: Mohr, 1989), 120-21; Yamauchi, *New Testament Cities*, 100.

24 H. Koester, "Ephesos in Early Christian Literature," in Koester, *Ephesos, Metropolis of Asia*, 119-40. Koester는 이런 내용이 에베소의 종교·정치적 삶에 대한 누가의 지식을 입증해준다는 점을 인정하지만, 사도행전의 세부적인 이야기가 역사적임을 증명하는 것은 아니라고 단언한다.

25 Koester, "Ephesos," 130; Hemer, *The Book of Acts*, 121-23; R. Oster, "A Historical Commentary on the Missionary Success Stories in Acts 19:11-40" (Ph.D. diss., Princeton University; 1974), 112-15; P. Trebilco, "Asia," in *The Book of Acts in Its Graeco-Roman Setting*, ed. D. W. J. Gill and C. Gempf. BAFCS 2 (Grand Rapids: Eerdmans, 1994), 291-362, 특히, 318-56; W. W. Gasque, "The Historical Value of the Book of Acts," *TZ* 28 (1972): 186.

비록 사도행전 19:24의 아르테미스 은신상이 유물로 아직 발견되지는 않았지만, 종종 인용되는 에베소의 살루타리스 명문은 아르테미스 금신상에 대해 기록하고 있다. 게다가 테라코타 형식으로 제작되어 벽면 틈에 줄지어 서 있는 아르테미스 모형들이 발견되었는데, 이는 사도행전에 언급되는 아르테미스에 대한 내용과 거의 일치한다.[26] 더욱이 사도행전 19장의 폭동 장면에서 묘사된 에베소 사람들의 열렬한 아르테미스 숭배는 또 다른 명문을 통해서도 확인된다. 이 명문에 의하면, 에베소 사람들은 아르테미스 신전 성물을 제대로 다루지 않았다는 이유로 사십오 명을 사형에 처했다.[27]

더욱 일반적인 관점에서 역사가들은 에베소에 있던 노동조합의 증거에 주목해왔는데, 이 노동조합에는 데메드리오가 소속된 은세공업자 조합도 있었다(19:24-27). 아시아에서 발견된 명문들은 은세공업자 조합을 비롯한 온갖 종류의 조합을 언급하고 있다. 더욱이 이런 노동조합의 선동으로 발생한 다른 폭동 사건들도 이 명문들에 기록되어 있다.[28]

26 Oster, "Historical Commentary," 71-73; Hemer, *The Book of Acts*, 121; Trebilco, "Asia," 336, 356; G. Mussies, "Pagans, Jews, and Christians at Ephesus," in *Studies on the Hellenistic Background of the New Testament*, ed. G. Mussies and P. W. van der Horst, Utrechtse theologische reeks 10 (Utrecht: Faculteit der Godgeleerheid van de Rijksuniversiteit, 1990), 189. J. H. Oliver는 살루타리스 명문을 번역하여 다음과 같이 출판했다. *The Sacred Gerusia* (Baltimore: American School of Classical Studies, 1941). 이 명문의 발췌 내용은 *NewDocs* 4:46-47에 등장한다.

27 Oster, "Historical Commentary," 97-98; Trebilco, "Asia," 331. 아르테미스에 대한 이들의 열정은, 에베소 주화에 나타나 있듯이, Claudius 황제의 아내 Agrippina를 여신으로 신격화함으로써 불타올랐던 걸까? 다음을 보라. L. J. Kreitzer, "A Numismatic Clue to Acts 19:23-41: The Ephesian Cistophori of Claudius and Agrippina," *JSNT* 30 (1987): 59-70.

28 Trebilco, "Asia," 336, 338; Oster, "Historical Commentary," 75-77. Horsley("Inscriptions of Ephesos," 127-33)는 어부의 조합에 대한 명문으로부터 다양한 특색의 중요한 결론을 도출한다. 이 조합은 노예에서 다수의 부유한 로마 시민

노동조합들의 연합은 종종 소아시아 지역의 도시에서 불안을 초래했을 것으로 여겨진다. 따라서 사도행전 19장에 언급된 에베소 폭동에 대한 이야기는 충분히 일어날 수 있었던 사건인 것 같다.

그렇다면 학자들이 사도행전 19:23-40을 자세히 연구하는 의도는, 해당 본문의 내용이 에베소에서 나온 유물을 통해 증명되는지, 그리고 결과적으로 에베소의 역사와 문화에 부합하는지를 입증하려는 것이다.

아시아 관리들(The Asiarchs)

사도행전 19장의 폭동 이야기에 나오는 한 단어로 인해 논쟁이 불거졌다. 사도행전 19:31에서 누가는 다음과 같이 기록한다. "또 아시아 관리 중에 바울의 친구된 어떤 이들이 그에게 통지하여 연극장에 들어가지 말라 권하더라." 역사가들은 이 기록에 대해 다음과 같은 몇 가지 의구심을 품는다. (1) 아시아 관리들은 누구였는가? 구체적으로 아시아에서 황제 숭배를 관리하는 대제사장들이었을까? (2) 이들에 대한 언급은 시대착오적인가? 다시 말해, 바울이 에베소에 있던 시기(기원후 50년 중반?)에 아시아 관리들이 실제로 에베소에 존재했다는 증거가 있는가? 아시아 관리들을 언급하는 문헌이 적기 때문에(행 19:31; 스트라보의 *Geogr.* 14.1.42[이 문헌은 폼페이우스 시대, 즉 후기 로마 공화국 시대에 대해 언급함], *Digest* 27.1.6.14[이 부분은 모데스티누스를 인용함]), 우리는 문헌보다

에 이르기까지 다양한 계층으로 구성되어 있었다. 초기 기독교도 이렇게 다양한 계층으로 구성되어 있었을까? Horsley's "A Hellenistic Cult Group and the New Testament Churches," *JAC* 24 (1981): 7-41에서 초기 기독교와 상당히 유사한 특징을 지닌 이교도 숭배에 대한 명문을 탐구한다.

다른 유물에 더 의존하여 이런 질문들에 대한 답을 찾아야 한다.

이와 관련된 오래된 견해 중 하나는 아시아 관리들이 아시아에 있던 대제사장들이라는 것이다.[29] 1974년에 로스너(M. Rossner)는 당시 사용 가능했던 명문과 주화를 관찰한 후, 아시아 관리들이 대제사장들이었다는 7가지 주장을 펼쳤다.[30] 그러나 그때 이후로 여러 명문을 통해 우리에게 알려진 아시아 관리의 수가 200명이 넘는데, 그중 106명이 에베소 출신이었다. 로스너가 알고 있는 에베소 출신의 아시아 관료는 106명 중 단지 74명에 불과했다.[31] 새로운 증거를 토대로 키어슬리(R. A. Kearsley)와 프리슨(S. J. Friesen)은 아시아 관리와 대제사장직은 같지 않다고 주장했다.[32]

누가의 "아시아 관리"에 대한 언급이 시대착오적인지 아닌지에 대

29 다음을 보라. Lily R. Taylor, "The Asiarchs," in Foakes-Jackson and Lake, *The Beginnings of Christianity*, 5:256-61; Oster, "Historical Commentary," 104-5; S. R. F. Price, *Rituals and Power: The Roman Imperial Cult in Asia Minor* (Cambridge: Cambridge University Press, 1984), 60. Magie(*Roman Rule*, 2:1298-301)는 다양한 견해를 개관한다.

30 M. Rossner, "Asiarchen und Archiereis Asias," *Studii Clasice* 16 (1974): 101-43. 그녀의 주장은 다음과 같다. (1) Modestinus는 이들을 다 알고 있었던 것 같다. (2) 아시아의 대여사제는 대제사장과 아시아 관리의 배우자가 될 수 있다. (3) 신전에 열거된 추가 칭호에는 대제사장과 아시아 관리가 모두 등장한다. (4) 아시아의 아시아 관리와 같은 칭호는 아시아의 대제사장의 칭호에 상응한다. (5) 두 직책은 모두 검투사 시합을 후원했다. (6) 대제사장들과 아시아 관리들이 따로따로 목록에 올라간 공식 명단이 존재하지 않는다. (7) 동일한 인물들이 다른 시대에 혹은 동시대에 종종 두 칭호로 불렸다. 입증된 아시아 관리들에 대한 Rossner의 포괄적 목록은(112-41), S. J. Friesen, *Twice Neokoros: Ephesus, Asia, and the Cult of the Flavian Imperial Family*, Religions in the Graeco-Roman World 116 (Leiden: Brill, 1993), 189-208에 의해 상당히 확장되었다.

31 Horsley, "Inscriptions of Ephesos," 137을 보라.

32 R. A. Kearsley, "The Asiarchs," in Gill and Gempf, *The Book of Acts*, 363-76; idem, "Some Asiarchs of Ephesus," in *NewDocs* 4:46-55. Friesen의 주장을 보려면, *Twice Neokoros*, 92를 보라.

한 질문은 아직 해결되지 않았다. 기원후 1세기 후반의 주화와 명문에서 아시아 관리에 대한 언급을 발견할 수 있지만, 이때는 바울이 에베소에 있었던 시기 이후에 해당한다. 키어슬리는 자신이 기원후 114년의 것이라고 추정하는 한 명문을 토대로 시간을 역으로 계산하려고 시도했다. 즉 이 명문과, 다른 관련 명문을 통해 한 가족의 역사를 추적했는데, 이 가족이 여러 명의 아시아 관리를 배출했으므로, 그 이전 세대인 바울 세대에도 아시아 관리가 존재했으리라 추정한다. 그러나 이와 같은 키어슬리의 주장이 지닌 유효성은 그녀가 사용한 명문의 기록 연도가 실제로 기원후 114년인가에 달려 있다.[33] 프리슨은 키어슬리와 달리 이 명문의 탄생을 기원후 170년으로 보고, 이 가족에서 최초의 아시아 관리가 등장하는 시점은 빨라야 기원후 80년대이며, 이는 바울이 에베소에 있던 시기 이후라고 주장한다. 프리슨에 의하면, 아시아 관리직은 로마 공화국 당시의 오래된 관직으로 (스트라보를 인용하면) 이후 없어졌다가 플라비우스가(家) 황제들의 통치 시대에 부활한 것이다.[34] 결국 아시아 관리들이 바울이 에베소에 있던 시기에 실재했던 역사적 인물인가에 대한 질문은 하나의 통일된 답변을 찾기 어렵다. 개인적으로 다음과 같이 한 가지 언급하고 싶은 사항이 있다. 즉 아시아 관리라는 관직이 중요성 측면에서 다시 부활했다 하더라도, 이는 폼페

33 R. A. Kearsley, "A Leading Family of Cibyra and Some Asiarchs of the First Century," *Anatolian Studies* 38 (1988): 43-51. Horsley("Inscriptions of Ephesos," 138)는 Kearsley를 지지하는 것 같다.

34 Friesen, *Twice Neokoros*, 215. 기원후 80-90년에 시작되었다고 입증된 아시아 관리에 대한 그의 목록을 보라. P. Herz("Asiarchen und Archiereai: Zum Provinzialkult der Provinz Asia," *Tyche* 7 [1992]: 93-115, 특히, 97)도 보라. 여기서 Herz는 대체로 Friesen에 동의하며, 이 가족의 실존 연대를 Kearsley보다 80년 더 늦게 본다.

이우스 시대(기원전 1세기 중반)와 도미티아누스 황제 시대(기원후 1세기 후반) 사이에 이 관직이 존재하지 않았음을 의미하는 것은 아니라는 점이다.

로마 제국의 도로

사도행전을 보면 바울이 비시디아, 길리기아, 브루기아, 갈라디아, 그리고 아시아를 여행했다는 기록이 나오지만, 그가 어떻게 여행했는지에 대한 기록은 찾을 수 없다. 바울은 산을 타고 다녔을까? 염소가 다니는 길로 이동했을까? 아니면 잘 포장된 도로로 다녔을까?

지금까지 소아시아에서 발견된 로마 시대 이정표를 바탕으로, 우리는 바울이 소아시아 지역을 여행할 때 어떤 경로를 이용했을지 추정해볼 수 있다. 프렌치(D. French)는 이정표에 있는 명문들과 이를 토대로 만들어진 지도들을 발표했다. 이 지도에는 도로의 상태, 즉 포장도로인지, 인위적으로 만들어진 비포장도로인지, 아니면 단순히 오솔길인지가 각각 구분해서 표시되어 있다.[35] 바울에게 사용 가능했던 고속도로(포장된 대로)는 몇 곳에 지나지 않았다. 로마 공화국 시절 소아시아의 서쪽에 한 도로가 있었는데(이 도로와 관련된 명문의 생성 시기는 기원전 129-126년으로 추정), 이 도로는 도릴라에움(Dorylaeum)과 아파메

35 D. French, "The Roman Road System of Asia Minor," in *ANRW* 2.7.2:698-729; idem, "Acts and the Roman Roads of Asia Minor" in Gill and Gempf, *The Book of Acts*, 49-59. French는 사실상 로마 제국의 도로를 여섯 개의 범주로 구분한다. 이정표에 관한 그의 다른 연구서인 *Roman Roads and Milestones of Asia Minor*, 2 parts, BAR International Series 105, 392 (Oxford: BAR, 1988)도 보라. Ramsay(*Historical Geography*, 22)도 고대 도로 관련 지도를 제시하며, 다음과 같이 건설된 순서에 따라 각 도로를 구분하고 있다. 즉 그리스 이전 시대, 로마 시대, 비잔틴-터키 시대 순이다.

아(Apamea)에서 시작되어 에베소와 북쪽의 버가모까지 이어져 있었다. 아우구스투스 시대에(명문 연도 기원전 6년) 비아 세바스테(Via Sebaste), 혹은 아우구스투스 도로가 건설되었는데, 이 도로는 로마 식민지였던 크렘나(Cremna), 코마마(Comama), 팔라이스(Parlais), 안디옥(Antioch), 이고니온(Iconium), 그리고 루스드라(Lystra)를 관통했다.

그렇다면 우리는 이제 몇 가지 질문에 답할 수 있고, 또 다른 질문을 제기할 수 있다. 비아 세바스테를 통한 로마 식민지들의 연결을 고려해볼 때, 우리는 바울이 왜 이 도로를 통해 안디옥, 이고니온, 그리고 루스드라로 이동했는지 이해할 수 있다. 그런데 왜 바울은 이 길을 벗어나 더베로 갔던 걸까?[36]

바울은 2차 전도 여행을 할 때 서쪽으로 향하면서 에베소로 가기 위해 비아 세바스테로부터 로마 공화국 시대의 구(舊)도로로 갈아타는 것이 훨씬 수월함을 알았을 것이다. 그런데 바울은 왜 아시아를 거치는 자신의 여행 일정이 성령의 불허로 취소되었다고 생각한 걸까?(행 16:6) 바울은 드로아로 가기 위해 도대체 무슨 이유로 비포장도로나 좁은 길을 택해야 했을까?[37] 프렌치가 언급하듯이, 우리는 바울이 로마의

36 더베의 위치는 논의 중에 있다. B. van Elderen, "Some Archaeological Observations on Paul's First Missionary Journey," in *Apostolic History and the Gospel*, ed. W. W. Gasque and R. P. Martin (Exeter: Paternoster, 1970), 151-61을 보라. S. Mitchell(*Anatolia: Land, Men, and Gods in Asia Minor*, vol. 2, *The Rise of the Church* [Oxford: Clarendon, 1993], 6-7)은 여러 개의 명문을 연구한 후 다음과 같이 결론 내린다. 즉 서기오 바울의 가족은(행 13:7, 12) 원래 뿌리를 이탈리아에 두고 있지만, 비시디아 안디옥에서 나고 자랐으므로 바울을 그의 고국으로 불러들였다는 것이다.

37 W. P. Bowers, "Paul's Route through Mysia: A Note on Acts XVI.8," *JTS* 30 (1979): 507-11; French, "Acts and the Roman Roads," 57을 보라. Bowers의 주장에 의하면, 바울은 배를 타고 마게도냐로 이동하기를 줄곧 원했으므로 로마 공화국 시절에 건설된 도로는 너무 멀리 돌아가게 되므로 피했다. 한편 French는 바울이 안디옥에서 발생한

도로만을 이용하여 여행했다고 단정할 수 없다.[38]

바울 서신

여성 지도자

소아시아와 관련하여 적어도 두 신약성서 서신이 초기 교회에서의 여성의 역할에 대한 중요한 태도를 드러낸다. 바울은 고린도전서 14:34-35(에베소에서 기록)에서 여성은 교회에서 침묵해야 한다고 썼다. 에베소에 있는 디모데에게 보낸(딤전 1:3) 바울 서신 혹은 제2바울 서신인 디모데전서는 여성에게 조용히 가르침을 받으라고 요구하며, 여성이 남성을 가르치는 일을 금한다(딤전 2:11-12). 혹자는 이런 본문으로부터 어쩌면 다음과 같은 결론을 내릴 수도 있을 것이다. 곧 소아시아에 있는 여성은 일반적으로 지도자 역할이 허락되지 않았고, 유대교는 회당에서 여성에 대한 이런 관습을 유지했으며, 이를 기독교가 모방했다는 것이다.

그러나 지난 30년간 발견된 명문들을 살펴보면, 이와는 다른 결론에 이르게 된다. 사도행전과 복음서를 보면 "회당장들"(ἀρχισυνάγωγος)로 불리는 남성들을 언급한다.[39] 그리스-로마 시대의 명문들도

문제 때문에 이 도로를 피했다고 주장한다.

38 French, "Acts and the Roman Roads," 56.

39 막 5:22, 35, 36, 38; 눅 8:49; 13:14; 행 13:15; 18:8, 17. 랍비 문헌에 등장하는 회당장에 대해서는 *m. Yoma* 7.1; *m. Sotah* 7.7, 8; *b. Pesaḥ*. 49b를 보라.

*archisynagōgos*를 언급한다. 이 남성들은 회당과 관련된 행사, 즉 예배, 교육, 재정을 운영하는 책임을 맡고 있었다.

놀라운 점은 소아시아에서 발견된 두 개의 명문과 크레타에서 발견된 명문 하나에서 여성들이 *archisynagōgoi*, 즉 회당장들로 언급된다는 사실이다.[40] 유대 여인이자 회당장(*archisynagōgos*)으로 불리는 서머나의 루피나(Rufina of Smyrna)라는 이름이 기원후 2세기의 명문에 등장하고, 카리아 민도스의 테오펨프테(Theopempte of Myndos of Caria)라는 이름도 기원후 4세기나 5세기의 명문에서 발견된다.[41] 이 두 명문은 다음과 같은 두 가지 이유에서 흥미롭다. (1) 소아시아 출신인 총 일곱 명의 이름이 *archisynagōgoi*로 언급되는데, 그중 다섯 명은 남성, 두 명은 여성을 나타낸다. (2) 이외에도 여성이 *archisynagōgos*, 즉 회당장으로 있었던 유일한 지역이 크레타였다. 따라서 트레빌코(Trebilco)와 크라벨이 제안한 것처럼, 소아시아의 몇몇 유대교 회당에서는 여성도 중요한 역할을 맡았을 것이다.[42]

위의 명문들 외에도 우리의 관심을 끄는 세 개의 다른 명문이 존재

40 다음을 보라. Kraabel, "Judaism in Western Asia Minor," 43-48; Bernadette J. Brooten, "Inscriptional Evidence for Women as Leaders in the Ancient Synagogue," *SBLSP* 20 (1981): 1-17; idem, *Women Leaders in the Ancient Synagogue*, BJS 36 (Chico, Calif.: Scholars, 1982); Trebilco, *Jewish Communities in Asia Minor*, 104-26; W. Horbury, "Women in the Synagogue," in *The Cambridge History of Judaism*, ed. W. D. Davies et al., 3 vols. (Cambridge: Cambridge University Press, 1999), 3:358-401.

41 Rufina에 대해서는 J. B. Frey, *CIJ* 741을 보라. Trebilco(*Jewish Communities in Asia Minor*, 104)도 그리스어 본문을 제공한다. Theopempte에 대해서는, *CIJ* 756과 Trebilco, *Jewish Communities in Asia Minor*, 107을 보라. 크레타에서 나온 명문에 대해서는 Brooten, "Inscriptional Evidence," 2을 보라. 마지막 명문에는 한 여성이 장로와 *archisynagōgos*로 불린다.

42 Kraabel, "Judaism in Western Asia Minor," 46; Trebilco, *Jewish Communities in Asia Minor*, 112.

한다. 첫 번째, 포카이아(Phocaea) 명문을 보면 타티온(Tation)이라는 여성 이름이 나오는데, 이 여성은 유대교 회당에 기부를 했다는 이유로 회당장의 자리에 오를 수 있었다. 두 번째, 유대교에 대한 이방인 지지자(혹은 하나님 경외자)였던 율리아 세베라(Julia Severa)는 아크모니아(Acmonia)에 회당을 건립하고 많은 칭송을 받았다. 마지막으로 세 번째 명문이자 앞서 언급된 아프로디시아스 명문을 보면 야엘(Jael)이라는 사람이 회당에서 "회당장" 또는 "후원자"(προστάτις)로 언급되고 있음을 확인할 수 있다.[43] 야엘은 남성이었을까? 아니면 사사기 4:17-22에 나오는 유명한 사람의 이름을 따른 여성이었을까? 이에 대한 의견이 분분하지만,[44] 만일 이 사람이 여성이었다면, 그녀는 중요한 회당 지도자로서의 역할을 담당했다.

여기서 주요 쟁점은 이런저런 직위가[45] 왜 여성에게 주어졌는지에 대한 질문이다. 즉 (1) 이 여성들의 남편이나 아들이 회당의 요직에 있어서 그 후광으로 이런 직위를 받았던 걸까? (2) 아니면 이 여성들이

43 Tation(3세기): *CIJ* 738; Julia Severa(1세기): *CIJ* 766; Jael(3세기): Reynolds and Tannenbaum, *Jews and God-Fearers*.

44 Trebilco(*Jewish Communities in Asia Minor*, 107-9)와 Schürer(*History of the Jewish People*, 3.1:25)는 이 이름이 여성형이라고 생각한다. 반면에 Reynolds와 Tannenbaum(*Jews and God-Fearers*, 101)과 Horbury("Women in the Synagogue," 395)는 목록에 있는 다른 이름이 전부 남성형이므로 이 이름도 남성형이라고 생각한다. 신약성서에서 *prostatis*로서 섬겼던 중요한 여성 인물에 대해서는 롬 16:2을 보라.

45 Brooten이 논한 다른 칭호 중에서, 신약성서를 공부하는 학생들에게 가장 중요한 칭호는 "장로"다. Brooten, "Inscriptional Evidence," 4; *Women Leaders*, 41-55을 보라. R. Kraemer는 여성 장로들을 언급하는 명문을 추가로 발견했다(Brooten은 이 명문을 일곱 번 인용했다). Kraemer, "A New Inscription from Malta and the Question of Women Elders in the Diaspora Jewish Community," *HTR* 78 (1985): 431-38을 보라. 이 명문 중 어느 것도 소아시아에서 발견되지 않았으므로, 나는 여기에서 이 명문들을 논하지 않는다.

실제로 받은 직위는 자신들의 기부에 의해 얻게 된 일종의 명예직으로, 그들은 실질적인 지도력을 수행하지 않았던 걸까? 이 두 질문에 대해, 우선 브루튼(B. Brooten)의 논의에 따르면, 관련 명문들은 보통 남편이나 아들에 대해 언급하지 않으므로, 당시 이 여성들의 결혼 유무는 확인할 길이 없다. 둘째, 설령 그들에게 주어진 직분이 명예직이었다 해도, 이는 어떤 형태로든 일종의 지도력을 지니고 있었을 가능성이 있다.[46] 브루튼은 이 주제에 대해 쓴 학자들 대부분을 납득시킨 것 같다.[47] 그런데 신약성서 학자들의 고개를 갸우뚱하게 만드는 유일한 요소가 있는데, 이는 이 명문들의 생성 시기가 대부분 기원후 2세기로부터 4세기에 해당한다는 점이다. 이로 인해 이 명문들을 증거로 인정하지 않는 학자든, 그런데도 이를 증거로 채택하는 학자든, 이 두 부류의 학자 모두는 자신의 주장이 왜 타당한지 증명해야 하는 부담을 안아야 한다.

따라서 소아시아에서 유대인 여성에게 당시의 기준보다 더 많은 권위가 주어진 게 사실이라면, 교회 내 여성의 지위에 대한 고린도전서의 본문과, 특히 에베소에 있었던 교회들에게 직접 적용되는 내용으로서 디모데전서에서 여성의 역할과 관련된 본문은 도대체 어떻게 받아들여야 하는 걸까? 이 두 서신의 저자 혹은 저자들은, 소아시아의 유대교회당에서 여성의 지도력이 인정받는 당시의 흐름에 의도적으로 반대

46 Brooten, *Women Leaders*, 6-7. 아시아의 이교도 여성의 칭호에 대한 동종의 질문이 제기되었다. Herz, "Asiarchen und Archiereiai," 100을 보라.

47 다음을 보라. Kraemer, "New Inscription from Malta," 431-38; Horbury, "Women in the Synagogue," 358-401(그러나 몇몇 수정 사항이 있음); Trebilco, *Jewish Communities in Asia Minor*, 104-26. 반면에 M. Williams("The Contribution of Jewish Inscriptions to the Study of Judaism," in Davies et al., *Cambridge History of Judaism*, 3:80)는 여성에 적용된 *archisynagōgos* 칭호에 대해 다음과 같이 기록한다. "이 명칭이…존칭의 의미 외에 어떤 것으로 사용되었다는 주장은 아직 입증되지 않았다."

하고 있는 걸까? 그게 아니라면, 우리는 이 본문이 담고 있는 의미를 새롭게 조명해봐야 하는 걸까? 여하튼 확실한 것은, 우리가 위에 언급된 명문들을 토대로 해서 교회 내 여성의 역할에 대한 초기 기독교의 가르침을 이해해야 한다는 것이다.

갈라디아서

최근에 주된 관심은 소아시아의 서부 지역으로 쏠리고 있는데, 그 이유는 이 지역에서 출토된 유물 때문이다. 따라서 소아시아와 관련된 신약성서 본문에 대한 해석은 새로운 연구 자료의 등장으로 많은 영향을 받고 있다. 그리고 중앙 아나톨리아 지역과 관련 있는 명문들과 고전 문헌에 근거하여 이곳에 관한 쟁점 하나가 다시 조명을 받게 되었다.

기원전 279년, 거대한 무리의 켈트족(혹은 갈라디아 사람들이라고도 불림)은 도나우 계곡을 떠나 소아시아로 이주하게 된다. 그들은 결국 소아시아의 북부 중앙에 정착하게 되는데, 주로 이 지역에 있는 세 도시, 즉 페시누스(Pessinus), 안키라(Ankyra), 타비움(Tavium) 안팎에 모여 살았다. 기원전 25년, 켈트족 이주민들의 정착지인 브루기아(Phrygia), 비시디아(Pisidia), 리카오니아(Lycaonia) 그리고 이사우리아(Isauria)가 통합되어 로마 제국으로 편입되고 갈라디아로 명명되었다. 바울이 쓴 갈라디아서에 대해 드는 의문은, 이 편지의 수신자인 갈라디아 교회 사람들이 소아시아 북부에 정착한 갈라디아인들(켈트족)이었는지, 아니면 로마 제국이 설립한 새로운 지역, 즉 남부의 안디옥, 이고니온, 루스드라(이 세 도시는 행 13:14-14:24에 언급됨. 딤후 3:11도 참조하라)를 포함하는 갈라디아에 거주하는 전체 교인들이었는지 하는 것이다.

고대의 주석가들은 이 서신의 수신 지역이 갈라디아 북쪽 지역이라고 믿었다. 그러나 이런 믿음에 반대하여, 램지는 갈라디아서의 수신 지역으로 남쪽 지역을 주장하는데, 그가 이와 같이 주장한 최초의 인물은 아니지만, 어쩌면 가장 설득력 있는 가설을 제공한 최초의 인물일 것이다. 그런데 모펏(J. Moffatt)은 램지의 결론에 격렬히 반대하고 나섰다.[48] 아직도 이 문제에 대한 일치된 견해는 존재하지 않는다.[49]

서신의 수신 지역을 규명하는 일과 관련하여 더욱 의미 있는 두 질문이 금석학적 관점에서 조명되어왔다. 첫째, 사도행전 16:6(참조. 18:23)에 나오는 Φρυγία(브루기아)라는 단어가 형용사로 쓰여서 "브루기아의" 지역이 될 수 있는 걸까? 아니면 그 단어는 명사로 반드시 "브루기아"만을 의미해야 하는 걸까? 갈라디아 서신의 수신 지역으로 남부 갈라디아를 주장하는 학자들은 사도행전 어디에도 바울이 갈라디아 북부를 여행했다는 기록이 없다는 점을 지적한다. 이에 대해 북부 갈라디아 이론의 옹호자들은 사도행전의 두 구절(16:6, 18:23)을 가리키며, 이 구절들을 보면 바울이 "브루기아(서부 갈라디아에 위치한 옛 지명 중 하나)와 갈라디아 지역(북쪽에 있는 영토)을 통과했음을 알 수 있다고 주장한다." 남부 갈

48 다음을 보라. W. M. Ramsay, *A Historical Commentary on St. Paul's Epistle to the Galatians* (London: Hodder & Stoughton, 1899), and J. Moffatt, *An Introduction to the Literature of the New Testament* (Edinburgh: Clark, 1918).

49 최근에 북부 갈라디아라는 견해를 옹호하는 학자들은 다음과 같다. H. D. Betz, *Galatians*, Hermeneia (Philadelphia: Fortress, 1979), 4-5; J. L. Martyn, *Galatians*, AB 33A (New York: Doubleday, 1997), 15-17; J. Murphy-O'Connor, *Paul: A Critical Life* (Oxford: Oxford University Press, 1997), 161-62; J. B. Polhill, "Galatia Revisited: The Life-Setting of the Epistle," *RevExp* 69 (1972): 437-48. 반면에 남부 갈라디아라는 견해를 주장하는 학자들은 다음과 같다. F. F. Bruce, *The Epistle to the Galatians*, NIGTC (Grand Rapids: Eerdmans, 1982), 3-18; G. W. Hansen, "Galatia," in Gill and Gempf, *The Book of Acts*, 378-79; S. Mitchdl, *Anatolia*, 2:3; Hemer, *The Book of Acts*, 278; B. Witherington III, *Grace in Galatia* (Grand Rapids: Eerdmans, 1998), 2-8.

라디아 수신지를 주장하는 이들은 이런 이해가 잘못되었다고 지적하며, 사도행전의 두 구절은 바울이 "브루기아-갈라디아 지역"(Phrygian-Galatian country) 혹은 브루기아의 옛 영토였던 갈라디아의 지역 중 일부(Phrygia Galatica, 곧 남부)를 통과했음을 보여준다고 반박한다.

북부 갈라디아 수신지를 옹호하는 사람들의 공통된 의견에 의하면, "브루기아"라는 단어는 오로지 명사로만 사용이 가능하다. 왜냐하면 기원후 1세기 용례에서 이 단어는 세 종류가 아닌 단 두 종류의 어미만을 사용했기 때문이다. 그러나 헤머(C. J. Hemer)에 의하면 "브루기아"가 형용사로서 세 개의 어미를 지니고 있었음을 보여주는 용례를 발견할 수 있는데, 이 용례는 몇몇 고전 문헌과 아테네, 델포이, 에베소, 에리트레(Erythrae), 로도스(Rhodes), 린도스(Lindos), 카미루스(Camirus), 판티카파이움(Panticapaeum)에서 나온 명문에서도 발견된다.[50] 따라서 우리가 내릴 수 있는 결론은 누가가 "브루기아"를 형용사로 사용했을 가능성이 있다는 것이다(그러나 이 단어가 반드시 형용사 용법으로만 쓰인 것은 아니다).

두 번째 질문은 다음과 같다. 갈라디아 로마 지역의 남부 거주민들이 "갈라디아 사람들"(켈트족과 동일한)로 불린 적이 있었는가? 바울은 갈라디아서 3:1에서 편지의 수신자들을 향해 "어리석도다, 갈라디아 사람들아"라고 꾸짖는다. 바울이 수신자들을 갈라디아 사람들로 부르고 있기 때문에, 그들은 특정 민족인 갈라디아 사람들이어야 하는가? 서신

50 Hemer, *The Book of Acts*, 283; idem, "The Adjective 'Phrygia,'" *JTS* 27 (1976): 122-26; "Phrygia: A Further Note," *JTS* 28 (1977): 99-101. Hemer가 인용하는 고전 저자들은 다음과 같다. Pseudo-Aristotle, Apollodorus, Strabo, Dio Chrysostom, Pollux, Alciphron, Arrian, Aelian, Athenaeus, Diogenes Laertius, Pseudo-Lucian, 그리고 *Sibylline Oracles*가 있다. 이 모든 문헌에서 Hemer는 기원전 4세기부터 기원후 4세기에 사용된, 세 개의 어미를 지닌 여성형 형용사로서 Φρυγία에 대한 31개의 예를 인용한다.

의 수신 지역을 북부 갈라디아로 주장하는 자들의 견해에 따르면, "갈라디아 사람들"은 민족적으로 켈트족이며, 따라서 이 서신은 북부 갈라디아에 거주하는 사람들을 수신 대상으로 말하고 있음이 틀림없다.[51]

그러나 미첼(S. Mitchell), 한센(G. W. Hansen), 그리고 특히 헤머가 인용한 명문들은 로마 지역 출신인 비켈트족도 종종 갈라디아 사람으로 불렸음을 나타낸다. 미첼에 의하면, 당시에는 모든 로마 지역을 흔히 갈라디아라고 불렀다.[52] 더욱이 두 명문을 보면 남부 갈라디아 사람들이 켈트 이름이 아닌 그리스 이름을 가지고 있었음에도 불구하고 그들 자신을 갈라디아 사람이라고 부르고 있음을 알 수 있다.[53] 비시디아 남쪽 끝자리에서 발견된 명문은 페드넬리수스(Pednelissus)의 도시를 갈라디아로 지정하고 있다. 어떤 명문은 델포이에서 노예 해방 의식을 받는 열 명의 노예를 갈라디아 사람들로 부르고 있는데, 이들 중 여덟 명은 그리스 이름을, 나머지 두 명은 브루기아 이름을 갖고 있었다. 다른 명문들을 보면, 아테네와 로도스의 섬에 살던 외국인들도 켈트 이름이 아닌 그리스 이름을 갖고 있었지만 자신들을 갈라디아 사람으로 불렀음을 볼 수 있다.[54] 따라서 갈라디아서의 수신 지역으로 남부 갈라디아를 배제하는 주장은 더 이상 설득력이 없어 보인다.

51 Martyn(*Galatians*, 16)은 다음과 같이 주장한다. "이는 로마 지역의 남부에 살고 있는 사람들에게 말하는 방식으로 보기 어렵다. 왜냐하면 이곳에는 켈트족이 거의 없었기 때문이다." 다음의 견해도 참고하라. R. E. Brown(*Introduction to the New Testament* [New York: Doubleday, 1997], 476)에 따르면, [갈라디아 사람들]이라는 용어는 헬레니즘적인 남부의 도시 사람들보다 민족적으로 켈트족 후손에게 사용되는 게 더 적합하다." 그러나 Murphy-O'Connor(*Paul*, 161)는 이와 같은 주장이 타당하지 않다고 이해한다.

52 Mitchell, *Anatolia*, 2:3. Mitchell은 두 개의 명문을 인용한다.

53 Hansen, "Galatia," 389.

54 Hemer, *The Book of Acts*, 301-3.

비록 헤머, 한센, 미첼이 갈라디아서의 수신 지역이 갈라디아 남부라는 이론을 완벽히 증명했다고 볼 수는 없지만, 이들로 인해 이 이론에 반대하는 가장 일반적인 두 논의가 제외되었다. 물론 "브루기아"의 형용사적 용법이 가능하다고 해서, 누가가 이 단어를 사도행전 16:6에서 동일한 용법으로 사용했다고 단언할 수는 없다. 또한 "갈라디아 사람들"이란 명칭이 갈라디아 남부 거주민들을 의미했을 가능성이 있다고 해서, 갈라디아서 3:1에서 이 명칭이 동일한 사람들을 의미한다고 단정할 수도 없다. 그럼에도 불구하고 갈라디아 서신의 수신 지역이 갈라디아 남부라는 주장 쪽으로 무게의 추가 기울어지고 있는 것 같다. 그러나 다음과 같은 의문이 여전히 남는다. 만일 갈라디아서의 수신 지역과 관련하여 갈라디아 남부 이론을 제대로 논박할 만한 주장이 없다면,[55] 바울이 갈라디아 북부에 있었다는 확실한 증거가 없는데도, 왜 학자들은 갈라디아 북부에 집착하는 걸까?

요한계시록

황제 도미티아누스의 성격

이 글을 쓰고 있는 현 시점을 기준으로, 요한계시록과 관련된 공통 의견

55 Murphy-O'Connor와 Hansen은 모두 지리적 관점에서 이 문제를 논하고자 한다. 바울은 갈라디아 북부를 통과해서 여행하려고 일부러 먼 길을 돌아갔던 걸까(Hansen, "Galatia," 378-79)? 어쩌면 바울은 그의 질병(갈 4:13)으로 인해 일반적인 여행 경로를 이탈하게 되었을 것이다(Murphy-O'Connor, *Paul*, 162).

은 이 책이 도미티아누스 황제가 통치하던 시기에 기록되었다는 것이다.[56] 도미티아누스 황제에 대해 다음과 같은 질문이 남아 있다. (1) 그는 사람들을 명하여 자기를 주(lord)와 신(god)으로 칭송하도록 했는가? 다시 말해, 그는 자신에게 신적 경의를 표하지 않는 어느 누구라도 처형해버릴 만큼 과대망상에 사로잡혀 있었는가? (2) 그리스도인들에 대한 공식적인 박해가 그로부터 시작되었는가?[57]

비록 위 두 질문에 대한 일치된 답변이 존재하지 않지만, 이와 관련된 논의의 중심에는 톰슨(L. L. Thompson)의 견해가 자리 잡고 있다. 그가 보여주는 논의의 흐름은 다음과 같다. 첫째, 도미티아누스 황제가 도덕적으로는 난봉꾼이요, 자신을 *dominus et deus*("주와 신")로 부르도록 강제한 과대망상증 환자였다고 묘사하는 옛 저자들(소[小] 플리니우스, 수에토니우스, 타키투스, 디오 카시우스)은 도미티아누스 황제와 관련하여 심한 편견에 사로잡혀 있었다. 도미티아누스 황제의 통치 기간에 있었던 사건들에 대한 이 저자들의 기록은 신뢰할 수 없는데, 왜냐하면 그들은 도미티아누스 황제에 의해 해를 당한 자신의 친구 및 동료들에 대한 복수를 노리고 있었기 때문이다. 둘째, 도미티아누스 황제가 통치하던 때의 저자들(스타티우스와 퀸틸리아누스)의 기록을 보거나, 같은 시기의 주화, 명문, 메달 등을 볼 때, 우리는 도미티아누스 황제에 대해 전혀 다른 인상을 받는다. 이런 자료에 나오는 도미티아누스 황제의 모습

56 D. E. Aune(*Revelation*, 2 vols., WBC 52A-B [Dallas: Word, 1997), 1:lvii)에 의하면, 오늘날 대다수 학자들은 Domitian 황제가 통치했던 때를 받아들이고 있지만, 네로 황제 때라고 주장하는 학자들도 소수 존재한다. Aune는 이 두 견해의 결합을 추구한다.

57 이런 질문을 제기한 학자는 다음과 같다. D. A. deSilva, "The 'Image of the Beast' and the Christians in Asia Minor: Escalation of Sectarian Tension in Revelation 13," *TJ*, n.s., 12 (1991): 198.

은 자신을 "주와 신"으로 주장하는 과대망상증 환자와는 거리가 멀다. 오히려 이 자료는 그가 곳곳의 약자와 가난한 자에 대해 관심을 갖고 있었으며, 그의 통치는 경제적으로나 군사적으로 성공적이었음을 보여준다. 따라서 톰슨은 도미티아누스 황제가 괴물이 아니라 꽤 괜찮은 황제였다고 생각한다. 그렇다면, 도미티아누스 황제는 요한계시록의 배경이 되는 인물일 수 없다. 이제 우리는 황제 숭배보다는 로마 제국의 이교도 종교들을 요한계시록의 배경으로 살펴봐야 한다.[58]

이런 결론을 도출한 학자는 톰슨 혼자가 아니다. 고전학자들은 이 결론의 상당 부분을 수년간 지지해왔다.[59] 그러나 모두가 같은 방식으로 관련 자료를 이해하는 것은 아니다. 톰슨의 연구가 발표되기 이전인 1980년에 존스(D. L. Jones)는 도미티아누스 황제에 대한 전통적인 이해를 받아들였다. 그는 옛 저자들의 편견(예. 도미티아누스가 자신을 주와 신으로 부르도록 명령했다는 수에토니우스의 기록)에 아무런 문제가 없다고 보고, 도미티아누스 황제가 제작한 주화가 그를 신들의 아버지로 그리고 있음에 주목했다. 결국 존스는 도미티아누스 황제가 교회를 박해했

58 다음을 보라. L. L. Thompson, "A Sociological Analysis of Tribulation in the Apocalypse of John," *Semeia* 36 (1986): 147-74; idem, *The Book of Revelation: Apocalypse and Empire*(New York: Oxford University Press, 1990), 96-106.

59 다음의 중요한 논문을 보라. P. Prigent, "Au temps de l' Apocalypse, I: Domitien," *RHPR* 54 (1974): 455-83. Prigent는 Thompson의 주장과 동일한 여러 내용을 논한다. 다음도 보라. T. B. Slater, "On the Social Setting of the Revelation to John," *NTS* 44 (1998): 232-56. Slater는 다음의 내용에 주목한다. 즉 고전학자들은 오랫동안 Domitian 황제의 그리스도인 박해를 미심쩍게 생각했고, 요한계시록을 연구하는 다수의 세계성서학회(SBL) 세미나 회원들은, Domitian 황제의 성격 및 교회 박해에 대한 Thompson의 결론에 동의한다. 그중에는 다음의 학자들도 포함된다. Adela Yarbro Collins, *Crisis and Catharsis: The Power of the Apocalypse* (Philadelphia: Westminster, 1984), 69, 72; Aune, *Revelation*, 1:lxvii-lxix.

다고 인정하고 그 황제가 "기독교를 말살시키기" 원했다고 단언한다.[60]

톰슨의 견해를 기본적으로 받아들이지만 동시에 이를 수정하고 보완한 학자들이 있다. 슬레이터(T. B. Slater)와 드실바(D. A. deSilva)는 황제 숭배의 역할을 요한계시록의 배경에서 축소하기를 주저했다. 도미티아누스 황제에 대한 동시대 저자들의 묘사가 어쨌든 긍정적이지 않기 때문이다. 마르티알리스(Martial)의 시는 도미티아누스 황제를 주와 신으로 종종 언급하고, 심지어 퀸틸리아누스는 도미티아누스 황제가 신적 영예를 받기에 합당하다고 믿었다. 더욱이 도미티아누스 황제가 공식적으로 로마 제국 내의 그리스도인들을 박해하지는 않았을지라도, 에베소에서 황제를 열렬히 숭배했던 사람들은 그리스도인들을 박해했을 것이다.[61]

톰슨의 연구가 도미티아누스 황제에 대한 견해에 중요한 수정을 가했지만(즉 숭배를 받고 싶어 하는 도미티아누스 황제의 욕구가 다른 황제들에 비해 특별히 더 심한 것은 아니었다), 요한계시록의 기록 배경으로서 황제 숭배의 위협이 처한 입지는 점점 더 좁아지게 되었다. 프리슨은 에베소에서의 세바스토이(Sebastoi) 숭배와 관련된 자신의 연구를 토대로 다음과 같은 세 가지 결론에 이르는데, 이는 당시 상황에 대해 더욱 균형 잡힌 이해를 제공한다. (1) 아시아에서 황제 숭배는 사회 여러 계층에서 점점 더 중요한 역할을 하게 되었다. (2) 황제 숭배는 광범위한 지지를 받았다. (3) 황제 숭배는 로마가 아니라 지방에서 더 인기가 있

60 D. L. Jones, "Christianity and the Roman Imperial Cult," in *ANRW* 2.23.2: 1023-54, 특히 1033. P. W. Barnett("Revelation in Its Roman Setting," *RTR* 50 [1991]: 59-68)도 Thompson의 연구 저술이 발표된 이후지만 Domitian 황제에 대한 전통적인 견해를 받아들인다.

61 Slater, "Social Setting," 236-38; deSilva, "Image of the Beast," 199.

었다.[62] 따라서 에베소에서 새로운 숭배의 출현은 그 도시(그리고 지방)의 사람들에게 중대한 사건이 아닐 수 없었고, 그곳에 살았던 그리스도인들에 대한 압력은 틀림없이 심했을 것이다. 이것이 바로 우리가 이제부터 살펴볼 주제다.

에베소에서의 황제 숭배

요한계시록의 배경으로서 황제 숭배에 대한 연구는[63] 프리전트(P. Prigent), 프리슨, 특히 프라이스(S. R. F. Price)의 논문을 통해 중요한 연구로 장려되었다.[64] 프라이스의 연구는 공시적이지만 요한계시록의 기록 시기와 관련해서도 많은 정보를 담고 있으며, 특히 황제 숭배 연구

62 S. J. Friesen, "The Cult of the Roman Emperors in Ephesus" in Koester, *Ephesos, Metropolis of Asia*, 249-50. Friesen, "Ephesus: Key to a Vision in Revelation," *BAR* 19, no. 3 (1993): 34도 보라. 여기서 Friesen은 다음과 같이 주장한다(나는 Friesen의 주장이 옳다고 생각한다). 즉, 요한은 특정 황제 하나를 비난한 것이 아니라 황제 숭배 시스템 전체를 비난하고 있었다.

63 황제 숭배에 대한 연구는 요한계시록에 대한 해석뿐만 아니라 신약성서의 다른 본문에 대한 해석에 대해서도 정보를 제공한다. S. Mitchell에 의하면, 바울은 첫 번째 여행을 할 때 비시디아 안디옥에서 황제의 신전을 봤을 것이고, 두 번째 여행에서는 동일 장소에서, *res gestae Augusti*(세상의 구세주로서 황제의 업적을 자세히 기록해놓은 명문)의 사본을 봤을 것이다. "우리는 황제에 대한 공공 숭배가…기독교 발전에 장애물이 되었다는 인상을 피할 수가 없다"(*Anatolia*, 2:10). B. Allen("Luke-Acts and the Imperial Cult in Asia Minor," *JTS* 48 [1997]: 411-38)도 다음과 같이 제안한다. "데오빌로와 그에게 속한 무리가 처했던 직접적인 역사·사회적 상황은 제국적 질서의 가치가 소아시아에서 전개되고 있는 황제 숭배에 반영되는 상황이었다"(412).

64 P. Prigent, "Au temps de l'Apocalypse, II: Le culte impérial au 1er siècle en Asie Mineure" *RHPR* 55, no. 2 (1975): 215-35; Friesen, *Twice Neokoros;* "Roman Emperors in Ephesus"; "Ephesus: Key to a Vision," 24-37; S. R. F. Price, *Rituals and Power: The Roman Imperial Cult in Asia Minor* (Cambridge: Cambridge University Press, 1984); idem, "Rituals and Power," in *Paul and Empire: Religion and Power in Roman Imperial Society*, ed. R. A. Horsley (Harrisburg, Pa.: Trinity, 1997), 47-71.

의 수준을 여러모로 격상시켰다. 그는 황제 숭배 의식에 대한 탐구에서 문화 인류학을 사용했는데, 황제 숭배에 대한 몇 가지 개념적 오류(예. 황제 숭배자들이 실제로는 황제를 숭배의 대상으로 여기지 않았고, 종교적 감정을 "느끼지" 않았으며, 이 현상은 사실 종교로 위장된 정치적 행위에 불과했고, 제국의 제사장들이 눈속임을 통해 이적과 기사를 행했다는 등)를 제거했다. 또한 프라이스는 황제 숭배가 소아시아 지역 어디에서 실행되었는지를 잘 보여주는 유용한 지도를 제공했다. 프라이스가 탐구한 것과 같이, 황제 숭배는 소아시아에서 가장 대중적이었다.[65] 프라이스와 프리전트에 의하면, 황제 숭배 의식은 행렬, 제사, 합창, 황제와 그의 가족의 상(像) 운반과 같은 요소로 구성되어 있었다. 이런 의식이 그리스도인들에게는 가장 힘든 부분이었는데, 그들은 의식에 참여할 수도 없었고, 황제의 상을 자신의 집에 둘 수도 없었기 때문이다. 황제 숭배 행렬이 자신의 집 앞으로 지나갈 때, 그들은 황제에게 제물을 바쳐야 했다. 이를 어기는 일은 모두의 눈에 띌 수밖에 없는 공개적 범죄 행위나 다름없었다.[66]

프리슨은 기원후 89-90년(프리슨 자신이 추정한 시기)에 에베소에서 일어난 세바스토이(아우구스티) 숭배 의식의 제정에 초점을 맞추고 있

65 Price, *Rituals and Power*, 7, 10, 15, 198. 황제 숭배와 이에 수반된 이적 및 기사에 대한 고대인들의 생각과 관련하여 훌륭한 논의를 보려면, Prigent, "Le culte impérial," 233도 보라. Price와 Prigent는 다음 학자들의 주장에 반대할 것이다. Elisabeth Schüssler Fiorenza (*Revelation: Vision of a Just World* [Minneapolis: Fortress, 1991], 85), S. J. Scherrer ("Signs and Wonders in the Imperial Cult: A New Look at a Roman Religious Institution in the Light of Rev 13:13-15," *JBL* 103 [1984]: 599-610), and G. R. Beasley-Murray (*The Book of Revelation* [Greenwood, S. C.: Attic, 1974], 217). 이 학자들은 모두 속임수가 사용되었다고 제안한다.

66 Prigent, "Le culte impérial," 221, 223; Price, *Rituals and Power*, 104-12.

다. 그는 특히 열세 개의 황제 헌정 명문(아시아의 로마 식민지 곳곳에서 발견됨), 세바스토이 숭배를 위한 신전(그리고 그곳에 있던 거대한 조각상), 그리고 도미티아누스 황제를 올림포스 산의 제우스로 신격화하기 위해 건설된 공중 목욕탕과 체육관으로 이뤄진 복합 건물을 면밀히 분석했다. 프리슨에 의하면, 황제 숭배의 제정 목적은 모든 플라비우스가 황제(즉 베스파시아누스, 티투스, 도미티아누스)를, 아마도 심지어 도미티아누스 황제의 부인인 도미티아까지 기념하기 위해서였지만, 당시 현존했던 황제 즉 도미티아누스를 기념하는 데 주된 초점이 맞추어졌을 것이다. 열세 개의 명문을 통해 알 수 있는 것은 황제 숭배가 에베소에서뿐만 아니라 소아시아 전역에서 매우 중요한 의미를 지니고 있었다는 점이다. 프리슨이 지적한 것처럼, 당시 아시아를 제외한 어느 지역에도 두 종류의 황제 숭배가 존재하지 않았다. 세바스토이 숭배가 에베소에서 제정되었으므로, 아시아에는 이제 세 종류의 숭배가 자리 잡게 되었다.[67] 결국 에베소에서 제정된 새로운 숭배에 대한 시민의 자부심과 황제의 신전지기라는 칭호 속에 담겨 있는 자긍심을 볼 때, 황제 숭배에 동참하기를 원하지 않는 자들에 대한 분노가 당연히 생겨났을 것이다. 그러므로 에베소에서 그리스도인들이 겪은 박해는 로마 제국의 공식적인 박해가 아닌 지역적으로 국한된 박해였음을 알 수 있다.[68]

프라이스와 프리슨도 부인하지 못하듯이, 기원후 89-90년에 에베

67 Friesen, *Twice Neokoros*, 155; "Ephesus: Key to a Vision," 34. 아시아에서 다른 두 종류의 황제 숭배는 버가모(로마와 황제에 대한 숭배, 기원전 29년에 확립)와 서머나(Tiberius 황제에 대한 숭배, 기원후 26년에 확립)에 존재했다. Prigent("Le culte impérial," 216-17)도 보라. 여기에서 Prigent는 Tiberius 황제 숭배에 대해 다른 시기를 제시한다.

68 Friesen, *Twice Neokoros*, 36-38, 48, 140, 155을 보라.

소에서 일어난 새로운 황제 숭배의 제정이 요한계시록의 배경이 된다는 사실을 부인하기는 어렵다. 따라서 프라이스와 프리슨은 요한계시록 13장과 바다와 육지에서 나오는 짐승들에 대해 서로 유사한 해석을 내놓고 있다. 바다 짐승은 로마 제국의 힘이고, 육지 짐승은 로마 식민지의 귀족들을 의미한다. 그중에는 제국의 대제사장도 포함되는데, 그들은 황제 숭배를 널리 전파하기 위해 힘쓴다.[69] 선견자 요한은 황제 숭배와 관련된 축제와 놀이, 행렬, 제사, 황실의 거대한 상,[70] 그리고 심지어 식민지 귀족들이 황제 숭배에 대한 대제사장의 명예를 얻기 위해 서로 경쟁하고 열정적으로 숭배 의식을 집행하는 것을 목격하고 크게 놀란다.[71] 하지만 이런 상황에 대한 요한의 입장은 어떤 일이 있어도 기독공동체 내에서 타협이 있을 수 없고 황제에게 제물을 바쳐서는 안 된다는 것이다.

위에 언급한 세 학자의 저술은 기원후 1세기 아시아 지역에서 황제

69 Price, *Rituals and Power*, 197; Friesen, "Ephesus: Key to a Vision," 37. 비슷한 해석을 제시하는 Jones("Christianity," 1035)와도 비교해보라.

70 조각상의 머리와 한쪽 팔 일부가 발견되어 터키 셀루크에 있는 에베소 박물관에 전시되어 있다. 이 박물관과 다른 자료들은 이 조각상 파편이 거대한 Domitian 황제 조각상의 일부라고 밝히고 있지만, Friesen의 주장에 의하면, 이 파편은 Titus 황제 조각상의 일부다. 또한 비슷한 크기로 Vespasian 황제 및 Domitian 황제의 거대한 조각상이 있었을 것이다. Friesen, *Twice Neokoros*, 60-62: "Ephesus: Key to a Vision," 32을 보라. 참조. S. Erdemgil et al.(*Ephesus* [Istanbul: Do-Gu Yayinlari, 2000], 87)은 이 잔해들의 출처를 Domitian 황제의 조각상으로 규명한다.

71 P.W. Barnett("Revelation in Its Roman Setting," 61)의 추정에 의하면, 요한은 에베소의 길거리에서 황제 숭배에 반대하는 목소리를 내기 시작했고, 밧모섬으로 추방되었다. R. Oster("Numismatic Windows into the Social World of Early Christianity: A Methodological Inquiry," *JBL* 101 [1982]: 195-223, 특히 219)에 의하면, 요한계시록의 "도상학 기법"(짐승, 향로, 제단, 왕관, 보좌, 번개를 가리킴)은 에베소의 주화에서도 발견된다. 우리는 다음과 같이 제안할 수 있다. 즉 대부분 황제 숭배와 관련되는 이런 상징은 요한과 같은 사람에게는 틀림없이 매우 거슬렸을 것이다.

숭배에 대한 믿음이 만연했음을 증명했고, 선견자 요한이 살았던 사회 종교적 세계를 이해하는 데 새로운 해석의 통찰력을 제공해주었다. 또한 이 세 학자로 인해 우리는 선견자 요한의 비난을 유발한 구체적인 사건, 곧 기원후 89-90년에 에베소에서 일어난 새로운 숭배 제정 사건에 대해서도 인지하게 되었다. 우리가 이들의 연구를 더 주의 깊게 살펴본다면, 요한계시록에 있는 많은 난제에 대한 해결책을 찾을 수 있을 것이다.

일곱 교회에 보낸 편지의 지역 관련 언급

적어도 램지 시대 이래로, 요한이 요한계시록 2-3장에서 각 교회가 위치한 지역의 사건 및 문화에 대한 미묘한 언급과 함께 일곱 교회에 보내는 그의 편지를 썼다고 믿는 학자들이 존재해왔다. 램지에 의하면, "일곱 편지의 저자는…일곱 교회에 대해 많이 언급하는데, 각각의 언급 내용은 개별 교회의 상황을 구체적으로 반영하고 있으며, 이는 그가 각각의 교회에 대해 잘 알고 있음을 보여준다." 또한 램지는 이 편지가 "일곱 도시의 상황, 특성, 과거의 역사, 미래의 발전 가능성 등"[72]을 훤히 알고 있는 누군가에 의해 기록되었다고 주장했다. 1904년에 발표된 램지의 연구는 명문을 선별하고 지형을 관찰함으로써 각 교회에 대한 편지에 나오는 이런 언급을 지적하려고 노력했다.

이후로 램지의 연구를 이어가려는 몇몇 시도가 있었던 반면, 일곱 지역에 대한 언급이 실제라기보다 가상에 더 가깝다는 주장도 제기되

72 William Ramsay, *The Letters to the Seven Churches of Asia* (New York: Hodder & Stoughton, 1904), 39-40.

었다.[73] 최근에 이와 관련한 논쟁이 똑같은 주제에 대한 헤머의 논문이 출간되면서 다시 불거졌다.[74] 어떤 학자들은 헤머가 추정하는 일곱 교회에 대한 언급 모음에 대해 회의적이고, 다른 학자들은 아예 그런 언급이 있다는 자체를 부정한다.[75]

스코비(C. H. H. Scobie)는 일곱 교회에 보낸 편지에서 적어도 오십 개 이상의 지역 관련 언급을 발견하여 "체크리스트"로 작성해놓았다. 이 주제와 관련된 그의 입장은, 일곱 교회에 보내는 편지의 내용에 지역 관련 언급이 넘쳐난다고 보는 극단적 성향의 헤머와, 편지에서 지역 관련 언급의 존재를 아예 부정하는 프리전트 사이의 중간에 위치한다. 스코비는 지역 관련 언급을 다음과 같이 세 범주로 분류한다. (1) 각 지역의 사건에 대한 언급, (2) 지리적 특징에 대한 언급, (3) 동시대의 삶에 대한 언급.[76]

내가 여기서 지역 관련 언급이 제시된 작은 예 몇 가지를 들어보겠다. 요한계시록 2:13에서 요한은 버가모 교회로 보내는 편지에 다음과 같이 쓴다. "네가 어디에 사는지를 내가 아노니 거기는 사탄의 권좌가

73 C. H. H. Scobie("Local References in the Letters to the Seven Churches," *NTS* 39 [1993]: 614)는 Ramsay의 결론을 거부하는 학자로 J. Moffatt("The Revelation of St. John the Divine," in *The Expositor's Greek Testament*, ed. W. R. Nicoll, 5 vols. [London: Hodder & Stoughton, 1920], 5:285)을 인용한다.

74 C. J. Hemer, *The Letters to the Seven Churches of Asia in Their Local Setting*, JSNTSup 11 (Sheffield: JSOT Press, 1986).

75 Thompson(*Book of Revelation*, 202-4)은 Hemer의 연구를 평가하면서, "지역과의 연결 내용이 종종 그 근거가 매우 희박하다"는 결론을 내린다. Scobie, "Local References," 606에 따르면, P. Prigent(*L'Apocalypse de Saint Jean* [Lausanne: Delachaux and Niestlé, 1981])는 "지역 관련 언급의 존재를 강하게 부정한다."

76 Scobie("Local References," 606-24)는 Hemer가 그런 언급을 서른 개에서 서른다섯 개까지 수집했다고 지적한다.

있는 데라." 그런데 이 언급은 버가모에 있는 실제 지형학적 위치를 가리키는 걸까? 이와 관련하여 제기된 주장에 의하면, 이는 아크로폴리스의 제우스 제단, 아크로폴리스 자체, 아크로폴리스의 극장(멀리서 이 극장을 보면 마치 큰 의자처럼 보임), 그리고 황제 숭배를 암시한다.[77]

요한계시록 3:16에서 선견자 요한은 라오디게아 교회를 향해 다음과 같이 대언한다. "네가 이같이 미지근하여 뜨겁지도 아니하고 차지도 아니하니 내 입에서 너를 토하여 버리리라." 이 구절과 관련된 유명한 해석이 있는데, 곧 요한계시록의 저자가 라오디게아 지역의 미지근한 물에 착안하여, 히에라폴리스 지역의 뜨거운 온천수와 골로새 지역의 차가운 샘물과의 대조를 시도하고 있다는 것이다. 결과적으로 라오디게아 지역의 물은 아무 짝에도(치료 목적으로도, 식용으로도) 쓸모없다는 것이다.[78]

요한계시록 2:7에서 저자는 에베소 교회를 향해 다음과 같이 대언한다. "이기는 그에게는 내가 하나님의 낙원에 있는 생명나무의 열매를 주어 먹게 하리라." 이 언급은 분명 창세기 2장의 내용을 연상시키고 있지만, 헤머는 이 구절의 내용에 지역적인 암시도 있다고 주장한다. 그는 낙원에서 나무의 열매를 먹는다는 표현을 아르테미스를 위한 나무 제단과, 당시 주화에 그려져 있는 것처럼 제단을 둘러싸고 있는 성스러운 구역과 연결시킨다.[79]

77 다음을 보라. Scobie, "Local References," 610; Hemer, *Letters to the Seven Churches*, 87; Adela Yarbro Collins, "Pergamum in Early Christian Literature," in *Pergamon, Citadel of the Gods*, ed. Koester, 176-84; Jones, "Christianity and the Roman Imperial Cult," 1034.

78 Yamauchi, *New Testament Cities*, 141; Scobie, "Local References," 623.

79 Hemer, *Letters to the Seven Churches*, 44-45.

그렇다면 우리는 이렇게 미묘한 지역 관련 언급을 어떻게 평가해야 하는 걸까? 이 언급을 완전히 무시해버린다면 이는 극단적 처사가 될 테고, 그렇다고 이런 암시를 억지스레 다 인정할 수도 없는 노릇이다. 이런 의미에서 스코비의 다음과 같은 결론이 적절하다. (1) 지역 관련 언급에 대한 몇 가지 암시는 설득력이 없다. (2) 하지만 "편지에는 적어도 지역 관련 언급의 핵심이" 존재한다. (3) 편지에서 지역 관련 언급을 규명할 수 있다고 해서, 일반적으로 본문의 해석에 영향을 미치는 것은 아니지만, 가끔 영향을 미치기도 한다(예. "미지근한"이라는 표현은 라오디게아 교회의 열심 부족이 아니라 무능함을 나타낸다).[80]

결론

남아 있는 명문들과 다른 유물(지형학도 포함해서)의 사용은, 신약성서 본문에 반영된 운동으로서 소아시아 지역의 초기 기독교에 대한 우리의 이해를 돕는 데 기여해왔다. 이제 그 결과를 세 가지 범주로 나누어 아래와 같이 나열해보겠다.

80 Scobie, "Local References," 624. Scobie는 개연성 혹은 가능성 있는 여섯 개의 지역 관련 언급을 결정한 후, 여기에 두 개의 "시험 사례"를 더하고, 마지막으로 또 다른 예를 하나 더 추가한다(결국 도합 아홉 개가 된다). (618-20, 623을 보라). 모든 지역 관련 언급이 일곱 교회에 보내는 편지에서 발견되는 것은 아니다. R. Bauckham("Eschatological Earthquake in the Apocalypse of John," *NovT* 19 [1977]: 224-33)은 계 8:5; 11:19; 16:18-21이 사데(기원후 17년)와 라오디게아(기원후 60년)에서 발생했던 지진을 염두에 두고 있다고 제안한다.

유물의 발견으로 해결된 문제

1. 적어도 회당에 출입했던 하나님을 경외하는 소수의 이방인들이 존재했다.
2. 바울의 에베소 사역에 대한 세부 내용(행 19장)은 문화적으로 볼 때 충분히 가능하다.
3. 아시아 관리들은 황제 숭배의 대제사장들과 동일한 이들이 아니었다.
4. 우리는 도미티아누스 황제에 대한 우리의 생각을 수정해야 한다. 그는 아마 그리스도인들에 대한 광포한 박해자는 아니었을 것이다.
5. 그러나 우리는 요한계시록의 배경으로서 소아시아 지역의 황제 숭배에 대한 호소에도 강조점을 두어야 한다.

유물의 발견으로 진전이 있는 문제

1. 갈라디아서의 수신 지역이 갈라디아 남부 지역이 아니라는 반대 의견 중 적어도 두 가지가 제거되었다.
2. 요한계시록에 나오는 지역 관련 언급으로 추정되는 것 중 몇 개는 유효할 수도 있으나, 많은 언급(아마도 대부분)이 타당하지 않다.

유물의 발견으로 더 복잡해진 문제

1. 로마 제국의 도로는 바울이 2차 및 3차 전도 여행에서 어느 길로

여행했는지 우리에게 말해주지 않는다.

2. 소아시아에서 유대인 여성들에게 허락된 최고의 권위는 (적어도 2세기 이후로 계속) 고린도전서와 디모데전서의 내용과는 대조된다.

제2부

신약성서 해석학

제3장

본문비평

최근의 발전

Eckhard J. Schnabel
에크하르트 J. 슈나벨

신약성서에 대한 본문비평의 목적은 서로 다른 사본들 중에서—그리스어 사본은 5천5백 개가 있는데, 9천여 개의 버전으로 나뉘고, 대략 30만 종류의 이형 읽기(variant readings)를 드러낸다—"어떤 형태의 본문이 원문에 가장 근접하는지를 규명하는 것이다."[1] 그리스어 성서인 *Novum Testamentum Graece* 26판(일명 "네슬레-알란트"판, NA²⁶)이 출간된 1979년, 그리고 또 다른 그리스어 성서인 *Greek New Testament* 3판(UBS³)이 세계성서공회연합회에서 출간된 1975년 이래로,[2] 지난 25년

1 Bruce M. Metzger, *The Text of the New Testament: Its Transmission, Corruption, and Restoration*, 3rd ed. (New York and Oxford: Oxford University Press, 1992), v.

2 Kurt Aland et al, eds., *Novum Testamentum Graece*, 26th ed. (Stuttgart: Deutsche Bibelgesellschaft, 1979); idem, *The Greek New Testament*, 3rd ed. (New York: United Bible Societies, 1975).

동안 신약성서의 사본 전승 연구에 많은 진전이 있었다. 즉 새로운 사본의 발견, 개정판의 출간, 사본 전승사 관련 새로운 이론의 등장, 본문비평 방법론에 관한 지속적인 논의, 본문비평이 제기하는 신학적 문제 연구 등과 같은 일련의 학문적 진보가 있었다. 아래에 이어질 내용을 통해, 이런 진전 사항의 주요 발전 내용과 공헌에 대해 알아보도록 하자.[3]

새로운 사본

티셴도르프의 콘스탄틴 백작(Count Constantin von Tischendorf, 1815-74)의 노고가 있기 전, 당시에 알려진 신약성서의 그리스어 사본 수는 천 개 남짓이었다. 카스파르 그레고리(Caspar Gregory)는 티셴도르프 제8판(1869-94년)[4]의 서문에서 총 3,060개의 사본을 나열하고 있다. 쿠르트 알란트(Kurt Aland)의 노력을 통해 약 천여 개의 새로운 사본이 추가로 발견되었다(1953년에 처음 보도됨). 지난 25년 동안 발견된 사본 중 가장 극적인 것은, 1844년과 1859년 2회에 걸쳐 티셴도르프가 시

3 이에 대한 훌륭한 개관을 보려면, Bart D. Ehrman and Michael W. Holmes, eds., *The Text of the New Testament in Contemporary Research: Essays on the Status Quaestionis*, SD 46 (Grand Rapids: Eerdmans, 1995)에 실린 소논문들을 보라. Metzger, "Advances in Textual Criticism of the New Testament, 1964-1990," in *Text of the New Testament*, 260-97도 보라.

4 Constantin von Tischendorf. *Novum Testamentum Graece, I-II: Editio octava critica maior, Prolegomena scripsit C. R. Gregory* (Leipzig: Giesecke & Devrient, 1869-94); 다음도 보라. C. R. Gregory, *Die griechischen Handschriften des Neuen Testaments* (Leipzig: Hinrichs, 1908).

내산의 성 카타리나 수도원에서 발견한 시내산 사본(Codex Sinaiticus), 그렌펠(B. P. Grenfell), 헌트(A. S. Hunt) 등이 1897년부터 옥시링쿠스(Oxyrhynchus)에서 발견한 파피루스 사본, 1930년대 발견된 체스터 비티(Chester Beatty) 파피루스 사본, 1956년에서 1961년 사이에 발견된 보드머(Bodmer) 파피루스, 그리고 1970년 이후 발견된 몇 가지 새로운 사본이다.

Novum Testamentum Graece 제26판(1979년)에는 88개의 파피루스 사본이, 제27판(1993년, NA^{27})에는 98개의 사본이 등장한다.[5] 옥시링쿠스 파피루스 사본(1997-99) 64-66권에 17개의 사본 조각이 등장하면서,[6] 파피루스 사본의 공식 목록 개수는 현재 115개에 달한다. 그리스어 대문자로 기록된 사본의 목록 개수는 274개에서 306개로 증가했다.[7] 한편 그리스어 소문자로 기록된 사본의 목록 개수는 2,812개에 달한다. 비록 어떤 종류의 그리스어 신약성서에도 체계적으로 제시되지 않았지만(NA^{27}에는 단지 아홉 개의 그리스어 성구집을 언급한다), 신약성서 성구집을 부분적으로 담고 있는 사본의 목록 개수는 2,281개다. 뮌스터에 소재하는 신약성서 본문 연구소에 "공식적"으로 등재된 사본

5 Kurt Aland, *Kurzgefaßte Liste der griechischen Handschriften des Neuen Testaments*, ANTF 1 (Berlin: de Gruyter, 1994), 3-16, lists ninety-nine papyri, adding P. Chester Beatty 1499, fol. 11-14.

6 P.Oxy 4401-6, 4445-9, 4494-5, 4497-9의 상세 내용 및 참고 문헌 정보는 다음을 보라. Peter M. Head, "Some Recently Published NT Papyri from Oxyrhynchus: An Overview and Preliminary Assessment," *TynBul* 51 (2000): 1-16; 다음도 보라. J. K. Elliott, "Seven Recently Published New Testament Fragments from Oxyrhynchus," *NovT* 42 (2000): 209-13.

7 Aland, *Kurzgefaßte Liste*, 44: NA^{27}, 689-703에는 그리스어 대문자로 기록된 사본 301개가 실려 있다.

의 목록 개수는 1994년 현재 5,664개다.[8] 엘리엇(J. K. Elliott)은 여러 종류의 그리스어 신약성서에 실린 사본들을 연구하여 유용한 개관을 제공한다.[9]

신약성서 사본 전승을 전자식 방법으로 연구하는 일은 아쉽게도 현재로서는 불가능하다. 하지만 새롭게 출간된 $\mathfrak{P}^{99}$–$\mathfrak{P}^{115}$의 고해상도 이미지가 옥시링쿠스 웹사이트를 통해 접근 가능하다.[10] 신약성서 그리스어 사본에 관한 본문 연구가 더 많은 관심을 얻기 위해서는, 모든 사용 가능한 사본, 즉 파피루스 사본, 대문자 사본, 선별된 대표적 소문자 사본이 한곳에 저장되어 검색이 가능한 CD-ROM이 필요하다.

그리스어 신약성서의 신판

가장 널리 쓰이는 그리스어 신약성서 판은 *Novum Testamentum Graece*로, 1898년 에버하르트 네슬레(Eberhard Nestle)가 티셴도르프 본문과 웨스트코트/호트(Westcott/Hort)의 본문을 서로 대조해가면서 만든 문고판이다. 티셴도르프 본문과 웨스트코트/호트 본문이 서로 일치하지 않을 때, 네슬레는 제3의 다른 판을 참조했는데, 처음에는 웨이머스(Richard Francis Weymouth)가 1982년에 출간한 2판을, 1901년 이후에는 Codex B의 영향을 많이 받은 바이스(Bernhard Weiss)의 1894-1900년

8 Aland, *Kurzgefaßte Liste*.

9 J. K. Elliott, *A Survey of Manuscripts Used in Editions of the Greek New Testament*, NovTSup 57 (Leiden: Brill, 1987).

10 Online: www.csad.ox.ac.uk/POxy(현재는 www.papyrology.ox.ac.uk/POxy가 사용됨-역주).

도 판을 참조했다. 따라서 네슬레 본문은 19세기 본문비평 학자들의 합의 내용을 반영하고 있다. 1927년에 에르빈 네슬레(Erwin Nestle)가 "네슬레" 13판을 발표한 이후로 개별 비평 장치를 사용하여 사본 선택을 위한 독립적 평가가 가능해졌다. 네슬레 21판(1952년)부터 쿠르트 알란트가 공동 출판자로 이름을 올리게 되었다. 이 21판부터 비평 장치를 통한 본문의 정보와 파피루스 사본의 내용도 함께 기재되기 시작했다. 알란트는 25판(1963년)을 발표하면서, 더 많은 사본(특히 새로 출판된 보드머 파피루스[Bodmer papyri]를 포함한)을 확보하고 비교하여 비평 장치를 수정 및 보완했다. 1979년 26판[11]에는 이전 판들의 관련 본문 내용에 대한 언급 없이 새로운 본문이 제시되어 있다(대신 이전 판들의 관련 본문들은 "편집상의 차이"[Editionum differentiae]라는 제목과 함께 부록으로 실려 있다). 개선된 활자와 새로이 고안된 비평 장치로 인해 사본에 관한 정보가 눈에 띄게 늘었다. 1993년에 발간된 27판은 26판의 본문을 그대로 따르고 있지만, 개선된 비평 장치의 도입으로 인해, 본문의 신뢰도 향상과 더 수월한 본문 이용에 초점을 맞추고 있다.

유진 니다(Eugene Nida)는 성서 번역자들을 위한 그리스어 신약성서 발간 위원회를 1955년에 소집했는데, 회원은 세인트앤드루스의 매슈 블랙(Matthew Black), 프린스턴의 브루스 메츠거(Bruce M. Metzger), 시카고의 앨런 윅그렌(Allen Wikgren), 뮌스터의 쿠르트 알란트 등이었다. 세계성서공회연합회(United Bible Societies: UBS)는 1966년에 *The Greek New Testament* 초판을 발행했는데, 이는 현존하는 모든 파피루스 사본 목록을 담고 있는 그리스어 신약성서의 최초의 본문비평 연구판(critical

11 26판부터 Barbara Aland가 Kurt Aland와 공동 편집자가 된다.

edition)이었다. 이 판의 그리스어 본문은 "중립 사본"(neutral text)의 개념을 포기했음에도 불구하고 웨스트코트/호트의 기준을 따라 새롭게 재구성되었다. 다수결에 따라 이형 본문(textual variants)에 대한 결정이 이루어졌고, 비평 장치를 통해 번역과 직결된 이형 본문, 즉 상이한 의미 차이를 가져오는 이형 본문만 기재되었다. UBS 본문에 기재된 이형 본문의 총 개수는 천오백 개 미만으로, 수천 개의 이형 본문을 담고 있는 네슬레-알란트 그리스어 신약성서보다 훨씬 적다. 위원회의 위원들은 이형 본문의 정확도에 따라 각각의 등급(A, B, C, D)을 매겼는데, 이렇게 등급을 매기는 행위는 벵겔(J. A. Bengel)의 기존 방식을 수정한 것이었다. UBS 본문은 우수한 그리스어 활체로 인해 영어권 세계에서 신학생들과, 적지 않은 교수들에게 가장 인기 있는 판이 되었다. 카를로 마르티니(Carlo M. Martini)가 새롭게 합류한 위원회는 1968년에 제2판을 출간했다. 제3판의 본문(1975년에 출간되고 1983년에 개정됨)은 뮌스터에 있는 신약성서 본문 연구소가 이룬 업적의 전신이 되었고, 제2판과 비교했을 때 5백 개 이상의 수정이 이루어졌으며, NA[26]과 동일한 모습을 갖추었다. 1993년에 발간된 제4판은 273묶음의 이형 본문을 제거하고 284묶음의 새로운 이형 본문을 추가했다. 그러나 본문 자체는 제3판과 비교할 때 아무런 변화가 없었다. 구절들 대부분이 정확도 측면에서 상향 조정되었고(기존의 많은 C등급 구절이 B등급으로 재평가됨), 기존의 D등급 구절들은 사실상 삭제되었다.[12] 실바(Moisés Silva)는 최근 본문비평 연구판에 대한 개관에서 다음과 같이 말했다. "신약성서

12 다음 비평을 보라. Kent D. Clarke, *Textual Optimism: A Critique of the United Bible Societies' Greek New Testament*, JSNTSup 138 (Sheffield: Sheffield Academic Press, 1997).

학자들이 이구동성으로 UBS판의 인기에 반대하는 목소리에 합류한다. NA^{26}에 기재된 이형 본문 대부분이 원본과 거리가 멀고, 결과적으로 신약성서 해석과 다소 무관한 게 사실이지만, 그렇다고 해도 학자들이 널리 인식되고 있는 본문 전승의 역사에 친숙해지는 데 실패한다면 중대한 실수를 저지르는 것이다."[13]

21세기의 가장 의미 있는 출판물 중 하나는 뮌스터에 있는 신약성서 본문 연구소의 대비평본(*Editio Critica Maior*)으로, 이는 쿠르트 알란트의 1969년 공표 이후[14] 오랜 기다림 끝에 탄생한 "새로운 티셴도르프"이며, 1997년에 출간된 야고보서를 최초로 포함하고 있다.[15] 대비평본의 발간 목적은 "신약성서 본문을 확립하고 처음 천 년간의 신약성서 본문의 역사를 재구성하기 위해 학문적 연구에 필요한 자료를 폭넓게 제공하는 것이다."[16] 또한 이 판은 비평 장치에 제시된 모든 증거를 토대로 확립된 새로운 본문을 제공한다. 비평 장치를 통해 인용된 본문 관련 증거 사본에 대해, 뮌스터 연구소는 98개의 시험 구절 중에서 공동 서신의 사본 구절과 연관이 있는 522개의 사본을 대조했다. 그리고 372개의 사본을 통해, 다수의 지지를 받는 주요 본문이 공동서신 관

13 M. Silva, "Modern Critical Editions and Apparatuses of the Greek New Testament," in Ehrman and Holmes, *Text of the New Testament*, 290-91.

14 K. Aland, "Novi Testamenti Graeci Editio Maior Critica: Der gegenwärtige Stand der Arbeit an eine neuen großen kritischen Ausgabe des Neuen Testaments," *NTS* 16 (1969): 163-77.

15 *Novum Testamentum Graecum Editio Critica Maior*, vol. 4.1, *Die Katholischen Briefe*, ed. B. Aland et al. (Stuttgart: Deutsche Bibelgesellschaft, 1997). B. Aland in *TC* 3 (1998)의 설명과, P. H. Davids, B. D. Ehrman, D. C. Parker, W. L. Petersen, and K. Wachtel in *TC* 3의 소논문들을 보라.

16 *Novum Testamentum Graecum Editio Critica Maior*, 4.1, 11.

련 구절과 최소 90퍼센트 이상 일치함을 입증했다.[17] 나머지 사본들, 즉 다수의 지지를 받는 본문과 10퍼센트 이상 차이를 보이는 사본들은 야고보서를 편집할 때 포함되었다. 이때 포함된 182개의 사본 중 – 이 개수는 NA^{27}에서 인용된 개수보다 약 8배나 많다 – 97개의 사본이 비잔틴 전승에 속한다. 게다가 여기에는 20개의 성구집이 참조되었고, 7/8세기 다메섹의 요한을 포함하여 백 명 이상의 그리스 교부들이 인용했던 모든 내용이 들어가 있다. 라틴어, 콥트어, 시리아어로 된 야고보서는 온전히 그리스어 야고보서를 토대로 재구성되었으므로, 각 책은 그리스어 야고보서를 증언하는 문서로서 온전히 인용되고 있다. 야고보서 2:1-11과 관련하여, 대비평본에는 69개의 이형 본문이, NA^{27}에는 22개의 이형 본문이, UBS^{4}에는 단지 하나의 이형 본문만이 기재되어 있다.[18] 새로 정리된 야고보서 본문은 NA^{27} 및 UBS^{4}과 비교할 때, 단지 두 군데에서만 차이를 보인다. 엘리엇은 이렇게 작은 차이에 대해 비판하지만,[19] 바르바라 알란트는 이에 대해 다음과 같이 변호한다. 즉 이렇듯 미묘한 차이는 "편집자들이 해당 본문의 변경을 꺼려서가 아니라 본문 전승의 상대적 일관성과 네슬레-알란트 판과 UBS 판에 대한 학문적 신뢰에 기인한다"는 것이다.[20] 더욱이 대비평본은 베드로 서신, 요한 서신, 유다서를 포함하며 사도행전 본문도 곧 출간될 예정이다. 보충 책자들은 대비평본에 사용된 사본 목록 및 약어 목록과 더불어 비평 장치에 대한 완벽한 설명도 제공한다.

17 K. Aland, *Text und Textwert der griechischen Handschriften des Neuen Testaments*, vol. 1, *Die Katholischen Briefe*, ANTF 9-12 (Berlin: de Gruyter, 1987).

18 B. D. Ehrman, *TC* 3 (1998).

19 J. K. Elliott, *TC* 3 (1998).

20 B. Aland, *TC* 3 (1998): par. 9.

보버(José Maria Bover)가 1943년에 두 개 국어로 출간한, 비평 장치를 포함하는 그리스어 신약성서 본문은 1977년 오캘러핸(José O'Callaghan)에 의해 제5판이 세 개 국어(그리스어, 라틴어, 스페인어)로 발간되었다.[21] 로마 교황청 성서 연구원은 1933년 머크(Augustin Merk)의 그리스어 신약성서 본문을 처음으로 출간했는데, 이는 최근에 두 개 국어로 출간되었고, 신불가타 성서 본문과 클레멘스 불가타 성서 본문을 포함하고 있다.[22] 1990년에는 이탈리아어 번역본도 출간되었다.[23] 공인 본문(Textus Receptus)[24] 복원의 일환으로 두 판이 출간되었다. 하지스(Z. C. Hodges)와 파스태드(A. L. Farstad) 판은 사본 계통에 따른 복원 원칙을 토대로 "다수 본문"(majority text), 즉 교회 역사상 가장 많이 사용된 그리스어 본문의 복원을 추구한다. 반면 로빈슨(M. A. Robinson)과 피어폰트(W. G. Pierpont)는 사실상 무조건 다수 사본을 따른다.[25]

21 José M. Bover and José O'Callaghan, eds., *Nuevo Testamento trilingüe*, 2nd ed., BAC 400 (Madrid: Biblioteca de Autores Cristianos, 1988).

22 Gianfranco Nolli, *Novum Testamentum Graece et Latine: Textus Graecus, cum apparatu critico-exegetico, Vulgata Clementina et Neovulgata* (Vatican City: Libreria editrice vaticana, 1981).

23 A. Merk and Giuseppe Barbaglio, eds., *Nuovo testamento greco e italiano*, 3rd ed. (Bologna: Edizioni Dehoniane, 1993).

24 중요 논의를 위해 다음을 보라. D. B. Wallace, "The Majority Text Theory: History, Methods and Critique," in Ehrman and Holmes, *Text of the New Testament*, 297-320; D. A. Carson, *The King James Version Debate: A Plea for Realism* (Grand Rapids: Baker, 1979).

25 Zane C. Hodges and Arthur L. Farstad, eds., *The Greek New Testament according to the Majority Text* (Nashville: Nelson, 1982; 2nd ed., 1985); Maurice A. Robinson and William G. Pierpont, eds., *The New Testament in the Original Greek according to the Byzantine/Majority Textform* (Atlanta: Original Word, 1991). Hodges/Farstad 본문은 공인 본문과 1,838, UBS 본문과는 6,577 군데에서 차이를 보인다. D. B. Wallace, "Some Second Thoughts on the *Majority Text*," *BSac* 146 (1989): 271-90을 보라.

콜웰(Ernest Colwell)의 지도하에, 미국과 영국 학자들을 주축으로 1948년부터 진행된 국제 그리스어 신약성서 프로젝트(International Greek New Testament Project)는 그리스어 신약성서와 관련한 완전한 비평 장치를 고안하고자 애썼다. 이 프로젝트에는 버즈올(J. N. Birdsall), 엘리엇(J. K. Elliot), 엡(E. J. Epp), 피(G. D. Fee), 메츠거(B. M. Metzger), 윌리스(G. Willis) 같은 학자들이 편집 위원으로 참여했다. 이 프로젝트의 목적은 새 본문을 구성하는 게 아니라 본문 증거를 객관적으로 제시하는 것이었다. 따라서 기본 대조 본문(collating base text)도 정밀하게 복원된 본문이 아닌 공인 본문이 사용되었다. 1873년에 옥스퍼드의 클라렌돈 출판사가 출간한 이 공인 본문의 판은 원래 1550년에 출간된 스테파누스 제3판을 토대로 1828년에 출간된 편집본의 재판이었다. 비평 장치를 통해 다음과 같은 자료 속에 담겨진 증거가 취합되었다. 즉 (1) 모든 그리스어 파피루스 사본과 대문자 사본, (2) 클레어몬트 프로필 기법(Claremont Profile Method: CPM)을 통해 선별된 128개의 소문자 사본, (3) 열 개 국어로 된 초기 그리스어 신약성서 버전에서 나온 40개의 성구집과 교부들의 증언이다. 또한 누가복음의 본문 증거들을 제시하는 첫 번째 두 권이 1984년과 1987년에 출간되었다.[26] 1995년에는 엘리엇(W. J. Elliot)과 파커(D. C. Parker)가 요한복음 제1권을 출간했다.[27] 국제 그리스어 신약성서 프로젝트 판은 NA^{27}보다 더 많은 이형 읽기(variant readings)를 제시한다. 예를 들어 누가복음 2:1-14과 관련하

26 *The New Testament in Greek III: The Gospel according to St. Luke*, ed. American and British Committees of the International Greek New Testament Project, 2 vols. (Oxford: Clarendon, 1984-87).

27 *The New Testament in Greek IV: The Gospel according to John*, vol. 1, *The Papyri*, ed. W. J. Elliot and D. C. Parker, NTTS 20 (Leiden: Brill, 1995).

여 프로젝트 판은 거의 200개의 이형 읽기를 9페이지에 걸쳐 기록하는 반면, NA[27]은 20개의 이형 읽기만 제시하고 있다. 지금까지 출간된 프로젝트 판의 개별 신약성서는 본문비평가들에게 더할 나위 없이 귀중한 가치를 지니고 있으며, 많은 사람이 미래에 나올 책이 좀 더 빨리 출간되기를 희망한다.

프랑스 학자인 부아마르(Marie-Émile Boismard)와 라무이유(Arnaud Lamouille)는 1984년에 그리스어 사도행전을 출간했는데,[28] 이는 알렉산드리아 사본과 서방 사본(D)을 병렬 배치하여 대조하며, 2권에서 방대한 비평 장치를 토대로 한 주석 내용을 보여준다. 비록 이 두 프랑스 학자의 "연구 가설" 즉 알렉산드리아 사본과 서방 사본 모두 누가의 사도행전 원문을 그대로 반영하고 있다는 가설(이 견해는 1895년 블라스[F. Blass]가 제기했고, 1916년에 테오도르 찬[Th. Zahn]이 지지함)이 많은 학자를 설득시키지 못하겠지만, 이들이 제시하는 사도행전 본문의 사본 목록, 특히 초기 및 후기 사본들에 관한 목록과 누가의 독특한 문체에 관한 설명은 영속적으로 중대한 의미가 있다.[29] 오스번(C. Osburn)과 기어(Th. Geer)가 이끄는 사도행전 본문에 대한 국제 프로젝트(The International Project on the Text of Acts) 역시 모든 관련 사본을 총망라하

28 M.-É. Boismard and A. Lamouille, *Le Texte occidental des Actes des Apôtres: Reconstitution et réhabilitation*, vol. 1, *Introduction et textes*; vol. 2, *Apparat critique, Index des caractéristiques stylistiques, Index des citations patristiques* (Paris: Éditions Recherche sur les Civilisations, 1984).

29 Metzger, *Text of the New Testament*, 294-95; 참조. C. K. Barrett, *The Acts of the Apostles*, 2 vols., ICC (Edinburgh: Clark, 1994-98), 1:24-25. Codex Bezae에 관한 최근 논의는 D. C. Parker and C.-B. Amphoux, eds., *Codex Bezae: Studies from the Lunel Colloquium, June 1994*, NTTS 22 (Leiden: Brill, 1996)에 요약되어 있다.

는 사도행전 본문 출간을 목표한다.[30] 루벤 스완슨(Reuben Swanson)은 다음과 같이 다소 참신한 형식으로, 복음서와 사도행전 본문의 사본 증거들을 발표했다. 즉 바티칸 본문 전체를 싣고, 이를 기준으로 "각 사본의 모든 이형"을 나타내는 비교 구절들을 그룹별로 묶어놓았다.[31] 스완슨은 사도행전 본문에서 다음의 자료들을 사용하여 각 자료의 구절들을 비교한다. (1) 열 개의 파피루스 사본, (2) 15개의 대문자 사본, (3) 35개의 소문자 사본, (4) 알렉산드리아의 클레멘스 인용구. 이런 형태가 독자에게 주는 유익은, 전통적인 비평 장치를 통해 감지할 수 없었던 정자법상의 오류와 철자상의 차이로 인한 이형을 발견할 수 있다는 점이다. 스완슨은 자신의 그리스어 신약성서가 "1633년의 공인 본문을 토대로 재구성된"[32] 웨스트코트/호트, 네슬레-알란트, UBS 위원회의 작업을 개선한 것이라고 믿고 있는 것 같다. 그는 자신의 작업이 네슬레-알란트의 비평 장치보다 더 정확하다고 주장한다. 그러나 이상하게도 독자에게 다음과 같은 주의를 준다. "주어진 정보의 권위 확보를 위해 개별적으로 해당 사본을 참고하여 자료들을 점검하라."[33] 스완슨은 마이크로필름으로 된 사본을 통해 작업했으므로, 그의 신약성서 본문이 본래 형태의 사본을 놓고 직접 작업한 학자들의 본문보다 더 정확

30 Carroll D. Osburn, "The Search for the Original Text of Acts—The International Project on the Text of Acts [1991]," in *New Testament Text and Language: A Sheffield Reader*, ed. S. E. Porter and C. A. Evans (Sheffield: Sheffield Academic Press, 1996), 17-33을 보라.

31 R. J. Swanson, ed., *New Testament Greek Manuscripts: Variant Readings Arranged in Horizontal Lines against Codex Vaticanus: The Acts of the Apostles* (Sheffield: Sheffield Academic Press; Pasadena: William Carey International University, 1998), xix. 복음서 관련 책은 1995년에 출간되었다. Bruce M. Metzger는 각 책의 서문을 기고했다.

32 위의 책, xiv.

33 같은 책, xvi.

하다고 확신하기는 어렵다. 마이크로필름 사본과 관련된 전자식 오자 정리표[34]를 보면, 이런 유형의 사본으로부터 실질적인 도움을 기대하기는 어렵다. 컴포트(P. W. Comfort)와 바레트(D. P. Barrett)는 "가장 오래된 신약성서 사본의 온전한 본문"[35]을 전달하기 위해 기원후 300년 이전에 기록된 55개의 그리스어 사본—50개의 파피루스 사본과 다섯 개의 대문자 사본 0162, 0171, 0189, 0220, 0232—을 필사하여 출간했다. 이와 같은 사본의 선택은 다소 임의적인데, 예를 들면 뮌스터 목록(*Liste*)에서 3/4세기로 추정되는 $\mathfrak{P}^7$은 제외된 반면, 같은 시기의 파피루스 사본 여섯 개와 4세기의 파피루스 사본 네 개는 포함되었다. 파커(D. C. Parker)는 스완슨의 요한복음 본문 15페이지에 걸쳐 열 개의 오류를 발견하고, 스완슨이 본래 형태의 사본을 일관성 있게 사용하지 않았다고 지적한다.

신약 사본사 이론

신약성서 파피루스 사본 연구는 적어도 한 가지 중요한 측면에서 기존의 견해들을 무효로 만들었다. 본문비평에 대한 "확실한 결과" 중 하나는 다음과 같다. 즉 호트(Hort)의 "중립"(이집트) 본문 유형은 3세기 후

34 Online: wwwl.uni-bremen.de/-wie/texte/Swanson-errata.html(2001년 8월 접속).

35 Philip W. Comfort and David P. Barrett, eds., *The Complete Text of the Earliest New Testament Manuscripts* (Grand Rapids: Baker, 1999). 이에 대한 논의는 D. C. Parker in *TC* 4 (1999)의 논평을 보라. Comfort와 Barrett의 연구서는 이후 *The Text of the Earliest New Testament Greek Manuscripts*(Wheaton: Tyndale, 2001)라는 제목으로 출간되었다. 여기서는 Baker 판의 쪽수를 따른다.

반 혹은 4세기 초 알렉산드리아에서 기록된 일종의 교정본이라는 오래된 견해다. 이 견해는 부세(W. Bousset)가 초기 파피루스 사본들을 증거로 삼아, 이런 초기 본문들이 호트가 제안했던 것보다 더 유동적이고 "혼합된" 형태의 본문 전승 양상을 보이고 있음을 증명하고 나서부터 인정받았다.[36] 알렉산드리아에서 활동하던 기독교 필사자들의 편집 작업으로 인해 Codex B와 Codex A가 탄생했다.[37] 이런 편집 작업과 관련하여 종종 연상되는 이름은 헤시키우스(Hesychius)로, 그는 디오클레티아누스(Diocletian)의 박해로 순교한 인물이다. 학자들은 4세기에 기록된 어떤 본문 유형도 초기 파피루스 사본과 "온전한" 상태로 일치하는 본문이 없다는 결론을 내린 후, "교정 이전"(pre-recensional) 또는 "원-알렉산드리아"(proto-Alexandrinian) 본문에 대해 언급했다.[38] 현재 우리의 그리스어 신약성서 본문들(웨스트코트/호트, 네슬레/알란트, UBS)이 Codex B와 유사하다는 사실은, 우리가 그리스어 신약성서를 복원할 때 일반적으로 교정된 사본에 의존하고 있음을 의미한다. 그렇다면 이제 빠지게 되는 딜레마는 우리가 "단순히 '원문'(original text)의 희미한 신기루를 쫓고 있는 것은 아닌가"라는 의혹이다.[39] 상당한 분량의 누가복음 및 요한복음의 본문을 담고 있는 2세기 말 내지 3세기 초의 사본 𝔓75가 1961년에 발표되면서, 2/3세기 본문에 대한 의문은 새로운 국

36 Wilhelm Bousset, *Textkritische Studien zum Neuen Testament: Die Recension des Hesychius*, TU 11.4 (Leipzig: Hinrichs, 1894).

37 Kurt Aland and Barbara Aland, *The Text of the New Testament: An Introduction to the Critical Editions and to the Theory and Practice of Modern Textual Criticism* (Grand Rapids: Eerdmans, 1987), 50-51.

38 Merzger, *Text of the New Testament*, 215-16.

39 Kenneth W. Clark, "The Theological Relevance of Textual Variation in Current Criticism of the Greek New Testament," *JBL* 85 (1966): 15.

면을 맞게 되었다.[40] 마르티니(C. M. Martini)는 누가복음을 포함한 파피루스 사본 연구를 통해 Codex B와 이 파피루스 사본 간의 밀접한 관계를 밝혀냈는데, 이는 Codex B가 3세기 말 내지 4세기 초에 행해진 교정의 산물이란 가정을 무색하게 만들었다.[41] 요한복음 본문에 관한 연구도 동일한 결과를 초래했다.[42] $\mathfrak{P}^{75}$의 발견은 Codex B의 본문이 이미 2세기에 존재하고 있었다는 사실을 입증했는데, 이는 $\mathfrak{P}^{75}$가 교정본인지에 대한 의문을 일으켰다. "만일 그렇다면, 단 두 가지 대안적 답변만이 가능하다. 즉 "$\mathfrak{P}^{75}$는 2세기에 기록된 교정본(=개정본)이거나 편집 과정의 절정(=춘츠[G. Zuntz]의 '에우탈리오스' 판[Euthalian edition])에 해당하는 결과물이다. 그러나 이 편집 과정은 하나의 체계적 과정으로 발전할 수 있는 시간적 여유를 갖지 못했다."[43] 고든 피(Gordon D. Fee)는 알렉산드리아 교정본과 $\mathfrak{P}^{66}$ 탄생의 배후 인물로 여겨지는 오리게네스(Origen)가 기록한 그리스어 본문을 근거로 삼아, 이런 두 가지 대안적 답변이 역사적 개연성과는 거리가 있음을 보여준다. 왜냐하면 $\mathfrak{P}^{75}$와 $\mathfrak{P}^{66}$의 기록 시기는 오리게네스가 살았던 시대보다 앞서기 때문이다. 게다가 $\mathfrak{P}^{75}$는 교정과는 아무런 상관이 없는데, 이는 다음과 같은 두 가지 요소를 통해 입증된다. 첫째, $\mathfrak{P}^{75}$에는 적어도 76개 이상의 이치에

40 다음에 이어지는 내용에 대해서는 Eldon J. Epp and Gordon D. Fee, *Studies in the Theory and Method of New Testament Textual Criticism*, SD 45 (Grand Rapids: Eerdmans, 1993), 251-56을 보라.

41 Carlo M. Martini, *Il problema della recensionalità del codice B alla luca del papiro Bodmer XIV*, AnBib 26 (Rome: Biblical Institute Press, 1966).

42 Calvin L. Porter, "A Textual Analysis of the Earliest Manuscripts of the Gospel of John" (Ph.D. diss., Duke University, 1961); idem, "Papyrus Bodmer XV (P75) and the Text of Codex Vaticanus," *JBL* 81 (1962): 363-76.

43 Gordon D. Fee, "The Myth of Early Textual Recension in Alexandria [1974]," in Epp and Fee, *Theory and Method*, 256. 이어지는 논평들은 이 소논문에 의거한다.

맞지 않는 표현이 아무 수정 없이 그대로 수록되어 있는데, 이는 필사자가 신중하게 수정을 가하지 않았음을 가리킨다. 둘째, $\mathfrak{P}^{75}$와 Codex B의 긴밀한 관계와 존재하는 불일치의 특징은 이 둘이 동일한 본문에서 파생되었음을 암시한다. 만일 $\mathfrak{P}^{75}$가 2세기에 기록된 교정본(개정본)도 아니고 편집 과정의 결정체도 아니라면, 우리는 다음과 같이 더 설득력 있는 제3의 답변으로 결론을 내려야 한다. 즉 이집트 본문 유형이 주의 깊게 전승을 보존하고 있으며 편집과는 아무런 관계가 없다고 추측한 호트가 기본적으로 옳았다는 것이다. 호트에 의하면, "이 사본들은 원문에서 전해져 내려온 '비교적 온전한' 구절을 '비교적 온전한' 형태로 보존하고 있음을 드러내고 있는 것 같다."[44]

그리스어 신약성서 본문의 개별 사본에 대한 연구가 세밀하게 이루어졌음에도 불구하고, 신약성서 본문의 전승 과정에 대해서는 아직까지도 일치된 견해가 존재하지 않는다.[45] 하지만 분명한 것은 오늘날의 본문비평가들이 더 이상 웨스트코트/호트의 방식[46]으로 본문의 역사를 이해하지 않는다는 것이다. 이에 대한 한 가지 예로 비평가들은 파피루스 사본에서 고대 비잔틴 시대의 독법을 발견한다. 한편, 알란트가(家) 학자들은 다음과 같은 포괄적인 주장을 제시했다.[47] 이 주장은 "이집트 파피루스 사본 증거에 대한 확신과 소위 서구 본문 전승으로 불리는 독특한 견해로 유명하며, 현존하는 최고(最古) 사본을 기술할 때 본

44 위의 책, 272.

45 Michael W. Holmes, "Reasoned Eclecticism in New Testament Textual Criticism," in Ehrman and Holmes, *Text of the New Testament*, 336-60을 보라.

46 Metzger, *Text of the New Testament*, 131-34을 보라.

47 Aland and Aland, *Text of the New Testament* (the German original was published in 1981).

문 유형이나 본문 전승이 아닌 필사의 특징에 의존하는 것으로 잘 알려져 있다."[48] 엡(Eldon J. Epp)은 "본문 전승 과정에 관한 역동적 견해"를 제시하며,[49] 다음과 같이 세 그룹으로 초기 본문을 구분한다. (1) "B" 본문 그룹. 이 그룹에 속한 본문은 초기 사본 중 보존 상태가 가장 양호한 것으로 $\mathfrak{P}^{75}$—B 라인에서 발견된다. 이 외에도 $\mathfrak{P}^{66}$, 요한복음을 제외한 א 사본, L 사본, 33 사본, $\mathfrak{P}^{46}$, 1739 사본의 바울 서신 관련 부분에서도 발견된다. 이 그룹은 전통적으로 이집트 그룹, 알렉산드리아 그룹, 혹은 중립 그룹으로 알려진다. (2) "D" 본문 그룹. 이 그룹은 세 개 혹은 네 개의 파피루스 사본과 한 개의 대문자 사본으로 구성되어 있으며 기록 시기는 4세기 이전으로 누가-행전의 일부를 담고 있다($\mathfrak{P}^{48}$, $\mathfrak{P}^{38}$, $\mathfrak{P}^{69}$, 0171 사본). 한편, 이 그룹은 전통적으로 서방(western) 사본으로 불린다. (3) "C" 본문 그룹. 이 그룹의 위상은 B 본문과 D 본문 중간에 있으며 $\mathfrak{P}^{45}$와 W 사본(예. f^{13}을 포함하는)에 포함된 복음서 부분에 집중적으로 등장한다. 따라서 이제는 이 그룹을 카이사레아(Caesarean) 본문으로 부르지 말아야 한다. 추가로 엡은 제4의 그룹으로 "A" 본문 그룹에 대해 이야기하는데, 이 그룹의 명칭이 "A"인 이유는 알렉산드리아 사본에 대한 이 그룹의 인식에 기인한다. "A" 본문 그룹은 초기 사본 무리에 속하지 않으므로, 이 그룹의 본문을 담고 있는 초기 파피루스 사본은 존재하지 않으며, 6세기 이후의 파피루스인 $\mathfrak{P}^{84}$, $\mathfrak{P}^{68}$, $\mathfrak{P}^{42}$에서나 증거 사본을 찾아볼 수 있다. 그러나 알란트가의 학자들은 오로지 이 본문

48 Holmes, "Reasoned Eclecticism," 351.

49 Eldon J. Epp, "The Significance of the Papyri for Determining the Nature of the New Testament Text in the Second Century: A Dynamic View of Textual Transmission," in Epp and Fee, *Theory and Method*, 274-97; idem, "The Papyrus Manuscripts of the New Testament," in Ehrman and Holmes, *Text of the New Testament*, 3-21.

유형만 4세기 이전의 것으로 인정한다. 엡에 의하면, 이상과 같은 본문 그룹들을 통해 기원후 200년경에 존재했던 세 가지 본문 유형의 구분이 가능해진다. "신약성서와 기타 기독교 문헌상의 몇몇 힌트가 암시하는 바는, 이미 1세기 말이나 2세기 초에 기독교 본문 전승에 관한 표준화 절차가 존재했다는 것이다. 그런 절차의 예로, 코덱스 방식, *nomina sacra* 기법, 필사실의 운영 등을 들 수 있다. 이런 표준화 절차는 현존하는 최고(最古)의 신약성서 파피루스 사본들이, 그것의 시대보다 길게는 1세기나 앞서는 문서들을 자료로 삼고 있다는 주장을 가능케 한다."[50] 신약성서의 본문 전승을 보여주는 가장 이른 시기의 사본 중에서 유사한 특징을 지닌 사본들이 존재한다는 점, 초기 파피루스 사본들이 3, 4세기의 인지 가능한 본문 형태를 담고 있는 주요 사본들과 연계되어 있다는 점, 그리고 "이런 본문 전승의 궤적 자체가 다른 사본 무리와의 구별을 가져온다는 점을 고려할 때, 기독교가 역동적으로 전개되던 2세기 당시에 적어도 세 개의 '본문 유형'이 존재했다는 상당히 신빙성 있는 주장이 가능해진다."[51]

홈즈(Michael Holmes)는 최근 이 상황과 관련하여 다음과 같이 논평했다.

> 이런 상황에서, 용기 있는 몇몇 학자만이 본문의 역사에 대해 단순한 밑그림을 그리는 수준을 넘어서고자 했다.…그러나 우리는 이런 변화가 이미 진행 중이라고 생각하며, 점점 더 많은 학자가 본문 역사에 대한 엄격한 조사를 통해 본문의 특정 부분 및 문제 해결을 위한 단초와, 결국에는 본문 역

50 Epp, "Significance of the Papyri," 295-96.
51 위의 책, 297.

사의 전체적 윤곽을 드러낼 중요 자료들을 제시하고 있다. 이 학자들 중에는 엡(Epp), 파커(Parker), B. 알란트(B. Aland), K. 알란트(K. Aland), 그리고 피(Fee)가 포함되며, 일련의 교부 문서 분석에 관여하는 학자로는…어만(Ehrman), 피(Fee), 그리고 홈즈(Holmes)를 들 수 있다. 현재 이와 같은 연구들을 통해 우리는 본문 역사 연구가 처한 난국에서 벗어나 제대로 된 본문의 역사를 기록할 수 있는 좋은 기회를 맞이하게 되었다.[52]

$\mathfrak{P}^{4}$, $\mathfrak{P}^{64}$, $\mathfrak{P}^{67}$의 기록 시기를 재조정하려는 시도로서, 시드(C. P. Thiede)는 이 세 사본을 기원후 1세기의 기록물로 간주하고, 특히 $\mathfrak{P}^{64}$의 기록 시기를 기원후 50년 이전으로 당겨놓았는데[53], 이는 다수의 반대에 직면하게 되었다. 왜냐하면 이 파피루스의 글자가 기원후 1세기 사본보다 기원후 200년경의 사본과 더 유사한데, 시드는 이 사본 중 몇을 간과했기 때문이다.[54] 오캘러핸과 시드는 7Q5가 마가복음 6:52-53을 포함하는[55] 신약성서 파피루스 사본임을 규명하려 노력했지만,

52 Holmes, "Reasoned Eclecticism," 351-52.

53 Carsten P. Thiede, "Papyrus Magdalen Greek 17 (Gregory-Aland P64): A Reappraisal," *ZPE* 105 (1995): 13-20; idem, "Papyrus Magdalen Greek 17 (Gregory-Aland P64): A Reappraisal," *TynBul* 46 (1995): 29-42; Thiede with M. D'Ancona, *Eyewitness to Jesus: Amazing New Manuscript Evidence about the Origin of the Gospels* (New York: Doubleday, 1996).

54 다음을 보라. Peter M. Head, "The Date of the Magdalen Papyrus of Matthew (*P. Magd.* G. R. 17 = P64): A Response to C. P. Thiede," *TynBul* 46 (1995): 251-85; D. C. Parker, "Was Matthew Written before 50 C.E.? The Magdalen Papyrus of Matthew," *ExpTim* 107 (1996): 40-43; G. Stanton, "A Gospel among the Scrolls?" *BRev* 11 (1995); 36-42; Comfort and Barrett, *Earliest New Testament Manuscripts*, 18, 40-43; D. C. Parker, *TC* 4 (1999): par. 7.

55 C. P. Thiede, "7Q—Eine Rückkehr zu den neutestamentlichen Papyrusfragmenten in der siebten Höhle von Qumran," *Bib* 65 (1984): 538-59; idem, *Die älteste Evangelien-Handschrift? Das Markus-Fragment von Qumran und die Anfänge der schriftlichen*

이들의 노력 역시 고문서학적인 근거로 인해 다수의 학자로부터 무시당하고 있다.[56] 𝔓46이 "1세기 후반"에 기록되었다는 김영규의 제안 역시 일반적인 지지를 얻지 못한다.[57]

신약성서 본문비평의 실제에 대한 접근

본문비평이란 "본문의 원래 형태를 복원하기 위해 관련된 모든 사본을 비교하여 본문 내에서 일어난 이형들의 변천사를 추적하는 학문"[58]이다. 이 작업에 접근하는 한 가지 방법은 신약성서의 역사를 재구성해보는 것이다. 이는 현존하는 가장 오래된 사본들을 바탕으로 본문의 흐름을 추적하여 가장 초기의 것으로 판단되는 사본을 결정함으로써 가능해진다. 이 접근 방법은 현존하는 모든 사본을 유사한 것끼리 모아서 정리할 수 있는 학자가 필요하다. 이 모든 조건이 충족될 때, 비로소 우

Überlieferung des Neuen Testaments (Wuppertal: Brockhaus, 1986-94); 영역본, *The Earliest Gospel Manuscript? The Qumran Papyrus 7Q5 and Its Significance for New Testament Studies* (Exeter: Paternoster, 1992).

56 더 오래된 문헌에 대해서는, Metzger, *Text of the New Testament*, 264 n. 5를 보라. 다음도 보라. H.-U. Rosenbaum, "Cave 7Q5! Gegen die erneute Inanspruchnahme des Qumran-Fragments 7Q5 als Bruchstück der ältesten Evangelien-Handschrift," *BZ* 31 (1987): 189-205; D. B. Wallace, "7Q5: The Earliest NT Papyrus?" *WTJ* 56 (1994): 173-80; W. R. Telford, "Mark, Gospd of," in *Encyclopedia of the Dead Sea Scrolls*, ed. L. H. Schiffman and J. C. VanderKam, 2 vols. (Oxford: Oxford University Press, 2000), 1:510-11.

57 Young Kyu Kim, "Palaeographical Dating of P46 to the Later First Century," *Bib* 69 (1988): 248-57; Metzger, *Text of the New Testament*, 265-66: Comfort and Barrett, *Earliest New Testament Manuscripts*, 18, 194-97.

58 G. D. Fee, "Textual Criticism of the New Testament," in Epp and Fee, *Theory and Method*, 3.

리는 한 무리의 사본을 가리켜 현존하는 가장 오래된 사본 그룹이라 규정할 수 있게 된다. 외부 증거에 많이 의존하는 이 방법은 "외적 본문비평"(external textual criticism)이라고 부를 수 있다. 아니면 이를 "역사-문헌적 방법"(historical-documentary method)으로 부를 수도 있는데, 왜냐하면 이 방법이 "전통적인" 방식의 본문비평으로, 한 사본의 기록 연대와 장소, 그리고 그 사본의 필사자 및 기록된 본문의 일반적 수준을 강조하기 때문이다. 혹은 이를 "역사-계보적 방법"(historical-genealogical method)이라 부를 수도 있는데, 이 방법은 본문 유형과 그것을 읽는 방식의 계승에 대해 연대순으로 추적하고 있기 때문이다. 이 방법을 사용한 학자들로는 케네스 클라크(Kenneth Clark)와 어니스트 콜웰(Ernest Colwell)이 있다. "이상적인 본문비평의 상황에서 이 방법은 그 자체로 충분할 것이다."[59] 계보적 방법을 신약성서 본문비평에 엄격히 적용하는 것은 현재로서는 힘들어 보이는데, 그 이유로 다음의 세 가지를 들 수 있다. 첫째, 신약성서 사본들 안에 너무 많은 본문이 혼재해 있고, 둘째, 신약성서 사본들의 전승 과정에 너무 많은 간극이 있으며, 셋째, 초기 사본들의 기록 장소에 대한 정보가 매우 제한적이기 때문이다.[60]

클레어몬트 프로필 기법(CPM)과 같이 사본의 양적 측면에서 접근하는 방법은 사본 사이의 관계, 특히 수백 개에 달하는 비잔틴 시대 사본들의 상호 관계를 입증하고, 교부들과 그들이 기록한 다양한 문헌 간에 존재하는 본문상의 유사성을 밝혀내기 위해 사용된다. 특별히 CPM의 목적은 "본문상의 확실한 유사성을 지닌 여러 사본 그룹을 발견하

59 E. J. Epp, "Textual Criticism. New Testament," *ABD* 6:431.

60 E. J. Epp, "Decision Points in Past, Present, and Future New Testament Textual Criticism," in Epp and Fee, *Theory and Method*, 17-44, 특히 31-36.

여, 원문 자료(*apparatus criticus*)에 있는 몇 개의 사본을 통해 하나의 완전한 사본 그룹을 정립하는 것이다. 결과적으로 이 방법을 통해 한 본문과 관련된 여러 증거 사본을 하나로 조직하여 관리할 수 있게 된다."[61] 비세(F. Wisse)는 1,385개의 누가복음 사본 연구를 통해 CPM의 유용성을 입증했다. 그는 폴 맥레이놀즈(Paul McReynolds)와 함께 누가복음 1장, 10장, 20장과 관련된 5백 개의 사본을 전부 비교해놓았고, 일종의 기준 구절 체계(system of test passages)를 고안해냈는데, 이 구절들은 중요한 전승사적 의미를 지니는 모든 이형 본문을 포함한다. 특정 기준 구절들이 선택되면, 이와 관련된 사본에 대한 분석이 시작된다. 다시 말해 각 사본에서 서로 일치하는 부분들이 공인 본문과 상관없이 번호가 부여된 기준 구절과 연계하여 나열된다. 따라서 기준 구절은 "개별적으로 분석된 사본을 걸러내는 망"과도 같은데, 이를 통해 사본 그룹이 형성되기 때문이다. 이렇게 생성된 이차적 사본 그룹을 통해 이 그룹에 속한 하부 사본 그룹을 탐지하고, 나아가 그들 상호 간의 연관성을 연구할 수 있게 된다. 사본 그룹들은 종종 기준 구절을 공유하지만, "여러 사본 그룹 중 원문에 가장 가까운 각각의 그룹은 독특한 방식으로 공인 본문과 일치하는 동시에 차이를 보여준다. 또한 이를 통해 다른 사본 그룹들과 차별성을 띠게 된다." "사본 그룹을 분석하기 위해, 우리는 각 그룹에 속하는 사본들 간의 상당한 내적 일치를 발견해야 한다." 그리고 "각 사본 그룹의 분석 내용은 다른 사본 그룹들의 분석 내용과 상당한 차이를 보여야 한다."[62] 우리는 1,385개의 누가복음 사본

61 Frederik Wisse, *The Profile Method for the Classification and Evaluation of Manuscript Evidence*, SD 44 (Grand Rapids: Eerdrnans, 1982), 41.

62 위의 책, 37, 40-41.

에 CPM을 적용함으로써 이 사본들을 14개의 그룹으로 나눌 수 있다.

사본 분석과 관련하여 다수의 학자가 사용하는 방법으로 소위 "선별적"(eclectic) 방식이 있다. "이 방식의 본질적 의미는 다음과 같다. 신약성서 '원본'이란 사본들에 존재하는 여러 이형을 추리고 또 추려내서 선택되는 것으로, 이 추림의 과정을 위해 우리는 한 사본 또는 한 본문 유형이 '원본'을 보존하고 있으리라는 생각을 배제한 채, 비평적 판단을 위한 모든 원칙을 고수해야 한다는 것이다."[63] 선별적 방법의 적용을 통해 남게 된 사본 간의 차이는 사본의 외적 증거가 갖고 있는 경중에 기인한다. 다른 모든 조건(호트가 정해 놓은)이 동일한 상황에서, 특별히 이집트 증거 사본을 선택하는 학자들이 있는데, 바로 이들이 사용하는 방법이 "선별적 이집트 방식"인 것이다." UBS의 신약성서 초판에 이 방식이 상당 부분 적용되며, RSV와 NEB 영어 신약성서의 원문이 되는 그리스어 본문에는, 이 방법이 상대적으로 적게 적용된다. 대신 이 두 영어 신약성서에는 초기 서방 증거 사본에 더 많은 비중을 두고 있다. 부아마르와 같은 학자들은 "선별적 서방 사본 방식"을 사용하면서 더욱 짧은 본문을 선호하고 강조했다. 그리고 이런 유형의 본문은 다양한 서방 사본에서 발견되는데, 특히 특정 교부들에 의한 사본과 인용문구에서 잘 발견된다. "엄격한 선별적 방식"에 전념한 두 학자가 있는데 이들은 킬패트릭(G. D. Kilpatrick)과 그의 제자인 엘리엇(J. K. Elliott)이다. 이들은 사본들이 가지고 있는 외적 의미에 전혀 관심이 없고, 순전히 내부 원칙에만 기초하여 본문비평적인 선택을 한다. 엘리엇의 주장에 따르면 "최고의 사본을 추종하는 방식은 최상의 독법을 추종하는 방식에

63 Fee, "Textual Criticism," 15. 이어지는 내용도 이 소논문을 참고하고 있다.

밀려나고 있다."[64] 또한 이 두 방식은 원문을 담고 있을지도 모르는 사본을 찾기 위해 후기 비잔틴 사본을 비롯해 파피루스 사본 또는 대문자 필사체(uncials) 자체로 기록된 사본까지도 조사 범위 안에 놓는다.[65] 그러나 이런 방식의 주된 문제점은 학자의 개인 선호도, 즉 자신이 선호하는 사본의 내적 기준에 근거한 편향된 연구 결과를 초래한다는 점이다. 킬패트릭과 엘리엇의 경우를 예로 들면, 이들은 "필사할 때 야기되는 이형의 문제보다, 저자의 문체에 담겨 있는 이형에 우선순위를 매긴다."[66] 이로 인해 다수의 학자가 "합리적 선별 방식"을 택하는데, 이 방식은 문서적 방식과 선별적 방식을 조합하여 관련 사본의 모든 내적 기준과 사본 전승에 관한 설명을 동시에 제공한다는 특징을 지닌다. 엡은 다음과 같이 말한다.

> 어떤 이형 단위를 발견했을 때 우리는 가장 초기의 그룹에 속한 이형 사본을 선택하게 되는데, 만일 이렇게 선택한 사본에 본문 내적 기준이 적용된다면, 이는 가장 합리적인 선택이라 할 수 있다. 더욱이 가장 초기의 기록으로 하나의 사본 그룹 혹은 본문 유형을 명확히 지정할 수 없다면, 우리는 상황에 따라 가장 초기의 사본 그룹 중 **하나**에 속하면서 **또한** 본문의 관련 사항에 제일 잘 들어맞는 이형 사본을 선택하게 될 것이다.…이와 같은 방법을 사용할 때 우리가 인지해야 하는 점은, 어떤 단일 기준 혹은 여러 기준의 획일적 조합만으로는 절대 이형 본문에 관한 모든 문제를 해결할 수 없다는

64 J. K. Elliott, "Rational Criticism and the Text of the New Testament," *Theology* 77 (1972): 340.

65 J. K. Elliott, "Thoroughgoing Eclecticism in New Testament Textual Criticism," in Ehrman and Holmes, *Text of the New Testament*, 321-35을 보라.

66 Fee, "Textual Criticism," 15.

것이다. 따라서 "합리적 선별 방식"의 목적은 관계된 모든 외적·내적 기준들을 편견 없이 공평하게 적용하고, 이런 적용 기준에 내재된 상대적 개연성에 근거하여 하나의 답에 도달하는 것이다.[67]

NA^{27}과 UBS^{4} 편집 위원들도 이런 방식을 사용했으며, 현재 이 방식의 유용성을 주장하는 학자 중에는 엡(E. J. Epp)과 피(G. D. Fee)가 있다.[68] 기준 사본, 즉 가장 원본에 가까운 사본을 결정짓는 외적·내적 기준에 대해 여기서 재언급할 필요는 없는데, 왜냐하면 이 기준에 대한 변화가 거의 없기 때문이다.[69]

대비평본에 대한 편집 위원회는 신약성서 사본 전승을 새로 조사해 보았지만, 위에서 언급했듯이, 본문의 복원 자체에 실제적으로 영향을 미치지는 못했다. 어만(B. D. Ehrman)은 다음과 같이 주장한다. 비록 개탄스러워 하는 학자들도 있겠지만, 우리는 "지금보다 괄목할 정도로 원본에 더 근접할 수 없을 것이다. 원저자의 친필로 기록된 기막힌 사본이 발견되지 않는 이상, 혹은 천지가 개벽할 만큼 획기적으로 수정된 본문비평 방법이 등장하지 않는 이상, 현재 우리가 보유하고 있는 본문의 기본적 모습은 절대 변할 리 없을 것이다.…**원본**에 관한 우리의 현재 연구 수준은 수박 겉핥기에 지나지 않는다."[70] 본문비평가들은 이런

67 Epp, "Decision Points," 35.

68 Eldon J. Epp, "Textual Criticism in the Exegesis of the New Testament, with an Excursus on Canon," in *A Handbook to the Exegesis of the New Testament*, ed. S. E. Porter, NTTS 25 (Leiden: Brill, 1997), 45-97을 보라.

69 Bruce M. Metzger, *A Textual Commentary on the Greek New Testament*, 2nd ed. (Stuttgart: Deutsche Bibelgesellschaft; United Bible Societies, 1994), 10-14; Epp, "Textual Criticism," 61-73을 보라.

70 B. D. Ehrman, *TC* 3 (1998): par. 22.

상황에 대해 초조해하기보다, 수 세기 동안 진행되어온 본문 전승의 확립을 위해 사본에 대한 역사 연구에 매진해야 할 것이다. 이는 곧 그들에게 주어진 새로운 임무로서, 본문의 필사 과정에서 어떤 변화가 있었는지 연구하여 "'원래' 저자의 손을 떠난 해당 본문이 어떻게 거듭 이해되고 새로 기록되었는지 확인하고, 각 필사자가 사회적·역사적·신학적으로 어떤 영향을 받았는지 알아내는 것이다."

신약성서 본문비평에 대한 대표적인 개론서를 언급하자면 다음과 같다. 먼저 북미에서는 브루스 메츠거(Bruce Metzger)의 *Text of the New Testament*가 주로 사용되고 있는데, 이 책의 1992년 세 번째 확장판 부록에는 "1964-1990년에 이루어진 신약성서 본문비평의 진전에 대한 논의가 담겨 있다."[71] 한편 영국에서는 엘리엇(J. K. Elliot)과 이언 모어(Ian Moir)가 내놓은 개론서가 현재 가장 널리 이용되고 있다.[72] 독일에서는 쿠르트 알란트와 바르바라 알란트가 공동 출간한 *Der Text des Neuen Testaments*가 여전히 학생과 주석가들에게 가장 전통적인 안내서이며, 영역본을 통해 전 세계에 광범위한 영향력을 미치고 있다.[73] 마지막으로 프랑스에서는 크리스티앙-베르나르 앙푸(Christian-Bernard Amphoux)가 레옹 바가네(Léon Vaganay)의 신약성서 본문비평 개론서를 개정하고 보완하여 본문비평 주제에 대한 최신 동향을 제시한다.[74]

71 Metzger, *Text of the New Testament*, 부록, 260-97.

72 J. Keith Elliott and Ian A. Moir, *Manuscripts and the Text of the New Testament: An Introduction for English Readers* (Edinburgh: Clark, 1995).

73 Kurt Aland and Barbara Aland, *Der Text des Neuen Testaments: Einführung in die wissenschaftlichen Ausgaben sowie in Theorie und Praxis der modernen Textkritik* (Stuttgart: Deutsche Bibelgesellschaft, 1982); 영역본, *The Text of the New Testament: An Introduction to the Critical Editions and to the Theory and Practice of Modern Textual Criticism*, trans. E. F. Rhodes, 2nd ed. (Leiden: Brill; Grand Rapids: Eerdmans, 1989).

본문비평 연구소

2차 세계대전 전후에 존재했던 "시카고 학파"의 신약성서 본문비평 학자로는 리들(D. W. Riddle), 콜웰(E. C. Colwell), 파비스(M. Parvis)가 있다. 최근 북미의 주요 본문비평가로는 어만(B. D. Ehrman, 미국 노스캐롤라이나주 채플힐 거주), 엡(E. J. Epp, 미국 오하이오주 클리블랜드 거주), 피(G. D. Fee, 캐나다 브리티시컬럼비아주 밴쿠버 거주), 홈즈(M. W. Holmes, 미국 미네소타주 세인트폴 거주), 비세(F. Wisse, 캐나다 퀘벡주 몬트리올 거주), 그리고 메츠거(Bruce M. Metzger, 미국 뉴저지주 프린스턴 거주)를 꼽을 수 있다. 한편 미국 캘리포니아주 클레어몬트에 소재하고 펠프스(M. B. Phelps) 소장이 이끄는 고대 성서 사본 연구소(Ancient Biblical Manuscript Center)는 국제 그리스어 신약성서 프로젝트(International Greek New Testament Project)를 통해 수집되어 마이크로필름으로 촬영된 자료가 보관되어 있는 공식 장소다. 이 프로젝트 소속 학자들은 이곳에서 사본 자료의 열람과 대조가 가능하고, 아날로그와 디지털 기법으로 저장된 고대 유대교 및 기독교 문헌의 사본도 직접 확인해볼 수 있다.[75] 또 워렌(B. Warren)은 뉴올리언스 침례신학교의 부속 기관인 신약성서 본문 연구소를 운영하고 있다. 이 외에도 리처즈(W. L. Richards)는 앤드루 대학교(미국 미시건주 베리언스프링스 소재)의 부속 기관인 그리스어 사본 연구소(Greek Manuscript Research Center)를 이끌고 있다.

74 L. Vaganay, *Initiation à la critique textuelle du Nouveau Testament*, 2nd rev. ed. (Paris: Cerf, 1986); 영역본, Léon Vaganay and Christian-Bernard Amphoux, *An Introduction to New Testament Textual Criticism*, trans. J. Heimerdinger, 2nd ed. (Cambridge: Cambridge University Press, 1991).

75 Online: www.abmc.org.

이 분야에서 가장 높은 성과를 보여주고 있는, 독일 베스트팔렌의 뮌스터에 소재한 신약성서 본문 연구소(Institut für neutestamentliche Textforschung)는 1959년에 설립되어 고(故) 쿠르트 알란트의 지도하에 수년간 운영되었고, 지금은 바르바라 알란트가 연구소를 운영하고 있다. 이곳 연구소의 소속 학자들은 그리스어 신약성서인 *Novum Testamentum Graece*를 편집한 후 지속적으로 보완하고 있는데, 다수의 신약성서 번역본과 개정본은 바로 이 책에 기초한다. 또한 이 연구소의 학자들은 대비평본을 편집했는데, 이들은 이 편집 프로젝트로 인해 다양하게 세분화된 연구물을 출간했다. 여기에는 교부들이 사용한 초기 형태의 신약성서 사본들에 대한 연구도 포함된다. 한편 이 연구소에 소장된 5천 개 신약성서 사본 중 90퍼센트가 마이크로필름 형태로 저장되어 있으며, 전 세계의 신약성서 그리스어 사본의 등록도 이곳에서 이루어진다. 이 연구소의 연구 현황은 정기 보고 간행물을 통해 발표된다.[76] 그리고 "성서 박물관"과 이 연구소의 연계는 더욱 많은 대중이 연구소의 결과물에 접근할 수 있도록 돕는다. 특히 이 박물관에는 실물 사본과 이에 대한 초기 출간물들이 전시되어 있어서 성서의 역사를 보여준다.

위에 언급된 지역 외에도 본문비평 연구소는 네덜란드(위트레흐트, 연구소장: 바르다[T. Baarda]), 벨기에(루뱅, 연구소장: 들로벨[J. Delobel]과 네이링크[F. Neirynck]), 영국(리즈, 연구소장: 엘리엇[J. K. Elliott]), 프랑스(연구소의 이름은 Centre Jean Duplacy pour l'étude des manuscrits de la Bible이며 1984년 앙푸[Christian Amphoux]가 설립함)에 존재한다. 신약성서의 본문

76 예를 들면, *Bericht der Hermann Kunst-Stiftung zur Förderung der neutestamentlichen Textforschung für die Jahre 1995 bis 1998* (Münster, 1998).

전승 연구에 관한 논문들은 저명한 학술 간행물을 통해 발표되는데, 그 중에서도 일반 성서신학, 특히 신약성서에 특화된 간행물 위주로 발표된다. 그중 하나인 *TC: A Journal of Biblical Textual Criticism*은 1996년부터 전자책 형식으로 출간되고 있다.[77]

역사적·신학적 쟁점

"본문의 원형 발견"으로 정의될 수 있는 본문비평의 임무는 적어도 다음과 같은 세 가지 이유에서 그 의의를 찾을 수 있다.[78] (1) 본문비평은 원저자가 기록한 본래의 단어가 무엇인지 결정하기를 추구한다. "본문이 무엇을 의미하는가?"를 질문하기 전에 먼저 물어야 할 질문은 "본문이 무엇을 말하는가?"이다. 왜냐하면 이는 "본문이 무엇인가"라는 기본적인 질문을 함축하고 있기 때문이다. (2) 본문비평은 성서 번역을 위한 확고한 토대를 제공한다. 대다수 그리스도인들이 번역본을 통해서만 신약성서를 접하고 있으므로, 본문비평의 결과물은 근본적인 중요성을 갖는다. 왜냐하면 성서 번역이 추구하는 바는 저자의 원래 본문을 가능한 한 정확히 전달하는 데 있기 때문이다. (3) 본문비평은 성서 본문 해석자로 하여금 초기 교회가 어떻게 성서 본문을 해석했는지 알아보기를 허용한다. 이는 필사자들이 의도적으로 단어를 변화시키려고 하는 지점에서 잘 이루어진다. 결과적으로 본문비평은 성서 해석자가

77 Online: http://rosetta.reltech.org/TC/TC.html.

78 Fee, "Textual Criticism," 3-16을 보라.

과거에 있었던 초기 형태의 역사적 주해(또는 Wirkungsgeschichte)와 접촉할 수 있게 한다.

최근의 몇몇 본문비평가는 "원문" 개념의 기저에 있는 가정을 재조사한다. 쾨스터(H. Koester)는 신약성서의 고전적인 본문 전승이 활발히 전개되던 1세기를 본문 변형이 가장 심하게 일어났던 시기로 간주하며, 이를 인지하지 못하는 신약성서 본문비평가들의 무지를 꼬집고 있다. 따라서 "공관복음서의 본문은 1, 2세기를 거치면서 매우 불안정한 상태에 놓이게 되었다. 마가복음에 대해 우리가 꽤 확신할 수 있는 내용은, 마가복음의 원문이 아닌 개정판이 정경에 포함되었을 뿐, 마태복음과 누가복음에만 등장하는 원문의 내용은 오늘날 신약성서의 마가복음 본문에서 탈락되었다는 점이다."[79] 어만의 논의에 의하면, 2, 3세기 필사자들은 자신들이 베껴 쓴 본문을 변형하여 자신의 본문이 더욱 정통으로 보이도록 하고, 동시에 이교도들의 영향을 덜 받도록 했다.

> 성서 주해의 역사는 다양한 형태의 본문을 분석해온 독자의 역사라고 할 수 있는데, 이는 역사상 어느 누구도 원래의 형태로 된 신약성서 본문을 실제로 읽은 사람이 없기 때문이다.…사회 역사학자들과 교리 역사학자들의 중요한 임무 중 하나는 본문을 변경한 필사자를 통해 본문에 영향을 미친 사회적·신학적 정황을 규명하는 일이다. 이런 역사적 관심을 고려할 때, 점진적으로 변화해온 본문의 다양한 형태보다 "원문"에 더 특권을 주어야 할 근거는 희박하다.[80]

79 Helmut Koester, "The Text of the Synoptic Gospels in the Second Century," in *Gospel Traditions in the Second Century: Origins, Recensions, Text, and Transmission,* ed. W. L. Petersen, CJA 3 (Notre Dame, Ind.: University of Notre Dame Press, 1989), 37.

파커(D. C. Parker)는 본문비평이 굳이 원문 복구와 관련이 있어야 할 필요가 없음을 다음 두 가지 이유를 들어 설명한다. (1) 복음서 본문에 대한 서로 다른 다양한 사본이 존재한다는 점은 "예수의 말씀과 이야기들이 필사자들과 독자들에 의해 끊임없이 발전하면서" 관련된 복음서 본문이 자유롭게 형성되었음을 시사한다. (2) 주기도문과 같은 주목할 만한 본문이 있는데, 이런 본문의 특징은 같은 내용에 대한 서로 다른 사본이 여러 개 있다는 점이다. 이는 소위 "널리 알려진" 본문조차 사본마다 상당한 편차가 존재한다는 점을 시사한다. 파커는 이어서 다음과 같은 결론을 내린다. "비평 없이 무작정 인정할 수 있는 본문, 즉 사본의 영역을 넘어서는 권위 있는 본문이란 있을 수 없다.…**정경**의 개념이 절대적 형태와 권위를 지닌 최종 형태의 단일 문학을 일컫는다면, 이런 개념은 포기되어야 한다."[81] 최근에 엡도 비슷한 주장을 제기했는데, 그에 의하면, 본문비평가들이 간과하지 말아야 하고 또 그럴 수도 없는 내용은 신약성서 전체가 편집 단계를 거친 일종의 결과물이라는 사실이다. "한 문학작품 본문의 형성 전 혹은 재형성에 관한 탐구, 예를 들어 편집 단계 **이전의** 버전이나 형태, 또는 **이후**의 본문 변형에 속하는 개정, 분할, 결합, 재배열, 가필, 또는 여러 글의 모음집 형성과 같은 탐구는 한 가지 조건이 충족될 때, 본문비평 행위의 범주에 마땅히 포함된다. 그 조건이란, **이런 탐구의 발단이 적절한 본문 이형 혹은 다른**

80 B. D. Ehrman, "The Text as Window: New Testament Manuscripts and the Social History of Early Christianity," in Ehrman and Holmes, *Text of the New Testament*, 361 n. 1.

81 David C. Parker, *The Living Text of the Gospels* (Cambridge: Cambridge University Press, 1997), 45f., 93; 참조. Eldon J. Epp, "The Multivalence of the Term 'Original Text' in New Testament Textual Criticism," *HTR* 92 (1999): 264-65.

사본상의 증거에 기초하고 있어야 한다는 점이다."[82] 예를 들어, 초기의 예수 말씀 전승에 관한 가설 혹은 복음서 자료에 관한 가설이 우리에게 제시하는 바는 하나의 "원문"이 그보다 앞서는 "원문들"에 의존하고 있다는 점이다. 왜냐하면 본문 간에 이형이 존재한다는 사실 자체가 "해당 원문에 앞서 존재하는 문학 행위"를 입증하고 있기 때문이다. 더욱이 초기 그리스도인들은 "자신들이 전해 받은 본문이 복음서이거나 서신서이거나 그 형태에 상관없이 '정경'으로 받아들였을 것이다."[83] 현존하는 5,300여 개의 그리스어 신약성서 사본이 모두 "원문"이므로, 특정 사본을 받아들인 교회는 해당 사본을 "정경"으로 간주하여 교회에서 예배드릴 때 사용했다. 결국 "원문"이란 개념에는 여러 의미가 내재되어 있으므로, "정경"이라는 개념 역시 여러 의미를 포함할 수밖에 없다. "우리가 가지고 있는 다양한 본문은 모두 특정한 시기와 장소에서 정경으로서의 권위를 지녔을 것이다.…본래 본문비평 방법론 자체는 규범적 함의(normative implications)와 관계가 없고, 어떤 본문이나 변형에 대해 아무런 신학적 색채도 가미하지 않는다."[84] 엡은 본문비평가들에게 "완전한 자유를 허락하여, 그들이 선택한 신학적 틀 내에서 본문비평 연구를 수행하도록 독려하고 있다. 하지만 이런 신학적 틀의 선택은 완전히 독립적이고 자발적이며 추가적인 단계를 의미할 뿐, 본문비평을 할 때 원래 필요하거나 요구되는 단계는 아니다."[85] 비록 바로 앞의 주장이 타당할지라도, 신약성서 본문비평에서 엡의 "원문"에 대한 이해,

82 Epp, "Multivalence," 268.
83 위의 책, 274.
84 같은 책, 278-79.
85 같은 책, 279.

곧 권위 있는 정경의 개념을 포기하자는 주장은 "추가적" 단계가 아닌 하나의 가정에 지나지 않는다. 실제로 이런 가정으로 인해 레싱(G. E. Lessing)은 이미 신약성서 정경의 유효성에 의구심을 제기했다. 신학적 틀과 상관없이 본문비평을 하는 학자들에게, 이렇듯 서로 다른 본문 이형이 다수 존재한다는 것은 권위 있는 정경이 하나의 모조품에 지나지 않는다는 인식을 심어줄 뿐이다. 신약성서를 역사성을 지닌 문학 서적으로서뿐만 아니라 하나님의 말씀이 선포되는 수단으로 믿고 연구하는 기독교 학자들은, 하나님의 계시가 인간을 통해 드러나는 특징의 또 다른 예로서 사본 전승에서 서로 다른 다수의 본문이 존재한다고 이해한다. 동시에 이들은 지난 2백년간 발전해온 신약성서 본문 연구의 성과, 곧 원저자의 원문에 매우 근접한 본문을 우리에게 제공한 것을 인정한다. 아마도 이들 중 다수는 다음과 같이 주장할 것이다. 즉 수천 개의 서로 다른 본문이 존재하지만, 그렇다고 이것들이 신약성서 원문에 관한 기존 개념을 "뒤엎어버려서 신약성서 원문을 감당할 수 없을 정도의 복잡한 의미를 지닌 개체로 만들지도 않고",[86] 신약성서에서 생생한 **복음의 목소리**(*viva vox evangelii*)를 듣는 자들의 신학적 신념에 도전장을 내밀지도 않을 것이라고 말이다.

86 같은 책, 280.

제4장

그리스어 문법과 구문론

Stanley E. Porter
스탠리 E. 포터

오늘날 신약 연구에서 가장 중요하지만 종종 등한시되는 분야 중 하나는 그리스어 문법과 구문론이라 할 수 있다. 신약성서는 그리스어로 기록되었으므로, 신약성서의 온전한 의미를 얻고자 하는 주석가라면 원문인 그리스어로 신약성서를 연구해야 한다. 물론 주석 작업은 신약성서 그리스어에 대한 해박한 지식 외에도 많은 관련 지식을 필요로 하지만, 그렇다고 해서 신약성서 그리스어에 대한 중요성이 줄어드는 것은 아니다. 그러나 많은 학자의 주석은 기초적인 교과서 수준의 그리스어 실력을 벗어나지 못하고 있으며, 지난 30년간 그리스어와 관련하여 이루어진 괄목할 만한 진전—복음주의 학자들의 중요한 기여도 포함하여—을 인지하는 학자들은 소수에 불과하다. 사실 지난 30년간 전체적인 신약성서 연구 영역에서뿐만 아니라 그리스어 언어학 연구에서 가장 획기적인 진보를 보인 분야는 바로 신약성서 그리스어 분야였다.

본 연구를 통해 내가 의도하는 바는 첫째, 그리스어 연구에 유용한 몇몇 기본적인 도구를 기술 및 평가하고,[1] 둘째, 언어학적 토대에 근거한 최근의 혁신적 연구들을 소개하여 그리스어 연구의 괄목할 만한 진전에 대해 알아보는 것이다.

그리스어 신약성서의 문법과 구문론 연구를 위한 전통적 도구

그리스어 신약성서의 문법과 구문론 연구를 위한 전통적 도구에는 다수의 참고 문법서와, 이를 보완해주는 특정 주제와 관련된 제한된 수의 연구서가 있다.[2] 나는 바로 이런 유형의 자료를 설명하고 평가하고자 하는데, 신약성서를 연구하는 대부분의 학생들이 주로 이런 자료를

1 신약성서 그리스어 특성(셈어의 영향을 포함하는)과 이것이 어떻게 그리스어의 전반적 발달과 연결되는지에 관한 논쟁은 중요하면서도 복잡한 주제로서 여기서는 지면 부족으로 인해 논하지 않을 것이다. 이 주제에 관심이 있다면, G. A. Deissmann, J. H. Moulton, C. C. Torrey, M. Black, J. A. Fitzmyer, H. S. Gehman, N. Turner, L. Rydbeck, M. Silva와 같은 학자들의 대표적 소논문이 실린 S. E. Porter, ed., *The Language of the New Testament: Classic Essays*, JSNTSup 60(Sheffield: JSOT, 1991)의 쟁점과, 이 책의 편집자인 Porter의 서문을 보라. 그리고 G. Horrocks, *Greek: A History of the Language and Its Speakers* (London: Longman, 1997); S. E. Porter, *The Criteria for Authenticity in Historical-Jesus Research: Previous Discussion and New Proposals*, JSNTSup 191 (Sheffield: Sheffield Academic Press, 2000), 특히 126-80을 보라. 역사적 논의와 문법적 쟁점을 통합하려고 시도한 최근의 두 연구는 다음과 같다. S. E. Porter, "The Greek Language of the New Testament," in *Handbook to Exegesis of the New Testament*, ed. S. E. Porter, NTTS 25 (Leiden: Brill, 1997), 99-130; idem, "Greek of the New Testament," in *Dictionary of New Testament Background*, ed. C. A. Evans and S. E. Porter (Downers Grove, Ill.: InterVarsity, 2000), 426-35.

2 지면 부족으로 인해 여기서 논하지 않을 두 번째 중요 주제는 사전학(lexicography)이다. 전통적인 신약성서 그리스어의 사전학 역사는 F. W. Danker, *Lexical Evolution and Linguistic Hazard* (Chicago: University of Chicago Press, 1999)에서 발견되고,

사용하여 그리스어와 관련한 논의에 접근하고 있기 때문이다. 그러나 본 논의에서도 입증되겠지만, 이런 도구들이 가지고 있는 독특함과 제한성으로 인해 그리스어 문법 연구가 교착 상태에 빠졌으며, 이로 인해 때로는 그리스어 문법 연구에 더 이상의 진전이 있을 수 없다는 생각이 대두되기도 한다. 나는 다음의 사실을 알게 되어 종종 놀라곤 한다. 왜냐하면 많은 주석 관련 연구가, 주석뿐만 아니라 다른 연구들도 포함하여 심지어 주류 학자들의 연구들조차, 그리스어와 관련하여 언어학적으로 근거가 없거나 불명확한 결론을 제기하기 때문이다. 이들 연구의 대부분은 곧 언급하게 될 기본적인 문법 도구조차 언급하지 않는다(혹은 언급해봤자 블라스의 문법—아래 내용 참고—을 간간히 언급할 뿐이다). 그리스어 문법 논의에 관한 역사 연구에서 나타나는 극명한 특징 중 하나는 문법 연구들이 당시의 이론적인 언어학 동향과 긴밀히 연관된다는 점이다. 다시 말해, 어떤 해석도 필요하지 않을 만큼 자명한 개념으로서의 그리스어 문법이란 스스로 혹은 본질적으로 심지어 추상적으로도 존재할 수 없다. 그리스어 문법은 여타의 지적 훈련처럼 이론에

W. Bauer, *A Greek-English Lexicon of the New Testament and Other Early Christian Literature*, 3rd ed., rev. and ed. F. W. Danker (Chicago: University of Chicago Press, 2000)에 제시되어 있다. 사전학과 관련된 새로운 발전 사항은 낮은 평가를 받고 있지만 매우 중요하면서도 혁신적인 저술인, J. P. Louw and E. A. Nida, *Greek-English Lexicon of the New Testament Based on Semantic Domains*, 2 vols. (New York: United Bible Societies, 1988)에 제시되어 있다. 참조. E. A. Nida and J. P. Louw, *Lexical Semantics of the Greek New Testament*, SBLRBS 25 (Atlanta: Scholars Press, 1992). 이 연구서는 여러 방면에서 기존의 전통 사전학을 불필요하게 만든다. 의미론적 토대가 잘 확립되고 혁신적인 J. Mateos and J. Peláez, eds., *Diccionario Griego-Español del Nuevo Testamento: Análisis semántico: de los vocablos, Fascículo 1:* 'Ααρών-αἱματεκχυσία (Cordova: Ediciones El Almendro-Fundación Épsilon, 2000)도 보라. 여기에는 각 편집자들의 지지 논문이 스페인어로 실려 있다. 사전학의 발전은 S. E. Porter, *Studies in the Greek New Testament: Theory and Practice*, SBG 6 (New York: Lang, 1996), 49-74에서 논의된다. 어휘와 문법을 통합하려는 시도는 S. E. Porter, "Aspect and Lexicography," in Frederick Danker's Festschrift(근간)에서 발견된다.

기초하며, 우리는 그리스어 문법의 주요한 공헌을 이해하기 위해 그리스어 문법의 발전에 대해 알고 있어야 한다. 그러므로 그리스어 문법과 구문론에 대한 논의를 해석학적 차원의 행위로 간주하는 일은 타당하다.[3]

신약성서 그리스어 참고 문법서

가장 초기의 그리스어 문법서들은 그리스어로 기록되었다. 기원전 2세기 디오니시오스 트락스(Dionysius Thrax)는 최초의 그리스어 문법서를 기록하여 그리스어의 다양한 문법 성분에 관한 기초적인 설명을 제공했다. 기원후 2세기에 살았던 아폴로니오스 디스콜로스(Apollonius Dyscolus)는 그리스어 구문론을 최초로 기록한 사람으로 알려져 있다. 이런 문법 서적과 기타 관련 서적들은 심도 있게 그리스어를 공부하는 학생에게 매우 중요한 자료이며, 이런 책을 통해 그것이 기록된 시기부터 현재에 이르기까지 그리스어에 대한 지식이 얼마만큼 습득되어왔는지를 알 수 있다.[4] 교회와 학계에서 라틴어의 비중이 높아지자 그리스어 연구에 대한 열기는 식어갔다. 하지만 그리스어가 더욱 강도 높게 연구되던 르네상스에 접어들면서 그리스어 연구는 활기를 되찾았다. 지난 수 세기 동안 많은 신약성서 그리스어 문법서가 출간되었다. 실제로 신약성서 그리스어 문법서들은 자체적으로 상당한 정보를 지닌 유

3 이와 같은 인식은 다음과 같은 최신 저술의 제목에서도 발견된다. E. J. Bakker, ed., *Grammar as Interpretation: Greek Literature in Its Linguistic Contexts* (Leiden: Brill, 1997).

4 관련된 최근 연구는 S. E. Porter, "Grammarians, Hellenistic Greek," in Evans and Porter, *Dictionary of New Testament Background*, 418-21을 보라.

익한 연구 결과물이며, 각각이 기록된 당시의 문법적 측면과 관심사를 잘 반영하고 있다.

비교적 많은 수의 신약성서 그리스어 문법서가 18, 19세기에 기록되었다. 그중 가장 잘 알려진 저자로는 게오르크 비너(Georg Winer), 모지스 스튜어트(Moses Stuart), 알렉산더 버트맨(Alexander Buttmann)이 있다.[5] 이들은 고전 그리스어에 대한 언어학적 접근을 다각도로 시도하고 있는데, 이들의 접근은 18, 19세기 그리스어 연구의 특성, 즉 언어의 용법과 변화에 합리적 유형이 존재한다는 확신과, 고전 문헌학, 특히 19세기 후반의 비교 문헌학에 대한 관심을 잘 드러내고 있다.[6] 그중에서도 비너의 문법서는 가장 잘 알려져 있으며, 당시의 문법서 중에서 지금도 꾸준히 인용되고 있는 유일한 문법서다. 비너의 문법서는 19세기의 합리적 틀을 반영하고 있는데, 이 틀 안에는 언어에 관한 필연적 규칙들이 공식화되어 있다. 예를 들어 현재 시제는 "모든 관련 상황에서 현재 시점을 표현"하며, "엄밀하게 그리고 적절히 말하자면, 개별 시제

5 G. B. Winer, *Grammatik des neutestamentlichen Sprachidioms als sichere Grundlage der neutestamentlichen Exegese* (Leipzig: Vogel, 1822)는 총 여덟 개의 독일어 판이 있으며, 일곱 번째 판은 1866년에 G. Lünemann에 의해 출간되었다. 그리고 여덟 번째 판은 1894-98년에 P. W. Schmiedel에 의해 개정(그러나 완성되지 않음)되었다. 이 여덟 개 독일어 판 중 세 개가 E. Masson (Edinburgh: Clark, 1865))에 의해 영어로 번역되었다. J. H. Thayer (Andover: Draper, 1870); W. F. Moulton(*A Treatise on the Grammar of New Testament Greek* [Edinburgh: Clark, 1870; 3rd ed., 1882])은 이전 문법에 관한 개관을 제공한다(1-11); M. Stuart, *A Treatise on the Syntax of the New Testament Dialect, with an Appendix, Containing a Dissertation on the Greek Article* (Edinburgh: Clark, 1835); A. Buttmann, *Grammatik des neutestamentlichen Sprachgebrauchs* (Berlin: Weidmann, 1859); 영역본, *A Grammar of the New Testament Greek*, trans. J. H. Thayer (Andover: Draper, 1895).

6 이 시기의 언어학 역사에 대한 간결하면서 유용한 논의에 대해서는 R. H. Robins, *A Short History of Linguistics*, 2nd ed. (London: Longman, 1979), 1-2장을 보라.

중 어느 한 시제도 또 다른 시제를 대체할 수는 없다." 그러므로 현재 시제는 "오로지 형태상으로만 미래 시제를 표현하는 데 사용된다."[7] 비너가 제시하는 합리적 틀에 의하면, "현재"라고 명명된 모든 시제 형태는 현재 시점 외에 다른 어떤 시점을 지칭할 수 없다. 비너의 문법을 비롯한 18, 19세기의 문법 대부분은 신약성서 그리스어가 고전 그리스어와 직접적인 관계가 있다고 보았다. 따라서 버트맨은 자신의 아버지가 정립한 고전 그리스어 문법을 신약성서 그리스어에 적용했다. 고전 그리스어와 신약성서 그리스어 사이의 이와 같은 틀은 긍정적 효과와 부정적 효과를 동시에 지니고 있었다. 이 틀의 이점은 언어학적으로 흥미롭고 잠재적 유용성이 있는 비교 구문들을 축적하여 신약성서 그리스어 연구에 유익을 준다는 것이다. 반면 이 틀의 단점은 다음과 같다. 즉 고전 그리스어 문법의 범주가 빈번히 사용되어 신약성서 그리스어 용법을 평가하는 데 결정적인 영향을 미치게 되었고, 종종 신약성서 그리스어가 평가 절하되어 5세기 아테네의 위대한 문학작품의 그리스어보다 질이 떨어진다고 간주되었다는 점이다.[8]

1896년에 프리드리히 블라스(Friedrich Blass)는 이후 대표적인 신약

7 Winer and Moulton, *Treatise*, 331.

8 고전 그리스어와 신약성서 그리스어를 포함한 헬레니즘 시기의 그리스어를 비교할 때 발생하는 위험 중 하나는, 우리가 이 두 대상을 사물 비교와는 다른 방식으로 비교한다는 것이다. 고전 그리스어는, 비교적 작지만 중요한 단일 도시의 대다수 사람들이 사용하지 않았던 방언으로 기록된 문헌 본문에 의해서만 배타적으로 제시된다. 이 본문들은 문학적 본문, 비문학적 본문, 심지어 통속 그리스어 본문의 혼합물보다 5백여 년 앞서 기록되었다. 여기서 통속 그리스어 본문은 그리스-로마 시기에 지중해 지역의 여러 민족이 공용어로 사용했던 그리스어로 기록된 본문을 의미한다. 아티카 방언의 문학적 평가에 대한 몇몇 쟁점은 다음을 보라. K. J. Dover, "The Colloquial Stratum in Classical Attic Prose," in *Classical Contributions: Studies in Honour of M. F. McGregor*, ed. G. S. Shrimpton and D. J. McCargar (Locust Valley, N.Y.: Augustin,

성서 그리스어 문법 참고서로 자리 잡게 된 그리스어 문법서 초판을 발행했다.[9] 블라스는 저명한 고전 그리스어 학자로, 그의 연구 즉 그리스어 문체, 고전 본문에 대한 본문비평, 그리고 몇몇 복음서 비평은 지금도 인정받고 있다.[10] 블라스의 문법이 신약성서 연구를 위한 기본 참고서로 자리매김했다는 것은 놀라운 일이 아닐 수 없는데, 그의 문법은 신약성서 그리스어에 대해 단순히 간단명료한(절대 완전하지 않은) 분석만을 제시하고 있기 때문이다. 이 분석은 고전 그리스어와의 직접 비교에 기초하고 있으며, 오랜 기간 간직되어온 고전 그리스어 문헌학 연구의 범주에 의거한다. 블라스의 문법은 수차례의 개정을 거쳤는데, 역대 개정 위원으로는 제4차 개정판(1913년) 편집 책임을 맡은 비교 문헌학자 알베르트 데브루너(Albert Debrunner),[11] 제12차 개정판(1965년)에 부

1981), 15-25; S. J. Teodorsson, "Phonological Variation in Classical Attic and the Development of Koine," *Glotta* 57 (1979): 61-75.

9 F. Blass, *Grammatik des neutestamentlichen Griechisch* (Göttingen: Vandenhoeck & Ruprecht, 1896).

10 예를 들어 F. Blass, *Die Rhythmen der asianischen und römischen Kunstprosa* (Leipzig: Deichert, 1905); idem, ed., *Demosthenis Orationes*, rev. Wilhelm Dindorf. 4th ed., 3 vols. (Leipzig: Teubner, 1885-89); idem, *Philology of the Gospels* (London: Macmillan, 1898). Blass는 다수의 사본 해독에 유용한 수정과 제안을 제공하며, 초기 출간된 옥시링쿠스 사본 서적에서 주목받고 있다.

11 Debrunner는 그리스어 문법에 가장 중요한 영향을 미친 20세기 학자 중 하나지만, 그의 연구는 19세기의 비교 문헌학 모델을 통해 이루어졌다. Robert Funk에 의하면, Debrunner가 Blass의 문법에 가한 주요 변화는 음운론, 어형론, 단어 형성 측면에서 이루어졌다(F. Blass and A. Debrunner, *A Greek Grammar of the New Testament and Other Early Christian Literature*, trans. and ed. Robert W. Funk [Chicago: University of Chicago Press, 1961], xi). Debrunner의 영향은 다음과 같은 사실에 반영되어 있다. 즉 그는 Blass의 신약성서 그리스어 문법 편집과 더불어, E. Schwyzer's *Griechische Grammatik auf der Grundlage von Karl Brugmanns Griechische Grammatik*, 4 vols. (Munich: Beck, 1939-71; vols. 제3, 4권은 후에 추가된 색인임)의 제2권인 *Syntax und syntaktischer Stilistik* (1950)도 편집했다. 책 제목이 암시하듯, 이 연구서는 Karl Brugmann의 *Grieschische Grammatik*(Munich: Beck, 1885; 4th ed., rev. A. Thumb,

록을 삽입한 70인역(LXX) 학자 다비드 타바코비츠(David Tabachovitz), 제14차 개정판(1976년)의 편집을 맡은 신약성서 학자 프리드리히 레코프(Friedrich Rehkopf)가 있다. 그러나 이런 편집상의 변화(다수의 개정판은 기존의 판본들을 재인쇄하여 거의 변화가 없었음)와 제본상의 변화에도 불구하고, 1896년에 처음 기록된 블라스의 문법은 그 핵심 내용에 있어서 지금까지도 변화가 없다. 블라스의 문법의 특징으로는 표준 고전 그리스어와의 비교 강조, 언어 구조에 대한 체계적 접근 결여(특히 시제, 격, 태, 등과 같은 문법 요소를 다룰 때 두드러짐), 정확하고 명확한 의미론 관련 용어 결여, 독일어 혹은 영어(발간된 시기에 따라)에 기초하여 그리스어를 이해하려는 경향 등을 들 수 있다.[12] 영어 번역본 초판은 독일어본 초판과 재판을 원본으로 하여 발간되었고, 우리에게 잘 알려져 널리 사용되며 영어 주석서의 기본으로 자리 잡은 펑크의 영어 번역본은 데

1913)의 개정이다. 이 연구서들은 다음의 문법서들과 더불어 여전히 고전 그리스어의 주요 문법서들이다. R. Kühner (*Ausführliche Grammatik der griechischen Sprache*, I. *Elementar-und Formenlehre*, 2 vols. [Hannover: Hahnsche, 1834; rev. F. Blass, 1890-92]; II. *Satzlehre*, 2 vols. [Hannover: Hahnsche, 1834; rev. B. Gerth, 1898-1904]) and J. M. Stahl (*Kritisch-historische Syntax des griechischen Verbums der klassischen Zeit* [Heidelberg: Winter, 1907]). 영어권 고전 학계는 주요 문법서 제작과 관련하여 결코 생산적이지 못하다. 기본 문법서들은 다음과 같다. W. W. Goodwin, *A Greek Grammar* (London: Macmillan, 1870; rev. C. B. Gulick [Boston: Ginn, 1930]), H. W. Smyth, *Greek Grammar* (Cambridge: Harvard University Press, 1920; rev. G. M. Messing, 1956); B. L. Gildersleeve and C. W. E. Miller, *Syntax of Classical Greek from Homer to Demosthenes*, 2 vols. (New York: American Book Company, 1900-1911). 프랑스 학계가 발간한 문법서도 그 수가 제한적이지만, 정확한 내용을 담고 있다. 예를 들어 다음을 보라. J. Humbert, *Syntaxe Grecque*, Tradition de l'Humanisme 8 (Paris: Klincksieck, 1945: 3rd ed., 1960).

12 더 자세한 연구는 S. E. Porter and J. T. Reed, "Greek Grammar since BDF: A Retrospective and Prospective Analysis," *Filologia Neotestamentaria* 4 (1991): 143-64, 특히 143-56을 보라.

브루너의 주해(이 주해는 그다음 판인 11쇄 판의 보완을 위해 기록됨)가 포함된 제10쇄 독일어 판을 원본으로 삼고 있다. 펑크의 영어 번역본은 1961년에 출간되었다.[13] 블라스의 문법이 비록 간결하고 파피루스 사본 및 초기 기독교 저자들에 대해 언급하고 있지만, 이 문법은 고전 그리스어 지식을 토대로 하며 19세기 언어 연구에서 비롯된 문법 범주를 반영한다. 블라스의 문법은 이후의 판들을 통해 현대화 작업이 진행되었음에도 불구하고, 1세기나 뒤처진 구식 문법이라는 사실에는 변함이 없다.

제임스 몰턴(James Hope Moulton)은 1906년에 『신약성서 그리스어 문법』(*A Grammar of New Testament Greek*)의 『서문』(*Prolegomena*)을 출간했다.[14] 이 책의 출간에 영향을 미친 두 가지 주요 요인으로 (1) 칼 브루크만(Karl Brugmann)[15]과 같은 소위 "신문법학자들"에 의한 대륙 간 비교 언어학의 대두와, (2) 그리스어로 기록된 파피루스 문서의 발견을 들 수 있다.[16] 몰턴이 구상했던 것은 최고 수준의 최신 신약성서 그리스

13 F. Blass and A. Debrunner, *A Grammar of New Testament Greek*, trans. and rev. R. W. Funk (Chicago: University of Chicago Press, 1961).

14 J. H. Moulton, *Prolegomena*, vol. 1 of *A Grammar of New Testament Greek* (Edinburgh: Clark, 1906; 3rd ed., 1908). 이 문법서는 원래 Moulton의 아버지가 번역한 Winer의 문법서의 개정판으로 계획했던 것이었다. 우리는 언어학 관점에서의 발전과, 고전 문헌에서 동시대 문헌으로의 전환이 이와 같은 개정을 어렵게 만들었으리라는 점을 이해할 수 있다. 이와 비슷한 시도를 하는 독일어 문법서는 다음과 같다. L. Radermacher, *Neutestamentliche Grammatik*, HNT 1 (Tübingen: Mohr [Siebeck], 1911; 2nd ed., 1925).

15 Brugmann은 통시적 관점에 기초하고 규칙을 철저히 따르는 19세기 신문법학자 중 하나였다. 다음을 보라. K. R. Jankowsky, *The Noegrammarians: A Re-evaluation of Their Place in the Development of Linguistic Science* (The Hague: Mouton, 1972).

16 파피루스 사본의 발견과 이 사본이 신약성서 그리스어 연구에 미치는 중요성은 다음과 같은 연구서에 간편히 언급되어 있다. E. G. Turner, *Greek Papyri: An Introduction* (Oxford: Clarendon, 1968), 17-41; W. F. Howard, *The Romance of New Testament*

어 연구를 아우르는 일련의 책을 발간하는 것이었다. 그의 『서문』은 다방면에 걸쳐 그리스어 문법의 전형이 되었다. 왜냐하면 이 책을 통해 대륙에서 발생한 동작류(*Aktionsart*, 원래 브루크만이 조성한 단어로 그의 문법서에 등장함. 아래 동사 관련 부분 참고) 개념과 같은 그리스어 문법의 중요한 진전이 영어권 세계에 소개되었고, 신약성서 그리스어의 비교 대상이 종래의 고전 그리스어에서 신약성서와 동시대의 파피루스 문서로 대체되었기 때문이다. 몰턴은 언어학적 사고와 관련된 당시의 최신 소식(비록 지금은 그 유효성을 잃었지만)을 지체 없이 영어권 세계에 소개했고, 이집트 파피루스 문서에 나오고 신약성서와 동시대인 그리스어 용례를 주요 증거로 삼아 신약성서 그리스어와의 비교를 시도했다. 결과적으로 신약성서 그리스어는 대략 같은 시기의 다른 문서들과의 비교를 통해 연구되었고, 원래 셈어의 영향으로 여겨졌던 다수의 구문론 및 문법 관련 현상이 동시대의 다른 헬레니즘 그리스어에서는 적합한 용례로 여겨지기도 했다.[17] 이는 신약성서 그리스어에 관한 중요한 진전임

Scholarship (London: Epworth, 1949), 111-37. 그리스어 파피루스 사본과 관련하여 두 가지 기본 문법서는 다음과 같다. E. Mayser, *Grammatik der griechischen Papyri aus der Ptolemäerzeit*, 2 vols. (vol. 1.1, rev. H. Schmoll; Berlin: de Gruyter, 1906-34, 1970); F. T. Gignac, *A Grammar of the Greek Papyri of the Roman and Byzantine Periods*, 2 vols. (Milan: Istituto Editoriale Cisalpino, 1976-81); 동사 연구에 관한 연구서는 다음과 같다. B. G. Mandilaras, *The verb in the Greek Non-literary Papyri* (Athens: Hellenic Ministry of Culture and Sciences, 1973).

17 사전학 분야에서 유사한 업적이 G. A. Deissmann의 다음 연구에서 발견된다. *Bibelstudien* (Marburg: Elwert, 1895); *Neue Bibelstudien* (Marburg: Elwert, 1897). 전자의 영역본은 다음과 같다. *Bible Studies*, trans. A. Grieve (Edinburgh: Clark, 1901); Deissmann의 *Licht vom Osten* (Tübingen: Mohr [Siebeck], 1908; 4th ed., 1923); 영역본은 다음과 같다 *Light from the Ancient East*, trans. L. R. M. Strachan (London: Hodder & Stoughton, 1910; 4th ed., 1927); Moulton도 이와 유사한 업적을 다음 연구에서 보여준다. J. H. Moulton and G. Milligan, *The Vocabulary of the Greek Testament Illustrated from the Papyri and Other Non-Literary Sources*, 8 vols. (London: Hodder &

에도 불구하고, 현재까지 신약성서 연구에 있어서 그 진가가 온전히 인식되지 못하고 있다. 왜냐하면 신약성서 연구는 그리스어 문법 현상을 설명하기 위해 여전히 셈어에 의존하는 경향을 보이고 있기 때문이다.

몰턴의 『서문』은 그의 문법에 대한 후속 저서에서 계속 이어질 수 있었던 창조적이고 혁신적인 성향의 유용한 연구를 제공한다. 몰턴은 그리스어 어형론과 단어 형성에 대한 내용으로 두 번째 책을 집필 중이었는데, 1917년 인도 여행을 마치고 지중해를 건너 돌아오는 길에 살해당하고 만다.[18] 미완으로 남을 뻔한 이 두 번째 책은 몰턴과 같은 언어 전문가라기보다 성서학자에 가까웠던 몰턴의 제자인 하워드(W. F. Howard)의해 완성되어 1929년에 출간되었다.[19] 이후 미완으로 남아 있던 일련의 속편들도 나이절 터너(Nigel Turner)에 의해 각각 『구문론』(*Syntax*, 1963년)과 『문체』(*Style*, 1976년)라는 제목으로 출간되었다.[20] 비록 관련 속편들이 연속으로 모두 출간되었지만, 한 가지 주목해야 할 사실은 터너가 이 연구에서 신약성서 그리스어를 셈어의 영향을 받은 일종의 특수 그리스어 방언으로 간주하고 있다는 점이다.[21] 이는 몰턴

Stoughton, 1914-29).

18 Moulton은 적극적인 그리스도인으로, YMCA 후원하에 인도에서 선교 사역을 했다. 또한 그는 베를린 대학교에서 신학 박사 학위를 받았다. 그가 자신의 영향력이 정점에 달했던 시기에 독일 잠수함에 의해 살해당한 일은 비극이다.

19 J. H. Moulton and W. F. Howard, *Accidence and Word-Formation*, vol. 2 of *A Grammar of New Testament Greek* (Edinburgh: Clark, 1929). 이 저서는 원래 세 개의 분권으로, 1919년, 1920년, 1929년에 각각 출판되었다.

20 N. Turner, *Syntax*, vol. 3 of *A Grammar of New Testament Greek* (Edinburgh: Clark, 1963); idem, *Style*, vol. 4 of *A Grammar of New Testament Greek* (Edinburgh: Clark, 1976). Turner의 *Grammatical Insights into the New Testament* (Edinburgh: Clark, 1965), 특히 174-88도 보라.

21 이 이론에 관한 다양한 버전이 존재하는데, 핵심 논의는 다음과 같다. 즉, 신약성서 그리스어는 셈어의 영향을 받은 특수 형태의 그리스어이며, 어쩌면 성령의 영감을 받은

의 원래 생각과는 상당히 다른 성향이 반영되어 있기 때문에, 과연 터너가 발간한 3, 4권이 몰턴의 1, 2권과 동일한 시리즈물인가에 대한 의구심을 자아낸다. 신약성서 그리스어를 공부하는 사람이라면 이 차이를 인지할 필요가 있으며, 관련 문제에 있어서 터너와 몰턴의 책이 동일한 입장을 견지하는 것처럼 함께 사용해서는 안 된다. 터너가 발간한 책과 관련하여 몇몇 특정 부분에 대한 여러 비평이 존재하지만,[22] 가장 주목할 만한 두 가지 비평은 다음과 같다. 첫째, 터너의 『구문론』은 방법론적 논의에 관한 어떤 고려도 없이 마구잡이로 분류된 용례, 그것도 신약성서 그리스어의 고유 특성에 대한 자신의 가설을 방어하기 위해 인위적으로 인용하는 용례에 의존하고 있다. 둘째, 터너의 『문체』는 소위 문법 형태의 개념에 대한 연구가 아니라 신약성서 개별 저자들의 그리스어 용법을 기준으로 『구문론』에 있는 자료들을 재분류한 것에 지나지 않는다. 어떤 면에서, 터너의 이 두 책에서 발견되는 논의는 몰턴의 『서문』에 나오는 논의보다 더 오래되고 구식이라 할 수 있다. 이런 현상은 틀림없이 언어에 대한 터너의 접근 방식이 몰턴의 연구보다 더 구식임을 반영하고 있다.

몰턴이 비너의 문법책을 개정하려던 시도를 포기한 후 『서문』을 집필하던 때와 거의 같은 시기에, 로버트슨(A. T. Robertson)은 역사·비교학적 내용을 담은 신약성서 그리스어 문법책 출간을 준비하고 있었다.[23] 다시 말해, 로버트슨이 시도한 것은 19세기 비교 언어학을 통해

그리스어라는 것이다. 이 견해는 19세기의 주장을 분명하게 상기시킨다. 관련 논의는 Porter, *Language of the New Testament*, 27-31의 서론을 보라.

22 *NewDocs* 5:49-65를 보라.

23 A. T. Robertson, *A Grammar of the Greek New Testament in the Light of Historical Research* (New York: Hodder & Stoughton, 1914; 4th ed., Nashville: Broadman, 1934).

다른 언어에 대한 연구가 이루어진 것같이, 신약성서 그리스어 연구에 이런 비교 언어학적 방식을 접목하는 것이었다. 그리고 그 결과는 1,200페이지(부록과 색인을 제외하고도)에 달하는 기념비적 역작으로 이어졌다. 다방면에 걸쳐 로버트슨의 문법은 가장 유용한 신약성서 그리스어 문법 참고서로 여전히 각광받고 있는데, 그 이유를 꼽자면, 말 그대로 신약성서의 모든 구절에 대한 언급이 이 책 안에 담겨 있기 때문이다. 게다가 로버트슨의 문법서에는 19세기와 20세기 초 유럽 대륙에서 이루어진 언어학적 연구도 광범위하게 언급된다. 하지만 이런 역작에도 문제는 존재한다. 로버트슨은 그의 논의에서 자주 집중력을 잃어버려, 같은 신약성서 구절을 다른 곳에서는 다른 방식으로 다룬다. 이로 인해 성서 밖의 주요 자료보다 보조 학문을 더 다루고 있다는 인상을 종종 준다. 또한 신약성서 그리스어에 대한 탁월함에도 불구하고, 그의 관점은 19세기 언어 연구의 한계를 벗어나지 못하고 있다.

신약성서 그리스어를 공부하는 학생들은 일반적으로 이런 문법서를 이용한다. 결국 현재 신약성서 그리스어 참고서에 나오는 문법은 대략 100년 이상 된 19세기 연구의 결과물인 셈이다. 이런 현상의 유일한 예외로 터너의 문법서를 꼽을 수 있지만, 이 역시 이전의 오래된 방식에 의존하고 있으며, 여러 면에 있어서 몰턴의 문법서보다 뒤처진다. 한편으로, 이와 같은 문법상의 구시대적 현상은 제한된 연구 방법이 적용된 영국의 고전어 연구에서도 유사하게 발견된다. 독일어 연구는 조금 양호한 편이라 할 수 있다. 그러나 다른 언어들과의 연구 상황이 비슷하다고 해도, 대부분의 신약성서 그리스어 문법서가 근대 언어학적 연구의 태동과 발전의 결과를 통으로 잃어버린 점에 대해서는 변명의 여지가 있을 수 없다(아래 참고). 게다가 신약성서 그리스어 문법의 기본 전제와 지향점은 종종 신약성서 연구의 현행 흐름과 불협화음을 일으킨다. 한편 신약성서 연구가 여러 분야를 위한 최상의 연구 방법론을 개발하면서도, 예를 들어 편집비평, 사회-과학적 비평, 문학비평, 이데올로기비평과 같은[24] 언어학적 도구들의 사용을 등한시한다는 점은 이런 불일치를 더욱 선명하게 만들고 있다.[25] 그렇다고 위와 같은 신약성서 그리스어 문법서가 구문론적으로 유사한 현상을 보이는 구절의 인용을 포함하는 유용한 정보를 충분히 담지 않고 있다는 의미는 아니다. 그러나 이 문법서들의 설명은 종종 구식 용어로 시도되며, 논의 중인 문법 요소에 대한 언어학적 의미도 명확하지 않다. 이런 문법서들을 사용하는 사람들은 반드시 책의 방법론적 접근과 그런 접근에 내재된 제

24 이 영역과 다른 영역들의 대표 소논문에 대해서는 Porter, *Handbook to Exegesis*, 특히 part 1의 방법론을 보라.

25 따라서 대부분의 신약성서 그리스어의 기초 문법서에서 중대한 진전을 볼 수 없는 것 역시 놀라운 일이 아니다. 관련 논의는 Porter, *Studies in the Greek New Testament*, 39-48을 보라. 중급 문법서들도 상황은 비슷한데, 이 문법서들은 문법 참고서 여기저기서 가져온 전통 범주를 사용하며, 그중 몇몇 문법서는 최근의 언어학적 사유를 통한 통찰조차 거부한다. 여기에 속하는 학자들은 다음과 같다. H. E. Dana and J. R. Mantey, *A Manual Grammar of the Greek New Testament* (New York: Macmillan, 1927 [여러 번 증쇄됨]); W. D. Chamberlain, *An Exegetical Grammar of the Greek New Testament* (New York: Macmillan, 1941; 재판, Grand Rapids: Baker, 1979); C. F. D. Moule, *An Idiom Book of New Testament Greek* (Cambridge: Cambridge University Press, 1953; 2nd ed., 1959); M. Zerwick, *Biblical Greek*, trans. J. Smith (Rome: Pontifical Bible Institute, 1963), 이 문법서에는 흔하지 않은 많은 통찰이 들어 있다; J. A. Brooks and C. L. Winbery, *Syntax of New Testament Greek* (Washington, D.C.: University Press of America, 1979); W. J. Perschbacher, *New Testament Greek Syntax* (Chicago: Moody, 1995); D. B. Wallace, *Greek Grammar beyond the Basics* (Grand Rapids: Zondervan, 1996). 그러나 유용한 예외가 존재한다. S. E. Porter(*Idioms of the Greek New Testament*, BLG 2 [Sheffield: JSOT Press, 1992; 2nd ed., 1994])는 담론 분석(아래를 보라)을 포함한 최근의 언어학적 사고의 발전을 소개하고, R. A. Young(*Intermediate New Testament Greek: A Linguistic and Exegetical Approach* [Nashville: Broadman & Holman, 1994])은 종종 분석에 대한 주석적 통찰을 탐구하면서, Porter와 유사한 방식으로 최근 언어학적 사고의 발전을 소개한다.

한 사항을 잘 숙지해야 한다. 한 가지 더 인지해야 할 사실은 이런 문법서들이 발표된 이후로 중대한 개념상의 어떤 발전 내용도 신약성서 그리스어 문법에 도입되어 사용된 적이 없다는 점이다. 앞으로 다시 논의하겠지만, 최근 신약성서 그리스어 연구와 관련하여 개념상의 중요 발전이 많이 이루어졌는데, 이는 앞으로 신약성서 그리스어 분석에 반드시 적용되어야 하고, 그리스어 비전문가들도 사용할 수 있는 주요 참고서에 포함되어야 한다.

기타 문법 및 구문론 연구

신약성서 그리스어를 연구하다 보면 반드시 마주치게 되는 다른 분야의 연구가 있는데, 이 연구는 특정 문법 사항을 집중적으로 다루는 학술지에서 주로 볼 수 있으며, 가끔은 논문에서도 발견된다. 안타깝게도 신약성서 그리스어 관련 연구의 수는 다른 분야의 그리스어 연구 수와 비교할 때 상대적으로 적다. 그럼에도 불구하고 주목할 만한 몇 개의 신약성서 그리스어 연구가 있다. 이 연구 목록이 관련 연구를 모두 포괄하는 것은 아니다. 여기서 언급되는 연구는 학술지에 게재된 연구를 거의 다 배제하고, 몇몇 주석서에 나오는 그리스어 용법에 관한 주요 내용도 반영하지 않는다. 21세기 초반의 주석서들은 포괄적으로 그리스어 용법을 논하는 경향이 있는 반면, 그 이후의 주석서들은 비언어학적 사안에 집중하는 모습을 보인다. 따라서 논의의 내용이 그리스어 자체에 관한 논의에서 종종 문맥적 정황을 무시한 개별 문법의 특징에 관한 논의로 변하게 되었다.

여기서 먼저 언급할 학자는 어니스트 버턴(Ernest De Witt Burton)으로, 신약성서 그리스어의 법과 시제에 대한 그의 연구는 가장 초기에 이루어졌다.[26] 버턴의 연구는 고전 그리스어에 대한 동일 주제를 다루는 굿윈(Goodwin)의 연구와 유사한 면이 있는데[27], 버턴은 행위에 대한 19세기 말의 새로운 개념들을 시제와 법에 따라 그리스 시제-형태(Greek tense-forms)라는 자신이 만든 분류법에 통합시켰다. 이런 범주의 적용은 체계적이며 종종 통찰을 제공하여 주석 작업에 유익을 준다. 그러나 시제-형태를 설명하는 명확한 행위 이론이 결여되어 있고, 법과 관계된 양식(modality)에 관한 설명도 전무하다. 그 결과, 버턴이 특정 동사가 전달하는 것이 무엇인지 설명할 때, 우리는 그의 설명이 형태론(즉 시제-형태)에 기반하고 있는지, 아니면 어휘(즉 그 동사가 묘사하는 행위)에 기초하고 있는지 결정할 수 없다.

다음으로 중요한 연구는 마거릿 스롤(Margaret Thrall)의 신약성서 그리스어 불변화사에 대한 연구다.[28] 몇몇 측면에 있어서 고전 방식을 따르는[29] 스롤의 연구는 여러 장점을 지니는데, 그중에서도 괄목할 만한 장점은 이 연구가 헬레니즘 그리스어 불변화사 용법에 초점을 맞추는 몇 안 되는 연구 중 하나라는 점이다.[30] 결과적으로 스롤의 연구를 통해 우리는 많은 정보를 얻을 수 있다. 그러나 어학적 측면에서 최

26 E. D. W. Burton, *Syntax of the Moods and Tenses in New Testament Greek* (Edinburgh: Clark, 1888; 3rd ed., 1898).

27 W. W. Goodwin, *Syntax of the Moods and Tenses of the Greek Verb* (London: Macmillan, 1860; rev. ed., 1875).

28 M. E. Thrall, *Greek Particles in the New Testament*, NTTS 3 (Leiden: Brill, 1962).

29 다음을 보라. J. D. Denniston, *The Greek Particles* (Oxford: Clarendon, 1934; rev. K. J. Dover, 1954).

30 가장 중요한 연구는 다음과 같다. J. Blomqvist, *Greek Particles in Hellenistic Prose* (Lund: Gleerup, 1969); 다음도 보라. *idem, Das sogenannte Kai Adversativum: Zur Semantik einer griechischen Partikel*, Acta Universitatis Upsaliensis: Studia Graeca Upsaliensia 13 (Stockholm: Almqvist & Wiksell, 1979).

근 이루어진 그리스어의 발전은 스롤의 접근 방식에도 단점이 있음을 알려준다. 그는 고전 그리스어 용법과 관련하여 사용된 불변화사를 기준으로 신약성서 그리스어 불변화사에 접근한다. 다시 말해, 고전 비교언어학적 접근 방식으로 신약성서 그리스어를 다루는 셈이다. 물론 이런 특징은 당시에 기록된 언어학 연구에서 전형적으로 발견되는 현상으로, 특정한 방법론적 접근을 정하고 난 후 그에 따라 앞서 언급한 신약성서 분야에 대한 연구가 이루어졌던 것이다. 그럼에도 불구하고 스롤의 연구에서 이와 같은 특징은 분명한 한계로 작용한다. 왜냐하면 스롤의 연구는 신약성서 그리스어 불변화사의 용법 체계를 설명하기보다는, 신약성서 그리스어가 제한된 개수와 종류의 불변화사를 가지고 있으므로 그 표현 범위에 있어서 고전 그리스어보다 열등하다는 일종의 비난을 가하고 있기 때문이다. 게다가 스롤의 불변화사 관련 설명은 포괄적이지 않아서, 주석에 유용한 소수의 특정 불변화사 몇 개만(예. γάρ와 δέ)을 다룰 뿐이다. 따라서 그의 연구에서는 신학적·주석적 측면이 언어학적 측면보다 우선시되고 있다.

세 번째로 살펴볼 연구는 마가복음에 사용된 그리스어에 관심을 두는 존 다우드나(John Doudna)의 연구다.[31] 고전 언어학 전통에 기반한 다우드나의 연구는 마가복음과 파피루스 사본에 나타나는 문법 및 구문 현상을 탐구한다. 동시에 용법의 다양한 요소를 아티카 방언 기준에 적용하여 설명하고, 또 그 기준을 벗어나는 이탈의 관점에서 예시를 들어가며 기술한다. 다우드나는 고전 그리스어와 신약성서 그리스어를 비교하면서 분류상의 원칙 혹은 방법에는 거의 관심을 두지 않는다. 이

31 J. Doudna, *The Greek of the Gospel of Mark*, JBLMS 12 (Philadelphia: SBL, 1961).

런 원칙과 방법을 통해 각 요소의 범주가 정해지거나 정의되는데 말이다. 그러나 다우드나의 연구가 지닌 주요 장점은 파피루스 사본에서 발견되는 문법 및 구문 현상의 예를 포함한다는 점이다. 우리는 다우드나의 연구에서 대부분의 논의가 더 큰 안건, 즉 셈어가 신약성서 그리스어, 특히 마가복음에 미친 영향이 얼마나 큰지에 대한 논쟁에 판결을 내리는 일에 자극을 받고 있음을 느낄 수 있다. 다우드나는 이 목적 달성을 위해, 파피루스 사본에서 발견되는 예시에서 셈어의 영향을 부인하거나 약화시킨다.[32]

네 번째 언급할 연구는 머리 해리스(Murray Harris)의 연구로, 이는 신약성서 그리스어 전치사를 다룬다.[33] 많은 학자가 신약성서 그리스어 전치사를 다룰 때 해리스의 연구를 적절히 사용해왔는데, 왜냐하면 해리스가 관련 전치사 용법에 대해 특히 신학적 의미 측면에서, 종종 자세한 설명을 제공하기 때문이다. 하지만 이는 그 연구의 한계를 지적하는 것이기도 하다. 그중 하나는 연구에서 다루는 논의의 상당 부분에서 신학이 추진력이 되는 것 같다는 점이다. 이런 연구에서 그리스어 전치사를 기능어 체계 측면에서 포괄적으로 다루지 않는 것은 언어학 관점

32 참조. E. C. Maloney, *Semitic Interference in Marcan Syntax*, SBLDS 51 (Chico, Calif.: Scholars, 1981). Maloney는 셈어의 영향을 시작으로 지난 이십 년간 발생한 접근 방식상의 분명한 변화를 보여준다.

33 M. J. Harris, "Appendix: Prepositions and Theology in the Greek New Testament," in *New International Dictionary of New Testament Theology*, ed. C. Brown, 3 vols. (Grand Rapids: Zondervan, 1978), 3:1171-215. 참조. M. J. Harris, *Jesus as God: The New Testament Use of Theos in Reference to God* (Grand Rapids: Baker, 1992), 301-13. 이 책에는 고전 문헌학이 반영된 그리스어 관사가 부록으로 실려 있다. 신약성서 그리스어 관사에 대한 권위 있는 연구는 다음과 같다. T. F. Middleton, *The Doctrine of the Greek Article*, rev. H. J. Rose (Cambridge: Deighton; London: Rivington, 1833). 그리스어 관사의 복잡성은 아직까지 완전히 해결되지 않고 있다.

에서 볼 때 일반적이지 않은 현상이다. 이와 같은 현상이 발생하는 이유는 해리스가 신약성서 그리스어를 현대 언어학적 개념으로 보지 않기 때문이다. 그러나 우리는 연결하는 단어 기능의 영역에서 전치사를 분리해냄으로써 비로소 이 주제로의 접근을 시도할 수 있는데, 이것이 바로 내가 생각하는 유일한 방법이다.[34] 두 번째 한계는 해리스가 논한 다수의 예에서도 명확히 드러나는 것으로, 제기되는 신학 관련 문제들로 인해 전치사에 대한 논의가 전치사 용법의 단순 범위를 뛰어넘어 다른 문법 관련 문제, 본문비평 문제, 그리고 신학적 주제의 범위로 무리하게 확장된다는 점이다(그 예로 해리스의 고후 5:18-21에 대한 논의를 보라).[35] 심지어 신학이 문법을 좌지우지하는 경우들도 발견된다.

내가 여기에 포함시키고 싶은 다섯 번째이자 마지막 연구는 바울의 문체 분석에 대한 스펜서(Aída Besançon Spencer)의 연구다.[36] 그런데 바울의 문체에 대한 스펜서의 연구 내용은 다음 단락에서 언급하는 것이 더 바람직할지도 모른다. 왜냐하면 스펜서는 혁신적 방식으로 문체의 개념에 접근하며, 이를 바울 서신(고후 11:16-12:13; 롬 8:9-39; 빌 3:2-4:13)에서 발췌한 세 개의 단문에 나오는 5백여 개의 단어에 적용하고

34 Porter, *Idioms*, 142-79을 보라. 여기서 Porter는 J. P. Louw, "linguistic Theory and the Greek Case System," *Acta classica* 9 (1966): 73-88의 영향을 받았다.

35 Harris, "Prepositions and Theology," 1192-93; 참조. S. E. Porter, Καταλλάσσω in *Ancient Greek Literature, with Reference to the Pauline Writings*, ENF 5 (Cordova: Ediciones el Almendro, 1994), 127-43.

36 A. B. Spencer, *Paul's Literary Style: A Stylistic and Historical Comparison of II Corinthians 11:16-12:13, Romans 8:9-39, and Philippians 3:2-4:13*, ETSMS (Jackson, Miss.: Evangelical Theological Society, 1984). 참조. M. Reiser, *Syntax und Stil des Markusevangeliums im Licht der hellenistischen Volksliteratur*, WUNT 2.11 (Tübingen: Mohr, 1984); K. J. Dover, *The Evolution of Greek Prose Style* (Oxford: Clarendon, 1997).

있기 때문이다. 스펜서는 열 개의 절차적 단계로 이루어진 기준에 의거하여 각 문단의 문체를 평가하는데,[37] 이 기준은 영어 문체론에 대한 최근 연구에 주로 의존한다. 그다음 스펜서는 이 범주를 바울 서신의 각 문단에 적용한다. 그녀는 다른 학문 분야의 연구 결과를 사용하여, 신약성서 연구 발전의 한 가지 수단으로 삼는 일의 중요성을 잘 보여주지만, 이렇듯 다른 분야로부터 온전한 유익을 얻기 위해서는 그 분야에 정통한 지식이 요구된다는 사실도 알려준다. 그런데 한 가지 학문 분야에 이미 정통한 대다수의 학자들은 또 다른 분야의 지식 습득에 요구되는 이런 노력을 그다지 달가워하지 않을 것이다. 스펜서의 혁신적 연구에도 불구하고, 그녀가 사용하는 문체의 개념은 영문학 연구 결과로부터 차용된 것이며, 그녀가 제시하는 기준들이 모두 적용 가능한 것인지에 대한 의문도 제기된다. 예를 들면, 스펜서는 영어의 일반 어순과 그리스어의 어순이 비슷하다고 주장한다.[38] 또 의문이 생기는 한 가지 문제는 세 부분으로 이루어진 그녀의 연구가 의미 있는 결과물을 찾기에 충분한 양적 정보를 담고 있는가 하는 점이다. 왜냐하면 대다수의 문체론 관련 연구는, 의미 있는 결과에 도달하기 위해서는 훨씬 더 많은 양의 예가 필요하다고 주장하기 때문이다.[39]

37 Spencer가 문체 규명을 위해 명백한 기준을 사용한다는 사실은 고대 그리스어의 문체에 대한 이전의 많은 연구와 비교할 때 진보했다고 할 수 있다. 예를 들어 다음의 두 연구를 보라. Turner, *Style*; J. D. Denniston, *Greek Prose Style* (Oxford: Clarendon, 1952).

38 그리스어 어순에 관한 연구에 대해서는 다음을 보라. S. E. Porter, "Word Order and Clause Structure in New Testament Greek: An Unexplored Area of Greek Linguistics Using Philippians as a Test Case," *Filología Neotestamentaria* 6 (1993): 177-206; 참조. K. J. Dover, *Greek Word Order* (Cambridge: Cambridge University Press, 1960).

39 다음을 보라. M. B. O'Donnell, "Linguistic Fingerprints or Style by Numbers? The Use of Statistics in the Discussion of Authorship of New Testament Documents," in

많은 학문 분야에서 전문가에 의한 연구는 그 분야와 관련된 영역에서 기술적으로 가장 앞서 있다고 볼 수 있다. 위에 언급된 연구들도 어떤 측면에서 볼 때 이런 경우에 해당하는데, 특히 이 연구들에서 볼 수 있는 특정 불변화사나 전치사 사용, 또는 더욱 많은 파피루스 사본상의 증거 정리와 같은 구체적인 현상에 대한 분석은 참고 문법서에 대한 종래의 기준을 한 차원 높여놓았다. 그러나 지금까지 내가 살펴본 대부분의 신약성서 그리스어 연구는 방법론상에 있어 이전 연구의 틀에 갇혀 있어서 신약성서 그리스어 연구의 개념적 혁신을 방해한다. 어떤 이들은 이런 혁신에 반대할지도 모른다. 왜냐하면 이들은 19세기의 언어학적 연구가 가장 이론적으로 그리고 중립적으로 언어에 접근할 수 있는 방법이라고 굳게 믿고 있기 때문이다. 하지만 지금까지 위에서 언급한 바에 의하면, 그들의 이런 가정을 받아들이기는 쉽지 않다. 앞서 인용된 몇몇 연구의 분명한 한계뿐만 아니라 스펜서의 논의와 같은 연구들은 그리스어 연구에 대한 철저한 재고가 필요함을 지적하고 있다.

신약성서 그리스어 연구의 언어학적 혁신

지난 30여 년간 신약성서 그리스어 연구에 있어서 가장 괄목할 만한 발전 중 하나는 최근의 언어학 이론이 신약성서 그리스어 연구에 적용

Linguistics and the New Testament: Critical Junctures, ed. S. E. Porter and D. A. Carson, JSNTSup 168, SNTG 5 (Sheffield: Sheffield Academic Press, 1999). 206-62, 특히 245-51.

되고 있다는 점이다. 앞서 살펴보았듯이, 신약성서 그리스어 연구를 위해 사용된 기본 문법서 대부분이 비록 기록 당시에는 시의적절한 의미를 가지고 있었을지라도, 여전히 고전 언어학이나 19세기의 합리주의적 언어학, 비교 언어학이라는 종래의 개념적 틀에서 벗어나지 못하고 있었다. 하지만 20세기 초반에 등장한 현대 언어학 이론에 힘입어 언어학을 바라보는 태도에 근본적인 변화가 일어났다. 19세기 언어학 연구의 패러다임은 비교 및 역사적 성향을 띠고 있었다. 이는 당시 많은 연구가 다양한 언어에서 보이는 비슷한 현상의 상호 연관성을 주로 기능적이거나 역사적인 발전의 측면에서 규명하려 했음을 의미한다. 이런 연구에는 종종 언어학적 관심이 수반되었는데, 이는 다양한 언어의 용법을 가장 잘 보여주는 예시들을 평가하는 데 초점을 맞추고 있었다. 현대 언어학은 기존의 언어학과 매우 다른 기준을 가지고 있다. 비록 언어학을 하는 다양한 학파 간에 주목할 만한 차이점이 존재하지만, 다음과 같은 공통의 특징을 꼽을 수 있다. 즉 (1) 자료에 대한 실증적이고 분명한 접근, (2) 언어에 대한 체계적 접근과 언어 구조에 대한 관심, (3) 통시적 분석보다 공시적 분석 강조, (4) 규범적 문법보다 기술적 문법에 더 많은 관심을 기울이는 것 등이다.[40] 그 결과, 현대 언어학이 특별히 선호하는 특정 본문은 없지만(사실 현대 언어학은 기록된 용법보다 구어에 더 집중함), 다양한 문어 용법의 조사는 여전히 이루어지고 있다. 그 예로, 신약성서는 헬레니즘 시대의 그리스어 용법 차원에서 탐구가 진행된다.[41] 이와 같은 몇 가지 공통점은 이전 연구 방식과의 철저한 결

40 S. E. Porter, "Studying Ancient Languages from a Modern Linguistic Perspective," *Filología Neotestamentaria* 2 (1989): 147-72, 특히 151-54을 보라.

41 이런 종류의 프로그램을 시도한 의미 있는 연구에는 다음 연구가 포함된다. C. Brixhe,

별을 의미하며, 장차 신약성서 그리스어 연구에 발생 가능한 주요 변화를 지적하고 있다.

앞서 살펴보았듯이, 지난 30여 년은 그리스어 연구에 대한 관심이 되살아난 시기였고, 네 가지 분야에 걸쳐 중대한 혁신이 발생했다. 이 네 분야가 모두 전통적 용법의 문법 혹은 구문론으로 분류될 수는 없지만, 이런 변화는 어느 연구 집단에서 최근 부상하는 그리스어 문법에 관한 새로운 관점을 보여준다. 이 분야들은 발달 정도에 있어서 서로 차이를 보이는데, 어떤 분야의 연구 결과는 현재 주류를 이루는 주석 방식에 적용될 수 있고, 또 적용되어야 할 만큼 진전을 보이고 있다. 다른 분야의 연구 결과는 여전히 개발 단계에 있지만, 미래의 연구와 적용에 도전을 준다. 앞으로 주석가들이 신약성서 그리스어 관련 연구를 다룰 때 유념해야 할 사항 중 하나는, 최근 언어학 연구의 혁신 내용에 대한 숙지는 물론, 이런 연구 결과를 자신들의 주석 작업에 적용해야 한다는 것이다. 이는 단순히 이런 연구들의 색인을 훑어보며 주석 중인 관련 구절의 언급 유무를 확인하는 것 이상을 의미한다. 다시 말해, 이는 주석가들이 방법론적인 구조에 정통하기 위해 노력하고, 이런 구조 측면에서 본문을 면밀히 분석하며, 그 결과로 주어지는 새로운 깨달음에 열려 있어야 한다는 말이다. 물론 이런 방식의 주석에는 위험이 도사리고 있는데, 이런 주석의 결과가 전통적 방식의 주석이 다루는 기본적이거나 일반적인 질문에 답을 제공하지 못할 수도 있고, 아니면 새롭고 도발적인 관점과 결론을 제기할 수도 있기 때문이다. 또한 이런 주석의 목적이 기존의 검증된 결론을 단순히 재진술하는 데 만족해버

ed., *La Koiné grecque antique*, 3 vols. (Nancy: Presses Universitaires de Nancy, 1993-98).

리는 순간, 본문에 대한 새로운 통찰의 가능성은 무시당하기 마련이다. 복음주의 학자들이 최근에 이루어지는 이런 연구의 상당 부분을 최일선에서 담당하고 있다는 사실은, 그들이 연구한 결과물의 유효성을 시험하라는 도전 과제를 우리에게 떠맡긴다.

동사의 양태 이론(Verbal Aspect Theory)

1980년대 영국 학계에서 일어난 동사 양태 이론의 발전은 이전에 행해진 동사 의미론 연구로부터 자연스럽게 태동한 현상이었다. 19세기에 그리스어 동사 구조에 대한 이해는 동사의 행위가 발생하는 시점에 집중했지만, 19세기 후반과 20세기 초에 이루어진 연구, 특히 브루크만과 몰턴의 연구 결과로 인해 동사는 행위가 엄격하게 언제 일어났느냐가 아니라 어떻게 발생했는지와 관련하여 사용된다는 인식이 대두되었다. 그리고 이런 인식은 **동작류**(Aktionsart) 이론으로 알려지게 되었다. 동작류 이론의 한계는 동사의 행위를 그것이 객관적으로 발생하는 개념으로 특징짓고 있다는 것이다(예. 동사의 행위가 즉각적으로, 점진적으로, 기타 다른 방식으로 발생한다고 본다). 그러나 행위가 발생하는 수없이 많은 상황을 모두 담아낼 수 있을 만큼 충분한 수의 동사 형태를 지니는 언어는 그리스어를 비롯하여 지구상에 존재하지 않는다. 그러므로 양태 이론의 대두 및 발전은 자연스런 과정이었다. 이 이론이 주장하는 내용은 다음과 같다. 즉 언어 사용자가 동사의 시제를 선택하는 기준은 동사의 행위 자체에 기초하는 것이 아니라, 그가 동사의 행위를 어떻게 생각하고 개념화하는가에 달려 있다는 것이다.[42]

1970년대에 동사의 양태에 대한 첫 중요 연구가 영어로 발표되었다. 이 연구에는 언어학자 버나드 컴리(Bernard Comrie)가 얼마 지나지 않아 발표한 시제에 대한 논문과[43] 여러 그리스어 학자의 연구도 포함되어 있다. 매케이(K. L. McKay)는 이 분야의 선두 주자로, 여러 중요한 학술지 소논문을 발표하고, 동사의 양태 선택이 해석에 미치는 영향에 대해 설명하는 고전 그리스어 문법을 소개했다.[44] 신약성서 그리스어 동사 양태 이론에 대해 영어로 기록한 최초의 주요 논문은 바로 내 논문이었으며,[45] 곧이어 패닝(Buist Fanning)의 주요 논문이 발표되었다.[46] 이후로 동사 양태 이론에 초점을 맞춘, 신약성서 그리스어 동사 구문론에 대한 매케이의 논문, 그리스어 동사의 의미론과 화용론에 관한 마리 올슨(Mari Olsen)의 연구가 발표되었다. 그다음에 로드니 데커(Rodney Decker)는 내 이론을 마가복음 주해에 적용하여 그 이론의 토대를 탐구하는 지시어(deixis)에 대한 상세한 연구서를 출간했다.[47] 이 외에도 내

42 이 논의에 대한 역사의 일부분은 Porter, *Studies in the Greek New Testament*, 14-17에서 볼 수 있다.

43 B. Comrie, *Aspect: An Introduction to the Study of Verbal Aspect and Related Problems*, CTL (Cambridge: Cambridge University Press, 1976); idem, *Tense*, CTL (Cambridge: Cambridge University Press, 1985). 다음도 보라. J. Holt, *Études d'aspect*, Acta Jutlandica Aarskrift, Aarhus Universitet 15.2 (Aarhus: Universitetsforlaget, 1943).

44 McKay의 다수 출판물 중 주목해야 할 연구는 다음과 같다. K. L. McKay, "Syntax in Exegesis," *TynBul* 23 (1972): 39-57; *Greek Grammar for Students: A Concise Grammar of Classical Attic with Special Reference to Aspect in the Verb* (Canberra: Australian National University, 1974), 136-48, 214-24; "Aspect in Imperatival Constructions in New Testament Greek," *NovT* 27 (1985): 201-26; "Aspectual Usage in Timeless Contexts in Ancient Greek," in *In the Footsteps of Raphael Kühner*, ed. A. Rijksbaron et al. (Amsterdam: Gieben, 1988), 193-208; "Time and Aspect in New Testament Greek," *NovT* 34 (1992): 209-28.

45 S. E. Porter, *Verbal Aspect in the Greek of the New Testament, with Reference to Tense and Mood*, SBG 1 (New York: Lang, 1989; 2nd ed., 1993).

46 B. M. Fanning, *Verbal Aspect in New Testament Greek*, OTM (Oxford: Clarendon, 1990).

47 K. L. McKay, *A New Syntax of the Verb in New Testament Greek: An Aspectual Approach*, SBG 5 (New York: Lang, 1994); M. J. B. Olsen, *A Semantic and Pragmatic Model*

이론을 지지하는 연구들이 더 있지만, 그 수가 너무 많아 여기에 다 언급할 수 없다.

이런 연구 사이에는 서로 일치하는 부분과 불일치하는 부분이 존재한다.[48] 하지만 나는 각 사례를 독립적으로 다루기보다 관련 사안을 요약한 후 주석에서 적용할 수 있는 양태 이론에 대해 설명하고자 한다. 위에 언급한 학자들 사이에서 일치하는 주된 견해는 양태 이론이 그리스어 동사 용법 이해에 있어 중요하고 필수적이라는 것이다. 동사 형태가 "시제"로 불리고 있긴 하지만, 이것은 시점이 가장 중요하다고 생각할 정도로 해석자들(비너와 같은 학자, 하지만 비너 이후로 많은 학자)에게 과도한 영향을 미쳐왔다. 이런 동사 형태의 사용과 연관된 의미론의 범주가 오로지 시점만 있는 게 아닌데도 말이다. 양태 이론의 옹호자들(실제로 거의 모든 신약성서 그리스어 동사 연구와 여타의 그리스어 동사 연구에 양태 이론이 적용되고 있다[49])이 동의하는 부분은, 시제-형태 용법을 바라보는 관점에 의해 고대 그리스인들이 어떤 방식으로 동사를 사용했는지 파악할 수 있다는 것이다. 이런 동의에는 특정 동사 형태 용법에 영향을 미치는 의미론의 요소를 이해하기 위해 문맥을 잘 살펴

of Lexical and Grammatical Aspect, Outstanding Dissertations in Linguistics (New York: Garland, 1997); R. J. Decker, *Temporal Deixis of the Greek Verb in the Gospel of Mark with Reference to Verbal Aspect*, SBG 10 (New York: Lang, 2001). 70인역 그리스어의 적용은 다음 학자에 의해 시도되었다. T. V. Evans, *Verbal Syntax in the Greek Pentateuch: Natural Greek Usage and Hebrew Interference* (Oxford: Oxford University Press, 2001).

48 몇몇 일치와 불일치에 대한 요약은 S. E. Porter and D. A. Carson, eds., *Biblical Greek Language and Linguistics: Open Questions in Current Research*, JSNTSup 80, SNTG 1 (Sheffield: JSOT Press, 1993), 18-82에 나와 있다. 이 부분은 동사 양태에 관한 내용으로, 여기에서 Porter와 Fanning은 각자의 관점을 논하며, Daryl Schmidt와 Moisés Silva는 이들의 논의를 평가한다.

야 한다는 의미도 내포되어 있다. 우리는 문맥을 통해 관련 동사 형태에 영향을 미치는 변수들을 행위 시점 측면에서 정립할 수 있고, 이 동사가 다른 행위들을 묘사할 때 어떤 형태를 보이는지도 체계화할 수 있다. 이 두 개념은 신약성서 주해에서 반드시 그리고 온전히 적용되어야 한다.[50]

양태 이론 연구 사이에 존재하는 견해 차이에 대해서도 주목할 필요가 있다. 양태 이론 옹호자들은 동사의 양태가 그리스어 동사 용법과 관련하여 주요 의미론 범주에 속한다고 동의하면서도, 동사의 시제 형태가 시간 개념을 보존하고 있는가에 대해서는 견해차를 보인다. 적어도 몰턴 이래로 문법학자 사이에 꽤 일관된 동의가 존재해왔는데(모든 주석가가 이 동의를 인정하는 것은 아니지만), 이 동의의 내용은 시제 형태가 그리스어 비직설법(분사와 부정사 포함)에서 실제 시간을 의미하지 않으므로 시간 개념과 상관이 없다는 것이다.[51] 그러나 직설법에서 그리스어 동사가 시간에 근거하는가를 놓고, 양태 이론 학자들 사이에 의

49 M. S. Ruipérez, *Estructura del Sistema de Aspectos y Tiempos del Verbo Griego Antiguo: Análysis Funcional Sincrónico*, Theses et Studia Philologica Salmanticensia 7 (Salamanca: Colegio Trilingue de la Universidad, 1954); P. Friedrich, "On Aspect Theory and Homeric Aspect," *International Journal of American Linguistics*, Memoir 28, 40 (1974): S1-S44; J. Mateos, *El Aspecto Verbal en el Nuevo Testamento*, Estudios de Nuevo Testamento 1 (Madrid: Ediciones Cristiandad, 1977); H. Hettrich, *Kontext und Aspekt in der altgriechischen Prosa Herodots* (Göttingen: Vandenhoeck & Ruprecht, 1976); M. Delaunois, *Essai de syntaxe grecque classique: Réflexions et recherches* (Brussels: Facultés universitaires Saint-Louis; Leuven: Peeters, 1988); C. M. J. Sicking and P. Stork, *Two Studies in the Semantics of the Verb in Classical Greek* (Leiden: Brill, 1996), 특히 1-118.

50 다수의 주석서들은 인용된 몇몇 문헌을 언급하지만, 공인된 틀을 완전히 통합시키는 주석서는 거의 없다.

51 신약성서 문법학자 중 Moulton, *Prolegomena*, 164; Robertson, *Grammar*의 각 부분을 보라.

견이 분분하다. 나는 체계 언어학 관점에서 그리스어 동사 용법의 의미론 구조를 강조했고, 자료 언어학과 담론 분석을 통해 그리스어 시제 형태 용법에 대한 더 큰 문맥을 제공할 수 있다고 제안했다. 내 주장의 요지는, 담론의 시간적 의미를 결정하는 요소가 개별 시제 형태의 사용이 아닌 문맥에 달려 있다는 것이다. 최근에 데커는 시간 관련 지시어(temporal deixis) 분석을 통해 내 연구를 지지하는 한편 그 범위를 확장하고 있다. 이런 분석을 통해 데커가 주목하는 것은 해당 언어의 시간적 의미를 결정짓는 다양한 유형의 지시어가 존재한다는 점이다. 매케이는 이런 관점에 동조하는 듯 보이지만, 이미 깊숙이 자리 잡은 시간적 관점을 완전히 포기하려 들지는 않는다. 반면 패닝은 직설법에 존재하는 시간 체계를 고수하기를 분명하게 원한다. 두 번째 쟁점은 다양한 양태가 지닌 의미에 관한 것이다. 일정 부분에 있어서, 이 쟁점은 모든 학자가 그렇게 믿고 있듯이 오로지 메타언어(시제 형태의 의미를 기술하는 데 사용되는 언어) 형성에 대한 문제로 볼 수 있다. 그러나 다양한 양태와 메타언어 사이에는 두서너 가지 주된 차이점이 존재하는데, 그중 하나는 완료 시제 형태에 대한 이해의 차이다. 매케이와 동일하게[52] 나는 완료 시제가 명백한 동사적 양태로서, 정적인 양태 즉 언급되는 행위의 상태를 문법적으로 표현하는 기능을 지닌다고 생각한다. 하지만 패닝은 이런 이해를 거부하며, 그리스어 완료 시제 형태가 부정과거와 현재의 의미를 동시에 지닌다고 주장한다. 다시 말해, 완료 시제가 행위의

52 다음을 보라. K. L. McKay, "The Use of the Ancient Greek Perfect Down to the End of the Second Century A.D.," *BICS* 12 (1965): 1-21; "On the Perfect and Other Aspects in the Greek Non-Literary Papyri," *BICS* 27 (1980): 23-49; "On the Perfect and Other Aspects in New Testament Greek," *NovT* 2 (1981): 289-329.

지속적인 결과를 지시한다는 전통적 견해 측면에서, 그리스어의 대표적 두 양태인 부정과거 어간과 현재 어간에 대해 논한다. 그뿐 아니라, 그리스어 양태 이론 학자들 사이에는 복잡한 미래 시제 형태의 의미는 물론, 부정과거 시제 형태와 현재 시제 형태의 의미를 정의함에 있어 불일치가 존재한다. 그런데 이 불일치는 이 두 시제 형태의 개념이 시제 형태 혹은 법 형태 둘 중 어느 쪽에 더 연관이 있는가에 기인한다. 이 모든 쟁점은 몇몇 연구 집단에서 여전히 논쟁 중이다.

주석가들은 양태 이론의 최근 발전 사항이 제공하는 통찰을 배제하는 편이 수월할 것이다. 왜냐하면 학자들 사이에 주요 개념 정의에 대한 불일치가 여전히 존재하기 때문이다. 그러나 주석가들의 이와 같은 반응은 그들이 양태 이론의 이점을 누리지 못하고 있다는 사실을 의미한다. 왜냐하면 어떤 이론도 의견의 불일치에서 자유로울 수 없기 때문이다. 주석가들이 양태 이론의 중요성을 이해하기 시작하려면, 기존의 방식과는 근본적으로 다르게 그리스어 동사 체계 구조에 접근해야 한다.

주석가는 시점에 대한 질문(이 행위가 언제 발생했고, 시제 형태로 이를 표현할 수 있는가?) 혹은 신학적 질문(이런 시제 형태의 사용이 구문에 대한 특정 해석과 결부되는가?)보다는 그리스어 용법이 지닌 원근법적 특성을 이해함으로써 주석 작업을 시작해야 한다. 만일 어떤 저자가 부정과거 시제 형태를 사용하여 어느 행위를 표현한다면, 그는 구체적인 방식으로 그 행위를 표현하고자 하는 것이다. 학자들 사이에 이견이 존재하지만, 부정과거는 보편적으로 완전히 혹은 전체적으로 이루어진 행위를 의미하는데, 이는 해당 행위를 외부 관점에서 통합적으로 바라보는 특성에 기인한다. 많은 학자는 부정과거를 완료 양태로 설명하고 있으며, 이런 종류의 표현은 내러티브 문학 유형이나 사건의 일반적 배경 혹은 묘사가 이루어지는 장면에서 발견된다고 지목한다. 현재 시제 형태의 용도는 진행, 진전, 혹은 전개 중인 행위를 묘사하는 것인데, 이는 해당 행위의 내적 속성에 초점을 맞춘다. 많은 학자에 의하면 현재 시제 형태는 미완료 양태로서, 내러티브 내의 행위를 강조하거나, 일련의 행위 혹은 사건을 상세히 설명하기 위해 사용된다. 하나의 담론은 바로 이 두 주요 시제 형태 간의 상호 작용을 통해 틀과 구조를 갖추게 된다(담론 분석 관련 사항은 아래 이어질 내용 참고). 행위 발생 시점과 같이 시제와 관련된 문제들은 담론과 같은 다른 요소들, 혹은 각 사건을 서로 관련짓거나 외부 정황(지시 지표[deictic indicators]로도 불림)과 연계시키는 지시어들에 의해 해결된다. 주석가들은 동사의 시제 형태를 다룰 때 주의를 기울여야 하는데, 특별히 시제 형태를 통해 단순히 시점을 파악하기보다는, 해당 담론 내의 시제 용법 유형에 집중해야 한다. 최근에 그리스어 동사 체계를 연구하는 거의 모든 학자가 이런 내용에 동의한다.

위상어 연구(Register Studies)

언어 변형에 대한 전통적 접근은 방언 혹은 지리, 시간, 사회적 요인과 같은 특징에 기초한 영구적 성향의 다양성 측면에서 이루어져 왔다. 고전 그리스어의 시기는 종종 방언의 시기로도 불리는데, 이는 이 시기에 다양한 지역 방언이 득세했기 때문이다. 그중에서도 아티카/이오니아 방언은 그것들의 다양하고 광범위한 사회·지리적 유형으로 인해 가장 중요한 방언으로 간주된다. 헬레니즘 시대의 그리스어는 앞선 시대의 그리스어와 동일한 유형의 방언을 지니지 않는다. 비록 지역에 따른 차이가 어느 정도 존재하지만, 헬레니즘 시대의 그리스어는 단일 형태의 방언을 상당 부분 유지하고 있었다.[53] 그러나 헬레니즘 그리스어로 말하고 쓰는 사람들에 의해 일시적이지만 다양한 차이가 발견되기도 한다. 이런 차이는 개인의 취향에 따른 선택, 문학 유형, 주제 등을 포함한 다양한 요소에 따른 변화를 반영한다. 이처럼 용법과 관련된 다양한 수준을 위상어(register)라고 지칭한다.[54]

언어학자 마이클 할러데이(Michael Halliday)는 위상어 연구를 정의하는 데 언급되는 중요한 인물이다.[55] 그의 논의에 의하면, 특정 상황의 맥락("상황의 맥락"이란 특정 담론이 발생하는 직접적인 환경을 칭하는 전문 용어로, "공동 맥락"[co-text], 또는 바로 옆에 붙어 있는 단어들과 구분되는 개념)은 우리가 사용할 언어의 종류를 설정하는 변수를 제공한다. 다시 말해, 위상어를 통해 우리는 언어학적 표현을 유발하는 상황적 요소들을 정의하는 데 도움을 얻는다. 상황의 맥락은 세 가지 주요 개념 범주

53 L. R. Palmer, *The Greek Language* (London: Duckworth, 1980), 176을 보라.

54 다음을 보라. S. E. Porter, "Dialect and Register in the Greek of the New Testament: Theory," in *Rethinking Contexts, Rereading Texts: Contributions from the Social Sciences to Biblical Interpretation*, ed. M. D. Carroll R., JSOTSup 299 (Sheffield: Sheffield Academic Press, 2000), 190-208. 위상어는 두 개 언어 사용에 대한 쟁점 혹은 동일 언어의 다양성과 연관되어 있다. C. A. Ferguson의 권위 있는 소논문 "Diglossia," *Word* 15 (1959): 325-40을 보라. 더 최근의 연구는 다음과 같다. J. Niehoff-Panagiotidis, *Koine und Diglossie*, Mediterranean Language and Culture Monograph 10 (Wiesbaden: Harrassowitz, 1994); J. W. Watt, *Code-Switching in Luke and Acts*, Berkeley Insights in Linguistics and Semiotics 31 (New York: Lang, 1997); S. E. Porter, ed, *Diglossia and Other Topics in New Testament Linguistics*, JSNTSup 193, SNTG 6 (Sheffield: Sheffield Academic Press, 2000), 17-89.

55 Halliday의 연구에는 체계적이거나 포괄적인 논의가 결여되어 있다. 그러나 관련 주제에 대한 최상의 연구서는 다음과 같다. M. A. K. Halliday and R. Hasan, *Language, Context, and Text: Aspects of Language in a Social-Semiotic Perspective* (Geelong, Victoria: Deakin University Press, 1985). 다음도 보라. M. Gregory and S. Carroll, *Language and Situation: Language Varieties and Their Social Contexts* (London: Routledge & Kegan Paul, 1978), 특히 6장.

로 이루어진다. 곧 영역(field), 취지(tenor), 방식(mode)이다. 담론의 영역은 의미론적 관념 성분에 의해 실현된다. 관념 성분은 주제와 관련되며, 주제가 구체적인 문법 구조 속에서 어떻게 표현되는지와도 관련된다. 다시 말해 담론의 영역은 어휘론, 구문론과 같은 전통적 문법 연구의 다양한 주요 분야와 연관된다. 그러나 담론의 영역에 대한 개념은 우리가 일반적으로 생각하는 어휘론이나 구문론보다 복잡한 성향을 띠고 있는데, 이는 담론의 영역이 어휘론에 대한 의미론적 영역 이론[56]과 타동성 네트워크(transitivity network)와 같은 개념에 의존하기 때문이다. 타동성이란 다양한 구문론적 구조를 통해 누가 무엇을 어떤 방식으로 누구에게 행하는지와 연관되고, 상(aspect), 태(voice), 행위 주체(agency) 등과 같은 개념을 고려한다. 이런 모든 특징은 다양한 참여자와 행위가 문법적으로 어떻게 얽혀 있는가라는 복잡한 표현으로 통합될 수 있다. 담론의 취지는 의미론적인 대인 구성 요소에 의해 실현된다. 대인 구성 요소는 담론의 참여자 구조와 연관된다. 대인 구성 요소에서 참여자들(언어 외적·내적 참여자 모두를 포함)이 누구인지, 이들이 어떻게 연관을 맺는지, 어떻게 이들이 언급되는지(대명사 등을 통해 전체 이름 혹은 축약형으로 불리는지, 아니면 동사 형태를 통해 함축적으로 불리는지)가 분석된다. 담론의 방식은 본문의 의미론적 구성 요소에 의해 실현된다. 본문의 구성 요소는 담론의 물리적 표현과 연관된다. 이는 문학 유형, 문학의 항속성(일시적인 편지인지 아니면 후대를 위한 조약인지), 그리고 전달 매체와 같은 요소들을 포함한다. 또 담론의 내용을 일관성 있게 결속시켜주는 언어학적 수단도 포함한다. 일관성이란 담론을 담

56 다음에 나오는 어휘를 참조하라. Louw and Nida, *Greek-English Lexicon of the New Testament Based on Semantic Domains*.

론답게 만드는 핵심 개념으로, 다양하게 존재하는 언어학적 수단들은 바로 이 일관성을 만들어내는 데 사용된다. 언어학적 수단에는 담론의 내·외적으로 연관되는 명사 지시어, 대명사, 그리고 이 둘을 연결하는 다양한 유형의 접속법(예. 직접 지시어가 배제된 경우에는 생략법이 사용)이 포함된다.

위상어와 관련한 몇몇 중요한 연구를 통해 이런 관점을 신약성서 연구에 포함하려는 노력이 지속되고 있다.[57] 초기에 나는 동사의 양태 연구에 있어 위상어의 중요성에 대해 언급했고,[58] 그다음 신약성서 그리스어 연구(위의 내용 참고) 측면에서 위상어의 개념을 설명한 후, 그 개념을 세 연구에 적용했다. 처음의 두 연구는 마가복음과 관련된다. 나는 첫 번째 연구에서[59] 마가복음에 대한 최근의 연구 결과를 조사한 후 위상어 분석 관점에서 마가복음의 개관을 제시한다. 그리고 나는 담론 방식을 다음과 같이 설명한다. 즉 담론이란 읽히기 위해 글로 쓴 것으로, 내러티브 형식으로 되어 있으며, 접속, 묘사 기능과 더불어 행위와 대화 모두를 포함하는 하부 단위를 지니고, 대략적이지만 연대순으로 설명을 시도한다. 몇몇 반복되는 특성이 담론의 일관성을 유지하기 위해 사용되는데, 여기에는 연결사 "그다음에"(then), 비주기적 구문론

57 아래 나열된 학자들 외에도 다음 학자들을 보라. J. T. Reed, *A Discourse Analysis of Philippians: Method and Rhetoric in the Debate over Literary Integrity*, JSNTSup 136 (Sheffield: Sheffield Academic Press, 1997), 특히 53-57; idem, "Language of Change and the Changing of Language: A Sociolinguistic Approach to Pauline Discourse," in Porter, *Diglossia*, 121-53; and S. E. Porter and M. B. O'Donnell, "Semantics and Patterns of Argumentation in the Book of Romans: Definitions, Proposals, Data and Experiments," in Porter, *Diglossia*, 176-89.

58 Porter, *Verbal Aspect*, 151-54.

59 S. E. Porter, "Register in the Greek of the New Testament: Application with Reference to Mark's Gospel," in Carroll R., *Rethinking Contexts*, 209-29.

(nonperiodic syntax), 3인칭 동사의 사용 등이 포함된다. 담론의 취지는, 1인칭, 2인칭, 3인칭 모두를 사용하는 예수를 제외하고, 3인칭의 두드러진 사용과 깊은 연관이 있다. 역할 관계는 예수와 그의 동료, 예수와 그의 적대자들을 중심으로 하는 무리로 인해 복잡한 양상을 띤다. 담론의 영역은 "예수 그리스도[하나님의 아들]의 복음(막 1:1)"이라는 구절과 함께 처음부터 확립되는데, 이 구절이 지닌 개념은 이어지는 담론의 두 개의 핵심에서 발전된다(1:15; 15:39). 타동성 네트워크는 시제 형태가 내러티브를 전달하는 데 어떻게 사용되는지를, 완료(부정과거)와 미완료(현재와 미완료) 시제의 상호 작용을 통해 보여준다. 나는 이 연구의 광범위한 결과에 고무되었고, 후속 연구에서 위상어 분석에 기초한 역사적 예수 연구를 위해 새로운 기준을 고안해냈다.[60] 또한 나는 마가복음 13장의 분석에서 이 기준을 적용했는데, 이를 통해 위상어 분석이 단일한 책 안에서도 발견되는 서로 다른 담론 유형을 구분해내는 근거 확립에 결정적 역할을 하고 있음을 입증했다. 그 결과로 나는 마가복음 13장이 주변 내러티브의 담론 유형과 구분되는 필수 담론이며, 따라서 역사적 예수가 직접 언급한 것으로 돌릴 수 있는 내용이라고 주장한다. 나는 세 번째 연구에서 위상어 분석을 통해 몇몇 바울 서신에서 발견되는 차이점을 분석한다.[61] 언어학자 더글라스 바이버(Douglas Biber)가 구어와 문어의 차이를 구별하기 위해 처음 고안해낸 위상어 기준을 사용하면서,[62] 나는 이런 기준을 고대 그리스어가 사용된 맥락에 적용했으며, 일련의 기준을 만들어서 바울 서신의 다양한 위상어를 분석할 수

60 Porter, *Criteria for Authenticity*, 210-37.

61 S. E. Porter, "The Functional Distribution of Koine Greek in First-Century Palestine," in Porter, *Diglossia*, 53-79.

있도록 했다. 이중 언어를 논의하는 맥락 가운데 위치하면서, 나는 언어학적 요소들을 위상어 분석 차원에서 다음과 같이 여섯 가지로 구분한다. 즉 (1) 개인 상호 작용 대 정보 생산, (2) 내러티브 대 비내러티브, (3) 분명한 언급 대 불분명한 언급, (4) 설득의 명시적 표현, (5) 추상적 정보 대 구체적 정보, (6) 정교함. 이렇게 도출된 복잡한 이해를 통해 우리는 몇몇 바울 서신에서 발견되는 미묘한 차이의 특성을 설명할 수 있고, 해석가들은 바울 서신에서 감지되는 차이들을 단순히 일반화하는 것을 넘어 구체화할 수 있다.

신약성서 연구에서 현존하는 가장 중요한 위상어 연구는 아마도 구스타보 마르틴-아센시오(Gustavo Martín-Asensio)의 사도행전 연구일 것이다.[63] 마르틴-아센시오는 할러데이의 타동성 모델을 사용하여 사도행전의 주요 사건, 즉 사도행전 27장과 바울의 난파 사건, 사도행전 6-7장과 스데반 일화, 사도행전 13:16b-25과 누가의 이스라엘 역사 언급, 사도행전 21-22장과 바울의 체포 및 변호, 사도행전 2장과 오순절 일화에 나타나는 행위 유형을 탐구한다. 마르틴-아센시오는 하퍼(Hopper)와 톰슨(Thompson)의 연구에 상당 부분 의존하는데,[64] 그들의 타동성에 대한 자세한 설명은 담론을 구성하는 우선 요소들을 확립하기 위한 기준을 규명하는 데 도움을 준다. 마르틴-아센시오의 주장

62 D. Biber, *Variation across Speech and Writing* (Cambridge: Cambridge University Press, 1988); 참조. idem, *Dimensions of Register Variation: A Cross-Linguistic Comparison* (Cambridge: Cambridge University Press, 1995).

63 G. Martín-Asensio, *Transitivity-Based Foregrounding in the Acts of the Apostles: A Functional-Grammatical Approach to the Lukan Perspective*, JSNTSup 202, SNTG 8 (Sheffield: Sheffield Academic Press, 2000).

64 P. J. Hopper and S. A. Thompson, "Transitivity in Grammar and Discourse," *Language* 56 (1980): 251-99.

에 의하면, 누가가 특정 언어학적 구조 안에서 어떻게 전경 또는 배경, 참여자의 다양한 행동이나 말을 유효화 혹은 무효화하는지 알게 될 때, 우리는 누가의 관점을 거의 완벽하게 이해할 수 있게 된다. 예를 들어 사도행전 27장의 난파 사건에서, 마르틴-아센시오는 바울이 행위 유발자가 아니라 다른 이들을 향한 신령한 관점의 해석자 역할을 맡고 있음을 보여준다. 마르틴-아센시오는 사도행전 27장의 담론 속에 다양한 언어학적 특성이 작용하고 있음을 보여줌으로써 이와 같은 주장을 펼친다.

마르틴-아센시오의 연구는 언어학과 주석의 신빙성 있는 통합을 위한 모델이다. 그는 연구가 제대로 이루어진 구문에 주저 없이 접근하여 자신이 생각하는 증거를 기반으로 결론을 내린다. 그의 이런 접근은, 견고한 주석적 결론을 위해 기초가 튼튼하고 근거 있는 주장을 제시하기 원하는 다른 이들에게도 모델이 된다. 그의 모델은 분명한 언어학 이론을 염두에 두고 시작된다. 실제적인 의미에서 타동성 연구는 개정되고 확대된, 그리고 언어학적 설명이 가미된 구문론 개념의 일부분인 셈이다. 마르틴-아센시오가 그의 연구를 통해 몇 차례 지적하고 있듯이, 최근 작업을 마친 주석가들을 포함한 많은 주석가가 앞에서 언급한 기본적인 전통 문법에 크게 의존하는데, 이는 그들의 문법적 통찰 수준에 심각한 제한을 가한다. 마르틴-아센시오는 신약성서 그리스어 연구의 새로운 방식에 대해 최근의 언어학적 사고를 조장하는 모델을 개발할 뿐만 아니라, 이 모델을 바탕으로 해당 구문에 대한 주석 작업을 행하고 있다. 개념(예. 상, 태, 인칭 등의 선택과 같은)의 전달을 위한 어순을 포함하여, 본문에 대한 그의 상세한 관심도 등한시될 수 없다. 그는 개별 언어학 구조를 적절한 의미론의 틀에 위치시키는 자세한 언어학적 분석을 거치고 나서야, 그럴듯하고 옹호할 만한 신학적 결론에 도달한다.

담론 분석

담론 분석 혹은 본문-언어학은 몇몇 신약성서 주석가에게만 알려진 몇 안 되는 현대 언어학 방법론 중 하나라고 할 수 있다. 왜냐하면 언어학적으로 다양한 본문에 기초하는 방법론들이 한동안 여러 분야에서 사용되어왔기 때문이다. 한편으로 담론 분석이란 문법과 구문론 논의에 포함하기에는 너무 광범위한 개념인데, 개념 정의상 담론 분석은 그것을 구성하는 모든 요소를 포함하기 때문이다. 다른 한편으로 여기서 담론 분석을 논하는 일은 적절한 처사라 할 수 있는데, 왜냐하면 담론 분석은 더 적절한 언어학적 맥락—담론의 언어학적 맥락—안에 문법과 구문론에 대한 평가를 포함하기 때문이다. 담론 분석의 주요 원리 중 하나는, 우리가 담론을 위에서 아래로 혹은 아래에서 위로 연구하든지 순서에 상관없이, 전통적으로 언어 연구 영역에 포함되는 문장이나 단어와 같은 소단위가 아니라 담론 자체가 연구를 위한 적절한 맥락을 제공한다는 것이다. 언어학의 더 넓은 분야에서는 담론 분석으로의 접근이 여러 방식을 통해 이루어지는데, 그중 대다수가 대화 분석에 기초한다.[65] 신약성서 연구에서는 담론 분석에 대한 네 개의 주요 학파 이론이 사용된다. 이와 관련하여 나는 이전의 내 연구 결과를 요약하면서,[66] 각

65 다음을 보라. D. Schiffrin, *Approaches to Discourse* (Oxford: Blackwell, 1994). 담론 분석에 대한 개론서 중 최고의 책 중 하나는 다음과 같다. G. Brown and G. Yule, *Discourse Analysis*, CTL (Cambridge: Cambridge University Press, 1983). 최근에 출간된 탁월한 개론서는 다음과 같다. M. Hoey, *Textual Interaction: An Introduction to Written Discourse Analysis* (London: Routledge, 2001).

66 S. E. Porter, "Discourse Analysis and New Testament Studies: An Introductory Survey," in *Discourse Analysis and Other Topics in Biblical Greek*, ed. S. E. Porter and D. A. Carson, JSNTSup 113, SNTG 2 (Sheffield: Sheffield Academic Press, 1995), 14-35.

이론을 간단히 제시하고, 신약성서 분야에서 이루어진 최근 연구 중 가장 중요한 몇 가지에 대해 언급할 것이다.

네 학파의 이론 중 첫 번째로 소개할 학파의 이론은 하계 언어학 연구소(Summer Institute of Linguistics)가 사용하는 북미 모델이다. 몇몇 중요한 북미 언어학자들의 영향을 받고 최근에는 심리 언어학의 범주[67]에 통합되고 있는 이 모델은 번역에 대한 질문을 종종 염두에 둔다. 그러나 이 모델을 통한 연구 영역은 광범위하다.[68] 두 번째 학파는 체계적·기능적으로 언어학을 다루는 영국과 호주 소재 학파로, 이 학파의 모델은 할러데이(위의 내용 참고)와 그의 제자들의 연구를 이론적 근거로 삼는다. 이 담론 모델은 여러 다양한 형태를 지니지만 공통적으로 언어의 사회 기호학적 기능을 특별히 강조한다.[69] 세 번째 모델은 유럽 대륙의

나는 아래에서 네 학파의 소속 학자들이 최근에 발표한 핵심 연구 몇 개만을 언급할 것이다.

67 예를 들어, 관련성 이론(relevance theory)이 있다. 다음을 보라. D. Sperber and D. Wilson, *Relevance Theory: Communication and Cognition*, 2nd ed. (Oxford: Blackwell, 1995).

68 다음 연구서의 소논문들을 보라. S. E. Porter and J. T. Reed, eds., *Discourse Analysis and the New Testament: Approaches and Results*, JSNTSup 170, SNTG 4 (Sheffield: Sheffield Academic Press, 1999); R. E. Longacre, "A Top-Down, Template-Driven Narrative Analysis, Illustrated by Application to Mark's Gospel," 140-68; idem, "Mark 5:1-43: Generating the Complexity of a Narrative from Its Most Basic Elements," 169-96; R. J. Erickson, "The Damned and the Justified in Romans 5:12-21: An Analysis of Semantic Structure," 282-307; S. H. Levinsohn, "Some Constraints on Discourse Development in the Pastoral Epistles," 316-33; J. Callow, "Where Does 1 John 1 End?" 392-406.

69 아래에 나오는 Reed의 연구를 보라. 다음도 보라. S. E. Porter, "Is Critical Discourse Analysis Critical? An Evaluation Using Philemon as a Test Case," in Porter and Reed, *Discourse Analysis*, 47-70; T. Klutz, "Naked and Wounded: Foregrounding, Relevance and Situation in Acts 19:13-20," in Porter and Reed, *Discourse Analysis*, 258-79; E. Adams, "Ideology and Point of View in Galatians 1-2: A Critical Linguistic Analysis," in Porter, *Diglossia*, 205-54.

담론 분석 모델로, 이 모델을 사용하는 두 개의 주요 학파로는 스칸디나비아 학파와 독일 학파가 있다. 이 모델의 강조점은 의사소통 이론, 의미론과 화용론, 수사학 연구를 단일 담론 모델로 통합하는 데 있다.[70] 네 번째 방법은 남아프리카 학파다. 네 학파의 모델 중 시기적으로 가장 앞서는 이 모델은 요한네스 루(Johannes Louw)에 의해 탄생했으며, 콜론, 또는 주어와 서술어 주변에 형성되는 단위, 그리고 이 둘 사이에 존재하는 유의미한 관계에 기초한다.[71]

이 분야에서 가장 중요한 최근 연구 중 하나는 제프리 리드(Jeffrey Reed)가 수행한 빌립보서의 문학적 온전성에 관한 연구다.[72] 리드의 연구서는 기본적으로 두 부분으로 나뉜다. 첫 부분은 할러데이로부터 영감을 받은 담론 분석 형태에 대해 자세히 다루는데, 위상어 범주에 크게 의존하지만 일관성에 관한 할러데이와 하산(Hasan)의 연구도 참고

70 예를 들어 다음을 보라. J. G. Cook, *The Structure and Persuasive Power of Mark: A Linguistic Approach*, SemeiaSt (Atlanta: Scholars Press, 1995); W. Schenk, "The Testamental Disciple-Instruction of the Markan Jesus (Mark 13): Its Levels of Communication and Its Rhetorical Structures," in Porter and Reed, *Discourse Analysis*, 197-222; B. Olsson, "First John: Discourse Analyses and Interpretations," in Porter and Reed, *Discourse Analysis*, 369-91.

71 예를 들어, Porter and Reed, *Discourse Analysis*에서 다음의 소논문들을 보라. J. P. Louw, "A Discourse Reading of Ephesians 1:3-14," 308-15; E. R. Wendland, "'Let No One Disregard You!' (Titus 2.15): Church Discipline and the Construction of Discourse in a Personal, 'Pastoral' Epistle," 334-51; A. H. Snyman, "Hebrews 6:4-6: From a Semiotic Discourse Perspective," 354-68.

72 Reed, *Discourse Analysis of Philippians*. 최근 Reed의 주목할 만한 다른 연구는 다음과 같다. "Discourse Analysis," in Porter, *Handbook to Exegesis*, 189-217; "The Cohesiveness of Discourse: Towards a Model of Linguistic Criteria for Analyzing New Testament Discourse," in Porter and Reed, *Discourse Analysis*, 47-70; Reed with R. A. Reese, "Verbal Aspect, Discourse Prominence, and the Letter of Jude," *Filología Neotestamentaria* 9 (1996): 181-99.

하고 있다.[73] 연구서의 두 번째 부분에서 리드는 자신의 담론 모델을 난제 중 하나인 문학적 온전성에 적용한다. 기본적으로 리드는 자신의 담론 모델을 토대로 문학적 온전성 혹은 파편성에 관한 다양한 논의를 조사한 후 꼼꼼하게 빌립보서 본문을 분석한다. 그 결과 리드의 연구가 보여주는 것은 관련 연구에서 종종 사용되는 많은 논의가 언어학적 인지를 제대로 못했다는 점과(이 논의들은 더욱 큰 맥락이나 성서 외적 용법을 고려하지 않고 고립된 자세를 취하는 경향이 있다), 이런 논의들도 확실한 언어학적 모델의 관점에서 새롭게 재형성된다면 유익하다는 점이다. 리드의 연구가 빌립보서의 온전성을 입증할 수는 없었지만, 그의 방법론은 빌립보서의 온전성을 찬성하는 자들이 반대하는 자들보다 더 나은 주장을 하고 있음을 보여주는 것 같다.

다양한 담론 분석 혹은 언어학적 본문 접근법을 사용하는 최근의 다른 연구에는 두 개의 연구 모음집이 포함된다. 하나는 라스 하트만(Lars Hartman)의 모음집으로 이전에 발표된 여러 논문과 아직 발표되지 않은 몇 개의 논문을 포함하는데, 이 논문들은 본문에 집중하는 질문에 초점을 맞추고 있다.[74] 또 이 논문들은 본문 관련 질문을 앞세우는 것이 주석에 어떤 영향을 미치는지에 대한 본보기가 될 수 없을 정도로 이론 지향과는 거리가 멀지만, 내러티브 본문과 논쟁 본문에 대해 중요한 연구를

73 M. A. K. Halliday and R. Hasan, *Cohesion in English* (London: Longman, 1976).

74 L. Hartman, *Text-Centered New Testament Studies: Text-theoretical Essays on Early Jewish and Early Christian Literature*, ed. D. Hellholm, WUNT 102 (Tübingen: Mohr Siebeck, 1997). Hartman에 대한 기념 논문집에는 다음과 같은 학자들의 언어학적 본문 연구가 실려 있다. T. Fornberg and D. Hellholm, eds., *Texts and Contexts: Biblical Texts in Their Textual and Situational Contexts* (Oslo: Scandinavian University Press, 1995), 특히 Hellholm, F. Siegert, H. Boers, B. Johanson의 소논문을 보라.

포함한다. 하트만의 모음집은 유럽 대륙의 전통을 반영하고 있으며, 어떤 영어권 학자들은 접근할 수 없는 논의 자료를 효과적으로 활용한다. 이런 모음집의 결과로 몇몇 신약성서 구절에 대한 상세한 연구가 탄생하게 되었다. 두 번째 모음집은 혼합된 접근 방법(위에 언급한 네 학파 중 적어도 하나의 접근 방법을 포함하는)을 보여주는데, 이는 주제별로, 그리고 신약성서를 이루는 각 책에 따라 배열된다.[75] 이 모음집의 목적은 담론 분석에 대한 연구 서적에 포함될 수 있는 연구의 종류와 범위에 대한 지표를 제시하는 것이다. 그 결과, 언어학의 전통 영역인 문법 및 구문론과 관련된 마태복음의 역사적 현재 시제, 로마서 5:12-21의 의미론적 구조, 에베소서 1:3-14에 대한 독해, 그리고 요한일서 1장의 결말 위치에 대한 질문과 같은 여러 주제와 더불어, 응집성과 맥락 같은 방법론적 쟁점에 대한 연구도 등장하게 되었다. 모음집의 논문들이 특별한 이유는 "주석적 보상"으로, 다시 말해 각 논문이 특정 본문과 그 본문의 해석에 관련 이론을 실제로 적용하고 있다는 점에 기인한다.

담론 분석은 비록 주류 방법론으로 완전히 자리를 잡지 못한 상황이지만, 신약성서 연구에서 수년간 사용되어왔다. 어떤 학자들은 아마도 다양하게 사용 가능한 방법에 대해 경계하고, 전문 지식이 없다면 전망이 밝지 않은 모델을 전적으로 수용하여 사용하는 데 주저할 것이다. 기술 용어와 관련된 문제도 존재한다. 많은 담론 분석 학파가 전문적인 기술 용어를 사용하여 자신의 개념(예. 위상어, 공동 맥락[co-text], 응집성[cohesion]과 같은)을 표현한다. 물론 기술 용어에 관한 문제는 비단 담론 분석에만 국한되는 것이 아니라 다른 기술 분야에서도 발생하지

75 Porter and Reed, *Discourse Analysis*.

만, 완전히 생소한 기술 용어를 익혀야 한다고 느끼는 사람들에게는 실망스러울 수 있다. 그러나 담론 분석의 유익은 신약성서 연구에서 해석 모델로서 매력을 발휘한다. 신약성서 연구에서 중요하면서도 진부한 생각은 맥락을 통한 해석이 필수라는 것이다. 담론 분석은 의사소통의 발생이 동떨어진 문장이나 임의의 문장이 아니라 담론에서 일어난다는 가정으로부터 시작한다. 이런 평범한 출발점은 다음의 사실을 시사한다. 즉 어떤 면에서 잘 아는 맥락 해석에 관심을 가져온 신약학자들은 비록 광의의 담론 분석을 온전히 인지하지 못했더라도 이미 일종의 담론 분석을 시행해왔다는 사실이다. 담론 분석 자체에 내재된 잠재력은 이 방법을 통해 필요한 도구와 어휘가 제공되어 더욱 자세한 정보를 바탕으로 담론을 다룰 수 있다는 데 있다. 담론 분석의 단점은 그것이 너무 많은 데이터를 생성해내서 그 자료의 양이 위협적일 만큼 압도적이라는 것이다. 확실히 이렇게 많은 양의 자료는 단일 분석에서 다루기에는 역부족이다. 그러나 위에 언급된 원리와 체계에 입각한 분석은 유용한 자료를 증거로 채택할 수 있는 방법뿐만 아니라 유용한 자료와 불필요한 자료를 분리하는 수단도 제공한다. 담론 분석가는 담론 내의 연결 유형을 파악하기 원한다. 그리고 이를 통해 접속사와 같이 분명한 특성에 관심을 갖는다. 그러나 그는 다른 한편으론 참여자 구조, 완전한 형태와 축약된 형태의 사용 등과 같은 내용도 분석하고 싶을 것이다. 이런 발견을 토대로 주석가는 얼마나 다양한 생각이 관련 담론 안에 소개되어 융합되었는지 알 수 있게 된다. 몇몇 언어학 연구 집단은 미래의 언어학이 형태론(즉 언어의 형태)과 담론으로 구성될 것이라고 제시했다. 다시 말해, 이는 단순 형식의 구조를 넘어서는 모든 범주의 해석이 담론을 고려하는 측면에서 시행되리라는 주장이다. 이와 같은 주장은 신약성서 주석이 그 접근방식에서 완전히 통합되어 시도될 수 있다는 높은 가능성을 시사한다.

기타 연구

글을 맺기에 앞서, 나는 그리스어 관련 몇몇 기타 연구, 특히 지난 30여 년간 등장한 연구에 대해 언급하고자 한다. 비록 이 연구들은 (아직) 그들 나름의 중요한 언어학적 업적을 생성하지 못했을지라도 여전히 흥미로운 요소를 지니며 앞으로 계속 연구될 가능성이 있다.

현대 언어학자 중 노엄 촘스키(Noam Chomsky)보다 더 큰 영향력을 미치고 있는 사람은 없다.[76] 그의 이론은 특히 심리 언어학 연구에 폭넓은 영향을 미쳐왔다. 그의 연구가 신약성서 연구에 미친 영향은 일찍부터 확인되었지만, 다른 언어학 분야에서와는 달리 지속적으로 그 중요성이 인정된 것은 아니다. 촘스키 틀(Chomskyan framework)을 최초로 사용한—혹은 적용한—연구 중 하나는 1973년에 아프리칸스어(Afrikaans)로 처음 쓰였다가 1982년에 영어로 다시 기록되어 출판된 요한네스 루(Johannes Louw)의 논문이다.[77] 이 책에서 그는 촘스키

76 Chomsky의 언어학적 영향은 *Syntactic Structures*(The Hague: Mouton, 1957)에서 시작되며, *Aspects of the Theory of Syntax*(Cambridge, Mass.: MIT Press, 1965)와 *Topics in the Theory of Generative Grammar*(The Hague: Mouton, 1966)를 통해 지속되었다. 이후로 그는 언어학 출판에서 진정한 폭발을 일으키면서 그의 연구를 계속했다. Chomsky를 염두에 둔 북미 언어학 발전의 개관에 대해서는 다음을 보라. P. H. Matthews, *Grammatical Theory in the United States from Bloomfield to Chomsky*, CSL 67 (Cambridge: Cambridge University Press, 1993). 다음도 보라. H. Boers, *The Justification of the Gentiles: Paul's Letters to the Galatians and Romans* (Peabody, Mass.: Hendrickson, 1994). Boers는 담론 모델 개발을 시도하고 있지만, 이 모델도 Chomsky의 개념에 기초한다.

77 J. P. Louw, *Semantics of New Testament Greek* (Philadelphia: Fortress; Chico, Calif.:

의 나무-도표(tree-diagrams)를 제시하고 그리스어의 의미론에 대한 설명의 일환으로서 그리스어 구문론을 설명한다.[78] 촘스키를 더욱 철저히 사용한 학자는 대럴 슈미트(Daryl Schmidt)이며, 그 뒤를 마이클 팔머(Michael Palmer)가 따르고 있다.[79] 내재된 명사 구조에 대한 슈미트의 접근은 촘스키의 초기 단계 연구, 특히 그의 확장된 기본 이론에 직접적으로 의존한다. 여기서 그는 명사 구조에 절이 내포된 구문의 구조와 변형을 설명하는데, 예를 들어 언제 그리스어의 보어절을 이끄는 *hoti*가 사용되거나 사용되지 않는지와 같은 문제다. 팔머는 촘스키 틀을 사용하여 성분 구조, 특히 누가복음의 명사구를 분석하고, X-bar 이론과 관련된 몇 가지 중요한 최근의 혁신을 소개한다.[80] 그뿐 아니라 언어학 연구의 올바른 절차에 대해서도 중요한 관심을 보인다.[81]

여기서 촘스키 언어학을 전면적으로 비평하는 일은 불가능하다. 다만 내가 이론적 프로그램이 지닌 문제점, 특히 고대 언어를 다루는 데 있어 야기되는 문제점을 발견했다고 언급하는 것만으로도 충분하다. 내 연구 성향은 심리 언어학이 아니라 기능적인 것으로서, 추측에 근거한 의사소통 능력을 다루기보다 의사소통 목적을 위해 언어가 실제로

Scholars Press, 1982).

78 의미론적 구성 요소와 구문론의 관계는 Chomsky 언어학에서 논쟁이 많이 벌어지는 문제이고, 여기서 논의할 수 있는 영역을 벗어난다.

79 D. D. Schmidt, *Hellenistic Greek Grammar and Noam Chomsky*, SBLDS 62 (Chico, Calif: Scholars Press, 1981); M. W. Palmer, *Levels of Constituent Structure in New Testament Greek*, SBG 4 (New York: Lang, 1995).

80 다음을 보라. R. Jackendoff, *$\bar{X}$ Syntax: A Study of Phrase Structure* (Cambridge, Mass.: MIT Press, 1977).

81 이런 질문은 다음 연구에서 최초로 제기되었다. M. W. Palmer, "How Do We Know a Phrase Is a Phrase? A Plea for Procedural Clarity in the Application of Linguistics to Biblical Greek," in Porter and Carson, *Biblical Greek Language and Linguistics*, 152-86.

어떻게 사용되는지에 관심을 둔다. 그럼에도 불구하고 절차에 대한 팔머의 논의는 모든 주석가에게 유익한 중요한 관심을 반영하고 있다. 만일 누군가가 언어학 방법론을 개발하고 이해하는 데 기꺼이 진지한 관심을 갖지 않는다면, 그가 신약성서 주석에서 "언어학을 사용"한다고 생각하거나 말하는 것만으로는 충분치 않다. 언어학을 사용하는 것은 언어학의 범주와 용어를 배우고 올바른 분석 절차를 따르는 것을 요구하기 때문이다. 너무 많은 연구가 이미 출간되었으므로, 어느 주석가든지 자신이 편한 시간에 최근의 언어학 연구(예. 그리스어 동사 구조에 관한)를 참고할 수 있다. 이렇게 할 경우 문제는, 주석가가 해석의 전체 프로그램을 위한 동사 양태 이론이 무엇을 함축하는지와 관련된 광범위한 질문에 대해서는 함구하게 된다는 점이다.

어떤 면에 있어서, 격 이론(case theory)은 촘스키의 언어학적 틀과 관련된다. 사이몬 웡(Simon Wong)은 전통적이지만 정교한 격 이론 형태를 주창했고,[82] 이는 다시 언어학자인 찰스 필모어(Charles Fillmore), 월리스 체이프(Wallace Chafe), 로버트 롱에이커(Robert Longacre)에 의해 발전되었다.[83] 웡은 격의 형태를 형태론적으로 조사하는(그리스어 연구의 전통적 영역) 대신에, 14개의 의미론적 격, 즉 심층 구조 내에 존재하는 보편적인 의미론의 기능 혹은 관계를 표현하는 격을 제시한다. 계속해서 그는 이런 의미론적 격을 소위 23개의 동사 틀에 결합하고 행

82 S. Wong, "What Case Is This Case? An Application of Semantic Case in Biblical Exegesis," *Jian Dao* 1 (1994): 49-73; *A Classification of Semantic Case-Relations in the Pauline Epistles*, SBG 9 (New York: Lang, 1997).

83 C. J. Fillmore, "The Case for Case," in *Universals in Linguistic Theory*, ed. E. Bach and R. T. Harms (London: Holt, Rinehart & Winston, 1968), 1-88; W. Chafe, *Meaning and the Structure of Language* (Chicago: University of Chicago Press, 1970); R. E. Longacre,

위자가 그의 행위와 맺고 있는 관계를 설명한다. 따라서 무언가를 하는 행위자, 무언가를 받아들이는 수용자, 무언가를 느끼는 감지자 등과 같은 존재가 있다. 웡은 이런 격 분석을 바울 서신에 적용한다. 폴 대노브(Paul Danove)는 최근 신약성서 연구에 구조 문법(construction grammar)이라고 불리는 격 이론을 도입했다.[84] 이 언어학 모델은 필모어의 후기 연구에 직접적으로 의존하고 있으며, 기술 문법이면서 동시에 의미론적 틀과 결합가(valency)—즉 술어(대개 동사)가 취하는 보어의 수와 유형을 의미함—에 의존하는 불변형 문법이다. 대노브는 여러 어휘, 특히 경험 관련 동사를 그 결합가의 구조 측면에서 성실히 분석했다. 격 이론은 전통적인 구문론에 대한 엄격한 의존과 별도로, 인과관계 개념을 탐구하고 있으므로 칭찬받아 마땅하다. 하지만 많은 해석가가 의미론적 격의 개념이 너무 추상적이라고, 특히 고대 언어를 분석할 때 그렇다고 말한다. 웡과 대노브는 사실상 명확한 이론과는 관계가 없는 다양한 맥락의 특성을 기초로 어떻게 격에 대한 의미론을 결정할 수 있을지에 대해 여러 가정을 품고 있는 것 같다. 격 이론은 특별히 굴절어 언어에 가장 잘 적용되며, 이때 우리는 문법화한 격 구조와, 의미론적 격으로 이동하기 전에 더욱 엄격한 태의 개념부터 시작한다.[85]

언어학이 지속적으로 발전하는 것과 같이, 다른 접근법들도 신약성

The Grammar of Discourse (New York: Plenum, 1983).

84 P. Danove, *The End of Mark's Story: A Methodological Study*, BIS 3 (Leiden: Brill, 1993), 특히 30-48; "The Theory of Construction Grammar and Its Application to New Testament Greek," in Poter and Carson, *Biblical Greek Language and linguistics*, 119-51; "Verbs of Experience: Toward a Lexicon Detailing the Argument Structures Assigned by Verbs," in Poter and Carson, *Linguistics and the New Testament*, 144-205.

85 이에 대한 한 가지 반응에 대해서는 S. E. Porter, "The Case for Case Revisited," *Jian Dao* 6 (1996): 13-28을 보라.

서 그리스어 연구에 마땅한 노력을 기울이게 될 것이다.[86]

결론

본 연구는 지난 두 세기 동안, 특히 지난 30년간 이루어진 그리스어 문법 연구 관련 주요 발전 내용을 연대순으로 다루고자 했다. 이를 위해 구문론과 문법의 개념 확장을 통해 최근의 다양한 연구 결과를 포함해야 할 필요가 있었다. 이런 연구 진행과 관련하여 확실한 것은, 그리스어 문법 연구가 이론 중립적 학문 분야가 아니라 시간의 흐름 속에서

86 위에서 언급되지 않은 접근법 중 하나는 자료 언어학적 접근법이다. 자료 언어학은 언어학적 방법론이라기보다, 한 자료가 생성되고 유지되는 동안 언어학적 현상이 발생하므로 이를 연구해야 한다고 옹호하는 일종의 경향이다. 이는 고대 언어 연구 관련 쟁점을 제기하는데, 고대 언어에 관한 자료는 다양한 역사적 요인에 의해 제한받는다. 자료 언어학에 관해서는 다음을 보라. D. Biber, S. Conrad, and R. Reppen, *Corpus Linguistics: Investigating Language Structure and Use* (Cambridge: Cambridge University Press, 1998). 컴퓨터를 사용하는 연구는 자료 언어학과 관계가 있다. 신약성서는 거의 구조적 자료라 할 수 있지만 (그리고 여러 탐색 프로그램을 통해 복구가 가능하지만), Thesaurus Linguae Graecae 자료는 구조적 자료가 아닌 일종의 기록 보관소다. 다음을 보라. M. B. O'Donnell, "The Use of Annotated Corpora for New Testament Discourse Analysis: A Survey of Current Practice and Future Prospects," in Porter and Reed, *Discourse Analysis*, 71-117; "Designing and Compiling a Register-Balanced Corpus of Hellenistic Greek for the Purpose of Linguistic Description and Investigation," in Porter, *Diglossia*, 255-97. 고전 연구에 관한 내용은 Y. Duhoux, *Le verbe grec ancien: Éléments de morphologie et de syntaxe historiques*, BCILL 61(Louvain-La-Neuve: Peeters, 1992)과 그가 지지하는 연구들을 보라. OpenText.org는 인터넷 기반의 프로젝트로, 신약성서 연구에 유용한 전자 자료 제공을 목적으로 한다. 다음을 보라. M. B. O'Donnell, S. E. Porter, and J. T. Reed, "OpenText.org: The Problems and Prospects of Working with Ancient Discourse," in *Proceedings of the Corpus Linguistics 2001 Conference*, ed. P. Rayson et al., University Centre for Computer Corpus on Language Technical Papers 13 (Lancaster: UCREL, 2001), 413-22.

발전을 이루며, 연구의 장이 되는 언어학적 틀을 반영한다는 점이다. 주석가들이 자신들의 도구가 특정 틀에서 도출된다는 사실을 인지하고 주석 작업을 할 때 그 특정 틀의 구성 요소를 소중히 여기게 된다면, 본 연구의 목적 중 하나가 달성되는 셈이다. 신약성서 그리스어 연구에 사용되는 대부분의 기본 도구들은 19세기에 발전된 개념 틀에 상당히 의존하고 있으며, 이 개념 틀은 역사적 연구와 비교 연구에 기반하고 있다. 신약성서 연구와 관련하여 최근에 등장한 여타의 방법론에도 불구하고, 놀라운 것은 이전의(비록 구식은 아닐지라도) 도구들이 마치 현재 논의와 관련되는 것처럼 여전히 사용된다는 점이다. 이런 도구들을 사용하는 주석가들이 반드시 알아야 하는 것은, 그들이 참고하는 연구 결과가 최근의 것이 아니므로 그들이 의도하는 목적 달성용으로 사용하기에는 무리가 있다는 점이다. 지난 30년간 그리스어 문법과 언어학 분야에서는 다수의 혁신적 발전이 이루어졌다.[87] 본 연구의 상당 부분은 이전의 많은 주석용 도구가 지닌 한계를 깨닫도록 주석가들에게 도전을 주고 있다. 그들이 새로 개발된 도구에 대해 알려는 의지가 있건 없건 간에 말이다. 최근의 발전에 대해 기꺼이 더 알고자 하는 주석가들에게 이런 도전은 상당한 부담임이 틀림없다. 그럼에도 불구하고, 얻게 될 보상 역시 막대하다. 새로운 문법의 방법과 틀은 단순히 그것 자체를 위해 개발되는 것이 아니라, 학자들이 그것을 통해 그리스어에 대한 통찰을 얻게 된다고 믿기 때문에 개발되는 것이다. 이런 통찰은 앞

87 두 권의 연구서가 시리즈로 출판 중에 있는데, 이 연구서들은 신약성서 그리스어 문법 및 언어학을 장려한다. 한 권은 Studies in Biblical Greek 시리즈에 속하며, D. A. Carson이 편집하고 Peter Lang이 출판했다. 또 다른 한권은 Studies in New Testament Greek 시리즈에 속하는데, JSNT Supplement Series의 하위 시리즈이기도 하다. S. E. Porter가 편집했고 Sheffield Academic Press가 출판했다.

으로 행해질 주석에 적용되어 신약성서 그리스어 본문의 의미를 완전히 이해하는 데 기여해야 한다.

제5장

일반 해석학

Greg Clark
그레그 클라크

해석학은 학문 분야로서의 발생 초기부터 해석 이론을 반영해왔다. 해석을 한다는 것은 의미를 끄집어내거나 이해할 수 있도록 만들어내는 것이므로, 해석학은 이해의 행위와 이해의 대상, 즉 의미에 대한 종합적 설명이라는 개념으로 확장되었다. 그렇다면 이해한다는 것은 무슨 의미인가? 무언가가 의미를 지니기 위해 필요한 조건은 무엇인가? 이해 행위에 대한 일반적 설명에 따르면, 이해한다는 것은 전체와 부분 사이의 관계, 그리고 부분과 전체 사이의 관계를 아는 것이다. 예를 들어, 좋은 정의는 종(부분)을 속(전체)과 관련지으면서 동시에 그 종을 다른 종과 구분한다.

어떤 형이상학적 상황을 통해 우리의 이해 대상인 전체와 부분이 형성되는지에 관해서는 의견이 분분하다. 플라톤에 따르면, 모든 단어는 명확한 정의가 있고, 그 정의를 통해 우리는 영원, 불변의 이데아(또는 전체)를 본다. 또한 그는 전체에 우선순위를 두어 전체가 더 실제적이며 부분보다 (알기 어렵지만) 더 나은 이해를 제공한다고 간주한다. 따라서 플라톤 전통에 서 있는 철학자라면 단어의 정의를 통해, "해석학"과 같은 단어를 포함하여 특정 단어의 의미에 접근한다. 그러나 이런 접근 방식은 이해 가능한 표시나 역사적으로 입증 가능한 특별한 무언가를 만들어내는 데는 실패한다. 이 접근법이 가장 잘 작용하는 영역은 수학 명제와 수학 형식이다. 플라톤주의는 우리로 하여금 해석학이 의미-이해라는 영원하고 변하지 않는 구조에 대한 사색적 통찰이라고 생각하도록 이끈다.

해석학은 유명론(nominalism)[1] 전통에서 탄생하며, 부분과 전체가 역사적·사회적으로 구성되는 관념 사이의 관계를 다룬다. 해석학자들은 일반적으로 자신들이 이해하고자 하는 단어의 어원을 추적하고, 동시에 그 단어를 그것의 언어학적·역사적 맥락에 위치시키면서 해석학을 시작한다. 그다음 이 단어의 의미는 서로가 서로의 실마리를 제공하는 전체와 부분 사이를 오가며 형성될 수 있는데, 이 과정은 "해석학적 순환"(hermeneutical circle)으로 알려져 있다. "해석학"이라는 용어는 그리스어 동사인 *hermeneuein*에서 유래하는데, 이 동사를 영어로 번역하

1 때로 개념론/용어론으로도 불리는 유명론의 주장에 의하면, 오직 개별 사물만이 존재하고, 특히 우리의 모든 관념도 구체적인 사물에 속한다. 그렇다면, 일반 용어는 일반 물질 혹은 일반 관념을 언급하지 않는 **단지 명칭 혹은 용어**다. 이런 입장은 다음과 같은 주장에 반대한다. 즉 관념이 개별 사물과 별개로 존재한다는 플라톤적 현실주의, 속과 종과 같은 보편성이 개별 사물에 실제로 존재하지만, 정신과 분리될 수 있다고 보는 중도적 입장의 아리스토텔레스적 현실주의, 보편성이 오직 정신에만 추상적 관념으로 존재한다는 개념론에 반대한다. 이런 형이상학적 입장은 언어가 의미를 갖는 방식에 직접적인 영향을 미친다. 플라톤적 현실주의는 언어와 지식에 대해 가장 단순한 설명을 제공하지만 가장 심오한 형이상학을 요구한다. 다른 설명들은 형이상학의 무게를 조금씩 줄이고 있지만, 언어와 지식에 대해 더 정교한 설명을 요구한다.

면 "표현하다, 설명하다, 해석하다" 또는 "번역하다"이다. 그러나 이런 언어학적 맥락은, 그리스어 어근에서 현대 용어를 만들어내는 지금까지의 보통 관행과는 달리, 역사적 이야기를 담지 않는다. 17세기 중반에 루터교 신학자 요한 단하우어(Johann Dannhauer)가 라틴어 용어인 *hermemeutica*를 만들었다. 결과적으로 "해석학"의 역사는 해석의 역사에 비추어볼 때 다소 늦게 시작되었다. 19세기 말 이후로 현대 해석학의 시작을 종교개혁과 맞물려 생각하는 것이 일반화되었다. 이제 "해석학"의 의미를 이해하기 위해, 우리는 해석학이 속한 맥락 속에서 한 층씩 그 의미를 세워나가야 한다.

따라서 본 연구는 해석학을 다음과 같은 서로 다른 네 가지 역사적 맥락 속에 위치시킴으로써 해석학의 의미를 발전시킬 것이다. (1) 종교개혁, (2) 계몽주의, (3) 낭만주의, (4) 후기 모더니즘이다. 앞으로 살펴보겠지만, 이 시기들은 세 개의 서로 다른 해석학적 패러다임에 상응하는데, 각 패러다임은 오늘날에도 다음과 같이 유용한 선택으로 남아 있다. 즉 성서 해석학은 (1)번 시기에, 인식론적 해석학은 (2), (3)번 시기에, 존재론적 해석학은 (4)번 시기에 각각 상응한다.

종교개혁과 성서 해석학

마르틴 루터(1483-1546)는 성서를 해석했지만, 그의 해석 작업을 이론으로 발전시키지는 않았다. 루터의 작업 환경을 파악하는 일은 여전히 복잡하고 어렵지만, 그럼에도 그의 작업 환경은 역사적으로 중요한 문제를 제기하며 이후의 이론가들에게 관심을 받게 되었다. 루터와 로마 교황청이 동의한 내용은 부적절한 맥락에서의 성서 독해는 그 뜻을 모호하게 한다는 것이었다. 하지만 무엇이 성서의 올바른 맥락을 형성하는가에 대해서는 서로 이견을 보였다. 로마 교황청 지지자들은 성서 **그리고** 전통—교황과 의회—에 호소하여 자신들의 입지를 옹호했다. 즉 성서와 전통은 서로 의존적이며, 교회의 전통은 성서를 말 그대로 성스러운 책으로 인지했고, 지속적인 성서 읽기를 통해 교회가 성장했으므로, 성서와 전통은 서로를 통해서만 온전히 이해될 수 있다는 것이다. 그리고 이들에 의하면, 성서와 전통은 모두 성령에 그 기원을 둔다. 반면 루터는 **오직** 성서만을 유일한 하나님의 말씀의 통로라고 주장했다. 루터에 의하면, 성서와 전통은 서로 다른 두 원칙이다. 이것이 바로 루터의 문구 *sola scriptura*와 *scriptura scripturae interpres*(성서가 성서를 해석한다)의 의미다.

이에 루터가 당면한 과제는 성서를 전통으로부터 "자유롭게" 하는 일이었다.[2] 라틴어 불가타에 묶여 있는 복음을 탈출시키기 위해, 루터는 성서를 독일어로 번역했다. 불가타는 그리스어 본문과 히브리어 본문에 기초하고 있었기에, 루터는 이 과제를 수행하기 위해 고대 언어에 대한 지식이 필요했다. 라틴어를 모르는 독일 그리스도인들은 불가

2 Luther의 해석학에 대한 기본 연구에 대해서는 다음을 보라. Gerhard Ebeling, *Luther: An Introduction to His Thought*, trans. R. A. Wilson (Philadelphia: Fortress, 1970). 다음도 보라. G. S. Robbert, *Luther as Interpreter of Scripture* (St. Louis: Concordia, 1982). Luther의 사상에 관해 더욱 일반적인 설명에 대해서는 다음을 보라. Heiko Oberman, *The Harvest of Medieval Theology: Gabriel Biel and Late Medieval Nominalism* (Grand Rapids: Baker, 2000). Luther의 성서와 특별히 연관되는 번역 이론에서 해석학적 쟁점에 관한 대단히 흥미로운 논의에 대해서는 다음을 보라. Martin Buber and Franz Rosenzweig, *Scripture and Translation*, trans. Lawrence Rosenwald with Everett Fox (Bloomington and Indianapolis: Indiana University Press, 1994). Calvin의 해석학에 대해서는 다음을 보라. Thomas F. Torrance, *The Hermeneutics of John Calvin* (Edinburgh: Scottish Academic Press. 1988).

타의 내용에 접근이 불가능했으므로, 루터는 자신의 모국어인 독일어에 대해서도 탁월한 재능이 필요했다. 루터의 번역은 모든 해석학적 행위가 직면하고 있는 난제를 잘 보여준다. 번역가는 원어로 기록된 본문을 그대로 제시하면서, 모든 독자에게 역사적·문화적으로 본문과 동시대인이 되라는 그런 불가능한 요구를 하지 않는다. 오히려 번역가는 원문과 독자 사이를 성공적으로 연결하기 위해 루터의 말처럼 "뛰어난 기술, 노력, 이해, 지성"을 필요로 한다. 그러나 정말 좋은 번역은 루터가 살던 시대까지 존재했던 히에로니무스(Jerome, 기원후 347-420년)의 불가타처럼 원문이 나타내고자 하는 바를 전달할 수 있다. 원문의 의미를 그대로 투영하는, 마치 투명한 창문과 같은 번역은 존재하지 않는다. 번역은 그것이 의도하는 독자(예. 루터에게는 동시대의 독일 사람들)의 특징을 고려해야 한다. 이는 루터로 하여금 그의 번역문 중 상당 부분을 다른 말로 바꾸어 표현하도록 만들었다. 1530년 9월 8일, "번역에 대한 공개 질의서"에서 루터는 다음과 같이 말한다. "문자로 기록된 라틴어를 적당한 독일어로 바꾸어 말하는 것은 매우 어려운 일이다.…그래서 나는 라틴어의 문자적 의미를 포기하고 대신 히브리어를 어떻게…독일어 표현으로 바꿀 수 있는지의 방법을 찾기 위해 노력해야 한다." 한편 교리상의 중요한 문제가 걸려 있을 경우, 그는 온전한 독일어 표현을 고집하지 않았다. 교리의 명확성을 위해 루터는 원문의 문자적 의미를 고수했을 것이다. 그렇지 않았다면 그가 번역한 독일어 성서에는 인위적으로 꾸민 내용이 수록되어버렸을 것이다. 실제로 루터가 성서를 번역한 동기는 만인 제사장, 성서의 충분성 및 명확성과 같은 교리에 의해 인도되었다.

인식론으로서의 해석학

이성과 성서비평

개신교는 논쟁의 강렬함이 예상하도록 하는 것 만큼 로마 가톨릭과 완전히 갈라선 것은 아니었다.[3] 루터 이후로, 개신교 스콜라 철학은 가톨릭 전통과 교리가 그랬듯이, 성서에 깊이 기초한 전통과 교리를 발전시켰다. 개신교는 모든 가톨릭 전통과 교리가 아니라 그중 일부만을 반대했다. 성서와 함께 교회의 기능적 권위도 이런 개신교 전통과 교리를 지지했는데, 이는 개신교 교회의 권위를 강화하는 결과를 가져왔다.

계몽주의 관점에서 볼 때 "종교개혁"은 미완성의 프로젝트로 불린다. 우리가 종교개혁을 당시의 정치적 맥락 안에 놓을 때, 그것의 참된 의미와 해석학적 중요성은 복음 차원의 교회 개혁이 아닌 자유 민주주의의 확립임을 알 수 있다. 다시 말해, 이런 해석에 따르면, 종교개혁은 로마 가톨릭교회의 정치적 지배를 무너뜨리고, 정치와 무관한 양심의 사적 영역으로서의 종교를 확립하고, 개인의 존엄성을 높이며, 결사의 자유에 대한 원칙을 세우는 등의 일을 한 개혁이었다. 하지만 혁명가들은 그들의 참된 목적을 성취하는 데 실패했다. 그들은 국가 기관을 사용하여 로마 가톨릭 권력으로부터 최소한의 자유를 얻어냈지만, 모두를 위한 정치적 자유를 확립하지는 못했다.

3 개론 수준이지만 정치적 맥락에서 성서비평을 훌륭하게 다루고 있는 다음 연구서를 보라. Roy A. Harrisville and Walter Sundberg, *The Bible in Modern Culture: Theology and Historical-Critical Method from Spinoza to Käsemann* (Grand Rapids: Eerdmans, 1995).

개신교 성서 해석학에는 잘못이 있었다. 개신교 아래서 통치자는 성서를 이용해 사회·경제적 불평등, 가부장적 지배, 주와 주 사이의 전쟁을 꾸준히 정당화했다. 성직자들은 자신의 의견을 내놓으면서 하나님의 명령이라고 고집했다. 『논고』(*Tractatus*)에서 스피노자(Spinoza)가 불평하듯, "이런 사람들은 어느 때보다 성서를 해석할 때 열정적이고, 확신에 차 있다"(I.7.1). 결국 통치자나 성직자들은 대중의 희망과 두려움을 이용하여 정치적 지배를 위한 장치의 토대가 되는 편견과 미신으로 그들을 이끌었다.

종교개혁을 완수하기 위해 계몽주의 사상가들은 모든 교리 해석이 배제된 합리적인 성서 독해 방식을 개발하는 데 착수했다. 그들은 지식으로 감정을 극복하고, 성서비평을 통해 초자연적 대상에 대한 두려움이나 희망이 아니라 지식에 근거한 성서의 의미를 확립하자고 제안했다. 계몽주의 프로젝트는 특별한 계시가 아닌 이성 위에 유대교와 기독교에 기초한 도덕률과 체계성을 세우고자 했다. 이런 해석학적 행위는 합리적 정치를 종파주의적 종교에서 분리하고, 그 결과로 정치와 무관한 성서에 호소하려는 것이었다. 이런 분명한 목적으로 홉스(Hobbes)의 『리바이어던』(*Leviathan*, 1651년), 스피노자의 『신학-정치학 논고』(*Tractatus Theologico-politicus*, 1670년), 그리고 상대적으로 덜 읽힌 로크(Locke)의 『통치론』(*First Treatise on Government*, 1690년)이 저술되었다.

그렇다면 어떻게 해야 성서를 합리적으로 읽을 수 있을까? 태어난 장소와 시간, 사용하는 언어와 관계없이 모든 사람은 이성을 공유한다. 성서가 이성을 통해 알려진 진리를 가르칠 때, 모든 이는 원칙적으로 자신의 능력을 사용하여 그 진리를 깨달을 수 있다. 비록 현실적으로 볼 때, 이성 안에서 훈련을 받고 이성으로 인도되는 자들만이 자신의 감정을 극복하여 이런 인식을 효과적으로 사용할 수 있지만 말이다. 사랑, 기쁨, 평화, 인내, 친절 등을 가르치는 신약성서의 도덕은 이성을 통해 알 수 있는 이런 진리에 대한 전형적인 예를 제공한다. 우리는 이런 도덕에 대한 진리를 즉각 깨달을 수 있으므로, 이 진리를 이해하기 위해 특별한 해석학적 행위를 필요로 하지 않는다.

그러나 17-18세기 철학자들은 성서가 범세계적으로 적용되는 이성의 저장고라는 생각을 하지 않았다. 이스라엘의 특정 역사에 주어진 특권과 같은 성서의 어떤 가치는 당시 런던, 파리, 암스테르담, 베를린의 지각 있는 자들을 불쾌하게 만들었다. 기적 이야기는, 비록 성서에 사실로 기록되어 있지만, 혼돈을 주기에 충분했다. 성서의 이런 특징은 보편적 이성에 반하는 것이었고, 따라서 "사실"이 아니며 자연과학을 활용하는 사회에 적용될 수 없었다. 그러나 성서에서 기적 본문은 이를 만들어낸 문화에 대한 의미를 가지고 있었고, 이 의미는 해당 본문을 적절한 맥락, 즉 역사·문화적 맥락에 위치시키는 해석 작업을 통해 복구될 수 있었다.

성서의 올바른 맥락에 대한 새로운 이해를 통해 철학자들과 성서학자들은 기독교의 중심이 되어온 문제들을 차치해놓을 수 있게 되었다. 예를 들어 그들은 가톨릭과 개신교가 공유하고 있었던 교리, 즉 모든 정경이 하나의 전체를 구성한다는 관점에서 특정 구절을 읽어야 한다는 주장을 거부했다. 대신에 그들은 성서를 다양한 저자가 다양한 청중을 위해 기록한 66권(혹은 그 이상)으로 이루어진 모음집으로 다루었다. 그들은 특정 기술을 개발하여 성서의 각 권이 원래 지니는 형태, 사용한 자료, 그리고 지금의 형태를 가져온 편집자의 관심을 알아내고자 했다. 신약성서에 나오는 예수의 메시지, 그리고 그에 관한 메시지가 어떻게 구약성서의 기대를 성취했는가를 증명하는 일은 흥미롭거나 가능한 프로젝트라고 생각하지 않았다.

성서학자들은 과학적 방법을 통해 역사적 사실과, 성서의 저자 및 원래 독자들이 알고 있었을 내용에 독자적으로 접근할 수 있게 되었다. 그들은 사람들의 심리적 습관을 터득한 후, 문화적으로 결정되고 제한된 성서 저자들의 해석으로부터 사실을 구분해낼 수 있었다. 이와 관련하여 스피노자는 다음과 같이 말한다. 성서 저자가 "하나님이 말씀하신다"라고 쓸 때, 그는 우리가 하나님이 말씀하시는 그곳에 있으며, 하나님의 음성을 듣거나 볼 수 있다고 말하는 것이 아니다. 오히려 이 표현은 단지 그 문화권에 속한 사람들이 이야기하는 방식이다. "유대인들은 중간 단계나 특정한 원인을 절대로 언급하는 법이 없고, 그런 원인에 관심을 두지도 않는다. 그러나 그들은 종교적 신실함을 위해…모든 것을 하나님께 돌린다. 예를 들어 유대인들이 일종의 거래를 통해 돈을 벌 경우, 그들은 수입을 하나님께서 주신 것이라고 말한다. 만일 그들이 원하는 일이 일어날 경우, 그들은 하나님께서 그런 마음을 주셨다고 말한다. 그들의 머리에 어떤 생각이 들어온다면, 그들은 하나님께서 그들에게 그렇게 말씀하셨다고 말한다"(『논고』, I.1.15).

성서를 읽는 데 요구되는 전문화된 훈련은 평신도의 손에서 성서를 빼앗았다. 그리고 성서 이해의 방법은 유럽의 정치 세력이 종교개혁을 완수해야 한다는 기치 아래 끊임없이 벌어지는 모든 종교적 다툼에서 벗어나는 데 사용되었다.

역사와 낭만주의

낭만주의는 계몽주의 시대처럼 독단적 이성을 통해서는 서로 다른 시간에 살면서 서로 다른 언어를 말하는 독자와 저자를 하나로 묶을 수 없다는 사실을 알고 있었다.[4] 그러나 슐라이어마허(F. D. E. Schleiermacher, 1768-1834년)[5]는 계몽주의 시대의 역사적 방법을 포함하는 보편적 해석 행위를 통해 이런 과제를 실행할 수 있다고 생각했다. 슐라이어마허는 계몽주의 사상가들의 낙관론을 비판하면서, 인간의 일이란 오해가 기본적으로 전제되어 있지만, 만일 무언가가 우리의 관심을 끌 만큼 문법적으로 독창적이거나 심리적으로 독특하다면, 우리는 특별한 노력을 기울여 그것에 대한 이해의 깊이를 더할 수 있다고 주장했다. 다른 사람을 이해하려면 우리는 언제나 해석학을 필요로 한다. 왜냐하면 다른 사람을 이해하는 데 있어 근본적 어려움은, 단순히 언어학적·문화적·역사적 차이가 아니라 두 주체 간의 차이에 기인하기 때문이다. 슐라이어마허는 19세기 초 일반 해석학을, 성서만이 아니라 법률 문서 또는 이전 시대 및 다른 문화에서 나온 본문도 포함하여 모든 글과 소리로 된 의사소통에 적용한 최초의 인물이었다.

슐라이어마허에게 이해하는 것은 경험하는 것이다. 다른 이들을 이

4 철학적 해석학의 표준 역사는 Schleiermacher로부터 시작하여 Dilthey, Heidegger, Gadamer로 넘어간다. 이 역사에 관한 더욱 완전한 설명에 대해서는 다음을 보라. Paul Ricoeur, "The Task of Hermeneutics," in *From Text to Action: Essays in Hermeneutics II*, trans. Kathleen Blamey and John B. Thompson (Evanston, Ill.: Northwestern University Press, 1991), 53-74; part 2 of Hans-Georg Gadamer, *Truth and Method*, trans. J. Weinsheimer and D. G. Marshall, 2nd rev. ed. (New York: Crossroad, 1989); Richard E. Palmer, *Hermeneutics: Interpretation Theory in Schleiermacher, Dilthey, Heidegger, and Gadamer* (Evanston, Ill.: Northwestern University Press, 1969). 이와 매우 유사한 내용은 Hans-Georg Gadamer, "On the Problem of Self-Understanding," in *Philosophical Hermeneutics*, trans. David E. Linge (Berkeley: University of California Press, 1976), 44-58을 보라. 현재 정경의 역사에 대한 대안에 대해서는 다음을 보라. Jean Grodin, *Introduction to Philosophical Hermeneutics*, trans. J. Weinsheimer(New Haven: Yale University Press, 1994).

5 Schleiermacher 연구서의 표준 영어판은 다음과 같다. *Hermeneutics and Criticism*, ed. Andrew Bowie (Cambridge: Cambridge University Press, 1998).

해하는 것은 그들의 경험을 다시 경험하거나 공감하는 것을 의미한다. 따라서 낭만주의 해석학은 저자의 사고를 재경험하고, 슐라이어마허의 말처럼, "본문을 먼저 이해하고 그다음에 본문의 저자보다 잘 이해하는 것"으로부터 시작한다.[6] 달리 말하면, 이해는 글쓰기 과정을 역전시켜 천재의 창조적 행위를 재창조하는 것이다.

이해에 관한 슐라이어마허의 이해는 그가 지향하는 해석학의 목적을 확립했다. 또한 이런 이해는 반드시 극복해야 할 장애물을 함축하고 있는데, 왜냐하면 우리 인간의 공통된 특성으로 인해 이해가 가능하지만, 그렇다고 타인의 생각을 직접적으로 알 수는 없기 때문이다. 우리는 타인을 이해하기 위해 간접 경로를 택해야 한다. 낭만주의 해석학은 인식론을 통해 독자가 실제로 개별 저자의 의도를 알 수 있도록 돕는다. 첫째, 독자는 본문의 원래 언어와 역사적·문학적 맥락에 대한 완전한 지식을 얻기 위해 객관적인 문법 방법론을 사용할 필요가 있다. 독자는 저자가 알고 있었을 모든 것을 알아야 하며, 심지어 "저자가 인지하지 못했을 수 있는 많은 것"도 알아야 한다.[7] 결과적으로 슐라이어마허는 문헌학자와 초기 성서비평가들이 지녔던 목적과는 아주 다른 과학적 방법론을 사용한다. 슐라이어마허에 의하면, 기독교를 기존의 상황으로 환원시켜 그 조건 속에 가두어두려는, 즉 스피노자와 같은 학자들에게서 발견되는 역사적 해석은 "틀렸다." 그러나 역사적 해석의 효용은 여기에 국한되지 않는다. 왜냐하면 신약성서는 저술된 시간과 장소와 깊은 연관이 있으므로, 이에 대한 지식은 관련 본문에 대한 우리

6 Schleiermacher는 Kant(*Critique of Pure Reason*, B370)의 말을 반복하지만, Kant와 매우 다른 의미를 진술한다.

7 Schleiermacher, *Hermeneutics and Criticism*, 9.18.3.

의 이해를 도와주기 때문이다.[8] 문법적 방법론은 단어와 사고의 객관적 표현을 연구한다. 문법적 방법론 외에도, 독자는 저자의 인생과 저술 작품에 대한 완전한 지식이 필요하다. 상상력과 감정 이입이 결합된 이 지식은 독자로 하여금 저자의 의도를 다시 경험하도록 만든다. 결과적으로 낭만주의 해석학은 어느 독자도 완수할 수 없는 무한한 과제를 부여한다. 그럼에도 불구하고 본문, 본문의 맥락, 본문 간의 상호관계에 대한 우리의 지식은 지속적으로 개선되어, 저자의 마음에 더 가까이 우리를 데려다줄 수 있다. 심지어 우리는 저자가 자신의 의도를 제대로 표현하지 않는 부분도 지적할 수 있는데, 이는 저자가 자신을 이해하는 것보다 우리가 저자를 더 잘 이해하고 있음을 의미한다.

빌헬름 딜타이(Wilhelm Dilthey, 1833-1911년)에게, 슐라이어마허의 주장은 칸트 철학이 제기하는 문제에 대한 해결책이 되었다. 칸트는 수학과 물리학을 예로 들면서 자연과학에 인식론을 접목했고, 실증주의자들은 자연과학이 인문과학의 모델이 된다고 주장했다. 그러나 딜타이는 인문과학의 객관성과 자연과학의 객관성에는 차이가 있다고 보았고, 인문과학의 주제에 적당한 인식론이 필요하다고 생각했다. 딜타이에게 자연과학은 물리 현상을 설명하려고 노력하는 반면에 인문과학은 정신 현상을 이해하려는 것이었다. 슐라이어마허의 해석학은 사회과학과 인문학을 위한 인식론적 기반을 확립하는 데 대한 방식을 제시했다. 이로 인해 딜타이는 본문의 개념이 문어와 구어를 넘어 모든 인간의 "삶과 관련된 표현"을 포함한다고 일반화한다. 여기에는 인간이 만든 인공물과 행위도 포함된다. 딜타이는 재작업을 통해 슐라이어

8 위의 책, 4.13.1.

마허를 넘어서는 해석학을 발전시켰지만, 이해가 타인의 의도를 다시 경험하는 것이라는 주장과, 객관성 담보를 위한 방법론, 그리고 해석을 도그마로부터 해방시키는 해석학에 여전히 심취해 있었다.

존재론적 해석학

해석학적 인식론이 의도하는 객관성은 여전히 애매함을 띠고 있었다.[9] 이와 관련하여 성서학자들이 많은 예를 제공했지만, 그중 하나의 예만 들어도 충분하다. 19세기 말에 알베르트 슈바이처(Albert Schweitzer, 1875-1965년)는 익히 알려졌듯이 예수의 생애에 대한 연구를 다음과 같이 요약했다. "일련의 신학 사조는 각기 예수에 대한 나름의 생각을 확립했다.…각 개인은 자신의 개성에 따라 예수를 창조해버렸다. 예수의 생애에 대해 기록하는 것만큼 한 인간의 참된 자아를 드러내는 역사적 과제는 없다."[10] 아무리 역사를 의식한다 해도, 학자들은 결국 자신이라는 이질적 맥락에 본문을 대입하고 말았다. 이를 더욱 긍정적으로 바꿔서 말해본다면, 본문의 독자는 본문의 의미를 결정하는 데 본질적인, 심지어 지배적인 역할을 한다는 것이다.

9 Ontology라는 단어는, 그리스어 on과 "존재의 학문"이라는 의미의 복합어로, "해석학"(hermeneutics)이라는 단어와 거의 동시에 같은 방식으로 만들어졌다. Jean-Luc Marion, "Is the Ontological Argument Ontological? The Argument according to Anselm and Its Metaphysical Interpretation according to Kant," *Journal of the History of Philosophy* 30, no. 2 (April 1992): 201-18을 보라.

10 Albert Schweitzer, *The Quest of the Historical Jesus*, trans. J. Bowden (1906; reprint, Minneapolis: Fortress, 2001), 6.

슈바이처의 이런 언급은 해석학적 인식론자들의 딜레마를 지적한다. 그들은 본문의 적절한 맥락이 곧 본문의 역사적 맥락이라는 주장으로 시작했다. 그러나 이는 본문의 독자가 다른 역사적 맥락에 속해 있다면, 본문의 의미에 접근하기 어렵다는 사실을 함축한다. 왜냐하면 두 개의 분리된 맥락으로 인해 본문의 의미와 독자에게 의미하는 바가 제한을 받기 때문이다. 역사주의는 역사적 회의주의로 귀결될 수 있다. 계몽주의는 미신, 편견, 열정이 성서의 참 의미를 가린다고 주장했고, 이를 극복하기 위해 역사 과학 방법론에 의존했다. 그러나 역사적 이해와 관련하여 더욱 근본적인 딜레마는 이성과 미신 사이의 차이가 아니라, 각기 다른 역사의 시대적 차이에 기인한다.

이 딜레마는 역사적 지식수준에서 존재론적 전통 안에 자리 잡고 있는 문제를 반복하는데, 이 존재론적 전통은 한때 인식론 연구의 지침 역할을 했다. 존재론에 의하면, 두 종류의 실체가 있는데, 바로 정신적 주체와 물리적 객체다. 일반적으로 객체가 주체에 영향을 미치는 반면, 주체는 객체의 묘사를 형성한다. 그러나 묘사는 주체의 감정, 그릇된 신념 혹은 편견, 심지어 육체적 감각에 의해 왜곡된다. 이런 데카르트식 존재론은 특별한 인식론을 가져왔는데, 이 인식론은 주관적 요소를 제거하여 객관적 지식을 담보하는 방법론을 갖추고 있었다. 그러나 역사주의와 마찬가지로, 일관성의 결여라는 위협은 언제나 이 존재론을 괴롭혀왔다.[11] 이 존재론의 진짜 문제는 객체에 대한 주관적 왜곡이

11 이 존재론/인식론의 배치와 궁극적인 일관성 결여에 관한 명쾌한 설명은 다음을 보라. Richard A. Watson, *The Breakdown of Cartesian Metaphysics* (Indianapolis: Hackett, 1987). 다음 연구서도 보라. Richard Rorty, *Philosophy and the Mirror of Nature* (Princeton: Princeton University Press, 1979).

아니라 주체와 객체의 근본적 이원론이었다. 서로 독립적인, 실제로 반대되는 두 존재가 어떻게 지식을 설명하기 위해 함께할 수 있을까? 이렇게 이원론은 회의주의로 이어진다.

실제로 철학자, 역사가, 그리고 성서학자는 속임수를 썼다. 그들은 역사적 차이를 이을 수 있는 맥락이 필요했다. 하지만 그런 맥락은 본문에서 완전히 드러나지 않는다. 본문의 "적절한" 맥락은 그리스어 문장을 어떻게 분석하는가에 달려 있는 게 아니다. 그러나 해석학 역시 본문의 "적절한" 맥락을 결정하는 방법에 대해 어떤 지침도 제공하지 않는다. 가톨릭, 루터교, 이신론, 실증주의자의 성서 읽기는 서로 간의 불일치로 인해 논쟁이 발생하지만, 해석학은 그중 어느 독서 맥락이 적절한 맥락인지를 선언해줌으로써 이런 논쟁을 종식할 만한 능력이 없다. 학자들이 개발한 맥락은, 그것의 정당화를 위해 본문에 호소하지만, 이 맥락 역시 학자 자신의 특성 혹은 이런 맥락을 고안해낸 학문 집단의 특성에 영향을 받는다. 학자들은 역사적 차이를 이어줄 필요가 있으므로, 때때로 자신들이 모든 역사적 차이를 초월한다고 주장했다. 즉 필요한 지식을 얻기 위해 무언가는 그대로 남아 있어야 한다는 것이다. 과거가 본질적인 면에서 현재와 같다고 가정할 수 있어야만, 우리는 과거에 어떤 일이 발생했는지 안다.[12] 이성, 인간 본성, 역사 법칙, 절대 정신, 보편적 삶, 보편적 역사 등은 이런 방식으로 역사적 차이를 초월한다고 주장한다. 실증주의자는 이런 주장을 받아들일 수 없었다. 왜냐하

12 1748년에 David Hume(1711-76년)이 언급한 것과 같이, 세대와 나라를 막론하고 죽었다 살아난 자에 대한 목격담은 언제나 논란을 야기한다(David Hume, *An Enquiry concerning Human Understanding* [Oxford: Oxford University Press, 1999], section 10, part 1).

면 이 주장은 모든 의미가 역사에 기초하고 있다는 실증주의자들의 핵심 원칙에 예외를 만들었고, 어떤 본문 혹은 사건에 대해 적절한 역사적 맥락을 결정할 수 있는 객관적 방법이 그들에게는 없었기 때문이다. 그 결과, 그들이 내린 결론은 주관적이고, 그들이 행한 증명은 순환 오류를 범하고 있었다.

마르틴 하이데거(Martin Heidegger, 1889-1976년)는 문제의 근원이 인식론이 아닌 존재론이라고 생각했다. 이해 행위는 심리적 행위가 아니라 존재론적 행위라는 것이다. 『존재와 시간』(*Being and Time*, 1927년)[13]에서 하이데거는 해석학적 존재론을 통해 존재 행위는 실체(substance)가 아니라 이해 행위라고 주장한다. 다시 말해, 하이데거에게 해석학적 순환은 인문과학의 객관성 양산이 아니라 **현존재**(Dasein)의 구조를 설명하는 것이다. 현존재는 끊임없이 반복되면서, 현재에 변함없이 존재하는 객체도, 바깥세상과의 연결 고리인 논리를 찾기 위해 투쟁해야 하는 정신적 주체를 의미하지도 않는다. 현존재는 "투사체"(thrown project)로 존재한다. "기투된" 존재로서, 현존재는 유한하다. 현존재는 언제나 그것이 만들어내지 않은 역사, 구조, 성향으로 물들어버린 세상을 계승해왔다. 현존재의 정체성이 발견되는 이와 같은 전통적인 세상에서 현존재는 자신의 미래 가능성도 발견한다. 현존재는 현재를 발판으로 삼아 미래를 향함으로써 "존재"(ex-ists)한다. 세상에 속한 존재로서, 현존재는 한계를 지니지만 그럭저럭 사용이 가능한 도구를 늘 사용한다. 이런 도구가 깨지면 객체로 변하고, 우리는 이 객체에게서 기능적 맥락을 제거해버린다. 그렇다고 이런 객체가 적절한 도구가 아니라

13 Martin Heidegger, *Being and Time*, trans. J. Macquarrie and J. M. Robinson (New York: Harper & Row, 1962).

거나, 혹은 진정한 의미에서 객체가 아니라는 뜻은 아니다. 그와 반대로, 의미는 현존재와 그것의 가능성의 산물이다. 한편으로는 객체이고 다른 한편으로는 한계를 지니고 있는 셈이다. 우리와 정면으로 대치하는 것의 의미를 찾기 위해 구태여 모든 맥락에서 벗어나 절대 맥락으로 이동하거나, 도구를 양적 측면에서 축소 기술할 필요는 없다. 오히려 참 의미만이 역사 속에 자리하면서, 미래 지향적인 현존재에 접근할 수 있기 때문이다. 하이데거는 "중요한 것은 맥락을 벗어나는 것이 아니라, 올바른 방법으로 그 맥락 안에 진입하는 것이다"라고 말한다.[14]

하이데거는 자신의 더욱 큰 계획을 전혀 마무리하지 못했기 때문에(『존재와 시간』도 이 계획의 일부분에 지나지 않음), 우리가 기대하는 만큼 완전하게 자신의 통찰을 철학적 전통과 연결하지 못한다. 다행히도, 한스-게오르크 가다머(Hans-Georg Gadamer, 1900-2002년)는 『진리와 방법』(*Truth and Method*, 1960)[15]을 통해 이와 관련된 내용을 일정 부분 다룬다. 가다머에 따르면, 계몽주의가 비과학적 사고 유형에 가하는 비평은 "편견 자체에 대한 편견으로 전통의 힘을 부정한다."[16] 우리는 예단(prejudgement)을 통해 세상의 사물에 접근하는데, 이는 계몽주의에 반하는 행위다. 반면에 해석학적 존재론의 주장은 우리가 비록 예단을 통해 주제와의 첫 만남을 이루지만, 그렇다고 이 예단이 최종 기준은 아니라는 것이다. 오히려 해석학적 구조에서 기대할 수 있듯이, 우리는 주제의 관점에서 우리의 예단을 수정해야 한다. 그렇다면 이해의 목적

14 위의 책, H153.

15 Hans-Georg Gadamer, *Truth and Method*, trans. J. Weinsheimer and D. G. Marshall, 2nd rev. ed. (New York: Crossroad, 1989).

16 위의 책, 270.

은 낭만주의 전통과는 반대가 된다. 그것은 개별 저자의 의도를 파악하는 것도, 저자의 경험을 되살리는 것도 아니다. 이해의 목적과 기준은 바로 주제 자체다. 저자를 이해한다는 것은 주제와 관련하여 저자와의 일치를 이룬다는 말이다. 그러나 우리는 우리의 생각 안에 존재하는 "객관적" 표시를 통해 주제를 이해하지 않는다. 우리는 주제로의 접근 방법을 발견할 수 있을 때 이해한다고 말한다. 그리고 이를 위해 우리는 우리가 속한 세계의 가능성과 주제를 연결해야 한다. 루터의 통찰을 환기하면서, 가다머는 본문을 동시대 상황에 "적용"하는 것이 이해의 본질이며, 이는 단순한 부록(addendum)과 같은 것이 아니라고 주장한다. 해석학적 존재론의 주장에 의하면, 저자와 독자 사이의 차이는 의미를 방해하는 것이 아니라 오히려 의미를 생산한다. 그래서 이해는 단지 재생산적인 행위가 아니라 생산적인 행위다. 해석학적 존재론이 극복해야 할 과제는 생산적 차이가 아니라 인식론자들의 심리주의와 객관주의다.

알베르트 슈바이처에 의하면, 각 시기의 개별 성서학자는 예수 안에서 거울을 발견했다. "이렇게 하는 것이 [그들이] 예수를 살아 있게 만드는 유일한 방법이었다."[17] 모든 이가 슈바이처의 견해에 동의했지만, 해석학적 존재론과 해석학적 인식론은 그의 견해를 이해함에 있어 서로 이견을 보인다. 인식론자들은 슈바이처가 객관적이지 못한 성서학자들을 비난한다고 생각한다. 반면에 존재론자들은 슈바이처가 이해에 필요한 요건을 단순히 언급한다고 생각한다. 슈바이처의 논평을 비판으로 받아들이는 인식론자들은 스스로 자신들의 진짜 실패를 드러

17 Schweitzer, *Quest of the Historical Jesus*, 6.

내고 있는 셈이다. 그들은 이해의 본질을 오해했고, 그 결과 스스로를 그릇되고 달성할 수 없는 기준에 구속했으며, 본문이 그들의 편견에 제대로 의문을 던지지 못하도록 막았다.

현대 해석학

현대 해석학을 개관할 때 해석학적 존재론에 바탕을 둔 두 운동에 대해 특별히 언급할 필요가 있다. 독서의 한 현상학으로서, **독자반응비평**은 독자(예상되는 혹은 예상치 못한)가 본문을 읽을 때 발생하는 것을 기술한다. 더 과감하게 표현하면, 독자반응비평은 본문과 독서에서 일어나는 것을 동일시한다. 좀 더 대담하게, 어떤 비평가들은 본문이 어떤 제약도 제공하지 않으며, 해석이란 본문에 부과되는 것이지, 본문과 협력하는 것이 아니라고 주장한다. 해석 공동체가 본문에 어떤 의미를 부과한다면, "반드시 성공하게 되어 있다."[18] 여기서 언급해야 할 몇 가지가 있다. 만일 "주체"와 "객체"가 존재론과 인식론에 존재하는 단 두 개의 동작 범주라면, 독자반응비평은 몹시 주관적으로 비칠 것이다. 해석학적 존재론의 범주 내에서 독자반응비평에 관한 가장 대담한 주장들은 틀렸는데, 왜냐하면 인간 조건의 유한성, 전통의 복합성, 그리고 이해의 목적인 주제를 망각했기 때문이다. 독자반응비평의 가장 대담한 주장들은 그것들의 철학적 표현을 하이데거와 가다머에게서가 아니라 대중적 실용주의의 형태와 니체(Nietzsche)의 일상적 독서에서 찾는다.

18 Stanley Fish, *Is There a Text in This Class? The Authority of Interpretive Communities* (Cambridge: Harvard University Press, 1980), 105.

하이데거의 해석학적 현상학은 **해체주의**의 원형이기도 하다. 해체주의는 자크 데리다(Jacques Derrida, 1930-2004년)[19]에 의해 최초로 정형화된 틀을 갖추게 되었지만, 학술지에서 회자되는 해체주의의 이미지는 종종 데리다의 연구와 동떨어져 있다. 이 짧은 연구를 통해 모든 혼란을 제거할 수 없으므로, 나는 "해체주의"라는 단어가 지니는 계보에 대해서만 언급하고자 한다. 데리다는 해체주의라는 표현을 하이데거에게서 빌려온다. 하이데거는 이 표현을 통해 존재론을 재해석하거나 존재론의 역사를 "파괴"하려는 자신의 계획을 설명한다.[20] 그리고 하이데거는 "파괴"라는 표현을 고린도전서 1:19("내가 지혜 있는 자들의 지혜를 멸하고 지식 있는 자들의 지혜를 폐하리라")에 대한 루터의 번역문에서 취했다. 루터와 그 이후의 아돌프 폰 하르나크(Adolf von Harnack)와 같은 신학자들에게, 해체주의는 초기 기독교 정수에 영향을 미쳤던 스콜라 철학이나 헬레니즘 철학에 반대하는 일종의 프로젝트를 의미했다. 하이데거는 소크라테스 이전의 철학자들이 바울보다 더 전도유망하다는 결정을 내리기 전에 이 프로젝트를 자신의 것으로 만들었다.[21] 해체주

19 Derrida에 대한 접근은 다음과 같은 그의 최초 연구에서부터 시작되어야 한다. *Edmund Husserl's Origin of Geometry: An Introduction*, trans. John Leavey (Lincoln: University of Nebraska Press, 1989); idem, *Speech and Phenomena: And Other Essays on Husserl's Theory of Signs*, trans. David B. Allison (Evanston, Ill.: Northwestern University Press, 1973); idem, *Of Grammatology*, trans. Gayatri Chaktavorty Spivak (Baltimore: Johns Hopkins University Press, 1998).

20 Martin Heidegger, *The Basic Problems of Phenomenology*, trans. Albert Hofstadter, rev. ed. (Bloomington and Indianapolis: Indiana University Press, 1988), 23. 동일 저자의 *Being and Time*, §6도 보라.

21 다음을 보라. Theodore Kisiel, *The Genesis of Heidegger's "Being and Time"* (Berkeley: University of California Press, 1993); "Heidegger (1920-1) on Becoming a Christian: A Conceptual Picture Show" in *Reading Heidegger from the Start: Essays in His Earliest Thought*, ed. Theodore Kisiel and John van Buren (Albany: SUNY Press, 1994).

의는 전통(예. 기독교)의 한 측면을 다른 측면(예. 철학)과 대조함으로써 재해석을 시도하는데, 이를 통해 전통이 보존하고 다루고 있는 것을 해방시키거나 회복하려 한다. 데리다는 구조적 필수 요소인 전통이나 본문이 상충되는 요소를 포함하는 방식을 보여주는 그 첫 번째 순간으로 해체주의의 의미를 국한하고 있다. 회복의 두 번째 순간은 결코 진행될 수 없는데 왜냐하면 "복구", "기억", 심지어 "의미"와 같은 개념이 상충되고 해체될 수 있는 전통에 속하기 때문이다. 따라서 데리다의 연구는 해석학에 대한 비판적 거부로, 아니면 해석학 내의 어떤 급진적 성향으로 이해될 수 있다.[22]

2차 자료는 종종 오늘날의 다양한 해석학적 접근법이 "어지럽다"고 묘사한다. 어떤 이들은 자신들이 의미를 부여하는 위치, 즉 저자, 본문, 독자에 따라 이런 다양한 접근법을 분류하여 단순화를 꾀한다. 이런 분류 체계의 기본 전제는, 의미의 위치가 의미를 가장 잘 조명하는 정당한 특징이라는 것이다. 그러나 이런 전제는 물질의 원리 체계에만 유효하며, 이 원리 체계에서 주어지는 질문은 다음과 같다. "의미가 주체와 객체 둘 중에 있는가?", "만일 의미가 주체에 위치한다면, 저자와 독자 중 누가 주체인가?" 비록 의미의 "위치"가 비유적 표현이지만, 이 표현은 주제를 조명하기보다는 포함한다. 왜냐하면 위치는 배타적 개념으로, 한 사물이 동시에 두 장소에 존재할 수 없기 때문이다. 이런 분류 체계의 질문이 의미가 저자, 본문, 독자에 어떻게 **의존**하는가에 관

22 다음을 보라. John D. Caputo, *Radical Hermeneutics: Repetition, Deconstruction, and the Hermeneutic Project* (Bloomington and Indianapolis: Indiana University Press, 1987); *Dialogue and Deconstruction: The Gadamer-Derrida Encounter*, ed. D. Michelfelder and R. Palmer (Albany: SUNY Press, 1989).

한 것이라면, 이 체계를 통한 비판적 논의의 심도는 그리 깊지 않을 것이다.

나는 해석학에 역사적으로 접근하는 데 관심을 가져왔고, 내 기본 질문은 "무엇이 의미를 방해하는가?"와 "무엇이 의미를 드러내는가?"이다. 이런 접근은 앞서 간단히 언급된 해석학의 세 가지 모델, 즉 성서적 모델, 인식론적 모델, 존재론적 모델로 이어진다. 비록 첫 번째 모델을 해석하고 비평하기 위해 두 번째와 세 번째 모델이 개발되었지만, 세 모델이 반드시 서로 배타적 성향을 보이는 것은 아니다. 실제로 이 세 모델은 필요한 개념을 공유한다. 그러나 이론은 게토화되지 않았다. 오래되었지만 훌륭한 루돌프 불트만(Rudolf Bultmann)의 업적은 이 세 모델을 하나의 완전한 모델로 통합한 것이다.[23] 알래스데어 매킨타이어(Alasdair MacIntyre)는,[24] 하이데거와 가다머처럼, 아리스토텔레스의 실용적 이성 개념을 회복시킴으로써 성서, 전통, 이성이 서로 대조되는 용어가 아님을 증명했다. 폴 리쾨르(Paul Ricoeur, 1913-2005년)도 성서 해석학, 인식론적 해석학, 존재론적 해석학 사이에 존재하는 간극을 메워놓았다. 하이데거와 가다머가 인간의 유한성이 지닌 함의에 초점을 맞춘 반면, 리쾨르는 죄책감이라는 현상을 만들어냈다. 이로 인해 리쾨

23 Bultmann은 Heidegger의 존재론을 무비판적으로 사용하면서, 다른 모델들의 진지한 비평을 제대로 입증했다. 그러나 Bultmann에 대한 비평가들은 그들의 존재론적 전제를 좀처럼 숙고해보지 않았고, Barth를 제외하고 그들은 왜 그렇게 할 필요가 없는지에 대한 이유도 설명하지 않았다.

24 Alasdair C. MacIntyre, *After Virtue: A Study in Moral Theory*, 2nd ed. (Notre Dame, Ind.: University of Notre Dame Press, 1984); *Whose Justice? Which Rationality?* (Notre Dame, Ind.: University of Notre Dame Press, 1988); *Three Rival Versions of Moral Enquiry: Encyclopedia, Genealogy, and Tradition* (Notre Dame, Ind.: University of Notre Dame Press, 1990); *Dependent Rational Animals: Why Human Beings Need the Virtues* (La Salle, Ill.: Open Court, 1999).

르는 우리로부터 사물을 감춤으로써 우리의 견해와 전통을 체계적으로 왜곡할 수 있는 방법을 탐구했다. 또한 그는 인간의 유한성에만 기초한 존재론적 이해가 체계적인 왜곡을 드러내는 데 실패하리라는 사실도 알았다. 해석학적 존재론뿐만 아니라, 우리는 마르크스(Marx), 니체, 특히 프로이트(Freud) 같은 저자들의 도움을 필요로 한다. 이런 비평가들의 환원주의적 경향을 거부하면서, 리쾨르는 상징에 대한 우리의 합당한 사고를 위해 일종의 우상 숭배를 폭로할 수 있는 능력을 얻었다.

해석학적 모델을 구분하는 전통적인 방식들은 종종 정당한 이유로 여전히 강력하게 남아 있다. 해석학적 존재론은 인식론자들로부터 많은 공격을 받는다. 신마르크스주의자, 페미니스트, 흑인중심주의자 등과 같은 사람들은 이데올로기비평을 통해 본문에 접근하는데, 다음과 같은 이유로 존재론자들을 인정하지 않는다. 첫째, 존재론자들은 전통을 비평할 수 있는 외적 기준을 포기했다.[25] 둘째, 그들은 자신들의 입장을 대변할 방법론을 개발하지 못했다.[26] 셋째, 진리를 "단순히 또 다른 해석"으로 축소했다.[27] 그들의 관심은 하이데거의 나치즘을 전면에

25 이는 Gadamer에 대한 Jürgen Habermas의 비평이다. 다음을 보라. Jürgen Habermas, "A Review of Gadamer's *Truth and Method*," trans. E Dallmayr and T. McCarthy, in *Hermeneutics and Modern Philosophy*, ed. Brice R. Wachterhauser (Albany: SUNY Press, 1986), 243-76; "On Hermeneutic's Claim to Universality," in *The Hermeneutics Reader*, ed. Kurt Mueller-Vollmer (New York: Continuum, 1997).

26 주석가들은 종종 Gadamer의 『진리와 방법』(*Truth and Method*)이라는 책 제목이 『진리 또는 방법』(*Truth OR Method*)이어야 한다고 말한다. Gadamer는 다음과 같이 간결하게 지적한다. "내 진정한 관심사는 과거에도 현재도 철학이다. 즉 내 관심은 우리가 무엇을 하는가 혹은 무엇을 해야 하는가가 아닌 [방법론적 측면에서], 우리의 바람과 행위를 초월하여 무엇이 우리에게 발생하는가에 있다"(*Truth and Method*, xvi).

27 Gianni Vattimo, *Beyond Interpretation: The Meaning of Hermeneutics for Philosophy*, trans. David Webb (Stanford, Calif: Stanford University Press, 1997).

부각하고, 하이데거에 대한 옹호자들로 하여금 후기 하이데거식 해석학이 자유 민주주의에 전념하고 있다고 주장하게 만든다. 왜냐하면 후기 하이데거식 해석학은 "대화" 외에 실질적으로 전념하는 다른 것이 없기 때문이다.

성서 해석학 역시 활발한 토론의 장을 제공한다. 복음주의자들은 성서 해석학의 최근 연구 결과들을 평가함에 있어 의견이 분분하다. 지적 존중을 위해 열심히 투쟁해온 다수의 구세대는 주관주의와 상대주의의 위협을 느낀다. 선배들의 업적을 당연하게 받아들일 수 있는 몇몇 젊은 세대(때때로 신복음주의자라고 불리는)는 비판적 능력 발달 이전의 독서를 다시 주장한다. 그런데 이런 독서는 계몽주의의 지적 존중 기준에 의거하여 거부되었던 독서 방법이다.[28] 세 명의 현대 저자들의 도움을 통해 이런 분열을 극복할 수 있다. 이십여 년간 해석학 분야를 광범위한 독자들에게 제시해온 앤서니 티슬턴(Anthony Thiselton)[29]은 그의 박식하고 균형 잡힌 설명으로 인해 칭송을 받을 만하다. 케빈 밴후저(Kevin Vanhoozer)[30]는 티슬턴의 몇몇 주장을 보강한다. 이를 위해 그는 화행 이론(speech-act theory)과 허쉬(E. D. Hirsch)의 연구를 사용하여 해체주의, 실용주의, 독자반응비평에 내재된 과도함을 피하고자 했다. 밴

28 Stephen E. Fowl, ed., *The Theological Interpretation of Scripture: Classic and Contemporary Readings*, Blackwell Readings in Modern Theology (Oxford: Blackwell, 1997).

29 Anthony Thiselton, *The Two Horizons: New Testament Hermeneutics and Philosophical Description with Special Reference to Heidegger, Bultmann, Gadamer, and Wittgenstein* (Grand Rapids: Eerdmans, 1980); idem, *New Horizons in Hermeneutics: The Theory and Practice of Transforming Biblical Reading* (Grand Rapids: Zondervan, 1992).

30 Kevin Vanhoozer, *Is There a Meaning in This Text? The Bible, The Reader, and the Morality of Literary Knowledge* (Grand Rapids: Zondervan, 1998).

후저의 야심찬 연구의 목적은 "의의"(significance)와 "의미"(meaning)를 구별하고, 이해를 해석과 구별하는 것이다. 대략적으로 말하자면, 한 본문의 본래 의미와 그 본문이 오늘날 우리에게 의미하는 것, 이 둘의 차이를 구분해내는 것이다. 해석학 분야에 가장 의미 있는 기여를 한 연구는 니콜라스 월터스토프(Nicholas Wolterstorff)의 『신적 담론』(*Divine Discourse*)이다.[31] 이 연구의 핵심은 복음주의자들의 관심 한가운데 자리 잡고 있는 질문, "즉 하나님이 말씀하신다고 우리가 어떻게 말할 수 있는가?"에 있다. 또 이 연구는 자크 데리다, 폴 리쾨르, 한스 프라이(Hans Frei)의 연구를 꽤 많이 제시한다. 마지막으로 이 연구는 논의를 가속화하는 심오한 비평들을 제공한다.

더욱 광범위한 신학 영역에서, 마르틴 켈러(Martin Kähler), 칼 바르트(Karl Barth), 한스 프라이, 존 하워드 요더(John Howard Yoder), 폴 홀머(Paul Holmer), 조지 린드벡(George Lindbeck), 루크 티모시 존슨(Luke Timothy Johnson), 스탠리 하우어워스(Stanley Hauerwas), 존 밀뱅크(John Milbank), 르네 지라르(René Girard)는 서로 다른 방식을 통해, 성서를 인식론과 존재론을 판단하는 규범적 맥락으로 제시한다. 그중 몇몇에 의하면, 계몽주의 해석학은 그것의 주장과 달리 해방이 아니라, 오히려 교회를 장악한 국가적 차원의 주도권을 가져온 수단이다.[32] 또 어떤 이들은 해석학적 존재론이 자율성을 절대화하려는 근대의 노력에 이의

31 Nicholas Wolterstorff, *Divine Discourse: Philosophical Reflections on the Claim That God Speaks* (Cambridge: Cambridge University Press, 1995).

32 John Milbank, *Theology and Social Theory: Beyond Secular Reason* (Oxford: Blackwell, 1990); William Cavanaugh, "'A Fire Strong Enough to Consume the House': The Wars of Religion and the Rise of the State," *Modern Theology* 11, no. 4 (October 1995): 397-420.

를 제기하기보다 강화하고 우리의 책임감을 고취하는 일과는 결별한다고 주장할 것이다.[33] "의미"에 대한 일반적 설명은, "종교", "국가" 개념처럼, 19세기의 창조물이며, 우리는 이를 최선으로 극복해야 한다.[34]

학문 분야로서의 해석학은 늘 그래왔듯이 다루기가 쉽지 않다. 그리고 해석학의 미래 모습과 존재를 예측하는 일은 불가능하다. 그러나 성서학자들이 해석학 분야를 고안해냈듯이, 어쩌면 그들에게서 또 다른 루터가 등장하여 이 해석학을 구원해낼 수 있을 것이다.

33 Emmanuel Lévinas, "Hermeneutics and the Beyond," in *Entre Nous: On Thinking-of-the-Other*, trans. Michael B. Smith and Barbara Harshav (New York: Columbia University Press, 1998): idem, *Totality and Infinity: An Essay on Exteriority*, trans. Alphonso Lingis (Pittsburgh: Duquesne University Press, 1969); Jean-Luc Marion, "'Christian Philosophy': Hermeneutic or Heuristic?" in *The Question of Christian Philosophy Today*, ed. Francis J. Ambrosio (New York: Fordham University Press, 1999), 247-64; idem, *God without Being: Hors-Texte*, trans. Thomas A. Carlson (Chicago: University of Chicago Press, 1991).

34 Gerhard Sauter, *The Question of Meaning: A Theological and Philosophical Orientation*, trans. Geoffrey W. Bromiley (Grand Rapids: Eerdmans, 1995).

제6장

말씀의 구체화

신약성서의 사회-과학적 해석

David A. deSilva
데이비드 A. 드실바

예수는 실존했던 한 인간으로, 기원후 1세기 유대와 갈릴리 지역의 삶을 이루는 사회·정치·경제·문화적 현실 속에서 기적을 행하고, 가르치며, 일군의 사람들을 자신의 제자로 삼았다. 이와 유사하게, 사도들은 바로 이 예수에 관한 메시지를 들고 로마 제국 전역에 있는 실제 도시 속으로 들어갔다. 그리고 그들은 믿는 무리, 즉 회중을 모았는데, 이 회중은 다양한 사회·경제적 계층으로 이루어져 있었고, 각 계층은 저마다의 사회·문화적 기대를 품고 있었다. 사도들은 회중 구성원들 간에, 그리고 바깥세상과도 특정한 방식으로 소통하기를 요구했다. 신약성서는 "하나님의 말씀"을 신성한 원칙과 관념의 차원에서만 조명하지 않는다. 이와 동시에 신약성서는 "육신이 된" 하나님의 "말씀"에 관한 책이다. 기독교 지도자들은 이를 용어적으로, 상징적으로, 제의적으로 사용하여 – 이와 같은 각각의 사용이 의미를 갖는 이유는 "육신이 된 하나님의 말씀"이 그것의 저자와 청중의 사회·문화적 맥락과 연결되어 이해되었기 때문이다—우리가 현재 교회라고 부르는 독특한 사회적 집단을 만들고 구체화했다. 더욱이 신약성서는 실제로 일상의 사회적 상호작용 가운데서, 그리고 사회·문화적 요소에 의해 영향을 받는 일상의 현실적 어려움에 직면한 가운데 그 "말씀"에 반응하고 "말씀"대로 살아가는 일에 관한 책이다.

신약성서의 사회-과학적 해석은 일련의 자료를 제공하는데, 이 자료를 통해 전문 신약성서 학자들과 신약성서를 공부하는 학생들은 신약성서의 "현실" 차원을 더욱 진지하게 다루고 더 온전히 이해할 수 있다. 로빈 스크록스(Robin Scroggs)의 말을 빌리면, "초기 기독교의 사회학에 대한 관심은…기독교의 실제 상황을 내적 영성 혹은 객관적 인지 체계 안에 제한하는 것을…경계하기 위한 노력으로 이해되어야 한다. 간단히 말해, 초기 기독교의 사회학은 몸과 영혼을 다시 하나로 묶고자 한다."[1]

사회-과학적 비평은 넓은 측면에서 볼 때 주해의 한 부분으로, 사회학 연구의 관점, 모델, 질문, 도구를 신약성서 본문과 그 본문을 구성하고 편집하여 읽은 그리스도인들의 실제 세상과 결부시키는 것이다. "사회-과학적 비평이 연구하는 내용은 다음과 같다. 즉 (1) 본문의 형태와 내용의 사회적 측면뿐만 아니라 의사소통 과정의 조건 요소 및 의도된 결과(그 결과 자연스럽게 수사비평과 유사성을 띤다), (2) 본문의 언어학적·문학적·신학적(이데올로기적)·사회적 차원의 상호관계, (3) 본문을 통한 의사소통이 특정한 사회·문화적 맥락을 반영하고 그에 반응하는

1 Robin Scroggs, "The Sociological Interpretation of the New Testament," *NTS* 26 (1980): 164-79, 165-66.

방식이다"[2]

이 분야는 그 자체가 역사비평 안에 내재되어 있는데, 이 둘의 연결은 사회-과학적 비평을 사용하는 대표적인 몇몇 비평가에 의해 분명해졌다.[3] 또 사회-과학적 비평은 신약성서 본문의 역사적 맥락을 더욱 풍성히 이해하려는 시도를 대표한다. 이런 이해의 내용은 다음과 같다. 즉 관념, 결정, 헌신, 제의, 그룹 제휴 등의 이 모든 것과 이것들의 의미가, 문화 정보와 사회적 상호 작용이라는 복잡한 망 내에서 또한 그것으로부터 각각 발생하고 유래한다는 것이다. 사회-과학적 연구에는 두 가지 기본 지침이 있다. 첫 번째 지침은 초기 교회가 형성되고 활동했던 사회 세계에 대한 조사를 포함한다. 이는 다음과 같은 내용으로 이루어진다. 즉 신약성서가 제공하는 사회학적 자료 연구, 신약성서에 기술된 사회적 **실상**(예. 무두장이와 자주 장사의 사회경제적 상황, 초대받은 집에서의 식사 예절, 복지 체계로서의 기부 제도 같은)에 대한 조사, 이런 정보를 기원후 1세기 로마 제국 내 관련 지역의 사회적 역사와 통합하는 것, "초기 기독교의 사회적 조직"에 대한 연구—어떤 사회적 힘이 초기 그리스도인 그룹을 하나로 결속했는가와, 이 그룹이 조직되고 제도화된 방식에 대한[4]—그리고 "사회적 상호관계에 영향 및 제한을 주는 사회적·문화적 문서 자료"[5]의 발견 등이다.

2 J. H. Elliott, *What Is Social-Scientific Criticism?* (Minneapolis: Fortress, 1993), 7.

3 위의 책을 보라. 이 두 비평을 함께 다루고 있는 것은 다음과 같다. Stephen C. Barton, "Historical Criticism and Social-Scientific Perspectives in New Testament Study," in *Hearing the New Testament: Strategies for Interpretation*, ed. J. B. Green (Grand Rapids: Eerdmans, 1995), 61-89.

4 이런 측면은 Jonathan Z. Smith, "The Social Description of Early Christianity," *RSR* 1 (1975): 19-25의 실용적 논문에 제시된다.

5 Elliott(*What is Social-Scientific Criticism?* 19)은 Smith의 모형론에 이와 같이 유용한

두 번째 지침은 본문 주석과 "사회과학의 연구, 이론, 모델"의 "성서 본문 분석"[6]에 대한 지원 방식에 초점을 맞춘다. 사회학은 신약성서 주석가들에게 본문에 대한 질문을 제공하는데, 이 질문은 신약성서의 본문 형성에 기여한 배후 세력, 즉 실제적이고 역동적인 세계로 향하는 문을 활짝 열어준다. 이는 초기 독자들이 본문을 이해하는 맥락도 제공한다. 사회학은 해당 신약성서 본문이 사회적 상호관계, 재화의 분배, 그리고 실제적이고 역동적인 세계의 다른 분야에 어떻게 영향을 미치려고 노력하는가에 대한 물음에도 자원을 제공한다.

다음에 이어질 내용은 주요 접근법에 대한 간단한 예와, 성서학 분야에서의 논의를 발전시킨 기념비적인 연구에 관한 것이다.[7]

사회학과 신약성서 해석

성서 해석의 도구로 사회학을 사용한 시초는 19세기 후반이다. 이 시기에 사회학은 양식비평가들이 보여준 "삶의 자리", 즉 성서 문학의 특정 형태에 관한 관심 속에 사용되었고, 프리드리히 엥겔스(Friedrich Engels)

내용을 추가한다.

6 위의 책, 19.

7 신약성서의 사회학적 연구 및 배경과 관련하여, 다음과 같은 광범위한 참고 문헌 및 참고 문헌 지침이 독자에게 추천된다. D. J. Harrington, "Second Testament Exegesis and the Social Sciences: A Bibliography," *BTB* 18 (1988): 77-85; Bengt Holmberg, *Sociology and the New Testament: An Appraisal* (Minneapolis: Fortress, 1990); Elliott, *What Is Social-Scientific Criticism?* 138-74; Barton, "Historical Criticism," 84-89; idem, "Social-Scientific Criticism," in *Handbook to Exegesis of the New Testament*, ed. S. E. Porter, NTTS 25 (Leiden: Brill, 1997), 278-89; D. G. Horrell, *Social-Scientific Approaches to New Testament Interpretation* (Edinburgh: Clark, 1999), 361-402.

와 브루노 바우어(Bruno Bauer)의 초기 기독교에 관한 이데올로기적인 연구에 사용되었는데, 이 연구는 초기 기독교를 고대 부르주아에 저항하는 프롤레타리아 운동으로 다뤘다.[8] 사회학은 유럽 대륙이 변증법적 신학과 실존주의 해석에 매료된 동안 성장을 멈추었다. 반면에 셜리 잭슨 케이스(Shirley Jackson Case), 샤일러 매튜스(Shailer Mathews)로 대표되는 미국의 "시카고 학파"는 초기 기독교의 사회학적 연구를 지속했다.[9] 게르트 타이센(Gerd Theissen)은 1970년대 초 유럽에서 사회학적 해석에 대한 관심을 다시 불러일으켰다. 미국에서는 초기 기독교의 사회적 맥락에 대한 관심이 저지(E. A. Judge)의 연구와 함께 최근에 되살아났다.[10]

이미 우리는 위에 언급한 초기 연구들을 통해 사회-과학적 해석이 전개된 두 가지 주요 방식을 구별할 수 있다. 저지는 사회적 기술 방식에 대해 연구했는데, 이 방식을 사용하는 주석가는 역사적 연구 방식에 자신을 일차적으로 위치시킨 후, 역사비평 연구에 존재하는 사회·문화적 **실상**을 기술한다. 이는 마르틴 헹엘(Martin Hengel)에 의해 성공적으로 계승되었는데, 그는 헬레니즘의 정치, 언어, 문화가 팔레스타인 지역에 침투하게 된 방식을 연구했다. 이는 오늘날까지도 중요한 연구로

8 예를 들어 F. Engels, "On the History of Early Christianity" (1894), in K. Marx and F. Engels, *On Religion* (Atlanta: Scholars Press, 1964), 316-47을 보라.

9 예를 들어 Shirley Jackson Case, *The Evolution of Early Christianity* (Chicago: University of Chicago Press, 1914); idem, *The Social Origins of Christianity* (Chicago: University of Chicago Press, 1923); Shailer Mathews, *The Social Teaching of Jesus: An Essay in Christian Sociology* (New York: MacMillan, 1897).

10 E. A. Judge, *The Social Patterns of the Christian Groups in the First Century* (London: Tyndale, 1960).

남아 있고, 팔레스타인의 문화적인 지도를 다시 그렸으며,[11] 에이브러햄 맬허브(Abraham J. Malherbe), 존 스탬버(John E. Stambaugh), 데이비드 볼치(David L. Balch)와 같은 학자들의 지지를 받는다. 이 학자들은 종종 연구의 대상이 되는 시기 및 현안, 그리고 사회적인 사실에 대한 "심층 기술"(thick description)[12]을 성취하는 것을 목표로 한다. 이를 통해 그들은 특정 현상에 대한 내부 구성원의 견해나 이해에 그 사회 구성원이 아닌 다른 이들의 접근도 꾀한다.

타이센의 초기 연구에 등장하고 그의 후기 연구에서 확연히 드러나는 두 번째 방식은, 사회-과학적 모델을 사용하여 본문에 반영된(혹은 규정된) 행위, 조직 구조, 권위의 정당화, 의미의 맥락을 제공하는 문화적 유형 등을 설명한다. 이 방식을 사용하는 해석자는 사회학적, 분석학적 조사 유형에 자신을 일차적으로 위치시킨다. 예를 들어 이 방식은 존 게이저(John Gager)의 연구에서 두드러지게 발견되는데, 그는 막스 베버(Max Weber)에게서 유래한 권위 모델, 천년왕국 분파 이론, 인지 부조화 이론을 사용하여 초기 교회 현상에 대한 분석과 설명을 제공한다.[13] 물론 이 두 방식은 상호 보완적이고 함께 사용될 때 가장 좋은 효과를 기대할 수 있다(특히 게르트 타이센, 존 바클레이[John Barclay], 웨인

11 Manin Hengel, *Judaism and Hellenism*, 2 vols. (Philadelphia: Fortress, 1974); *Jews, Greeks, and Barbarians* (Philadelphia: Fortress, 1980).

12 이는 C. J. Geertz(*The Interpretation of Cultures* [New York: Basic Books, 1973], 3-30)가 민족지학자의 연구를 기술하기 위해 사용한 용어다.

13 J. G. Gager, *Kingdom and Community: The Social World of Early Christianity* (Englewood Cliffs, N. J.: Prentice-Hall, 1975). 예를 들어, Gager는 멜라네시아의 적화(積貨) 신앙(cargo cults)을 관찰하여 초기 기독교의 사회적 상황을 새롭게 조명했다. 유사한 종교적 표현은 유사한 사회적 상황과 자극에서 유래하므로, 관련 상황을 복구하는 데 사용될 수 있다는 Gager의 전제는 혹독한 비판을 받아왔다.

믹스[Wayne Meeks]의 개별 연구가 이를 잘 증명해준다).

게르트 타이센은 신약성서의 사회학적 연구에 지금의 부흥을 가져온 선구자나 다름없다. 그는 구전 단계 동안 보존된 예수의 가르침과, 예수를 선포하는 설교자들의 생활방식 사이의 상관관계를 정립했다. 가난, 노숙, 유랑에 관한 예수의 가르침은 더 이상 "불가능한 윤리"가 아니라, 복음을 전파했던 자들의 실제 환경을 반영하는 것으로 여겨졌다.[14] 이를 통해 설교자들은 견유학파 철학자들, 또는 구호품이나 접대에 의존하는 유랑 복음 전파자들의 범주에 들어가게 되었다. 그러나 견유학파 철학자들, 유랑 복음 전파자들이 보여준 삶의 틀이 설교자들의 삶과 들어맞았지만, 이들 사이에 존재했던 차이점도 신중히 분별해낼 필요가 있었다. 타이센은 유랑 복음 전파자들을 지탱하는 데 필요한 사회적 기능을 다음과 같이 두 가지로 분석했다. 즉 (1) 유랑 복음 전파자들의 형성에 기여한 사회-경제적·사회-생태학적·사회-정치적·사회-문화적 요소들, (2) 팔레스타인의 예수 운동을 전개했던 집단에 관한 기능적 영향이다. 타이센의 『초기 팔레스타인 기독교의 사회적 배경』(*Social Setting of Early Palestinian Christianity*)은 다방면에 걸쳐 신약성서에 대한 사회-과학적 분석의 시작을 알렸다.

유사한 연구가 하워드 클라크 키(Howard Clark Kee)에 의해 동시에

14 이와 관련하여 가장 완성된 주장은 다음에서 볼 수 있다. G. Theissen, *The Social Setting of Early Palestinian Christianity* (Philadelphia: Fortress, 1978). 관련 이데올로기와 사회적 위치 간의 상관관계에 대한 유사 연구가 W. A. Meeks("The Man from Heaven in Johannine Sectarianism," *JBL* 91 [1972]: 44-72)에 의해 착수되었는데, 그는 다음과 같이 주장한다. 즉 이 세상에 완전히 속하지 않고, 이 세상에 대한 적개심을 실제로 경험한 메시아를 묘사하는 독특한 요한의 기독론은 분파주의자들의 사회적 정체성을 반영하고 있으며, 이와 같은 기독론 전승은 이 분파주의자들에게서 유래했다는 것이다.

이루어졌는데, 그의 연구는 마가복음에 초점을 맞추고 있다.[15] 키는 마가복음에 보존된 전통과 그 전통을 보존한 마가 공동체의 삶의 정황 사이의 관계를 정립함으로써 마가의 **삶의 자리**라는 양식비평의 질문을 다룬다. 또한 그는 마가 공동체의 중심에 서 있는 유랑 교사들의 무리를 발견하여, 이를 토대로 마가의 메시지를 해석했다. 키는 이 해석이 유랑 교사들과 그들을 중심으로 형성된 공동체에 적용되었으리라고 생각한다.

공관복음에 관한 그의 혁신적 연구 이후, 타이센은 고린도에서 전개된 기독교 운동에 관한 일련의 연구를 이어나갔다.[16] 그의 연구는 고린도에 있었던 회중과 인물 연구에 대한 심층 기술로 시작하는데, 이 설명을 통해 초기 교회 구성원이 주로 사회 밑바닥 계층 출신이라는 주장에 이의를 제기했다. 계속해서 그는 바울이 고린도에서 다룬 문제(분파, 우상에게 바친 제물을 먹는 것, 잘못된 방식의 주의 만찬 준수 같은)가 서로 다른 계층의 그룹이 보여주는 다양한 관습 및 기대(주로 공동체를 부양하는 부유한 자들의 관습과 기대로 인해 야기되는)를 반영한다고 분석했고, 바울과 그의 경쟁자인 유랑 선교사들 사이의 갈등에 영향을 미쳤던 권위의 정당성 문제도 조사했다.

바울 및 그의 교회에 관한 사회-과학적 연구는 벵트 홈베르그(Bengt Holmberg)에 의해 처음 이루어졌는데, 그는 베버의 모형론의 정당한 권위를 사용하여 바울과 다른 기독교 지도자들이 어떻게 특정 회중 위에

15 H. C. Kee, *Community of the New Age: Studies in Mark's Gospel* (Philadelphia: Westminster, 1977).

16 G. Theissen, *The Social Setting of Pauline Christianity: Essays on Corinth* (Philadelphia: Fortress, 1982).

권위를 세우고자 했는지 분석했다.[17] 웨인 믹스는 더 광범위한 기여를 했는데, 바울 기독교의 도시 환경에 대한 심층 기술(그리스나 로마의 도시에 사는 것은 어땠으며 이런 사회적·문화적 환경이 저술가인 바울과 그의 서신을 읽는 기독교 교회의 삶에 어떤 영향을 미쳤을까와 같은 주제에 대해)과, 초기 그리스도인들의 사회적 수준에 대한 추가 분석을 제공했다. 즉 초기 기독교 구성원들의 사회 계층에 관한 논의에 지위 불일치라는 차원을 덧붙였다. 그리고 믹스는 다음과 같은 관련 질문을 다루었다. 즉 집단 형성, 사회적 에토스, 교회의 통치, 세례 및 성만찬 의식의 의미, 효과 및 집단 형성 능력, 교회 내에서 믿음과 사회적 실제 사이의 상관관계 등이다.

존 엘리엇(John H. Elliot)의 베드로전서 연구는 사회-과학적 해석을 방법론적 명확성에 대한 새로운 차원으로 끌어올렸다. 그의 본문 중심성은 가장 환영받았던 요소로, 그의 연구에서 사회과학의 사용은 본문 외적 현상을 이해하기보다 본문과 본문 언어 및 상징이 지닌 사회 형성 능력에 관한 전략을 더 깊이 이해하는 데 그 목적이 있었다.[18] 엘리엇은 적절한 모델을 신중히 사용하는데, 이는 그가 로드니 스타크(Rodney Stark)와 윌리엄 배인브리지(William Bainbridge)가 고안해내고 브라이언 윌슨(Bryan Wilson)이 개선한 분파적 긴장의 모델을 선택한 것을 보면 알 수 있다. 이 분파적 긴장은 한 분파가 주류 사회와 맺는 관계를, 트뢸치(Troeltsch)가 고안한 분파 대 교회에 대한 더 오래된 모델과 대비하

17 B. Holmberg, *Paul and Power: The Structure of Authority in the Primitive Church as Reflected in the Pauline Epistles* (Philadelphia: Fortress, 1980).

18 J. H. Elliott, *A Home for the Homeless: A Sociological Exegesis of 1 Peter, Its Situation and Strategy* (Philadelphia: Fortress, 1981; 2nd ed., 1990).

여 분석하는데, 이는 시대착오적이며 부적절하다.[19]

수신인의 상태와 상황에 관한 심층 기술, 베드로전서에 반영된 특정한 사회적 긴장에 대한 면밀한 분석, 수신인을 식별하거나 정체성을 부여하기 위해 저자가 사용한 핵심 용어에 대한 조사를 통해, 엘리엇은 베드로전서가 이런 위기에 직면한 기독교 공동체의 유지를 돕기 위해 어떻게 전략적으로 기술되었는지에 대해 이전의 어떤 학자보다 잘 설명한다. 또 그는 두드러지게 본문의 "이데올로기적" 차원을 소개한다. 이는 저자나 저자들이 의사소통을 수단으로 삼아 자신들의 관심사를 개진하는 방법을 의미한다. 자신의 방법론에 대한 고찰을 통해, 엘리엇은 사회학적 주석이 가능하게 만든 다양한 질문 속에서 하나의 명확한 절차를 확립했는데,[20] 이는 엘리엇의 해석 방식이 지닌 이점을 극명하게 보여주는 탐구를 의미한다. 즉 우리는 기존에 시도되지 않은 각도에서 본문에 질문을 제기하고, 적어도 엘리엇의 경우에 있어서, 앞으로의 본문 독서를 상당 기간 풍성하게 해줄 괄목할 만한 결과를 만들어낸다.

사회-과학적 비평의 가장 큰 업적은 아마도 새로운 탐구 분야 개척을 통해 성서학 연구에 불어넣은 새로운 힘일 것이다. 이와 같은 공헌은, 히브리서를 수신하는 회중에 대한 내 개요처럼, 우리가 확실하게

19 E. Troeltsch, *The Social Teaching of the Christian Churches* (London: Allen, 1931); Bryan R. Wilson, "An Analysis of Sect Development," in *Patterns of Sectarianism*, ed. B. Wilson (London: Heinemann, 1967), 22-45; R. Stark and W. S. Bainbridge, "Of Churches, Sects, and Cults: Preliminary Concepts for a Theory of Religious Movements," *JSSR* 18 (1979): 117-33; W. S. Bainbridge and R. Stark, "Sectarian Tension," *RRelRes* 22 (1980): 105-24.

20 특히 Elliott, *What Is Social-Scientific Criticism?* 72-74을 보라. 이와 관련하여 매우 유용한 또 다른 자료는 H. C. Kee의 방법론적 개론서 *Knowing the Truth: A Sociological Approach to New Testament Interpretation* (Minneapolis: Fortress, 1989), 특히 65-69에 있다.

지리적 위치를 알 수 없는 교회의 목회적·역사적 환경을 깊이 이해하는 데 도움이 된다.[21] 사회-과학적 비평은 기존의 관념 지향적인 또는 신학적으로 초점을 맞춘 주석에서 적절한 관심을 기울이지 않았던 상황에 대한 새로운 숙고와 중요한 목회적 반응의 측면을 본문으로부터 지속적으로 도출해낸다. 이와 같은 성과를 보여주는 연구에는 다음과 같은 것들이 있다. 마태복음에 작용하는 정당화와 제도화 과정에 대한 앤드루 오버맨(J. Andrew Overman)의 연구,[22] 데살로니가에서 발생한 기독교로 불리는 자발적 연합과 더 큰 사회 간의 갈등에 관한 토드 스틸(Todd D. Still)의 연구,[23] 그리고 내 논문을 들 수 있다. 내 연구는 소아시아 교회들이 교파 분열로 나아갈지, 주류 사회를 향한 분파적 긴장 상태를 유지해야 할지를 결정하는 권위와 권리를 놓고 벌어진 사도 요한과 다른 예언자들 사이의 투쟁을 다룬다.[24] 신약성서 해석에서 사회과학의 창조적 사용은 새로운 세대의 학생들을 자극하여 그들이 종래의 학문적 거장들의 도움을 받아 위에 언급된 것과 같은 새로운 질문을 제기하도록 만든다.

21 D. A. deSilva, "The Epistle to the Hebrews in Social-Scientific Perspective," *ResQ* 36 (1994): 1-21.

22 J. A. Overman, *Matthew's Gospel and Formative Judaism: The Social World of the Matthean Community* (Minneapolis: Fortress, 1990).

23 T. D. Still, *Conflict at Thessalonica: A Pauline Church and Its Neighbours*, JSNTSup 183 (Sheffield: Sheffield Academic Press, 1999).

24 D. A. deSilva, "The Social Setting of the Apocalypse of John: Conflicts Within, Fears Without," *WTJ* 54 (1992): 273-302; "The Revelation to John: A Case Study in Apocalyptic Propaganda and the Maintenance of Sectarian Identity," *Sociological Analysis* 53 (1992): 375-95; "The Image of the Beast and the Christians in Asia Minor," *TJ* 12, n. s. (1991): 185-206.

문화 인류학과 신약성서 해석

신약성서에 대한 사회학적 연구와 더불어, 신약성서에 대한 문화·인류학적 해석도 지난 이십 년간 성행했다. 문화·인류학적 해석의 목적과 방법은, 특정 장소와 시기에 존재하는 저자와 청중의 문화적 맥락을 형성하는 의미의 일반적 역할, 가치, 문화적 틀을 발견하고 설명하는 것이다. 이런 기획은 극히 중요한데, 왜냐하면 문서로든지 구두로든지 간에 의사소통이 정보를 명확하게 만들기보다 오히려 생략하기 때문이다. 여기서 말하는 정보는 저자나 화자가 청중이 이해한다고 또 그들이 공유하는 문화적 망으로부터 얻을 수 있다고 판단하는 정보다. 만일 어떤 문화적 망 안에 있는 현대 독자가 고대의 의사 전달자들의 문화적 망 안으로 "도약해 들어가는" 데 실패한다면, 그는 틀린 정보를 제공하거나, 틀린 시나리오를 연구 중인 상황이나 대화에 적용할 것이다.

비록 신약성서 해석을 진행하는 데 비교 문화적 분석을 사용했던 중요한 전례들이 존재하지만,[25] 브루스 말리나(Bruce J. Malina)는 비교 문화적 분석 계통에서 선구자의 위치를 점한다. 지중해 및 부족 문화에서 명예, 수치, 정결, 타락에 대한 연구에 지대한 공헌을 한 메리 더글라스(Mary Douglas), 줄리안 피트-리버스(Julian Pitt-Rivers), 페리스티아니(J. G. Peristiany)와 같은 문화 인류학자들의 연구를 사용하면서, 말리나는 1세기 지중해 문화에 관한 일련의 모델을 구성했다. 우리는 이 모델을 통해 현대 미국 문화의 통념과 "특정한" 일처리 방식이 고대 세계의 그것과는 거대한 차이가 있음에 주목하게 된다.[26] 말리나는 사람들

25 유명한 연구로 다음을 보라. K. E. Bailey, *Poet and Peasant* (Grand Rapids: Eerdmans, 1976); *Through Peasant Eyes* (Grand Rapids: Eerdmans, 1980).

로 하여금 이 모델을 시험하도록 초대하여 현대 독자들이 고대 지중해 지역에 살았던 사람처럼 신약성서 본문을 이해할 수 있도록 돕고자 했는데, 많은 학자가 이 초대에 응답했다. 여러 논문과 책이 뒤이어 출간되어 새로운 도구를 시험하고 정비했는데, 그중 가장 값진 연구는 제롬 네이레이(Jerome H. Neyrey)가 편집한 "컨텍스트 그룹"(Context Group) 소속 회원들의 논문 모음집이다.[27] 이 획기적인 논문 모음집으로 말리나의 『신약성서 세계』(*New Testament World*)에 제시된 문화 관련 주제의 레퍼토리가 다양해졌는데, 명예와 수치, 일탈과 낙인 이론, 산업화 이전 도시에서의 사회적 관계, 시골과 도시의 관계, 질병과 치유, 성전과 가정의 조직, 후원 제도, 정결법, 신분 변화의 의식에 대한 논의가 포함되었고, 개별 모델을 통해 누가-행전에 대한 새로운 해석이 가능해졌다.

말리나의 초기 연구는 사회학자들과 신약성서 해석학자들로부터 비판받았다. 예를 들어, 말리나가 제시한 모델들은 고대 자료와 본문에 뿌리를 내리는 작업이 부족했다. 즉 이 모델들은 1세기에 대한 "심층 기술"에서 유래하지 않고, 현대 지중해 연안의 다양한 마을 공동체의 삶에 대한 "심층 기술"에 바탕을 두는데,[28] 여기에는 이천 년 동안 실제로

26 이와 관련하여 가장 유명한 다음 연구서를 보라. B. J. Malina, *The New Testament World: Insights from Cultural Anthropology* (Louisville: Westminster John Knox, 1981; 2nd ed., 1993; 3rd ed., 2001). 이 프로그램은 다음 학자들에 의해 지속되고 있다. B. J. Malina and Richard Rohrbaugh, *Social-Science Commentary on the Synoptic Gospels* (Minneapolis: Fortress, 1992); J. J. Pilch and B. J. Malina, *Biblical Social Values and Their Meaning: A Handbook* (Peabody, Mass.: Hendrickson, 1993).

27 J. H. Neyrey, ed., *The Social World of Luke-Acts: Models for Interpretation* (Peabody, Mass.: Hendrikson, 1991).

28 J. G. Gager, "Culture as the Context for Meaning," review of *The New Testament World: Insights from Cultural Anthropology*, by B. J. Malina, *Int* 37 (1983): 194-97, 특히 196; Horrell, *Social-Scientific Approaches*, 14도 이를 언급하고 있다.

변한 것이 거의 없다는 추측이 기저에 놓여 있다.[29]

이와 같은 비평은 일반적으로 자신의 모델과 분석의 기초를 고대 자료(또는 정보원)에 두는 사회과학 연구자들의 관심을 받아왔다. 예를 들어 캐롤린 오시에크(Carolyn Osiek)와 데이비드 볼치(David Balch)는 초기 기독교의 망으로서 가정에 대해 연구했는데, 이 연구는 유대교 및 그리스-로마 환경에서 발견되는 고고학적·문학적 증거를 자세히 논의하여 설명한다.[30] 이런 특징은 초기 교회의 가족에 관한 할보 막스네스(Halvor Maxnes)의 몇몇 논문에서도 발견된다.[31] 내 연구 역시 명예, 후원 제도, 친족, 정결에 대한 학문적 논의를 담고 있는데, 이는 광범위하고 다양한 유대교, 그리스, 로마 문학 자료에 기초하고 있으며 이 정보에 비추어 말리나가 제안한 모델들을 개선했다. 이를 통해 내가 희망하는 것은 문화 인류학 연구가들과, 더 전통적인 패러다임(역사비평 같은) 편에 서 있는 학자들 간의 간극을 메우는 일이다.[32] 또한 내 연구는 스티븐 바튼(Stephen Barton)이 우려를 표한 방향으로 논의를 개진하고 있다. 바튼은 그의 우려를 다음과 같이 표현한다. "사회-과학적 비평을 통해 신약성서의 신학과 윤리가 활성화될지는 두고 봐야 할 것이다."[33]

29 J. J. Meggitt, review of *The Social World of Jesus and the Gospels*, by Bruce J. Malina, *JTS* 49 (1998): 215-19.

30 C. Osiek and D. L. Balch, *Families in the New Testament World: Households and House Churches* (Louisville: Westminster John Knox, 1997).

31 Halvor Moxnes, ed., *Constructing Early Christian Families: Family as Social Reality and Metaphor* (London: Routledge, 1997); 특히 다음 학자들의 소논문을 보라. M. G. Barclay, S. C. Barton, P. F. Esler, and R. Aasgaard.

32 D. A. deSilva, *Despising Shame: Honor Discourse and Community Maintenance in the Epistle to the Hebrews*, SBLDS 152 (Atlanta: Scholars Press, 1995); *Honor, Patronage, Kinship, and Purity: Unlocking New Testament Culture* (Downers Grove, Ill.: InterVarsity, 2000).

신약성서 세계의 문화적·사회적 가치에 대한 신중한 조사는 이런 가치가 "오늘날 그리스도인들이 현대의 사회생활…구조에 개입하고 대립하는 데 모범과 동기를 제공한다는 점을 보여준다."[34]

평가

사회학자와 문화 인류학자의 공통 의제는, 그들의 연구로부터 유래한 모델과 함께, 해석자들로 하여금 초기 교회의 환경, 초기 교회의 삶과 문제, 신약성서 본문 자체를 다양하고 풍성한 관점에서 볼 수 있게 해주었다. 그런데 이는 학제 간의 대화 없이는 성서신학자들이 생각할 수 없었던 관점이었을 것이다. 앞서 인용한 참고 문헌은 사회학적·문화 인류학적 연구 분야의 풍성한 성과를 증명한다. 또 이 참고 문헌의 존재는 말씀이 초기 기독교 공동체 구성원들의 삶 가운데 어떻게 육화되었는지에 대한 우리의 이해가 사회학적·문화 인류학적 연구를 통해 풍성해졌음을 보여주는 증거가 된다. 신약성서 본문을 실제 삶의 현장과 염려로부터 발생한 메시지로, 또 실제 삶의 모습에 영향을 주기 위한 메시지로 이해함에 있어서, 사회-과학적 해석은 새롭고 다양한 차원의 전략을 제공해준다. 이 해석으로 말미암아 해석자들은 본문에 더 민감하게 귀를 기울이고 시대착오적이거나 자기 민족 중심의 본문 해석을 멀리하게 되었다. 특정한 사회-문화적 맥락에 놓여 있는 현대 독자들

33 S. C. Barton, "Social-Scientific Criticism," 286.

34 Elliott, *What Is Social-Scientific Criticism?* 13.

은 사회-과학적 해석을 통해 신약성서 본문의 소리를 그것의 사회·문화적 맥락의 틀 안에서 더욱 온전하고 정확히 들을 수 있게 되었다. 왜냐하면 사회-과학적 해석은 저자와 청중이 공유하고, 이미 알고 있어서 생략되어버린 정보를 더 정확히 제공하기 때문이다.

그럼에도 불구하고 여타의 다른 해석 방식처럼, 사회-과학적 해석도 완전하지 않다. 우선 비평가들은 사용 가능한 자료의 질과 양이 진정한 사회학적 조사를 실시하기에 적합하고 충분한지에 대해 의문을 제기해왔다.[35] 예를 들어 연구자가 직접 관찰하지 않거나 자신의 발견과 실제 표본의 대조 없이 사회학을 한다는 것이 가능한 일인가? 우리의 사회-과학적 안건이 제기하는 질문에 대한 답변과 거리가 먼(그러나 저자의 사회적·이상적 안건을 그의 청중에게 부과하려는) 본문으로부터 신뢰할 만한 사회학적 자료를 추출해내는 것이 가능한가? 자료가 지닌 한계 사항을 인정하거나 면밀히 평가할 필요는 없지만,[36] 중대한 자료가 존재한다는 사실에는 더 이상 의심의 여지가 없다.

둘째, 사회-과학적 해석에는 언제나 다음과 같은 위험이 도사리고 있다. 즉 자료의 불충분으로 인한 정보의 부족을 메꾸기 위해 현대의 표본 집단에 대해 관찰한 내용을 토대로 모델을 만들고 그것에 지나치게 의존할 수도 있다는 점이다. 더욱이 사회-과학적 해석자들은 일반적으로 현대 종교와 문화 현상에서 유래한 모델을 고대 문명 및 집단에 적용하기 때문에, 시대착오적 위험에 대한 주도면밀한 평가와 대비가 이루어져야 한다. 그러나 게르트 타이센의 올바른 지적처럼, 사회·과

35 예를 들어, Cyril S. Rodd, "On Applying a Sociological Theory to Biblical Studies," *JSOT* 19 (1981): 95-106을 보라.

36 깊이 있는 내용을 담고 있는 Elliott, *What Is Social-Scientific Criticism?* 92-93을 보라.

학적 모델을 사용하는 학자들은 항상 방법론에 주의를 기울이면서 연구를 진행한다.[37]

셋째, 몇몇 학자들은 모델의 결정론적인 사용을 피하라고 경고하는데, 이와 같은 사용 때문에 몇몇 연구는 비판받아 마땅하다. 이로 인해 모델은 더 이상 무엇을 발견하기 위한 도구가 아니라, 본문을 가두어 두고 본문이 순응해야 하는, 무리하게 획일화된 틀이 되어버린다. 물론 비단 사회-과학적 비평만이 이런 위험에 직면하는 것은 아니다. 모델의 직접적인 사용을 기피하는 학자들도 이데올로기적이거나 방법론상의 가정 아래 여전히 연구를 진행한다. 이런 가정은 본문을 학자 자신의 사고 틀에 끼워 맞추기 위한 효과적 장치다. 그럼에도 불구하고 이런 경고는 지속적으로 다음과 같은 모델을 사용해야 할 필요가 있음을 기억하게 한다. 즉 본문에 있는 증거를 살피고 추리는 도구로서의 모델, 본문에 질문(모델이 없었다면 제기할 수 없는)을 제기하는 수단으로서의 모델이다. 고대 본문이라는 암호를 풀기 위한 도구로서의 모델이 아니라(즉 모델이 본문에 관해 무엇인가를 더 발견하기 위해 사용되지 않고, 본문이 모델의 유효성을 증명하기 위해서 사용될 때와 같이), 구체적인 상황, 장소, 문화를 발견하는 도구로서의 모델이다. 지중해 연안의 디아스포라에 관한 존 바클레이(John Barclay)의 연구는 특별히 주목할 만한 예다. 왜냐하면 그는 자신의 연구에서 본문 외적인 의미를 본문에 부여하지 않고, 자료의 강제적 사용 없이, 본문 설명과 분석을 위한 경험적 도구로서 모델을 분별력 있게 사용하고 있기 때문이다.[38]

37 G. Theissen, *Social Reality and the Early Christians* (Minneapolis: Fortress, 1992), 21.

38 J. M. G. Barclay, *Jews in the Mediterranean Diaspora from Alexander to Trajan* (Edinburgh: Clark, 1996).

넷째, 사회-과학적 비평은 흔히 환원주의라는 비판을 받고 있다. 다시 말해, 사회-과학적 비평은 종교 현상을 일개 사회 현상으로 치부하거나, 사회적 원인과 형성 요인을 본문의 탄생에 영향을 미치는 원인과 형성 요인의 합으로, 또는 한 집단이나 그 집단의 구성원들이 취하는 행위의 합으로 간주한다는 것이다. 개인의 이데올로기적 위치에 따라, 이는 실제 위험이 될 수 있다. 하나님의 실재와 목적이 지니는 타당성을 부인하거나, 심지어 창조적 소수가 이룰 수 있는 혁신, 비전, 성취를 무시하는 자들은 바로 이런 덫에 빠질 수 있다. 그러나 엘리엇은 이에 대해 다음과 같은 반대 입장을 옳게 표명한다. 주석의 한 부분으로서 사회-과학적 해석을 적절히 사용하는 것은 또 다른 일종의 환원주의, 즉 본문을 영원불변의 계시된 신학 사상과 윤리적 가르침을 담고 있는 단순 저장고로 이해하는 것을 막는 데 필요하다는 것이다.[39] 복음주의자들은 특히 이런 환원주의에 빠지기 쉬운데, 우리는 성육신의 참 증인으로서 이를 경계해야 한다.

다섯째, 사회-과학적 방법론에 관한 가장 큰 우려는 아마도 "후기 계몽주의의 무신론적 실증주의"[40]에 뿌리를 내리고 있는 이데올로기적 사회학과 관련이 있다. 종교 사회학자들이 신을 그들이 관찰하는 현상의 주체나 행위자로 "고려하지 말아야 한다"는 것은 자명한 이치다.[41] 비록 이와 같은 사실이 후기 계몽주의 세계관을 방법론적으로 제도화한 것이지만 말이다. 그러나 우리는 이런 편견을 인지함으로써, 사회-

39 Elliott, *What Is Social-Scientific Criticism?* 90.

40 Barton, "Social-Scientific Criticism," 280.

41 P. L. Berger, *The Sacred Canopy* (New York: Doubleday, 1967), 179-85에서 이 주제에 관한 논의를 보라.

과학적 해석을 이용하면서도 편견을 영구화하지 않을 수 있다. 이로써 사회-과학적 해석은 믿음을 해체하지 않고 이해를 위한 도구로 사용될 수 있다. 또한 사회-과학적 해석은 초기 교회가 믿음을 키우고 강한 제자 공동체로 성장하기 위해 사용한 자료를 발견하는 수단으로도 이용될 수 있다. 이런 자원은 다른 환경에서도 동일한 목적으로 유용하게 사용될 것이다.[42]

사회-과학적 해석은 신약성서를 신학 및 기독교 신념과 별도로 연구할 수 있는 좋은 장을 많은 이들에게 제공할 것이다. 그러나 다른 많은 이들은 사회-과학적 해석을 통해 사회학과 문화 인류학의 성과물을 본문의 세세한 분석에 끊임없이 적용할 것이다. 적어도 복음주의 학자들에게 이런 적용은 매우 중요하다.[43] 사회과학 분야의 열렬한 옹호자 가운데 하나인 엘리엇이 강조하듯이, 사회-과학적 해석은 주석 과정의 한 단계일 뿐이다.[44] 한편으로 이 분야가 전체적으로 발전되어감에 따라 성서 해석자들은 사회학 분야를 더 많이 이용하고 있는데, 그 결과 초기 기독교의 사회·문화적 맥락에 대한 미묘한 결론들이 앞으로 수

42 deSilva의 두 연구서인 *Honor, Patronage, Kinship, and Purity*와 *New Testament Themes*(St. Louis: Chalice, 2001)에 의하면, 이런 목적은 사회·문화적 주제의 사용을 신약성서를 이해하기 위한 맥락으로 강조한다. 그러나 이 두 연구서의 업적에 대한 비판적 평가는 아직 등장하지 않았다.

43 복음주의 관점에서 초기 교회의 사회적 정황 분석을 최초로 제대로 시도한 연구는 다음과 같다. Derek Tidball, *The Social Context of the New Testament: A Sociological Analysis* (Grand Rapids, Zondervan, 1984). 또한 주목할 만한 학자는 Scot McKnight로, 그가 NIV Application Commetary에 기고한 *1 Peter*(Grand Rapids: Zondervan, 1996)는 베드로전서 배후의 상황과 전략을 삶에 적용하면서, J. H. Elliott의 연구뿐만 아니라 다수의 사회·과학 이론가들의 연구도 충분히 활용하고 있다. 이런 연구는 신앙적 헌신과 신약성서에 대한 사회학적 분석이 양립 가능하다는 확실한 증거를 제공한다.

44 Elliott, *What Is Social-Scientific Criticism?* 7.

십 년 내에 점점 더 증가하게 될 것이다. 다른 한편으로 신약성서 본문의 의미와 영향력을 해석함에 있어서 구체적으로 사회-과학적 통찰을 이용하는 데 대한 관심은 학제 간의 주석 패러다임을 통해 지속적으로 표현될 것이다. 예를 들면, 사회-수사학적 해석의 다양한 형태로 귀결될 것이다.[45] 복음주의자들이 사회-과학적 해석을 더 활발히 사용하고 있으므로, 우리가 초기 교회의 "몸"을 복구하기 위해 "영혼"을 희생하는 위험에 빠질 가능성은 적을 것이다.

45 이 학제 간 해석 프로그램에 대한 내용은 다음 연구서에서 볼 수 있다. Vernon Robbins, *Exploring the Texture of Texts* (Valley Forge, Pa.: Trinity, 1996). 이 해석 프로그램이 최근 지속되고 있는 성서학계 전반의 연구와 맺고 있는 관계는 다음 연구서에 폭넓게 기술되어 있다. Robbins, *The Tapestry of Early Christian Discourse* (London: Routledge, 1996). 성서 전체 본문에 관한 이 해석 프로그램의 가능성은 다음 연구서에서 검사를 받고 있다. D. A. deSilva, *Perseverance in Gratitude: A Socio-Rhetorical Commentary on the Epistle "to the Hebrews"* (Grand Rapids: Eerdmans, 2000). Ben Witherington III 역시 자신의 원숙한 고린도전·후서 주석서인 *Conflict and Community in Corinth*(Grand Rapids: Eerdmans, 1995)와 갈라디아서 주석서인 *Grace in Galatia: A Socio-Rhetorical Commentary*(Grand Rapids: Eerdmans, 1999)에서 사회-과학적 비평, 수사비평, 역사비평을 함께 엮고 있다.

제7장

신약성서 속 구약성서

Craig A. Evans
크레이그 A. 에반스

빌레몬서와 요한 2, 3서를 제외한 모든 신약성서의 책에는 구약성서가 인용되거나 암시되어 있다.[1] 구약성서는 우리가 생각할 수 있는 모든

1 주요 참고 문헌은 다음을 보라. C. H. Dodd, *According to the Scriptures* (New York: Scribner, 1952); B. Lindars, *New Testament Apologetic* (Philadelphia: Westminster, 1961); C. K. Barrett, "The Interpretation of the Old Testament in the New," in *The Cambridge History of the Bible*, ed. P. R. Ackroyd et al., 3 vols. (Cambridge: Cambridge University Press, 1963-70), 1:377-411; D. M. Smith, "The Use of the Old Testament in the New," in *The Use of the Old Testament in the New and Other Essays*, ed. J. Efird (Durham: Duke University Press, 1972), 3-65; H. M. Shires, *Finding the Old Testament in the New* (Philadelphia: Westminster, 1974); R. N. Longenecker, *Biblical Exegesis in the Apostolic Period* (Grand Rapids: Eerdmans, 1975); A. T. Hanson, *The New Testament Interpretation of Scripture* (London: SPCK, 1980); D. A. Carson and H. G. M. Williamson, eds., *It Is Written: Scripture Citing Scripture: Essays in Honour of Barnabas Lindars* (Cambridge: Cambridge University Press, 1988); D. H. Juel, *Messianic Exegesis: Christological Interpretation of the Old Testament in Early Christianity*

방식으로 신약성서에 나타난다. 예를 들어 "기록되었으되"와 같은 정형화된 도입 문구와 함께 인용되기도 하고, 이런 문구 없이 나오기도 한다. 다른 표현으로 바뀌어 기록되거나 암시적으로 사용되기도 한다. 때로는 구약성서의 한두 단어만으로 구성될 때도 있다. 다른 경우에서 신약성서는 구약성서의 주제, 구조, 신학을 반영한다. 신약성서의 저자들은 구약성서를 통해 변증법적·도덕적·교리적·교육적·예전적 근거를 발견한다. 더 큰 영향을 미친 복음을 제외한다면, 신약성서의 사상에 가장 많은 영향을 미친 것은 구약성서다.

고대 후기의 유대교 주석

고대 후기에 유대교 주석은 많은 형태를 취하고 있었다.[2] 유대교 주석

(Philadelphia: Fortress, 1988); E. E. Ellis, *The Old Testament in Early Christianity*, WUNT 54 (Tübingen: Mohr Siebeck, 1991; reprint, Grand Rapids: Baker, 1992); R. Liebers, *"Wie geschrieben steht": Studien zu einer besonderen Art frühchristlichen Schriftbezuges* (Berlin and New York: de Gruyter, 1993).

2 다음을 보라. G. Vermès, "Bible and Midrash: Early Old Testament Exegesis," in Ackroyd et al., *Cambridge History of the Bible*, 1: 199-231; idem, *Scripture and Tradition in Judaism*, SPB 4 (Leiden: Brill, 1973); D. Patte, *Early Jewish Hermeneutic in Palestine*, SBLDS 22 (Missoula, Mont.: Scholars Press, 1975); M. Fishbane, *Biblical Interpretation in Ancient Israel* (Oxford: Oxford University Press, 1985); M. J. Mulder, ed., *Mikra: Text, Translation, Reading and Interpretation of the Hebrew Bible in Ancient Judaism and Early Christianity*, CRINT 2.1 (Assen: Van Gorcum; Philadelphia: Fortress, 1988); D. Boyarin, *Intertextuality and the Reading of Midrash* (Bloomington and Indianapolis: Indiana University Press, 1990); D. Instone Brewer, *Techniques and Assumptions in Jewish Exegesis before 70 C.E.*, TSAJ 30 (Tübingen: Mohr Siebeck, 1992); D. Marguerate and A. Curtis, eds., *Intertextualités: La Bible en échos*, Le Monde de la Bible 40 (Paris: Labor et Fides, 2000).

은 의식적이고 체계적으로 행해졌으며, 때로는 격식 없이 거의 무의식적으로 행해질 때도 있었다. 그러나 순수한 유대교 주석만 있는 것은 아니었다. 오히려 유대교 주석은 지중해 동부 지역에서 성행하던 거룩한 문학의 해석 형식 및 스타일을 차용하거나 적용하고 있었다.[3] 그럼에도 불구하고 일군의 독특한 문헌이 유대교 집단 내에서 등장했는데, 이는 신약성서의 저술에서 발견되는 해석적 접근 방식을 잘 보여준다.

1. **타르굼**(Targum).[4] 정경의 폐쇄성으로 인해 초점은 점점 더 본문에 맞춰지게 되었다. 본문의 의미를 해석하는 한 가지 방법은 그것을 패러프레이즈, 즉 다른 말로 표현해내는 것이었다. 이런 형태의 주석은 타르굼으로 등장하는데, 타르굼은 구약성서의 아람어 패러프레이즈라 할 수 있다. 패러프레이즈를 통해 본문과 해석이 결합된다. (심지어 70인역도 패러프레이즈로, 어떤 의미에서 하나의 타르굼이라 할 수 있다.) 신약성서는 다량으로 구약성서를 패러프레이즈하고 있는데, 이는 유대교 주석 형태를 예시하며, 많은 부분에 있어서 타르굼 전통을 반영한다(다음을 각각 비교해보라. 막 4:12과 *Tg. Isa.* 6:10; 눅 6:36과 *Tg. Ps.-J.* 레. 22:8; 롬 10:6-8과 Tg. Neof. 신 30:11-14).[5]

3 다음을 보라. S. Lieberman, *Hellenism in Jewish Palestine* (New York: Jewish Theological Seminary of America, 1962).

4 다음을 보라. J. Bowker, *The Targums and Rabbinic Literature* (Cambridge: Cambridge University Press, 1969). M. McNamara가 편집하고 여러 권으로 이루어진 *The Aramaic Bible*도 보라.

5 다음을 보라. M. McNamara, *The New Testament and the Palestinian Targum to the Pentateuch*, AnBib 27 (Rome: Pontifical Biblical Institute, 1966); *Targum and Testament* (Grand Rapids: Eerdmans, 1972).

2. **미드라쉬**(Midrash).[6] 미드라쉬("해석"을 의미, "탐구하다"를 뜻하는 히브리어 *darash*에서 유래함. 요 5:39을 보라)에는 분명한 것을 더 명확하게 하기 위한 본문 탐구가 포함된다. 구약성서 연구를 언급하며, 힐렐(Hillel)의 제자 하나가 다음과 같이 말했다. "구약성서를 펼치고 또 펼쳐라. 모든 것이 그 안에 있기 때문이다. 그리고 그것을 묵상하고 그것과 함께 늙어가라. 그것을 벗어나지 마라. 왜냐하면 이보다 더 나은 안내자를 찾을 수 없기 때문이다"(*m. 'Abot* 5:22). 여기서 핵심 진술은 "모든 것이 그 안에 있기 때문이다"라는 표현이다. 이는 미드라쉬 주석가(midrashist)의 확신을 반영하고 있다. 답을 찾을 때까지 구약성서는 탐구되고 묵상되어야 한다. 힐렐은 구약성서 연구를 위해 일곱 개의 규칙(또는 *middoth*)을 따르고 있다(*'Abot R. Nat.* 37; *t. Sanh.* 7.11). 신약성서 연구에서 가장 중요한 것은 다음과 같다. (1) *qal wahomer*("가벼움과 무거움"): 덜 중요한 경우에 참된 것이, 더 중요한 경우에도 반드시 참이라는 것이다(마 7:11; 롬 5:10을 보라). (2) *gezera shawah*("등가 원칙"): 구문들이 공통의 어휘를 공유할 때, 이 구문들은 서로의 의미를 명확히 밝혀준다(롬 4:7-8; 11:7-10을 보라). (3) *kelal upherat*("일반과 특수"): 일반 규칙은

6 다음을 보라. S. Zeitlin, "Midrash: A Historical Study," *JQR* 44 (1953): 21-36; A. G. Wright, *The Literary Genre Midrash* (Staten Island: Alba, 1967); R. Le Déaut, "Apropos a Definition of Midrash," *Int* 25 (1971): 262-82; R. Bloch, "Midrash," in *Approaches to Ancient Judaism*, ed. W. S. Green, BJS 1 (Missoula, Mont.: Scholars Press, 1978), 29-50; G. G. Porton, "Defining Midrash, in *Study of Ancient Judaism*, ed. J. Neusner (New York: Ktav, 1981), 55-94; R. T. France and D. Wenham, eds., *Studies in Midrash and Historiography*, Gospel Perspectives 3 (Sheffield: JSOT Press, 1983); J. Neusner, *What Is Midrash?* (Philadelphia: Fortress, 1987).

특수 구문에서 도출되고, 특수 법칙은 일반 구문에서 도출된다(롬 13:8-10; 갈 5:14을 보라). 유대교 주석은 할라카(이는 "걷다"를 의미하는 히브리어 *halak*에서 유래하며 법률 문제와 관련이 있다)와 하가다(이는 "이야기하다"를 뜻하는 히브리어 *nagad*에서 유래한다)로 대표된다. 결국 유대교 주석이 *haggadah* 측면에서 언급될 때, 이는 유대교 주석의 설교적 측면을 이야기하는 것이 된다. 할라카(*halakah*)방식의 주석은 주로 연구 기관의 산물이고, 하가다(*haggadah*)방식의 주석은 주로 회당의 산물이었다. 그러나 이 둘 사이에는 공통점도 많이 존재했다. 미드라쉬는 때로 상황을 즉흥적으로 설명하는 주석 형태를 띠기도 한다. 신약성서에서 미드라쉬와 관련된 최고의 예 중 하나는 요한복음 6:25-59에서 발견되는데, 이 본문은 출애굽기 16:4, 시편 78:24을 언급하고 있다(참조. 요 6:31).[7]

3. **페셰르**(Pesher).[8] 쿰란에서 구약성서는 설명을 필요로 하는 신비의 문서로 이해되었다. "페셰르"는 바로 이 신비에 대한 설명이었다. 가령 "이 (말씀의) 페셰르는 의의 교사에 관한 것으로, 하나님은 그분의 종인 예언자들의 말씀에 담긴 모든 신비를 의

7 P. Borgen, *Bread from Heaven: An Exegetical Study of the Concept of Manna in the Gospel of John and the Writings of Philo*, NovTSup 10 (Leiden: Brill, 1965). 관련 예에 관한 연구에 대해서는 M. Gertner, "Midrashim in the New Testament," *JSS* 7 (1962): 267-92을 보라.

8 J. A. Fitzmyer, "The Use of Explicit Old Testament Quotations in Qumran Literature and in the New Testament," *NTS* 7 (1961): 297-333; M. P. Horgan, *Pesharim: Qumran Interpretations of Biblical Books*, CBQMS 8 (Washington: Catholic Biblical Association, 1979); G. J. Brooke, *Exegesis at Qumran: 4QFlorilegium in Its Jewish Context*, JSOTSup 29 (Sheffield: JSOT Press, 1985); D. Dimant, "Pesharim, Qumran," *ABD* 5:244-51.

의 교사에게 알려주셨다"(1QpHab 7:4-5). 또 구약성서 본문이 쿰란 공동체에 관해, 그리고 쿰란 공동체를 향해 이야기한다고 여겨졌고, 앞으로 발생할 종말론적 사건들에 대해 이야기한다고 믿어졌다. 신약성서 주석에서처럼(막 12:10-11[시 118:22-23을 인용], 14:27[슥 13:7을 인용], 행 2:17-21[욜 2:28-32을 인용]을 보라), 페셰르 주석은 구약성서의 특정 구절을 구체적인 역사적 사건과 경험 속에서 성취된 것으로 이해한다.[9]

4. **알레고리.**[10] 알레고리적 해석은 상징적 의미를 본문에서 추출해낸다. 이 해석의 기저에는 더욱 깊고 정교한 해석이 가시적인 글자의 이면에서 발견된다는 생각이 놓여 있다. 그러나 알레고리 사용자는 본문이 반드시 비역사적이거나 문자적인 의미가 없다고 가정하지 않는다. 주석은 단순히 성서 본문과만 관련되지 않는다. 기원후 1세기의 가장 저명한 알레고리 기법 사용자는 알렉산드리아의 필론(Philo of Alexandria)이었는데, 그의 많은 저서는 구약성서, 주로 모세 오경의 알레고리적 해석에 대한 풍부한 예를 제공한다.[11] 알레고리적 해석은 쿰란과 랍

9 페셰르와 신약성서 주석의 주요 비교를 위해서는 다음을 보라. K. Stendahl, *The School of St. Matthew and Its Use of the Old Testament*, ASNU 20 (Lund: Gleerup; Copenhagen: Munksgaard; rev. ed., Philadelphia: Fortress, 1968).

10 다음을 보라. J. Z. Lauterbach, "The Ancient Jewish Allegorists," *JQR* 1 (1911): 291-333; G. L. Bruns, "Midrash and Allegory: The Beginnings of Scriptural Interpretation," in *The Literary Guide to the Bible*, ed. R. Alter and F. Kermode (Cambridge: Harvard University Press, 1994), 625-46; D. M. Hay, "Defining Allegory in Philo's Exegetical World," *SBLSP* 33 (1994): 55-68.

11 다음을 보라. S. G. Sowers, *The Hermeneutics of Philo and Hebrews* (Richmond: John Knox, 1965); J. Morris, "Philo the Jewish Philosopher," in E. Schürer, *The History of the Jewish People in the Age of Jesus Christ (175 B.C.-A.D. 135)*, ed. G. Vermès et al., 3 vols.

비 문헌 속에서 발견된다. 신약성서에서도 알레고리적 해석을 볼 수 있다. 그중 가장 눈에 띄는 예는 갈라디아서 4:24-31로, 여기서 사라와 하갈은 각각 두 언약을 상징한다. 또 다른 예는 고린도전서 10:1-4로, 여기서 홍해 횡단은 기독교 세례를(이런 측면은 모형론 측면과 겹치지만), 바위는 그리스도를 상징한다.

5. **모형론**[12] 모형론은 주석의 한 방법이라기보다는 성서, 특히 역사를 다루고 있는 부분에 대한 유대교 및 기독교의 이해에 바탕이 되는 일종의 추정이다. 모형론은 (과거에 관한) 성서 이야기가 현재와 관련이 있다는 믿음, 혹은 현재가 성서 이야기에 암시되어 있다는 믿음에 기초한다. 알레고리와 달리, 모형론은 역사와 밀접한 연관이 있다. 미드라쉬 방식의 주석도 모형론적 성서 이해를 반영한다. 쿠겔(J. L. Kugel)에 의하면, 미드라쉬는 "과거 사건과, 현재와 과거와의 연관성에 집착한다."[13] 그가 나중에 말한 것에 따르면, 유대교적 주석은 "사건이 이치에 맞는(그래서 위안이 되는) 성서 역사의 세계에 현재가 참여하도록 만드는 것을(실제로는 성서 역사의 세계와 연속선상에 있기를)" 희망한다.[14] 이와 같은 생각이 모형론적 사고이며, 모형론적 사고는 어느 정도 페세르 방식 및 알레고리적 주석에 기초한다.

in 4 (Edinburgh: Clark, 1973-87), 3.2:809-89, 특히 871-88.

12 G. von Rad, "Typological Interpretation of the Old Testament," in *Essays on Old Testament Hermeneutics*, ed. C. Westermann (Richmond: John Knox, 1963), 17-39; L. Goppelt, *Typos: The Typological Interpretation of the Old Testament in the New* (Grand Rapids: Eerdmans , 1982); Patte, *Early Jewish Hermeneutic*, 159-67.

13 J. L. Kugel, with R. A. Greer, *Early Biblical Interpretation*, LEC 3 (Philadelphia: Westminster, 1986), 38.

14 위의 책, 46.

널리 알려진 유대교의 종말론적 기대는 구약성서에 대한 모형론적 이해를 전제한다. 예를 들어, 메시아 시대에는 과거에 발생했던 놀라운 일들이 재현되리라고 믿었다. 그러나 모형론에 대한 성서적 전례가 없는 것은 아니다. 즉 모형론은 구약성서 자체에 뿌리를 두고 있다. 출애굽이라는 위대한 사건은 바빌로니아 포로생활에서 이스라엘 땅으로 다시 돌아오는 사건의 모형 역할을 한다(사 43:16-17). 다윗은 언젠가 회복될 이스라엘을 다스릴 의로운 왕의 모형이다(사 11:1-3, 10; 렘 23:5-6; 슥 3:8). 예수는 소돔에 임한 심판을 종말에 임할 심판과 비교하고(눅 17:28-30), 롯의 아내의 경험을 목숨을 잃은 자들과 비교하며(눅 17:32-33), 엘리야와 세례 요한을 비교한다(막 9:13). 이런 비교 중 가장 잘 알려진 것은, 바로 요나의 경험을 그리스도의 장사 및 부활과 비교하는 것이다(마 12:40; 눅 11:30). 모형론은 신약성서의 모든 책 가운데 히브리서에서 가장 대규모로 사용되고 있다.

방법

신약성서 저자가 인용되거나 암시되고 있는 구약성서 본문을 어떻게 이해했는지 결정하기 위해서는 해당 구약성서 본문을 둘러싼 기원후 1세기의 해석학적·신학적 논의를 가능한 한 세밀히 재구성할 필요가 있다. 초기 그리스도인들과 유대인들에게 관련 구약성서 본문이 어떻게 이해되었을까? 이 질문에 답하기 위해서는, 각 본문이 등장하는 모든 문헌을 살펴봐야 한다. 이는 각 본문이 포함된 고대 사본(MT, LXX,

Targum), 각 본문이 인용된 신약성서, 구약성서, 외경, 위경, 쿰란 문서, 요세푸스, 필론, 초기 랍비 문헌에 대한 연구를 포함한다.[15] 어떤 자료들은 전혀 관계없는 것일 수도 있고, 다른 자료들은 신약성서 저자의 주석을 꽤 명쾌하게 보여줄 수도 있다. 예를 들어, 요한복음 10:34-36에서 인용되고 해석된 시편 82:6-7은 구약성서의 맥락에만 의존하면 적절히 설명될 수 없다. 그러나 이 시편에 대해 랍비식의 해석이 적용된다면(*Sipre Deut.* §320 [32:20]; *Num. Rab.* 16.24 [14:11]), 시편 구절과 요한복음 맥락의 연관성이 분명해진다.

예

우리는 예수, 복음서 저자들, 바울, 그리고 히브리서 저자로부터 몇 가지 예를 고려해볼 수 있다. 우리는 위에서 살펴본 방법들이 저자와 기록에 작용하고 있음을 발견하게 될 것이다.

1. **예수.**[16] 역사적 예수에 대한 관심이 부활하면서, 예수의 구약성서 이해와 사용법에 대한 관심도 새로워졌다. 모두가 일치된 견해를 보이

15 이와 같은 각 문헌의 요약과 소개는 다음을 보라. C. A. Evans, *Noncanonical Writings and New Testament Interpretation* (Peabody, Mass.: Hendrickson, 1992). 방법론에 대한 추가 논의는 1-8장을 보라.

16 예수에 관한 일반 연구는 다음을 보라. R. T. France, *Jesus and the Old Testament* (London: Tyndale, 1971); J. W. Wenham, *Christ and the Bible* (London: Tyndale, 1972); B. D. Chilton, *A Galilean Rabbi and His Bible*, GNS 8 (Wilmington, Del.: Glazier 1984); J. W. Wenham and C. A. Evans, "Jesus and Israel's Scriptures," in *Studying the Historical Jesus: Evaluations of the State of Current Research*, ed. Evans and Chilton, NTTS 19 (Leiden: Brill, 1994), 281-335.

지는 않지만, 많은 학자가 예수의 메시지와 자기 이해의 중심에 구약성서가 자리하고 있음을 바르게 인지하고 있다.

세례 요한이 등장하여 애태우게 하는 장면에서, 감옥에 갇힌 세례 요한은 자신의 제자들을 통해 예수에게 다음과 같이 묻는다. "오실 그이가 당신이오니이까, 우리가 다른 이를 기다리오리이까?"(마 11:3). 예수는 이사야서의 다양한 부분을 암시하면서 다음과 같이 대답한다. "가서, 듣고 보는 것을 요한에게 알리되 '맹인이 보며 못 걷는 사람이 걸으며 나병환자가 깨끗함을 받으며 못 듣는 자가 들으며 죽은 자가 살아나며 가난한 자에게 복음이 전파된다' 하라"(마 11:4b-5; 참조. 눅 7:22). 예수의 답변은 이사야 26:19, 35:5-6, 61:1을 암시하고 있다. 예수의 의도는 세례 요한의 질문에 긍정적으로 답변하는 것이었다. 그런데 그의 대답이 메시아적 성격을 띠고 있었을까? 분명 그렇다. 왜냐하면 우리는 같은 내용을 쿰란 문서에서 볼 수 있는데, 여기서 유사한 행위들이 "하늘과 땅이 순종할" 하나님의 메시아가 올 때 일어난다고 이해되고 있기 때문이다(참조. 4Q521 frag. 2 ii 1-12). 두루마리 형식의 이 쿰란 문서는 기원전 1세기 중반의 문서로 추정되는데, 예수의 사역 시기보다 한두 세대 전에 이스라엘에 살았던 유대인들의 메시아 신앙을 보여주는 중요한 문서다. 이사야서의 동일한 본문을 암시하면서, 예수는 듣는 이들의 마음속에 종말론과 메시아주의를 불러일으켰다.

악한 포도원 품꾼의 비유(막 12:1-9)는 예수와 당시 종교 지도자들 사이의 반목을 보여주는 내용과 맥락을 담고 있는데, 여기서 예수는 이사야의 포도원 노래(사 5:1-7)를 암시한다. 그런데 이 암시에 반영되어 있는 이해는 전적으로 70인역이나 구약성서에서 비롯되었다고 볼 수 없다. 예수의 적대자들은 왜 그의 비유가 자신들을 공격한다고 이해했을까(막 12:12)? 이사야 5:1-7은 모든 유다를 공격하는 내용인데 말이다. 타르굼을 통해 우리는 빠진 것을 연결해주는 고리를 발견하게 된다. 타르굼의 패러프레이즈에 따르면, 하나님은 그의 백성을 위해 "제단"과 "성소"("망대"와 "술틀" 대신에)를 세우셨다.[17] 그러나 그의 백성이 지은 죄로 인해 하나님은 그들의 "성소"를 무너뜨리실 것이다. 이와 같은 성전과 제단의 파괴라는 위협은 이사야서 본문을 예수 당시의 성전 지도자들에게 특별히 적용되도록 만든다. 그러므로 타르굼의 해석에 따르면, 예수가 자신의 비유에 이사야 5장을 사용한 것은 적절하며, 그의 종교적 반대자들의 적대적 반응은 충분히 이해 가능하다.[18] 기원전 1세기에 기록된 4Q500에 이사야 5장에 대한 비슷한 이해가 등장하는데, 이는 이런 해석 전통이 오래된 것임을 확증한다.

2. **마태**.[19] 마태의 구약성서 인용은 특유의 성취 구문으로 소개된다(마 1:22; 2:15, 17, 23; 4:14; 8:17; 12:17; 13:14, 35; 21:4, 27:9). 그런데 이는 신약성서 관련 논쟁 중 가장 의견이 분분한 주제 중 하나다. 여기서 다룰 두 개의 인용은 다양한 난제를 포함하고 있으므로, 이 논문의 목적에 비추어볼 때 훌륭한 시험 사례가 될 것이다.

마태복음 2:13-15에서, 마태는 예수의 가족이 애굽으로 도피한 이

17 동일한 주석이 *t. Me'il.* 1.16과 *t. Sukk.* 3.15에도 등장하는데, 이곳에서 망대와 술틀은 각각 "성전"과 "제단"을 분명하게 의미한다. 예수의 공생애 사역보다 시기적으로 앞서는 *1 En.* 89.56-73에서 첫 번째와 두 번째 성전도 망대로 언급된다.

18 더욱 깊은 논의에 대해서는 C. A. Evans, "On the Vineyard Parables of Isaiah 5 and Mark 12," *BZ* 28 (1984): 82-86; Chilton, *Galilean Rabbi*, 111-16을 보라.

19 마태복음에 관한 일반적인 연구는 다음을 보라. N. Hillyer, "Matthew's Use of the Old Testament," *EvQ* 36 (1964): 12-26; R. H. Gundry, *The Use of the Old Testament in St. Matthew's Gospel*, NovTSup 18 (Leiden: Brill, 1967); Stendahl, *School of Matthew*; R. S. McConnell, *Law and Prophecy in Matthew's Gospel: The Authority and Use of the Old Testament in the Gospel of St. Matthew*, Theologische Dissertationen 2 (Basel: Reinhardt, 1969).

야기를 들려준다. 그런데 애굽은 "헤롯이 죽을 때까지"(15a절) 그들이 머물러야 했던 장소다. 마태에 의하면, 예수가 애굽을 떠나는 일은 예언의 성취다. 즉 "애굽으로부터 내 아들을 불렀다"(15b절). 이 인용은 70인역("…내가 그의 자녀들을 불렀다")이 아니라 히브리 성서의 호세아 11:1b에서 나온 것이다. 마태의 그리스어 번역은 매우 문자적이지만, 그가 이 번역을 적용하는 데 문제가 있다. 문맥을 통해 정확히 알 수 있듯이, 호세아는 미래의 구원이 아니라 과거 출애굽을 회상하고 있다. 실제로 호세아서의 맥락은 심판에 관한 것이지, 구원에 관한 것이 아니다. 더욱이 하나님의 "아들"은 이스라엘(호 11:1a을 보라)을 의미하지, 이스라엘의 메시아를 의미하지 않는다. 만일 호세아 11:1이 메시아와 관련이 없다면, 왜 마태는 이 구절을 예수에게 적용했을까?[20] 호세아 11:1a에서 이스라엘을 "아이"(MT: *na'ar*) 또는 "유아"(LXX: *nēpios*)로 부르고 있는 것은, 마태가 왜 이 구절과 예수의 유년기 내러티브를 엮어서 생각하는지 그 이유를 부분적으로 설명해준다. 그러나 이 본문 자체는 메시아 또는 예언과 아무런 상관이 없다. 그러나 70인역 민수기 24:7-8a("그의 씨로부터 한 남자가 나와 많은 나라를 다스리게 될 것이다.… 하나님은 그를 애굽에서 이끌어내셨다")의 유사 구문 관점에서 보자면, 이 구문의 메시아적·예언적 가능성은 농후하다. 마태는 호세아 11:1b에만 의존하는 것이 아니라, 70인역 민수기 24:8a에도 호소하고 있다.[21] 한

20 복음서 저자가 이 구절을 "오해하고 있다"는 S. V. McCasland("Matthew Twists the Scriptures," *JBL* 80 [1961]: 143-48, 특히 144, 145)의 주장은 도움이 안 된다. 왜냐하면 주장을 뒷받침해주는 설명이 제시되지 않기 때문이다. 우리는 마태가 당시의 주석 관습을 좇았으므로, 이에 근거하여 마태 주석이 평가되어야 한다고 가정해야 한다. McCasland의 소논문은 전체적으로 기원후 70년 이전의 성서 본문의 다원주의에 대한 무지는 물론, 1세기의 주석 방식 및 성서 적용에 관한 제한된 이해를 드러내고 있다.

본문을 또 다른 본문의 관점에서 해석하는 일은 당시에 낯설지 않은 유대교적 주석 방식 중 하나였다. 본문의 메시아적 적용 역시 다윗에 대한 언급이 때때로 모든 이스라엘 사람에 대한 언급으로 받아들여진다는 가정으로 가능해진다. 이는 *Midr. Ps.* 24.3(on Ps. 24:1)에 분명히 드러나 있다. "우리의 주인들은 가르쳤다. 시편에 있는 다윗의 모든 시는 다윗 자신 혹은 이스라엘의 모든 이에게 적용된다." 이 미드라쉬는 이어서 어떤 경우에는 다윗의 시가 "장차 올 시대"(메시아 시대)에 적용된다고 말한다.[22] 다윗과 이스라엘이 이처럼 동일시된다면, 그리고 다윗이 메시아의 모형으로 이해되었다면(마 1:1, 17을 보라), 마태가 호세아 11:1의 메시아 관련 내용을 어떻게 간주했는지를 이해하는 일은 어렵지 않다. 아마도 랍비 요하난(Yoḥanan)의 말은(비록 이 말이 후기 신약성서 시대에 언급되었지만) 기원후 1세기의 많은 사람이 가지고 있었던 생각을 반영하고 있을 것이다. "모든 예언자는 오로지 메시아의 날에 대해서만 예언했다"(*b. Ber.* 34b). 게다가 호세아 11:1에 대한 랍비식 주석을 통해 마태가 호세아 11:1을 예수의 유년 기사에 적용한 이유를 알 수 있다. 여러 랍비 문헌(*Sipre Deut.* §305 [on 31:7], *Exod. Rab.* 43.9 [on 32:7], *Num. Rab.* 12.4 [on 7:1], *Deut. Rab.* 5.7 [on 16:18], *Pesiq. Rab.* 26.1-2)에서, 랍비들이 호세아서에 언급된 "아들"의 의미를 이스라엘의 무죄와 젊음, 그리고 유년기로 이해하고 있음을 볼 수 있다. 마태의 호세아 11:1에 대한

21 B. Lindars, *New Testament Apologetic* (Philadelphia: Westminster, 1961), 216-17.

22 인용의 출처는 W. G. Braude, *The Midrash on Psalms*, 2 vols., Yale Judaica 13 (New Haven: Yale University, 1959), 1:338. 또 *Midr. Ps.* 4.1 (on 4:1-2); 18.1 (on 18:1); *b. Pesaḥ.* 117a도 보라. 이와 같은 본문은 신약성서보다 시기적으로 몇 세대 앞서지만, 기원후 1세기(그 이전은 아니더라도)에도 적용되는 어떤 해석의 가정을 보존하고 있을 것이다.

주석이 언어학적·맥락적·역사적 측면에서 엄격히 이루어지지는 않았다. 오히려 모형론과 "의미 재부여"와 관련된 주석으로 볼 수 있다. "의미 재부여"란 주석이 이루어지는 시점보다 앞서 존재하는 전통에서 새로운 요소나 차원을 발견하는 것을 의미한다. 마태의 주석이 지닌 이런 측면은 마태가 살던 당시에 행해진 유대교 주석 방식과 완전히 일치한다. 마태는 하나님이 메시아를 통해 이루셨다는(혹은 성취하셨다는) 관점에서 구약성서를 (재)해석했다.[23]

마태복음 27:3-10에서 마태가 우리에게 전하는 메시지는 은 30개로 토기장이의 밭을 구매한 것이 "예레미야"(9-10절)의 예언 성취와 연결된다는 것이다. 그러나 마태복음 27:3-10의 인용구는 스가랴 11:12-13에 간접적으로 기초하고 있다. 물론 이 인용구가 부분적으로 예레미야서(18:1-3, 19:11, 32:6-15)와 평행하는 내용도 담고 있지만 말이다.[24] 그리고 이 구절은 70인역 출애굽기 9:12("주께서 명하신 바와 같으니라")의 표현을 빌려온다. 우리는 앞선 예와 마찬가지로 여기서도 동일한 문제에 직면하게 되는데, 스가랴와 예레미야서 관련 구절은 개별적으로 보든 합쳐서 보든 핏값으로 산 토기장이의 밭에 대한 예언이 아니라는 것이다. 스가랴는 자신이 은 30개를 성전 금고(혹은 토기장이에게—MT에 실린 단어는 그 의미가 불명확하다)에 던지는 행위를 묘사하고 있는 반면, 예레미야는 토기장이, 무덤, 토기장이의 밭 구입을 언급하고 있다.

23 더 깊은 논의는 다음을 보라. G. M. Soarés Prabhu, *The Formula Quotations in the Infancy Narrative of Matthew*, AnBib 63 (Rome: Biblical Institute Press, 1976), 216-28; R. H. Gundry, *Matthew: A Commentary on His Literary and Theological Art* (Grand Rapids: Eerdmans, 1982), 33-34.

24 Gundry(*Matthew*, 558; *Use of the Old Testament*, 122-27)는 마태복음 저자가 렘 18:1-3; 32:6-15이 아니라 렘 19장에 의존하고 있다고 생각한다.

앞선 예에서와 마찬가지로, 마태는 두 개 이상의 구약성서 구절을 사용하여 이 구절의 의미를 재부여하고 있다. 분명한 것은, 마태가 두 예언자 즉 스가랴와 예레미야의 행위를 모형론적으로, 혹은 페셰르 방식으로 이해하고 있다는 점이다. 즉 은 30개를 성전 금고에 던져버리고 토기장이의 밭을 구매함으로써 유다와 성전 제사장들은 스가랴와 예레미야의 이야기를 재연하고 있다.[25] 바로 이런 의미에서 예언은 성취된 것이다.

3. **마가.**[26] 마태 및 요한과 달리, 마가는 자신이 전해 받은 전승과 관계가 없는 구약성서의 내용은 좀처럼 인용하지 않는다. 마가복음의 시작(1:2-3)에 나타나는 구약성서 구절의 혼합적 사용, 즉 70인역 출애굽기 23:20//말라기 3:1//70인역 이사야 40:3을 제외하고, 구약성서 인용은 예수의 언급에만 제한적으로 등장한다(예. 4:12; 7:6-7, 10; 8:18; 11:17). 마가복음 1:2-3에 등장하는 구약성서 인용과 수난 기사에 등장하는 구약성서의 암시도 구약성서와 직접 관련이 있다기보다는, 마가가 전해 받은 전승과 관련이 있다고 봐야 한다. 그렇다고 구약성서가 마가에게 중요하지 않다고 말하는 것은 아니다. 마가복음의 많은 부분에서 구약성서 구절과 주제들이 마가가 전하는 내러티브의 기저에 놓

25 한 가지 분명한 것은 McCasland("Matthew Twists the Scriptures," 145)가 생각한 것처럼 마태복음 전승은 구약성서 자료에서 추론한 내용이 될 수 없다는 점이다. 스가랴서와 예레미야서에 대한 어색한 호소는 그 반대임을 지지한다. 즉 마태복음 저자는 구약성서에 대한 복음서 전승을 사용하고 있다.

26 마가에 관한 일반 연구는 다음을 보라. H. Anderson, "The Old Testament in Mark's Gospel," in Efird, *Use of the Old Testament*, 280-309; W. S. Vorster, "The Function and Use of the Old Testament in Mark," *Neot* 14 (1981): 62-72; M. D. Hooker, "Mark," in Carson and Williamson, *It Is Written*, 220-30.

여 있다.[27]

구약의 암시적 존재를 보여주는 구체적 예는 변화산 이야기에서 발견된다(막 9:2-8). 이는 여러 부분에서 시내산 전승과 아주 유사하다. (1) "엿새 후"(2절)라는 표현은 출애굽기 24:16을 암시하는데, 여기서 하나님은 엿새 후에 말씀하신다. (2) 모세와 함께한 사람이 세 명이듯이(출 24:9), 예수도 세 명의 제자, 즉 베드로, 야고보, 요한과 동행한다(2절). (3) 두 사건 모두 하나님의 현현이 산에서 발생한다(2절; 출 24:12). (4) 모세는 두 사건 모두에 등장한다(4절; 출 24:1-18). 시내산 사건에서 여호수아(LXX에서는 "예수")가 모세와 동행하고 있다는 사실은 흥미롭다(출 24:13). (5) 예수의 개인적 변형(3절)은 아마도 모세의 얼굴 변화와 유사할 것이다(출 34:29-30). 마태와 누가는 분명히 이런 유사성을 보았을 것이다. 왜냐하면 둘 다 예수의 "얼굴" 변화에 주목하고 있기 때문이다(마 17:2; 눅 9:29). (6) 두 이야기에서 모두 하나님의 등장에는 구름이 수반된다(7절; 출 24:15-16). 어떤 이들은 모세에게 나타났던 구름이 마지막 날에 다시 나타날 거라 믿었다(마카베오하 2:8을 보라). (7) 하늘로부터 들리는 소리가 두 사건 모두에 등장한다(7절; 출 24:16). (8) 두 사건 모두에 두려움이 존재한다(6절; 출 34:30; 참조. *Tg. Ps.-J.* 출 24:17). (9) 마가복음의 "그의 말을 들으라"(7절)는 출애굽기 24장이 아

27 마가복음의 기저에 광범위한 구약성서 모형론이 존재한다고 주장하는 연구는 다음과 같다. A. Farrer, *A Study in St. Mark* (New York: Oxford University, 1952); U. Mauser, *Christ in the Wilderness: The Wilderness Theme in the Second Gospel and Its Basis in the Biblical Tradition*, SBT 39 (London: SCM, 1963. 그러나 이 연구들은 널리 인정받지 모했다. 비록 마가복음 저자가 구약성서를 사용하는 목적이 파악되어야 하지만, 마가복음에는 구약성서 구절 및 주제를 암시하는 부분이 많이 존재한다. H. C. Kee, *Community of the New Age: Studies in Mark's Gospel* (Philadelphia: Westminster, 1977), 45-49을 보라.

니라 신명기 18:15을 상기시킨다. 마찬가지로, 누가도 이런 유사성에 주목했을 것이다. 왜냐하면 누가복음 9:35의 어순은 70인역의 어순에 상응하고 있기 때문이다. 이런 유사성, 특히 들으라는 명령이 시사하는 바는 시내산에서 권위 있게 말씀을 전했던 목소리가 지금은 하나님의 아들 예수를 통해 말씀한다는 것이다.[28]

4. **누가-행전.**[29] 누가-행전에서 구약성서의 기능은 다른 세 복음서와는 분명하게 다르다. 누가는 마태 및 요한과 달리 전승에 증거 본문을 끼워 맞추지 않는다. 오히려 누가는 종종 구약성서의 단어와 구절로만 이루어진 설교를 그의 내러티브에 삽입하고 있다(특히 예수 탄생 내러티브에 나오는 설교와 찬송에서 이런 현상이 발견된다). 또 다른 특징으로는 누가가 70인역에 의존하고 있다는 점이다. 사실, 누가는 의도적으로 그리스어 구약성서의 문체를 모방하고 있다.[30] 그러나 이런 모방

28 더 깊은 논의를 위해 W. L. Liefeld, "Theological Motifs in the Transfiguration Narrative," in *New Dimensions in New Testament Study*, ed. R. N. Longenecker and M. C. Tenney (Grand Rapids: Zondervan, 1974), 162-79을 보라.

29 누가-행전에 관한 일반 연구는 다음을 보라. T. Holtz, *Untersuchungen über die alttestamentlichen Zitate bei Lukas*, TU 104 (Berlin: Akademie, 1968); G. D. Kilpatrick, "Some Quotations in Acts," in *Les Actes des Apôtres: Traditions, rédaction, théologie*, ed. J. Kremer, BETL 48 (Gembloux: Duculot, 1979), 81-87; E. Richard, "The Old Testament in Acts," *CBQ* 42 (1980): 330-41; J. Jervell, "The Center of Scripture in Luke," in *The Unknown Paul* (Minneapolis: Augsburg, 1984), 122-37; H. Ringgren, "Luke's Use of the Old Testament," *HTR* 79 (1986): 227-35; D. L. Bock, *Proclamation from Prophecy and Pattern: Lucan Old Testament Christology*, JSNTSup 12 (Sheffield: Sheffield Academic Press, 1987); C. A. Kimball, *Jesus' Exposition of the Old Testament in Luke's Gospel*, JSNTSup 94 (Sheffield: Sheffield Academic Press, 1994).

30 이는 흔히 관찰되어온 내용이다. 다음을 보라. W. G. Kümmel, *Introduction to the New Testament*, trans. A. J. Mattill , 14th rev. ed. (Nashville: Abingdon, 1966), 95, 98; J. A. Fitzmyer, *The Gospel according to Luke I-IX*, AB 28 (Garden City: Doubleday, 1981), 114-16; T. L. Brodie, "Greco-Roman Imitation of Texts as a Partial Guide to Luke's Use of Sources," in *Luke-Acts: New Perspectives from the Society of Biblical Literature*

의 대상은 문체에만 국한되지 않고 내용도 포함된다. 그중 가장 분명한 예 중 하나는 예수의 탄생 내러티브에서 발견된다. (1) 누가복음 1:32-33의 천사 수태고지는 다윗과 맺은 하나님의 언약(삼하 7:9-16)을 암시하고, 아람어로 기록된 쿰란 문서(4Q246)와 놀라울 정도로 유사성을 보인다.[31] (2) 누가복음 2:40과 2:52의 예수의 성장에 관한 보도는 어린 사무엘에 대한 보도(삼상 2:26; 3:19; 그리고 눅 1:18의 요한의 성장에 관한 보도)를 연상시킨다. 이 외에도 누가복음의 내러티브에는 사무엘 이야기를 연상시키는 부분이 존재한다(참조. 삼상 1:22과 눅 2:22; 삼상 2:20과 눅 2:34). (3) 누가복음 1:46-55의 마리아 찬가(참조. 눅 2:36-38의 안나의 찬양)는 한나의 감사 찬양(삼상 2:1-10)을 어느 정도 모델로 삼고 있는데, 이는 타르굼에서 종말론의 의미를 담고 있다.[32]

2장에 걸친 예수의 탄생 내러티브에도 불구하고, 누가는 세례 요한의 사역을 복음서 이야기의 시작으로 간주한다(행 10:37을 보라: "요한이 그 세례를 반포한 후에 갈릴리에서 시작하여"; 참조. 1:22). 따라서 이 부분에서 나타나는 누가의 편집 행위는 자신이 기록한 복음서, 즉 누가복음에 전반적인 영향을 미친다. 마가복음의 도입부 인용(막 1:2-3; 눅 3:4-6)에 대한 누가의 편집은 이 주장을 정당화한다. 누가는 말라기 3:1//출애굽기 23:20(이 두 구절은 눅 7:27에 등장한다)의 서문을 생략하지만, 이사야

Seminar, ed. C. H. Talbert (New York: Crossroad, 1984), 17-46.

31 Fitzmyer, *Luke I-IX*, 338; idem, "4Q246: The 'Son of God' Document from Qumran," *Bib* 74 (1993): 153-74을 보라.

32 다음을 보라. D. J. Harrington, "The Apocalypse of Hannah: Targum Jonathan of l Samuel 2:1-10," in *"Working with No Data": Semitic and Egyptian Studies Presented to Thomas O. Lambdin*, ed. D. M. Golomb (Winona Lake, Ind.: Eisenbrauns, 1987), 147-52.

40:3의 내용을 연장하여 누가복음 3:4-5에 기록하고 있다. 그래서 결국 "모든 육체가 하나님의 구원을 보리라"는 말씀으로 결론을 맺는다. 70인역에서만 발견되는 이 인용은 누가가 이방인 선교 및 복음에 대한 보편적인 선포를 강조하는 데 분명히 기여한다(행 13:23-26; 28:28을 보라). 더욱이 쿰란 문서와 다른 문서의 사용에서 분명히 나타나듯이 (1QS 8:12-14; 9:19-20; Bar. 5:7; *As. Mos.* 10:1-5), 이사야 40:3-5은 종말론적으로 이해되며(신약성서도 동일한 이해를 전제한다), 이스라엘의 바빌로니아 포로 이후의 회복(원래 제2이사야서가 들여옴)과는 무관하다. 또 분명한 것은, 누가가 이사야 40:3-5(그리고 말 3:1)의 핵심 단어와 구절을 엮어서 누가복음의 다른 부분들을 형성한다는 것이다.[33] 이런 몇몇 암시는 세례 요한에게 적용될 뿐만 아니라(1:17, 76-79을 보라), 예수에게도 적용된다. 이는 누가복음 2:30-31("내 눈이 주의 구원을 보았사오니 이는 만민 앞에[문자적 의미는 만민의 '얼굴 앞에'] 예비하신 것이요")과 9:52("사자들을 앞서[문자적 의미는 사자들을 예수의 '얼굴 앞에'] 보내시매")에서 볼 수 있다. 중요한 것은 누가가 이사야 40:3-5 본문을 세례 요한뿐만 아니라 (다른 복음서에서와 마찬가지로) 예수에게도 적용한다는 점이다. 시므온의 노래는 이사야 40장의 주제가 세례 요한의 사역만큼이나 예수의 예상되는 사역 전체에도 적용됨을 암시한다. 또한 누가복음 9:52에 담긴 암시는 이 주제가 실현되고 있다는 구체적인 예를 제공한다. 이제 예수는 예루살렘으로 향하면서 제자들을 앞서 보내어 그의 길을 준비하도록 한다. 여기서 중요한 것은 복음서 저자가 이사야

33 더 상세한 논의는 K. R. Snodgrass, "Streams of Tradition Emerging from Isaiah 40:1-5 and Their Adaptation in the New Testament," *JSNT* 8 (1980): 24-45, 특히 36-40을 보라.

40:3-5의 약속을 요한뿐만 아니라 예수에게도 적용했음을 인식하는 것이다. 자신의 보편적인 관심뿐만 아니라 바로 이 이유 때문에 누가는 인용문을 5절까지 연장한 것이다. 주의 길을 예비하는 것이 세례 요한의 임무인 반면, "모든 육체의 구원"은 세례 요한 뒤에 오는 예수 안에서만 성취된다.

5. **요한**.[34] 언뜻 보기에, 요한의 구약성서 사용은 마태와 거의 유사해 보인다. 마태처럼, 요한도 정형화된 틀을 통해 구약성서를 여러 번 인용하는데, 많은 경우에 무언가를 "성취"하는 형식으로 나타난다. 그러나 다른 중요한 방식에 있어 구약성서는 요한복음 내에서 매우 다르게 작용한다. 인용 공식 문구에 있어서도, 요한복음은 상이한 목적을 보인다. 마태와 달리, 요한의 공식 문구는 하나의 유형을 이루는 것 같다. 이 유형은 요한복음 내러티브의 신학적 발전을 강조한다. 요한복음 전반부에서 요한은 구약성서를 다양한 방법으로 인용하는데, 주로 "기록된 바"라는 도입구를 사용한다(1:23; 2:17; 6:31, 45; 7:38, 42; 8:17; 10:34; 12:14). 요한복음 후반부에서 구약성서의 인용은 "응하게 하려 함이라"라는 표현과 함께 시작한다(12:38, 39-40; 13:18; 15:25; 19:24, 28, 36, 37).[35] 이런 인용 유형의 의미는 무엇일까? 이에 대한 대답은 요한복

34 요한복음에 대한 일반 연구는 다음을 보라. C. K. Barrett, "The Old Testament in the Fourth Gospel," *JTS* 48 (1947): 155-69; C. Goodwin, "How Did John Treat His Sources?" *JBL* 73 (1954): 61-75; R. Morgan, "Fulfillment in the Fourth Gospel," *Int* 11 (1957): 155-65; E. D. Freed, *Old Testament Quotations in the Gospel of John*, NovTSup 11 (Leiden: Brill, 1965); G. Reim, *Studien zum alttestamentlichen Hintergrund des Johannesevangelium*, SNTSMS 22 (Cambridge: Cambridge University Press, 1974); C. A. Evans, *Word and Glory: On the Exegetical and Theological Background of John's Prologue*, JSNTSup 89 (Sheffield: JSOT Press, 1993).

35 여기서 사용되는 동사는 πληροῦν이다. 그러나 19:28은 예외로, 여기서는 동의어 τελειοῦν이 사용되고 있다(그 이유는 아마도 28절과 30절의 τετέλεσται ["이루어지

음 12:37의 요약과 뒤이어 나오는 38절의 인용으로부터 추론해볼 수 있다. 즉 "이렇게 많은 표적을 그들 앞에서 행하셨으나 그를 믿지 아니하니 이는 선지자 이사야의 말씀을 이루려 하심이라…." 여기서 언급하는 "표적"은 요한복음 전반부에 등장하는 모든 표적을 의미한다. 요한복음 전반부의 구약성서 인용은 예수의 사역이 구약성서의 기대와 일치하고 있음을 증명한다("기록된 바"). 예를 들어 성전을 향한 예수의 열심은 시편 69:9, 오병이어 기적은 시편 78:24, 증인 두 명의 필요성은 신명기 17:6(또는 19:15), 하나님의 아들이라는 주장은 시편 82:6, 나귀 새끼를 타는 것은 스가랴 9:9과 연관이 있다. 요한은 그중 어떤 예를 통해 구약성서 인용을 성취라는 관점에서 소개할 수도 있었지만(참조. 마 21:4-5에서 슥 9:9의 인용), 그렇게 하지 않았다. 예수가 보여준 표적에도 불구하고, 구약성서 말씀이 "성취"되었다고 표현되는 시점은 예수가 버림당한 이후다. 즉 예수가 버림받고 십자가에 달렸을 때 구약성서는 비로소 궁극적 성취를 이루게 된다. 유대인들의 불신과 완고함은, 예수가 구약성서를 성취하지 못했으므로 이스라엘의 메시아가 될 수 없다는 주장을 증명한 것이 아니라, 오히려 이사야 53:1("누가 믿었느냐…?")과 이사야 6:10("그들의 눈이 감기게 하라…")의 성취를 의미한다. 가룟 유다의 배신을 포함하여 예수를 향한 모든 대적 행위로 인해 구약성서는 성취된다. 분명히 요한은 예수의 "영광의 때"(요 17:1)에, 곧 수난의 순간에 구약성서가 정말로 성취되었음을 보여주고자 한다.[36]

다"]를 보완하기 위함일 것이다). 12:39과 19:37의 인용은 예외가 아니다. 왜냐하면 이 인용은 앞선 인용과 연결되기 때문이다(πάλιν["다시"]이 이를 분명히 입증해준다).

36 이 주석에 대한 더 자세한 내용은 C. A. Evans, "On the Quotation Formulas of the Fourth Gospel," *BZ* 26 (1982): 79-83을 보라.

구약성서에 대한 암시는 요한복음에서도 중요한 기능을 한다. 요한복음의 시작은 "태초에"라는 말로 시작되는데, 이는 창세기 1:1을 연상시킨다. 요한복음 1:1-2에 의하면, 천지창조는 말씀(*ho logos*)이라는 중개자를 통해 이루어졌다. 이 개념은 아마도 창세기의 유대교 주석을 반영하며, 그 예는 *Tg. Neof.* 창세기 1:1에서 볼 수 있다. "태초에 주님의 말씀[*memra*]은 지혜를 통해 천지를 완전케 하셨다"[37](잠 8:22-31; 솔로몬의 지혜서 8:3-4도 보라). 창조 기사 전체의 행위 주체는 "하나님의 말씀"이다.[38] 하나님의 말씀은 빛을 창조했을 뿐만 아니라(창 1:3), *Targum Neofiti*에 담긴 출애굽기 12:24의 확장된 패러프레이즈에 따르면, "하나님의 말씀은 빛 자체이며 빛이 났다(*Fragmentary Targum*도 보라). 하나님께서 창조의 때에 세상에 빛을 보내셨듯이, 구속의 때에 하나님은 그분의 아들을 세상의 빛(요 8:12; 9:5)으로 보내셔서 인류에게 깨달음의 빛을 비추게 하셨다(요 1:4-5, 9).[39] 이 외에도 요한복음의 서막에서 중

37 여기에는 본문상의 불명확성이 존재한다. 첫 절은 실제로 다음과 같을 수 있다. "태초에 주의 아들이 지혜로 온전케 했다…."

38 과거에 학자들은 타르굼의 *memra*와 요한복음의 서막이 아무런 관계가 없다고 자주 주장했는데, 그 이유는 타르굼의 *memra*가 하나님의 이름을 대신하는 완곡어로, 중재자를 의미하지 않기 때문이다. 그러나 최근 연구들이 제시하는 설득력 있는 증거와 이유를 볼 때, 이런 주장은 재평가되어야 한다. Le Déaut, "Targumic Literature and New Testament Interpretation," *BTB* 4 (1974): 266-69; McNamara, *Targum and Testament*, 101-6을 보라. 내 생각에 요한복음 저자는 의인화된 하나님의 지혜 개념과 연계하여 *memra* 개념을 취하고 있다(다음과 같은 타르굼의 내용에 주목하라. "태초에 말씀인 지혜와 함께…"). 특히 Sir. 24를 보라. 여기에서 지혜는 다음과 같이 말한다. 즉, 자신은 "가장 높으신 이의 입에서 나왔고"(3절), "처음부터" 존재했으며(9절), 이스라엘 안에 "장막"을 쳤고(8절) 예루살렘 안에서 휴식을 취하고 있다(11절)는 것이다. 이와 같은 지혜에 관한 유사 내용은 확실히 요한복음에서 서막의 배경을 부분적으로 형성한다. 그러나 요한복음 저자는 여성형의 "지혜"가 아닌 타르굼의 남성형 명칭인 "말씀"를 선택한다.

39 이 주석에 대한 더 자세한 내용은 M. McNamara, "*Logos* of the Fourth Gospel and

요한 암시가 발견된다. 요한복음 1:14-18에서 시내산 이야기는 예수와 대조를 이룬다. 율법이 모세를 통해 주어진 반면, 은혜와 진리는 예수 그리스도를 통해 받을 수 있다(1:17). 요한복음 1:17의 "은혜와 진리"는 같은 장 14절에 먼저 나온다. "말씀이 육신이 되어 우리 가운데 거하시매…은혜와 진리가 충만하더라". 여기서 "은혜와 진리가 충만하더라"라는 표현은 하나님께서 모세 앞을 지나실 때 하셨던 말씀인 출애굽기 34:6(*rab-ḥesed we'ĕmet*)을 암시한다. 그러나 모세가 볼 수 있도록 허락된 것은 하나님이 지나가신 이후의 사라져가는 흔적뿐이었다(출 33:20-23). 하나님을 보고 살 자가 아무도 없기 때문이다(33:20; 요 12:41을 *Tg. Isa.* 6:1과 함께 참조하라). 이와는 대조적으로, 독생자는 하나님을 봤을 뿐 아니라(그렇게 암시되어 있음), 영원히 하나님 아버지 품 안에(즉, 하나님 옆에) 거한다(요 1:18; 참조. Sir. 43:31).[40] 그러므로 예수는 저 위대한 입법자인 모세도 필적할 수 없는 방식으로 하나님의 뜻을 드러내는 위치에 있다는 것이다.[41]

Memra of the Palestinian Targum (Ex 12:42)," *ExpTim* 79 (1968): 115-17; idem, *Targum and Testament*, 101-4을 보라.

40 이는 전치사 *pros*가 보통 "함께"를 의미하는 전치사 *syn*을 대신하여 요한복음의 서막에 왜 등장하는지를 설명해준다. "태초에 말씀이 계시니라. 이 말씀이 하나님과 **함께**(*pros*) 계셨으니"—즉 이 말씀이 하나님을 **대면하고** 있었다.

41 이 주석에 대한 더 많은 내용은 Hanson, *New Testament Interpretation of Scripture*, 97-109을 보라. 요한복음에서 모세에 관한 더 많은 내용에 대해서는 다음을 보라. R. H. Smith, "Exodus Typology in the Fourth Gospel," *JBL* 81 (1962): 329-42; T. F. Glasson, *Moses in the Fourth Gospel*, SBT 40 (London: SCM, 1963); W. A. Meeks, *The Prophet-King: Moses Traditions and the Johannine Christology*, NovTSup 14 (Leiden: Brill, 1967). 요한복음에 등장하는 이사야서의 암시적 사용에 대해서는 다음을 보라. F. W. Young, "A Study of the Relation of Isaiah to the Fourth Gospel," *ZNW* 46 (1955): 215-33; C. A. Evans, "Obduracy and the Lord's Servant: Some Observations on the Use of the Old Testament in the Fourth Gospel," in *Early Jewish and Christian Exegesis*, ed. C. A. Evans and W. F. Stinespring, Homage 10 (Atlanta: Scholars Press, 1987),

6. **바울.**[42] 바울은 약 백여 차례에 걸쳐 구약성서를 인용하며, 이보다 훨씬 더 많이 구약성서를 암시한다. 최근에 사해 사본과 타르굼 문서는 바울의 구약성서 사용을 이해하는 데 도움이 되었다.

바울 신학의 가장 치열한 논쟁 중 하나는 "율법의 행위"(*erga nomou*)를 옹호하는 자들에 대한 바울의 비판이 어떤 배경과 관련이 있는지다. 바울은 동시대 유대인들의 실제 입장을 비판하고 있는 걸까? 아니면 갈라디아서 2-3장, 로마서 4장의 논쟁 속에서 허상의 인물을 만들어 낸 걸까? 최근에 출판된 4QMMT("율법에 관한 문서")는 바울의 비판이 당시에 유효했음을 보여주는 극적인 증거를 제공한다. 이 문제에 대해 기록한 4QMMT의 저자(들)에 따르면, 신실한 자들이 특별히 "율법의 행위"와 관련하여 율법을 올바로 준수한다면, 그들은 "마지막 때에 기뻐할 것이다." 그리고 이때, 그들은 자신들의 순종이 "의로 여겨진다는 것"을 알게 될 것이다(4Q398 frags. 14-17 ii 7 = 4Q399 frag. 1 ii 4). 바울의 논지는 물론 이와는 정반대 방향에 있다. 즉 의로 여김을 받는 것은 율법의 행위가 아닌 믿음이다. 히브리 성서에서 "여겨지다"와 "의", 이 두 단어는 딱 두 군데, 즉 시편 106:30-31과 창세기 15:6에서 발견된다. 시편 106:30-31에서 제사장 비느하스는 그의 열심(즉 그의 율법적 행위)으로 의롭게 여겨지는 반면, 창세기 15:6에서 아브라함은 하나님에 대

221-36, 특히 226-36.

42 바울에 관한 일반 연구는 다음을 보라. E. E. Ellis, *Paul's Use of the Old Testament* (Grand Rapids: Eerdmans, 1957; reprint, Grand Rapids: Baker, 1981); N. Flanagan, "Messianic Fulfillment in St. Paul," *CBQ* 19 (1957): 474-84; A. T. Hanson, *Studies in Paul's Technique and Theology* (London: SPCK, 1974), 136-278; R. B. Hays, *Echoes of Scripture in the Letters of Paul* (New Haven and London: Yale University Press, 1989); C. A. Evans and J. A. Sanders, *Paul and the Scriptures of Israel*, JSNTSup 83, SSEJC 1 (Sheffield: JSOT Press, 1993).

한 그의 믿음으로 의롭게 여겨진다. 바울은 아브라함의 예를 근거로 삼는 반면, 4QMMT의 제사장 겸 저자는 비느하스의 예를 근거로 삼고 있는 것이다![43]

아브라함의 예는 로마서 10:6-8에 나타나는 신명기 30:12-14에 대한 암시를 포함한다. 이와 같은 바울의 주석은 몇몇 주석가들을 어리둥절하게 한다. 모세는 하늘 높이 또는 바다 위로 너무 멀리 떨어져 있지 말라는 하나님의 "명령"과, 이 명령에 불순종할 경우 변명의 여지가 없음을 말하고 있는 반면, 바울은 그리스도에 대해 말하고 있다. 이런 바울의 주석이 일반적이진 않지만, 그렇다고 완전히 새로운 것도 아니다. 바룩서 저자는 신명기의 구절을 암시하며 지혜에도 이 구절을 적용한다. "누가 하늘 위로 올라가서 지혜를 낚아채어 구름 아래로 끌어 내렸는가? 누가 바다 위로 가서 지혜를 발견했는가?"(바룩서 3:29-30). 그러나 바룩서의 신명기 구절 사용에 비춰볼 때, 바울의 주석을 이루고 있는 몇몇 요소는 그 의미가 불명확하다.

맥나마라(M. McNamara)가 *Fragmentary Targum*에 실린 신명기 30:12-13의 패러프레이즈에 주목하는 것은 옳다. 그의 번역은 다음과 같다(볼드체는 히브리 성서와 다른 부분을 나타냄). "율법이 하늘에 있다고 어느 누구도 다음과 같이 말할 수 없으리라. '모세와 같은 예언자가 있어서 하늘에 올라가 그곳에 있는 율법을 우리에게 가져다준다면, 그래서 우리가 그 명령을 듣고 행한다면 얼마나 좋겠는가!' 어느 누구도 율법이 대해(Great Sea) 너머에 있다고 말하지 못하리라. **'요나와 같은 예언자가 있어 대해 깊이 내려가 그곳에 있는 율법을 우리에**

43 M. G. Abegg, "'Works of the Law' and MMT," *BAR* 20, no. 6 (1994): 52을 보라.

게 가져다준다면, 그래서 우리가 그것을 듣고 행한다면 얼마나 좋겠는가!'"[44] 히브리 성서의 요점은 율법이 단번에 그리고 모두를 위해 주어졌다는 것이다. 다시 말해, 율법은 어떤 예언자가 하늘로 올라간다거나 바다를 횡단해서 가져올 수 있는 것이 아니다. 아람어로 기록된 패러프레이즈는 두 명의 구약성서 인물을 사용하여 이 요점을 설명한다. 이 두 인물은 관련 아람어 구문의 내용과 대략 일치하는 경험을 했다. 모세는 하늘에 올라가 하나님으로부터 율법을 받은 것으로 알려져 있었다. 예를 들어 *Tg. Ps.-J.* 신명기 34:5은 모세가 "그것[율법]을 하늘로부터 가져왔다"고 전하고, *Pesiq. Rab.* 4:2은 "모세가 하늘로 올라갔다"라고 전한다(*Bib. Ant.* 15:6; 2 Esdr. 3:17-18도 보라). 이 전승은 출애굽기 19:3, 20에 기초하며, 여기서 하나님은 모세를 불러 산 위에서의 만남을 명하신다. 바다에 대한 언급은 당연히 요나와 관련이 있다. 사실, 타르굼의 "깊이 내려가다"라는 표현은 신명기 30:13과 요나의 경험을 더욱 긴밀히 연결한다. 왜냐하면 예언자 요나는 바다를 건넌 것이 아니라, 바다 밑으로 내려갔기 때문이다(욘 2:3의 "깊음 속"에 대한 언급을 보라; 참조. 6절). 모세와 요나는 신약성서에서 그리스도와 비교되는데, 특히 방금 살펴본 전승과 관련된 부분에서 이 비교가 등장한다. 모세처럼, 예수는 새 율법을 하늘로부터 가져온다(막 9:2-8; 요 3:13-14; 1:17). 요나처럼, 예수는 "깊음 속"으로 내려간다(마 12:39-40; 16:4; 눅 11:29-30). 바울은 이 유대교 및 기독교 전승을 가정하고(참조. 엡 4:8-10), 이 전승을 자기 방식으로 결합한다. 로마서 10:4-13에서 바울의 주장은 그리스도에 의한 구원의 성취다. 이제 필요한 것은 오로지 믿

44 McNamara, *Palestinian Targum to the Pentateuch*, 74-75.

음뿐이다. 더 이상 하늘에 올라가서 그리스도를 끌어내릴 필요가 없다. 왜냐하면 그는 이미 내려왔기 때문이다. 또 더 이상 깊음 속으로 내려가서 그리스도를 일으켜 올릴 필요가 없다. 왜냐하면 그는 이미 부활했기 때문이다. 구속이 완성되었다. 이제 남은 것은 믿음의 고백뿐이다(롬 10:8-10은 신 30:14을 인용 및 해석한다). 하나님이 그리스도를 통해 완수하신 일을 믿는 것, 바로 이 믿음에 의해 하나님의 의는 확보된다.[45]

7. **히브리서.**[46] 몇몇 연구가 히브리서를 이해하는 배경으로서 필론[47] 또는 쿰란 문서[48]를 조사했지만 히브리서 저자의 주석은 알레고리와 페셰르, 둘 중 어디에도 속하지 않는다. 그는 자신만의 모형론적 주석 방식을 고안하여, 그 안에서 그리스도 및 교회를 구약성서의 인물 및 제도와 견주고 있다. 미드라쉬, 페셰르, 알레고리와 달리, 모형론은 성서 본문이 아니라 성서의 사건에 일차적 관심을 보인다. 히브리서 저자는 구약성서를 60여 회 인용하거나 암시하는데, 이 인용과 암시는 주로

45 이 주석에 대한 더 상세한 내용은 위의 책, 70-78을 보라.

46 히브리서에 대한 일반 연구는 다음을 보라. R. Rendall, "The Method of the Writer to the Hebrews in Using OT Quotations," *EvQ* 27 (1955): 214-20; G. B. Caird, "The Exegetical Method of the Epistle to the Hebrews," *CJT* 5 (1959): 44-51; F. C. Synge, *Hebrews and the Scriptures* (London: SPCK, 1959); M. Barth, "The Old Testament in Hebrews," in *Current Issues in New Testament Interpretation*, ed. W. Klassen and G. F. Snyder (New York: Harper & Row, 1962), 65-78; K. J. Thomas, "The Old Testament Citations in Hebrews," *NTS* 11 (1965): 303-25; F. Schröger, *Der Verfasser des Hebräerbriefes als Schriftausleger*, Biblische Untersuchungen 4 (Regensburg: Pustet, 1968); A. T. Hanson, "Hebrews," in Carson and Williamson, *It Is Written*, 292-302.

47 Sowers, *Hermeneutics of Philo and Hebrews*; R. Williamson, *Philo and the Epistle to the Hebrews*, ALGHJ 4 (Leiden: Brill, 1970).

48 Y. Yadin, "The Dead Sea Scrolls and the Epistle to the Hebrews," in *Aspects of the Dead Sea Scrolls*, ed. C. Rabin and Y. Yadin (Jerusalem: Hebrew University, 1958), 36-55; G. Howard, "Hebrews and the Old Testament Quotations," *NovT* 10 (1968): 208-16.

70인역을 따르고 있으며, 시편 인용이 자주 등장한다.[49] 히브리서 저자의 가장 중요한 모형론적 비교로는 모세/그리스도(3:2-6), 멜기세덱/그리스도(7:1-28), 옛 언약/새 언약(8:1-9:28)을 들 수 있다. 멜기세덱 문서(11QMelch)는 어떤 의미에서 종말에 임할 신적 존재인 멜기세덱을 기대하는데, 이는 히브리서 저자가 가장 뛰어난 제사장인 예수에 대한 주제를 발전시키기 위해 이렇게 구약성서에 호소하는 것이 왜 유용한지를 명확하게 알려준다.

히브리서에서 인용 문구는 매우 다양하다. 히브리서 저자는 구약성서가 성령의 말씀(3:7) 또는 모세의 말(12:21)이라고 기록한다. 히브리서에서 구약성서의 도입은 "이르시되" 또는 "일렀으되" 등으로 시작하는데(1:5, 6, 7, 13; 2:12; 3:15; 4:3, 4, 7; 5:5; 6:14; 7:21; 8:5, 8; 9:20; 10:5, 8, 15, 30; 11:18; 13:5), 마치 하나님이 직접 말씀하시는 것처럼 표현하고 있다. 이로부터 우리가 추론할 수 있는 내용은 히브리서 저자가 구약성서를 하나님의 말씀으로 믿었다는 사실이다. "기록되었으되", "성경에 이르기를", "이루어지도록"처럼 우리에게 익숙한 구약성서의 인용 문구는 히브리서에 등장하지 않는다. 히브리서에서 대부분의 인용은 특별한 도입 구문 없이 바로 본문 속으로 편입된다.

결론

앞선 예들을 통해 분명히 알 수 있듯이, 신약성서 저자들은 종종 구약

49 S. Kistemaker, *The Psalm Citations in the Epistle to the Hebrews* (Amsterdam: van Soest, 1961).

성서 구문에서 새로운 의미를 발견한다. 이런 현상이 발생하는 이유는 부주의한 주석 작업 또는 무지가 아니라, 구약성서가 모든 중요한 상황에 대해 언급하고 있다는 확신 때문이다. 특히 처한 상황이 종말론적 의미를 지니고 있다고 여겨질 때 이런 현상은 뚜렷해진다. 따라서 구약성서는 상황에 대한 명료한 규명을 위해 탐구된다. 신약성서 주석은 과거에 발생한 일 혹은 본문의 일차적 의미와 관련해서는 좀처럼 질문하지 않는다. 신약성서 저자들은, 동시대의 유대교 주석가들처럼, 주로 구약성서의 의미와 적용에 관심이 있었다. 예수의 삶, 죽음, 부활은 초기 그리스도인들의 구약성서 이해와 적용에 대한 해석학적 열쇠가 되었다. 구약성서를 통해 종말론적 사건이 지닌 의미가 규명되었고, 예수는 종말론적 대리자였으므로, 구약성서가 예수 안에서 성취되었다는 명제에 대해 의심의 여지가 전혀 없었다.

제3부

예수

제8장

나사렛 예수

Scot McKnight
스캇 맥나이트

예수의 삶과 가르침에 하나님 자신의 성품과 목적이 독특하게 계시되었다고 믿는 사람들은, 그들이 좋든지 싫든지, 인정하든지 인정하지 않든지, 역사적 예수에 대한 탐구에 헌신한다. 역사적 예수가 없다면, 그리스도라는 믿음의 대상은 가현설의 인물이 되어버린다. 즉 경건한 상상이 만들어낸 허구로, 이상한 나라의 앨리스에 나오는 체셔 고양이처럼, 결국엔 시야에서 사라져버린다.[1]

예수에 대한 연구[2]와 예수의 사역과 메시지를 원래의 모습으로 복

1 G. B. Caird, *New Testament Theology*, completed and edited by L. D. Hurst (Oxford: Clarendon, 1994), 347.

2 예수 연구사의 일반 개관은 다음을 보라. C. Brown, *Jesus in European Protestant*

구하려는 시도에는 위험 요소가 많다. 왜냐하면 이와 같은 학자들의 종합적 시도에는 불가피한 함정이 도사리고 있기 때문이다. 모든 사람—전통주의자, 수정주의자, 근본주의자, 자유주의자, 페미니스트, 맹목적 애국주의자, 신비주의자, 경험주의자, 영화감독, 소설가, 기독교인, 유대교인, 이슬람교도, 뉴 에이지 운동가—은 예수가 자신의 입장에 서 있기를 원한다. 그뿐 아니라 민주주의, 연방주의, 공화주의, 공산주의, 사회주의, 막스주의, 자본주의와 같은 이데올로기적 대의는 예수에게 기댐으로써 힘을 얻는다. 심리학 이론도 예수에게 기대고 있다. 사회학 모델도 예수에 관한 증거를 통해 요점을 정당화한다. 경제 관련 결정은 복음서 전통에 근거를 둔다. 정치 연설은, 적어도 미국에서는, 예수의 말, 형식, 생각을 포함한다. 예수는 여전히 건재하다.

하지만 이와는 **정반대**인 것도 있다. 위와 같은 옹호자들 사이에서 건재한 예수는 갈릴리에 살았던 예수와는 너무 다른 모습이다.[3] 결과적

Thought, 1778-1860 (Grand Rapids: Baker, 1988); D. L. Pals, *The Victorian "Lives" of Jesus*, TUMSR 7 (San Antonio, Tex.: Trinity University Press, 1982): W. P. Weaver, *The Historical Jesus in the Twentieth Century, 1900-1950* (Harrisburg, Pa.: Trinity, 1999); W. G. Kümmel, *Dreißig Jahre Jesusforschung (1950-1980)*, ed. H. Merklein, BBB 60 (Königstein: Peter Hanstein, 1985): idem, "Jesusforschung seit 1981," *TRu* 53 (1988): 229-49: B. Witherington III, *The Jesus Quest: The Third Search for the Jew of Nazareth* (Downers Grove, Ill.: InterVarsity, 1995); M. A. Powell, *Jesus as a Figure in History: How Modern Historians View the Man from Galilee* (Louisville: Westminster John Knox, 1998); 편리하게 볼 수 있는 참고 문헌 지침은 다음을 보라. C. A. Evans, *Jesus*, IBR Bibliographies 5(Grand Rapids: Baker, 1992). 본 장의 참고 문헌은 신중히 선별되었으며, 소수의 예수 연구 관련 참고 문헌이 본보기로 제시된다.

3 학자들은 때로 "실제 예수"와 "역사적 예수"를 구분한다. 후자는 역사가들에 의해 복원된 실제 예수, 즉 "역사가들의 예수"를 좀 더 고상하게 언급한 것이다. 따라서 이 논문에서 나는 실제 인물 개념으로 "역사적 예수"를 사용할 것이다. 그러면서 동시에 역사적 예수와 관련된 모든 진술이 역사가들의 재구성임을 유념할 것이다. 역사적 예수의 정의에 관한 초기 주장은 다음을 보라. L. E. Keck, *A Future for the Historical Jesus: The*

으로 우리가 잘 이해하고 있다고 생각하는 예수는 종종 제대로 된 연구가 이루어지지 않은 인물인 셈이다. 역사적으로 볼 때, 예수 연구는 교회의 전 영역—자유주의와 복음주의, 진보와 보수, 정치 운동과 성직 운동, 여성 연구와 다양성 운동—에 걸쳐 이루어져 왔다. 예수에 관한 학문은 그 경향에 따라 생각해볼 수 있는데, 이어지는 내용을 통해 네 가지 경향에 대해 알아보도록 하자.

현대화 경향

1937년에 캐드베리(H. J. Cadbury)는 예수에 대한 20세기의 가장 중요한 책 중 하나인 『현대화된 예수의 위험』(*The Peril of Modernizing Jesus*)에서 예수 연구에 경종을 울렸다.[4] 캐드베리가 말하는 "현대화"(예수를 우리처럼 생각함)와 "시대착오화"(우리의 세계를 예수에게 투영시킴)는 "함정"이라 부를 수도 있다. 그리고 학자들을 향한 그의 경고는 20세기의 나머지 기간 내내 유효했다. 그는 20세기 전반에 저술된 자신의 책에서 마치 예언자처럼 20세기 후반에 있을 동향에 대해 설명하고 있다! 캐드베리는 가능한 범위 내로 추측을 자제하도록 요구했고(그는 그저 순진하게 이런 요구를 한 것이 아니다),[5] 역사적 이해라는 힘겨운 과업을 시도하라고 요청했다. 사실 현대화는 결코 작지 않은 문제인데, 왜냐하면

Place of Jesus in Preaching and Theology (Philadelphia: Fortress, 1980); Keck의 최근 저서인 다음 연구도 보라. *Who Is Jesus? History in Perfect Tense* (Columbia: University of South Carolina Press, 2000).

4 H. J. Cadbury, *The Peril of Modernizing Jesus* (New York: Macmillan, 1937).

5 위의 책, 15.

이는 초기 그리스도인들에게서 시작되었고, 복음서 저자들이 보여준 편집 작업에서도 볼 수 있기 때문이다. 그러나 "복음서가 가장 이른 시기에서부터 현대화 작업이 이루어졌음을 보여주듯이, 복음서는 최근의 계승자들을 바로잡아줄 가장 좋은 자료를 제공하기도 한다."[6]

현대 학자들이 각자의 관심에 따라 예수를 이해해온 많은 방식을 여기서 일일이 언급하는 것은 불가능하다. 왜냐하면 학자들은 서로의 의견에 순순히 동의하지 않고, 현대화의 특징을 언급할 때도 다양한 학자, 예를 들어 귄터 보른캄(Günther Bornkamm),[7] 요아힘 예레미아스(Joachim Jeremias),[8] 호슬리(R. A. Horsley),[9] 크로산(J. D. Crossan),[10] 마커

6 같은 책, 26.

7 Günther Bornkamm, *Jesus of Nazareth*, trans. I. and F. McLuskey, with J. M. Robinson (New York: Harper & Row, 1960). 독일어 원판은 1956년에 출간되었고, 현재 12판(1980년)까지 출간되었다.

8 Jeremias의 연구는 그 수가 방대하여 여기에 다 열거할 수 없다. 그의 대표작은 신약신학 제1권인(제2권은 미완으로 남아 있다) 다음 연구서다. *New Testament Theology: The Proclamation of Jesus*, trans. J. Bowden (New York: Scribner, 1971). 그의 다른 연구서 세 권은 다음과 같다. *The Prayers of Jesus*, trans. J. Bowden (London: SCM, 1967); *The Parables of Jesus*, trans. S. H. Hooke, 2nd ed. (New York: Scribner, 1972); *Jerusalem in the Time of Jesus: An Investigation into Economic and Social Conditions during the New Testament Period*, trans. F. H. and C. H. Cave, with M. E. Dahl (London: SCM, 1969).

9 R. A. Horsley, *Jesus and the Spiral of Violence: Popular Jewish Resistance in Roman Palestine* (San Francisco: Harper & Row, 1987).

10 특히 Crossan의 다음 연구를 보라. *The Historical Jesus: The Life of a Mediterranean Jewish Peasant* (San Francisco: HarperSanFrancisco, 1991). Crossan은 더욱 대중적인 성격의 예수 연구서들도 출간했다. 그것을 여기에 일일이 언급할 필요는 없지만, 다음과 같은 연구 하나는 언급해야 한다. *Jesus: A Revolutionary Biography* (San Francisco: HarperSanFrancisco, 1994). Crossan의 견유학파 사용은 다음에 실려 있는 David Aune의 예리한 비평을 보라. "Jesus and Cynics in First-Century Palestine: Some Critical Considerations," in *Hillel and Jesus: Comparative Studies of Two Major Religious Leaders*, ed J. H. Charlesworth and L. L. Johns (Minneapolis: Fortress, 1997), 176-92; Crossan의 방법론에 대해서는 D. C. Allison, *Jesus of Nazareth: Millenarian Prophet* (Minneapolis: Fortress, 1998), 10-33의 중요 비평을 보라. Crossan에 대한 추가 비평

스 보그(Marcus Borg)[11]의 주장을 따르고 있기 때문이다. 어떤 이들은 현대화가 현재 예수 연구의 학계 전반에 영향을 미치고 있다고 말할 것이다. 현대화의 힘을 특별히 잘 보여주는 분야는 현재 페미니스트 관점에서 이루어지는 예수 연구다.

예수와 여성에 관한 중요하고 획기적인 연구 중 하나는 벤 위더링턴 3세(Ben Witherington III)가 출간한 그의 더럼 대학교 논문인 『예수 사역에서의 여성』(*Women in the Ministry of Jesus*)이다.[12] 최대한 복음서의 진정성을 믿고 유대교 자료 문헌을 충분히 사용한 위더링턴은 "예수와 동시대 유대인들은 다는 아니더라도 많은 부분에서 차이를 보인다"라는 결론을 내렸다.[13] 그러나 이런 문제들—유대교의 가부장제와 예수와 모든 사람과의 사랑의 관계—을 양극화하여 이해하는 것은 예수와 여성에 대해 우리가 말할 수 있고 또 말해야 하는 것을 부분적으로 왜곡한다.[14] 그렇다고 위더링턴의 연구에 하자가 있다는 말은 아니다. 그러

에 대해서는 다음을 보라. N. T. Wright, *Jesus and the Victory of God*, Christian Origins and the Question of God 2 (Minneapolis: Fortress, 1996), 44-74; Witherington, *The Jesus Quest*, 58-92.

11 Marcus Borg, *Jesus, a New Vision: Spirit, Culture, and the Life of Discipleship* (San Francisco: Harper & Row, 1987); 그의 초기 연구서인 다음을 보라. *Conflict, Holiness, and Politics in the Teachings of Jesus* (Harrisburg, Pa.: Trinity, 1998; reprint of the 1984 edition with a new introduction); *Meeting Jesus Again for the First Time*(San Francisco: HarperSanFrancisco, 1994)은 예수에 대한 Borg의 얇은 연구서로, 자서전적 성향을 보이며 위에 언급한 내용을 맥락 속에 위치시킨다.

12 B. Witherington III, *Women in the Ministry of Jesus: A Study of Jesus' Attitudes to Women and Their Roles as Reflected in His Earthly Life*, SNTSMS 51 (Cambridge: Cambridge University Press, 1984). Witherington의 후속 연구서는 다음과 같다. *Women in the Earliest Churches*, SNTSMS 58 (Cambridge: Cambridge University Press, 1988).

13 위의 책, 125.

14 내 연구서인 *New Vision for Israel: The Teachings of Jesus in National Context* (Grand Rapids: Eerdmans, 1999), 221-22을 보라.

나 그의 연구 중 특정 부분은 여성과 예수에 관한 모든 연구를 함축하고 있는 듯한 인상을 준다. 예수와 여성에 대한 연구에서 거의 한 번도 언급되지 않은 두 가지는, 여성에 대한 예수의 태도 또는 행동이 공격적이거나 불쾌감을 주지 않았다는 점과, 예수에 대한 부정적 평가는 그의 다른 태도와 행동에 대해 흔한 현상이라는 점이다(참조. 마 11:16-19).

확연히 눈에 띄는 사회적 동기와 함께 "의심의 해석학"은 예수와 여성에 대한 페미니스트 연구에 정보를 제공한다. 한 예로, 우리는 엘리자베스 쉬슬러 피오렌자(Elizabeth Schüssler Fiorenza)의 『예수: 미리암의 아이, 지혜의 예언자』(*Jesus: Miriam's Child, Sophia's Prophet*)를 주목하게 되는데, 이 책에서 쉬슬러 피오렌자는 때때로 억압성을 띠는 복음서를 비판하면서, 예수 전승을 최대한 활용하려는 모습을 공공연히 보이고 있다.[15] 또한 이 책은 역사적 예수에 대한 관심은 적고, 본문이 여성을 어떻게 억압하는지에 대한 관심이 더 크다. 쉬슬러 피오렌자의 관심은 이런 전승이 실제 여성 및 사회 해방을 위해 역사적으로 해석되고 계급적 주제에서 벗어나게 될 때, 어떻게 이 전승을 계속 사용할 수 있을지에 있다.[16] 쉬슬러 피오렌자의 논의에 의하면, "예수 운동을 **하나님 나라**(*basileia*)의 해방 운동으로 재구성하는 것은…하나님 나라에 대한 매우 다른 역사적 틀을 제공한다."[17]

여기서 유념할 사항은, 내가 아는 한 어떤 페미니스트 학자도 역사적 예수에 대해 전방위 연구를 하지 않는다는 점이다.[18] 이런 결함의 원

15 Elisabeth Schüssler Fiorenza, *Jesus: Miriam's Child, Sophia's Prophet: Critical Issues in Feminist Christology* (New York: Continuum, 1995).

16 페미니스트 해석학에 관한 훌륭한 모형론에 대해서는 A. C. Thiselton, *New Horizons in Hermeneutics* (Grand Rapids: Zondervan, 1992), 411-70을 보라.

17 Schüssler Fiorenza, *Jesus: Miriam's Child, Sophia's Prophet*, 96.

인은 부분적으로 쉬슬러 피오렌자의 초기 연구인 『그녀를 기억하며』(*In Memory of Her*)[19]에 기인하는데, 이 책에서 그녀는 가장 중요한 것은 역사적 예수에 대한 연구가 아니라, 예수 안에 그리고 예수 주변에 있는 희망을 구체화시키는 해방 운동이라고 제안한다. 같은 주제가 그녀가 이후에 출간한 『예수와 해석의 정치학』(*Jesus and the Politics of Interpretation*)에서 가장 두드러지는 특징이다.[20] 이 책에서 쉬슬러 피오렌자는 최근의 "역사적 예수" 연구를 억압 자체에 대한 담론이자 수사법이라고 혹평한다. 즉 학문의 한 분야로서 이런 연구는 범주를 정한 후, 그녀가 명명한 소위 "키리아키"적(kyriarchal) 모델이 제기하는 질문들을 추구한다. 여기서 키리아키적 모델은 수직적 계층과 지배 유형, 특히 남성 지배에 기초한 지식 관련 모델이다("키리아키"[kyriarchy]는 지위 권력에 기초한 명령에 대한 관념을 불러일으킨다). 만일 쉬슬러 피오렌자 자신의 명백한 동기가 예수 및 역사적 예수 연구를 사용하여 평등주의와 급진적 민주주의를 증진하는 것이라면, 적어도 그녀의 의도는 솔직히 드러나고 있는 셈이다.

쉬슬러 피오렌자의 연구는 진지한 역사적 재구성이 결여되어 있다는 다소 흔한 비판 외에도, 추가로 다음의 두 가지 비판을 받을 만하다. (1) 그녀는 예수를 연구하는 학자들이 사회 참여적인 공적 지식인이 되

18 이와 가장 유사한 연구로서 다음을 보라. D. Sölle and L. Schottroff, *Jesus of Nazareth*, trans. J. Bowden (Louisville: Westminster John Knox, 2002).

19 Elisabeth Schüssler Fiorenza, *In Memory of Her: A Feminist Theological Reconstruction of Christian Origins* (New York: Crossroad, 1983).

20 Elisabeth Schüssler Fiorenza, *Jesus and the Politics of Interpretation* (New York: Continuum, 2001).

어야 한다고 주장하지만,[21] 그녀가 사용하는 수사법과 문체는 미국 상류 계층, 즉 추상적 개념을 좋아하는 엘리트 집단의 문체를 그대로 반영하고 있다. 만일 『예수와 해석의 정치학』이 공적인 지식 서적이라면, 독자들 중 해석학의 추상적 수사학, 정치 이론, 역사적 예수에 대한 연구서를 먼저 읽지 않고 이 책을 이해할 수 있는 사람은 거의 없다. (2) 복음서 및 초대 기독교 문헌을 읽기 위한 쉬슬러 피오렌자의 키리아키적인 패러다임은 반유대교, 반유대주의에 관한 예가 된다. 사용된 언어가 해방과 키리아키 간의 대조를 상정한다면, 해방의 대상이 되는 것은 키리아키적인 것이다. 그리고 예수를 중심으로 한 그녀의 소위 해방 운동의 대상이 되는 것은 유대교다. 예수 운동이 유대교의 일부로서 해방 운동을 벌인다 하더라도, 그것은 여전히 키리아키적으로 보이는 유대교에 오점을 남긴다.

최근에 잉그리드 로사 키츠버거(Ingrid Rosa Kitzberger)는 예수와 여성에 관한 일련의 연구들을 수집하여 단행본으로 출간했다. 키츠버거의 단행본은 자세히 논할 가치가 있지만, 여기서는 한 가지 연구에 대해서만 논하기로 한다.[22] 이 책에 있는 가장 중요한 소논문은 에이미-질 러빈(Amy-Jill Levine)의 연구로, 기독교 학문과 페미니스트 등을 다루고 있다. 러빈은 다음과 같이 성난 발언을 한다. "예수가 연민을 갖고 여성을 대한 유일한 유대인 남성이었다는 제안은 기껏해야 비역사적 변증에 지나지 않는다. 그리고 '여성의 친구'와 '죄인의 친구'라는 두 명제의 연결은 한낱 과장에 불과하다. 유대교 체제가 여성을 괴롭혔다고

21 위의 책, 74-75.

22 Ingrid Rosa Kitzberger, ed., *Transformative Encounters: Jesus and Women Re-viewed*, BIS 43 (Leiden: Brill, 2000).

넌지시 말하는 것은 중상모략이나 다름없다."[23] 간단히 말해 러빈이 우리에게 상기시키고 있는 것은, 예수와 여성에 관한 질문에 접근할 때, 구태여 유대교를 악한 것으로 만들면서까지 예수를 칭송할 필요가 없다는 점이다. 러빈은 핵심을 바로 짚고 있으며 현대화가 페미니스트의 안건에 스며들었음을 드러낸다.

앞선 예들이 20세기 초에 캐드베리의 경고에 귀를 기울이지 않은 학자들을 보여준다면, 각 연구 서적은 관련 연구의 역사를 보여준다.[24] 이런 연구서의 이면에는 사전에 다음과 같은 결론이 숨어 있다. 즉 예수 전승이 전해주는 예수 말씀과 사건들은 진짜 믿을 만하지만, 이런 사전 결론들은 역사적 예수와 직접적인 관련이 없다. 예수 전승을 탐구하려는 충동은 지난 세기에 있었던 예수 연구의 또 다른 부분을 비판적으로 드러낸다. 다음에 알아볼 주제는 바로 이와 관련이 있다.

방법론에서의 회의주의 경향

1937년에 캐드베리의 연구서가 예수를 현대화하는 경향에 경종을 울렸다면, 루돌프 불트만의 『공관복음서 전승사』(*History of the Synoptic Tradition*)는 복음서의 역사성 및 역사가를 통한 신학과 복음 토대 형성의 적합성에 잇따른 울림을 주었다. 그러나 불트만은 다른 학자들의

23 "Lilies of the Field and Wandering Jews: Biblical Scholarship, Women's Roles, and Social Location," in Kitzberger, *Transformative Encounters*, 334-35.

24 조직신학자의 훌륭한 연구서로는 다음을 들 수 있다. J. Moltmann, *The Way of Jesus Christ: Christology in Messianic Dimensions*, trans. M. Kohl (Minneapolis: Fortress, 1993).

연구에 기초했는데, 그중에서도 마르틴 켈러와 에른스트 트뢸치(Ernst Troeltsch)의 연구에 의존한다.[25] 우리는 이 두 학자를 논쟁의 탁자에 다시 앉힐 필요가 있다. 왜냐하면 예수 전승에 회의적인 대다수의 현대 연구들은 검증되지 않은 전제를 가지고 있는데, 이런 전제의 출처가 바로 이 두 학자이기 때문이다.

트뢸치는 "교리적" 방법과 "역사적" 방법 사이의 주목할 만한 차이를 (적어도 독일어로는) 강렬하고 효과적으로 논했다. 유명한 논의로서 트뢸치는 역사적 판단을 위한 세 개의 항목을 개발하여 아래와 같이 설명했다.

> **비평 원칙**(The principle of criticism) – 모든 역사적 판단은 어느 정도 개연성이 있는 것으로 확실한 것은 아니다. 왜냐하면 이는 종교적인 본문을 판단에 종속시키기 때문이다.
>
> **유비 원칙**(The principle of analogy) – 모든 지식은 우리가 경험하는 모든 일반적 사건의 유비에 기초한다. 이는 모든 역사적 사건에 유사성이 있음을 의미한다.
>
> **연관성 원칙**(The principle of correlation) – 삶의 모든 사건은 영속적 관계로 상호 연결되어 있다. 포괄적 총체는 역사를 이해하기 위한 유일한 접근법이다.

트뢸치는 다음과 같이 말한다. "역사학에서는 방법론에 1인치의 오

25 다음을 보라. E. Troeltsch, "Historical and Dogmatic Method in Theology," in *Religion in History*, trans. J. L. Adams and W. F. Bense, Fortress Texts in Modern Theology (1898; reprint, Minneapolis: Fortress, 1991), 11-32.

차가 생기면, 1마일이 결과에 반영된다. 따라서 엄격한 정통의 입장에서 볼 때, 역사적 방법은 악마와 유사하다."[26] 트뢸치의 제안에 함축된 의미는 거룩한 모든 것의 상대화로부터 시작하여 신학적 신념에 호의적인 역사적 판단의 실체 폭로에 이르기까지 거대하다. 반면, 교리적 방법은 믿음에 기초한 역사적 판단을 초월하는 권위와 확신을 지닌다. 따라서 역사는 하나님의 이중성을 반영한다. 한편으로, 하나님이 초월하시므로 교리적 방법은 역사적 방법을 초월한다. 다른 한편으로, 하나님은 어디에나 계시므로, 역사적 방법은 위 세 원칙의 영향 아래 있다. 역사적 방법에 몰두했던 트뢸치는 다음과 같은 확신이 있었다. 즉 역사의 혼돈으로부터 "순차적 사건이 발생하는데, 이 순차적 사건 내에서 인간 영혼의 핵심 진리와 심오함이 초월적 영역으로부터 등장한다"는 것이다.[27]

만일 트뢸치가 역사적 방법을 통해 알 수 있는 것에 대한 바탕을 그렸다면, 마르틴 켈러는 이 바탕 안에 신학의 그림을 넣어 역사적 예수의 신학적 유용성에 대한 이해를 형성했다. 그러나 켈러의 판단은 참사나 다름없었다. 그는 교리적 지식과 역사적 지식은 서로 다른 질서를 가지고 있어서 전자가 믿음에 필요한 모든 것인 반면, 후자는 기독교 신앙에 있어서 중요성을 잃었다고 주장한다.[28] "지식의 종류"가 완전히 분리된다는(누군가 신학적 판단은 역사적 판단과 무관하다고 생각할 수 있는가? 또는 역사적 지식이 신학적 판단을 포함하지 않는다고 생각할 수 있는가?)

26 위의 책, 16.

27 같은 책, 27.

28 Martin Kähler, *The So-Called Historical Jesus and the Historic, Biblical Christ*, trans. C. E. Braaten (German, 1896; English, Philadelphia: Fortress, 1964).

인식론적 판단 외에도, 켈러는 신학적 전제(켈러는 루터교 조직신학자였음)를 근거로, 그리고 교회를 변증하는 맥락에서 자신의 주장을 펼쳤다(켈러의 유명한 저서는 목회자들을 위로하기 위해 집필되었다).[29]

한 개인이 "믿음"을 갖게 될 때 일어나는 인식론적 전환이 역사적 지식을 초월할지라도, 이런 전환이 믿음의 근본적인 특징인 역사적 판단을 제거하지는 않는다. 더욱이 켈러 및 이처럼 엄격한 지식의 경계를 따르는 자들이 피하는 것은, 역사적 판단이 믿음에 도움이 된다고 여기거나 믿음을 파괴한다고 생각하는 자들과의 진지한 상호 작용이다. 켈러가 말하고 불트만이 설명하는 동안,[30] 영국 학자들은 이 두 독일 학자의 "정신분열적" 주장을 완전히 대체할 수 있는, 정신이 온전한 대안을 제기했다. 주목할 만한 관련 학자로는 라이트풋(J. B. Lightfoot), 웨스트코트(B. F. Westcott), 호트(F. J. A. Hort),[31] 호스킨스(E. Hoskyns), 다비(N. Davey),[32] 다드(C. H. Dodd),[33] 모울(C. F. D. Moule)[34]을 언급할 수 있다.

29 이 책의 논조는 42-45쪽의 도입 내용에 드러나 있다. 예수와 유대교의 무관함을 주장하는 켈러의 신학 성향은 이 책의 두 번째 소논문인 "Do Christians Value the Bible Because It Contains Historical Documents?"에서 발견되는데, 이 소논문은 계시 및 성서 권위 교리에 관한 정통 루터교의 논의다.

30 참조. 예를 들어, 보다 보수적 성향의 연구는 다음을 보라. M. Dibelius, *Jesus*, trans. C. B. Hedrick and F. C. Grant(Philadelphia: Westminster, 1949).

31 이 케임브리지 3인방에 관한 읽기 쉬운 개관은 S. Neill and N. T. Wright, *The Interpretation of the New Testament 1861-1986*, 2nd ed. (New York: Oxford University Press, 1988), 35-64을 보라. N. T. Wright의 주장이 가장 눈에 띄는 252-312, 360-449도 보라.

32 E. Hoskyns and N. Davey, *The Riddle of the New Testament* (London: Faber & Faber, 1931).

33 C. H. Dodd, *The Founder of Christianity* (London: Collins, 1970); idem, *History and the Gospel* (London: Hodder & Stoughton, 1964).

34 다음을 보라. C. F. D. Moule, *The Phenomenon of the New Testament* (London: SCM, 1967); "Jesus in New Testament Kerygma," in *Essays in New Testament Interpretation*

학자들마다 논쟁점이 다르겠지만, 오랜 기간 일관성 있게 제기되어 온 주장이 있다. 이는 역사적 사건에 대한 기독교 믿음의 당위성을 변호하는 것으로서(고전 7:10, 12과 15:12-14의 사도 바울에서부터 시작한다!), 이 변호의 내용을 뒤집게 되면 기독교 믿음은 그 신뢰성을 잃게 될 것이다. 역사적 판단은 믿음과 다를 수 있지만, 전자는 후자에 영향을 미치고, 이 둘은 서로를 필요로 한다. 폴 미니어(Paul Minear)의 최근 연구는 이를 분명히 보여준다.[35] 또한 많은 학자가 역사의 중요성뿐만 아니라 복음서에 기록된 예수 전승의 본질적 온전함을 주장하고 있다.[36] 믿음이 지식과 관련된 만큼, 그리고 지식이 때로 역사적 판단과 관련된 만큼, 꼭 그만큼 믿음은 역사적 판단과 관련된다.

그런데 이 마지막 요점은 루돌프 불트만의 역사적 연구를 태동시킨 원인이 된다. 잘 알려졌듯이, 불트만은 여러 분야에서 연구를 진행했다. 방법론적으로 그리고 역사 기록학적으로, 불트만은 예수에 관한 복음서의 기록이 믿음의 고백일 뿐이지 역사가 아니라고 생각했다(여기서도 완벽한 분기점이 있음을 주목하라). 그리고 그의 저명한 『공관복음서 전승사』에 나타나 있듯이, 이런 기록만 신중히 조사하게 될 때 우리는 역사적 예수의 단면만 힐끔 쳐다보게 되는 것이다. 우리가 예수에 대해

(Cambridge: Cambridge University Press, 1982), 37-49.

35 Paul Minear, *The Bible and the Historian: Breaking the Silence about God in Biblical Studies* (Nashville: Abingdon, 2002).

36 바로 위에 언급된 학자들 외에, 나는 Tyndale Project를 언급한다. 이는 학자들의 협회로, 이 학자들은 믿음과 역사에 관한 쟁점도 다루면서 중요한 문제들을 논했는데, 그들의 논의 방식은 합리적이며 증거에 기초하고 있다. R. T. France, D. Wenham, C. L. Blomberg의 총 6권으로 이루어진 Gospel Perspective 시리즈(Sheffield: JSOT Press, 1980-86)를 보라. 대중적이고 잘 요약된 것으로는 다음을 보라. C. L. Blomberg, *The Historical Reliability of the Gospels* (Downers Grove, Ill.: InterVarsiry, 1987).

알 수 있는 내용이 거의 없다는 불트만의 유명한 발언은[37] 다음과 같은 두 종류의 학문 연구를 겨냥한 것이었다. 즉 복음서가 순수 역사로서의 기록이라는 전통적 믿음에 초점을 맞추는 연구와, 현대적인 전기가 기록될 수 있도록 예수의 태도 및 정신 발달에 대한 심리 조사를 했다는 연구에 대해서다. 불트만은 트뢸치와 켈러라는 물줄기를 타고 항해하고 있었으므로, 불트만에게 역사적 판단은 믿음과 전혀 상관이 없었다. 왜냐하면 믿음은 역사가 아니라 결단이라는 실존주의적 헌신에 뿌리를 내리고 있기 때문이다.[38]

결국 불트만의 제자들조차 역사적 예수는 우리가 알 수 있는 존재이고, 역사적 예수의 모습과 메시지가 기독교 신앙에 중요하다는 사실을 확신하게 되었다. 에른스트 케제만(Ernst Käsemann)의 저명한 강의와 귄터 보른캄의 초기 연구서는[39] 다음 세대인 후기 불트만 학파의 기조를 확립해놓았다. 역사적 예수가 중요하기 때문에 이제 그에 대해 무엇을 알 수 있는지를 이해하려는 도전을 받아들인 이 학자들의 지침이 다소 누그러진 불트만 방식의 판단이었다면, 역사적 예수에 대한 앎이 그리스도인의 믿음을 형성하기 위한 기반이 된다는 점은 여전히 기초적인 확신이었다. 비록 알려진 것이 **역사**(Geschichte)[40]와의 실존적인 만

37 *Jesus and the Word*, trans. L. P. Smith and E. H. Lantero (New York: Scribner, 1934; reprint, 1958), 8.

38 다음을 보라. R. Bultmann et al., *Kerygma and Myth: A Theological Debate*, ed. H. W. Bartsch (New York: Harper & Row, 1961); R. Bultmann, *History and Eschatology: The Presence of Eternity* (New York: Harper, 1957); idem, *Jesus Christ and Mythology* (New York: Scribner, 1958).

39 E. Käsemann, "The Problem of the Historical Jesus," in his *Essays on New Testament Themes*, trans. W. J. Montague, SBT 41 (London: SCM, 1964), 15-47; Bornkamm, *Jesus of Nazareth*.

40 다음을 보라. J. M. Robinson, *A New Quest of the Historical Jesus*, SBT 18 (London:

남을 의미하지만 말이다.

케제만과 보른캄이 주도한 후기 불트만 학파의 반응 외에도, 또 다른 노선의 사고가 트뢸치-켈러-불트만의 이분법적 지식에서 발전되어 나왔다. 이 사고는 역사적 방법에 반하는 교리적 방법, 즉 서사비평을 전적으로(효과적으로) 지지하고 있다. 1980년대에는 학계 전 분야[41]의 관심이 복음서의 본문이 지닌 내러티브 기법으로 전환되었다. 이 변화로 인해 등장한 것은, 역사적 방법의 측면에서 복음서의 내러티브 형태를 기독교 메시지의 정경적·고백적 형태로 여기는 암묵적이고 때로는 분명한 신념이다.[42] 이런 방법론상의 전환과 트뢸치-켈러-불트만식 접근법 사이를 서로 연결하는 학자는 거의 없지만, 이전 학자들의 고무적인 발언과 적합성의 증명이 없었다면 내러티브 접근법은 지금의 정점에 절대 오르지 못했을 것이다.

그러나 다른 후기 불트만 학자들은 불트만식 방법론에 대해 극단적으로 회의적인 성향을 발전시켜왔다. 우리가 여기서 생각하는 것은 물론 예수 세미나(Jesus Seminar)인데, 이는 특별히 불트만의 제자 중 하나

SCM, 1959).

41 가장 의미 있는 초기 연구서는 다음과 같다. D. Rhoads, D. Michie, and J. Dewey, *Mark as Story: An Introduction to the Narrative of a Gospel*, 2nd ed. (Minneapolis: Fortress, 1999); J. D. Kingsbury, *Matthew as Story*, 2nd ed. (Philadelphia: Fortress, 1988); R. C. Tannehill, *The Narrative Unity of Luke-Acts: A Literary Interpretation*, 2 vols. (Philadelphia: Fortress, 1986). 학계의 이런 흐름에 대한 내 초기 평가는 Scot McKnight, *Interpreting the Synoptic Gospels* (Grand Rapids: Baker, 1988), 121-37을 보라.

42 여기서 요점은 방법론 자체에 대한 일반적 비평이다. 이런 경향을 보여주는 좋은 예는 다음과 같다. J. D. Kingsbury, "The Significance of the Earthly Jesus in the Gospel of Matthew," *Ex Auditu* 14 (1998): 59-65. 이에 대한 반응에 대해서는 다음을 보라. J. A. Kelhoffer, "Response to Jack Dean Kingsbury's 'The Significance of the Earthly Jesus in the Gospel of Matthew,'" *Ex Auditu* 14 (1998): 66-69.

인 로버트 펑크(Robert W. Funk)가 명명한 것이다. 본질적으로 복음서의 기록이 믿음의 표현일 뿐 역사가 아니라는 불트만의 통찰은, 복음서의 기록이 믿음의 표현이기 때문에 역사를 거의 포함하지 않는다는 결론으로 이끈다. 급진적이고 회의적인 접근법에 방법론 차원에서 제일 먼저 찬성한 학자는 노먼 페린(Norman Perrin)이었는데, 그의 기준은 시행착오를 거치며 꽤 납득할 만한 기준으로 정비되었고, 다양한 학자가 이 기준을 사용했다. 대표적인 학자로는 마이어(B. F. Meyer), 샌더스(E. P. Sanders), 라이트(N. T. Wright)를 꼽을 수 있다. 하지만 이 기준을 거의 빠짐없이 사용한 최근 학자는 존 마이어(John P. Meier)다. 우리는 페린을 출발점으로 삼아 이 논의를 진행해나갈 수 있다.[43]

페린은 세 가지 기본적인 기준을 제안했는데, 모든 증거는 이 기준을 반드시 통과해야 하며, 통과된 증거는 "참"으로 간주된다. 첫 번째 기준은 **차이성**(dissimilarity)으로, 제시된 증거가 "고대 유대교 및 초기 교회가 강조했던 특징과 다를 경우 이 증거는 참이다."[44] 두 번째 기준은 **일관성**(coherence)이다. "차이성의 기준을 통해 참으로 입증된 증거와 제시된 자료가 일관성을 보일 때" 이 증거는 참이 된다.[45] 세 번째 기준은 **다수 입증**(multiple attestation)이다. 제시된 증거가 "모든 또는 대

43 이 기준의 역사적 발달에 관한 철저한 연구는 S. E. Porter, *The Criteria for Authenticity in Historical-Jesus Research: Previous Discussion and New Proposals*, JSNTSup 191 (Sheffield: Sheffield Academic Press, 2000), 28-123에서 볼 수 있다.

44 Norman Perrin, *Rediscovering the Teaching of Jesus* (London: SCM, 1967), 39. 이 기준을 근본적으로 형성한 학자는 물론 R. Bultmann이었다. *History of the Synoptic Tradition*, trans. John Marsh, rev. ed. (Peabody, Mass.: Hendrickson, 1994), 205. 그리고 Käsemann은 이 기준을 다음에서 더욱 급진적으로 정의한다. "Problem of the Historical Jesus," 36-37. 그러나 이 기준은 Perrin의 형태로 가장 널리 알려져 있다.

45 Perrin, *Rediscovering the Teaching of Jesus*, 43.

부분의 공관복음서 배후의 식별할 수 있는 자료에서 입증되면" 이 증거는 참이다.[46] 이런 형태의 역사적 판단은 입증 책임 문제를 비롯한 여러 이유로 인해 다음과 같은 연구 결과를 초래했다.[47] 즉 역사적 연구는 "과학"을 덜 요구하고 "기술"(art)을 더 많이 요구한다.[48] 페린의 기준은 다음과 같은 논리적 장애물을 만난다.[49] 즉 본문비평과의 유사 가치,[50] 예수에게 돌릴 수 있는 말씀에 반영된 셈어의 중요성,[51] 역사적 개연성에 관한 기준,[52] 예수와 그리스어에 대한 최근 이해의 가치[53] 등이다. 예를 들어, 페린이 복음서 내용에서 추려낼 수 있었던 것은 "특유의"(characteristic) 예수가 아닌 "독특한"(distinctive) 예수였다. 이 예수는 유대교 및 초기 기독교 모두와 동떨어진 인물이었으며, 한편으로는 구

46 위의 책, 45.

47 H. K. McArthur, "The Burden of Proof in Historical Jesus Research," *ExpTim* (1970-71): 116-19; S. C. Goetz and C. L. Blomberg, "The Burden of Proof," *JSNT* 11 (1981): 39-63.

48 R. S. Barbour, *Traditio-Historical Criticism of the Gospels* (London: SPCK, 1972).

49 M. D. Hooker, "Christology and Methodology," *NTS* 17 (1970-71): 480-87; "On Using the Wrong Tool," *Theology* 75 (1972): 570-81.

50 J. D. Crossan, "Divine Immediacy and Human Immediacy: Towards a New First Principle in Historical Jesus Research," *Semeia* 44 (1988): 121-40.

51 J. Jeremias, *New Testament Theology*, vol. 1, *The Proclamation of Jesus* (London: SCM, 1971), 14-45. B. D. Chilton은 그의 논문 출간 이후로 타르굼의 유사 내용을 구분해 주는 이 기준에 대한 구체적 설명으로 유명해졌다. 다음과 같은 그의 연구를 보라. *God in Strength: Jesus' Announcement of the Kingdom*, SNTSU B/1 (Freistadt: Plöchl, 1979); idem, *A Galilean Rabbi and His Bible: Jesus' Use of the Interpreted Scripture of His Time*, GNS 8 (Wilmington, Del.: Glazier, 1984).

52 G. Theissen and D. Winter, *Die Kriterienfrage in der Jesusforschung: Vom Differenzkriterium zum Plausibilitätskriterium*, NTOA 34 (Göttingen: Vandenhoeck & Ruprecht, 1997).

53 S. E. Porter, *The Criteria for Authenticity in Historical-Jesus Research: Previous Discussion and New Proposals*, JSNTSup 191 (Sheffield: Sheffield Academic Press, 2000).

별되지만 다른 한편으로는 꽤 흔한 유형인 균형 잡힌 예수의 모습도 아니었다. 레이몬드 브라운 (Raymond E. Brown)은 예수에 대한 이런 종류의 방법론적 추림을 "흉물"(monstrosity)이라 불렀다.[54] 따라서 "차이"로부터 시작하는 것은 앞으로의 발견 내용을 예단하는 것이며, 이런 예단은 유대교나 초기 교회와 무관한 예수에 대한 잔여물을 발견할 뿐이다.

캐나다 학자인 벤 마이어(Ben F. Meyer)가 저술한 『예수의 목적』(*The Aims of Jesus*)은 예수 전승에서 참과 참이 아닌 것을 구별하는 기준과 관련한 철학적인 현안에 특별히 기여했다. 버나드 로너갠(Bernard Lonergan)의 두꺼운 철학 연구서 내용을 적용하면서, 마이어는 "비판적 실재론"이야말로 역사적 예수를 연구하는 데 대한 가장 균형 잡힌 접근법이라고 주장했다.[55] 그의 연구는 다음과 같이 수정된 기준을 바탕으로 한다. 유대교가 아닌 초기 교회와의 불연속성, 독창성(전승에서 예수에게 적용되는 독특한 사항), 개인적 화법(예수가 말한 형식), 저항성의 형태(예수가 사용하는 독특한 형태-예. 비유), 다수 입증(두 개 이상의 복음서 출처에 등장하는 자료), 아람어 기층(아람어 특성을 가진 예수의 말씀) 등이다. 마이어에게 역사란 가설과 입증을 통해 주어지는 추론적 지식이다. 그러나 켈러와 달리 마이어의 역사 개념은 믿음과 완전히 배치되지 않는다.

존 마이어(J. P. Meier)는 역사적 예수에 대한 여러 권의 연구 저술을 통해,[56] 페린이 그랬던 것처럼 자신도 진위 여부를 가리는 기준에 기초

54 R. E. Brown, *An Introduction to the New Testament*, ABRL (New York: Doubleday, 1997), 827.

55 이에 관한 근본 논의는 B. F. Meyer, *The Aims of Jesus* (London: SCM, 1979), 23-110을 보라.

56 J. P. Meier, *A Marginal Jew: Rethinking the Historical Jesus*, 3 vols., ABRL (New York:

하고 있음을 보여준다. 그러나 마이어는 연구 중간에 논의를 삽입하고 당장 사용 가능한 도구들을 개선하면서 이런 기준을 적용하는데, 그 결과 그의 접근법은 더 깊고 더 오래 지속되는 합의로 이어질 것이다. 비록 마이어의 연구에 창의적인 종합과 획기적인 방향 제시가 부족하지만, 그의 연구는 방법론상의 공정성과 철저함이란 측면에서 높은 점수를 받는다. 마이어가 사용하는 다섯 가지 기준은 다음과 같다.[57] (1) 당혹감—초기 교회에 당혹감을 일으켰을 행위와 말씀, (2) 불연속성—예수 당시의 유대교나 예수 이후의 초기 교회에서 유래했다고 볼 수 없는 행위와 말씀, (3) 다수 입증—복음서 저자들이 각각 독립적으로 사용한 두 개 이상의 문헌 자료에서 입증되는 예수의 행위와 말씀, (4) 일관성—기존 수집 자료에 잘 들어맞는 행위와 말씀, (5) 거부와 처형—어떤 역사적 말과 행위가 예수의 재판과 처형을 가장 잘 설명할 수 있는가? 마이어는 당시의 권력층으로부터 예수를 근본적으로 구별하는 행위와 말씀을 찾는다. 마이어의 연구는 건전한 주석적·역사적 논리와 균형을 이루는 기준을 사용하며, 그의 연구가 일종의 과학이듯이, 역사 기록학을 하나의 기술로 간주한다. 하지만 역사 기록학을 통한 역사적 판단은 우리 삶의 다른 부분만큼이나 확실하다.[58]

마이어가 역사가에 대한 균형 잡힌 판단을 반영한다면, 펑크의 연

Doubleday, 1991-2001).

57 위의 책, 1:167-95.

58 기준에 관한 또 다른 균형 잡힌 연구는 C. A. Evans, "Recent Developments in Jesus Research: Presuppositions, Criteria, and Sources," in *Jesus and His Contemporaries: Comparative Studies*, AGJU 25 (Leiden: Brill, 1995), 1-49을 보라. 오래되었지만 여전히 유용한 개관은 다음과 같다. C. L. Blomberg, *The Historical Reliability of the Gospels* (Downers Grove, Ill.: InterVarsity, 1987).

구는 후기 불트만 학자의 새로운 탐구에 대한 회의적 입장을 반영한다. 이 새로운 탐구에는 몇 가지 양념과도 같은 특징이 있는데, 여기에는 펑크의 연구를 국제적 차원의 획기적 수준으로 떠오르게 한 능력과 더불어 정통 기독교 신앙에 대한 적개심이 포함된다.[59] 펑크는 후기 불트만주의 연구가 실제적 "진보"를 이루거나 "합의"에 도달하지 않는다고 주장한다. 펑크는 불트만과 케제만을 추종하는 학자들의 예수 전승에 대한 판단을 철저히 거부하는데, 그의 비판 대상에 속하는 학자를 몇 명만 들자면, 슈나켄부르크(R. Schnackenburg), 예레미아스, 다드, B. F. 마이어, 샌더스, J. P. 마이어, 버미스(G. Vermès) 등이 있다.[60] 펑크가 옹호하는 예수는 미국적이고, 탈근대적이며, 반권위주의적이고, 냉소적이며, 재밌는 석학과 같은, 모든 기독교 교리 원칙에 대해 비난을 던질 그런 모습이다.

펑크가 이끄는 예수 세미나는 예수의 말씀과 행위를 나누는 네 개의 범주에 투표를 했는데, 그 범주는 "진짜", "아마도 진짜", "아마도 진짜가 아닌", "분명히 진짜가 아닌"을 말한다. 복음서 내용의 대부분은 세 번째와 네 번째 범주에 포함된다. 그러나 펑크의 주장은 대부분 심각한 논란의 여지가 있다.[61] 또 펑크는 원래 자신이 퍼뜨리고 싶은 예수

59 주목할 만한 세 권의 연구서는 다음과 같다. R. W. Funk, *Honest to Jesus: Jesus for a New Millennium* (San Francisco: HarperSanFrancisco, 1996); Funk with R. Hoover et al., *The Five Gospels: The Search for the Authentic Words of Jesus* (New York: Macmillan [Polebridge], 1993); Funk and the Jesus Seminar, *The Acts of Jesus: The Search for the Authentic Deeds of Jesus* (San Francisco: HarperSanFrancisco [Polebridge], 1998).

60 나는 각 학자의 연구를 다음과 같이 하나씩만 나열한다. R. Schnackenburg, *God's Rule and Kingdom*, trans. J. Murray (New York: Herder & Herder, 1963); Jeremias, *The Proclamation of Jesus*; Dodd, *The Founder of Christianity* (Philadelphia: Fortress, 1985); Meyer, *The Aims of Jesus*; E. P. Sanders, *Jesus and Judaism*; Meier, *A Marginal Jew*; and G. Vermès, *The Religion of Jesus the Jew* (Minneapolis: Fortess, 1993).

의 모습을 미리 전제하고 연구를 진행한다는 비판도 받는다.[62] 행위에 먼저 접근하는 샌더스와 완전히 대조적으로, 펑크(와 예수 세미나)는 비유에 먼저 접근했다. 그리고 예수가 직접 말한 비유와의 일관성을 확인한 후, 그제서야 이전 수집 자료와 일관성이 있는 행위로 넘어갔다. 게다가 펑크는 당혹감이라는 기준(J. P. 마이어를 연상시킴)을 제시하고, 만들어낸 이야기에 속하는 예수 말씀 — 예를 들어 "한가운데에 일어서라"(막 3:3에 나오는) — 과 예수의 말씀을 듣는 자들이 현장에 없었다는 주장을 배제해야 한다고 주장한다. 한마디로 펑크는 "회의주의가 판치도록" 멍석을 깔고 있다.[63] 일반적으로, 펑크의 방법은 예수 연구 학자들이 사용하는 모든 방법론적 절차와 거의 동일하다. 근본적인 문제는 펑크의 출발점(그의 전제)과 연구를 시작하기 전에 이미 그의 마음속에 자리한 분명한 목적, 즉 정통 기독교가 틀렸음을 밝히고자 하는 그의 목적이라 할 수 있다. 이는 그의 『예수에게 솔직히』(*Honest to Jesus*)의 결론에 분명히 나타난다.[64] 펑크는 대부분의 예수 연구 학자들보다 자신의 전제를 더 극복하지 못했다고 말할 수 있다.

라이트(N. T. Wright)는 차이성의 기준뿐만 아니라 일관성의 기준에 대한 중요한 수정을 포함하는 몇 가지 기준을 사용하여 예수에 대한 놀

61 예수 세미나와 R. W. Funk에 대해 감정적이지만 정곡을 찌르는 비평은 Luke T. Johnson의 다음 연구에서 제기된다. *The Real Jesus: The Misguided Quest for the Historical Jesus and the Truth of the Traditional Gospels* (San Francisco: HarperSanFrancisco, 1996). 그러나 Johnson의 결론은 Kähler-Bultman의 성향을 분명하게 보이고 있다. 초기 복음주의의 평가는 M. J. Wilkins와 J. P. Moreland가 편집한 다음 책을 보라. *Jesus under Fire! Crucial Questions about Jesus* (Grand Rapids: Zondervan, 1995).

62 Wright, *Jesus and the Victory of God*, 33.

63 Funk, *Honest to Jesus*, 139(Funk의 방법론에 관한 논의는 136-39을 보라).

64 위의 책, 297-314.

랄 만한 연구를 했는데, 이 연구로 인해 학문적인 중대 논란이 불거졌다.[65] 마치 노련한 군사 계획처럼, 라이트의 인상 깊은 연구는 동시다발적으로 다음과 같은 여러 주제를 다루고 있다. 즉 알베르트 슈바이처 이후의 논쟁사, 역사 기록학, "이야기"(story)를 통해 어떻게 의미가 구성되는지에 대한 철학, 유대교, 역사적 예수, 예수의 메시지와 사역이 유대교 전통 및 구약성서 모두에 부합하는 방식, 바울 신학 내에서의 예수 전승에 대한 발전 등이다. 그뿐 아니라, 라이트의 논쟁은 화려하고 수려한 문체로 이루어진다. 라이트의 방법론은 기준과 역사적 논리의 결합이라 할 수 있는데, 특히 역사적 논리는 종종 일관성의 기준을 대규모로 사용하는 것으로 기능한다. 따라서 라이트의 주장은 (유대교의, 예수의) "이야기" 내에 주어진 역사 자료(행위, 말씀)를 "설명"하는 방식으로 전개된다. 역사 기록학의 탄생 이래로 끊임없이 논의되고 있는 것처럼, 일관된 논지는 그렇지 않은 논지보다 설득력이 있다. 라이트의 "예수 이야기"가 기본적으로 예수의 구약성서 사용에 대한 다드의 재기 넘치는 연구에 토대를 두고 있다는 점에 주목해야 한다.[66]

일관성의 적용 외에도, 라이트는 이중 유사성 및 차이성에 대한 기준을 발견한다! 즉 "무언가가 기원후 1세기 유대교 내에서 믿을 만한 것으로 보이고(어쩌면 파괴력이 매우 클지도 모르지만), 또한 이후 기독교 내에 존재하는 어떤 것의 암시적 출발점(비록 복제품처럼 똑같지는 않더라도)으로서 믿을 만하다면, 우리가 예수의 실제 역사와 접촉하게 될

65 특히 Wright, *Jesus and the Victory of God*을 보라; Wright의 다음 책도 보라. *The New Testament and the People of God*, Christian Origins and the Question of God 1 (Minneapolis: Fortress, 1992).

66 C. H. Dodd, *According to the Scriptures: The Sub-structure of New Testament Theology* (London: Collins, 1952).

가능성은 매우 높다."[67] 라이트의 방법론은 또 다른 기준(마이어의 거부와 처형에 대한 기준)을 통해 한 기준(차이성)을 확립하려고 할 때, 확립하고자 하는 기준이 오히려 무너지는 현상을 초래한다(유대교의 전복을 통한 유사성 내의 차이성). 따라서 라이트의 주장에 의하면, "하나님 나라"는 다음과 같은 두 가지 이유로 진짜라고 할 수 있다. 첫째, "하나님 나라"는 "이스라엘의 이야기"와 유사하고 동시에 "초기 기독교 이야기"와도 유사하다. 둘째, 반면에 "하나님 나라"는 "이스라엘 이야기"를 무너뜨리고 "초기 기독교 이야기"와도 꼭 들어맞지 않는다! 다시 말하자면, 라이트의 방법론은 여러 기준을 결합하고 있다. 즉 차이성, 당혹감, 불연속성이 역사적 상식이라는 탁자 위에서 동시에 작용하고 있다. 예수는 유대교와 많은 일반적 특징을 공유하고, 초기 기독교와 공통된 사고를 가졌을 것이다. 내 평가에 의하면, 차이성의 기준에 이런 수정을 한 것은 혁신적이라기보다 영리한 행위다. 라이트는 차이성과 일관성의 기준을 재작업하여 예수와 초기 교회 사이의 불연속성이라는 통찰로 이끌었고, 이를 통해 하나의 기준이 탄생하게 되었다. 역사적 판단은 기술이지 기준이 아니다. 그리고 하나의 경우에서 통하는 것은 또 다른 상황에서 통하지 않을 것이다. 게다가 역사적 판단은 믿음과 전제라는 틀 속에서 작동하며, 이런 선험적 개념들은 지식으로 여겨지는 것에 상당한 영향을 미친다.[68]

67 Wright, *Jesus and the Victory of God*, 132.

68 이에 관해서는 다음을 보라. C. S. Evans, *The Historical Christ and the Jesus of Faith: The Incarnational Narrative as History* (New York: Oxford, 1996). 무엇보다 Evans는 예수에 관한 이야기에 담긴 "사실"이 믿음에 핵심이 되며, 알 수 있는 것이라고 주장한다. 다음도 보라. R. G. Gruenler, *New Approaches to Jesus and the Gospels: A Phenomenological and Exegetical Study of Synoptic Christology* (Grand Rapids: Baker,

기준학(criteriology)은 논쟁에서 최종 결정권을 갖지 못할 것이다. 여기서의 기준은 기준이 허용하는 것보다 훨씬 복잡한 역사적 판단의 한 부분이다. 이런 이유로 샌더스, 버미스, 캐어드(G. B. Caird), 칠턴(B. D. Chilton), 라이트, 앨리슨(D. C. Allison)과 같은 학자들의 연구는 자칭 중립 성향의 기준을 바탕으로 무엇이 진짜인지 확정하는 데 혈안이 된 학자들의 연구보다 방법론상으로 훨씬 더 만족스럽다. 예수의 사역과 메시지에 관한 영속적 특징 중 하나는 예수의 종말론적 비전으로, 이는 우리가 이어서 알아볼 주제다.

종말론적 임박성으로 시작하는 경향

문자적 이해

학생 및 학자들은 이 논의의 출발점을 알베르트 슈바이처로 삼지만, 이는 전달자를 혁신가로 오해하는 실수다. 슈바이처는 더 온건하고 보수적이며 온순한 성향의 학자인 요한네스 바이스(Johannes Weiss)가 이미 연구해놓은 것을 더욱 대중적이고 대담하며 도발적으로 만들어놓았을 뿐이다.[69] 보수적인 독일 신약성서학자 베른하르트 바이스(Bernhard

1982).

69 Johannes Weiss는 예수에 대한 유명한 책으로서 다음의 1, 2판을 출간했다. *Die Predigt Jesu vom Reiche Gottes*, ed. F. Hahn, 3rd ed. (Göttingen: Vandenhoeck & Ruprecht, 1964). 제1판은 1892년에 출판됐고, 영어로 번역된 유일한 판본은 다음과 같다. *Jesus' Proclamation of the Kingdom of God*, trans. and ed. R. H. Hiers and D. L. Holland, Scholars Press Reprints and Translations Series(Philadelphia: Fortress, 1971). 제2판은

Weiss)[70]의 아들이자 독일 루터교 자유주의의 중요 창립자인 알브레히트 리츨(Albrecht Ritschl)의 사위였던 바이스는 독일 자유주의 신학과 명확한 역사적 주석 사이에서 위태로운 외줄타기를 하며 어렵사리 학문의 길을 걸어갔다. 그는 놀랍게도 다음과 같이 주장했다. 즉 예수의 종말론은 문화, 사회 도덕, 정치적 보호와는 거리가 멀고, 유대교 종말론에 의해 더 역사적으로 결정되었다는 것이다.[71] 바이스의 주장은 역

1판에 비해 내용상으로 다소 퇴보했다.

Albert Schweitzer는 자신의 견해의 기반을 Weiss의 저서 제1판에 두었다. Schweitzer는 그의 연구 경력 초반에 예수에 대한 여러 저서를 발표했는데 다음과 같다. *Das Messianitäts-und Leidensgeheimnis: Ein Skizze des Lebens Jesus* (Tübingen: Mohr, 1901; 영역본, *The Mystery of the Kingdom of God: The Secret of Jesus' Messiahship and Passion*, trans. W. Lowrie [New York: Dodd, Mead, 1914]); *Die psychiatrische Beurteilung Jesu* (Tübingen: Mohr, 1913; 영역본, *The Psychiatric Study of Jesus*, trans. C. R. Joy [Boston: Beacon, 1948], 이 연구서는 슈바이처의 의학 박사 학위 논문임); 역사적 예수 연구에 있어서 현재까지 가장 큰 영향력을 미치고 있는 책은 다음과 같다. *Geschichte der Leben-Jesu-Forschung*, 9th ed., UTB 1302 (Tübingen: Mohr Siebeck, 1984). 1906년에 이 책의 첫 발간 당시 원래 제목은 *Von Reimarus zu Wrede*였고, 제2판은 지금의 제목으로 1913년과 1966년에 출판됐다. J. M. Robinson은 새 판에 대한 유익한 서문을 썼다. 현재는 다음과 같이 두 종류의 영역본이 존재한다. *The Quest of the Historical Jesus: A Critical Study of Its Progress from Reimarus to Wrede*, trans. W. Montgomery(역자의 이름은 책 표지에 기재되지 않음) (Baltimore: Johns Hopkins University Press, 1998); *The Quest of the Historical Jesus*, ed. J. Bowden, trans. W. Montgomery, J. R. Coates, S. Cupitt, and J. Bowden (Minneapolis: Fortress, 2001). 새로운 "번역"이 적용된 두 번째 역본은 첫 번째 역본에 나오는 W. Montgomery의 간간히 보이는 문체상의 과함을 수정하고, 독일어 원본 제2판의 더 온전한 내용의 번역을 추가했다.

70 "예수의 생애"에 대한 그의 영향력 있는(자유주의의) 저서는 당시 기본 도서였다. *Das Leben Jesu*, 2 vols., 4th ed. (Stuttgart: I. G. Cotta, 1902; 영역본, *The Life of Christ*, trans. J. W. and M. G. Hope, 3 vols., Clark's Foreign Theological Library 14, 16, 17 [Edinburgh: Clark, 1909]).

71 그러나 Ritschl의 반유대주의는 여러 측면에서 이 논의에 영향을 미쳤다. 이에 대해서는 S. Heschel, *Abraham Geiger and the Jewish Jesus*, CSHJ (Chicago: University of Chicago Press, 1998), 106-26을 보라. 그리고 우리가 제기할 수 있는 질문은, Martin Kähler가 정립해놓은 역사적 예수 논쟁 역시 동일한 이데올로기의 영향을 받지 않았는지다. 이에 대해서는 그렇다고 답할 수 있다. Kähler, *The So-Called Historical Jesus*,

사 지향적이고, 신학적으로 폭발력이 있으며, 동종 계열을 분열시키는 것이었으므로, 그의 저서는 독자들에게 충격을 주었다. 그러나 바이스의 견해를 널리 알려 이 견해에 바이스의 이름이 따라다니도록 한 장본인은 슈바이처였다.[72] 실제로 루돌프 불트만의 말을 빌리면, 슈바이처는 "바이스의 이론을 극단적으로 사용했다."[73]

예수의 메시지에 대한 종말론적 인식이 독일 개신교의 자유주의를 끝냈다고 말할 수 있는데, 왜냐하면 독일 개신교의 자유주의는 문화적 이해에서 도출된 "하나님 나라"의 의미를 억지로 종말론적·역사적·유대교적 이해에 끼워 맞추었기 때문이다. 이런 끼워 맞추기는 가장 깊은 의미에서 반문화적 행위다. 슈바이처는 모든 사람이 알아듣도록 매우 도발적이고 강력한 범주 내에서 이 견해를 설명했는데, 이로 인해 독일 신학은 이전과 완전히 다른 모습으로 변하게 되었다.[74] 한동안 조금씩 스며들었던 슈바이처의 견해는[75] 바이스의 노선을 따라 움직이기 시작

47, 54, 64을 보라. Heschel은 해당하는 장("The Protestant Flight from the Historical Jesus" [127-61])에서 이 문제를 날카롭게 살피고 다음과 같은 결론을 내린다. 즉 예수가 유대인이었다는 발견을 포함하여, 비판적 접근의 실재를 피하려고 이런 탈출이 야기되었다는 것이다.

72 이상하게도 Weiss의 신학은 화용론을 형성했다. 즉 Weiss의 주장에 의하면, 예수의 하나님 나라 메시지에 대한 Ritschl의 비역사적 이해에도 불구하고, Ritschl의 견해는 여전히 유용한데, 왜냐하면 예수의 메시지는 끊임없는 재조정과 재해석이 필요하기 때문이다. 이 주장은 Weiss가 쓴 *Die Predigt Jesu vom Reiche Gottes*의 제2판에서 발견되기 시작한다.

73 Rudolf Bultmann, *Jesus Christ and Mythology* (New York: Scribner, 1958), 13.

74 결국 종말론 학파의 영향이 느껴졌지만, 영미 학계는 이전과 같이 별다른 변화 없이 지속되었다. 영국 학계의 경우, Schweitzer의 중개자였던 다음 학자를 주목해야 한다. W. Sanday, *The Life of Christ in Recent Research* (New York: Oxford, 1907), 37-89. 더 온건한 노선을 택했던 다음 연구도 보라. E. von Dobschütz, *The Eschatology of the Gospels* (London: Hodder & Stoughton, 1910).

75 예를 들어, A. Schweitzer, *Out of My Life and Thought: An Autobiography*, trans. A. B.

했는데, 그 이동의 힘은 거대했다. 슈바이처의 서툰 손을 통해 묘사되는 예수의 모습은 다음과 같다. 즉 예수는 그릇된 묵시적 광신도로서, 하나님으로 하여금 그분의 왕국으로 이스라엘을 인도하게 하려는 최후의 방편으로 이스라엘과 하나님께 도전하는 용기를 지닌 인물로 묘사된다. 슈바이처가 애용하는 말씀인 "이스라엘의 모든 동네를 다 다니지 못하여서 인자가 오리라"는 마태복음 10:23로, 그는 이 구절을 문자 그대로 예수의 말씀으로 받아들였고, 이 구절이 원래 고유의 역사적 맥락을 간직한 채 마태복음에 기록되었다고 믿었다.[76] 제자들이 돌아와서 무용담을 늘어놓을 때, 예수는 자신의 사역이 아직도 충분하지 않음을 깨달았다. 그는 죽음에 자신을 내어놓아 하나님 나라를 실현하기 위한 속죄물이 되어야 했다. 결국, 예루살렘을 향해 가는 고난의 여정은 시련에 대한 우려가 현실로 일어난 것이었다.[77] 예수는 실패자의 모습으로 죽었지만, 그럼에도 불구하고 그의 죽음은 뜻이 성취할 수 있는 것에 대한 증거가 되었다.[78]

슈바이처와 바이스의 업적으로는 예수의 종말론적 말씀, 특히 임박한 종말을 표현하는 말씀(막 9:1; 13:30; 마 10:23)에 대한 문자적 독해를 바탕으로 예수를 해석했다는 점을 들 수 있다.[79] 소수의 반대 목소리

Lemke (Baltimore: Johns Hopkins University Press, 1998), 5-9, 13-14을 보라.

76 Schweitzer는 마가복음과 마태복음의 역사적 진실성을 옹호하는 것으로 악명이 높다. Schweitzer, *Quest for the Historical Jesus*, xxv(Nineham은 이를 제대로 주목한다).

77 Schweitzer, *Quest of the Historical Jesus*, ed. Bowden, 347.

78 예수를 뭉개버린 "세상의 수레바퀴"라는 제1판의 유명한 문구는 제2판에서 생략된다 (Schweitzer, *Quest of the Historical Jesus*, 2nd ed., 370-71; *Quest of the Historical Jesus*, ed. Bowden, 333; *Geschichte der Lebe-Jesu-Forschung,* 423). 뜻(will)에 관해서는 Schweitzer의 결론을 보라. *Quest of the Historical Jesus*, ed. Bowden, 478-87.

79 이 세 구절의 해석 역사에 관한 대부분의 중요 연구는 다음을 보라. M. Künzi, *Das Naherwartungslogion Matthäus 10,23: Geschichte seiner Auslegung*, BGBE 9 (Tübingen:

가 들렸지만, 예수의 종말론에 관한 슈바이처의 문자적 견해가 20세기의 비평 학계를 지배했다고 말할 수 있다. 이 글은 모든 반대하는 목소리에 대해 언급할 수 없으므로, 몇 개만 언급하고자 한다. 마이어(B. F. Meyer)는 예언 말씀의 본질을 파악하고자 노력했고, 모든 예언적 기대의 모호함 속에서 중요한 통찰을 발견했으며, 예수는 하나님이 역사 속에서 무엇을 의도하셨는지에 대해 "확실한" 지식을 갖지 못했다고 결론 내렸다.[80] 따라서 모든 예언적 지식은 "제한된 지식"이며, 임박성의 의미도 회의적 비평가들이 주장하는 그런 임박성이 아니라 있는 그대로의 임박성으로 이해되어야 한다.[81]

샌더스는 예수의 종말론적 임박성에 대한 문자적 해석에 새 기운을 불어넣었다. 그는 자신의 주장이 알베르트 슈바이처의 주장과 어떤 차이가 있는지를 자세히 설명할 필요가 있었다.[82] 샌더스는 슈바이처의 핵심 주장과, 슈바이처에게 중요한 의미를 지니는 예수의 생애에서의 중요 사건(열두 제자 파송 및 귀환, 가이사랴 빌립보에서의 베드로 고백 등)을 반박하고, 다른 근거를 들어 "회복 종말론"(restoration eschatology)을 주장한다. 그럼에도 샌더스의 예수는 슈바이처의 예수와 동일한, 즉 문자적이며 잘못 이해된 임박한 성향의 종말론을 갖고 있다. 그 결과 "예수가 기

Mohr Siebeck, 1970); *Das Naherwartungslogion Markus 9,1 par: Geschichte seiner Aurlegung: mit einem Nachwort zur Auslegungsgeschichte von Markus 13,30 par*, BGBE 21 (Tübingen: Mohr Siebeck, 1977).

80 Meyer, *The Aims of Jesus*, 242-49.

81 위의 책, 246. "하나님이 예언으로 말씀하신다면, 이는 하나님이 예언을 뒤따르는 역사를 통해 말씀하신다는 것을 의미한다. 그리고 믿음의 관점으로 이해되는 역사는 다음과 같이 예언자가 할 수 없는 것을 한다. 즉 예언적 상징 해독하기, 이미지를 사건으로 전환하기, 도식적 순서를 실제 순서로 전환하기, 상징적 시간을 실제 시간으로 전환하기"(247).

82 Sanders, *Jesus and Judaism*, 327-30.

대하는 임박한 현상은 하나님께서 역사에 직접 개입하셔서 악과 행악자들을 제거하고, 영화로운 새 성전을 건설하며, 예수와 자신의 열두 제자를 중심으로 이스라엘을 다시 모으는 것이다."[83] 이와 동일한 노선을 따라, 그러나 천년왕국 운동의 사회학적 관점과 예수의 종말론에 배경이 되는 고대의 유대교 묵시문학, 이 둘 사이의 심오하고 정교한 상호 작용에 착안하여, 데일 앨리슨(Dale C. Allison)은 다음과 같이 제안한다. 즉 예수의 종말론은 문자적이고 임박한 성향을 띠고 있으며, 이 종말론의 중심 개념으로는 최후 심판, 부활, 이스라엘의 회복을 들 수 있다는 것이다.[84] 앨리슨의 주장에 따르면, 미래에 관한 예수의 종말론적 언어는 현세적이지 않고 초자연적이다.[85] 마지막으로, 나는 예수의 종말론을 연구하면서, 슈바이처의 급진적 임박성과 지나치게 열정적인 캐어드 및 라이트의 종말론 언어에 대한 재해석, 이 둘 사이의 중간적 입장을 견지하려 노력했다(다음에 나오는 부분을 보라). 내 주장은 마이어(B. F. Meyer)와 앨리슨(비록 내 연구에 앨리슨의 연구서를 사용할 수 없었지만)의 주장과 맥을 같이하는데, 그 내용은 다음과 같다. 즉 미래에 대한 예수의 언어가 임박성을 띠는 이유는 예언적 언어가 본질적으로 모호하고 제한적이기 때문이라는 것이다. 예수 이전에 존재했던 예언자들의 지식과 마찬가지로(이 주제와 관련하여 예수의 예언적 지식에는 초월성이 거의 나타나지 않는다), 예수의 지식은 제한적이었다. 예수의 언어는 오해를 사지는 않지만 그렇다고 쉽게 이해되지도 않으며 하나님의 거대한 달력에 속한 "다음

83 위의 책, 153. 하나님 나라의 범주에 관한 더 자세한 설명은 222-41을 보라.

84 Dale C. Allison, *Jesus of Nazareth: Millenarian Prophet* (Minneapolis: Fortress, 1998); 그의 초기 연구서인 다음도 보라. *The End of the Ages Has Come: An Early Interpretation of the Passion and Resurrection of Jesus* (Philadelphia: Fortress, 1985).

85 Allison, *Jesus of Nazareth*, 152-69.

사건"을 역사의 "최종 사건"으로 이해한다. 예언적 지식에 대한 이론은 예언적 언어에 대한 연구를 알고 있는 사람들에게 잘 알려져 있다.[86]

신화와 은유

예수의 종말론적 이미지를 문자적으로 생각하는 노선은 전체 세기 동안 종종 반대에 부딪쳤다. 루돌프 불트만의 비신화화 프로그램, 플라톤의 이미지를 사용하여 미래에 대한 예수의 기대를 설명하려는 다드의 시도, 예수의 묵시적 언어를 은유로 보려는 캐어드와 라이트의 견해 등이 이런 반대에 해당한다. 근본적으로 이 학자들은 임박한 종말론을 은유적으로 보거나, 비문자적 차원에서 다뤄야 한다고 생각한다. 물론 다드, 캐어드, 라이트는 자신들의 이름이 불트만의 이름과 함께 거론되는 것을 탐탁지 않게 여길 것이다. 그러나 이들은 각자의 결론에 도달하는 방향은 서로 다르지만, 예수의 언어를 모두 동일하게 "사용"한다. 불트만에 의하면, 임박성에 대한 예수의 언어는 문자적으로 의도되었지만, 실은 "착각"(illusion)일 뿐이다.[87] 왜냐하면 "역사의 과정이 [이런] 신화를 배격해왔기 때문이다."[88] 따라서 비신화화를 통해 우리는 다음과 같은 해석을 발견한다. 즉 하늘에 계신 하나님은 그분 자신의 초월성을, 지옥은 악의 초월성을, 사탄과 악마는 우리 행위의 당혹스러움과 힘겨움을 각각 의미한다. 그리고 예수의 종말론은 "우리 각자에게 실제로

86 McKnight, *A New Vision for Israel: The Teachings of Jesus in National Context* (Grand Rapids: Eerdmans, 1999), 120-39.

87 Rudolf Bultmann, *Theology of the New Testament*, trans. Kendrick Grobel, 2 vols. (New York: Scribner, 1951-55), 1:22.

88 Bultmann, *Jesus Christ and Mythology*, 14.

곧 임할 하나님의 미래에 열려 있어야 하고, 한밤중의 도둑처럼 아무도 예상치 못한 때에 임할 하나님의 미래에 대비해야 함을 뜻한다. 왜냐하면 이 미래는 하나님의 미래에 열려 있지 않으며 이 세상에 얽매여 자유롭지 못한 자들에 대한 심판을 의미하기 때문이다."[89]

다드는 불트만의 미래 관점에 동의하지 않는다. 왜냐하면 다드는 예수의 종말론을 미래적이라기보다 실현된 것으로 생각했기 때문이다.[90] 다드는 더 중요한 차원에서 다음과 같이 주장한다. 즉 예수는 묵시적 언어로 표현된 하나님의 구속 계획이 곧 마무리된다고 예상했고, 예루살렘의 멸망을 알리는 임박한 사건에 관심을 보였다는 것이다(그러나 다드는 마가복음 13장이 예수의 생각을 반영한다고 확신하지 못한다). 예수의 종말론적 예언은 "전체적으로 초자연적 사건을 언급하는 묵시록의 예언과 닮았고"[91] "예수는 성전의 멸망이 곧 발생할 역사적 사건이라 선언했다."[92] 다드의 주장에 따르면, 예수는 다음과 같은 다양한 요소가 곧 동시에 발생하리라고 생각했는데, 곧 예수 자신의 죽음, 자신의 제자들에게 임할 박해, 로마가 "유대 국가와 그곳의 도시인 예루살렘과 성전을 멸망시키는 대격변을 예견했다."[93] 그러나 이런 사건들은 영적 심판의 현상이고, "예지력은 기본적으로 통찰력"을 의미하며, 예언은 "기본적으로 영적 심판의 극화(dramatization)"[94]이면서 동시에 역

89 위의 책, 31-32.

90 C. H. Dodd, *The Parables of the Kingdom*, 3rd ed. (London: Religious Book Club, 1942).

91 위의 책, 52.

92 같은 책, 63.

93 같은 책, 70.

94 같은 책, 70-71.

사적 관점의 단축으로 볼 수 있다. "어떤 상황의 기저를 이루는 심오한 실재가 역사적 예언이라는 극화된 형태로 묘사될 때, 반드시 필연적으로 발생하는 영적 과정은 사건의 임박성이라는 측면에서 표현된다."[95] 여기서 다드의 결론은 아래와 같다. 이는 (내 판단으로) 불트만과 다드의 입장이 생각했던 것만큼 그렇게 많이 다르지 않다는 점을 보여준다.

> 따라서 외형상 일련의 재난으로 구성된 사건의 과정은 그 안에 하나님의 영광의 계시를 담고 있으며, 통찰력을 지닌 자들은 이를 알 수 있다. 이것이 바로 "하나님 나라의 신비"다. 그 이유는 **"전적 타자"의 영역에 적절하게 속한 종말이 이제는 실제 경험 차원의 문제가 되었고**, 종말의 경험은 하나님의 대리자의 고난과 죽음이라는 역설적 형태로 이루어지기 때문이다. **영원한 실재, 즉 축복의 하나님 나라와 그 권세와 영광은 사건들의 역설적 전환의 배후에 또는 그 안에 놓여 있다.**[96]

인자에 대한 그의 논의는 다음과 같이 더 명확하다. "그러나 예수는 궁극의 하나님 나라가 역사 속에 이미 도래했다고 선언하며, 자신이 '인자'의 '종말론적' 역할을 자처한다. **절대자인 '전적 타자'는 시공 속으로 이미 들어와 계신다.**"[97] 이런 "탈지각적이고 탈역사적인 실재"는 "역사 내에 상응하는 현실성(actuality)"을 갖고 있다.[98] "그러나 역사적 체계는 절대자의 모든 의미를 담아낼 수 없다."[99] 이는 "영원한 실재"

95 같은 책, 71.
96 같은 책, 79-80("종말"은 Dodd 강조, 나머지는 Mcknight 강조).
97 같은 책, 107.
98 같은 책.
99 같은 책, 107-8.

로서, 실질적 측면에서 "하나님 나라는 다른 사건들이 발생한 이후에 일어나는 사건이 아니기 때문이다. 현재의 시공간이 하나님 나라를 향한 인간의 시야를 더 이상 제한하지 않을 때 그들은 깨어나며, 그때 그들은 '하나님 나라의 식탁에 앉아' 모든 축복받은 죽은 자와 함께 식사를 하며, 그리스도와 함께 영원한 행복의 '새 술'을 마신다. '인자의 날'은 변치 않는 사실을 의미한다."[100] "인자의 날"은 "사람의 영혼"과 상응하는데, 이는 "역사에 내주하지만, 영원한 체계에 속한다."[101] 내 연구는 이 정도로 다드의 주장에 많은 관심을 보이고 있는데, 왜냐하면 그의 이론이 캐어드에게 영향을 미쳤고, 또 예수가 사용하는 언어의 임박성에 대한 캐어드의 이해는 중요하고도 광범위한 영향력을 지닌 라이트의 저술을 태동시켰기 때문이다.

결과적으로 다드는 아래에 나오는 불트만의 견해를 "배후에 또는 안에"(behind or within) 개념으로 간주한다. 또 이 두 학자의 연구는 신학적으로 적합한 형태 측면에서 예수의 언어에 담긴 임박성을 재해석한다. 즉 불트만에게 있어서 진정한 존재는 하나님을 향한 결단 속에서 발견되고, 다드에게 있어서 인간을 다루시는 하나님의 방식과 관련된 궁극적 실재는 통찰을 통한 종말론적 언어 속에서 발견된다. 다드에게 있어서 궁극적인 것은 정해진 때에 잠시 스스로를 드러내는데, 이는 확실히 플라톤적 개념이다. 불트만에게 있어서 인간은 예수의 종말론적 언어를 통해 하나님과 만난다. 그러나 캐어드와 라이트에게 있어서 이런 접근은 수정을 요한다. 즉 예수의 종말론적 용어는 은유적 성격에도

100 같은 책, 108.

101 같은 책.

불구하고 더 역사적이다. 예수의 임박한 종말론적 언어는 역사적 사건을 언급하는 것이지, 실존적이거나 영원한 차원의 무엇을 의미하지 않는다. 이는 국가적 재난을 표현하는 유대인의 특별 관용어구인 것이다.

우리는 캐어드의 연구에 주의를 많이 기울일 수 없는데, 왜냐하면 그의 연구가 너무 짧은 나머지 개략적인 정보만 제공하기 때문이다. 그런데 이 연구는 라이트의 출중한 실력에 의해 비로소 풍성하고 구체적인 정보로 바뀌게 되었다.[102] 종말론에 대한 케어드의 연구는 다음과 같이 종말론의 개념을 여러 정의로 구분한다. 곧 개인적(죽음, 심판, 천국, 지옥) 종말론과 역사적(캐어드는 역사의 목적을 비롯하여 역사와 관련한 여러 개념을 고안했다) 종말론이 바로 그것이다. 예를 들어, 유대교 용법에서 "부활"의 의미는 "현 세대의 종말, 또는 더 흔하게 사용되는 것으로서 세상의 종말에 발생할 단일 사건을 의미했다." 따라서 (부활절에 사용되는 부활의 의미에서 볼 수 있듯이), "부활이 문자적으로 세상의 종말에 있을 일에 대해 언급하는 것이 아니라, 세상의 종말에 대한 언어를 사용하는 은유라고 말하는 것은 충분히 납득할 만하다."[103] 결과적으로, 예수가 "인자"를 언급할 때, 그는 공동의 인물(예수 자신뿐만 아니라 그의 추종자들도 포함하는)을 언급하고 있는 것이다. 그리고 이 공동의 인물은

102 다음을 보라. G. B. Caird, *The Language and Imagery of the Bible* (Philadelphia: Westminster, 1980); idem, *New Testament Theology*도 보라. 학계는 L. D. Hurst에게 빚을 지고 있는데, 이는 그가 대부분의 시간을 신약신학과 관련된 Caird의 중요한 연구서를 완성하는 데 바쳤기 때문이다. 전문 지식이 동원된 이 연구서의 구성을 위해, Hurst는 말 그대로 "Caird만 생각"해야 했다. 다음과 같은 이야기가 전해진다. 즉 어느 영국의 저명한 은퇴 교수가 이 연구서의 특정 문장을 보고 이 문장이 Caird 고유의 고풍스러운 문장이라고 말했고, 나중에야 이 문장이 Caird의 표현법을 사용한 Hurst의 것임을 알게 되었다고 한다.

103 Caird, *Language and Imagery*, 249.

"동시대 유대인 세대로부터는 거부당했지만, 곧 그 정당성이 입증될 새로운 이스라엘을 의미할 것이다."[104] 캐어드의 종말론 연구를 이처럼 유용하게 만드는 것은 바로 지시 대상의 이동이다. 캐어드의 연구는 언어학(은유로서의 부활)과 더불어 역사적 실재(역사가들이 주석한 의미로서의 부활)에 든든한 기초를 두고 있다. 캐어드가 주목한 것과 같이 다드의 다음과 같은 발언에 주목한 학자는 거의 없다. 즉 다드는 예수의 종말론적 용어가 은유라고 말했다.[105] 캐어드의 영향력 있는 관점은, 기원후 1세기의 유대교 작가들(여기서 유대교 작가들을 역사적 예수를 의미하는 것으로 읽으라)이 세상의 종말이라는 언어를 은유적으로 사용하여 역사 속에서 중요한 사건을 언급했으리라는 추측을 가능케 한다. 라이트는 이것이 바로 예수가 마가복음 13:24-27을 말할 때 의도했던 것이라고 주장한다. 즉 세상의 종말과 관련된 말씀은 은유적으로 사용되어 유대 국가의 정치적 재난을 의미했다. 마가복음 13:24-27과 가장 유사한 병행 구절은 사도행전 2장에 기록된 것으로서 요엘 2:28-32의 오순절 경험에 대한 적용 부분이다. 여기서 우리는 역사적 경험에 적용된 세상 종말의 이미지를 본다. 사도행전 저자는 이 이미지가 세상의 끝이라고 생각한 것도 아니고, 세상 끝이 도래하지 않았으므로 베드로가 틀렸다고 생각하지도 않았으며, 이 예언의 일부가 앞으로 성취되리라고 생각하지도 않는다. 사도행전 저자는 오순절 사건을 신령한 의미를 지닌 하나의 사건으로 보고 있을 뿐이다. 그가 염두에 두고 있는 것은 역사적 사건의 중요성을 꿰뚫어보는 "통찰"이다. 캐어드는 다음과 같이 혹평한

104 Caird, *New Testament Theology*, 380.

105 그는 Dodd의 주장에 의존하고 있음을 기록한다. Caird, *Language and Imagery*, 253을 보라.

다. "바이스와 슈바이처는 종말론이 성서의 사상을 이해하는 데 핵심이라고 생각하는데, 이 생각은 옳다. 하지만 성서 저자들이 그들처럼 평범한 생각을 갖고 있었다고 추측한다는 점에서 틀렸다."[106]

캐어드가 평범하다고 여기지 않는 라이트는, 예수 종말론의 핵심으로서 예루살렘 멸망의 중요성에 모든 초점을 맞추면서, 다드와 캐어드의 통찰을 발전시킨다.[107] 이와 같은 라이트의 두 초점은 그가 다드의 실현된 종말론을 지지하는지, 아니면 바이스와 슈바이처의 철저한 종말론을 지지하는지 혼동하게 만든다. 기원후 70년에 대한 그의 초점은 후자의 손을 들어주지만, 은유적 언어에 대한 그의 또 다른 초점은 그를 다드의 진영에 위치시킨다. 예수가 착각했다는 결론을 거부하는 점으로 보아, 라이트는 실현된 종말론을 지지하는 학파에 속하는 것 같다 (예수의 미래 종말론에 대해 라이트가 어떻게 생각하는지 불분명하지만, 이런 주제들에 대한 지속적 연구를 통해 그의 생각은 점점 분명해질 것이다).[108] 다드, 캐어드, 라이트가 생각하는 예수의 임박한 종말론적 언어는 역사적 사건들을 지시하지만, 근본적으로 이미지와 은유다. 바이스와 슈바이처가 생각하는 언어는 순수하고 단순한 역사적 예측이었고, 이는 잘못된 것이었다. 라이트(와 캐어드와 다드)가 탐구하지 못한 것은 기원후 70

106 위의 책, 271.

107 Wright, *Jesus and the Victory of God*, 320-68.

108 내가 저술한 *New Vision for Israel*, 73에서, 나는 Wright가 예루살렘의 멸망을 강조했기 때문에 그를 Weiss-Schweitzer 진영에 포함한다. Caird도 기원후 70년 사건의 중요성을 강조하고 있으므로, 나는 그를 똑같은 진영에 포함시키고 싶다. 그러나 이 둘 중 어느 누구도 철저한 종말론 학설로 진입하지 않는다. Dodd는 하나님 나라에 대한 예수의 견해에 미래적 차원을 허용했다. Caird와 Wright가 언어 형식을 통해 완전히 탐구한 대상도 바로 이 미래적 차원이다. 그러나 이들의 탐구는 Dodd의 기준을 따르고 있다. 그러나 Dodd는 하나님 나라의 미래적 측면에 관심이 별로 없었으며, 이미 실현된 하나님 나라의 특성을 자세히 설명하는 데 힘썼다.

년과 관련하여 세상의 종말에 대한 언어의 사용이 지닌 역사적 함의다. 즉 기원후 70년 이후에는 무슨 일이 발생하며, 언제 발생하는지에 대해 아무런 답을 제시하지 못하고 있다. 라이트가 생각하는 예루살렘 멸망은 예수와 그의 추종자들—인자—에 대한 하나님의 신원으로 이해된다. 그리고 이 예루살렘 멸망 사건은 중대한 역사적 의미를 지닌다.[109] 이 사건은 역사적 차원에서 행하신 하나님의 행위다. 그러나 예수가 말한 모든 미래의 프로그램은 여러 비역사적인 은유 이미지에 관한 연구인가? 재림, 부활, 심판, 최후의 만찬은 단순히 하나님의 신원에 대한 은유인가? 아니면 이런 이미지는 다른 시간적 틀인 종말로의 이동을 의미하는 걸까? 예수의 종말론에 대한 라이트의 연구가 불완전하다는 내 판단에도 불구하고, 다드, 캐어드, 라이트의 다음과 같은 공헌은 인정할 수밖에 없다. 즉 그들로 인해 예수의 민족적 사명의 중요성과, 미래에 대한 예수의 비전에서 기원후 70년이 차지하는 위치에 대해 초점을 맞추게 되었다(이는 결과적으로 예수가 처한 현재의 의미와도 연결됨). 임박한 종말론에 대한 언어는 바이스와 불트만이 생각했던 것처럼 평면적이거나 문자적이지 않다. 또 역사적 민감함 없이 이해되지도 않는다(라이트는 이스라엘의 예언 언어를 임박한 종말론 언어의 출처로 삼는다). 그 언어는 은유라 할지라도 예루살렘의 멸망을 언급하는 지시적인 기능도 한다. 이는 종말론적 언어의 지시적 기능을 인정하지 않았던 불트만의 견해와 대조된다.

109 특히 Wright, *Jesus and the Victory of God*, 339-43, 360-65을 보라.

어떤 이는 불트만식 사고를 하는 한편, 다른 이는 자신의 신학적 필요에 따라 다드, 캐어드, 라이트의 주장을 따른다. 특히 다드, 캐어드, 라이트가 비난받는 이유는, 이들이 예수를 옹호하기 위해 역사적 해석은 무시한 채 은유에만 호소하기 때문이다. 불트만은 예수가 말한 임박한 종말 언어를 예수의 "착각"이라고 인지하는 반면(그러나 불트만은 해석학의 근본적 핵심을 확립했다), 다드, 캐어드, 라이트는 임박한 종말이 예수의 "착각"이라는 주장을 제거하기에 충분하다고 재해석한다. 하지만 바이스와 슈바이처에 반응하는 또 다른 노선의 생각은 예수의 임박한 종말 언어가 단순히 원래 예수의 말이 아니라고 생각하는 이들 사이에 존재한다. 이런 생각은 종말론적인 언어가 후기 유대인 그리스도인들에게서 유래한다고 보는데, 이들이 당시 존재했던 유대교 묵시와 예수를 결합했다는 것이다. 아니면 또 다른 출처로 묵시적 성향을 지닌 다른 그리스도인들에게서 유래한다고 본다. 이와 관련하여 오늘날 주목할 만한 예는 마커스 보그(Marcus Borg)인데, 그는 묵시적 예수는 역사적 개연성이 없으므로 역사적 예수와 연결하지 말아야 한다고 주장한다.[110] 보그는 동료 학자들에게 보낸 편지에서 다음과 같이 주장한다. 즉 "종말론적 예수"는 장차 올 인자 구문이 실제 예수의 말씀이라는 믿음과, 하나님 나라에 대한 본문에 유입된 임박성, 그리고 예수가 말하는 "나라"의 의미를 이해하기 위해 가정된 일시적 틀에 기초하고 있다는 것이다. 보그는 이런 결론과 가정을 일일이 반박하고 있는데, 분명

110 가장 적절한 연구는 다음과 같다. Borg, "A Temperate Case for a Non-Eschatological Jesus," in *Jesus in Contemporary Scholarship* (Valley Forge, Pa.: Trinity, 1994), 47-68.

히 이는 예수의 실제 발언으로 여겨지는 말씀이 예수의 모습을 결정한다는 예증이다. 보그는 동일한 주제에 대한 두 번째 논문에서 자신의 견해가 예수 연구에서 점점 더 일반적인 견해가 되고 있다고 주장한다.[111] 사실상 현대의 역사적 예수 연구의 한 흐름에 대한 보그의 평가는 옳다. 그러나 역사적 예수 연구의 학계에서 합의를 보이는 부분은 도덕적 지지 외에는 별로 없다.

본 단락은 종말론적 언어의 특성을 조사하면서 마무리할 수 있다.[112] 예수 전승과 관련하여 지배적인 내용은 임박한 종말에 대한 예수의 기대다. 종말론적 언어 자체는 착각으로 선언되어 비신화화되었든지, 실존주의적·플라톤적·은유적 방향으로 재해석되었든지, 또는 예수의 진짜 말씀인지 아닌지에 상관없이, 하나님의 계획의 완성이 임박했다는 표현을 드러낸다. 데일 앨리슨은 다드, 글래슨(T. F. Glasson), 캐어드, 라이트가 재해석한 예수의 종말 언어를 탐구한다. 본질적으로, 이 학자들은 기원후 1세기에 유대인들이 은유 하나를 들었을 때, 그것이 좋은 은유라는 것을 알았으리라고 생각한다. 앨리슨은 다음과 같이 네 가지 주장을 제시하며, 각각의 주장을 반박할 수 없는 증거와 논리로 지지한다. (1) 고대 및 현대의 세계관은 대부분 축복의 시대, 곧 장차 올 황금시대를 주장한다. 그리고 이런 시대는 그때나 지금이나 임박한 것으로 여겨진다. (2) 현대 및 고대의 독자들은 때때로 은유를 오해하고, 때로는 은유의 의미를 바꾸기도 한다. 그러나 예언적·묵시적 본문이 문자적으로 이해되었다는 증거가 지속적으로 제시되고 있다. 다시 말해, 문

111 Borg, "Jesus and Eschatology: Current Reflections," in *Jesus in Contemporary Scholarship*, 69-96을 보라.

112 특히 Allison, *Jesus of Nazareth*, 152-69을 보라.

자적으로 이해하는 사람은 "종말에 대한 내용을 있는 그대로 받아들이는 사람"을 의미한다.[113] (3) 미성취된 예언에 대한 집착은 고대인들이 예언자적 예측을 문자적으로 이해했음을 증명한다. (4) 인지 부조화—좌절된 기대를 갖고 살아가는 상황—는 빈번한 재해석으로 이어진다. 그리고 앨리슨은 다드, 글래슨, 캐어드, 라이트, 이 네 학자가 이와 같은 종교 운동의 경향을 보여준다고 생각한다.[114]

예수를 유대교에 고정하려는 경향

현대 학계가 누가 가장 유대교적인 예수(이 표현은 크로산이 공식 석상에서 발언한 피곤한 내용을 연상시킨다)를 발견할 수 있는지와 관련하여 경쟁 구도에 있는 것을 볼 때, 불트만의 『예수와 말씀』(*Jesus and the Word*, 1934년)으로부터 게자 버미스(Géza Vermès)의 『유대인 예수』(*Jesus the Jew*, 1973년)에 이르는 약 40년의 연구 기간 동안 예수가 비유대교인으로 간주되고, 유대교 배경과 떨어진, 또는 유대교 배경을 배격하는 인물로 묘사되어왔다는 사실은 놀라운 일이다. 이런 상황에는 다 이유가 있지만, 납득할 만한 이유는 하나도 없다.

113 위의 책, 159.

114 지면 부족으로 더 이상의 논의는 어렵지만 다음을 보라. J. Becker, *Jesus of Nazareth*, trans. J. E. Crouch (New York: de Gruyter, 1998), 85-224; G. E. Ladd, *The Presence of the Future: The Eschatology of Biblical Realism* (Grand Rapids: Eerdrnans, 1974); 특히 통찰로 가득한 다음 연구를 보라. Ben Witherington III, *Jesus, Paul and the End of the World* (Downers Grove, Ill.: InterVarsity, 1992); idem, *Jesus the Seer: The Progress of Prophecy* (Peabody, Mass.: Hendrickson, 1999), 246-92.

비록 여기서 비유대교적 예수 관련 연구를 다루지는 않지만, 우리는 다음과 같은 사항을 주목해야 한다. 즉 불트만으로부터 버미스에 이르는 기간은 역사적으로 홀로코스트라는 극악무도한 반유대주의의 비극이 발생했던 시기와 겹친다. 독일 서적들을 포함하여, 이 기간의 예수 관련 서적은 당시의 시대상을 종종 반영했고, 그처럼 파렴치한 사고와 행위를 부추겼다.[115] 이 주제와 관련하여 많은 연구가 진행되었는데, 특별히 이 연구들은 게르하르트 키텔(Gerhard Kittel)의 『신약성서에 대한 신학 사전』(*Theological Dictionary of the New Testament*)[116] 사용에 통찰력 있게 주의를 기울이고 있다. 왜냐하면 키텔의 이 책은 제3제국에 참여했던 독일의 예수 학자들을 거의 언급하지 않기 때문이다.[117] 이와 같은 책과 학자들은 자신들이 내세우는 특정 주장에 대한 책임이 있는데, 이는 손쉽게 비판이 가능한 주장이다. 왜냐하면 그들은 여러 세대의 학생, 목회자, 평신도들에게 영향을 미쳐서 그들로 하여금 예수에 대해 무언가를 이해하기 위한 방식은 예수를 유대교에 반하는 인물로 설정함으로써 가능하다고 생각하도록 이끌기 때문이다.[118] 이런 범주는 아

115 특히 Heschel, *Abraham Geiger and the Jewish Jesus*를 보라. 다음 연구서도 보라. R. P. Ericksen, *Theologians under Hitler: Gerhard Kittel, Paul Althaus, and Emanuel Hirsch* (New Haven: Yale University Press, 1985).

116 수년 전 나는 한 친구에게 Kittel의 『신약성서에 대한 신학 사전』 영어판을 주고, 그 대가로 같은 책 독일어판을 받았다. 1942년에 출간된 제4권은 전에 1권부터 3권까지의 책에 기고했으나 제2차 세계대전 당시에 사망한 이들의 명단을 실었다(A. Stumpff, W. Gutbrod, H. Fritsch, 그리고 H. Hanse). 이 시리즈의 4권(그의 마지막 책)의 편집자였던 Kittel(그에 대해서는 Ericksen, *Theologians under Hitler*를 보라)은 이 전사자들의 "피로 산 증언"에 대해 언급한다.

117 이 학자들의 이름과 사상에 대해서는 Heschel, *Abraham Geiger and the Jewish Jesus*, 특히 186-228을 보라. 여기에는 H. J. Holtzmann, J. Wellhausen, E. Schürer의 영향력 있는 연구들이 자세히 나와 있다.

118 예를 들어 다음을 보라. W. Bousset, *Jesus*, trans. J. P. Trevelyan, ed. W. D. Morrison

직도 우리에게 남아 있으며, 우리는 이와 같이 예수를 해석해온 역사로부터 자유롭지 못하다. 이에 대해 더 할 이야기가 있지만, 지면의 제약으로 여기서는 언급이 불가능하다.

그리스도인들에게 가장 널리 읽히는 두 자료가 있다. 즉 영어권 독자들에게는 알프레드 에더샤임(Alfred Edersheim)의 『그리스도 예수의 삶과 시대』(*The Life and Times of Jesus the Messiah*)와 독일어권 독자들에게는 슈트락(H. Strack)과 빌러벡(P. Billerbeck)의 『탈무드와 미드라쉬의 신약성서 해설』(*Kommentar zum Neuen Testament aus Talmud und Midrasch*)이다.[119] 비록 지금도 이 두 연구 서적이 역사학 분야에서 신뢰받고 있지만, 더 이상의 신뢰는 금물이다. 왜냐하면 이 두 연구서 모두 유대교 문헌을 무분별하게 사용하고 있으며, 역사적 예수의 실제 모습을 파괴하는 범주와 양극의 반대 내용을 적용하고 있기 때문이다. 그러나 대다수 학자들과 다르게 나는 이 두 연구서(그리고 비슷한 종류의 다른 연구서들도 언급할 수 있다)를 고맙게 생각한다. 왜냐하면 이 연구서들을 통해 예수를 역사적으로 이해하는 데 사용될 수 있는 중요한 정보가 소개되었고, 예수의 유대성 관련 논점이 제기되었기 때문이다. 이 두 자료를 읽은 대부분의 그리스도인들은 결국 이 책들을 기피하게 되었지만, 적어도 예수가 충분히 유대인이었다는 사실을 인지하게 되었다.

아브라함 가이거(Abraham Geiger) 이후 예수에 대한 현대의 연구는

(London: Williams & Norgate, 1906). Bousset는 시편의 경건함이 "구약성서"의 믿음과 어울리지 않고, 구약성서를 읽는 독자에게도 맞지 않는다고 분명히 생각했을 것이다.

119 Edersheim의 책은 1883년에 처음 발간되었고, 1886년에 개정되었다. 그리고 수차례의 재판을 거쳐, 현재 가장 최근 판은 Eerdmans(Grand Rapids, 1971)에서 출판되었다. Strack and Billerbeck's *Kommentar*, 6 vols. in 7 (Munich: Beck, 1922-61).

요제프 클라우스너(Joseph Klausner)의 수준 높은 비판적 예수 연구인 『나사렛 예수: 그의 삶, 시대, 그리고 가르침』(*Jesus of Nazareth: His Life, Times, and Teaching*)으로부터 시작한다.[120] 리투아니아 출신 유대인으로, 1920년에 시오니즘의 이상 아래 예루살렘으로 이주한 클라우스너는 예수에 관한 책을 집필했다. 이 저서에서 그는 논쟁이 되는 선택 사항을 벗어나, 이후 세대가 추종하고 보강해온 다른 선택 사항을 확립해놓았다. 몬티피오리(C. G. Montefiore)는 클라우스너보다 15년 앞서, 더 자유주의적인 관점에서 자신의 공관복음 주석을 요약했다. 그의 공관복음 주석서는 예수의 가르침에 대한 신중하고 분별력 있으며 수준 높은 연구서다.[121] 몬티피오리의 관점에 서 있는 학자로는 이스라엘 에이브러햄스(Israel Abrahams), 새뮤얼 샌드멜(Samuel Sandmel), 샬롬 벤-호린(Schalom Ben-Chorin),[122] 핀카스 라피데(Pinchas Lapide)가 있으며,[123] 가장 중요한 두 학자로는 게자 버미스와 다비드 플루서(David Flusser)를 꼽을 수 있다.

게자 버미스는 유대교에서 로마 가톨릭으로 개종한 뒤 신부가 되

120 Joseph Klausner, *Jesus of Nazareth: His Life, Times, and Teaching*, trans. H. Danby (New York: Macmillan, 1926).

121 C. G. Montefiore, *Some Elements of the Religious Teaching of Jesus according to the Synoptic Gospels* (London: Macmillan, 1910).

122 Ben-Chorin의 예수 연구서는 최근에 영어로 번역되었다. *Brother Jesus: The Nazarene through Jewish Eyes*, trans. J. S. Klein and M. Reinhart (Athens: University of Georgia Press, 2001).

123 이 네 학자의 연구 저술에 관한 요약은 다음을 보라. D. A. Hagner, *The Jewish Reclamation of Jesus: An Analysis and Critique of the Modern Jewish Study of Jesus* (Grand Rapids: Zondervan, 1984). Hagner는 현대 논의의 역사를 공평하고 신중하게 요약하면서 동시에 다음과 같이 단언한다. 즉 유대교 학자들이 예수를 교정한 것은 종종 예수 자신의 개인적 주장을 무시하면서 이루어진다는 것이다.

었지만 다시 유대교로 귀의한 인물로, 1973년에 그의 역작인 『유대인 예수』(*Jesus the Jew*)를 통해 예수가 철저하게 유대인이었다고 예수 연구 학자들을 납득시켰다.[124] 버미스는 원을 그리는 자 호니(Honi the Cricle Drawer)와 하니나 벤 도사(Hanina ben Dosa) 같은 카리스마적 유대교 분파인 **하시딤**(hasidim) 맥락에서 예수를 제시했는데, 이는 어느 정도 설득력이 있다. 또 버미스는 예수의 진짜 말씀의 기준에 구애받지 않는 절충적 방법을 사용하여 예수를 갈릴리의 상황 안에 위치시킨 것으로 알려져 있는데, 이는 그의 "주"(Lord) 개념에 관한 신중한 연구와 갈릴리 지역의 방언 느낌의 "인자" 개념에 대한 주의 깊은 관심 때문이다. 20년 후에 버미스는 예수의 가르침에 관한 연구서인 『유대인 예수의 종교』(*The Religion of Jesus the Jew*)를 출간했지만, 그의 창조적 충동은 시들어버렸고, 그의 책은 이미 알려진 영역에서 특별한 주목을 받지 못한 채 남아 있다.[125] 그럼에도 불구하고 예수 연구 학계는 여전히 게자 버미스의 『유대인 예수』로부터 유익을 얻을 것이다.[126]

124 Géza Vermès, *Jesus the Jew: A Historian's Reading of the Gospels* (London: Collins, 1973). "편견 없는 마음으로"(19) 앉아 있고 싶다는 그의 바람은 고상하지만, 이는 절대로 완전히 달성될 수 있는 목적이 아니다. 자기변호에 급급한 그의 자서전은 다음과 같다. *Providential Accidents: An Autobiography* (Lanham, Md.: Rowman & Littlefield, 1998).

125 Géza Vermès, *The Religion of Jesus the Jew* (London: SCM, 1993). 이 외에도 다음을 보라. Vermès, *The Gospel of Jesus the Jew*, Riddell Memorial Lectures 48 (Newcastle upon Tyne: University of Newcastle upon Tyne, 1981); *Jesus and the World of Judaism* (Philadelphia: Fortress, 1983); *The Changing Faces of Jesus* (London: Penguin, 2000). 마지막 책에는 유대인, 그리스도인, 믿음을 잃어버린 자들을 향한 종교적 연설이 실려 있다(269-70).

126 여기서 우리는 다음에 주목해야 한다. 즉 예수의 유대교적 특성을 향해 학계가 자발적으로 움직이도록 준비시킨 학자는 다음과 같다. W. D. Davies, *Paul and Rabbinic Judaism: Some Rabbinic Elements in Pauline Theology*, 4th ed. (Philadelphia: Fortress, 1980). 그는 혼자 힘으로 그리스-로마 세계의 사상과 바울의 관계에 대한 Bultmann

예루살렘에 있는 히브리 대학교에서 전직 비교 종교학 교수였던 다비드 플루서는 예수에 관한 두 권의 책을 출간했는데, 그중 두 번째 책은 예수와 초기 기독교에 대한 그의 많은 연구 중 백미로 꼽힌다.[127] 비록 두 번째 책이 예수를 일관성 있게 제시하고 있지는 않지만, 이 책은 벤-호린의 예수 묘사와 함께 특히 역사성에 대한 독립적인 판단에 있어서,[128] 기민한 통찰과 예수의 다양한 사건 및 가르침에 관한 명확한 설명으로 일관성의 결여라는 단점을 보완하고 있다. 사해 사본과 고전 세계의 역사 문헌에 정통한 플루서의 유대교 문헌 지식은 메노파(Mennonite)의 기독교 신앙 접근법에 대한 그의 이해와 더불어 다음과 같이 예수를 제시한다. 즉 유대인과 그리스도인, 고대인과 현대인 모두에게 꽤 편하지만, 완전히 편하지도 않은 인물로서의 예수다. 플루서가 자신의 책에서 예수를 원래 그의 모습으로 제시하려는 의도는 중요한 특징이지만, 이런 특징으로 플루서는 놀랄 만한 자기주장을 펼치고 있다. 예를 들어, 플루서는 예수가 세례를 받은 이후 자기 자신을 주의 종

노선의 주장을 해체시켰다.

127 David Flusser, with R. Steven Notley, *Jesus*, 2nd ed. (Jerusalem: Magnes, 1998). Notley는 신판에서 Flusser에게 찬사를 보낸다. 이 외에도 Flusser의 소논문 모음집인 다음을 보라. *Judaism and the Origins of Christianity* (Jerusalem: Magnes, 1988).

128 예를 들어 다음과 같은 판단을 말한다. "공관복음은 현존하지 않는 하나 또는 그 이상의 문서에 기초하는데, 이 문서는 예수의 제자들과 예루살렘에 있는 초기 교회에 의해 저술되었다"(Flusser, *Jesus*, 21). 이런 판단은 유대교 학자들의 특징 중 하나로, 특히 생애 대부분을 이스라엘에서 보낸 고령의 학자들에게서 발견된다. 또한 이런 판단은 복음서의 내용에 덜 회의적이며, 후기(때로는 훨씬 더 후기의) 랍비 문헌에 비추어 여러 전승을 설명하고자 한다. 내가 여기서 생각하는 학자들은 다음과 같다. D. Flusser, S. Ben-Chorin, D. Daube, *The New Testament and Rabbinic Judaism*, Jordan Lectures in Comparative Religion 2 (London: University of London, Athlone, 1956; reprint, New York: Arno, 1973; Peabody, Mass.: Hendrickson, n.d.).

(Servant of the Lord)으로 생각하게 되었다고 여긴다.[129] 내가 생각하기로, 예수에게 있어서 창조적 순간은 그의 사랑에 대한 이해, 새로운 도덕률 요구, 하늘나라(kingdom of heaven)에 대한 그의 개념 속에 존재한다는 플루서의 주장은 옳다. 플루서는 예수가 바리새인들에게 가장 근접한 인물이었다는 아브라함 가이거(Abraham Geiger)의 견해를 지지한다.[130] 하나님 나라를 세우는 예수 운동은 결국 교회를 탄생시켰다.[131] 비록 그 교회는 예수의 메시지와 사역을 전해 받고 그것을 변형시켰지만 말이다. 플루서는 특히 예수가 자신의 죽음을 다른 이들의 죄에 대한 대속적 죽음으로 생각한다고 보는 데 이견을 제시한다.[132] 대부분의 유대교적 예수 연구에서 흔히 보듯이, 플루서는 예수의 메시지에 담긴 예수의 입지를 낮게 평가했다.[133]

세 번째 학자로 폴라 프레드릭슨(Paula Fredriksen)에 대해 알아보자. 프레드릭슨은 로마 가톨릭에서 유대교로 개종한 사람으로 두 종교의 간극을 깔끔하게 연결한다.[134] 프레드릭슨의 저서는 지나치게 야심에 찬 제목을 지니는데, 이 저서는 왜 예수의 추종자들이 아니라 예수가 죽었는가라는 질문에 초점을 맞추고 있으며, 그녀는 이 질문에 답하는 데 필요한 자료와 명백히 관계가 없는 많은 영역을 연구 범위에 포함하고 있다. 그러나 그녀의 연구는 잘 정리되어 있으며 예수 연구 학계의

129 Flusser, *Jesus*, 42.
130 위의 책, 81-112.
131 같은 책, 111.
132 같은 책, 123.
133 같은 책, 176-77.
134 Paula Fredriksen, *Jesus of Nazareth, King of the Jews: A Jewish Life and the Emergence of Christianity* (New York: Knopf, 1999).

중요 흐름(특히 E. P. 샌더스의 주장)도 잘 반영한다. 또한 그녀는 대체로 내가 근본 쟁점이라 생각하는 예수의 죽음을 적극적으로 다루고 있다. 그녀가 자신의 저서에서 현대 예수 학계의 케케묵은 여러 생각을 일축하며 지나치고 있지만, 그렇다고 그녀의 저서가 특별히 유대교적 예수의 모습을 보여주는 것도 아니다. 그녀가 진정 원하는 것은 예수가 로마와 깊은 관계가 있다는 생각과, 유대인들이 로마와 관련하여 외국인 혐오주의에 사로잡혀 있다는 생각을 뿌리 뽑는 것이다. 그녀의 저서가 지닌 강점은 곧 약점이 된다. 즉 그녀는 왜 예수의 추종자들이 아닌 예수가 죽었는가라는 렌즈를 통해 예수에게 예리한 초점을 맞추고 있다. 이것이 바로 그녀의 저서가 지닌 강점이며, J. P. 마이어의 거부/처형의 기준을 확증하는 것이다. 한편, 그녀의 약점은 바로 그녀가 제시하는 해답에 있는데, 곧 예수가 죽은 이유가 예루살렘의 열광적 군중이 예수를 메시아로서 부르며 맞이했기 때문이라는 것이다.[135] 그리고 죽음은 예수 사역의 일부분이 결코 아니었고, "대중적인 확신의 중심에 있던 예수는 근본적으로 그의 청중을 통제하는 데 실패했다"는 것이다.[136] 나는 이 결론에 회의적이다. 예수의 이동은 신속했으므로 그가 자신의 생명을 우연히 내놓았다고 보기는 어렵다. 또한 그가 원했다면 달아날 기회가 얼마든지 그에게 있었다. 예수 전승의 공통 증언은 예수가 자신이 죽어야 할 당위성을 알고 있었고, 따라서 호랑이 굴에 스스로 들어갔다는 것이다. 유대교적 예수에 관한 관심은 계속된다.

예레미아스의 견해를 따르면서도 그를 대놓고 비판하는 샌더스는

135 이 저서의 절정이라 할 수 있는 핵심 장은 235-59쪽에 있다.

136 Fredriksen, *Jesus of Nazareth*, 247.

역사적 개연성이 있는 예수의 행위를 조사하여 예수를 좀 더 정확한 역사적 맥락(회복 종말론)에 위치시킴으로써 예수를 더욱 신빙성 있게 묘사한다.[137] 샌더스는 일찍이 다음의 사실을 논증하여 다양한 학자들을 폭넓게 만족시켰다. 그 내용은 그리스도인들이 수 세기 동안 유대교를 오해한 이유는 기존의 많은 학자가 마르틴 루터가 비판했던 로마 가톨릭교회와 유대교를 억지로 대비했기 때문이라는 것이다.[138] 샌더스는 더 이른 시기의 자신의 연구를 바탕으로, 동일한 일반적 유형에 잘 들어맞는 예수의 모습을 주장한다. 비록 샌더스의 방법이 때로 심히 회의적이지만, 그렇다고 그가 예수를 신뢰할 수 있는 기원후 1세기의 유대교 맥락과 연결하는 데 실패했다고 말할 수는 없다. 특별히, 샌더스는 다음과 같이 생각한다. 즉 우리는 아니 땐 굴뚝에 연기가 날까라는 관점으로 예수의 십자가 처형에 먼저 주목해야 한다는 것이다. 예수에 대한 샌더스의 묘사는 도대체 왜 예수라는 인물이 당국의 손에 의해 십자가 처형을 받게 되었는지를 파악하기 위한 노력이다.

최근 십 년간 발표된 연구 중에서, 나는 마이클 와이즈(Michael O. Wise)의 쿰란 공동체의 설립자 "메시아 유다"에 관한 연구와[139] 내 저서 『이스라엘의 새로운 비전』(*A New Vision for Israel*)을 언급하고자 한다. 이는 이스라엘을 향한 예수의 사역 측면에서 예수의 가르침에 대한 설명을 일관성 있게 시도하고 있다. 여기서 예수의 사역은 회개에 대한 다급하고 예언적인 요청과 관련이 있는데, 곧 이스라엘이 임박한 멸망이

137 Sanders, *Jesus and Judaism*.

138 E. P. Sanders, *Paul and Palestinian Judaism: A Comparison of Patterns of Religion* (Philadelphia: Fortress, 1977).

139 M. O. Wise, *The First Messiah: Investigating the Savior before Jesus* (San Francisco: HarperSanFrancisco, 1999).

라는 참사를 피하기 원한다면, 이 회개의 요청에 반응해야 한다는 것이다. 여기서 우리는 라이트의 더 포괄적인 연구를 떠올릴 수 있다. 그의 연구는 다음과 같이 예수를 믿을 만한 신학적 기반의 맥락에 위치시킨다. 즉 예수는 이스라엘 민족의 문제를 다루며 이스라엘이 신실한 유업을 유지하기 원한다면 무엇보다 파멸로의 질주를 피하라고 호소하고 있다는 것이다.[140] 앨리슨은 천년왕국 운동의 사회학적 세계로부터 추출한 개념 정의를 사용하여 예수의 종말론을 유대교 맥락에 위치시킨다.[141] 마지막으로, 유대교 학자와 기독교 학자 간의 대화라는 창조적 시도가 힐렐과 예수의 비교 및 대조를 통해 1992년에 예루살렘에서 이루어졌고, 『힐렐과 예수』(*Hillel and Jesus*)라는 제목으로 1997년에 출판되었다.[142] 이 책의 다양한 주제는 바리새인, 분파주의, 견유학파, 예수의 사회경제적 배경, 예수와 힐렐의 말씀 전승, 황금률, 기도를 포함한다.

예수를 그의 유대교 맥락에 위치시키는 가장 최근 연구는 브루스 칠턴의 『랍비 예수』(*Rabbi Jesus*)로, 이 연구서는 때로 당황스럽기도 하지만 언제나 흥미롭다.[143] 칠턴의 연구 성향을 정확히 이해하기는 어려운데, 왜냐하면 그가 이전 연구에서 제기한 어떤 주장들을 이 연구서에서는 더 이상 따르지 않는 반면,[144] 더 이른 시기에 이루어진 그의 희미한

140 Wright, *Jesus and the Victory of God*.

141 Allison, *Jesus of Nazareth*.

142 J. H. Charlesworth and L. L. Johns, eds., *Hillel and Jesus: Comparative Studies of Two Major Religious Leaders* (Minneapolis: Fortress, 1997).

143 Bruce Chilton, *Rabbi Jesus: An Intimate Biography* (New York: Doubleday, 2000).

144 Chilton은 예수에 관한 여러 연구를 발표했는데, 그중 다음의 세 연구를 언급하지 않는 것은 그에게 부당한 일이 될 것이다. *God in Strength: Jesus' Announcement of the Kingdom*, SNTSU 1 (Freistadt: Plöchl, 1979); 그의 출간된 논문인 *Pure Kingdom: Jesus'*

어떤 주장은 이제 점점 더 명확해지고 있기 때문이다. 예를 들어 『랍비 예수』에서 예수는 정통 기독교 신학의 모든 그림자(교리적 차원의)를 벗어 던졌다. 즉 이 책에서 칠턴은 마리아의 처녀 임신을 부정하고(예수는 유대교에서 금지하는 결혼에서 태어났거나, 부모를 알 수 없는 즉 사생아였다는 주장), 다른 이들의 죄를 위한 대속적인 죽음 및 부활을 부정한다. 대신에 그는 예수가 갈릴리의 랍비 신비주의자로서[145] 스가랴의 정결 환상을 성취하기 위해 예루살렘 성전을 장악하려 시도했다고 주장한다. 칠턴의 연구 방법은 구체화된 기준을 통한 접근이 아니라 그가 기술한 이른바 "생성 주석"(generative exegesis)으로, 이 방식은 예수를 믿을 만한 유대교 세계 안으로 위치시킨다. 칠턴의 강점은 그가 유대교의 타르굼 문서, 특히 『타르굼 이사야』(*Targum Isaiah*)에 정통하고, 랍비 문헌에 대한 그의 지식이 점점 더 깊어지고 있다는 점이다(제이콥 뉴스너[Jacob Neusner]와 긴밀하게 협의하고 참고 문헌은 생략했지만 말이다!). 예수에 대한 칠턴의 묘사와 관련하여 칭찬할 것이 많지만(문체, 유대성, 창조성 등등), 그가 제시하는 예수의 모습이 학계에서 주요 대안이 되기 전에, 별나다고까지 말할 수는 없지만 그의 독자적인 사상 노선은 추가적인 논의, 개선 및 수정을 겪게 될 것이다.

Vision of God (Grand Rapids: Eerdmans, 1996); 더욱 전문적인 내용의 *The Temple of Jesus: His Sacrificial Program within a Cultural History of Sacrifice* (University Park, Pa.: Pennsylvania State University Press, 1992).

145 Chilton, *Rabbi Jesus*, 174-96은 이와 관련하여 유용한 연구를 제공한다.

결론

실제로, 예수에 대한 연구에는 많은 위험이 도사리고 있다. 그러나 이런 위험 때문에 우리가 흩어진 퍼즐 조각을 맞추는 일을 소홀히 할 수는 없다. 또 예수를 이해하기 위해 그에 대한 초기 기독교의 증언을 완전히 배제해서도 안 된다. 우리는 어디에서 왔는가? 내가 판단하건대, 비록 거의 한 세기 동안 성가심과 괴롭힘을 겪었지만, 기독교 학계는 예수의 현대화를 피하기 위한 캐드베리의 도전을 점점 더 받아들였다. 그리고 서서히 그러나 점진적 방식으로 마침내 다양한 유형의 대중 독자에게 자기가 원하는 많은 형태로 유대인 예수를 제시해왔다. 그는 기원후 1세기 유대교 내에 살았던 믿을 만한 인물로, 초기 기독교 운동의 기본 윤곽을 그려주었으며, 교회의 형제요 지구상 모든 다른 인간의 형제가 될 만큼 교회와 인류의 참된 주가 될 수 있는 유대인 예수다. 비평가들과 보수주의자들이 예수 연구 학계의 서로 다른 주장을 알아들을 때까지 함께 귀를 기울이고, 신학자들과 역사가들이 협력하여 평온한 평화 협정을 맺으며, 종말론자들이 언어학자들의 예언적인 용어에 관한 생각을 들을 수 있게 될 때, 비로소 예수 연구 학계는 학제적이고 협력적인 노력의 한 세기를 향해 함께 나아갈 수 있는 충분한 기반을 다지게 될 것이다.

제9장

비유에 대한 현대적 접근

Klyne R. Snodgrass
클라인 R. 스노드그라스

교회의 역사를 돌아볼 때, 예수의 비유는 학대, 남용, 도살의 대상이었고, 이런 현상은 오늘날에도 여전히 발견된다. 사람들은 예수의 비유를 듣고 이해하기보다, **사용**하는 데 더 많은 관심이 있다. 예수의 비유를 남용한 역사와 전통이 길다고 해서 예수의 비유를 남용한 일을 정당하다고 인정할 수는 없다.[1]

현대의 기술적 비유 연구는 예수의 비유에 대한 교회의 무분별한

1 비유 연구사에 대한 더 긴 내용은 다음을 보라. Norman Perrin, *Jesus and the Language of the Kingdom* (Philadelphia: Fortress, 1976), 89-193; Warren S. Kissinger, *The Parables of Jesus* (Metuchen, N. J.: Scarecrow, 1979), 1-230; Craig L. Blomberg, *Interpreting the Parables* (Downers Grove, Ill.: InterVarsity, 1990), 13-167; and Klyne Snodgrass, "From Allegorizing to Allegorizing: A History of the Interpretation of the Parables of Jesus," in *The Challenge of Jesus' Parables*, ed. Richard N. Longenecker (Grand Rapids: Eerdmans, 2000), 3-29.

알레고리화에 반대하는 아돌프 윌리허(Adolf Jülicher)의 격렬한 항의로부터 시작한다.[2] 예수의 비유에 대한 현대의 연구를 이해하기 위해 우리는 예수의 비유에 대한 교회의 알레고리화와는 별도로 윌리허의 항의를 반드시 알아야 한다. 요한네스 크리소스토모스(John Chrysostom)와 장 칼뱅(John Calvin) 같은 권위자들의 경고에도 불구하고,[3] 19세기까지 행해진 대부분의 비유 해석은 신학적 알레고리화에 허우적대고 있었다.[4] 교회의 신학, 실천, 관심사가 예수의 비유를 해석하는 길잡이였던 것이다. 아우구스티누스(Augustine)의 선한 사마리아인 비유에 대한 해석이 그 대표적인 예로, 그는 이 비유 속에 구원에 대한 기독교 이야기의 어떤 측면을 대표하는 모든 특징이 실제로 담겨 있다고 이해했다. 아우구스티누스에게 강도를 만나 쓰러진 희생자는 아담이고, 선한 사마리아인은 예수다. 심지어 짐승과 주막 주인에게도 이런 종류의 의미가 부여되는데, 전자는 성육신을 후자는 사도 바울을 상징한다. 이와 같은 알레고리적 이해는 이레나이우스(Irenaeus)부터 19세기 말까지 예수의 비유를 설교하는 일반적 방식이었다. 우리에게는 낯설게 보이는 연결이 다음과 같은 비유에 대한 설교에서 발견된다. 즉 나사로와 부자 비유에서(눅 16:19-31) 나사로의 상처는 죄의 고백으로 이해될 수 있고, 잔치 비유(눅 14:15-24)에서 소 다섯 겨리는 인간의 다섯 가지 감각으로

2 Adolf Jülicher, *Die Gleichnisreden Jesu*, 2 vols. (Freiburg: Mohr, 1888-89).

3 John Chrysostom, *The Gospel of Matthew*, Homily 64.3; John Calvin, *Calvin's Commentaries*, ed. David W. Torrance and Thomas F. Torrance, vol. 3, *A Harmony of the Gospels: Matthew, Mark and Luke* (Edinburgh: Saint Andrew, 1972), 37-39은 선한 사마리아인 비유에 관한 내용이다.

4 다음 연구서를 살짝 보기만 해도 이 문제를 잘 알 수 있다. Stephen L. Wailes's *Medieval Allegories of Jesus' Parables* (Berkeley: University of California Press, 1987).

이해될 수 있다는 것이다.[5] 포도원 품꾼 비유에서(마 20:1-16) 포도원 주인이 다섯 차례에 걸쳐 품꾼들을 고용하는 것은 세상 역사의 시대적 구분(아담에서 노아까지, 등등) 또는 개인들의 역사를 상징할 수 있다.[6] 같은 본문에 대해 서로 대립하는 알레고리적 해석도 어려움 없이 공존이 가능했다.

교회만 예수의 비유를 알레고리적으로 해석한 것은 아니다. 유대교에서도 잘 확립된 알레고리적 해석 방법이 발견되는데, 특히 필론과 쿰란 문서(1QpHab XII.2-10)가 이를 잘 입증해준다. 헬레니즘 시대의 해석가인 호메로스(Homer)와 플라톤(Plato) 역시 알레고리적 해석을 시도했다. 현재에도 알레고리적 해석은 여전히 예수의 비유에 대한 설교에 등장한다. 그러나 과거의 전례나 현대의 적용 어느 쪽도 알레고리적 해석의 정당성을 변호해줄 수는 없다.

더욱이 교회에서 알레고리적 해석자들은 무지한 자들이 아니었다. 적어도 그들은 자신들의 관심이 단지 본문을 해석하는 데만 국한되지 않는다는 사실을 알았다. 왜냐하면 그들은 알레고리적 이해에 기초한 교리를 허용하지 않았고, 누가 그리고 어떤 범주 내에서 알레고리적 해석을 할 수 있는지에 대한 제한적 기준도 갖고 있었기 때문이다.[7] 그들은 본문을 묵상하고, 성서의 다른 본문을 통해 그들이 이미 알고 있는

5 Augustine, *Questions on the Gospels*, 2.38, and *Sermon 62* (*A Select Library of the Nicene and Post-Nicene Fathers of the Christian Church*, first series, ed. P. Schaff [Grand Rapids: Eerdmans, n.d.], 6:447). 알레고리화는 성서에 네 차원(문자적, 신학적, 도덕적, 그리고 천국에 관한)의 의미가 있다는 신념의 결과로 이루어졌다. 그러나 이 네 차원의 의미 중, 교리가 탄생할 수 있는 것은 문자적 의미뿐이다.

6 Wailes, *Medieval Allegories of Jesus' Parables*, 137-44을 보라.

7 David Steinmetz, "Calvin and the Irrepressible Spirit," *Ex Auditu* 12 (1996): 94-107을 보라.

진리가 해당 본문에도 투영된 것을 보았지만, 예수의 비유를 예수나 복음서 저자들이 자신들에게 하는 말씀으로 듣지 않았다.

아돌프 윌리허는 모든 알레고리적 해석을 왜곡이라며 거부했고, 이 과정에서 예수가 알레고리를 말했다는 점도 인정하지 않았다. 그의 생각에, 예수의 비유는 확장된 직유이고, 문자적 의미로 접근해야 할 말씀이며, 단 하나의 **비교점**(*tertium comparationis*)에만 집중한 채 이미지(Bild)와 실재(Sache) 사이를 단순 비교하는 것에 지나지 않는다. 예수 비유의 의미는 자명하므로 해석이 필요 없다는 것이다. 윌리허에 따르면, 비유의 거의 변함없고 유일한 의도는 단순하면서도 경건한 격언의 제공이다. 그러나 알레고리는 확장된 은유이자 어떤 것이 또 다른 무엇을 의미한다는 간접 화법이다. 은유와 알레고리는 전달하고자 하는 내용을 감추고 있으므로 해독 작업이 필요하다. 복음서 저자들의 생각에, 예수의 비유는 수수께끼처럼 신비한 말씀이므로 설명이 필요했다. 씨 뿌리는 자 비유에서 다양한 종류의 땅에 씨를 뿌리는 행위가 예수의 가르침에 대한 다양한 반응을 의미하는 것과 같이, 복음서에서 알레고리가 발견될 때마다 윌리허는 복음서 저자들에게 책임이 있다고 생각했다.

또한 윌리허는 직유(similitudes, 누룩 비유와 같은), 비유, 예화,[8] 알레고리라는 네 개의 기준을 만들어 예수의 비유를 분석하는 데 적용했고, 이 기준은 여전히 사용된다. 그러나 알레고리와 예화가 합당한 기준인가에 대한 논의는 지금도 계속되고 있다. 윌리허는 복음서 저자들이 예

8 예화의 등장인물들은 인간 행위에 대한 긍정적 혹은 부정적 예를 제시한다. 누가복음에는 다음과 같이 보통 네 개의 예화가 등장하는 것으로 알려져 있다. 즉 선한 사마리아인, 어리석은 부자, 부자와 나사로, 바리새인과 세리에 대한 예화를 말한다.

수의 비유를 다르게 고쳤다고 주장했고, 이는 예수의 비유를 원래의 버전으로 복원하려는 시도를 촉진했다.

윌리허의 주장은 즉각 반대에 부딪혔고 이 반대는 현재도 진행 중이다.[9] 그러나 윌리허에 반대하는 설득력 있는 주장에도 불구하고, 윌리허의 생각은 여전히 많은 비유 연구에 영향을 미치고 있다. 윌리허의 이름을 들어본 적이 없는 학자들도, 비유의 목적은 유일하게 비교뿐이라는 윌리허의 주장을 반복하고 있다. 교회가 행했던 알레고리적 비유 해석을 거부하려는 학자들은 윌리허의 주장이 얼마나 부적절한지 깨닫지 못한 채 윌리허의 주장에 의존해왔던 것이다. 그러나 지난 몇십 년간 제기되어온 강력한 비평 덕에 학자들은 이제 윌리허의 주장이 타당치 않음을 인정할 수 있게 되었다.[10] 알레고리화—비교 대상을 계획하지 않은 본문에서 비교 대상을 찾는 과정—에 대한 거부는 비유 이야기 **안에** 내재하는 비교 대상과 상관이 없고, 유비로서의 기능과도 관계가 없다. 비유와 알레고리의 구별을 위해 상당히 많은 연구 논문이 발표되었지만, 이 구별은 불가능하다. 알레고리가 단지 하나의 사고방식이 아닌 독립된 장르인가에 대해 의심이 드는 상황에서는 특히 불가능하다.[11] 모든 비유는 어느 정도 알레고리적인 특징을 가지고 있다. 비

9 초기의 반대 학자에 속하는 Paul Fiebig의 다음 저서를 보라. *Altjüdische Gleichnisse und die Gleichnisse Jesu* (Tübingen: Mohr [Siebeck], 1904); *Die Gleichnisreden Jesus im Lichte der rabbinischen Gieichnisse des neutestamentlichen Zeitalters* (Tübingen: Mohr [Siebeck], 1912).

10 Madeleine Boucher, *The Mysterious Parable* (Washington, D.C.: Catholic Biblical Association of America, 1977); Blomberg, *Interpreting the Parables*; David Flusser, *Die rabbinischen Gleichnisse und der Gleichniserzähler Jesus*, part l, *Das Wesen der Gleichnisse*, Judaica et Christiana 4 (Bern: Lang, 1981); David Stern, *Parables in Midrash* (Cambridge: Harvard University Press, 1991).

11 Boucher, *The Mysterious Parable*, 17-25; John W. Sider, *Interpreting the Parables* (Grand

유에는 분명히 한 가지 이상의 비교가 있지만 비유 해석이란 비교 대상을 찾는 것이 아니라 비교 대상 간 유비가 각각의 경우에 어떻게 작용하는지 결정하는 것을 의미한다. 사실, 비교 대상 간 상응이란 듣는 이를 속여 진리를 믿게 만드는 비유의 한 방법이라 할 수 있다.[12] 곰곰이 생각해볼 때 분명한 것은 어떤 비유도 동일한 방식으로 작용하지 않는다는 점이다. 우리는 각각의 비유를 개별적으로 듣고 다뤄야 한다.

윌리허의 뒤를 이어 1935년부터 1970년대까지 비유 분야를 장악한 학자는 다드와 요아힘 예레미아스였다. 두 학자 모두 윌리허의 전통에 서 있었고, 비유의 역사적이고 문화적인 배경을 강조했으며, 비유에 대한 교회의 해석과 알레고리적 특징을 제거하여 비유의 본 모습을 복원하려고 시도했다. 또한 이들은 예수의 비유를 이해하기 위한 종말론의 중요성을 강조했다.

다드의 얇은 저서 『하나님 나라의 비유』(*The Parables of the Kingdom*)[13]에서 비유와 관련된 논의는 분량으로 볼 때 책의 반을 조금 넘기는 수준이다. 그럼에도 불구하고 다드가 예수의 비유 연구에서 중심 학자라는 사실은 다소 놀랍다. 분명히, 다드의 책이 지닌 파급력은 실현된 종말론에 대한 그의 극단적 강조에 일정 부분 기인한다. 그는 예수와 함께 하나님 나라가 이미 임했고, 추수는 예수의 재림 때 일어날 미래 사

Rapids: Zondervan, 1995), 18-23을 보라.

12 "대상 간 상응"은 Søren Kierkegaard가 사용한 용어다(Thomas C. Oden, ed., *Parables of Kierkegaard* [Princeton, N.J.: Princeton University Press, 1978], xiii을 보라). 나단 예언자가 다윗에게 말한 비유를 주목하라(삼하 12:1-14). 이 비유에서 부자와 다윗, 가난한 사람과 우리아, 암양과 밧세바 사이에는 비교점이 있다. 그러나 현실에서 죽은 것은 암양이 아니라 가난한 사람, 우리아였다.

13 C. H. Dodd. *The Parables of the Kingdom* (London: Nisbet, 1935).

건이 아니라 예수가 이 땅에 존재하던 때에 벌써 시작되었다고 주장했다. 또한 그는 초기 교회가 예수의 실현된 종말론을 변경하여 현재의 도덕률과 미래의 종말론을 강조했다고 주장했다. 예를 들어 다드의 생각에 달란트 비유는 원래 바리새인들의 행위에 관한 것이었는데, 교회가 이를 도덕적 책임, 재림의 지연 문제, 예수의 재림 때에 일어날 최후 심판을 말하는 것으로 변경해버렸다는 것이다.[14]

예레미아스는 다드의 연구를 기초 삼아 훨씬 더 실질적으로 비유와 비유의 배경을 다루었다.[15] 예레미아스의 기여는 다음과 같이 세 가지로 요약할 수 있다. (1) 팔레스타인 문화와 배경에 초점을 맞췄다. (2) 교회가 예수의 비유를 변경한 열 가지 방식을 설명하여, 비유 본래의 모습 및 의미를 복구하는 데 청사진을 제공했다. (3) 비유를 현재 임하고 있는 하나님 나라에 대한 가르침으로 이해했다. 이 하나님 나라는 가난한 자들에게 제공되는 것으로, 이는 은혜이면서 동시에 위기였다. 예레미아스는 하나님 나라가 예수의 사역 속에서 실현되는 **과정**에 있는 것이라고 주장했는데, 종말론에 대한 그의 이해는 다드의 종말론 이해와 미묘한 차이를 보인다. 예레미아스는 비유의 원래 모습을 복원할 때 복음서 저자들이 놓은 비유의 맥락을 일반적으로 무시했고, 비유의 도입부와 결론, 그리고 교회의 신학적 알레고리화라고 의심되는 모든 것을 제거해버렸다. 비유를 더 짧게 만들어 진짜 핵심이라고 생각되는 부분만 남겨놓는 연구 방식은 지금도 여러 비평 연구에서 발견된다. 예레미아스의 연구 저서가 초기의 몇 판을 낸 이후에 「도마복음」(*Gospel of*

14 위의 책, 146-53.

15 Joachim Jeremias, *The Parables of Jesus* (New York: Scribner, 1963).

Thomas)이 세상에 알려졌다. 도마복음에는 축소된 형태의 복음서 비유들이 나오는데, 이로 인해 어떤 학자들의 눈에는 도마복음이 예레미아스의 탈알레고리적 복원을 확증하는 것으로 비쳤다.

예레미아스의 연구가 미친 영향이 너무 강했기에 노먼 페린은 다소 어리석게도 다음과 같이 말할 수 있었다. 즉 미래의 비유에 대한 해석은 예레미아스가 비유를 분석한 동일한 방식의 해석이 되어야 한다고 말이다.[16] 그러나 오늘날 이렇게 말하는 사람은 아무도 없다. 예레미아스의 연구는 귀중하고 반드시 참고해야 하지만, 동시에 그의 연구는 타당함이 입증되어야 하고, 아울러 비평을 받아야 한다. 교회가 비유를 변경한 방식에 대한 예레미아스의 논의는 종종 불완전한 가정하에서 진행된다.[17] 때로 예레미아스가 제시하는 사실은 정확하지 않고, 그의 전임자 다드와 마찬가지로, 그는 비유를 설명할 때 원래의 모습을 복원해야 한다는 일념으로 비유를 분석하는 데 있어 알레고리적인 측면을 종종 제거해버린다.[18]

16 Perrin, *Language of the Kingdom*, 101.

17 예를 들어 다음과 같은 가정이다. (1) 두 버전의 비유 중 길이가 더 짧은 비유가 반드시 원래 비유다. (2) 「도마복음」의 비유는 종종 시기적으로 더 앞선다. (3) 사실 어떤 비유도 원래 예수의 제자들에게 말한 것은 아니었다. (4) 비슷한 두 비유는 서로 내용상 유사점이 있는데, 이 두 비유 중 하나 또는 둘 모두 그 내용이 변경된 것이다.

18 예를 들어 잔치 비유(예수는 이 비유를 구원의 때에 대한 잔치의 알레고리로 말할 수 없었을 것이다. 그러나 예수는 이를 염두에 두고 있었다고 보아도 무리는 아니다!)와 악한 포도원 농부들의 비유에 대한 예레미아스의 설명을 보라(Jeremias, *The Parables of Jesus*, 69, 72).

실존주의적·예술적·초기 문학적 접근

현행 연구의 관습에 대한 낙담은 새로운 노력으로 이어지는데, 예레미아스가 예수의 비유에 대한 연구에 미친 영향력이 약해졌을 때 이런 현상이 발생했다. 1970년부터 지금까지, 윌리허, 다드, 예레미아스가 했던 만큼 예수의 비유 연구를 장악하여 선도하는 인물이 등장하지 않고 있다. 여러 주장 또는 주안점이 잠시 주목을 받다가도 이내 더 새로운 역점 사항에 자리를 내어준다. 때로는 동일 인물이 논의의 서로 다른 단계에 개입된다. 이미 1960년대부터 이런 불만족이 여러 이유 때문에 제기되었다. 다드와 예레미아스가 그토록 소중하게 아꼈던 역사비평적 방법만으로 이런 불만족을 해결하기에는 역부족이었다. 언어의 힘, 비유의 영향력과 아름다움이 사라져버렸다. 역사적으로 복원된 비유는 균형과 생동감을 잃은 모습이었다. 그러나 새로운 접근법들은 여전히 윌리허의 영향 아래, 그리고 다드와 예레미아스의 많은 연구 업적을 통해 작용하고 있었다.

그중 가장 중요한 접근은 에른스트 푹스(Ernst Fuchs)와 그의 제자인 에타 린네만(Eta Linnemann) 및 에버하르트 윙엘(Eberhard Jüngel)의 연구였다. 그들의 연구는 여전히 역사적 성향이 강했는데, 이는 그들이 역사적 예수에 대한 "새로운 탐구"에 심취해 있었기 때문이다. 그러나 그들은 "새로운 해석학"에도 동일하게 깊이 빠져 있었다. 푹스는 실존주의에 대한 관심과, 예수의 비유에 대한 해석과 연관된 언어를 철학적으로 논하기 위한 통찰을 가져왔다.[19] 푹스의 사고는 복잡하지만, 그는

19 Fuchs의 가장 중요한 소논문 중 일부에 대한 영역본은 다음을 보라. Ernst Fuchs, *Studies of the Historical Jesus*, trans. A. Scobie (Naperville, Ill.: Allenson, 1964). Jack

다음과 같이 올바른 주장을 했다. 즉 존재는 본질적으로 언어와 관련이 있다는 것이다. 푹스는 존재의 언어적 특징과, 언어의 현실 창조 능력에 관해 언급했다. 비유는 "언어 사건"(Sprachereignisse)으로서 우리가 비유를 말하게 될 때, 그 비유가 지시하는 현실은 언어로 표현된다. 이 개념은 "수행적 발화"(performative utterances)와 유사한 개념으로, 수행적 발화는 언어의 성취 및 실행 능력을 강조한다. 비유는 예수가 구체화하고 묘사하는 존재를 불러오는 일종의 소환장이다.

예수의 비유에 대한 에타 린네만의 저서는[20] 푹스의 통찰에 따라 예수의 비유를 체계적으로 설명하려는 시도이며, 언어에 대한 그녀의 관심은 사람들로 하여금 예수의 본래 청중이 비유를 들었던 것처럼 비유를 들을 수 있게 해주려는 노력으로 귀결된다. 그러나 린네만은 결국 푹스의 영향만큼 예레미아스의 영향도 받게 되었고, 언어에 대한 초점에도 불구하고 비유의 힘과 관련하여 이전보다 더 나은 주장을 펼치지 못했다.

비유의 예술적 특징을 강조하는 학자들도 비유의 실존적 차원(즉 비유가 인간 존재를 반영하는 방식)에 많은 관심을 보였다. 그러나 이보다 앞선 역사적 예수에 대한 관심은 대부분 뒷전으로 밀려나고 말았다. 존스(G. V. Jones)는 비유의 예술적·문학적·실존적 특징으로 인한 더 광범위한 관계성을 찾아보려 했으나, 상대적으로 예수의 비유 중 소수만이(존스가 살펴본 50개 중 여덟 개만 해당) 이런 광범위한 해석에 적용됨을 알

Dean Kingsbury, "Ernst Fuchs' Existentialist Interpretation of the Parables," *LQ* 2 (1970): 380-95; A. C. Thiselton, "The Parables as Language-Event," *SJT* 23 (1970): 437-68.

20 Eta Linnemann, *Parables of Jesus* (London: SPCK, 1966).

게 되었다. 그 외 다수의 비유는 관련 역사 자료로 인해 해석상의 엄격한 제한을 받았다.[21] 댄 비아(Dan Via)는 예수 비유가 자율적이고 미적인 작품이므로, 그것을 기록한 저자의 의도나 예수가 처한 본래 상황에 구애되지 않는다고 주장했다.[22] 예수의 비유가 우리에게 말하는 이유는 비유가 제공하는 것을 통해 결정을 요구하는 존재를 이해할 수 있기 때문이다. 비아는 예수의 비유를 다른 형태로 완전히 변환시키는 것이 불가능하다고 강조한다(그리고 이런 관점은 종종 반복된다). 그리고 그는 비극적 비유와 희극적 비유를 구분했다(희극적이라는 뜻은 긍정적인 움직임이라는 의미임). 개별적인 예수의 비유에 대한 그의 분석은 다음과 같이 세 부분으로 나누어진다. 즉 역사-문학적 비평, 문학 실존적 분석(이 부분이 가장 긴 분량 차지), 실존-신학적 해석이다. 비아의 설명은 종종 윌리허의 경건한 격언과 마찬가지로 실존적인 문제와 얽혀 있다. 예를 들어 그는 악한 품꾼들 비유가 불신에 관한 비유이며, 하나님이 부과하신 모든 한계를 거부하려는 인간의 자기중심적인 노력이 바로 죄임을 교훈하고 있다고 제안한다.[23] 확실히 이 비유는 이보다 더 많은 내용을 담고 있다.

로버트 펑크는 푹스와 그의 제자들의 영향력을 영어권 세계에 전달하는 데 기여한 중요 인물이다. 푹스와 그의 제자들처럼, 펑크는 예수의 비유 연구에 실존주의적 관심을 불러일으켰다. 또 예수의 비유가 언어 사건임을 강조했지만, 오랜 기간 등한시된 문학적 분석에도 관심

21 G. V. Jones, *The Art and Truth of the Parables* (London: SPCK, 1964), 특히 141-43.
22 Dan Otto Via, *The Parables* (Philadelphia: Fortress, 1967).
23 위의 책, 137.

을 보였다.[24] 펑크는 비유에 대한 다드의 정의를 수정했는데, 예수의 비유는 생생한 표현이 특징인 은유이며, 비유의 적용은 듣는 이의 자발적 적용을 유도하기 위해 부정확성을 띤다고 강조했다. 윌리허의 견해에 반대하여, 펑크는 오늘날 대부분의 학자들처럼, 예수의 비유를 직유가 아니라 은유의 확대로 보았다. 더욱이 직유는 의사전달 측면에서 은유보다 열등한 개념으로 간주되었다. 왜냐하면 직유는 단순히 무언가를 설명하는 반면, 은유는 의미를 만들어낼 수 있기 때문이다. 청자가 의미를 창조하는 참여자로서 은유에 개입한다는 것은 비유가 (윌리허가 주장한 것처럼) 도덕이라는 단일 관점 또는 (다드와 예레미아스의 말처럼) 종말론이라는 단일 관점으로 축소될 수 없음을 보여준다. 은유는 그것이 지시하는 실재를 **담는 것**이고, 비유는 확대된 은유이기 때문에 일종의 관념으로 환원될 수 없으며, 또 비유로부터 의미가 도출되었다고 해서 그 비유가 더 이상 쓸모없는 소모품으로 전락하는 것도 아니다. 은유와 비유는 모두 언제든 새로운 의미를 받아들일 수 있는 열린 결말로 남는다. 그렇다고 펑크가 통제되지 않은 의미 창조를 주장하는 것은 아니다. 마치 예수가 원래 비유로 말한 것이 재해석에 대한 통제 역할을 하려는 의도를 가졌던 것처럼 말이다. 예레미아스처럼, 펑크도 때로는 「도마복음」에 나오는 예수의 비유 형태를 선호했다.

크로산의 연구는 펑크의 연구와 긴밀히 연관되고, 예수의 비유 분석에 문학적 관심을 보인다.[25] 그러나 크로산은 초기 교회가 비유의 내

24 Robert W. Funk, *Language, Hermeneutic, and Word of God* (New York: Harper & Row, 1966). 이 책에서는 124-222쪽에서만 비유를 직접 다룬다.

25 John Dominic Crossan, *In Parables: The Challenge of the Historical Jesus* (New York: Harper & Row, 1973).

용을 상당히 변경했다고 확신했으므로, 비유를 복원하는 데 있어 예레미아스의 전통을 강화했다. 크로산의 방식은 다른 방식들과 유사하다. 즉 비유는 그것의 맥락과 별도로 이해되어야 하고, 도입부, 해석적 결론, 그리고 신학적 알레고리로 의심되는 모든 요소가 비유에서 제거되어야 한다. 또 동일 내용의 비유가 「도마복음」에도 나온다면, 「도마복음」의 비유를 예수가 전한 원래 비유에 가까운 것으로 취해야 한다. 크로산은 예수 비유가 참여를 유도하고 요구한다고 주장했다. 예수의 비유는 그냥 하나님 나라에 관한 정보가 아니라, 하나님 나라의 실재를 전달한다. 하나님 나라는 시간에 관한 것이 아니라, 하나님의 행위에 관한 것이다. 크로산은 영속적 종말론(permanent eschatology)을 지지했는데, 이는 "하나님의 영원한 임재를 세상에 도전하고 세상적인 안주를 반복적으로 깨뜨리는 것"으로서 강조했다.[26] 크로산은 "하나님 나라의 일시성에 대한 세 유형"에 상응하는 세 가지 범주로 비유를 나누었는데, 바로 도래(advent)의 비유, 역전(reversal)의 비유, 행위(action)의 비유다. 그런데 역전의 비유는 교회에 의해 예화로 변해버렸다. 크로산의 주장은 늘 흥미롭다. 그에 의하면 하나님 나라는 언제나 세상을 깨뜨린다. 그러나 우리는 그에게서 다음과 같은 느낌을 종종 받는다. 즉 예수의 비유가 하나의 틀에 억지로 끼워지고, 비유의 도입 및 결론뿐만 아니라 의미까지도 제거당한 것같이 느껴진다.[27]

비유 해석에서 가장 큰 전환은 "구조주의" 접근법의 기습적 등장(대

26 위의 책, 26.

27 선한 사마리아인 비유만이 하나님 나라가 야기하는 역전에 관한 은유인가? 악한 포도원 농부들 비유는 실제로 성공한 살인에 관한 이야기로, 기회를 엿보다가 살인을 감행한 사람들에 대한 예를 제시하는가? Crossan, *In Parables*, 66-67, 96을 보라.

략 1970년부터 1980년 사이)으로 볼 수 있는데, 특히 세계성서학회(SBL)의 비유 세미나와 학술지 *Semeia*의 초기 간행본을 통해 모습을 드러냈다. 비아, 펑크, 크로산도 구조주의 접근을 시도했다. 구조주의자들은 예수 또는 복음서 저자들의 역사적 의미를 찾으려 하지 않았다. 대신에 그들은 다양한 본문(심지어 다른 시기에 기록된)의 표층 구조와 심층 구조를 비교하여 본문 내의 흐름, 동기, 기능, 반대, 해결을 파악하려고 했다. 이런 연구는 좀처럼 이해에 큰 도움을 주지 못하고, 대부분 전문 용어로 가득 차 있다. 혜성처럼 등장해 화제를 모았던 구조주의 접근법은 빠르게 역사의 뒤안길로 사라졌다. 다음과 같은 페린의 부정적 평가는 정당하다. "문학-구조주의적 접근이 이 비유 또는 다른 어떤 비유의 이해와 해석에 기여한 바는 결코 분명하지도 않으며 즉각적이지도 않다."[28]

비유에 대한 가장 중요한 문학적 접근법은 지금까지 낮게 평가되어온 매들린 부셰(Madeleine Boucher)의 『신비의 비유』(*The Mysterious Parable*)[29]에서 발견된다. 이 얇은 저서는 비유 이론과 마가복음 4장에 나오는 비유의 목적을 다룬다. 그녀는 정교한 필력으로 윌리허의 주장을 무력하게 만들고, 비유와 알레고리에 관한 분별력 있는 논의를 제공한다. 다른 문학 전문가들처럼 그녀는 알레고리가 문학 장르가 아니라 일종의 사고방식이라고 주장한다. 이런 통찰로 인해 비유와 알레고리를 구분하는 모든 논의는 옆으로 치워진다. 부셰는 비유의 메시지가 분명할 수도 있고 신비적일 수도 있음을 알고 있다. 또 공관복음 비유에 대한 해석에 본질적으로 불쾌할 만한 요소가 없다는 것도 알고 있다.

28 Perrin, *Language of the Kingdom*, 180; 181도 보라.

29 Washington, D.C.: Catholic Biblical Association of America, 1977.

그녀는 마가복음 4장의 비유 논쟁에 있는 마가의 편집 흔적과, 이 비유 논쟁이 제시하는 신학인 강퍅한 마음에 대해 훌륭한 설명을 제공한다.

다른 문학적 접근법들은 예수의 비유에서 이미지(Bild)와 대상(Sache)을 구분하고 하나의 비교점을 찾으려는 윌리허의 타당성에 점점 더 의문을 제기했다.[30] 이런 결론이 필요한 때는 사실 은유와 비유가 문학적 발언으로 전환될 수 없다고 말하는 순간이다. 우리는 반드시 은유 해석에 관여해야 하고, 이 은유가 환원될 수 없는 것이라면, 우리는 대상을 찾기 위해 이미지를 떠날 수 없다.

팔레스타인 문화 및 유대교 비유를 강조하는 연구

윌리허에 대한 파울 피비히(Paul Fiebig)의 초기 반박은, 윌리허가 그리스어 범주에만 의존한 나머지 랍비 비유를 고려하지 않은 점이 그의 실패라고 주장했다. 이 피비히의 주장은 충분히 존중받지 못했지만, 그의 연구는 여전히 주목할 만한 가치가 있다. 1960년대 이후로 많은 학자가 예수의 비유를 이해하는 데 있어 가장 큰 도움은 셈족의 세계에서 얻을 수 있다고 주장해왔다. 두 학자가 유대교와 팔레스타인 문화를 강조했다. 던컨 데렛(J. Duncan M. Derrett)은 고대(특히 랍비) 율법에서 정보를 습득하여 예수가 비유에서 사용한 계약, 사회적 관계, 기타 일상적인 현상에 대한 태도와 가정을 설명했다.[31] 케네스 베일리(Kenneth

30 Hans Weder, *Die Gleichnisse Jesu als Metaphern* (Göttingen: Vandenhoeck & Ruprecht, 1978), 97을 보라.

31 J. Duncan M. Derrett, *Law in the New Testament* (London: Darton, Longman & Todd,

Bailey)의 연구 역시 팔레스타인 문화와 고대 유대교 문헌을 강조한다. 하지만 팔레스타인의 사고방식에 대한 베일리의 이해는 상당 부분 그가 레바논에서 선교사로 있을 때 겪은 베두인과의 경험에 기초하고 있다.[32] 베일리는 비유의 구조 분석에도 능숙하다. 그의 연구는 가치가 크지만 신중히 사용되어야 한다. 왜냐하면 현대 베두인의 관습과 고대 유대인의 관습이 똑같다고 볼 수 없기 때문이다.

랍비 비유를 예수 비유와 비교 분석하여 비유 이해에 지대한 공헌을 한 몇몇 연구가 있는데, 그중 단연 돋보이는 것은 다비드 플루서의 연구다.[33] 랍비 비유는 그 형태와 주제에 있어서 예수 비유와 매우 흡사하다. 이 둘 사이의 큰 차이는 예수 비유와 달리 랍비 비유는 성서 본문을 설명하는 데 초점을 맞추고 있다는 것이다. 랍비 비유 측면에서 예수 비유를 이해하려는 모든 연구는 윌리허의 접근법의 타당성을 거부한다. 또 학자들이 랍비 비유에 주목할수록, 그들은 예수 비유의 도입부와 결론을 제거하자는 주장이나, 예수 비유와 「도마복음」의 관련성

1970); *Studies in the New Testament*, 2 vols. (Leiden: Brill, 1977-78). Derrett의 정보는 유용하지만, 그의 해석학적 제안은 신빙성이 떨어진다.

32 Kenneth Bailey, *Poet and Peasant: A Literary Cultural Approach to the Parables in Luke* (Grand Rapids: Eerdmans, 1976); *Through Peasant Eyes: More Lucan Parables, Their Culture and Style* (Grand Rapids: Eerdmans, 1980); *Finding the Lost: Cultural Keys to Luke 15* (St. Louis: Concordia, 1992). 유대교 배경을 바탕으로 예수 비유를 해석하는 더 이른 시기의 노력은 다음을 보라. W. Oesterley, *The Gospel Parables in the Light of Their Jewish Background* (New York: Macmillan, 1936).

33 Flusser, *Die rabbinischen Gleichnisse und der Gleichniserähler Jesus*. Flusser의 제자인 Brad Young의 다음과 같은 저술들도 보라. *Jesus and His Jewish Parables* (New York: Paulist, 1989); idem, *The Parables: Jewish Tradition and Christian Interpretation* (Peabody, Mass.: Hendrickson, 1998); Stern, *Parables in Midrash*; Asher Feldman의 비유 모음집은 다음과 같다 *The Parables and Similes of the Rabbis* (Cambridge: Cambridge University Press, 1924); Harvey K. McArthur and Robert M. Johnston, *They Also Taught in Parables* (Grand Rapids: Zondervan, 1990).

에 설득당하지 않는다. 플루서는 비유의 맥락을 포함하여 복음서 전승의 신빙성을 확신한다. 그는 예수 비유가 현실적이지 않고 가상현실에 가깝다는 올바른 주장을 제시한다. 왜냐하면 예수 비유는 일상의 소재를 사용하지만, 일상적인 사건을 별로 말하지 않기 때문이다.

그럼에도 랍비 비유는 신중히 사용되어야 한다. 모든 랍비 비유가 시기적으로 신약성서 이후에 등장했기 때문이다. 구약성서의 비유를 제외하고,[34] 예수 비유보다 앞서 등장한 유대교 비유는 거의 없다.[35]

예수의 비유에 대한 구조주의적 접근이 사라진 이래 지금까지, 예수 비유 연구에 지배적 영향을 미칠 만한 접근법은 아직 등장하지 않았다. 몇몇 연구는 예수 비유의 다가치성과 알레고리적 해석으로의 의도적 귀환에 초점을 맞추고, 몇몇 다른 연구는 사회문화적 복원에 초점을 맞춘다. 또 어떤 연구들은 예수 비유만의 독특함을 제거하여 예수 비유의 의도를 시시한 것으로 전락시킨다. 이런 연구들로 인해 예수의 목소리를 들을 수 있는 기회는 해석의 소용돌이 안으로 사라져가고 있다.

다가치성과 알레고리화

부분적으로 현대 문학 비평과 문학에 대한 독자 반응 접근법으로 인해, 우리는 다시 원점으로 돌아왔다. 어떤 학자들과 그들의 추종자들은 아

34 Klyne Snodgrass, "Parables and the Hebrew Scriptures," in *To Hear and Obey: Essays in Honor of Fredrick Carlson Holmgren*, ed. Bradley J. Bergfalk and Paul E. Koptak (Chicago: Covenant, 1997), 164-77을 보라.

35 4Q302, *1 Enoch*의 비유와 비슷한 이야기, 그리고 세례 요한을 보라.

우구스티누스와 동일한 방식으로 알레고리적 해석을 시도한다. 펑크와 비아가 심어놓은 씨가 잡초로 자란 것이다. 존 도미닉 크로산은 알레고리를 거부했던 이전의 주장을 급진적으로 변경하여 알레고리의 긍정적 측면을 주장했다. 이미지와 실재 사이의 정확한 상응을 발견하는 데 그리 많은 관심을 두지 않으면서, 크로산은 본문의 의미가 독자와 본문 간의 상호 작용을 통해 결정된다고 주장했다. 그는 비유가 역설적이고 다양한 의미 해석이 가능한 다가치성을 지니는데, 이는 비유가 다양한 맥락에서 읽힐 수 있기 때문이라고 강조했다. 다가치성을 지닌 이야기는 다양한 수준의 실재에 작용하는 구성을 드러낸다.[36] 비유 해석가는 다양한 맥락에서 내러티브를 가지고 노는 숙련된 선수이고, 비유 해석에는 모든 가능성이 열려 있다.

메리 앤 톨버트(Mary Ann Tolbert)는 다가치적 해석을 더욱 충실하게 옹호한다. 비유에 대한 다가치적 접근이 그녀에게 유효한 이유는 유능한 학자들이 저마다 다른 비유 해석을 제시하기 때문이다. 그녀가 알고 있는 것은 비유의 맥락이 구체적일수록 비유의 의미가 더 명백해진다는 점이다. 그러나 톨버트는 복음서 저자들이 동일한 예수의 비유를 각기 다른 맥락에 위치시켰으므로 복음서가 제시하는 맥락을 인정하지 않는다. 그녀는 비유의 온전성에 관심을 보이지만, 한편으로는 해석가가 비유가 읽혀야 할 맥락을 임의로 선택하여 비유가 지니는 다가치성을 "부당하게 이용한다"고 주장한다. 예를 들어 톨버트는 프로이트

36 John Dominic Crossan, *Cliffs of Fall: Paradox and Polyvalence in the Parables of Jesus* (New York: Seabury, 1980), 특히 96-97; "Parable, Allegory , and Paradox," in *Semiology and the Parables*, ed. Daniel Patte (Pittsburgh: Pickwick, 1976), 247-81, 특히 271-78.

의 정신분석학 측면에서 탕자 비유를 해석했는데, 이 해석을 통한 비유의 의미는 내적 조화와 통합을 지향하는 모든 개인의 염원에 호소하는 것이다. 둘째 아들은 프로이트의 이드(id)에, 첫째 아들은 초자아(superego)에, 그리고 아버지는 자아(ego)에 각각 해당한다. 그러나 같은 프로이트적 관점이지만, 다른 결론의 탕자 비유 해석이 있다. 이 해석에 따르면, 탕자 비유는 감성적 양면 가치가 지닌 고통스러운 본질에 대해 이야기하고 있다. 아버지의 지나친 사랑은 탕자인 둘째 아들에 대한 적개심을 표출하고, 첫째 아들의 분노는 아버지에게 전가된다.[37] 이런 해석에서 윌리허의 흔적은 전혀 찾아볼 수 없다. 그리고 아우구스티누스는 프로이트 관점의 해석을 이해하지 못했겠지만, 이런 해석 과정을 즐겼을 것이다!

우리는 비유가 단순한 이야기가 아니라는 점과, 아직 파악되지 않은 여운과 미묘한 의미를 간직하고 있다는 점을 인정할 수 있다. 그러나 이 다가치적 접근은 정도를 한참 지나쳤다. 이런 접근 절차를 밟다 보면, 해석가는 더 이상 비유의 청자가 아니라 화자가 되어버린다. 비유는 새로운 맥락에서 표절되고 되풀이되어왔다. 다가치적 독해에 대한 수전 위티그(Susan Wittig)의 옹호는 시사하는 바가 있다. 그녀는 비유가 의미하는 것이 이차적인 기표(signifier)가 된다고 주장했다. 그녀는 원래 화자가 특정 의미 체계를 염두에 두고 있었고, 이 화자의 관점에서 볼 때, 다양한 기의(signifieds)는 틀렸음을 인정했다. 그러나 "더 객

37 Mary Ann Tolbert, *Perspectives on the Parables: An Approach to Multiple Interpretations* (Philadelphia: Fortress, 1979), 30, 52-55, 63-71, 93, 102-7. 또 다른 예로, Daniel Patte를 보라. 그는 용서하지 않는 종 비유와 관련하여 서로 대립하지만, 똑같이 유효한 세 가지 해석을 제시한다("Bringing Out of the Gospel-Treasure What Is New and What Is Old: Two Parables in Matthew 18-23," *QR* 10 [1990]: 79-108).

관적인 다른 관점에서 볼 때, 다가치적 접근은 비유적 기호(sign)를 또 다른 신념 체계 내에 깊숙이 끼워놓고 그 신념 체계를 통해 새로운 의미를 입증하면서, 비유적 기호를 음운론적으로 변경할 수 있는 능력을 보여준다."[38] 비유를 또 다른 신념 체계에 편입시키는 행위는 아우구스티누스가 했던 것과 정확히 일치한다. 다른 체계 안에 비유의 의미를 반영하는 것이 불법은 아니지만, 이런 해석 행위는 예수의 메시지를 해석하는 것도, 비유의 기능을 분별하는 것도 아니다.

저명한 학자인 울리히 루츠(Ulich Luz)도 비유의 알레고리적 해석—고대 교회 및 현재의 알레고리적 해석 모두—을 정당화하려고 노력했다. 이런 루츠의 노력은 다음과 같은 이유로 이루어졌다. 즉 우리가 비유의 원래 의미를 파악할 수 있다는 확신이 그에게 부족하고, 부활한 주님으로 하여금 새로운 상황을 위해 동일한 본문으로부터 새로운 의미를 만들어내시도록 하려는 그의 바람 때문이다. 루츠가 생각하는 새로운 의미의 기준은 지상의 예수와 동일 인물인 높임을 받은 그리스도다.[39] 그러나 그가 어떻게 자신이 주장하는 지상의 예수 이해에 도달했는지는 불분명한데, 특히 예수의 본래 의미를 파악할 수 없다는 그의 회의적 반응을 볼 때 더욱 그렇다. 루츠의 주장은 해석학적으로 타당하

38 Susan Wittig, "A Theory of Polyvalent Reading," *SBLSP* 14 (1975): 177.

39 알곡과 가라지 비유의 설명은 Ulrich Luz, *Matthew: A Commentary*, vol. 2, *Matthew 8-20*, trans. James E. Crouch, ed. Helmut Koester, Hermeneia (Minneapolis: Fortress, 2001), 269-71, 특히 n. 36을 보라. 이 비유를 다른 각도에서 바라보고 있지만 여전히 알레고리화하는 연구—이번은 심리학적 알레고리화—는 다음과 같다. Robert Winterhalter with George W. Fisk, *Jesus' Parables: Finding Our God Within* (New York: Paulist Press, 1993), and Richard Q. Ford, *The Parables of Jesus: Recovering the Art of Listening* (Minneapolis: Fortress, 1997). Ford는 예수의 비유가 확실한 답변을 제공하고, 이 답변을 사회역사적 맥락에 따라 재구성한다는 주장을 거부한다(아래를 보라).

지 않다.

알레고리 역시 더 합리적이고 완전히 다른 관점에서 새롭게 주목받고 있다. 크레이그 블롬버그(Craig Blomberg)는 예수의 비유는 알레고리이며 이미지와 실재 사이의 비교점을 하나 이상 갖고 있다고 주장한다. 하나의 비유는 그것에 등장하는 주요 인물의 수만큼 많은 비교점과 교훈을 지닌다. 따라서 블롬버그는 비유의 복합성, 즉 비유의 요점 개수에 따라 요점이 하나인 비유, 두 개인 비유, 세 개인 비유로 분류한다.[40] 알레고리를 하나의 문학 장르로 본다면 블롬버그의 주장이 타당하지만, 알레고리를 장르가 아니라 하나의 문학 양식으로 간주하고, 비유를 균형 잡힌 유비로 보는 견해가 선호할 만한 것 같다.[41] 예수의 비유가 알레고리일 수 있고 하나 이상의 요점을 가질 수 있다는 점에는 의심의 여지가 없다. 어떤 관점으로 보든지, 우리의 입장은 윌리허의 주장과 분명히 다르다.

평범함으로의 축소

여기서 언급해야 하는 세 연구는 확연히 다른 접근법을 지녔지만, 이

40 Blomberg, *Interpreting the Parables*.

41 Mary Ford, "Towards the Restoration of Allegory: Christology, Epistemology, and Narrative Structure," *SVTQ* 34 (1992): 161-95, 특히 171; Sider, *Interpreting the Parables*, 29-89. Blomberg는 "다가치적" 이라는 용어를 다른 학자들과 다르게 사용한다. 그에게 이 용어는 이야기 내에 존재하는 여러 관점이지, 비유를 새로운 맥락에 집어넣어 새로운 의미를 발견하는 것이 아니다. 다음을 보라. Blomberg, "Poetic Fiction, Subversive Speech, and Proportional Analogy in the Parables," *HBT* 18 (1996): 123.

들 연구의 동일한 결론은 예수의 비유에 원래 있던 실제 힘과 의도가 사라졌다는 것이다. 버나드 스콧(Bernard Scott)의 연구는 이 세 연구 중 가장 유익한데, 그의 연구가 최근에 이뤄진 더욱 완전한 예수 비유 연구 중 하나이며, 그의 책 첫 부분에 유용한 정보를 담고 있기 때문이다. 우선 스콧은 예레미아스처럼 예수 비유를 초기 형태로 축소하여 예수의 **고유한 말씀**(*ipsissima verba*)이 아닌 비유의 **고유한 구조**(*ipsissima structura*)를 발견하려고 시도한다. 그러나 그 결과는 대동소이하다. 즉 그는 「도마복음」의 예수 비유가 더 이른 시기의 것이며, 예수의 가르침에 관한 더 나은 자료라고 주장한다. 스콧은 예수의 비유가 알레고리적이며 다가치적 해석에 열려 있음을 인정한다. 그의 과정은 제일 간단한 비유의 형태를 되짚어가면서 각 복음서 저자가 보여주는 비유의 "연행"(performance)을 분석하는 것이다. 둘째, 스콧은 원래의 비유 구조가 의미에 어떤 영향을 미치는지 분석한다. 셋째, 그는 하나님 나라에 대한 비유의 병치를 분석하여 비유가 관습적인 지혜에 어떻게 도전하는지를 발견하고자 한다. 스콧의 비유 해석은 비유를 단순한 진술로 종종 축소하는데, 이런 양상은 비유를 경건한 도덕주의로 축소했던 윌리허의 비유 해석을 연상시킨다. 만일 그의 해석이 옳다면, 한 가지 드는 의문은 왜 비유 이야기들이 들려지거나 기억되었을까 하는 점이다. 예를 들어, 스콧에 의하면 바리새인과 세리의 비유는 예화가 아니며 그 안에 아무런 교훈도 없다. 오히려 이 비유는 하나님 나라를 성전으로 간주하는 체제를 전복시킨다. 즉 바리새인과 세리의 비유에서 경건한 자는 하나님 나라 밖에, 경건하지 않은 자는 하나님 나라 안에 있다. 악한 품꾼들 비유는 하나님 나라가 약속된 상속자들에게 주어질지에 대해 의문을 제기하는 것으로 이해된다. **"플롯에서 하나님 나라는 실패하고 상속은 불확실하다."**[42]

찰스 헤드릭(Charles Hedrick)의 연구는 대부분의 비유 연구와 상식에 어긋난다. 그는 예수의 비유는 실제로 평범하고, 원래 은유가 아니며, 하나님 나라를 언급하지 않았다고 주장한다. 또 복음서 저자들이 예수의 비유가 적합해 보이도록 신학적 의미와 하나님 나라 관련 사항을 삽입했다고 주장한다. 예수의 비유는 시적 허구였으며, 생각을 자극하고 다양한 의미의 범위에 열려 있다는 것이다. 헤드릭은 예수의 삶과 관련된 비유의 맥락이 사라졌으며, 이를 복구할 수 없다고 믿는다. 예수의 비유는 "어쩌면 급진적 성향의 시적 허구로서 유대교의 전형적 내러티브가 지닌 엄격성과 경쟁 구도를 이룬다." 이런 가정과 함께, 선한 사마리아인 비유는 강도 만난 사람에 대해 다음과 같은 두 개의 반응을 제공하는 것으로 이해된다. 즉 냉담한 무관심 또는 기이한 자비심이다. 첫 번째 반응은 잘못된 것이고, 두 번째 반응은 불가능한 이상일 뿐이다. 이 비유는 후기 유대교에서 발견되는 의인에 관한 이상을 풍자하고 있다. 어리석은 부자 비유는 부자의 우스꽝스럽고 부적절한 행동에 관한 이야기인데, 추수를 해야 하는 철임에도 불구하고 그는 곡간을 허문다. 이 비유는 궁극적인 허무주의로, 아무런 희망, 의미, 신학도 제공하지 않는다.[43]

42 Bernard Scott, *Hear Then the Parable* (Minneapolis: Fortress, 1989). 관련 예로, 특히 97, 253을 보라.

43 Charles Hedrick, *Parables as Poetic Fictions* (Peabody, Mass.: Hendrickson, 1994), 87, 113-16, 158-61. 허무함에 관해 Jülicher의 다음과 같은 주장에 주목하라. 즉 예수의 비유는 본래 "사소한 일"에 관한 것이었지만 복음서 저자들이 여기에 더 많은 신학적 의미를 부여했다는 것이다 ("Parables," in *Encyclopaedia Biblica*, ed. T. K. Cheyne and J. Sutherland, 4 vols. [New York: Macmillan, 1899-1903], 3:3566). 그리고 Perrin은 *Language of the Kingdom*, 154에서 Via의 결론이 얼마나 허무한 것인지 기술하고 있는데, 이 역시 주목할 내용이다.

윌리엄 헤르초그(William Herzog)는 예수의 비유가 신학적·도덕적 이야기가 아니라 정치·경제적 이야기라고 가정한다. 곧 예수의 비유는 고대 세계에서 착취가 어떻게 작용했는지 보여준다고 한다. 헤르초그는 20세기 억압받는 자들의 선생인 브라질 출신의 파울로 프레이리(Paulo Freire)의 연구를 예수 비유를 읽는 렌즈로 사용한다. 그는 예수의 비유가 시골의 가난한 자들에게 친숙한 상황을 제시하고 농부들을 통제하고 속박했던 억압 체제를 암호화한다고 주장한다. 또 예수의 비유는 신학과 윤리를 가르치는 것이 아니라, 사회적 분석을 자극한다고 주장한다. 예수의 비유는 토론의 출발점이었고, 이로 인해 예수의 비유에 대한 "결론"은 종종 불만족스럽다. 복음서의 맥락은 신뢰할 수 없으므로 새로운 맥락, 즉 착취의 맥락이 제기된 것이다. 헤르초그의 사회학적 복원은 비유의 권위적인 인물(주인과 아버지 같은)이 하나님이 아니라 억압자들을 언급하고 있다는 주장으로 이어진다. 예를 들어 포도원 일꾼 비유에서, 포도원 주인은 하나님이 아니라 억압적인 엘리트 계층을 의미한다. 악한 품꾼 비유에서, 품꾼들은 악한 존재가 아니다. 원래 지주였던 이들은 자신들의 토지를 찬탈당했고, 이들의 폭력 행위는 토지 상속자라는 자신들의 영예로운 지위를 재확인해주었다. 결국 이 비유는 폭력의 무가치함을 성문화한다.[44] 사실 예수의 비유는 때로 체제 전복적이지만, 헤르초그의 생각에 예수의 비유가 전복되어왔다는 것이다. 즉 비유에 담긴 예수의 의도는 거의 남아 있지 않다는 말이다.

44 William Herzog, *Parables as Subversive Speech* (Louisville: Westminster John Knox, 1994), 특히 27-28, 96, 112-13, 259-61.

미래에 대한 희망

비유에 대한 알랜드 헐트그렌(Arland Hultgren)의 최근 연구는[45] 바로 위에서 언급했던 다른 노력보다 더 합리적이다. 헐트그렌은 윌리허의 좁은 견해를 거부하고 알레고리적 요소의 존재를 인정한다. 또한 그는 모든 예수의 비유가 예수의 비판자에 대항하는 예수 자신의 변호라는 예레미아스의 주장과 같은 포괄적 일반화를 거부한다. 헐트그렌은 비유의 원형 복원에 그다지 관심이 없고, 정경의 맥락 내에서 비유를 해석할 때 추구하는 대부분의 문제들을 다루고 있다. 비록 헐트그렌의 몇몇 결론에 이의가 제기될 수 있지만, 그의 논의는 도움이 된다. 피터 레아 존스(Peter Rhea Jones)의 균형 잡힌 연구도 유용하다.[46] 그는 선택된 비유에 대한 통찰력 있는 주석을 제공하며 목회자 및 학생들을 위해 예수의 비유가 그의 메시지 내에서 어떻게 기능하는지 논증하고 있다.

제언

예수의 비유 해석에서 주요 쟁점 중 하나는 복음서에 있는 비유 맥락의 가치다.

지금까지 살펴본 연구에서 분명한 것은 예수의 비유를 복음서, 예

45 Arland Hultgren, *The Parables of Jesus: A Commentary* (Grand Rapids: Eerdmans, 2000).

46 Peter Rhea Jones, *Studying the Parables of Jesus* (Macon, Ga.: Smyth & Helwys, 1999). 이는 Jones의 이전 책 *The Teaching of the Parables*(Nashville: Broadman, 1982)를 개정한 것이다.

수의 삶, 그리고 이스라엘의 신학에서 떼어낼수록, 해석의 주관성과 통제의 결여를 더 조장하게 된다는 점이다. 복음서 저자들의 신학이 제거되었지만, 해석가의 이데올로기나 사회학이 도입되었다. 학자들은 교부 교회가 그랬던 만큼 자주 자신의 안건을 예수의 비유 속으로 투영해서 읽어왔다. 그중 어떤 접근법도 우리가 예수의 음성을 듣는 데 도움이 되지 않을 것이다.

그렇다고 해서 우리가 **예수의 고유한 말씀**이나 비유가 말해진 모든 역사적 맥락을 다 알고 있다는 말은 아니다. 다만 많은 비유가 구체적인 맥락과 무관하게 보존되어왔고, 많은 비유가 여러 번 되풀이되어 말해졌을 것이다. 이는 비유를 단 하나의 원래 모습으로 복구할 수 있는 가능성을 배제한다. 그러나 비유는 예수 사역의 맥락 안에서 의도를 지닌 이야기였다. 그리고 우리가 듣고자 하는 것은 바로 비유에 담긴 예수의 음성과 의도다.

예수의 비유는 추상적 설명으로 환원될 수 없다. 그러나 예수의 비유는 그 자체를 넘어 다른 실재를 지시하며 직설적인 언어로 설명될 수 있다. 우리가 반드시 보장해야 하는 것은, 예수 비유의 "언어 사건"적 특징을 보존하고 그것의 신학을 이해하되 경건한 도덕주의로 환원시키지 않는 것이다.

교회의 알레고리적 해석에 대한 노력, 비유의 다가치성에 대한 현대의 관심, 알레고리적 비유 해석의 재개, 비유의 사회역사적 복원을 정당화할 수 있는 방법은 없다. 지난 세기를 겪으면서 명확해진 것은 정도를 벗어난 주장, 극단적 주장, 유행같이 사라지는 일시적 주장들은 비록 생성 초기에는 반대의 목소리를 무시하지만 곧 그 실체가 드러난다는 점이다. 이런 주장들로부터 교훈과 통찰력 있는 지식도 얻을 수 있지만, 예수 비유 연구의 종착역으로 여겨졌던 주장이 결국엔 일방적이고, 잘못 판단한, 혹은 틀린 것으로 드러난다. 아우구스티누스, 교황 그레고리우스 1세(Gregory the Great), 윌리허, 다드, 예레미아스 같은 학자들은 예수의 비유에 대한 연구 분야를 지배했던 이름들이다. 하지만 이들의 공헌에도 불구하고, 우리는 더 이상 이 학자들의 주장을 따를 수 없다. 이들을 대체하는 노력이 크로산, 비아, 스콧, 헤드릭, 헤르초그에 의해 시도되었지만, 이들의 주장은 더 별 볼 일 없고 더 신속히 잘못된 방향으로 나아간다. 이제는 예수 비유 자체에 그것이 당연히 받아야 할 존중과 관심을 기울여야 한다. 우리는 예수의 비유를 기독교 신학 또는 인간 심리학의 반영으로 다룰 필요가 없고, 그것을 다시 쓴다거나, 내용을 줄인다거나, 통제할 필요도 없다. 우리는 예수의 비유를 들어야 하는데, 복음서 저자들이 정해놓은 예수의 맥락 안에서 들어야 한다. 우리가 이런 사항을 인정하게 될 때, 예수의 비유는 다시 한번 우리에게 도전하며 그 어떤 장르도 줄 수 없는 정보를 줄 것이다. 그리고 우리는 예수의 비유를 통해 그것의 저자인 예수에게 귀를 기울여야 할 뿐만 아니라, 예수를 따라야 한다는 사실도 알게 될 것이다.

제10장

예수의 역사 속 기적의 역사

Graham H. Twelftree
그레이엄 H. 트웰프트리

19세기에는 경험주의 및 합리주의와 더불어 영국에서 생성된 이신론의 찬바람이 지적 세계를 강타했다. 이신론의 출현으로 기적에 관한 문제가 역사적 예수 연구의 핵심으로 자리 잡게 되었다.[1] 19세기 초반에는 예수의 기적을 합리적으로 이해해야 한다는 견해가 지배적이었

1 예수의 기적에 대한 연구사는 예를 들어 다음을 보라. E. Keller and M. -L. Keller, *Miracles in Dispute* (London: SCM, 1969); B. Schilling, "Die Frage nach der Entstehung der synoptischen Wundergeschichten in der deutschen neutestamentlichen Forschung," *SEÅ* 35 (1970): 61-78; C. Brown, *Miracles and the Critical Mind* (Grand Rapids: Eerdmans; Exeter: Paternoster, 1984); H. Weder, "Wunder Jesu und Wundergeschichten," *VF* 29 (1984): 25-49; G. Maier, "Zur neutestamentlichen Wunderexegese im 19. und 20. Jahrhundert," in *The Miracles of Jesus*, ed. D. Wenham and C. Blomberg, Gospel Perspectives 6 (Sheffield: JSOT Press, 1986), 49-87; J. Engelbrecht, "Trends in Miracle Research," *Neot* 22 (1988): 139-61; G. Theissen and A. Merz, *The Historical Jesus* (London: SCM, 1998), 285-91.

다.[2] 그러나 어떤 이들의 제안에 의하면, 기적은 만들어진 사건이거나[3] 복음서 전승 속으로 유입된 것이었다.[4] 또 다른 이들의 해석에 의하면, 기적은 일종의 신화였다.[5] 20세기 초반에 이르러서는 다음과 같이 오랜 기간 지지를 받아온 관점이 확립되었다. 즉 예수의 기적이 아니라, 케리그마가 복음의 정수로 여겨져야 한다는 것이다.[6]

20세기 중반에는 기적과 관련된 문제가 해결된 것으로 간주되거나,

2 예를 들어 다음을 보라. K. F. Bahrdt, *Briefe über die Bibel im Volkston* (Halle: 1702). 합리주의적 접근에 대한 다른 학자들의 주장은 다음을 보라. A. Schweitzer, *The Quest of the Historical Jesus*, trans. W. Montgomery et al., ed. J. Bowden (1913; reprint, London: SCM, 2000), 37-64. 이 부분은 다음 학자들을 논하고 있다. K. F. Bahrdt, H. E. G. Paulus, K. A. Hase, F. D. E. Schleiermacher.

3 예를 들어, H. S. Reimarus, *Fragments*, trans. R. S. Fraser, ed. C. H. Talbert (Philadelphia: Fortress, 1970; London: SCM, 1971), 126-29, 232-33을 보라.

4 이 견해는 일반적으로 독일의 종교사학파(Religionsgeschichtliche Schule)와 연관되어 있다. 이 학파 및 예수의 기적에 대해서는 다음을 보라. W. Kahl, *New Testament Miracle Stories in Their Religious-Historical Setting*, FRLANT 163 (Göttingen: Vandenhoeck & Ruprecht, 1994). 양식비평가들은 이 종교사학파와의 연계로 인해 이런 견해를 단언했다. 예를 들어 다음을 보라. R. Bultmann, *History of the Synoptic Tradition*, trans. John Marsh, rev. ed. (New York: Harper & Row, 1976), 특히 231; M. Dibelius, *Jesus*, trans. C. Hedrick and F. Grant (London: SCM, 1963), ch. 6.

5 특히 다음을 보라. D. F. Strauss, *Das Leben Jesu*, 4th ed., 2 vols. (Tübingen: Osiander, 1840; in English, *The Life of Jesus Critically Examined*, trans. George Eliot, ed. Peter C. Hodgson [Philadelphia: Fortress, 1972; London: SCM, 1973]). J. G. Herder(1744-1803)는 이미 그 이전에, 예수의 기적이 문자적 측면이 아니라 상징적 측면으로 이해되어야 한다고 주장했다. 참조. Schweitzer, *Quest of the Historical Jesus*, 74; H. Harris, *David Friedrich Strauss and His Theology* (Cambridge: Cambridge University Press, 1973), ch. 23. 복음서에서 신화에 대한 문제를 해결하고자 했던 다른 학자들은 다음에 인용되어 있다. C. A. Evans, "Life-of-Jesus Research and the Eclipse of Mythology," *TS* 54 (1993): 5-6 n. 11.

6 예를 들어 다음을 보라. Bahrdt, *Briefe*, third letter, cited in Keller and Keller, *Miracles in Dispute*, 67-68; A. von Harnack, *What Is Christianity?* (London: Williams & Norgate: New York: Putnam, 1900); R. Bultmann, *Jesus and the Word* (London: Collins; Glasgow: Fontana, 1958), 124; C. Brown. *Jesus in European Protestant Thought, 1778-1860* (Grand Rapids: Baker, 1988), xxii. J. M. Robinson(*A New Quest of the*

아니면 기적 자체에 별 의미가 없어서 복원된 예수의 삶에 포함시킬 필요가 없다고 여겨졌다.[7] 당연히 이에 반대하는 사람들이 있었는데, 이들은 기적 사건이 없는 예수 전승이 존재할 리가 없고,[8] 예수가 그의 청중을 사로잡은 것은 가르침이 아닌 기적이라고까지 주장했다.[9]

특히 초기 교회가 특정 유형의 전승 창조에 모태를 제공했다는 양식비평가들의 주장을 여전히 따르는 학자들이 별로 없고[10] 예수 사역의 환경에 대한 관심이 재개된 상황에서, 기적에 대한 문제는 오늘날 예수

Historical Jesus [London: SCM, 1959], 59)은 케리그마가 영어권 세계에서 중심이 된 현상을 C. H. Dodd의 공으로 돌린다. 그러나 Dodd 이전에도 역사적 예수에 관한 많은 연구가 기적보다 예수의 가르침을 더 우위에 두었다. 예를 들어 다음을 보라. A. C. Headlam, *The Life and Teaching of Jesus the Christ* (London: Murray, 1923; 2nd ed., 1927).

7 예를 들어 예수의 "삶"을 "새롭게 탐구한" 최초의 학자로 간주되는 G. Bornkamm마저도 예수의 행위와 관련하여 그의 *Jesus of Nazareth* (London: SCM, 1960) 8장에서 명목상의 언급만 하고 있을 뿐이다. 참조. Brown, *Jesus in European Protestant Thought*, xxii; G. H. Twelftree, *Jesus the Miracle Worker* (Downers Grove, Ill.: InterVarsity, 1999), 353.

8 예를 들어 다음을 보라. A. von Schlatter, *The History of the Christ*, trans. A. Köstenberger (Grand Rapids: Baker, 1997), 191. 참조. B. Weiss, *The Life of Christ*, 3 vols. (Edinburgh: Clark, 1883), 1:151-58; W. Sanday, "Jesus Christ," in *A Dictionary of the Bible*, ed. J. Hastings, 4 vols. (Edinburgh: Clark, 1898), 2:624-28; J. H. Bernard, "Miracle," in Hastings, *A Dictionary of the Bible*, 3:389-90; Headlam, *Life and Teaching of Jesus*, 1-44, 186-92; W. Manson, *Jesus the Messiah* (London: Hodder & Stoughton, 1943), 33, 45-46.

9 예를 들어 다음을 보라. A. C. Headlam, *The Miracles of the New Testament* (London: Murray, 1914), 242; H. J. Cadbury, *The Peril of Modernizing Jesus* (New York: MacMillan, 1937; reprint, London: SPCK, 1962), 79-80. 이에 관한 보다 최근의 연구는 특히 다음을 보라. Morton Smith, *Jesus the Magician* (London: Gollancz, 1978), 10, 14, 16; and E. P. Sanders, *Jesus and Judaism* (London: SCM, 1985), 164, 그는 M. Hengel, *The Charismatic Leader and His Followers* (Edinburgh: Clark, 1981), 66을 인용하고 있다.

10 B. Witherington III, *The Jesus Quest*, 2nd ed. (Downers Grove, Ill.: InterVarsity, 1997), 147 n. 23; M. D. Hooker, "On Using the Wrong Tool," *Theology* 75 (1972): 570-78;

연구에 있어서 하나의 중요한 경계 지표이자 미해결된 쟁점으로 다시 금 자리매김하게 되었다.[11] 한편, 마이어(J. P. Meier)는 총 세 권으로 이루어진 예수 연구 서적을 출간했는데, 제2권에서 예수 기적에 관한 내용을 다루고 있으며 그 분량은 전체 1100쪽 중 절반 이상을 차지한다.[12] 반면에 샌더스가 『예수와 유대교』(*Jesus and Judaism*)에서 예수의 기적을 다루는 분량은 짧은 장 하나에 지나지 않는다.[13] 더욱이 어떤 학자들은 예수의 기적을 논할 가치가 없다고까지 주장한다.[14] 또한 우리가 앞으로 살펴보겠지만, 현재까지 기적의 정의에 관한 어떤 합의도 이루어지지 않고 있다. 여기에 덧붙여서 제기되는 질문은 예수 당시의 사람들이 기

G. N. Stanton, "Form Criticism Revisited," in *What about the New Testament?* ed. M. D. Hooker and C. J. Hickling (London: SCM, 1975), 13-27.

11 다음을 보라. J. P. Meier, "Dividing Lines in Jesus Research Today: Through Dialectical Negation to a Positive Sketch," *Int* 50 (1996): 355-72; M. A. Powell, *Jesus as a Figure in History: How Modern Historians View the Man from Galilee* (Louisville: Westminster John Knox, 1998), 176-81.

12 J. P. Meier, *A Marginal Jew: Rethinking the Historical Jesus*, 3 vols., ABRL (New York: Doubleday, 1991-2001), 2:507-1038.

13 Sanders, *Jesus and Judaism*, ch. 5. Sanders는 *The Historical Figure of Jesus* (London: Penguin, 1993), 132-68의 한 장에서 기적을 다루고 있다. 그러나 이 장의 내용은 불명확한데, 그 이유는 기적에 관한 신약성서 저자들의 이해 방식을 예수에게서 유래한 것과 혼합하고 있기 때문이다. 이로 인해 역사적 예수의 기적에 관한 우리의 이해에는 거의 도움이 되지 않는다. 마찬가지로, B. F. Meyer의 *The Aims of Jesus* (London: SCM, 1979), 154-58과 L. Houlden의 *Jesus: A Question of Identity*(London: SPCK, 1992)도 예수의 기적에 대한 논의를 거의 다루지 않고 있다. D. Guthrie는 천 페이지나 되는 그의 *New Testament Theology*(Downers Grove, Ill.: InterVarsity, 1981)에서 기적에 대해 논하지 않는다.

14 H. Braun(*Jesus of Nazareth* [Philadelphia: Fortress, 1979])과 R. Bultmann(*Jesus and the Word* [New York: Scribner, 1958])을 인용하면서, J. Gnilka(*Jesus of Nazareth* [Peabody, Mass.: Hendrickson, 1997], 112 n. 66)는 예수에 관한 많은 연구서에 치유와 기적이 생략되어 있음에 주목한다. Gnilka는 자신의 저서 총 346쪽 중 22쪽만 예수의 기적을 논하고 있다(112-34).

적 행위자로서의 예수를 어떻게 평가했는지에 관한 것이다. 이 모든 것 위에 드리운 합리주의 또는 자연주의의 진한 그림자가 있는데, 이로 인해 예수가 행한 "위대한 일"(mighty works)이 과연 기적인지, 아니면 우리가 이제 더욱 분명히 이해할 수 있다고 생각하는 것으로서, 다른 측면에서 설명될 수 있는 사건인지 불분명해지고 있다.[15]

이 장에서 우리는 역사적 예수 탐구에 관한 최근의 주요 기여자들을 살펴볼 텐데, 이들 중 대다수가 역사적 예수의 생애를 충분히 다루고 있다. 그들은 게자 버미스, 모턴 스미스(Morton Smith), 앤서니 하비(Anthony E. Harvey), 존 마이어, 샌더스, 라이트, 마커스 보그, 크로산, 마커스 복뮬(Markus Bockmuehl), 그리고 예수 세미나다.[16] 이 대표적 학자들은 역사적 예수에 관한 과학적 연구에서 지난 30여 년간 예수의 기적이 이해되고 다루어진 변화무쌍한 방식들을 보여줄 것이다.[17]

15 "기적"의 정의와 가능성에 관해서는 Twelftree, *Jesus the Miracle Worker*, part 1을 보라.

16 Powell(*Jesus as a Figure in History*)은 예수 세미나를 다루고 있을 뿐만 아니라, 예수에 대한 현대의 주요 역사가로서 J. D. Crossan, M. J. Borg, E. P. Sanders, J. P. Meier, N. T. Wright를 논한다.

17 B. L Blackburn, "The Miracles of Jesus," in *Studying the Historical Jesus: Evaluations of the State of Current Research*, ed. B. Chilton and C. A Evans, NTTS 19 (Leiden: Brill, 1994), 353-94을 보라. 예수의 기적에 열띤 관심을 보이는 출판물은 언제나 넘쳐나고 있는데, 우리는 그중 대부분을 여기서 생략할 수 있다. 어떤 것들은 기적 연구를 집중적으로 다루고 있는데, 예를 들면 다음과 같다. H. Hendrickx, *The Miracle Stories of the Synoptic Gospels* (London: Chapman; San Francisco: Harper & Row, 1987); R. Latourelle, *The Miracles of Jesus and the Theology of the Miracles* (New York: Paulist Press, 1988); G. Theissen, *Miracle Stories of the Early Christian Tradition* (Edinburgh: Clark, 1983). 여기서 다루지 않는 다른 연구들은 신약성서 학자들의 종합적 관점이 아니라 그리스도 중심의 신학 관점에서 이루어진 것으로, 다음과 같은 연구들을 예로 들 수 있다. W. Kasper, *Jesus the Christ* (London: Burns & Oats, 1976); G. O'Collins, *Interpreting Jesus* (London: Chapman; Ramsey, N. J.: Paulist Press, 1983).

유대인 성자 예수

게자 버미스는 1973년에 발표한 『유대인 예수』(*Jesus the Jew*)에서 예수가 기적을 통해 사람들에게 강력한 영향을 미쳤던 초기 **하시딤**의 가장 중요한 예로서 간주되어야 한다고 주장한다.[18] 결과적으로 버미스의 예수 묘사에 담긴 핵심적 특징은 예수를 유대인 기적 행위자들과 집중적으로 비교하고 있다는 점이다.[19] 이들 중 주목해야 할 두 명의 유대인 기적 행위자는 원을 그리는 자 호니와 하니나 벤 도사로, 전자는 예수 탄생 직전의 인물이며, 후자는 예수 사망 직후에 활동한 인물이다.

그러나 버미스의 연구를 향한 가장 기본적 비평은 그가 "무비판적으로 자료를 사용하여 자신의 전체 논의를 약화시키고 있다는 것이다."[20] 다시 말해, 버미스는 *Pirqe Rabbi Eliezer*의 경우처럼 아마도 기원

18 Vermès가 예수를 그의 동시대인들과 비교한 첫 번째 학자는 아니다. E. Renan(*The Life of Jesus*, trans. C. E. Wilbour [London: Dent, 1863; reprint, New York: Dutton, 1927], 49)은 다음과 같이 말했다. "유순하게 가난을 인내하고, 다정한 성품의 소유자였으며, 제사장들과 위선자들에 반대했던 Hillel이 예수의 참된 스승이었다." Schlatter, *The History of Christ*, 176도 보라. W. Horbury("Jesus the Jew," *Theology* 77 [1974]: 227-32)의 인용에 의하면, Arthur Marmonstein은 예수를 기적을 일으키는 랍비와 비교하고 있다(229); 이와 유사하게, L. E. Keck의 Vermès에 대한 논평(*JBL* 95 [1976]: 508)은 R. Otto(*The Kingdom of God and the Son of Man* [London: Lutterworth, 1938])에 이목을 집중시킨다. 보다 최근의 관련 연구는 다음을 보라. D. Flusser와 R. Steven Notley의 *Jesus*, 2nd ed. (Jerusalem: Magnes, 1998). 참조. C. A. Evans, *Jesus and His Contemporaries* (Leiden: Brill, 1995), ch. 5.

19 G. Vermès, *Jesus the Jew: A Historian's Reading of the Gospels* (London: Collins/Fontana, 1973; reprint, London: SCM, 1983), 79, 223-24. idem, "Hanina ben Dosa: A Controversial Galilean Saint from the First Century of the Christian Era," *JJS* 23 (1972): 28-50; 24 (1973): 51-64도 보라.

20 Meier, *A Marginal Jew*, 2:587. Vermès에 대한 중요 비평은 S. Freyne, "The Charismatic," in *Ideal Figures in Ancient Judaism*, ed. J. J. Collins and G. W. E. Nicklesburg (Chico, Calif.: Scholars Press, 1980), 223-58을 보라.

후 8세기 또는 9세기에 기록된 자료를 무비판적으로 의존하고 있다.[21] 더욱이 호니와 하니나에 관한 대부분의 이야기들은 탈무드보다 시기적으로 앞서지 않으며, 가장 이른 전승에서는 이 두 하시딤 중 어느 누구도 갈릴리인으로서의 특징을 보이지 않는다.[22]

이런 문제 외에도 버미스가 직면해야 하는 비평이 있는데, 이는 그가 예수 당시 팔레스타인 지역에 존재했던 다른 기적 행위자들을 인정하지 않음을 지적한다.[23] 다시 말해, 예수가 단순히 자신이 행한 기적으로 랍비 중 하나로 간주된다는 버미스의 결론은 불가능하다는 것이다. 또한 기원후 1세기 랍비들이 기적 행위자로서 기적을 일으켰다손 치더라도, 예수와 이 랍비들 사이에는 중요한 차이가 있다. 버미스 자신도 인정한 부분이지만, 랍비의 기적 행위와 비교할 때, 예수의 치유 기술은 단순하기 짝이 없다. 더욱이 기적과 예언의 연계는 유대인 성자들에게 특별한 것이 아니었다. 왜냐하면 예언적 기적 행위에 대한 기대는 대체로 유대인들의 성서적 유산에 근거하고 있기 때문이다.[24] 내가 아는 한, 유대인 성자 중 어느 누구도 자신의 기적 행위와 메시지를 연결하지 않았다. 결국 우리가 내릴 수 있는 유일한 결론은, 카리스마적 랍비의 기적 유형은 예수가 선택했던 것이 아니라는 사실이다.[25]

21 M. D. Herr, "Pirkei de-Rabbi Eliezer," *EncJud* 13:558-60; H. L. Strack and G. Stemberger, *Introduction to the Talmud and Midrash*, trans. M. Bockmuehl (Minneapolis: Fortress, 1992), 356-58.

22 Meier, *A Marginal Jew*, 2:581-88의 논의를 보라. 참조. Schlatter, *The History of Christ*, 176: "Of the celebrated teachers of Jerusalem and Javne—Hillel, Gamaliel, Yohanan ben Zakkai, or Akiba—there are no miracle stories."

23 예를 들어 G. H. Twelftree, *Jesus the Exorcist*, WUNT 2.54 (Tübingen: Mohr, 1993), 22-47을 보라.

24 Vermès의 *Jesus the Jew*에 대한 Hurbury의 논평인 "Jesus the Jew," 230을 보라.

25 A. E. Harvey, *Jesus and the Constraints of History* (London: Duckworth, 1982), 107;

방법론적 쟁점에도 불구하고 예수와 그의 제자들의 관계는 랍비와 그 제자들의 관계와 매우 유사하지만, 예수를 그와 동시대의 다른 유대인 성자들과 구분하는 것은 다음의 두 요소에 달려 있다. 즉 예수가 자신의 기적에 부여한 의미와, 버미스가 자신의 주장을 위해 근거로 삼고 있는 바로 그 기적들이다.[26]

마술사 예수

1978년에 발표된 모턴 스미스의 『마술사 예수』(*Jesus the Magician*)는 예수를 균형 잡힌 시각으로 묘사하고 있지는 않지만, 학계의 관심이 예수의 가르침에서 행위, 특히 기적으로 옮겨가는 데 시초가 된다는 점에서 중요한 의미를 지닌다. 스미스의 눈에 비친 예수는 주로 기적 행위자로서 대중의 관심을 끄는 인물이었다.[27] 그리고 스미스가 보여주고자 했던 것은 예수가 마술사로 묘사되었을 뿐만 아니라[28] 실제로 마술사였다는 점이다.[29] 제이콥 뉴스너의 신랄한 비판을 차치하더라도, 우

Witherington, *The Jesus Quest*, 112을 보라.

26 W. S. Green, "Palestinian Holy Men: Charismatic Leadership and Rabbinic Tradition," in *ANRW*, 2.19.2:646-47; Twelftree, *Jesus the Exorcist*, 211.

27 Smith, *Jesus the Magician*, 10. 이 주장은 다음의 학자들에 의해 보강된다. Sanders, *Jesus and Judaism*, 164; Meier, *A Marginal Jew*, 2:3-4; M. J. Borg, *Jesus, a New Vision: Spirit, Culture, and the Life of Discipleship* (San Francisco: Harper & Row, 1987), 60; idem, "The Historian, the Christian, and Jesus," *ThTo* 52 (1995-96): 8-10.

28 예를 들어 다음을 보라. J. M. Hull, *Hellenistic Magic and the Synoptic Tradition* (London: SCM, 1974).

29 예수를 마술적 기법과 관련된 어떤 것으로부터 분리하고자 노력하는 학계의 강력한 흐름은 반대 방향으로 흘러가고 있다. 예를 들어 다음을 보라. E. Fascher,

리는 스미스의 특정 연구가 지닌 유효성을 다음과 같이 쉽게 부정할 수 있다.[30] 첫째, 스미스는 타키투스(Tacitus), 플리니우스(Pliny), 수에토니우스(Suetonius)가 예수를 마술사로 여겼음을 증명하지 못하고 있다.[31] 둘째, 순교자 유스티누스(Justin Martyr), 콰드라투스(Quadratus), 켈수스(Celsus)의 기록에서와 같이 마술에 대한 비난이 분명한 대목에서도,[32] 스미스는 이런 비난이 예수와 동시대에 살았던 사람들로부터 나온 것이 아니라는 사실을 염두에 두지 않는다. 셋째, 스미스는 어떤 사람이 마술사로 판명되는 것은 기술에 의하지 않고, 그가 행한 마술의 결과가 지닌 진정성과 지속성, 그리고 무엇보다 그 사람의 생활 방식에 의거한다고 오해했다.[33]

넷째, 학자들 사이에 일치된 의견이 적다는 점을 중요한 약점으로

Die formgeschichtliche Methode: Eine Darstellung und Kritik, zugleich ein Beitrag zur Geschichte des synoptischen Problems (Giessen: Töpelmann, 1924), 127-28; W. Grundmann, "δύναμαι/δύναμις," *TDNT* 2:302; E. Stauffer, "ἰάομαι," *TDNT*, 3:210; S. V. McCasland, *By the Finger of God* (New York: Macmillan, 1951), 110-15; V. Taylor, *The Gospel according to St. Mark* (London: Macmillan, 1952), 176; S. E. Johnson, *The Gospel according to St. Mark* (London: Black, 1960), 48; Latourelle, *The Miracles of Jesus*, 167.

30 B. Gerhardsson의 *Memory and Manuscript*(Grand Rapids: Eerdmans, 1998)에 대한 J. Neusner의 서문, xxv-xxxii. 이어지는 내용 및 스미스에 대한 더 자세한 비평은 Twelftree, *Jesus the Exorcist*, 190-207을 보라. Smith와 Howard Kee가 1970년에 뉴욕 세계성서학회 모임에서 벌인, 지금까지도 유명한 논쟁에 대해서는 B. L. Mack, *Myth of Innocence* (Philadelphia: Fortress, 1988), 210을 보라.

31 Tacitus, *Ann*. 15.44.3-8; Pliny, *Letters* 10.96; Suetonius, *Nero* 16.2.

32 Justin, *Dial*. 69; Quadratus는 Eusebius, *Hist. eccl*. 4.3.2에 인용됨; Celsus는 Origen, *Cels*. 1.6, 28 (참조. 38), 68에 인용됨.

33 Twelftree(*Jesus the Exorcist*, 204-6)는 여기서 Quadratrus(Eusebius, *Hist. eccl*. 4.3.2)를 인용함; Justin, *Dial*. 69; Celsus는 Origen, *Cels*. 1.68에 인용됨; 참조. D. Aune, "Magic in Early Christianity," in *ANRW* 2.23.2:1538; E. Yamauchi, "Magic or Miracle? Disease, Demons, and Exorcisms," in Wenham and Blomberg, *The Miracles of Jesus*, 142.

제시할 수 있다. 스미스는 복음서에 예수가 마술사였다는 비난이 포함되어 있다고 주장한다. 또한 그는 예수가 사마리아 사람이며 귀신이 들렸다고 비난을 받은 것(요 8:48)은 예수가 실제로 마술사였기 때문이라고 주장한다. 스미스는 예수에게 "바알세불이 지폈다"라고 비난하는 공관복음서(막 3:22//마 12:24//눅 11:15)의 대목으로부터도 동일한 결론을 내린다. 그러나 역사적 맥락에서 바라본 "바알세불이 지폈다"라는 표현은 다음과 같은 의미를 지닌다. 즉 귀신이 지폈다는 말은 누군가 기적을 행하기 위해 귀신을 이용하거나 조종하는 것을 의미하지 않고, 단순히 귀신에 사로잡혔다는 것을 의미할 뿐이다. 또 사마리아 사람이라는 말은 믿을 수 없는 메시지를 전한다는 일종의 비난이었다.[34] 또한 요한복음 10:20의 미쳤다(*mainetai*)는 말도 예수가 마술사이기 때문에 가해진 비난이라기보다는, 믿을 수 없는 메시지를 전한다는 비난으로서 간주되어야 한다(행 12:15과 26:24-25을 보라). 스미스는 예수가 마술사였다는 자신의 주장을 뒷받침할 근거로, 예수가 "속이던 자"(*planos*[마 27:63]) 혹은 사람들을 미혹하게 하는 인물이라는 바리새인들의 비난을 제시할 수 없다.[35] "속이던 자"라는 용어는 신약성서 시대 이전에는 주로 올바른 가르침으로부터 벗어나는 것과 관련되어 사용되었고, 후에 예수에 관한 논쟁이 있기 전까지는 단 한 번도 마술사의 행위와 연관되어 사용되지 않았다.[36] 마찬가지로, 스미스는 예수를 "행악자"(*kakon*

34 J. Bowman, "Samaritan Studies I," *BJRL* 40 (1957-58): 306-8을 보라.

35 P. Samain("L'accusation de magie contre le Christ dans les Évangile," *ETL* 15 [1938]: 449-90)을 보라. 그는 예수가 마술사라는 비난을 직접적으로 받지 않았지만, 속이던 자(예. 마 27:63)라고 비난받은 것은 예수가 마술을 통해 기적을 행했다는 비난이라고 주장한다.

36 H. Braun, "πλανάω," *TDNT* 6:228-53에 나오는 주요 증거를 보라.

poiōn[요 18:30])로 부르는 비난이 예수가 마술사였다는 것과 동일한 의미를 지닌다고 주장할 수 없다. 왜냐하면 행악자라는 단어가 그리스어에서 법률 전문 용어로 사용된 증거가 전혀 없기 때문이다.[37] 이와 같은 고려를 토대로 우리가 주목해야 할 것은, 신약성서 저자들이 "마술사"라는 단어를 잘 알고 있었음에도 단 한 번도 이 단어를 예수와 관련지어 사용한 적이 없고,[38] 그들이 예수가 그런 별칭으로 불리는 것을 막으려고 애쓰는 순간에도 이 단어를 사용한 적이 없다는 점이다.

다수의 학자가 예수가 마술사였기 때문에 비난을 받았다고 결론을 내려왔다.[39] 그러나 기원후 2세기 논쟁을 근거로 예수와 동시대에 살았던 사람들의 예수에 대한 논쟁의 본질을 구분하는 것이 가능한지, 가능하다면 어떻게 가능한지를 논하는 것 외에도,[40] 기원후 1세기 팔레스타인 사람들이 마술을 이해했던 것처럼 마술의 정확한 본질을 파악하기 위해서는 더 많은 논의와 합의가 이루어져야 한다.[41] 그렇지만 아직 해결되지 않은 방법론적 쟁점과 개념에 대한 불일치로 우리는 다음과 같이 말할 수밖에 없다. 즉 예수의 기적을 직접 목격한 사람들이 예수를

37 참조. 벧전 2:12, 14에 대해서는 다음을 보라. F. W. Beare, *The First Epistle of Peter*, 2nd ed. (Oxford: Blackwell, 1961), 137-38; J. R. Michaels, *1 Peter*, WBC 49 (Waco: Word, 1988), 266-67.

38 Meier, *A Marginal Jew*, 2:537-52, 특히 551을 보라.

39 예를 들어 다음을 보라. Sanders, *Jesus and Judaism*, 169; J. D. Crossan, *The Historical Jesus* (San Francisco: HarperCollins, 1991), 311; G. N. Stanton, "Jesus of Nazareth: A Magician and a False Prophet Who Deceived God's People?" in *Jesus of Nazareth*, ed. J. B. Green and M. Turner (Grand Rapids: Eerdmans; Carlisle: Paternoster, 1994), 178.

40 H. C. Kee, *Miracle in the Early Christian World* (New Haven: Yale University Press, 1983), 211-12 n. 69.

41 예를 들어 D. Aune, "Magic in Early Christianity," in *ANRW* 2.23.2:1507-57; Twelftree, *Jesus the Exorcist*, 190-91; 그리고 언급된 연구들이 있다.

마술사로 여겼는지 아닌지를 결정하기 위해 학자들은 여전히 고심 중에 있다는 것이다. 그럼에도 불구하고 스미스가 칭찬받아야 하는 이유는 그의 연구로 인해 예수의 행위, 특히 기적 행위가 역사적 예수에 대한 연구의 중심부로 더 가까이 다가설 수 있게 되었기 때문이다.

복원된 기적

하비는 1982년에 출판된 『예수와 역사적 제약』(*Jesus and the Constraints of History*)에서 영국의 주류 신약성서 학자들의 균형 잡히고 뛰어난 연구 결과를 보여준다. 그러나 그는 북미와 유럽의 학자들로부터 비판을 받아왔는데, 왜냐하면 그가 역사적 연구와 신앙적 헌신을 하나로 결합하는 방법에 대해 명확한 의견을 제시하지 못하고, 그의 연구가 "역사적인가 변증적인가라는 문제로 과도한 부담"을 지고 있었기 때문이다.[42]

하비의 주장에 따르면, 비록 명백히 초자연적인 사건이 발생했을 가능성이 없고 역사가들이 이런 사건들을 언급할 가능성이 없다고 생각할 수 있지만, 이것이 사실 그렇지 않음을 알려주는 충분한 이유가 있다. 따라서 하비는 종교사학파, 양식비평가의 주장, 그리고 예수 기적 사건에 대해 후대에 첨가된 통제를 뛰어넘어 우리를 예수 전승의 핵심으로 이끈다.

이어서 하비는 기적 행위자로서의 예수에게 열려 있는 선택 사항을

42 Harvey에 대한 M. E. Boring의 논평(*CBQ* 45 [1983]: 690), Harvey에 대한 D. C. Duling의 논평("In Quest of the Historical Jesus," *Int* 38 (1984): 72을 보라. 참조. B. F. Meyer의 논평 (*JBL* 103 [1984]: 654).

탐구하기 시작한다. 그는 예수가 자신의 힘을 사용하여 미래를 예언하고 이로 인해 헬레니즘 전통이 인정하는 신성한 능력과 뛰어난 지혜를 지닌 사람으로 인정받을 수 있는 방법을 택하지 않았다고 논증한다. 또한 "예수는 '카리스마적' 방식으로 기적을 행하지 않았고", 베스파시아누스 황제에 대해 알려진 것처럼 일반적 의료 수단을 통해 치유 사역을 행한 것도 아니었다.[43] 대신에 마술사와 주술사의 세상에서 축귀를 행하면서, 예수는 축귀자가 사용하는 도구에 대한 의문을 불러일으키는 더욱 위험하고 애매한 형태의 치유를 선택했다.

요한을 제외하고, 복음서 저자 중 누구도 기적을 행사하는 예수의 동기를 균일하고 일관성 있게 제시하지 못한다는 점에서,[44] 그리고 예수는 자신이 속한 문화에서 유례를 찾을 수 없는 귀머거리, 벙어리, 소경, 다리 저는 자 등을 고치는 일과 같은 치유를 선택했다는 점에서, 예수는 새로운 지평을 열었고, 그의 치유 기적을 목격했던 자들이 그의 동기를 이해하기 어렵게 만들었다. 하비에 의하면, 예수의 기적 행위 방식은 "예수와 동시대 사람들이 믿었던 기적의 기술, 즉 사건의 일반적 흐름을 역행시킬 수 있다고 생각했던 방법과는 거리가 멀었다." 예수의 기적 행위는 다른 카리스마적 인물들과의 경쟁 차원에서 이루어

43 Harvey, *Jesus and the Constraints of History*, 107-8, 여기서 그가 인용하는 것은 다음과 같다. solon 단편 13.61-62(*Iambi et elegi Graeci ante Alexandrum Cantati*, ed. M. L. West, 2nd ed. [Oxford: Oxford University Press, 1989-92], vol. 2); Seneca, *Ben*. 6.16.2; Galen, *Nat. fac*. 3.7; Tacitus, *Hist*. 4.81; Suetonius, *Vesp*. 7.

44 D.-A. Koch, *Die Bedeutung der Wundererzählungen für die Christologie des Markusevangeliums*(Berlin: de Gruyter, 1975)를 인용하면서 Harvey는 다음과 같이 언급한다. 즉 우리는 마가복음의 다양한 기적 이야기로부터 서로 다른 동기를 제시할 수 있다는 것이다. 또 그는 B. Gerhardsson, *The Mighty Acts of Jesus according to Matthew*(Lund: Gleerup, 1979)를 인용하면서, 마가복음의 동기가 마태복음에서 다시 달라지고 있다는 데 주목한다. Twelftree, *Jesus the Miracle Worker*, part 2를 보라.

진 것으로 보이지도 않는다. 또 기적은 예수가 자신의 주술적 힘을 부각하면서 반박할 수 없는 절대 권위를 스스로에게 부여하는 수단으로 사용된 것 같지도 않다. "대신에 우리는 예수의 기적 중 상당수가 인간 상황의 한계를 공격하는 형태를 띠고 있음을 발견한다. 이는 가장 다루기 힘들고, 가장 난해하며, 하나님이 우리 모두를 위해 계획해놓으신 더 나은 미래 세계로 나아가는 것을 가장 고집스럽게 막고 있는 것 같은 상황을 말한다."[45]

그럼에도 불구하고 하비는 예수의 기적 행위에 대한 보도가 예수의 종교적 중요성을 결정하는 어떤 가치를 우리에게 제공할 수 있다고 생각하지 않는다. 왜냐하면 "메시아는 놀라운 일을 행할 수 있어야 하기 때문이다. 비록 놀라운 일이 자신의 사역에서 주된 강조점은 아닐지라도 말이다."[46]

현재 역사적 예수 탐구와 관련한 최고의 업적은 존 마이어의 1991-2001년 저서인 『변두리 유대인: 역사적 예수에 대한 재고』(*A Marginal Jew: Rethinking the Historical Jesus*)에서 발견된다. 이 저서는 예수의 기적에 대한 최근 논의를 역사적 예수에 대한 연구 맥락에서 가장 철저히 다루고 있다. 마이어는 스미스의 영향을 인정하면서(기적과 마술을 동일시하는 스미스의 주장은 제외하고), 예수를 돋보이게 만드는 것은 예수 안에 다음과 같이 보통 개별적으로 구분되는 모습이 파괴력 있게 교차하며 서로를 강화하는 데 있다고 주장한다. 즉 예수 안에는 예언자, 이스라엘을 모으는 자, 교사, 치유자, 축귀자, 죽은 자를 살리는 자의 모습이

45 Harvey, *Jesus and the Constraints of History*, 118.

46 위의 책, 101, 여기서 B. R. Wilson, *Magic and the Millennium* (London: Heinemann, 1973), 134을 인용하고 있다.

공존하고 있다는 것이다. 더욱이 스미스와 마찬가지로, 마이어는 예수가 기적 행위를 통해 자신을 향한 적대감뿐만 아니라 인기도 얻었을지 모른다고 생각한다.[47] 이런 이유로, 그리고 복음서 전승의 모든 층에 예수의 기적 행위에 대한 광범위한 증언이 실제로 존재하기 때문에, 마이어는 자신의 연구에서 예수의 기적 이야기를 무시하거나 예의상 단 한 장의 분량으로 간단히 언급하고 넘어가기를 원치 않는다.

비록 마이어의 열렬한 염원은 "기적이 일어나지 않거나 일어날 수 없다는 선험적 단언을 거부하는" 것이지만, 그는 예수의 기적을 용인하거나 거부하는 일이 역사가의 능력을 벗어나 철학자나 신학자의 소관으로 넘어간다고 주장한다. 따라서 마이어는 다음과 같이 중대한 언급을 한다. 즉 학자들은 기적 행위자로서의 예수를 부인하지 않을지라도, 예수의 개별 기적 이야기들을 평가할 수 있다는 데 반대한다고 말이다. 왜냐하면 각 이야기에 담긴 자료들이 역사성과 관련하여 판단을 내리기에는 너무 빈약하거나 모호하기 때문이다. 마이어는 이런 견해에 공감을 표하면서도 자신의 연구가 다음과 같이 세 가지 확실한 결과를 보여준다고 단언한다. (1) 무화과나무 저주 사건과 같은 몇몇 기적 이야기는 초기 교회에 의해 만들어진 것처럼 보인다.[48] (2) 바디매오 치유 사건과 같은 어떤 기적 이야기들은 역사적 토대를 지니고 있어서, 각 사건의 목격자들은 예수가 소경의 시력을 회복시켰음을 믿었다.[49] (3)

47 Meier, *A Marginal Jew*, 2:3-4 nn. 4, 14.

48 다수의 복음서 연구가가 이 견해를 공유한다. 예를 들어 R. W. Funk and the Jesus Seminar, *The Acts of Jesus* (New York: HarperSanFrancisco, 1998), 122-23을 보라. 또 Twelftree, *Jesus the Miracle Worker*, 323-24도 보라.

49 예수가 소경을 치유한 사건의 역사적 가능성에 대해서는 Twelftree, *Jesus the Miracle Worker*, 13장을 보라.

많은 무리를 먹인 사건과 같은 몇몇 기적 이야기는 상징적 의미에 기초를 두고 있을지도 모른다. 즉 예수가 실제로 많은 무리와 식사를 한 사건이 이후에 기적 사건으로 변형된 것이다.[50] 이어서 마이어는 다음과 같은 결론을 내린다. 즉 많은 무리를 먹인 사건을 제외하고, 소위 자연 기적이라고 불리는 모든 사건은 초기 교회의 창작으로 보인다.[51]

그럼에도 불구하고 마이어의 전반적인 결론은 다음과 같다. "역사적 예수를 기술하면서 기적 행위자로서 예수가 지녔던 명성에 합당한 관심을 두지 않는 역사가는 예수라고 하는 낯설고 복잡한 유대인을 설명하는 것이 아니라, 오히려 예수를 자의적으로 해석하는 셈이다." 예수의 기적이 지닌 의미에 관해 마이어는 다음과 같이 말한다. "예수의 기적 행위는 예수 자신의 종말론적 메시지를 유발하고 지지하며 극적으로 보여주었다. 그리고 예수 자신을 결국 사망으로 이끈 당국 관계자들에게 어느 정도 두려움을 주는 데 기여했을 것이다."[52] 일반적으로 마이어의 연구는 인정을 받아왔다. 하지만 현재 학계의 지적 경향에 따르면, 마이어의 첫 번째 연구 서적은 덜 회의적이거나 덜 객관적이라는 이유로 비판을 받는다.[53]

50 이런 믿음은 일종의 합리주의적 해석으로 오랜 기간 지지되고 있다. 예를 들어 Schweitzer, *Quest of the Historical Jesus*, 40에 인용된 K. F. Bahrdt의 논평을 보라. Schweitzer, *Quest of the Historical Jesus*, 5장에 실려 있는 H. E. G. Paulus, *Das Leben Jesu als Grundlage einer reinen Geschichte des Frühchristentums* (1828), 최근에 기적에 대한 합리주의적 해석을 옹호하고 있는 H. Braun, *Jesus of Nazareth*, Gnilka, *Jesus of Nazareth*, 133-34도 보라.

51 Crossan에 대한 아래의 내용도 보라. 다음을 주목하라. 즉 Meier(*Marginal Jew*, 2:967)는 "'자연 기적'이라고 불리는 일반 범주가 일종의 환상처럼 보인다"라고 말한다. Twelftree, *Jesus the Miracle Worker*, 350-52을 보라.

52 Meier, *A Marginal Jew*, 2:970.

중심에서 밀려난 기적

스미스와 마찬가지로, 샌더스도 『예수와 유대교』(1985)에서 자신의 논의를 전개할 더욱 확실하고 합의된 증거를 위해 예수의 가르침에서 행위로 관심을 전환한다.[54] 예수를 단순히 교사로 간주할 수는 없는 일이지만, 샌더스는 예수의 정체성을 기적에서 발견하는 걸 원치 않는다. 왜냐하면 예수의 사역이 이루어지는 기본 맥락은 유대교의 종말론이었고, 마술 사건보다 예수를 이 맥락에 더 확실히 잘 들어맞게 해주는 다른 요소들이 있기 때문이다. 샌더스가 생각하는 핵심적 사실은 바로 성전 정화 사건으로, 그의 제안에 따르면 이 사건은 성전 파괴를 의미하는 상징적 행위이며, 예수의 종말론적 기대에 부응하여 일어난 사건이었다.[55] 예수가 민족의 회복을 가져올 예언자였다는 것이 샌더스가 내린 결론 중 한 부분이다. 결국, 샌더스가 제시하는 예수는 알베르트 슈바이처가 제시한 종말론적 예언자 혹은 선견자와 놀라울 정도로 닮았다.[56]

53 Meier, *A Marginal Jew* 제1권에 대한 다음의 논평을 보라. B. Capper, *Theology* 95 (1992): 384과 D. Rhoads, *CurTM* 21 (1994): 56-57.

54 여기에서 Sanders는 자신이 E. Fuchs, "The Quest of the Historical Jesus" (1956), in *Studies of the Historical Jesus* (London: SCM, 1964), 21은 물론, Smith와 Harvey에게도 빚이 있음을 인정한다. Sanders와 기적에 관해서는 Witherington, *The Jesus Quest*, 123-25도 보라.

55 참조. 다음의 비평을 보라. C. A. Evans, "Jesus' Action in the Temple: Cleansing or Portent of Destruction?" *CBQ* 51 (1989): 237-70; R. J. Miller, "Historical Method and the Deeds of Jesus: The Test Case of the Temple Demonstration," *Forum* 8 (1992): 5-30, 특히 6-14.

56 A. Schweitzer, *The Mystery of the Kingdom of God*, trans. W. Lowrie (London: Black, 1925). A. J. Hultgren, "Jesus of Nazareth: Prophet, Visionary, Sage, or What?" *Dialog* 33 (1994): 263-73, 특히 267 n. 43과 여기에 인용된 연구들을 참조하라. Sanders의

샌더스가 주목하는 것은 예수는 자신의 기적에 초점을 맞추기를 원치 않았으며, 아마도 예수는 기적이 새로운 시대가 임박했고 자신이 예언자들의 소망을 성취했음을 나타낸다고 생각했으리라는 점이다. 예수의 기적을 그의 가르침의 맥락 안으로 가져올 수 있을 만큼 그와 친밀했던 사람들은 그의 이런 생각을 공유할 수 있었다. 비록 이들이 누군지는 불분명하지만 말이다.

샌더스에게 있어 기적은 예수의 정체성을 알려주지 않고, 예수가 어떤 인물인가라는 질문에도 답을 제공하지 않는다. 따라서 우리는 그의 논의에서 예수의 기적이 그토록 주목받지 못하는 이유 중 하나를 알게 된다. 기적은 다양한 사람에게 다양한 뜻을 의미했기 때문에, 샌더스는 기적을 종말론적 의미로 보는 하비의 해석을 거부한다. 또한 샌더스는 예수가 마술사였다는 스미스의 제안도 거부하는데, 그 이유는 예수가 마술사로 불리지 않아서가 아니라, 스미스의 제안은 유대교 종말론이 예수 사역의 전반적 윤곽을 그려준다는 설득력 있는 증거를 무시하고 있기 때문이다. 샌더스는 예수가 갈릴리의 성자였다는 견해 역시 다음과 같은 이유로 배제한다. "나는 예수가 호니나 그리스 마법 파피루스(*PGM*)의 마술사보다는 드다(Theudas)에 더 가까운 인물이었다고 생각하고 싶다."[57]

샌더스는 기적을 합리적으로 설명하려는 경향은 축귀와 치유의 경우에 잘 적용된다고 생각한다. 왜냐하면 축귀와 치유 기적은 발작적 혹은 심리적 특징을 기반으로 설명될 수 있기 때문이다.[58] 폭풍을 잠잠하

예수와 Schweitzer의 예수 사이의 차이는 Sanders, *Jesus and Judaism*, 327-29을 보라.

57 Sanders, *Jesus and Judaism*, 172.

58 이와 동일한 주장은 다음을 보라. A. Richardson, *The Miracle Stories of the Gospels*

게 한 사건과 같은 다른 기적들은 우연의 일치로 발생했을 가능성이 있다. 또 다른 기적들은 그냥 기적처럼 보이는 것일 수 있다. 예를 들어, 예수는 사실 육지에 있었지만 물 위를 걷는 것처럼 보였던 것이다.[59] 많은 무리를 먹인 사건은 군중 심리학 측면에서 설명될 수 있는 반면, 베드로가 물 위를 걸은 사건은 인격적 실패에 대한 회화적 표현(pictorial representation)일 수 있다. 하지만 샌더스는 어떤 기적 이야기들은 합리적으로 설명될 수 없다는 결론을 내린다.

예수의 자연 기적이 군중과 열두 제자에게 미친 영향이 미비하다는 점에서, 그리고 예수를 믿은 사람들이 많지 않았다는 점에서, 샌더스는 다음과 같이 결론 내린다. 즉 기독교 전승은 나중에 덧붙여졌고, 기적 이야기를 강화하여 더욱 놀랍게 보이도록 만들었으며, "주목할 만한 기적이 실제로 거의 없었기 때문에 역사 속에서 기적에 관한 반응이 거의 없는 것은 납득할 수 있는 일이다."[60]

샌더스의 연구는 지난 이십 년 혹은 그 이전에 행해진 역사적 예수 연구 중 관련 주제를 모두 포괄하고 이를 균형 잡힌 방식으로 다루고 있는 최초의 연구라는 점에서 공헌을 인정할 수 있다. 그러나 우리가 앞서 살펴본 다른 역사적 예수 연구 학자들과는 대조적으로, 샌더스는

(London: SCM, 1941), 126. 참조. McCasland, *By the Finger of God*; T. A. Burkill, "The Notion of Miracle with Special Reference to St. Mark's Gospel," *ZNW* 50 (1959): 33-73. 더 대중적이고 아마추어 수준의 주장은 다음을 보라. A. N. Wilson, *Jesus: A Life* (New York: Norton, 1992). 그리고 이 주장에 대한 통렬한 비판은 L. T. Johnson, "Reshuffling the Gospels: Jesus according to Spong and Wilson," *ChrCent* 110 (1993): 457-58을 보라.

59 여기에서 Sanders는 합리주의적 해석의 오래된 전통에 서 있다. 예를 들어 다음을 보라. Schweitzer, *Quest of the Historical Jesus*, 40.

60 Sanders, *Jesus and Judaism*, 157. Crossan에 관한 아래 내용 참조.

예수의 행위를 자신이 주장할 논의의 출발점으로 삼고 있음에도 불구하고 예수의 기적에 별 관심을 두지 않는다.

라이트는 1996년 저서인 『예수와 하나님의 승리』(*Jesus and the Victory of God*)에서 "예수가 행했다고 전해지는 '위대한 일' 또는 '권능의 일'과 관련하여 조용한 혁명이 일어나고 있다"고 동의한다.[61] 샌더스는 "기원후 1세기 유대교 세계에서 임박한 종말에 대한 기대가 촉발된 것과 기적은 아무 관계가 없다"고 말했다.[62] 이에 반대하여 라이트는 다음과 같이 말한다. 기적은 "다음과 같이 인식되도록 의도된 표적이다. 즉 이 표적은 이스라엘의 하나님 나라가 물리적으로 시작되었고, 하나님 나라와 그 나라의 개념을 다시 정의하는 데 있어 핵심 메시지가 되는 환영(welcome)과 경고를 행동에 옮기게 되었다는 것을 나타낸다."[63] 그러나 라이트의 기적 관련 논의는 매우 짧다(662쪽 중 기적을 다루는 분량은 11쪽에 불과하다).[64] 이 11쪽 분량의 짧은 논의에서 라이트는 자신이 생각하는 역사적 예수와 기적을 통합하지 않고, 예수의 삶에서 다른 측면으로 관심을 돌림으로써 기적에 대한 관심을 덮어버리고 있다. 결국 라이트는 기적을 중심에서 밀어내는 또 다른 학자인 셈이다.

라이트는 이런 지적이 『예수와 하나님의 승리』가 지닌 가장 큰 취약점 중 하나임을 잘 알고 있다. 그러나 라이트는 이 비판에 대한 응답으로 다음과 같이 말했다. "이미 너무 부피가 커진 자신의 저서에다 기

61 N. T. Wright, *Jesus and the Victory of God* (Philadelphia: Fortress, 1996), 186.
62 Sanders, *Jesus and Judaism*, 170.
63 Wright, *Jesus and the Victory of God*, 196.
64 이는 다음 연구에서 이미 지적한 내용이다. C. S. Evans, "Methodological Naturalism in Historical Biblical Scholarship," in *Jesus and the Restoration of Israel*, ed C. C. Newman (Downers Grove, Ill.: InterVarsity; Carlisle: Paternoster, 1999), 188-93.

적에 대해 더 실제적인 논의를 하는 게 불가능했다"라고 말이다. 어쨌든, 기적은 역사적 예수에 대한 라이트의 이해에 중요한 요소로 보이지 않는다. 그는 예수가 복음서의 보도대로 기적을 행했다손 치더라도, 이를 뒷받침할 증거는 거의 없다고 말한다. 왜냐하면 다른 이들—예언자 및 마술사들—도 기적을 행했기 때문이다. 또 "예수가 행한 '위대한 일'의 의미는…예수의 삶에 대한 우리의 해석, 또는 자기 삶에 대한 예수 자신의 해석에 도움을 주는 기능적 측면으로 이해되어야 한다."[65] 그러나 이런 라이트의 견해는 다음과 같은 입증되지 않은 두 주장을 수용하는 것에 불과하다. 즉 라이트는 예수의 기적과 그의 동시대 사람들의 기적 사이에 차이가 거의 또는 전혀 없다는 주장과, 예수가 자신의 기적을 계획된 주요 사역이 아니라 부차적으로 파생된 사역으로 보았다는 주장을 무비판적으로 받아들이고 있다.[66] 그럼에도 불구하고 기적에 대한 라이트의 짧은 논의는 초자연주의와 거리를 두면서 방법론상 자연주의 형식을 채택하고 있다는 점에서 의의가 있다.[67]

문화적으로 수용 가능한 예수

마커스 보그는 1987년 저서인 『예수, 새로운 비전』(*Jesus, a New Vision*)

65 N. T. Wright, "In Grateful Dialogue: A Response," in Newman, *Jesus and the Restoration of Israel*, 274.

66 위에 언급된 Smith에 관한 내용을 보라. 참조. Twelftree, *Jesus the Miracle Worker*, 356-68.

67 Evans, "Methodological Naturalism," 190. 참조. Wright, *Jesus and the Victory of God*, 187.

에서 예수 세미나의 동료 학자들과 달리 다음과 같이 주장한다. 즉 예수는 하니나 벤 도사 및 호니와 같이 행동하는 인물이었다고 말이다. 보그는 예수가 치유자와 축귀자였고, 또 그렇게 알려져 있었다는 사실에 논란의 여지가 있을 수 없다고 주장한다.[68] 그러나 보그가 말하는 소위 예수의 "극적인" 행위, 즉 죽은 자를 살리는 것과 같은 일은 보그에게 받아들이기 어려운 사건이다. 따라서 그는 이런 이야기들이 "역사성이 의심되는 이야기"로 분류되어야 한다고 주장한다.[69]

결국 예수의 기적은 보그가 떠올리는 역사적 예수의 이미지와 거의 관련이 없다. 예수는 유대교의 은사주의 분파에 속하는 성령 충만한 인물, 지혜의 교사, 사회적 예언자, 인간 삶의 모델, 치유 사역을 통해 하나님의 긍휼을 드러내는 자, 안도감(securities)을 멀리하는 운동을 통해 당대 문화를 비판한 인물이었다.[70] 사실 "보그의 예수는 '반문화적 예수'로 우리가 60년대 샌프란시스코 길거리에서 볼 수 있었던, 그리고 지금도 산타크루즈(Santa Cruz)에 있는 산에서 반응하는 집단에서 발견할 수 있는 그런 종류의 인물이었다."[71] 주술적 치유와 축귀는 발생 가능하지만, 합리주의자의 세계관이 거부하는 자연 기적은 발생 불가능하다는 보그의 세계관을 왜 우리가 받아들여야 하는지 의문이 제기된다.[72]

68 Borg, *Jesus, a New Vision*, 60; idem, "The Historian, the Christian, and Jesus," 8-10도 보라. 참조. Powell, *Jesus as a Figure in History*, 105.

69 Borg, *Jesus, a New Vision*, 67, 70. Twelftree, *Jesus the Miracle Worker*, 354-55도 보라.

70 Borg, "The Historian, the Christian, and Jesus," 8-10; 참조. M. J. Borg, ed. *Jesus at 2000* (Boulder, Colo.: Westview, 1997), 11.

71 Borg, *Jesus, a New Vision*에 대한 R. G. Hammerton-Kelly의 논평, *CRBR* 2 (1989): 182-83.

72 위의 책, 183을 보라. 또한 Borg에 대해서는 Witherington, *The Jesus Quest*, 93-108; Powell, *Jesus as a Figure in History*, 6장을 보라.

크로산의 1991년 저서인 『역사적 예수: 지중해 지역의 한 유대인 농부의 생애』(*The Historical Jesus: The Life of a Mediterranean Jewish Peasant*)는 출간과 동시에 엄청난 인기를 구가했지만, 그에 못지않은 혹평도 받았다.[73] 크로산의 제안에 의하면, 예수는 지중해 지역에 살았던 견유학파적 성향의 유대인 농부로서, 예수 사역의 목적은 그의 가르침뿐만 아니라, 대가 없이 기적을 행하고 어느 누구와도 거리낌 없이 식사를 하는 그의 모습에서 발견된다. 크로산은 예수의 "기적과 비유, 치유와 식사는 각 개인이 물리적·영적으로 하나님 및 다른 이들과 직접 접촉하게 하려는 의도로 행해진 것이었다"라고 말한다.[74] 따라서 크로산의 저서에서 기적을 다루는 부분은 총 15장 중 한 장에 불과하지만, 크로산에게 있어 예수의 치유 및 축귀 기적은 하나님 나라에 대한 예수의 사역과 메시지의 핵심을 이룬다.[75]

우리는 크로산의 다음과 같은 의견에 관심을 갖게 된다. 즉 예수가 선포하는 하나님 나라는 축귀와 치유에서 감지할 수 있는 힘을 의미하고, 하나님 나라 운동에 담긴 급진적 평등주의의 에토스 속에서 느낄 수 있는 권능을 의미한다는 것이다. 따라서 하나님 나라에 대한 예수의

73 J. D. Crossan, *The Historical Jesus: The Life of a Mediterranean Jewish Peasant* (San Francisco: HarperSanFrancisco, 1991). 이어지는 내용에 대해서는 Twelftree, *Jesus the Miracle Worker*, 255-56. 참조. H. C. Kee, "A Century of Quests for the Culturally Compatible Jesus," *ThTo* 52 (1995): 17, 이 부분은 W. L. Craig, *Will the Real Jesus Please Stand Up? A Debate between William Lane Craig and John Dominic Crossan*, ed. P. Copan (Grand Rapids: Baker, 1998), 31에 인용된 내용으로, 여기에는 Crossan에 대한 혹독한 비평이 있다. Blackburn, "The Miracles of Jesus," 391-92; Witheringron, *The Jesus Quest*, 3장도 보라.

74 Crossan, *The Historical Jesus*, 422.

75 J. D. Crossan, "The Presence of God's Love in the Power of Jesus' Works," *Concilium* 10, no. 5 (1969): 34-40도 보라.

이해는 장차 올 새로운 나라에 대한 묵시적 염원이 아니라, 지혜로운 자, 선한 자, 덕스러운 자들이 함께하는 현재의 하나님 나라에 대한 지혜 전승의 인지를 배경으로 이해되어야 한다. 결과적으로, 크로산의 이와 같은 견해는 그가 어떻게 예수의 기적을 여기는지에 대한 중요한 단초를 제공한다. 즉 그에게 예수의 기적은 현재 삶에 파고드는 하나님의 통치가 아니라 정치·종교적 억압하의 식민지 백성들을 향한 예수의 반응을 의미한다.

그러나 우리가 크로산의 저서 『역사적 예수』로부터 받는 인상은 기적에 대한 그의 별난 이해를 고려할 때 급진적으로 변한다.[76] 1994년에 출간된 또 다른 저서 『예수: 사회적 혁명가의 전기』(*Jesus: A Revolutionary Biography*)에서, 크로산은 문둥병자를 치유하는 예수와 관련하여 다음과 같이 말한다. "나는 예수가 문둥병이나 다른 질병을 실제로 고치지 않았고 고칠 능력이 없었다고 생각한다. 다만 예수는 문둥병과 관련된 제의적 부정과 사회적 배척을 거부하는 방식으로 이 불쌍한 문둥병자를 치유했다."[77] 크로산의 주장에 의하면, 소위 자연 기적이라 불리는 현상은 예수의 부활 이후 생성된 환영 현상과 함께 분류되어야 한다.[78] 이런 식으로 자연 기적이 거부되는 이유는 그것이 예수가 죽기 전에 자연을 통제한 일과 관련된 것이 아니라, 원시 기독교 공동체 내에서 권

76 기적에 관한 다양한 정의(Twelftree, *Jesus the Miracle Worker*, 24-27, 특히 24을 보라) 중 일반적으로 수용되는 정의는 Richard Swinburne(*The Concept of Miracle* [London: Macmillan, 1970], 1)의 다음과 같은 정의일 것이다. 즉 "어떤 신이 일으킨 비범한 종류의 사건, 그리고 종교적으로 중요한 사건"이다.

77 J. D. Crossan, *Jesus: A Revolutionary Biography* (San Francisco: HarperSanFrancisco, 1994), 82.

78 Crossan, *Jesus*, 181; 참조. Gnilka, *Jesus of Nazareth*, 133.

능과 권위를 인정받은 극적이고 상징적인 이야기와 관련된 환영이기 때문이다.[79] 아무튼 크로산은 자연 기적이 실제로 발생한 현상이 아니라고 다음과 같이 말한다. "나는 죽은 자를 다시 살리는 사람은 누구도, 어디에도, 어느 때에도, 절대 존재하지 않는다고 생각한다."[80] 이렇게 예수의 기적은 전혀 기적이 아닌 것으로 드러나는데, 적어도 일반적으로 이해되는 의미의 기적과는 거리가 멀다.

보그와 크로산이 만든 문화적으로 거리낌 없는 예수의 모습은 이 두 학자가 속한 예수 세미나와 그 맥을 같이한다. 예수 세미나가 가차 없는 비판을 받는 이유는 그들의 방법론과 결과 때문이다.[81] 많은 학자의 의견을 숙고한 끝에 제이콥 뉴스너가 내린 결론은 다음과 같다. 즉 예수 세미나는 "필트다운인(Piltdown Man) 사건 이래로 가장 위대한 학문적 농간이거나 신약성서 연구의 완전한 파멸을 의미한다."[82]

예수 세미나의 학자들은 대체로 예수 말씀이 지니는 역사성보다 예수가 행한 기적의 역사성에 더 긍정적인 반응을 보인다. 그들은 예수가 축귀를 행했으며 그와 동시대 사람들은 예수를 병 고치는 자로 여겼다

79 Crossan, *The Historical Jesus*, 186. 참조. Gnilka(*Jesus of Nazareth*, 132)는 여기서 다음과 같은 발언으로 역사성 문제를 회피하고 있다. "제기해야 할 질문은 그[예수]가 과거에 무엇을 했는가가 아니라, 그가 계속해서 무엇을 하며, 그가 우리에게 어떤 존재인가이다."

80 Crossan, *Jesus*, 95. 기적에 관한 Crossan의 견해는 다음 학자가 수집한 자료를 보라. Craig, *Will the Real Jesus Please Stand Up?* 30-31.

81 예를 들어 C. Grant, "The Greying of Jesus," *ExpTim* 110 (1999): 246-48; L. T. Johnson, *The Real Jesus* (San Francisco: HarperCollins, 1997), 그리고 이에 대한 반응인 R. J. Miller, "History Is Not Optional," *BTB* 28 (1998): 27-34도 보라. 참조. Witherington, *The Jesus Quest*, ch. 2.

82 이는 R. N. Ostling, "Jesus Christ, Plain and Simple," *Time* (January 10, 1994): 38에 인용된다.

고 믿는다. 하지만 그들은 오늘날의 관점으로 볼 때, 예수의 치유가 심리적 질환과 연관이 있다고 말한다. 그러나 이 학자들은 단 하나의 자연 기적도 역사적 사건으로 인정할 수 없으며, 모든 자연 기적은 복음을 벗어난 모델이 제시하는 허구라고 결론짓는다.[83]

불완전하게 인식된 기적

마커스 복뮬은 1994년 저서인 『이 예수: 순교자, 주, 메시아』(*This Jesus: Martyr, Lord, Messiah*)에서 "학자들은 예수의 사역에 등장하는 기적 이야기의 역사적 상황과 중요성을 점점 더 인정하고 있다"고 평한다.[84] 예를 들어, 복뮬은 샌더스와는 대조적으로 다음과 같이 제안한다. "호니와 하니나 벤 도사와 같은 다른 동시대인들 역시 기적적인 행위를 행했는데", 예수는 그들과 달리 "자신의 치유와 축귀를 하나님 나라의 시작과, 사탄 통치의 패배를 의미한다고 분명히 이해했다"는 것이다.[85] 그리고 바로 여기서 예수 기적의 의미를 발견할 수 있다고 한다. 기적의 중요성만큼이나 심오하게, 예수는 축귀라는 주술적 방식을 통해 하나님 나라의 권세가 악령을 몰아낼 권세가 있음을 보여주었다. 신학자들은 이를 의심스럽게 여기지만 말이다. 그러나 복뮬은 예수의 사역에서 기적이 지닌 중요성을 입증하면서도 예수의 전기에서도, 예수의 중요성

83 Funk and the Jesus Seminar, *The Acts of Jesus*, 530-31.

84 M. Bockmuehl은 *This Jesus: Martyr, Lord, Messiah* (Edinburgh: Clark, 1994), 56에서 Evans, "Life-of-Jesus Research"를 주목한다.

85 Bockmuehl, *This Jesus*, 56.

을 다루는 데 있어서도 기적과 기적 전승을 거의 사용하지 않는다. 사실 복뮬은 "이 예수"에 대해 요약하면서도 그의 기적을 단 한 번도 언급하지 않는다.[86]

평가

20세기 초반을 뒤흔들었던 논쟁은 이제 그 수명을 다하고 사라져버렸다. 기적을 이해함에 있어서 신화의 범주가 중요하다고 역설하는 목소리는 더 이상 들을 수 없다.[87] 마찬가지로, 양식비평은 한때 예수 연구의 핵심이었지만, 얼마 전에 "복음서에 대한 양식비평은 정체된 학문이다"라는 주장이 제기되었다.[88] 여전히 "신적 인간"이라는 개념을 고수하면서, 이 개념이 초기 기독교의 기적 전승을 잘 설명한다고 굳게 믿고 있는 학자들이 있지만, 이런 개념과 믿음은 이제 사장되고 있다.[89] 이는 신성을 판단하고 표현하는 기준의 범위와 용어—비록 그리스어 *theios*

86 동일 현상이 다음 학자들에게서도 발견된다. L. Morris, *Jesus* (Sydney: Acorn, 1994); J. D. G. Dunn, "Jesus for Today," *ThTo* 52 (1995-96): 66-74.

87 신화적 논쟁의 붕괴에 대해서는 Evans, "Life-of-Jesus Research," 3-36; *Jesus and His Contemporaries*, 2과 여기에 인용된 내용을 보라.

88 Stanton, "Form Criticism Revisited," 13. 참조. W. R. Telford, "Major Trends and Interpretive Issues in the Study of Jesus," in Chilton and Evans, *Studying the Historical Jesus*, 58.

89 다음을 보라. D. L. Tiede, *The Charismatic Figure as Miracle Worker* (Missoula, Mont.: Scholars Press, 1972); M. Hengel, *The Son of God* (London: SCM, 1976), 31-32; J. D. Kingsbury, "The 'Divine Man' as the Key to Mark's Christology—The End of an Era?" *Int* 35 (1981), 243-57; Kee, *Miracle in the Early Christian World*, 297-99; J. D. Kingsbury, *The Christology of Mark's Gospel* (Philadelphia: Fortress, 1983), 33-37, 그리고 Kingsbury가 인용하는 내용(34 n. 42).

*anēr*를 좀처럼 사용하지 않았지만—가 다양했던 시대에는 다양한 종류의 기적을 행하는 여러 부류의 기적 행위자가 존재했기 때문이다.[90]

특히 20세기 끝 무렵에는 슐라터(Schlatter)의 다음과 같은 견해가 주류를 이루게 되었다. 즉 "기독교 전승의 원시 형태에 기적 이야기가 후대에 추가된 것인데, 이 원시 형태로서 기적이 없는 복음서를 찾으려는 시도는 모두 실패하게 된다."[91] 그렇다고 이런 견해가 역사적 예수 연구의 초점이 기적 전승으로 몰리게 되었음을 의미하지는 않는다.[92] 오히려 예수의 가르침에서 예수의 행위—기적을 포함한—로 관심의 초점이 이동했음을 의미한다. 그리고 이런 이동에는 예수의 생애를 복원하기 위한 더욱 확실한 근거를 찾으려는 바람이 담겨 있다.

예수 연구가들이 거의 만장일치로 동의하는 사실은 역사적 예수가 실제로 위대한 일을 행했다는 점이다.[93] (그러나 마이어의 지적처럼 이와 관련하여 다음과 같은 모순이 존재한다. 즉 어떤 학자들은 예수를 기적 행위자로 인정하면서도, 예수의 개별 기적 이야기를 다룰 때에는 자료가 너무 빈약하거나 애매해서 역사성을 제대로 판단하기 어렵다는 입장을 취한다.[94]) 이에 덧붙여, 점점 더 많은 학자가 복음서 전승에 포함된 기적들은 역사적 예수에 대한 이해와 복원에 중요하다고 단언한다. 그러나 소위 자연 기

90 B. L. Blackburn, "'Miracle Working ΘΕΙΟΙ ΑΝΔΡΕΣ' in Hellenism (and Hellenistic Judaism)," in Wenham and Blomberg, *The Miracles of Jesus*, 185-218; idem, *Theios Anēr and the Markan Miracle Traditions*, WUNT 2.40 (Tübingen: Mohr, 1991).

91 Schlatter, *The History of the Christ*, 174.

92 이 주장은 다음과 같은 학자들의 주장에 반한다. B. B. Scott, "From Reimarus to Crossan: Stages in a Quest," *CurBS* 2 (1994): 272; Wright, *Jesus and the Victory of God*, 186.

93 Blackburn, "The Miracles of Jesus," 392. 참조. Maier, "Zur neutestamentlichen Wunderexegese."

94 Meier, *A Marginal Jew*, 2:967.

적이라 불리는 사건들은 해결 불가능한 문제로 남아 있다.[95] 예를 들어, 죽은 자를 살린다거나 물 위를 걷는 능력이 예수에게 있었다고 믿는 학자는 거의 없다.

그렇지만 예수가 당대의 은사주의자나 성자에 대한 표현과 일맥상통하는 방식으로 복음서에 기록되었다는 충분한 증거 자료에도 불구하고, 여전히 예수의 기적을 중심에서 밀어낼 뿐만 아니라, 심지어 그들의 연구에서 기적과 관련된 예수를 제거하려는 학자들이 존재한다. 따라서 나는 다음과 같이 확신한다. 역사적 예수의 생애를 최근에 복원한 학자들은 아직도 역사의 우물을 내려다보며 거기에 비친 그들의 모습과 가치, 그리고 우리 시대의 종교적 영웅들만 쳐다보고 있을 뿐이라고 말이다.[96]

최근 몇십 년간 제시되어온 새로운 예수는 더 이상 비판적 능력이 발달되기 이전 시대의 초자연적 마술사의 모습을 보이지 않는다. 대신 예수는 현대 영성의 본보기가 되어버렸다. 즉 예수는 하나님과 끊임없는 연합을 이루는 성령의 사람이었으며, 자신의 긍휼함에서 비롯된 기적으로 인해 당시 견유학파 성향의 기이한 유대인 성자들이 활동하던 사회 주변부에서 인기를 유지할 수 있었다고 말이다. 이미 합리적 설명이 가능한 기적, 즉 인간의 숭고한 노력으로 성취된 사건으로 간주되는

95 Maier, "Zur neutestamentlichen Wunderexegese," 79. 이 문제를 풀기 위해 시도된 해결책은 다음과 같다. C. L. Blomberg, "New Testament Miracles and Higher Criticism: Climbing Up the Slippery Slope," *JETS* 27 (1984): 425-38; idem, "The Miracles as Parables," in Wenham and Blomberg, *The Miracles of Jesus*, 327-59; Meier, *A Marginal Jew*, vol. 2, ch. 23.

96 Twelftree, *Jesus the Miracle Worker*, 356. 여기서 Adolf von Harnack을 언급하면서, George Tyrrell, *Christianity at the Cross-Roads* (London: Longman, Green, 1910), 44을 반영하고 있다.

기적은 예수를 마술사—비록 마술사라는 명칭이 예수의 전반적인 정체성을 가장 잘 드러내는 것은 아니지만—혹은 적어도 마술을 사용하는 인물로 드러낸다.

그렇다면 역사적 예수와 관련된 기적이 이렇게 새로운 관심을 받게 된 것을 우리는 어떻게 설명할 수 있을까? 눈에 띄는 이유는 주로 종교사학파와 그 추종자들인 양식비평가들이 주장하는 견해가 소멸된 데 있다. 즉 신화 형태의 기적이 기적과 무관한 예수 전승에 유입되었거나 예수 전승이 당시 기적 행위자들의 관점에서 (재)기록되었다는 견해의 소멸을 초래한 연구가 중요해졌기 때문이다.

또한 자유주의 개신교인들이 주도하는 역사적 예수 연구도 더 이상 이루어지지 않고 있다.[97] 자유주의자들의 역사적 회의주의도 확신을 잃어가고, 심지어 예수의 기적에 무관심한 학자들마저도 역사적 회의주의를 자신 있게 주장하지 못한다.[98] 이와 동시에, 진리의 다원성이 가능한 포스트모던 시대의 세상에서,[99] 가능한 일과 가능하지 않은 일을 너무 성급히 결정하지 않는 것도 방법론적으로 신중한 처사라 할 수 있다.[100] 이 주의 사항은 적어도 두 가지 요소를 고려할 때 보증된다. 첫 번째는 학자들이 정교한 역사 연구 도구를 사용하여 장기간 지속적으로

97 이에 관해서는 A. E. McGrath, *Christian Theology* (Oxford: Blackwell, 1997), 101-4을 보라.

98 다음을 보라. Harvey, *Jesus and the Constraints of History*, 2-5; Evans, *Jesus and His Contemporaries*, 8-11, 그리고 여기에 인용된 연구들; Theissen and Merz, *The Historical Jesus*, ch. 4. 다음도 보라. R. Hannaford, "The Legacy of Liberal Anglican Theology," *Theology* 103 (2000): 89-96.

99 D. Tracy, *Blessed Rage for Order: The New Pluralism in Theology* (New York: Seabury, 1975; reprint, Chicago: University of Chicago Press, 1996), 3-21을 보라.

100 Wright, *Jesus and the Victory of God*, 189; 참조. Meyer, *The Aims of Jesus*, 99-104.

예수가 행한 기적의 역사성을 옹호하는 것으로, 이를 무시하기는 어려운 일이다.[101] 두 번째는 기적의 발생 가능성이 철학과 신학의 열렬한 지지를 받고 있다는 점이다.[102] 더욱이 로마 가톨릭 학자들과 유대인 학자들이 복음주의 학자 및 특정 종교에 소속되지 않은 학자들과 더불어, 예수의 기적에 대한 연구의 장으로 진입하여 중요한 기여를 하고 있다. 그러나 우리는 복음주의 학자가 나타나 기적 전승을 진지하게 다루면서 믿을 만한 역사적 예수의 생애를 제시해주기를 기다리고 있다.

21세기가 시작되는 이 시점에도 역사적 예수의 기적과 관련하여 이루어져야 할 연구가 여전히 많이 있다. 복원된 예수의 생애에 기적이 포함되는지에 대한 근본적 질문은 아직도 그 답을 찾지 못한 상태다. 다시 말해, 기적이 실제로 예수의 생애에 포함되는가? 그렇다면 이 기적은 예수의 생애에 있어서 중요한 의미를 지니는가, 아니면 부차적 의미를 지니는가? 또 기적의 의미는 무엇인가? 크로산의 말처럼, 기적은 억압받는 식민지 백성에 대한 예수의 반응으로 보아야 하는가? 스미스의 경우처럼, 기적은 예수가 마술사였다는 것을 의미하는가? 아니면 하비의 경우처럼, 예수가 일반적 개념의 메시아, 혹은 이스라엘을 구원할 바로 그 메시아였다는 것을 의미하는가? 또는 샌더스의 논의처럼, 우리는 기적으로부터 명확한 어떤 것을 절대로 알아낼 수 없는가? 아니

101 예를 들어 다음을 보라. Meier, *A Marginal Jew*, 2:507-1038; Twelftree, *Jesus the Miracle Worker*; Blomberg, "New Testament Miracles," 427; Wright, *Jesus and the Victory of God*, 186.

102 예를 들어 다음을 보라. R. F. Holland, "The Miraculous," *American Philosophical Quarterly* 2 (1965): 43-51; Swinburne, *The Concept of Miracle*; R. C. Wallace, "Hume, Flew and the Miraculous," *Philosophical Quarterly* 20 (1970): 230-43; R. D. Geivett and G. R. Habermas, eds., *In Defense of Miracles* (Downers Grove, Ill.: InterVarsity, 1997); Twelftree, *Jesus the Miracle Worker*, ch. 2.

면 기적은, 라이트의 제안처럼, 이스라엘의 하나님 나라의 물리적 시작을 의미하는가? 게다가 예수는 대다수 학자가 인정하는 것처럼 단순한 치유자와 축귀자에 불과했던 걸까? 아니면, 예수는 인간의 숭고한 노력으로 달성할 수 있는 그런 종류의 위업을 수행할 수 있었던 걸까? 하지만 이 질문에 확신 있게 그렇다라고 말할 수 있는 학자는 거의 없다.[103]

역사적 예수 연구의 모든 측면 중에서 기적 분야는 연구자 개인의 주관적 가정은 물론 철학적·신학적 방식을 가장 민감하게 반영한다. 만일 슈바이처의 논의가 없었다면, 예수는 여전히 불쾌감을 느끼고 있을 것이다. 왜냐하면 예수는 비범한 능력으로 성공을 이룬 단순한 기적 행위자로 알려져 있었기 때문이다. 19세기와 마찬가지로, 예수의 기적을 다루는 방식들이 급격히 변동하게 된 배후에는, 신학적 이유와[104] 종종 합리주의나 자연주의에 사로잡힌 철학적 이유가 자리 잡고 있다. 이런 변동을 막기 위해서는, 대다수의 예수 연구가가 실재에 대해 가정하고 있는 기존 패러다임에 역사 기록학자들이 성공적으로 이의를 제기할 수 있어야 한다.

103 Blackburn, "The Miracles of Jesus," 368-72을 보라.

104 예를 들어 이런 신학적 이유는 다음에 잘 설명되어 있다. Latourelle, *The Miracles of Jesus*; Gnilka(*Jesus of Nazareth*, 134)는 죽은 자를 살리는 예수의 이야기들을 다루면서 다음과 같이 말한다. "오로지 부활의 관점에서만 사망과 생명에 관한 질문이 급진적으로 제기될 수 있다." 이는 다음의 주장과 대치된다. Evans, "Life-of-Jesus Research," 34-35; *Jesus and His Contemporaries*, 10-13.

제11장

요한과 예수

Craig L. Blomberg
크레이그 L. 블롬버그

교회가 탄생한 이후로 요한복음과 공관복음의 차이는 강한 매력을 느끼게 하는 대상이 되어왔다. 요한은 완전한 형태의 비유나 축귀를 포함하지 않는다. 그는 예수가 세례 받은 일, 예수가 열두 사도를 부른 일, 변화산 사건, 겟세마네 사건, 성만찬 제정을 생략한다. 반면에 물을 포도주로 바꾼 기적, 나사로의 부활, 유대와 사마리아 지역에서 예수의 초기 사역, 예수의 빈번한 예루살렘 여행, 여러 확장된 예수의 담론은 요한복음에서만 발견된다. 오로지 요한복음에만 예수가 자신의 신성을 단언하는 주장이 등장한다. 자신의 정체성을 점진적으로 드러내는 공관복음의 예수와 달리, 요한의 예수는 그의 공생애 사역의 시작부터 메시아로 인정을 받는다. 공관복음의 예수가 전하는 핵심 메시지가 하나님 나라와 관련된다면, 요한복음의 예수는 영생에 관해 훨씬 더 많이 언급한다. 예수의 공생애 사역 기간이 대략 3년이라는 사실도 우리는 요한복음을 통해서만 알 수 있다. 어떤 사건들은 발생 시기가 요한복음과 공관복음에서 다르게 나타나는데, 그중 가장 눈에 띄는 사건은 성전 정화, 마리아가 기름을 부은 일, 그리고 십자가 처형이다. 요한복음에는 유대인 그리스도인을 출교하는 정책에 대해서도 기록되어 있는데, 이는 예수 당시의 삶의 자리가 아니라 기원후 1세기 말에 있었던 사건에 상응하는 것으로 보인다. 요한복음에서 저자 요한의 문체와 예수의 문체가 서로 혼합되어 있으므로, 등장하는 핵심 어휘와 개념이 요한의 것인지 예수의 것인지 분간할 수 없다. 역사적 예수를 복원하기 위한 대부분의 근거가 되는 정보가 공관복음에 기초하고 있다는 점을 고려할 때, 역사적 예수에 대한 연구 분야에서 제4복음서의 역할이 최소화되어온 사실은 이상한 일이 아니다.[1]

최근 연구 배경

지금으로부터 한 세기 전에는 다음과 같은 생각이 널리 인정받고 있었다. 즉 요한이 그의 복음서를 기록할 때 공관복음을 문학적으로 의존했으므로, 요한이 공관복음과 다른 독자적 내용을 기술했을 경우에, 이는 요한이 공관복음에서 발견되는 정보를 의식적으로 거부했거나, 적어도 보충했다는 것이다. 이런 생각에서 어떤 이들은 요한복음의 역사성을 확신하게 되었다. 다시 말해 예수를 바라보는 다양하고 정당한 견

1 이런 차이를 여기 짧은 소논문에서 모두 다루기는 불가능하다. 자세한 추가 내용은 다음을 보라. Craig L. Blomberg, *The Historical Reliability of John's Gospel: Issues and Commentary* (Downers Grove, Ill.: InterVarsity, 2001).

해가 존재했으므로, 요한은 그중 한 견해를 선택하여 공관복음서가 이미 잘 전달해놓은 사항을 반복하고 싶지 않았다는 것이다.[2] 그러나 대부분의 학자가 생각하기에 요한의 차이점은 역사적으로 정확한 정보를 반영하지 못하므로, 제4복음서는 예수 연구의 주요 자료가 될 수 없었다.[3] 1938년에 퍼시벌 가드너-스미스(Percival Gardner-Smith)는 많은 사람을 설득한 다음과 같은 주장을 통해 새로운 시대의 서막을 알렸다. 즉 요한복음이 공관복음을 문학적으로 의존하지 않았다는 것이다.[4] 가드너-스미스는 자신의 이 주장으로 요한복음의 위대한 역사적 가치를 고려할 수 있게 되었다고 믿었다. 그러나 다른 학자들은 그의 주장을 신속히 받아들이지 않았다. 이후 30년간 요한복음에 대한 방대한 분량의 독일어 주석서가 루돌프 불트만과 에른스트 행헨(Ernst Haenchen)에 의해 출간되었는데, 이 두 주석서 모두 요한복음의 고유 내용은 거의 역사적 사건이 아니라고 주장했다.[5] 그러나 별 다른 주목을 받지 못했던 같은 시기에 영국과 독일 학계의 연구서들은 요한복음에 상당한 역

2 특히 William Sanday, *The Criticism of the Fourth Gospel*(Oxford: Clarendon, 1905)을 보라.

3 특히 Benjamin W. Bacon, *The Fourth Gospel in Research and Debate*(New York: Moffat, Yard, 1910)를 보라.

4 Percival Gardner-Smith, *Saint John and the Synoptic Gospels* (Cambridge: Cambridge University Press, 1938).

5 Rudolf Bultmann, *Das Evangelium des Johannes* (Göttingen: Vandenhoeck & Ruprecht, 1964; 영역본, *The Gospel of John* [Oxford: Blackwell; Philadelphia: Westminster, 1971]); Ernst Haenchen, *Das Johannesevangelium* (Tübingen: Mohr, 1980; 영역본, *John*, 2 vols. [Philadelphia: Fortress, 1984]). 이 두 연구서는 늦은 시기에 출간되었음에도, 심지어 독일어 판조차 몇십 년 전의 연구와 출판물의 내용을 반영하고 있다. Haenchen의 연구서는 사실 그의 사후에 Ulrich Busse가 편집했는데, 다양한 단계의 여러 초안을 기초로 했고, 1940년대 이후 개정이 전혀 없는 초안도 있었다.

사성이 있다고 주장하기 시작했다.[6] 그중 하나인 에텔베르트 슈타우퍼(Ethelbert Stauffer)의 저서는 "나는…이다"의 고 기독론을 포함하여 요한복음에만 등장하는 내용 중 상당 부분을, 슈타우퍼 자신이 복원한 "예수와 그의 이야기"에 편입시키는 대담한 시도를 보여주었다.[7] 그렇지만 프란츠 무스너(Franz Mussner)는 1965년에 나온 『요한복음의 역사적 예수』(*The Historical Jesus in the Gospel of St. John*)에서 요한복음은 공관복음과 완전히 다른 성격의 복음서이며, 요한복음에 등장하는 "지상에서의 예수 말씀과 높임을 받은 그리스도의 말씀은 더 이상 절대 구분할 수 없다"고 결론지었다.[8] 실제로 무스너의 저서 내용 중 대부분은 역사적 예수가 아닌 요한의 역사 이해와, 그로 하여금 예수와 역사에 대한 두 관점을 합병하도록 허락한 영감에 대해 다루고 있다.

그러는 사이 변화의 바람이 불었다. 존 로빈슨(John A. T. Robinson)은 1957년 초에 짧지만 영향력 있는 논문을 발표했는데, 논문의 제목은 "제4복음서에 대한 새로운 시각"이었다.[9] 로빈슨은 이 논문을 통해 요한복음 연구에서 점진적으로 의문이 제기되고 있는 다섯 개의 전제를 다음과 같은 목록으로 제시했다. (1) 요한의 공관복음서 의존, (2)

6 특히 A. C. Headlam, *The Fourth Gospel as History* (Oxford: Blackwell, 1948); A. J. B. Higgins, *The Historicity of the Fourth Gospel* (London: Lutterworth, 1960).

7 Ethelbert Stauffer, *Jesus: Gestalt und Geschichte* (Bern: Francke, 1957; 영역본, *Jesus and His Story* [London: SCM; New York: Knopf. 1960]).

8 Franz Mussner, *Johanneische Sehweise und die Frage nach dem historischen Jesus* (Freiburg: Herder, 1965; 영역본, *The Historical Jesus in the Gospel of St. John*, trans. W. O'Hara [New York: Herder & Herder, 1967]).

9 이 논문의 발표 장소는 "1957년의 제4복음서"에 관한 옥스퍼드 컨퍼런스였다. 이 논문은 이후 다음과 같이 출간되었다. *Studia Evangelica*, vol. 1, *Papers Presented to the International Congress on "The Four Gospels in 1957" Held at Christ Church, Oxford*, ed. K. Aland et al., TU 73 (Berlin: Akademie-Verlag, 1959), 338-50.

요한의 자료에서 기인하는 극적인 편집 차이 (3) 역사의 예수보다는 신앙의 대상인 그리스도에 대한 요한의 증언, (4) 당시 신약성서신학의 발전에서 요한의 늦은 입장, (5) 사도이며 목격자인 저자에 대한 학계의 거부 등이다. 1963년에 다드는 로빈슨의 연구가 몇몇 측면에서 선견지명이 있었음을 증명했다. 주요 저서인 『제4복음서의 역사적 전승』(*Historical Tradition in the Fourth Gospel*)에서 다드는 수난 내러티브를 통해 예수의 사역을 제시하는 요한의 주요 특징, 세례 요한과 첫 제자들을 다루는 요한의 방식, 독립된 말씀 및 비유와 비슷한 이야기를 상세히 분석했다. 다드의 결론에 따르면, 역사적으로 상당한 신빙성이 있는 초기 전승에 대한 요한의 의존을 보여주는 분명한 증거가 존재한다.[10] 다드는 제4복음서 전체에 흐르는 저자의 신학적 덧칠을 상당 부분 발견했지만, 상대적으로 보수적인 그의 결론은 레이몬드 브라운이 1966년과 1970년에 각각 출간한 두 권의 요한복음 주석서에 영향을 미쳤다.[11]

10 C. H. Dodd, *Historical Tradition in the Fourth Gospel* (Cambridge: Cambridge University Press, 1963). Dodd의 기여와 그가 미친 영향에 대해서는 다음을 보라. D. A. Carson, "Historical Tradition in the Fourth Gospel: After Dodd, What?" in *Studies of History and Tradition in the Four Gospels*, ed. R. T. France and David Wenham, Gospel Perspectives 2 (Sheffield: JSOT Press, 1981), 83-145. 이 연구는 논의의 교환으로 이어졌는데, 이는 다음의 연구에 반영되어 있다. J. S. King, "Has D. A. Carson Been Fair to C. H. Dodd?" *JSNT* 17 (1983): 97-102과 D. A. Carson, "Historical Tradition in the Fourth Gospel: A Response to J. S. King," *JSNT* 23 (1985): 73-81.

11 Raymond E. Brown, *The Gospel according to John*, 2 vols., AB 29-29A (Garden City, N.Y.: Doubleday 1966-70). 다음과 같은 Brown의 초기 소논문들도 보라. "Incidents That Are Units in the Synoptic Gospels but Dispersed in St. John," *CBQ* 23 (1961): 143-60; "The Problem of Historicity in John," *CBQ* 24 (1962): 1-14. 제4복음서의 저자에 대한 Brown의 견해는 사도 요한이 저자라는 믿음에서, 이후 사도 요한이 저자가 아니라는 거부로 변하게 된다. 그러나 말년에 그는 방대한 분량의 *Death of the Messiah* (2 vols. [New York and London: Doubleday, 1994])에서 자신의 확신을 통합한다. 이 책에서 역사성을 논의하는 부분은 그의 초기 주석이 그랬던 것처럼 요한복음 대부분

1968년에 나온 루이스 마틴(J. Louis Martyn)의 저서인 『제4복음서의 역사와 신학』(*History and Theology in the Fourth Gospel*)은 이와는 매우 다른 견해를 보인다.[12] 유망한 책 제목과 달리, 마틴의 책은 대부분 역사적 예수와 상관이 없고, 요한복음을 읽는 방법에 대해 다루고 있다. 즉 요한복음의 내용 대부분을 기원후 1세기의 헬레니즘화된 유대인 청중에게 영향을 준 사건의 반영으로 여겨야 한다는 것이다. 마틴의 주장 중 가장 영향력 있는 논의는 다음과 같다. 즉 예수와 유대교 지도자들 사이의 적대감은 기원후 20년대 말이나 30년대 초에 예루살렘에서 실제로 발생했던 역사적 논쟁을 반영한다기보다, 회당 예배 의식의 18개 기도문에 *birkat ha-minim*(이교도를 향한 저주의 완곡한 표현인 "축복")이 제정된 이후, 그리고 유대인 그리스도인들을 회당으로부터 쫓아내기 시작한 이후(특히 요 9:22; 12:42; 16:2 참조), 기원후 1세기 말의 기독교와 유대교 사이의 대립을 보여준다는 것이다. 결과적으로, 마틴은 두 차원, 즉 역사적 예수의 차원과 두 세대 이후의 요한 공동체의 상황 차원에서 요한복음을 읽어야 한다고 주장하고 있지만, 그의 실제적 관심은 후자에 초점을 맞추고 있었다.[13] 복음주의 관점을 견지하고 있는 레온 모리스(Leon Morris)의 『제4복음서 연구』(*Studies in the Fourth Gospel*)는 우리가 지금 다루고 있는 주제에 대해 가장 중요한 이 시대의 연구

의 구절에서 역사적 핵심을 찾는 데 자신만만하다.

12 J. Louis Martyn, *History and Theology in the Fourth Gospel* (New York: Harper & Row, 1968). Martyn은 제2판(Nashville: Abingdon, 1979)에서 그의 연구를 대폭 확대했다.

13 Martyn의 저서 제2판이 출간된 같은 해에 Raymond E. Brown은 관련 주요 저서 중 하나인 *The Community of the Beloved Disciple*(New York: Paulist Press, 1979)을 출간하기 위해, Martyn의 읽기 방식과 유사한 "투영적 읽기"(mirror-reading)를 시도했는데, 이는 놀라운 일이 아니다. Brown의 이 저서는 요한 공동체의 구성(makeup)을 파악하는 데 전념하고 있다.

서가 되었다. 그의 저서에서 역사적 예수 연구와 가장 밀접한 연관이 있는 부분은 모리스가 "맞물림"(interlocking)이라고 부르는 현상에 대한 긴 분석이다. "맞물림"이란 요한복음에 있는 구절이 공관복음의 난해한 특징을 설명해주고, 반대로 공관복음의 구절이 요한복음의 특징을 설명해주는 현상을 의미한다.[14]

1970-1985년

1970년대는 요한복음에서 역사적 예수와 관련한 주목할 만한 연구를 만들어내지 못했다. 그러나 "새로운 관점"이 하나의 공통된 의견으로 점점 부상하기 시작했다. 에른스트 밤멜(Ernst Bammel)은 요한복음에서 예수의 수난 내러티브에 대한 중요한 논문을 썼는데, 그는 여기서 예수의 수난 사건이 중요한 시점과 맞아 떨어지는 역사적 사건임을 입증했다.[15] 사해 사본 연구의 초기 결과물이 점점 더 종합되자, 제임스 찰스

14 Leon Morris, *Studies in the Fourth Gospel* (Exeter: Paternoster; Grand Rapids: Eerdmans, 1969), 특히 40-63. 예를 들어, 요 3:24은 세례 요한이 투옥되기 이전 시점을 언급하고 있지만, 공관복음서와 달리 제4복음서는 세례 요한의 투옥을 어디에서도 언급하지 않는다(막 6:14-29 단락). 요 11:2은 베다니의 마리아를 다른 마리아들과 구별하고 있다. 베다니의 마리아는 예수의 머리에 기름을 붓는 인물로 그려지는데, 이 사건은 마치 이전부터 잘 알려져 있는 듯한 인상을 준다(참조. 특히 막 14:9). 반대로 요한복음의 내용이 공관복음 이해에 도움을 주기도 한다. 즉, 성전에서 예수가 자주 가르쳤음을 보도하는 막 14:49은 요한복음에서처럼 예수가 자주 예루살렘을 방문했다면 내용상 이치에 더 부합한다. 예수는 요 2:19에서 "이 성전"을 헐라는 수수께끼 같은 말을 하는데, 이 발언은 공관복음서에서 예수를 재판할 때 사람들이 예수를 공격하는 날조된 증언을 설명해준다(막 14:58-59 단락). Morris는 이 외에도 설득력의 정도가 다양한 여러 가지 다른 예를 제시했다.

15 Ernst Bammel, "'Ex illa itaque die consilium fecerunt…'" in *The Trial of Jesus*, ed. E.

워스(James Charlesworth)와 그의 공동 연구자들은 이 연구 결과물을 토대로, 이전 학자들이 헬레니즘에 가장 가깝다고 생각했던 요한복음의 여러 요소가 사실 유대교 성향을 띤다고 강조할 수 있게 되었다.[16] 그중 가장 잘 알려진 요소로는 쿰란 문서에도 자주 등장하는 표현인 "빛의 아들들", "어둠의 아들들"과 이원론, 예정론, 성령론, 메시아적 소망에 대한 다른 형태가 있다. 바레트는 그의 요한복음 주석서에서 요한복음의 역사성과 관련하여 다음과 같이 신중한 입장을 보인다. 즉 요한복음의 내용이 역사와 무관하다는 만연한 회의주의와 모두 역사적 사실이라는 주장 사이의 중간 입장을 취하고 있다. 바레트의 결론은 아래와 같다.

> 요한의 의도가 전문 역사서를 기록하려 한 것이 아니라는 점은 분명하다.… 요한의 관심은 사건에 대한 연대기적 기술이 아닌 신학적 기술에 있었다.… 따라서 주저 없이 사건의 내용을 제한하고, 바꾸고, 다시 기술하고, 재배열했다. 그렇다고 요한이 알레고리적 목적을 위해 내러티브 자료를 자유롭게 새로 만들어냈다는 견해를 지지해줄 충분한 증거가 있는 것은 아니다.…이것이 의미하는 바는, 역사가들이 때때로(비록 자주는 아니더라도) 요한복음에서 단순하고 온전한 역사적 자료를 추려낼 수 있다는 것이다.[17]

Bammel (London: SCM; Naperville, Ill.: Allenson, 1970), 11-40. 참조. 그의 이후 소논문인 "The Trial before Pilate," in *Jesus and the Politics of His Day*, ed. Ernst Bammel and C. F. D. Moule (Cambridge: University Press, 1984), 353-64.

16 James H. Charlesworth, ed., *John and Qumran* (London: Chapman, 1972).

17 C. K. Barrett, *The Gospel according to St. John* (London: SCM; Philadelphia: Westminster, 1978), 141-42.

실제로 바레트의 요한복음 주석서를 구절마다 자세히 들여다보면, 바레트가 역사적이라고 간주하는 요한의 페리코프(pericope)의 상당 부분에서 핵심을 발견하게 된다. 바나바스 린다스(Barnabas Lindars)의 요한복음 주석서는 그의 40년에 걸친 요한복음 연구 결과를 반영하고 있는데, 여기서 린다스는 바레트와 동일한 입장을 보이면서 다음의 특징을 추가하고 있다. 즉 그는 예수의 긴 담론이 역사적 예수의 간결한 말씀에 이후 요한의 설교적인 정교화 작업이 결부되어 탄생하게 된 결과물이라고 간주한다.[18] 특히 린다스는 요한복음의 예수 말씀에 두루 등장하는 "두 번 아멘" 말씀을 통해 다양한 "설교"에 대한 역사성의 단초를 발견한다.[19] 독일에서 출판된 루돌프 슈나켄부르크(Rudolf Schnackenburg)의 세 권으로 된 경이적인 요한복음 주석서는 요한복음의 역사성에 관한 중간 입장을 취하고 있다.[20] 반면에 레온 모리스는 그의 세밀하면서도 보수적 성향인 요한복음 주석서에서 구절마다 자세히 이루어진 그의 주석을 통해 요한복음에는 알려진 것 이상의 역사적 개연성이 존재할 가능성이 있다고 논평했다.[21]

18 Barnabas Lindars, *The Gospel of John* (London: Marshall, Morgan & Scott, 1972; Grand Rapids: Eerdmans, 1981). Lindars의 요한복음 관련 출간물은 1960년대부터 1990년대를 아우른다. 우리의 주제와 특히 관련되는 연구는 다음과 같다. *Behind the Fourth Gospel* (London: SPCK, 1971); "Traditions behind the Fourth Gospel," in *L'Évangile de Jean: Sources, rédaction, théologie*, ed. M. de Jonge et al., BETL 44 (Gembloux: Duculot, 1977), 107-24; "John and the Synoptic Gospels: A Test Case," *NTS* 27 (1981): 287-94.

19 Lindars, "Discourse and Tradition: The Use of the Sayings of Jesus in the Discourses of the Fourth Gospel," *JSNT* 13 (1981): 83-101을 보라.

20 Rudolf Schnackenburg, *Das Johannesevangelium*, 3 vols., HTKNT 4 (Freiburg: Herder, 1965-75); 영역본, *The Gospel according to St. John*, 3 vols. (London: Burns & Oates; New York: Herder & Herder, 1968-82).

21 Leon Morris, *The Gospel according to John* (Grand Rapids: Eerdmans, 1971; London:

1970년대 말에 스티븐 스몰리(Stephen Smalley)는 요한복음 연구 현황에 관한 유익한 저서를 출간하여 온건한 복음주의 입장을 상당히 신빙성 있게 변호할 수 있었다.[22] 그리고 당시 진행 중이던 고대 유대교 연구를 통해 요한복음의 거의 모든 페리코프와 상응하는 내용을 고대 유대교 문헌 속에서 발견하게 되었고, 이로 인해 그리스-로마 문헌과 요한복음의 상응성은 점점 그 강도가 약해져가는 것 같았다. 제4복음서에서 이전에 유대교 성향을 의심받던 세부 내용이 속속들이 검증받게 되었고, 진정성 혹은 역사성의 기준에 관한 논의가 점차 정교해졌다. 요한복음의 예수 이야기와 관련된 몇몇 요소는 비록 보편적 합의와는 거리가 멀지만 적어도 진짜 공관복음서 자료의 핵심으로서 그 역사성이 널리 받아들여지고 있다. 그 내용은 다음과 같다. 즉 예수와 그의 첫 번째 제자들이 세례 요한의 추종자 집단에서 나온 점, 세례에 대한 예수의 초기 사역, 유대와 사마리아 지역에서의 사역이 공관복음에 나오는 예수의 "위대한 갈릴리 사역"보다 시기적으로 앞서는 점, 대중이 예수를 왕으로 삼으려 했지만 실패로 끝난 사건을 비롯하여 요한복음 6장에 등장하는 사건들의 전반적인 순서(공관복음서에서 이 사건들은 산재해 있음), 다년간에 걸친 예수의 공생애 사역과 예수가 주요 유대 절기마다 예루살렘을 수차례 방문한 것을 포함하는 요한의 연대기적 기록, 예수를 적절한 시기에 죽이고자 했던 산헤드린의 이른 결심(요 11장), 예수가 겪은 유대교 및 로마 재판의 뚜렷한 특징이다. 여기에는 예수가 안나스 앞에서 받은 심문, 유대교 지도자들이 예수를 빌라도에게

Marshall, Morgan & Scott, 1972).

22 Stephen S. Smalley, *John: Evangelist and Interpreter* (Exeter: Paternoster, 1978).

보낸 이유(유대교 지도자들은 예수에게 사형을 내리고 싶었지만 집행할 권한이 없었다)가 포함된다. 또한 빌라도가 황제의 친구로 불릴 수 없게 될까봐 두려워한 사실도 포함되는데, 이는 빌라도가 자신이 무죄라고 생각하는 예수가 십자가 처형을 받는 당위성을 황제에게 납득시켜야 했기 때문이다. 이런 논의에 대한 스몰리의 가장 큰 개인적 공헌은 요한복음의 기적 사건을 비역사적 사건으로 치부하는 자들을 반박한 점과, 실제로 발생했던 초자연적 사건들이 요한복음의 언어와 관념적 상징주의 안에서 오랜 시간 다듬어져서 공관복음서의 비유와 유사한 기능을 하도록 만든 편집 과정이 있었다는 데 찬성하고 있다는 점이다.[23]

로빈슨은 그의 사후에 편집 발간된 책에서 요한복음의 역사적 예수와 관련한 연구를 저술하여 "폭발적 관심"을 불러일으켰다. 로빈슨은 자유주의 성향의 영국인 주교로 이미 1976년에 그의 또 다른 저서인 『신약성서 기록 시기 재고』(*Redating the New Testament*)를 통해 학계를 충격으로 몰아넣었는데, 이 책에서 그는 신약성서 27권 **모두의** 기록 시기가 기원후 70년 이전이라고 주장했다.[24] 거의 10년이 지난 후에 그는 "요한복음의 우선성"을 주장했다.[25] 로빈슨에 의하면, 요한복음의 기록 시기는 기원후 60년대로, 예수에 대한 요한의 독립적 관점은 많은 점에서 공관복음의 접근보다 우월하고 더 역사적이다. 그는 위에 언급된 모든 내용을 "1970년대의 동향을 종식시키는" 일부로 지지하는 한편,

23 위의 책, 169-84. Smally의 "history behind the discourses"(184-90)에 대한 병행 설명을 참조하라.

24 J. A. T. Robinson, *Redating the New Testament* (London: SCM; Philadelphia: Westminster, 1976).

25 J. A. T. Robinson, *The Priority of John*, ed. J. F. Coakley (London: SCM, 1985; Oak Park, ill.: Meyer-Stone, 1987).

다음과 같이 주장했다. 성전 정화 사건과 베다니에서 예수에게 향유를 부은 사건의 복음서 내 위치와 관련하여 요한복음은 맞고 공관복음은 틀렸다고 말이다. 로빈슨에 따르면, 요한복음 1장에 등장하는 예수의 메시아 명칭들은 관습적이고 민족적인 소망을 반영하며, 맥락상 진정성이 있다고 인정될 수 있었다. 또한 "종려 주일"부터 예수의 십자가 처형까지 일어난 사건들 속에서 예수를 "왕"으로 특별히 주목하는 현상은 예수의 몰락에 관한 역사적 실재를 가장 잘 반영한다.[26] 마지막으로 요한복음의 마지막 부분에서 발견되는 사랑하는 제자에 관한 언급(그리고 요한복음의 다른 부분에서 발견되는 익명의 제자에 관한 언급)은 요한복음의 내용이 실제 목격자의 증언을 반영하고 있음을 보여준다. 로빈슨과 관련하여 더욱 논쟁이 되는 부분은, 그가 요한복음에서 예수에 대한 모든 고 기독론의 주장이 지닌 존재론적 의미를 등한시하고, 공관복음이 규칙적으로 강조하는 예수의 정체성, 즉 아버지가 보낸 "대리인"의 역할보다 귀하거나 경이로운 예수의 특성을 못 보고 있다는 것이다. 복음주의 노선의 학자들을 제외하고, 로빈슨의 주장을 전면적으로 받아들인 학자는 거의 없었다. 특히 대부분의 학자가 로빈슨을 비난했는데, 왜냐하면 그가 영어로 기록된 이전의 다양한 연구에 의존하면서 동시에 그것을 재건하려 했을 뿐, 더 자유주의 성향인 문제 현상(*status quaestionis*)과는 충분한 교감을 이루지 못했기 때문이다.[27]

26 Robinson 저서의 편집자 J. F. Coakley는 요 12장에 관한 그의 두 소논문에서 이 관점을 능숙한 솜씨로 발전시켰다. "The Anointing at Bethany and the Priority of John," *JBL* 107 (1988): 241-56; "Jesus' Messianic Entry into Jerusalem (John 12:12-19 par.)," *JTS* 46 (1995): 61-82.

27 소논문 길이의 중요한 논평은 Pierre Grelot, "Problemes critiques du IV Evangile," *RB* 94 (1987): 519-73. Robinson이 전폭적으로 의존하는 이전 세대의 중요 학자로는 B.

1986년부터 현재까지

어쩌면 극단적 보수주의인 로빈슨의 주장으로 인해, 가장 최근의 요한복음 연구는 여러 주제와 관련하여 상당히 회의주의적 입장으로 선회했다고 볼 수 있다. 그러나 다른 한편으로는 보수주의적 연구도 동시에 확산되었고, 회의주의와 보수주의 사이의 애매한 지점을 주장하는 연구들도 등장했다. 앞으로 요한복음 연구의 어떤 관점이 살아남아 가장 영향력 있는 것이 될지 전혀 알 수 없으므로, 현재 요한복음에 대한 연구 국면의 특징을 말하기는 매우 힘든 일이다. 일반적으로 말해서, 요한복음 연구는 신약성서 연구와 마찬가지로 극도로 파편화되고 양극화되어 있는 것 같다.

핸슨(A. T. Hanson)은 자유주의의 극단에 있는 학자를 대표하는데, 1990년대 초에 중요한 연구서를 발표했다. 여기서 그는 요한복음이 구약성서를 인용하고 암시하는 다양한 방법과, 요한복음이 구약성서에 기반하고 있는 여러 방법, 그리고 공관복음으로부터 요한복음을 분리하려는 유대교 해석 전통을 다루고 있다.[28] 핸슨에 의하면, 비록 요한복음이 일반적으로 내용상 역사적 측면에서는 공관복음에 훨씬 못 미치지만, 요한은 실제 역사적 내용을 담은 전통 자료를 사용하고 있다. 실제로 익명의 제4복음서 저자는

> 그가 이해하는 구약성서에서 가져온 자료를 토대로 하여, 자신의 자료에 전

F. Westcott, J. B. Lightfoot, 그리고 H. Scott Holland가 있다.

28 A. T. Hanson, *The Prophetic Gospel: A Study of John and the Old Testament* (Edinburgh: Clark, 1991).

승 내용을 변경, 보강, 대체, 추가할 수 있는 광범위한 자유를 자신에게 허용한다. 그는 결과적으로 예수에 대해 역사적으로 신뢰할 수 있는 이야기를 제공하지 않는다. 만일 그가 "역사적으로 신뢰할 수 있는 이야기"라는 의미를 이해할 수 있었다면, 요한복음에 담긴 예수 관련 내용이 자신이 독자에게 제공하고 있는 이야기라는 제안을 말 그대로[*sic*] 전면 부인했을 것이다.[29]

하지만 핸슨의 논리는 불명확하다. 요한의 예수가 구약성서와 유대교 해석 전통에 통달한 모습을 일관성 있게 보이는 만큼, 요한복음의 독자들은 요한복음의 진정성/역사성에 대한 변호가 강화되었으리라고 추정했을 것이다.

1990년대에 대중적으로 가장 잘 알려진 발전은 물론 예수 세미나에서 발간한 두 권의 책에서 볼 수 있다. 이 두 책은 우선 예수가 직접 말했다고 돌릴 수 있는 모든 말씀을 색칠하여, 「도마복음」을 포함한 다섯 복음서 각각에서 모든 내러티브 자료의 역사성을 색으로 표시하고 있다.[30] 제1권에서 예수 세미나는 요한복음에서 예수의 말씀 중 단 세 개를 제외한 나머지 전부가 예수의 진짜 가르침과 상이하다는 결론을 내렸다. 따라서 나머지 예수 말씀은 모두 검정색으로 표시되었다(명백히 진짜가 아니라는 것이다).[31] 예수 세미나는 제2권에서 요한복음 내러티브의 짧은 구절－한 절 혹은 그보다 좀 더 긴 구절－16개를 발췌하여

29 위의 책, 318.

30 Robert Funk, Roy W. Hoover, and the Jesus Seminar, *The Five Gospels: The Search for the Authentic Words of Jesus* (New York: Macmillan, 1993); Robert Funk and the Jesus Seminar, *The Acts of Jesus: The Search for the Authentic Deeds of Jesus* (San Francisco: HarperSanFrancisco, 1998).

31 Funk, Hoover, and the Jesus Seminar, *The Five Gospels*, 40-170.

검정색이 아닌 다른 색으로 표시했다.[32] 이런 결정과 함께 실린 예수 세미나의 설명은 거의 예외 없이 다음과 같은 전제를 갖고 있었다. 즉 요한복음이 공관복음과 확연히 차이를 보이는 부분은 완전히 비역사적인 내용으로 간주되어야 한다는 것이다. 그리고 예수 세미나는 요한복음의 특정 부분에 검정색을 부여할 때, 이 전제를 제외한 어떤 다른 추가적인 이유를 좀처럼 제시하지 않는다. 심지어 예수 세미나의 결정에 동의하지 않는 다른 학자들과의 교류도 거의 없다.

요한복음의 역사성에 대한 가장 맹렬한 공격은 의심할 여지 없이 모리스 케이시(Maurice Casey)의 1996년 저서 『요한복음은 사실인가?』(*Is John's Gospel True?*)[33]에서 나타났다. 케이시의 논의는 요한이 예수의 성전 정화 사건을 잘못된 위치로 옮겨놓았고 최후의 만찬의 시기도 변경했다고 주장하면서 시작한다. 이런 관찰은 "성서에 대한 보수적 복음주의의 관점이 틀렸음을 보여준다."[34] 케이시는 요한복음이 공관복음과 조화를 이룰 수 없는 다른 방식을 계속해서 제시하면서 기독론, 세례 요한에 대한 묘사, 예수의 가르침의 형태와 내용, 그리고 수난 내러티브를 논하고 있다. 그에 의하면, 요한복음은 두 가지 관점에서 특별히 날조된 내용을 갖고 있다. 하나는 기원후 1세기 말에 있었던 그리스도인들과 유대인들 사이의 논쟁에 관한 내용이고, 두 번째는 히브리 성서의 상당 부분에 대해 위경 전승을 고수하는 문제와 관련이 있다. 케이시의 결론에 따르면, 요한복음은 "심하게 거짓이다. 요한복음은 등장인물들과 관련이 없는 상당히 부정확한 이야기와 말로 이루어져 있다. 요

32 Funk and the Jesus Seminar, *The Acts of Jesus*, 365-440.

33 Maurice Casey, *Is John's Gospel True?* (London and New York: Routledge, 1996).

34 위의 책, 29.

한복음은 반유대적이며, 기독교의 반유대주의 발생을 정당화하는 도구로 사용되어왔다." 따라서 케이시의 의견에 의하면, 요한복음은 성서에 포함될 가치가 없다![35] 케이시나 예수 세미나 어느 쪽도 요한 연구 학계의 주류를 반영하고 있지 않지만,[36] 둘 다 국제적으로 중요한 성서 연구의 한 진영에 존재하는 분명한 흐름, 즉 반기독교적 관점이 점점 더 받아들여지고 있음을 반영한다.

무디 스미스(D. Moody Smith)와 앨런 컬페퍼(R. Alan Culpepper)와 같은 선두적인 요한복음 전문가들은 "중도적" 관점을 능숙하게 설명한다. 이 두 학자의 뛰어난 경력에는 요한복음에 관한 다수의 연구물이 포함된다. 스미스는 역사적 예수와 관련하여, 요한복음의 독특한 연대표, 지리, 세례 요한에 대한 묘사, 여성들에 대한 짧은 글(vignettes), 수난 및 부활 기사의 요소 등 이 모두가 역사적 내용을 포함한다고 제안한다.[37] 컬페퍼는 주로 요한 공동체와 문학비평에 초점을 맞춰왔지만, 린다스의 전통에 입각한 그의 짧은 논문은 그가 요한복음의 더 크고 더 편집적인 담론에서, 예수의 "두 번 아멘" 말씀과 자주 관련되는 역사적 핵심을 발견하고 있음을 보여준다.[38] 또 다른 주요한 요한복음 학자인 존 애

35 같은 책, 229.

36 Casey에 대한 짧지만 중요한 비평에 대해서는 다음을 보라. Ruth Edwards and Eric Franklin, "Two Contrasting Approaches to John's Gospel," *ExpTim* 109 (1998): 242-44.

37 D. Moody Smith, "Historical Issues and the Problem of John and the Synoptics in *From Jesus to John*, ed. Martinus C. de Boer, JSNTSup 84 (Sheffield: JSOT Press, 1993), 252-67.

38 그러나 Culpepper의 이 주장은 Lindars의 주장보다 일관성이 떨어진다. 다음을 보라. R. Alan Culpepper, "The AMHN, AMHN Sayings in the Gospel of John," in *Perspectives on John: Methods and Interpretation in the Fourth Gospel*, ed. Robert B. Sloan and Mikeal C. Parsons (Lewiston and Lampeter: Mellen, 1993), 57-101.

슈턴(John Ashton)은 자신이 믿고 있는 요한복음의 다양한 편집 층위에 주된 관심을 보이면서, 핵심적이고 근본적인 역사적 전승을 규명한다.[39] 마틴의 투영적 읽기(mirror-reading)가 지닌 영향력은 그 중요도가 계속 해서 커짐에 따라 요한복음 학계의 이 분야 내에서 더 많은 관심을 얻고 있다.

최근 발표된 상당수의 요한복음 연구는 역사적 질문을 통째로 회피하며, 편집적/신학적·문학적 그리고/또는 사회학적 접근을 독점적으로 선호한다.[40] 많은 경우에 명백하게 또는 함축적으로 가정되는 내용은 요한복음은 대부분 비역사적이므로 다른 접근 방식이 필요하다는 것이다. 그러나 데렉 토비(Derek Tovey)는 문학비평과 역사비평 사이의 틈을 메꾸려고 노력하는 연구로 새로운 영역을 개척했다.[41] 토비는 제4복음서의 내포 저자와 이야기 세계 간의 밀접한 관계에 주목하면서, 요한복음 내에서 예수 시대와 요한복음 저술 시대의 차이와, 온전한 상호작용 관계에 있는 역사와 신학의 조합을 강조한다. 토비에 의하면, 요한복음 내러티브의 문학 형태는 전체 요한복음 내용 중 약 4분의 1을 차지하는데, 여기에는 순수 역사, 즉 "일어난 사건에 대한 기억을 정확히 기록한 것"에서부터 순수 신화, 즉 "사실도 아니고 실제 사건과 가깝지도 않은 내러티브"가 포함된다. "회고록" 혹은 "개인적 추억담"과 비

39 Ashton, *Understanding the Fourth Gospel* (Oxford: Clarendon, 1991); idem, *Studying John: Approaches to the Fourth Gospel* (Oxford: Clarendon, 1994).

40 충분한 기록을 제공하면서 요한복음 연구 관련 참고 문헌을 자세하게 다루고 있는 가장 최근 자료는 다음과 같다. Watson E. Mills, *The Gospel of John* (Lewiston and Lampeter: Mellen, 1995).

41 Derek Tovey, *Narrative Art and Act in the Fourth Gospel*, JSNTSup 151 (Sheffield: Sheffield Academic Press, 1997).

슷한 공관복음과 비교하여 요한복음은 상대적으로 형태에서 더 자유롭지만, 그렇다고 아레탈로지(aretalogy)나 역사 소설처럼 사실을 전달하는 데 무관심한 것은 아니다.[42] 사무엘 뷔쉬코그(Samuel Byrskog)는 고대 지중해 지역의 역사 기록학, 전기, 구전 역사 혹은 스토리텔링을 아우르는 그의 광범위한 논문에서, 확증할 수 있는 목격자 정보에 관한 진정한 관심과, 전승에 필연적으로 부과된 해석적 관점 사이의 균형에 주목한다.[43] 뷔쉬코그는 제4복음서를 "저자에 의해 정당화된 역사"의 한 예로 규명하며, 신뢰할 만한 역사의 실제적 핵심을 발견한다.[44] 앤드루 링컨(Andrew T. Lincoln)은 최근 저서인 『심판에 대한 진실』(*Truth on Trial*)에서 다음과 같이 동의한다. 즉 요한의 신학적 강조는 적어도 예수의 생애에 대한 기본 윤곽이, 특히 수난 내러티브에서 역사적으로 정확하기를 요구한다는 것이다. 하지만 링컨은 토비나 뷔쉬코그가 아닌 다른 문학비평가들의 의견을 주로 받아들이고 있으므로 실질적으로 더 많은 "허구"가 제4복음서 내에 섞여 있다는 주장을 허용한다.[45]

42 위의 책, 273. 요한복음에 관한 여러 연구에서, W. G. Stibbe는 이와 마찬가지로 역사적 관심사와 문학적 관심사를 결합하여 요한복음의 역사성을 대폭 강화하려 한다. 특히 그의 다음 저서를 보라. *John as Storyteller: Narrative Criticism and the Fourth Gospel* (Cambridge: University Press, 1992). 복음서 장르에 관한 보충 연구에서, Richard A. Burridge(*What Are the Gospels? A Comparison with Graeco-Roman Biography* [Cambridge: Cambridge University Press, 1992], 특히 220-39)와 James D. G. Dunn("Let John Be John—A Gospel for Its Time," in *Das Evangelium und die Evangelien*, ed. Peter Stuhlmacher [Tübingen: Mohr, 1983], 특히 338-39)은 요한복음이 고대로부터 알려진 다른 문학작품보다 공관복음서에 얼마나 더 가까운지를 강조한다.

43 Samuel Byrskog, *Story as History—History as Story: The Gospel Tradition in the Context of Ancient Oral History*, WUNT 123 (Tübingen: Mohr, 2000).

44 위의 책, 235-38.

45 Andrew T. Lincoln, *Truth on Trial: The Lawsuit Motif in the Fourth Gospel* (Peabody, Mass.: Hendrickson, 2000), 특히 369-97. Lincoln은 요한복음의 역사적 핵심을 인지

비숍 로빈슨(Bishop Robinson)의 사후 이래로, 요한 학계에서 가장 중요한 발전은 아마도 복음주의 연구의 놀랄 만한 확산일 것이다. 그러나 안타깝게도 일반 신약성서 학계에서와 마찬가지로, 중요한 예외가 있긴 하지만 요한에 관한 복음주의 연구들은 마땅히 받아야 할 관심을 받지 못하고 있다. 1986년부터 현재까지 복음주의 노선의 요한복음 주석서가 홍수처럼 쏟아져 나왔는데, 관련 저자로는 비슬리-머리(Beasley-Murray), 카슨(Carson), 프라이어(Pryor), 위더링턴(Witherington), 보르헤르트(Borchert), 리더보스(Ridderbos), 휘태커(Whitacre), 쾨스텐버거(Köstenberger), 키너(Keener)가 있다.[46] 정도의 차이는 있지만, 이들 학자는 모두 제4복음서에서 개별 세부 사항과 전체 구절의 역사적 개연성에 관해 규칙적으로 언급하고 있다. 키너의 박학다식한 연구 저서가 특별히 유용한 이유는 그가 요한복음의 배경이 되는 기본 문헌에 정통하고, 다른 어느 곳에서도 볼 수 없는 다양한 유대교 문헌을 저서에서 일일이 비교 및 대조하고 있기 때문이다. 예수가 말했다고 돌릴 수 있는

하고 있지만, 다음과 같이 생각한다. 즉 요한복음의 진리와 증언 개념을 연구하는 다른 많은 학자의 생각 이상으로 요한복음 저자는 역사와 소송 모티프에 있어 자유로웠다는 것이다.

46 George R. Beasley-Murray, *John*, WBC 36 (Waco, Tex.: Word, 1987); D. A. Carson, *The Gospel according to John* (Leicester: Inter-Varsity; Grand Rapids: Eerdmans, 1991); John W. Pryor, *John: Evangelist of the Covenant People* (London: Darton, Longman & Todd; Downers Grove, Ill.: InterVarsity, 1992); Ben Witherington III, *John's Wisdom: A Commentary on the Fourth Gospel* (Louisville: Westminster John Knox, 1995); Gerald L. Borchert, *John*, 2 vols., NAC 25A-B (Nashville: Broadman & Holman, 1996-); Herman N. Ridderbos, *The Gospel according to John: A Theological Commentary*, trans. J. Vriend (Grand Rapids: Eerdmans, 1997); Rodney A. Whitacre, *John* (Downers Grove, Ill.: InterVarsity; 1999); Andreas J. Köstenberger, *Encountering John: The Gospel in Historical, Literary, and Theological Perspective* (Grand Rapids: Baker, 1999); Craig S. Keener, *The Gospel of John: A Commentary*, 2 vols. (Peabody, Mass.: Hendrickson, 2003).

말씀 또는 행위에 대한 내용이 기독교 이전 유대교 문헌과 많이 상응할수록, 그리고 이런 부분이 전통적인 이스라엘 민족 종교에 분명히 반하는 예수의 특징 혹은 도전과 결합할수록, 우리는 예수에 대한 진짜 자료를 수중에 넣을 가능성이 높다.

복음주의 학자들 역시 다수의 단편 연구를 발표하여 요한복음의 역사성을 지지하는 한두 개 이상의 연구 분야를 일목요연하게 정리한다. 예를 들어, 스티븐 바튼(Stephen Barton)은 제4복음서에서 신학과 역사가 공존할 수 있는가에 대해 폭넓은 관점에서 논하고 있다.[47] 존 크리스토퍼 토마스(John Christopher Thomas)는 요한복음에서 선택 구절에 대한 주석 논의와 유대교 관습 사이에 존재하는 여러 유사성을 지적한다. 그는 기원후 70년 이전 상황을 반영하는 랍비 문헌을 논하는 부분에서 유대교 관습을 언급한다.[48] 모제스 실바(Moisés Silva)와 데이비드 웬함(David Wenham)은 "논의 현황"[49]에 관한 발표에서 최근 학계의 가장 걸출한 논쟁을 다수 수집하여 제시했는데, 특히 웬함은 그의 지속적인 관심사를 다음과 같이 설명한다. 즉 복음서보다 앞서 기록된 서신들과 요한복음 사이의 유사성은 요한복음이 초기 구전에 의존하고 있음을 암시한다.[50]

47 Stephen Barton, "The Believer, the Historian, and the Fourth Gospel," *Theology* 96 (1993): 289-302.

48 John Christopher Thomas, "The Fourth Gospel and Rabbinic Judaism," *ZNW* 82 (1991): 159-82.

49 Moisés Silva, "Approaching the Fourth Gospel," *CTR* 3 (1988): 17-29; David Wenham, "The Enigma of the Fourth Gospel: Another Look," *TynBul* 48 (1997): 149-78; idem, "A Historical View of John's Gospel," *Them* 23 (1998): 5-21.

50 Wenham은 인용된 연구들에서도 다뤄지는 그의 자료의 상당 부분을 다른 논의들과 효과적으로 결합하여, 짧은 분량의 *John's Gospel: Good News for Today*(Leicester: Religious and Theological Students Fellowship, 1997)를 출간했다. 더 중도적 관점

비록 요한복음의 역사성에 관한 문제나 역사적 예수를 직접 논하고 있지는 않지만, 이런 맥락에서 언급할 만한 가치가 있는 최근의 두 연구를 소개하고자 한다. 첫 번째 연구는 마르틴 헹엘(Martin Hengel)의 『요한 문제』(*The Johannine Question*)로, 제4복음서의 저자 문제를 다루고 있는 논문이다.[51] 그의 주장에 의하면, 요한복음의 저자는 사도이자 세베대의 아들 요한이 아니라 다른 요한(파피아스가 "장로"로 언급하고 있는 불명확한 인물 [에우세비오스의 *Hist. eccl.* 3.39.3-4를 보라])으로, 이 요한은 사도 요한을 가까이서 따랐던 추종자였다. 헹엘에 의하면, 이 장로 요한은 사랑하는 제자이자 팔레스타인에 거주했던 유대인으로서 예수 사역의 상당 부분을 직접 본 목격자이며, 기원후 1세기 말에 에베소에 편지를 보낸 노인이다. 사실 "'사랑하는 제자'에 대한 언급을 통해 '장로 요한'은 세베대의 아들을 더 강조하기를 원했는데, 그 이유는 장로 요한이 세베대의 아들 요한에게 이상적인 제자였기 때문이라고 생각하는 것도 가능하다." 그렇게 해서 장로 요한은 사도 요한을 자신의 선생으로 강조하여 "사랑하는 제자라는 이름 속에 자신과 사도 요한, 두 사람을 '불멸의 존재'로 남기고자" 했다.[52] 실제 확증 없이 사도 요한을 요한복음의 저자로 단정하는 일은 불가능하다! 그러나 어떤 경우든지, 제

을 취하고 있는 Francis J. Moloney의 최근 연구 "The Fourth Gospel and the Jesus of History" (*NTS* 46 [2000]: 42-58) 역시, 다음과 같은 학자들의 규범적인 논평처럼 유용함이 입증되었다. Marianne Meye Thompson, "The Historical Jesus and the Johannine Christ," in *Exploring the Gospel of John*, ed. R. Alan Culpepper and C. Clifton Black (Louisville: Westminster John Knox, 1996), 21-42.

51 Martin Hengel, *The Johannine Question* (London: SCM; Philadelphia: Trinity, 1989); 이 연구서의 확장판은 다음과 같다. *Die Johanneische Frage: Ein Lösungsversuch*, WUNT 67 (Tübingen: Mohr [Siebeck], 1993).

52 Hengel, *Johannine Question*, 132, 130.

4복음서 저자가 예수 전승 중 역사적으로 상당히 신빙성 있는 내용을 접했을 가능성은 매우 높다.[53]

두 번째 연구는 리처드 보컴(Richard Bauckham)이 편집한 논문 모음집이다. 이 연구는 사복음서 모두 애초에 각각 하나의 기독교 공동체만을 위해 기록된 것이 아니라, 기원후 1세기 로마 제국 내에 널리 전파될 것을 염두에 두고 기록되었다고 주장한다.[54] 보컴이 이 모음집에 기고한 내용은 요한복음 연구와 가장 많이 관련되며, 그가 옹호하는 견해에 의하면, 제4복음서는 청중이 공관복음서 가운데 적어도 마가복음을 알고 있다고 전제한다.[55] 요한복음 저자가 문서 형태의 마가복음을 알고 있었음을 보컴의 논문이 증명하는지는 불분명하지만, 그의 주장은 예수의 말씀과 사역의 핵심 케리그마에 대한 지식이 당시에 상세히 그리고 널리 퍼져 있었다는 주장에 큰 힘을 실어준다. 결국 보컴의 논의는

53 Hengel은 *The Four Gospels and the One Gospel of Jesus Christ* (London: SCM; Harrisburg, Pa.: Trinity, 2000)에서 정경의 사복음서에 관한 논의를 갱신했는데, 이를 참조하라. 제4복음서의 저자가 사도 요한의 가까운 추종자였을지라도, Alan Millard의 최근 연구인 *Reading and Writing in the Time of Jesus* (Sheffield: Sheffield Academic Press, 2000), 특히 197-22, 223-29는 다음과 같은 논의의 가능성을 높이고 있다. 즉 예수의 긴 담론을 듣고 있던 청중 중 몇몇은 예수 말씀의 개관을 속기로 적을 능력과 바람이 있었으며, 이렇게 기록된 내용은 이미 존재하는 구전과 함께 나란히 그리고 조심스럽게 보존되었을 것이다. 요한복음의 높은 역사성을 찬성하는 주장은 사도가 저자임을 찬성하는 주장에 결코 의존하지 않는다. James H. Charlesworth의 연구인 *The Beloved Disciple: Whose Witness Validates the Gospel of John?*(Valley Forge, Pa.: Trinity, 1995)는 사도가 저자라는 주장에 대한 모든 역사적 대안의 약점을 입증하고 있지만, 도마를 저자로 보는 이 연구의 독특한 주장은 저자 후보로서 세베대의 아들 요한을 이미 거부한 판단에 근거하고 있음을 보여준다. 그밖에도 도마를 저자로 지지하는 Charlesworth의 모든 주장은 실제로 사도 요한이 저자임을 더 강하게 지지한다.

54 Richard Bauckharn, ed., *The Gospels for All Christians: Rethinking the Gospel Audiences* (Grand Rapids: Eerdmans, 1998).

55 Richard Bauckham, "John for Readers of Mark," in Bauckharn, *The Gospels for All Christians*, 147-71.

1905년에 샌데이(Sanday)가 발표한 주장으로 회귀한다. 그러나 샌데이의 주장은 요한복음이 공관복음서에 대해 **문학적** 독립성을 지닌다는 막대한 증거를 고려하고 있다는 점에서 보컴의 주장과 미묘한 차이가 있다. 그러나 샌데이는 요한이 자신이 공관복음서 저자들이 사용한 자료와 대부분 다른 자료를 선택하고 있다는 것을 알았지만 자신이 강조하는 내용과 공관복음서 저자들이 강조하는 내용이 상충한다고 보지 않았다고 제안한다.

더 전문화된 연구

이 논문은 앞서 다뤄진 사항만큼 중요한 논의로서 제4복음서의 특정 구문이나 주제에 대한 좀 더 전문화된 연구다. 우리는 이를 통해 역사적 예수 연구와 관련된 요한복음의 유용성을 더 심도 있게 파헤칠 수 있다. 이 논의는 모두 지난 30년간 요한 연구 학계에 등장했는데, 이 책은 주로 이 기간에 초점을 맞추고 있다. 그리고 이 논의의 상당수는 1990년 이후에 등장했다.

이 연구 중 다수는 제4복음서의 개별 페리코프 혹은 장을 중점적으로 다룬다. 리처드 보컴은 광범위하게 랍비 전승을 조사하여 구리온 가(家) 출신의 나크디몬(Naqdimon)이란 이름을 가진 여러 인물을 제시한다. 그리고 이를 통해 요한복음 3장에 나오는 니고데모와 우리가 알고 있는 이 가문이 어떻게 상응하는지 논증한다. 구리온 가문 사람들은 유대교 지배 계층의 엘리트 일부를 형성하고 있었고, 바리새인이자 율법 교사들이었으며, 막대한 부를 소유했다. 보컴은 요한복음의 니고데모가 후기 유대교 문헌에 혁혁한 역할을 담당한 나크디몬 벤 구리온

(Naqdimon ben Gurion)의 삼촌이었으며, 요한복음 3장에 기록된 대화는 역사적으로 신뢰할 수 있다고 그럴듯하게 제안한다.[56] 테레사 오쿠어(Teresa Okure)는 요한복음 4:1-42을 여러 관점에서 다루면서 예수와 사마리아 여인과의 만남에 상당한 역사성이 있음을 일관되게 논하고 있다.[57]

오닐(J. C. O'Neill)은 요한복음 5:17-18, 요한복음의 "지존자"(the highest)와 관련된 구문, 그리고 제4복음서에서 예수가 자신에 대해 말한 일탈로 보이는 주장을 탐구한다. 오닐의 신중한 언어학적·역사적 분석은 다음과 같은 결론으로 이어진다.

> 예수가 비난을 받는 이유는 그가 모든 면에서 하나님과 동등됨을 주장해서가 아니라, 자신이 메시아라는 한 가지 측면에서 하나님과의 동등성을 주장하기 때문이다. 예수가 메시아라는 사실은 아버지 하나님이 그에게 부여하신 특권이었다. 아버지 하나님께는 독생자, 곧 메시아가 있다고 여겨졌다. 사람들은 세례 요한 또는 예수가 메시아인지 아닌지 가늠해보는 것이 허용되었지만, 사람이 스스로 자신이 메시아라고 주장하는 것은 어느 누구에게도 허락되지 않았다. 그렇게 하는 것은 아버지 하나님의 특권을 찬탈하여 금지된 측면에서 하나님과 자신이 동등하다고 사칭하는 것이다.[58]

기원후 70년 이전의 유대교에서 신성 모독과 높임 받음에 대한 대

56 Richard Bauckham, "Nicodemus and the Gurion Family," *JTS* 47 (1996): 1-37.

57 Teresa Okure, *The Johannine Approach to Mission: A Contextual Study of John 4:1-42*, WUNT 2.31 (Tübingen: Mohr, 1988), 특히 188-91.

58 J. C. O'Neill, "'Making Himself Equal with God' (John 5:17-18): The Alleged Challenge to Jewish Monotheism in the Fourth Gospel," *IBS* 17 (1995): 50-61.

럴 복(Darrell Bock)의 주요 연구와 더불어 우리가 덧붙여야 할 내용은 다음과 같다. 즉 예수가 비난받은 것은 단지 "그가 침묵해야 할 때 감히 메시아라고 주장했기 때문이 아니라, 그의 메시아 주장이 분명한 근거에 비추어 그릇되고 위험하다고 간주되었기 때문"이다(참조. *m. Sanh.* 11:5).[59] 그러나 이 메시아 주장은 여전히 하나님과 동등함을 옹호하는 것으로, 삼위일체의 제2격에 대한 후대의 기독교적 사고와는 다른 의미를 지닌다. 제4복음서에서 삼위일체는 예수의 것으로 돌릴 수 있는 가장 강력한 주장으로 전개될 수 있었지만, 기원후 1세기 초반 유대교의 유일신론 안에서는 발전이 불가능했다.

페데르 보르겐(Peder Borgen)은 요한복음 6:25-59에 관한 자신의 이전 논의를 확장하여,[60] 생명의 떡에 관한 예수 담론의 통일성과, 이 담론이 초기 유대교의 미드라쉬 형태를 충실히 고수하고 있음을 논증했다.[61] 보르겐은 해당 요한복음 본문이 진짜라고 선언하기 위해 다른 역사적 절차를 추가로 취하지는 않지만, 이 본문의 역사적 진정성에 방해가 되는 장애물을 모두 제거해놓은 것처럼 보인다. 요한복음 6장에 관한 폴 앤더슨(Paul Anderson)의 소논문은 보르겐의 논의를 더 진전시킨다. 한편으로 앤더슨은 다음의 사실을 인정한다. 즉 예수의 본래 핵심적 가르침에 관한 설교 및 미드라쉬의 상세한 반영은 요한 공동체가 지닌 문제들과 결합되어 전승과 편집의 복잡한 혼합을 만들어낸다는 것

59 Darrell L. Bock, *Blasphemy and Exaltation in Judaism and the Final Examination of Jesus*, WUNT 2.106 (Tübingen: Mohr Siebeck, 1998), 25.

60 Peder Borgen, *Bread from Heaven: An Exegetical Study of the Concept of Manna in the Gospel of John and the Writings of Philo*, NovTSup 10 (Leiden: Brill, 1965).

61 Peder Borgen, "John 6: Tradition, Interpretation, and Composition," in de Boer, *From Jesus to John*, 268-91 .

이다. 반면 앤더슨은 이와 같은 상세한 반영이 역사적 예수의 가르침에 반한다는 어떤 근거도 발견하지 못하고, 요한복음 6장의 최종 형태에 여전히 남아 있는 목격자 증언에 대한 여러 표시를 규명한다.[62]

연속된 최근 연구들은 요한복음 9:22 및 관련된 본문의 역사적 배경에 대한 마틴의 재구성에 의문을 표한다. 레우벤 키멀맨(Reuven Kimelman)은 이미 1981년에 다음과 같이 여섯 개의 분석 결과를 발표했다. (1) *birkat ha-minim*은 이방인 그리스도인들이 아니라 유대인 분파주의자들에 대해 반대하는 것이었다. (2) *ha noṣrim*(= 나사렛 사람들?)에 대한 후기의 비난은 오직 유대인 그리스도인들에게만 초점을 맞춘 것이었다. (3) 유대인들이 회당 예배의 일부분으로서 그리스도인들을 저주했다는 명백한 증거는 존재하지 않는다. (4) 그리스도인들이 회당에서 환영받았다는 많은 증거가 존재한다. (5) *birkat ha-minim*이 유대교와 기독교 사이를 나누는 "갈림길"의 분수령이 되었던 시기는 단 한 번도 없었다. (6) 유대교와 기독교, 이 두 종교의 영원한 결별을 야기한 범 로마 제국의 칙령이 공포된 적은 단 한 번도 없었다. 다만, 이 두 종교의 분리는 무수히 많고 다양한 지역적 정황을 포함하여 오랜 시간 점진적으로, 복잡하게 전개된 과정에 의거한다.[63] 최근 연구들은 이와 같은 키멀맨의 결론에 몇몇 이의를 제기하지만, 전반적으로 다음과 같은 주장에 중요한 지지를 보낸다. 요한복음 9:22은 기원후 1세기 말의 어떤 그리스-로마 맥락에서보다, 예수의 생애에 대한 추정 맥락에서 역

62 Paul N. Anderson, *The Christology of the Fourth Gospel: Its Unity and Disunity in the Light of John 6*, WUNT 2.78 (Tübingen: Mohr, 1996).

63 Reuven Kimelman, "*Birkat Ha-Minim* and the Lack of Evidence of an Anti-Christian Jewish Prayer in Late Antiquity," in *Jewish and Christian Self-Definition*, ed. E. P. Sanders et al., 3 vols. (Philadelphia: Fortress, 1980-82), 2:226-44.

사적으로 더 많은 신뢰성을 얻게 된다는 것이다.[64] 여기서 우리는 요한의 역사성을 희생시키는 마틴의 제4복음서에 대한 2단계 읽기가 지닌 측면이 이런 발견들과 함께 얼마나 많이 무너지는지 궁금하다.

존 크리스토퍼 토마스는 요한복음 13장에 관한 논문에서 세족식의 역사적 배경과 의미에 대한 광범위한 통찰을 제공하며, 예수의 세족식이 제자들과의 대화 도중에 일어난 실제 사건으로, 구원론 및 교회론의 의미를 지닌 역사적 예수의 진짜 행위로서 받아들여져야 함을 논증한다.[65] 에른스트 밤멜은 요한복음 13-17장의 고별 담론에 대한 유대교 배경을 능숙하게 조사한다.[66] 이 조사에서 드러나는 유사점과 차이점의 결합은 예수가 그의 생애의 마지막 날 밤에 실제로 요한복음 13-17장의 내용과 비슷한 말을 했으리라는 주장을 그럴듯하게 만든다. 배리 스미스(Barry D. Smith)는 상충된 시간 순서를 나타내는 요한복음 18-19장의 십자가 처형 사건을 논하면서 올바로 해석된다면 시간상의 문제가 있는 요한복음의 내용이 공관복음의 사건 순서와 동일한 것으로 드러난다고 주장한다.[67] 그랜트 오스본(Grant R. Osborne)에 의하면, 요한

64 Stephen Motyer, *Your Father the Devil? A New Approach to John and "the Jews"* (Carlisle: Paternoster, 1997), 92-94에 실린 연구의 개관을 보라. 같은 맥락에서 최근의 주요한 세 연구는 다음과 같다. S. J. Joubert, "A Bone of Contention in Recent Scholarship: The 'Birkat Ha-Minim' and the Separation of Church and Synagogue in the First Century A.D.," *Neot* 27 (1993): 351-63; Pieter W. van der Horst, "The Birkat Ha-Minim in Recent Research," *ExpTim* 105 (1994): 363-68; S. C. Mimouni, "'La Birkat Ha-minim,' une prière juive contre les judéo-chrétiens," *RSR* 71 (1997): 275-98.

65 John Christopher Thomas, *Footwashing in John 13 and the Johannine Community*, JSNTSup 61 (Sheffield: JSOT Press, 1991).

66 Ernst Bammel, "The Farewell Discourse of the Evangelist John and Its Jewish Heritage," *TynBul* 44 (1993): 103-16.

67 Barry D. Smith, "The Chronology of the Last Supper," *WTJ* 53 (1991): 29-45.

복음의 두 장에 나오는 부활에 대한 독특한 내용은 모순이 아닌 보완의 방식으로 역사적이고 편집적인 관심을 결합한다.[68]

우리는 제4복음서 내에서 본문의 한 부분에 대해 주로 또는 독점적으로 다루는 연구들과 더불어, 몇 가지의 주제 연구에 주목할 것이다. 아우겐슈타인(J. Augenstein)은 요한이 "너희 율법"과 "그들의 율법" 같은 표현을 사용하는 데 대한 어려운 질문을 다루고 있는데, 이는 예수도 요한복음의 저자도 모두 유대인이 아니라는 인상을 준다(요 8:17; 10:34; 15:25; 18:31). 그는 구약에서 모세와 여호수아가 이스라엘 백성에게 언급한 "주 너희의 하나님"이라는 표현에 주목한다(신 2:30; 4:19, 21, 23, 24; 18:15; 수 1:11, 13, 15). 이 표현은 인신공격으로, 특히 청중이 그들의 율법(혹은 그들의 하나님)이 전하는 가르침을 지키지 않을 때, 그들에게 가르침을 기억하라고 요구한다. 그렇다고 화자가 이 표현을 통해 토라(혹은 야웨)의 권위를 부정하는 것은 아니다.[69]

피터 엔서(Peter Ensor)는 자신의 저서를 통해 예수가 제4복음서에서 발견되는 용어와 유사한 언어를 사용하여 그의 아버지 하나님의 "일"에 대해 언급했다고 논증한다(특히 요 4:34; 5:17, 19-20; 9:3-4, 17:4을 보라).[70] 안드레아스 쾨스텐버거(Andreas Köstenberger)는, 기원후 70년대 이후의 시대착오로 종종 간주되는 것으로서, 랍비 예수에 관한 주제를 조사하는데, 예수에 대한 요한복음의 묘사 속에서 상당한 역사

68 Grant R. Osborne, *The Resurrection Narratives: A Redactional Study* (Grand Rapids: Baker, 1984), 147-92, 233-35, 246-66.

69 J. Augenstein, "Euer Gesetz — Ein Pronomen und die johanneische Haltung zum Gesetz," *ZNW* 88 (1997): 311-13.

70 Peter W. Ensor, *Jesus and His "Works": The Johannine Sayings in Historical Perspective*, WUNT 2.85 (Tübingen: Mohr [Siebeck], 1996).

성을 다시 발견한다.[71] 신약성서 형성에 관한 폭넓고 우상 파괴적 경향의 연구에서, 얼 엘리스(Earle Ellis)는 랍비 미드라쉬의 특수 유형인 *yelammedenu rabbenu*("우리 선생이시여, 우리를 가르치소서!") 형태를 보여주는 요한복음의 더 긴 담론에 대한 여러 예를 포함한다. 이 형태는 실제 예수가 언급한 것으로 간주되는 공관복음의 몇몇 핵심 비유에서도 발견된다. 엘리스는 독특하게 요한 문헌에만 나오는 예수 말씀의 진정성에 관한 자신의 견해를 언급하면서 우리가 지금까지 이룬 요한의 역사성 분야에 대한 연구가 빙산의 일각임을 일깨워준다.[72] 애들버트 데노(Adelbert Denaux)는 자주 인용되는 두 병행 구문, 즉 요한복음에만 등장하는 예수의 가르침과 마태복음 11:25-27//누가복음 10:21-22을 다룬다. 소위 요한의 번개로 불리는 이 내용은 제4복음서 전체에 걸쳐 51번 이상 등장한다.[73] 따라서 예수의 가르침 유형이 공관복음과 요한복음을 서로 구분하는 두 가지 유형보다 더 다양하다는 가설이 가능하고, 또 공관복음 전승과 요한복음 전승 모두 진짜 자료의 큰 부분을 반영한다는 가설도 가능해진다.

요한복음과 관련하여 최근의 가장 중요한 주제 연구는 아마도 스티븐 모티어(Stephen Motyer)의 『너희 아비 마귀? 요한과 "유대인"에 관한 새로운 접근』(*Your Father the Devil? A New Approach to John and "the Jews"*)[74]

71 Andreas J. Köstenberger, "Jesus as Rabbi in the Fourth Gospel," *BBR* 8 (1998): 97-128.

72 E. Earle Ellis, *The Making of the New Testament Documents*, BIS 39 (Leiden: Brill, 1999), 특히 154-83.

73 Adelbert Denaux, "The Q-Logion: Mt 11,27/Lk 10,22 and the Gospel of John," in *John and the Synoptics*, ed. Adelbert Denaux, BETL 101 (Leuven: Leuven University Press, 1992), 163-99.

74 Carlisle: Paternoster, 1997.

일 것이다. 요한복음 8:44을 반영한 제목의 이 연구는 요한복음 전체를 아우르며 제4복음서에 반유대주의가 존재한다고 학계에서 반복적으로 제기되는 비난을 반박한다. 이 비난을 성공적으로 반박하려면 관련된 본문의 역사성이 확보되고 기원후 1세기 초라는 제한된 맥락 안에서 본문의 해석이 가능해야 한다. 요한복음이 기원후 1세기 말의 교회와 회당의 갈등을 배경으로 한 허구 창작물이라는 가설은 비판적 합의에 반하는 주장으로, 사실 요한복음의 책임이 없음을 밝히는 일을 더 어렵게 만든다.[75] 모티어의 그럴듯한 결론은 다음과 같다. 요한복음 8:58("아브라함이 나기 전부터 내가 있느니라")과 같은 본문을 예수가 **하나님이라는** 주장으로 받아들이지 **말아야** 한다. 오히려 이 본문은 예수가 하나님의 이름과 권능으로 기름 부음을 받은 신적 대리인이며, 특히 (이 경우에) 아브라함의 **계보**를 이어 활동하고 있다는 주장으로 받아들여야 한다."[76] 그러나 이는 기원후 70년 이전 유대교의 다양성과 당시에 이미 발전했던 유일신론의 여러 "변종" 내에서도 이해 가능한 주장이었다.[77]

75 Tommy D. Lea, "Who Killed the Lord? A Defense against the Charge of Anti-Semitism in John's Gospel," *CTR* 7 (1994): 103-23도 보라. 더 광범위한 내용은 다음을 참조하라. idem, "The Reliability of History in John's Gospel." *JETS* 38 (1995): 387-402.

76 Motyer, *Your Father the Devil?* 209.

77 참조. Larry W. Hurtado, *One God, One Lord: Early Christian Devotion and Ancient Jewish Monotheism* (Philadelphia: Fortress, 1988).

결론

내가 이 짧은 연구에서 학계의 요한복음 논의에 대해 다룬 내용은 극히 일부에 지나지 않는다. 본 소논문의 서두에 인용한 내 저서 『요한복음의 역사적 신뢰성』(*Historical Reliability of John's Gospel*)에서, 나는 요한복음의 역사성 관련 연구의 더 광범위한 내용, 즉 제4복음서에 대한 서론과 같은 일반 내용에서부터, 요한복음의 독특한 예수 묘사에 역사적 신뢰성을 지지해주는 증거에 관한 세세한 설명에 이르기까지 다양한 내용을 독자들에게 소개했다. 이와 더불어, 나는 요한복음의 역사성에 무게를 실어주는 꽤 많은 양의 연구를 강조했다. 하지만 이렇게 방대한 연구가 한 자리에 정리되어 제시된 적이 없으므로, 이런 연구 자체를 인지하거나 이 연구의 누적된 효과를 알고 있는 사람은 거의 없었다. 나는 톰 라이트의 이중 유사성 및 차이에 관한 기준[78]을 통해 요한복음의 꽤 많은 부분에서 역사성을 신뢰할 수 있다고 제안해왔는데, 이는 역사적 개연성에 관한 게르트 타이센의 네 가지 기준과[79] 거의 동일하다. 내 제안은 요한의 독특성을 부인할 필요도 없고, 그의 복음서의 내용 대부분과 다수의 예수 말씀이 요한의 독특한 관용구에 표현되어 있다는 점도 부정할 필요가 없다. 게다가 우리는 보혜사(요 14:26; 15:26;

78 N. T. Wright, *Jesus and the Victory of God* (London: SPCK; Minneapolis: Fortress, 1996), 특히 86.

79 영역본인 Gerd Theissen and Annette Merz, *The Historical Jesus: A Comprehensive Guide* (London: SCM, 1997; reprint, Minneapolis: Fortress, 1998), 115-18을 보라. 독일어 설명은 다음을 보라. Gerd Theissen and Dagmar Winter, *Die Kriterienfrage in der Jesusforschung: Vom Differenzkriterium zum Plausibilitätskriterium*, NTOA 34 (Freiburg: Universitätsverlag; Göttingen: Vandenhoeck & Ruprecht, 1998).

참조. 요 16:13)의 영감에 따라 요한이 자유롭게 표현할 권한을 부여받았을 가능성도 무시하지 않는다. 그렇다고 우리는 이런 자유를 과대평가하지도 않는다. 벤 위더링턴은 요한복음 14:26을 설명하면서 다음과 같이 말한다.

> 따라서 성령은 제자들에게 지속적인 계시의 원천으로 간주되지만, 이 계시는 높임 받은 예수로의 궁극적 회귀를 의미하며, 예수의 지상 사역 동안 그가 제자들에게 일러준 내용을 기억나게 해주는 기능과 혼동되지 않는다. 높임 받은 예수의 말씀은 기본적으로 고별 담론에서 전달되지 **않으며**, 성령이 제자들에게 임할 때 **가져올** 것으로서 오직 약속된 선물이다.[80]

그러므로 최근 역사적 예수 관련 주요 연구에서 다루지 않은 내용을 거의 예외 없이[81] 시도해볼 수 있는 기회의 문이 활짝 열려 있는 셈이다. 여기에는 복음주의 저자들의 연구도 포함된다.[82] 다시 말해 요한

80 Witherington, *John's Wisdom*, 253.

81 특히 다음 연구를 주목하라. John P. Meier, *A Marginal Jew: Rethinking the Historical Jesus*, 3 vols., ABRL (New York: Doubleday, 1991-2001).

82 나는 다음과 같은 연구를 염두에 두고 있다. E. P. Sanders, *Jesus and Judaism* (London: SCM; Philadelphia: Fortress, 1985); J. D. Crossan, *The Historical Jesus* (San Francisco: HarperSanFrancisco, 1991); Theissen and Merz, *The Historical Jesus*. 공관복음에만 거의 모든 초점을 맞추고 있는 복음주의의 대표 연구로는, Ben Witherington III, *The Christology of Jesus* (Minneapolis: Fortress, 1990); Scot McKnight, *A New Vision for Israel: The Teachings of Jesus in National Context* (Grand Rapids: Eerdmans, 1999); Wright, *Jesus and the Victory of God*을 꼽을 수 있다. Robert H. Stein의 *Jesus the Messiah*(Downers Grove, Ill.: InterVarsity, 1996)에 실린, 탁월하면서도 더 전통적인 구조를 지닌 "예수의 생애"는 거의 모든 초점을 공관복음 자료에 맞추고 있다. 다음 연구와 대조해보라. Craig L. Blomberg, *Jesus and the Gospels: An Introduction and Survey* (Nashville: Broadman & Holman; Leicester: Inter-Varsity, 1997).

복음에서 거의 모든 주요 구절과 주제로부터 파생되는 요소를 역사적 예수라는 더 넓은 연구에 신중히 통합할 수 있게 되었다. 또 이런 요소는 이미 널리 수용된 공관복음의 내용과도 통합이 가능하다. 과연 누가 이 과제를 떠맡을 첫 인물이 될지 지켜보는 일만 남았다.

제4부

초기 기독교

제12장

사도행전

많은 질문 및 대답

Steve Walton
스티브 월턴

사도행전 연구에 있어 1971년은 획기적인 시기였는데, 왜냐하면 바로 이때 에른스트 행헨의 사도행전 주석이 영어로 번역되어 출간되었기 때문이다.[1] 그리고 늦은 감이 있지만 우리는 이 영어 번역이 한 시대의 종말과 새로운 시대의 시작을 알리는 사건이었음을 이제 알게 되었다. 행헨은 그의 주석에서 사도행전 저자인 누가에게 특별한 관심을 보이며, 누가가 초기 그리스도인들에 관한 전승을 창조적으로 편집하여 사도행전에 기록했다고 주장한다. 행헨은 사도행전에 등장하는 각 사건

1 E. Haenchen, *The Acts of the Apostles: A Commentary*, trans. B. Noble et al. (Oxford: Blackwell; Philadelphia: Westminster, 1971; *Die Apostelgechichte*의 영역본, KEK 3, 14th ed. [Göttingen: Vandenhoeck & Ruprecht, 1965]). Haenchen은 1968년과 1977년에 이 주석의 독일어판을 추가로 두 번 출간했다.

이 누가에게 무슨 의미가 있는지를 반복해서 질문한다. 그는 편집비평 도구를 사용하여 이 질문에 답하면서 사도행전에 나오는 이야기의 역사적 가치에 대한 상당한 회의주의와 이 접근을 결합하고 있다. 행헨의 연구가 미친 영향으로 이후 약 15년 동안 사도행전의 역사성에 관한 질문은 거의 제기되지 않았고, 관심의 초점은 오로지 누가 신학에 맞춰졌다.

하워드 마셜(I. Howard Marshall)은 행헨보다 일 년 앞서 누가 신학에 관한 중요한 연구서를 출간했는데,[2] 여기서 마셜은 사도행전 학계의 거장 3인, 즉 행헨, 콘첼만(Conzelmann), 디벨리우스(Dibelius)가 1940년대와 1950년대에 제기했던 안건에 응답하고 있다.[3] 이 세 학자와 마찬가지로, 마셜은 누가의 신학적 관심사에 초점을 맞추면서, "구원"이 누가-행전의 주제로 간주되어야 한다고 주장한다. 그러나 이 세 학자와 달리, 마셜은 예수와 초기 교회에 대한 누가의 묘사에 상당한 역사적 사실성이 존재하며, 이전 시대 사도행전 학계의 핵심이었던 신학과 역사 중 하나를 선택하는 일은 잘못된 이분법이라고 올바르게 주장한다.[4]

행헨과 마셜의 저술은 1970년 이래로 제기된 사도행전 연구의 안건을 반영한다. 신약성서 학계의 거의 모든 주요 관심사는 신약성서의

2 I. H. Marshall, *Luke: Historian and Theologian* (Exeter: Paternoster; Grand Rapids: Zondervan, 1970).

3 Haenchen의 *Acts of the Apostles* 외에 다음을 보라. H. Conzelmann, *The Theology of St. Luke* (London: Faber & Faber, 1960); idem, *Acts of the Apostles*, Hermeneia (Philadelphia: Fortress, 1987); M. Dibelius, *Studies in the Acts of the Apostles* (London: SCM, 1956).

4 후에 Marshall은 Haenchen의 주장에 조목조목 대응하는 짧지만 훌륭한 주석서를 집필했다. I. H. Marshall, *The Acts of the Apostles: An Introduction and Commentary*, TNTC (Leicester: Inter-Varsity; Grand Rapids: Eerdmans, 1980).

가장 긴 책 중 하나인 사도행전 연구와 관련되어 있다. 좀 더 구체적으로 말해서, 사도행전의 다양한 본문 형태, 장르, 목적, 자료 탐구, 누가의 편집 행위와 신학적 관점, 기술된 사건의 역사적 토대, 내레이터 및 이야기꾼(storyteller)으로서 누가의 역할, 사도행전과 바울 서신 간의 역사적 혹은 신학적 양립성 등이 사도행전 연구에 해당한다. 따라서 우리는 여기서 다룰 주제를 선별해야 한다.

우리는 몇 가지 유익한 연구를 살펴보고 사도행전에 대한 최근의 중요 접근법을 개관함으로써 시작한다. 그리고 다음과 같은 세 가지 주요 주제, 즉, 사도행전의 장르와 목적, 역사 관련 쟁점, 신학적 주제와 강조에 관한 논의가 집중적으로 이어질 것이다.

개관

몇몇 유익한 개관은 사도행전 학계를 다룬다.[5] 상대적으로 짧으면서 더

5 이전 연구서 중 가장 눈에 띄는 것은 다음과 같다. W. W. Gasque, *A History of the Criticism of the Acts of the Apostles* (Grand Rapids: Eerdmans, 1975). Gasque는 1988년 제2판 부록으로, 자신의 중요한 소논문인 "A Fruitful Field: Recent Study of the Acts of the Apostles," *Int* 42 (1988): 117-31을 실었다. Gasque는 느슨한 연대기적 순서로 사도행전을 다루면서, 신학적 질문보다는 역사적 질문에 초점을 맞추고, 영국, 프랑스, 독일 학계의 연구를 언급한다. Haenchen의 *The Acts of the Apostles*, 14-50도 중요한 연구로, 연대순으로 내용이 정리되어 있고, 독일 학계에 더 집중한다. 매우 상세하고 유용한 또 다른 연구는 다음과 같다. F. Bovon, *Luke the Theologian: Thirty Three Years of Research (1950-1983)*, trans. K. McKinney, Princeton Theological Monograph 12 (Allison Park, Pa.: Pickwick, 1987). 이는 Bovon의 *Luc le théologien: Vingt-cinq ans de rechcerches (1950-1975)* (Neuchâtel-Paris: Delachaux & Niestlé, 1978)을 영어로 확장 번역한 것이다. Bovon은 여기서 주요 주제를 살피고 있는데, 각 경우마다 연대순의 훌륭한 참고 문헌과 신중하면서도 유용한 논의가 제공된다. 참고 문헌에는 다음 연

최근에 발표된 두 개관은 특별히 더 중요한 의미를 지닌다. 마크 파월(Mark Powell)의 연구서는 입수가 용이하고 신학적 질문에 초점을 맞추고 있다.[6] 마셜은 그의 뛰어난 저술에서 사도행전 연구의 전 분야를 포괄적으로 조사하는 동시에 그가 논하는 접근법과 학자들에 대한 자신의 응답을 밝힘으로써 혁혁한 공을 세운다.[7] 이 소논문이 제공할 수 있는 것보다 더 자세한 논의를 원하는 독자가 있다면, 마셜의 저서를 적극 추천한다.[8]

새로운 접근법

지난 30년간 신약성서 학계에서 많은 혁신이 이루어졌는데, 특히 내러티브 연구, 수사학 연구의 적용, 사회-과학적 모델 사용에 관한 분야에서 이런 혁신이 두드러지게 나타나고 있다. 이런 추세는 그동안 더 새

구가 포함되어 있다. A. J. Mattill Jr. and M. B. Mattill, *A Classified Bibliography of the Literature on the Acts*, NITS 7 (Leiden: Brill, 1966); W. E. Mills, *A Bibliography of the Periodical Literature on the Acts of the Apostles*, 1962-1984, NovTSup 58 (Leiden: Brill, 1986). 이 두 연구서가 제시하는 참고 문헌은 철저하며 귀중하다.

6 M. A. Powell, *What Are They Saying about Acts?* (New York: Paulist Press, 1991); idem, "Luke's Second Volume: Three Basic Issues in Contemporary Studies of Acts," *TSR* 13 (1991): 69-81도 보라.

7 I. H. Marshall, *The Acts of the Apostles*, NTG (Sheffield: JSOT Press, 1992).

8 다음 연구도 보라. J. B. Green and M. C. McKeever, *Luke-Acts and New Testament Historiography,* IBR Bibliographies 8 (Grand Rapids: Baker, 1994). 이는 귀중한 주석이 달린 참고 문헌 연구서로 영어권 학계의 역사와 사료학에 대한 문제에 집중하고 있다. 1974-82년 동안의 독일 학계에 대해서는 다음의 두 소논문에서 다루고 있다. E. Plülmacher, "Acta-Forschung, 1974-1982 (Part 1)," *TRu* 48 (1983): 1-56; "Acta-Forschung, 1974-1982 (Forsetzung und Schluß)," *TRu* 49 (1984): 105-69.

로운 방법론 개발을 위한 연구소 역할을 해온 사도행전 연구에 반영되어 있다.

서사비평

루크 존슨(Luke Johnson)의 박사 논문은[9] 사도행전과 관련된 신약성서 학계에서 "내러티브로의 전향"의 서막을 알렸다.[10] 존슨은 이 논문에서 사도행전의 물질적 소유가 지닌 문학적 기능을 살피면서 누가가 문학적으로 제시하는 소유를 조사하고 그것의 역할에 대한 누가의 신학적 견해를 이해하고자 한다.[11]

존슨의 이런 접근법은 현재 "서사비평"(narrative criticism)으로 알려진다. 서사비평은 부스(Booth)와 채트먼(Chatman)과 같은 비평가들의 연구에 기초하고 있으므로 다른 학문 분야의 문학적 연구에서 개발된 접근법들과 밀접히 연관된다.[12] 이 접근법은 본문의 "최종 형태"에 집중

9 이 논문은 다음과 같이 출판되었다. L. T. Johnson, *The Literary Function of Possessions in Luke-Acts*, SBLDS 39 (Missoula, Mont.: Scholars Press, 1977).

10 서사비평과 관련하여 중요하고 일반적인 설명은 다음을 보라. M. A. Powell, *What Is Narrative Criticism?* (Philadelphia: Fortress, 1991; London: SPCK, 1993). 다음도 보라. Powell, *What Are They Saying*, ch. 6. 더 간결한 설명은 다음을 보라. D. Wenham and S. Walton, *Exploring the New Testament*, vol. 1, *A Guide to the Gospels and Acts* (London: SPCK; Downers Grove, Ill. : InterVarsity, 2001), 84-88; S. S. Bartchy, "Narrative Criticism," *Dictionary of the Later New Testament and Its Developments*, ed. R. P. Martin and P. H. Davids (Downers Grove, Ill.: InterVarsity, 1997), 787-92.

11 Johnson은 *Literary Function of Possessions*, 12-28에서 자신의 방법론을 간략히 설명한다. Johnson의 훌륭한 사도행전 주석서도 보라. *The Acts of the Apostles*, SP 5 (Collegeville, Minn.: Liturgical Press, 1992).

12 W. C. Booth, *The Rhetoric of Fiction* (Chicago: University of Chicago Press, 1961); S. Chatman, *Story and Discourse: Narrative Structure in Fiction and Film* (Ithaca, N.Y.: Cornell University Press, 1978).

하며, 자료 및 편집과 관련된 질문에는 신경을 쓰지 않는다. 결국 서사비평을 사용하는 학자들은 저자가 이야기를 말하는 방식에 주목하고, 플롯, 등장인물, 배경, 관점을 연구한다.

존슨은 사도행전의 내러티브에서 특별한 기능을 하는 소유에 주목한다. 즉 사도행전의 소유는 전반적으로 "예언자와 백성"이라는 문학 패턴 내에서 사용되는데, 이 안에서 소유는 신령한 대언자(예수 혹은 사도들)와 그의 추종자들 사이에 나타나는 중요한 관계적 특징을 드러낸다. 또한 소유는 돈을 사도들의 발 앞에 내려놓는 것과 같은 상황(행 4:35, 37; 5:2)에 등장하여 열두 사도의 권위를 상징하는 도구로 사용된다.[13] 한편으로 소유의 적절한 혹은 부적절한 사용은 사람들의 마음 상태를 보여준다(예. 행 1:12-26에서 유다에 대한 부정적 묘사와, 행 4:36-37에서 바나바의 관대함에 대한 묘사). 전반적으로 누가는 물질의 소유를 은유적으로 다루면서, 인간 삶의 핵심 문제, 즉 한 개인이 보여주는 태도의 본질, 사람 사이의 관계, 그리고 이런 관계 속에 작용하는 불평등한 권력을 상징적으로 표현하고 있다.[14] 존슨의 연구는 이후 다른 학자들의 후속 연구의 발판이 되었다. 그중 특별히 중요한 학자는 로버트 탄네힐(Robert Tannehill)로,[15] 그는 서사비평을 사도행전 전체에 체계적으로 적용한 첫 인물이었다.[16] 탄네힐의 연구에서 주목할 점은 누가-행전의 내러티브 안에서 발견되는 상호 연결성에 대한 강조다. 탄네힐은, 예를 들어 바울의 밀레도 연설(행 20:18-35)에 대한 논의에서 누가의 광범위

13 Johnson, *Literary Function of Possessions*, 200-207.

14 위의 책, 221.

15 R. C. Tannehill, *The Narrative Unity of Luke-Acts: A Literary Interpretation*, 2 vols., FF (Minneapolis: Fortress, 1986-90), vol. 2, *The Acts of the Apostles*.

16 Johnson은 서사비평을 자신의 주석서 *Acts of the Apostles*에 적용했다.

한 미리 보기와 다시 보기 장치가 사용되고 있다고 주장한다. 다시 말해, 바울은 밀레도 연설에서 자신의 과거 사역(18b-21, 26-27, 31, 33-34절)을 돌아보면서, 장차 발생할 일(22-25, 29-30절)에 대해 말하고 있다는 것이다.[17] 또 탄네힐은 밀레도 연설에서 반복되는 단어를 강조할 뿐만 아니라 누가의 예수와 연결점을 찾는다.[18]

학자들로 하여금 누가의 견해를 논하는 동시에 누가에게 동의할지 아니면 동의하지 않을지를 자유롭게 결정할 수 있게 해주는 서사비평 연구 방식에 대한 탄네힐의 강조는 특히 흥미롭다. 이 서사비평 방식을 통해 학자들은 단순히 자신의 관점으로 본문을 읽는 위험성을 줄이면서 누가가 말하는 내용에 대해 대화할 수 있게 된다. 예를 들어 탄네힐에 의하면, 누가는 그리스도인들이 유대인들을 설득하여 예수를 따르게 해야 한다고 믿고 있다. 그러나 탄네힐 자신은 솔직히 누가의 이런 견해에 동의하지 않는다고 말한다.[19]

다른 많은 연구가 탄네힐의 주장을 따르는데,[20] 그중에는 인물 특성에 대한 몇몇 훌륭한 연구도 포함된다. 스콧 스펜서(F. Scott Spencer)는 그와 같은 인물 연구 수행에 좋은 본보기가 되는 빌립에 대한 신중하고

17 Tannehill, *Narrative Unity of Luke-Acts*, 2:252.

18 위의 책, 2:255-61. 누가의 바울 묘사와 예수 묘사의 유사점에 대해서는 다음을 보라. S. Walton, *Leadership and Lifestyle: The Portrait of Paul in the Miletus Speech and 1 Thessalonians*, SNTSMS 108 (Cambridge: Cambridge University Press, 2000), 99-136.

19 Tannehill, *Narrative Unity of Luke-Acts*, 2:3.

20 다음 연구들은 이와 관련하여 좋은 개관을 제공한다. W. S. Kurz, *Reading Luke-Acts: Dynamics of Biblical Narrative* (Louisville: Westminster John Knox, 1993); and F. S. Spencer, "Acts and Modern Literary Approaches," in *The Book of Acts in Its Ancient Literary Setting*, ed B. W. Winter and A. D. Clarke, BAFCS 1 (Carlisle: Paternoster; Grand Rapids: Eerdmans, 1993), 381-414.

사려 깊은 묘사를 제공한다.[21] 데이비드 구딩(David Gooding)은 내러티브 전개를 강조하는 중간 수준의 신중한 주석을 제공한다. 그러나 사도행전의 구조에 관한 그의 주장은 과장되어 있다.[22]

수사비평

수사비평가들은 한 작품의 논쟁 구조에 집중하면서, 이 구조가 독자들을 어떻게 설득하는지, 그리고 어떤 종류의 설득을 지향하는지를 규명하고자 한다. 다시 말해, 해당 논쟁 구조가 미래에 관한 결정에 집중하는 정치적(deliverative) 수사인지, 혹은 과거 사건과 행위의 옳고 그름에 대한 결정에 집중하는 사법적(judicial) 수사인지, 아니면 가장 광범위한 범주로서, 현재와 미래의 신념이나 가치에 대한 고수를 강조하는 과시적(epideictic) 수사인지 파악하고자 한다.[23] 수사비평의 뿌리는 고대 수

21 F. S. Spencer, *The Portrait of Philip in Acts: A Study of Roles and Relations*, JSNTSup 67 (Sheffield: JSOT Press, 1992); 다음과 같은 Spencer의 주석서도 보라. *Acts*, Readings: A New Biblical Commentary (Sheffield: Sheffield Academic Press, 1997); 누가복음에 초점을 맞추고 있는 J. A. Darr의 신중한 인물 묘사 연구는 다음과 같다. *On Character Building: The Reader and the Rhetoric of Characterization in Luke-Acts* (Louisville: Westminster John Knox, 1992); and W. H. Shepherd Jr., *The Narrative Function of the Holy Spirit as a Character in Luke-Acts*, SBLDS 147 (Atlanta: Scholars Press, 1994).

22 D. W. Gooding, *True to the Faith: A Fresh Approach to the Acts of the Apostles* (London: Hodder & Stoughton; Grand Rapids: Gospel Folio, 1990); Gooding의 이전 연구로서 다음을 참조하라. *According to Luke: A New Exposition of the Third Gospel* (Leicester: Inter-Varsity; Grand Rapids: Eerdmans, 1987).

23 이에 관한 개론은 다음을 보라. G. A. Kennedy, *New Testament Interpretation through Rhetorical Criticism* (Chapel Hill: University of North Carolina Press, 1984). 이 책 제6장에서 Kennedy는 사도행전의 몇몇 연설을 논하고 있다. 또는 더 간결한 내용의 다음 연구를 보라. S. Walton, "Rhetorical Criticism: An Introduction," *Them* 21 (1995-96): 4-9.

사학 연구에서 발견되는데, 이는 고대에 실시된 3단계 교육의 기본 내용이었다. 이 접근법을 추구하는 학자들은 다음과 같은 신념을 갖고 있다. 즉 고대 문화권 사람들이 언제나 큰 목소리로 책을 읽었다는 사실을 감안한다면, 고대 연설의 특징과 신약성서 본문의 연계 방식을 고려할 때 많은 유익을 얻을 수 있다는 것이다.[24]

서사비평처럼 수사비평 역시 본문에 대한 전체적 접근이며, 의사소통의 한 행위로서 본문에 집중한다. 때때로 제기되는 주장처럼 신약성서 저자들이 그리스-로마 방식의 정규 수사학 교육을 받았다고 확신할 필요는 없지만, 신약성서 세계에 수사학이 깊이 스며들어 있었으므로 신약성서 저자들이 의식적으로 혹은 무의식적으로 수사학적 관심사와 기법이 반영된 방식으로 말하거나 기록했다고 주장할 수 있다. 수사비평의 한 가지 이점은 이 접근법을 통해 이천 년 이상의 시간 간격에도 불구하고 저자의 생각에 가능한 한 정확히 접근할 수 있다는 것이다. 왜냐하면 이 접근법은 누가가 기록할 당시에 흔하게 알려져 있던 관습을 사용하고 있기 때문이다. 수사비평을 적용하는 대다수 학자의 견해는 수사비평이 서사비평처럼 주석가의 공구함(수사비평만이 유일하게 타당한 접근법은 아니라는 뜻)에 유용한 공구 하나를 추가하고 있다는 것이다.

사도행전에 등장하는 연설은 자연스레 수사비평의 표적이 되어왔다. 케네디(Kennedy)는 밀레도 연설(행 20:18-35)을 분석하며 다음과 같이 결론 내린다. 즉 이 연설은 미래 지향적 형태인 과시적 연설로, 그

24 이디오피아 내시의 사건은 이와 관련된 한 예다(행 8:28-30). 참조. Aristotle, *Rhetoric* 3.5.6. 이 책은 다음과 같이 말한다. "일반적으로 말해서, 글이란 쉽게 읽히거나, 말로 쉽게 표현될 수 있어야 한다. **읽기와 말하기는 똑같은 것이다**." 참고 문헌은 다음을 보라. Walton, "Rhetorical Criticism," 8 n. 52.

목적은 에베소 장로들이 바울의 사역을 긍정적으로 바라보고 그를 본받게 하기 위함이라는 것이다.[25] 한편 두에인 왓슨(Duane Watson)은 바울의 밀레도 연설을 과시적 고별 연설로 규명하며, *exordium*(도입: 청자의 관심 유도[18b-24절]), *probatio*(본론[25-31절]), *peroratio*(결론: 청중의 감성 자극[32-35절])로 이루어진 구조를 지니고 있다고 주장한다.[26] 벤 위더링턴은 이와 대조적으로 다음과 같이 주장한다. 즉 밀레도 연설은 장로들의 미래 행위에 집중하고 있으므로 정치적 수사라는 것이다. 또 위더링턴은 18-21절을 *narratio*(바울의 과거 행적에 관한 이야기 전달)로, 22-25절은 바울의 미래에 초점을 맞추는 내용으로, 26-30절은 바울의 예를 장로들에게 적용하는 부분으로, 그리고 31-35절은 *peroratio*로 규명한다.[27] 신약성서 학계에 항상 있는 일로서, 학자들 사이에는 특정 본문에 대한 가장 적절한 접근법이 무엇인지에 관한 논쟁이 존재한다.

사회-과학적 방법

1970년대 이후로 사회-과학적 접근법 역시 주목받기 시작했는데, 이는 초기 기독교의 사회·문화적 배경에 주의 깊은 관심을 기울이며 현대 사회과학에서 나온 모델과 관점을 사용한다.[28] 세계성서학회에 처

25 Kennedy, *New Testament Interpretation*, 133.

26 D. F. Watson, "Paul's Speech to the Ephesian Elders (Acts 20: 17-38): Epideictic Rhetoric of Farewell," in *Persuasive Artistry: Studies in New Testament Rhetoric in Honour of George Kennedy*, ed. D. F. Watson, JSNTSup 50 (Sheffield: JSOT Press, 1991), 184-208.

27 B. Witherington III, *The Acts of the Apostles: A Socio-Rhetorical Commentary* (Carlisle: Paternoster; Grand Rapids: Eerdmans, 1998), 610-27.

28 중요 연구는 다음을 보라. D. Tidball, *The Social Context of the New Testament* (Grand

음으로 "초기 기독교 사회 세계" 연구 분과를 신설했을 때, 다음과 같은 네 가지 핵심 연구 과제가 제시되었다. (1) 초기 기독교의 사회적 사실을 기술하고 초기 기독교를 당시 사회 정황에 위치시키기, (2) 초기 기독교의 사회사 전개하기, (3) 기독교 및 관련 제도의 출현을 초래한 사회 세력 조사하기, (4) 초기 기독교의 "상징적 우주"를 고려하여 초기 그리스도인들의 세계관과, 이 세계관을 지지하는 구조 및 관념 규명하기 등이다.

필립 에슬러(Philip Esler)는 1987년에 출간된 자신의 박사 논문에서 위와 같은 관심사를 누가-행전에 적용하여 유명해졌다.[29] 그는 누가의 사고를 자극한 사회·정치적 관심사를 조사하며, 누가-행전의 명백한 신학적 관심사를 정치/사회 쟁점의 암호화된 표현으로 간주한다.[30] 특히 에슬러는 누가의 중심 쟁점을 "합법화"(legitimation) 작업으로 간주한다. 다시 말해, 누가는 대부분이 유대교 혹은 "하나님 경외자"(God-fearer)라는 배경 아래 그리스도인이 되기로 결정한 그의 독자들에게 정당화(justification)를 제공하고 있다는 것이다.[31] 에슬러에 의하면, 누가는 상징적 우주를 건설함으로써 이 정당화를 수행하는데, 상징적 우주는 그 안에서 독자들이 세계를 이해할 수 있는 틀을 제공하며, 구체적

Rapids: Zondervan, 1984; Carlisle: Paternoster, 1997). 이 연구서가 영국에서 처음 발간되었을 때는 다음과 같은 제목을 갖고 있었다. *An Introduction to the Sociology of the New Testament* (Exeter: Paternoster, 1983). D. Horrell이 편집한 *Social-Scientific Approaches to New Testament Interpretation* (Edinburgh: Clark, 1999)에는 이 접근법에 관한, 또는 이 방법을 사용하는 소논문이 다수 포함되어 있다.

29 P. F. Esler, *Community and Gospel in Luke-Acts: The Social and Political Motivations of Lucan Theology*, SNTSMS 57 (Cambridge: Cambridge University Press, 1987).

30 위의 책, 1-16. 이에 관한 중요 요약은 다음을 보라. Marshall, *The Acts of the Apostles* (1992), 41-42.

31 Esler, *Community and Gospel in Luke-Acts*, 16-23.

으로 그들로 하여금 왜 그리스도인이 되는 일이 유대교인이 되는 일보다 나은지 그 이유를 이해할 수 있게 만들어준다. 이를 위해 누가는 식탁 교제, 율법, 성전, 가난한 자와 부한 자, 그리고 로마 제국과 같은 몇 가지의 중요 분야를 다룬다.

지면의 제약으로 여기서 에슬러의 연구를 온전히 논하기는 어렵지만,[32] 우리는 그의 식탁 교제 논의를 들여다봄으로써 그의 접근법을 설명할 수 있다.[33] 에슬러의 논의에 의하면, 베드로가 고넬료와 식사를 함께했다는 것은 역사적 신빙성이 없는데(베드로와 고넬료의 식탁 교제 가능성은 베드로가 고넬료 일행과 "며칠 더" 머물렀다는 행 10:48에서 발견된다), 그 이유는 이후에 베드로가 안디옥에서 보여준 행동에 기인한다(갈 2:11-14).[34] 따라서 에슬러는 이런 역사적 재진술에서 누가의 목적이 무엇인지 질문하며, 누가가 이 이야기들을 사용해서 유대인 그리스도인들과 이방인 신자들로 이루어진 식탁 교제와 관련하여 그의 공동체 내에 존재하는 긴장을 말하려고 했다고 주장한다. 왜냐하면 그들은 유대인 신자들과 비신자들 모두로부터 비난을 받고 있었기 때문이다.[35]

에슬러의 접근법이 지닌 가치는 누가의 사회적 배경이 누가가 자신의 자료를 살펴보고 제시하는 방식에 영향을 미쳤다는 에슬러의 주장에 있다. 그러나 식탁 교제의 경우에 있어 에슬러의 주장은 초기 (유대인) 그리스도인들이 이방인들과 기꺼이 함께 식사하는 일로 어떻게 급

32 다음과 같은 귀중한 세 논평이 더 자세한 내용을 제공한다. I. H. Marshall in *JTS* 39 (1988): 564-66; A. T. Kraabel in *JBL* 108 (1989): 160-63; M. M. B. Turner in *EvQ* 62 (1990): 365-68.

33 Esler, *Community and Gospel in Luke-Acts*, 71-109.

34 위의 책, 95-96.

35 같은 책, 105-9.

진적 변화가 이루어졌는지를 과소평가하고 있다. 이 변화로 인해 하나님과 그분의 백성 간에 맺은 언약의 본질에 대해 그들의 생각을 급진적으로 재고해볼 수 있었겠지만, 이 현상이 신속하게 이루어지지는 않았을 것이다. 사도행전에서 식탁 교제 문제는 예루살렘 공회에서조차 부분적으로만 해결되는데(행 15장), 이런 사고가 "수용"된 긴 과정이 사도행전에 드러난 것은 누가가 그의 이야기를 말하는 방식에서 실제 일어났던 사건에 의해 제한받고 있음을 암시한다. 긴 기간에 걸쳐 이루어진 이 변화는 베드로의 "일관성 없는"(이후의 관점에서 볼 때) 행위를 가능하게 혹은 꽤 신빙성 있게 해준다. 베드로의 일관성 없는 행위란 그가 때로는 이방인들과 식사를 하고, 때로는 보수적인 유대인 그리스도인들의 압력에 못 이겨 이방인들과의 식사 자리를 피한 것을 의미한다(바울이 갈 2:12에서 언급하는 안디옥 사건이 바로 이에 관한 내용이다). 또 오랜 기간의 변화가 의미하는 바는, 이 쟁점은 누가가 살던 당시에도 여전히 존재했고, 이로 인해 누가는 이 이야기를 사도행전에서 다시 기술해야 할 명분이 있었다는 것이다. 그렇다고 사도행전의 이야기가 누가 공동체의 필요에 부응하기 위해 누가가 허위로 만든 내용이라거나 완전히 다른 내용으로 다시 기록했다고 생각할 필요는 없다.

사도행전의 특성

누가-행전인가? 아니면 누가복음과 사도행전인가?

1990년대까지 누가복음과 사도행전이 두 권으로 이루어진 하나의 작품이라는 주장이 학계에서 널리 인정받았는데, 이는 헨리 캐드베리

(Henry Cadbury)가 사용한 "누가-행전"(Luke-Acts)이라는 용어에 반영되어 있다.[36] 미킬 파슨스(Mikeal Parsons)와 리처드 퍼보(Richard Pervo)는 1993년에 누가복음과 사도행전 사이에 존재하는 일치를 재조사하여 누가복음과 사도행전을 한 작품으로 보는 견해에 이의를 제기했다.[37] 그러나 이 두 학자가 두 책의 저자를 동일 인물로 보는 주장을 반박하는 것은 아니다.[38] 대신에 그들은 누가복음과 사도행전이 정경 측면에서 서로 연결되어 있는지(왜냐하면 현존하는 고대 정경 사본 중 어디에도 이 둘이 연달아 등장하지 않으므로),[39] 속성상 서로 연결되어 있는지(왜냐하면 둘은 각각 다른 문학 장르에 속하므로),[40] 내러티브 면에서 서로 연결되어 있는지(왜냐하면 두 책이 전하는 이야기에 차이가 있으므로),[41] 마지막으로 신학적으로 연결되어 있는지(사도행전은 관심도에 있어서 누가복음에 빈번히 밀리고 있는데, 그 이유는 누가복음을 자료인 마가복음과 연계하여 편집비평을 하는 것이 사도행전과 더 이상 존재하지 않는 자료를 연계하여 편집비평을 하는 것보다 훨씬 용이하므로) 의문을 제기한다.[42]

그러나 하워드 마셜의 설득력 있는 주장에 의하면 두 책 사이에 진

36 H. J. Cadbury, *The Making of Luke-Acts* (London: SPCK; New York: Macmillan, 1927).

37 M. C. Parsons and R. I. Pervo, *Rethinking the Unity of Luke and Acts* (Minneapolis: Fortress, 1993).

38 위의 책, 7-8, 116. 참조. 핵심 소논문인 B. E. Beck, "The Common Authorship of Luke and Acts," *NTS* 23 (1977): 346-52. 이 소논문은 공동 저자에 관한 언어학적 의심에 단호히 답하고 있다.

39 Parsons and Pervo, *Unity of Luke and Acts*, 8-13, 116-19.

40 위의 책, 25-37. 다음과 대조해보라. D. E. Aune, *The New Testament in Its Literary Environment* (Philadelphia: Westminster, 1987; Cambridge: Clarke, 1988), 77-157.

41 Parsons and Pervo, *Unity of Luke and Acts*, 48, 123 n. 21.

42 위의 책, 86.

정한 일치가 존재한다.[43] 그는 두 책의 프롤로그에 나타나는 연속성을 가리켜 누가복음이 사도행전 자료의 관점에서 편집되었음을 보여주는 증거라고 주장하고, 또 누가복음의 결말을 가리키며, 이것이 바로 누가복음이 "제1권"임을 드러낸다고 주장한다. 게다가[44] 두 책을 강력히 연결하는 다음과 같은 신학적 주제들이 있다. 즉 예수 자신, 사도들과 목격자들의 역할, 하나님 나라와 메시아, 제자도, 그리고 모든 사람을 위한 구원이다. 그 외에도, 누가복음과 사도행전을 연결하는 주제들은 사도행전 1-2장에 집중되어 있다. 사도행전 1-2장은 누가복음과 사도행전을 연결하는 "가교" 역할을 하고, 다음과 같은 사도행전의 주요 주제를 연주하는 일종의 "서곡" 기능을 한다. 사도행전의 주요 주제로는 성서 예언의 성취, 역사의 주재이신 하나님, 예수의 가르침과 본보기, 예수 사역의 현상, 부활, 높임 받음, 예수의 권위와 이런 사건들의 결과, 성령, 그리고 기도가 있다.[45]

장르, 청중, 그리고 목적(들)

러브데이 알렉산더(Loveday Alexander)의 많은 연구와 그녀의 작업에 대한 반응이 보여주듯이, 장르, 청중, 목적에 관한 질문은 서로 밀접히 연관된다. 러브데이의 박사 논문 결론에 의하면, 누가의 서문은 그의 두

43 I. H. Marshall, "Acts and the 'Former Treatise,'" in Winter and Clarke, *The Book of Acts*, 163-82.

44 I. H. Marshall, "'Israel' and the Story of Salvation: One Theme in Two Parts," in *Jesus and the Heritage of Israel*, ed. D. P. Moessner (Harrisburg, Pa.: Trinity, 1999), 340-57.

45 다음 논의를 보라. S. Walton, "Where Does the Beginning of Acts End?" in *The Unity of Luke-Acts*, ed. J. Verheyden, BETL 142 (Leuven: Peeters, 1999), 448-67.

책을 기술적인 주제에 대한 설명서를 저술하는 "과학적" 작가들의 작품 영역에 위치시킨다.[46] 이 결론은 누가-행전의 청중이 상류 가문 출신의 엘리트가 아니라, 교육은 받았지만 사회 최상층에 속하지 않는 사람들임을 함축한다.

알렉산더는 흥미진진하고 유익한 여러 연구를 통해 자신의 작업을 발전시켰다.[47] 다른 학자들은 사도행전과 그리스 역사 문헌을 비교하여 연관성과 유사성을 강조했다.[48] 그러나 그리스 역사가들은 일반적으로 강력한 정치적 인물이나 전쟁 영웅에 관해 기록하고 거창한 말로 이 인물들을 표현했지만 사도행전과 이런 특징은 어울리지 않는 것 같다.

리처드 퍼보는 누가가 그리스 소설과 유사한 특징으로 어떻게 자신의 이야기를 전달하고 있는지를 강조했다. 또한 그는 이 유사성이 사도행전의 장르가 고대 소설로 간주되어야 함을 의미한다고 주장했다.[49] 누가가 뛰어난 이야기꾼으로서 고대 작가들의 단골 소재를 다루며 내

46 L. Alexander, *The Preface to Luke's Gospel: Literary Convention and Social Context in Luke 1:1-4 and Acts 1:1*, SNTSMS 78 (Cambridge: Cambridge University Press, 1993); 더 간단한 설명은 다음을 보라. L. Alexander, "Luke's Preface in the Context of Greek Preface-Writing," *NovT* 28 (1986): 48-74.

47 특히 L. C. A. Alexander, "The Preface to Acts and the Historians," in *History, Literature, and Society in the Book of Acts*, ed. B. Witherington III (Cambridge: Cambridge University Press, 1996), 73-103; "Fact, Fiction and the Genre of Acts," *NTS* 44 (1998): 380-99; "Acts," in *The Oxford Bible Commentary*, ed. J. Barton and J. Muddiman (Oxford: Oxford University Press, 2001), 1028-61.

48 특히 E. Plümacher, *Lukas als hellenistischer Schriftsteller: Studien zur Apostelgeschichte* (Göttingen: Vandenhoeck & Ruprecht, 1972); D. L. Balch "Acts as Hellenistic Historiography," *SBLSP* (1985): 429-32. Balch의 소논문은 D. Schmidt의 "The Historiography of Acts: Deuteronomistic or Hellenistic?" *SBLSP* (1985): 417-27에 대한 반응이다.

49 R. I. Pervo, *Profit with Delight: The Literary Genre of the Acts of the Apostles* (Philadelphia: Fortress, 1987).

러티브 기법을 사용할 줄 알았다는 퍼보의 주장은 분명히 옳다. 누가는 파선, 모험, 드라마와 유머를 자신의 내러티브에 포함한다. 하지만 퍼보는 이런 식으로 내러티브 장치를 사용하는 것이 오직 고대 소설에서만 발견되는 특징이라고 가정하는 실수를 저지르고 있다. 고대 역사가들도 유쾌한 방식으로 글을 써서 그들의 청중을 사로잡으려 했다. 예를 들어, 기원후 2세기 인물인 사모사타의 루키아노스(Lucian of Samosata)는 역사가의 사고는 "시적 영감이 필요하다.…역사가는 자신의 배에 있는 돛을 팽팽하게 펼치고 그 배를 나아가게 하는 시(詩)라는 바람이 필요하다"라고 권고한다. 그리고 이 역사가는 「역사 저술 방법」(*How to Write History*) 45, 53에서 "자신의 청중에게 흥미롭고 교훈이 되는 내용을 주어야 한다"고 주장한다. 결국 퍼보는 고대 소설에서 발견되는 일반적 특징이 사도행전에 존재한다는 사실이 사도행전 자체가 고대 소설임을 의미한다는 잘못된 주장을 한다. 이 주장이 틀린 이유는 같은 특징이 고대 역사가들의 저서에서도 발견되기 때문이다.

많은 학자가 사도행전과 유대교 역사 문헌 사이의 유사성을 연구해왔다. 브라이언 로스너(Brian Rosner)는 구약 역사서의 역사 전달 방식과 사도행전의 방식 사이에 존재하는 다층적 연결을 강조한다.[50] 이 연결은 언어학적 특성에 기초하는데, 이는 사도행전의 언어가 여러 부분에서 70인역과 특히 다음과 같은 주제, 즉 예언/성취, 예루살렘 강조와 같은 주제를 강하게 반영하고 있기 때문이다. 누가는 구약성서의 모델을 사용하여 사도행전의 이야기를 기술하는데, 예를 들어 바울의 회심 이야기는 구약에서 하나님이 이스라엘 백성 앞에 나타나 말씀하시는

50 B. S. Rosner, "Acts and Biblical History," in Winter and Clarke, *The Book of Acts*, 65-82.

이야기와 그대로 닮았다. 일반적으로 사도행전은 구약성서의 문학 기법을 반영하는데, 그중에서도 특히 다음과 같은 신명기적 역사 기법을 따르고 있다. 즉 상투적 어구의 사용(6:7; 9:31; 12:24; 16:5; 19:20; 28:31에서 교회 성장에 대한 일련의 언급), 전달하는 이야기의 논점을 요약하고 해석하는 연설(예. 4:24-30의 기도), 역사의 시대 구분, 몇몇 주요 인물에 초점을 맞춘 내러티브 전개(베드로, 스데반, 빌립, 그리고 바울)다. 가장 주목해야 할 특징은 사도행전이 구약성서의 신학적 역사 이해, 즉 만유의 주재이신 하나님께서 그분의 목적을 이루신다는 역사 이해를 공유하고 있다는 점이다. 사도행전과 구약성서의 이와 같은 연결은 적어도 사도행전의 목적 일부가 예수와 그의 추종자들을 통해 하나님의 과거 행위와 현재 행위 사이의 연속성과 단절을 설명하는 데 있음을 암시한다.[51]

사도행전과 구약성서의 문화적 연결은 도움이 되지만, 어느 한쪽으로 중요성이 치우쳐서는 안 된다. 예수 안에서, 그리고 예수를 따르는 자들을 통해 이루어지는 하나님의 사역이 구약성서 안에서 이루어지는 하나님의 사역과 연속선상에 있다는 누가의 힘 있는 강조는, 사도행전이 유대교 경전에 정통한 자들(유대인과 회당 "주변" 인물인 하나님 경외자 모두를 포함하는)과 제대로 소통했음을 의미한다. 그러나 사도행전이 그리스와 로마 청중에게도 익숙한 이야기를 전하고 있다는 사실은 상당한 누가의 청중이 그리스와 로마의 문화유산을 지니고 있었음을 의미한다. 구약성서에 대한 지식과 그리스와 로마의 문화유산 소유, 이 둘 모두를 충족하는 존재는 하나님 경외자들로, 이들은 이 두 문화 "세

51 위의 책, 82.

계"에 살고 있었다. 이로 인해 어떤 학자들은 이들을 누가-행전의 의도된 주요 청중으로 보는 경향이 있지만,[52] 사도행전 내용의 범위를 감안할 때, 사도행전은 지중해 지역에 퍼져 있는 더 광범위한 청중을 대상으로 하고 있음을 알 수 있다. 이는 리처드 보컴이 복음서에 대해 주장한 내용과 같다.[53]

연설

연설은 사도행전에서 차지하는 비중이 전체의 20%에서 30% 사이가 되는 만큼, 매우 중요하다. 디벨리우스[54] 이래로 학계는 누가의 창작처럼 보이는 사도행전의 연설에서 누가의 신학을 주로 발견할 수 있다고 가정해왔다.

콘래드 겜프(Conrad Gempf)의 연구를 포함하여 사도행전의 연설에 관한 여러 연구가 재정비되기 시작했다.[55] 전통적으로 사도행전의 연설은 소설 아니면 역사, 이 둘 중 하나로 이해되어왔다. 한편으로 디벨리우스, 콘첼만, 행헨과 같은 학자들은 사도행전 연설에서 볼 수 있는 신학

52 예를 들어 다음을 보라. J. Nolland, *Luke 1—9:20*, WBC 35A (Dallas: Word, 1989), xxxii-xxxiii; Witherington, *The Acts of the Apostles*, 63-65; J. B. Tyson, *Images of Judaism in Luke-Acts* (Columbia: University of South Carolina Press, 1992), 35-39.

53 R. Bauckham, ed., *The Gospels for All Christians* (Edinburgh: Clark; Grand Rapids: Eerdmans, 1997), 특히 9-48; 참조. Esler, *Community and Gospel in Luke-Acts*, 221-23, 여기서는 누가-행전의 청중을 매우 혼합된 공동체로 가정한다.

54 Dibelius, *Studies in the Acts of the Apostles*, ch. 9.

55 C. H. Gempf, "Historical and Literary Appropriateness in the Mission Speeches of Paul in Acts" (Ph.D. diss., Aberdeen University, 1988); 더 간결한 설명은 다음을 보라. "Public Speaking and Published Accounts," in Winter and Clarke, *The Book of Acts*, 259-303.

의 일관성이 연설자로부터 독립된 것처럼 보이는데, 이는 누가가 자신의 신학을 전하기 위해 이 연설을 고안해냈음을 암시한다고 주장한다. 다른 한편으로 브루스(Bruce)와 가스크(Gasque) 같은 학자들은 사도행전 연설의 특징을 규명하여 이 연설에 역사적 근거가 있다고 제안한다.[56]

겜프는 사도행전 연설의 역사성 관련 쟁점을 이런 식으로 공식화하는 것이 잘못되었다고 주장한다. 그의 주장에 따르면, 고대 역사가들을 연구해본 결과 기록된 연설은 **사건**의 기록으로 봐야지, 실제 연설을 글자 그대로 전달한다고 보거나, 소설 작품으로 보면 안 된다. 따라서 고대 역사가는 연설을 기록할 때 역사적이고 문학적인 적합성을 확보하는 일을 목표로 삼았다. 다시 말해, 기록된 연설은 이 연설이 이루어진 상황에 부합해야 하며, 동시에 이 연설이 기록된 책과도 전반적으로 조화를 이루어야 한다. 겜프는 고대 전쟁 문헌을 예로 들면서, 이를 기록했던 역사가의 관심은 사건, 전략, 군사 행동, 그리고 결과를 충실히 기록하는 것이었지만, 그렇다고 이런 관심이 모든 군인의 개별 행위를 정확히 기록해야 할 필요를 의미하지 않았음에 주목한다. 마찬가지로, 충실한 연설 기록문이 연설자의 모든 말을 빠짐없이 있는 그대로 담고 있어야 할 필요는 없다.[57] 결과적으로, 기록자는 "연설-사건" 자체에 충실해야 하며, 새로운 청중이 자신이 기록한 문학작품을 읽을 때 이해 가

56 다음의 예를 보라. F. F. Bruce, "The Speeches in Acts—Thirty Years After," in *Reconciliation and Hope: New Testament Essays on Atonement and Eschatology Presented to L. L. Morris on His 60th Birthday*, ed. R. J. Banks (Exeter: Paternoster, 1974), 53-68; W. W. Gasque, "The Speeches of Acts: Dibelius Reconsidered," in *New Dimensions in New Testament Study*, ed. R. N. Longenecker and M. C. Tenney (Grand Rapids: Zondervan, 1974), 232-50.

57 C. H. Gempf, "Public Speaking and Published Accounts," in Winter and Clarke, *The Book of Acts*, 262-64.

능한 방식으로 표현해야 한다.

따라서 첫째, 연설은 있는 그대로의 보도가 아니므로 "부정확"하다고 비난받아서는 안 된다. 둘째, 연설자의 견해가 연설을 보도하는 저자의 견해와 일치한다고 해서, 저자가 단순히 해당 연설을 지어냈다고 여길 필요는 없다. 즉 저자는 그 연설이 자신의 책이 지닌 성향과 일치하므로 제시하고 있을 뿐이다. 다른 한편으로, 만일 어떤 연설이 형식 또는 내용에 있어서 저자의 견해와 다른 특징을 보일 때, 저자는 관련 연설을 충실히 기록하고 있을 가능성이 높다. 셋째, 연설의 충실성을 고려할 때 핵심 쟁점은 연설이 이루어지고 있는 상황에 대한 표시와 연설자의 방식(style) 및 신념이다.[58] 결과적으로 겜프의 접근은 연설의 "역사성" 관련 논의를 더 유익하고 설명할 수 있는 형태로 재구성할 수 있는 가능성을 지닌다. 그는 자신의 박사 논문과 소논문에서 특정 연설이 이런 접근법을 통해 어떻게 연구될 수 있는지를 보여준다.[59] 이제 남은 일은 다른 학자들이 겜프가 개척한 이 새로운 길을 따르는 것이다.

브루스 윈터(Bruce Winter)는 비록 차이가 있지만, 연관된 관점에서 바울의 자기변호 연설(행 24-26장)을 고대 연설 배경과 대비하여 탐구한다. 그리고 바울의 연설이 당시 법정 배경에서 요구되는 수사학 스타

58 이에 관한 핵심적인 시험 사례는 바울의 밀레도 연설(행 20:18-35)인데, 이는 사도행전에서 바울이 믿는 자들에게 행한 유일한 연설이다. 왜냐하면 밀레도 연설은 사도행전에서 가장 "바울 서신 같은" 상황을 보여주고 있기 때문이다. 이로 인해 우리는 누가의 바울 묘사가 바울 서신의 바울 묘사와 불일치한다는 주장을 시험할 수 있다. 밀레도 연설은 언어와 사상 측면에서 데살로니가전서(이 서신을 바울 서신으로 보는 데는 이견이 없다)와 매우 흡사한데, 이에 대한 논의는 다음을 보라. Walton, *Leadership and Lifestyle*, 특히 chs. 3, 5.

59 위에 인용된 Gempf의 연구 외에도, 다음과 같은 그의 소논문을 보라. "Athens, Paul at," in *Dictionary of Paul and His Letters*, ed. G. F. Hawthorne, R. P. Martin, and D. G. Reid (Downers Grove, Ill.: InterVarsiry, 1993), 51-54.

일과 일치함을 보여준다.[60] 더욱이 이런 배경에서 이루어진 연설은 일반적으로 문서화되었는데, 우리는 그와 같이 법정 절차와 관련된 현존하는 문서를 250개 이상 갖고 있다. 따라서 누가가 바울의 변호를 기록할 때 이런 자료를 참고했을 가능성이 있다. 윈터는 자신의 연구를 사도행전 24장 및 26장의 연설에 적용하여 수사학 지침서에서 설명되는 기본 특징이 이 연설에 나타나 있음을 증명한다. 그 특징에는 서론(*exordium*), 이야기(*narratio*), 확인(*confirmatio*), 때로는 논박(*refutatio*), 결론(*peroratio*) 등이 있다. 윈터의 설득력 있는 주장에 의하면, 누가의 사도행전 24장, 26장 연설은 공식 법정 기록을 사용했을 가능성이 높다. 사도행전 23:26-30은 공적 서신임을 나타내는데, 이는 누가가 사도행전의 다른 부분에서 공식 자료를 사용하고 있음을 알려준다. 고대 자료에 대한 윈터의 신중한 조사로 인해 새로운 가능성이 열리게 되었지만, 이는 사도행전의 중요 구문을 연구하는 학자들에 의해 아직 완전히 구체화되지는 않았다.[61]

역사

사도행전의 역사적 가치에 대한 논쟁은 디벨리우스, 콘첼만, 행헨에 의

60 B. W. Winter, "Official Proceedings and the Forensic Speeches in Acts 24-26," in Winter and Clarke, *The Book of Acts*, 305-36; "The Importance of the *Captatio Benevolentiae* in the Speeches of Tertullus and Paul in Acts 24: 1-21," *JTS* 42 (1991): 505-31.

61 Witherington은 *The Acts of the Apostles*에서 법정 연설을 이 틀에 연결하는 작업을 시작한다.

해 한 세대 동안 학문적 관심 밖으로 밀려나 있었다. 대신에 누가 신학에 대한 관심이 고조되었는데, 이런 현상은 사도행전에 상대적으로 역사적 가치가 거의 없다는 가정을 반영한다. 그러나 최근 들어 사도행전의 역사적 질문에 관한 논의가 되살아났다.

일반적 의미에서의 역사성

역사적 회의주의로 잘 알려진 학자인 게르트 뤼데만(Gert Lüdemann)이 사도행전의 역사성에 관한 논의를 재개시켰다는 점은 다소 놀라운 일이었다.[62] 뤼데만은 전승과 편집을 구분하고, 다시 역사를 이 둘과 구분하기 위해 사도행전을 철저히 조사한다. 그리고 그는 누가가 설명하고 있는 이야기에 약간의 역사적 핵심이 담겨 있다고 결론 내린다. 이는 분명 행헨과 그의 동료 학자들이 이루어놓은 연구를 토대로 한 진전이다. 다른 학자들도 동일한 질문을 다루면서 뤼데만과 유사한 결론에 도달하지만, 대체로 사도행전의 사건에서 뤼데만보다 더 많은 역사적 핵심을 발견한다.[63]

62 G. Lüdemann, *Early Christianity according to the Traditions in Acts: A Commentary*, trans. J. Bowden (London: SCM, 1989); 이는 다음 책의 영역본이다. *Das frühe Christentum nach den Traditionen der Apostelgeschichte: Ein Kommentar* (Göttingen: Vandenhoeck & Ruprecht, 1987).

63 특히 다음 연구를 주목하라. M. Hengel, *Acts and the History of Earliest Christianity* (London: SCM; Philadelphia: Fortress, 1979); C. K. Barrett, "The Historicity of Acts," *JTS*, n.s., 50 (1999): 515-34; J. D. G. Dunn, *The Acts of the Apostles*, Epworth Commentaries (London: Epworth; Valley Forge, Pa.: Trinity, 1996), xv-xix.

구체적인 역사적 배경

사도행전과 맞닿아 있는 고대 세계에 대한 우리의 지식은 지난 30년간 급성장했는데, 이는 연속 간행물인 「1세기 배경에서의 사도행전」(*The Book of Acts in Its First Century Setting*)에 상당 부분 기인한다.[64] 이 간행물의 초기에 실렸던 귀중한 개별 소논문들은 이리나 레빈스카야(Irina Levinskaya)와 브라이언 랩스키(Brian Rapske)가 각각 발간한 책에 잘 보완되어 수록되어 있다.[65]

게다가 콜린 헤머(Colin Hemer)의 연구 역시 매우 중요하다.[66] 헤머는 역사와 사도행전에 관한 광범위한 문제를 다루며, 특히 누가가 사도행전에서 제시하는 "세계"가 고대 문헌을 통해 우리가 알고 있는 것과 일치하고 있음을 곳곳에서 보여준다.[67] 그리고 헤머는 우리에게 금석학에 관한 많은 지식을 제공한다. 이 연구를 통해 헤머는 연대기적 문제에 깊이 관여하는데, 갈라디아서 2:1-10에 설명된 바울의 예루살렘 방문이 사도행전 11:29-30에 등장하는 바울의 예루살렘 방문을 의미한다고 가정해보면 사도행전과 갈라디아서의 자료는 서로 일치한다고

64 이 연속 간행물은 Eerdmans와 Paternoster 두 출판사가 공동 출판하고, B. W. Winter, I. H. Marshall, D. Gill이 공동 편집했다. 계획된 총 6권 중, 현재까지 5권이 출판되었다.

65 I. Levinskaya, *The Book of Acts in Its Diaspora Setting*, BAFCS 5 (Grand Rapids: Eerdmans; Carlisle: Paternoster, 1996); B. M. Rapske, *The Book of Acts and Paul in Roman Custody*, BAFCS 3 (Grand Rapids: Eerdmans; Carlisle: Paternoster, 1994).

66 C. J. Hemer, *The Book of Acts in the Setting of Hellenistic History*, WUNT 49 (Tübingen: Mohr Siebeck, 1989). Hemer의 여러 값진 소논문은 그의 때아닌 죽음으로 인해 아쉽게도 멈춰버렸다. Hemer의 주요 연구에 관한 요약은 W. W. Gasque, "The Historical Value of Acts," *TynBul* 40 (1989): 136-57을 보라.

67 Hemer, *The Book of Acts*, 특히 chs. 4-5.

주장한다.[68] 또한 그는 사도행전의 자료를 토대로 바울의 연대표를 재구성할 수 있다고 주장하며, 그다음 사도행전의 저자, 자료, 연대에 관한 질문을 숙고하면서 다음과 같이 결론 내린다. 즉 누가를 바울의 선교 여행 동반자로 간주하는 전통적인 견해야말로 사도행전 저자 문제의 가장 개연성 있는 해답이며, 누가는 바울이 카이사레아에서 수감 중이던 기원후 60년대 초에 누가복음과 사도행전의 "이중 작품"을 기록했을 가능성이 가장 높다는 것이다. 이런 헤머의 논의가 사도행전의 역사성에 대한 논쟁을 끝내지는 못했지만, 앞으로 이어질 연구는 그가 제공한 자료를 반드시 활용해야 하므로 사도행전 연구 학계는 그의 업적에 빚을 지고 있는 셈이다.

사도행전의 바울 묘사

누가의 바울이 신학적 관점에서 바울 서신의 바울과 상당히 불일치한다고 주장하는 필립 필하우어(Philipp Vielhauer)의 대표적 논문 이래로,[69]

68 위의 책, ch. 7. 더 간결한 설명은 다음을 보라. C. J. Hemer, "Acts and Galatians Reconsidered," *Them* 2 (1977): 81-88; D. Wenham, "Acts and the Pauline Corpus II: The Evidence of Parallels," in Winter and Clarke, *The Book of Acts*, 215-58. 바울의 연대표와 관련하여 사도행전을 중요 자료로 삼는 견해는 다음을 보라. L. C. A. Alexander, "Chronology of Paul," in Hawthorne, Martin, and Reid, *Dictionary of Paul and His Letters*, 115-23; R. Riesner, *Paul's Early Period: Chronology, Mission Strategy, Theology* (Grand Rapids: Eerdmans, 1998). 사도행전의 역사적 가치에 회의적인 견해에 대해서는 다음을 보라. G. Lüdemann, *Paul, Apostle to the Gentiles: Studies in Chronology* (London: SCM, 1984); R. Jewett, *Dating Paul's Life* (London: SCM, 1979).

69 P. Vielhauer, "On the Paulinism of Acts," in *Studies in Luke-Acts*, ed. L. E. Keck and J. L. Martyn (Nashville: Abingdon, 1966; London: SPCK, 1968). 이는 "Zum Paulinismus der Apostelgeschichte"(1950)의 영역본이다. 이 논쟁에 대한 더 자세한 분석은 다음을

누가의 바울 묘사에 대한 논의가 대거 등장했다. 매틸(A. J. Mattill)은 1978년 당시 "최첨단" 논의를 분명하게 요약했는데,[70] 이 요약의 기본 틀은 여전히 유효하다. 이는 관련 논의를 다음과 같이 세 그룹으로 나누어 밝힌다.[71]

첫 번째 그룹은 사도행전과 바울 서신에 나오는 바울 묘사가 역사 문제, 율법(Torah)을 다루는 문제, 이방인 선교, 하나님의 부르심, 다양한 문화/종교적 상황에서의 융통성 등에 있어서 일관성이 있다고 주장한다.[72] 두 번째 그룹은 묘사가 다르지만 양립 가능하다고 본다.[73] 이 둘의 바울 묘사에 존재하는 차이점은 바울이 스스로 한 묘사와 바울의 가까운 친구 및 지인에 의한 묘사 사이에 자연스럽게 나타나는 차이점이라는 것이다. 즉 어느 하나의 묘사만으로는 한쪽으로 치우치게 되며,

보라. Walton, *Leadership and Lifestyle*, 2-12.

70 A. J. Mattill Jr., "The Value of Acts as a Source for the Study of Paul," in *Perspectives on Luke-Acts*, ed. C. H. Talbert (Danville, Va.: Association of Baptist Professors of Religion; Edinburgh: Clark, 1978), 76-98 .

71 Mattill은 네 번째 "그룹"을 추가하지만, 여기에 속한 학자는 단 한 명이다. 그는 바로 W. C. van Manen으로, 모든 바울 서신을 위서로 간주하는데, 이는 주류 학계와 거리가 먼 주장이다. 다음을 보라. Mattill, "The Value of Acts," 95-97; W. C. van Manen, "Paul," in *Encyclopaedia Biblica*, ed. T. K. Cheyne and J. Sutherland, 4 vols. (New York: Macmillan, 1889-1903), 3:3603-6, 3620-38.

72 다음의 예를 보라. F. F. Bruce, *The Acts of the Apostles*, 2nd ed. (London: Tyndale; Grand Rapids: Eerdmans, 1952); Gasque, *Criticism of the Acts of the Apostles*.

73 다음의 예를 보라. S. E. Porter, *The Paul of Acts: Essays in Literary Criticism, Rhetoric and Theology*, WUNT 115 (Tübingen: Mohr Siebeck, 1999), 특히 ch. 9; F. F. Bruce의 후기 소논문인, "Is the Paul of Acts the Real Paul?" *BJRL* 58 (1975-76): 282-305; Hemer, *The Book of Acts*, 244-47; J. Jervell, *The Unknown Paul* (Minneapolis: Augsburg, 1984); A. J. Mattill Jr., "The Purpose of Acts: Schneckenburger Reconsidered," in *Apostolic History and the Gospel: Biblical and Historical Essays Presented to F. F. Bruce on His Sixtieth Birthday*, ed. W. W. Gasque and R. P. Martin (Exeter: Paternoster, 1970), 108-22.

두 가지 바울 묘사를 통해 서로의 빈 부분이 채워지게 된다고 주장한다. 세 번째 그룹은 바울의 진짜 서신만이 "실제" 바울을 묘사한다고 보고, 사도행전의 바울 묘사는 시대와 신학 둘 다 바울과 어느 정도 거리가 있다고 간주한다.[74] 누가의 저술은 "교화"를 목적으로 하고 있으며, 사도행전은 가장 폭넓은 의미에서 볼 때를 제외하고는 보통 비역사적 저술로 인식되고 있다.

존 렌츠(John Lentz)는 사도행전의 바울 묘사에 역사적 신빙성이 없다고 주장하는데, 왜냐하면 사도행전은 바울이 유대인, 로마 시민, 다소 시민이라는 세 개의 신분을 동시에 지니고 있다고 제시하기 때문이다.[75] 렌츠는 이 세 신분이 각각 요구하는 특징에 대한 증거를 동시대(혹은 거의 동시대) 문헌 속에서 찾음으로써 다음과 같이 상세히 주장한다. 즉 바울의 3중 신분에는 다소 시민에게 비유대교 제사에 참여할 것을 요구하는 일과 같은 명확하게 양립 불가능한 점이 존재했으리라고 말이다. 그러나 렌츠의 견해에 따르면, 누가의 독자들은(아마도 누가 자신을 포함하여) 이런 모순을 알지 못했을 것이다. 이는 아마도 렌츠가 누가-행전을 늦은 시기로 지정했기 때문으로 짐작된다.

누가가 바울을 높은 사회적 지위에 있으며 도덕적 미덕을 갖춘 인물로 그리는 목적은 사회의 엘리트 세계를 복음화하기 위함이었다. 렌츠의 주장에 의하면, 누가는 이런 목적을 이루기 위해 교회가 고위층 사람들을 매료시킬 수 있고, 기독교가 외부인들도 인정할 새로운 사회

74 예를 들어 다음을 보라. Vielhauer, "On the Paulinism of Acts"; Haenchen, *The Acts of the Apostles*; Conzelmann, *Acts of the Apostles*.

75 J. C. Lentz Jr., *Luke's Portrait of Paul*, SNTSMS 77 (Cambridge: Cambridge University Press, 1993).

적 지위를 신자에게 제공한다는 점을 제시한다.

렌츠의 주장은 우선 고전 작가들이 사회적 지위와 도덕적 미덕을 어떻게 이해했는가에 대한 탐구와, 사회 계층에 관한 현대적 범주의 사용을 정당화함으로써 시작된다. 그다음 렌츠는 바울이 그리스인, 로마인, 바리새인이라는 누가의 묘사에 문제가 있다는 것을 증명하려고 노력한 후, 누가가 어떻게 바울을 도덕적으로 덕을 갖춘 인물로 그리고 있는가를 보여준다. 렌츠의 논의 중 가장 긴 부분을 차지하는 내용은 바울의 재판(행 22-26장)과 로마 황제에게 올린 바울의 상소(행 25장)인데, 이 두 논의에서 렌츠는 누가가 이 두 사건을 부정확하게 전달하고 있다고 극렬히 비판하고 있다. 왜냐하면 렌츠의 관점에서 각 사건이 당시 로마법과 일치하지 않기 때문이다.

렌츠의 주장에 관해 일반적으로 다음과 같은 네 가지 반응이 나올 수 있다.[76] 첫째, 렌츠는 종종 20세기 자신의 관점에서 일관성에 관한 일반적 원칙을 논하고 있지만, 바울은 매우 융통성 있는 인물이었을 것이다(예. 고전 9:19-23).

둘째, 렌츠의 자료 사용에는 미심쩍은 부분이 있다. 그는 기원후 1세기 로마법의 자료로서 기원후 6세기의 유스티니아누스(Justinian) 황제의 「학설휘찬」(*Digest*)을 사용하면서도, 기원후 1세기 문헌으로 인정받는 사도행전을 로마 황제에게 상소할 수 있는 권리가 존재했다는 데 대한 증거 문서로 사용하는 데 회의적이다(그런데 사도행전은 로마 황제에게 올린 상소를 언급하는 유일한 기원후 1세기의 문헌 증거다).[77] 좋은 학문

76 더 자세한 내용은 다음을 보라. Rapske, *Paul in Roman Custody,* 이에 대한 다음의 논평도 보라. Lentz, *Luke's Portrait of Paul*, in *EvQ* 66 (1994): 347-53.

77 그러나 Rapske(*Paul in Roman Custody*, 48-51)의 상소권 관련 화폐 증거에 대한 논의

연구는 동시대의 자료에 더 많은 의미와 중요성을 부여해야 한다.

셋째, 사도행전 22-26장에 맞춰진 초점은 (비록 배타적이지는 않더라도) 사도행전의 다른 부분에 존재하는 핵심 지표를 놓칠 위험성이 있다. 예를 들어, 만일 렌츠의 관심사가 사도행전 전체에 묘사되고 있는 바울의 모습이라면, 에베소 장로들을 향한 바울의 연설(20:18-35)이 전혀 언급되지 않는 것은 당혹스럽다.

넷째, 다른 학자의 연구를 묵살하거나 하찮게 여기는 렌츠의 모습은 실망스럽다. 그는 마셜과 브루스를 각주에서 언급하고 있지만, 종종 정당한 논의 없이 그냥 이 두 학자의 견해를 무시해버린다. 렌츠는 마셜과 브루스가 이미 자신들의 생각을 굳혀버렸다고 단정하고 있다. 즉 렌츠 본인의 전제가 증거에 대한 자신의 독해에 영향을 미칠 수도 있다는 가능성을 염두에 두지 않는 것 같다.

대조적으로, 랩스키는 고대 문헌 연구를 통해 누가가 묘사하는 바울의 투옥에 관해 많은 정보를 얻을 수 있음을 증명한다.[78] 그의 훌륭한 논문은 고대 증거 자료를 신중히 제시하며, 바울의 투옥 상황에 대한 누가의 묘사가 다소 제한되고 부정확함을 논증한다. 랩스키는 로마 제국의 법률 절차와, 고소 또는 재판에 직면한 자들에게 로마 시민권이 미치는 영향을 살핀 후, 이 배경을 바탕으로 사도행전의 바울 투옥 이야기를 조사한다. 이어서 그는 그리스-로마 세계의 고대 감옥 환경에 대한 우리의 지식을 조사하고 당시 수감자들에게 음식과 의복을 가져다주고 빨래와 같이 간단한 서비스를 제공해줄 도우미의 존재가 필요

와 다음 연구를 주목하라. A. N. Sherwin-White, "The Roman Citizenship: A Survey of Its Development into a World Franchise," in *ANRW* 1.2:23-58.

78 Rapske, *Paul in Roman Custody*.

했음을 강조한다. 랩스키의 연구에 의하면, 기원후 1세기 독자들은 수감자였던 바울을 낮고 천한 사회적 계층에 속한 자로 인지했을 것이다. 이는 누가의 바울이 높고 명예로운 사회적 계층에 속했다는 렌츠의 주장과 정면으로 배치된다. 이제 우리가 사도행전을 더 잘 이해할 수 있도록 도와주는 고대 상황 연구의 또 다른 예를 살펴보자.

신학

마지막으로 우리는 신학에 대해 논하게 되었다. 한편으로 행헨의 사도행전 주석이 영어로 번역된 이후 좋은 연구 성과가 있었지만, 다른 한편으로는 실망스러운 면도 있다. 늘 그렇듯이, 어느 한 입장이 제기되면 많은 반응이 터져 나왔다. 그리고 빈번히 이런 반응을 통해 사도행전 연구는 발전해왔다. 나는 네 분야의 논의를 설명하기 이전에 유용한 몇 가지 조사 자료에 주목하고자 한다.

조사 자료/모음집

다섯 가지의 유용한 조사 자료 또는 논문 모음집이 최근에 등장했다. 조셉 피츠마이어(Joseph Fitzmyer)는 누가 신학 분야를 조사하여 광범위한 쟁점을 유용하게 다루고 있다.[79] 프랑수아 보봉(François Bovon)은 1950-83년 사이에 이루어진 연구를 요약하여 훌륭한 자료를 제공한

79 J. A. Fitzmyer, *Luke the Theologian* (London: Chapman; New York: Paulist Press, 1989).

다.[80] 하워드 키(Howard Kee)와 제이콥 저벨(Jacob Jervell)은 사도행전 신학에 관한 유용한 개관을 제공했다.[81] 가장 최근의 조사 자료는 하워드 마셜과 데이비드 피터슨(David Peterson)의 『복음의 증인』(*Witness to the Gospel*)으로,[82] 여기에는 사도행전의 가장 주요한 신학적 질문에 관한 논문들이 포함되어 있다.

재림의 지연

콘첼만 이후로, 대부분의 학자들은 누가가 "재림의 지연"에 대해 응답하기 위해 쓰고 있음을 기정사실로 받아들였다.[83] 이들의 주장에 의하면, 누가는 기원후 80년대 혹은 90년대에 누가-행전을 기록하는데, 이 시기는 임박한 종말에 대한 기대감이 잦아들고 그리스도인들이 연장된 "구속사"를 받아들이는 때였다. 그러나 마셜은 이런 입장에 비판을 가한다.[84] 우선 증거에 따르면, 초기 교회 생활의 초점은 예수의 재림이 아니라 예수의 죽음과 부활이었다. 둘째, 또 다른 증거에 의하면, 바울

80 Bovon, *Luke the Theologian*.

81 H. C. Kee, *Good News to the Ends of the Earth: The Theology of Acts* (London: SCM, 1990); J. Jervell, *The Theology of the Acts of the Apostles*, NTT (Cambridge: Cambridge University Press, 1996).

82 I. H. Marshall and D. Peterson, eds., *Witness to the Gospel: The Theology of Acts* (Grand Rapids: Eerdmans, 1998).

83 다음 설명을 보라. C. K. Barrett, *A Critical and Exegetical Commentary on the Acts of the Apostles*, 2 vols., ICC (Edinburgh: Clark, 1994, 1998), 2:lxxxii-lxxxiii.

84 Marshall, *Luke: Historian and Theologian*, 77-88; idem, *The Acts of the Apostles* (1980), 48-55; 다음도 보라. D. E. Aune, "The Significance of the Delay of the Parousia for Early Christianity," in *Current Issues in Biblical and Patristic Interpretation*, ed. G. F. Hawthorne (Grand Rapids: Eerdmans, 1975), 87-109.

은 종말 이전에 있을 "기다림"의 시기를 알고 있었다(예. 바울의 초기 서신으로 인정받는 살전 1:10; 4:13-5:11). 그러므로 "지연"이라는 쟁점이 누가에게만 국한되어서는 안 된다. 왜냐하면 누가보다 앞선 시기에 이 쟁점이 인지되었기 때문이다. 셋째, 바울의 성령 신학 및 선교 신학과 누가-행전 사이에 상당한 연속성이 존재하므로, "지연"에 관한 누가의 관심사는 당시에 새로운 것이 아니었다. 실제로 "지연"에 관한 언급은 그리스도의 오심이 "늦다"는 것을 의미하지만, 누가의 주요 강조점은, 여느 신약성서 저자들과 마찬가지로, 재림의 때는 예측할 수 없다는 것이다(예. 행 1:7).[85]

성령의 역사

누가의 성령 신학에 관한 중요한 논의가 오순절 운동과 은사 운동에서 제기된 쟁점을 다루는 학자들 사이에서 전개되었다. 이런 쟁점들은 점차적으로 성령의 은사가 지닌 중요성에 초점을 맞추게 된다. 오순절파의 기본 입장에 의하면, 누가가 제시하는 성령의 은사는 전적으로 증인을 만드는 권능으로, 로버트 멘지스(Robert Menzies)가 이 견해를 주장했다.[86] 멘지스는 누가-행전의 성령을 "예언의 영"에 대한 유대교의 기

85 Witherington, *The Acts of the Apostles*, 184-86의 신중한 논의를 보라.

86 R. P. Menzies, *Empowered for Witness: The Spirit in Luke-Acts*, JPTSup 6 (Sheffield: Sheffield Academic Press, 1994). 이는 Menzies가 출판한 다음과 같은 박사 논문의 개정판이다. *The Development of Early Christian Pneumatology with Special Reference to Luke-Acts*, JSNTSup 54 (Sheffield: JSOT Press, 1991); 다음 연구도 보라. R. Stronstad, *The Prophethood of All Believers: A Study in Luke's Charismatic Theology*, JPTSup 16 (Sheffield: Sheffield Academic Press, 1999).

대와 연결하고 있는데, 여기서 예언의 영의 행위는 예언, 성령의 영감에 의해 빠르게 퍼지는 찬양, 복음의 변호 및 선포와 같은 연설 또는 지식의 은사에서 일반적으로 드러난다. 멘지스의 주장에 의하면, 누가-행전에서 성령의 행위가 발견될 때마다 이와 같은 유형이 나타난다. **추가적 은총**(*donum superadditum*) 혹은 "두 번째 은혜"로서의 성령의 은사는 성령이 구원(예. 롬 8:9), 기적 수행(예. 갈 3:5), 그리고 신자의 변화(예. 고후 3:18)에 필수 조건이라는 바울식 사고와 구분되어야 한다. 멘지스의 주장에 의하면, 누가는 강한 유대교적 성령 이해를 보여주는 반면, 바울은 성령의 역사를 구원의 필수 조건이라고 이해한다는 점에서 진짜 신학적 혁신가다. 이 주장은 자연스럽게 성령 체험을 주장하는 오순절식 견해로 연결되는데, 여기서 말하는 성령 체험이란 구원의 경험과 구별되며 그리스도의 증인이 되는 데 반드시 필요한 경험을 의미한다.

멘지스의 주장은 두 가지 측면에서 비판받고 있다. 제임스 던(James Dunn)의 논의에 의하면, 누가는 성령을 구원론적 측면에서 필수 요건으로 제시한다.[87] 던이 처음에 관련 연구를 발표한 시점은 멘지스의 연구가 나오기 전이었지만, 나중에 멘지스의 연구를 다룬다. 또 던의 주장에 의하면, 사도행전의 중요 구문들에서 새로운 구성원들은 성령의 이끌림을 통해 믿음 공동체에 유입된다. 이와 관련된 중요한 예는 사마리아 에피소드(행 8:4-24)인데, 왜냐하면 사마리아 출신으로서 기독교

87 J. D. G. Dunn, *Baptism in the Holy Spirit* (London: SCM; Philadelphia: Westminster, 1970), 특히 chs. 2-9; Menzies 관련 논의는 다음을 보라. idem, "Baptism in the Spirit: A Response to Pentecostal Scholarship on Luke-Acts," *JPT* 3 (1993): 3-27; 이에 대한 반응은 다음을 보라. R. P. Menzies, "Luke and the Spirit: A Reply to James Dunn," *JPT* 4 (1994): 115-38; J. B. Shelton, "A Reply to James D. G. Dunn's 'Baptism in the Spirit: A Response to Pentecostal Scholarship on Luke-Acts,'" *JPT* 4 (1994): 139-43.

로서 개종한 증인에 대한 증거가 없기 때문이다. 오히려 사마리아의 다른 지역에서 복음을 선포한 자들은 베드로와 요한이다(8:25).

반면에 막스 터너(Max Turner)는 유대교 문헌 및 누가-행전에 대한 멘지스의 이해를 비판한다.[88] 터너는 성령에 대한 유대교적 이해와 누가의 이해가 증인을 만드는 능력에 초점을 맞추고 있다는 것을 인정한다. 하지만 그는 유대교 문헌과 누가-행전 모두에 등장하는 내용을 지적하며, 기적을 일으키고, 사람들을 구원 공동체로 이끌며, 공동체 일원이 된 이들을 윤리적으로 변화시키는 성령에 대해 언급한다. 터너의 논의에 핵심이 되는 유대교 문헌은 쿰란 문서의 찬양, 70인역, 타르굼으로, 이 문헌들은 위에 언급된 다양한 성령의 역사에 대한 증거를 제공하고 있다.[89] 터너의 논의에 의하면, 누가-행전에서 성령은 이스라엘을 회복시키는 능력으로 여겨진다. 다시 말해, 성령으로 잉태되고 성령의 권능으로 주어진 과업을 수행할 메시아가 도래한다는 하나님의 약속(눅 1:35; 3:21-22; 4:1, 14, 18)을 실현하는 능력의 주체가 바로 성령이라는 것이다.[90] 그리고 터너는 하나님의 또 다른 약속으로서, 그를 믿는 공동체에 새로운 생명을 가져오는 것도 바로 성령의 능력이라고 주장한다(예. 사도행전의 오순절 사건은 모세가 시내산에서 율법을 받았던 사건을 연상시키며, 예수는 모세와 같은 예언자로 여겨진다).[91]

88 M. Turner, *Power from on High: The Spirit in Israel's Restoration and Witness in Luke-Acts*, JPTSup 9 (Sheffield: Sheffield Academic Press, 1996); 더 간결한 설명은 다음을 보라. M. Turner, "The 'Spirit of Prophecy' as the Power of Israel's Restoration and Witness," in Marshall and Peterson, *Witness to the Gospel*, 327-48.

89 Turner, "Spirit of Prophecy," 335-37; *Power from on High*, chs. 4-5.

90 Turner, "Spirit of Prophecy," 336-37; *Power from on High*, chs. 6-9; 참조. D. W. Pao, *Acts and the Isaianic New Exodus*, WUNT 2.130 (Tübingen: Mohr Siebeck, 2000; reprint, Grand Rapids: Baker, 2002).

성령 은사의 본질에 대한 터너의 이해는 사도행전에서 유대교가 차지하는 위상과 관련된 논쟁으로 이어진다. 이 논쟁은 독일 나치에 의한 홀로코스트/쇼아 때문에 특별히 날카롭고도 적절한 논쟁이라 할 수 있다. 이 논의에 대한 개관은 조셉 타이슨(Joseph Tyson)이 편집한 논문집과, 다양한 입장에 대한 그의 조사에 잘 나타나 있다.[92] 아래에 나오는 세 학자가 관련 쟁점을 잘 설명해준다.

잭 샌더스(Jack T. Sanders)의 논의에 의하면, 누가는 반유대주의 인물로 예수의 죽음에 대한 책임을 유대인들에게 묻고 있다.[93] 샌더스는 누가가 바리새인들을 제외한 모든 유대교 지도자를 복음과 예수의 적대 세력으로 일관성 있게 제시하고 있다고 주장한다. 도시 예루살렘은 바로 하나님과 하나님의 계획에 반대하는 정점에 서 있다. 따라서 사도행전의 연설, 특히 유대인 청중을 향한 연설은 다수의 유대인을 정죄하고 있다는 것이다.

이와 대조적으로 제이콥 저벨은 유대인과 유대교 관련 쟁점을 누가의 신학 및 관점의 중심에 놓는다.[94] 저벨은 사도행전 전반에 걸쳐 나오

91 Turner, "Spirit of Prophecy," 345-46; *Power from on High*, ch. 10.

92 J. B. Tyson, ed., *Luke-Acts and the Jewish People: Eight Critical Perspectives* (Minneapolis: Augsburg, 1988); *Luke, Judaism, and the Scholars: Critical Approaches to Luke-Acts* (Columbia: University of South Carolina Press, 1999); Tyson, *Images of Judaism in Luke-Acts*도 보라.

93 J. T. Sanders, *The Jews in Luke-Acts* (London: SCM, 1987). 이 연구서의 내용은 Tyson, *Luke, Judaism, and the Scholars*, 113-22에 요약되어 있다.

94 J. Jervell, *Luke and the People of God* (Minneapolis: Augsburg, 1972); idem, *Theology*, 특히 ch. 3; 이와 유사한 R. L. Brawley, *Luke-Acts and the Jews: Conflict, Apology, and Conciliation*, SBLMS 33 (Atlanta: Scholars Press, 1987); Tyson, *Luke, Judaism, and the*

는 유대인들의 "대규모 개종"을 논의의 증거로 강조한다(2:41; 4:4; 5:14; 6:1, 7; 9:42; 12:24; 13:43; 14:1; 17:10-12; 19:20; 21:20). 또 저벨은 이방인 선교의 대상이 "순수"(즉 이교도) 이방인이 아닌 하나님 경외자들이라고 논하면서, 이에 대한 증거 구절로 사도행전 11:21, 24, 13:43, 14:1, 17:4, 12, 18:8, 10을 제시한다.[95] 결과적으로, 누가는 "이스라엘"이라는 명칭을 통해 민족 이스라엘이 아니라 예수를 믿는 유대인들을 언급한다. 교회의 선교로 인해 민족 이스라엘 내부에 구분이 생기는데, 하나님의 참된 백성과 예수를 거부한 무리로 나뉘게 된다. 저벨은 사도행전의 결말을 민족 이스라엘에 대한 선교의 끝으로 보고, 사도행전 28:28을 "순수" 이방인에게 향하는 마지막 갈림길로 여긴다. 이런 저벨의 주장은 이방인 선교가 유대인들이 복음을 거부할 때 시작된다는 이전의 합의된 주장과 확연한 차이를 나타낸다.[96]

존 웨덜리(Jon Weatherly)는 가장 중대한 요점 중 하나에서 샌더스의 분석에 이의를 제기함으로써 이 논쟁에 대해 많이 주목받지는 못하지만 중요한 공헌을 한다. 그것은 다음과 같은 질문과 관련된다. 누가는 예수의 죽음에 대한 책임이 누구에게 있다고 생각하는가?[97] 샌더스는 사도행전의 연설을 증거로 내세우며 누가가 대다수 유대인들에게 책

Scholars, 91-109, 122-27의 요약 내용도 보라.

95 J. Jervell, "The Church of Jews and Godfearers," in *Luke-Acts and the Jewish People: Eight Critical Perspectives*, ed. J. B. Tyson (Minneapolis: Augsburg, 1988), 11-20.

96 Tyson, *Luke, Judaism, and the Scholars*, 66-90을 보라. 이는 이전의 합의된 주장을 대표하는 Haenchen과 Conzelmann에 관한 내용이다.

97 J. A. Weatherly, *Jewish Responsibility for the Death of Jesus in Luke-Acts*, JSNTSup 106 (Sheffield: Sheffield Academic Press, 1994); Sanders의 *Jews in Luke-Acts*에 대한 Weatherly의 논평도 보라(*TynBul* 40 [1989]: 107-17).

임을 묻고 있다고 주장한다.[98] 그러나 웨덜리는 예수의 죽음에 책임이 있는 자들이 모든 유대인이 아닌 **예루살렘**의 유대인들, 특히 지도자들이라고 주장되고 있음에 주목한다.[99] 따라서 오직 예루살렘에서만 "너희"가 예수의 죽음에 책임이 있는(예. 행 2:23; 3:14; 4:10) 반면에 디아스포라에서는 "그들", 곧 예루살렘의 유대인들이 책임이 있다고 한다(예. 행 13:27-29). 웨덜리의 이 주장은 누가가 반유대주의자라는 주장에 대응하는 데 중요하게 기여한다.

교회와 로마 제국

마지막으로, 지난 30년은 사도행전에 나타난 교회와 로마 제국의 관계를 논하는 새로운 주장이 등장한 시기다.[100] 기존의 오래된 합의에 의하면, 누가는 기독교가 정치적으로 해가 되지 않는다고 로마 제국의 관료들을 설득하려는 목적으로 로마 제국에 기독교에 대한 변증을 제시하고 있다.[101] 특히 많은 학자가 누가는 당시 유대교가 누렸던 **합법적 종교**(*religio licita*)로서 기독교가 똑같은 자유를 누리기를 추구하고 있었다고 주장했다. 이 합의는 현시점에 들어서면서 많은 공격을 받고 있으

98 Sanders, *The Jews in Luke-Acts*, ch. 3.

99 Weatherly, *Death of Jesus in Luke-Acts*, ch. 2.

100 더 자세한 설명은 다음을 보라. S. Walton, "The State They Were In: Luke's View of the Roman Empire," in *Rome in the Bible and the Early Church*, ed. P. Oakes (Carlisle: Paternoster; Grand Rapids: Baker Academic, 2002), 1-41.

101 B. S. Easton, *Early Christianity: The Purpose of Acts and Other Papers* (Greenwich, Conn.: Seabury, 1954), 42-57; Cadbury, *The Making of Luke-Acts*, 301-15; Conzelmann, *The Theology of St. Luke*, 137-49; F. F. Bruce, *The Book of Acts*, rev. ed., NICNT (Grand Rapids: Eerdmans, 1988), 8-13.

며, 이를 대체하는 몇몇 주장이 제기되고 있다.

폴 월래스케이(Paul Walaskay)는 위와 상반된 견해, 즉 누가가 로마 제국을 대신하여 교회에 변증을 제공하고 있다고 주장한다.[102] 그는 기존의 합의에 적용되지 않는 누가-행전의 특징을 지적하는데,[103] 특히 사도행전에서 예수가 "주"(Lord)로 지속적으로 언급되고 있음에 주목한다. 이는 황제가 주라는 주장과 거의 양립할 수 없는 칭호를 사용하고 있는 것이다. 더욱이 누가는 제2성전기 유대교 문헌(예. 에스라4서[4 Ezra], 시빌의 신탁[*Sibylline Oracles*], 요한계시록)과 달리 로마 제국의 권력을 적극적으로 공격하지 않는다. 대신 누가는 예수의 탄생과 기독교 운동의 성장을 제국의 역사 안에 위치시킨다(예. 눅 2:1-5; 3:10-14). 월래스케이의 논의에 의하면, 예수 및 바울의 재판은 둘 다 로마와 로마의 관계자들이 피고인 예수와 바울을 정당하게 다루고 있음을 보여주고 있다.

에슬러(Esler)가 복원한 누가 공동체는 로마 군인 혹은 행정가들을 포함하는데, 이는 다음과 같은 견해로 이어진다. 즉 누가는 자신의 독자들이 지닌 기독교 신앙의 정당성을 제시하며, 그리스도에 대한 믿음이 로마 제국에 대한 충성심과 공존할 수 있다는 강한 확신도 제공한다는 것이다.[104] 따라서 누가는 기독교와 이스라엘 조상과의 연계를 통해

102 P. W. Walaskay, *"And So We Came to Rome": The Political Perspective of St. Luke*, SNTSMS 49 (Cambridge: Cambridge University Press, 1983); 더 미묘하지만 이와 유사한 V. K. Robbins, "Luke-Acts: A Mixed Population Seeks a Home in the Roman Empire," in *Images of Empire*, ed. L. Alexander, JSOTSup 122 (Sheffield: JSOT Press, 1991), 202-21도 보라.

103 Walaskay, *We Came to Rome*, 15-37.

104 Esler, *Community and Gospel in Luke-Acts,* 201-19; 이와 유사한 연구들은 다음과 같다. Witherington, *The Acts of the Apostles*, 810-11; H. K. Bond, *Pontius Pilate in History*

기독교의 유구함을 강조하며(예. 행 3:13; 5:30; 15:10; 22:14; 26:6; 28:25), 로마인의 개종 이야기(행 10:1-11; 18; 13:6-12; 18:7)를 사도행전에 포함하고 있다. 에슬러의 이런 논의 절차는 청중을 규명하기 위한 본문의 "투영적 읽기"를 포함하는데, 이 방식은 여러 문제에 휩싸인다. 왜냐하면 "투영적 읽기"는 본문의 중요한 특징이 누가의 청중이 지닌 중요한 특징을 틀림없이 반영한다고 가정하는데, 이 가정 자체에 여러 위험이 도사리고 있기 때문이다.[105]

리처드 캐시디(Richard Cassidy)는 로마 제국에 관한 누가-행전의 혼합된 메시지를 받아들이는 데 대해 더욱 강한 제안을 제시한다.[106] 바울의 방문으로 여러 도시에서 민중 소요가 빈번히 발생하며, 비록 바울이 로마 관료들에게 일반적으로 협조적이지만 그렇다고 이것이 로마 제국에 대한 그의 충성심을 보증하지는 않는다(예. 행 24:25; 25:10-11; 28:19). 캐시디의 제안에 의하면, 로마 제국에 대한 누가의 제시에는 다음과 같은 세 가지 요소가 결합되어 있다. 즉 누가는 (1) 예수에 대한 자신의 믿음을 그의 독자들에게 표현하고자 한다. (2) 로마 제국 통치하에서 살아가는 법을 그의 동료 신자들에게 제시하고자 한다. (3) 로마 당국 앞에서 재판을 받을 때 대응하는 법을 그리스도인들에게 알려주고자 한다.[107]

and Interpretation, SNTSMS 100 (Cambridge: Cambridge University Press, 1998), 161-62.

105 J. M. G. Barclay, "Mirror-reading a Polemical Letter: Galatians as a Test Case," *JSNT* 31 (1987): 73-93을 보라.

106 R. J. Cassidy, *Society and Politics in the Acts of the Apostles* (Maryknoll, N.Y.: Orbis, 1987), 특히 145-70.

107 이에 관한 요약은 위의 책, 160을 보라. 내 제안도 이와 관련이 있다. 나는 누가가 그리스도인들을 향한 로마 제국의 태도에 대해 다양한 시나리오를 제시하고, 이런 상황에

전망

지난 30년은 사도행전 연구 학계에서 많은 결실을 맺은 기간이다. 이전의 합의로부터 다양한 주장이 검토되고 이의가 제기되었지만, 아직 새로운 합의가 등장하지는 않았다. 최근 들어 다양한 주석이 다수 등장했고[108] 곧 등장한다는 사실은[109] 관련 논의가 지속되어 난해한 사도행전 이해에 많은 도움을 제공하게 될 것을 시사한다.

대응하는 법에 대한 지침을 제공하고 있다고 제안한다(Walton, "The State They Were In," 33-35).

108 지난 10년간 발표된 주목할 만한 연구는 다음과 같다. R. W. Wall, "The Acts of the Apostles," in *The New Interpreter's Bible*, ed. L. E. Keck, vol. 10 (Nashville: Abingdon, 2002), 1-368; Witherington, *The Acts of the Apostles*; J. Jervell, *Die Apostelgeschichte*, 17th ed., KEK 3 (Göttingen: Vandenhoeck & Ruprecht, 1998); P. W. Walaskay, *Acts,* Westminster Bible Companions (Louisville: Westminster John Knox, 1998); J. A. Fitzmyer, *The Acts of the Apostles: A New Translation and Commentary*, AB 31 (New York: Doubleday, 1998): Spencer, *Acts*; Dunn, *The Acts of the Apostles*; Barrett, *Commentary on the Acts of the Apostles*; Johnson, *The Acts of the Apostles*.

109 여기에는 Loveday Alexander, Beverly Gaventa, Stanley Porter, Joel Green, 그리고 현재 필자인 Steve Walton의 연구가 포함된다.

제13장

예수의 형제 야고보

Bruce Chilton
브루스 칠턴

예수의 형제 야고보(히브리어로 *Ya'aqov*, 영어로 "James"로 불림)에 대한 관심은 계속 높아지고 있는 추세다. 우리는 야고보에 관한 최근 출판물 중에서 빌헬름 프랫처(Wilhelm Pratscher)의 본문 분석에 대한 제시,[1] 피에르-앙투안 베른하임(Pierre-Antoine Bernheim)의 다소 유명한 연구,[2] 그리고 리처드 보컴의 깊이 있고 혁신적인 공헌[3]을 언급할 수 있다. 이 연구서들은 야고보에 관한 중요한 묘사를 복원하고자 하는 열띤 노력

1 Wilhelm Pratscher, *Der Herrenbruder Jakobus und die Jakobustraditionen*, FRLANT 139 (Göttingen: Vandenhoeck & Ruprecht, 1987).

2 Pierre-Antoine Bernheim, *James, Brother of Jesus*, trans. J. Bowden (London: SCM, 1997); 참조. idem, *Jacques, Frère de Jésus* (Paris: Nôesis, 1996).

3 Richard Bauckham, *James: Wisdom of James, Disciple of Jesus the Sage*, New Testament Readings (London and New York: Routledge, 1999).

을 나타낸다. 또 이 연구서들은 논란을 불러온 로버트 아이젠만(Robert H. Eisenman)의 주장, 즉 야고보가 쿰란 문서에 등장하는 "의의 교사"와 동일 인물이라는 주장에 직간접적으로 반응하고 있다.[4] 이 주장에 대한 적극적이고 다양한 반응 중에 가장 완성도 높고 효과적인 반응을 보인 학자는 아마도 존 페인터(John Painter)일 것이다.[5]

야고보에 대한 관심의 회복은 역사적이고 신학적인 관점에서 유용한 교정 장치 기능을 할 수 있는데, 이는 원시 기독교 내에서 야고보가 차지하는 위상이 여러 방면에 걸쳐 바울 신학의 그늘에 거의 가려져 있기 때문이다. 아이젠만의 주장에 대한 열띤 반응은, 이 주장이 제기하는 특정 질문(주석적, 역사적, 심지어 고고학적)과 별도로, 신학적 토대를 바탕으로 가장 잘 설명될 수 있다. 결국 바울과 예수의 견해 둘 다에 상당한 반박을 가하고 있는 야고보(아이젠만의 재구성에 의한 야고보로서)보다는, 침묵하는 야고보의 모습이 결국 예수로부터 바울로 넘어가는 자연스러운 전환에 수월하게 용인되고 있다.

야고보에 대한 이런 논의 내에서 아래와 같이 명확한 쟁점이 지속적으로 제기되어왔다.[6]

> 야고보는 실제로 예수의 형제였는가?
> 야고보는 부활 이전의 예수에게 동조했는가?

4 Eisenman의 여러 연구 중, 특히 다음 연구서를 보라. *James the Brother of Jesus: The Key to Unlocking the Secrets of Early Christianity and the Dead Sea Scrolls* (New York: Viking, 1996).

5 John Painter, *Just James: The Brother of Jesus in History and Tradition* (Columbia: University of South Carolina Press, 1997).

6 이런 쟁점에 대한 전형적인 제시는 Bernheim, *James, Brother of Jesus*의 목차를 보라.

야고보는 예수 운동의 참여 조건으로 세례와 함께 남성의 할례를 요구했는가?
야고보는 아브라함, 이삭, 야곱과의 언약에 이방인도 포함된다고 이해했는가?
야고보는 은혜로 구원받는다는 바울의 가르침에 반대하고 율법에 대한 순종을 주장했는가?
야고보는 예수의 부활과 야고보 자신의 죽음 사이에 전개되었던 예수 운동에서 가장 저명한 인물이었는가?

앞서 이미 언급한 학자들의 연구는 위에 제기된 쟁점 중 어느 하나도 제대로 다루지 못하며, 각 쟁점은 대부분 이런저런 논의와 연관되어 있다. 위에 나열한 여섯 개의 질문 중 오직 하나, 세 번째 질문만 우리가 현재 지니고 있는 증거를 바탕으로 손쉽게 제거될 수 있다. 그러나 세 번째 질문, 즉 야고보가 모든 신자에게 할례를 요구했다는 오래된 유언비어조차도 대중적이며 학문적인 논의에서 점점 영향력이 증대되고 있으므로 여기서 다뤄야 할 필요가 있다.

이어지는 내용에서, 우리는 주요한 일차 자료의 검토 및 이차 문헌에 대한 일관된 평가와 더불어 여섯 개의 질문에 답하면서 결론에 도달하게 될 것이다. 내 평가의 기초는 선진 신학 협회(Institute of Advanced Theology)를 대표해 내가 의장으로 있는 "야고보 학회"(Consultation on James)의 여러 모임을 통해 주로 개발되었다. 그러나 야고보 학회는 자체적으로 간행물을 출판하여, 합의된 결과("예수 세미나" 같은 방식으로)가 아닌 다양한 종류의 의견 일치와 불일치를 종종 발표하므로,[7] 여기

7 다음을 보라. B. D. Chilton and C. A. Evans, eds., *James the Just and Christian Origins*, NovTSup 98 (Leiden: Brill, 1999). 여기서 나는 이런 질문들을 최초로 제기했지만(4쪽), 답변은 제시하지 않았다. 다음도 보라. B. D. Chilton and J. Neusner, eds., *The*

에 기록된 내 주장은 야고보 학회의 다른 어떤 회원의 주장과도 무관함을 밝힌다.

대부분의 학자들은 야고보 관련 주요 문서 중 아무것도 야고보에 의해 직접 기록된 것이 아니라고 주장한다. 야고보의 견해는 그의 형제인 예수의 견해보다 더 간접적으로 입증된다. 그러나 예수의 사례는 유비를 통해 야고보 관련 문제에 실마리를 제공한다. 비록 역사적 예수가 우리의 자료 "안"에 등장하지 않지만, 이 문헌의 배후에는 문학사적 예수(Jesus of literary history)가 분명히 존재한다.

즉 복음서(다른 문서들과 마찬가지로)는 예수를 출발 지점으로 삼고 있으며, 우리는 예수가 어떤 관습에 관여했고, 어떤 믿음을 고수했는지 추론한다. 그리고 이를 통해 복음서를 기록한 각각의 믿음 공동체 내에 존재했던 예수 관련 이야기를 생성해낼 수 있다. 신약성서의 생성 시기에 (예수에 관한 이야기든지 그의 추종자들에 관한 이야기든지) 이런 관습과 믿음의 틀로 작용했던 것은 유대교였다. 관습과 믿음은 문헌의 내용이 실제 예수와 관련이 있든 없든 상관없이 문헌에 명백히 나타나는데, 이는 예수에 관한 참되고 중요한 질문의 적절한 출발 지점이 된다. 이 질문의 내용은 예수가 실제로 무엇을 말했고 행했는가가 될 수 없다. 오히려 중요한 질문의 내용은 다음과 같다. 예수는 관습 및 자신의 이름에 대한 믿음이 발전하는 데 어떤 역할을 했는가?[8]

Brother of Jesus: James the Just and His Mission (Louisville: Westminster John Knox, 2001).

8 이 관점의 발전에 대해서는 다음을 보라. B. D. Chilton, *The Temple of Jesus: His Sacrificial Program within a Cultural History of Sacrifice* (University Park: Pennsylvania State University Press, 1992); *Pure Kingdom: Jesus' Vision of God* (Grand Rapids: Eerdmans; London: SPCK, 1996); *Rabbi Jesus: An Intimate Biography* (New York:

물론 이런 생산적 질문은 더 확대되어 예수와 복음서는 물론 원시 기독교와 신약성서에도 적용될 수 있다.[9] 그러나 지금 우리의 논의에 있어서, 이 질문은 야고보와 관련된 관습과 믿음을 규명하고, 그 안에서 야고보가 차지하는 위치를 이해하는 것을 의미한다. 모든 관습과 믿음이 야고보와 직접 관련되어 있다고 가정할 수는 없다. 하지만 야고보 관련 문헌에서 발견되는 다양한 부류의 전승을 종합해보면 관습과 믿음을 야고보와 안정적으로 연결할 수 있다. "사실"이 아니라 관습과 믿음의 교점이 되는 쟁점이 우리의 출발 지점을 나타낸다.

야고보는 실제로 예수의 형제였는가?

이 질문을 고려하기 위한 출발 지점은 마가복음 6:3(참조. 마 13:55-56)인데, 여기서 야고보는 다른 세 명의 남성과 함께 실제로 예수의 형제로 언급된다. 그리고 이름이 밝혀지지 않고, 열거되지 않은 예수의 자매가 적어도 두 명 더 등장한다. 최근까지 로마 가톨릭의 의견은 성 히에로니무스(St. Jerome) 입장에 지배적 영향을 받아왔는데, 그는 논란이 되는 「헬비디우스 반박」(*Against Helvidius*)에서 다음과 같이 주장했다. 즉 그리스어로 "형제"와 "자매"라는 단어가 사용되었지만, 이 단어들의 실제 의미는 사촌이라는 것이다. 논란의 핵심은 이와 같은 성 히에로니무스의 견해가 언어학적 입증이 가능한지 아닌지에 있으며, 이에 대한

Doubleday, 2000).

9 Bruce Chilton and Jacob Neusner, *Judaism in the New Testament: Practices and Beliefs* (London and New York: Routledge, 1995).

반응은 대체적으로 부정적이다. 히에로니무스에 앞선 기원후 4세기에 헬비디우스는 형제와 자매는 말 그대로 예수의 형제자매를 의미한다고 주장했다. 예수는 동정녀 마리아에게서 출생했지만, 그들의 아버지는 요셉이며, 어머니는 마리아였다. 헬비디우스의 이 견해는 예수를 출산한 이후에도 마리아의 처녀성이 유지되었다는 당시에 부상 중이었던 교리에 혼란을 주었고, 이 쟁점은 초미의 관심사가 되었다. 최근 로마 교황청의 승인을 받아 출간된 저서에서, 존 마이어는 기원후 2세기 교부들의 지지를 바탕으로 헬비디우스 이론을 어느 정도 인정하고 있다.[10] 기원후 2세기에 에비온파로 불리는 그룹은 예수의 동정녀 출생을 기술적 의미에서 부인했다. 즉 예수의 "형제들"과 "자매들"은 문자 그대로 실제 형제자매를 의미한다는 것이다(이레나이우스[Irenaeus]의 「이단반박」[*Against Heresies*] 1.26.1-2를 보라).

리처드 보컴은 기원후 4세기 에피파니우스(Epiphanius)가 예수와 야고보의 관계에 대해 주장한 내용(*Panarion* 1.29.3-4; 2.66.19; 3.78.7, 9, 13)을 새롭게 조명했다. 에피파니우스의 주장은 기원후 2세기 「야고보원복음」(*Protevangelium of James*)(9:2)과 「베드로복음」(*Gospel of Peter*, 오리게네스의 「마태복음 주석」 10:17을 근거로 함)의 지지를 받고 있다.[11] 에피파니우스에 의하면, 마리아는 예수의 어머니가 맞지만 야고보의 어머니는 아니다. 왜냐하면 요셉은 마리아와 재혼한 것으로, 전 부인이 있었기 때문이다. 요셉이 상대적으로 고령이었다는 점은 전통적으로 요셉

10 John P. Meier, *A Marginal Jew: Rethinking the Historical Jesus*, 3 vols., ABRL (New York: Doubleday, 1991-2001), 1:332.

11 다음을 보라. Richard Bauckham, "The Brothers and Sisters of Jesus: An Epiphanian Response to John P. Meier," *CBQ* 56 (1994): 686-700.

이 복음서의 내러티브에서 초반에만 언급될 뿐 이후에 더 이상 등장하지 않는 이유에 대한 설명으로 제시되고 있는데, 이는 합리적인 추론으로 에피파니우스의 견해에 힘을 실어준다. 동시에 다윗과 연계된 교회의 정체성을 강조하는 야고보의 모습(행 15:16을 보라)도 이 견해와 쉽게 융화된다. 야고보가 예수의 형이라는 근거는 탕자의 비유에 반영되어 있을 수도 있다(눅 15:11-32). 예수의 축귀로 인해 그를 잡으러 온 사람들에 대한 이야기(막 3:21; 참조 3:31-35)는 형이 동생에게 느낄 수 있는 거의 부모와 같은 심정의 염려를 반영한다.

더 실제적인 또 다른 숙고는 에피파니우스의 이론에 힘을 실어준다. 비록 원래 내용 그대로가 아닌 변형된 형태지만 말이다.[12] 위에 언급했듯이, 요셉은 예수가 약 12세 되던 해에 복음서 무대에서 자취를 감춘다.[13] 그리고 전통적으로 예수가 12세 되던 해를 요셉의 사망 시기로 보는데, 이 연대는 예수와 그의 형제자매들과의 관계를 이해하는 데 도움을 준다. 헬비디우스의 견해에 의하면, 마리아는 12년간 적어도 일곱 번의 출산을 겪었을 것이다(즉 예수, 예수의 형제들, 그리고 두 명 또는 그 이상의 누이들). 그녀가 출산한 모든 유아가 다 생존하지 못했다고 가정할 때, 마리아는 그 기간에 일곱 번 이상 출산의 노고가 필요하다. 그런데 이런 수차례에 걸친 출산에 미심쩍은 부분은 이 일이 출산한 여인

12 이 쟁점에 대한 논의는 일반적으로 헬비디우스, 에피파니우스, 히에로니무스의 이론 중에 하나를 결정해왔다. 이와 같은 세 이론의 분류는 다음 학자의 모형론 결과를 따른 것이다. J. B. Lightfoot, *Saint Paul's Epistle to the Galatians* (London: Macmillan, 1865).

13 이 기간과 이후에 유대교에서 발생했던, 요셉이 친부임에 의문을 제기하는 쟁점 관련 연구는 다음을 보라. Meir Bar-Ilan, "The Attitude toward *Mamzerim* in Jewish Society in Late Antiquity," *Jewish History* 14 (2000): 125-70.

을 따로 격리하고 생리 중인 여성과의 동침을 금하는 문화 내에서 일어났고, 모유 수유로 인한 자연 피임 효과 기간과 요셉의 고령에도 불구하고 발생했다는 점이다.

당시의 출산율을 고려해보면 에피파니우스 이론에 약간의 신빙성이 있지만, 이 이론을 액면 그대로 받아들이기에는 어려움이 있다. 최소 6명의 자녀를 혹처럼 달고 있는 홀아비는 젊은 처녀와 결혼하는 데 있어 최고의 후보는 아니다. 수정된 에피파니우스 이론은(헬비디우스의 주장과 혼합된) 야고보와 요셉을 요셉과 전 부인 사이에서 태어난 자식으로, 예수, 시몬, 유다는 요셉과 마리아 사이의 자식으로 규명한다. 예수, 시몬, 유다, 이 세 아들의 이름은 이스라엘의 명예에 대한 열렬한 존경과 관련이 있고, 이는 한 어머니의 취향을 반영한다고 볼 수 있다. 그러나 예수의 누이들은 이름이 언급되지 않고, 누이가 몇 명인지 정확한 수도 나와 있지 않으므로 누가 서로 배다른 자매인지 구분할 수 없다.

헬비디우스의 주장에 의하면, 야고보는 예수의 동생으로 부모가 같으며 급속히 자녀가 줄줄이 탄생한 가정에서 성장했다. 당연히 이 형제자매의 나이 차는 얼마 나지 않았다. 한편 에피파니우스의 견해에 의하면, 야고보는 예수의 형으로 배다른 형제였다. 내가 보기에는 적당히 수정된 에피파니우스의 주장이 더 설득력 있는 것 같다.

야고보는 부활 이전의 예수에게 동조했는가?

복음서에 언급되는 야고보는 그다지 예수에게 동조한 인물로 보이지 않는다.[14] 그는 공관복음에서 예수의 형제 중 제일 먼저 언급되지만, 예수의 가족을 알고 그의 기적을 의심하는 나사렛 사람들에 관한 이야기에도 등장한다(막 6:1-6; 마 13:53-58). 요한복음에는 예수가 절기를 지키러 예루살렘에 가지 않겠다고 그의 형제들과 논쟁을 벌이는데, 야고보는 이름이 언급되지 않은 이 형제들 중 하나였을 것이다(요 7:2-10). 공관복음에서도 야고보가 그의 어머니 마리아와 함께 있는 형제 중 하나로 언급되는데, 여기서 예수는 그의 형제들과 어머니가 왔음에도 맞이하지 않고 자신의 가르침을 계속 이어나간다(막 3:31-35; 마 12:46-50; 눅 8:19-21). 가장 개연성 있는 추론은 예수와 야고보가 당시에 다소 불편한 관계에 있었다는 것이다. 그렇다고 해서 둘 사이에 개인적 적개심이 있었다고 단언할 만한 증거는 없다. 예수와 야고보 사이의 실제적 단절 지점은 나사렛의 모든 사람이 예수를 돌로 치려 한 사건(눅 4:16-30)으로, 이 일은 예수가 자신의 가족을 부정적으로 생각하도록 만든 것 같다.

한편 야고보는 부활한 예수를 최초로 만난 사람들 명단에(고전 15:7) 들어가 있다. 또 야고보는 예루살렘 성전과 밀접한 연관을 맺으며 예수 운동에 있어서 주도적 인물로 급부상한다.[15] 결국 종합해보면, 이 두 자료는 예수가 예루살렘으로 가는 마지막 여정에 야고보와 화해했음을 시사한다. 부활한 예수를 목격한 사람들의 명단에 야고보를 지목하는 바울의 언급 외에, 야고보의 실제 등장을 언급하는 부분은 신약성서 어디에도 없다. 단지 외경인 「히브리복음」(*Gospel of the Hebrews*)에 야고보가 등장하고 있을 뿐이다. 「히브리복음」에서 예수는 다음과

14 이 내용은 다음 연구서에서 논의의 출발점이 된다. Robert Eisenman, *James the Just in the Habakkuk Pesher*, SPB 35 (Leiden: Brill, 1986).

15 Eisenman과 대조적으로, Ethelbert Stauffer, "The Caliphate of James," *JHC* 4 (1997): 120-43(이는 *ZRGG* 4 [1952]: 193-214에 실린 그의 독일어 소논문에 해당)은 이 내용을 논의의 출발점으로 삼는다.

같은 말로 형제 야고보를 안심시킨다. "인자가 죽은 자들로부터, 그리고 죽은 자들 가운데서 부활했다"(히에로니무스의 *De viris illustribus* 2에서 인용). 이 환상은 그의 형제인 예수가 죽은 후 야고보가 금식하는 가운데 발생한다. 야고보의 권위는, 부활한 예수를 다니엘 7장의 "인자와 같은 이"(에우세비오스가 *Hist. eccl.* 2.23.1-18에서 인용하고 있는 헤게시포스[Hegesippus]를 보라)로 규명하는 데 핵심적 기여를 한 것으로 보인다. 여기서 인자와 같은 이는 천국 법정의 천사와 같은 인물을 의미한다.

야고보는 예수 운동의 참여 조건으로 세례와 함께 남성의 할례를 요구했는가?

사도행전은 안디옥에서 개종한 이방인 남성들이 할례를 받아야 하는가에 대한 문제를 해결함에 있어 야고보에게 전권을 부여한다. 그리고 야고보는 그들이 할례를 받을 필요가 없다고 결정한다.[16] 바우어(F. C. Bauer)의 주장이 미친 영향으로 야고보가 모든 개종자에게 할례를 요구했다고 가끔 추정되지만,[17] 사도행전을 보면 할례에 대한 요구는 야고보가 아닌 바리새파 출신의 그리스도인들에게서 제기된다(15:5). 그

16 Richard Bauckham, "James and the Jerusalem Church," in *The Book of Acts in Its Palestinian Setting*, ed. R. Bauckham, BAFCS 4 (Grand Rapids: Eerdmans, 1995), 415-80을 보라.

17 "튀빙겐 학파"의 영향에 대해서는 다음을 보라. Ernst Haenchen, *The Acts of the Apostles: A Commentary*, trans. B. Noble et al. (Philadelphia: Westminster, 1971), 15-24. 과도기 동안 Hengel 교수가 튀빙겐 학파와 관계를 맺고 있었다는 사실을 염두에 두면서, 우리는 "튀빙겐 학파"라는 표현을 재고해야 할 것 같다!

렇지만 야고보는 비유대인 그리스도인들에게 특정한 정결 규례 준수를 명령한다(행 15:1-35). 이는 야고보의 사절들이 안디옥에서 있었던 바울의 주요 논쟁에서 악당으로 묘사되는 이유를 설명해줄 수 있다. 이 사절들은 유대인과 이방인 사이의 식사 교제를 허용하지 않았다. 반면에 바울은 그들보다 더 강경조로 교회 내에서 유대인과 이방인 사이의 연합 교제를 주장했다. 하지만 이런 주장은 성과가 미약했거나 전혀 없었다(갈 1:18-2:21). 야고보가 어떻게 이런 지도자의 지위에 오르게 되었는가는 사도행전에서 정확한 이유를 발견할 수 없다. 그러나 부활한 예수가 야고보에게 나타났다는 언급으로 인해 그의 사도 지위는 의심의 여지 없이 보증되었다.

요세푸스(*Ant.* 20.197-203)처럼, 헤게시포스(에우세비오스의 보도에 의하면 야고보의 죽음에 대한 헤게시포스의 묘사는 클레멘스의 묘사와 동일함)도 야고보가 아나누스에 의해 성전에서 죽임을 당했다고 기록한다. 더욱이 헤게시포스는 야고보를 정결 규례 측면에서 강조하면서, 사도행전에서와 같이 야고보가 나실인 서원과 관계가 있음을 분명히 보여준다(참조. 행 21:17-36). 야고보가 예루살렘의 많은 유대인으로부터(그의 형제 예수의 추종자들뿐만 아니라) 존중을 받을 수 있었던 이유는 그의 나실인 정결 규례 준수와, 다른 이들에게 이 정결 규례 준수를 독려했기 때문이다. 자주 간과되고 있지만 강조해야 할 사실은 미쉬나의 기록을 볼 때, 나실인 정결 규례 준수는 이스라엘 백성뿐만 아니라 노예에게도 남성과 여성 모두 적용되었다는 것이다(*m. Naz.* 9:1을 보라).[18] 야고보의 초점은 그의 부활한 형제, 즉 인자도 지지하고 있는 성전 내에서의 정

18 나실인 정결 규례의 유례에 대해서는 Eliezer Diamond, "An Israelite Self-Offering in the Priestly Code: A New Perspective on the Nazirite," *JQR* 88 (1997): 1-18을 보라.

결이다. 그러나 야고보가 이방인들에게 할례를 요구했다는 기록은 어디에서도 찾을 수 없다. 우리는 다음과 같은 내용을 염두에 두어야 한다. 즉 예수가 성전에서 장사하는 자들을 쫓아낸 사건은 상업주의에 반대하는 그의 무분별한 시위가 아니라, 세상 모든 민족이 중간자의 개입 없이 직접 주께 제사를 지낼 수 있는 날이 도래한다는 스가랴의 예언(슥 14장을 보라) 측면에서 바라봐야 한다는 점이다. 야고보의 나실인 정결 규례 실천은 그의 형제 예수의 이름으로 선포된 예언을 실현했다.

요세푸스의 기록에 의하면 야고보는 기원후 62년에 성전에서 죽임을 당했는데, 그의 죽음에 직접 관여한 자는 대제사장 아나누스였다. 아나누스는 선동을 일으켜 로마 총독 페스투스(Festus)와 알비누스(Albinus)의 통치 부재 동안 야고보를 죽음으로 이끌었다(*Ant.* 20.197-203). 헤게시포스는 야고보의 순교를 정치적 측면보다는 상황적 측면에서 설명한다. 헤게시포스의 보도에 따르면, 야고보는 성전 흉벽에 매달린 채, 그의 적대자들로부터 "의롭고 **애통하는 자**"(Righteous and *Oblias*)로 알려지고 그렇게 불렸다. 두 번째 칭호인 *Oblias*는 납득할 만한 혼란을 가져오지만(이 용어가 "보호자"라는 헤게시포스의 해석을 따를 때 특히 그렇다),[19] *Oblias*는 "애도하다"는 의미의 아람어 *'ăbēl*과 쉽게 연결된다. 쿰란 근처뿐만 아니라 사해 유역에서 발견된 최근의 문헌 덕택에 우리는 예수와 그의 추종자들 시대에 사용된 아람어를 더 잘 이해할 수 있게 되었다. 바로 이 문헌에서 *'ăbēl*의 용법을 확인할 수 있다.[20] 야고보는 아마도 "애통하는 자"로 알려져 있었을 것이다.

19 사실 Hegesippus는 이 두 번째 칭호를 그리스어로 받아들인다. 야고보가 여기서 이런 칭호로 불리는 이유는 아마도 그의 사망 후 예루살렘 함락이 성공을 거두었기 때문일 것이다.

탈무드에 대한 소논문은 애통하는 자(*ăbēl*)는 "씻고 (몸에) 기름을 바르고 샌들을 신고 동거하는 일이 금지된다"는 규칙을 정하고 있다(*Sem.* 4:1). 이는 주로 나실인의 서원과 관련되는 요구와, 야고보의 관습에 대한 헤게시포스의 설명에 부합한다. 예수 자신이 그의 형제를 "애통하는 자"라고 불렀다면, 이는 자신을 따르는 자들에게 별명을 주었던 예수의 습관에 잘 들어맞는다. 야고보의 역할과 관련하여 성전과의 강한 유대 관계는 초기부터 전반적으로 입증되지만, 할례에 대한 보편적인 요구는 입증되지 않는다.

야고보는 아브라함, 이삭, 야곱과의 언약에 이방인도 포함된다고 이해했는가?

야고보의 저명함에 대한 헤게시포스의 언급은 클레멘스에 의해 입증되는데, 클레멘스는 야고보를 예루살렘에서 첫 번째로 선출된 주교로 묘사한다(동일 내용이 에우세비오스의 *Hist. eccl.* 2.1.1-6에도 인용된다). 야고보의 저명함을 입증하는 또 다른 자료는 위-클레멘스의 「인식」(*Recognitions*)으로, 여기서 야고보는 거의 교황 같은 인물로 그려지며, 이방인에 대한 설교의 올바른 전형을 제시한다. 한편 「인식」(1.43-71)에서 바울은 조롱거리로 묘사되는데, 심지어 기독교로 개종하기 이전의 사울이 성전에서 야고보에게 물리적 폭력을 행사했다고 기술한다. 마르틴 헹엘은 이런 제시를 사도 소설(*Apostelroman*)이라 부르는데, 이는

20 다음을 보라. Joseph A. Fitzmyer and Daniel J. Harrington, *A Manual of Palestinian Aramaic Texts,* BibOr 34 (Rome: Biblical Institute, 1978).

에비온파의 관점에 깊은 영향을 받고, 기원후 3세기에서 4세기에 시작되었으리라고 추정된다.[21]

그러나 사도행전 15장에서 야고보의 구약성서 사용은, 내용 그 자체에서 드러나듯이, 바울의 구약성서 사용과 매우 다르다. 야고보의 주장에 의하면, 베드로의 이방인 세례는 용납되어야 하는데, 왜냐하면 "선지자들의 말씀이 이와 일치"(행 15:15)하기 때문이다. 야고보는 계속해서 아모스서의 말씀을 인용한다. 우리는 아모스서의 인용구를 곧 다룰 것이다. 그리고 야고보의 해석 형태는 바울의 해석 형태와의 상당한 차이를 직접적으로 나타내는 지표가 된다. 야고보의 말처럼, 시므온과 예언자들의 말은 마치 두 사람이 입을 맞춘 듯 실제로 일치한다. 구약성서와 관련하여 "일치하다"(*symphōnein*)라는 동사가 사용되는 경우는 신약성서에서 이 부분이 유일하다. 구약성서에 대한 기독교적 체험의 연속성이 바울의 해석보다 더 부각되고, 야고보는 이 연속성이 문자적 일치, 즉 예언자들의 말과 일치하길 기대한다. 이는 단순히 예언자들의 말이 무엇을 의미하는지를 알아볼 수 있는 여러 방식과의 일치를 의미하는 것이 아니다.

21 "Jakobus der Herrenbruder — der erste 'Papst'?" in *Glaube und Eschatologie: Festschrift für Werner Georg Kümmel zum 80. Geburtstag*, ed. E. Grässer and O. Merk (Tübingen: Mohr, 1985), 71-104, 81을 보라. 야고보 다음에 베드로가 나오는 순서는 이런 관점의 일부를 분명히 반영하며, Hengel이 보여주듯이, 그리고 이보다 훨씬 앞서 Joseph Lightfoot이 발견했듯이, 클레멘스와 야고보가 주고받은 것으로 추정되는 편지는, 이후 위-클레멘스 문헌에 추가된 것이다(J. B. Lightfoot, *The Apostolic Fathers*, 5 vols. [London: Macmillan, 1890], 1:414-20을 보라). 그러나 위-클레멘스가 액면 그대로 받아들여진다 하더라도, 그것은 Eisenman의 견해(또는 튀빙겐 학파의 견해, Hengel의 지적처럼, 이 튀빙겐 학파는 이와 같은 주장의 근거지다), 즉 위-클레멘스가 야고보의 묘사를 통해 그리스 이방 그리스도인들이 어떻게 가르쳐야 하는지 그 기준을 제시하고 있다는 주장을 약화시킨다(*Recognitions* 11.35.3을 보라).

아모스서의 인용(LXX 9:11-12)은 교회의 입장이 예언자들의 주요 어휘와 일치해야 한다는 야고보의 관심과 잘 맞아 떨어진다(행 15:16-17).

> 이후에 내가 돌아와서 다윗의 무너진 장막을 다시 지으며 또 그 허물어진 것을 다시 지어 일으키리니 이는 그 남은 사람들과 내 이름으로 일컬음을 받는 모든 이방인들로 주를 찾게 하려 함이라.

여기 나타난 야고보의 논의에서, 이방인들의 믿음이 성취하는 것은 이스라엘에 대한 재정의(바울의 사고에서처럼)가 아니라 자신들을 침해했던 율법의 이방인 인식과 함께 다윗 집의 재건이다.[22] 이런 주장이 가능한 이유는 예수의 다윗 혈통—그리고 그의 형제 야고보의 다윗 혈통—이 가정되고 있기 때문이다.[23]

야고보는 은혜로 구원받는다는 바울의 가르침에 반대하고 율법에 대한 순종을 주장했는가?

야고보서가 치밀한 논의 전개를 통해—바울의 논의에 반대하는 것으로 보이는 창세기 22장에 대한 이해를 포함하여—행함 없는 믿음을 죽었다고 선언하고 있는 것은 사실이다(참조. 약 2:14-26과 롬 4장). 그

22 Markus Bockmuehl, "The Noachide Commandments and New Testament Ethics," in *Jewish Law in Gentile Churches: Halakhah and the Beginning of Christian Public Ethics* (Edinburgh: Clark, 2000), 145-73을 보라.

23 Ethelbert Stauffer, *Jesus and His Story*, trans. R. Winston and C. Winston (New York: Knopf, 1960), 13-15을 보라.

러나 야고보서는 바울의 입장을 자세히 다루지 않는다. 피터 데이비즈(Peter Davids)의 언급처럼, 야고보서에는 "믿음과 율법 사이의 바울 신학적 긴장이 존재하지 않는다. 왜냐하면 야고보 공동체는 다른 맥락에 처해 있었기 때문이다."[24] 바울은 확실히 이런 긴장에 대한 탐구에서 가장 저명한 인물이지만, 그의 입장은 야고보서가 논박하고 있는 내용보다 더 미묘하다.[25] 그러나 이는 놀라운 일이 아니다. 왜냐하면 바울은 자신에게 동조하는 자들 사이에서 그의 견해에 대한 도덕률 폐기론적인 이해를 바로잡아야 했기 때문이다(고전 5-6장을 보라). 목회서신과 베드로후서 3:15-16은 이런 어려움이 시간이 갈수록 더 커져갔음을 암시한다.

야고보서의 기록 시기, 특히 이 서신이 예루살렘 성전이 파괴된 기원후 70년 이전에 기록되었는지 아니면 이후에 기록되었는지에 대한 문제는 끊임없는 논란을 일으킨다.[26] 하지만 야고보서에 반영된 사회적 위기감은 예수의 재림을 기대하는 긴박감과 함께 부정할 수 없는 사실이다(약 5:7-8; 참조. 벧후 3:4, 12). 그러나 야고보서의 에토스에 대한 헤게시포스의 묘사를 돌이켜 생각해본다면, 이 또한 전혀 놀랄 만한 일이 아니다. 성전에서의 희생 제사에 위협이 가해질 수 있는 상황에서(이 상황이 성전 파괴 이후 발생했는지 아니면 성전 파괴 이전의 격변 가운데 발생했는지에 상관없이), 야고보의 근본 입장은 타격을 입었다. 그리고 바울은

24 Peter Davids, "James's Message: The Literary Record," in Chilton and Neusner, *The Brother of Jesus*, 66-87을 보라.

25 이와 관련하여 George B. Caird, *New Testament Theology* (Clarendon: Oxford, 1994), 190을 보라. 이 연구서는 L. D. Hurst가 완성하고 편집했다.

26 다음을 보라. Wiard Popkes, *Der Brief des Jakobus*, THKNT 14 (Leipzig: Evangelische Verlagsanstalt, 2001).

이런 야고보의 근본 입장에 동의할 수 있었을 것이다(행 21:16-36과 롬 15:16에서 제시하는 것과 같다). 남아 있는 것은 인자라는 예수의 정체성이었고, 성전 예배에 점점 더 많은 문제가 생기면서 야고보가 신학적으로 해결해야 할 과제는 예수의 인자 정체성을 고수하고 강화하는 것이었다. 이런 맥락 속에서, 바울이 전혀 다른 맥락에서 주장한 교리를 야고보가 동의했는가의 여부는 부차적 문제로 보인다.

야고보는 예수의 부활과 야고보 자신의 죽음 사이에 전개되었던 예수 운동과 관련하여 가장 저명한 인물이었는가?

히에로니무스는 야고보 관련 자료를 취합하면서 신약성서, 헤게시포스, 요세푸스와 함께 「히브리복음」을 인용한다. 이와 같이 취합된 자료는 참고 문헌의 파편적 속성을 드러낼 뿐만 아니라, 참고 문헌의 상호 의존에 의해 또는 서로 유사한 전승으로부터 생성되었음을 나타낸다. 이런 자료의 사용은 야고보와 관련된 모든 논의를 위해 반드시 필요한 출발점으로서 불가피하지만, 이 자료는 모두 야고보를 그 자료의 목적에 부합하는 이미지로 그려낸다. 예를 들어, 복음서의 야고보는 예수에 대한 집중이 분산되지 않도록 별다르게 언급되지 않다가 예수의 부활 이후 함축적으로 또는 명백하게(바울 서신과 「히브리복음」의 경우에서) 중요한 증인으로 부상한다. 사도행전의 야고보는 바울의 입장을 벗어나지 않는 선에서 교회의 화합을 도모한다. 바울이 제시하는 야고보라는 인물은 교회를 분열시킨다. 요세푸스는 대제사장 아나누스의 잔혹함을 예증하기 위해 야고보의 죽음을 언급한다. 반면에 헤게시포스는 야고보의 의로움과 그의 공동체를 설명하기 위해 야고보의 죽음을 언급한다. 클레멘스는 야고보를 사도 전승의 과도기적 인물로 그리고 있으며, 위-클레멘스의 「인식」은 이와 같은 야고보의 지위를 사용하고 강화하여 바울을 공격한다.

야고보는 예수 운동의 권위 있는 구성을 입증하기 위해 위와 같은 참고 문헌에 일관성 있게 배치되어 있다.[27] 따라서 야고보는 주변 인물로(복음서에서), 권위 있는 목격자로(사도행전과 바울 서신에서), 비난의 대상으로(바울 서신에서),[28] 희생자로(요세푸스의 기록에서), 또는 영웅으로(헤게시포스의 기록에서), 그리고 화합의 근원이자(클레멘스의 기록과 사도행전 전승에서) 바울을 공격하려고 사용하는 비장의 무기로(「인식」에서) 묘사된다. 실증주의적 이해의 측면에서 "역사적 예수"의 모습에 문제를 만드는 모든 것은 "역사적 야고보"에 대한 실증주의적 이해를 불가능하게 만든다.

야고보는 성전에 헌신했고 부활한 그의 형제 예수를 다니엘이 예언한 인자로 강조했는데, 이로 인해 야고보는 예루살렘의 가장 영향력 있는 기독교 지도자로 자리매김할 수 있었다. 나실인 서원의 실천은 야고보에게서 발견되는 뚜렷한 특징이다. 야고보는 그의 형제 예수를 천국의 문이자 성전 위에 존재하는 천국의 정문으로 여기는 믿음으로 인해 유대교 내에서 예수에 대한 각자의 평가에 따라 존경과 비방을 동시에 받는 인물이 되었다. 야고보는 에세네파의 주장을 연상시키는 해석을 사용하여 다윗의 집 건립에 관한 자신의 이해를 동시대 그리스도

27 Kenneth L. Carroll, "The Place of James in the Early Church," *BJRL* 44 (1961): 49-67을 보라.

28 다음을 보라. Walter Schmithals, *Paulus und Jakobus*, FRLANT 85 (Göttingen: Vandenhoeck & Ruprecht, 1963).

인들에게 공표했다. 비록 그가 세례를 받고 할례를 받지 않은 이방인들의 부수적 역할을 주장했지만 말이다. 자신이 속한 공동체의 주교 또는 감독(사해 사본에서는 *mebaqqer*로 기록되어 있음)으로서 야고보의 기능은 *episkopos*(주교, 감독)라는 그리스어에 편입되었다. 또 야고보 집단이 미친 영향은 신약성서와 이후 문헌(여기에는 「도마복음」[*Gospel of Thomas*], 「야고보외경」[*Apocryphon of James*], 「야고보원복음」[*Protevangelium of James*], 「제1·2야고보묵시록」[*First* and *Second Apocalypse of James*], 「베드로복음」[*Gospel of Peter*], 「베드로묵시록」[*Apocalypse of Peter*], 「베드로선포」[*Kerygma Petrou*], 「베드로행전」[*Acts of Peter*], 「베드로가 빌립에게 보내는 서신」[*Letter of Peter to Philip*], 기원후 200년경 또는 그 이후에 기록된 또 다른 「베드로행전」이 포함된다)을 통해 입증된다.

야고보의 독특한 중요성이 인식되면서, 다음과 같은 질문이 자연스럽게 대두된다. 그가 원시 기독교의 초기 생성 단계와 초기 기독교 문헌에 얼마나 큰 영향을 미쳤는가? 예를 들어, 공관복음서 안에서 야고보의 관점으로 보이는 특징이 발견된다는 주장이 제기된다. 공관복음에 나오는 예수의 수난 내러티브에서는 단지 한 단락만이 최후의 만찬과 유월절을 연결하는데(마 26:17-20//막 14:12-17//눅 22:7-14), 이와 같은 제시는 요한복음 및 바울 서신의 제시와 마찰을 빚는다. 공관복음에서 최후의 만찬 관련 단락은 이런 식사와 기념하는 자리에 참여하는 일이 할례자에게 허락됨을 의미하는데(출 12:48을 보라), 이는 이스라엘 사람을 교회 지도부로 삼으려는 야고보의 의도와 일치한다.[29] 이와 유사하게, 성전 예물인 고르반(*qorbana*) 즉 물질 서원에 관한 예수의 가르

29 Bruce Chilton, *A Feast of Meaning: Eucharistic Theologies from Jesus through Johannine Circles*, NovTSup 72 (Leiden: Brill, 1994), 93-108을 보라.

침은, 예수보다 야고보와 더 잘 부합하는 쿰란의 페샤림(*pesharim*)을 연상시키는 주석 방식과 함께 제의 제도에 대한 관심과 친근함을 명백히 드러낸다(마 15:1-20//막 7:1-23).[30] 마지막으로, 거라사의 군대 귀신과 돼지 떼 이야기는 이방인, 특히 로마인의 부정함에 대한 강조와 함께(마 8:28-34//막 5:1-20//눅 8:26-39) 야고보 공동체 전승과 연결된다. 그리고 예수가 **나사렛 사람**(*Nazarenos*), 즉 나실인이라는 사실을 아는 귀신들의 비밀 지식 역시 아마도 똑같이 야고보 공동체와 연관될 것이다.[31]

결론

초기 유대교와 원시 기독교 관련 용어 중에서, 성전에 대한 언급의 중요성에 비길 만큼 중요한 단일 쟁점은 없다. 야고보 및 그와 관계를 맺은 이들의 나실인 규례 실천은 성전에 대한 매우 높은 강도의 헌신을 제시한다. 물론 일반적으로 원시 기독교와 초기 기독교의 사회적 역사는 근본적으로 헬레니즘 성향을 보인다. 신약성서의 실제 기록 장소와 언어, 그리고 고대 후반에 기록된 대부분의 기독교 문헌을 고려해볼 때, 이는 지극히 당연하다. 지금도 웨인 믹스(Wayne Meeks),[32] 에이브러햄 맬허브(Abraham Malherbe),[33] 데니스 스미스(Dennis Smith), 할 타우시

30 Bruce Chilton, "A Generative Exegesis of Mark 7:1-23," *JHC* 3 (1996): 18-37을 보라.

31 Jacob Neusner and Bruce Chilton, *The Body of Faith: Israel and the Church*, Christianity and Judaism, the Formative Categories (Valley Forge, Pa.: Trinity, 1996), 98-101을 보라.

32 Wayne Meeks, *The First Urban Christians: The Social World of the Apostle Paul* (New Haven: Yale University Press, 1983).

그(Hal Taussig)[34]같은 학자들이 주장하는 사회적 역사는 유대교 자료, 그 중에서도 특히 아람어와 히브리어로 기록된 유대교 자료의 사용을 기피한다. 이들은 헬레니즘 차원의 분석에 쏟는 동일한 열정으로 유대교 문헌 사용을 꺼린다. 그러나 이 학자들이 다루는 특정 문헌과, 그들이 이 문헌에 적용하는 구체적인 질문을 고려할 때, 이런 현상은 지극히 납득할 만하다. 그러나 야고보 같은 인물을 그가 탄생했을 뿐만 아니라 의식적으로 선택하여 헌신과 활동의 중심지로 받아들인 환경에 위치시키지 않는다면, 그는 그저 하찮은 인물로 남고, 바울 신학의 이런저런 아류로 치부되어버릴 공산이 크다. 예수 운동에 관여한 많은 교사가 적어도 부분적으로나마 성전을 가까스로 피해갈 수 있었다. 야고보는 사실상 예수의 부활 이후 성전에 실세로 남아 있었던 **유일한** 인물이다.

성전이라는 위치의 특수성은 야고보가 다른 형태의 기독교, 다른 형태의 유대교, 특히 성전 운영의 책임을 맡은 자들과 어떤 관계에 있었는지에 대한 쟁점을 제기한다. 여기서 야고보를 사회·역사적 관점에서 분석해본다면, 이 분석은 성전의 특수성 측면에서의 고전 역사와 매우 유사하다.

사회·역사적 분석에서 강조의 핵심이 "사회적"인 것에 있든지 아니면 "역사적"인 것에 있든지 상관없이, 우리가 지금껏 고려해온 결과는 하나님과 이스라엘이 맺은 언약의 유효성에 분명한 제의적 초점이 맞춰진다는 것이다. 이 언약은 부활 후 다니엘 7장의 "인자와 같은 이"와 동일시되는 예수의 권위를 통해 모든 민족을 축복한다.

33 Abraham Malherbe, *Social Aspects of Early Christianity* (Philadelphia: Fortress, 1983).

34 Dennis Smith and Hal Taussig, *Many Tables: The Eucharist in the New Testament and Liturgy Today* (Philadelphia: Trinity; London: SCM, 1990).

제14장

마태복음

기독교적 유대교인가, 유대교적 기독교인가?

Donald A. Hagner
도널드 A. 해그너

마태복음 연구에서 사실상 거의 확고한 결론 중 하나는 마태복음이 예수를 메시아로 믿게 된 유대인들을 대상으로 기록되었다는 것이다. 이런 결론을 지지하는 핵심 요소는 마태복음에만 등장하는 다음과 같은 언급이다. 즉 예수는 "율법을 폐하러" 이 땅에 온 것이 아니라 "완전하게" 하려고 왔으며, "천지가 없어지기 전에는 율법의 일점 일획도 결코 없어지지 아니하고 다 이루리라"(마 5:17-18)고 말한다. 그러나 이와 같은 율법에 대한 충실함 외에도, 마태복음에는 다음과 같이 유대교의 특징을 나타내는 여러 표시가 존재한다. 즉 (1) 구약성서의 광범위한 인용, 특히 "이는 주께서 선지자를 통하여 말씀하신 바를 이루려 하심이라"와 같은 성취 공식과 함께 시작되는 11개의 독특한 구약 인용과, (2) 산상수훈의 반대 명제(5:21-48) 및 이혼 논쟁(19:3-9)에서 발견되는 랍비 방식의 주장, (3) 의로움에 대해 반복되는 강조, (4) "하나님 나라"보다 "천국"이라는 용어 선호, (5) 바리새인들의 규례를 설명하는 마가복음의 내용 생략(막 7:3-4과 마 15:2을 비교해보라), (6) "모든 음식물을 깨끗하다 하시니라"라는 마가복음의 편집적 언급 생략(막 7:19과 마 15:17을 비교해보라), (7) 예수와 제자들의 선교를 이스라엘로 국한하는 언급(10:5-6; 15:24), (8) "모세의 자리"에 앉아 있는 바리새인들에 대한 언급(23:2), (9) 24:20의 안식일에 대한 언급, (10) 예수의 시체가 도둑맞았다는 유대인들의 거짓 진술을 향한 분명한 반응(28:11-15) 등이다.

위와 같은 증거로 거의 모든 마태복음 학자들은 마태복음의 저자가 유대인이었으며, 그는 전적으로는 아니지만 대다수가 유대인 그리스도인들로 이루어진 유대-기독교 공동체(혹은 공동체들)에 쓰고 있다고 결론 내린다.[1] 그러나 최근 몇몇 학자는 이런 결론을 극단으로 몰아붙여 다음과 같이 주장하고 있다. 즉 마태 공동체는 기독교 공동체가 아니라 유대교 내의 한 종파로 가장 잘 이해될 수 있다는 것이다. 그들의 주장에 의하면, 마태 공동체는 유대적 기독교가 아닌 기독교적 유대교로 간주되어야 한다. 이런 논의는 얼핏 미묘하고 별로 중요하지 않은 용어상의 차이로 보일 수 있다. 결국 이 논의는 어느 단어가 결정 명사이며, 어느 단어가 수식 형용사인가라는 질문으로 귀결된다. 여기서 명사는 중심 개념을 나타내며, 형용사는 부차적 의미를 나타낸다. 즉 우리는 마태복음에서 기본적으로 기독교 색채를 띤 유대교를 발견하는가? 아니면 소위 유대교적 특징을 지닌 기독교를 발견하는가? 마태 공동체

1 이에 대한 예외는 다음에서 찾아볼 수 있다. K. W. Clark, "The Gentile Bias in Matthew," *JBL* 66 (1947): 165-72; P. Nepper-Christensen, *Das Matthäusevangelium: Ein judenchristliches Evangelium?* (Aarhus: Universitetsforlaget, 1954). 그러나 그는 나중에 이런 결론을 번복했다. 더 최근에 John P. Meier 역시 이방인 저자를 주장했다. 그의 소논문 "Matthew, Gospel of," *ABD* 4:622-41을 보라.

는 제2성전기의 유대교 종파에 가장 잘 부합하는가? 아니면 마태 공동체는 유대교와의 단절을 필연적으로 의미하는 내용을 주장하고 있는가? 앞으로 살펴보겠지만, 이 문제의 결론은 매우 중요하다. 왜냐하면 이 결론은 마태복음 이해에 중요한 방식으로 영향을 미치는 한편, 초기 기독교에 대한 우리의 이해에 중요한 결과를 초래하기 때문이다.

여기서 우리는 마태 공동체가 유대교의 기독교 형태라는 주장을 옹호하는 중요한 세 학자의 견해에 초점을 맞추고자 한다. 이 학자들은 바로 앤드루 오버맨(J. Andrew Overman),[2] 앤서니 살다리니(Anthony J. Saldarini),[3] 데이비드 심(David C. Sim)[4]이다. 물론 이 세 학자 사이에 의견 차가 존재하지만, 이들의 주장을 함께 묶어서 다룰 만큼 충분한 유사점이 존재한다. 나는 이들의 주요 주장과 결론을 제시하면서, 이들의 견해가 부적절하며 마태복음의 내용 전체에 바르게 적용되지 않고 있음을 주장할 것이다.

2 J. Andrew Overman, *Matthew's Gospel and Formative Judaism: The Social World of the Matthean Community* (Minneapolis: Fortress, 1990); *Church and Community in Crisis: The Gospel according to Matthew*, The New Testament in Context (Valley Forge, Pa.: Trinity, 1996).

3 Anthony J. Saldarini, *Matthew's Christian-Jewish Community* (Chicago: University of Chicago Press, 1994); "The Gospel of Matthew and Jewish-Christian Conflict," in *Social History of the Matthean Community: Cross-Disciplinary Approaches*, ed. David L. Balch (Minneapolis: Fortress, 1991), 38-61.

4 David C. Sim, *The Gospel of Matthew and Christian Judaism: The History and Social Setting of the Matthean Community* (Edinburgh: Clark, 1998); "Christianity and Ethnicity in the Gospel of Matthew," in *Ethnicity and the Bible*, ed. Mark G. Brett, BIS 19 (Leiden: Brill, 1996), 171-95; "The Gospel of Matthew and the Gentiles," *JSNT* 57 (1995): 19-48.

마태복음과 기원후 1세기 유대교

제2성전기의 유대교에 관한 최근 연구에서 확립된 결론 중 하나는 쿰란 공동체에서 발견되는 유대교에서부터 사두개파의 유대교에 이르기까지 다양한 관점의 유대교가 이 시기에 존재한다는 것이다. 기원후 1세기에 다소 동일한 형태의 "규범적" 혹은 표준적 유대교가 존재했다는 이전의 주장은 기원후 1세기, 적어도 기원후 70년까지는 다양한 유대교가 공존했다는 사실로 인해 설득력을 잃게 되었다.[5] 오늘날 학자들은 기원후 70년 이후조차도 "형성 단계의" 유대교, 즉 형성 과정 중에 있는 유대교에 대해 이야기하기를 선호한다. 우리는 기원후 200년경에 이르러 미쉬나 탄생과 함께 드러난 상대적으로 안정된 유대교를 비로소 만나게 된다. 비록 대다수는 아니더라도 기원후 1세기에 많은 유대교 종파가 자신들을 이스라엘의 의로운 남은 자들, 즉 참된 이스라엘로 간주했으며, 자신들이 모세 율법의 참된 해석을 따르고 있다고 주장했다. 각 종파는 각자의 방식으로 예루살렘 성전 제도에 적대적이었고 이스라엘을 이끌기 위해 다른 종파들과 경쟁 관계에 있었다. 마태 공동체는 얼핏 이런 유대교 종파들과 잘 부합하는 것 같다.

예를 들어, 기독교와의 생생한 유사성이 쿰란 공동체에서 발견될 수 있다. 쿰란 공동체는 유대교의 종파 중 하나로, 자신들이 마지막 시대에 살고 있다고 믿었으며, 자신들이 새 언약의 공동체로 이스라엘의 의로운 남은 자들, 즉 참된 이스라엘임을 표명했다. 이 분리주의적 공동체는 자신을 구약성서에 예언된 존재로 보았으며, 신약성서 저자들

5 Saldarini, *Matthew's Christian-Jewish Community*, 13-18을 보라.

이 사용했던 해석 방법과 유사한 성서 해석 방법(페셰르, 즉 "이것은 예언된 것이다"라고 불리는)을 사용했다. 의의 교사로 불리는 쿰란 공동체의 설립자이자 지도자는 이 공동체에 구약성서의 의미를 가르쳤고 결국에는 순교로 생을 마감했다. 이 공동체의 경건과 윤리적 가르침은 신약성서의 그것과 유사하다. 즉 쿰란 공동체의 회원들은 서로의 물건을 통용했고(참조. 행 4:34-35), 주의 만찬과 같은 거룩한 식사에 정기적으로 참여했다. 물론 기독교와의 차이점도 존재하는데, 예를 들어 쿰란 공동체는 사독 계열의 제사장직 부활에 관심이 있었고, 정결 의식과 정해진 일정표에 집착했다. 하지만 쿰란 공동체와 마태 공동체의 근본적 차이는, (우리는 이후에 이 근본적 차이를 다시 다룰 것이다) 쿰란의 새 언약자들은 두 명의 메시아(아론 계열의 제사장적 메시아와 다윗 계열의 왕 같은 메시아)의 임박한 재림을 고대한 반면, 마태 공동체는 신약성서의 모든 그리스도인과 마찬가지로 메시아인 예수가 이미 이 땅에 왔음을 믿었다는 것이다.

오버맨, 살다리니, 심의 주장에 의하면, 마태 공동체는 쿰란 언약자들처럼 기원후 1세기 유대교의 종파 범주에 속하는 견해를 반영한다. 심이 따르고 있는 오버맨에 의하면, 유대교 "종파"에는 다음과 같은 세 가지 개념적 특징이 있다. (1) 유대교 종파는 내부자와 외부자라는 이원론적 관점에서 생각하는데, 이는 "의로운 자"와 "무법한 자" 같은 언어를 통해 표현된다. (2) 유대교 종파는 유대 지도층에 대해 적대적이다. (3) 유대교 종파는 율법의 중심적 기능에 헌신적이다.[6] 마태복음은 처음 두 가지 범주에 포함된다. 그러나 우리는 마지막 세 번째 범주인

6 Overman, *Matthew's Gospel and Formative Judaism*, 16-30; Sim, *Gospel of Matthew and Christian Judaism*, 109-13.

율법에 관한 질문을 더 자세히 살펴보아야 한다.

마태복음의 율법

오버맨, 살다리니, 심의 주장이 지닌 가장 강력한 근거는 의심의 여지 없이 마태복음이 잘 알려진 대로 율법의 지속적 유효성을 강조한다는 점이다. 다음의 유명한 구절은 오직 마태복음에서만 볼 수 있다(5:17-20).

> 내가 율법이나 선지자를 폐하러 온 줄로 생각하지 말라, 폐하러 온 것이 아니요 완전하게 하려 함이라. 진실로 너희에게 이르노니 천지가 없어지기 전에는 율법의 일점 일획도 결코 없어지지 아니하고 다 이루리라. 그러므로 누구든지 이 계명 중의 지극히 작은 것 하나라도 버리고 또 그같이 사람을 가르치는 자는 천국에서 지극히 작다 일컬음을 받을 것이요, 누구든지 이를 행하며 가르치는 자는 천국에서 크다 일컬음을 받으리라. 내가 너희에게 이르노니 너희 의가 서기관과 바리새인보다 더 낫지 못하면 결코 천국에 들어가지 못하리라.

마태 공동체의 정체성과 관련하여 우리가 위 구절로부터 도출할 수 있는 결론은 무엇인가? 오버맨에 의하면, 기원후 1세기 동안 "여러 공동체 종파가 자신들의 주장의 진리를 확립하고 적대자들의 주장과 입장을 반박함에 있어서 율법을 중심 수단으로 삼았을 것이다."[7] 따라서

7 Overman, *Matthew's Gospel and Formative Judaism*, 30. 참조. Saldarini, *Matthew's Christian-Jewish Community*, 124

마태복음 5:17-20은 마태 공동체를 유대교 내의 한 종파로 간주할 수 있는 근거가 된다. 마태복음이 율법을 중요하게 여기고 있다는 사실은 분명하며, 이를 부정하는 학자는 거의 없다. 그리고 이는 놀랄 만한 일이 될 수 없다. 왜냐하면 자신들의 기독교 신앙을 성서에 예언된 약속의 성취로 믿는 모든 유대인 그리스도인들이 율법을 중요하게 여긴다는 사실은 믿기 어려운 일이 아니기 때문이다. 바울 서신과 마태복음의 차이점에도 불구하고, 이런 특징은 마태복음만큼이나 바울 서신에도 적용된다.[8] 예수는 실제로 유대인 그리스도인들의 선생(rabbi)이 되었으며, 그들에게 율법의 바른 의미를 보여준다.

따라서 마태복음이 예수를 제시하는 독특한 방식 중 하나는 그를 율법의 최종 해석자로 묘사하는 것이다. 5:17에서 "완전하게 하다"(*plērōsai*)는 "의도된 의미로 가져오다"[9]를 뜻한다. 산상 수훈은 사실 율법의 의로움에 대한 설명이다. 예수는 탁월한 율법 교사다. "그러나 너희는 랍비라 칭함을 받지 말라. 너희 선생(*didaskalos*)은 하나요…또한 지도자라 칭함을 받지 말라. 너희의 지도자(*kathēgētēs*)는 한 분이시니 곧 그리스도시니라"(23:8-10).[10] 오직 예수만이 바르고 권위 있는 율법 이해를 가져오는데, 그럴 수 있는 이유는 그가 약속된 메시아이기 때문이다. 율법은 의심할 여지 없이 마태복음에서 중요한 쟁점이다.

8 D. A. Hagner, "Balancing the Old and the New: The Law of Moses in Matthew and Paul," *Int* 51 (1997): 20-30을 보라.

9 D. A. Hagner, *Matthew*, 2 vols., WBC 33A-B (Dallas: Word, 1993-95), 1:102-10을 보라.

10 이에 대해서는 다음을 보라. S. Byrskog, *Jesus the Only Teacher: Didactic Authority and Transmission in Ancient Israel, Ancient Judaism and the Matthean Community*, ConBNT 24 (Stockholm: Almqvist & Wiksell, 1994).

그럼에도 불구하고, 심은 마태복음의 율법 관련 문제를 다음과 같이 과장해서 쓴다. "모세 율법은 마태복음에서 중심이 되는 자리를 차지한다."[11] 그러나 마태복음의 중심은 율법이 아니라 메시아 예수다. 이는 마태복음 전반에 걸쳐 분명히 드러난다. 견줄 데 없는 예수의 권위는 율법의 의미가 의문시될 때마다 명확해진다. 예수의 말씀을 들은 청중의 반응은 다음과 같다. "예수께서 이 말씀을 마치시매 무리들이 그의 가르치심에 놀라니 이는 그 가르치시는 것이 권위 있는 자와 같고 그들의 서기관들과 같지 아니함일러라"(7:28-29; 참조. 13:54, 22:33).

마태복음에 따르면, 예수의 율법 해석은 당시 율법 교사들의 해석과는 차원이 다른 새롭고 급진적인 특징을 지닌다. 실제로 예수는 율법을 초월하는 비교 불가의 권위를 갖고 있다. 5:17에서 "내가 율법이나 선지자를 폐하러 온 줄로 생각하지 말라"처럼 주의를 요하는 말로 시작한다는 사실이 이를 암시한다. 예수의 절대 권위는 5:21-48의 반대 명제에도 드러난다. 비록 이 반대 명제를 결국 율법에 대한 해석으로 이해해야 하지만, 예수의 가르침은 본문의 문자 수준에 머물러 있는 율법을 초월한다. 예를 들면, 네 번째 반대 명제에서(5:33-37) 예수는 맹세의 타당성을 부정하는데, 이때 예수는 율법이 허락하는 것을 불허하고 있다. 또 다섯 번째 반대 명제에서(5:38-42) 예수는 율법이 허락하고 규정하는 복수를 불허한다. 짧게 말해서, 예수는 놀랄 만한 충격적 권위를 지니고 있는 것이다. 반복적으로 언급되는 일종의 공식 문구인 "…너희가 들었으나, 나는 너희에게 이르노니…"도 이와 같은 맥락에서 이해할 수 있다. 여기서 주목해야 할 부분은 강조 구문인 "나는 너희에

11 Sim, *Gospel of Matthew and Christian Judaism*, 123. 여기서 단락 제목은 "The Centrality of the Law"이다.

게 이르노니"로, 우리는 이 구문의 자리에 원래 "율법에 (또는 모세가) 이르기를"이 나오길 기대했을 것이다.[12] 비슷하게, 예수는 청중을 그에게로 초대하여 그들에게 그의 멍에를 지우게 하고 그에게서 배우라고 말한다. 여기서 말하는 멍에는 율법의 멍에가 아니라 예수의 멍에로, 예수는 "내 멍에는 쉬우니"라고 선언한다(11:28-30).

이와 같은 예수의 주권적 율법 해석은 마태복음의 다른 부분에서도 발견된다. 예수는 상당히 자유롭게 안식일 율법을 해석하면서 다음과 같이 결론 내린다. "인자"는 "안식일의 주인"이다.[13] 그리고 비록 "입으로 들어가는 것이 사람을 더럽게 하는 것이 아니라 입에서 나오는 그것이 사람을 더럽게 하는 것이니라"(15:11)의 함의가 마가복음의 동일 내용에 담긴 함의와 다를지라도, 마태복음 15:11은 음식 규례의 효력을 원칙적으로 약화시킨다.[14] 물론 이런 예는 모세 율법에 불성실한 예수와 관련된 문제가 아니다. 오히려 그것은 율법 자체를 상대화하는 비교 불

12 유대인 학자 Jacob Neusner는 이런 유형의 말씀에서 다음과 같은 혁명적 특징을 표현했다. "율법은 율법이 말한 것과 '내가' 말하는 것을 대조하는 메시지에 대해 나를 준비시키지 못한다. 또 율법은 선포된 가르침의 원천, 즉 토라 자체가 회피되는 그런 틀을 갖춘 메시지를 이해하는 데 나를 도와주지 못한다"(*A Rabbi Talks with Jesus: An Intermillennial, Interfaith Exchange* [New York: Doubleday, 1993], 33-34).

13 마태는 막 2:27("안식일이 사람을 위하여 있는 것이요 사람이 안식일을 위하여 있는 것이 아니니") 말씀을 생략한다. 이는 마태 독자들에게 매우 급진적인 내용일 것이다(Overman, *Church and Community in Crisis*, 177). 그럼에도 불구하고, 예수가 안식일의 주인이라는 진술을 마태가 유지하고 있는 점은 주목할 만하다.

14 마가와 누가의 예수는 이혼 금지에 예외를 두지 않는다(막 10:11; 눅 16:18). 이는 바울도 마찬가지다(고전 7:10-11). 그러나 마태는 이혼 금지 예외 조항, "음행(*porneia*)한 이유 외에"를 추가하여(마 5:32; 19:9) 절대 금지를 완화한다. 이는 아마도 유대인 독자들을 위한 처사로 볼 수 있다. 이렇게 함으로써 예수는 삼마이 학파의 입장을 취하고 있거나, 신 24:1에 대한 힐렐 학파의 광의적 해석에 반대하여 협의적 해석을 택하고 있는 것이다. Hagner, *Matthew*, 1:123; 2:547-51을 보라.

가의 권위적 율법 해석권을 지닌 예수,[15] 즉 율법의 최종 해석을 가져올 수 있는 유일한 메시아와 관련이 있다.

율법이 유대교의 기둥 중 하나이고, 신실한 율법 준수가 유대교 정체성의 핵심이 된다는 점에는 의심의 여지가 없다. 이와 유사하게, 율법 준수가 마태복음에서 중요성을 지니고 있음은 분명하다. 그러나 여기서 주의해야 할 사항은 마태복음의 주요 관심사가 율법 자체가 아니라, 예수의 가르침을 통해 중재되는 율법에 있다는 점이다. 관심의 초점은 끊임없이 예수에게로 옮겨간다. 율법이 언급될 것으로 기대되는 부분에서, 예수는 다음과 같이 말한다. "두세 사람이 내 이름으로 모인 곳에는 나도 그들 중에 있느니라"(18:20).[16] 궁극적 권위의 말씀은 바로 예수의 말씀인 것이다. "천지는 없어질지언정 내 말은 없어지지 아니하리라"(24:35). 마태복음 말미에서, 예수는 제자들을 불러 "내가 너희에게 분부한 모든 것을 가르쳐 지키게 하라"(28:20)고 말하면서 새로운 제자들을 가르치라고 명한다. 결국 제자들에게 주어진 요구 사항은 율법이 아니라 예수에 대한 순종이다.[17]

15 Neusner는 마태의 예수에 대해 다음과 같이 말한다. "나는 당신의 가르침과 율법의 가르침이 어떻게 합쳐질 수 있는지 모르겠다. 그 이유는 당신의 말이 율법에 부합하지 않아서가 아니다(당신의 어떤 말은 율법에 부합한다). 그것은 당신의 했던 말 대부분과 율법의 내용 대부분이 좀처럼 교차하지 않기 때문이다"(*A Rabbi Talks with Jesus*, 134).

16 유사한 언급이 미쉬나(*'Abot* 3:2)에 등장한다. "두 사람이 같이 앉아 있고, 이 둘 사이에 율법 말씀이 존재할 때[선포될 때], 하나님의 임재[=쉐키나]가 이 둘 사이에 임한다."

17 Klyne Snodgrass는 다음과 같이 주장함으로써 '이거 아니면 저거'의 상황을 피하려 한다. 즉 마태가 그리스도와 율법 모두를 강조하고 있다는 것이다("Matthew and the Law," in *Treasures New and Old: Contributions to Matthean Studies*, ed. D. R. Bauer and M. A. Powell, SBLSymS 1 [Atlanta: Scholars Press, 1996], 126). 내 생각에는 그리스도가 마태복음의 중심이며, 율법은 **사실상** 그리스도의 가르침을 통해서만 보존된다고 말하는 편이 낫다.

그러므로 율법에 대한 새로운 관점을 설명하는 마태복음에는 중요한 변화가 존재한다. 확실히, 율법은 이 유대인 그리스도인들에게 중요한 의미를 지닌다. 그러나 여기서 말하는 율법이란 예수의 가르침을 통해 재해석된 율법을 의미한다. 그러나 마태복음 5:17-20의 내용이 마태 공동체가 원래 유대교 종파 중 하나로 간주되어야 한다는 결론을 반드시 필요로 하는 것은 아니다.[18]

마태의 기독론

마태복음의 가장 두드러진 특징 중 하나는 고양된 기독론(exalted Christology)이다.[19] 예수는 메시아이지만, 단순히 인간 메시아가 아니다. 그는 하나님의 아들이지만,[20] "하나님의 아들들"이라 불렸던 다른 이들과는 다르다. 예수는 유일한 하나님의 아들로서, 아버지 하나님과 비길

18 Douglas R. A. Hare는 그의 통찰력 있는 소논문에서 다음과 같이 말한다. "율법의 철저한 제의적 준수를 요구하는 이런 소수의 구절은 다른 방식으로 이해가 가능하다. 그리고 이런 구절들을 통해 이 가설[즉 마태복음이 율법 준수에 민감한 유대교 종파를 위해 기록되었다는 가설]이 입증되는 것은 아니다"("How Jewish Is the Gospel of Matthew?" *CBQ* 62 [2000]: 277). Hare는 다음과 같이 결론 내린다. "마태복음의 그리스도인 독자들에게 예수는 이스라엘의 하나님과 올바른 관계를 형성하는 열쇠로서 율법을 대체했다"(277).

19 다음을 보라. Birger Gerhardsson, "The Christology of Matthew," in *Who Do You Say That I Am? Essays on Christology*, ed. Mark Allan Powell and David R. Bauer (Louisville: Westminster John Knox, 1999), 14-32; Christopher Tuckett, *Christology and the New Testament: Jesus and His Earliest Followers* (Louisville: Westminster John Knox, 2001), 119-32.

20 "하나님의 아들"은 마태복음에서 주요 기독론의 칭호다. 다음을 보라. J. D. Kingsbury, *Matthew: Structure, Christology, Kingdom* (Philadelphia: Fortress, 1975), 40-83.

데 없이 친밀한 관계를 누린다.[21] 마태복음에서 예수는 세 번에 걸쳐 하나님의 아들이라는 고백을 받는다(14:33; 16:16; 27:54). 마태복음 3:17과 17:5에서 예수가 하나님의 아들로 계시되는 말씀도 주목해야 한다. "이는 내 사랑하는 아들이요 내 기뻐하는 자라." 마태복음에서 예수는 "우리와 함께 하시는 하나님"을 의미하는 임마누엘(1:23)로서, 하나님을 나타내는 존재라는 의미를 지닐 뿐만 아니라 직접적으로 우리와 함께 **계시는** 하나님이다.[22]

메시아로서 예수는 분명 다윗 언약의 성취를 가져오는 다윗의 자손이다(예. 1:1; 9:27; 15:22; 20:30-31; 21:9). 하지만 동시에 예수는 다윗의 자손 이상의 의미를 지닌다. 다시 말해 예수는 다윗의 주님도 되신다. 이 점은 마태복음 22:42-45에 인용된 시편 110:1을 통해 분명히 드러난다. 마태복음에서 다윗의 주님(*kyrios*)은 하나님 우편에 앉도록 초대되는데, 그곳에는 부활한 예수가 지금 앉아 있다. 이 부분은 마태복음에서 예수를 *kyrios*로 언급하는 다른 많은 언급을 상기시킨다(예. 7:21-22; 8:25; 14:28, 30; 26:22). 어떤 맥락에서 이 용어는 영어의 sir처럼 단순히 존경의 의미로 쓰이지만, 마태와 그의 공동체에게 *kyrios*는 예수가 신과 같이 절대적 주권을 지닌 "주" 또는 통치자임을 의미한다. 마태복음에서 예수를 *kyrios*로 언급하는 인물은 제자 혹은 앞으로 제자가 될 사람들뿐이며, 예수의 적대자들은 예수를 언급할 때 절대 그런 호칭을 사용하지 않는다(그들은 보통 예수를 "선생" 또는 "랍비"로 부른다).

21 D. J. Verseput, "The Role and Meaning of the 'Son of God' Title in Matthew's Gospel," *NTS* 33 (1987): 532-56을 보라.

22 다음을 보라. David Kupp, *Matthew's Emmanuel: Divine Presence and God's People in the First Gospel* SNTSMS 90 (Cambridge: Cambridge University Press, 1996).

또한 마태는 예수를 마지막 때에 열방을 심판할 신성한 인자로 묘사한다. "인자가 자기 영광으로 모든 천사와 함께 올 때에 자기 영광의 보좌에 앉으리니 모든 민족을 그 앞에 모으고 각각 구분하기를 목자가 양과 염소를 구분하는 것같이 하여"(25:31-32; 참조. 16:27-28).

마태복음 11:27의 주목할 만한 말씀은 예수에 관한 고양된 견해와 맥을 같이한다. "내 아버지께서 모든 것을 내게 주셨으니 아버지 외에는 아들을 아는 자가 없고 아들과 또 아들의 소원대로 계시를 받는 자 외에는 아버지를 아는 자가 없느니라." 우리는 이 말씀을 복음서 말미에 언급된 부활한 예수의 말씀과 비교해볼 수 있다. "예수께서 나아와 말씀하여 이르시되 '하늘과 땅의 모든 권세를 내게 주셨으니'"(28:18). 이로 인해 제자들은 그들이 전도한 자들에게 "아버지와, 아들과, 성령의 이름으로" 세례를 베풀어야 한다(28:19). 더욱이 이 예수는 그들과 "세상 끝날까지 항상" 함께 있겠다고 약속한다(28:20).

우리는 확실히 마태복음에서 신약성서의 가장 고양된 기독론 중 하나를 대면한다. 마태의 기독론은 예수에게 주어진 칭호와 예수에 관한 직접 언급에서뿐만 아니라, 여러 다양한 간접 방식을 통해서도 명확히 드러난다. 예를 들어, 우리는 예수가 율법을 절대적 권위로 다루는 방식을 통해 마태의 고양된 기독론을 확인할 수 있다. 또한 예수의 축귀 기적에서 악령과의 대면, 예수의 치유 기적, 죽은 자를 살리는 기적, 소위 자연 기적(예. 폭우를 잠잠하게 함, 물 위를 걸음, 오병이어와 같은 급식 기적)에서도 이런 기독론이 분명히 드러난다. 그리고 인간과 하나님 사이의 관계에서 중재를 맡는 핵심적 자리에 예수가 자신을 위치시키는 데에서도 이 기독론이 나타난다. "누구든지 사람 앞에서 나를 시인하면 나도 하늘에 계신 내 아버지 앞에서 그를 시인할 것이요, 누구든지 사람 앞에서 나를 부인하면 나도 하늘에 계신 내 아버지 앞에서 그를 부인하리라"(10:32-33). 게다가 예수를 영접하는 것은 곧 하나님을 영접하는 것이고(10:40), 의를 위하여 박해를 받는 것은 예수를 위해 박해를 받는 것을 의미한다(5:10-11).

요약하면, 예수는 마태복음에서 하나님이 이스라엘 역사 가운데 보내신 자들 중 다른 누구보다 훨씬 높은 인물로, "솔로몬보다 더 큰 이"(12:42)이며 "성전보다 더 큰 이"(12:6)다. 예수는 "우리와 함께하시는 하나님"(1:23)이며, 아들로서 그의 이름만이 하나님 및 성령과 함께 나란히 언급될 수 있다(28:19).[23]

따라서 마태복음에서 예수 그리스도는 이야기의 중심에 있다. 모든 것은 예수를 중심으로 돌아간다. 살다리니는 "마태는 예수를 중심으로 한 이스라엘 안에서 모두를 연합시키길 원한다"고 주장한다.[24] 마찬가지로 오버맨은 마태 공동체가 "예수 중심의 유대교 내에"[25] 존재한다고 언급한다. 적어도 이후의 관점에서 볼 때, 이런 주장은 다소 모순처럼 들린다. 살다리니는 마태복음 내에서의 변화를 다음과 같이 말한다. "예수를 권위와 상징의 중심에 놓은 결과 율법은, 마태가 독특한 방식으로 기술하고 있듯이, 예수와 예수의 율법 해석 둘 다에 종속되어버린다."[26]

그러나 무엇보다도 기원후 1세기 및 그 이후의 이스라엘을 규정하

23 이 모든 것을 고려해볼 때, Saldarini의 다음과 같은 논평은 옳지 않다. "기독론은 예수를 믿는 유대인들에게 곧바로 문제로 대두되었지만, 마태복음이 기록되었을 때 삼위일체의 관점에서 기독론이라 분명하게 불릴 수 있는, 신학적으로 정교한 예수 관련 주장은 존재하지 않았다"(*Matthew's Christian-Jewish Community*, 286 n. 7). 우리가 지금 니케아 신조나 칼케돈 신조를 다루고 있지는 않지만, 마태는 고 기독론을 분명히 표현하고 있으며, 마태복음의 말미에는 삼위일체를 함축한 기독론이 등장한다.

24 위의 책, 202.

25 Overman, *Church and Community in Crisis*, 20.

26 Saldarini, "Matthew and Jewish-Christian Conflict," 50.

는 것은 이스라엘의 율법 중심성이다. 이런 유대교의 본질에서 출발하지 않은 예수 중심의 이스라엘이 존재할 수 있을까? 마태복음에서 그리스도는 율법을 대신한다.[27] 율법이 그리스도로 대체되는 이런 현상이 발생하는 곳에서 우리가 갖게 되는 의문은, 마태 공동체를 그것의 독특한 율법 준수 방식에도 불구하고 어떻게 유대교 내의 한 종파로 묘사할 수 있는가이다. 로버트 건드리(Robert Gundry)는 살다리니(와 앨런 시걸[Alan F. Segal])의 주장에 대해 다음과 같이 효과적으로 반응한다. "마태의 고 기독론과 유대교에 알려진 모든 것과의 근본적 차이는, 두 권력 교리를 포함하여, 마태 공동체와 유대교 사이에 깊은 골을 형성해왔다."[28] 데이비드 컵(David Kupp) 역시 마태의 기독론에 대한 그의 연구에서 기독론이 분할점이라는 다음과 같은 결론을 내린다. "이런 기독론의 발전이 마태 공동체와 유대교 종파 사이의 분명한 기준으로 작용했다는 주장은 아마도 지나치지 않는다."[29]

27 Jacob Neusner는 유대교의 기본 견해를 숙고하면서 "다른 입장"을 언급한다. "이는 율법의 입장으로, 유대인들은 자신들의 뜻에 따라 예수를 따르지 않기로 결심한 이후, 거의 이천년간 이 입장을 지지해왔다. 나는 이를 변명 없이, 그리고 속임이나 거짓 없이 말한다. 내가 말하는 것은 시내산의 율법이 마태의 예수 그리스도보다 더 권위가 있고, 그와 대조를 이루고 있음을 단순히 재확인하는 것이다"(*A Rabbi Talks with Jesus*, 15). Neusner가 묘사하는 마태의 예수는 "완전히 초자연적 인물이며, 우리는 마태의 예수와 마주칠 때마다 성육신한 하나님이 우리 앞에, 그리고 복음서 저자 마태의 마음에 존재하고 있음을 인정할 수밖에 없다"(14).

28 Robert Gundry, "A Responsive Evaluation of the Social History of the Matthean Community in Roman Syria" in Balch, *Social History of the Matthean Community*, 64.

29 Kupp, *Matthew's Emmanuel*, 221.

예수의 사역

우리는 예수와 그의 제자들의 사역을 더 자세히 조사해봐야 한다. 예수는 주로 율법을 가르치거나 설명하기 위해서가 아니라, 하나님 나라의 임박한 도래를 선포하기 위해 왔다. 마태복음의 내러티브에서 가장 중요한 전환점은 예수가 세례 요한의 말(3:2)을 반향하면서 그의 사역을 시작하는 부분이다. "회개하라, 천국이 가까이 왔느니라"(4:17). 10:7을 보면 예수의 제자들도 같은 내용을 선포하기 위해 파송된다. 여기서 주목해야 할 점은 선포가 구속사에서 시대의 전환과 시기의 변화, 그리고 시간의 새로운 틀과 많은 관련이 있다는 것이다. 이 사실 하나만 보더라도 예수를 "유대교의 개혁자"로 보는 것은 전혀 적절하지 않다.

곧 도래할 하나님 나라의 새로운 실재는 신비스럽게 십자가로 결정된다. 따라서 유대교적 관점에서 볼 때, 이 메시아는 가장 이상한 일을 하러 이 땅에 온 것이다. 즉 십자가에서 죽기 위해 온 것이다. 마태복음의 서두에서 마태는 예수가 "자기 백성을 그들의 죄에서 구원할" 것이라고 언급한다(1:21). 20:28에서 예수는 "인자가 온 것은 섬김을 받으려 함이 아니라 도리어 섬기려 하고 자기 목숨을 많은 사람의 대속물로 주려 함이니라"고 말한다. 예수의 죽음은 구약성서 예언의 성취로(예. 26:54, 56) 예수 사역의 중심이 되는 목적이다. 왜냐하면 오직 이 방법을 통해서만 하나님 나라가 현실이 될 수 있기 때문이다. 그러므로 자신의 죽음을 예견하며, 예수는 제자들에게 다음과 같이 말한다. "이것은 죄 사함을 얻게 하려고 많은 사람을 위하여 흘리는 바 나의 피 곧 언약의 피니라"(26:28).

우리는 마태복음에서 율법 해석을 훨씬 초월하는 예수에 대한 주제를 마주한다. 이로 인해, 다음과 같은 살다리니의 주장은 비록 부분적으로는 사실이지만, 전반적으로 옳다고 보기 힘들다. "정의와 자비를 강조하는 모든 율법의 해석을 신실히 준수하는 것은 **예수의 메시지의 핵심**이며 마태가 제시하는 삶의 방식에서 중심이다."[30] 이와 동일하게 비판받아야 되는 살라디니의 또 다른 언급은 다음과 같다. "개혁된 유대교에 대한 마태의 생각"과 "이스라엘의 운명과, 하나님의 뜻 안에서 이스라엘을 개혁하고 지도하려는 예수의 사역은 마태복음의 내러티브와 마태의 세계관에서 핵심이다."[31]

예수가 자신의 권위 있는 율법 해석을 통해 율법의 의를 가르치고 있다는 데에는 의심의 여지가 거의 없다. 큰 차이점은 이 행위가 비교를 통해 예수의 주된 목적에 특별히 종속되어 있다는 것이다. 율법에 대한 집착과 유대교의 특징은 하나님 나라에 대한 선포, 십자가 희생, 그리고 유대인과 이방인으로 이루어진 새로운 하나님의 백성을 창조하는 데 자리를 내주게 된다. 이 마지막 문제들에 대해 지금부터 알아보도록 하자.

30 Saldarini, *Matthew's Christian-Jewish Community*, 163(볼드체는 덧붙인 것이다). Saldarini는 예수의 목적이 "확실히" 그의 죽음임을 알고 있지만(166), 그가 묘사하는 예수를 보면, 예수의 죽음이 유대교의 교사 및 혁명가로서의 예수에 종속되어 있는 것 같다(특히 177-79을 보라).

31 위의 책, 83. Saldarini는 마태에 관해 말하면서 다음과 같이 쓰고 있는데 이는 옳지 않다. "마태복음 저자는 예수를 유식하며 예리한 유대인으로서 특정 관습 및 해석에 저항하고, 하나님과 성서에 있는 하나님의 가르침에 더 충성하도록 태도와 관습의 혁신을 제안하는 인물로 제시한다"(126).

마태복음의 이방인

마태 공동체를 유대교 내의 한 종파로 간주하는 자들은, 마태복음에서 이방인들이 예수와 그의 제자들의 관심에서 배제되는 잘 알려진 구절을 지목한다. 10:5-6에서 예수는 선포 사역을 위해 제자들을 파송할 때 그들에게 다음과 같은 명령을 내린다. "예수께서 이 열둘을 내보내시며 명하여 이르시되 '이방인의 길로도 가지 말고 사마리아인의 고을에도 들어가지 말고 오히려 이스라엘 집의 잃어버린 양에게로 가라.'" 이와 유사하게, 15:24에서 예수는 가나안 여인의 딸을 고치기를 거절하는데, 그 이유는 다음과 같이 설명된다. "예수께서 대답하여 이르시되 '나는 이스라엘 집의 잃어버린 양 외에는 다른 데로 보내심을 받지 아니하였노라' 하시니." 그러나 이처럼 이스라엘에 국한된 사역은 예수의 죽음 및 부활이 있기 전인 특정 기간에 한정되어 나타난다. 마태복음에는 이방인을 향한 복음 선포가 뒤이어 발생한다는 분명한 언급들이 존재한다. 24:14에서 예수는 다음과 같이 말한다. "이 천국 복음이 모든 민족[*pasin tois ethnesin*]에게 증언되기 위하여 온 세상[*en holē tē oikoumenē*]에 전파되리니 그제야 끝이 오리라." 그리고 마태복음 말미에서, 예수는 그의 제자들에게 다음과 같이 명한다. "그러므로 너희는 가서 모든 민족[*panta ta ethnē*]을 제자로 삼아 아버지와 아들과 성령의 이름으로 세례를 베풀고"(28:19). 따라서 제자들은 가서 전도자들에게 할례를 행하여 이스라엘 공동체로 유입시키는 것이 아니라, 그들에게 "아버지와 아들과 성령의 이름으로" 세례를 주어 새로운 공동체로 유입시켜야 한다.

마태복음이 기록된 시점에는 이미 이방인 선교가 활성화되었고, 이스라엘에 국한된 선교는 분명 시대착오적 개념이었다. 그런데 왜 마태는 굳이 이스라엘에 국한된 내용을 포함하는 걸까? 그 이유는 단순히 이 내용이 마태가 사용 가능한 전승이었기 때문은 아니다. 오히려 이 내용이 마태와 그의 유대인 그리스도인 독자들에게 중요한 요지를 분명히 해주었기 때문이다. 즉 예수는 언약적 신실함의 측면에서 제일 먼저 이스라엘에 천국을 가져왔다. 그로 인해 이스라엘은 여전히 구속사에서 우선권을 보유했던 것이다. 기독교는 이방 종교로 여겨져서도 안 되었고, 이스라엘을 향한 하나님의 목적을 벗어나는 종교도 절대 아니었다. 대신에 기독교는 하나님의 목적의 성취였던 것이다.

이처럼 이스라엘을 배타적으로 지시하는 내용 외에도, 이방인 역시 구속사의 부분임을 보여주는 많은 증거가 마태복음에 존재한다.[32] 마태복음의 서두에서 예수는 민족적 색채를 띤 다윗의 자손으로 불릴 뿐 아니라, 모든 민족의 축복에 대한 아브라함 언약을 암시하는 아브라함의 자손으로도 언급된다. 2:1-12에 나오는 동방박사의 방문 이야기에는 보편적 지평이 함축되어 있다. 이와 더불어 더 인상적인 부분은 8:5-13에 나오는 로마 백부장에 대한 내러티브다. 여기서 예수는 이 이방인에 대해 다음과 같이 말한다. "내가 진실로 너희에게 이르노니 이스라엘 중 아무에게서도 이만한 믿음을 보지 못하였노라"(15:28에서 가나안 여인의 믿음을 칭찬한 것과 비교해보라). 이어서 예수는 다음과 같이 말한다. "너희에게 이르노니 동서로부터 많은 사람이 이르러 아브라함과 이삭과 야곱과 함께 천국에 앉으려니와"(8:10-11).

마태복음 12:18-21에서 공식처럼 인용되고 있는 이사야 42:1-4, 9은 종이 "이방에 정의를 베풀리라"라는 언급을 포함하며, 마태는 이를 확장하여 "이방들이 그의 이름을 바라리라"는 말을 덧붙인다. 포도원

32 이 견해에 대한 더 자세한 설명은 Donald Senior, "Between Two Worlds: Gentiles and Jewish Christians in Matthew's Gospel," *CBQ 61* (1999): 1-23, 특히 14-16을 보라.

비유는 "그러므로 내가 너희에게 이르노니 하나님의 나라를 너희는 빼앗기고 그 나라의 열매 맺는 백성이 받으리라"(21:43)라는 말로 마무리되는데, 여기서는 포도원을 차지할 새로운 품꾼 즉 이방인들이 암시된다. 이와 비슷하게, 22:1-10의 비유는 다음과 같이 이방인을 함축하는 내용으로 마무리된다. "혼인 잔치는 준비되었으나 청한 사람들은 합당하지 아니하니 네거리 길에 가서 사람을 만나는 대로 혼인 잔치에 청하여 오라 한대"(22:8-9). 그리고 예수가 죽을 때 이방인인 로마 백부장 및 예수를 지키던 자들이 예수의 정체성에 대한 정확한 결론을 다음과 같이 이끌어낸다. "이는 진실로 하나님의 아들이었도다"(27:54). 이 고백은 이방인에 대한 효과적인 복음화를 기대하게 만든다.

물론 마태복음에는 데이비드 심의 지적처럼[33] 이방인에 대한 부정적 언급 역시 존재한다(예. 5:47; 6:7, 32; 18:17). 그러나 앞서 검토한 것같이 이방인과 관련된 긍정적 내용에 비춰볼 때, 심이 지적하는 구절을 이방인에 대한 적대적 편견의 지표로 여겨야 할 하등의 이유가 없다.[34] 이방인에 대한 부정적 언급은 예수와 유대인, 그리고 유대인 그리스도인들이 이교도인 이방인들에게 말하던 관습적 방식을 단순히 반영하는 순수 자료로 이해할 수 있다.[35]

이방인의 믿음에 관한 긍정적 구절에 비춰볼 때, 마태 공동체가 유대인 선교에만 관심이 있었고 이방인 전도에는 무관심했다는 심의 독

33 Sim, "Matthew and the Gentiles." 참조. idem, *Gospel of Matthew and Christian Judaism*, 215-56.

34 긍정적 구문과 부정적 구문 간의 비교는 긍정적 구문이 마태에게 훨씬 더 중요한 반면, 부정적 구문은 마태의 관점에서 부수적임을 나타낸다.

35 Senior는 이런 언급을 가리켜 "고정 관념에 사로잡힌 진부한 판단"이라고 말한다("Between Two Worlds," 11).

특한 결론에 동의하기는 매우 어렵다.[36] 예수는 24:14에서 미래의 이방인 선교를 보여주고 있을 뿐만 아니라, 28:19에서 그의 제자들에게 모든 민족을 제자로 삼으라는 명령을 내린다. 마태 공동체가 이방인 선교에 참여하지 않는 것은 그들의 주님이 내린 명령에 대한 사실상의 불순종을 의미했을 것이다![37]

마태복음의 유대인

마태복음의 유대교 성향을 나타내는 잘 알려지고 인상적인 특징 중 하나는 유대인에 대한 분명한 적개심이다. 악명 높은 몇 개의 관련 구문이 즉시 떠오르는데, 첫째, 마태복음 23장의 서기관과 바리새인들을 반대하는 통렬한 비난을 들 수 있다. 여기서 "화 있을진저 외식하는 서기관들과 바리새인들이여"라는 표현은 여섯 번이나 반복해서 나타난다. 마태복음 내러티브 전반에 걸쳐 바리새인은 부정적으로 언급된다(예. 3:7; 9:34; 22:15). 마태복음 12:14에 따르면, "바리새인들이 나가서 어떻게 하여 예수를 죽일까 의논하거늘"(참조. 12:24)이라고 한다. 마태복음

36 Sim, *Gospel of Matthew and Christian Judaism*, 236-47.

37 W. G. Thompson에 의하면, 마태 공동체는 "한마디로 분파주의자로 남아 있기보다 만인 구원론자가 되어야 했는데, 이렇게 할 때에야 비로소 그들이 부활하신 주님을 전파하면서 참 이스라엘이 될 수 있었기 때문이다"(E. A. LaVerdiere and W. G. Thompson, "New Testament Communities in Transition: A Study of Matthew and Luke," *TS* 37 [1976]: 595). Thompson의 다음과 같은 견해는, 그가 마태복음의 저술 시기를 더 늦게 보는 것을 제외하면, 본 소논문의 견해와 유사하다. "마태는 그의 공동체에 다음 내용을 알려줄 필요가 있었다. 즉 그들은 더 이상 유대교 내의 한 종파가 아니라, 얌니아 바리새주의로부터 분리되고 예수 그리스도에 기원을 둔 독자적 운동 세력이 되었다는 것이다"(576).

저자는 자신과 그의 공동체를 (비기독교) 유대인들과 분리하려고 구체적으로 노력한다. 로마 군인들이 뇌물을 받고 제자들이 예수의 시체를 도둑질했다고 보고하는 대목인 마태복음 28:15에서, 마태는 다음과 같이 기록한다. "이 말이 오늘날까지 유대인 가운데 두루 퍼지니라." 이와 유사하게, 마태는 몇 번에 걸쳐 "그들의 회당"(4:23; 9:35; 10:17; 12:9; 13:54; 참조. 23:34의 "너희 회당")이라고 표현한다. 마태복음 27:25에도 끔찍한 표현이 등장하는데, 여기서 유대인 무리는 예수의 죽음에 대한 그들의 과실을 "그 피를 우리와 우리 자손에게 돌릴지어다"라며 경솔하게 인정한다. 우리는 이 모든 표현을 통해 마태 공동체가 유대교 회당 및 유대인들과 분리되어 있다는 강한 느낌을 받는다.

더욱이 유대인들의 거절과 관련하여 잘 알려지고 주목할 만한 언급이 존재한다. 우리는 8:10-11에서 미래의 이방인 선교에 대한 기대감에 이미 주목했다. 그러나 이어지는 8:12의 내용은 다음과 같다. "그 나라의 본 자손들은 바깥 어두운 데 쫓겨나 거기서 울며 이를 갈게 되리라." 문맥상 "그 나라의 본 자손들"은 유대인으로, 이들은 이방인들과 대조적으로 예수 혹은 복음을 믿지 않는다.

이와 동일선상에 있는 가장 극적인 본문은 아마도 포도원 품꾼 비유일 것이다(21:33-43). 완강히 저항하는 포도원 품꾼들이(이들은 사 5장에 묘사되는 이스라엘에 상응한다) 포도원 주인의 아들을(이 아들은 분명히 하나님의 아들 예수를 의미한다) 잡아서 포도원 밖으로 내쫓아 죽일 때, 이 비유를 듣던 청중은 다음과 같이 옳은 판결을 선고한다. "그 악한 자들을 진멸하고 포도원은 제때에 열매를 바칠 만한 다른 농부들에게 새로 줄지니이다"(21:41). 이런 결론은 예수에 의해 재차 확증된다. "그러므로 내가 너희에게 이르노니 하나님의 나라를 너희는 빼앗기고 그 나라의 열매 맺는 백성이 받으리라"(21:43).

이 비유는 유사한 의미를 지닌 세 비유 중 두 번째에 해당한다. 첫 번째 비유인 두 아들의 비유에서(21:28-32), 예수는 다음과 같이 말씀을 맺는다. "내가 진실로 너희에게 이르노니 세리들과 창녀들이 너희보다 먼저 하나님의 나라에 들어가리라. 요한이 의의 도로 너희에게 왔거늘 너희는 그를 믿지 아니하였으되 세리와 창녀는 믿었으며 너희는 이것을 보고도 끝내 뉘우쳐 믿지 아니하였도다"(21:31-32). 세 번째 비유인 혼인 잔치 비유에서(22:1-14), 청함 받은 사람들이 "오기를 싫어하자" 초대의 범위가 넓어진다. "이에 종들에게 이르되 '혼인 잔치는 준비되었으나 청한 사람들은 합당하지 아니하니 네거리 길에 가서 사람을 만나는 대로 혼인 잔치에 청하여 오라' 한대"(22:8-9). 천국에 대한 종말론적 선포와 함께, 처음에 청함 받은 자들인 유대인들은 그들의 무반응으로 인해 이방인들에게 자신들의 자리를 내주게 될 것이다.

우리가 주목해야 할 것은, 위에서 살펴본 내용을 전통적 관점에서 이해하는 것에 반대하는 학자들의 목소리가 최근 몇 년간 높아지고 있다는 사실이다. 마태복음에서 소위 반유대교 성향과 반유대주의 해석이 가능한 요소를 제거하고자 하는 바람이 점점 커지고 있는데, 이는 이해할 만한 현상이다.[38] 이와 같은 접근법에서 공통 결론은 전체 유대인이 아니라 유대교 지도자들, 즉 대제사장, 장로, 사두개인, 서기관, 특히 바리새인들에게 마태의 비난이 쏟아진다는 것이다. 물론 이런 결론

38 다음을 보라. J. D. G. Dunn, "The Question of Anti-semitism in the New Testament Writings of the Period," in *Jews and Christians: The Parting of the Ways, A.D. 70 to 135,* ed. J. D. G. Dunn, WUNT 66 (Tübingen: Mohr Siebeck, 1992; reprint, Grand Rapids: Eerdmans, 1999), 177-211, 특히 203-10; 참조. idem, *The Partings of the Ways: Between Christianity and Judaism and Their Significance for the Character of Christianity* (London: SCM; Philadelphia: Trinity, 1991), 151-56.

은 부분적으로, 때로는 대체로 옳다. 분명히 유대교 지도자들은 큰 책임을 모면할 수 없다. 그럼에도 불구하고, 이런 설명은 좀처럼 모든 경우에 적용되지 않는다. 8:12("그 나라의 본 자손들"), 27:25("백성이 다"), 그리고 28:15(마태는 여기서 그의 공동체와 유대인을 구별하고 있다)과 같은 중요 구절에 나타나는 견해를 볼 때, 유대교 지도자들뿐만 아니라 집합적 개념의 유대인이[39] 예수를 거부했음을 알 수 있다.[40] 게다가 대제사장과 바리새인을 향한 21:33-43의 비유에서(21:45; 참조. 21:23에서는 "장로들"이 "바리새인들" 대신에 등장한다) 그들은 하나님 나라를 빼앗기고 (21:43), 이 나라는 새로운 지도자들이 아닌 새로운 "백성"에게 주어진다. 그러나 하나님 나라가 새로운 백성, 곧 교회에 주어진다는 이 대목에는 이스라엘 백성도 분명히 포함된다.[41]

39 Erwin Buck은 마태복음에서 수난 내러티브의 반유대적 측면을 연구하면서, 다음과 같은 내용을 분명히 밝힌다. 즉, "마태의 의도는 예수의 고난을 단순히 유대교 지도자들에게 전가함으로써 유대인들에게 면죄부를 주려는 것이 아니다. 마태복음에서, 장로들은 '**백성의** 장로들'로 표현되는데, 이는 유대인 **백성**도 예수의 고난에 책임이 있음을 보여주는 마태의 계산된 표현임을 알 수 있다"("Anti-Judaic Sentiments in the Passion Narrative according to Matthew," in *Anti-Judaism in Early Christianity*, vol. 1, *Paul and the Gospels*, ed. Peter Richardson with David Granskou [Waterloo, Ont.: Wilfrid Laurier University Press, 1986], 171).

40 Overman은 이 구절의 의미를 근본적으로 바꾸는데 그럭저럭 성공하여, 이 구절을 다음과 같이 표현한다. "이 말이 오늘날까지 우리[*Ioudaiois*] 가운데 두루 퍼지니라"(*Church and Community in Crisis*, 401). Peter J. Tomson의 더 간단명료한 결론에 의하면, 이 구절에는 "부정적 메시지가 분명히 담겨 있는데," 이는 "유대인들과의 소원한 관계"를 증언한다." (*"If This Be from Heaven...": Jesus and the New Testament Authors in Their Relationship to Judaism*, The Biblical Seminar 76 [Sheffield: Sheffield Academic Press, 2001], 279).

41 Scot McKnight, "A Loyal Critic: Matthew's Polemic with Judaism in Theological Perspective," in *Anti-Semitism and Early Christianity: Issues of Polemic and Faith*, ed. C. A. Evans and D. A. Hagner (Minneapolis: Fortress, 1993), 75을 보라. 다음은 Tomson의 결론이다. "결과적으로 우리는 다음과 같은 역설적 결론에 직면한다. 즉, 강렬한 유대인 그리스도인 색채를 띠는 마태복음은 동시에 반유대교 성향을 띠는 비유대인들에

회당과의 결별

지금까지 살펴본 문제로부터 제기되는 핵심 질문은 교회와 회당의 결별 시점이다. 이와 관련하여 마태복음 학자들은 전통적으로 야브네(얌니아)에 많은 관심을 가져왔다. 아스돗 근처에 위치한 야브네는 요하난 벤 자카이(Yoḥanan ben Zakkai)와 다른 유대교 지도자들이 예루살렘과 성전의 멸망 후에 유대교의 재건을 시작한 장소다. 기원후 80년대 야브네에서 "이교도"에 대한 일종의 저주문이 예수를 믿는 유대인 신자들을 회당에서 쫓아낼 목적으로 회당 예배 의식에 첨가되었다는 주장이 종종 제기되어왔다.[42] 그러나 최근 마태복음 학계는 우리가 야브네 학파의 활동에 대해 거의 알지 못한다는 점을 강조해왔다.[43] 마태 공동체가 유대교 내의 한 종파임을 주장하는 학자들이 자신들의 논의를 뒷받침하기 위해 야브네 학파에 호소하지 않는 것은 놀라운 일이 아니다.[44]

소위 이교도에 대한 "축복문"이 기원후 80년대에 등장했을지라도, 이는 종종 이 저주문에 부여되어온 결정적인 중요성을 지니지는 않았을 것이다. 지금까지 제기되는 추론은 이 저주문의 도입이 유대인 그리스도인들을 향한 유대교의 적개심과 무관하고, 이 유대인 그리스도인들은 회당 내에서 평안히 지냈으리라는 점이다. 그러나 이는 사실일 가

게 향하고 있다는 것이다"("*If This Be from Heaven*," 284). Tomson은 이런 결론의 원인을 미지의 이방인 교회가 실시한 네 번째 및 마지막 편집층에 돌리고 있다(407).

42 참조. Justin Martyr "너희 회당에서 너희는 그리스도인이 된 모든 사람을 저주한다"(*Dial* 96; 참조. 16).

43 J. P. Lewis, "Jamnia(Jabneh), Council of," *ABD* 3:634-37을 보라. 참조. Graham N. Stanton, *A Gospel for a New People: Studies in Matthew* (Edinburgh: Clark, 1992), 142-45.

44 Sim, *Gospel of Matthew and Christian Judaism*, 150-51을 보라.

능성이 희박하다. 대신에 증거들은 애초부터 유대인 그리스도인들을 향한 유대인의 적개심이 존재했음을 나타낸다. 물론 장소와 때에 따라 유대인의 적개심은 다양하게 나타나지만, 시간이 지나면서, 특히 기원후 70년 이후를 기점으로 적개심이 고조되었다.[45] 이런 이유로 윌리엄 호베리(William Horbury)는 다음과 같이 결론 내린다. 이교도 축복문은 "교회와 회당의 결별을 알려주는 결정적 단서가 아니라, 기원후 1세기 후반에 이미 결별 상태에 있었던 교회와 회당의 관계를 엄숙한 제의 형식으로 표현한 것이다."[46]

위의 주장이 사실이라면, 우리는 대다수 마태복음 학자들의 생각처럼 마태복음의 기록 시기를 야브네 결정 이후 시점으로 잡아야 될 필요가 없다. 마태복음 내의 어떤 긴장도, 그리고 마태복음의 기독교적 관점의 발전 상태도 80년대의 시기를 요구하지 않는다. 또 강조해야 할 한 가지 사항은 언제, 누구를 대상으로 마태복음이 기록되었는가에 대한 확실한 단서가 존재하지 않는다는 점이다. 우리는 그저 본질상 추론에 지나지 않는 결론에 어쩔 수 없이 기대고 있을 뿐이다. 이런 추론적 결론은 마태복음이 야브네 학파의 발전에 반응하여 기록되었다는 어떤 이들의 보장되지 않은 확신에 기초할 때 특히 반복해서 나타난다.[47]

45 더 상세한 논의에 대해서는 D. A. Hagner, "The *Sitz im Leben* of the Gospel of Matthew," in Bauer and Powell, *Treasures New and Old*, 27-68, 특히. 32-45을 보라.

46 Horbury, "The Benediction of the Minim and Early Jewish-Christian Controversy," *JTS* 33 (1982): 19-61. 이와 마찬가지로 R. Kimelman은 다음과 같이 말한다. "그러므로 *birkhat ha-minim*은 기원후 1세기의 유대인과 그리스도인의 관계 역사에서 분수령을 의미하지 않는다.…분명한 것은 유대교와 기독교 사이에 소위 되돌릴 수 없는 분리를 가져온 칙령은 단 하나도 없었다는 점이다. 이런 분리는 오히려 지역 상황에 근거한 오랜 과정의 결과였다"("*Birkhat Ha-Minim* and the Lack of Evidence for an Anti-Christian Jewish Prayer in Late Antiquity," in *Jewish and Christian Self-Definition*, ed. E. P. Sanders et al., 3 vols. [Philadelphia: Fortress, 1980-82], 2:244).

그러므로 유대인 그리스도인 그룹과 회당 간의 결별 시점과, 마태 공동체의 활동 및 관점이 내부에서 외부로 변화된 움직임을 정확히 제시해주는 자료는 존재하지 않는다. 내 주장은 다음과 같다. 즉 마태복음은 그것의 모든 유대성에도 불구하고 다양한 방식으로 마태 공동체가 필연적으로 회당과 결별해야 했음을 보여준다는 사실이다. 마태 공동체가 확증한 새로운 내용은 유대교의 경향과 근본적으로 불일치했으므로 비록 마태 공동체가 다양성을 폭넓게 인정하는 형성 단계에 있었을지라도 공동체의 구성원들은 유대교 안에 머무를 수 없었던 것이다. 그러나 이는 마태 공동체가 유대인에게, 그리고 유대인을 복음화하는 일에 더 이상 관심을 두지 않았다거나, 마태 공동체를 향한 유대인의 비판에 저항하는 공동체의 관점을 변호하는 일에 더 이상 관심을 두지 않았다는 뜻은 아니다. 또 마태 공동체의 기독교 신앙이 유대교 특성과 무관하다는 뜻도 아니다. 결별 이후에도 유대인 그리스도인들은 회당에서 벌어지는 상황에 관심을 기울였고 유대인과의 대화를 지속적으로 이어나갔을 것이다.

간단히 말해 마태 공동체는 새로운 공동체다. 마태 공동체는 함축

47 Stanton도 같은 주장을 하지만 그는 여전히 야브네 학파와의 연계를 "높은 개연성"으로 생각한다(*Gospel for a New People*, 145). 야브네 학파가 마태복음을 이해하는 데 반대되는 배경이라고 보는 견해의 대표적인 초기 학자는 다음과 같다. G. D. Kilpatrick, *The Origins of the Gospel of St. Matthew* (Oxford: Clarendon, 1946), 특히 W. D. Davies, *The Setting of the Sermon on the Mount* (Cambridge: Cambridge University Press, 1966). Kilpatrick은 마태복음이 "탈무드와 동일한 종류의 사고를 담은" 문서라는 특이한 결론을 고수했다(105). 우리가 마태복음에서 "할라카가 아니라 윤리적 관심"과 마주하게 된다는 Krister Stendahl의 언급이 더 설득력이 있다(*The School of St. Matthew and Its Use of the Old Testament* [Philadelphia: Fortress, 1968], xiii. 이는 Stanton, 121-22의 재인용임). Ulrich Luz는 마태복음이 야브네 학파의 주장에 대한 기독교식 답변이라는 생각을 전면적으로 거부한다(*Matthew: A Commentary*, vol. 1, *Matthew 1-7*, trans. Wilhelm C. Linss [Minneapolis: Augsburg, 1989], 88).

적으로 자신들이 새롭고 참된 이스라엘임을 주장한다. 살다리니는 마태가 "자신의 공동체에 대한 이름을 언급하지 않는다"[48]라고 말하는데, 이는 16:18(참조. 18:17)에서 **에클레시아**(*ekklēsia*)로 명명되는 새로운 그룹의 실제 형성을 간과하는 발언이다(에클레시아라는 용어는 복음서 중 마태복음에서만 발견된다). 확실히 이 용어는 "이스라엘의 회중" 혹은 "야웨의 공동체"를 의미하는 **카할**(*qāhāl*) 개념을 반영한다. 그러나 우리는 지금 메시아에 의한 새로운 공동체의 설립에 직면한다.[49] 즉 "**나의** 교회"가 베드로의 반석과 다른 제자들의 반석 위에 세워질 것이다(교회가 다른 제자들의 반석 위에 세워진다는 내용은 함축된 의미임). 베노 프르지빌스키(Benno Przybylski)는 이와 관련하여 다음과 같이 생생히 표현한다. "자명한 사실은 회당과 교회 사이의 관계는 서로 반대라는 점이다. 그리스도인들은 회당이 아니라 교회에 속한다. 회당과 교회 구성원 간의 분립은 마태 공동체에서 완료된다."[50] 우리가 마태복음에서 만나는 이런 새로움이 바로 마태 공동체가 유대교 **내의** 한 종파로 간주되어야 한다는 결론을 막고 있는 것 같다. 우리는 이미 이 새로움의 예를 살펴보았지만, 이제 더 체계적으로 이에 대해 살펴보도록 하자.

48 Saldarini, "Matthew and Jewish-Christian Conflict," 41-42.

49 이 점에 관한 논의는 G. Stanton, "Revisiting Matthew's Communities," in *SBLSP* 33 (1994): 16-18을 보라.

50 Benno Przybylski, "The Setting of Matthean Anti-Judaism," in Richardson and Granskou, *Paul and the Gospels*, 195. 참조. Gundry는 다음과 같이 주장한다. "따라서 우리는 하나님의 백성, 즉 이스라엘 내의 한 혁신 종파뿐 아니라, 완전히 새로운 백성을 보게 되는데, 이 새로운 백성의 교회 모임은 유대인의 회당 모임과 구별된다"("Social History of the Matthean Community," 64).

마태복음의 새로움

마태복음과 관련하여 가장 주목할 만한 사항 중 하나는 오래됨과 새로움의 독특한 결합이다. 본 논문에서 다루고 있는 질문은 바로 여기서 연유한다. 많은 학자가 마태의 자기 묘사라고 생각하는 눈에 띄는 한 구절, 즉 비유 담론의 끝에서 예수는 다음과 같이 말한다. "예수께서 이르시되 '그러므로 천국의 제자된 서기관마다 마치 새것(*kaina*)과 옛것(*palaia*)을 그 곳간에서 내오는 집주인과 같으니라'"(13:52).[51] 중요도에 따라 복음서 저자는 처음에 "새것"을 언급하고 그다음에 "옛것"을 언급한다. "옛것"을 통해 복음서 저자는 이스라엘에 대한 약속 및 소망과 더불어 율법과 예언자들도 분명히 염두에 두고 있었을 것이다. "옛것"은 연속성을 의미하므로 마태 공동체가 유대교 내의 한 종파라는 개념을 옹호하는 자들은 이 "옛것"을 강조한다. 그러나 새것은 단절을 말한다. 우리는 이 점 역시 과소평가하지 말아야 한다.

그렇다면 마태가 염두에 두었던 "새것"은 무엇인가? 나는 이미 이 내용의 상당 부분을 언급했으므로, 여기서는 비교적 간단히 다룰 수 있다. 가장 압도적으로 새로운 것은 아마도 고대하던 메시아와 하나님 나라가 이미 도래했다는, 결국 구약성서가 성취되었다는 주장일 것이다. "내가 진실로 너희에게 이르노니 많은 선지자와 의인이 너희가 보는 것들을 보고자 하여도 보지 못하였고 너희가 듣는 것들을 듣고자 하여도 듣지 못하였느니라"(13:17). 예언 성취의 시대가 왔고, 종말론적 시대가

51 더 자세한 논의는 다음을 보라. D. A. Hagner, "New Things from the Scribe's Treasure Box (Matt. 13:52)," *ExpTim* 109 (1998): 329-34. 본 단락은 Hagner의 이 소논문에 상당 부분 의존한다.

시작되었다. 이는 단지 천국이 "가까이 왔다"[*ēngiken*](3:2; 4:17; 10:7)는 것만을 의미하지 않는다, 왜냐하면 예수는 다음과 같이 말씀하고 있기 때문이다. "내가 하나님의 성령을 힘입어 귀신을 쫓아내는 것이면 하나님의 나라가 이미 너희에게 임하였느니라[*ephthasen*](12:28). 그러나 하나님 나라는 현재 질서를 제압하지 않고 도래했다. 하나님 나라는 모두에게 명백히 드러나야 할 신비의 형태로 존재한다. 마치 하찮은 한 알의 겨자씨처럼, 반죽 속의 보이지 않는 누룩처럼, 감춰진 보물처럼, 또는 가장 값진 작은 진주처럼 말이다(13:31-33, 44-46). 하나님 나라의 도래에도 불구하고 악한 자들에 대한 심판이 미래의 어느 때까지 연기되었다는 점은 놀라운 일이다(13:24-30, 36-43, 47-50). 그러므로 현재의 악한 세대와 종말론적 하나님 나라의 현존은 기묘한 형태로 공존하고 있는 셈이다.

"새것" 중 마태복음 저자가 신경 쓰고 있는 가장 중요한 것은 예수의 고귀한 인격이다. 우리가 앞서 보았듯이, 하나님의 메시아는 아무리 특별하다 할지라도 단지 기름 부음 받은 인간이 아니다. 마태복음의 기독론에서 예수는 유일하게 "우리와 함께하시는 하나님"이다. 그리고 이 예수는 마태복음의 유일신론을 훼손하지 않으면서 신성을 표명한다. 역시 앞서 보았던 것처럼, 이와 같은 고 기독론은 율법보다는 예수와 그의 가르침을 지향하는 새로운 제자도를 불러온다. 이는 무엇보다도 관점과 우선순위에 급진적 변화를 요구하는 놀랍고 새로운 사실이다. 더욱이 예수가 그의 제자들에게 요구하는 급진적이고 완벽주의의 특징을 지닌 의로움이 있는데, 이는 하나님 나라의 은사 및 은혜에 대한 선포와 결코 분리될 수 없는 것이다.

메시아가 죄를 보상하기 위한 희생 제물로서 죽어야 한다는 마태복음의 언급(1:21; 20:28)은, 예수의 제자들과 바울이 처음 보인 반응에서 분명히 볼 수 있듯이, 유대교의 관점에서는 새로우면서도 물의를 빚을 수 있는 내용이다. 마태에게 메시아의 죽음은 성서와 하나님의 뜻이 성취됨을 의미한다(26:31, 39, 42, 54, 56). 마태복음에 기록된 최후의 만찬에서 예수는 잔을 가진 후 다음과 같이 말한다. "이것은 죄 사함을 얻게 하려고 많은 사람을 위하여 흘리는 바 나의 피 곧 언약의 피니라"(26:28). 여기서 마태복음은 마가복음을 세밀하게 따르고 있지만 마가복음과 달리 "언약" 앞에 "새"라는 수식어가 없다.[52] 그렇지만 새 희생 제물의 피라는 표현이 이전의 언약을 완성하는 새 언약을 암시하고 있음을 쉽게 알 수 있다. 동시에 이 새 언약은 예루살렘 성전과 그 안에서 드려진 제사를 폐기해버린다(예수는 24:2, 15에서 이와 관련하여 예언한다). 이와 같은 결론은 예수가 세운 새 공동체, 즉 **에클레시아**의 실재로 인해 더욱 강화된다.

교회, 즉 예수와 그의 죽음 및 부활이 중심이 되는 공동체는 유대교 내에 공식적으로 자리 잡고 있는 성취의 공동체다. 실제로 교회는 새롭고 참된 이스라엘로, 이곳에서 이방인들도 그들의 정당한 자리를 찾게 될 것이다. 물론 유대인들도 이런 그림 안에 상당 부분 포함되지만, 이제는 이스라엘을 초월하는 새로운 실체, 즉 교회라는 새로운 실재 안에서 이방인들과 더불어 그들의 자리를 차지하게 될 것이다. 열방의 빛으로서 이스라엘의 종의 역할은 이런 식으로 성취된다.

마태는 낡은 옷을 수선하기 위해 생베 조각을 사용하는 은유와, 새 포도주와 낡은 가죽 부대의 은유를 통해 옛것과 새것에 대한 논점을 다룬다(9:16-17). 이 은유들은 새것과 옛것의 양립 불가에 관한 질문을 제기한다. 단순히 새것을 옛것에 덧붙일 수는 없다. 기독교는 단순히 유

52 이후에 발견된 대다수의 신약성서 사본에(A, C, D 사본에도) *kainēs*, 즉 "새로운"이라는 단어가 누가복음 22:20과의 조화를 통해 등장하고 있지만, 이 단어는 최초의 가장 신뢰할 수 있는 사본(예. $\mathfrak{P}^{37}$, ℵ, B)에서는 발견되지 않는다.

대교에 추가된 새로운 무엇이 아니다. 기독교의 새로움은 이보다 훨씬 큰 의미를 지닌다. 낡은 가죽 부대는 새 포도주를 담을 수 없다. 새 포도주는 새 가죽 부대를 필요로 한다. 하나님 나라의 새로운 실재는 그 안에 담긴 모든 새로움으로 인해 사물을 이전의 모습으로 남겨두거나 약간의 변화만을 허용하는 데 그칠 수 없다. 이 은유들의 마지막 부분에서 마태는 마가복음에서 유래한 자료에 몇 마디를 덧붙이는데, 이렇게 덧붙여진 말은 이 문제에 관한 마태의 독특한 관점을 반영한다. 즉 새 포도주는 새 가죽 부대에 넣어야 한다. 그러나 마태복음에만 "둘이 다 보전되느니라"(9:17)는 말씀이 덧붙여져 있다. 발생한 현상은 명확히 새것이지만, 동시에 옛것도 보존된다. 그러나 주지하다시피 옛것은 낡은 가죽 부대 형태가 아닌 새 가죽 부대의 형태 안에 보존된다. 만약 우리가 새 포도주를 예수가 하나님 나라의 복음을 선포하는 것으로 받아들인다면, 낡은 가죽 부대는 유대교의 형식적 요소를 상징한다고 볼 수 있을 것이다. 반면에 새 가죽 부대는 새로운 형태가 교회의 실존 안으로 들어오는 것을 반영한다고 할 수 있다. 요점은 율법의 의가 복음에 의해 보존된다는 것이다. 그러나 이는 율법 준수의 형태가 아니라 예수의 가르침에 대한 순종의 형태로 이루어진다. 앞서 살펴봤듯이, 마태는 이를 율법의 진정한 해석으로 간주한다. 이와 같은 새로움 속에서 복음과 율법 모두 보존된다. 비록 새롭고 혁명적인 방식이긴 하지만, 이 새로움은 율법과 유사하며 율법의 의를 받아들인다.

결론

마태복음이 유별날 정도로 유대교 성향의 문헌임은 틀림없다. 우리는 오버맨, 살다리니, 심을 통해 효과적으로 이 사실에 대한 새로운 이해를 갖게 되었다. 그러나 데이비드 심은 살다리니와 오버맨과 마찬가지로 마태복음의 유대교 성향을 다음과 같이 과장해서 말하고 있다. "마태 공동체의 종교는 기독교가 아닌 유대교였다."[53] 마태복음 5:17-20과 예수의 배타적 말씀을 내세우는 것으로는 주장과 관련된 가설의 무게를 감당할 수 없을 것이다.

마태복음에는 유대교와의 연속성이 많이 존재하지만, 그렇다고 이런 연속성이 마태 공동체가 유대교 종파로서 간주되어야 한다는 것을 의미하지는 않는다. 내가 앞서 증명하려 애썼듯이, 마태복음에 존재하는 강렬한 새로움으로 인해 이런 주장은 성립할 수 없다. 유대교와의 상당한 차이점으로 인해, 우리는 마태 공동체를 다른 유대교 그룹으로부터 단순히 "일탈한" 공동체로 설명할 수 없다. 내 생각에, 오버맨, 살다리니, 심은 이 새로움의 정도와 특징 그리고 중요성을 심각할 정도로 과소평가하고 있다. 마태복음은 새 공동체를 반영하는데, 이 새 공동체는 동시대의 유대인 공동체들과 확연한 차이를 보여주는 혁명적 새로움에 초점을 맞추고 있다. 앞서 보았듯이 이런 결론은 단일 증거에 의존하지 않고, 축적된 논의에 기대고 있다. 종말론적 전환점이 대두했고, 이는 이전 관점의 급진적 재조정을 포함한다. 내가 이 지점에서 지체 없이 덧붙이고 싶은 것은 이와 같은 깨달음이 반유대주의에 대한 정당화를 추호도 지지하지 않는다는 점이다.

53 Sim, *Gospel of Matthew and Christian Judaism*, 163. Sim은 다음과 같이 덧붙인다. "이와 다른 내용을 제안하고, 마태를 바울 및 그리스 학자들과 같은 범주에 포함하는 것은 마태복음 저자의 주장을 완전히 와전하고 있음을 의미한다." 그러나 마태 공동체를 순수 기독교 공동체로 인정한다고 해서 왜 마태를 바울 및 그리스 학자들과 동일한 위치에 놓아야 하는 건지, 내게는 그 이유가 분명하지 않다.

물론 마태는 기독교를 새로운 종교라고 생각하지 않았을 것이다. 기독교가 새로운 종교라는 결론은 바울을 비롯한 모든 유대인 그리스도인들에게 혐오감을 일으켰을 것이다. 마태에게 있어 유대교적 기독교는 유대교의 완성이요 성취를 의미한다. 여기서 주목해야 할 중요한 사항은 철저히 유대교적 기독교일지라도 유대교가 아니라 여전히 기독교라는 점이다. 바울과 마찬가지로 마태 공동체는 예수의 가르침을 따르면서 자신들이 나름대로 모세 율법에 충실하다고 간주했다. 물론 마태 공동체 구성원들은 그들 자신이 유대인이라는 생각을 결코 멈추지 않았다.

간단히 말해 마태복음은 기독교가 배제된 유대교나, 유대교가 배제된 기독교를 제시하지 않는다. 또한 이 둘의 무분별한 혼합을 보여주는 것도 아니다. 마태 공동체가 확증하는 "새것"에 비춰볼 때, 마태 공동체는 기독교 형태의 유대교가 아니라 유대교 형태의 기독교라고 묘사하는 것이 가장 알맞다. 마태복음을 가득 채우고 있는 유대성이 마태 공동체를 비기독교 공동체로 지시하는 증거라고 생각할 필요가 없다. 수년 전 킬패트릭(G. D. Kilpatrick)은 다음과 같이 명민한 주장을 했다. "마태복음이 랍비 유대교에 가장 근접한 신약성서 책이라는 사실은…**마태복음이 지닌 기독교 특성을 약화시키지 않는다.**"[54] 마태 공동체의 온전한 기독교 정체성을 부정하지 않으면서 마태복음에 만연한 유대교 성향을 정당하게 강조하는 것이 불가능할 이유는 전혀 없다.

54 Kilpatrick, *Origins of the Gospel*, 101(볼드체는 덧붙인 것이다).

제15장

바울

삶과 서신

Bruce N. Fisk
브루스 N. 피스크

사도 바울이 그가 살던 당시에 지금보다 많이 아니면 적게 논란을 일으켰는지를 결정하는 일은 어렵다. 어쩌면 그때나 지금이나 사도 바울에 관한 논쟁의 정도는 같을지도 모른다. 기원후 1세기와 마찬가지로, 21세기에도 바울은 여전히 그의 추종자들을 불러 모으는 한편 다른 이들의 공분을 사기도 한다. 그는 존경을 받는가 하면 조롱을 당하기도 하고, 공동체를 조성하는 한편 분쟁을 일으키기도 한다. 역사적 바울 탐구가 지금보다 열정적이고 다양하며 아마도 혼란스러운 적은 없었을 것이다. 역사적 바울 탐구의 현 상황에 대한 본 소논문은 다음과 같은 순서로 진행된다. (1) 바울 서신의 규명을 위한 노력, (2) 바울 사상의 발전과 우연성(contingency), (3) 바울과 정치, (4) 사도행전의 바울과 바울 서신의 바울, (5) 바울의 유대교적·헬레니즘적 문화 맥락, (6) 예수에 대한 바울의 지식, (7) 바울 공동체와 동시대의 공동체 유형, (8) 바울 서신과 최초 수신자.

경계의 충돌: 바울 서신의 규명을 위한 노력

관례적으로 바울 서신은 세 개의 층으로 구별된다.

- **바울 저술에 대한 논란이 없는 서신**: 로마서, 고린도전후서, 갈라디아서, 빌립보서, 데살로니가전서, 빌레몬서
- **제2바울 서신**: 에베소서, 골로새서, 데살로니가후서
- **바울의 이름으로 익명의 누군가가 기록한 서신**: 디모데전후서, 디도서

"논란이 없는" 바울 서신들은 사용된 어휘, 구문, 내용의 상당한 유사성으로 인해 그 진정성이 좀처럼 의심받지 않는다.[1] 같은 이유로, 많은 학자가 현대 학문의 결과로서 나머지 바울 서신을 바울의 친서가 아

1 다수의 삽입 또는 바울의 이름으로 이루어진 후대의 편집을 지적하면서 진정한 바울 서신을 논박하는 학자들은 다음과 같다. W. Schmithals, *Die Briefe des Paulus in ihrer ursprünglichen Form* (Zürich: Theologischer Verlag, 1984); L. E. Keck, *Paul and His Letters* (Philadelphia: Fortress, 1988), 16-19; D. J. Doughty, "Pauline Paradigms and Pauline Authenticity," *JHC* 1 (1994): 95-128. 그러나 후대 편집에 대한 이론들은 폭넓은 지지를 얻지 못했다. 예외는 고린도후서로, 이는 적어도 두 개 이상의 개별 서신이 합쳐진 것으로 종종 간주된다. 분명한 증언 또는 사본 증거가 없는 상황에서, 이런 구분과 편집 이론은 스스로 입증을 해야 하는 의무가 있다. 이보다 더 급진적인 접근법이 있는데, 이는 바울 서신 전체를 바울과 무관한 것으로 본다(때로는 바울의 역사적 존재조차 의심한다). 이런 접근법의 주창자들은 Bruno Bauer(1809-82)의 영향을 받은 19세기 네덜란드의 급진적 비평가들이었다. 그런데 Bauer의 연구는 *Journal of Higher Criticism*을 통해 새로운 조명을 받았다.

니라고 확신하고 있다.[2] 교회가 바울의 초창기 해석자들이 기록한 서신을 너무 성급히 바울의 친서라고 주장해온 것은 아닐까? 학계가 지나친 열정으로 진정한 바울 서신을 이차적인 위치로 강등시켜버린 것은 아닐까? 몇몇 서신은 바울의 제자나 바울 "학파"가 기록한 것일까? 우리는 역사적 바울과 정경의 바울을 구분해야 하는 걸까? 이제 우리는 에베소서와 골로새서의 저자에 관한 논의를 시작으로 목회서신에 대한 입증된 논의를 다뤄보고자 한다.[3]

2 *Anchor Bible Dictionary*, ed. D. N. Freedman, 6 vols.(New York: Doubleday, 1992)에 기고한 다양한 학자의 결론에 주목하라. 이 사전은 현행 성서학계의 주요 내용을 전반적으로 다루고 있는 훌륭한 연구서 중 하나다(예. 골로새서와 에베소서에 관한 V. P. Furnish의 글과 익명 저술에 관한 H. D. Betz와 J. H. Charlesworth의 글을 보라). 익명 저술에 대한 연구는 최근에 확대되었다. 유대교 및 그리스의 익명 저술에 대한 더 중요한 연구는 다음을 보라. W. Speyer, *Die literarische Fälschung im heidnischen und christlichen Altertum*, Handbuch der Altertumswissenschaft 1.2 (Munich: Beck, 1971); D. G. Meade, *Pseudonymity and Canon: An Investigation into the Relationship of Authorship and Authority in Jewish and Earliest Christian Tradition*, WUNT 39 (Tübingen: Mohr Siebeck, 1986); L. S. Donelson, *Pseudepigraphy and Ethical Argument in the Pastoral Epistles*, HUT 22 (Tübingen: Mohr Siebeck, 1986), 7-66; N. Brox, ed., *Pseudepigraphie in der heidnischen und jüdisch-christlichen Antike*, Wege der Forschung 484 (Darmstadt: Wissenschaftliche Buchgesellschaft, 1977); N. Brox, *Falsche Verfasserangaben: Zur Erklärung der frühchristlichen Pseudepigraphie*, SBS 79 (Stuttgart: Katholisches Bibelwerk, 1975); B. M. Metzger, "Literary Forgeries and Canonical Pseudepigrapha," *JBL* 91 (1972): 1-24; K. Aland, "The Problem of Anonymity and Pseudonymity in Christian Literature of the First Two Centuries," *JTS* 12 (1961): 39-49.

3 데살로니가후서의 저자 문제는 이미 1801년(J. E. C. Schmidt), 1839년(F. H. Kern), 1845년과 1855년(F. C. Bauer), 그리고 1903년(W. Wrede)에 논의되었다. 그중 1903년 Wrede의 논의가 가장 유명하다. 더 최근의 논의인 W. Trilling의 *Untersuchungen zum zweiten Thessalonicherbrief*, ETS 27(Leipzig: St. Benno, 1972)은 데살로니가후서의 진정성에 이의를 제기했는데, 이와 동일한 문제를 다루는 연구는 다음과 같다. G. S. Holland, *The Tradition That You Received from Us: 2 Thessalonians in the Pauline Tradition*, HUT 24 (Tübingen: Mohr Siebeck, 1988), and F. W. Hughes, *Early Christian Rhetoric and 2 Thessalonians*, JSNTSup 30 (Sheffield: JSOT, 1989). 주로 종

바울의 에베소서 저술의 진정성을 확신하던 학계에 파장을 일으킨 장본인은 바우어(F. C. Bauer)로, 그의 영향력은 1860년에 그가 사망한 이후에도 오랜 기간 지속되고 있다. 에베소서가 영지주의 용어와 사상을 이용하고 있다는 점은 바우어에게 분명했고, 이런 그의 창조적 분석은 불트만, 케제만, 콘첼만, 그리고 다른 학자들을 설득했다. 그러나 더 최근에 발전의 정점에 도달한 영지주의가 에베소서의 배경이 된다는 주장에 심각한 이의가 제기되고, 저자 논쟁은 이제 문학적·신학적 측면에서 이루어진다. 문체 측면에서의 논쟁은 용어 관련 요소(예. 전치사, 분사), 소유격 사용, 다수의 문장 길이, 그리고 서신에서 사용된, 특히 1-3장에 집중되어 나오는 고상한 어휘 선택에 관심을 기울인다. 이런 독특한 특징이 바울의 친서임을 부정하는 걸까? 아니면 이런 특징이 회람서신 가설(circular-letter hypothesis, 이 가설은 문체상의 변형을 필요로 할 수 있다) 또는 에베소서의 과시적 수사법에 호소하는 방법으로 설명될 수 있을까? 신학 측면에서의 논쟁은 에베소서의 중심 주제를 다음과 같이 규명한다. 즉 에베소서의 우주적 기독론(예. 1:3-4, 9-10, 20-23; 2:6; 4:8-

말론에 기초한 것으로서, 데살로니가후서의 익명 저술과 관련한 간결한 주장에 대해서는 B. D. Ehrman, *The New Testament: A Historical Introduction to the Early Christian Writings* (New York: Oxford University Press, 1997), 344-46을 보라. 데살로니가후서의 바울 저술을 지지하며, I. H. Marshall은 1983년에 출간한 얇은 주석서(*1 and 2 Thessalonians*, NCB [Grand Rapids: Eerdmans] 28-45)에서 Trilling의 주장에 조목조목 대응하고 있다. 오늘날 어떤 학자들은(예. H. C. Kee, *Understanding the New Testament*, 5th ed. [Englewood Cliffs, N.J.: Prentice-Hall, 1993], 224) 이 증거가 "애매모호"하다고 한다. 반면에 다른 많은 학자가(예. J. D. G. Dunn, *The Theology of Paul the Apostle* [Grand Rapids: Eerdmans, 1998], 13, 298) 데살로니가후서를 여전히 바울의 친서로 간주한다.

10), 실현된 종말론(예. 1:3, 20-22; 2:2-8; 6:17), 그리고 발전된 교회론(예. 1:23; 2:19-22; 4:16; 5:23)이다. 에베소서는 진정한 바울 서신으로 인정받고 있는 일곱 서신에 반영된 바울 신학이 이런 주제로 자연스럽게 발전했음을 나타내기보다는, 오히려 그로부터 벗어나고 있음을 나타낸다.[4] 이 모두를 고려하면, 에베소서와 골로새서 사이의 다양한 여러 유사성(용어, 구조, 주제 면에서)에도 불구하고, 에베소서 저자가 바울의 복음을 해석 및 갱신하고 있다는 강한 주장이 제기될 수 있다. 그리고 에베소서 저자의 이런 행위는 링컨(A. T. Lincoln)의 말을 빌려 표현하면 "권위 있는 전승의 실현"이라 할 수 있다.[5] 물론 에베소서와 진정한 바울 서신으로 인정받는 일곱 서신 사이의 차이점을 달리 설명할 수 있는 방법이 있다. 어쩌면 이방인 사역 기간에 정제되고 숙성된 바울의 생각이 에베소서에 반영되어 있다고 말하는 것만으로 충분할지도 모른다. 브루스(F. F. Bruce)에게 영향을 미친 캐어드에 의하면, 만일 에베소서가 바울이 쓴 서신이 아니라면, 에베소서는 "바울 사후에 바울의 사상을 숙고할 능력이 있었던 어느 제자의 바울 신학 요약"[6]으로 볼 수 있다.

4 예를 들어 J. C. Beker, *Paul the Apostle: The Triumph of God in Life and Thought* (Philadelphia: Fortress, 1980), 163을 보라. 여기에서 Beker는 골로새서와 에베소서에서 분명하게 나타나는 종말론적 미래의 붕괴를 다룬다.

5 A. T. Lincoln, *Ephesians*, WBC 42 (Waco, Tex.: Word, 1990), lviii. 에베소서의 골로새서 의존을 지지하는 연구와 관련한 유용한 요약은 V. P. Furnish, "Ephesians, Epistle to the," *ABD* 2:536-37을 보라. 골로새서가 에베소서의 내용을 차용하고 있다는 E. T. Mayerhoff(1838)와 J. Coutts(1958)의 주장은 지금은 거의 사라졌다.

6 G. B. Caird, *The Apostolic Age* (London: 1955), 133. 이는 F. F. Bruce, *Paul: Apostle of the Heart Set Free* (Grand Rapids: Eerdmans, 1977), 424에 인용된 것이다. 에베소서에 관한 장에 Bruce가 붙인 "바울 신학의 정수"라는 제목은 시사점이 크다. 이와 유사하게 L. T. Johnson은 *The Writing of the New Testament: An Interpretation* (Philadelphia: Fortress, 1986), 372에서 다음과 같이 주장한다. "에베소서는 바울의 저술도 아니고 그의 직접적 지도하에 저술되지도 않았지만, 바울의 가장 뛰어난 제자의 저술로서,

최근[7] 골로새서가 바울의 저술임을 반대하는 주장들은 다음 다섯 가지 요소에 초점을 맞추는 경향을 보인다. 즉 골로새서의 독특한 언어와 문체, 신학적으로 특이한 방식,[8] 서신의 바울에 대한 묘사, 골로새서와 빌레몬서의 유사성,[9] 그리고 더 일반적인 것으로서 당시 만연했던 익

이 제자의 종교적 통찰력과 신학적 비전은 바울 자신의 그것과 비교해도 절대로 뒤지지 않는다. 우리는 에베소서에서 세상과 교회에서 이뤄지는 하나님의 역사에 관한 능숙한 언급을 발견한다. 그런데 이 언급은 열렬한 비판적 논쟁이나 논리적 주장이 아니라 신실한 묵상을 통해 표현된다." D. Trobisch는 *Paul's Letter Collection: Tracing the Origins* (Minneapolis: Fortress, 1994), 53(참조. 54 n. 22)에서, 에베소서가 바울이 직접 수집한 *Hauptbriefe*의 "부록의 시작"을 나타낸다는 대담한 주장을 제기하는데, 이 주장은 추정에 기초하고 있다.

7 이미 1838년에 E. T. Mayerhoff는 골로새서가 바울의 저술이라는 데 반대하며 다음과 같이 주장했다. 즉 골로새서가 에베소서에 의존하고, 바울의 하위 사상을 포함하며, 영지주의에 반대하는 기원후 2세기 운동을 반영하고 있다는 것이다. J. B. Polhill은 "The Relationship between Ephesians and Colossians," *RevExp* 70 (1973): 439-50에서 1970년까지 이뤄진 골로새서와 에베소서의 관계에 대한 논의를 연대순으로 정리해놓았다. 더 최근의 논의에 대해서는 다음 연구의 요약을 보라. R. F. Collins, *Letters That Paul Did Not Write* (Wilmington, Del.: Glazier, 1988).

8 예를 들어 죄 용서에 대한 강조(1:13-14; 2:13;3:13), 실현된 종말론(1:5, 23, 27; 2:12-13; 3:1), 교회와 우주의 머리가 되시는 그리스도(1:18; 2:10, 19). 골로새서의 신학적 "모순"에 대해서는 E. Lohse, "Pauline Theology in the Letter to the Colossians," *NTS* 15 (1969): 211-20을 보라. 아래 n. 42도 보라.

9 이런 종류의 증거는 결정적이지 않다. 이후의 저자가 골로새서에 바울의 느낌을 주었던 것일까? 아니면 이런 유사점이 바울 저술의 진정성을 나타내는 분명한 지표인 걸까? Bo Reicke(*Re-examining Paul's Letters: The History of the Pauline Correspondence*, ed. D. P. Moessner and I. Reicke [Harrisburg, Pa.: Trinity, 2001], 75)의 지적처럼, 후자의 경우가 더 가능성이 높다: "소위 제2바울 서신의 저자가 빌레몬 개인에게 보낸 사적인 내용에서 이름을 취한 후, 그것을 사용하여 브루기아에 있는 그리스도인들을 대상으로 하는 나중 편지의 역사적 신뢰성을 보장하려 했다고 보기는 어렵다."

10 R. E. Brown(*An Introduction to the New Testament* [New York: Doubleday, 1997], 610)은 익명 저술의 두 하위 유형을 다음과 같이 구상한다. (1) 바울 자신이 하고자 했던 말을 전해주는 누군가가 바울의 생애 동안, 또는 그의 사망 직후 기록한 본문; (2) 누군가가 바울의 이름을 빌려 수십 년이 지난 후에 기록한 본문으로, 이는 바울이 살아 있을 때 발생하지 않았던 상황을 다룬다. 첫 번째 경우, 만일 골로새서의 저자가 바울이 아니라면, 이는 아마도 디모데였을 것이다. 디모데는 "함께 보내는 자"로 지명되었

명 기록 현상이다.[10] 대략 60%에 달하는 다수의 학자가[11] 이제 골로새서를 제2바울 서신으로 간주한다. 비록 바울이 골로새서의 저자라는 전통적 견해를 옹호하는 소수의 목소리도 계속해서 존재하지만 말이다.[12] 두기고(골 4:7)가 여러 문체상의 차이를 가져올 만큼 충분한 편집의 자유를 즐겼는지[13] 아닌지는 앞으로 계속 추측할 문제로 남을 것이다.

고," "바울을 대변할 수 있는 권위가 있었다"(615). 이 견해로 볼 때, 디모데는 필경사에 가까우므로, 골로새서를 익명 저술로 부르는 것은 도움이 되지 않는다. 익명 저술의 일곱 가지 하위 유형 목록은 J. H. Charlesworth, "Pseudonymity and Pseudepigraphy," *ABD* 5:540-41을 보라.

11 R. E. Brown에 따르면, 대표 학자는 다음과 같다. E. Lohse (*Colossians and Philemon*, Hermeneia [Philadelphia: Fortress, 1971]); E. Schweizer (*The Letter to the Colossians: A Commentary* [Minneapolis: Augsburg, 1982; 독일어판은 EKKNT 12, 1976]); J. Gnilka (*Der Kolosserbrief*, HTKNT 10 [Freiburg: Herder, 1980]); N. Perrin and D. C. Duling (*The New Testament: An Introduction*, 2nd ed. [San Diego: Harcourt Brace Jovanovich, 1982]). 골로새서가 바울의 저술이라는 데 이의를 제기하는 E. P. Sanders의 "Literary Dependence in Colossians," *JBL* 85 (1996): 28-45은 골로새서와 데살로니가전서, 고린도전서, 빌립보서 간의 유사성에 기초하고 있다. R. Collins(*Letters That Paul Did not Write*, 206)는 골로새서의 저자가 바울을 성자와 순교자로 이상화한다고 여긴다. R. E. Brown(*Introduction to the New Testament*, 614-17)은 기원후 80년대 에베소에서 활발하게 활동했던 바울 학파의 존재를 조심스럽게 상정한다.

12 예를 들어 다음을 보라. P. T. O'Brien, *Colossians, Philemon*, WBC 44 (Waco, Tex.: Word, 1982), xli-xlix; and W. G. Kümmel, *Introduction to the New Testament*, trans. H. C. Kee, rev. ed. (Nashville: Abingdon, 1975), 340-46. L. Johnson(*The Writings of the New Testament*, 357-59)은 골 2:12-13; 3:1의 종말론과 롬 6:1-14의 종말론 사이에 실제적 차이를 발견하지 못한다. D. A. Carson, D. J. Moo, L. Morris(*An Introduction to the New Testament* [Grand Rapids: Zondervan, 1992], 331-34)는 바울이 새로운 상황에 반응하여 새로운 어휘와 개념을 얼마든지 차용할 수 있었다고 생각한다. Bo Reicke(*Re-examining Paul's Letters*, 76-78)에게 골로새서의 저자는 바울이 확실한데, 기원후 61년 라오디게아(Tacitus, *Ann.* 14.27.1)와 골로새를 폐허로 만든 지진은 골로새서를 기원후 70년 이후의 위서로 만드는 일을 어렵게 만든다.

13 B. Witherington III는 그렇다고 신중하게 결론 내린다. *The Paul Quest: The Renewed Search for the Jew of Tarsus* (Downers Grove, Ill.: InterVarsity, 1998), 110.

목회서신

목회서신의 진정성에 대한 논쟁은[14] 적어도 슐라이어마허(F. Schleiermacher, 1807)와 F. C. 바우어(1835)로 거슬러 올라간다. 현대 성서학 분야에서 다수의 의견은 바울의 목회서신 저술에 강한 반대를 표명한다. 아래의 내용은 상습적으로 수면에 떠오르는 논점이다.

- **언어와 문체**: 목회서신에는 희귀하거나 독특한 언어가 높은 비율로 등장한다. 그리고 특정 문체 및 수사학의 특징을 통해 목회서신과 진정한 바울 서신 간의 구분이 이루어진다.[15] 만일 목회서신도 바울이 기록한 서신이라면, 단일 저자가 사용하는 어휘와 문

14 이 세 서신의 용어와 문체의 유사성으로 인해 대부분의 학자가 이 세 서신을 하나로 묶어서 다루게 되었다. 그런데 최근 몇몇 학자는 각 서신의 증거를 개별 조건에 맞추어 살펴봄으로써 얻게 되는 유익을 보여준다. 예를 들어 D. A. Hagner는 "Titus as a Pauline Letter," *SBLSP* 37, part 2 (1998): 546-58에서, 디모데전후서와 별개로, 디도서의 바울 저술에 대한 증거를 평가한다. Hagner의 발견에 의하면, 바울은 "새로운 상황이 그에게 요구하는 다른 종류의 편지를" 기꺼이 쓸 수 있었으며(549), 누가와 두기고 같은 대필자의 존재는 "디도서에 담긴 그리스-로마의 어떤 측면을" 설명해 줄 수 있다(556). 그러나 더 일반적인 견해에 따르면, 목회서신 중 문체와 내용이 진정한 바울 서신과 가장 가까운 것은 디모데후서다. 예를 들어 다음을 보라. Johnson, *Writings of the New Testament*, 381-89; J. Murphy-O'Connor, *Paul: A Critical Life* (Oxford: Oxford University Press, 1996), 356-59; G. D. Fee, "Toward a Theology of 2 Timothy—from a Pauline Perspective," *SBLSP* 36 (1997): 732–49. 세 목회서신을 하나의 묶음으로 다루면서 다른 바울 서신과 분리할 때 발생하는 위험에 대해서는, Carson, Moo, and Morris, *Introduction to the New Testament*, 359-60을 보라.

15 예를 하나 들면, 다른 바울 서신에서 찾아볼 수 없는 "미쁘다 이 말이여"(딤전 1:15; 4:9; 딤후 2:11; 딛 3:8)라는 표현이 목회서신에 공동으로 등장하고 있음을 주목하라. 이와 같은 데이터에 대한 논평에 대해서는 다음을 보라. K. J. Neumann, *The Authenticity of the Pauline Epistles in the Light of Stylostatistical Analysis*, SBLDS 120 (Atlanta: Scholars Press, 1990); D. Guthrie, *The Pastoral Epistles*, 2nd ed., TNTC (Leicester: Inter-Varsity, 1990), 224-40.

체가 시간이 지나면서 그렇게 극적으로 달리 표현될 수 있을까? 그리고 바울의 저술이라는 점이 단순한 사도의 축복이 되기 전에 바울은 대필자에게 얼마만큼의 자유를 줄 수 있었을까?

- **교회 직제**: 목회서신의 교회 계층 구조는 바울의 교회에서 발견되는 것보다 다음과 같이 더 정교한 특징을 보인다. 즉 은사주의 공동체는 하나님의 가정으로 진화했다. 평등주의는 분명히 감독을 정점으로 하는 수직 구조로 변화했다. 그러나 여기서 복잡한 문제는 세 목회서신이 교회의 직제 관련 내용을 일률적으로 다루지 않는다는 점이다. 논란이 없는 바울 서신에서 상응하는 언급이 질적으로 다른 상태의 사건을 기술하고 있다고 모든 학자가 동의하지도 않는다.[16]
- **수신자**: 디모데와 디도 같은 바울의 측근은 목회서신이 담고 있는 많은 가르침을 필요로 하지 않을 것이다. 그렇다면 목회서신은 간접적으로 전체 회중을 수신자로 삼고 있는 걸까?[17] 목회서신의 저자는 "디모데"와 "디도"의 이름을 차용하여 실제 수신자, 즉 후대의 교회 지도자들을 나타내고 있는 걸까?[18]
- **적대자**: 목회서신은 바울 이후에 생겨난 기독교 영지주의 혹

16 예를 들어 다음을 보라. Johnson, *Writings of the New Testament*, 385-86; S. E. Porter, "Pauline Authorship and the Pastoral Epistles: Implications for Canon," *BBR* 5 (1995): 110-11.

17 J. T. Reed("'To Timothy or Not': A Discourse Analysis of 1 Timothy," in S. E. Porter and D. A. Carson, eds., *Biblical Greek Language and Linguistics: Open Questions in Current Research*, JSNTSup 80 [Sheffield: Sheffield Academic Press, 1993), 90-118)에 따르면, 디모데전서의 수사학적 초점은 사실 디모데 자신에게 맞춰져 있다.

18 목회서신의 "이중 익명성"(저자와 수신자 모두 익명이라는 의미)에 대해서는 Meade, *Pseudonymity and Canon*, 127-30을 보라.

은 금욕주의를 다루고 있는 것으로 보인다(딤전 4:3, 8; 6:20; 딤후 2:17-18). 목회서신에 묘사된 거짓 교사들은 갈라디아서, 골로새서, 고린도전·후서에 설명된 거짓 교사들과 어떻게 비교되는가?[19]

- **역사적 배경**: 목회서신의 역사적·지리적 세부 내용(특히 딤후 4:9-21)은 사도행전과 다른 서신을 통해 알 수 있는 바울의 사역과 쉽게 들어맞지 않는다. 사도행전 28장에서 감옥에서 풀려난 것으로 설명된 바울이, 이후 재수감되어 순교하기 전에(참조. *1 Clem*. 5:7)[20] 선교 여행을 하고 목회서신을 기록한 걸까? 사도행전과 다른 바울 서신이 보여주는 연대기는 너무 파편적이라 바울의 삶을 보여주는 추가 자료로서 목회서신을 배제하는 것을 정당하게 만들 수 없는 걸까?[21]

19 다음을 보라. P. H. Towner, "Gnosis and Realized Eschatology in Ephesus (of the Pastoral Epistles) and the Corinthian Enthusiasm," *JSNT* 31 (1987): 95-124; *The Goal of Our Instruction: The Structure of Theology and Ethics in the Pastorals*, JSNTSup 34 (Sheffield: Sheffield Academic Press, 1989), 9-45. Towner의 모델이 깊이 의존하고 있는, 고린도 서신의 "완전히 실현된 종말론" 개념은 최근에 문제가 지적되고 있다. 예를 들어 다음을 보라. B. W. Winter, *After Paul Left Corinth: The Influence of Secular Ethics and Social Change* (Grand Rapids: Eerdmans, 2001), 25-26; R. B. Hays, "The Conversion of the Imagination: Scripture and Eschatology in 1 Corinthians," *NTS* 45 (1999): 391-412, 396-97, 399, 407-9.

20 예를 들어 다음을 보라. E. E. Ellis, "Pastoral Letters" in *Dictionary of Paul and His Letters*, ed. G. F. Hawthorne, R. P. Martin, and D. G. Reid (Downers Grove, Ill.: InterVarsity, 1993), 661; R. H. Gundry, *A Survey of the New Testament*, 3rd ed. (Grand Rapids: Zondervan, 1994), 412-13. 그러나 두 번의 투옥 가설 역시 아무리 그럴듯해 보인다 할지라도 쉽게 반박당할 수 있음을 인정해야 한다. 외적 증거뿐만 아니라(예. *1 Clem*. 5:1-7; *Acts Pet*. 1-3, 40; Muratorian Canon), 신양성서의 다양한 단서(예. 빌 1:19, 25; 2:24; 롬 15:24, 28; 행 1:8; 13:47; 28:30-31) 역시 이 가설을 결정적으로 지지하지 않는다. 이 증거에 대한 신중한 평가는 Bruce, *Paul: Apostle of the Heart Set Free*, 441-55을 보라.

21 그렇다는 답변은 Porter, "Pauline Authorship," 107-8을 보라. Johnson, *The Writings of the New Testament*, 383은 잠정적이다.

• **바울에 대한 묘사**: 목회서신은 바울을 곧 순교할 성자, 전설적이지만 외로운 영웅, 진리의 수호자로 그리고 있다.[22] 이와 같은 바울에 대한 묘사는 진정한 바울 서신에서 발견되는 바울에 대한 복합적 묘사와 양립할 수 없는 걸까? 또 바울의 자기 폄하 요소(예. 딤전 1:15)는 어떻게 받아들일 수 있는가? 바울 개인에 관한 사적인 언급은 바울 서신의 진정성을 나타내는 증거인가? 아니면 바울의 이름을 사용하고 있는 익명의 저술을 누설하는 표시인가?[23]

비록 이 증거가 그다지 "압도적"이지는 않다 하더라도,[24] 지금 영국 복음주의 원로 학자인 하워드 마셜(I. Howard Marshall)[25]을 포함한 많은 학자가 이 증거에 설득력이 있다고 판단한다. 이런 논의가 마셜에게 지속적으로 영향을 미쳤고, 그 결과 마셜은 "바울이 목회서신을 직접 저

22 특히 S. G. Wilson(*Luke and the Pastoral Epistles* [London: SPCK, 1979], 107-24)을 주목하라. 그는 이와 같은 바울에 대한 묘사가 사도행전의 묘사와 여러 측면에서 일치하고 있음을 발견한다.

23 첫 번째 견해는 바울의 목회서신 저술을 지지하는 자들 사이에 널리 퍼져 있다. 두 번째 견해에 관해서는 다음을 보라. F. Young, *The Theology of the Pastoral Letters* (Cambridge: Cambridge University Press, 1994); J.-D. Kaestli, "Luke-Acts and the Pastoral Epistles: The Thesis of a Common Authorship," in *Luke's Literary Achievement: Collected Essays*, ed. C. M. Tuckett, JSNTSup 116 (Sheffield: Sheffield Academic Press, 1995), 110-26, 115-16. Mead(*Pseudonymity and Canon*, 122-23)에게 바울의 사도 권위에 대한 강조는 전승에 대한 병행 강조와 더불어, "사용된 위서 기법에 대한 해석학적 열쇠를 제공한다."

24 이는 다음의 주장과 대조된다. S. L. Harris, *The New Testament: A Student's Introduction*, 4th ed. (Boston: McGraw-Hill, 2002), 366.

25 최근에 Marshall은 목회서신에 대한 중요한 비평적 주석서를 P. H. Towner와 공동 집필했다. *A Critical and Exegetical Commentary on the Pastoral Epistles*, ICC (Edinburgh: Clark, 1999).

술했음을 옹호하는 전통적 복음주의의 견해에 강한 의심"[26]을 품게 되었다. 만일 마셜이 맞고 그의 강한 의심이 유효하다면, 적어도 다음과 같은 세 가지 대안적 제안에 어느 정도의 개연성이 열려 있다.

1. **대리인**: 바울은 살아 있는 동안 대필자나 대리인에게 자신을 대신하여 서신을 기록할 수 있는 권한을 부여했다.[27]
2. **단편**: 진정한 바울의 저술로 인정받는 단편들은 바울 사후에 편집되어 일련의 유사 바울 서신에 편입되었다. 디모데후서 1:16-18; 3:10-11; 4:1-2a, 5b-22; 디도서 3:12-15은 진정한 단편에 포함될 수 있다.[28]

26 I. H. Marshall, "Prospects for the Pastoral Epistles," in *Doing Theology for the People of God*, ed. D. Lewis and A. McGrath (Downers Grove, Ill.: InterVarsity, 1996), 137-55. Marshall에 의하면, 다음과 같이 중요한 현상이 필연적으로 따른다. 즉 어떤 복음주의 학자들은 "불가능한 일을 옹호할 수도" 있다는 것이다.

27 대리인으로 가장 흔히 주목되는 인물은 누가다. 다음의 예를 보라. A. Feuillet, "La doctrine des Epîtres Pastorales et leurs affinités avec l'oeuvre lucanienne," *RThom* 78 (1978): 181-225; Ben Witherington III는 더 신중한 자세를 보이며, 누가가 바울의 생애 끝에 혹은 사망 직후에 "바울을 대신해 자신의 문체로" 목회서신을 기록했다는 주장에 동의한다(*The Paul Quest*, 112, 참조. 10). 이 견해는 세 번째 견해와 혼동되지 말아야 하는데, 세 번째 견해는 바울의 사망 이후 얼마 동안 익명의 저자(아마도 누가)가 목회서신을 기록했다고 본다. 이 구분에 대해서는 J.-D. Kaestli, "Luke-Acts and the Pastoral Epistles," 112-13을 보라.

28 단편 가설은 P. N. Harrison, *The Problem of the Pastorals* (London: Oxford University Press, 1921)에 의해 구체적으로 발전되었고, *Paulines and Pastorals* (London: Villiers, 1964), 106-28에 수정된 내용이 실려 있다. A. T. Hanson은 *The Pastoral Letters*, CBC (New York: Cambridge University, 1966)에서 이와 유사한 주장을 제기했지만, 이후 *The Pastoral Epistles*, NCB (Grand Rapids: Eerdmans, 1982), 5-11에서 이 주장을 철회했다. 더 최근에 J. D. Miller(*The Pastoral Letters as Composite Documents*, SNTMS 93 [Cambridge: Cambridge University Press, 1997])는 바울 학파가 정통 전승의 단편을 사용했다고 주장한다. 이 이론은 폭넓은 지지를 받지 못하는데, 왜냐하면 목회서신 내에서 반박이 불가능한 증거(본문 증거든 편집 증거든)를 발견할 수 없기 때문이다.

3. **익명성**: 목회서신은 바울 사후 얼마 지나지 않아 미지의 저자 혹은 학파[29]에 의해 기록되었다. 기록 이유는 바울의 가르침을 보존하고 해석하기 위해, 또는 새로운 상황에 바울의 가르침을 길들이기 위해서였다.[30] 이런 관점에서, 익명의 저자가 바울의 이름을 차용하고 있는 상황은 그가 바울 전승을 충실히 보존하고 있다는 주장으로 이해되어야 한다.

당연히 마셜의 동료인 많은 복음주의 학자가 이의를 제기할 것이다. 얼 엘리스(Earle Ellis)에 의하면, "목회서신의 작성에서 대필자의 역할과…연행된 전승의 사용은…원저자의 특성에 관한 19세기의 그릇된 가정을 지닌 익명 저술 가설을 무너뜨린다."[31] 카슨(D. A. Carson)과 무(D. J. Moo)와 모리스(L. Morris)는 다음과 같이 더 절제해서 발언한다.

29 우리는 이 증거를 통해 목회서신의 저자(들)를 자신 있게 규명할 수 없다. Kaestli, "Luke-Acts and the Pastoral Epistles"가 보여주듯이, 누가가 목회서신의 저자임을 지지하는 Wilson(*Luke and the Pastoral Epistles*)의 주장은 놀라울 정도로 강력하지만, 그렇다고 빈틈이 없는 것은 아니다. 마지막으로 목회서신과 누가 사이의 유사점은 목회서신과 진정한 바울 서신 사이의 유사점보다 양이 더 많지 않다. 누가-행전이 목회서신의 저술에 영향을 미쳤을 수 있다는 Kaestli의 견해는 자세히 조사해볼 필요가 있다.

30 익명성을 상당히 강조하는 Marshall의 제안은 여기에 속한다. 하지만 Marshall은 "익명"이라는 용어를 거부하는데, 이는 그가 이 용어에 기만이라는 뜻이 들어 있다고 생각하기 때문이다. "따라서 우리는 일반적 시나리오를 제안할 수 있다. 이 시나리오에서 바울의 생애, 특히 생의 마지막 때에 감지될 수 있는 경향이 지속되었고, 이 경향은 바울 자신이 보였을 반응과 동일한 반응을 요구했다. 이런 상황에서 누군가가 바울의 이름으로 서신을 기록하여 그의 측근 조력자들에게 보냈다. 그리고 여기에는 은밀한 지시 사항이 담겨 있었다. '이 서신의 내용은, 바울이 지금 살아 있다면 그가 오늘날 교회에 전해야 하는 그런 성향의 내용을 의미한다'"("Prospects for the Pastoral Epistles," 151). 이와 유사하게 Meade(*Pseudonymity and Canon*, 139)는 다음과 같이 말한다. "목회서신에서, 바울의 저술로 돌리는 것은 문학적 기원에 대해서가 아니라 주로 권위 있는 전승에 대한 주장이다."

31 Ellis, "Pastoral Letters," 661.

"여기서 우리가 처하는 어려움은 익명성 개념 자체에 있는 것이 아니라 신약성서의 그리스도인들이 이런 익명성 개념을 장려했다는 **증거**가 부족하다는 데 있다."[32]

익명성이 거의 불가피하게 기만을 수반한다는 주장은 당연히 다수의 보수주의자를 진지하게 생각하도록 만든다.[33] 어쨌든 보 라이케(Bo Reicke)는 현재 논의에 존재하는 아이러니를 잘 포착하고 있다.

> 보수주의 신학자들은, 만일 그들이 모든 바울 서신이 바울이 진짜 기록한 게 아니라고 믿을 경우, 정통이 아니라는 비난을 받을 위험이 있다. 반면에 자유주의 신학자들은, 그들이 바울 서신이 거짓이라고 믿지 않을 경우에, 정통이 아니라는 비난을 받을까 두려워한다.[34]

1987년에 라이케가 사망한 지 약 14년이 지난 현재 출간된 그의 연구는 대담하게도 13개의 바울 서신이 바울이 살아 있던 10년(기원후 51-61년)에 걸쳐 모두 기록되었다고 주장한다. 비판적 연구와 명료함의 대명사인 라이케의 분석은 아래와 같이 바울의 상황에 관한 네 가지 관찰을 포함한다.

1. 바울은 자신의 주장을 자신의 청중에게 적용했다.
2. 다수의 바울 서신은 살아남지 못했다.

32 Carson, Moo, and Morris, *Introduction to the New Testament*, 370. 이와 유사한 주장은 Porter, "Pauline Authorship," 113-16을 보라.

33 Porter, "Pauline Authorship," 118-23. "익명"을 "위조"와 동일시하는 Ehrman의 주장을 참조하라(*The New Testament*, 341-44).

34 Reicke, *Re-examining Paul's Letters*, 32.

3. 바울의 동료들은 바울 서신의 사상과 표현에 상당 부분 기여했다.
4. 바울은 일반적으로 대필자에게 받아쓰도록 했는데, 이들의 문체는 바울 서신에 흔적을 남겼다.[35]

라이케는 이런 요소에 합당한 관심을 갖게 될 때, 바울이 쓴 진짜 서신에 반대하는 다수의 주장은 시대착오적이며 협소한 것 같다고 주장한다. 예를 들면,

> 받아쓰기 관행은 다음의 내용을 함축한다. 즉 단절, 가필, 변동은 심리적 원인으로 원래의 저술에서 나타날 수 있으며, 반드시 필사 과정의 오류나 후대에 이루어진 의도적 수정의 결과는 아니다.[36]

35 위의 책.

36 같은 책, 31. 바울의 대필자 및 공동 저자 사용에 대해서는 다음을 보라. E. R. Richards, *The Secretary in the Letters of Paul*, WUNT 2.42 (Tübingen: Mohr, 1991), 153-98; J. Murphy-O'Connor, *Paul the Letter-Writer: His World, His Options, His Skills*, GNS 41 (Collegeville, Minn.: Liturgical Press, 1995). 아래 표는 Richards의 책에서 190쪽의 내용을 조정한 것으로 주요 자료를 제시한다.

표 15.1 바울 서신에서 공동 발신자와 대필자

	공동 발송자	대필자/친필 관련 증거	추신
로마서		16:22	
고린도전서	소스데네	16:21	16:22-24
고린도후서	디모데		10-13장(?)
갈라디아서	"함께 있는 모든 형제"(?)	6:11	6:12-18
빌립보서	디모데		
데살로니가전서	실루아노, 디모데		5:27-28(?)
빌레몬서	디모데	19	20-25
골로새서	디모데	4:18a	4:18b
데살로니가후서	실루아노, 디모데	3:17	3:17-18

바울 사상의 경계를 완전히 규명하는 일이 벅찬 작업임을 고려할 때,[37] 바울의 사역을 연대순으로 구분하고(사도행전의 도움을 받거나 받지 않고서), 바울의 동료들이 미친 영향과 익명성의 다양함을 골몰히 생각해볼 수 있는 가장 현명한 방법은 어쩌면 원저자가 누구인지에 대한 질문을 그냥 미해결 상태로 내버려두는 것일지도 모른다. 최근 성서비평에서 문학적 측면으로의 전환은 많은 학자의 관심을 원저자 관련 질문에서 본문 자체, 즉 본문의 신학, 수사법, 수용(reception)으로 옮겨놓았다.[38] 바울 서신을 연구하는 모든 주체가 이데올로기 및 변명하는 안건의 편파적 영향을 경계하며, 신중히 연구를 진행하는지 아닌지에 상관없이,[39] 우리는 바울 서신이 사회·신학·정경·교회의 맥락 안에서 풍성히 지속적으로 연구되기를 희망할 수 있다. 비록 원저자에 관한 질문이 최종 답변을 얻지 못할지라도 말이다.[40]

37 Raymond Brown(*Introduction to the New Testament*, 613)은 골로새서에 관한 유사 논의에서 이를 겸허히 받아들이기를 요구한다. E. E. Ellis("The Pastorals and Paul," *ExpTim* 104 [1992-93]: 46)는 더 단호하게 다음과 같이 주장한다. 즉 바울이 목회서신을 저술했을 가능성을 부정하는 자들이 제시하는 바울의 모습은 "너무 협소"하다는 것이다.

38 예를 들어 다음을 보라. J. W. Aageson, "2 Timothy and Its Theology: In Search of a Theological Pattern," *SBLSP* 36 (1997): 692-714; J. L. Sumney, "A Reading of the Theology of 1 Timothy without Authorial Presuppositions"(이 소논문은 1996년 11월, 뉴올리언스에서 개최된 세계성서학회의 연례 회의에서 '바울 저술에 대한 논란이 있는 그룹의 신학 분과'에 제출됨).

39 Johnson(*The Writings of the New Testament*, 381-32)이 강조하는 저자 논쟁의 세 가지 "경향"을 보라. 여기서 Johnson은 다음과 같은 평가를 내린다. "각 목회서신에는…우리의 직감을 통해, 바울의 글이라고 감지할 수 있는 것과 상당히 거리가 먼 내용이 존재하므로, 바울의 목회서신 저술을 동조하는 사람들조차도, 이렇게 친숙한 내용과 낯선 내용의 괴상한 조합이 세 목회서신 전반에 나타나고 있음을 의아하게 여겨야 한다"(382).

40 참조. Aageson, "2 Timothy and Its Theology," 713-14. 목회서신이 바울의 저술이라고 단언하는 학자들 사이에서도, 목회서신은 진정한 바울 서신에 대한 주석서에서 부차적 역할만 맡는 경향이 있다. 목회서신의 정경적 접근법(이 접근법은 목회서신의 익

일관성 탐구: 바울 사상의 발전과 우연성

특히 샌더스와 헤이키 레이제넨(Heikki Räisänen)의 연구 이후로, "비체계적", "모순되는", 심지어 "일관성 없는" 같은 용어가 바울에 관한 학문적 담론에서 흔하게 사용되어왔다.[41] 통일된 문학 자료라는 바울 서신 개념을 포기하기 전에 우리는 얼마만큼 주제의 변화를 허용할 수 있을까?[42] 바울의 "놀라운 융통성"을 모순이라고 비난할 수 있을까?[43] 라이

명성을 허용한다)에 대해서는, R. W. Wall의 짧은 소논문, "Pauline Authorship and the Pastoral Epistles: A Response to S. E. Porter," *BBR* 5 (1995): 125-28을 보라. 이에 대한 Porter의 반응은 "Pauline Authorship and the Pastoral Epistles: A Response to R. W. Wall's Response," *BBR* 6 (1996): 133-38을 보라.

41 E. P. Sanders, *Paul, the Law, and the Jewish People* (Philadelphia: Fortress, 1983); H. Räisänen, *Paul and the Law* (Tübingen: Mohr, 1983).

42 아래의 내용은 바울 서신에서 흔히 감지되는 신학적 다양성에 관한 설명이다.

- 롬 3:31에서 모세 율법을 지지하는 입장과 엡 2:15을 대조해보라.
- 노예제도에 관한 (미묘한) 반대(고전 7:21; 갈 3:28; 빌레몬서)와 사회 질서와 충실한 복종(골 3:22-4:1; 엡 6:5-9; 딤전 6:1-2)을 대조해보라.
- 데살로니가전서, 갈라디아서, 고린도전후서, 로마서에서 에클레시아(교회)라는 용어를 특정 지역의 교회 공동체에 거의 독점적으로 사용하고 있는 것과, 골 1:18, 24에서 머리인 그리스도가 지배하는 추상적·우주적 몸에 대한 언급을 대조해보라.
- 미래 지향적 종말론(빌 3:11-12, 20-21)과, 덜 급박하고 더 실현된 종말론(엡 2:5-6; 골 1:13; 2:12; 3:1)을 대조해보라.
- 집회에서 말하는 일에 여성이 참여해도 된다고 추정되는 구절(고전 11:2-16)과 이와 같은 실행을 금지하는 구절(딤전 2:11-15)을 대조해보라.
- 사망한 신자들이 예수가 재림할 때까지 육신이 없는 영혼 상태로 "잠자고 있다"는 견해(살전 4:17; 고전 15장)와, 사망한 신자들이 그리스도와 의식적으로 교제한다는 생각(고후 5:8; 빌 1:23)을 대조해보라.

위의 내용은 각각의 상황에 맞춰 개별적으로 조사해볼 필요가 있다. 여기서 내가 발견하게 되는 것은, 이런 다양성으로 인해 다수의 바울 학자가 적어도 몇몇 바울 서신의 익명성을 단언하게 되었다는 점이다. 반면에 꽤 규모 있는 소수 바울 학자의 주장에 의하면, 사도 바울은 혼자서 어수선하게 배열된 목회 문제 및 교회, 개인, 정치적 위기에 대응하면서 바울 서신 전체를 기록했다.

43 인용 구문의 출처는 J. L. Martyn(*Galatians: A New Translation with Introduction and*

트는 최근 세계성서학회 바울 신학 분과에서 다음과 같이 여러 가능한 선택을 깔끔히 요약하여 발표했다.

> 예를 들어, 플라톤에게서 발견되는 명백한 모순은 학문적 질문을 일으키는 요인이다. 플라톤이 **자신의 생각을 바꾼 걸까**? 플라톤은 이 문제를 알고 있었을까? **모순되는 두 구절을 조화시키는 제3의 구절**이 있는 걸까? 우리가 그의 생각을 잘못된 틀 안으로 억지로 넣고 있는 걸까? 이 문제는 논란이 되고 있는 본문이 누군가의 믿음처럼 플라톤이 실제로 저술한 내용 중 일부일 경우 더 심각해진다. 그리고 바로 이 문제는 여전히 대다수의 바울 학자 사이에서 발생하고 있다. 그중에는 바울의 분명한 모순을 드러내는 학자들도 포함된다. 우리가 **본문 해부** 계획을 세워야 하는 걸까? 아니면 **사상의 발전**을 가정해야 하는 걸까? 아니면 **상황윤리**를 가정해야 하는 걸까? 아니면 **내용 비평**(Sachkritik) 사용을 제안해야 하는 걸까? 아니면 우리가 신중하게 논란이 되는 구절을 설명하여 **한 구절이 의미를 지배하도록 허용하고**, 다른 구절들을 의미를 지배하는 구절과 조화되도록 만들어야 하는 걸까? 아니면 우리는 케이크의 한 부분은 남겨 둔 채, 다른 부분을 먹음으로써 **"일관성"**과 **"우연성"**이라는 두 부분으로 이 케이크를 나누어야 하는 걸까? 아니면 우리는 단순히 포기한 채 바울이 주요 문제와 관련하여 **스스로 모순된 주장을 하며**, 바울 서신의 심오한 인상은 단지 바울에게서 발견되는 이런 혼란의 결과이고, 바울의 많은 주장이 실제 주장이 아니라 심리적으로 설명될 수 있는 **이차 합리화**라고 말해야 하는 걸까?[44]

Commentary, AB 33A [New York: Doubleday, 1997], 523)으로, 그는 현재의 흐름과 반대로 갈라디아서를 이해한다. 즉 갈라디아서가 신학적 일관성을 지닌 통합적 개체라는 것이다.

라이트가 열거하는(그리고 분명히 거부하는) 선택 중에는 우리가 바울 사상의 "발전"을 알아낼 수 있다는, 즉 연대순의 궤적에 따라 바울의 사상을 구성해볼 수 있다는 개념이 존재한다. 적지 않은 학자들이 연구를 통해 이런 결론에 대담하게 도달했다. 1935년에 다드는 바울의 사역에서 초기의 "미래 지향적 종말론"이 시간이 지나면서 "그리스도 신비주의"에 자리를 내어주었다고 생각했다. 근현대에 접어들면서, 뤼시앵 세르포(Lucien Cerfaux)는 "중간 상태"인 바울의 견해가, 특히 고린도후서 4:7-5:10과 빌립보서 1:19-26에서 절정에 이르는데, 시간이 지나면서 어떻게 진화했는지를 대략적으로 설명했다. 1975년에 존 드레인(John Drane)은 율법에 대한 바울의 다양한 언급을 이치에 맞도록 설명하기 위해 바울이 갈라디아서의 "탕아"(libertine)에서 고린도전서의 "율법주의자"(legalist)로, 그리고 최종적으로 이 둘을 종합한 로마서의 성숙한 존재로 진화했다고 제안했다. 십 년 후에 한스 휘브너(Hans Hübner)는 동일한 주제를 놓고 모세 율법의 거부(갈라디아서)에서 복원(로마서)으로 이어지는 두 단계의 발전을 추적했다. 같은 해에 게르트 뤼데만(Gerd Lüdemann)은 바울의 부활 교리가 데살로니가전서의 "현실적" 교리에서 고린도전서의 "이원론적" 교리로 진화했음을 보여주고자 했다. 부활 교리가 이와 같이 진화한 이유는 부분적으로 (뤼데만의 시간 분석을 따르면) 데살로니가전서가 기록된 시기에서 고린도전서가 기록된 시기 사이에 죽음이 그리스도인들에게 점차 흔한 일이 되고 있었기 때문이다. 그리고 최근에 캘빈 로첼(Calvin Roetzel)은 기원후 50년대 초의 데

44 N. T. Wright, "Putting Paul Together Again: Toward a Synthesis of Pauline Theology (1 and 2 Thessalonians, Philippians, and Philemon)," in *Pauline Theology*, ed. J. M. Bassler et al., 3 vols. (Minneapolis: Fortress, 1991-97), 1:186-87(Fisk 강조).

살로니가전서를 기점으로 50년대 중반 고린도전서를 거쳐 몇 년 후인 로마서에 이르기까지 바울의 "신학화"를 추적했다.[45] 이런 제안에 문제가 없는 것은 아니다. 왜냐하면 관련 서신의 상대적 기록 연대나 이 서신의 역사적 정황이 우리가 확신을 갖고 바울의 신학적 발전을 추적할 수 있을 만큼 충분히 정립되어 있지 않기 때문이다.[46] 그러나 바울의 신학적 발전을 추적하는 노력이 언제나 추정이라는 한계에 갇혀 있을지라도, 바울의 사상에 실제적인, 심지어 상당한 발전이 있었다는 가능성을 배제하기는 어렵다. 이는 바울 저술이 의심되는 서신의 내용과 후대의 삽입으로 추정되는 내용을 평가하기 위한 기준의 필요성을 제시한다. 학자들이 바울의 사상을 분류하는 유용한 범주 안에서 "발전"을 찾아내는 정도만큼, 어떤 학자들은 다음과 같이 논하기를 원할 것이다. 즉 목회서신은 단순히 바울 신학의 마지막 발전 단계를 나타내며, 삶의 마지막 순간에 도달한 바울이 목회에 대한 자신의 생각을 간략하게 전

45 C. H. Dodd, *The Apostolic Preaching and Its Developments* (New York: Harper & Row, 1964), 63; L. Cerfaux, *The Christian in the Theology of St. Paul* (London: Chapman, 1967); J. W. Drane, *Paul Libertine or Legalist? A Study in the Theology of the Major Pauline Epistles* (London: SPCK, 1975); H. Hübner, *Law in Paul's Thought* (Edinburgh: Clark, 1984); G. Lüdemann, *Paul, Apostle to the Gentiles: Studies in Chronology*, trans. E. S. Jones (Philadelphia: Fortress, 1 984), 201-61; C. J. Roetzel, *Paul: The Man and the Myth* (Minneapolis: Fortress, 1999), 93-134. 이와 유사하게 H. D. Betz("Paul," *ABD* 5:196-99)는 바울 신학의 발전을 다음과 같은 3단계로 본다. "초기 단계"(데살로니가전서, 갈라디아서, 빌립보서), "고린도에서의 위기" 그리고 "후기 바울"(로마서).

46 참조. E. P. Sanders, *Paul and Palestinian Judaism* (Philadelphia: Fortress, 1977), 432 (특히 n. 9를 보라); Dunn, *Theology of Paul*, 21. 다음의 비평도 보라. J. C. Beker, "Recasting Pauline Theology: The Coherence-Contingency Scheme as Interpretive Model," in Bassler et al., *Pauline Theology*, 1:15-24, 21-23; P. J. Achtemeier, "Finding the Way to Paul's Theology: A Response to J. Christiaan Beker and J. Paul Sampley," in Bassler et al., *Pauline Theology*, 1:25-36, 27; Räisänen, *Paul and the Law*, 7-10; V. P. Furnish, "Development in Paul's Thought," *JAAR* 38 (1970): 289-303.

달하고 있다는 것이다.[47]

라이트가 바울의 일관성 문제를 해결하기 위해 제시한 "열 가지 목록"은 크리스티안 베커(J. Christiaan Beker)가 고안해낸 모델에 기초하고 있다. 이 모델에 의하면, 바울의 해석학은 "일관된 복음의 중심과 예측할 수 없는 복음의 해석 사이의 끊임없는 상호 작용으로 이루어진다."[48] 만일 베커의 주장이 옳다면, 그리고 그가 옳다고 생각할 만한 충분한 이유가 있다면, 실제 삶에서 바울 신학을 다양하게 적용하는 것으로부터 순수 "바울 신학"을 추출해내려는 모든 시도는 잘못된 것이다. 리처드 헤이즈(Richard Hays)의 설명처럼, "바울의 주장과 권면은 사실 언제나 일련의 전승 혹은 신앙에 대한 **해석**으로, 특정 상황을 '염두에 둔 발언'이다."[49] 베커의 모델은 바울 저술에 대한 논란이 없는 서신에 집중적으로 적용되고 있다. 실제로 베커의 주장에 따르면, 목회서신은 한편으로는 너무 일관성이 있고, 다른 한편으로는 역사적 우연성과 큰 괴

47 따라서 Witherington(*The Paul Quest*, 113)은 "바울이 그의 생애 마지막에 했을 모든 말을" 발견했다고 주장한다.

48 Beker, *Paul the Apostle*, 11. Beker는 비슷하게 다음과 같이 언급한다. 바울은 복음의 기본 내용을 훼손하거나, 화석처럼 굳어버린 개념으로 환원하지 않고, "이 복음을 그의 교회가 가지고 있던 구체적인 필요에 대한 핵심 단어로 만들 수 있다"(12). 이와 비슷하게 Dunn(*Theology of Paul*, 21)도 다음과 같이 주장한다. "세계성서학회 바울 신학 분과에서 이뤄진, 10년에 걸친 논의가 주는 지속적인 인상 중 하나는 바로 바울 신학의 역동성이다. 바울 신학의 역동성이란, 바울 신학이 일종의 '활동'으로, 언제나 상호적 성향을 띠고 있었음을 의미하고, 또 바울이 단 한 번도 오로지 신학자이기만 한 적이 없었고, 언제나 동시다발적으로 신학자이자, 선교사이자, 목사였음을 의미한다. 한마디로 바울은 사도였다는 것이다"(참조. 23). 이런 관점에서 바울을 더 세련되게 설명해주고 있는 최근 연구에 대해서는 Roetzel, *Paul: The Man and the Myth*, 93-134을 보라.

49 R. B. Hays, "Crucified with Christ: A Synthesis of the Theology of 1 and 2 Thessalonians, Philemon, Philippians, and Galatians," in Bassler et al., *Pauline Theology*, 1:229.

리가 있어서 자신의 패러다임에 맞지 않는다.[50] 그러나 모두가 동의하는 것은 아니다. 예를 들어 도널드 해그너(Donald Hagner)의 최근 주장에 따르면, 디도서의 신학, 윤리, 권면은 완전히 통합되는데, 이는 목회서신의 우연한 상황이 바울의 "변화무쌍한" 성향과 결합되어 바울 서신 간의 명백한 차이점을 설명하는 데 부족함이 전혀 없다는 것을 (적어도 해그너 자신에게) 암시한다.[51]

해석 혹은 교화? 바울, 제2바울, 그리고 정치

바울과 제2바울 간의 괴리는 구체적으로 페미니스트, 탈식민주의, 해방 운동 학자들에게서 특히 많이 발견되는 현상으로, 이들은 본문의 이면에서 진행되는 사회 투쟁에 관심이 있으며, 바울 기독교라는 이름하에 수 세기 동안 자행되어온 억압과 지배를 고발하는 데 목적을 두고 있다. 여기서 특히 주목할 만한 연구는 닐 엘리엇(Neil Elliott)의 『바울 해방시키기: 하나님의 정의와 사도 바울의 정치』(*Liberating Paul: The Justice of God and the Politics of the Apostle*)로, 이 책에서 엘리엇은 사회 계층, 성, 인종, 권력 사용 문제와 관련하여 그가 "사도 바울에 대한 정경의 배신"이라고 부르는 내용을 연대순으로 신중히 다루고 있다.[52] 엘리엇에 따르면 바울 서신이 신약성서 내에 자리를 잡을 때, 사도 바울의 진

50 J. C. Beker, *Heirs of Paul: Paul's Legacy in the New Testament and in the Church Today* (Minneapolis: Fortress, 1991), 46.

51 Hagner, "Titus as a Pauline Letter," 548.

52 N. Elliott, *Liberating Paul: The Justice of God and the Politics of the Apostle* (Maryknoll, N.Y.: Orbis, 1994). 인용 구문은 이 책에서 제2장의 제목이다(25쪽).

짜 목소리는 억압되었고 그의 메시지는 지독하게 왜곡되었다. 이런 관점을 통한 해석학적 결실은 알찬 내용으로 다음과 같이 드러난다. 즉 바울을 체계적 불의와 사회적 불평등을 받아들인 사회적 보수주의자로 여기는 대중적인 이미지는 대부분 바울의 사상을 제2바울의 **가정법전**(*Haustafeln*)에 동화시킨 결과라는 사실이다. 엘리엇에 따르면, 제2바울 서신을 저술한 일차적 이유는 "바울의 유산에 담겨 있는 권위를 다루거나 가로채기 위함"이었다. 신실하고 동정적인 내용으로 사도적 케리그마를 확장하는 것과 거리가 먼 제2바울 서신은 오히려 사도적 케리그마를 훼손하고 왜곡한다.[53] 두말할 나위 없이, 이와 같은 언어는 에베소서와 목회서신을 권위 있는 정경으로 확신하고 있는 사람들의 귀에 거슬릴 수밖에 없다. 맨 먼저 제기되는 질문은 자명하다. 엘리엇은 다른 수단을 통해 바울의 진짜 서신을 확정한 후에 비로소 자유를 더욱 강조하는 바울의 모습을 복원한 걸까? 아니면 엘리엇은 특별히 복원된 바울을 기준으로 하여 이 기준에 어긋나는 본문을 진짜가 아니라고 선포한 걸까? 아무튼 엘리엇의 연구는 바울에게서 "성화된 현상에 대해, 뻔뻔한 가부장제에 대해, 그리고 호전적이고 군사화된 교회에 대해 비기독교적인 목소리"를 듣고자 하는 모든 이에게 강력하고 충분히 맞닥뜨릴 만한 가치가 있는 도전이다.[54]

53 다음을 보라. N. Elliott, "Paul and the Politics of Empire: Problems and Prospects," in R. A. Horsley, ed., *Paul and Politics: Ekklesia, Israel Imperium, Interpretation* (Harrisburg, Pa.: Trinity, 2000), 26-27; 특히 idem, *Liberating Paul*, 25-54. Elliott의 목록에 의하면, 고전 14:34-35(여성에 관한 내용)과 살전 2:14-16(유대인에 관한 내용)도 추후에 내용이 변경된 바울 친서에 속한다. 이 두 구절은 모두가 인정하듯이 난해한 본문으로, 이를 둘러싼 논쟁이 끊임없이 제기되고 있다.

54 Elliott, *Liberating Paul*, 17.

사도에 대한 묘사: 사도행전의 바울과 바울 서신의 바울

바울 서신과 더불어 우리의 바울 이해를 돕는 다른 자료는 사도행전이다.[55] 다수가 동의하는 내용은 내가 앞으로 누가라고 부르게 될 사도행전의 저자가 실제로 역사를 기록하려고 의도했다는 것이다.[56] 그러나 적어도 바우어 이후로 바울의 역사적 복원은 사도행전이 아닌 바울 서신에 우선순위가 주어져야 한다는 것이 바울 학자들 사이의 통념이다. 실제로, 게르트 뤼데만에게 있어서 유일하게 신뢰할 수 있는 접근법은 우선적으로 바울 서신(진정한)만을 근거로 기본 틀을 만들고, 그다음에 사도행전의 전승을 통합하려고 시도하는 것이다.[57] 그러나 이런 의견과

55 벧후 3:15-16; *1 Clem*. 47도 보라. 사도행전과 완전히 무관하지는 않지만, 여기에 추가할 수 있는 자료는 *Acts of Paul*(기원후 2세기 말)로, 여기에는 문제의 고린도3서가 포함되어 있다. W. Schneemelcher, ed., *New Testament Apocrypha*, 2 vols. (Louisville: Westminster John Knox, 1989), 2:213-70을 보라.

56 역사가로서의 누가에 대한 일반적 신뢰도와 관련된 광범위한 질문을 여기서 다루는 것은 부적절하다. 사도행전은 헬레니즘 시대의 유대교 역사 문헌(예. 마카베오상하)과 비교 및 대조되고, 그리스 및 로마 역사서(예. Thucydides, Livy, Josephus)와도 비교 및 대조된다. 이 논의에 기여한 중요 연구는 다음을 보라. Bertil Gärtner, *The Areopagus Speech and Natural Revelation*, ASNU 21 (Uppsala: Gleerup, 1955), 7-36; F. F. Bruce, "The Acts of the Apostles: Historical Record or Theological Reconstruction?" in *ANRW* 2.25.3:2570-603; W. C. van Unnik, "Luke-Acts, a Storm Center in Contemporary Scholarship," in *Studies in Luke-Acts*, ed. L. E. Keck and J. L. Martyn (Philadelphia: Fortress, 1980), 15-32; C. J. Hemer, *The Book of Acts in the Setting of Hellenistic History* (Tübingen: Mohr, 1989); 이와 관련한 유용한 요약은 M. A. Powell, *What Are They Saying about Acts?* (New York: Paulist Press, 1991), 80-95을 보라.

57 Lüdemann, *Paul Apostle to the Gentiles*, 21, 23, 44, 그리고 여러 곳에 나온다. 다음에 나오는 접근법을 참조하라. K. P. Donfried, "Chronology," *ABD* 1:1016-22; L. C. A. Alexander, "Chronology of Paul," in Hawthorne, Martin, and Reid, *Dictionary of Paul and His Letters*, 115-23. 흥미롭게도, Lüdemann의 서신 연대표는 사도행전 속으로 통합된 전승에서 유효성이 입증되지만, Lüdemann은 종종 누가복음의 시간적 순서에 문제가 있다고 지적한다. 이전의 누가 전승과 누가의 편집을 분리하려는 Lüdemann

관련하여 중요한 통설에 도전하는 주장이 있는가 하면, 누가의 바울 묘사를 있는 그대로 진지하게 받아들여야 한다는 주장도 있다.[58]

우리에게 중요한 질문은 바울 서신에 대략적으로 묘사된 바울의 삶에 어느 정도까지 사도행전의 내용으로 보완하기를 허용해야 하는가이다. 사도행전의 저자(이 저자는 아마도 세 번째 복음서를 작성한 후 얼마 지나지 않아 그의 내러티브를 기록했을 것이다)는 의사이며 바울의 선교 여행 동반자인 누가였을까? 예상할 수 있듯이, 학계는 이와 관련하여 의견이 나뉘며 아마도 계속해서 나뉜 상태로 있을 것이다. 왜냐하면 사도행전이 공식적으로 익명으로 되어 있기 때문이다.[59] 저자 문제는 차

의 시도에 대해서는 다음을 보라. idem, *Early Christianity according to the Traditions in Acts: A Commentary* (Minneapolis: Fortress, 1989).

58 튀빙겐 학파의 Martin Hengel은 사도행전을 바울 생애에 관한 신뢰할 수 있는 필수 역사 자료로 복원하려는 노력을 이끌고 있는데, 그의 관련 저술은 다음과 같다. *Acts and the History of Early Christianity,* trans. J. Bowden (Philadelphia: Fortress, 1979); *Between Jesus and Paul*, trans. J. Bowden (Philadelphia: Fortress, 1983); *The Pre-Christian Paul* (Philadelphia: Trinity, 1991); M. Hengel and A. M. Schwemer, *Paul between Damascus and Antioch: The Unknown Years*, trans. J. Bowden (Louisville: Westminster John Knox, 1997). 다음도 보라. J. Jervell, *The Unknown Paul: Essays on Luke-Acts and Early Christian History* (Minneapolis: Augsburg, 1984), 13-25, 52-95; idem, "Paul in the Acts of the Apostles: Tradition, History, Theology," in *Les Actes des Apôtres: Traditions, rédaction, théologie*, ed. J. Kremer, BETL 48 (Gembloux: Duculot, 1979), 297-306; Hemer, *Book of Acts*; D. Wenham, "Acts and the Pauline Corpus, II: The Evidence of Parallels," in *The Book of Acts in Its Ancient Literary Setting*, ed. B. W. Winter and A. D. Clarke, BAFCS 1 (Grand Rapids: Eerdmans, 1993), 215-58; F. F. Bruce, "Paul in Acts and Letters," in Hawthorne, Martin, and Reid, *Dictionary of Paul and His Letters*, 679-92; Reicke, *Re-examining Paul's Letters*.

59 Hengel and Schwemer(*Paul between Damascus and Antioch*, 7, 18-19)는 바울의 동반자가 사도행전을 기록했다는 전통적 견해를 옹호한다. 이에 반대하는 영향력 있는 주장은 다음과 같다. P. Vielhauer, "On the 'Paulinism' of Acts." 이 소논문은 예전 형태로, 현재는 Keck과 Martyn의 *Studies in Luke-Acts*, 33-50(이는 1951년 독일어 소논문의 번역본); Kümmel, *Introduction to the New Testament*, 174-85에서 확인 가능하다. 관련 요약은 Ehrman, *The New Testament*, 137-39을 보라.

치하더라도, 사도행전은 "역사적" 바울을 증언하는 자료로서 신뢰받을 수 있을까? 학자들은 사도행전의 바울 묘사와 바울 서신의 바울 묘사 간에 존재하는 차이점을 오랫동안 주목해왔다. 그리고 이런 차이는 보통 누가의 비역사적 혹은 유사-역사적 의도를 알려주는 신호로 이해된다.[60] 우리는 사도행전에서 연설가이자 설득력 있는 수사학자인 바울을 만난다(행 13, 14, 17, 22, 24, 26장). 바울 서신은 편지로 의사소통하는 인물로 바울을 그리고 있는데, 바울이 상대방을 직접 만나서 시도하는 설득이 항상 성공을 거두지는 않는다(고후 10:10; 11:6). 바울은 사도행전에서 기적을 행한다. 하지만 기적을 일으키는 바울의 모습은 바울 서신에 거의 없다고 봐도 무방하다(롬 15:18-19, 고후 12:12). 사도행전의 바울은 곤경에 처하지만 승리하는 비범한 인물로, 진정한 적수가 없다. 이와 대조적으로, 바울 서신의 바울은 자주 방어적인 태도를 취하며 거의 언제나 적대자들과 논쟁을 벌인다.[61]

반면에 사도행전과 바울 서신의 저술 시기 사이의 간극과 둘 사이의 문학적 의존의 부재,[62] 그리고 두 저자의 서로 다른 의도를 고려해볼 때, 사도행전 9-15장과 바울 서신 간의 여러 일치는 인상적이다. 사도행전과 바울 서신의 바울은 모두 열심 있는 바리새인으로, 초기 그리스도인들을 필사적으로 억압하며, 극적인 변화를 통해 하나님이 명하신

60 학자들이 "역사적" 바울을 재구성할 때, 사도행전의 내러티브에 실제적인 의미 부여를 꺼리는 양상은 Ernst Haenchen, Martin Dibelius, John Knox가 미친 영향에 대한 증거다.

61 이와 같은 묘사에 대해서는 다음을 보라. S. E. Porter, *The Paul of Acts: Essays in Literary Criticism, Rhetoric and Theology* (Tübingen: Mohr Siebeck, 1999), 100-101; Powell, *What Are They Saying about Acts?* 34-35; E. Haenchen, *The Acts of the Apostles: A Commentary*, trans. B. Noble et al. (Philadelphia: Westminster, 1971), 112-16.

62 Lüdemann, *Early Christianity*, 7-9을 보라.

이방인 선교를 시작하게 된다. 또 사도행전과 바울 서신의 바울은 금전적 지원을 요구하지 않기 위해 직접 노동하며, 유대인과 이방인 모두를 수용하기 위해 각 대상에 맞게 자신의 품행을 조정한다. 누가의 바울이 보통 자신의 이방인 선교 사역을 개진함에 있어 먼저 유대교 회당을 방문한다는 사실은 바울이 로마서 1:16에 기록한 내용과 전적으로 부합한다.[63]

그러나 바울 서신의 바울과 사도행전의 바울이 포괄적으로 일치하고 있음을 단언하는 일과 세부 사항을 일일이 끼워 맞추는 일은 전혀 다르다. 바울은 그의 서신에 시간의 흐름과 관련된 단서를 거의 기록하고 있지 않으므로(예. 갈 1:18; 2:1; 고후 11:32-33을 보라), 주요 사건이 발생한 확실한 시기를 확립하려는 모든 노력은 상당한 추측을 요구할 수밖에 없다. 관련 사례로, 우리는 사도행전 9-15장과 바울의 자전적 기사인 갈라디아서 1-2장 사이의 관계를 고려해볼 수 있다. 아래와 같이 기초적인 몇 가지 질문이 여전히 미제로 남아 있다.

1. 바울은 몇 년도에 "회심"했는가?[64] 예수의 십자가 사건은 기원후

63 Bruce, "Paul in Acts and Letters," 680-81. 바울 자신에 관한 전기적 내용이 언급되는 부분은 롬 1:1-17; 9:1-5; 15:14-33; 고전 9:1-23; 갈 1:10-2:18, 34; 빌 3:2-11이다. 사도행전과 바울 서신을 통합하는, 바울의 인생 초기에 관한 연속적인 내러티브에 대해서는 Hengel and Schwemer, *Paul between Damascus and Antioch*을 보라. 사도행전과 갈라디아서 2장의 관계에 대해서는 다음을 보라. M. Silva, *Explorations in Exegetical Method: Galatians as a Test Case* (Grand Rapids: Baker, 1996), 129-39. 사도행전과 (총 13개의) 바울 서신 사이의 이런 대응 관계는 Reicke, *Re-examining Paul's Letters*의 역사적 재구성에서 뚜렷이 나타난다.

64 여기서 인용 부호가 사용된 이유는 K. Stendahl의 관점에서 볼 때, "회심"이란 단어를 바울에 적용하기를 꺼리는 학문적 경향을 나타내기 위함이다. 아래 각주 72번과 Roetzel, *Paul: The Man and the Myth*, 45을 보라.

30년 무렵 발생했다는 합의가 형성되고 있다.[65] 바울의 회심은 보통 예수의 죽음 이후 몇 년 안에 위치시키지만, 지금까지 구체적 시기에 대한 광범위한 합의가 이루어지지 않고 있다.[66]

2. 바울은 예루살렘을 몇 번 여행했는가? 더 구체적으로 말해서, 갈라디아서 2:1의 내용은 사도행전 11:27-30의 기근 구제 방문이나 사도행전 15장의 예루살렘 공회 참석에 상응하는가? 일반적으로 갈라디아서 1-2장에 나오는 바울의 **이야기**(*narratio*)는 바울이 갈라디아서를 기록하기 이전에 있었던 그의 모든 예루살렘 여행을 의미하는 것으로 받아들여진다. 이럴 경우 예루살렘 여행은 두 번이다. 즉 "삼 년 후"(1:18), 그다음에 다시 "십사 년 후"(2:1)다. 그러나 사도행전은 바울이 그의 사역 초기에 예루살렘을 세 번 방문했다고 기술한다. 즉 한 번은 다메섹에서(9:26-30), 나머지 두 번은 안디옥에서(11:27-30과 12:25; 15:1-4) 방문했다고 한

65 다음을 보라. R. Riesner, *Paul's Early Period: Chronology, Mission Strategy, Theology*, trans. D. Stott (Grand Rapids: Eerdmans, 1998; 1994년에 출간된 독일어판의 번역본), 52-58; Hengel and Schwemer, *Paul between Damascus and Antioch*, 26. 그러나 기원후 33년 역시 선호되고 있으며, 이를 지지하는 연구는 다음과 같다. B. Reicke, *The New Testament Era: The World of the Bible from 500 B.C. to A.D. 100*, trans. David E. Green (London: Black, 1968), 3-6; L. C. A. Alexander, "Chronology of Paul," in Hawthorne, Martin, and Reid, *Dictionary of Paul and His Letters*, 116; H. Hoehner, "Chronology," in *Dictionary of Jesus and the Gospels*, J. B. Green, S. McKnight, and I. H. Marshall, eds. (Downers Grove, Ill.: InterVarsity, 1992), 119-22; R. Jewett, *A Chronology of Paul's Life* (Philadelphia: Fortress, 1979), 28.

66 따라서 Lüdemann(*Paul, Apostle to the Gentiles*)은 기원후 30년 혹은 33년을, Riesner(*Paul's Early Period*)는 기원후 31/32년을, Hengel과 Schwemer(*Paul between Damascus and Antioch*)는 Carson, Moo, and Morris(*Introduction to the New Testament*)와 함께 기원후 33년을, 그리고 L. C. A. Alexander는 이보다 약간 늦은 기원후 34/35년을 제안한다. 관련 증거에 관한 최고의 연구에 대해서는 Riesner, *Paul's Early Period*, 59-74을 보라.

다. 아래와 같은 몇 가지 해결책은 신중한 검토를 요한다.

- 사도행전 저자는 바울의 예루살렘 방문을 임의로 하나 더(혹은 사건 순서와 상관없이) 삽입했다. 이는 사도행전 저자가 바울의 삶에 대한 개인적인 지식이 제한되어 있었거나 없었음을 나타낸다.[67]
- 갈라디아서 1:18은 사도행전 9:26-30에, 갈라디아서 2:1은 사도행전 11:27-30에 상응한다. 바울은 예루살렘 공회에 참석하기 전에 갈라디아서를 기록했다(행 15장). 이는 예루살렘 공회의 결의(행 15:28-29)가 갈라디아서에서 언급되지 않는 이유로 설명되는데, 이 결의는 분명 갈라디아에서 있었던 할례 논쟁과 관련이 있다. 그러나 이 주장은 사도행전 9장과 11장 사이에 14년이라는 시간상의 간격을 요구하며(갈 2:1), 사도행전에 있는 두 번의 방문에 대한 묘사에서 발견되는 극명한 차이점을 간과하고 있다.
- 사도행전 11장의 기근 구제 방문은 11:27-28의 모호한 시간 언급을 주목해볼 때 순서에 맞지 않는다. 이 일은 기원후 44년에 헤롯 아그리파 1세(행 12:20-23)가 사망한 이후, 클라우디우스 황제의 통치 기간(기원후 41-54년) 중 어느 때에 발생했을 것이다. 어떤 이들은 이 기근 구제 방문이 바울의 모금에 해당한다고 제안한다.[68]

67 Lüdemann, *Early Christianity*, 5-7.

68 Alexander, "Chronology of Paul," 120-22을 보라.

• 바울은 기근 구제 방문을 언급해야 한다는 의무감을 느끼지 않았다.[69] 갈라디아서 2:1-10은 사도행전 15장의 공회 내용과 상응한다. 이 두 내용 사이에 발견되는 인상적인 유사점과 (충분히) 해결 가능한 차이점으로 인해 우리가 지금 서로 다른 두 개의 사건을 다루고 있다고 보기는 어렵다.[70]

표 15.2 갈라디아서 2:1-10과 사도행전 15:1-32 비교

유사점	차이점	
	갈라디아서	사도행전
핵심 장소는 예루살렘과 안디옥이다	바울은 "계시를 따라" 안디옥에서 예루살렘으로 갔다(2:2).	바울은 안디옥 교회의 임명으로 예루살렘으로 파송되었다(15:2).
바울, 바나바, 그리고 다른 이들은 안디옥 교회를 대표한다(갈 2:1은 디도를, 행 15:2은 "그중의 몇 사람"을 언급함).	디도는 바울 및 바나바와 동행했다(2:1, 3).	디도에 대해 언급하지 않는다(15:2).
또 다른 그룹은 이방인 개종자들에게 할례를 강요하려고 한다(갈 2:4; 행 15:1, 5).	바울은 그들을 "거짓 형제들"(*pseudadelphoi*)로 부른다(2:4).	"바리새파 중에 어떤 믿는 사람들"(행 15:5).
바울은 예루살렘 교회의 지도자들에게 자신의 복음을 제시한다(갈 2:2, 6-10; 행 15:4, 12).	언급되는 예루살렘 교회의 지도자는 야고보, 게바(베드로), 요한이다(2:9).	베드로, 야고보, 유다, 실라가 언급되지만 요한은 없다(15:7, 13, 22, 27, 32).

69 바울이 자신의 모든 방문을 언급해야 한다는 의무감을 느꼈다고 보는 견해는 다음 내용을 가정하고 있다. 즉 갈 1장과 2장은 바울의 적대자들에 대한 단 하나의 지속적인 반응을 형성하고 있다는 것이다. 그러나 이 견해의 문제점에 대해서는 Silva, *Explorations in Exegetical Method*, 99-100, 136-38을 보라.

예루살렘 공회에서 열띤 논쟁이 벌어진다(갈 2:4-5; 행 15:2, 6, 10, 24).		
바울과 바나바가 인정을 받게 된다(갈 2:7-9; 행 15:4, 25-26).		
이방인들에게 할례가 부과되지 않는다(갈 2:3, 5, 7-9; 행 15:19, 28).	공식 결의에 대해 언급하지 않는다.	서면으로 기록된 공식 결의가 강조된다(15:23, 30).

3. 갈라디아서는 사도행전 14:1, 8, 20에 기록된 지역 신자들을 수신자로 삼고 있는가?("남갈라디아"설) 아니면 사도행전 16:16에 기록된 지역 신자들을 수신자로 삼고 있는가?("북갈라디아"설) 일반적 인상과 달리, 이런 질문에 내재된 어려움은 지리적 문제이기보다 연대의 문제다. 북갈라디아설이 갈라디아서의 늦은 저술 시기(즉 예루살렘 공회 이후)를 요구하는 반면, 남갈라디아설은 갈라디아서의 이른 저술 시기(즉 예루살렘 공회 이전)를 반드시 요구하지는 않지만, 허용한다. 따라서 지금처럼 남갈라디아설이 우세하더라도, 우리는 여전히 바울이 갈라디아서를 기록한 시기가 사도행전 15장의 예루살렘 공회 이전인지 아니면 이후인지 결정해야 하며, 이에 맞추어 갈라디아서를 해석해야 한다.

70 이 쟁점에 대한 논평은 위의 책, 129-39을 보라. 참조. Reicke, *Re-examining Paul's Letters*, 16-25. 갈라디아서가 늦게(즉 예루살렘 공의회 이후) 기록되었지만, 갈라디아 남부 교회를 수신자로 삼고 있다는 Silva의 제안은 일반적인 위험 요소를 대부분 피하고 있지만, 여전히 바울이 공회의 결의를 언급하지 않는 이유를 설명해야 한다.

유대인이자 그리스인: 문화적 맥락 속의 바울

헬레니즘 유대교

"홀로코스트 이후" 지난 25년간 점점 더 늘어난 연구로서, 바울 학계는 이전에 때로 반유대주의가 행했던, 바울을 탈유대화하려는 시도로부터 바울을 되찾으려고 작업해왔다.[71] 이 작업과 관련된 학자 중에는 하버드 대학교 교수이자 스톡홀름 주교인 크리스터 스텐달(Krister Stendahl)이 포함되는데, 1960년대 초에 스텐달이 제기한 질문으로 인해 당시 학자들은 바울과 바울이 남긴 유대교 유산 사이의 관계를 재고할 수밖에 없었다.[72] 또 샌더스는 1970년대에 『바울과 팔레스타인 유대교』(*Paul*

71 Rudolf Bultmann에 의하면, 바울은 자신의 복음을 당시 이방 세계에 적합한 언어와 범주로 변화시키기 위해 자신의 유대성을 기꺼이 내던졌다. "홀로코스트 이후" 남의 시선을 의식하며 발표된 바울에 대한 많은 연구 중 주목할 만한 것은 다음과 같다. R. R. Ruether, *Faith and Fratricide* (New York: Seabury, 1974); L. Gaston, *Paul and the Torah* (Vancouver: University of British Columbia Press, 1987); S. Hall III, *Christian Anti-Semitism and Paul's Theology* (Minneapolis: Fortress, 1993).

72 K. Stendahl은 *Paul among Jews and Gentiles*(Philadelphia: Fortress, 1976[이 책은 부분적으로, Stendahl이 1963-64년, 두 해에 걸쳐 오스틴 장로회 신학교와 콜게이트 로체스터 신학교에서 행한 강의 내용을 기초로 하고 있다])에서, 바울이 유대교 신앙을 버리고 회심했는지, 아니면 유대교 내에서 부름을 받았는지 질문한다. 다시 말해, 바울이 그리스도인이 되기 위해 유대교 신앙을 버렸던 걸까? Stendahl에게 대답은 분명했다. 즉 "그리스도인이 되기 전" 바울은 자신의 조상의 종교에 어떤 부족함도 느끼지 않았고, 도덕적 실패로 인해 그의 양심이 특별히 곤란을 겪고 있었던 것도 아니다. 따라서 "바울을 대상으로 하는 일반적 회심 모델, 즉 그리스도인이 되기 위해 이전 신앙을 포기해버린 유대인 바울에 관한 모델은 바울의 모델이 아니라, 우리의 모델이다. 오히려 바울은 그의 소명으로 인해 자신의 사명을 새롭게 이해하고 이방인들에게 걸림돌이 되는 율법을 새롭게 이해하게 된다. 그의 사역은 다음과 같은 구체적 확신에 기초하고 있다. 즉 이방인은 율법을 거칠 필요 없이 하나님의 백성의 일부가 된다는 것이다. 이것이 바로 바울의 은밀한 계시와 지식이다"(같은 책, 9). 하지만 회심 대 소명을 극명히 분리하고 있는 Stendahl의 이분법은 분명 과장되어 있다. 예를 들

and Palestinian Judaism)를 출간하여 적잖은 관심을 불러모았다. 이 저서에서 샌더스는 다음과 같이 주장한다. 즉 바울은 당시 유대교를 오해하지 않았고 유대교가 헬레니즘화로 왜곡되어버렸다고 공격하지도 않았다. 바울은 모세 율법과 하나님의 은혜 모두에 대한 유대교의 일반적 이해에 실제로 동의했다.[73]

그러면 바울은 어떤 유형의 유대인이었을까? 우리는 자신을 가리켜 이스라엘 사람이자 히브리인이며 바리새인이라는 바울의 열띤 주장을 어떻게 받아들여야 하는 걸까?(롬 11:1; 고후 11:22; 빌 3:5) 왜 이와 같은 자기 묘사는 주로 논쟁 맥락에 국한되어 있는 걸까? 우리는 기원후 1세기 디아스포라 유대인들의 바리새파적 관행에 대해 거의 아는 것이 없지만,[74] 또 기원후 70년 이전 팔레스타인의 바리새주의에 관한

어 다음을 보라. B. R. Gaventa, *From Darkness to Light: Aspects of Conversion in the New Testament* (Philadelphia: Fortress, 1986); A. F. Segal, *Paul the Convert: The Apostolate and Apostasy of Saul the Pharisee* (New Haven: Yale University Press, 1990), 3-183; T. L. Donaldson, *Paul and the Gentiles: Remapping the Apostle's Convictional World* (Philadelphia: Fortress, 1997), 17.

73 Sanders, *Paul and Palestinian Judaism*, 517-18, 548. idem, *Paul, the Law, and the Jewish People;* idem, *Paul* (Oxford: Oxford University Press, 1991)도 보라. Sanders의 "새로운 관점"을 일일이 열거하는 것은 이 소논문의 범위를 넘어서는 일이다. 하지만 예외로 다음과 같이 부상하고 있는 비평적 반응은 언급할 필요가 있다. D. A. Carson, P. T. O'Brien, and M. Seifrid, eds., *Justification and Variegated Nomism*, vol. 1, *The Complexities of Second Temple Judaism* (Grand Rapids: Baker, 2001); A. A. Das, *Paul, the Law, and the Covenant* (Peabody, Mass.: Hendrickson, 2001); Peter Stuhlmacher, *Revisiting Paul's Doctrine of Justification: A Challenge to the New Perspective* (Downers Grove, Ill.: InterVarsity 2001); M. A. Seifrid, *Christ, Our Righteousness: Paul's Theology of Justification*, NSBT 9 (Downers Grove, Ill.: InterVarsity, 2001); E. P. Sanders보다 J. D. G. Dunn의 주장에 더 많은 반응을 보이고 있는 다음 연구서를 보라. S. Kim, *Paul and the New Perspective: Second Thoughts on the Origin of Paul's Gospel* (Grand Rapids: Eerdmans, 2002).

74 특히 Hengel, *The Pre-Christian Paul*, 29-34을 보라.

우리의 지식도 대부분 늦은 시기에 나온 자료에 의존하고 있지만, 그럼에도 우리는 바울 서신과 사도행전 내용의 비판적 사용을 토대로 바울의 유대교적 정체성에 대한 자세한 특징을 합리적으로 복원할 수 있다.

- 바울은 바리새인이었고(빌 3:5; 행 23:6),[75] 기록된 율법을 넘어서는 특정 구전을 받아들였다(갈 1:14; 빌 3:4-6).[76]
- 바울의 사상은 유대교 묵시주의와 이 묵시주의가 인정하는 죽은 자의 미래 부활의 영향을 받았다(살전 4:16; 고전 15; 빌 3:21; 행 17:3, 18).[77]

75 그러나 우리가 자신 있게 바울이 기원후 1세기 바리새주의의 한 분파에 속해 있었다고 말할 수는 없을 것 같다. 바울이 샴마이 학파 운동에 열심이었다는 N. T. Wright(*The New Testament and the People of God* [Minneapolis: Fortress, 1992], 192, 202; *What Saint Paul Really Said* [Grand Rapids: Eerdmans, 1997], 25-35; "Paul, Arabia, and Elijah," *JBL* 115 [1996]: 683-92, 686, 690-91)의 제안은 폭넓은 인정을 받지 못하고 있다. 이는 부분적으로 랍비 문헌에 기록된 힐렐 학파와 샴마이 학파 사이의 양극성이 기원후 70년 이전 유대 지역의 역사적 실재를 얼마나 잘 반영하고 있는지 명확하지 않기 때문이다. 더욱이 사도행전은 바울을 다음과 같이 제시한다. 즉 바울은 관용으로 유명한(행 5:33-39) 가말리엘의 영향을 받았으며, 사두개파 출신의 대제사장으로부터 권위를 부여받았다(행 5:17; 9:1-2). 다음을 보라. Hengel and Schwemer, *Paul between Damascus and Antioch*, 119; L. T. Johnson, "Which Paul?" *First Things* 80 (1998): 58-60; B. Chilton, "The Mystery of Paul: Three New Books Explore the Man Who Shaped Christianity," *BRev* 14 (1998): 41.

76 행 22:3에 의하면, 예루살렘에 거주했던 바울의 스승은 덕망 높은 가말리엘 1세다. 누가는 바울의 열정적 바리새주의와, 바리새파를 이끌던 가말리엘의 역할, 이 두 사실로부터 이를 추론했을 것이다. 참조. Sanders, *Paul*, 8. 바리새파의 구전 율법에 대해서는 다음을 보라. E. P. Sanders, *Judaism: Practice and Belief, 63 B.C.E.—66 C.E.* (Philadelphia: Trinity, 1992), 421-24; *Jewish Law from Jesus to the Mishnah: Five Studies* (Philadelphia: Trinity, 1990), 97-130. 여기서 Sanders는 바울 당시의 바리새인들은 자신들의 구전 율법에 성서의 율법과 동등한 지위를 부여하지 않았다고 주장한다.

77 이 점에 있어서 바울은 다른 바리새인들을 비롯한 대부분의 유대인(사두개인은 제외)과 의견 일치를 보인다. Sanders, *Judaism*, 298-301을 보라.

- 바울의 특징이라 할 수 있는 종교적 열심은 그리스도인들에 대한 그의 적개심(갈 1:13-14, 23; 고전 15:9-10; 빌 3:6; 행 9:1-2; 22:3-5)과 이후 그의 기독교 선교 사역 모두에 추진력으로 작용했다(고전 9:16, 23).[78]
- 그리스도인을 박해했던 바울이 갑자기 기독교 설교가로 변한 것은 이스라엘의 예언자적 소명 전통이라는 틀 안에서 가장 잘 이해된다.[79]
- 예수 그리스도의 추종자로서, 바울은 계속해서 그의 유대교 유산을 받아들였다(롬 3:1-4; 11:1; 고후 11:22; 갈 1:14; 2:15; 빌 3:4-6). 그리고 이방인뿐만 아니라 유대인에게도 복음을 전하려고 했다(롬 1:16; 9:1-5; 11:1-36). 그러나 바울의 기본 정체성은 더 이상 민족적 색채를 띠지 않았다(고전 9:20-23; 갈 6:15; 롬 2:29; 빌 3:3).

78 바울이 초기 교회를 박해한 이유(들)가 완전히 명확한 것은 아니다(참조. 갈 1:13; 고전 15:9; 참조. 딤전 1:13; 행 8:1-3; 9:21; 22:4-5; 26:9-11). 바울이 교회를 박해한 이유는 배교가 확산되기 이전에, 이를 근절하기 위함이었을까? 바울은 로마의 보복을 두려워했던 걸까? 아니면 율법과 성전, 그리고 유대교의 정결에 대한 열심으로 교회를 박해했던 걸까? 다음을 보라. C. Roetzel, *Paul: The Man and the Myth*, 38-42; R. A. Horsley and N. A. Silberman, *The Message of the Kingdom: How Jesus and Paul Ignited a Revolution and Transformed the Ancient World* (Minneapolis: Fortress, 1997), 120-23; J. D. G. Dunn, "Paul's Conversion—A Light to Twentieth Century Disputes," in *Evangelium, Schriftauslegung, Kirche*, ed. J. Ådna, S. J. Hafemann, and O. Hofius (Göttingen: Vandenhoeck & Ruprecht, 1997), 77-93; Seifrid, *Christ, Our Righteousness*, 13-24. 참조. P. Fredriksen, *From Jesus to Christ: The Origins of the New Testament Images of Jesus*, 2nd ed. (New Haven: Yale University Press, 2000).

79 관련 성서 자료의 간결한 요약에 대해서는 Sanders, *Paul*, 9-10을 보라. 바울의 예언자적 소명에 대해서는 특히 Stendahl, *Paul Among Jews and Gentiles*, 7-23을 보라. 그러나 다음도 보라. Roetzel, *Paul: The Man and the Myth*, 44-46; S. Kim, *The Origin of Paul's Gospel* (Grand Rapids: Eerdmans, 1981), 55-66, 91-99; idem, *Paul and the New Perspective*, 241-53; B. J. Malina and J. H. Neyrey, *Portraits of Paul: An Archaeology of Ancient Personality* (Louisville: Westminster John Knox, 1996), 211-18.

몇몇 연구 단체에서 바울의 정체성을 랍비에서 찾으려는 시도는 때로 바울에게서 헬레니즘 요소를 부정하고, 바울의 사상 세계를 이해하는 데 결정적인 그리스-로마 문화의 특정 측면을 무시하는 것으로 받아들여진다. 그러나 바울 당시의 유대교는 헬레니즘 유대교(디아스포라)와 팔레스타인 유대교(바리새파)로 깔끔하게 나뉘지 않는다. 왜냐하면 이스라엘 본토 유대인들이 3세기 동안 이루어진 헬레니즘화의 영향을 완전히 피하기 위해 하나로 연합하여 그들의 순수성을 유지하는 일은 불가능했기 때문이다. 실제로 대니얼 보야린(Daniel Boyarin)의 언급처럼, "바울이 성장했던 순수한 유대교 문화 세계는 플라톤 사고의 영향을 받는 철저하게 헬레니즘화된 세계였다."[80] 바울의 성장 장소가 팔레스타인이든지, 디아스포라든지, 바울의 세계는 속속들이 헬레니즘 유대교였다.[81]

역으로, 바울의 헬레니즘 환경의 중요성을 과장하는 일도 가능하다. 이는 바울을 가상으로 묘사하는 다음의 두 예에서 잘 드러난다. 하이

80 D. Boyarin, *A Radical Jew: Paul and the Politics of Identity* (Berkeley: University of California Press, 1994), 267-68 n. 30. "플라톤화"를 통해 Boyarin이 특히 염두에 두고 있는 것은 "현상학적 세계가 그것에 상응하는 영적인 혹은 이상적인 실체의 표상으로 이해되어야 한다는 이원론적 철학의 채택"이다.

81 참조. Segal, *Paul the Convert*, 84; W. D. Davies, *Paul and Rabbinic Judaism*, 4th ed. (Philadelphia: Fortress, 1980), 320; S. Neill and T. Wright, *The Interpretation of the New Testament: 1861-1986*. 2nd ed. (New York: Oxford University Press, 1988), 370, 375-76. C. J. den Heyer(*Paul: A Man of Two Worlds*, trans. J. Bowden ([Philadelphia: Trinity; 2000])가 제시한 바울 묘사에 담긴 "그리스 성향"과 "유대 성향"이라는 강제적 이분법과 대조해보라. 바울을 기원후 1세기 헬레니즘 학자로 다루고 있는 모범 연구는 Malina and Neyrey, *Portraits of Paul*을 보라. Malina와 Neyrey는 바울을 지중해 지역의 동시대 사람들과 함께 집산주의자로 규명하는데, 집산주의자들에게 "한 개인의 사회적 지위, 사회적 신분, 사회적 가치란 세대, 지리, 성과 관련된 개인의 그룹 지향성에서 유래한다"(202). 바울의 특이함을(현대 서구의 개인주의자들과 관련하여) 이보다 더 명확히 제시하고 있는 주장은 드물다.

엄 맥코비(Hyam Maccoby)의 『신화 창조자: 바울과 기독교의 발명』(*The Mythmaker: Paul and the Invention of Christianity*)[82]은 실상 유대인으로 태어나지 않은 바울을 우리에게 소개한다. 이 견해에 따르면, 바울 서신은 거짓말을 하는 것으로 드러난다. 바울은 다소에서 예루살렘으로 이동하여 공식적으로 유대교에 귀의하려 했다. 그러나 일이 계획대로 진행되지 않자 괴로워하던 바울은 일종의 보상 차원에서 영지주의적이고,[83] 본질적으로 반유대적인 종교를 창설했다(이는 예수의 제자들을 당연히 실망하게 했을 것이다). 이 새로운 종교는 더 이상 유대교의 예언자와 관계가 없었고, 구원의 지식을 전달하고 인류를 어둠에서 구원하기 위해 이 땅에 온 신성한 방문자에 대해 전파했다. 분명한 이유로 인해 맥코비의 가설은 설득력을 얻는 데 실패했다.[84]

두 번째로 가상의 바울 묘사를 위해 우리가 살펴볼 인물은 저명한 언론인이자 수상 경력을 지닌 소설가 윌슨(A. N. Wilson)이다. 윌슨에게, 바울의 신학적 사고에 기본 원천이 되는 것은 자신의 고향 다소의 이교주의였다. 특히 바울이 기독교 성만찬을 고안해내고 "유대인 영웅, 즉 나사렛 예수의 죽음으로부터 신화적·원형적 의미를 끌어낸 것은"[85] 바로 미트라교로, 이는 반신반인인 헤라클레스를 숭배하고, 황소

82 Hyam Maccoby, *The Mythmaker: Paul and the Invention of Christianity* (New York Harper & Row, 1986).

83 Maccoby는 뒤이어 출간한 *Paul and Hellenism*(Philadelphia: Trinity, 1991)에서, 헬레니즘의 신비 종교에 더 많은 관심을 기울이며(특히 3, 4장에서), 이 신비 종교를 바울의 구원론(죽었다가 살아나는 신, 대속적 희생 등) 및 성만찬 신학의 출처로 간주한다.

84 무엇보다 바울의 사상에 영향을 미친 진정한 영지주의의 증거가 부족하다. 관련 중요 자료는 이후 시대에서 발견된다(예. 기원후 4세기 Epiphanius). J. L. Martyn, *Theological Issues in the Letters of Paul* (Nashville: Abingdon, 1997), 70-75의 평가를 보라.

85 A. N. Wilson, *Paul: The Mind of the Apostle* (New York: Norton, 1997), 27(참조.

의 피를 통해 신령한 생명이라는 복음을 전파했다. 윌슨은 바울이 유대인이 아니라는 맥코비의 주장을 거부하지만, 바울이 바리새파가 아니라고 주장한다(윌슨에 의하면 바울은 예루살렘 성전을 지키기 위해 고용된 일종의 경찰이었다). 그리고 그는 예루살렘 성전에서 이교도인 유대교 제의에 심오한 영향을 받은 바울이 기독교 혹은 더 정확히 말해 그리스도 숭배(Christ cult)를 창설한 장본인이라고 주장한다. 전임자인 쉡스(H. J. Schoeps)와 마찬가지로,[86] 윌슨은 디아스포라가 바울의 사상에 미친 영향과 유대교와 헬레니즘이 바울의 신학 형성에 끼친 영향을 심각하게 받아들인다. 그러나 바울이 영지주의자라는 맥코비의 주장과 마찬가지로, 윌슨이 묘사하는 종교적 바울의 모습은 추종 세력이 거의 없는데, 이는 윌슨이 선별적으로 제시하는 근거가 바울 자신의 서신보다 사도행전에 우선순위를 두고 있고, 또 이 근거가 공상적 추정에 깊이 기초하고 있기 때문이다.[87]

71). 바울과 헬레니즘 종교(밀의 종교인 미트라교를 포함) 사이의 유사점을 보여주는 더 적극적인 시도는 다음을 보라. H. D. Betz, "The Mithras Inscriptions of Santa Prisca and the New Testament," *NovT* 10 (1968): 62-80; idem, "Transferring a Ritual: Paul's Interpretation of Baptism in Romans 6," in *Paul in His Hellenistic Context*, ed. T. Engberg-Pedersen (Minneapolis: Fortress, 1995), 84-118; G. Lease, "Mithraism and Christianity: Borrowings and Transformations," in *ANRW* 2.23.2:1306-32. 이런 접근을 지지했던 종교사학파 소속 초기 학자에는 Richard Reitzenstein(1910), Alfred Loisy(1911-12), Wilhelm Bousset(1913), Rudolf Bultmann(1949)이 포함된다.

86 H. J. Schoeps, *Paul: The Theology of the Apostle in the Light of Jewish Religious History* (Philadelphia: Westminster, 1961). Schoeps의 주장에 의하면, 율법에 대한 바울의 신학적 비판이 표적으로 삼고 있는 것은 팔레스타인 지역에서 행해진 순수 종교가 아니라, 이차적이고 헬레니즘적인 형태의 유대교였다. 바울에 관한 Schoeps의 주장을 능숙히 요약하고 있는 S. Westerholm, *Israel's Law and the Church's Faith: Paul and His Recent Interpreters* (Grand Rapids: Eerdmans, 1988), 39-46을 보라.

87 다음의 비판을 보라. Wright, *What Saint Paul Really Said*, 167-78; Johnson, "Which Paul?" 58-60.

바울의 헬레니즘 배경에 관한 다른 평가는 여전히 논쟁이 진행 중이지만 비교적 성공적으로 이루어져왔다. 탈무드 학자로 뒤늦게 신약성서 연구에 참여하게 된 대니얼 보야린은 1994년에 『급진적 유대인: 바울과 정체성의 정치학』(*A Radical Jew: Paul and the Politics of Identity*)을 발표했다.[88] 바울이 예수의 추종자로서 철저히 유대인이면서 동시에 헬레니즘 사고 유형에 영향을 받았다는 생각은 보야린의 바울 복원에 매우 중요하다. 좀 더 자세히 말해서, 바울은 당시 신플라톤주의의 이원론, 연합이라는 그리스적 이상, 그리고 그리스도가 이방인과 유대인 모두를 구원하기 위해 왔다는 그의 신념에 깊은 영향을 받았다. 보야린에 의하면, 이런 특징은 그의 이스라엘 민족 종교에서 유래하여 헬레니즘 맥락에서 재해석된 보편적 경향과 함께, 바울로 하여금 유대교의 배타주의와 민족중심주의를 문화적으로 철저히 비판하도록 강요했다. 당연히 이와 같은 보야린의 바울 이해는 많은 저항을 받았는데, 그는 특히 물질과 역사를 손상시키면서까지 영과 우주를 격상시키는 "플라톤 해석학"에 심취해 있다고 비판받는다.

바울 세계의 헬레니즘 측면에 관한 연구는 지속적으로 결실을 맺고 있다. 멍크(J. Munck)와 보우어소크(G. W. Bowersock)의 주장을 따르는 브루스 윈터(Bruce Winter)에 의하면, 고린도에서 바울의 선교 전략이 의도적으로 반소피스트 성향을 보이는 한(고전 1:17; 2:1-5; 고후 10:10),

88 Daniel Boyarin, *A Radical Jew: Paul and the Politics of Identity*, Contraversions 1 (Berkeley: University of California Press, 1994). Boyarin의 자기소개에 따르면, 그는 "탈무드 연구가이자 탈근대 유대 문화 비평가"이며 "실천적 유대인, 비그리스도인으로서, 바울에 대해 비판적이지만 동정적인 관점으로 이해한다." Boyarin의 다음과 같은 직관(Segal, *Paul the Convert*, 48을 따르는)은 확실히 일리가 있다. "유대교의 역사와 관련된 바울 서신의 중요성은 기독교 성서 해석과 관련된 랍비 문헌의 중요성보다 클 것이다"(Boyarin의 책 서론을 보라).

바울은 초기 단계의 제2소피스트를 증언하는 중요 인물로 대두한다. 윈터가 옳다면, 고린도 공동체에 있던 바울의 적대자들(참조. 고후 10-13장)은 바울이 소피스트들의 대중 전략과 엘리트 가치를 채택하지 않는다고 분개했을 것이다.[89] 피터맨(G. W. Peterman)에 의하면, 바울이 쓴 빌립보서는 은사와 의무에 관한 그리스-로마 사상을 은연중에 공격하여 기독교 공동체 내에서의 나눔을 다시 정의하고자 한다.[90] 더 많은 논란을 야기한 마크 기븐(Mark Given)은 바울의 수사학적 자기 인식과 적대자들에 대한 공격을 토대로 다음과 같이 주장했다. 즉 바울의 연설은 솔직하지 못하고, 바울의 선교 전략(고전 9:19-23에 나와 있는)은 의도적으로 소피스트 기법(모호, 교묘, 기만)을 사용하여 진리에 대해 무지한 독자들을 설득하려 했다는 것이다.[91] 트롤스 엥버그-페더슨(Troels Engberg-Pedersen)도 논란이 되는 주장을 제시하는데, 바울의 인류학과 윤리학이 스토아주의와 기본적으로 상응하고 있음을 발견했다고 말한

89 B. W. Winter, *Philo and Paul among the Sophists: Alexandrian and Corinthian Response to a Julio-Claudian Movement*, 2nd ed. (Grand Rapids: Eerdmans, 2002). 이 책은 Winter가 1998년 발표한 자신의 박사 논문 두 번째 개정판으로 W. Schmithals(*Gnosticism in Corinth: An Investigation of the Letters to the Corinthians*, trans. J. E. Steely, 3rd ed. [Nashville: Abingdon, 1971])의 영지주의 가설을 대체하는 다른 안을 제시하고 있다. 다음도 보라. J. Munck, *Paul and the Salvation of Mankind* (Atlanta: John Knox, 1959); G. W. Bowersock, *Greek Sophists in the Roman Empire* (Oxford: Clarendon, 1969).

90 G. W. Peterman, *Paul's Gift from Philippi: Conventions of Gift Exchange and Christian Giving*, SNTSMS 92 (Cambridge: Cambridge University Press, 1997). Peterman은 빌립보서 외에도 다음의 바울 서신을 고려한다. 고린도전후서, 롬 15:25-31, 몬 17-19, 딤전 5:4, 롬 5:7. Peterman의 주장 배후에는 다음의 연구서가 있다. P. Marshall, *Enmity in Corinth: Social Conventions in Paul's Relations with the Corinthians*, WUNT 2.23 (Tübingen: Mohr Siebeck, 1987).

91 M. D. Given, *Paul's True Rhetoric: Ambiguity, Cunning, and Deception in Greece and Rome* (Harrisburg, Pa.: Trinity, 2001).

다.[92] 엥버그-페더슨은 표면적 유사점과 도덕적 유사 표현을 단순히 알리는 데 만족하지 않고, 다음의 주장을 증명하려고 애쓰고 있다. 즉 회심과 도덕적 변화, 공동체 형성 및 집단 정체성에 대한 바울의 이해가 스토아주의를 강하게 연상시키므로, 우리는 스토아주의가 바울에게 미친 역사적 영향을 고려해야 한다는 것이다.[93]

고향, 교육 및 시민권

위에서 다룬 연구들에 반영된 바울의 헬레니즘 맥락에 대한 활발한 관심에도 불구하고, 기본 질문들은 여전히 일치된 답을 얻지 못하고 있다. 예를 들어, 바울의 성장 장소는 어디인가? 어느 도시에서 바울의 사고가 형성되고, 그의 신학적 상상력이 꽃피게 되었는가? 한 세대 전에 판 우닉(W. C. van Unnik)은 당시 학계의 일관된 목소리에 반대하고, 누가의 주장(행 22:3)을 지지하며 바울이 디아스포라의 자녀가 아니라고 주장했다. 즉 바울은 다소 태생일 수 있지만 예루살렘, 곧 유대교의 중심에서 가말리엘의 지도하에 성장했다는 것이다.[94] 이 견해에 의하면, 바울의 사상에 근본적 영향을 미친 것은 더 광범위한 헬레니즘 문화가 아

92 T. Engberg-Pedersen, *Paul and the Stoics* (Louisville: Westminster John Knox, 2000).

93 Engberg-Pedersen, *Paul and the Stoics*, 103. 바울의 기독교와 스토아주의를 비교하는 이전 연구(Engberg-Pedersen은 이 연구가 내용상 충분치 못하다고 간주한다)에 대해서는, J. B. Lightfoot의 대표 소논문인 "St. Paul and Seneca," in *St. Paul's Epistle to the Philippians* (1868; reprint, Grand Rapids: Zondervan, 1953), 270-328을 보라.

94 W. C. van Unnik, *Tarsus or Jerusalem, the City of Paul's Youth*, trans. G. Ogg (London: Epworth, 1962). 또한 Van Unnik은 행 26:4-5을 취하여 바울이 예루살렘에 장기간 머물렀음을 암시한다. E. R. Richards(*Secretary in the Letters of Paul*, 144-53)는 바울이 예루살렘에서 성장하고 교육받았다는 내용에 동의하지만, 유대교적 예루살렘과 헬레니즘화된 디아스포라를 양분하는 Van Unnik의 실수는 피한다.

니라 바리새파 유대교였다. 그러나 판 우닉 이후로 많은 학자가 누가의 기록에 의문을 제기해왔다. 루돌프 불트만과 더불어 특별히 영향력을 행사한 학자는 에른스트 행헨으로, 그는 갈라디아서 1:22의 내용—"그리스도 안에 있는 유대의 교회들이 나를 얼굴로는 알지 못하고"—을 유대 지역의 중심 도시에서의 바울의 오랜 거주 생활과 일치시키는 데 어려움을 발견했다.[95] 행헨과 그 이후의 많은 학자에게, 예루살렘에 대한 누가의 신학적 관심은 누가가 자신의 영웅인 바울을 예루살렘과 연관 짓는 데 충분한 이유가 되었다. 판 우닉과 행헨 사이에 마르틴 헹엘이 서 있는데, 헹엘에게 바울의 탄탄한 그리스어 이해와[96] 70인역 사용은 다음과 같은 내용을 암시한다. 즉 당시 세계적 도시였던 다소가 분명히 바울의 사상 형성에 중요한(비록 부차적일지라도) 기능을 담당했다는 것이다.[97] 그리스-로마의 밀교가 바울의 사상에 깊은 인상을 남겼다

95 E. Haenchen, *Die Apostelgeschichte* (Göttingen: Vandenhoeck & Ruprecht, 1963). 하지만 van Unnik(*Tarsus or Jerusalem*, 52)이 볼 때, 이 주장은 "일상의 현실"을 고려하지 못하고 있다. 즉 "예루살렘과 같은 도시에서, 모든 사람이 랍비들의 모든 제자를 알고 있었으리라고 생각하기에는 무리가 많다."

96 바울의 모국어가 그리스어였는지, 아니면 그가 집에서 아람어나 히브리어를 말했는지는 (빌 3:5의 암시처럼; 참조. 고후 11:22) 분명치 않다(R. N. Longenecker, *Paul, Apostle of Liberty* [Grand Rapids: Baker, 1976], 22, 32, 274을 보라). 바울은 두 개 또는 세 개 국어를 했을 것이다. 분명한 것은 바울이 그리스어에 능통했고, 그리스어로 기록된 구약성서에 정통했다는 사실이다. 다음을 보라. Hengel, *The Pre-Christian Paul*, 34-37; Roetzel, *Paul: The Man and the Myth*, 11-12; R. Stegner, "Jew, Paul the," in Hawthorne, Martin, and Reid, *Dictionary of Paul and His Letters*, 504.

97 Hengel, *The Pre-Christian Paul*, 37-39. 바울이 히브리어 구약성서가 아니라 구약성서 그리스어 번역본(LXX과 유사한)을 습관적으로 참조했다는 지배적 견해는 최근 T. H. Lim(*Holy Scripture in the Qumran Commentaries and Pauline Letters* [Oxford: Clarendon, 1997])의 이의 제기에도 불구하고 건재하다. Lim은 바울이 히브리어, 아람어, 그리스어로 기록된 세 종류의 구약성서를 규칙적으로 참고했을 것이라고 주장하지만, 이는 설득력이 없다. 70인역과 바울의 관계에 대해서는 다음을 보라. C. D. Stanley, *Paul and the Language of Scripture: Citation Technique in the Pauline Epistles*

는 한스 뵐리히(Hans Böhlig)의 주장에 정면으로 맞서면서, 헹엘은 바울 당시 다소에 실제로 밀교적인 신에 대한 숭배가 있었는지 의심한다. 그리고 헹엘은 바울을 고도로 숙련된 수사학자로 묘사하는 데 반대한다. 헹엘의 평가에 의하면, 바울과 그의 동료 유대인들에게 미친 이교도의 영향은 스토아 철학과 수사학에서 왔을 가능성이 훨씬 더 높다.

> 사실, 바울이 사용하는 언어와 "교육 요소"는 그리스어를 말하는 회당과 그가 피하지 않은 식견 있는 비유대인들과의 대화에서 배울 수 있었던 범위를 벗어나지 않는다.…그러므로 바울이 교육을 받은 중심지로서 다소가 언급될 필요가 없다. 예루살렘이…충분했을 것이다.[98]

위와 같은 헹엘의 언급은 바울에게 가능했던 교육에 관해 폭넓은 의문을 제기하게 한다.[99] 우리는 바울의 학교 교육에 관해 직접 알 수

and Contemporary Literature, SNTSMS 69 (Cambridge: Cambridge University Press, 1992); D.-A. Koch, *Die Schrift als Zeuge des Evangeliums: Untersuchungen zur Verwendung und zum Verständnis der Schrift bei Paulus*, BHT 69 (Tübingen: Mohr Siebeck, 1986); J. R. Wagner, *Heralds of the Good News: Isaiah and Paul "in Concert" in the Letter to the Romans*, NovTSup 101 (Brill: Leiden, 2002); K. H. Jobes and M. Silva, *Invitation to the Sepuagint* (Grand Rapids: Baker, 2000), 183-205.

98 Hengel and Schwemer, *Paul between Damascus and Antioch*, 170-71. Hengel은 171쪽에서 다음과 같이 말한다. "바울과 초기 기독교에 관한 충격적인 사실은 이들에게서 Philo, Justus of Tiberias, 혹은 Josephus가 보여주는 그런 깊이의 철학적-수사학적 교육과 문체를 발견할 수 없다는 것이다. 여기서 누가와 히브리서의 저자는 제외된다.…바울에게 있어 여러 학파가 지닌 수사학의 중요성은 오늘날의 유행 흐름에 따라 지나치게 과장되었다. 참조. Winter, *Philo and Paul*, 246-52. 바울이 적어도 수사학 관련 교육을 어느 정도 받았다고 보는 주장에 대해서는 D. Martin, *The Corinthian Body* (New Haven: Yale University Press, 1996), 38-68을 보라.

99 바울의 교육에 관한 대표적 논의는 다음과 같다. Hengel, *The Pre-Christian Paul*, 18-62; Murphy-O'Connor, *Paul: A Critical Life*, 47; Roetzel, *Paul: The Man and the Myth*,

있는 것이 거의 없으므로(갈 1:14; 참조. 행 22:3), 학자들은 바울 서신에 담긴 여러 단서로부터 거슬러 올라가 추론을 시도해야 한다. 예를 들어 바울은 그리스어를 읽고 쓸 수 있었고, 그리스어로 기록된 구약성서에 정통했으며, 이를 해석하는 데 불편함이 없었다는 점은 분명하다.[100] 이 모든 것은 이스라엘의 거룩한 문서, 구약 시대 이후 전통, 그리고 해석적 접근법에 학생을 장기간 노출시키는 온전한 유대교 교육을 암시한다. 동시에 바울이 주장하는 형태를 자세히 관찰해본다면, 우리는 유대교 전통 요소와 더불어 헬레니즘의 영향을 분명히 보여주는 표시를 발견하게 된다. 한스 디터 베츠(Hans Dieter Betz)의 영향력 있는 연구로부터 영감을 받아 현재 번창하고 있는 수사비평은 문체와 주장 방식에 있어서 바울과 동시대 그리스-로마의 수사학 사이에 존재하는 여러 유사점을 강조한다.[101]

22-24; Witherington, *The Paul Quest*, 89-98.

100 구약성서를 해석하는 바울의 모습은 특히 롬 9:6-29과 고전 10:1-13을 보라. 바울의 구약성서 해석에 대한 연구의 좋은 길잡이는 다음과 같다. R. B. Hays, *Echoes of Scripture in the Letters of Paul* (New Haven: Yale University Press, 1989). 다음도 보라. Koch, *Die Schrift als Zeuge des Evangeliums*, 98-101; D. M. Smith, "The Pauline Literature," in D. A. Carson and H. G. M. Williamson, eds., *It Is Written: Scripture Citing Scripture* (Cambridge: Cambridge University Press, 1988), 265-91; Wagner, *Heralds of the Good News*.

101 특별히 다음을 보라. H. D. Betz, *Galatians: A Commentary on Paul's Letter to the Churches in Galatia*, Hermeneia (Philadelphia: Fortress, 1979); *2 Corinthians 8 and 9: A Commentary on Two Administrative Letters of the Apostle Paul*, Hermeneia (Philadelphia: Fortress, 1985); *Der Apostel Paulus und die sokratische Tradition: Eine exegetische Untersuchung zu seiner "Apologie" 2 Korinther 10-13*, BHT 45 (Tübingen: Mohr, 1972). 다음도 보라. A. J. Malherbe, *Paul and the Popular Philosophers* (Minneapolis: Augsburg Fortress, 1989); M. M. Mitchell, *Paul and the Rhetoric of Reconciliation: An Exegetical Investigation of the Language and Composition of 1 Corinthians* (Louisville: Westminster John Knox, 1991); S. K. Stowers, *Letter Writing in Greco-Roman Antiquity* (Philadelphia: Westminster, 1986); R. D. Anderson, *Ancient*

바울의 로마 시민권(*civitas Romana*)에 관한 질문 역시 논란이 있는 문제다. 사도행전 저자는 당연히 로마 제국 내에서 바울의 높은 신분과, 이에 수반되는 특권을 확언하지만(행 16:37-38; 21:39; 22:25-29; 25:10-12; 참조. 28:16), 몇몇 학자는 누가의 이런 묘사를 "전설" 혹은 "사실 무근"[102]의 전형적 특징으로 간주한다. 바울이 로마 시민권자임을 반대하는 주장에는 아래와 같은 내용이 포함될 수 있다.[103]

Rhetorical Theory and Paul (Kampen: Kok Pharos, 1996; Leuven: Peeters, 1999); D. Watson, "Rhetorical Criticism of the Pauline Epistles Since 1975," *CurBS* 3 (1995): 219-48; G. A. Kennedy, *New Testament Interpretation through Rhetorical Criticism* (Chapel Hill: University of North Carolina Press, 1984). 로마서에 국한된 바울의 수사학에 대해서는 다음을 보라. D. E. Aune, K. P. Donfried, W. Wuellner, 그리고 다른 학자들의 소논문이 실려 있는 *The Romans Debate: Revised and Expanded Edition*, ed. K. P. Donfried (Edinburgh: Clark, 1991); J. D. Kim, *God, Israel and the Gentiles: Rhetoric and Situation in Romans 9-11*, SBLDS 176 (Atlanta: Society of Biblical Literature, 2000); S. K. Stowers, *A Reading of Romans: Justice, Jews, and Gentiles* (New Haven: Yale University Press, 1994); D. A. Campbell, *The Rhetoric of Righteousness in Romans 3:21-26*, JSNTSup 65 (Sheffield: Sheffield Academic Press, 1992); E. A. Castelli, *Imitating Paul: A Discourse of Power* (Louisville: Westminster, 1991); N. Elliott, *The Rhetoric of Romans: Argumentative Constraint and Strategy and Paul's Dialogue with Judaism*, JSNTSup 45 (Sheffield: JSOT Press, 1990). 로마서의 바울 수사학 논의 외에 내가 유일하게 언급하고 싶은 관련 논의는 데살로니가서에 대한 세미나(이 세미나는 신약성서 연구회의 주관으로 1995년부터 1997년까지 개최되었다)에서 발표된 중요한 소논문 모음집인데, 여기에 실린 다음과 같은 소논문들은 데살로니가서에 수사비평을 적용하고 있다. K. P. Donfried and J. Buetler, eds., *The Thessalonians Debate: Methodological Discord or Methodological Synthesis?* (Grand Rapids: Eerdmans, 2000). 수사비평 분야의 개론으로는 다음을 보라. B. Mack, *Rhetoric and the New Testament* (Minneapolis: Fortress, 1990); D. L. Stamps, "Rhetorical Criticism of the New Testament: Ancient and Modern Evaluation of Argumentation," in *Approaches to New Testament Study*, ed. S. E. Porter and D. Tombs, JSNTSup 120 (Sheffield: Sheffield Academic Press, 1995), 77-128.

102 C. K. Barrett, *Paul: An Introduction to His Thought* (Louisville: Westminster John Knox, 1994), 161; J. C. Lentz, *Luke's Portrait of Paul* (Cambridge: Cambridge University Press, 1993), 171.

103 참조. Roetzel, *Paul: The Man and the Myth*, 19-22; W. Stegmann, "War der Apostel

1. 로마 제국 동부에 살고 있는 유대인에게 시민권이 부여된 경우는 드물었던 것으로 보인다. 그리고 시민권이 부여되더라도 부자이면서 영향력 있고 문화적으로는 로마인과 다름없는 유대인에게만 가능한 일이었다.[104]
2. 바울의 유대교적 경건함과 열정을 볼 때(참조. 빌 3:6; 갈 1:14), 그의 가족이 로마 시민이라면 참여해야 하는 종교 행사나, 그리스-로마의 종교 축제, 그리고 체육 행사에 참여했을 것 같지는 않다.[105]
3. 바울은 그의 서신 어디에서도 자신의 로마 시민권에 호소하지 않는데, 이런 호소가 효과적일 수 있는 상황에서조차 시민권을 언급하지 않는다(빌 3:20; 고전 4:13; 로마서).[106]
4. 바울을 충성되고 존중할 만한 로마 제국 시민으로 묘사하는 것은 누가 자신의 정치적·신학적 의도를 진전시키는 데 분명한 도움

Paulus ein römischer Bürger?" *ZNW* 78 (1987): 200-229.

104 그러나 Riesner(*Paul's Early Period,* 148-49)는 바울의 수공업(천막 제조나 가죽 세공)이 그의 천한 신분을 결정적으로 증명해준다는 주장에 동의하지 않고, 유대인 시민이 소아시아에 존재했다는 증거를 가리킨다. G. H. R. Horsley(*NewDocs* 4:311)와 B. Rapske(*The Book of Acts and Paul in Roman Custody*, BAFCS 3 [Grand Rapids: Eerdmans, 1994], 89-90)에 호소하고 있는 Witherington(*The Paul Quest*, 69-73)도 보라. 상인으로서 바울의 지위와 이 직업이 바울의 지위에 미친 부정적 함의에 관하여는 R. F. Hock, *The Social Context of Paul's Ministry: Tentmaking and Apostleship* (Philadelphia: Fortress, 1980)을 보라. 바울의 지위와 상행위에 대해서는 A. C. Thiselton, *The First Epistle to the Corinthians: A Commentary on the Greek Text*, NIGTC (Grand Rapids: Eerdmans, 2000), 23-29을 보라.

105 Riesner(*Paul's Early Period*, 151)는 이를 "가장 중요한 비판적 질문"으로 간주한다. 그러나 Philo(*Legat*. 155-57)의 증거는 유대 국적의 유대인들이 로마에 존재했음을 확증해주는데, 이들이 로마에서 느꼈던 종교적 양심의 가책은 존중받았다.

106 이는 Riesner(*Paul's Early Period*, 156)의 주장에 반대되는 내용으로, Riesner는 바울이 그의 서신에서 자신의 시민권을 언급하고 싶었을 이유를 찾지 못한다.

이 된다.[107]

반면에, 기원후 1세기에 제한된 수의 유대인들은 실제로 로마 시민권을 향유했다. 더욱이 우리는 자신의 유리한 상황에 다소 이중적 가치를 느끼면서 그릇된 이유로 개종자를 얻지 않으려고 시민권 내용 자체를 함구하기를 선택하는 바울을 상상해볼 수 있다. 어쨌든 우리는 누가가 믿을 만한 역사적 정보를 사용하여 자신의 목적을 진전시켰으리라고 인정해야 한다.[108] 더욱이 이 제안은 다음의 내용을 고려하게 만든다. 즉 누가가 바울을 "시민"(*politēs*)이라고 언급할 때, 누가는 바울이 다른 디아스포라 유대인들과 함께 폴리튜마(*politeuma:* 협회, 공동체, 식민지)에 소속되어 있음을 알리고 있다(참조. 빌 3:20). 로마 시민권보다는 격이 좀 떨어지지만, 폴리튜마타(*politeumata*)와 같은 곳의 가입은, 예를 들면 세금과 자치 통제와 관련하여 특정한 특권의 유익이 있었다.[109]

107 다음의 학자들도 유사한 주장을 펼친다. H. Conzelmann, *Acts of the Apostles*, trans. J. Limburg, A. T. Kraabel, and D. Juel (Philadelphia: Fortress, 1987). 사도행전에서 바울이 자신의 로마 시민권에 호소하는 내용은 다음 학자에 의해 반박된다. 예를 들면 다음을 보라. H. Koester, *Introduction to the New Testament*, 2 vols., FF (Philadelphia: Fortress, 1982), 2:98-99. 이 반박의 근거로 제시하는 내용은 다음과 같다. 즉 로마 시민권자라면, 바울 자신이 겪었다고 주장하는 그런 종류의 형벌(고후 11:23-25)을 피할 수 있었기 때문이다.

108 Witherington(*The Paul Quest*, 71)은 바울이 상황에 따라 선별적으로 자신의 시민권을 사용했다고 다음과 같이 의심한다. "누군가가 바울이 전한 복음을 듣고 열심 있는 그리스도인이 되었는데, 이 사람이 그리스도인이 된 실제 이유가 로마 시민권자인 바울의 높은 사회적 지위와, 바울처럼 사회적 지위가 높은 스승을 따르고자 하는 열망에서 비롯된 것이라면, 바울은 이로 인해 기뻐하지 않았을 것이다. 바울은 복음의 내용만이 돋보이길 바랐다. 여기서 복음의 내용이란 범죄와 무관한 십자가 자체, 그리고 권유가 아니라 설득력 강한 메시지를 의미한다.

109 Roetzel, *Paul: The Man and the Myth*, 21-22, 42을 보라. 이와 함께 다음 연구들도 보라. M. Smallwood, ed., *Philonis Alexandrini Legatio ad Gaium*, 2nd ed. (Leiden: Brill,

역사적 쟁점과 신학적 쟁점은 신중히 구별되어야 한다. 역사적 측면에서 우리는 바울이 예수와 그의 가르침 및 그의 삶을 얼마나 알고 있었고, 어떻게 그것을 알게 되었는지를 알기 원한다. 신학적으로 볼 때, 우리는 예수의 가르침과 바울의 가르침이 어느 정도 양립 가능한지 궁금하다. 비록 신학적 쟁점이 더 광범위한 결과와 연계되어 있지만, 본 논문은 첫 번째 쟁점인 역사적 질문을 다루는 것으로 만족해야 한다. 자신을 그리스도의 종으로 부르고, 자신의 메시지를 "십자가에 못 박힌 그리스도"(고전 1:23)로 집약할 수 있는 바울이, 예수의 가르침을 매우 제한적으로 사용하면서 예수의 삶과 관련된 사건을 좀처럼 언급하지 않는다는 점은 놀라운 일이다. 다른 한편으로, 부활 이전의 예수를 따르기는커녕 만난 적도 없는 사람이 예수의 죽음과 부활 및 임박한 재림에 그토록 사로잡혀 있다는 점도 놀랍다.

만일 바울이 우리에게 역사적 예수를 알려주는 유일한 원천이라면, 우리는 예수가 갈릴리 출신이며 마리아의 아들이라는 내용을 몰랐을 것이다(그러나 갈 4:4을 보라). 이 외에도 우리는 예수가 세례를 받고, 비유로 가르치며, 기적을 일으키고, 죄인들과 식사하며, 바리새인들과 논쟁을 벌이고, 예루살렘에 입성하여 성전 탁자들을 엎어버린 내용도 몰랐을 것이다. 그러나 바울 서신의 이런 침묵으로 인해 우리는 캘빈 로

1970); S. Applebaum, "The Legal Status of the Jewish Communities in the Diaspora," in *The Jewish People in the First Century: Historical Geography, Political History, Social Cultural and Religious Life and Institutions*, ed. S. Safrai and M. Stern, 2 vols., CRINT 1.1 (Philadelphia: Fortress, 1974), 1:453.

첼(Calvin Roetzel)이 지적한 것과 같은 다음의 그릇된 가정을 할 수 있다. 즉 "바울이 설교할 때 예수의 이야기를 언급했지만, 필요에 따라 각 교회에 서신을 기록할 때는 예수에 관한 이야기를 반복할 필요가 없었다. 바울은 예수의 이야기를 각각의 새로운 상황에 맞게 해석하고 적용해야 했다."[110] 바울 서신에서 예수의 삶에 대한 분명한 언급이 거의 발견되지 않는 현상에 대한 추측은 아래와 같은 세 가지 선택과 연결되는 경향이 있다.[111]

1. 예수 전승에 대한 바울의 지식은 광범위했다. 바울은 이미 예수의 가르침에 익숙한 개종자들을 대상으로 서신을 기록했으므로, 예수의 가르침을 서신에 포함할 아무 이유가 없었다. 그러나 이 선택이 설명해야 하는 부분은, 그렇다면 왜 바울이 자신의 견해를 지지하는 차원에서 예수의 가르침에 호소하고 있지 않은가에 대한 의문이다. 서신에서 자신의 주장을 손쉽게 요약하고 수신자들이 알고 있었을 구약성서 구절을 종종 인용하는 바울이 왜 하필 예수의 가르침은 제외하고 있는 걸까?
2. 예수 전승에 대한 바울의 지식은 광범위했지만, 바울은 이 지식이 자신의 선교 그리고 십자가 및 부활에 대한 자신의 메시지와 거의 무관한 것으로 보았다(참조. 고전 2:2). 그러나 이 견해에 대해 의아한 점은 그렇다면 왜 바울이 가끔 예수의 가르침에 호소하고 있는가이다.

110 Roetzel, *Paul: The Man and the Myth*, 95. 참조. idem, *The Letters of Paul: Conversations in Context*, 4th ed. (Louisville: Westminster John Knox, 1998), 72-74.

111 Ehrman, *The New Testament*, 332-35에서도 유사 내용이 발견된다.

3. 예수 전승에 관한 바울의 지식은 매우 제한적이었다. 어쩌면 바울은 예수의 제자들과 가족에게서 예수에 대한 이야기를 들었을 것이다. 하지만 바울은 이렇게 들은 이야기를 바탕으로 자신의 사상을 형성하지 않았다. 그러나 이 견해는 왜 바울 서신에 예수 전승과 관련된 다양한(어떤 내용에서는 자주) 호소가 존재하고 있는지 설명해야 할 필요가 있다.

아래 표는 바울 서신과 복음서에 보존된 주의 전승 사이에 존재하는 핵심 연결 내용을 강조한다.

표 15.3 바울 서신에 언급된 예수의 가르침

<table>
<tr><th colspan="4">A. 직접 언급과 분명한 암시</th></tr>
<tr><th>주의 가르침</th><th>바울의 도입 구문</th><th>바울 서신 구절</th><th>복음서 병행 구절</th></tr>
<tr><td>남편과 아내는 갈라서지 말라</td><td>“내가 명하노니(명하는 자는 내가 아니요 주시라)…”</td><td>고전 7:10-11</td><td>마 5:31-32 & 눅 16:18; 막 10:11-12 & 마 19:3-12</td></tr>
<tr><td>일꾼이 삯을 받는 것은 마땅하다</td><td>“이와 같이 주께서도 복음 전하는 자들이 …명하셨느니라”</td><td>고전 9:14</td><td>마10:10; 눅 10:7</td></tr>
<tr><td>“이것은 너희를 위하여 주는 내 몸이라. 너희가 이를 행하여 나를 기념하라”(누가복음)</td><td rowspan="2">“내가 너희에게 전한 것은 주께 받은 것이니…”</td><td>고전 11:23-24</td><td>마 26:26; 막 14:22; 눅 22:19</td></tr>
<tr><td>“이 잔은 내 피로 세우는 새 언약이니 곧 너희를 위하여 붓는 것이라”(누가복음)</td><td>고전 11:25</td><td>마 26:27; 막 14:24; 눅 22:20</td></tr>
</table>

주께서 천사와 나팔소리로 강림하시고, 죽은 자들이 일어나리라[112]	"우리가 주의 말씀으로 너희에게 이것을 말하노니…"	살전 4:15-17	마 24:30-31; 참조. 막 13장; 눅 21장
예언자들을 향한 말씀	"내가 너희에게 편지하는 이 글이 주의 명령인 줄 알라."	고전 14:37	막 10:2-12 마 5:31-32

B. 반향 및 병행구절		
주의 가르침	바울 서신 구절	복음서 병행 구절
산을 움직이는 믿음	고전 13:2	마 17:20 & 눅 17:6; 마 21:21 & 막 11:23
너희를 저주하는 자를 축복하라	고전 4:12; 롬 12:14	눅 6:28; 참조. 마 5:44
다른 쪽 뺨도 돌려대라	살전 5:15; 롬 12:17	눅 6:29 & 마 5:39-40
화목하라	롬 12:18	막 9:50; 참조. 마 5:9
원수를 사랑하라	롬 12:19-21	눅 6:27, 35a & 마 5:44
가이사의 것은 가이사에게	롬 13:7	마 22:15-22
판단하지 말라	롬 14:13	마 7:1 & 눅 6:37
음식 규례의 효력 정지	롬 14:14	막 7:14-23; 마 15:15-20
기습적으로 임하는 그날	살전 5:2	눅 12:39-40 & 마 24:43-44
서로 화목하라	살전 5:13	막 9:50

예수와 바울 사이의 역사적 연속성 및 단절을 추적하려는 학계의 관

112 다음 학자들은 바울과 공관복음 저자들이 공유했던 공통의 종말론 전승을 지지한다. A. J. McNicol, *Jesus' Directions for the Future: A Source and Redaction-History Study of the Use of the Eschatological Traditions in Paul and in the Synoptic Accounts of Jesus' Last*

심은 고조되고 있다.[113]

Eschatological Discourse, New Gospel Studies 9 (Macon, Ga.: Mercer University Press, 1996). McNicol은 그리스바흐 가설(마태복음 우선설)을 선호하고 있지만, 그가 규명하고 있는 공관복음과 바울의 유사점은 설득력이 있다.

113 중요한 관련 연구는 다음과 같다. J. M. G. Barclay, "Jesus and Paul," in Hawthorne, Martin, and Reid, *Dictionary of Paul and His Letters*; R Bultmann, "The Significance of the Historical Jesus for the Theology of Paul," in *Faith and Understanding: Collected Essays* (London: SCM, 1969), 220-46; J. W. Drane, "Patterns of Evangelization in Paul and Jesus: A Way Forward in the Jesus-Paul Debate?" in *Jesus of Nazareth: Lord and Christ*, ed. J. B. Green and M. Turner (Grand Rapids: Eerdmans, 1994), 281-96; J. D. G. Dunn, "Jesus Tradition in Paul," in *Studying the Historical Jesus: Evaluations of the State of Current Research*, ed. B. Chilton and C. A. Evans, NTTS 19 (Leiden: Brill, 1998), 155-78; idem, "Paul's Knowledge of the Jesus Tradition: The Evidence of Romans," in *Christus Bezeugen*, ed. K. Kertelge, T. Holtz, and C.-P. März, ETS 59 (Leipzig: St. Benno, 1988), 193-207; J. W. Fraser, *Jesus and Paul* (Appleford: Marcham, 1974); V. P. Furnish, *Jesus according to Paul* (Cambridge: Cambridge University Press, 1993); idem, "The Jesus-Paul Debate: From Baur to Bultmann," in *Paul and Jesus: Collected Essays*, ed. A. J. M. Wedderburn, JSNTSup 37 (Sheffield: JSOT Press, 1989), 17-50; T. Holtz, "Paul and the Oral Gospel Tradition," in *Jesus and the Oral Gospel Tradition*, ed. H. Wansborough, JSNTSup 64 (Sheffield: Sheffield Academic Press, 1991), 380-93; J. C. Hurd, "'The Jesus Whom Paul Preaches' (Acts 19:13)," in *From Jesus to Paul*, ed. P. Richardson and J. C. Hurd (Waterloo, Ont.: Wilfrid Laurier University Press, 1984), 73-89; H. Maccoby, *The Mythmaker: Paul and the Invention of Christianity* (London: Weidenfeld & Nicholson, 1986); H.-W. Kuhn, "Der irdische Jesus bei Paulus als traditionsgeschichtliches und theologisches Problem," *ZTK* 67 (1970): 295-320; F. Neirynck, "Paul and the Sayings of Jesus," in *L'Apôtre Paul: Personnalité, style et conception du ministère*, ed. A. Vanhoye, BETL 73 (Leuven: Leuven University Press, 1986), 265-321; P. Richardson and P. Gooch, "Logia of Jesus in 1 Corinthians," in *The Jesus Tradition outside the Gospels*, ed. D. Wenham, Gospel Perspectives 5 (Sheffield: JSOT Press, 1985), 39-62; H. N. Ridderbos, *Paul and Jesus* (Philadelphia: Presbyterian & Reformed, 1958); A. Schlatter, *Jesus und Paulus: Eine Vorlesung und einige Aufsätze* (Stuttgart: Calwer, 1961); C. H. H. Scobie, "Jesus or Paul? The Origin of the Universal Mission of the Christian Church," in Richardson and Hurd, *From Jesus to Paul*, 47-60; D. P. Stanley, "Pauline Allusions to the Sayings of Jesus," *CBQ* 23 (1961): 26-39; P. Stuhlmacher, "Jesustradition im Römerbrief?" *TBei* 14 (1983): 240-50; C. M. Tuckett, "1 Corinthians and Q," *JBL* 102 (1983): 607-18; N. Walter, "Paul and the Early Christian Jesus-Tradition," in Wedderburn, *Paul and*

1971년에 던건(D. L. Dungan)은 바울이 고린도 교회로 보내는 서신에서 예수의 가르침을 암시적으로 사용하는 모습은 고린도 교회 회중이 이미 예수 전승에 대해 가르침을 받았다는 점을 드러낸다고 주장했다.[114] 이보다 더 야심찬 주장을 펼친 복음주의 학자로는 김세윤(Seyoon Kim)과 데이비드 웬함(David Wenham)이 있는데, 이 두 학자는 예수가 바울에 미친 영향과, 예수와 바울 사이의 연속성이 우리가 종종 생각하는 것보다 더 크다는 것을 증명하고자 했다.[115] 김세윤과 웬함은 예수 전승에 대한 바울의 지식을 가늠해보면서(바울이 자신의 서신에 예수의 말씀을 직접 인용하는 경우가 거의 없으므로 이는 힘든 작업이다), 동시에 (특히 웬함의 경우) 예수와 바울의 신학을 다음과 같은 다양한 주제를 바탕으로 비교한다. 즉 하나님 나라, 예수의 정체성, 예수의 죽음, 교회의 사역과 본질, 윤리, 종말론이다. 이런 비교 작업은 더 큰 어려움이 있는데, 왜냐하면 예수가 우리에게 어떤 문헌도 남기지 않았기 때문이다. 김세윤과 웬함의 연구 결과는 바울의 신학적 이해가 예수의 가르침에 가깝고, 나아가 양립 가능하다는 것이다.

Jesus, 51-80; A. J. M. Wedderburn, "Paul and Jesus: The Problem of Continuity," in Wedderburn, *Paul and Jesus*, 99-115; D. Wenham, "Paul's Use of the Jesus Tradition: Three Samples," in Wenham, *The Jesus Tradition*, 7-37; idem, "The Story of Jesus Known to Paul," in Green and Turner, *Jesus of Nazareth*, 297-311; S. G. Wilson, "From Jesus to Paul: The Contours and Consequences of a Debate," in Richardson and Hurd, *From Jesus to Paul*, 1-21; Witherington, *Jesus, Paul and the End of the World* (Downers Grove, Ill.: InterVarsity, 1992).

114 D. L. Dungan, *The Sayings of Jesus in the Churches of Paul* (Oxford: Blackwell, 1971).

115 S. Kim, "Jesus, Sayings of," in Hawthorne, Martin, and Reid, *Dictionary of Paul and His Letters*, 474-92; D. Wenham, *Paul: Follower of Jesus or Founder of Christianity?* (Grand Rapids: Eerdmans, 1995). 참조. Roetzel, *Paul: The Man and the Myth*, 95-96. 현재 S. Kim의 소논문은 그의 저서 *Paul and the New Perspective: Second Thoughts on the Origin of Paul's Gospel* (Grand Rapids: Eerdmans, 2002), 제8장, 259-92에 등장한다.

예수가 바울에 미친 영향과, 바울이 예수의 가르침에 의존한 직접적인 근거 확립은 언제나 위태롭다. 몇몇 추정되는 병행 구절은 바울이 예수의 가르침에 직접 영향을 받았다기보다는 동일한 문화의 공유로 인해 발생하거나 초기 기독교 전승에 대한 바울의 지식에서 연유한 것으로 볼 수 있기 때문이다. 그리고 웬함은 어떤 차이점에 관해 과소평가하는 경향을 보일 수도 있다.[116] 그러나 이런 연구를 통해 바울이 막대한 분량의 예수의 말씀을 알고 있었고, 이 말씀에 의존했음이 밝혀졌을지라도, 여전히 수수께끼인 것은 바울이 주님으로 모시는 예수의 가르침에 대한 자신의 의존을 고백하기를 왜 꺼릴까에 대한 의문이다. 바울은 자신의 윤리적 사고에 대한 원천으로서 예수보다 구약성서를 더 인정하는 것처럼 보인다. 비록 바울이 관련 구약성서 내용을 십자가에 못 박히고 부활한 예수와, 예수의 이름으로 모인 새 공동체의 관점에서 재해석하고 있지만 말이다. 바울은 마치 예수의 삶과 구약성서를 각각 따로 읽지 않고 같이 읽음으로써 상호 해석과 상호 변화를 시도하고 있는 것 같다.[117]

116 관련 논의는 D. Wenham의 *Paul*에 관한 Morna Hooker의 서평(2000년 6월 26일 *RBL* [online: http://www.bookreviews.org/pdf/2245_1403.pdf])을 보라. 대조 내용 가운데서, 우리는 예수의 가르침이 회개와 하나님의 뜻에 대한 순종, 그리고 마지막 때에 집중하고 있는 반면, 바울의 선포는 예수의 십자가 죽음, 그리고 부활을 통한 그의 신원에 초점을 맞추고 있음을 본다.

117 Hays도 *Echoes of Scripture*, 157, 168, 그리고 다른 여러 부분에서 이와 유사한 주장을 펼친다.

이상하게도 친숙한: 바울 공동체의 형성

최근 수십 년간 등장한 여러 학제 간 협력 중 하나인 신약성서의 사회과학적 접근으로 인해, 로마 시대 초기 교회에 작용했던 사회적 힘과 구조에 대한 엄격한 분석이 장려되어왔다.[118] 바울 공동체를 일련의 동시대 집단 및 조직, 예를 들어 로마 시대 가정, 자발적 협회, 회당, 철학 혹은 수사학 학파 등과 체계적으로 비교한 최초의 학자 중에는 웨인 믹스(Wayne Meeks)가 포함된다. 우리는 믹스가 정리한 목록에 고대의 밀교를 비호했던 비밀 결사를 추가할 수 있다.[119]

많은 학자가 위에 언급한 집단 중 어느 하나를 바울 교회의 형성과 정체성 이해에 가장 좋은 모델이라고 옹호해왔다. 이미 1975년에 존 게이저(John Gager)는 디아스포라 회당의 구조가 초기 기독교의 구약성서 사용, 지도력, 전례, 그리고 사회 체제를 설명하는 데 유용함을 발견했다. 더 최근에 제임스 버트첼(James Burtchaell)과 주디스 리우(Judith Lieu)는 바울 교회의 형성에 있어 유대교 회당이 지닌 중요성을 보여주었다. 버트첼은 바울 공동체의 전례를 집전하는 이들에게서 유대교 회당과 관련된 연속성을 발견한다. 반면에 리우는 초기 교회의 유대교 회

118 1980년대 초반에 사회과학적 비평과 관련한 중요한 세 연구가 거의 동시에 등장했는데, 다음과 같다. G. Theissen, *The Social Setting of Pauline Christianity: Essays on Corinth* (Philadelphia: Fortress, 1982); W. A. Meeks, *The First Urban Christians: The Social World of the Apostle Paul* (New Haven: Yale University Press, 1983); A. J. Malherbe, *The Social Aspects of Early Christianity*, 2nd rev. ed. (Philadelphia: Fortress, 1983). 이후 관련 주제의 발전에 대한 연구에 대해서는 다음을 보라. C. Osiek, *What Are They Saying about the Social Setting of the New Testament?* 2nd ed. (New York: Paulist Press, 1992).

119 다음을 보라. R. S. Ascough, *What Are They Saying about the Formation of Pauline Churches?* (New York: Paulist Press, 1998).

당적 구조(synagogal matrix)가 많은 이방인 "하나님 경외자"를 기독교로 개종시키는 데 기여했다고 주장한다.[120] 이런 주장들과 더불어, 마크 나노스(Mark Nanos)는 다음과 같은 도발적 주장을 펼친다. 즉 로마서는 대부분 이방인 그리스도인들에게 쓰고 있는데, 이들은 비그리스도인인 유대교 회당 집단에 끊임없이 합류하려 했다는 것이다. 그러나 나노스의 주장은 회당과 회당 지도부가 로마 교회에 미친 영향이 복음이 자리를 잡은 이후 한동안 지속되었을 경우에만 성립한다.[121]

바울이 철학 학파의 관점에서 기독교를 태동시켰다는 생각은 저지(E. A. Judge)가 제안했는데, 그는 바울의 추종자들을 학회에 비유하고, 바울을 순회 소피스트에 비유했다. 순회 소피스트의 강연은 공공장소에서 이미 활발히 진행 중인 담론에 기여하고 있었다.[122] 비슷한 시기에 한스 콘첼만의 제안에 의하면, 우리는 바울이 아마도 가장 유력한 장소

120 J. G. Gager, *Kingdom and Community: The Social World of Early Christianity* (Englewood Cliffs, N.J.: Prentice-Hall, 1975); J. T. Burtchaell, *From Synagogue to Church: Public Services and Offices in the Earliest Christian Communities* (New York: Cambridge University Press, 1992); J. M. Lieu, "Do God-Fearers Make Good Christians?" in *Crossing the Boundaries*, ed. S. E. Porter, P. Joyce and D. E. Orton, BIS 8 (Leiden: Brill, 1994), 329-45. 기원후 1세기 유대교 내의 "하나님 경외자들"(참조. 행 10, 13, 16-18장)의 범주 관련 논쟁에 대해서는 다음을 보라. J. A. Overman and R. S. MacLennan, eds., *Diaspora Jews and Judaism*, SFSHJ 41 (Atlanta: Scholars Press, 1992).

121 M. Nanos, "The Jewish Context of the Gentile Audience Addressed in Paul's Letter to the Romans," *CBQ* 61 (1999): 283-304; *The Mystery of Romans: The Jewish Context of Paul's Letter* (Minneapolis: Fortress, 1996), 75, 84, 85-165. 결국 Nanos의 제안은 합의된 견해를 벗어난다. J. D. G. Dunn(*Romans*, 2 vols., WBC 38A—B [Dallas: Word, 1988], 1:liii)의 설명에 의하면, 이 합의된 견해는 다음과 같다. 즉 로마의 그리스도인들과 "더 넓은 범위의 유대교 공동체는 아직 서로 완전히 구별되지 않았다"는 것이다.

122 E. A. Judge, "The Earliest Christians as a Scholastic Community," *JRH* 111 (1960): 4-15. 다음도 보라. idem, *The Social Pattern of Christian Groups in the First Century: Some Prolegomena to the Study of New Testament Ideas of Social Obligation* (London: Tyndale, 1960).

인 에베소에서 "실제 학파"를 세워 동역자들의 훈련 및 예수 운동의 증진을 도모했다고 생각해야 한다.[123] 더 최근에, 그리고 더 설득력 있게, 맬허브(Malherbe)의 제자였던 스탠리 스토워스(Stanley Stowers)는 다음과 같이 주장했다. 즉 로마서의 비판적이고 교육적인 문체를 볼 때, 바울은 철학 학파들의 사제 간 관계를 바탕으로 그의 공동체를 형성했다는 것이다.[124] 한편 데이비드 오니(David Aune)와 앤서니 게라(Anthony J. Guerra)의 분류에 의하면, 로마서(혹은 로마서의 중심 부분)는 바울의 독자들(곧 로마에 있는 그의 "학파"에 속하는)에게 그리스도인의 삶을 권면하기 위해 기록된 설교 서신(protreptic letter)이다.[125] 러브데이 알렉산더도 철학 학파 모델이 가장 초기의 바울 집단의 특징을 설명하는 데 적합하다고 확신한다. 가장 최근에 트롤스 엥버그-페더슨은 스토아 사상을 모델로 하는 바울의 빌립보 공동체 형성에 관해 주장했다. "바울은 스토아 철학의 현인이 교사로서 학생을 대하듯이 말하고 행동한다."[126]

자발적 협회는 초기 교회와 즐겨 비교되어온 대상이다. 존 클로펜보그(John S. Kloppenborg), 브래들리 맥린(Bradley H. McLean), 웬디 코터(Wendy Cotter)가 1993년에 존 허드(John C. Hurd) 기념 논문집에 기

123 Hans Conzelmann, "Luke's Place in the Development of Early Christianity," in Keck and Martyn, *Studies in Luke-Acts*., 298-316. Conzelmann에게 이런 생각은 제2바울 서신의 출현을 제대로 설명해준다.

124 S. K. Stowers, *The Diatribe and Paul's Letter to the Romans*, SBLDS 57 (Chico, Calif: Scholars Press, 1981). Stowers의 소논문 "The Diatribe," *in Greco-Roman Literature and the New Testament: Selected Forms and Genres*, ed. D. E. Aune, SBLSBS 21 (Atlanta: Scholars Press, 1988), 71-83도 보라.

125 D. E. Aune. "Romans as a *Logos Protreptikos*," in Donfried, *The Romans Debate*, 278-96; A. J. Guerra, *Romans and the Apologetic Tradition: The Purpose, Genre and Audience of Paul's Letter*, SNTSMS 81 (Cambridge: Cambridge University Press, 1995).

126 Engberg-Pedersen, *Paul and the Stoics*, 107.

고한 각 소논문은 자발적 협회와 초기 교회의 연관성을 논하고, 토마스 쉬멜러(Thomas Schmeller)의 논문은 고린도 교회 공동체를 자발적 협회의 관점에서 살피며, 특히 계급, 후원 및 평등주의 문제에 초점을 맞춘다.[127] 아래 표는 바울 공동체와 다른 집단 사이의 주요 유사점과 차이점을 강조하는데, 그중 어떤 것은 논란의 여지가 있다.

표 15.4 바울 공동체 vs 다른 집단: 유사점과 차이점

	유사점	차이점
가정	• 집에서 모임 • 새로운 삶의 방식으로 가정이 변함 • 전체 교회를 의미하는 은유로서 사용됨	• 상응하는 제의 없음 • 가장이 아닌 지도자의 권위 설명 불가 • 가정 교회 간의 유대 설명 불가
자발적 협회	• 자발적 가입 • 부유한 후견인 의존 • 공동 식사를 즐김 • 성과 계급 장벽 초월 • 제의, 관습, 기념행사를 위한 환경 제공	• 교회는 우선적 충성 요구 • 교회는 보다 포괄적이고 개방적이며 다양한 사람들로 이루어짐, 평등적 성향 • 공통 용어 거의 없음 (예. *episkopos, diakonos, ekklēsia*)

127 다음을 보라 B. H. McLean, ed., *Origins and Method: Towards a New Understanding of Judaism and Christianity*, JSNTSup 86 (Sheffield: JSOT Press, 1993). 이 책에 실린 관련 소논문은 다음과 같다. J. S. Kloppenborg, "Edwin Hatch, Churches and Collegia," 212-38; B. H. McLean, "The Agrippinilla Inscription: Religious Associations and Early Church Formation," 239-70; W. Cotter, "Our Politeuma Is in Heaven: The Meaning of Phil. 3:17-21," 92-104. 다음도 보라. T. Schmeller, *Hierarchie und Egalität: Eine sozialgeschichtliche Untersuchung paulinisher Gemeinden und griechisch-römischer Vereine*, SBS 162 (Stuttgart: Katholisches Bibelwerk, 1995); and J. S. Kloppenborg and S. G. Wilson, eds., *Voluntary Associations in the Graeco-Roman World* (New York: Routledge, 1996).

	• 장례 절차 준비 • 회원의 조건과 회원에게 요구되는 사항	• 교회는 더 자주 모임 • 교회는 개종자들의 모임으로 알려짐 • 협회는 지역색이 보다 강함
회당	• 70인역에서 *ekklēsia*는 이스라엘을 의미 • 때로는 개인 가정에서 모임(바울 공동체가 있던 도시에서는 이런 개인	• 공통 용어 거의 부재: 바울은 다음과 같은 용어를 사용하지 않음. *archontes, archisynagōgos,*
	가정 모임의 빈도가 더 낮음) • 전례: 구약성서 낭독 및 해석, 기도, 식사 • 제의: 씻음(참조. 세례), 유월절(참조. 성만찬), 할례 • 논쟁 해결 • 도덕적 참고서/틀: 구약성서	*synagogē* • 교회 후원자들은 "아버지" 혹은 "어머니"로 불리지 않음 • 바울 공동체에서 여성들의 역할은 더 컸음 • 교회는 민족적으로 개념 정의 불가 • 바울 공동체는 할례를 요구하지 않음
고대 밀의 종교	• 자발적 회원 가입 • 회원들에게 약속된 구원 • 가입 의식 중에는 신과 함께 죽고, 부활하는 것이 포함됨(논쟁 중인 문제) • 회원 간의 거룩한 공동 식사	• 공통 용어가 거의 또는 아예 없음 • 밀교는 분명히 배타적 충성을 요구하지 않음 • 밀교는 선교/복음 전파와 무관함
철학 또는 수사학 학파	• 가르침 중심 • 모임과 서신을 통한 도덕적 권면 • 어떤 학파들은 소유를 공유하고 공통의 행동 기준을 갖고 있었음 • 설립자의 가르침을 중심으로 한 연합 강조	• 학파들은 세례, 성만찬, 식탁 교제에 해당하는 종교 의식이나 가입 의식 없었음 • 교회에는 공동 혹은 개별적 제사, 축제, 행렬이 없었음

위와 같은 집단에 대한 지식은 점점 커지고 있으며, 바울의 교회와 다른 사회 집단 간의 많은 일치점도 이해에 도움이 되는 유익한 것으로 증명되었다. 그러나 경계해야 할 몇 가지 내용이 있다. 우선, 에스코우(Ascough)에 의해 확증된 믹스의 연구 결과는 반복할 가치가 있다.

> 어떤…모델도…바울의 **에클레시아**가 지닌 모든 면을 담고 있는 것은 없다. 비록 모든 모델이 중요한 유사점을 제공하지만 말이다. 가정은 다는 아닐지라도 지역을 기반으로 한 대부분의 바울 집단이 확립된 최소 기본 맥락으로 남아 있다. 그리고 자발적 협회의 다층적 삶, 회당의 특별한 도시 생활 적응, 철학 학파들의 조직화된 가르침과 권면 등, 이 모두가 당시 그리스도인들도 직면해야 했던 특정한 문제가 집단을 통해 어떻게 해결되었는지에 대한 예를 제공한다.[128]

둘째, 더 나은 연구들은 교회와 다른 사회 집단 간의 관계를 계보 관계가 아니라 유사한 상호 관계 측면에서 강조하는 경향이 있다. 두 집단 간의 의존 및 계보 관계를 증명하려는 시도보다는 두 집단 간의 유사점을 강조하는 것이 더 안전하다. 셋째, 이런 비교 연구의 가치는 결코 유사점에만 국한되지 않는다. 초기 교회의 독특한 측면(예. 교회의 선교 열정)은 이런 연구를 통해 더 분명히 드러난다. 넷째, 바울의 모든

128 Meeks, *The First Urban Christians*, 84. 다음도 보라. idem, "Breaking Away: Three New Testament Pictures of Christianity's Separation from the Jewish Communities," in *"To See Ourselves as Others See Us": Christians, Jews, "Others" in Late Antiquity*, ed. J. Neusner and E. S. Frerichs (Chico, Calif.: Scholars Press, 1985), 93-115. 여기에서 Meeks는 가정이 바울 공동체 형성에 미친 역할을 강조한다(그리고 디아스포라 회당의 역할은 대수롭지 않게 여긴다). R. Ascough도 이와 마찬가지로 다음과 같이 말한다.

교회가 같은 방식으로 형성되었다고 가정하거나, 한 공동체(특히 고린도 교회)의 본질적 특징을 근거 없이 다른 모든 공동체에 부과하는 것은 무책임한 행위다.[129] 마지막으로, 초기 바울 공동체를 형성하는 데 기여한 다른 문화적 요소가 무엇이었든지, 우리는 바울 서신을 반드시 포함해야 한다. 바울의 적대자들조차 바울의 편지가 공동체 형성에서 본질적으로 지속적이고 야심찬 노력임을, 그리고 바울의 윤리적 사고의 기본 맥락이 바로 기독교 공동체임에 동의해야 했다.[130]

핵심 단어: 바울 서신과 첫 수신자들

진정한 바울 서신의 배경과 정황을 바울의 생애 안에서 생각해볼 차례다. 아래 표에서 볼 수 있듯이, 바울 서신의 상대적 저술 시기에 관한 합의는 아직 이루어지지 않고 있다.[131]

"가정은 종종 교회 형성의 기본 세포 역할을 했고, 교회 발전의 핵심 요소였다." 그러나 "어느 한 모델을 통해 바울의 기독교 공동체의 모든 측면을 적절히 설명하는 것은 불가능하다"(*Formation of Pauline Churches*, 9, 95).

129 이 점에 대해서는 다음을 보라. Ascough, *Formation of Pauline Churches*, 95-99; J. Z. Smith, *Drudgery Divine: On the Comparison of Early Christianities and the Religions of Late Antiquity* (Chicago: University of Chicago Press, 1990).

130 공동체 형성 수단으로서의 바울 서신에 대해서는 다음을 보라. R. B. Hays, "Ecclesiology and Ethics in 1 Corinthians," *Ex Auditu* 10 (1994): 31-43; idem, *The Moral Vision of the New Testament: A Contemporary Introduction to New Testament Ethics* (San Francisco: HarperSanFrancisco, 1996), 18-72; R. Banks, *Paul's Idea of Community: The Early House Churches in Their Historical Setting* (Grand Rapids: Eerdmans, 1980); J. P. Sampley, *Walking between the Times: Paul's Moral Reasoning* (Minneapolis: Fortress, 1991).

131 다음을 보라. F. F. Bruce, *Paul: Apostle of the Heart Set Free*, 475; R. A. Jewett, *A Chronology of Paul's Life* (Philadelphia: Fortress, 1979); Lüdemann, *Paul: Apostle to*

표 15.5 바울 서신의 저술 시기 제안

<table>
<tr><th>년도</th><th>브루스 (F. F. Bruce) (1977)</th><th>쥬웻 (R. A. Jewett) (1979)</th><th>뤼데만 (G. Lüdemann) (1984)</th><th>라이케 (B. Reicke) (1987/2001)</th><th>돈프리드 (K. Donfried) (1992)</th><th>위더링턴 (B. Witherington) (1998)</th><th>로첼 (C. Roetzel) (1999)</th></tr>
<tr><td>41</td><td></td><td></td><td>데살로니가 전서</td><td></td><td></td><td></td><td></td></tr>
<tr><td>46</td><td></td><td rowspan="3">데살로니가 전후서</td><td></td><td></td><td rowspan="4">데살로니가 전서 (기원후 36-50년 사이)</td><td></td><td></td></tr>
<tr><td>47</td><td></td><td>예루살렘 공회</td><td></td><td></td><td>예루살렘 공회</td></tr>
<tr><td>48</td><td>갈라디아서?</td><td></td><td></td><td></td><td></td></tr>
<tr><td>49</td><td>예루살렘 공회</td><td rowspan="3">예루살렘 공회</td><td>고린도전서</td><td>예루살렘 공회</td><td>갈라디아서</td><td></td></tr>
<tr><td>50</td><td>데살로니가 전후서</td><td>고린도후서 1-9장, 고린도후서 10-13장, 갈라디아서</td><td></td><td>예루살렘 공회</td><td>예루살렘 공회</td><td rowspan="2">데살로니가 전서</td></tr>
<tr><td>51</td><td></td><td rowspan="2">로마서</td><td></td><td rowspan="4">갈라디아서, 빌립보서, 빌레몬서,</td><td rowspan="2">데살로니가 전후서</td></tr>
<tr><td>52</td><td></td><td rowspan="3">갈라디아서</td><td>데살로니가 후서</td><td>갈라디아서</td></tr>
<tr><td>53</td><td></td><td></td><td>데살로니가 전서</td><td>고린도전서</td><td></td></tr>
<tr><td>54</td><td></td><td></td><td></td><td></td><td>고린도전서</td></tr>
</table>

the Gentiles, 262-63; Reicke, *Re-examining Paul's Letters* (1987년 Reicke의 사망 후 2001년에 출간됨); K. P. Donfried, "Chronology: New Testament," *ABD* 1:1016-22; Witherington, *The Paul Quest*, 304-31; Roetzel, *Paul: The Man and the Myth*, 182-83. Lüdemann은 다른 저술 시기(더 늦은 시기에 일어난 예수의 십자가 처형을 바탕으로 하는)를 제안하는데, 그는 각각의 저술 시기에 3년을 더하고 있다. 어떤 경우에 학자들은 불확실성으로 인해 서신 저술의 시기를 수년의 범위로 상정해왔다. 이 표에서는 이런 수년 범위를 표기하기 어려운 서신일 경우, 제안된 저술 시기 중 가장 이른 시기를 선택하고 있다.

55	고린도 전후서	빌립보서, 고린도 전후서		갈라디아서	고린도전서, 고린도후서, 로마서	고린도후서	고린도후서 10-13장, 빌립보서, 빌레몬서
56		빌레몬서, 골로새서		고린도전서, 디모데전서		로마서	고린도후서 1-9장, 로마서
57	로마서	로마서		고린도후서			
58				로마서, 디도서			
59				빌레몬서, 골로새서, 에베소서			
60	에베소서, 골로새서, 빌립보서, 빌레몬서?			디모데후서		골로새서, 빌레몬서, 빌립보서, 에베소서?	
61				빌립보서			
62							
65	디모데 전후서, 디도서?					디모데전후서, 디도서 (기원후 68년까지 가능)	

놀랍게도 바울 서신의 연대 논쟁에서 기록 시기를 제한할 고정된 시점이 거의 없다. 우리는 클라우디우스 황제의 칙령으로 유대인들이 로마에서 쫓겨난 사건(기원후 49년?)[132]과 더불어 갈리오가 아가야 지역 총독으로 임명받은 사건(기원후 51-52년)[133]을 고려해야 한다. 그러나 이

132 아래 각주 136을 보라.

133 행 18:12-17에 의하면, 바울은 고린도에서 갈리오와 대면했다. 이는 바울의 2차 선교 여행의 시기를 결정해준다.

두 사건을 제외하고 나면, 우리는 바울 서신과 사도행전 본문에 담긴 증거만을 갖고 씨름해야 한다. 바울 서신과 사도행전 본문에 나오는 증거로는 갈라디아서 1-2장에 언급된 사건의 순서, 아레타스의 통치 기간에 바울이 다메섹에서 탈출하는 사건(고후 11:32-33)을 포함하여 고린도후서 6, 11, 12장의 바울의 수난 내용, 바울의 헌금 모금에 대한 암시, 언어학적 변화가 있다. 그리고 이런 내적 증거에 대한 다양한 해석은 빈번히 발생한다. 다행인 것은, 서신의 상대적 기록 장소와 시기에 대한 합의가 거의 없더라도 서신의 정황, 사회적 맥락, 그리고 특정 서신의 수신에 대한 연구는 진행이 가능하다는 점이다. 지면의 제약으로 우리는 단 두 서신과 관련하여, 오랫동안 지속되고 여전히 활발하게 논의되는 주제들을 다루어보고자 한다.

로마서 논쟁

로마서에서 바울 자신의 증언을 보면, 그가 이제껏 로마를 방문한 적이 없고(15:22-23; 1:8-15), 스페인 선교를 위해 로마 교회 성도들에게 물질 지원을 요청하고 있으며(15:24, 28b, 32), 고린도를 거쳐 로마로 오는 길에 예루살렘에 들러 가난한 자들에게 귀한 헌금을 전달하려고 계획하고 있음을 분명히 알 수 있다(15:25-32; 참조. 갈 2:10). 바울의 기도 요청(15:30-31)은 그의 이방인 선교에 적법성 문제를 제기하는 예루살렘의 적대자들로 인해 이 구제 헌금이 받아들여지지 않을지도 모른다는 바울의 두려움을 드러낸다(15:31). 이는 우리가 분명히 말할 수 있는 부분이다. 그런데 왜 바울은 로마서에서 복음(1:16), 하나님의 의(1:17; 3:5, 21), 칭의(5:1), 율법(7:1-8:4), 이스라엘(9:1-11:36), 그 외의 다른 주제를 장황하게 다루고 있는 걸까? 로마에 이미 존재하는 교회에 자신이 전하는 메시지의 핵심을 "상기시키는" 것이 바울의 유일한 목적이었을까(15:15)? 샘플리(J. P. Sampley)의 질문을 빌리면, "로마서의 분량이 그토록 긴 이유는 무엇일까?"[134]

우리는 최근 수년간 로마서를 당시 수도인 로마의 정치·종교적 상황에 비추어 읽으려는 학문적 경향의 증가를 목격해왔다.[135] 가장 널리 알려진 주장에 의하면, 클라우디우스 황제가 로마에서 유대인을 추방한 일(기원후 49년)로 인해[136] 이방인이 대부분인 교회가 로마에 탄생하게 되었고, 이 공동체는 로마에 남아 있던 유대인들을 점점 더 무시하는(또는 유대인을 향해 적대적인) 태도를 지니게 되었다(참조. 11:13-24).

134 J. P. Sampley, "Romans in a Different Light," in Bassler et al., *Pauline Theology*, 3:117.

135 이런 견해는 로마서를 바울 신학의 추상적 요약으로 이해하는 이전의 경향에 정면으로 대치된다. Günther Bornkamm을 특히 주목해야 하는데, 그가 1963년에 발표한 "The Letter to the Romans as Paul's Last Will and Testament"는 현재 Donfried의 *The Romans Debate*, 16-28에서 확인 가능하다. H. D. Betz("Paul," *ABD* 5:198)는 Bornkamm의 주장에 동조한다. 유사하게 Jacob Jervell은 1971년에 발표한 "The Letter to Jerusalem"(이 소논문도 Donfried의 *The Romans Debate*, 53-64에서 확인 가능)에서 다음과 같이 주장했다. 즉 로마서는 바울이 그의 구제 헌금과 함께 예루살렘에 전달하고자 계획했던 설교 본문을 우리에게 제공하고 있다는 것이다.

136 이 추방 시기도 분명히 논쟁의 여지가 있다. 다음의 세 문헌이 이 사건을 증언한다. 행 18:2; Suetonius, *Claudius* 25.4(기원후 2세기); Orosius, *Historiarum adversum paganos libri* 7.6.15-16(기원후 5세기). 그러나 Suetonius는 추방 시기를 언급하지 않으며, Orosius는 Josephus를 통해 이 사건을 인지하고 있음을 주장하지만, Josephus의 저술 어디에도 관련 내용이 존재하지 않는다. 기원후 49년을 추방 발생 시점과 연결하는 증거는 F. F. Bruce, "The Romans Debate—Continued," in Donfried, *The Romans Debate* 177-81에 잘 요약되어 있다. G. Lüdemann(*Paul, Apostle to the Gentiles*, 6-7)은 Claudius 황제가 기원후 41년에 공포하고 Dio Cassius(*Historiae Romanae* 60.6.6)가 묘사하는 칙령과 이 추방을 동일 사건으로 보기 원한다. 위 세 문헌의 추방 관련 내용을 절충하는 데 반대하고, 로마서의 정황 규명과 관련하여 Claudius 황제 칙령이 지닌 가치에 반대하는 주장은 다음과 같다. D. Slingerland, "Suetonius *Claudius* 25.4, Acts 18, and Paulus Orosius's *Historiarum adversum paganos libri VII*: Dating the Claudian Expulsion(s) of Roman Jews," *JQR* 83 (1992): 127-44; M. Nanos, *The Mystery of Romans*, 372-87.

기원후 54년 네로 황제가 집권한 지 얼마 후 브리스길라와 아굴라 같은 유대인들이 로마로 돌아왔을 때(16:3-5; 고전 16:19; 행 18:2), 이들을 바라보는 시선은 곱지 않았다. 그동안에 율법에서 자유로운 이방인 그리스도인들은 로마로 되돌아온 유대인 그리스도인들을 의심하기 시작했다. 그러나 이런 견해에 반대하는 다음과 같은 의견에 주목해야 한다. 즉 (1) 로마에서 유대인을 추방한 시기와 추방당한 유대인의 범위가 아직 논쟁 중에 있으며, (2) 로마서 14:1-15:13의 약한 자와 강한 자가 각각 유대인 그리스도인들과 이방인 그리스도인들과 잘 맞아 떨어지는지 분명하지 않고,[137] (3) 어쨌든 이런 주장은 로마서의 나머지 부분을 설명하는 데 애를 먹는다는 것이다.

거의 분명한 사실은 로마서에 담긴 바울의 사고가 복잡하다는 점이다. 웨더번(A. J. M. Wedderburn)은 바울이 다루는 로마서의 수신자들이 (대부분) 이방인 신도로, 그중에는 유대교로 전향한 이방인 신도들(이들에게 율법에서 자유로운 바울의 복음과 이방인 신자들의 헌금은 도덕률 폐기로 비춰졌다)에서부터, 유대교적인 모든 것을 멸시하면서 교회가 이스라엘에 지고 있는 영적 빚을 부정하고 승리주의에 도취된 이방인 신도들이 존재했다.[138] 이와 유사하게, 라이트는 로마서가 로마 교회의 내부 문제

137 M. Reasoner(*The Strong and the Weak: Romans 14:1—15:13 in Context*, SNTSMS 103 [Cambridge: Cambridge University Press, 1999])는 바울이 사용하는 "강한 자/약한 자" 용어를 통해 로마 사회 내에서의 지위와 명예에 관한 의미를 감지한다(그러나 그는 이방인 그리스도인들이 대개 강한 자에 속하며, 양심의 가책을 느끼는 유대인 그리스도인들은 대개 약한 자에 속하고 있음을 발견한다). idem, "The Theology of Romans 12:1—15:13," in Bassler et al., *Pauline Theology*, 3:288-90, 297-98도 보라. M. Nanos(*The Mystery of Romans*, 143)는 이와 달리 약한 자들이 "예수를 이스라엘의 그리스도 혹은 열방의 구주로 아직 믿지 않는 유대인들"이라고 본다. 즉 "그들은 로마에 있는 비기독교 유대인들"이라는 것이다. 참조. Idem, "Jewish Context of the Gentile Audience," 283-304.

를 다루고 있을 뿐만 아니라, 바울이 로마서를 기록한 목적은 로마 교회의 절대 다수를 이루는 이방인 회중이 그의 선교 전략과 메시지를 받아들이도록 만들기 위해서라고 주장한다.

> 로마를 자신의 새로운 전략 기지로 삼으려 할 때, 항상 존재했던 위험은…당시 로마에 존재했던 반유대교 정서로 인해 이방인 그리스도인들이 유대인들을 기독교 교제 대상에서 제외할 뿐만 아니라, 유대인을 포함한 선교를 하찮게 여길 수 있다는 우려였다. 따라서 바울은 "먼저는 유대인에게요 그리고 동일하게 헬라인에게도 주어진" 복음에 대해 주장하고 싶었던 것이다.[139]

어쩌면 로마서 논쟁의 교훈은 역사적 실재가 어떤 학문적 복원보다 거의 언제나 더 엉망진창이면서 더 흥미롭다는 점일 것이다.

고린도 서신과 바울의 적대자들

바울의 적대자들에 관한 학문적 매력은 F. C. 바우어로 거슬러 올라간다. 바우어의 주장에 따르면(비록 이 주장이 성공하지 못했지만), 초기 기

138 A. J. M. Wedderburn, "The Purpose and Occasion of Romans Again," in Donfried, *The Romans Debate*, 200-202. 참조. D. J. Moo, *The Epistle to the Romans*, NICNT (Grand Rapids: Eerdmans, 1996); T. R. Schreiner, *Romans*, BECNT (Grand Rapids: Baker, 1998), 15-23; Dunn, *Romans*, 1:lv-lviii.

139 N. T. Wright, "Romans and the Theology of Paul," in Bassler et al., *Pauline Theology*, 3:35. 이 주장에 덧붙여 Wright는 바울의 로마서 안건에 관해 더 광범위한 정치적 측면을 다음과 같이 언급한다. 즉 "왕이신 예수를 통해 하나님의 의(*dikaiosynē*)가 드러난다는 바울의 선포는 제국주의적 허세에 관한 의도적 도전으로 이해되어야 한다"("Paul's Gospel and Caesar's Empire," in Horsley, *Paul and Politics*, 172).

독교는 베드로 진영 즉 율법을 지지하는 예루살렘 기반 세력과, 바울 진영 즉 율법에서 자유로운 디아스포라 진영 사이의 열띤 대립 속에서 위조되었다.[140] 더 최근의 제안은 바우어의 주장보다 훨씬 설득력이 높지만, 바우어의 다음과 같은 논점은 대부분 인정할 수밖에 없다. 즉 초기 그리스도인들은 요란하고 분열되어 있었으며 바울의 복음과 그의 사도직은 자주 맹렬한 반대에 부딪쳤다는 것이다.[141] 갈라디아서와 함께 고린도서는 우리가 바울의 논쟁 상대와 그들의 잃어버린 세계관을 엿볼 수 있는 최고의 자료라 할 수 있다. 많은 학자가 (다양한 신뢰도와 구체성을 가지고) 자주 언쟁이 오가는 바울과 고린도 공동체의 관계를 상세히 관찰해왔다. 이와 관련하여 예를 들면 다음과 같다.[142]

1. 바울은 실루아노, 디모데와 함께(고후 1:19) 1년 반 동안 고린도에서 설교하며 지냈고(기원후 50-52년), 그곳에 교회를 세웠다(행 18:1-18). 사도행전 18:12에 따르면, 바울의 고린도 방문은 갈리오의 지방 총독 재임 기간과 겹친다(기원후 51년 7월부터 52년 6월까

140 Bauer의 중요한 소논문 "The Christ-party in the Corinthians Church, the Opposition of Petrine and Pauline Christianity in the Primitive Church, the Apostle Peter in Rome"은 1835년에 *Tübinger Zeitschrift für Theologie*에 게재되었다. 물론 Bauer가 "적대자들" 논쟁의 창시자는 아니지만, Archimedes 관점에서 초기 기독교를 논한 최초의 인물이다. Bauer 이전 및 이후의 발전에 대해서는 E. E. Ellis, "Paul and His Opponents: Trends in the Research," in *Prophecy and Hermeneutic in Early Christianity* (Grand Rapids: Eerdmans, 1978), 80-115을 보라.

141 Dieter Georgi(*The Opponents of Paul in 2 Corinthians* [Philadelphia: Fortress, 1986], 2)는 다음과 같이 긍정적으로 언급한다. "Baur가 언급한 문제는 시간이 많이 지났고 반대 의견을 지닌 자들에게 맹렬한 공격이 가해졌음에도 불구하고 지금도 여전히 존재한다.

142 기본 주석서와 개론서 외에 J. M. Gilchrist, "Paul and the Corinthians: The Sequence of Letters and Visits," *JSNT* 34 (1988): 47-69을 보라.

지).[143] 이 기간에 바울은 외부에서 재정 지원을 받아(빌 4:14-16) 자신이 직접 번 수입에 보탠다(고전 9:3-18). 그러나 고린도 교회 성도로부터는 단 한 푼도 도움을 받지 않는다(고전 9:12, 15-18; 고후 11:7-9).

2. 바울은 고린도 교회에 자신의 (지금은 분실되어 없는) "이전 편지"를 보낸다. 그런데 이 편지는 부분적으로 잘못 이해되었거나 무시되었다(고전 5:9-13).[144]
3. 글로에의 집 사람들이[145] 바울에게 와서 고린도 교회의 문제에 대해 알려준다(고전 1:11-12; 5:1-2; 11:18).
4. 뒤이어 스데바나, 브드나도, 아가이고를 포함한 대표단이 새로운 소식과 선물(고전 16:17), 바울의 답변을 강요하는 질문 그리고/또는 반론이 담긴 고린도 교회의 편지를 들고[146] 에베소에 도착한다

143 G. Lüdemann의 주장을 추종하는 학자들은 거의 없는데, 그는 바울의 첫 고린도 방문 시기를 기원후 41년으로 주장하면서 바울이 갈리오에게 재판받은 사건의 역사성을 부정한다(*Paul, Apostle to the Gentiles*, 160).

144 J. C. Hurd와 W. Schmithals에 이의를 제기하면서, V. P. Furnish(*2 Corinthians*, AB 32A [New York: Doubleday, 1984], 27, 371-83)는 고후 6:14-7:1에 분실된 서신 일부가 실려 있다는 주장이 얼마나 가능성이 떨어지는지 입증해보였다.

145 G. Theissen(*Social Setting of Pauline Christianity*, 92-94)에 의하면, "글로에의 집 사람들"은 아마도 노예 혹은 종속 노동자였을 것이다. 글로에가 과부였다면, 실제 가족은 그들 아버지의 이름을 취했을 것이다. 따라서 이들은 고린도 교회의 하부 구성원으로, 바울이 에베소에서 장사를 하는 동안 그와 잠깐 관계를 맺었을 것이다. G. D. Fee(*The First Epistle to the Corinthians*, NICNT [Grand Rapids: Eerdmans, 1987])는 이와 달리 다음과 같이 제안한다. 즉 글로에의 집 사람들은 아시아의 재력 있는 여성 사업가의 대리인들이었지만, 고린도 교회 출신은 아니었다. 왜냐하면 바울과 고린도 교회 모두 교회 구성원들을 해당 문제의 공정한 증인으로 인정할 수 없었기 때문이다. J. Hurd, *The Origin of 1 Corinthians* (1965; reprint, Macon, Ga.: Mercer University Press, 1983), 48도 보라.

146 Fee(*First Epistle to the Corinthians,* 6-11)의 주장에 의하면, 고린도 교회가 바울에게 보낸 편지는 몇몇 부분에 있어서 바울에게 "상당한 이의"를 제기했다.

(고전 7:1).

5. 바울은 고린도전서를 에베소에서 기록하는데, 아마도 기원후 53년에서 56년 사이에 썼을 것이다(고전 16:5-9; 행 19:1-41 [22절]; 20:1-3). 고린도전서를 전달한 사람은 디모데(고전 16:10; 행 19:22), 또는 디도였을 것이다. 아니면(고전 16:17-18이 추천서처럼 들리기 때문에) 스데바나, 브드나도, 아가이고가 고린도로 돌아가는 여행에서 편지를 전달했을 수도 있다.
6. 디모데가 실제로 고린도전서를 전달한 사람이 아니었더라도, 그는 적대자 집단에 반대하고 고린도 교회 안에서 바울의 입장을 강화하기 위해(고전 4:17; 16:10-11) 고린도전서가 전달된 직후 고린도에 도착해야 했다(고전 4:18).
7. 바울은 "슬픔 중에" 짧게 고린도를 방문한다(고후 2:1-2, 12:21). 그 다음 근심 중에 에베소로 돌아온다.
8. 바울은 마게도냐에 잠시 머문뒤 고린도로 돌아가려 하지만(고후 1:16), 계획이 변경되어 고린도 재방문이 무산되고, 이로 인해 그의 신용에 의문을 제기할 수 있는 이유를 제공하게 된다(고후 1:15-2:1).
9. 고린도를 방문하는 대신(고후 1:23; 2:1), 바울은 "눈물의" 혹은 "엄한" 편지(고후 10-13장을 의미할 수 있음[147])를 고린도 교회에 발송하

147 이 "엄한" 편지는 전통적으로 고린도전서와, 이 편지에 언급된 위기는 고전 5:1-5(참조. 고후 2:5-11; 7:12)의 노골적 범법자와 연관되었다. 그러나 오늘날 학자들은 이 편지를 고후 10-13장과 연결하거나 이 편지가 분실되었다고 주장(이 주장이 더 설득력이 있음)하는 경향이 있다. "엄한" 편지와 고후 10-13장을 연결하는 연구는 다음과 같다. D. G. Horrell, *The Social Ethos of the Corinthian Correspondence: Interests and Ideology from 1 Corinthians to 1 Clement* (Edinburgh: Clark, 1996); H. D. Betz, "Corinthians, Second Epistle to the," *ABD* 1:1149; Georgi, *Opponents of Paul*, 9-14; B. L.

여 그의 적대자들을 향한 반격에 나선다(고후 2:4; 7:8).

10. 디도는 마게도냐에 있는 바울에게 바울의 편지가 소기의 목적을 달성했다고 전한다(고후 7:6-16).

11. 바울은 화해를 도모하는 내용의 고린도후서 1-9장을 작성한다.[148]

12. 바울은 자신이 기록해놓은 서신(고후 8:6, 16-24; 9:3-4; 12:17-18)을 가지러 온 디도와, 또 그와 함께 온 다른 대표단 편에 고린도후서 1-9장을 보낸다.

13. 바울이 "거짓 사도들"이라 명한 새로운 적대자들이 고린도에 등장하여 소동을 일으킨다(고후 10:2, 10-12; 11:4-18, 22-23).[149]

14. 바울은 이 거짓 사도들에게 강력히 반발하기 위해 고린도후서 10-13장을 기록한다.[150]

Mack, *Who Wrote the New Testament? The Making of the Christian Myth* (San Francisco: HarperSan Francisco, 1995), 127; Ehrman, *The New Testament*, 302. "엄한" 편지가 분실되었다는 주장은 R. P. Martin, *2 Corinthians*, WBC 40 (Waco, Tex.: Word, 1986), xlvii-1을 보라.

148 아래 14번째 예와 그 내용을 보라. 사본 전승에서 증거를 발견할 수 없는 이와 같은 분할 이론은 상당한 추측에 근거한다.

149 이 새로운 적대자들의 지위에 대해서는 P. W. Barnett, "Opponents of Paul," in Hawthorne, Martin, and Reid, *Dictionary of Paul and His Letters*, 647을 보라.

150 10-13장이 1-9장과 분리된 개별 내용이라는 생각은 비록 추측에 근거하고 있지만, 어조의 극명한 차이 및 두 부분(10-13장과 1-9장) 사이의 차이를 제대로 설명해주고, 동시에 더 복잡한(그리고 훨씬 더 추측에 근거한) 분할 이론을 피한다. 이런 분할 이론의 예로는 W. Schmithals(*Gnosticism in Corinth*, 96-101)와, D. Betz가 편리하게 요약한 "Corinthians, Second Epistle to the," *ABD* 1:1149-50에서 제안하는 여섯 부분 분할이 있다. 10-13장과 1-9장, 이렇게 두 부분으로 나누는 연구는 다음과 같다. Martin, *2 Corinthians*, xxxiv, 298; V. P. Furnish, *2 Corinthians*, 35-41; F. F. Bruce, *1 and 2 Corinthians*, NCB (Grand Rapids: Eerdmans, 1971), 166-70. 이와 같은 분할 이론에 중대한 이의를 제기하는 연구는 다음을 보라. Kümmel, *Introduction to the New Testament*, 290-91; F. Young과 D. F. Ford의 수사학적 분석이 담겨 있는 *Meaning*

15. 바울은 구제 헌금을 들고 예루살렘으로 가는 도중, 필요하다면 그의 적대자들을 대면할 의도로 고린도를 방문한다(고후 10:2, 11; 12:14; 행 20:2-3).

바울 서신에 등장하고 지중해 지역을 배경으로 하는 바울의 "적대자들"을 비교하고 상관관계를 규명하는 과업은 본 논문의 범위를 벗어난다. 예를 들어, 우리는 고린도에서 "다른 복음"(*euangelion heteron*[고후 11:4])을 전파한다는 이유로 바울에게 비난받았던 집단이 갈라디아에서 "다른 복음"(*heteron euangelion*[갈 1:6-10])을 전파했던 이들을 알고 있었는지 궁금해할 수 있다. 우리는 고린도후서를 갈라디아서와 사도행전 15장에 나오는 유대교화 논쟁의 관점에서 읽는 것이 과연 도움이 될지 알고 싶다.[151] 바울을 반대하는 고린도의 "적대자들" 문제에 관한 초기 연구는 이들을 하나로 묶어 유대교화의 옹호자라는 연합 전선으로 이해하거나(F. C. 바우어), "영지주의자"(불트만, 슈미탈스) 또는 헬레니즘화된 유대교의 "신적 인간" 선교사들로 보는 경향(게오르기[D.

and Truth in 2 Corinthians (Grand Rapids: Eerdmans, 1987), 27-59; Witherington, *Conflict and Community in Corinth: A Socio-Rhetorical Commentary on 1 and 2 Corinthians* (Grand Rapids: Eerdmans, 1995), 331-39, 350-51을 보라.

151 이런 바람은 빌립보서와 골로새서 해석자들에게도 동일하게 발생한다. 빌 3장의 적대자들만 해도 최소 18가지의 다른 방식으로 규명되어왔다. 관련 목록은 다음을 보라. J. J. Gunther, *St. Paul's Opponents and Their Background: A Study of Apocalyptic and Jewish Sectarian Teachings*, NovTSup 35 (Leiden: Brill, 1973). 우리가 "그들의 마침이 멸망"(빌 3:19)인 자들과 "그들의 마지막이 그 행위대로 될"(고후 11:15) 자들을 비교해야 하는 걸까? 바울의 적대자들이 누구인지에 관한 일반적 연구는 다음을 보라. J. L. Sumney, *Identifying Paul's Opponents*, JSNTSup 40 (Sheffield: JSOT Press, 1990); idem, *"Servants of Satan," "False Brothers" and Other Opponents of Paul*, JSNTSup 188 (Sheffield: Sheffield Academic Press, 1999): Barnett, "Opponents of Paul"; Ellis, "Paul and His Opponents"; Gunther, *St. Paul's Opponents and Their Background*.

Georgi], 베츠[H. D. Betz])이 있었다. 그러나 이렇게 두루 적용되는 "적대자" 개념은 고린도의 사회적 실재에 대한 더 복잡하고 미묘한 이해로 흐름이 넘어갔다.[152] 고린도후서 10-13장의 "거짓 사도들"은 예루살렘 출신의(고후 11:4-5) 유대인 그리스도인인 순회 교사들로 여겨지는데(고후 11:22), 이들은 영적 능력의 소유를 과시했고, 외모와 대중 연설에 있어 명성이 자자했으며(고후 10:10; 11:6), 소피스트의 자기 자랑 전통을 구현했고(고후 10:14-18; 11:18, 30; 12:1, 5-6, 9), 바울의 공적 모습과 재정 정책을 조롱했다(고후 12:13-18). 이런 적대 세력의 웅변가들은 그들의 추종자들과 함께, 바울이 자신들의 궤변을 정면으로 공격한 데 대해 고린도후서 1-4장에서 강한 이의를 분명히 제기했다.

> 그런 비판으로부터 핵심 수사학 범주를 차용함으로써, 그들은 대중 연설가로서 바울이 지닌 본질적 결함에 집중하며 그에게 심각한 공격을 퍼부었다. 이 공격을 통해 그들이 노린 것은 고린도 교회 내에서 자신들의 사역을 정당화하고, 바울이 고린도전서를 기록한 이후에 고린도에서 치욕을 당하면서 잃어버린 권위를 되찾으려는 그의 어떤 시도도 허용하지 않는 것이었다.[153]

결국 고린도서에 담긴 바울의 주 관심사는 자기 자랑과 대중적 인

152 다음을 보라. H. D. Betz, "Corinthians, Second Epistle to the," 1152; Witherington, *Conflict and Community in Corinth*, 346-47; Ellis, "Paul and His Opponents," 103; Sumney, *Identifying Paul's Opponents*; R. P. Martin, "The Opponents of Paul in 2 Corinthians: An Old Issue Revisited," in *Tradition and Interpretation in the New Testament*, ed. G. F. Hawthorne and O. Betz (Grand Rapids: Eerdmans, 1987), 279-87.

153 Winter, *Philo and Paul*, 203; 참조. 229.

기를 목적으로 분열을 조장하는 소피스트 수사학의 유혹이었다.[154] 다수의 바울 적대자들은 이런 철학 전통에 기반하고 있었을 뿐만 아니라, 바울이 고린도후서 10-13장을 기록할 당시 그들의 홍보를 통해 이미 세력을 얻었던 것으로 보인다.

> 고린도 교회 회중에는 당시의 기준으로 지혜로운 자들도 있었고, 수사학 훈련을 잘 받은 교사들도 있었다. 이 교사들은 그리스도인처럼 지혜롭게 되고자 어리석은 일에 동참하기를 거절했다.[155]

바울의 전략은 전문 웅변가 및 가두 논쟁자들을 상대로 강경한 자세를 취하면서 그가 선포한 메시지의 약점을 보이지 않고, 또 "모든 교회"에 대해 자신이 느꼈던 "날마다 눌리는 일"로 무너지지 않는 것이었다(고후 11:28).

154 Winter 외에 이런 일반적 해석 흐름을 따르는 학자들은 다음과 같다. Thiselton, *First Epistle to the Corinthians*; Witherington, *Conflict and Community in Corinth*, 347-50; S. M. Pogoloff, *Logos and Sophia: The Rhetorical Situation of 1 Corinthians*, SBLDS 134 (Atlanta: Scholars Press, 1992); R. B. Hays, "The Conversion of the Imagination"; idem, *First Corinthians* (Louisville: John Knox, 1997); Fee, *First Epistle to the Corinthians*.

155 Winter, *Philo and Paul*, 237. 소피스트의 자랑 전통에 대해서는 232-34을 보라.

제16장

바울 신학

James D. G. Dunn
제임스 D. G. 던

바울 신학 및 그에 대한 논쟁, 특히 지난 삼사십 년간 바울 학계를 자극해왔던 쟁점과 관련하여 여러 검토 방식이 존재한다. 그중 하나는 바울 신학을 체계적인 방법으로, 즉 주제별로 훑어봄으로써 각각의 주제에 대해 그동안 핵심 쟁점이었던 문제에 주목하는 것이다. 이는 내가 지난 연구에서 행한 시도를 설명해주는데, 내 연구는 이 방식을 따르는 자들에게 여전히 의미가 있을 것이다.[1] 바울 신학과 그에 대한 논쟁에 관한 광범위한 연구 행위를 간단히 요약하는 것만으로도 본 논문의 목적은 달성될 수 있다. 그러나 내 1998년 연구서에 이미 친숙한 사람들에게 그런 요약은 불충분한 되풀이에 불과할 것이다.

1 J. D. G. Dunn, *The Theology of Paul the Apostle* (Grand Rapids: Eerdmans, 1998).

또 다른 방식은 바울 서신을 하나하나 훑어보는 것이다. 즉 개별 바울 서신에 담긴 신학을 종합하여 바울 신학으로 이해하는 것이다. 학자들 중에는 실제로 이 방식만이 유일하게 "바울 신학"을 현실적으로 재건할 수 있다고 생각하는 이들도 있다.[2] 세계성서학회의 연례 회의에서 십 년간 지속된 세미나를 통해, 학자들은 이런 관점에서 바울 신학에 접근하고자 하는 새로운 시도를 단행했다. 이는 기존의 질문, 즉 바울 신학의 중심 혹은 핵심에 대해 우리가 언급할 수 있는지, 또는 바울 서신이 바울 신학의 뚜렷한 발전을 나타내고 있는지 더 이상 신경 쓰지 않고, 대신 각 서신의 신학에 집중하며 이를 토대로 일종의 누적된 신학적 그림을 완성하려는 작업이었다.[3] 그러나 이런 시도가 진행되면서 다음과 같은 내용에 대한 의견 불일치의 문제가 발생했다. 즉 개별 서신의 신학이 그 자체로 완전하여 이 서신으로부터 하나의 일관된 신학을 도출할 수 있는지, 또는 한 서신에 등장하는 암시와 간단한 언급이 다른 서신들의 이해에 서로 다른 정도로 의존하고 있는지, 그리고 의사소통 관점에서 볼 때 바울이 그의 청중에게 이런 암시를 이해할 수 있는 완전한 지식이 있다고 믿고 있는지, 마지막으로, 베커(J. C. Beker)의 관점에서 개별 서신이 개별 상황에 대해 완전히 일관된 신학을 나타낸다고 이해해야 하는지 등, 이런 질문에 대해 의견이 분분했다.[4] 결국 두

2 내 저서인 *Theology of Paul the Apostle*에서 다루고 있는 바울 신학 연구 방식에 관한 가장 적절한 비평은 바로 이런 관점에서 기록되었다.

3 관련 논문은 다음과 같이 출판되었다. *Pauline Theology*, 4 vols: vol. 1, *Thessalonians, Philippians, Galatians, Philemon*, ed. J. M. Bassler (Minneapolis: Fortress, 1991); vol. 2, *1 and 2 Corinthians*, ed. D. M. Hay (Minneapolis: Fortress, 1993); vol. 3, *Romans*, ed. D. M. Hay and E. E. Johnson (Minneapolis: Fortress, 1995); vol. 4, *Looking Back, Pressing On*, ed. D. M. Hay and E. E. Johnson (Atlanta: Scholars Press, 1997).

4 J. C. Beker, *Paul the Apostle: The Triumph of God in Life and Thought* (Philadelphia:

번째 접근 방식은 중대한 문제를 안고 있는 것이다. 어쨌든 바울 신학과 관련 논의의 검토에 대한 내용은 본 책 15장에서 브루스 피스크가 다룬 내용과 상당 부분 겹친다.[5] 따라서 다른 방식의 접근이 요구된다.

세 번째 방식은 지난 오십 년간 해마다 바울 신학 논의를 발표한 주요 학자의 연구를 하나하나 연대순으로 검토하는 것이다. 그러나 이 방식에서 발견되는 문제는 관련 연구들이 주제별로 정리되지 않는 한, 검토가 체계적으로 이루어지지 않으므로 독자가 혼란을 겪게 된다는 점이다. 더구나 관련 연구들을 주제별 혹은 서신별로 나눈다 해도, 결과는 위에서 우리가 이미 유효성을 인정하지 않은 첫 번째와 두 번째 방식과 매우 유사해진다.

대신에 나는 내 저서 『사도 바울의 신학』(*Theology of Paul the Apostle*)의 제1장에 제시된 다른 접근 방식을 따를 것이다. 이 책에서 나는 바울 신학을 개념화하는 두 가지 방식을 간단히 설명하고 있다.[6] 혹자는 리처드 헤이즈(Richard Hays)가 바울 학자들의 관심을 사게 되어 현재 인기를 끌고 있는 내러티브 신학에 의존하여[7] 바울 신학과 연관된 다양한 이야기 측면에서 바울 신학을 구상한다. 여기서 말하는 이야기에는 유대인으로서, 그리스도인으로서, 사도로서의 바울 자신의 삶이 담겨

Fortress, 1980).

5 본 책의 제15장을 보라.

6 Dunn, *Theology of Paul the Apostle*, 17-19.

7 R. B. Hays, *The Faith of Jesus Christ: An Investigation of the Narrative Substructure of Galatians 3:1–4:11*, SBLDS 56 (Chico, Calif.: Scholars Press, 1983; reprint, Grand Rapids: Eerdmans, 2002). 다음도 보라. N. T. Wright, *The Climax of the Covenant: Christ and Law in Pauline Theology* (Edinburgh: Clark, 1991); B. Witherington III, *Paul's Narrative Thought World* (Louisville: Westminster John Knox, 1994); B. W. Longenecker, ed., *Narrative Dynamics in Paul: A Critical Assessment* (Louisville: Westminster John Knox, 2002).

있다. 이야기 측면 대신, 우리는 바울 신학의 다양한 층에 대해 다음과 같이 말할 수 있다. 즉 바울이 가정하는 내용이 뿌리를 내리고 있지만 종종 명백히 표현되지 않으므로 일반적으로 추론하거나 발견해야 하는 심층 구조와, 바울의 독특한 기독교적 통찰이 자라난 변형 층, 그리고 바울이 서신의 수신자인 교회의 쟁점과 문제를 다루는 표층(그러나 피상적이지 않다!)이 있다.

두 이미지(이야기 또는 층) 모두 완전히 만족스럽지 않다. "이야기"는 일관된 구성으로 연결된 시작과 끝이라는 내러티브 연속성에 본질적으로 상이한 확신과 개념을 함축하거나 강요하고 있는지도 모른다. 바울은 "이야기"를 이런 관점으로 보았을까? 아니면 "이야기"는 현대 주석가의 창작인 걸까?[8] 그리고 "층" 이미지는 바울 신학을 매우 정적인 개념으로 만들어버릴 수 있다. 따라서 이 두 이미지가 알레고리가 되지 않도록 하고, 각각의 이미지에 부합하는 내용만 고려하지 않는 게 중요하다. 이 두 이미지를 불러일으키는 요소는 바울 신학의 역동성—즉 그의 **신학화**—을 바울 자신이 일부를 이루는 여러 이야기의 상호 작용으로, 또한 다양한 층 사이에서 끊임없이 이동하는 바울의 사상과 가르침으로 더욱 온전하게 이해하는 데 도움을 준다.

바울 신학을 바라보는 이 두 방법은 서로 일치하는 부분이 많고 바울 신학과 그에 대한 논의와 관련하여 신선하고 일관된 방식을 제공한다. 다섯 개의 이야기 또는 층에 관해 언급하고, 그것을 차례대로 살펴보는 것이 가장 간단하면서도 합리적일 것이다. 즉 (1) 하나님과 창조

8 "거대 내러티브"를 예수 전승에 강제로 부과하려는 유사한 위험이 존재하는데, 이는 H. Moxnes, "The Historical Jesus: From Master Narrative to Cultural Context," *BTB* 28 (1998): 135-49에서 언급된다.

이야기 — 바울 신학의 가장 근간이 되는 층, (2) 이스라엘 이야기 — 전해 내려온 예상이 바울이 경험한 계시로 인해 급격히 변화되는 두 번째 층, (3) 예수 이야기 — 바리새인 사울이 사도 바울로 변형되는 원천으로서의 세 번째 층, (4) 바울 이야기 — 바울의 회심 이후와 관련된 변형층, (5) 바울 교회 이야기 — 바울 서신을 통해 바울과 그의 교회 간의 상호 작용을 가장 직접적으로 접할 수 있는 표층이다.

이 이야기 중 어떤 것도 홀로 설 수 없다는 점은 반복할 가치가 있는 중요한 특징이다. 바울 신학을 번갈아 매력적으로 만들고, 당혹스럽게 하며, 좌절감을 느끼게 만들고, 그에 대한 지속적 논의에 원동력을 제공하는 것은 바로 다양한 이야기 간의 상호 작용이다. 또 바울 신학의 일관성과 모순에 의문을 제기하게 만드는 것은 바로 다양한 이야기 간의 불일치다. 달리 표현하자면, 바울 신학 자체에서 그리고 바울 신학을 다루는 현대의 시도에 있어서 격변을 가져온 것은 다양한 층 사이에 존재하는 상호 모순되는 내용이다. 표현에 있어서, 바울 신학과 관련된 각 이야기와 각 층을 명시적으로든 함축적으로든 규명함으로써 우리는 바울 신학(그리고 신학화)에 더 온전히 진입할 수 있고, 바울 신학을 이해하려는 현대의 시도가 왜 그토록 논쟁적인지를 더 잘 이해할 수 있을 것이다.

하나님과 창조 이야기

하나님과 창조 이야기에는 바울 신학의 가장 자명한 차원이 존재한다. 층 이미지를 사용하여 볼 때, 이 이야기는 바울 신학의 가장 근본적인, 즉 기초적인 층이 된다. 이는 하나님과 창조 이야기가 바울 신학에서 가장 많이 숨겨지고 간과되는 특징임을 의미한다. 즉 너무 자명한 나머지 구체적으로 명시될 필요가 없다는 뜻이다.

우리가 여기서 즉각 발견하게 되는 것은, 바울의 가르침을 분명히 드러내는 층 내에서만 연구를 실시할 경우 위험에 빠진다는 사실이다. 모든 대화에서 일어나는 것으로서, 대화 당사자들이 공유하는 신념과 인식은 따로 설명될 필요가 없는데, 왜냐하면 그들에게 이 신념과 인식은 당연한 것으로 간주되기 때문이다. 그러나 이 대화를 듣는 청중이 대화 당사자 간에 당연하게 여겨지는 내용을 인지하지 못한다면, 이 청중에게 대화의 상당 부분은 의미가 없거나 그 뜻이 잘못 전달될 것이다. 이 위험은 스칸디나비아 출신의 예리한 통찰력을 지닌 신약성서 학자 닐스 달(Nils Dahl)이 강조한 것으로, 달은 1975년에 자신의 논문을 통해 "신약성서신학에서 간과된 요소"에 이목을 집중시켰다.[9] 달은 초기 기독교 신학이 거의 배타적으로 기독론에 치우쳐 있었다는 이전 세대의 주장에 반발했다. 현대 복음주의 학자들 역시 그리스도와 기독론에 대한 집중적 관심이 바울 신학에서 더 기본적인 "**하나님**-이야기"(*theo*-logy) 층을 지나치게 모호하게 만들지 않도록 주의해야 한다.[10]

이야기 이미지는 이 경우에 잘 적용되는데, 왜냐하면 이야기 이미

9 N. A. Dahl, "The Neglected Factor in New Testament Theology." 이는 *Jesus the Christ: The Historical Origins of Christological Doctrine*, ed. D. H. Juel (Minneapolis: Fortress, 1991), 153-63에 다시 게재되었다. L. Morris, *New Testament Theology* (Grand Rapids: Zondervan, 1986), 25-38도 주목하라.

10 바로 이 점에 있어서 T. A. Smail(*The Forgotten Father* [London: Hodder & Stoughton, 1980])은 초기 은사주의 운동에 유사한 비난을 가하고 있다. 바울 신학 및 로마서 관련 중요 연구는 다음을 보라. L. Morris, "The Theme of Romans," in *Apostolic History and the Gospel*, ed. W. W. Gasque and R. P. Martin (Grand Rapids: Eerdmans, 1970), 249-63; idem, "The Apostle Paul and His God," in *God Who Is Rich in Mercy*, ed. P. T. O'Brien and D. G. Peterson (Homebush West, N.S.W.: Lancer, 1986), 165-78도 보라.

지가 관련 자료에 아무 부담도 주지 않으면서 전체를 하나의 연결된 내러티브로 보도록 만들기 때문이다. 이 내러티브는 하나님과 그분의 창조로 시작하여 최후 심판이라는 절정으로 막을 내리는데, 이 시작과 끝은 구성을 통해 중요한 하나님의 의지 혹은 목적이라는—"역사가 그의 이야기"(history as His story)라는 진부한 말장난에서 보듯이—명목으로 연결된다. 이 시점에서 바울 신학과 관련하여 당연하게 여겨지는 특징은 분명하다. 완전히 그리고 가장 신중히 고안된 바울 복음의 선언은 하나님이 창조주라는 자명한 사실로부터 시작한다. 그리고 이야기로서의 바울 신학은 "천지 창조"(롬 1:20, 25)로부터 시작한다. 이와 유사하게, 바울은 이 이야기의 정점이 심판자 하나님과 최후 심판이라는 데 추호의 의심도 없다. 이 점에 관해 바울의 긴 설명은 의심의 여지가 없는 핵심 사실에 기초하고 있으며(롬 2:6, 13), 우려스러운 결과는 "그게 어떻게 그럴 수 있겠어?"라는 확언으로 사라진다("만일 그러하면 하나님께서 어찌 세상을 심판하시리요?"[롬 3:6]). 하나님과의 바른 관계 및 바른 생활의 요지가 하나님을 알고(롬 1:21, 28; 고전 1:21; 갈 4:9) 그분의 뜻을 행하는가로(예. 롬 1:10; 2:18; 12:2; 15:32; 고전 1:1) 표현될 수 있다는 가정 역시 동일하게 자명한 사실이다. 바울이 자신의 가장 격렬하고 고통스러운 일련의 신학적 사유에서 단순히 하나님의 "헤아리지 못할 판단"과 "찾지 못할 길"(롬 11:33-36)에 대해 하나님을 찬양하면서 마무리하는 것은 바울 신학에서 발견되는 전형적 양상이다.

그중에 어떤 것도 지난 세대 동안 특별히 많은 논쟁을 불러일으키지는 않았다.[11] 문제는 바울의 하나님-이야기가 상당 부분 당연시되고

11 "하나님의 진노"에 관한 이전 논의(C. H. Dodd. *The Epistle of Paul to the Romans*, MNTC [London: Hodder & Stoughton, 1932], 20-24; A. T. Hanson, *The Wrath*

간과되어온 관계로 현대에 시도되는 바울 신학의 재구성과 바울의 하나님-이야기 간에 상호 작용이 허락되지 않는다는 점이다. 특히 구원 이야기가 이처럼 더 기본적인 이야기 내에 작용하고 있다는 사실이 필요한 만큼 진지하게 다루어지지 않고 있다. 아래 이어질 "이스라엘 이야기"와 "바울 이야기"에서도 살펴보겠지만, 이신칭의에 대한 개신교의 지나친 강조는, 바울의 칭의(=무죄 선고) 신학이 최후 심판 이미지에서 도출되며 최종적 무죄 선고(=칭의)에 대한 언급 없이는 불완전하다는 사실에 거의 관심을 두지 않는다. 마찬가지로, 윤리에 있어서 가장 근본적인 관심이 하나님의 뜻을 실천하는 것이라는 통찰 역시 바울과 율법에 대한 논의에서 거의 역할을 하지 못했다.

바울의 인류학에 대한 이전의 논의도 거의 구식이 되어버렸다. 즉 바울의 인간 이해가 히브리 개념과 그리스 개념 중 주로 어느 쪽에 영향을 받았는지에 대한[12] 이전의 논의는 히브리 개념의 영향에 손을 들어주었다. 반면에 우리는 이전의 논의와 관련하여 다음과 같은 내용에 주목해야 한다. 즉 바울에게 있어 (성)령(S/spirit)이 능력의 경험 차원에서 이해되어야 한다는 헤르만 궁켈(Hermann Gunkel)의 종교사 인식은 성령 체험과 관련된 오순절 운동과 은사주의 운동의 재발견을 지시하는 중요한(그리고 널리 언급되지 않은) 전조였다는 것이다.[13] 바울의 인

of the Lamb [London: SPCK, 1957]; 더 최근에 발표된 S. H. Travis, *Christ and the Judgment of God: Divine Retribution in the New Testament* [Basingstoke: Marshall, 1986])는 현대 바울 학계에서 주요 관심 요소가 아니다.

12 다음을 보라. W. D. Stacey, *The Pauline View of Man in Relation to Its Judaic and Hellenistic Background* (London: Macmillan, 1956); R. Jewett, *Paul's Anthropological Terms: A Study of Their Use in Conflict Settings*, AGJU 10 (Leiden: Brill, 1971).

13 다음을 보라. J. D. G. Dunn, *Jesus and the Spirit: A Study of the Religious and Charismatic Experience of Jesus and the First Christians* (London: SCM, 1975); G. D.

류학과 관련하여 유일하게 의미 있는 논쟁은 바울이 사용하는 핵심 용어 중 하나인 "몸"이 "육체적인 몸"을 의미하는가,[14] 아니면 다른 환경에서의 "형체"와 같은 어떤 것을 의미하는가이다.[15] 이 논쟁은 특히 복음주의 집단에서 예민하게 다뤄지는데, 왜냐하면 이 논쟁의 결과가 "부활한 몸"이 육체적인 몸의 부활인지 아니면 다른 종류의 형체("영적인 몸")로서의 부활인지를 개념화하는 데 영향을 미치기 때문이다(고전 15:44-50).[16]

천지 창조에서 최후 심판에 이르기까지, 이 거대 내러티브에 등장하는 다른 주체들에 대한 질문 역시 논란을 일으켜왔다. 이에 관해 바울이 사탄과 "이 세상의 신"(예. 고전 5:5; 고후 4:4)을 언급하는 것은 분명하다. 그리고 바울이 "귀신"(고전 10:20-21)을 언급하는 것은 신명기 32:17, 21을 반향하고 있을 뿐 별다른 의미는 없다. "신이라 불리는 자"(고전 8:5-6; 살후 2:4)와 "본질상 하나님이 아닌 자들"(갈 4:8)에 대한 언급은 해당 쟁점을 다소 복잡하게 만든다. 월터 윙크(Walter Wink)는 이런 모호성을 이용하여 "정사와 권세"는 "드러난 모든 종류의 힘이 지니는 내면과 외면"으로 가장 잘 해석된다고 주장했다. 그에 대한 예로 윙크는 특

Fee, *God's Empowering Presence: The Holy Spirit in the Letters of Paul* (Peabody, Mass.: Hendrickson, 1994).

14 R. H. Gundry, *Sōma in Biblical Theology: With Emphasis on Pauline Anthropology*, SNTSMS 29 (Cambridge: Cambridge University, 1976).

15 Dunn, *Theology of Paul the Apostle*, 55-61.

16 다음의 논의를 참조하라. A. C. Thiselton, *1 Corinthians*, NIGTC (Grand Rapids: Eerdmans, 2000), 1276-81; J. D. G. Dunn, "'How Are the Dead Raised? With What Body Do They Come?' Reflections on 1 Corinthians 15," *SwJT* 45 (2002-3): 4-18; M. J. Harris, *Raised Immortal: Resurrection and Immortality in the New Testament* (Grand Rapids: Eerdmans, 1983); idem, *From Grave to Glory: Resurrection in the New Testament* (Grand Rapids: Zondervan, 1990).

히 집단 구조와 정치 체계를 언급한다.[17] 이제 우리의 토론은 개념에 대한 쟁점에 크게 구애받지 않고 억압적 권세(들)의 실존적 실재에 초점을 맞출 필요가 있다. 이런 권세가 정복되었고 하나님과의 관계를 가로막는 장애물이 사라졌다고 바울은 확신한다(롬 8:38-39). 중요한 사실은 바울이 언급하는 주된 억압적 권세가 죄(이 권세는 롬 5:12-8:3에 의인화되어 반복적으로 나타난다)와 사망(롬 5:12-8:3에서 죄와 거의 대등하게 다뤄지고 있다)이라는 점이다. 또 분명히 주목해야 할 사항은 마지막에 멸망할 "통치와 권세", 즉 "최후 원수"는 사망이라는 점이다(고전 15:24-26).[18]

바울 신학의 이 층과 관련하여 창세기 2-3장의 창조 및 타락 이야기를 바울이 어떻게 사용하고 있는지가 가장 활발하게 논의되어왔다. 다시 말해, 이는 바울의 "아담 신학"에 관한 논의로 볼 수 있다. 바울이 인간의 조건, 특히 죽음에 대한 종속을 아담이 지은 죄의 결과로 여기고 있다는 점에는 논란의 여지가 없다. 또 바울이 인류의 모든 이야기를 두 사람, 즉 아담과 그리스도의 관점에서 요약한다는 사실에도 이견이 없다(롬 5:12-21; 고전 15:21-22). 반면에 사망이 물리적 존재(즉 창조)

17 W. Wink의 3부작 저서, *The Powers* (Minneapolis: Fortress, 1984, 1986, 1992); 여기서는 제1권 *Naming the Powers*, 5을 인용한다. 바울이 이런 권세를 악하거나 적대적으로 보지 않았다는 W. A. Carr(*Angels and Principalities*, SNTSMS 42 [Cambridge: Cambridge University, 1981])의 주장은 지지를 거의 아니면 아예 못 받고 있다.

18 Dunn, *Theology of Paul the Apostle*, 317-459. R. Bultmann(*The Theology of the New Testament*, 2 vols. [London: SCM, 1952], 1:245)의 주장처럼, 바울이 "육체"를 억압적 권세로 간주했다는 오래된 견해는 다음과 같은 견해에 자리를 내어주게 되었다. 즉 육체는 죄의 권세(인간의 욕구/욕망을 이용하는)에 취약하고 연약한 인간 상태를 나타낸다는 것이다. 그러나 예를 들어 C. K. Barrett(*Paul: An Introduction to His Thought* [London: Chapman; Louisville: Westminster John Knox, 1994], 69)이 제기하는 이의에 더 주의해야 할 필요가 있다. 즉 바울에게 *sarx*는 중요한 기술 용어로 "육체"라는 의미를 지녀야 하며, "악한 본성"과 같은 번역으로(!) 왜곡되어서는 안 된다는 것이다.

의 자연스런 결과인지 아니면 죄(타락)의 결과인지에 관한 모호성은 여전히 미제로 남아 있다(롬 5:13). 마찬가지로 바울이 우리가 소위 말하는 역사적 개인으로 아담을 생각하고 있는지(롬 5:12-14에서처럼), 아니면 인간 욕구에 대한 보편적 경험과 그 결과 유혹에 연약한 인간의 모습을 나타내는 방식으로 아담을 언급하고 있는지(롬 7:7-11에서처럼)도 미해결된 질문이다. 창세기 3:17-18을 반영하는 로마서 8:19-22은 인간의 타락과 연루된 피조물, 그리고 피조물이 최후 해방에서 공유할 약속을 내포하는데, 이에 대해서도 생태학적 영향 측면에서 적절히 탐구해볼 필요가 있다.

관련 논쟁은 바울의 아담 신학이 포괄하는 범위와 중요성에 초점을 맞춘다. 바울은 로마서 1:18-25에서 아담 신학에 의존하고, 아담 신학은 특히 모나 후커(Morna Hooker)의 주장처럼 로마서 8:3과 갈라디아서 4:4-5과 같은 구문에 암시되어 있는가?[19] 다른 학자들과 더불어 내가 주장하는 것처럼, 아담 신학은 빌립보서 2:6-11의 유명한 그리스도 찬가(*carmen Christi*)를 해석하는 핵심 단서인가?[20] 우리는 바울이 분명히 주목하는 두 이야기(롬 5:14; 고전 15:21-22)가 상호 작용을 하고 있음을 발견하게 되는데, 이 상호 작용은 바울이 아담 이야기를 통해 그리스도 이야기를 읽고 있는지, 아니면 그 반대인지 질문을 제기한다.[21] 앞의 두 이야기가 바울 신학을 이해하는 데 기초가 되듯 이 질문 역시 우리가 바울 신학을 평가하는 토대가 된다. 바울 신학의 하부 구조는 그

19 M. D. Hooker, "Adam in Romans 1," *NTS* 6 (1959-60), 297-306; *From Adam to Christ: Essays on Paul* (Cambridge: Cambridge University Press, 1990).

20 Dunn, *Theology of Paul the Apostle*, 281-88.

21 후자의 견해를 지지하는 학자는 다음과 같다. R. Scroggs, *The Last Adam: A Study in Pauline Anthropology* (Philadelphia: Fortress, 1966).

위에 형성된 여러 층에 의해 변하지 않은 채 유지되는가? 하나님과 창조 이야기는 다른 이야기의 내용에 상관없이 계속 유지되는가? 아니면 그리스도 이야기가 실제로 기존 이야기들을 대체하고, 그 내용을 굴절시키는 프리즘 역할을 하는가? 이와 같은 질문들은 우리가 다른 이야기/층을 살펴봄으로써 명료해질 것이다. 그러나 이 질문들은 결코 최종적으로 해결될 수는 없을 것이다.

이스라엘 이야기

이스라엘과 관련하여 첫 번째 층/이야기의 구체화 역시 바울 신학의 근간이 된다. 우리는 바울이 유대인, 그것도 매우 신실한 유대인으로 성장했음을 알고 있다. 바울은 서부 디아스포라 가정에서 출생했음에도(행 22:3에 따르면) 불구하고 "히브리인 중의 히브리인"(빌 3:5)이라는 민족 정체성을 강하게 물려받았다. 바울의 "고등 교육"은 바리새인의 교육으로(빌 3:5), 그는 틀림없이 예루살렘에서 교육받았고,[22] 조상의 전통에 대한 그의 열심은 다른 동족의 그것을 능가했다(갈 1:14). 그렇다면 우리가 확신할 수 있는 것은 기독교 회심 이전의 바울의 신앙은 기원후 초기 수십 년 동안 제2성전기 유대교의 특성을 온전히 반영하고 있었으리라는 점이다. 바울은 당시의 이스라엘 이야기를 자신의 이야기로 열렬히 받아들였을 것이다. 이스라엘 이야기는 최소한 어느 정도 예수 이야기와 충돌했음이 분명한데, 이 충돌이 바울 신학에 기본 동력

22 M. Hengel, *The Pre-Christian Paul* (London: SCM, 1991).

을 제공한다. 그러나 충돌의 내용이 무엇이고, 이로 인해 바울의 이스라엘 이야기가 어느 정도 재형성되었는가는 바울 학계에서 지난 이십오 년간 진행되어온 주요 논쟁 중 하나다.

이스라엘 이야기의 개요는 분명하다. 하나님은 이스라엘을 선택해서 그분의 특별한 백성이 되게 하셨다. 족장에게 주신 약속과 아브라함과의 언약을 이루기 위해 하나님은 아브라함의 자손을 번성케 하셨고, 그들을 애굽의 노예 생활에서 해방시키셨으며, 그들에게 약속의 땅을 유산으로 주셨다. 그들이 자신의 백성으로 살아가도록 인도하기 위해 하나님은 그들에게 토라/율법도 주셨다. 신실한 유대인이자 예수를 메시아로 믿은 바울은 이 모든 것을 당연하게 여겼는데, 이는 그의 서신에서 발견되는(특히 롬 4장과 갈 3-4장) 해당 주제에 대한 많은 반향을 통해 입증된다.

이스라엘 이야기가 하나님 및 창조 이야기와 내용상 겹치는 두 가지 흥미로운 점이 있다. 첫 번째는 다니엘 7장의 환상에 창세기 2장이 의도적으로 반영되어 있다는 것이다. 다니엘 7장의 환상에는 짐승이 제일 먼저 등장하고, 그다음에 사람이 등장한다. 그리고 이 사람에게 짐승을 다스리는 권세가 주어진다. 창세기 2장에 친숙한 사람들에게 다니엘의 환상은 만물의 영장("인자와 같은 이")으로서 이스라엘("지극히 높으신 이의 성도")이 다른 나라들(짐승 같은 생물들)을 지배하게 될 것을 함의한다. 이는 초기 그리스도인들이 "인자와 같은 이"를 예수로 이해함으로써 이미 전복시킨 창조 이야기를 다시 읽는 것이다.

두 번째 흥미로운 점은 이스라엘의 예언자하면 떠오르는 것이 이스라엘의 불성실에 대한 그들의 맹렬한 비난이라는 사실이다. 이스라엘의 언약 인식은 황금 송아지와 바알브올(출 32장; 민 25장)과 연관된 죄에 대한 수치도 포함했는데, 이는 이스라엘 역사에 깊이 새겨져 있다.

바울이 같은 맥락에서 자기비판을 나타내는 방식과, 이스라엘의 과거 잘못을 아담의 그것과 연결하는 방식은 주목할 만한 가치가 있다. 처음 이야기의 타락처럼, 이스라엘 이야기에도 타락이 포함되어 있었다. 이스라엘 이야기에 타락에 대한 내용이 포함된 요지는, 예레미야 2:5-6과 시편 106:20(롬 1:21, 23)을 상기시키는 로마서 1장과, "나"라는 주체가 아담의 경험과 더불어(가장 일반적 견해) 이스라엘의 경험(이는 더글라스 무[Douglas Moo]의 주장)도 반영하는 로마서 7:7-13에 분명히 나타난다.[23] 바울은 이스라엘이 나머지 세상과 마찬가지로 하나님 앞에서 죄인이라는 사실을 발견한 최초의 유대인이 아니었다(롬 3:19).

이스라엘이 자신의 이야기(이스라엘의 성서)를 말할 때 발생하는 다른 심각한 긴장은 이방인과 관계가 있다. 우리가 이미 살펴본 대로 유대인의 기본 신조로서(신 6:4) 바울이 지속적으로 주장한(롬 3:30; 고전 8:6; 갈 3:20) 것처럼 하나님이 유일하신 분이라면, 구약성서는 다른 나라의 신들을 어떻게 언급하고 있는가? 더 중요한 것은, 어떻게 유일하신 하나님이 다른 나라(이방인)의 하나님은 될 수 없고 이스라엘의 하나님으로만 생각될 수 있는가? 바울이 이런 문제로 고민한 최초의 인물은 아니었다. 아모스의 질문처럼, 하나님이 이스라엘을 애굽에서 해방시키셨다면, 블레셋 사람을 갑돌에서, 아람 사람을 기르에서 올라오게 하지 않으시겠는가?(암 9:7) 요나서는 역사적으로 이스라엘의 적이었던 민족까지도 포함하여 하나님이 다른 민족에게 무관심하다고 생각하는 자들에 대한 공개적 책망이다. 이런 긴장은 바울 서신의 두 문단에 반영되어 있다. 로마서 3:29-30에서, 바울은 하나님이 한 분이라

23 D. J. Moo, "Israel and Paul in Romans 7:7-12," *NTS* 32 (1986): 122-35.

고 단언하는 논리를 관철시키고 있다. 결과적으로 하나님은 분명히 이방인의 하나님도 되신다. 달의 언급처럼, 유대교의 유일신론은 특수주의가 아닌 보편주의를 함의한다.[24] 그러나 에베소서 2:12은 같은 문제를 이스라엘이 하나님 앞에서 누리는 특권적 지위 측면에서 살펴본다. 즉 다른 나라(이방인)는 그런 언약적 호의에서 배제된 채, "세상에서 소망이 없고 하나님도 없는 자들이었다." 아래("바울 이야기")에서도 살펴보겠지만, 바울 자신의 이야기는 이런 긴장을 이용하여 이방인을 향한 사도로서의 자신의 소명을 설명하고 정당화한다.

여기서 중요한 것은 바울이 지속적으로 이스라엘 사람으로서 자신의 정체성과 하나님의 부르심을 받은 민족으로서 이스라엘의 정체성을 단언하고 있다는 점이다(롬 9-11장). 바울의 이해에 따르면, 이 부르심은 철회될 수 없다(11:29). 대다수 로마서 주석가가 인지하고 있듯이, 바울에게 자명한 이치는 하나님의 신실하심이다.[25] 좀 더 구체적으로 말해서, 하나님의 신실하심이란 이스라엘을 향한 그분의 신실하심을 의미하며, 이는 창조 세계 전체에 대한 그분의 신실하심 안에 포함된다. 비록 하나님의 의로우심이 이스라엘을 포함하는 모든 창조 세계에 대한 그분의 책임을 나타낸다는 사실을 통해 이스라엘 이야기의 내용이 제한되거나 더 잘 규명되어야 하지만, 그리스도인인 바울에게 이스라엘 이야기가 지닌 기본 틀은 여전히 협상의 대상이 될 수 없었다. 비록 로마서 9-11장을 민족적 측면이 아닌 개인적 측면에서 읽으려는

24 N. A. Dahl, "The One God of Jews and Gentiles (Romans 3:29-30)," in *Studies in Paul* (Minneapolis: Augsburg, 1977), 178-91.

25 특히 롬 3:1-3; 9:6; 11:25-32. 다음을 보라. W. S. Campbell, *Paul's Gospel in an Intercultural Context: Jew and Gentile in the Letter to the Romans*, Studien zur interkulturellen Geschichte des Christentums 69 (Frankfurt: Lang, 1992).

시도가 이어지고 있지만,[26] 바울의 주 관심사는 집합적 개체로서의 이스라엘이 하나님의 구속 계획의 중심에 여전히 존재하고 있음을 확증하는 것이었다(11:25-26). 바울이 도입한 신선한 요소는 이스라엘을 혈통이나 "행위"(9:6-12)가 아니라 거룩한 부르심의 측면에서 재정의하려는 시도에서 발견된다. 따라서 "이스라엘"은 이방인을 포함하는 집합체로 (재)정의될 수 있으며(9:24; 11:17-24), 보편적 소망을 상징할 수 있다(11:32). 이처럼 열정적 해석에 담긴 놀라운 특징은 바울이 유대교의 전통 용어로(시온에서 오실 구원자[11:26]) 이런 소망을 표현하고 있다는 점이다. 비록 때로는 복음과 관련하여 유대인들이 원수의 역할을 담당하는 것으로 보이지만 말이다(11:28).[27]

여기서도 마찬가지로, 이와 관련된 상당 부분이 아직 추정 단계에 있으므로, 좀처럼 표면으로 드러나지 않거나 많은 논쟁을 야기하지 않는다. 데살로니가전서 2:14-16은 적잖은 당혹감을 주는데, 어떤 이들은 이 구절로 인해 바울(혹은 가필자)을 반유대주의의 전신인 반유대교라고 비난하기도 한다.[28] 그러나 이는 열정적 논쟁의 한 단편에 대한 과잉 반응에 지나지 않는다. 유대교에 대한 바울의 반응과 이스라엘 이야기에 대한 그의 다른 설명을 전반적으로 평가하고자 한다면, 로마

26 J. Piper, *The Justification of God: An Exegetical and Theological Study of Romans 9:1—23* (Grand Rapids: Baker, 1983).

27 바울이 이 지점에서 두 언약을 염두에 두고 있는지, 아니면 한 언약을 염두에 두고 있는지는 다음을 보라. Dunn, *Theology of Paul the Apostle*, 528 n. 138; "Two Covenants or One? The Interdependence of Jewish and Christian Identity," in *Geschichte—Tradition—Reflexion*, ed. H. Cancik, H. Lichtenberger, and P. Schäfer, 3 vols. (Tübingen: Mohr, 1996), 3:97-122.

28 다음을 보라. C. J. Schlueter, *Filling Up the Measure: Polemical Hyperbole in 1 Thessalonians 2:14—16*, JSNTSup 98 (Sheffield: JSOT Press, 1994).

서 9-11장을 충분히 해석해야 한다. 왜냐하면 로마서 9-11장은 이스라엘에 대한 바울 신학의 가장 원숙한 표현을 담고 있기 때문이다. 그러나 여기서 주목해야 할 것은, 기독교 신학이 전통적인 반유대주의에서 1948년에 건국된 이스라엘 국가에 대한 열렬한 지지로 변한 데에는, 로마서 9-11장에 근거하여 요단강 서편이 아브라함에게 약속된 땅이므로 그들의 것이라는 이스라엘의 정치적 강령과 이를 지지하는 기독교 근본주의자들의 영향도 작용했다는 점이다. 그러나 이런 주장은 바울 신학과 부합하지 않는다. 왜냐하면 바울은 예언자 아모스와 요나서의 전통을 따르며, 아브라함에게 주신 하나님의 약속이 유대교의 주류 전통 내에서 잘못 이해되어왔음을 함축적으로 주장하고 있기 때문이다.

바울 신학에서 이스라엘 이야기의 기능과 관련된 주요 쟁점은 토라, 즉 모세 율법에 관한 것이다. 전통적 견해, 그중에서도 특히 개신교의 견해는 다음과 같다. 즉 바울이 저항한 유대교는 "선행"으로 구원을 얻을 수 있다는 관념에 사로잡힌 율법주의적인 종교였다는 것이다. 그러나 바울은 인간의 노력으로 구원을 결코 얻을 수 없다는 깨달음에 이르게 되었고, 대신 오직 믿음으로만 이루어지는 의로움 즉 이신칭의의 복음을 제기했다. 수년간 유대교에 대한 이와 같은 묘사는 유대교에 정통한 유대교 및 기독교 학자들 모두를 당혹스럽게 했다. 하지만 이런 당혹감에 대한 저항은 샌더스의 격렬한 반론이 제기된 이후에야 실질적으로 주목받게 되었다.[29]

샌더스의 관찰에 의하면, 하나님의 백성이라는 유대교(제2성전기의 유대교와 랍비 유대교 모두를 포함하는) 자기 이해의 발단은 하나님이 이

29 E. P. Sanders, *Paul and Palestinian Judaism* (London: SCM, 1977).

스라엘과 맺은 언약이었다. 유대교 문헌 어디에서도 언약을 인간의 업적으로 언급하지 않는다. 유대인들은 율법에 순종함으로써 자신들의 언약을 유지해야 할 책임이 있었지만, 회개에 대한 반복된 강조와, 회개자들을 이스라엘의 종교 형식에 따라 속죄해주었던 제사 제도의 중요성 측면에서 볼 때, 이스라엘 종교를 율법주의적이고 인간 행위에 근거한다고 묘사하는 것은 잘못된 판단이고, 부당하며, 편견에 사로잡힌 처사다. 샌더스는 "언약적 율법주의"(covenantal nomism)라는 용어를 고안하여, 이를 통해 하나님의 신령하고 주도적인 "백성" 선택 측면(언약)과, 그들에게 요구되는 반응 즉 순종 측면(율법/율법주의) 모두를 포괄하고 있다.

이와 같은 유대교의 "종교 유형"에 대한 샌더스의 급진적 재고 요청은 1983년에 "바울에 대한 새 관점"으로 찬사를 받게 된다.[30] 이는 실제로 유대교에 대한 바울의 새 관점이었지만, 조상 전래의 종교에서 바울이 반대한 내용이 무엇이었는지에 대해 급진적인 재고를 요구했다. 유대교가 택함이라는 하나님의 주도적인 은혜에 기초하고, 완벽한 순종을 요구한 것이 아니라 죄에 대한 속죄를 제공했다면, 바울이 반대했던 내용은 도대체 무엇이란 말인가? 샌더스가 내놓은 해답은 다음과 같다. 즉 바울은 그리스도를 만나고 하나의 해결책을 발견하게 되는데, 이 해결책으로부터 바울이 추론한 것은 유대교가 자신이 이미 벗어던진 고난과 역경 그 자체라는 것이었다.[31] 그러나 샌더스는 바울의 율법

30 J. D. G. Dunn, "The New Perspective on Paul." 이는 *Jesus, Paul, and the Law: Studies in Mark and Galatians* (London: SPCK, 1990), 183-214에 다시 게재되었다.

31 이에 대한 비판은 다음을 보라. F. Thielman, *From Plight to Solution: A Jewish Framework for Understanding Paul's View of the Law in Romans and Galatians*, NovTSup 61 (Leiden: Brill, 1989).

관에 내재하는 혼동과 모순을 제거해낼 수 없었다.[32]

이에 대한 반응으로, 나는 이 새 관점이 바울 신학을 다음과 같이 설명한다고 주장했다. 즉 바울 신학의 논점은 개인의 업적(선행)을 통해 하나님의 용납을 얻는다는 생각을 비판하는 것이 아니라, 언약적 지위가 부여하는 특권이 이방인에 의해 사라지거나 훼손되는 것을 막으려는 유대인의 의도를 비판하고 있다는 것이다.[33] 바울의 주된 비판 대상은 자신이 한때 그토록 보존하려 했던 배타주의였다.[34] 다시 말해 배타주의는 선민사상의 그릇된 발상으로, 바울은 이에 반대했던 것이다. 즉 바울을 힘들게 한 것은 언약 밖에 있는 자들을 암시적으로 포함하는 언약 신학의 문제 측면이 아니라, 이미 살펴보았듯이, 율법이 이스라엘의 행동 지침이면서 동시에 이스라엘을 다른 민족과 구별해주는 표지(특히 할례와 정결 및 부정 규례)로, 또 이스라엘 백성에게 (하나님께 거룩한 자들로서) 다른 민족과 구별될 것을 요구하여 결과적으로 이스라엘과 다른 민족을 구별하는 경계선으로 작용했다는 추론이었다. 이런 분리주의적 태도는 로마서 2:17-20과 3:29-30에 반영되어 있으며, 갈라디아서 2:12-16에서 바울은 이 분리주의적 태도를 강하게 반대하고 있다.[35] 바로 이것이 바울이 반대했던 이스라엘의 수호자 및 가정 교사로서의

32 E. P. Sanders, *Paul, the Law, and the Jewish People* (Philadelphia: Fortress, 1983); H. Räisänen, *Paul and the Law*, WUNT 29 (Tübingen: Mohr Siebeck, 1983). 이에 관한 비판은 T. R. Schreiner, *The Law and Its Fulfillment: A Pauline Theology of the Law* (Grand Rapids: Baker, 1993), 87-90, 136-37을 보라.

33 Dunn, *Theology of Paul the Apostle*, 334-89(아래 "The Story of Paul"도 보라).

34 아래 각주 67번을 보라.

35 이런 태도는 정결 및 부정 규례에 전형적으로 표현되어 있는데, 이 규례는 이스라엘을 이방 나라와 구별해주는 기능을 한다(레 20:24-26). 또 이런 태도는 행 10-11장에서 최초의 그리스도인들을 대상으로 전형적으로 다뤄지고 있다(10:14과 11:2-3을 10:28, 34-35 및 11:9-12과 비교하라).

율법 기능이었다. 바울의 기독교적 관점에서 볼 때, 율법의 이런 기능은 과거 한동안은 유효했지만, 이제 율법의 때는 지나갔다(갈 3:19-4:11).[36]

이 시점에서 다음과 같은 바울의 방법에 주목하는 것은 유용하다. 즉 바울이 첫 번째 이야기로부터 끌어낸 그의 인류학과, 그가 개종시킨 자들을 다시 개종시키려는 그리스도인-유대인(Christian-Jewish) 선교사들의 시도에 반영된 전통적 유대교에 대한 그의 비판, 이 둘을 바울이 하나로 묶는 방법이다. 왜냐하면 유대교는 "육체"적 할례를 이스라엘의 정체성을 가장 독특하게 나타내는 중요한 지표로서 언제나 강조했기 때문이다(창 17:11-14). 바리새인이었던 바울에게 "육체에 대한 신뢰"를 부여한 것도 바로 이 할례였다(빌 3:3-4). 다시 말해 "육체에 대한 신뢰"는, 불트만이 주장했던 것과 같이,[37] 바울 자신의 율법 준수 능력에 대한 확신이 아니라 언약 백성이라는 바울 자신의 민족적 정체성에 대한 확신이었던 것이다. 그리고 바울을 가장 괴롭혔던 것은 자신이 개종시킨 자들이 할례를 받아들여 그들의 정체성을 육체적 이스라엘에 예속시키게 될 때, 유대인 그리스도인들이 육체로 자랑하게 된다는 점이었다(갈 6:12-13).[38]

바울의 유대교에 관한 "새 관점"은 열띤 반응을 일으켰다. 특히 루터교 학자들은 그들의 이신칭의 교리가 다소 위협을 받을 것을 감지했다. 예를 들어 스티븐 웨스터홈(Stephen Westerholm)은 로마서 4:4-5이 "행위를 통한 의로움"이라는 유대교 신앙을 겨냥하고 있으며, 이는 바울 당시에 이런 신앙을 가르쳤던 유대인들이 존재했음을 증명한다고

36 Dunn, *Theology of Paul the Apostle*, 128-61.

37 Bultmann, *Theology of the New Testament*, 1:242-43.

38 Dunn, *Theology of Paul the Apostle*, 68-70.

주장했다.[39] 한편 튀빙겐 학파는 강력한 삼단 반론을 제기했다. 프리드리히 아베마리(Friedrich Avemarie)는 랍비 문헌에 등장하는 증거는 더 혼합되어 있으며 샌더스의 "언약적 율법주의"가 언약 측면을 지나치게 부각한다고 주장했다.[40] 페터 슈툴마허(Peter Stuhlmacher)와 김세윤 역시 다음과 같은 열정적 반응을 보였다. 즉 "새 관점"은 "바울에 대한 진정한 관점"이 아니며, 칭의에 관한 개혁주의 교리는 재차 확인되어야 한다는 것이다.[41] 사이먼 개더콜(Simon Gathercole)은 구원이 율법 준수에 달려 있다는 제2성전기 유대교 문헌에 관심을 모으고 있다.[42] 새롭게 등장한 한 가지 핵심 쟁점은 다음 사실에 대한 설명을 요구한다. 즉 칭의의 현재 및 미래 시제가 어떻게 서로 조화를 이루고, 또 어떻게 행위가 아닌 이신칭의가 이스라엘 이야기와 바울의 복음 모두에 등장하는 "행위에 따른" 최후 심판과 관련이 있는지 명확한 설명이 필요하다. 이와 관련하여 활발한 논의가 현재 진행 중이며 21세기에도 이 논의는 계속될 것이다. 앞으로 다룰 이야기와 처음 두 이야기 사이의 상호 작용을 고려할 때, 우리는 이 논의로 다시 돌아와야 한다.

39 S. Westerholm, *Israel's Law and the Church's Faith: Paul and His Recent Interpreters* (Grand Rapids: Eerdmans, 1988). Schreiner, *The Law and Its Fulfillment*, 41-71, 93-121도 보라.

40 F. Avemarie, *Tora und Leben: Untersuchungen zur Heilsbedeutung der Tora in der frühen rabbinischen Literatur*, TSAJ 55 (Tübingen: Mohr Siebeck, 1996); "Erwählung und Vergeltung," *NTS* 45 (1999): 108-26.

41 P. Stuhlmacher, *Revisiting Paul's Doctrine of Justification: A Challenge to the New Perspective* (Downers Grove, Ill.: InterVarsity, 2001); S. Kim, *Paul and the New Perspective: Second Thoughts on the Origin of Paul's Gospel*, WUNT 140 (Tübingen: Mohr Siebeck, 2002).

42 S. J. Gathercole, *After the New Perspective: Works, Justification, and Boasting in Early Judaism and Romans 1—5* (Grand Rapids: Eerdmans, 2002).

그리스도 이야기

물론 그리스도 이야기는 바울의 앞선 두 이야기를 혼란으로 몰아넣고, 바울이 이 두 이야기를 다소 변경하는 요인으로 작용했다. 바울이 그리스도 이야기를 처음 접하게 된 배경이나 내용은 알려진 게 없지만, 예루살렘에서 교육받은 아마도 이십 대의 젊은 바리새인으로서 바울은 예수의 갈릴리 사역을 분명히 알고 있었고, 이십 대 후반에는 예수에 대한 이야기를 예루살렘에서 들었을 것이다. 우리는 그가 예수나 예수에 관한 이야기에 어떻게 반응했는지 알 수 없다. 우리가 갖고 있는 유일한 단서는 고린도전서 1:23과 갈라디아서 3:13로, 여기서 우리는 십자가에 못 박힌 메시아에 대한 바울의 초기 반응을 예상해볼 수 있다. 즉 하나님의 저주를 받아 십자가에 못 박힌 사람이 어떻게 이스라엘의 메시아로 간주될 수 있었을까?[43]

십자가에 달린 예수가 진짜 하나님의 메시아(그리스도)였다는 사실은 바울이 회심을 통해 얻게 된 확신임이 틀림없다. 바울은 그의 회심을 다른 측면으로 표현하고 있지만, 이전에 그가 (은연중에) 지니고 있던 십자가에 대한 혐오가 이제는 선교사로서 그가 선포하는 내용의 핵심, 곧 십자가에 못 박힌 그리스도를 언급하면서 다시 표출되고 있다(고전 1:23; 2:2; 고후 5:14-15, 18-21; 갈 3:1).

그 결과 바울 신학에서 예수의 죽음이 중심이라는 점은 논란의 여지가 거의 없다. 그러나 예수의 죽음이 지닌 중요성은 바울과 그의 독자들 사이에 이미 너무 잘 알려져 있었으므로 바울은 구태여 예수의 죽음에 대해 장황하게 설명할 필요를 느끼지 않았던 것이다. 우리가 바울 서신에서 보는 예수의 죽음과 관련된 내용은 요약문처럼 압축되어 있으며, 어쩌면 이미 기독교 신앙의 근본 요소를 표현하는 교리의 공식처럼 이용되고 있었을 것이다(예. 롬 1:3-4; 3:21-26; 4:25).[44] 예수의 십자가 죽음에 대한 요약문에는 십자가의 중요성을 기록하기 위해 바울이 사용한 다양한 은유가 등장한다. 십자가의 예수는 죄 사함을 위한 제물이요(롬 8:3), 죄를 처리하기 위한 수단이자(고후 5:21) 속죄의 수단이었다(롬 3:25). 예수의 죽음은 구속의 행위로, 마치 애굽으로부터 나온 이스라엘의 해방 혹은 노예 해방과도 같다(롬 3:24; 고전 7:21-23). 또 예수의 죽음은 하나님이 세상과 자신을 화평케 하는 화해의 행위였다(고후 5:18-20; 골 1:20). 겉으로 보이는 모습과 달리, 예수의 죽음은 사실 적대적 세력에 대한 승리로 여겨졌다(골 2:15).

위에 언급된 이미지의 중요성에 대한 논란이 발생하는데, 그중에서 어느 이미지가 가장 중심이 되는가?[45] 은유(제물, 속량[buying back])가 어느 정도까지 유효한 의미를 지닐 수 있는가?[46] 특히 *hilastērion* 개념으로서의 예수의 죽음은 예수를 "속죄소" 혹은 속죄소에서 발생한 속죄 사건으로 보는가?[47] 아니면 속죄 자체 또는 화해로 보는가?[48] 리처

43 Hengel, *The Pre-Christian Paul*, 64, 83-84을 보라.

44 자세한 내용은 Dunn, *Theology of Paul the Apostle*, 174-75을 보라.

45 이에 관한 R. P. Martin의 선택은 분명하다. *Reconciliation: A Study of Paul's Theology* (London: Marshall, Morgan & Scott; Atlanta: John Knox, 1981).

46 제물에 대한 용어는 학자들에게 가장 납득하기 어려운 것으로 입증되었는데, 그중 하나의 예를 들면 다음과 같다. G. Friedrich, *Die Verkündigung des Todes Jesu im Neuen Testament*, Biblisch-theologische Studien 6 (Neukirchen-Vluyn: Neukirchener, 1982).

47 예를 들어 P. Stuhlmacher(*Reconciliation, Law, and Righteousness: Essays in Biblical Theology* [Philadelphia: Fortress, 1986], 96-103)는 "속죄소"라는 가장 명백한 의미를 관철시키고 있다. 물론 속죄소의 의미가 속죄 사건의 의미와 어떻게 결합하고 있는지 알아내는 일은 어려운 게 아니지만 말이다.

48 이는 C. H. Dodd(*The Bible and the Greeks* [London: Hodder & Stoughton, 1935], 82-95[속죄])와 L. Morris(*The Apostolic Preaching of the Cross*, 3rd ed. [1st ed., 1955; Grand Rapids: Eerdmans; London: Tyndale, 1965], 144-213[화해]) 사이의 해묵은 논쟁이다.

드 헤이즈가 불붙인 더 최근의 논의는 "그리스도의 믿음"(*pistis Christou*, 롬 3:22, 26; 갈 2:16; 3:22)이라는 문구에 집중하고 있다. 전통적으로 이 문구는 목적을 의미하는 소유격으로 간주되어 왔으며(그리스어는 이 부분에 있어서 명확하지 않다), "예수를 믿음"으로 해석된다. 그러나 헤이즈 및 기라성 같은 추종자들은, 이 문구가 예수 자신의 믿음 곧 "예수의 믿음(신실함)"을 언급하는 것이며, "그리스도의 순종"과 동일한 의미로 이해되어야 한다고 주장한다(참조. 롬 5:19).[49] 이런 이해가 가져오는 효과는 바울 자신의 이야기(이신칭의라는 바울 자신의 발견)로부터 이 문구를 제거하고 대신 이 문구를 예수 이야기의 중심 자리에 위치시키는 것이다. 그러나 *pistis Christou*의 이와 같은 자리 이동이 바울의 복음이 요구하는 "믿음"의 중요성과, 갈라디아서 3:6-9과 로마서 4장의 핵심 내용인 창세기 15:6에 대한 바울의 설명을 충분히 제대로 평가하고 있는지는 아직 미제로 남아 있다.[50]

바울의 복음이 (함축적으로) 예수의 죽음을 집중해서 강조하고 있다면, 예수 이야기의 초반부는 과연 어떤 의미를 지니는가? 바울이 "역사적 예수"에 대해 관심이 없어 보이는 것은 이미 악명이 높다. 이로 인해 오래전에 불트만은 케리그마가 전적으로 예수의 죽음 및 부활에 대한 선포에 의존한다는 주장을 제기할 수 있었다.[51] 그러나 불트만의 주장은 예수의 생애와 가르침에 대한 구체적 언급의 부재를 너무 쉽게 역

49 R. B. Hays, *The Faith of Jesus Christ*; M. D. Hooker, "*Pistis Christou*," in *From Adam to Christ*, 165-86.

50 Hays and Johnson, *Looking Back, Pressing On*, 35-81에 실려 있는 Hays와 Dunn의 논쟁(Dunn은 이 논쟁에서 더 많은 참고 문헌을 제시한다)을 보라.

51 다양한 측면이 다음에서 논의되고 있다. A. J. M. Wedderburn, ed., *Paul and Jesus: Collected Essays*, JSNTSup 37 (Sheffield: JSOT Press, 1989).

사적 예수에 대한 바울의 무지 및 경시와 연결한다. 실제로 불트만은 그런 구체적 언급이 바울 서신의 내용에 꼭 필요한 것이었는지에 대해서는 아무 의문도 제기하지 않았다.[52] 여기서 주목해야 할 또 다른 중요 사항은, 바울이 앞선 두 이야기를 어떻게 실제로 그리스도 이야기에 통합하고 있는가이다. 그리스도가 마지막 아담이라는 바울의 이해는(고전 15:45) 그리스도가 일정 부분 아담 이야기를 개괄적으로 담고 있으며(이레나이우스의 견해처럼), 결과적으로 마지막 아담인 그리스도의 이야기는 죽음에 종속된 인간 존재의 비참함이 인간을 위해 하나님이 본래 의도하신 승리로 변화되어 그리스도의 부활에서 완전하게 됨을 의미한다(빌 2:6-11). 한편 예수가 "율법 아래에서 태어나고"(갈 4:4), "할례의 추종자가 되셨다"(롬 15:8)는 바울의 주장도 이와 동일한 결과를 초래한다. 즉 예수가 이스라엘을 구속하기 위해 이스라엘의 이야기를 개괄적으로 표현하고 있다는 것이다(갈 4:5). 따라서 예수의 삶은 당연히 바울에게 중요했으며, 라이트는 이 부분을 더 개진하여 다음과 같이 예수가 메시아로서 이스라엘을 대표한다고 주장한다. "마지막 아담은 종말론적인 이스라엘이다."[53]

역사적 예수의 삶과 거의 동급으로 언급을 찾아볼 수 없는 내용이 그리스도의 선재인데, 이에 관해서는 더 많은 논란이 존재한다. 그러나 그리스도의 선재에 관한 논쟁은 바울이 선재라는 용어를 그리스도에 대해 말할 때 사용했는지의 **여부**에 대한 논의가 아니며 논할 필요도 없다. 왜냐하면 바울은 분명히 그리스도의 선재를 언급하고 있기 때문

52 다음과 대조해보라. D. Wenham, *Paul: Follower of Jesus or Founder of Christianity?* (Grand Rapids: Eerdmans, 1995); Dunn, *Theology of Paul the Apostle*, 183-95.

53 Wright, *Climax of the Covenant*, 34-35.

이다(특히 고전 8:6; 골 1:15). 비록 빌립보서 2:6-11이 아담 이야기를 틀로 삼고 있지만, 여기서 바울이 신화적 역사(선사 시대로서 아담의 시대) 측면에서 생각하고 있는지, 아니면 아담의 타락과 균형을 이루는 성육신 측면에서 생각하고 있는지는 여전히 질문으로 남아 있다.[54] 선재와 관련된 논쟁은 오히려 용어의 **의미**에 관한 것이다. 만일 바울이 창조에 직접적으로 관여한 하나님의 지혜를 의미하는 용어를 의도적으로 암시하고 있다면, 다수가 동의하듯, 이 논쟁은 다음과 같이 하나님의 지혜가 개념적으로 이해되는 방식에 관한 논쟁이 된다. 즉 하나님의 지혜는 유일한 하나님과 구별되는 존재인가? 아니면 하나님이 그분의 피조물과 백성을 지혜롭게 다루고 계심을 (의인화를 통해) 말로 표현하는 하나의 방식인가? 바울이 그리스도를 하나님의 지혜와 실제로 동일시할 때, 이는 집회서가 율법을 하나님의 지혜와 동일시하는 것과는 완전히 다른 것을 의미하는가?(Sir. 24:23)[55]

비록 십자가까지 이르는 예수의 이야기가 바울 신학에서 특별한 주목을 받지 못하더라도, 그다음에 이어질 십자가의 이야기는 확실하게 주목받고 있다. 그리스도의 부활이 바울의 복음에 핵심이었음을 실제로 반박할 수 있는 사람은 아무도 없다. 고린도전서 15:3-8, 14, 17은 이를 충분히 증명한다. 예수가 하나님 보좌 우편으로 높아지심과 "주"로 칭함을 받는 것(시 110:1) 역시 바울에게 똑같이 중요한 내용이었음은 의심의 여지가 없다. 바울 서신은 "주"(*kyrios*)라는 호칭을 2백 번 이

54 다음의 논의를 보라. R. P. Martin and B. J. Dodd, eds., *Where Christology Began: Essays on Philippians 2* (Louisville: Westminster John Knox, 1998).

55 다음을 보라. K. -J. Kuschel, *Born before All Time? The Dispute over Christ's Origin* (London: SCM, 1992); Dunn, *Theology of Paul the Apostle*, 266-93.

상 예수에게 사용한다. 로마서 10:9(초기 세례 고백?)과 빌립보서 2:11 같은 본문도 이를 충분히 증명한다.

한편 *kyrios* 호칭의 의미에 관한 논쟁이 발생하기 시작한다. 바울이 그리스도를 언급하는 하나님(야웨)의 *kyrios*가 등장하는 본문이 있는데, 대표적으로 로마서 10:13(욜 2:32)과 빌립보서 2:10-11(유일신 사상을 집중적으로 강조하는 사 45:23)을 들 수 있다. 그렇다면 우리는 바울이 예수를 야웨와 동일시한다고 결론 내려야 하는가?[56] 아니면 이 문구는 단순히 시편 110:1의 암시처럼(고전 15:24-28) 하나님이 그의 주 되심을 그리스도와 공유하고 있다는 바울의 생각을 의미하는가? 혹은 이 문구를 통해, 바울은 예수를 "신/하나님"으로 말했던 걸까? 이에 관한 논쟁은 로마서 9:5과 관련 문구가 두 가지 의미로 해석될 수 있다는 가능성에 집중한다.[57] 래리 허타도(Larry Hurtado)의 주장에 의하면, 우리는 이미 바울에게서 (두 개의 위격을 지닌 형태의) 변종된 유대교적 유일신론을 확실히 볼 수 있는데, 이 양상은 초기 기독교 예배에서 그리스도에게 바친 고백에서도 발견된다.[58] 이와 관련하여 다른 학자들은 유대교적 유일신론이 "기독론적 유일신론"으로 변경되었다고 말하기를 선호한다.[59] 그리스도 이야기가 이미 유일신론의 변형을 시작했고 이런 변

56 D. B. Capes, *Old Testament Yahweh Texts in Paul's Christology*, WUNT 2.47 (Tübingen: Mohr Siebeck, 1992).

57 다음을 보라. M. J. Harris, *Jesus as God: The New Testament Use of Theos in Reference to Jesus* (Grand Rapids: Baker, 1992).

58 L. W. Hurtado, *One God, One Lord: Early Christian Devotion and Ancient Jewish Monotheism* (Philadelphia: Fortress, 1988; Edinburgh: Clark, 1998); "Pre-70 C.E. Jewish Opposition to Christ-Devotion," *JTS* 50 (1999): 35-58; *At the Origins of Christian Worship: The Context and Character of Earliest Christian Devotion* (Grand Rapids: Eerdmans, 1999).

59 C. C. Newman, J. R. Davila, and G. S. Lewis, eds., *The Jewish Roots of Christological*

형의 극치가 역사적으로 중요한 신조에서 가장 심오한 표현으로 반영되어 있음은 자명한 사실이다. 비록 바울이 제시한 변종 유일신론과 바울 서신을 토대로 확립된 변종 유일신론 교리를 구분하는 과정에서 평소보다 더 많은 주의를 기울여야 하지만 말이다.[60]

마틴(J. L. Martyn)의 최근 연구는 여러 측면에서 더 도전적인 내용을 담고 있다.[61] 이는 단순히 마틴이 내러티브 신학의 모든 논리를 그것이 지닌 연속 내러티브 이미지로 의문을 제기하고 있어서가 아니라—만일 그렇다면 이는 이제껏 우리가 유용한 분석 도구로 증명해온 결론에 의구심을 품는 꼴이 되어버린다—그가 하나님의 계획이 이스라엘을 통해 그리스도와 연결되어 있다는 연속성에 대한 전반적 인식에 의문을 제기하고 있기 때문이다. 마틴의 주장에 의하면, 갈라디아서에 등장하는 바울의 **적대자**들은 바로 이런 방식으로 복음을 생각했으므로 할례 논리를 그토록 강하게 주장할 수 있었다(창 17:9-14). 그러나 복음의 묵시적 특성(갈 1:12)은 율법과 복음을 서로 반대되는 개념으로 위치시킨다(4:21-5:1). 복음은 새 시대와 새 피조물에 대해 말한다(1:4; 6:15). 위로부터의 능력이 아래에 존재하는 세력을 와해시켰다(3:23-26). 바울의 복음은 완전히 다른 영역에서 작용하고 있다. 마틴의 연구는 바르트가 80여 년 전에 『로마서』(*Römerbrief*)에서 제공한 것과 유사한 바울 신학의 역사적 묘사에 이의를 제기한다. 그러나 마틴의 주장 역시 과장이라는 비판을 받는다. 갈라디아서의 내용에 반대하는 세력

Monotheism, JSJSup 63 (Leiden: Brill, 1999).

60 Dunn, *Theology of Paul the Apostle*, 244-60.

61 J. L. Martyn, *Galatians*, AB 33A (New York: Doubleday, 1997); *Theological Issues in the Letters of Paul* (Edinburgh: Clark, 1997).

이 있었지만, 갈라디아서는 여전히 "유업"(갈 4:1-7에서처럼)이라는 개념과 함께 작용했는데, "유업" 개념은 이스라엘 이야기의 핵심 요소이자, 이스라엘과 로마서 4장 및 9-11장의 복음을 포함하여 복음에 대한 더 신중한 설명을 뒷받침해주는 필수 요소다. 하지만 이런 쟁점들은 바울 신학을 구성하는 네 번째 이야기의 관점에서 볼 때 가장 명확해진다.

바울 이야기

바울 이야기는, 특히 이 이야기가 바울 신학의 핵심을 형성하고 있다는 점에 있어서, 주로 바울의 회심과 그 이후의 이야기로 볼 수 있다. 왜냐하면 이 사건들로 인해 바울 신학의 가장 지속적이면서 독특한 요소—특히 그리스도에 대한 바울의 초점, 율법에 대한 그의 태도, 그리고 칭의에 대한 그의 가르침 같은—가 결정적으로 형성되었기 때문이다. 갈라디아서 1-2장에는 바울의 신학적 사고와 관련하여 가장 분명한 내러티브 형식이 제시되어 있는데, 여기서 바울은 자기 이야기를 하면서 자신이 전하는 복음을 설명하고 변호한다.[62]

바울이 회심한 사건의 중요성은 바울 연구에서 가장 많이 논의되는 주제 중 하나다. 바울이 실제로 교회를 박해했다는 사실은 의심의 여지가 없다(고전 15:9; 갈 1:13, 23; 빌 3:6). 바울의 열정적인 박해는 그의 회심 이전에 발생한 일로 앞 문장에서 말한 괄호 안 구절에 암시되고, 사도행전 9, 22, 26장에 분명히 언급된다. 그런데 바울은 왜 그토록 격렬

62 갈 1:12-2:14(= 내러티브)에 관한 H. D. Betz, *A Commentary on Paul's letter to the Churches in Galatia*, Hermeneia(Philadelphia: Fortress, 1979)를 보라. 그리고 B. R.

하게 "교회를 파괴하려" 했던 걸까? 이 논점이 중요한 이유는 바울의 회심을 그가 교회를 멸하려 했던 모습에서 문자 그대로 "돌아선 것"으로 이해하는 것이 가장 확실한 방법이기 때문이다.

바울이 예수를 메시아와 주로 믿는 믿음으로 회심한 것이 당연한 사실이지만, 바울이 실제로 직접 그렇게 말하고 있는 것은 아니다. 그러나 고린도전서 1:23과 갈라디아서 3:13에서 도출된 함축적 의미가 맞다면, 바울은 다메섹 도상에서 그가 만난 존재가 바로 십자가에 못 박힌 예수라는 사실을 깨닫고, 하나님이 이 예수를 살리고 높이셨으며, 그 결과 바울이 회심 전에 근절하려 시도했던 바로 그 고백을 하나님이 확증하셨다는 결론에 도달했음이 틀림없다. 이와 관련하여 논란이 되는 질문은 다음과 같다. 다메섹 도상에서의 만남 자체가 바울의 기독론 형성에 더 근원적인 자극제로 작용하는가? 김세윤의 주장처럼, 바울은 예수를 하나님의 영광으로 보았던 일종의 신비로운 경험—이 경험은 바울의 지혜 기독론의 토대를 제공했다—을 했던 걸까?[63] 고린도후서 4:4-6에 나오는 바울의 회심과 관련된 암시는 그렇게 해석될 수 있다.

교회를 박해했던 바울의 열정은 그의 "율법에 대한 열심"에 기인하는 걸까(갈 1:13-14; 빌 3:6)? 만일 그렇다면, 바울은 초기 유대인 그리스도인들이 보여준 율법에 대한 무시에 거세게 반대할 수 있었을 것이다. 사도행전 8:1-3에 따르면, 헬라파 그리스도인들이 사울의 적대적 탄압

Gaventa, "Galatians 1 and 2: Autobiography as Paradigm." *NovT* 28 (1986): 309-26을 보라.

63 S. Kim, *The Origin of Paul's Gospel*, WUNT 2.4 (Tübingen: Mohr Siebeck, 1981), 137-268; 참조. A. F. Segal, *Paul the Convert: The Apostolate and Apostasy of Saul the Pharisee* (New Haven: Yale University Press, 1990), 34-71; C. C. Newman, *Paul's Glory Christology: Tradition and Rhetoric*, NovTSup 69 (Leiden: Brill, 1992).

을 불러온 장본인들임이 분명하다. 이는 스데반에 대한 다음과 같은 고소 내용을 볼 때 더욱 분명해진다. 즉 "그(스데반)의 말에 이 나사렛 예수가 이곳을 헐고 또 모세가 우리에게 전하여 준 규례를 고치겠다 함을 우리가 들었노라"(행 6:14). 따라서 슈툴마허의 주장처럼, 바울 신학의 주요 특징으로 간주되는 율법에 대한 적대감이 다메섹 도상 사건으로까지 거슬러 올라간다는 주장이 제기될 수 있다.[64] 그러나 이 주장의 어려움은 바울이 "율법의 마침"(롬 10:4)에 대한 일반적 해석과 달리 율법에 적대적이지 않았다는 데 있다. 로마서 10:4에서 바울은 분명 모든 율법을 의미하는 게 아니기 때문이다. 바울의 적대감은 율법의 특정 기능에 더 구체적으로 초점이 맞추어져 있는데, 특히 동료 유대인들이 유대인과 이방인 사이를 "분리하는 벽"과 같은 율법의 기능(엡 2:14)이 끝났음을 인지하지 못하고, 자멸의 욕구를 부추기는 죄의 끄나풀과 같은 율법의 기능(롬 7:7-12)을 알지 못하는 데 대한 적대감이라 할 수 있다.[65]

바울이 율법의 더 제한적인 기능에 반대하고 있다면, 이는 이스라엘과 다른 민족의 분리를 요구하는 율법의 역할에 대한 반대가 분명하다. 바울이 회심 이전에 교회를 그토록 박해했던 이유는 아마도 이스라엘과 이방인 사이를 계속 구분하려 했던 "열심"이었을 것이다. 이런 "열심"은 이전 이스라엘 역사 속 유대인에게서 특징적으로 발견되는데, 그들은 이스라엘과 이스라엘의 거룩함을 위협할 수 있는 이방 민족 사

64 P. Stuhlmacher, "'The End of the Law': On the Origin and Beginnings of Pauline Theology," in *Reconciliation, law, and Righteousness,* 134-54.

65 내가 *Theology of Paul the Apostle*, 128-61, 334-89, 625-69에서 총 3장에 걸쳐 바울과 율법에 대한 논의를 펼쳐야 할 필요성을 느낀 것은 놀랄 일이 아니다.

이의 경계를 무시하거나 침범하는 것을 막고자 결의했던 자들이었다(Jdt. 9:2-4; *Jub*. 30을 보라).[66] 바울의 교회 박해에 나타나는 폭력성을 명확히 설명해줄 수 있는 것도 바로 이와 동일한 "열심"이었다(빌 3:6).[67] 갈라디아서 1:13-16에 언급된 사건의 흐름을 볼 때, 바울은 회심을 통해 이제껏 그가 혐오했던 이방인에 대한 마음이 활짝 열리게 되었다(갈 1:16). 바울은 그의 사도성이 다메섹 도상에서 부활의 모습으로 임한 예수와의 만남에 기초하고 있음을 분명히 한다(고전 9:1; 15:8-9; 갈 1:1, 12). 바울은 자신이 "이방인을 향한" 사도임을 결코 의심한 적이 없었던 것으로 보인다(갈 2:7-9; 롬 11:13).

이와 밀접히 연관된 질문은 바울이 다메섹 도상에서 그에게 일어난 사건을 "회심"으로 보았는가 아니면 소명으로 보았는가이다.[68] 바울은 이 사건을 회심의 차원에서 말한 적이 단연코 없으며, 갈라디아서 1:15-16에 암시된 예레미야 1:5, 이사야 49:1-6의 말씀처럼, 오히려 소명으로 여기고 있음이 확실하다. 여기서의 쟁점은 단순히 의미론의 문제가 아니다. 왜냐하면 이 쟁점의 본질은 바울이 헌신하고 있는 예수 운동과 그의 조상 전래의 유대교 사이의 관계를 바울 자신이 어떻게 이해하고 있는가에 있기 때문이다. 바울은 분명히 자신이 한 종교에서 다른 종교로 개종했다고 여기지 않았다. 왜냐하면 후에 "기독교"로 알려

66 이런 열심을 지닌 전형적 영웅은 비느하스였다(민 25:6-13; Sir. 45:23-24; 1 Macc. 2:54; 4 Macc. 18:12; Pseudo-Philo, *Bib. Ant.*, 46-48). 더 자세한 내용은 Dunn, *Theology of Paul the Apostle*, 350-53을 보라.

67 Hengel(*Pre-Christian Paul*, 84)과 T. L. Donaldson("Zealot and Convert: The Origin of Paul's Christ-Torah Antithesis," *CBQ* 51 [1989]: 655-82)은 이 논점을 충분히 인식하지 못하고 있다.

68 다음을 보라. K. Stendahl, *Paul among Jews and Gentiles; and Other Essays* (Philadelphia: Fortress, 1976).

진 이 운동은 아직 그것의 모체인 유대교와 완전히 구분되지 않았기 때문이다. 확실히 바울은 그가 "유대교"를 떠났음을 암시하지만, 여기서의 유대교는 오늘날 우리가 말하는 소위 "바리새파적 유대교"를 의미한다. 따라서 우리가 이를 회심이라 부른다면, 그래서 이 일이 갑작스런 회심의 전형적인 예로 남게 된다면, 이 회심은 제2성전기 유대교 내에서의 회심으로, 즉 제2성전기 유대교의 한 "종파"에서 다른 종파로의 이동(바리새파에서 나사렛 사람파[Nazarenes]로의 이동)을 의미했다.[69]

바울의 회심에 대한 이런 정의는 바울 신학에서 다음과 같은 중요한 의미를 지닌다. 곧 우리는 바울을 유대교로부터의 변절자 즉 "배교자"로 가볍게 생각하지 말아야 하며, 바울이 전파한 복음(기독교)도 바울(복음)이 물려받은 유대교 유산으로부터 벗어나는 내용으로 언급해서는 안 된다.[70] 이와 대조적으로, 바울은 복음을 하나님께서 아브라함에게 주신 약속, 즉 아브라함으로 인해 "모든 민족이 복을 받게 될 것이다"라는 약속과의 연결, 그리고 이 약속의 입법 제정 및 성취로 간주했다(갈 3:8; 창 12:3). 또 바울이 사도로서 참여하는 이 예수 운동 역시 유대교와 분리된 종교로 여겨져서는 안 된다. 바울 신학 어디에서도 "교회"와 이스라엘을 대립 구도로 보는 사고를 발견할 수 없다. 이와 반대로, 교회가 하나님의 교회가 될 수 있는 방법은 이스라엘이라는 감람나무에 교회가 포함되는/접붙여지는 것이다(롬 11:17-24). 이와 같이 기독교의 자기 이해에 대한 암시와, 기독교 신학에서 기독교가 이스라엘을 "대체했다"고 강조하는 데 반대하는 암시가 광범위한 영향을 미치고

69 Segal, *Paul the Convert*, xii-xiv, 6-7.

70 Segal의 *Paul the Convert*의 부제목이 *The Apostolate and the Apostasy of Saul the Pharisee* 이지만 말이다.

있다.[71]

바울은 이방 민족에 대한 일관된 신학을 구약성서로부터 도출하려는 모든 시도에 방해가 되는 요소에 기꺼이 맞섰다. 신명기 32:8-9의 대표적 해결책—하나님이 각 민족에게 수호천사(신)를 주시고 하나님 당신이 이스라엘을 직접 지키셨다—마저도 더 이상 유효하지 않았다. 다른 걸 떠나서, 이방인들의 운명—멸망인지, 노예가 되는 것인지, 혹은 회심인지—과 관련하여 일치된 견해를 구약성서에서 전혀 발견할 수 없었다.[72] 바울은 가장 긍정적 희망인 종말의 때에 이방인들이 시온에 모이리라는 말씀을 넘어서 그의 소명이 이방인들에게 복음을 전파하는 일이라는 결론을 내렸다. 이와 같은 바울의 근본적인 신학적 통찰은 성공하고, 예루살렘 사도들(야고보를 포함)의 흔쾌한 인정을 통해 그 유효성을 인정받는다(갈 2:7-9). 한편 기독교 복음의 특징도 전파와 선교 신학 측면에서 인정받게 되었다.[73]

여기서 제기되는 질문은 이렇게 독특한 생각이 얼마나 신속히 바울에게 생겼는가이다. 김세윤에 의하면, 바울 신학의 주요 특징의 대부분은 바울의 다메섹 도상 경험에 어느 정도 토대를 두고 있다.[74] 이

71 다음을 보라. W. D. Davies, "Paul and the People of Israel," *NTS* 24 (1977-78): 4-38; M. Barth, *The People of God*, JSNTSup 5 (Sheffield: JSOT Press, 1983); P. von der Osten-Sacken, *Christian-Jewish Dialogue: Theological Foundations*, trans. M. Kohl. (Philadelphia: Fortress, 1986).

72 다음의 조사를 보라. T. L. Donaldson, "Proselytes or 'Righteous Gentiles'? The Status of Gentiles in Eschatological Pilgrimage Patterns of Thought," *JSP* 7 (1990): 3-27.

73 다음을 보라. T. L. Donaldson, *Paul and the Gentiles: Remapping the Apostle's Convictional World* (Minneapolis: Fortress, 1997).

74 Kim, *The Origin of Paul's Gospel*. 다음과 대조해보라. H. Räisänen, "Paul's Call Experience and His Later View of the Law," in *Jesus, Paul and Torah: Collected Essays*, JSNTSup 43 (Sheffield: JSOT Press, 1992), 15-47.

미 살펴보았듯이, 바울은 다메섹 도상에서 발생한 예수와의 만남을 이방인을 향한 자신의 소명으로 암시하는 것 같다(행 9:15; 26:17-20도 이를 뒷받침한다). 그러나 바울이 이 소명을 즉시 깨달았는지는(아라비아에서?[갈 1:17]) 의심스럽다. 바울은 그 이후에 복음을 전파하고 있기 때문이다(갈 1:23). 바울이 예루살렘 공회와, 갈라디아서 2:1-14에 기록된 안디옥 사건에 그토록 많은 관심을 보이는 것은, 바울이 점점 더 명확히 복음을 이해하게 되면서 이 사건들이 그의 신학과 "복음의 진리"를 구체화하는 데 결정적으로 기여했음을 나타낸다. 예루살렘에서의 원만한 합의 직후(2:9) 안디옥에서 그토록 심각한 대립이 발생한 것은(2:14) 중요한 의미가 있다. 그 의미 중 일부는 어떤 쟁점은 예루살렘 공회에서 충분히 이해되지 못했거나 설명되지 못했음을 나타낸다는 사실이다. 바울의 복음에서 가장 뚜렷하고 심오한 표현, 즉 갈라디아서 2:15-17에 제시된 내용은 아마도 바울이 그의 복음에 대한 새로운 위기와 도전에 반응하는 가운데 얻게 되었을 것이다.

여기서 우리는 바울 신학과 관련하여 복음주의 집단에서 이루어지는 최근 논쟁 중 가장 문제가 되는 하나를 접한다. 지금까지의 설명 논리에 의하면, 복음에 대한 바울의 가장 심오한 표현은 이방인들이 하나님께서 받으실 만한 존재로 여겨졌는지, 그렇다면 어떤 조건으로 그렇게 되었는지에 대한 질문으로 구체화되었기 때문이다. 이는 여러 학자 중에서도 특히 크리스터 스텐달(Krister Stendahl)의 주장처럼, 바울의 이신칭의 교리가 바로 이 질문에서 출발했고, 동시에 이 질문에 대한 해답으로 제시되었다고 말하는 것과 같다.[75] 또한 이는 바울이 그의 복음

75 Stendahl, *Paul among Jews and Gentiles*를 보라.

을 통해 이방 민족과의 분리가 언약 백성의 정체성에 필수라고 주장하는 그의 조상 전래의 열성적인 믿음의 전통에 지속적으로 반대하고 있었음을 암시한다.

이 논쟁은 바울 신학에서 핵심 문구로 자리 잡게 된 "율법의 행위"(롬 3:20, 28)에 초점을 맞추고 있다. 바울은 이 문구를 사용하고 있는데, 갈라디아서 2:16—바울 신학에서 이 문구가 처음 등장하는 부분—에서는 세 번이나 언급한다. 이어지는 갈라디아서 2:1-21에 등장하는 "율법의 행위"로 의롭게 되는 것이 아니라는 결론(2:15-16)은 다음과 같은 바울의 주장을 요약하는 것 같다. 즉 이방인 개종자에게는 할례가 불필요하고(2:1-10), 또 식탁 교제와 관련된 유대인의 정결 규례 준수를 이들에게 요구해서는 안 된다(2:11-14). 다시 말해, 바울은 "율법의 행위" 문구를 사용하여 이방인 개종자들이 할례와 정결 및 음식 관련 규례를 지켜야 한다는 주장에 반박하고 있다. "율법의 행위"는 이스라엘의 구별된 표식을 지켜야 한다는 유대교의 주장에서 암호와 같은 표현이다. 여기서 이스라엘의 구별된 표식은 이스라엘의 정체성을 보존해주는 경계 표지와도 같으며, 이 표지 중 하나인 정결 규례는 바울 당시에도 여전히 (베드로와 바나바를 포함하는) 유대인과 이방인의 "분리"를 강요하고 있었다(2:12). "율법의 행위"에 대한 바울의 신학적 논리가 사해 사본 중 하나인 4QMMT를 통해 최근에 규명되었는데, 이 사본은 다음과 같이 바울과 동일한 방식으로 "율법의 행위" 문구를 사용하고 있다. 즉 "율법의 행위"는 이 사해 종파를 구별해주고 이 종파와 "일반 대중"의 "분리"를 요구했다(4QMMT C7).[76]

76 다음을 보라. J. D. G. Dunn, "4QMMT and Galatians," *NTS* 43 (1997): 147-53; "Noch Einmal 'Works of the Law': The Dialogue Continues," in *Fair Play: Diversity*

일반적으로 이와 같은 주해는 복음주의 집단에서 인정을 받지 못하고 있는데,[77] 그 이유는 이 주해로 인해 이신칭의라는 바울/개신교의 근본 교리가 유대인과 이방인 사이의 몇몇 경계 쟁점에 대한 논의로 축소되는 것으로 여겨지기 때문이다. 그러나 이런 반응은 틀린 것이다. 바울은 한편으로 믿음만이 하나님과의 관계에 있어서 유일한 토대라는 더 근본적인 신학적 공리를 중요 쟁점 중 하나로 다루고 있다(갈 2:16). 바울의 이 신학적 공리가 이스라엘의 근본적 자기 이해인 선민사상(롬 4:4-5)과 공유되는 것인지 — 이는 로마서 3:27-31에서 "하나님은 한 분이시니라"(3:30)는 공통의 고백에 호소하는 주장과 유사함 — 아니면 바울이 (재)소개하는 공리인지는 별 상관이 없다. 다른 한편으로, 바울은 근본 교리의 핵심에 다음과 같은 근본적 주장을 위치시킨다. 즉 하나님의 언약 성취는, (오직 믿음만으로) 하나님과의 언약 관계를 주장하는 다른 이들을 반대하면서 자신들과 하나님 사이의 언약 관계만을 주장하는 유대인들의 지속적 차별을 배제한다는 것이다.[78]

바울 이야기는 물론 안디옥 사건에서 끝나지 않고, 그의 교회에 대한 이야기와 합쳐진다. 하지만 바울 신학이 얼마만큼 바울의 회심을 통해, 또 자신보다 먼저 예수를 믿은 자들과의 논쟁을 통해 형성되었고,

and Conflicts in Early Christianity. ed. I. Dunderberg, C. Tuckett, and K. Syreeni, NovTSup 103 (Leiden: Brill, 2002), 273-90.

77 다음을 보라. M. A. Seifrid, *Justification by Faith: The Origin and Development of a Central Pauline Theme*, NovTSup 68 (Leiden: Brill, 1992); D. A. Hagner, "Paul and Judaism: Testing the New Perspective," in Stuhlmacher, *Revisiting Paul's Doctrine of Justification*, 75-105; 위의 "이스라엘 이야기"의 마지막 문단도 보라.

78 이에 대한 최근의 가장 자세한 설명은 다음을 보라. Dunn, *Theology of Paul the Apostle*, 334-89; Stendahl의 이전 연구서 *Paul among Jews and Gentiles*는 제대로 된 평가를 받지 못하고 있다.

이런 초기 경험이 바울의 복음에서 핵심이 되는 특징에 어느 정도 지속적인 영향을 미쳤는지에 주목하는 일은 여전히 중요하다.

바울 교회 이야기

바울 신학/신학화의 근간을 이루는 다섯 가지 이야기 중 마지막인 바울 교회 이야기는 개별 바울 서신에 대한 연구와 합쳐진다. 물론 이 교회에 관해 우리가 알고 있는 기본 사항은 사도행전이 제공하는 피상적 정보를 제외하면 이 교회에 보낸 바울 서신에 기초하고 있다. 바울 서신을 통해 우리는 다음과 같이 어떻게 교회가 세워졌고 성장했는지, 혹은 성장하지 못했는지를 알 수 있다. 곧 이 교회가 어떤 복음을 믿었는지(예. 고전 15:3-5; 갈 3:1; 살전 1:9-10), 어떤 힘이 이 교회에 확신을 주었는지(고전 2:1-5; 갈 3:2-5; 살전 1:5-6; 2:13), 교회에서 세례와 성만찬의 중요성 및 문제가 무엇이었는지(고전 1:12-17; 10:16-17; 11:17-34), 교회가 향유하고 남용했던 예배의 특징은 무엇이었는지(고전 12-14장) 등등이다. 이와 같은 내용은 모두 독특한 특징을 지니며, 우리는 이를 통해 바울이 특수한 상황에 처한 특정 교회에 서신을 보냈음을 상기하게 된다. 그러나 개별적인 특수성을 넘어서는 공통의 특징이 이 내용 안에서 충분히 발견되는데, 우리는 이를 통해 어느 정도 바울 신학에 대해 이야기할 수 있다.

현시점에서 우리는 본 논문의 서두에서 제시한 바울 신학에 대한 분석과 관련하여 두 번째 접근법을 따르려는 유혹에 직면한다. 바울 신학의 일관된 특성을 앞선 네 이야기 측면에서 이미 확인했으므로, 바울 신학이 어떻게 특수한 경우를 통해 일반적 표현이 될 수 있었는지 살펴보고자 하는 것은 자연스러운 반응일지 모른다(베커). 그러나 현 단계에서 이런 접근법을 제대로 다루기는 불가능하다. 그러나 바울 신학의 다양한 주제가 바울이 특정 서신에서 특정 주제에 대해 언급할 수밖에 없는 특수한 상황(문제와 폐단)에 의존하고 있다는 점을 상기하는 것은 유익하다. 그중 주목할 만한 주제로는 바울의 종말론적 기대(살전)와 성만찬에 대한 바울의 이해(고전 10-11장)를 들 수 있다. 하지만 현 단계에서는 바울 교회 이야기, 아니 이야기들이 어떻게 다른 네 이야기와 관련되는지 주목하는 것만으로도 충분할 것이다.

앞서 주목했듯이, 바울 교회 이야기는 성공한 선교사이자 근심 많은 목사인 바울에 관한 속편이라 할 수 있다. 이와 같은 관찰이 지닌 중요한 의미는 바울 신학이 세상을 피해 다락방에 숨어 있는 은둔자들을 위해 탄생한 비현실적 결과물이 아니었음에 주목하고 있다는 점이다. 이와 정반대로, 바울의 목회 및 실천 신학은, 위에서 기술한 그의 근본 신학과 마찬가지로 격렬한 논쟁을 통해 악의적 공격, 실망, 배신에 반응하면서, 또 바울만큼 열정적인 사람이 아니었다면 인내심의 한계에 직면했을 엄청난 개인적 스트레스와 역경 속에서 탄생하게 되었다. 그런데 앞선 내용과 반대가 되는 관찰 역시 중요하다. 즉 바울의 목회 및 실천 신학은 언제나 그의 소명과 그에게 맡겨진 복음에 관한 기본 확신을 바탕으로 하나부터 열까지 전달되고 있다는 것이다. 기독교는 바울이 에게해 지역에서 그가 할 수 있는 모든 일을 했다고 결론 내린 후, 복음을 생각하면서 그의 다음 선교 여정 계획에 요구되는 만큼 이 복음을 자세히 설명하기로 결심했던 시간이 있었다는 사실에 감사해야 한다(롬 15:14-21). 왜냐하면 이런 결심의 열매가 바로 로마서이고, 우리는 이를 통해 바울이 실제로 일관되고 철저하게 심사숙고한 신학을 갖고 있었고, 이 신학 안에서 선교사 및 목사로서 바울의 심장이 지속적으로 힘차게 고동치고 있었음을 볼 수 있기 때문이다.

더 중요한 것은 바울의 복음이 그의 교회 이야기를 재형성하고 있다는 점이다. 이는 바울의 복음이 이전의 다른 이야기들과 교회 이야기를 한데 묶어버리는 형식으로 이루어지는데, 이런 형식은 바울의 복음이 과거부터 현재까지 바울 자신의 인생 이야기를 재형성하는 것과 일치한다. 바울의 개종자들의 자기 이해, 즉 스스로를 각 이야기의 부분으로 이해하고 그들 없이는 이 이야기가 불완전해진다는 이해는 분명히 바울에게 중요한 의미를 지니고 있었다. 그들(교회)은 "아담 안에" 있었으며(고전 15:22), 창조 이야기는 그들 안에서 지금도 계속 전개되고 있었다. 또 인간을 창조하신 하나님의 목적은 그들 안에서 절정에 달하게 될 것이다. 만일 모든 피조물이 퇴화, 즉 썩어질 운명으로부터 벗어나지 못한다면 그들의 해방 역시 미완으로 끝나버릴 것이다(롬 8:19-21). 그들은 아브라함의 자손으로(갈 3장; 롬 4장), 이스라엘의 이야기 역시 그들 안에서 계속 전개되고 있었다. 아브라함에게 주신 하나님의 약속은 그들(유대인뿐만 아니라 이방인도 포함) 안에서 성취되고 있었다. 그리고 열방이 아브라함을 통해 복을 받게 되리라는 하나님의 약속도 그들 안에서, 그리고 그들을 통해 성취될 것이다. 무엇보다 그들은 "그리스도 안에"(이는 바울이 애용하는 표현이다) 있었는데, 그리스도의 이야기도 그들 안에서 계속 전개되고 있었다. 그리스도의 생명은 그들을 통해 역사하는데, 그들은 그리스도의 생명에 동참하기 위해 이미 그리스도의 죽음에 참여한 자들이었다(롬 8:10-11, 17; 고후 4:10-12; 빌 3:10-11).

위와 같이 바울의 교회 이야기를 다른 이야기들 안에서, 그리고 다른 이야기들과 관련지어서 읽을 때 우리가 얻을 수 있는 가장 광범위한 효과는 바울이 더 이지적인 신학과 관련시키는 권면이나 충고에서 발견된다. 바울의 개종자들이 가지고 있던 피조성에 관한 다음과 같은 현실 이해는 바울에게 중요했다. 이는 육신의 삶에 대한 이해와 그로 인해 동료 신자 및 다른 공동체 신자들과의 소통이 가능하다는 이해(롬 6:12-13; 12:1-2), 그리고 그들이 여전히 육신에 거한다는 위험성에 대한 이해와, 그 결과 여전히 인간적 욕구를 따르려는 유혹에 취약하다는 이해(롬 8:1-14; 갈 5:13-26)를 말한다. 달리 표현하자면 그들은 이미 시작되었지만 아직 완성되지 않은 구원의 과정인 현실 안에서 살아야 했고, 죽을 운명인 육신을 통해 성령의 삶을 살아야 했다(빌 3:10-11). 삶과 죽음이라는 창조의 리듬은 끝까지 연주되어야 했다. 최후 심판이 여전히 기다리고 있으며(롬 2:6-11; 14:10-12; 고후 5:10), 이 최후 심판의 결과는 하나님의 은혜와 인간의 반응 사이에 발생하는 일종의 시너지에 좌우될 것이다(갈 3:3; 빌 2:12-13; 3:12-14).

그들이 아브라함의 유업 안으로 통합되면서 소유하게 된 거대한 유산을 제대로 알고 이를 누리는 일 역시 마찬가지로 중요했다. "율법의 행위"가 더 이상 그리스도인의 삶과 관련이 없으므로 영역 보호라는 율법 행위의 기능은 끝이 났지만, 여전히 율법은 죄를 정의하고, 양심을 자극하며, 최후 심판의 척도로서의 기능을 이어갔다(롬 2:12-16; 3:20; 7:13). 그렇다고 이스라엘의 율법, 특히 우상 숭배와 성적 음란을 행하지 말라고 경고하는 율법을 업신여길 수는 없었다. 왜냐하면 구약성서, 즉 이스라엘의 성서는 바울의 개종자들을 가르치기 위해 기록된 그들의 성서였기 때문이다(롬 15:4; 고전 10:11).[79]

79 다음을 보라. B. S. Rosner, *Paul Scripture and Ethics: A Study of 1 Corinthians 5—7*, AGJU 22 (Leiden: Brill, 1994); R. B. Hays, "The Role of Scripture in Paul's Ethics," in *Theology and Ethics in Paul and His Interpreters*, ed. E. H. Lovering and J. L. Sumney

가장 중요한 것은, 바울의 개종자들이 자신들의 이야기를 예수의 이야기와 함께, 그리고 예수의 이야기 안에서 읽어야 한다는 점이었다. 왜냐하면 현실적 신학 윤리의 핵심은 그리스도가 보여준 삶에 의해 형성된 삶이기 때문이다. 이런 윤리적 삶에는 규칙적으로 등장하는 예수의 윤리적 가르침에 대한 암시(예. 롬 12:14; 14:14; 고전 13:2; 살전 5:2, 4), 예수가 보여준 본(롬 13:14; 15:1-3)과 그리스도의 법에 대한 호소(갈 6:2), 그리고 예수의 기도 형식(롬 8:15-16; 갈 4:6)이 포함되었다. 그러나 이 윤리적 삶은 그들을 위해 그리스도가 행하신 일이 그들의 삶의 출발점을 형성한다는 인식을 포함했다. 그리스도 안에서 이미 현실인 것이 윤리적 삶의 명령으로 주어진 것이다.[80] 더욱이 윤리적 삶은 그들에게 다음과 같은 삶의 중심 모델을 제공하는 그리스도의 이야기였다. 즉 십자가의 삶, 자기희생적 사랑의 결정체인 십자가, 그리고 그리스도의 죽음에 이미 참여한 자들이 앞으로 그의 부활에 온전히 참여하게 될 순간까지 여전히 살아내야 할 그리스도의 자기희생과 같은 제자도(롬 6:5; 갈 2:19-20; 6:14)의 이야기였다.[81] 이와 같이 그리스도인의 삶이 그리스도의 삶이라는 이해는, 동기를 부여하고 힘을 북돋아주는 성령이 곧 그리스도의 영이라는 바울의 이해(롬 8:9; 갈 4:6; 빌 1:19)와, 교회라는 사

(Nashville: Abingdon, 1966), 30-47.

80 특히 다음을 보라. R. Bultmann, "The Problem of Ethics in Paul" (1924). 이는 *Understanding Paul's Ethics: Twentieth Century Approaches*, ed. B. Rosner (Grand Rapids: Eerdrmans, 1995), 195-216에 다시 게재됨; V. P. Furnish, *Theology and Ethics in Paul* (Nashville: Abingdon, 1968).

81 다음을 보라. R. B. Hays, *The Moral Vision of the New Testament: Community, Cross, New Creation* (San Francisco: HarperSanFrancisco, 1996); B. W. Longenecker, *The Triumph of Abraham's God: The Transformation of Identity in Galatians* (Edinburgh: Clark, 1998).

회적 지지 단체가 그리스도의 몸이라는 바울의 이해(롬 12:6-8; 고전 12장)를 설명해주고 가능하게 만든다. 그리스도의 육체적 존재를 형성했던 하나님의 능력만이 믿는 자 안에서 하나님의 형상(그리스도)을 다시 형성하는 데 충분하다(고후 3:18; 갈 4:19; 골 3:9-10).

위와 같은 윤리적 삶에 대한 이해를 통해 이제껏 다룬 다섯 가지 이야기가 바울에게 어떻게 작용했는지 알 수 있다는 점은 본 논문의 마지막 숙고 대상으로서 충분히 중요하다. 그들의 삶 이야기를 이전의 이야기와 개별적·집단적으로 연결시키고 이전의 이야기 안에서 읽음으로써, 바울과 그의 개종자들은 그들의 삶에서 의미를 찾아냈다. 자신들을 이스라엘 및 이스라엘의 메시아와 개별적·집단적으로 동일시함으로써, 그들은 자신들의 존재에 목적이 있음을 발견했다. 바울 교회 이야기는 바울의 개종자들이 이 이야기를 자신들의 삶 속에서 마무리하기 전까지는 미완으로 남아 있었을 것이다.

제17장

누가

Darrell L. Bock

대럴 L. 복

누가의 신학적·목회적 관심사는 그가 강조하는 내용을 통해 분명하게 드러난다. 판 우닉(W. C. van Unnik)이 1966년에 누가-행전이 신약성서 연구에서 "폭풍의 중심"이라고 언급한 이래, 누가의 메시지와 목회적 관심에 초점을 맞춘 연구 열정은 여전히 건재하다.[1] 방법론상의 질

1 W. C. van Unnik, "Luke-Acts, A Storm Center in Contemporary Scholarship," in *Studies in Luke-Acts*, ed. Leander Keck and J. Louis Martyn (1966; reprint, Philadelphia: Fortress, 1980), 15-32. 이에 관한 현재 논의 중 상당수는 Henry Cadbury의 연구에 기초하고 있다. 1920년대부터 1950년대에 걸쳐 이루어진 그의 연구 저술은 지금도 지속적으로 영향을 미치고 있는데, 그중에서도 특히 1927년에 발표된 *The Making of Luke-Acts*를 꼽을 수 있다. 누가복음과 사도행전을 하나의 문학 단위, 즉 누가-행전으로 묶어서 연구해야 한다고 신약성서 학계에 경종을 울린 학자가 바로 Cadbury였다. 이를 통해 누가복음과 사도행전 이해와 연구 방식에 중요한 변화가 야기되었다. Cadbury 이전에 누가복음은 공관복음으로 묶여 있었고, 사도행전은 초기 교회의 역사로서 독립적으로 다뤄졌기 때문이다. M. C. Parsons와 R. I. Pervo는

문은 사도행전의 그리스어 본문에 대한 논의를 시작으로, 그리스-로마 배경의 유입, 유대교 기원에 관한 연구, 내러티브 측면에서의 본문 읽기에 이르기까지 전 분야를 망라한다. 그뿐 아니라 전형적인 신약성서 역사·비평 방법론의 사용은 특히 한스 콘첼만의 1954년 연구에 기초하는 편집비평에 호소한다.[2] 누가에 대한 연구는 그 후 거의 20년간 콘첼만의 영향 아래 있었고, 1970년대에 이르러서야 현재까지도 동시다발적으로 진행되고 있는 역동적 성향을 보이게 되었다. 누가 연구의 현 상황에 대한 가장 좋은 평가는, 다른 학자들이 이미 잘 논의하여 정리

Rethinking the Unity of Luke and Acts (Minneapolis: Augsburg, 1993)에서 누가-행전의 단일성에 이의를 제기했다. 그러나 이 입장은 대다수의 신약성서 학자들을 설득하지 못했다. 다음을 보라. J. Verheyden, "The Unity of Luke-Acts: What Are We Up To?" in *The Unity of Luke-Acts*, ed. J. Verheyden, BETL 142 (Leuven: Peeters, 1999), 5-7. 내러티브 읽기에서 누가-행전의 단일성은 대체로 주장되기보다는 가정된다.

2 관련 논의에 대한 전체 목록은 Verheyden, "The Unity of Luke-Acts," 3-56을 보라. 이보다 앞선 시기의 연구 조사는 다음을 보라. François Bovon, *Luke the Theologian: Thirty-Three Years of Research (1950-1983)*, trans. Ken McKinney, Princeton Theological Monograph (Allison Park, Pa.: Pickwick, 1987); Mark Allan Powell, *What Are They Saying about Luke?* (New York: Paulist Press, 1989). Bovon의 저술은 그의 1978년 프랑스어판을 개정한 것이다. Conzelmann의 저술은 다음과 같이 1960년에 영어로 번역되었다. *The Theology of Saint Luke*, trans. Geoffrey Buswell (New York: Harper, 1960). 그러나 이 영역본 제목은 유감스러운데, 독일어 원제인 *Die Mitte der Zeit*("중간 시기")가 다음과 같이 강조하는 내용을 제대로 반영하지 못하기 때문이다. 즉 Conzelmann의 주장에 의하면, 누가는 예수에게 중심 역할을 부여하고 있는데, 이 중심 역할이란 이스라엘 시대와 교회 시대 사이에 구별되어 존재하는 중간 시기의 한 부분을 담당하는 것을 의미한다. 이 3단계 계획을 통해 누가는 예수 재림의 지연을 설명했는데, Conzelmann에 의하면, 예수 재림의 지연은 누가의 주요한 목회적 관심사였으며, 구원사에 대한 누가의 발전을 설명해준다. 예수 재림과 관련한 누가의 설명은 1970년대까지 누가 연구의 주요 주제였지만, 1970년대는 예수 재림의 지연보다 더 중요한 다른 주제들이 등장하기 시작했던 때다. 사도행전의 핵심 주제를 다루고 있는 주요 연구는 다음과 같다. I. Howard Marshall and David Peterson, eds., *Witness to the Gospel: The Theology of Acts* (Grand Rapids: Eerdmans, 1998). 본 소논문은 Conzelmann의 연구 이후 이루어진 발전에 초점을 맞추고 있는데, 이는 "수정된" 종말론에 대한 관심을 제외한 다른 분야로 전개된 발전을 의미한다.

한 방법론에 집중하는 것이 아니라[3] 누가의 자료 자체가 제기하는 쟁점, 누가의 주제, 그리고 현재 이런 쟁점과 주제가 어떻게 논의되고 있는지에 집중하는 것이다. 따라서 내 목적은 누가에 대한 구체적인 쟁점을 다룰 때 파생되는 관련 논의를 추적함으로써 논문을 전개해나가는 것이다. 이런 방법으로 본 논문은 누가 연구와 주제에 대한 서론으로서의 역할을 하려고 한다.

누가의 목적에 집중된 쟁점

누가의 목적에 관한 여러 주장이 존재하는데, 이 주장 모두가 논지 혹은 방법론적 관심사 측면에서 서로 배타적이지는 않다. 누가와 관련하여 일반적 합의를 향한 움직임이 있다면, 그것은 누가가 저술한 두 권의 책을 통해 오늘날 교회로 알려진 새로운 공동체—오늘날로 치면 사회적 정당성 획득을 위한 일종의 운동으로 볼 수 있다[4]—의 기원에 대

3 David Alan Black and David S. Dockery, eds., *Interpreting the New Testament: Essays on Method and Issues* (Nashville: Broadman & Holman, 2001). 이 연구서는 특정 복음서 저자에 대한 연구를 다루기보다, 다양한 신약성서 연구 방법에 관한 조사를 제대로 보여준다. 왜냐하면 이 연구서는 공관복음을 하나의 구성단위로 보기 때문이다(그리고 이 관점은 신약성서 연구에서 종종 발견된다).

4 다음을 보라. Gregory E. Sterling, *Historiography and Self-Definition: Josephus, Luke-Acts, and Apologetic Historiography*, NovTSup 64 (Leiden: Brill, 1992). Sterling의 연구는 누가 연구에서 이미 발생하고 있던 변화를 확인시켜주었다. 즉 누가 연구는 그리스-로마의 역사적 방법과 긴밀히 연관된 조건에 비추어 누가의 목적을 조사하는 방향으로 이동하고 있었다. 이런 접근을 발전시킨 다른 연구는 다음과 같다. Philip Esler, *Community and Gospel in Luke-Acts: The Social and Political Motivations of Lucan Theology*, SNTSMS 57 (Cambridge: Cambridge University Press, 1987); Loveday Alexander, "Luke's Preface in the Context of Greek Preface Writing," *NovT* 28 (1986):

한 설명을 읽을 수 있다는 점이다. 누가는 이처럼 겉보기에 새롭게 보이는 운동이 실상은 하나님의 오래된 약속에 어떻게 뿌리를 두고 있는지 설명한다. 이는 고대 세계에서 중요한 의미를 지닌다. 왜냐하면 더 새로운 운동일수록 의심의 눈초리를 받았기 때문이다. 누가는 하나님의 계획과 구약성서, 그리고 예수를 통해 도래한 구원 약속에 호소하는데, 이를 통해 예수의 사역에서 탄생한 이 운동이 유대교의 자연스러운 확장임을 주장한다. 우리는 누가의 목적에 관한 이런 설명이 콘첼만의 주장, 즉 누가의 목적이 예수 재림의 지연을 설명하는 것이었다는 주장과 얼마나 큰 괴리가 있는지 알 수 있다. 누가의 목적이 신정론의 형태로 비춰지든지,[5] 바울과 그가 보여준 사역에 대한 변호로 간주되든지,[6] 유대교와의 화합을 위한 노력으로 보이든지,[7] 아니면 구원의 말씀에 관한 확인으로 여겨지든지,[8] 그 목적은 데오빌로에게 새로운 운동이 지니는 하나님과의 깊은 관련성 및 오래된 내력을 확신시키는 것이었다(눅 1:4). 원래 유대인의 운동이었는데 어떻게 이방인이 포함될 수 있

48-74. Bruce Winter가 편집한 The Book of Acts in Its First Century Setting은 여러 권으로 이루어진 시리즈로, Eerdmans와 Paternoster 두 출판사가 함께 출판했다. 또 세계성서학회 누가-행전 분과의 최근 연구 내용을 담고 있으며 David Moessner가 편집한 *Jesus and the Heritage of Israel: Luke's Narrative Claim upon Israel's Legacy*(Harrisburg, Pa.: Trinity, 1999)를 보라.

5 David Tiede, *Prophecy and History in Luke-Acts* (Philadelphia: Fortress, 1980).

6 A. J. Mattill Jr., "The Jesus-Paul Parallels and the Purpose of Luke-Acts," *NovT* 17 (1975): 15-46; Jacob Jervell, *Luke and the People of God: A New Look at Luke-Acts* (Minneapolis: Augsburg, 1972). Jervell은 그의 연구에서 누가-행전에 명백히 드러난 유대교의 관심사를 괄목할 만한 방식으로 강조했다.

7 R. L. Brawley, *Luke-Acts and the Jews: Conflict, Apology, and Conciliation*, SBLMS 33 (Atlanta: Scholars Press, 1987).

8 I. H. Marshall, *Luke: Historian and Theologian* (Grand Rapids: Zondervan, 1970); Robert F. O'Toole, *The Unity of Luke's Theology: An Analysis of Luke Acts*, GNS 9 (Wilmington, Del.: Glazier, 1984).

었는가에 대한 설명은 특히 중요하다. 사도행전은 이 이방인 관련 문제에 많은 지면을 할애하고 있다. 그러나 사도행전은 대다수 유대인이 이 운동을 거절한 이유에 대해 설명하면서 동시에 유대인을 포함하기 위해 문을 열어놓는다.[9] 이 새로운 운동과 그 유래에 대해 설명하려는 욕구를 통해 우리는 하나님의 계획, 구약성서에 대한 호소, 그리고 예수의 선포 및 사역 방식과, 그가 어떻게 거절당했는지에 대한 자세한 기술이 누가에게 왜 그렇게 중요한지를 이해하는 데 도움을 얻는다. 유대인의 거절에 대한 쟁점은 데오빌로에게 이 운동의 진정성을 재확인해주고 인내를 요구하는 목회적 관심을 설명해준다.[10]

계획의 하나님: 약속 연장으로서의 하나님의 계획

데오빌로를 재차 안심시키기 위한 누가의 노력에는 하나님의 계획에 대한 자세한 논의가 포함된다.[11] 누가는 이 주제를 다른 공관복음서 저

9 Eric Franklin, *Christ the Lord: A Study in the Purpose and Theology of Luke-Acts* (London: SPCK, 1975): Darrell L. Bock, *Proclamation from Prophecy and Pattern: Lucan Old Testament Christology*, JSNTSup 12 (Sheffield: JSOT Press, 1987); R. C. Tannehill, "Israel in Luke-Acts: A Tragic Story," *JBL* 104 (1985): 69-85. 누가-행전의 유대인 묘사 방식에 관한 논쟁은 다음에 잘 정리되어 있다. J. B. Tyson, ed., *Luke-Acts and the Jewish People: Eight Critical Perspectives* (Minneapolis: Augsburg, 1988).

10 다음을 보라. Schuyler Brown, *Apostasy and Perseverance in the Theology of Luke*, AnBib 36 (Rome: Pontical Biblical Institute, 1969); Robert Maddox, *The Purpose of Luke-Acts*, SNTW (Edinburgh: Clark, 1982).

11 이 주제가 사도행전에서 어떻게 다뤄지는지에 대해서는 다음을 보라. John Squires, "The Plan of God in the Acts of the Apostles," in Marshall and Peterson, *Witness to the Gospel*, 19-39. 이 주제가 누가 신학 전반에서 어떻게 다뤄지고 있는지는 I. Howard Marshall, *Luke*, 103-15을 보라. 이 주제에 대한 서사학적 관점에 대해서는 다음을 보

자들보다 많이 다루고 있다. 누가의 계획에 대한 개념은 구약성서의 소망, 하나님의 계획, 그리고 누가복음 이야기 안에 있는 구조 및 전개 요소와의 연결을 포함한다. 다시 말하면, 누가의 목적은 새 공동체에 정당성을 부여하고 개인을 안심시키는 것이다.

독특하게 누가복음의 여러 구절에서 이런 주제가 발견된다(1:14-17, 31-35, 46-55, 68-79; 2:9-14, 30-32, 34-35; 4:16-30; 13:31-35; 24:44-49). 그런데 이 주제와 관련된 한 본문만이 다른 복음서의 내용과 겹친다(세례 요한의 질문[7:18-35]). 누가는 고난 받는 인자 본문을 사용하고 있는데, 이 본문의 몇몇 내용은 누가복음에만 등장한다(9:22, 44; 17:25[L]; 18:31-33[L]; 22:22[L]; 24:7[L]). 사도행전 역시 하나님의 계획을 강조한다(2:23; 4:27-28; 13:32-39; 24:14-15; 26:22-23). 스콰이어스(Squires)는 사도행전에서 하나님 계획의 중심축이 8:4-12:25에서 이방인에게로 향하고 있다고 주장한다.[12] 바울 자신에 관한 것이 아니라 그가 드러내는 교회의 선교 활동에 관한 변호도 이 부분에서 발견된다. 누가-행전을 전체적으로 볼 때, 하나님의 계획에 담긴 주요 요소는 다음과 같은 내용에 초점을 맞추고 있다. 즉 예수가 메시아와 주로서 보여준 역할과 고난의 본을 포함한 예수의 생애, 영적으로 겸손하고 가난한 자들의 소망, 유대인과 이방인 모두에게 주어진 하나님의 축복, 새로운 시대의 도래와 이스라엘의 분열이다.

라. Robert L. Brawley, *Centering on God: Method and Message in Luke-Acts*, Literary Currents in Biblical Interpretation (Louisvill: Westminster John Knox, 1990). 하나님의 역사와 누가복음 비유 사이의 연결 방식에 대해서는 다음을 보라. Greg W. Forbes, *The God of Old: The Role of the Lukan Parables in the Purpose of Luke's Gospel*, JSNTSup 198 (Sheffield: Sheffield Academic Press, 2000).

12 Squires, "The Plan of God," 28-31.

약속과 성취의 주제는 특히 구약성서와 관계를 맺는 것으로서 하나님의 계획이라는 주제를 지지한다.[13] 핵심이 되는 세 분야는 다음과 같다. 곧 기독론, 이스라엘 사람들의 거부/이방인의 유입, 그리고 종말론적 정의다.[14] 두 번째와 세 번째 주제는 사도행전에서 더 뚜렷이 발견된다. 그럼에도 불구하고 이스라엘이 걸려 넘어진 복음에 이방인이 반응하고 있다는 주제는 누가복음 본문에 상당히 많이 등장한다(2:34; 3:7-9; 4:25-27; 7:1-10; 10:25-37; 11:49-51; 13:6-9, 23-30, 31-35; 14:16-24; 17:12-19; 19:41-44).

다양한 주제가 하나님의 계획을 자세히 설명해준다. "오늘"을 강

13 Paul Schubert의 "The Structure and Significance of Luke 24," in *Neutestamentliche Studien für Rudolf Bultmann*, ed. W. Eltester, 2nd ed., BZNW 21(Berlin: Töpelmann, 1957)은 이 논의에 초석이 되는 소논문이다. Schubert는 여기에서 "예언을 통한 입증"과 관련된 쟁점을 논한다. Martin Rese(*Alttestamentliche Motive in der Christologie des Lukas*, SNT 1 [Gütersloh: Mohn, 1969])는 Schubert의 견해에 이의를 제기했다. Darrell Bock(*Proclamation from Prophecy and Pattern)*은 Rese의 주장에 대한 응답으로 다음과 같이 주장했다. 즉 구약성서를 이용하여 누가가 발전시키고 있는 주제는 단순한 예언적 입증이 아니라, "예언을 통한 선포와 형식"에 가깝다는 것이다. Charles A. Kimball(*Jesus' Exposition of the Old Testament in Luke's Gospel*, JSNTSup 94 [Sheffield: Sheffield Academic Press, 1994])은 이 논쟁에 나타난 유대교 양식 관련 쟁점을 다루고 있다. R. I. Denova(*The Things Accomplished among Us: Prophetic Tradition in the Scriptural Pattern of Luke-Acts*, JSNTSup 141 [Sheffield: Sheffield Academic Press, 1997)]는 모형론과 관련된 주요 주제를 고찰하는데, 여기에는 이사야서의 두 번째 부분에 관한 주제도 포함된다. 누가의 구약성서 사용에 대한 다양한 연구에 대해서는 다음을 보라. B. J. Koet, *Five Studies on Interpretation of Scripture in Luke-Acts*, SNTA 14 (Leuven: Peeters, 1989); Craig A. Evans and James A. Sanders, *Luke and Scripture: The Function of Sacred Tradition in Luke-Acts* (Minneapolis: Fortress, 1993).

14 Darrel L. Bock, "Proclamation from Prophecy and Pattern: Luke's Use of the Old Testament for Christology and Mission," in *The Gospels and the Scriptures of Israel*, ed. Craig A. Evans and W. Richard Stegner, JSNTSup 104, SSEJC 3 (Sheffield: Sheffield Academic Press, 1994); Craig A. Evans, "Prophecy and Polemic: Jews in Luke's Scriptural Apologetic," in Evans and Sanders, *Luke and Scripture*, 171-211.

조하는 구절은 하나님의 약속의 즉각적 효용성을 보여준다(2:11; 4:21; 5:26; 13:32-33; 19:5, 9; 19:42; 23:42-43). 세례 요한은 약속과 성취의 개시 사이를 연결하는 가교이며(1-2장; 특히 1:76-79; 3:4-6; 7:24-35; 16:16), 말라기가 예언한 선구자인 동시에 이전 시대 예언자 중 가장 위대한 예언자다(7:27). 그러나 새 시대의 위대함으로 인해 하나님 나라에서는 가장 작은 자도 이전 시대의 가장 위대한 예언자인 세례 요한보다 큰 자가 된다(7:28). 누가복음 7:27과 16:16에서 우리는 다음과 같은 누가복음의 기본 구조를 발견한다. 즉 약속/기대의 시대를 쫓아 약속 성취의 개시 시대가 따라온다. 복음의 메시지와 종말에 관한 예수의 가르침은 새 시대의 때와 구조에 대해 분명히 밝히고 있다. 하나님의 계획에는 여전히 미래적 요소가 담겨 있지만(2:38; 17:20-37; 21:5-36), 기본적인 전환점은 이미 지났다. 그러므로 비록 새 시대의 모든 요소가 성취를 나타내지만 하나님의 계획의 두 번째 부분은 나뉜다. 이 구분은 각각 약속 성취의 개시(행 2:14-40)와 약속 성취의 완성(행 3:1-26)이며, 곧 이미와 아직을 의미한다.

예수의 선교 강령은 그의 사역을 개관해준다. 예수는 가난한 자에게 복음을 전했고(4:18-19), 병든 자를 치유했으며(5:30-32), 그의 메시지가 자신을 통해 전달되든지, 아니면 그의 대리자들을 통해 전달되든지(10:16) 자신의 이야기를 사람들에게 전파했다. 또 예수는 잃은 자를 찾아 구원하기 위해서 왔다(19:10). 우리는 지리적인 세부 내용을 통해 예수 운동의 성장을 추적해볼 수 있다(예. 갈릴리에서 예루살렘으로 전개되는 복음. 사도행전에 나타나는 바울이 로마로 가야 하는 필요성[행 1:8; 19:21; 23:11]). 예루살렘의 관점에서 볼 때, "땅끝"으로 향하는 이 여정은 로마로 가는 긴 항해 가운데 주어진 하나님의 보호하심을 장황하게 기술하는 사도행전 27장에서 드러난다.[15]

많은 구절이 무언가가 발생할 필요가 "반드시 있다"(*dei*)고 선언한다. 실제로 *dei* 표현은 신약성서 전체에 101번 등장하는데 그중 40번이 누가-행전에서 발견된다. 예수는 그의 아버지 집에 **반드시** 있어야 하고(2:49), 하나님 나라를 전파해야 하며(4:43), 사탄의 괴롭힘을 받고 있는 여인을 치유해야 한다(13:16). 특정 사건들은 **반드시** 종말에 앞서 발생해야 한다(17:25; 21:9). 예수는 **반드시** 죄인 취급을 받아야 한다(23:37). 그리스도는 **반드시** 고난을 받고 들려져야 하며, 죄의 용서를 위한 회개는 **반드시** 선포되어야 한다. 인자의 고난은 하나님이 계획하신 불가피한 일이며(24:7), 그리스도는 **반드시** 고난을 받은 후 영광에 들어가야 한다(24:26). 누가복음의 절정에 해당하는 결론에서(24:44), 우리는 모든 일이 발생한 이유가 바로 구약성서의 불가피한 성취에 기인하고 있음을 주목하게 된다. 이처럼 많은 언급이 누가복음의 가장 마지막 장에 등장한다는 사실은 누가가 예수와 초기 교회의 이야기 사이를 연결하는 내러티브를 생성하는 지점에서 이 주제가 차지하는 중요성을 강조한다. 사도행전의 결말 부분도 구약성서를 인용하여 예수에 대한 유대인들의 거절도 하나님의 계획의 일부임을 강조한다(행 28:25-28). 누가-행전에서 하나님의 계획은 하나님이 예수에게 일어난 일을 지휘하셨고, 따라서 하나님은 예수가 겪은 일로 인해 놀라지 않으심을 나타낸다. 그렇다면 이 주요 인물은 과연 누구길래 하나님이 그를 통해 역사하시는가? 누가는 예수와, 하나님이 약속된 자를 통해 가져오시는 구원을 통합적으로 묘사하는가? 아니면 누가는 단순히 서로 다른 다양

15 항해 모티프 배경에 대해서는 다음을 보라. Charles H. Talbert and J. H. Hayes, "A Theology of Sea Storms in Luke-Acts," in Moessner, *Jesus and the Heritage of Israel*, 267-83. 이 소논문은 하나님의 계획이라는 주제와 이 항해 주제를 명확히 연결한다.

한 전통을 무작위로 연결하는가?

기독론과 구원

예수와 구원은 하나님의 계획의 중심에 위치한다. 여기서 핵심이 되는 주제로는 메시아와 주로서의 예수, 예수의 가르침과 행적, 그리고 하나님의 계획이 예수를 통해 가져오는 축복이 있다. 게다가 누가는 예수의 초청이 만들어낸 기회에 반응하라고 요구한다. 이와 같은 이해의 제시에는 내러티브의 통일성과 진보가 있다. 비록 몇몇 학자가 누가의 기독론적 묘사의 통일성에 이의를 제기하지만 말이다. 누가 신학 및 연구에서 방법론의 쟁점이 누가-행전 본문의 독해 방식 영역보다 중요하게 대두되는 곳은 없을 것이다.

기독론: 메시아-종-예언자인 주

어떤 사람은 누가의 기독론이 하나의 통일된 이야기가 아닌 여러 이야기의 짜깁기라고 말한다. 즉 누가의 기독론은 여러 전통의 복합체로서, "신약성서에서 가장 다채로운 성향의 기독론"[16]이라는 것이다. 이런 주장은 누가가 사용한 자료 및 그것의 다양한 관점을 제대로 평가하는 것

16 이를 가장 직접적으로 언급하는 용어는 다음에서 발견된다. C. F. Evans, *Saint Luke*, TPINTC (Philadelphia: Trinity, 1990), 56. 이 개념에 대한 철저하고 적극적인 옹호는 다음에서 발견된다. C. M. Tuckett, "The Christology of Luke-Acts," in Verheyden, *The Unity of Luke-Acts*, 131-64.

이 누가를 이해하는 데 핵심이라는 견해에 토대를 두고 있다. 누가는 그의 자료를 취한 후, 이 자료의 각기 다른 견해를 통합하려 하지 않고 단순히 나열하는데, 이로 인해 "보수적"이라는 평가를 받는다. 또 이 접근법을 통해 다음과 같은 주장이 제기된다. 첫째, 누가복음 본문의 한 문단이 다른 문단으로 넘어갈 때마다 예수의 명칭에 지속적인 변화가 발생하므로, 기독론적인 "발전"은 찾아볼 수 없다. 또 다른 주장은 다음과 같다. 만일 누가가 "주"라는 명칭을 강조하면서 "자기 교정" 접근법을 통해 기독론을 다루는 것이라면 이는 정교한 접근으로, 누가복음 전반부의 내용이, 이후의 더 발전된 관점이 보여주듯이, 결국 부적절한 기독론을 표현하고 있다는 결론을 초래한다는 것이다. 그러나 이런 비판은 부분적으로 성립하지 않는데, 왜냐하면 이 비판 자체가 누가의 기독론 발전 측면을 희화화하고 있기 때문이다.[17] 다시 말해 누가복음은 내러티브 신학으로서 누가는 후반부의 예수 묘사를 통해 이 내러티브

17 Tuckett의 주장은 네 단계로 나타난다("Christology of Luke-Acts," 150-52). 그의 핵심 주장은 다음과 같다. (1) "주"를 핵심 명칭으로 강조하는 것은 누가가 그의 복음서에서 그토록 열심히 확언하고 있는 "그리스도" 명칭을 포기하는 것과 다름없다. (2) 사도행전의 어느 부분도 "그리스도"가 부적합한 기독론 용어라는 인상을 주지 않는다. (3) 사도행전에서 기독론은 후반부에 포진해 있는데, 여기서 기독론 관련 내용이 제기될 때, "그리스도"가 핵심 용어로 사용되고 있다. (4) 이방 선교가 주 기독론에 기초하고 있는지는 의심스럽다. 여기서 네 번째 단계가 놓치고 있는 것은 행 2장과 10장이 서로 연결되어 있는 사도행전 내러티브의 중심축이라는 점이다. 행 2장과 10장이 중요한 이유는 사도행전에서 이 부분이 차지하는 위치 때문이 아니라, 계획된 역할하에 성령을 통한 예수의 사역 관련 논의를 신학적 설명을 곁들여 개진하고 있기 때문이다. 여기서 말하는 신학적 설명은 이후에 이어지는 내러티브에 모두 적용되는데, 이는 이 설명을 통해 이방 선교의 확장이 근거를 찾게 되기 때문이다. 세 번째 단계의 주장도 설득력이 떨어지는데, 왜냐하면 누가가 기독론의 토대를 확립하고 관련 용어들을 정의한 후, 기독론과 연관된 다른 쟁점으로 넘어가고 있기 때문이다. 누가-행전을 복합 내러티브로 충분히 이해하지 못하기 때문에, Tuckett은 사도행전 내용을 난도질하여, 위와 같은 비평을 제기할 수 있게 된 것이다.

신학 안에서 예수의 정체성을 점진적으로 드러내고 있다. 결국 누가는 누가복음 전반부의 기독론 관련 표현을 "교정"(즉, 거부)하기보다는 이 표현을 토대로 기독론을 형성하고 있는 것이다. 따라서 누가는 예수가 메시아라는 주장을 무효화하면서까지 예수의 주 되심을 주장하는 것이 아니라, 예수를 주-메시아로 주장한다. 이 메시아가 어떤 성격의 주 되심을 소유하는지 규명하고 나면 우리는 "그리스도"라는 명칭에 만족하게 되는데, 이 명칭 안에 적절하고 온전한 내용과 이해가 담겨 있기 때문이다. 결국 예수의 고난과 연결된 그리스도에 대한 이해 안에서 우리는 다음과 같은 발전적 질문을 발견한다. 우리는 왜 예수의 통치 및 높임 받음과 관련하여 같은 종류의 명확한 설명과 발전을 기대해서는 안 되는 걸까? 이런 이해는 터킷(Tuckett)이 암시하는 것처럼 감지하기 어려운 게 아니다. 이는 "교정"이 터킷이 주장하는 것처럼 이것 아니면 저것의 개념이 아니라는 것이다. 오히려 여기에는 "예수의 메시아 정체성, 즉 그가 만유의 주"라는 주장이 담겨 있다. 따라서 복음은 모두에게 전파될 수 있다. 그리고 이는 사도행전 10장의 베드로 설교에서 강조되는 내용과 정확히 일치한다. 우리는 "그리스도" 혹은 "주" 명칭이 기독론의 핵심 범주인지 아닌지 논할 수 있는데, 왜냐하면 이 두 명칭 모두 핵심 용어이고 결국 서로 조화를 이루기 때문이다.[18] 이 시점에서 인지해야 할 중요한 사항은 누가가 저자로서 누가복음과 사도행전을 통해

18 이에 관해 다른 두 가지 핵심 연구는 예수의 메시아 역할과 성령의 역사와의 관계를 강조하면서, 누가 기독론의 통일성을 전개하려 애쓰고 있다. 메시아 관련 주제를 다루고 있는 연구는 다음과 같다. Mark L. Strauss, *The Davidic Messiah in Luke-Acts: The Promise and Fulfillment in Lukan Christology*, JSNTSup 110 (Sheffield: Sheffield Academic Press, 1995); H. D. Buckwalter, *The Character and Purpose of Luke's Christology*, SNTSMS 89 (Cambridge: Cambridge University Press, 1996). Buckwalter는 누가의 기독론과 성령론을 서로 연결한다. Tuckett은 "Christology of Luke-Acts,"

신학적으로 발전하는 이야기를 제시한다는 점이다. 결국 누가는 서로 다른 자료의 파편을 단순히 조합하는 편집자가 아닌 셈이다.

그렇다면 우리는 누가-행전에서 통일된 기독론을 발견할 수 있는가? 예수는 왕의 모습으로 소개된다(눅 1-2장). 누가의 기독론은 바로 여기에 토대를 두고 있다. 그러나 예수의 독특한 특성을 암시하는 내용이 있는데, 그 예로 예수가 성령의 역사를 통해 동정녀에게서 탄생한 사건을 들 수 있다. 마리아를 향한 수태고지와 사가랴의 찬송은 분명히 예수와 다윗을 연결한다(1:31-33, 69). 예수가 세례를 받은 후 하나님의 아들로 일컬어지는 사건은 구약의 두 부분, 즉 시편 2편과 이사야 42장을 기억나게 하는데, 이를 통해 예수에게 왕과 예언자의 이미지가 혼합되어 있음을 알게 된다(3:21-22[다음의 두 표현, 곧 "내 사랑하는 아들"과 "내가 너를 기뻐하노라"는 예수가 하나님의 종임을 암시한다]). 종과 예언자

154에서 Buckwalter의 주장이 사도행전의 소수 본문에만 의존하고 있다는 비판을 가하는데, 이를 통해 우리는 Tuckett의 비평이 얼마나 비서사적인지 알 수 있다. 왜냐하면 이야기를 전개시키는 것, 바로 이것이 내러티브의 역할이기 때문이다. 행 2:36이 양자론의 내용이라는 Tuckett의 주장 역시 누가복음에서 예수의 유아기 자료에 비춰 볼 때 미심쩍다. 그리고 Tuckett의 비평이 설사 옳다고 치더라도, 이를 통해 Buckwalter의 주장, 곧 예수의 높임 받음을 통해 누가의 "고" 기독론이 탄생했다는 내용이 부정되는 것은 아니다. 행 2장에서 예수는 하나님 우편에 앉을 만큼 하나님과 동등한 존재로 묘사되는데, 이는 기이한 주장이 아닐 수 없다. 다음을 보라. Darrell L. Bock, *Blasphemy and Exaltation in Judaism and the Final Examination of Jesus: A Philological-Historical Study of the Key Jewish Themes Impacting Mark 14:61—64*, WUNT 2.106 (Tübingen: Mohr Siebeck, 1998), 111-83. "주"라는 명칭이 승격된 모든 인간에게 폭넓게 적용된다는 Tuckett의 주장은 신빙성이 떨어진다. 이 명칭은 하늘의 하나님 우편에 홀로 앉아 있는 예수에게만 적용되기 때문이다. 따라서 기독론에 높임을 받은 지위를 부여하는 것은 단순히 주라는 명칭의 사용이 아니라, 이 명칭이 등장하는 풍성한 신학적 맥락과 이미지다. 이 논의는 누가가 사용한 자료 혹은 누가의 이야기와 관련하여, 누가복음을 방법론적으로 어떻게 읽어야 하는지 다시금 강조하고 있다. 이야기를 내러티브로 인지하는 일은 누가의 일관된 노력을 이해하는 데 필요하다. 여기서 자료에만 치중한 비평적 읽기는 누가 문서를 단일한 구성 단위로 이해하는 데 심각한 왜곡을 초래한다.

의 이미지는 시므온의 발언에서 동시에 발견된다(2:30-35). 그러나 누가복음에서 지배적으로 제시되는 기독론의 주제는 지도자이면서 예언자인 예수의 모습이다. 나사렛에서 있었던 예수의 설교(4:16-30) 역시 왕과 예언자 주제를 결합한다. 예수의 사역 양상이 엘리야와 엘리사의 사역을 따르고 있지만(4:25-27), 이사야 61:1의 용어로 묘사되는 예수의 기름 부음 사건은 세례 선포에서 도출된 왕/예언자 주제와 함께 예수의 세례를 언급한다. 사람들은 예수를 예언자로 인지하는 반면(7:16; 9:7-9, 19), 베드로는 예수를 그리스도로 고백한다(9:20). 베드로의 고백에 덧붙여 예수는 자신이 고난 받는 인자임을 설명한다. 누가는 "아들"이라는 예수의 명칭을 그의 메시아 역할과 연결하는데(4:41), 이는 누가복음에만 등장하는 특수 전승이다. 왕/예언자의 이미지 결합은 천상의 목소리와 함께 변화산 사건에서 재등장한다(9:35; 참조. 시 2:7; 사 42:1; 신 18:15). 예수는 모세와 같은 이, 즉 지도자이면서 동시에 예언자로 제시된다.[19] 그 결과 통치와 지시에 대한 주제가 중요한 의미를 갖는다.

예수의 메시아 역할은 누가에게 기본이다. 누가는 예수의 메시아적 속성을 설명하며, 이를 다른 기독론 범주 옆에 나란히 놓는다. 서기관들을 향한 화 선포(11:46-52), 예루살렘을 향한 애통함(13:31-35), 그리고 엠마오 도상의 대화(24:19, 21)에서 발견되는 예언자 주제도 중요한 의미를 갖는다. 하지만 누가복음 13:31-35에서도 시편 118편에 호소함으로써 왕의 의미(참조. 19:38)를 전달하고 있는데, 누가에게 "오시

19 "모세와 같은 예언자"라는 주제가 지닌 의의와 독특함, 그리고 이 주제가 유대교의 종말론적 예언 범주와 겹치는 내용은 다음 연구에서 강조된다. David Moessner, *Lord of the Banquet: The Literary and Theological Significance of the Lukan Travel Narrative* (Minneapolis: Fortress, 1989).

는 이"는 기본적으로 종말에 메시아로 오실 구원자를 의미하기 때문이다(3:15-18; 7:22-23; 19:38). 엠마오 도상의 두 제자는 예언자로서의 예수에 대한 그들의 인식을 이스라엘의 속량이라는 소망과 연결한다(24:21). 누가의 관점에서 볼 때 구원자와 왕의 이미지는 예언자의 이미지와 통합된다.

누가는 예수의 높아진 위상을 강조한다. 이미 5:24에서부터 인자의 죄 사함의 권위가 소개되고 있는데, 이 권위와 함께 주로서의 예수의 위상은 20:41-44, 21:27, 그리고 22:69에 나오는 논쟁의 핵심이 된다(행 2:30-36; 10:36은 예수의 권위와 주로서의 위상을 더 자세히 다룬다). 시편 110과 그곳에 기록된 예수에 대한 언급은 중요한 의미를 지니며 다음과 같은 3단계를 통해 다뤄진다. 즉 시편 110편 관련 쟁점이 제기되고(눅 20:41-44), 예수가 반응하며(22:69), 예수가 주로서 지닌 권위에 대한 메시지가 선포된다(행 2:30-36). 마가복음과 마태복음에도 누가복음 20:41-44과 22:69의 내용이 등장하지만, 이 두 본문의 내용은 사도행전 2장에서 자세한 설명과 함께 마무리되며, 누가복음에서 이 본문이 배열된 순서는 이 쟁점에 대한 논의가 지닌 중요성을 다른 공관복음서보다 잘 보여준다. 누가복음 22:69에 의하면, "이제부터" 메시아-종-선지자인 예수는 주로서의 그의 권한을 하나님 우편에서 행사하게 될 것이다. 하나님 보좌 우편에 앉아 신령한 역사를 행할 수 있는 권능은 누가의 기독론이 그리스도가 주라는 개념을 선회하면서 얼마나 고양되었는지 보여준다(눅 2:11; 4:41; 행 2:36). 이는 누가가 예수에 관한 다른 명칭을 사용한다는 점을 부인하는 게 아니다. 예수는 구주 또는 구원하는 자이며(눅 1:70-75; 2:11, 30-32), 동시에 다윗의 자손(1:27, 32, 69; 2:4, 11; 18:38-39) 또는 왕(19:38)이다. 예수는 하나님을 아버지로 부르는 아들이며, 이는 신령한 증언에 의해 선포된다(1:35; 2:49; 3:21-22,

38; 4:3, 9, 41; 9:35; 10:21-22). 그러나 예수 역시 아담의 후손으로, 은혜 안에서 성장하여 악마의 유혹을 이겨낸다(2:40, 52; 3:38; 4:1-13). 예수는 요나와 솔로몬과 비교된다(11:29-32). 인자로서, 예수는 고난 받은 후 높임을 받을 뿐만 아니라, 다스리신다(5:24; 6:5, 22; 7:34; 9:58; 11:29-32; 12:8; 19:10). 자주 사용되는 또 다른 명칭은 "선생"이다(7:40; 8:49; 9:38; 10:25; 11:45; 12:13; 18:18; 19:39; 20:21, 28, 39; 21:7; 22:11). 누가의 예수 묘사는 다양하지만 체계적이다. 유대교가 논의했던 종말론적 인물들은 예수에 대한 통일된 묘사 안에 모두 녹아 있다.[20] 예수 안에는 약속과 더불어 권위가 존재한다. 예수는 신령한 예언자적 인물 즉 지도자-예언자다. 또한 그는 메시아이면서 주로서 지금은 높임을 받아 하나님 우편에 앉아 있다. 그리고 그 자리에서 성령의 중재를 통해 통치한다. 이 모든 주장은 예수 사역의 유대교 맥락 내에서 이해 가능했다. 그리고 누가는 바로 이런 점을 예민하게 다루고 있는 것 같다. 이와 같이 중요한 종말론적 주장은 예수가 약속의 일환으로 가져오는 것, 즉 하나님 나라로 우리를 안내한다.

예수의 가르침과 사역 및 성령 안에서의 하나님 나라

메시아는 하나님 나라를 가져온다(4:18, 43; 7:22; 8:1; 9:6; 10:11).[21] 하나님 나라는 현재 존재하지만 미래에 온전히 임할 것이다. 하나님 나라

20 유대교의 메시아 및 종말론 관련 인물에 관한 다양한 견해에 대해서는 다음을 보라. John J. Collins, *The Scepter and the Star: The Messiahs of the Dead Sea Scrolls and Other Literature* (New York: Doubleday, 1995); J. Neusner, W. Green, and E. Freichs, eds., *Judaisms and Their Messiahs* (Cambridge: Cambridge University Press, 1987).

21 이 주제에 대해서는 Marshall, *Luke: Historian and Theologian*, 88-94을 보라.

는 이 땅에서의 소망을 포함하지만, 영적인 차원도 갖고 있다. 현존하는 실재로서 하나님 나라는 모든 악한 세력을 다스리는 예수의 명령에서 보듯이, 그의 권위와 연관된다. 예수는 하나님 나라가 "가까이" 왔다고 말할 수 있다(10:9). 예수는 그의 제자 70(혹은 72)인이 권위를 행사하여 귀신을 제어할 때 사탄이 하늘로부터 떨어지는 것을 목격한다(10:18-19). 예수의 말에 의하면, 그가 하나님의 손을 힘입어 귀신을 쫓아낸다면, 이미 하나님 나라가 임한 것이다(11:20-23). 예수는 하나님 나라가 "너희 가운데" 있다고 말할 수 있다(17:21). 어떤 비유에 등장하는 한 임금은 "나라를 받기 위해" 떠난다(19:12). 유대교 장로들로 이루어진 공회 앞에서 재판을 받을 때, 예수는 이제부터 자신이 하나님 옆에 있을 것이라고 말한다(22:69). 마지막으로, 시편 110편에 대한 호소는 하나님 옆에서 다스리는 왕적 권위를 묘사한다. 이 주제는 사도행전 2:30-36에서 다시 언급되는데, 여기서 예수는 세례 요한이 메시아에 대해 언급한 것처럼(눅 3:15-17) 메시아적 권위를 행사하여 성령을 부어준다.

그러나 하나님 나라는 미래적 의미도 지닌다. 누가복음 17:22-37은 하나님 나라가 온전히 임하기 전에 내려질 심판을 묘사하고, 누가복음 21:5-38은 "구속의 때"를 설명한다. 우리는 여기서 주의 날에 대한 풍부한 이미지를 발견하고, 악이 단호히 심판받는다는 사실을 알게 된다. 누가복음 21:25-27에는 주의 날에 발생할 우주적 혼란과 관련된 암시가 등장한다(참조. 사 13:10; 겔 32:7; 욜 2:30-31; 시 46:2-3; 65:7; 사 24:19 LXX; 학 2:6, 21; 단 7:13). 예수는 재림하여 약속의 남은 부분을 성취할 것이다. 그리고 이때 예수는 이 땅에 있는 모든 사람에게 자신의 모습을 눈에 보이게 드러내고, 믿는 자들에게는 영원한 유익을 줄 것이다.

하나님 나라는 우리가 살고 있는 이 땅과 관련이 있다. 예수는 다윗의 후손으로서 이 땅에서 다스릴 것이고 세례 요한의 사역을 잇는 자신의 사역을 통해 완전한 구속을 가져올 것이다(눅 1:32-33, 46-55, 69-75). 현재 및 미래와 연관된 이 모든 행위는 예수에게 약속된 메시아의 사역이다. 이스라엘 나라는 그런 사역의 첫 번째 중점 대상이다(눅 2:25, 38). 종말론적 담론과 사도행전 1:11, 3:18-21의 내용은, 미래의 소망이 지금 임하는 하나님 나라에 흡수되어 사라져버린 것이 아니라 여전히 존재하며, 구약성서에서 유래했음을 보여준다. 하나님은 그분의 모든 약속을 성취하시는데, 여기에는 이스라엘에게 주신 약속도 포함된다.[22] 영적 구원도 그리스도를 통해 하나님으로부터 나온다. 사가랴의 노래(눅 1:68-79)에서 예수는 어둠에 있는 자들을 평화로 이끄는 떠오르는 태양으로 언급된다. 성령의 약속(3:15-17; 24:49; 행 1:8)과 죄 사

22 예수의 사역으로 인해 이스라엘이 재편성되었는지, 아니면 민족적·국가적 차원에서의 이스라엘이 예수를 거부함으로 인해 관심 밖에 놓이게 되었는지, 이에 관한 논의가 활발히 진행 중이다. 그런데 이스라엘이 관심 밖에 놓여 있다기보다는, 하나님의 계획 속에 이스라엘의 미래가 존재한다고 보는 편이 낫다. 교회가 "새 이스라엘"인지, 아니면 완전히 새로운 존재인지에 관한 질문은 더 복잡하다. 누가가 제시하는 답변도 복잡해 보인다. 교회는 이전의 이스라엘이 아니며, 이스라엘 민족의 거부로 인해 구별된 기관이 될 수밖에 없었다. 이 "새" 개체는 하나님의 계획에 비춰볼 때 전혀 놀라운 존재가 아니고, 이스라엘과는 다소 구별된다(왜냐하면 교회는 새로운 민족으로 구성되기 때문이다). 그러나 교회는 하나님의 이전 약속을 요구한다. 이스라엘의 재편성에 관한 내용은 다음을 보라. Max Turner, *Power from on High: The Spirit in Israel's Restoration and Witness in Luke-Acts*, JPTSup 9 (Sheffield: Sheffield Academic Press, 1996). 이스라엘의 이야기를 비극으로 보지만, 미래에 대한 가능성을 열어두는 다음의 연구를 보라. Robert Tannehill, "Israel in Luke-Acts: A Tragic Story," *JBL* 104 (1985): 69-85. 누가복음에서 유대교 지도층과 이스라엘을 구분하여 이스라엘 전체에 대한 정죄를 피해야 한다고 주장하는 다음 연구를 보라. Jon A. Weatherly, *Jewish Responsibility for the Death of Jesus in Luke-Acts*, JSNTSup 106 (Sheffield: Sheffield Academic Press, 1994). 누가에 의한 역사의 탈종말론화(Conzelmann이 주장한)에 반대하고, 종말론적 목적과 이스라엘의 미래 모두를 포함하는 구속사에 찬성하는 다음 연구를 보라. J. Bradley Chance, *Jerusalem, the Temple, and the New Age in Luke-Acts* (Macon, Ga.: Mercer University Press, 1988).

함의 소망(눅 24:47)은 영적 구원의 요소이며, 결과적으로 이런 영적 구원은 세상을 향한 선교로 이어진다. 귀신에 대한 예수의 권위는 예수가 이런 약속을 성취할 능력이 있고, 그토록 염원했던 하나님의 통치에 대한 약속이 도래했음을 의미한다.

하나님 나라의 현존으로 인해 유익을 누리는 하나님 나라의 백성은 예수의 제자들이다(18:26-30). 하나님 나라에 들어가고자 하는 자는 누구나 다 잠재적 수혜자다(13:23-30; 14:16-24). 그러나 하나님 나라에 들어가기를 꺼리는 백성도 있는데, 이들은 현재 예수에 대해 져야 할 책임이 있고, 산 자와 죽은 자의 심판주인 예수의 통치를 언젠가 직면하게 될 것이다(19:27; 21:24-27; 행 3:20-26; 10:42; 17:30-31).

성령의 도래가 약속된다(눅 3:15-17). 성령은 예수에게 권한을 부여하고 예수를 증언한다(3:21-22; 4:16-20). 누가복음에서 많은 인물이 성령을 "예언의 영"으로 말하고 있지만, 이는 성령을 매우 좁은 관점으로 이해하는 것이다. 왜냐하면 이 외에도 성령은 새 공동체에게 선교 사명을 강권적으로 부여하고 선교 사명을 이끌 뿐 아니라, 새 공동체로 하여금 메시아에 관해 전파하도록 권능을 부여하기 때문이다.[23]

하나님 나라를 특징짓는 약속과 성취에 관한 이중 분할과 달리, 성령에 대한 누가의 제시는 더 복잡한 특징을 나타낸다.[24] 처음에 성령은 엘리사벳, 사가랴, 시므온과 같은 인물들과 관련하여 선포된 예언의 말씀으로 이어진다(눅 1-2장). 그러나 성령을 온전히 알기 위해서는 아직

23 Turner, *Power from on High*.

24 이런 분할은 누가의 구속사 계획 및 하나님 나라를 전체적으로 고려할 때보다, 성령에 대해 고려할 때 더 잘 작용한다. 그러나 이 분할은 누가의 신학적 표현에 담긴 세심한 뉘앙스를 나타내는 지표가 된다. 다음을 보라. J. A. Fitzmyer, "The Role of the Spirit in Luke-Acts," in Verheyden, *The Unity of Luke-Acts*, 165-83.

기다려야 하는데, 세례 요한은 이런 기다림을 누가복음 3:15-17에서 분명히 밝히고 있다. 예수의 사역 시기에, 성령은 예수에게 기름을 붓고 그의 메시아적 역할을 지시하는 하나님의 권능을 의미한다(눅 3:21-22; 4:16-18). 이와 같은 성령과 예수의 관계를 제외하면, 성령 사역의 시점은 대부분 미래에 위치하고, 성령과 예수의 정확한 관계는 그다지 분명하게 규명되지 않는다. 성령의 핵심 사역은 예수의 부활과 높임 받음 이후에 새로운 공동체를 형성하는 데 놓여 있다. 여기서 성령은 마지막 때가 도래할 때 모든 믿는 자 위에 임한다(눅 24:49[성령 임재의 약속]; 행 2:1-41[성령 임재의 약속 실현]). 성령은 위로부터 오는 힘(또는 권능)이다(눅 24:49; 행 2:30-36; 10:44-47; 11:15-16; 15:8). 성령의 임재는 예수의 부활과 그가 하나님 우편에서 새 공동체를 이끌고 있다는 증거가 된다. 즉 성령은 예수의 부활을 선포하고, 새 공동체를 지도하는 수단이 된다. 메시아의 죽음으로 더 이상 그가 존재하지 않는 것처럼 보이지만, 하나님의 권능은 성령이라는 선물 안에 현존하고 있다. 메시아이자 주인 예수는 하나님 나라의 구현자로서 성령을 보냈으며, 이는 부활한 예수가 성령을 통해 이미 우리와 함께하면서 역사하고 있다는 증거다(눅 3:15-17; 행 2:14-39).

하나님이 주시는 구원의 핵심에는 예수의 부활 및 승천이 자리한다. 복음서 저자 중 오직 누가만이 승천을 기록하고 있는데, 이 승천 장면은 누가복음 24장과 사도행전 1장을 연결한다.[25] 부활한 구세주는 다스릴 권세가 있고 자신의 약속을 성취할 수 있다. 예수는 용서의 권

25 승천 사건이 누가-행전에서 담당하는 핵심 역할에 대해서는 다음을 보라. Mikeal Parsons, *The Departure of Jesus in Luke-Acts: The Ascension Narratives in Context*, JSNTSup 21 (Sheffield: Sheffield Academic Press, 1987).

한을 갖고 있고, 그의 축복은 용서를 의미한다(눅 24:47; 행 2:21; 4:12; 10:43). 예수는 성령을 받을 수 있고 줄 수도 있는데, 이 성령은 하나님의 백성이 예수를 증언할 수 있도록 해준다(행 2장). 요컨대, 예수의 승천은 그가 하나님의 소망 및 약속과 연계된 주 그리스도임을 보여준다(행 2:16-36).[26]

예수의 가르침과 사역에 나타난 구원

예수는 약속과 구원을 모두 가져온다. 구원에는 소망의 공유, 하나님 나라의 체험, 용서의 누림, 그리고 특히 선교를 위한 성령의 권능에 참여하는 것이 포함된다. 앞서 보았듯이, 예수의 가르침은 하나님 나라를 제공하는 데 초점을 맞추고 있다. 하나님 나라의 제시는 희년의 놓아줌과 치유로 묘사된다(눅 4:16-21; 참조. 레 25:10; 사 61:1-2). 그러나 하나님 나라의 제공에는 축복 체험을 반영하는 윤리적 명예에 대한 요구도 포함된다(눅 6:20-49).[27] 이와 동일한 이중 관심이 예수의 비유에서 발견된다. 몇몇 비유는 하나님의 계획을 다루며(13:6-9, 23-30; 14:16-24; 20:9-18), 어떤 비유는 식사 혹은 잔치 장면을 그린다. 잔치는 구원의 기쁨과 미래의 식탁 교제를 나타낸다.[28]

26 이 주제에 관한 언약의 중요성에 대해서는 다음을 보라. R. L. Brawley, "Abrahamic Covenant Traditions and the Characterization of God in Luke-Acts," in Verheyden, *The Unity of Luke-Acts*, 109-32.

27 눅 4장의 희년 주제에 대해서는 다음을 보라. Robert B. Sloan Jr., *The Favorable Year of the Lord: A Study of Jubilary Theology in the Gospel of Luke* (Austin: Schola, 1977).

28 Moessner는 *Lord of the Banquet*에서 누가복음의 중심부인 9-19장에 등장하는 비유에 많은 관심을 기울인다. 다음도 보라. Forbes, *The God of Old;* Denova, *The Things Accomplished among Us*.

따라서 구원의 제공은 윤리적 삶의 방식에 대한 요구를 포함한다.[29] 하나님과 교제하는 삶, 선교에의 동참, 그리고 윤리적 명예는 사랑, 겸손, 섬김, 의로움을 포함하는데, 이는 나머지 비유 대부분이 다루고 있는 주제다(10:25-37; 11:5-8; 12:35-49; 14:1-12; 15:1-32; 16:1-8, 19-31; 18:1-8; 19:11-27). 예수는 사람들을 천국으로 구원하기 위해 이 땅에 왔을 뿐 아니라, 변화를 가져오는 하나님의 임재를 그들에게 알리기 위해 왔다. 이런 예수의 강림 목적은 누가복음 초반에 세례 요한이 약속된 이를 통해 이 땅에 오실 하나님을 맞이하도록 사람들을 준비시키는 대목에서 잘 드러난다(1:16-17). 여기서 인간과 하나님 사이의, 그리고 사람과 사람 사이의 화평을 지시하는 주제가 강조되고 있다. 또 하나님과 연관되는 차별화된 삶의 방식 즉 권력이 아닌 섬김, 섬김에 수반되는 고난의 길, 그렇게 행하라는 예수의 가르침과 그가 걸어간 길로의 헌신이 요구된다(9:21-26, 57-62; 14:25-34; 18:18-30).[30]

누가는 구원을 다룰 때와 마찬가지로 예수의 사역과 가르침을 다루면서 십자가에 대한 이야기를 거의 하지 않는다.[31] 바울은 그토록 십자

29 Christoph Stenschke, "The Need for Salvation," in Marshall and Peterson, *Witness to the Gospel*, 125-44. 이 소논문은 죄 사함의 중요성에 초점을 맞추고 있지만, 세례 요한에 관한 누가복음의 초기 핵심 자료에서 볼 수 있는 죄 사함과 회개의 윤리적 측면을 충분히 다루지 않는다. Matthias Wenk(*Community Forming Power: The Socio-Ethical Role of the Spirit in Luke-Acts*, JPTSup 19 [Sheffield: Sheffield Academic Press, 2000])는 누가가 민족 및 인종 간 화해를 어떻게 성령의 역사로 이해하는지 강조한다.

30 다음을 보라. Charles H. Talbert, "Discipleship in Luke-Acts," in *Discipleship in the New Testament*, ed. Fernando F. Segovia (Philadelphia: Fortress, 1985); Richard N. Longenecker, "Taking Up the Cross Daily: Discipleship in Luke-Acts," in *Patterns of Discipleship in the New Testament*, ed. Richard N. Longenecker, McMaster New Testament Studies (Grand Rapids: Eerdmans, 1996).

31 그렇다고 누가가 십자가에 대해 침묵하고 있다고 말하는 것은 아니다. 단지 누가는 신약성서의 다른 부분에서보다 십자가를 덜 강조한다. 이는 십자가의 중요성이 이

가를 강조하는데, 누가는 왜 이럴까? 그 이유는 예수의 승천과 높임 받음을 더 강조하고자 하는 누가의 의도에 기인한다. 누가는 구원의 "주체"를 강조한다. 구속은 높임 받은 주로부터 주어지며, 그는 약속된 메시아로서의 역할을 감당한다(행 2:16-36). 바울은 예수가 어떻게 죄로부터 구원을 성취했는지 설명한다. 이런 측면에서 누가에게 십자가는 바울에 비해 상대적으로 덜 중요하지만, 누가의 십자가는 더 윤리적인 혹은 역사적인 기능을 지닌다. 즉 십자가는 여전히 누가의 가르침에서 중요한 신학적 위치를 차지한다. 예수는 고통 받는 의인이다(눅 22-23장). 예수의 죽음은 새 언약의 시작을 알리고(눅 22:20), 교회는 예수의 피로 "사신" 것이다(행 20:28).[32] 언약의 개시와 구원을 위한 거래는 예

미 잘 알려졌다는 누가의 인식에 기인하는 것으로 보인다. 이런 누가의 인식은 고전 15:1-3이 나타내는 것과 같은 전통적 케리그마에 기초한다. 따라서 누가는 그의 복음서를 기회로 삼아 구원에 관한 다른 주제를 발전시키고 강조한다. 십자가에 대한 일관성 있는 누가 신학과 관련하여 중요한 주장에 대해서는 다음을 보라. Peter Doble, *The Paradox of Salvation: Luke's Theology of the Cross*, SNTSMS 87 (Cambridge: Cambridge University Press, 1996). Doble의 주장에 의하면, 누가는 예수의 죽음을 속죄로 발전시키지는 않지만, 이 죽음 사건을 부활과 함께 "시대의 전환"으로 간주한다(235). 예수의 죽음은 유대교 지혜 문헌을 표본으로 삼으면 "의인"의 고난을 의미한다. Doble은 마지막 만찬에 사용된 새 언약의 용어와 바라바 사건의 의의를 과소평가하여 누가와 속죄 신앙 사이의 거리를 심하게 벌려놓고 있다. 행 20:28에도 이 속죄 주제가 언급되어 있지만, 누가가 이를 강조하는 것은 아니다. 그러나 이 속죄 주제는 엄연히 존재한다.

32 어떤 학자들은 본문비평을 통해 이 두 본문의 진정성에 이의를 제기했지만, 각 본문은 실존을 입증할 강력한 근거를 지닌다. 다음을 보라. Bruce M. Metzger, *A Textual Commentary on the Greek New Testament*, 2nd ed. (Stuttgart: Deutche Bibelgesellschaft, 1994), 425-27. 그리고 다음의 논의도 보라. Ben Witherington III, *The Acts of the Apostles: A Social-Rhetorical Commentary* (Grand Rapids: Eerdmans, 1998), 623-24. 누가에게 십자가란 용서의 확보 이상의 의의를 지니는데, 이는 용서가 예수의 죽음 및 죄로부터의 놓임과 연관된다는 개념과 예수의 죽음이 제시하는 고난 유형에서 발견된다. 다음을 보라. David Moessner, "The Script of the Scriptures in Acts: Suffering as God's Plan (βουλή) for the World for the Release of Sins," in *History, Literature, and Society in the Book of Acts*, ed. Ben Witherington III (Cambridge: Cambridge

수의 죽음을 통해 이루어진다. 두 개의 다른 이미지가 이런 견해를 강화한다. 예수 대신 놓임을 받은 바라바 사건은 예수가 죄인을 대신했다는 사실을 보여준다(눅 23:18-25). 십자가에 매달려 함께 죽어가는 강도에게 낙원을 제공하는 예수의 모습은(23:43), 예수가 자신의 죽음에도 불구하고 생명을 줄 수 있는 자임을 나타낸다. 이 마지막 본문은 누가가 속죄를 중요하게 다루지 않는다고 생각하는 자들에게도 중요하다. 왜냐하면 예수는 그의 죽음에도 불구하고 여전히 생명을 제공하며 구속하기 때문이다.

구원뿐만 아니라 새 시대의 도래를 알리는 기적 역시, 구원을 가져오는 하나님의 계획에서 예수가 담당하는 권위적 역할을 입증해준다(눅 7:22; 행 2:22-24). 실제로, 예수의 치유 범위는 폭넓은 그의 권위를 나타낸다. 그는 병자를 고치고 악령을 몰아내며 혈루증, 마른 손, 실명, 귀먹음, 마비, 간질, 한센병, 수종 그리고 열병과 같은 여러 특수 질병을 고친다. 또 예수는 죽은 자를 살리고 자연을 통제한다. 사도행전에 기록된 제자들의 기적 행위는(행 3:6, 16) 예수의 승천 후에도 그의 권위와 그것의 참됨이 지속되고 있음을 보여준다.

누가가 예수를 묘사할 때 중점을 두는 부분은 예수의 권위와 예수가 가져오는 약속이다. 예수의 구속 사역은 하나님 나라를 개시하고, 죄인을 구속하며, 죄의 용서를 보장하고, 성령을 공급하며, 온전케 될 미래에 대한 소망을 품고 살아가는 헌신되고 신실한 삶을 요구한다. 데오빌로를 안심시켜야 할 내용은 예수가 이런 약속을 성취할 수 있고 또 성취하고 있다는 사실이다. 그런데 새 공동체의 구성원은 누구인가?

University Press, 1996), 218-50.

또 기독론과 이 새 공동체의 임무는 어떻게 연결되는가?

새 공동체

예수를 중심으로 새 공동체가 형성되었는데, 처음에 이 새 공동체의 모습은 조직체와는 거리가 멀었다. 새 공동체에는 12제자와 70(혹은 72)명이 있었지만, 누가는 이 기본적인 집단 외에 정형화된 다른 공동체 조직을 기록하지 않는다. "교회"라는 용어는 등장하지만, 대부분 사도행전의 요약 설명 부분 혹은 후반부에 등장한다(5:11; 8:1, 3; 9:31; 11:22, 26; 12:1, 5; 13:1; 14:23, 27; 15:3-4, 22, 41; 16:5; 18:22; 20:17, 28). 오히려 사도행전의 새 공동체를 구성할 자들이 누가복음에서는 "제자들"로 언급된다. 이 제자 집단의 대다수가 유대인이지만, 예수는 사마리아인과 이방인도 이 제자 집단에 포함하려는 계획을 갖고 있었음을 몇몇 힌트를 통해 알 수 있다(눅 3:4-6; 4:22-30; 7:1-10; 13:23-30; 14:16-24; 17:12-19; 20:15-16; 24:47).[33] 이와 같은 다민족 관련 주제는 사도행전에 분명히 드러나지만, 누가복음에서 예수의 메시지가 사회적 약자들의 마음을 감동시키고 있다는 점도 중요한 사실이다.[34]

33 다음을 보라. Stephen G. Wilson, *The Gentiles and the Gentile Mission in Luke-Acts*, SNTSMS 23 (Cambridge: Cambridge University Press, 1973); Esler, *Community and Gospel in Luke-Acts*, 24-70. 그러나 여기에서 Esler는 식탁 교제 논점과 관련하여 누가와 마태의 차이를 지나치게 강조한다.

34 다음을 보라. David Seccombe, "The New People of God," in Marshall and Peterson, *Witness to the Gospel*, 349-72; Walter E. Pilgrim, *Good News to the Poor: Wealth and Poverty in Luke-Acts* (Minneapolis: Augsburg, 1981), 특히 17-84.

누가는 사회적으로 버림받은 자, 즉 가난한 자, 죄인, 그리고 세리들을 축복받은 공동체의 회원으로서 집중 조명한다.[35] 가난한 자들은 물질적으로 **그리고** 영적으로 궁핍한 상황에 있다(1:50-53과 6:20-23에서 가난하고 비천한 자들의 상태는 하나님의 예언자들이 처했던 상황과 비슷하다). 가난하거나 거부당한 자들은 누가복음의 여러 본문에서 언급된다(1:46-55; 4:18; 6:20-23; 7:22; 10:21-22; 14:13, 21-24; 16:19-31; 21:1-4). 이런 개념에 대한 구약성서의 기원은 *'ănāwim*이라는 히브리어 개념에서 유래한다(사 61:1-2). 복음은 죄인들을 특수 목표 대상으로 삼는다(눅 5:27-32; 7:28, 30, 34, 36-50; 15:1-2; 19:7). 다수의 유대인이 배신자라고 낙인을 찍은 세리 역시 복음의 수혜 대상이다(5:27-32; 7:34; 18:9-14; 19:1-10).

마지막으로, 누가는 여성도 복음의 목표 대상 안에 포함한다(7:36-50; 8:1-3, 43-48; 10:38-42; 13:10-17; 24:1-12).[36] 과부들이 종종 언급되는데, 이는 그들이 가장 연약한 여성이기 때문이다(2:36-37; 4:25-26; 7:12; 18:3, 5; 20:47; 21:2-3). 누가복음에 등장하는 여성 대부분은 예수의 메시지에 민감하게 반응한다. 기원후 1세기에 여성은 사회 주변부에 위치하지만, 누가의 이야기에서 여성은 눈에 띄게 중요한 요소다. 여성

35 다음을 보라. Robert F. O'Toole, "Luke's Position on Politics and Society in Luke-Acts," in *Political Issues in Luke-Acts*, ed. Richard J. Cassidy and Philip J. Scharper (Maryknoll, N.Y.: Orbis, 1983), 1-17; Robert F. O'Toole, "Christ, the Savior of the Disadvantaged," in Verheyden, *The Unity of Luke-Acts*, 109-48.

36 이 주제에 관한 소수의 논문 중 하나는 페미니스트 관점에서 작성되었다. Turid Karlsen Seim, *The Double Message: Patterns of Gender in Luke and Acts* (Nashville: Abingdon, 1994). 누가의 "이중 메시지"란 누가가 누가복음 전반에 걸쳐 여성의 역할을 이상하리만큼 강조하는 반면, 사도행전에서는 교회 조직과 관련하여 남성에게 우선권을 부여함을 의미한다(259).

은 믿음과 청지기 됨, 그리고 제자도의 본보기가 된다(그러나 행 5:1-10을 참조하라). 여성은 종종 남성과 짝을 이루어 나온다(눅 2:25-28; 4:25-27; 8:40-56; 11:31-32; 13:18-21; 15:4-10; 17:34-35; 참조. 행 21:9-10).

요약하면, 새 공동체의 구성원이 되는 자격에는 한계가 없다. 복음은 누구에게나 열려 있다. 하지만 사회적으로 힘이 없고 연약한 자들이 종종 가장 적극적으로 복음에 반응한다. 세상이 그들을 무시하거나 힐난하는 것과 달리, 예수는 이런 자들에게 특별한 관심을 쏟는다. 누가는 세 가지 용어를 사용하여 복음을 듣고 공동체에 유입되는 개인의 반응을 기술한다. 이 세 가지 용어는 바로 "회개", "돌아섬" 그리고 "믿음"이다.[37] "회개"로 번역된 용어의 어원은 "돌아서다"를 의미하는 구약성서의 단어에서 유래한다(눅 24:44-47). 회개는 관점의 재조정, 즉 새로운 관점을 포함한다. 이 회개의 요구가 이스라엘 내에서 선포될 때, 이는 하나님의 백성에게 다시 신실하라고 요구하는 또 다른 방법이 된다. 누가에게 회개의 열매는 스스로를 구체적으로 표현한다. 누가 특수 자료에서, 세례 요한은 자신에게 세례 받기를 원하고 "우리가 무엇을 하리이까?"라고 묻는 자들에 대한 응답으로 다음과 같이 가르친다. 즉 회개란 일상의 삶, 특히 사람들이 서로를 어떻게 대하는지를 통해 드러난다는 것이다(3:7-14).

회개와 관련하여 연상되는 네 가지 그림이 중요하다. 누가복음 5:31-32에서 예수는 병든 자를 고치는 의사로 묘사된다. 누가복음 15:17-21은 탕자의 회개를 묘사하는데, 이는 회개하는 심령은 오직 하

37 다음을 보라. Darrell L. Bock, "A Theology of Luke-Acts," in *A Biblical Theology of the New Testament*, ed. Roy B. Zuck and Darrell L. Bock (Chicago: Moody, 1994), 129-34; Stenschke, "The Need for Salvation."

나님과 그분의 자비만이 참된 안식을 줄 수 있음을 깨닫고 어떤 요구도 하지 않음을 보여준다. 누가복음의 마지막 부분에서 누가는 복음의 정수를 다음과 같이 요약한다. "그의 이름으로 죄 사함을 받게 하는 회개가 전파될 것이다"(24:47). 성전에서 "하나님이여, 불쌍히 여기소서. 나는 죄인이로소이다"라고 울부짖는 세리에 관한 비유는(18:9-14), 비록 "회개"라는 용어를 쓰지는 않지만(19:1-10도 마찬가지로), 하나님께 대한 참회의 반응을 잘 보여준다. "돌아섬"이라는 단어는 누가복음에서 드물게 사용되지만(1:17; 17:4; 22:32) 사도행전에서는 분명히 언급되는데, 여기서 "돌아섬"은 회개를 동반하는 근본적 방향 전환을 의미한다(행 3:19; 9:35; 11:21; 14:15; 15:19; 26:18-20; 28:27). 누가에 의하면 믿음은 스스로를 구체적으로 표현하는데, 이와 관련된 예로는 중풍병자의 친구들이 보여준 믿음(눅 5:20), 백부장의 믿음(7:9), 예수에게 향유를 부은 죄 많은 여자의 믿음(7:47-50)을 들 수 있다. 사마리아인 중풍병자와 소경 역시 예수가 자신을 온전케 할 수 있다는 믿음을 갖고 있다(17:19; 18:42).[38] 믿음은 믿고 행함을 의미한다. 곧 믿음이란 하나님이 예수를 통해 무언가를 주셨음을 알고 확신하는 것이다. 그것은 용서와, 하나님 앞에서의 영적 회복이라는 약속된 축복을 말한다. 이런 믿음을 가진 자들은 믿음으로 반응하면서 "주의 이름을 부른다"(행 2:21; 참조. 롬 10:13).

다음과 같은 다양한 용어가 공동체 구성원에게 주어진 축복을 표현한다. 즉 죄 사함 또는 자유(눅 1:77; 3:3; 4:18; 24:47), 생명(10:25; 12:15, 22-25; 18:29-30), 평화(1:79; 2:14; 10:5-6; 행 10:36), 하나님 나라(1:33;

38 구원과 온전함의 관계에 대해서는 다음을 보라. Ben Witherington III, "Salvation and Health in Christian Antiquity: The Soteriology of Luke-Acts in Its First Century Setting," in Marshall and Peterson, *Witness to the Gospel*, 145-66.

6:20; 7:28; 11:20; 17:21; 22:29-30), 그리고 성령(3:16; 11:13; 12:12; 24:49) 이다.[39]

덧붙여서, 새 공동체는 가르침의 공유, 교제, 떡을 뗌, 공동 기도를 통해 성장한다(행 2:42). 새 공동체의 구성원들은 특히 선교의 어려운 시기에 서로를 위해 기도함으로써, 또 서로 물질을 나눔으로써 그들의 필요를 해결했다(행 4:23-37; 11:29).

구원과 새 공동체의 적대자들

누가는 새 공동체의 영적인 적대 세력과 인간 적대자들을 규명한다. 초월적 존재인 악한 영적 세력은 비록 하나님의 계획을 좌절시킬 능력은 없으나, 하나님의 계획에 완강히 저항한다(눅 4:1-13, 33-37; 8:26-39; 9:1; 10:1-12, 18; 11:14-26; 22:3).[40] 하나님의 투쟁에는 하나님 자신을

39 영적 요소를 희생시키고 정치적 차원을 지나치게 중시하지만, 누가의 평화 개념을 살피며 관련 주제를 다루는 연구는 다음을 보라. Willard M. Swartley, "Politics and Peace (*Eirēnē*) in Luke's Gospel," in Cassidy and Scharper, *Political Issues in Luke-Acts*, 18-37. 공동체와 관련한 더 일반적인 논의에서 평화 주제에 대한 더 균형 잡힌 주장은 Wenk, *Community-Forming Power*, 259-73을 보라.

40 다음을 보라. Susan R. Garrett, *The Demise of the Devil: Magic and the Demonic in Luke's Writings* (Minneapolis: Fortress, 1989); Weatherly, *Death of Jesus in Luke-Acts*. Brawley는 *Luke-Acts and the Jews*에서 예수를 대적했던 유대인들의 책임에 너무 관대하다. Joseph Tyson은 *The Death of Jesus in Luke-Acts*(Columbia: University of South Carolina Press, 1986)에서 예수에 대적하는 유대인들을 강조하고 있다. 이것이 바로 누가 연구에서 Brawley가 제시하는 책임 영역의 또 다른 끝이다. Jack Sanders는 *The Jews in Luke-Acts* (London: SCM, 1987)에서 이보다 한 술 더 떠 누가가 반유대주의자라고 주장한다. 그러나 Jacob Jervell은 *Luke and the People of God*(Minneapolis: Augsburg, 1972)에서 또 다른 관점을 제공한다. 그의 주장에 의하면, 유대인 그리스도인들은 누가가 저술할 당시에 힘 있는 소수였다. 이스라엘 전체가 예수를 거부했던 것

향한 인간의 믿음을 되찾아오는 일뿐만 아니라, 악한 세력의 존재하는 효과를 무력화하는 일도 포함된다. 인간 차원에서 적대자들은 주로 유대교의 지도자 계층인 서기관과 바리새인들이다. 비록 사도행전에서는 그들이 사두개인보다는 우호적이며 가능성 있는 인물로 묘사되지만 말이다. 이는 사두개인들이 영적 존재와 부활에 대한 올바른 믿음이 없으므로 예수와 그의 메시지에 호응하지 않았기 때문이다. 예수가 죄를 사하는 권세를 선포하고 안식일 전통에 이의를 제기한 후(5:24; 6:1-11), 유대교 지도자들의 반대는 이어지는 내러티브의 일반적 특징이 된다. 이런 반대의 뿌리는 그들이 세례 요한을 거부한 데서부터 시작된다(7:29-30; 20:1-8). 예수는 세 번이나 바리새인들에게 경고한다(7:36-50; 11:37-52; 14:1-24). 유대교 지도자들은 종종 예수의 비난 대상으로서 강렬한 용어로 꾸짖음을 받는다(11:37-52; 12:1; 14:14; 15:1-10; 16:14-15; 19:45-47; 20:45-47). 야이로(8:41), 아리마대 요셉(23:50-53) 같은 몇몇 예외가 주목을 받지만, 유대교 지도자들은 대체로 예수를 반대하고 그의 죽음을 공모한다(6:11; 11:53-54; 20:19; 22:1-6, 21; 23:3-5).

예수에 대한 대중의 반응은 복합적이다. 그들은 예수에게 흥미를 보이지만, 그들의 반응은 피상적이고 변덕스럽다.[41] 전환은 누가복음 9-13장에서 일어난다. 예수는 누가복음 12:49-14:24에서 많은 경고를 공표한다. 예수는 11:29-32에서 "이 세대"를 꾸짖고, 10:13-15에서 이

은 아니다. 다음의 연구도 같은 주장을 제기한다. David Tiede, *Prophecy and History in Luke-Acts* (Philadelphia: Fortress, 1980). 유대인의 개입과 관련된 이와 같은 미묘한 입장은 누가의 주제 측면에서 볼 때, 핵심에 더 가까운 것 같다. Weatherly의 연구는 이 논의에 관한 중요한 요약을 제시한다. 반면에 누가의 유대인 묘사 방식에 관한 영향력 있는 중심 연구는 Jervell의 *Luke and the People of God*이다. 그가 확실히 하고 있는 것은 유대인에 대한 묘사가 매우 미묘하다는 점이다. 그러나 그는 이스라엘 전체가 예수를 거부했다는 주장에 동의하지 않는다.

스라엘의 여러 도시를 저주하며, 비유를 통해 이스라엘의 결함을 이야기한다(13:6-9; 20:9-19). 누가복음 23장에서 대중이 보여주는 궁극적 반응은 이스라엘 사람들의 전반적인 반응을 대표한다. 그들이 예수를 거부한 것은 이른 심판 경고를 초래하지만, 예수는 자신이 경고하는 대상들을 동정하며 슬퍼한다(13:34-35; 19:41-44). 결국 대중은 바라바를 놓아주라고 요구함으로써 예수의 죽음에 대한 책임을 함께 지게 된다(23:18-25). 그래서 예수는 예루살렘의 딸들과 그들의 자녀들에게 심판에 대한 예언의 메시지를 전한다(23:27-31).

이스라엘의 전반적인 반응은 비극적이다.[42] 이스라엘은 이미 주어진 복을 놓쳤으며, 이제 그들에게 남은 것이라곤 기원후 70년에 발생한 사건을 암시하는 예루살렘 포위와, 그로 인해 이스라엘 백성의 망명을 가져올 심판뿐이다(19:44). 지금은 "이방인의 때"인 것이다(21:24). 이스라엘은 하나님의 약속의 신실함이 부인될 수 없기 때문에 하나님의 계획과 관련하여 자신의 위치를 그대로 유지하지만, 메시아를 인정하기 전까지는 "황폐하여 버린바 된" 상태로 존재하게 된다(13:34-35; 행 3:13-21). 누가는 부당하게 반유대주의라고 비난받아왔다. 오히려 누가는 소망의 메시지를 거부하는 자들이 새 공동체를 박해했다고 주장한다. 이 소망의 메시지는 바울이 여러 회당에서 그것을 선포함으로써 이방인은 물론 유대인들에게도 지속적으로 전파되었다. 예수와 그의 제자들도 이스라엘에 복음을 전파했으며 이로 인해 고난을 받았다. 제자

41 다음을 보라. Robert C. Tannehill, *The Narrative Unity of Luke-Acts: A Literary Interpretation*, 2 vols., FF (Philadelphia: Fortress, 1986-90), vol 1. *The Gospel according to Luke*, 특히 158-66.

42 Tannehill, *Narrative Unity of Luke-Acts*, 1:259-61.

들은 이스라엘에 분열이나 폭력을 일으키지 않았다. 새 공동체는 반유대주의와 거리가 멀었으며, 하나님의 약속을 지지했다. 예수의 분명한 가르침과 스데반의 순교에서 볼 수 있듯이, 새 공동체는 원수도 사랑하고 그들을 위해 기도해야 했다(눅 6:27-36; 23:34; 행 7:60).

유대인과 새 공동체 사이의 긴장을 초래한 근원 중 하나는 율법이었다. 이 문제에 관한 누가의 이해를 정확히 규명하는 것은 누가 학계에서 지속적으로 논의되는 주제다.[43] 다음과 같은 주장이 적절히 제기되어왔는데, 즉 누가는 율법을 구시대의 일부로 파악하며, 사도행전에서 교회가 서서히 이 진리를 인지해가고 있음을 기술한다는 것이다. 비록 초기 교회의 선교 방침은 새 믿음의 핵심 쟁점이 훼손되지 않는 범위 내에서 율법 준수를 허용했지만, 율법은 기본적으로 그 구속력을 인정받지 못했다. 따라서 이방인들은 할례를 받을 필요가 없었고(행 15장), 유대인들은 할례를 계속 시행할 수 있었다. 율법과 관련 전통, 특히 안식일 규례와 정결에 관한 전통적인 몇몇 쟁점(눅 6:1-11; 11:37-53)은 누가복음에 기록된 갈등의 주요 원천이다. 안식일 규례에 대한 예수의 도전은, 그가 새 포도주는 새 부대에 넣어야 하고 묵은 포도주를 좋아하는 자들은 새 포도주를 마시지 않는다고 주장한 이후에 등장한다(5:33-39). 예수의 이런 언급은 예수가 정결과 관련된 유대교 전통을 무시한다는 데 집중하는 논쟁의 한 부분이다. 예수는 율법 또는 적어도

43 다음을 보라. Craig Blomberg, "The Law in Luke-Acts," *JSNT* 22 (1984): 53-80; Stephen G. Wilson, *Luke and the Law*, SNTMS 50 (Cambridge: Cambridge University Press, 1983). Wilson의 주장에 의하면, 누가는 율법 관련 논점을 제시함에 있어 일관성이 없다. Wilson의 주장은 Jacob Jervell의 연구(*Luke and the People of God*, 특히 136-44)와 부분적으로 일치하는데, Jervell은 누가의 율법관을 "보수적"이라 부르면서, 이런 율법관이 유대인 그리스도인의 관점에 영향을 받았다고 주장한다. Blomberg와 Jervell의 입장이 더 설득력 있는 주장이다.

기원후 1세기 유대인들의 율법 해석에 이의를 제기했다. 누가는 이런 이의 제기를 유대인들이 예수를 반대하는 중요 요소로 간주한다. 이와 관련된 유대인들의 비난은 사도행전에서도 발견된다(6:13-14).

유대교 지도자들의 반대에도 불구하고 제자들에게 요구된 것은 예수에 대한 강한 헌신이었다. 반대는 오기 마련이었다. 분쟁의 조짐은 누가복음 초반부터 나타나고 있으며(2:34-35), 이후 누가복음 전반에 지속적으로 등장한다(8:14-15; 9:21-23, 61-62; 12:8-9; 22:35-38). 박해로 인해 하나님 나라의 말씀 씨앗은 열매를 풍성히 맺지 못할 수도 있는데, 이는 씨 뿌리는 자의 비유에 분명히 나타난다. 예수의 제자들은 베드로의 부인 사건에서처럼, 담대한 반응을 회피하는 모습으로 그려진다. 확고한 제자도에 대한 촉구는 누가복음의 기록 목적 중 한 단면을 보여준다. 즉 데오빌로와 다른 그리스도인들에게 갈등으로 인한 중압감은 복음에 대한 확신을 필요로 하는 계기가 되었다.

반응: 회개, 믿음, 윤리, 인내에 대한 누가의 요구

누가는 그의 독자들이 예수에게 어떻게 반응해야 하는지, 그리고 예수의 적대 세력이 야기하는 어려움을 어떻게 다뤄야 하는지 분명하게 밝히고 있다. 새 공동체는 하나님을 향해 근본적인 방향 재조정이 요구되는데, 이는 믿음, 회개, 그리고 헌신을 통해 드러난다. 이런 신뢰의 태도를 통해 새 공동체는 하나님과의 동행을 시작하고, 지속적으로 하나님과 동행하게 된다(눅 5:31-32; 15:17-21; 참조. 12:22-32). 하나님과 동행하는 길은 어렵고, 자기 성찰, 매일의 전적인 헌신과 십자가를 지라고 요구한다(9:23, 57-62; 14:25-35). 새 공동체에게는 선교가 요구된다. 사도행전이 새 공동체의 초기 선교 행위를 자세히 보도하고 있지만, 예루살렘을 시작으로 모든 민족에게 선포되는 회개와 죄 사함의 촉구는 누가복음에 자세히 기록되어 있다(24:47). 누가복음 5:31-32과 19:10의 분명한 언급처럼, 누가복음 15장의 비유들도 잃어버린 자들에 대한 누가의 관심을 반영한다.[44] 예수의 제자들도 잃어버린 자들에게 가까이 다가감으로써 예수를 따라야 한다.

하나님에 대한 사랑과, 원수를 포함하는 이웃에 대한 사랑도 요구의 한 부분이다. 누가복음 11:1-13은 의존적 기도에 담겨 있는 하나님께 대한 헌신을 기술한다. 예수에 대한 헌신은, 예수의 발치에 앉아 그의 가르침을 받아들이고 그의 존재를 즐기기로 선택한 마리아의 모습에서 발견된다(10:38-42). 이런 모습을 통해 마리아는 하나님과 그분의 방식을 어떻게 사랑해야 하는지에 대한 예를 보여준다. 이에 더하여, 이웃 돌봄의 내용이 10:25-37에 등장한다.[45] 예수는 그의 사역을 통해 제자들이 되어야 할 모습을 실례를 들어 보여준다. 즉 제자들은 인종과 계층의 구별 없이 모든 이의 이웃이 되어야 한다. 십자가는 다른 이를 위한 자발적 죽음의 표상으로, 자신의 원수까지도 사랑으로 대하는 예수를 제시한다.

예수는 기도를 장려한다(11:1-13; 18:1-14; 22:40).[46] 기도는 요구하는 것이 아니라 하나님의 자비와 뜻을 겸손히 의지하며 간구하는 것이다. 기도는 하나님의 보호와 기본 필요에 대한 공급하심을 신뢰하는 것이

44 다음을 보라. Craig Blomberg, *Interpreting the Parables* (Downers Grove, Ill.: InterVarsity, 1990).

45 다음을 보라. J. D. M. Derrett, *The Law in the New Testament* (London: Darton, Longman & Todd, 1970), 223-24.

46 예수와 메시아적 중보자로서 그의 독특한 역할에 대해서는 다음을 보라. David

다. 그리고 기도는 하나님 나라의 종말론적 완성을 기대하며 바라보는 것이다. 이러한 신뢰와 종말론의 결합은, 18:1-8에 나타나 있듯이, 하나님에 대한 신뢰와 연결된 쟁점이 부분적으로 하나님의 계획이 이루어질 시기를 참고 기다리는 것임을 분명히 한다.[47]

반대 세력의 압박하에서, 새 공동체는 굳건하고 신실하게 버텨야 한다(눅 8:13-15; 9:23; 18:8; 21:19).[48] 제자들은 다시 오실 주님께 자신의 사역을 보고해야 한다는 사실을 기억하면서, 사람이 아니라 하나님을 경외해야 한다(12:35-48; 18:8; 19:11-27). 좋은 땅에 떨어진 씨처럼, 제자들은 예수의 말씀을 경청하고, 말씀에 매달리며, 인내하여 열매를 맺는다(8:15). 본보기가 되는 베드로, 스데반, 바울은 말씀 선포와 관련하여 신실함과 굳건함이 어떤 것인지 알려주며, 또 이 일이 투옥 또는 죽음을 요구할 수 있다는 사실도 보여준다.[49] 제자들의 삶은 주 예수의 고난과 거절의 삶을 상기시킨다. 예수의 약속은 현재와 미래, 이 두 시점에 모두 적용된다. 아직 실현되지 않은 약속은 결국 성취될 것이다(17:22-37; 21:5-38). 예루살렘에 곧 임할 심판은 최후 심판에 대한 확증이다. 누가복음 21:5-37의 종말론적 담론은 가까운 미래와 먼 미래를 복합 모형론 측면에서 바라보는데, 이는 기원후 70년에 일어난 예루살렘에서의 사건을 종말 사건으로 간주한다. 가혹한 심판의 대상인 불신

Crump, *Jesus the Intercessor: Prayer and Christology in Luke-Acts*, WUNT 2.49 (Tübingen: Mohr, 1992).

47 다음을 보라. David Tiede, *Luke*, ACNT (Minneapolis: Augsburg, 1988), 304.

48 다음을 보라. John J. Kilgallen, "Persecution in the Acts of the Apostles," in *Luke and Acts*, ed. Gerald O'Collins and Gilberto Marconi, trans. Matthew O'Connell (New York: Paulist Press, 1991), 143-60.

49 다음을 보라. Martin H. Scharlemann, *Stephen: A Singular Saint*, AnBib 34 (Rome: Pontifical Biblical Institute, 1968).

자들에게 예수의 재림은 끔찍한 일이 될 것이다. 누가가 강조하는 점은, 다시 올 인자가 그의 제자들에게는 신실함에 대한 책임을 묻고, 모든 인류에게는 복음에 반응하는 일에 대해 책임을 묻는다는 것이다. 예수의 재림 시점은 알 수 없으나, 그 일은 갑작스럽게 발생하므로, 제자들은 준비하고 있어야 한다(12:35-40).

부에 관한 누가의 견해는 소유물에 집착하지 말라고 경고한다(8:14; 12:13-21; 16:1-15, 19-31; 18:18-25). 그러나 돈을 긍정적으로 사용하는 것을 보여주는 예도 존재한다(8:1-3; 19:1-10; 21:1-4).[50] 학자들은 누가가 부 자체를 비난하는지에 관해 논의했다. 삭개오는 자신의 소유 절반을 가난한 자들에게 나눠주고 자신이 토색한 금액을 되갚아주지만, 그렇다고 모든 소유를 처분하지는 않는다. 삭개오의 예는 사람들이 자신의 재물로 무엇을 하고 그들이 재물을 어떻게 여기는지가 중요함을 암시한다. 다시 말해 그들은 재물을 쌓아두고 있는가? 아니면 후하게 사용하고 있는가? 예수의 제자들은 예수를 위해 그들의 생계 수단에서 가족에 이르기까지 "모든 것을 버렸다"(18:28-30). 그러나 누가복음 후반부를 보면, 제자들은 예수가 체포되자 두려워하며 예수를 부인한다. 생계 수단을 비롯하여 제자도와 관련된 다른 요구 사항의 핵심은 복음에 대한 완벽한 반응이 아니라, 방향을 근본적으로 재조정하는 것이다. 누가복음의 여러 본문은 재물과 지위가 축복으로 자동 직결되는 지표가 아님을 경고하며, 심판 때에 있을 역할의 뒤바뀜에 대해 지적한다(1:51-53; 8:14; 12:13-21; 16:19-30; 18:18-30). 제자들은 모든 생명이 하나님의

50 다음을 보라. Luke T. Johnson, *The Literary Function of Possessions in Luke-Acts*, SBLDS 39 (Missoula, Mont.: Scholars Press, 1977); David Seccombe, *Possessions and the Poor in Luke-Acts*, SNTSU B.6 (Linz: Plöchl, 1982); Pilgrim, *Good News to the Poor*.

소유이고 그분의 손에서 나온다는 사실을 인지해야 한다. 부자 청년은 모든 소유를 팔라는 예수의 요구를 거부하는 반면, 예수의 제자들과 삭개오는 자신들의 소유를 포기한다. 누가의 경고에 의하면, 제자도의 방해 요소에는 재물을 잘못 신뢰하는 것뿐만 아니라 이생의 염려와(8:14) 다른 이들의 생각을 두려워하는 것도(12:1-12) 포함된다.

배경과 장르에 관한 쟁점

배경과 장르에 관한 쟁점은 누가를 둘러싼 논쟁이 가장 격렬히 소용돌이치는 곳이다. 여기서의 논쟁은 일종의 재구성된 중요 연구를 반영하는데, 이는 유대교와 그리스-로마 배경을 중요하게 여긴다. 누가는 문화·역사적이고 신학적인 궤적 측면에서 볼 때 어디에 위치하는가? 특히 누가는 누가복음과 사도행전 초반부에서 유대교 배경과 소통하고 있는가? 누가의 저술은 여러 맥락의 복합체인가? 아니면 누가는 기본적으로 헬레니즘 맥락에 속해 있는가? 우리는 이런 연구를 통해 누가가 자신의 전통을 보수적으로 다루고 있는지, 아니면 자신이 속한 초기 교회의 정황을 예수가 속했던 더 이른 시기의 정황에 투영하는 창조적 작가인지 논의한다. 관련 논의의 중심에는 누가 저술의 장르, 도입부의 특성, 누가 저술의 기록 시기 및 누가의 청중이 자리한다. 이 논점들은 누가-행전 연구 주제 중 가장 어려운 문제에 속한다. 여러 면에서, 이 논점들은 이미 우리가 다루었던 다양한 주제에 영향을 미친다. 왜냐하면 결국 우리의 질문은 누가가 자신의 신학적 주장을 제기할 때, 신중히 역사를 다루는지, 아니면 창조적 신학자로서 역사적 문제보다는 본인에게 당면한 목회적 사안에 더 관심을 기울이는지에 대한 문제로 귀결되기 때문이다. 논의의 스펙트럼은 모든 선택지를 포함한다. 그러나 논의의 질문을 이것이냐 저것이냐의 방식으로 적용하면, 우리는 이미 발생한 사건을 지나치게 단순화하는 위험에 처하게 된다. 왜냐하면 누가-행전 전반에 유대인들의 역사와 그들에게 주어진 약속이 지속적으로 흐르고 있기 때문이다.

장르에 관한 견해는 누가-행전을 전기 및 역사의 확고한 결합체로 보는 견해로부터, 사회학적 정당성을 확보하는 차원의 문학작품으로 보는 견해로, 그리고 주로 상징적 의미로 이루어진 낭만주의 작품으로 보는 견해로까지 확장된다.[51] 누가의 저술에서 확실한 역사적 근거를 보는 사람들은 여기서 더 설득력 있는 주장을 펼칠 가능성이 있다. 누가가 역사의 한 시기를 온전히 상징적으로 묘사하고 있다는 주장에는

51 여러 권으로 이루어진 시리즈로 Bruce Winter가 편집한 The Book of Acts in Its First Century Setting은 사도행전의 확실한 역사적 배경을 주장하기 위해 그리스-로마와 유대교 배경 모두를 사용한다. 사도행전의 설교 기능과 이 질문에 대해서는 사도행전의 내용이 역사적으로 확실하다고 주장하는 다음의 연구를 보라. Conrad Gempf, "Public Speaking and Published Accounts," *The Book of Acts in Its Ancient Literary Setting,* ed. Bruce Winter and Andrew Clarke, BAFCS 1 (Grand Rapids: Eerdmans, 1993), 259-303. 다음 연구도 보라. Colin J. Hemer, *The Book of Acts in the Setting of Hellenistic History*, WUNT 49 (Tübingen: Mohr, 1989). 누가의 방법론 관련 논쟁에 대해서는 다음의 연구를 보라. Davic Balch, "ἀκριβῶς…γράψαι (Luke 1:3): To Write the *Full* History of God's Receiving All Nations," in Moessner, *Jesus and the Heritage of Israel*, 229-50. Moessner의 책에서 상당 부분이 이런 쟁점과 접근법을 다루고 있다. Gregory Sterling의 *Historiography and Self-Definition*은 가장 구체적으로 정당화에 관해 주장한다. R. Pervo(*Profit with Delight: The Literary Genre of the Acts of the Apostles* [Philadelphia: Fortress, 1987])는 사도행전에 대한 신약성서 외경처럼, 사도행전을 고대 낭만주의 문학 장르로 분류한다. 복음서와 관련하여, 특정 복음서가 전기와 특수 자료 범주 중 어느 장르에 속하는지에 관한 쟁점은 지금도 지속되고 있는 공관복음서 논의의 한 부분을 차지한다. Richard Burridge의 *What Are the Gospels? A Comparison with Greco-Roman Biography*, SNTSMS 70(Cambridge: Cambridge University Press, 1992)은 신약성서 연구에서 수년에 걸쳐 복음서와 전기의 연관성을 부인하고 있음에도 불구하고, 복음서에 가장 가까운 장르가 고대 전기라고 주장하는 중요한 연구다.

많은 위험이 따랐다. 또한 사도행전 내용, 특히 초반부 내용의 흐름을 볼 때 이 내용이 역사적 사실에 기초하고 있다는 증거가 존재한다.[52]

누가 저술의 속성을 알려주는 도입부의 역할 역시 많이 논의되어온 주제다.[53] 이 도입부는 그리스-로마 및 유대교 문헌, 특히 요세푸스가 기록한 문헌과 마카베오2서에서 발견되는 요소를 상기시키며, 정확한 인용은 (투키디데스의 「펠로폰네소스 전쟁사」[*The Peloponnesian War*] 1.22.1-2 경우처럼) 항상 가능한 것은 아님을 인식하면서 조심스럽게 주장한다. 또 다른 논쟁은 다음과 같다. 즉 모든 것을 자세히 미루어 살폈다는 누가의 주장은 그가 모든 것을 흥미롭게 관찰했다는 이야기인가? 아니면 그가 이전 자료를 실제로 연구했다는 암시적 표현인가?[54] 이 논의와

52 Hemer의 *Book of Acts in the Setting of Hellenistic History*는 합당한 평가를 받지 못하고 있는데, 이는 아마도 그의 때 이른 사망이 원인일 것이다. 이 질문에 대한 정반대의 접근은 다음을 보라. Daryl D. Schmidt, "Rhetorical Influences and Genre: Luke's Preface and the Rhetoric of Hellenistic Historiography," in Moessner, *Jesus and the Heritage of Israel*, 27-60. Schmidt는 Hemer와 논쟁을 벌이며 Thucydides 같은 헬레니즘 역사가들에 이의를 제기하는데, "정확성"에 관한 Thucydides의 주장이 헬레니즘 역사가들에게 규범으로 작용하지 않았다고 반박한다. 그리고 수사학과 정확성이 공존할 수 있다는 Hemer의 주장에 이의를 제기한다. 여기서의 논쟁은 역사성에 관한 설명 및 주장을 수식해준다는 수사학 요소와 문체 요소 사이의 관계에 대한 것이다. 수사학 요소와 문체 요소는 대립 관계인가 아니면 상보 관계인가? Samuel Byrskog(*Story as History—History as Story*, WUNT 123 [Tübingen: Mohr Siebeck, 2000])는 기독교 전승의 유대교 기원을 다루면서, 이 질문과 관련하여 더 미묘한 차이를 보여주는 연구를 개진하는데, 이 핵심 이야기에 대한 관심사가 역사 기록 전승에서 무시되지 않고 있음을 입증한다.

53 Moessner의 *Jesus and the Heritage of Israel* 첫 부분에 등장하는 소논문들은 도입부 관련 쟁점을 다루고 있는데, 저자는 다음과 같다. Loveday C. A. Alexander, Daryl D. Schmidt, Vernon K. Robbins, and David P. Moessner. 이 소논문들은 주로 그리스-로마의 원형에 중점을 두고 있지만, 유대교의 유사점이 지닌 중요성이 과소평가되어서는 안 된다.

54 누가가 자격을 갖춘 인물로서 관련 사건을 이해한다고 간주하며, 그의 경험을 입증하고 있는 핵심 소논문은 다음과 같다. D. P. Moessner, "'Eyewitnesses,' 'Informed

관련하여, 최근 학자들의 경향은 후자보다 전자를 더 선호한다. 그러나 이는 둘 사이의 실제 선택이라기보다 강조의 문제일 것이다. 만일 누가에게 예수의 이야기를 살핀 후 이를 제시할 자격이 있다면, 이 자격은 그가 예수 전승 및 이 전승을 형성한 자들과 가깝다는 점 외에 어디서 비롯되는 것인가? 이에 대한 논의는 아직도 진행 중이다.

누가복음의 기록 시기와 배경은 누가복음뿐만 아니라 공관복음의 기록 순서를 정하는 것과도 연결된다. 물론 이에 대한 논의는 본 논문의 범위를 완전히 벗어난다. 마가복음을 기원후 60년대 중반에 놓는 사람들에게 누가복음과 사도행전은 그보다 늦게, 즉 기원후 60년대 후반에서 특히 80년대 사이에 위치해야 한다. 그러나 기록 시기를 기원후 80년대까지로 봐야 하는 명확한 이유는 없다.[55] 다른 이들의 주장에

Contemporaries,' and 'Unknowing Inquirers': Josephus' Criteria for Authentic Historiography and the Meaning of ΠΑΡΑΚΟΛΟΥΘΕΩ," *NovT* 38 (1996): 105-22. Moessner는 이어서 후속편을 발표했다. "The Appeal and Power of Poetics (Luke 1:1-4): Luke's Superior Credentials (παρηκολουθηκότι), Narrative Sequence (καθεξῆς), and Firmness of Understanding (ἡ ἀσφάλεια) for the Reader," in Moessner, *Jesus and the Heritage of Israel*, 84-123. 이 논의의 맞은편에는 Loveday C. A. Alexander가 있는데, 그의 주장에 의하면, 도입부의 내용은 개인적 조사가 아니라 "전승 과정에서의 충실함과 이해"에 관한 합당한 주장이다. 도입부의 내용은 "신중히 (또는 정확히) '계승된'" 전승 내용을 보증한다. 다음을 보라. Loveday C. A. Alexander, "The Preface to Acts and the Historians," in Witherington, *History, Literature, and Society*, 73-103; idem, "Formal Elements and Genre: Which Greco-Roman Prologues Most Closely Parallel the Lukan Prologues?" in Moessner, *Jesus and the Heritage of Israel*, 9-26. 여기에서 Moessner는 해당 결과를 BBC 방송의 뉴스 아나운서가 청중에게 제공하는 "안정감"에 비유한다 (25).

55 Esler(*Community and Gospel in Luke-Acts*, 27-30)는 간결한 논의를 통해 기원후 70-95년을 주장하면서, (Conzelmann류의) 비묵시적 태도가 형성되었음을 인지하고, 바울 서신에 대한 누가의 언급이 없음에 주목한다. 바울 서신 논쟁은 침묵으로부터의 논쟁으로, 너무 많은 의미를 이 논쟁에 부여해서는 안 된다. 이 두 요소로 인해 Esler는 기원후 80년대 혹은 90년대 초를 누가-행전의 기록 시기로 택한다. 그의 논의는 누가-행전을 기원후 1세기 후반에 위치시키는 학자들의 전형을 보여준다.

의하면, 누가복음 21장 및 19:41-44에(이 두 부분은 마가복음과 마태복음에 병행하는 구절이 없다) 누가가 기원후 70년에 발생한 예루살렘 함락을 알고 있다는 증거가 존재한다. 이런 주장으로 많은 사람이 누가복음의 기록 시기로 70년대 혹은 80년대를 선호하고, 그 결과 이방인 청중에 대한 관심이 고조된다. 이런 스펙트럼의 맞은 편 끝에는, 사도행전의 결말을 통해 누가-행전의 기록시기에 관한 최상의 단서를 얻을 수 있다고 주장하는 이들이 있다. 왜냐하면 사도행전 이야기는 기원후 60년대 초에 바울이 로마 감옥에 갇혀 있는 장면으로 끝나기 때문이다.[56] 사도행전의 기록 시기를 기원후 60년대 초로 놓으면, 누가복음의 기록 시기는 이보다 앞서게 된다. 이런 계산에 의하면, 누가복음은 기원후 50년대 후반에서 60년대 초반에 기록되었다. 그러나 많은 이들의 생각에 이 시기는 마가복음의 기록 시기인 60년대 후반 또는 70년대 초반과 견주어볼 때 너무 이른 감이 있다. 가능한 것은 다음과 같은 내용이다. 즉 누가에게 사도행전 결말의 요점은 바울의 마지막 운명이 아니라, 그가 복음을 들고 로마에 도착한 사건이라는 것이다. 이는 바울 투옥에 대한 해결이 나오지 않는다는 점이 사도행전의 기록 시기를 정하는 핵심 요소가 아니라는 것을 의미한다. 누가는 내러티브 정교화 작업과 관련하여 기원후 70년을 가볍게 여긴 것 같다. 바로 이 점이 놀라운데, 누가복음에서 예수가 예언한 모든 내용이 이미 발생했기 때문이다. 이를 통해 볼 때 누가-행전의 완성 시기는 기원후 60년대, 좀 더 구체적으로 기원후 60년대 중·후반이며, 이 시기에 이스라엘은 로마와의

56 Hemer, *Book of Acts*, 365-410. Hemer의 논의에 의하면, 누가는 준비 과정에서 마가복음의 발전을 알았을 것이다.

전쟁이라는 암운으로 뒤덮여 있었다.[57]

앞에서 언급했듯이, 누가-행전의 기록 시기는 청중 규명에 영향을 미친다. 대체로 기록 시기가 늦을수록, 누가-행전은 유대교의 관심사와 거리가 멀어진다. 그러나 다음과 같은 누가복음의 특징들은 누가복음에서 유대교의 영향이 중요한 역할을 했음을 암시한다. 즉 과도할 정도의 구약성서 사용, 유대인-이방인 관계에 할애된 시간, 유대인들의 거절을 포함하는 유대교 관련 쟁점 등이다.[58] 인내와 같은 주제에 대한 강조는 누가-행전의 청중이 구원을 얻기 위해 누가의 엄격한 지도를 받아야 하는 공동체라기보다 유대인들의 거절과 맞물려 인내해야 하는 공동체임을 암시하는 것으로 보인다. 데오빌로는 이방인이며, 아마도 이스라엘의 하나님을 먼저 영접한 후 예수를 믿게 된 하나님 경외자일 것이다. 누가는 예수 운동의 근원을 역추적하고 있는데, 이를 통해 데오빌로를 안심시키고 이방인들을 이 운동에 어떻게 포함시켜야 하는지를 모두에게 설명하고 있다. 이런 관심사는 공동체의 존재와 관련한 이전 시기의 쟁점을 다루며 이 공동체의 청중을 지시하는 것으로 보인다. 이런 관찰은 누가-행전이 공동체 유입을 위한 일종의 초대장이 아님을 의미한다.[59] 누가가 이런 관심사에 할애하는 시간을 볼 때, 우리는 누가의 청중이 기독교 관점을 이미 수용했지만 이 관점을 적용하는

57 Moessner, *Lord of the Banquet*, 308-15.

58 다음을 보라. Darrell L. Bock, *Luke 1:1—9:50*, BECNT (Grand Rapids: Baker, 1994), 14-15.

59 John Nolland의 주장에 의하면, 누가복음의 일차 독자는 하나님 경외자였을 것이다(J. L. Nolland, "Luke's Readers: A Study of Luke 4:22-28; Acts 13:46; 18:6; 28:28 and Luke 21:5-36" [Ph.D. diss., Cambridge University, 1977]; *Luke 1-9:20*, WBC 35A [Dallas: Word, 1989], xxii-xxiii). Nolland는 누가복음의 기록 시기를 기원후 60년대 후반에서 70년대 후반으로 선택한다.

데 고심하고 있음을 알 수 있다. 유대인-이방인 사이의 긴장으로 인한 사회적·영적 압박이 공동체에 중요한 영향을 미쳤음이 분명하다. 누가는 자신이 속한 공동체의 근원을 살피면서, 유대인과 이방인이 어울려야 하고 효과적 선교와 증언을 위해 실질적 화해가 필요함을 이야기한다. 결국 누가의 요구는 예수, 즉 메시아인 주를 통해 성취된 하나님의 계획, 곧 하나님의 구원 개시에 동참하라는 초대가 아니다. 오히려 누가의 요구는 유대인과 이방인 모두를 새 공동체의 일원으로 삼으시려는 하나님의 계획을 인지하는 가운데 믿음을 포용하고 믿음 안에서 인내하며 구원을 온전히 체험하라는 초대다.

결론

누가의 저술은 목회적·신학적·역사적 성격을 띤다. 누가복음과 사도행전 연구는 독특한 주제를 다방면에 걸쳐 다루고 있다. 하나님의 계획은 각 개인이 자신의 정체성과 자신이 속한 공동체를 이해하는 데 영향을 미친다. 예수의 메시지는 오래전에 주어진 약속이 이제 완성되고 있음을 알려주는 메시지일 뿐만 아니라, 소망과 변화의 메시지이기도 하다. 유대인과 이방인 모두 새 공동체의 일원이 될 수 있는데, 이 새 공동체는 원래 모든 민족을 포함하도록 설계되었다. 이방인들의 유입에도 불구하고, 유대인들은 구약성서에서 그들에게 주신 것으로 발견되는 하나님의 약속의 완성을 여전히 소망할 수 있었다. 이 저술의 중심에는 약속된 주님이자 메시아인 높임 받은 예수가 자리한다. 그는 하나님 우편에 앉아서 하늘로부터 권위를 행사한다. 이 예수는 산 자와 죽은 자의 심판자로 언젠가 재림할 것이므로, 모든 사람은 예수 앞에서 책임 있는 삶을 살아야 한다. 우리는 예수의 삶, 사역, 부활, 승천을 통해 예수가 신뢰할 만한 존재이며, 그가 성령을 통해 여전히 일하고 있다는 사실을 입증한다. 이 성령을 통해 하나님의 백성은 선교 사역의 채비를 갖춘다. 예수가 하나님의 약속 성취를 개시한 것과 같이, 그는 이 약속을 완성할 것이다. 한편, 제자가 된다는 것은 쉬운 일이 아니다. 왜냐하면 세상에는 약속된 그분의 방식을 거부하는 분명한 가치 체계가 존재하기 때문이다. 그러나 성령 공동체의 새로운 삶은 다양하고 풍성한 복을 가져다주는데, 이 복은 현재의 삶이 제공할 수 있는 모든 것을 초월한다.

제18장

베드로 서신

최근 연구의 발전과 동향

Robert L. Webb
로버트 L. 웹

신약학계는 베드로의 저술로 여겨지는 두 서신을 등한시해왔다. 그 이유는 부분적으로 이 두 서신의 짧은 분량과 낯선 신학(이 두 서신이 종종 바울의 사고와 다른 내용을 담고 있기 때문이다) 때문이고, 이 두 서신이 "일반" 서신 범주에 속하기 때문이다.[1] 그러나 최근 연구의 발전은 이 두 서신에 대한 관심이 급증했음을 알려준다. 연구의 경향은 이 두 서신의 개별성과 독특성을 이해하고, 이 서신이 어떻게 초기 기독교의 다양한

1 서신에 붙는 "일반"(혹은 "공동")이라는 용어는 다소 그릇된 표현이다. 이 서신 중 베드로전서와 같은 어떤 서신들은 한 교회가 아니라 더 넓은 범위의 청중을 수신 대상으로 삼고 있는 것으로 보인다(이는 바울 서신과 대조를 이룬다.) 그러나 이는 이 서신들의 범위가 보편적이거나 내용이 일반적이라는 의미가 아니다. 일반 서신은 바울 서신과 마찬가지로 "필요에 의해" 기록된 문서다. 즉 특정 상황과 때에 따라 기록된 것이다. 다음을 보라. Robert L. Webb, "Epistles, Catholic," *ABD* 2:569-70.

목소리를 대변하는지 알아내는 데 집중한다.[2]

베드로전서

1976년에 존 엘리엇은 베드로전서에 대한 신약 학계의 무관심에 통탄하면서도, 이 슬픈 상황이 해결 중에 있으며, "주석가들에게 의붓자식처럼 관심 밖에 있던" 베드로전서가 친자의 자리로 "복귀" 중이라고 언급했다.[3] 이로부터 거의 25년이 지난 최근에, 엘리엇은 다음과 같은 현상에 주목한다. 즉 베드로전서가 이후 다양한 연구의 대상이 되어왔고, 이로 인해 "베드로전서의 상황과 전략을 더 명확히 이해할 수 있게 되었으며, 결과적으로 베드로전서를 더 잘 평가할 수 있게 되었다는 것이다."[4] 나는 베드로전서에 이렇듯 흥미로운 운명적 전환을 가져온 경위를 1976년을 기점으로 추적해보고자 한다.[5]

2 같은 현상이 다음의 내용에 동일하게 적용된다. 즉 베드로후서와 유다서 역시 각각의 수신자들이 처한 사회적 맥락과, 두 저자의 수사적 논쟁과 관련하여 서로 구별된다. 불행히도, 유다서에 대한 고려는 본 논문의 범위를 벗어나지만, 아래에 있는 베드로후서에 대한 논의를 보면 이에 관한 몇몇 참고 문헌이 각주로 달려 있다. Marion L. Soards의 "1 Peter, 2 Peter, and Jude as Evidence for a Petrine School," in *ANRW* 2.25:5:3827-49는 흥미로운 연구로, 개별 서신의 독특함을 인지하면서 이 서신들의 출처가 베드로 학파 중 하나라고 제안한다.

3 John H. Elliott, "The Rehabilitation of an Exegetical Step-Child: 1 Peter in Recent Research," *JBL* 95 (1976): 243.

4 John H. Elliot, *1 Peter: A New Translation with Introduction and Commentary*, AB 37B (New York: Doubleday, 2000), 6.

5 본 소논문에서 관심의 초점은 중요 발전이 발생한 분야에 맞춰져 있다. 다른 주제도 살펴볼 수 있지만 여기에 포함되지 않은 이유는 지면의 제한 혹은 관련 논의 가운데 아무런 진전이 없기 때문이다(예. 베드로전서의 저자). 최근 베드로전서 연구에 관한 다른 설명에는 다음과 같은 학자가 포함된다. Dennis Sylva, "1 Peter Studies:

베드로전서의 문학적 맥락

베드로전서가 그리스-로마 시대 편지 전형적 특징을 나타내지만, 종종 제기되는 주장에 따르면 베드로전서는 일종의 복합적인 문학작품으로, 다른 문학 형태의 기존 작품에 편지 형태가 덧입혀진 것이다. 예를 들어, 페어델비츠(R. Perdelwitz, 1911년)는 다음과 같이 주장했다. 즉 베드로전서 1:3-4:11은 원래 세례 강론으로, 베드로전서의 저자는 이 세례 강론에 격려의 편지를 덧붙이고 있으며(4:12-5:14과 1:1-2), 베드로전서

The State of the Discipline," *BTB* 10 (1980): 155-63; Troy W. Martin, *Metaphor and Composition in 1 Peter*, SBLDS 131 (Atlanta: Scholars Press, 1992), 3-39; Elliott, *1 Peter*, 1-152; Birger A. Pearson, "James, 1-2 Peter, Jude," in *The New Testament and Its Modern Interpreters*, ed. E. Epp and G. MacRae (Philadelphia: Fortress, 1989), 376-82; Edouard Cothenet, "La Première de Pierre: Bilan de 35 ans de recherches," in *ANRW* 2.25.5:3685-712.

최근 참고 문헌에는 다음의 연구들이 포함된다. Dennis Sylva, "The Critical Exploration of 1 Peter," in *Perspectives on First Peter*, ed. Charles H. Talbert. NABPR Special Studies Series 9 (Macon, Ga.: Mercer University Press, 1986), 17-36; Anthony Casurella, *Bibliography of Literature on First Peter*, NTTS 23 (Leiden: Brill, 1996); Elliott, *1 Peter*, 155-304; Watson E. Mills, *1 Peter*, BBRNT 17 (Lewiston, N.Y.: Mellen, 2000).

최근의 전문 주석서 중 최고에 속하는 것은 다음과 같다. J. N. D. Kelly, *A Commentary on the Epistles of Peter and of Jude*, BNTC (London: Black, 1969); Norbert Brox, *Der erste Petrusbrief*, EKKNT 21 (Zürich: Benziger, 1979); Karl Hermann Schelkle, *Die Petrusbriefe, Der Judasbrief*, 5th ed., HTKNT 13.2 (Freiburg: Herder, 1980); J. Ramsey Michaels, *1 Peter*, WBC 49 (Waco, Tex.: Word, 1988); Leonhard Goppelt, *A Commentary on 1 Peter*, ed. and trans. J. E. Alsup (Grand Rapids: Eerdmans, 1993); Paul J. Achtemeier, *1 Peter*, Hermeneia (Minneapolis: Fortress, 1996); Elliott, *1 Peter*.

최근의 비전문 주석서 중 최고에 속하는 것은 다음과 같다. Wayne A. Grudem, *The First Epistle of Peter*, TNTC 17 (Grand Rapids: Eerdmans, 1988); Peter H. Davids, *The First Epistle of Peter*, NICNT (Grand Rapids: Eerdmans, 1990); I. Howard Marshall, *1 Peter*, IVPNTC (Downers Grove, Ill.: InterVarsity, 1991); Scot McKnight, *1 Peter*, NIVAC (Grand Rapids: Zondervan, 1996); M. Eugene Boring, *1 Peter*, ANTC (Nashville: Abingdon, 1999).

는 세례 강론에 암시되어 있는 박해가 실제로 발생한 시점에 기록되었다는 것이다.[6] 여러 학자가 이런 주장을 발전시켰다. 예를 들어, 프라이스커(H. Preisker, 1951년)는 베드로전서에 실제 세례식 내용이 포함되어 있다고 주장했고,[7] 크로스(F. L. Cross, 1954년)는 부활절 세례 성만찬에서 낭독된 일부 내용이 베드로전서라고 보았으며,[8] 부아마르(1961년)는 베드로전서의 여러 찬송이 실제 세례 의식에서 불리던 찬송이었다고 제안했다.[9] 모울(C. F. D. Moule, 1956년)은 베드로전서가 원래 두 편지가 하나로 합쳐진 것이라고 주장했다. 즉 2:11-4:11은 앞으로 고난 받을 자들을 위해 기록되었고, 4:12-5:11은 현재 박해를 경험하고 있는 자들을 위해 쓰였다는 것이다.[10]

위와 같은 이론들은 과거에 인기가 있었다. 하지만 최근 연구들은 이와 반대되는 주장을 제시한다. 즉 앞에서 말한 혼합 이론들은 강한 추측에 의존하고 있으며, 본문 자체와 전혀 어울리지 않는 방식을 본문에 강요한다는 것이다. 예를 들어, 켈리(J. N. D. Kelly)의 관찰에 의하면 이 혼합 이론들은 "숨이 멎을 것 같은 기발한 독창성이 인상적이다." 그

6 R. Perdelwitz, *Die Mysterienreligion und das Problem des 1. Petrusbriefes: Ein literarischer und religionsgeschichtlicher Versuch*, RVV 11.3 (Giessen: Töpelmann, 1911). 이 견해를 지지하는 여러 유형의 주장이 꽤 유명해졌다. 예를 들어 다음을 보라. F. W. Beare, *The First Epistle of Peter*, 3rd ed. (Oxford: Blackwell, 1970), 25-28; Bo Reicke, *The Epistles of James, Peter, and Jude*, AB 37 (Garden City: Doubleday, 1964), 74-75.

7 H. Windisch and H. Preisker, *Die katholischen Briefe*, 3rd ed., HNT 15 (Tübingen: Mohr, 1951), 156-60.

8 F. L. Cross, *I Peter: A Paschal Liturgy* (London: Mowbray, 1954), 특히 31; 참조. A. R. C. Leaney, "I Peter and the Passover: An Interpretation," *NTS* 10 (1964): 238-51.

9 M.-É. Boismard, *Quatre hymnes baptismales dans la première épître de Pierre*, LD 30 (Paris: Cerf, 1961).

10 C. F. D. Moule, "The Nature and Purpose of I Peter," *NTS* 3 (1956): 1-11.

리고 켈리는 프라이스커의 견해를 "주관적 즉흥성이 빚어낸 역작"이라고 언급한다.[11] 베드로전서 본문은 "세례"(3:21)를 단 한 번만 언급하고 있으며, 전승 자료 같은 것을 본문의 다른 부분에서 사용하고 있지만, 그렇다고 이런 사항이 베드로전서 본문에 세례 관련 틀(이 틀이 세례식에 관한 것이든 설교에 관한 것이든)을 강요하는 충분한 근거가 된다고 보기는 힘들다.[12] 더욱이 서신의 틀로 작용하는 1:1-2과 5:12-14의 용어와 주제들은 서신의 몸통(1:3-5:11)과 연결되어 있으며, 4:11의 송영은 두 편지를 가리키는 단절이 아니라 새로운 사고 영역, 즉 "무고한 고통의 긍정적 가치"에 관한 영역으로의 전환을 의미한다(또 이 새로운 사고 영역에는 2:11의 "사랑하는 자들아"라는 직접적 호칭이 반복적으로 등장한다).[13] 따라서 더 최근의 연구들은 베드로전서가 실제로 단일 편지이며, 이 점이 베드로전서 이해에 지침이 되어야 한다고 주장한다.[14] 특히, 베드로

11 Kelly, *Epistles of Peter and of Jude*, 18. 다음의 논평을 참조하라. David Hill, "On Suffering and Baptism in I Peter," *NovT* 18 (1976): 189. 다음의 비평을 참조하라. T. C. G. Thornton, "1 Peter, a Paschal Liturgy?" *JTS* 12 (1961): 14-26.

12 Kelly(*Epistles of Peter and of Jude*, 19)도 *pasch*(즉 "유월절") 및 *paschein*("고난 받다")에 관한 Cross의 결론에 다음과 같이 이의를 제기한다. "핵심 용어인 *pasch*가 어디에서도 사용되지 않으므로, 모두가 이런 결론을 인지하리라 기대하기가 어려울 뿐만 아니라, 고난에 대한 언급도 수신자들의 상황에 의해 자연스럽게 그리고 적절히 설명되고 있다." 우리는 세례식은 물론 기원후 1세기의 예전에 관해 거의 알지 못한다는 점도 주목해야 한다. 그와 같은 예전 구조를 본문에 부과하는 일은 다소 시대착오적인 일이다. 다음을 보라. William J. Dalton, *Christ's Proclamation to the Spirits: A Study of 1 Peter 3:18—4:6*, 2nd ed., AnBib 23 (Rome: Pontical Biblical Institute, 1989), 74.

13 Elliott, *1 Peter*, 9-10.

14 현재 대부분의 연구는 베드로전서를 서신의 관점에서 다루고 있다. 이런 견해를 지지하고 있는 최근 학자는 다음과 같다. William L. Schutter, *Hermeneutic and Composition in I Peter*, WUNT 2.30 (Tübingen: Mohr [Siebeck], 1989), 19-32; Lauri Thurén, *The Rhetorical Strategy of 1 Peter: With Special Regard to Ambiguous Expressions* (Åbo: Åbo Akademis Förlag, 1990), 79-88; Martin, *Metaphor and Composition*, 41-79; Philip L. Tite, *Compositional Transitions in 1 Peter: An Analysis of the Letter-Opening* (San

전서는 권면하는 분위기가 주를 이루는 권면의 서신이다.[15] 그리고 다음과 같은 두 가지 문제가 특별한 관심의 대상이 된다. (1) 권면을 북돋기 위해 사용되는 수사적 주장과 문학적 장치, (2) 이런 권면을 이해하는 데 배경이 되는 독자들의 사회적 맥락이다. 우리는 먼저 첫 번째 문제를 살펴보고, 두 번째 문제는 아래에 이어질 개별 섹션에서 다룰 것이다.

수사비평은 성서 본문을 분석하는 수단으로 주목을 받아왔고 분명한 성과를 올리고 있다. 일반적으로 수사비평 방법은 본문의 논쟁에 가정된 수사적 상황과, 특정 본문의 "생성, 배열, 그리고 문체"[16]를 조사하

Francisco: International Scholars Publications, 1997).

이 주제에 관한 자신의 이전 입장을 변경한 학자는 Ralph P. Martin이다. 오래전에 발표된 "The Composition of 1 Peter in Recent Study," in *Vox Evangelica: Biblical and Historical Essays*, ed. Ralph P. Martin [London: Epworth, 1962], 29-42에서, Martin은 다음과 같이 주장했다. 즉 베드로전서는 서신으로 두 개의 세례 관련 설교를 포함하는데, 하나는 세례 이전에 관한 설교이고, 다른 하나는 세례 이후에 관한 설교라는 것이다. 그러나 Martin은 더 최근에 이런 견해가 틀렸음을 인정하고 있다. 베드로전서에 무슨 전승 자료가 사용되었든지, 이 전승 자료가 "이 서신의 구성을 규명하는 것은 아니다"("The Theology of Jude, 1 Peter, and 2 Peter," in *The Theology of the Letters of James, Peter and Jude*, ed. Andrew Chester and Ralph P. Martin, NTT [Cambridge: Cambridge University Press, 1994], 99).

15 이와 관련하여 유효한 주장을 개진하는 Martin, *Metaphor and Composition*, 81-134을 보라. 권면의 서신에 관해서는 다음을 보라. Stanley K. Stowers, *Letter Writing in Greco-Roman Antiquity*, LEC (Philadelphia: Westminster, 1986), 94-106, 특히 96-97. 베드로전서를 포함하는 신약성서 서신에 관한 내용은 같은 책 96-97을 보라.

J. Ramsey Michaels(*1 Peter*, xlvi-xlix)는 베드로전서가 "이스라엘에게 보내는 묵시적 디아스포라 서신"이라고 제안한다. 이와 유사하게, Elliott(*1 Peter*, 12)은 베드로전서를 디아스포라 서신으로 간주한다. 그러나 Davids(*First Epistle of Peter*, 13-14)는 디아스포라 서신이 구별된 장르인지 의문을 제기한다. 그러나 묵시적 특징이 절대로 부정되어서는 안 된다. 이에 관하여는 다음을 보라. Robert L. Webb, "The Apocalyptic Perspective of First Peter" (석사 논문, Regent College, Vancoubert, 1986).

16 이 세 용어는 고전 수사학 교본에서 유래한다. "생성"은 주장을 뒷받침하는 증거 개발과 관련이 있다. "배열"은 증거와 주장의 다른 부분이 최고의 효력을 발휘하도록 배열

여 해당 본문의 독자를 설득하는 방법을 이해하는 데 목적을 둔다. 수사비평의 적용은 대부분 그리스-로마 세계에서 수사법이 사용되고 가르쳐진 방식을 염두에 둔다. 이런 측면에서 현존하는 그리스-로마 시기의 수사학 교본들은 소중하다.[17] 여러 가지 수사학 연구는 우리가 베드로전서를 이해하는 데 상당히 기여해왔다. 존 엘리엇(1981년)의 이해에 따르면, 베드로전서는 이방인 그리스도인들을 수신자로 삼고 있는데, 이들은 "거류민"과 "나그네"로서의 사회적 지위로 인해 사회적 배척과 언어폭력의 대상이 되었다.[18] 이런 상황을 다루기 위해 베드로전서에서 사용되고 있는 수사학적 전략은 "공동체 의식과 결집력, 그리고 헌신을 함양하는" 것이었는데, 이는 공동체 의식 즉 자신들이 기독교라는 구별된 종파에 속한 그리스도인임을 철저히 인지하는 것을 의미한다.[19] 이와 대조적으로, 데이비드 볼치(1981년)는 베드로전서의 수사학

하는 순서와 관련이 있다. "문체"는 주장을 최상으로 표현하기 위해 적합한 언어 및 비유 선택과 관련이 있다. 고전 수사학 교본에 등장하는 이 용어에 대해 유용한 논의를 제공하는 다음의 연구를 보라. Duane F. Watson, *Invention, Arrangement, and Style: Rhetorical Criticism of Jude and 2 Peter*, SBLDS 104 (Atlanta Scholars Press, 1988), 13-26.

17 유용한 수사비평 개론에는 다음 연구가 있다. George A. Kennedy, *New Testament Interpretation through Rhetorical Criticism* (Chapel Hill: University of North Carolina Press, 1984); Watson, *Invention, Arrangement, and Style*, 1-28; Burton L. Mack, *Rhetoric and the New Testament*, GBS (Minneapolis: Fortress, 1990). 더 발전된 논의인 다음을 참조하라. Stanley E. Porter and Dennis L. Stamps, eds., *Rhetorical Criticism and the Bible*, JSNTSup 195 (Sheffield: Sheffield Academic Press, 2002).

18 아래에 나오는 "베드로전서의 사회·역사적 맥락"을 보라.

19 John H. Elliott, *A Home for the Homeless: A Sociological Exegesis of 1 Peter, Its Situation and Strategy* (Philadelphia: Fortress, 1981), 107, 참조. 101-64. Elliott은 이어서 다음과 같이 설명한다. "이 전략은…그런 사회적 긴장과 고난이 기독교 종파에 초래한 사기 저하와 해체의 영향에 대처하기 위함이었다. 그리고 그 대처 방식은 이 집단에 속한 자들에게 독특한 공동체적 정체성을 보증해주고, 형제애 **안에서** 규율 및 결집 유지의 중요성뿐만 아니라 이방의 영향으로부터의 단절을 상기시키는 일이었다. 그리고 이들

적 전략(적어도 가정 규례[2:13-3:12]에 대한)의 목적은 "사회와 교회 간의 사회-정치적 긴장을 줄이는 것"이었다고 주장한다.[20] 바꿔 말하면, 베드로전서는 이방인 그리스도인들에게 가해지는 비방과 욕설을 멈추기 위해 가정 규례를 통해 당시 사회의 기대에 순응할 것을 독려하고 있다는 것이다. 이 둘 중 엘리엇의 견해가 더 낫다. 왜냐하면 엘리엇의 견해는 베드로전서에서 전체적으로 강조되는 분리와 종파적 정체성을 고려하고 있기 때문이다.[21]

로리 써렌(Lauri Thurén)의 박사 논문(1990)도 베드로전서의 수사학적 전략을 조사하고 있지만,[22] 베드로전서에서 하나 이상의 의미를 지닐 수 있는 모호한 표현을 논의의 출발점으로 삼고 있다. 써렌의 관점에서 베드로전서는 과시적 수사법을 통해 믿는 자들이 이미 알고 있는 가치를 지속적으로 드러내도록 독려한다. 그러나 베드로전서는 다양한 청중을 다루며, 따라서 여러 긴급 상황(즉 수사학적 상황이 다뤄지고 있음)

에게 지속적인 믿음과 헌신에 관해 동기를 부여하는 합리적 이유를 제공하는 일이었다"(148).

20 David L. Balch, *Let Wives Be Submissive: The Domestic Code in 1 Peter*, SBLDS 26 (Chico, Calif.: Scholars Press, 1981), 81.

21 이어서 발생한 Elliott과 Balch의 논쟁은 다음을 보라. Talbert, *Perspectives on First Peter*: John H. Elliott, "1 Peter, Its Situation and Strategy: A Discussion with David Balch," 61-78; David L. Balch, "Hellenization/Acculturation in 1 Peter," 79-101. Charles H. Talbert는 같은 책에 실린 "Once Again: The Plan of 1 Peter," 146-48에서 중재하는 입장을 시도한다. Steven R. Bechtler(*Following in His Steps: Suffering, Community, and Christology in 1 Peter*, SBLDS 162 [Atlanta: Scholars Press, 1998])도 "경계적" 존재라는 인류학적 개념을 통해 중재하는 입장을 시도한다. 다음과 같은 벧전 3:13에 대한 Leonhard Goppelt의 논평을 참조하라. "사람이 살고 있는 제도와 시민법을 공정하게 다루는 것은 행위다(참조. 4:15). 이 행위는 흔히 용납되는 중간 계층의 도덕과 일치하지 않는다. 그러나 16절에 의하면, 이 행위는 하나님 앞에서 또는 '그리스도 안에서', 다시 말해 그리스도와의 교제 안에서, '선한 양심'을 통해 실천된다"(*1 Peter*, 240).

22 Thurén, *Rhetorical Strategy of 1 Peter*.

이 제시된다. 베드로전서 저자는 다양한 수사학적 긴급 상황을 다룸에 있어 모호한 표현을 사용하여 유익을 얻는다. 써렌은 1995년에 후속 연구를 발표했는데, 이 연구는 베드로전서에서 권면(paraenesis)이라는 수사학적 기법이 갖는 기능에 대해 조사하고 있다.[23] 써렌은 일종의 논쟁 분석 형태를 개발하여 베드로전서에서 본문 배후의 동기를 이념적 구조 차원에서 밝힌다. 써렌은 다음 세 가지 내용을 발견한다. (1) 믿는 자들은 새로운 지위를 얻으며, 이 새로운 지위에 대한 이해는 하나님께 대한 순종으로 이어진다. (2) 고통 가운데서 발견되는 하나님의 의도와 뜻, 그리고 그리스도의 본보기, (3) 구약성서를 암시하는 것과 같은 지지 요소들이다.

바르트 L. 캠벨(Barth L. Campbell, 1998년)은 베드로전서의 수사법을 분석하는데, 이 분석은 명예/수치라는 문화적 가치의 관점과 더불어 고전 수사비평도 사용한다.[24] 캠벨의 제안에 의하면, 베드로전서가 반영하는 상황은 도전/맞대응 교환을 통해 분명해질 수 있다. 즉 사회는 비방, 모욕, 배척이라는 수단을 동원하여 그리스도인들에게 "도전"하지만, 베드로전서 저자는 그리스도인들에게 이런 도전에 대한 최선의 "맞대응"이 도덕적 삶임을 권면한다. 베드로전서의 수사 구조에 대한 캠벨의 분석에 의하면, 베드로전서는 서론(*exordium*, 1:3-12, [즉 서막]) 뒤에 세 개의 논증(*argumentatio*, 1:13-2:10; 2:11-3:12; 3:13-4:11)이 나오는데, 각각의 논증 부분은 다음과 같이 동일한 하부 구조를 지닌다. 즉

23 Lauri Thurén, *Argument and Theology in 1 Peter: The Origins of Christian Paraenesis*, JSNTSup 114 (Sheffield: Sheffield Academic Press, 1995).

24 Barth L. Campbell, *Honor, Shame, and the Rhetoric of 1 Peter*, SBLDS 160 (Atlanta: Scholars Press, 1998).

제안(*propositio*), 이유(*ratio*), 증명 혹은 확증(*confirmatio*), 윤색(*exornatio*), 그리고 요약(*complexio*)을 말한다. 베드로전서의 마지막 부분은 결론(*peroratio*, 4:12-5:14)이다.

베드로전서는 권면의 서신이지만, 특이하게도 다양한 문학적 주제와 기법을 사용하여 주장하는 내용과 권면의 내용을 개진한다. 존 엘리엇의 혁신적 연구(1981년)가 제기한 주장에 따르면, *paroikos*("거류민")와 *parepidēmos*("나그네")는 독자들의 사회적 현실을 묘사하고, "하나님의 집"은 대단히 중요한 은유로서 독자들의 사회적 상황에 대한 베드로전서의 반응을 이해하는 데 결정적인 역할을 한다.[25] 엘리엇의 주장에 부분적으로 반응을 보이는 트로이 마틴(Troy W. Martin, 1992)의 베드로전서의 은유 연구는 특별한 가치가 있다.[26] 마틴에 의하면, 베드로전서 전체를 지배하는 결정적 은유가 하나 있는데 그것은 바로 디아스포라이며, 이와 관련된 용어가 베드로전서의 시작("흩어진 나그네"[1:1])과 끝("바벨론"[5:13])에 등장한다. 결국 베드로전서 본문에서 이 결정적 은유인 디아스포라 개념이 발전하는데, 이 서신에서 세 주요 영역의 핵심이 되는 세 개의 은유 그룹이 이 발전에 기여하고 있다. 1:14-2:10의 지배적 은유 그룹은 선택된 하나님의 집에 관한 내용으로, 여기에는 순종하는 자녀(1:14), 권능의 새 아버지(*pater potestatis*) 아래에 있는 자녀(1:17-21), 새로운 형제애를 이루게 된 자녀(1:22-25), 갓난 아기(2:1-3), 산 돌(2:4-10)이 포함된다. 이 은유들 중 처음 세 은유는 새로운 탄생이 가져

25 Elliott, *Home for the Homeless*, 101-266. Elliott의 논의에 대해서는 아래에 나오는 "베드로전서의 사회·역사적 맥락"을 보라.

26 Martin, *Metaphor and Composition*, 135-267. Martin은 베드로전서의 서신 구조에 관한 유용한 분석도 제공한다(41-79).

온 가족 관계에 초점을 맞추고 있는 반면, 나머지 두 비유는 성장 개념에 초점을 맞춘다. 두 번째 은유 그룹은 이 세상의 거류민에 관한 내용이다(2:11-3:12). 이 은유 그룹에는 거류민과 나그네(2:11-15), 그리고 자유인(2:16-17과 2:18-3:12)에 대한 은유가 포함된다. 첫 번째 은유는 자제하고 복종해야 할 필요성과 관련이 있고, 두 번째 은유는 모든 사람을 존중해야 할 필요성과 관련이 있다. 3:13-5:11의 두드러진 은유적 표현들은 디아스포라의 고난에 관한 것으로, 의로운 자의 고난(3:13-4:11)과 그리스도의 고난 및 영광에 참여하는 자(4:12-5:11)와 같은 은유가 등장한다. 마틴의 결론은 다음과 같다. "이 모든 은유 그룹은 베드로전서의 독자들이 종말론적 여정 가운데 바른 삶을 살아가고 확고한 믿음을 통해 배교를 멀리할 것을 강조하는 저자의 주요 목적에 기여하고 있다."[27] 이와 같은 마틴의 값진 연구 결과에도 하나의 약점이 있는데, 바로 디아스포라는 단일 은유 개념에 모든 은유적 표현을 포함한다는 점이다. 예를 들어, 자유인들에 관한 은유를 가정 규례와 한데 묶어(2:16-17과 2:18-3:12) 디아스포라 관련 은유와 연결하는 것은 설득력이 없다.[28]

주장과 권면을 제시하기 위해 베드로전서에서 가장 두드러지게 사용된 문학 기법 중 하나는 일반적 관점에서 전승 자료를 사용하고 특수 관점에서 구약성서를 사용하는 것이다.[29] 윌리엄 슈터(William L. Schutter, 1989년)의 연구는 베드로전서에 나타난 히브리 성서의 해석학적 사용을 살핀다. 슈터는 베드로전서의 해석학적 스타일을 가장 잘 반

27 위의 책, 266.

28 다음을 보라. J. Ramsey Michaels, review of *Metaphor and Composition in 1 Peter*, by Troy W. Martin, *JBL* 112 (1993): 358-60.

29 베드로전서의 구약성서 사용에 관한 초기의 중요 연구는 다음과 같다. John H. Elliott, *The Elect and the Holy: An Exegetical Examination of 1 Peter 2:4—10 and the phrase*

영하는 것은 설교 형태의 미드라쉬라고 주장한다. 그의 주장에 따르면, 1:10-12에 표현된 종말론적 해석학과, "고난/영광"에 관한 주제들은 베드로 서신 전반에 걸쳐 사용된다. 슈터의 연구는 에스겔 8-11장에서 도출된 "성전-공동체 모티프"의 중요성을 강조한다.[30] 슈터는 다음과 같이 결론 내린다. 즉 "베드로전서에서 기독론과 교회론 간의 긴밀한 연계는 베드로전서 저자의 해석학에서 연유하며, 이 긴밀한 연계는 베드로전서 저자의 구약성서 이해 방식에서 핵심을 이룬다."[31] 슈터의 훌륭한 연구에서 아쉬운 점은 "설교" 측면의 미드라쉬에 대한 개념을 강요하고 있다는 것이다. 왜냐하면 이런 강요는 베드로전서를 "예전"(liturgical) 양식으로 이해했던 과거로 되돌아가는 것을 의미하기 때문이다. 슈터가 베드로전서에 담겨 있는 해석학을 단순히 "미드라쉬" 측면에서 논했다면 더 좋았을 것이다.[32] 슈터의 연구에 필적하는 샤론 피어슨(Sharon C. Pearson, 2001년)의 연구는 베드로전서의 기독론 관련 단락에 대해 이사야 53장의 중요성을 강조한다. 피어슨의 연구는 유용한 분석을 제공하지만 역시 아쉬운 점이 있는데, 그것은 피어슨이 베드로전서의 기독

βασίλειον ἱεράτευμα, NovTSup 12 (Leiden: Brill, 1966). 다음도 보라. W. Edward Glenny, "The Hermeneutics of the Use of the Old Testament in 1 Peter" (Ph. D. diss., Dallas Theological Seminary, 1987). 벧전 3:18-22과 4:6에 사용된 성서 전승 및 성서 외의 전승에 관한 Dalton의 연구도 마찬가지로 중요하다(Dalton, *Christ's Proclamation to the Spirits*). Dalton의 연구는 3:18-22을 둘러싼 당혹스럽고 복잡한 쟁점을 이해하는 데 값진 공헌이다.

30 Schutter, *Hermeneutic and Composition*, 161-63, 176-77.

31 위의 책, 171. 베드로전서의 묵시 종말론적 성향에 대해서는 다음을 보라. Webb, "Apocalyptic Perspective."

32 Schutter(*Hermeneutic and Composition*, 109-23)는 "페셰르 같은 주석"이라는 용어를 사용한다. Schutter의 연구를 따르는 Elliott(*1 Peter*, 12-17)은 베드로전서의 구약성서 사용에 대한 유용한 요약과 범주를 제공한다. 이 주제에 대한 다른 2차 문헌에 대해서는 Elliott, *1 Peter*, 17 n. 2를 보라.

론 단락을 "찬송" 형식 측면에서 바라보고 있다는 점이다.[33]

베드로전서의 전승 사용에 관한 또 다른 요소는 베드로전서와 다른 초기 기독교 문헌의 관계다. 베드로전서 학계에는 베드로전서가 신약성서의 책 중 한 권 이상에 의존한다는 주장이 넘치도록 존재한다. 이런 주장은 베드로전서와 이 서신이 사용하는 책 사이에서 발견되는 "병행 내용"에 근거한다.[34] 그러나 성서 연구에서 기정사실로 받아들이는 것은 이런 "병행 내용에 대한 열광"으로 인해 학자들이 해당 증거가 실제로 지지하는 내용 이상을 주장하게 된다는 점이다. 존 엘리엇은 이 병행 내용에 대한 유용한 개관을 제공하여 많은 학자로 하여금 문학적 의존을 주장하도록 이끌었다.[35] 그러나 옌스 헤르처(Jens Herzer, 1998년)의 연구를 비롯한 가장 최근의 연구들은 베드로전서와 다른 신약성서 책 간의 문학적 의존에 반대하는 목소리를 내고 있다.[36] 물론 베드로전서의 마태복음 의존을 주장하는 라이너 메츠너(Rainer Metzner, 1995년)와 같은 학자도 여전히 있지만 말이다(그러나 메츠너의 이와 같은 주장은

33 Sharon C. Pearson, *The Christological and Rhetorical Properties of 1 Peter*, SBEC 45 (Lewiston, N.Y.: Mellen, 2001). 불행히도 이 연구의 제목에는 오류가 있다. 왜냐하면 이 연구는 수사 분석이 아니기 때문이다. 이 연구의 본문이 사용하는 제목은 다음과 같다. "The Christological Hymnic Patterns of 1 Peter"(4).

34 예를 들어, Francis W. Beare(*First Epistle of Peter*, 219)는 베드로전서의 저자가 신약성서를 알고 있었고, 신약성서의 상당 부분을 사용했다고 이해한다.

35 Elliott, *1 Peter*, 20-30.

36 Jens Herzer, *Petrus oder Paulus? Studien über das Verhältnis des Ersten Petrusbriefes zur paulinischen Tradition*, WUNT 2.103 (Tübingen: Mohr [Siebeck], 1998). 다음의 유용한 연구들을 참조하라. Kazuhito Shimada, "Is I Peter Dependent on Ephesians? A Critique of C. L. Mitton," *AJBI* 17 (1991): 77-106; idem, "Is I Peter Dependent on Romans?" *AJBI* 19 (1993): 87-137; 이보다 오래된 다음의 연구도 참조하라. Edward G. Selwyn, *The First Epistle of St. Peter: The Greek Text with Introduction, Notes, and Essays*, 2nd ed. (1947; reprint, Grand Rapids: Baker, 1981), 365-466. Winsome Munro(*Authority in Paul and Peter: The Identification of a Pastoral Stratum in the Pauline*

지속적으로 설득력이 없다는 평을 받는다).[37] 이 병행 내용과 관련하여 더 유익한 접근은 공통의 초기 기독교 전승이 베드로전서와 다른 신약성서 책에 개별적으로 사용되었다고 이해하는 것이다.[38]

베드로전서의 바탕이 되는 개념 세계를 이해하는 데 있어 장족의 발전이 이루어졌다. 종말론적 사고가 베드로전서의 특징인 것은 자명한 사실이지만, 더 최근에 이르러서는 베드로전서의 묵시적 특징도 주목받고 있다. 램지 마이클스(J. Ramsey Michaels, 1998년)는 베드로전서를 "묵시적 디아스포라 서신"으로 본다.[39] 베드로전서의 묵시적 특징을 연구한 선구자는 피터 데이비즈(Peter H. Davids, 1990년)로, 그의 견해에 의하면 "베드로전서는 묵시적 종말론으로 도배되어 있다."[40] 데이비즈의 연구는 내 연구(1986년)에 기초하고 있으며, 세계성서학회의 묵시 분과가 제시한 묵시주의의 정의를 베드로전서에 적용한

Corpus and 1 Peter, SNTSMS 45 [Cambridge: Cambridge University Press, 1983])가 제기하는 특이한 주장도 참조하라. Munro에 의하면, 바울 서신과 베드로전서(2:13-3:12)에 등장하는 가정 규례는 후대의 편집 과정을 통해 이들 서신에 추가된 내용으로, 그 출처는 목회서신의 자료와 동일하다.

37 Rainer Metzner, *Die Rezeption des Matthäusevangeliums im 1. Petrusbrief: Studien zum traditionsgeschichtlichen und theologischen Einfluß des 1. Evangeliums auf den 1. Petrusbrief*, WUNT 2.74 (Tübingen: Mohr [Siebeck], 1995). Metzner에 대한 다음의 비평을 보라. John H. Elliott, *RBL*, July 31, 2000 (online: http://www.bookreviews.org/pdf/2578_1811.pdf).

38 예를 들어 Goppelt(*1 Peter*, 36)는 이런 병행 내용에 관해 다음과 같이 결론 내린다. "베드로전서는 여러 면에 있어서 초기 기독교의 전승 흐름과, 이 흐름을 매개로 한 종교적 배경을 품고 있다.…베드로전서에는 팔레스타인을 기원으로 하는 전승이 담겨 있는데, 이 기원은 바울로 대표되는 헬레니즘 기독교와 지속적 교류를 맺어왔다. 그리고 베드로전서는 이 전승을 통해 전체 교회를 대상으로 삼는 근본적인 양식을 독자적으로 형성했다. 그렇지만 이 양식도 구체적인 역사적 정황을 다루고 있었다." 다음도 보라. Elliott, *1 Peter*, 30-37.

39 Michaels, *1 Peter*, xlvi-xlix; 참조. lxix-lxxi.

40 Davids, *First Epistle of Peter*, 17. 참조. Achtemeier, *1 Peter*, 105-7.

다.[41] 분명한 것은 묵시적 패러다임에 관한 다양한 모티프가 베드로전서에 등장한다는 점이다. 시간 축(temporal axis)과 관련하여 베드로전서는 원시론(종말론과 반대되는 개념)을 암시하는데, 이 암시에 나오는 원시적 사건들은 전형적인 중요성을 갖고 있는 것으로 이해된다(3:18-22). 시간 축의 반대편 끝에는, 베드로전서에 암시되고 있는 고난이 발생하는데, 이 고난은 종말론적 위기로 이해되는 한편, 종말론적 심판(예. 2:12; 3:16-17; 4:5, 17-18; 참조. 1:17; 2:15)과 종말론적 구원(예. 1:5, 9-12; 3:20-21; 4:18)으로 연결된다. 이런 사건들은 공간 축(spatial axis)에서 작용하는 것으로 여겨지며, 이 공간에는 내세적 존재와 영역이 포함된다(예. 1:12; 3:19-20, 22: 5:8-9).[42] 더 최근에 마크 듀비스(Mark Dubis, 2002)는 이런 개념을 확장했는데, 그의 초점은 4:12-19에 표현된 "메시아적 비애" 모티프의 사용에 맞춰져 있다.[43] "너희가 그리스도의 고난에 참여한다"(4:13)라는 표현에 대한 듀비스의 이해는 다음과 같다. 즉 이 표현은 예수 그리스도의 수난에 대한 언급일 뿐만 아니라 "메시아적 비애" 또는 메시아 도래 이전에 하나님의 백성이 겪어야 할 종말론적 고난의 때를 언급한다는 것이다(유대교에서 이 표현은 단순히 메시아의 도래로 이해되었던 반면, 베드로전서에서 이 표현은 메시아의 재림을 암시한다). 이 모티프는 4:12-19에 대한 우리의 이해에 도움을 줄 뿐만 아니라 1:10-12과 5:1에도 반영되어 있다.[44] 듀비스는 이 모티프의 사용을 더 큰 맥

41 다음을 보라. John J. Collins, "Introduction: Towards the Morphology of a Genre," *Semeia* 14 (1979): 1-20.

42 이와 관련하여 포괄적 주장을 개진하고 있는 Webb의 "Apocalyptic Perspective"를 보라.

43 Mark Dubis, *Messianic Woes in First Peter: Suffering and Eschatology in 1 Peter 4:12—19*, Studies in Biblical Literature 33 (New York: Lang, 2002).

44 나는 이 주제가 1:3-9, 특히 5-6절의 배경도 형성하고 있다고 제안한다.

락, 즉 베드로전서의 "핵심 모티프인 추방과 회복"에 위치시키는데, 이는 이사야 40-55장에 대한 인용과 암시에서도 발견된다. 즉 "베드로전서의 저자는 이사야 40-55장의 회복에 대한 소망이 그리스도를 통해 현재 실현되는 중이라고 주장한다."[45] 독자들은 이 모티프를 통해 자신들의 고난을 신학적으로 이해하게 되고, 더불어 그들의 고난이 일시적이며 영광의 예표가 된다는 소망을 얻게 된다. 더욱이 이 주제로 인해 독자들은 믿음 안에 굳게 서게 되며 이를 부끄러워하지 않게 된다.

베드로전서의 권면 강조, 수사학적 구조와 주장, 은유 사용, 전승의 사용, 이 모두는 베드로 서신의 문학적 맥락이 지닌 풍성한 특징을 예시한다. 그러나 서신으로서의 베드로전서는 사회적 맥락과도 연결된다. 이 문제에 대해 지금부터 다루고자 한다.

베드로전서의 사회·역사적 맥락

1970년대 중반 이전까지 베드로전서의 독자들이 처했던 사회·역사적 상황에 대한 일반적 견해는 그들이 로마의 공식적 박해하에서 고난을 받았다는 사실이었다. 또 이 박해가 네로(기원후 54-68년), 도미티아누스(기원후 81-96년), 트라야누스(기원후 98-117년) 황제 중 누구의 치하에서 발생했는지에 대한 논쟁이 있었다.[46] 베드로전서에서 이에 대한 증거로 네 가지를 제시할 수 있다. 첫째, 3:15에서 독자들은 "대답할 것을 준비하되"라는 권면을 받고 있는데, 여기서 말하는 준비는 법정에서

45 Dubis, *Messianic Woes*, 187.
46 예를 들어 다음을 보라. Beare, *First Epistle of Peter*, 30-34.

의 변론과 같은 의미로 해석된다. 둘째, 4:12은 독자들의 고난을 "너희를 연단하려고 오는 불 시험"으로 묘사하는데, 여기서 불은 문자적 의미 그대로의 불을 의미하는 것으로 이해된다(이는 그리스도인들이 당한 실제 화형을 암시할 수 있다). 셋째, 4:16의 "그리스도인으로" 받을 고난에 대한 언급은 4:15의 "살인이나 도둑질이나 악행으로 고난을 받지 말려니와"라는 명령과 병행되는 의미로 이해되고, 결과적으로 이런 이해가 제시하는 내용은 "그리스도인"이 된다는 것 자체가 범법 행위였다는 점이다. 넷째, 5:9의 내용은 이 고난이 범세계적으로 일어나고 있는 현상임을 가리킨다. 그러나 이상의 견해는 다음과 같은 세 가지 이유로 점점 더 강한 반대에 직면하고 있다. 첫째, 베드로전서가 기록된 시기에 로마 제국의 공식적 박해가 그리스도인들을 대상으로 널리 성행했다는 증거가 없다. 오히려 그리스도인들이 겪었던 박해는 국지적 범위에서 비공식적으로 이루어졌고, 박해의 주체는 로마 당국이 아니라 폭도인 경우가 다반사였다.[47] 둘째, 위에 언급된 베드로전서 본문은 공식적 박해보다 비공식적 고난을 의미하는 내용으로 더 잘 해석될 수 있다.[48] 셋째, 베드로전서 어디에서도 그리스도인을 박해하는 주체가 로마 정권임을 확인해주는 내용을 발견할 수 없다. 사실, 베드로전서는 2:13-14에서 황제와 정부 관료들을 긍정적으로 이야기하고, 2:17에서는 "황

47 Elliott(*1 Peter*, 98)은 "로마 당국이 공식적으로 그리스도인들에게 행한 범세계적 박해는 기원후 250년에 데키우스 황제(기원후 249-251년)에 이르러서야 발생했다"고 지적한다. Elliott의 인용 문헌은 다음과 같다. Eusebius, *Hist. eccl.* 6.39.1-42.6; 7.1; *Sib. Or.* 13:81-88. 다음도 보라. Kelly, *Epistles of Peter and of Jude*, 5-11; Ernest Best, *1 Peter*, NCB (London: Oliphants, 1971), 36-42; Achtemeier, *1 Peter,* 28-36.

48 다음의 연구에서 이 본문에 관한 주석 내용을 보라. Michaels, *1 Peter*; Davids, *First Epistle of Peter*; Goppelt, *1 Peter*; Achtemeier, *1 Peter*; Elliott, *1 Peter*.

제를 존대하라"고 독자들을 권면한다.

베드로전서에는 *paschein*("고난받다")이라는 동사가 12번, *pathēma*("고난")라는 명사가 네 번 등장한다. 그중 일곱 번은 그리스도의 고난을 가리키고(1:11; 2:21, 23; 3:18; 4:1a, 13; 5:1), 나머지 아홉 번은 그리스도인들의 고난을 언급하는 데 사용된다(2:19, 20; 3:14, 17; 4:1b, 15, 19; 5:9, 10).[49] 이 용어가 "고난"을 그리스도인들에게 미치는 영향으로 규명하지만, 그렇다고 고난의 원인에 대한 구체적 특성을 규명하는 것은 아니다. 따라서 이 용어는 체험적 고난을 강조하지만 고난의 원인을 규명하는 데는 도움이 안 된다. 그러나 베드로전서에는 고난의 유형을 구체적으로 암시하는 대목이 다음과 같이 일곱 번 등장하는데, 여기서 여섯 개의 서로 다른 용어가 사용되고 있다. 즉 "비방"(2:12; 3:16), "욕"(3:9), "학대"(3:16),[50] "모독"(4:4), "치욕"(4:14), "매 맞음"(2:20)이다. 이 일곱 개의 대목 중 여섯 개는 언어 학대를 지칭한다. 마지막 대목(2:20의 "매 맞음")만이 물리적 학대를 의미하는데, 이는 가정 내 특수한 사회적 관계 상황, 주인과 학대받는 종과 같은 상황에서 발생한다.[51] 이와 같은 증거에 의하면, 베드로전서의 수신자인 이 그리스도인들이 직면하는 사회적 상황은 로마 당국의 공식 박해가 아니라 비방과 같은 언어 학대로, 베드로전서 수신자들을 비하하고 수치스럽게 만든다(주인과 종이라는

49 우리는 여기에 "시험"(*peirasmos*[1:6; 4:12])의 두 용법을 추가할 수 있다.

50 여기서 "학대"는 언어 및 물리적 학대를 의미할 수 있지만, 관련 문맥상 언어 학대를 의미한다. 왜냐하면 이 "학대"는 같은 절 앞부분의 비방을 설명하고 있기 때문이다. "이는 그리스도 안에 있는 너희의 선행을 **욕하는** 자들로 그 **비방하는** 일에 부끄러움을 당하게 하려 함이라."

51 벧전 3:6b은 아내들의 두려움을 암시한다. 이는 아마도 물리적 학대를 의미할 수도 있다. 만일 그렇다면, 다음과 같은 동일한 결론이 적용된다. 즉 베드로전서에서 언급된 물리적 고난은 가정 내 특수 관계 상황에서 발생한다는 것이다.

가정 내 사회적 관계에서는 물리적 학대도 가능하다).[52]

이런 학대의 원인으로 확실히 꼽을 수 있는 두 요소가 있다. 첫째, 이 그리스도인들의 윤리적 행위가 변했기 때문이다. 그들은 "의를 위하여"(3:14) 그리고 "선을 행함으로"(3:17) 고난을 겪었다. 박해자들은 그리스도인들이 보여주는 "그리스도 안에 있는 선한 행위"를 비방했다(3:16; 참조. 2:12, 19-20; 3:6; 4:4, 15-16). 4:3-4에는 이런 행위의 변화를 설명해주는 정보가 존재한다. 즉 회심 전에 이 그리스도인들은 그들 주변에 있는 대다수의 사람들이 인정하고 행했던 그런 행위를 하며 살았던 것이다. 그러나 회심 후에 이들은 더 이상 그런 행위를 좇지 않았고, 이로 인해 박해자들은 "너희가 그들과 함께 그런 극한 방탕에 달음질하지 아니하는 것을 그들이 이상히 여겨 비방한다"(4:4). 두 번째 요소도 동일한 본문에 암시되어 있다. 즉 베드로전서 수신자들의 사회적 관계에 변화가 생겼다는 것이다. 앞선 구절에 묘사된 행위는 그들이 서로 공유하는 공통 기반을 의미한다. 이 행위는 사회적 공통 기반이면서 동시에 종교적 공통 기반이었다. 왜냐하면 이런 행위 중 몇몇은 해당 지역의 종교적 행위 차원에서 표현되었기 때문이다. 윤리적 행위의 변화와 그에 따른 사회적 관계의 변화는 사회 단합을 해치는 반란으로 간주되었을 것이다.[53]

베드로전서의 수신자들이 로마 당국의 공식 박해와는 상관이 없었고, 지역적으로 발생했던 언어 학대의 대상이었다는 인식은 해당 사회

52 다음을 보라. Webb, "Apocalyptic Perspective," 86-107; Elliott, *1 Peter*, 100-101. 베드로전서와 신약성서의 고난에 관한 유용한 논의는 다음 연구를 참조하라. Davids, *First Epistle of Peter*, 30-44.

53 Leonhard Goppelt(*The Variety and Unity of the Apostolic Witness to Christ*, vol. 2 of *Theology of the New Testament*, ed. Jürgen Roloff, trans. John E. Alsup [Grand Rapids:

적 맥락을 더 심도 있게 이해하는 데 중요한 진전을 이룰 수 있는 활로를 놓았다. 이와 관련하여 존 엘리엇(1981년)의 획기적 연구는 상당한 영향을 미쳤다.[54] 엘리엇은 그리스도인 공동체가 "집 없는 자들의 가정"이 된 경위를 연구하면서 "사회학적 주석"을 베드로전서에 적용했다. 그는 베드로전서 저자가 자신의 독자들에 대한 표현으로 사용하는 두 용어, 즉 "거류민"과 "나그네"[55](2:11; 참조. 1:1, 17)를 조사한 후 다음과 같이 결론 내린다. 즉 "베드로전서의 독자들은 그들의 사회적 상황을 기준으로 *paroikoi*인 것이지, '천국' 관점에서는 그렇지 않다." 다시 말해 *paroikoi*는 그들이 기독교로 회심하기 이전에 지녔던 사회적 지위를 의미했던 것이다. *paroikoi*에 대한 이와 같은 이해는 베드로전서의 의도를 파악하는 데 영향을 미친다. 엘리엇은 이어서 다음과 같이 주장한다. "베드로전서에서 별 볼 일 없는 사회적 조건에 대한 대안은 '천국이 우리의 집이다'와 같이 덧없는 형식의 위로가 아니라, 지금 여기 모든 그리스도인이 함께 소속된 새로운 가정 안의 사회적 가족, 즉 *oikos tou theou*[하나님의 집]이다."[56] 엘리엇의 사회학적 분석이 제시하는 또

Eerdmans, 1982], 163)가 다음과 같이 언급한 논평은 주목할 가치가 있다. "따라서 반박과 의심이 일상에 표출될 수밖에 없었다. 왜냐하면 베드로전서에서 이방 민족인 유대인 그리스도인들이 그들의 삶의 정황에서 그런 삶의 방식들을 멀리해서가 아니라, 그들의 동료 시민과 이웃, 그리고 친척들이 그들을 멀리했기 때문이다. 그리고 바로 이 유대인 그리스도인들을 통해, 이들이 유대인들과 마찬가지로 그토록 모욕감을 주는 종교적 절대주의를 주장했음이 알려지게 되었다. 기독교는 Celsus가 정체(停滯, *stasis*), 즉 신성한 조화에 대한 반동으로 계속해서 낙인찍고 있는 종교처럼 다소간 보였음이 틀림없다(*C. Cels*. 5.33ff., 41; 8.14). 여기서 말하는 신성한 조화란 모든 사람이 일종의 근본적 혼합주의 내에서 관용하며 함께 사는 것을 의미했다. 따라서 기독교는 '해로운 신흥 미신'처럼 보였던 것이다(Suetonius *Nero* 16 = LCL, II, 111)."

54 Elliott, *Home for the Homeless*.

55 위의 책, 23; 참조. 21-100.

56 같은 책, 130; 참조. 42-47.

다른 내용은 다음과 같다. 즉 "베드로전서의 수신 공동체는 회심자답게 세상에 반응하도록 조장하는 종교 분파와 거의 흡사하다."[57]

엘리엇의 연구가 베드로전서 연구의 발전에 기여한 주요 공헌을 과대평가라고 할 수는 없다. 왜냐하면 엘리엇의 연구는 "주석적 측면에서 외면받던 베드로전서를 관심의 대상으로 돌리는 데" 어떤 다른 단일 연구보다 많이 기여하고 있기 때문일 것이다.[58] 모든 학자가 엘리엇에 동의하는 것은 아니지만, 그의 연구로 베드로전서 본문을 바라보는 새로운 방식이 가능해졌다. 엘리엇의 연구에 관한 비평은 다음과 같이 두 내용으로 나누어진다. 첫째, 베드로전서의 핵심 은유를 "하나님의 집"으로 간주하는 엘리엇의 주장에 문제가 있다는 의견으로, 우리는 위에서 이미 이 문제를 다루었다.[59] 둘째, 베드로전서 독자들을 지칭하는 "거류민"과 "나그네"를 그들의 회심 이전의 사회적 상황과 결부시키지 않아야 더 타당하다는 의견이다. 그러나 엘리엇은 "거류민"과 "나그네"가 베드로전서 독자들의 사회적 현실을 가리킨다고 강조하는데, 이는 옳은 주장이다. 또 엘리엇은 이 두 용어를 영적으로 해석하는 경향, 곧 그리스도인들을 천국에서 벗어나 이 땅에 거류하는 나그네로 암시하려는 경향에 반대를 표명한다.[60] 그러나 앞서 보았듯이, 베드로전서의 독자들이 경험한 사회적 소외의 원인은 그들이 기독교로 회심한 때문이었다(참조. 4:3-4).[61] 외국인에 대한 은유와 관련하여 라인하르트 펠

57 같은 책, 77.

58 이는 Elliott의 "Rehabilitation," 243-54의 서두에서 언급된 유명한 의견을 암시한다.

59 위의 "베드로전서의 문학적 맥락" 단락에 나오는 은유 관련 논의를 보라.

60 관련 예는 Beare, *First Epistle of Peter*, 135을 보라.

61 다음의 논의를 참조하라. Webb, "Apocalyptic Perspective," 91-93; Paul J. Achtemeier, "Newborn Babes and Living Stones: Literal and Figurative in 1 Peter," in *To Touch the*

트마이어(Reinhard Feldmeier, 1992년)의 연구는 이 문제에 대한 가장 광범위한 논의를 제공한다.[62] 펠트마이어는 "거류민"과 "나그네" 용어를 다음과 같이 두 측면에서 살피고 있다. 첫째, 그는 문자적 측면에서 이 두 용어가 어떻게 당사자의 사회·문화적 배경을 지칭하는지 조사한다. 둘째, 그는 다양한 은유적 용례 측면에서, 특히 그리스 철학 문헌과 제2성전기 유대교 문헌의 은유를 중심으로 이 두 용어를 조사한다. 베드로전서에 관해 그는 다음과 같이 주장한다. 즉 이 두 용어는 문자적 의미가 아니라 은유적 의미로 사용되고 있으며, 또 그리스도인의 정체성이 "하늘나라 시민"이라는 개념을 제시하지 않는다는 것이다. 오히려 이 두 용어를 통한 은유는 베드로전서 수신자들이 비시민권자이며, 이로 인해 그들 주변 사회와의 불가피한 갈등이 초래되고 있음을 강조한다. 그렇다면 이 은유의 의도는 천국의 안락함을 제공하는 데 있기보다는, 베드로전서 수신자들의 정체성이 더 이상 그들의 이전 사회 신분이 아니라 하나님의 백성이라는 새로운 신분에 있음을 그들이 깨닫도록 도움을 주는 데 있다. 더욱이 이와 같은 새로운 신분은 그들의 새로운 정체성은 물론 그들의 반응도 형성한다.

베드로전서의 사회·역사적 맥락에 대한 새로운 이해와 함께, 베드로전서의 문학적 맥락(은유, 전승 혹은 묵시적 관점의 사용에 관한)도 베드

Text, ed. Maurya P. Hogan and Paul J. Kobelski (New York: Crossroad, 1989), 215-18; Achtemeier, *1 Peter*, 55-57; Martin, *Metaphor and Composition*, 142-44. Elliott이 *1 Peter*, 101-3에서 보여주는 이 입장에 대한 옹호를 참조하라. 이와 같은 Elliott의 주장에 대한 비전문적 관점의 설명과 옹호에 대해서는 McKnight, *1 Peter*, 23-26을 보라.

62 Reinhard Feldmeier, *Die Christen als Fremde: Die Metaphor der Fremde in der antiken Welt, im Urchristentum und im 1. Petrusbrief*, WUNT 64 (Tübingen: Mohr [Siebeck], 1992).

로전서 독자들의 사회적 상황에 미묘하고 정교하게 반응하는 수단으로서 새로이 조명될 수 있다. 이 반응은 독자들에게 그들의 사회적 상황을 의미 있게 만들어주는 새로운 해석의 틀을 제공할 뿐만 아니라, 그들의 급진적 기독교 윤리를 지속하고 종파적 기독교 정체성을 유지시키기 위한 동기를 부여한다.[63]

베드로후서

베드로후서는 유다서와 함께 신약성서 중에서 가장 등한시되어온 책이다.[64] 베드로후서의 이해를 돕는 몇몇 흥미로운 연구가 있지만, 베드

63 Webb, "Apocalyptic Perspective," 129-33, 164-71, 241-60. 사회적 상황에 문학적 맥락이 어떻게 반응하는지 탐구하는 가장 유용한 연구는 다음과 같다. Elliott, *Home for the Homeless*; Martin, *Metaphor and Composition*; Feldmeier, *Die Christen als Fremde*; Campbell, *Honor, Shame*; Bechtler, *Following in His Steps*.

64 본 소논문의 초점은 베드로후서에 있으므로 유다서 연구에 관한 최근 논의에 대해서는 다음을 참조하라. Richard J. Bauckham, "The Letter of Jude: An Account of Research," in *ANRW* 2.25.5:3791-826; Roman Heiligenthal, "Der Judasbrief: Aspekte der Forschung in den letzten Jahrzenten," *TRu* 51 (1986): 117-29; Pearson, "James, 1-2 Peter, Jude," 385-87. Watson E. Mills의 *2 Peter and Jude*, BBRNT 19 (Lewiston, N.Y.: Mellen, 2000)에 실려 있는 참고 문헌도 보라.

유다서 관련 최근 주요 연구는 다음과 같다. Watson, *Invention, Arrangement, and Style*; Richard J. Bauckham, *Jude and the Relatives of Jesus in the Early Church* (Edinburgh: Clark, 1990); J. Daryl Charles, *Literary Strategy in the Epistle of Jude* (London and Toronto: Associated University Presses, 1993); Kenneth R. Lyle, *Ethical Admonition in the Epistle of Jude*, Studies in Biblical Literature 4 (New York: Lang, 1998); Ruth Anne Reese, *Writing Jude: The Reader, the Text, and the Author in Constructs of Power and Desire*, BIS 51 (Leiden: Brill, 2000).

최고의 유다서 주석서는 다음과 같다. Richard J. Bauckham, *Jude, 2 Peter*, WBC 50 (Waco, Tex.: Word, 1983); Jerome H. Neyrey, *2 Peter, Jude*, AB 37C (New York: Doubleday, 1993). Robert L. Webb의 *Jude, 2 Peter*, NICNT(Grand Rapids:

로후서는 베드로전서와 달리 대대적 관심을 받지 못하고 있다. 이는 매우 안타까운 상황이 아닐 수 없다. 왜냐하면 베드로후서에는 더 세심한 주의를 끄는 꽤 흥미롭고 독특한 특징이 있기 때문이다.[65]

베드로후서가 등한시되어온 이유로는 이 서신의 짧은 분량, 논쟁적 특징, 그리고 유다서의 내용을 상당 부분 되풀이하는 듯한 인상을 들 수 있다. 그러나 특별히 중요한 한 가지 이유는, "초기 가톨릭"이라는 이류로 간주되는 사상을 베드로후서의 신학적 특징으로 평가하는 데서 찾을 수 있다. 이 점과 관련하여 특유의 영향력 있는 학자인 에른스트 케제만은 그의 1952년 강연에서 베드로후서는 "원시 기독교 종말론에 대한 일종의 변증"이자 "초기 가톨릭 견해를 표현하는 문서"이며, 따라서 "정경에서 가장 미심쩍은 부분"이 되었다고 묘사했다.[66] 케제만에

Eerdmans)도 출간을 앞두고 있다.

65 지면상 제약으로 나는 몇몇 주제를 여기서 제외할 수밖에 없다. 베드로후서에 대한 최근 연구를 다루는 다른 소논문은 다음과 같다. Richard J. Bauckham, "2 Peter: An Account of Research," in *ANRW* 2.25.5:3713-52; Pearson, "James, 1-2 Peter, Jude," 382-85. 최근 참고 문헌에는 다음의 연구가 포함된다. Michael J. Gilmour, "2 Peter in Recent Research: A Bibliography," *JETS* 42 (1999): 673-78; Neyrey, *2 Peter, Jude*, 252-60; Mills, *2 Peter and Jude*.

최근의 전문 주석서 중 최고에 속하는 것은 다음과 같다. Kelly, *Epistles of Peter and of Jude*, Schelkle, *Die Petrusbriefe, Der Judasbrief*, Bauckham, *Jude, 2 Peter*, Eric Fuchs and Pierre Reymond, *La deuxième épître de saint Pierre; L'épître de saint Jude*, 2nd ed., CNT 2.13b (Geneva: Labor et Fides, 1988); Henning Paulsen, *Der zweite Petrusbrief und der Judasbrief*, KEK 12.2 (Göttingen: Vandenhoeck & Ruprecht, 1992); Neyrey, *2 Peter, Jude*.

최근의 비전문 주석서 중 최고에 속하는 것은 다음과 같다. Michael Green, *The Second Epistle General of Peter and the General Epistle of Jude*, 2nd ed., TNTC 18 (Grand Rapids: Eerdmans, 1987); D. Edmond Hiebert, *Second Peter and Jude: An Expositional Commentary* (Greenville, S.C.: Unusual Publications, 1989); Douglas J. Moo, *2 Peter and Jude*, NIVAC (Grand Rapids: Zondervan, 1996); Steven J. Kraftchick, *Jude, 2 Peter*, ANTC (Nashville: Abingdon, 2002). Webb, *Jude, 2 Peter*도 주목하라.

66 Ernst Käsemann, "An Apologia for Primitive Christian Eschatology," in *Essays on New*

의하면, 베드로후서에 등장하는 적대자들은 영지주의자로서 "'덧없음에서의 자유'라는 기치 아래 구속의 메시지를 선포한다."[67] 이어서 케제만은 베드로후서의 종말론을 다음과 같이 평가한다. 즉 "베드로후서의 실제 신학적 문제는…베드로후서의 종말론이 기독론적 성향과 무관하다는 사실에 있다."[68] 이런 평가를 고려해볼 때 베드로후서에 대한 무관심은 당연해 보인다.

그러나 최근 연구로 인해 베드로후서에 대한 이처럼 안타까운 묘사에 지각 변동이 일어났다. 이 변동의 진원지가 되는 두 연구가 있는데 모두 1977년에 발표되었다. 우선 토드 폰버그(Tord Fornberg, 1977년)는 베드로후서를 다음과 같이 특수한 사회·문화적 맥락에 위치시킨다. 즉 베드로후서의 공동체 구성원은 절대적으로 이방인이며, 유대교 영향의 쇠퇴가 한동안 지속되고 있는 시점에 기록되었다는 것이다.[69] 헬레니즘의 영향 아래 있는 이 공동체는 비기독교적 가치와 사상에 순응하도록 압력을 받는다. 베드로후서 저자는 이런 헬레니즘화에 반대하면서도 동시에 복음을 헬레니즘 용어로 "해석한다." 즉 "베드로후서는 초기에 이루어진 이런 해석 과정을 우리에게 알려주는 가장 중요한 문서 중 하나다. 베드로후서는 독특한 기독교 노선을 나타내며, 헬레니즘 문화의 내용 중 허용 가능한 특징은 거부하지 않는다."[70] 그러나 폰버그는 베드

Testament Themes, trans, W. J. Montague, SBT 41 (London: SCM, 1964), 169.

67 위의 책, 171.

68 같은 책, 178.

69 Tord Fornberg, *An Early Church in a Pluralistic Society: A Study of 2 Peter*, trans. J. Gray, ConBNT 9 (Lund: Gleerup, 1977).

70 위의 책, 148. 베드로후서를 "초기 가톨릭"이라는 용어로 지칭하는 것이 부적절하다고 주장하는 Fornberg의 논의를 참조하라(3-6).

로후서에 제시된, 특히 2:4-22과 3:3-13에 나오는 유대교 묵시 자료가 받을 만한 정당한 공로를 제대로 평가하지 않는다고 비판받는다. 또 폰버그는 베드로후서 저자가 의존했을지도 모르는 헬레니즘 유대교 내에 이런 "해석" 과정이 이미 존재했음을 간과한다는 비판도 받는다.[71] 그러나 폰버그의 연구는 이전의 합의를 넘어서는 진보를 나타낸다.

베드로후서의 논쟁에 관한 제롬 네이레이(Jerome H. Neyrey, 1977, 1980년)의 세심한 연구를 통해 또 다른 진전이 이루어졌다.[72] 네이레이는 베드로후서에 나오는 적대자들의 배경을 하나님의 심판, 내세, 사후의 징벌이라는 헬레니즘 및 유대교의 논쟁 안에서 발견한다. 이와 같은 논쟁에 대한 반응으로 베드로후서 저자는 2:3b-9, 3:7, 9-13에서 하나님의 심판에 대해, 3:7, 10-13에서 내세 그리고/혹은 저 세상에 대해, 2:4, 9, 17, 3:7, 10에서 사후의 징벌에 대해 변증한다.[73] 네이레이는 이 분석을 토대로 다음과 같이 결론 내린다. 즉 "기정사실이 된 기독론적 초점의 부재는 '초기 가톨릭' 저자와 그의 기술 부족과는 관계가 없다. 그리고 이런 비판은 잘못된 것이다. 왜냐하면 베드로후서가 직면하는 논쟁은 신정론에 대한 구체적 공격이지 기독론이 아니었기 때문이다. 다시 말해, 여기서의 쟁점은 그리스도의 특수한 심판에 관한 것이 아니라, 하나님의 전반적 심판에 관한 것이었다."[74] 더욱이 분명한 사실은

71 다음을 보라. Bauckham, "2 Peter: An Account of Research," 3732.

72 Jerome H. Neyrey, "The Form and Background of the Polemic in 2 Peter" (Ph.D. diss., Yale University, 1977); "The Form and Background of the Polemic in 2 Peter," *JBL* 99 (1980): 407-31. Neyrey의 최근 주석서 *2 Peter, Jude*를 참조하라. 여기에서 그는 자신의 이전 연구를 적용하여 해당 본문을 효과적으로 설명한다.

73 Neyrey, "Polemic in 2 Peter" (1980), 423, 참조. 423-31.

74 위의 책, 430.

베드로후서의 적대자들을 영지주의자로 간주하지 말아야 한다는 것이다.

또한 네이레이는 베드로후서의 논쟁 형식을 신중히 분석하여 결과를 제공한다. 그는 이 분석에서 적대자들의 명확한 주장(1:16, 20-21; 2:3b; 3:3-4, 9a), 적대자들의 간접 언급(2:1, 19; 3:16), 베드로후서 저자의 변증적 반응(1:16-19, 20-21; 2:4-10; 3:5-7, 8-9, 10-13), 이 세 쟁점을 베드로후서 저자의 논쟁적 공격(2:15-16, 19-22)과 구분한다.[75] 이 분석은 베드로후서 저자와 그의 적대자들 간에 활발히 진행되었던 논쟁을 규명하는 데 도움을 준다.

네이레이 연구의 세 번째 요소는 베드로후서가 어떻게 유다서를 사용하는지 편집비평 측면에서 분석하는 것이다. 결과적으로, 네이레이는 다음과 같이 결론 내린다. 즉 "유다서와 베드로후서의 역사적 상황은 서로 매우 다르며, 두 서신에 등장하는 각각의 적대자들 역시 서로 다르게 간주되어야 한다."[76]

이 두 연구는 베드로후서와 관련된 모든 사항에 대대적인 수정을 가한다. 우선, 베드로후서는 더 이상 "초기 가톨릭"과 관련이 없으며 신학적으로 미심쩍은 서신이 아니라 오히려 신학적으로 기민하고 상당히 정교하게 기록된 서신이다. 둘째, 적대자들은 영지주의자들이 아니라 다양한 형태의 헬레니즘 사고에서 발견되는 이들이다. 셋째, 유다서와 베드로후서는 적대자들의 정체성과 사회·문화적 맥락뿐만 아니라 신학 및 논쟁 방식 측면에서도 차이를 나타내는 서로 다른 서신이다.

75 안타깝게도 이 분석은 Neyrey의 미출간 논문인 "Polemic in 2 Peter" (1977), 12-118에서만 볼 수 있다.

76 위의 책, 167, 참조. 119-67.

이제 또 다른 연구의 진전이 이루어질 수 있는 길이 닦인 셈이다.

이와 관련하여 중요한 연구는 리처드 보컴(1983년)의 주석이다. 보컴의 논의에 의하면, 장르 측면에서 볼 때 베드로후서는 서신이면서 동시에 유언서(또는 고별사)다. 유언서는 신구약 중간기에 잘 알려진 장르였는데, 신구약 중간기는 저명한 구약성서 성인들의 마지막 말씀이 후대 독자들을 위해 기록되었던 시기였다. 베드로후서에서 이 장르의 조합은 "독특한 의사소통 기능을 지닌 새로운 장르를 탄생시켰다. 즉 유언 서신은 (모든 서신과 마찬가지로) **공간의 구애를 받지 않고** 멀리까지 그 내용이 전달될 수 있었다. 그리고 동시에 **시간의 구애를 받지 않고** 이후의 세대에도 전달될 수 있었는데, 이는 유언서가 서신 형식으로 기록되어 이를 즉시 받아보는 일차 수신자뿐만 아니라 유언자가 사망한 이후에 이를 읽게 될 사람들에게도 그 내용이 전달될 가능성이 농후하기 때문이다(1:12-15은 이런 주장을 명백히 뒷받침한다)."[77] 또 보컴은 (최근 여느 학자와 마찬가지로) 다음과 같이 결론 내린다. 즉 베드로후서의 어떤 내용(특히 벧후 2장)은 유다서에 의존하고 있지만, "베드로후서와 유다서의 이 문학적 관계가 이 두 서신을 유사 범주로 분류하는 일반적 관례를 정당화하지는 않는다.…한 문헌의 내용을 다른 문헌의 작가가 재사용하는 것과 관련하여, 베드로후서와 유다서의 경우는 열왕기와 역대기 또는 마가복음과 누가복음의 경우와 다르다.…유다서와 베드로후서는 서로 완전히 다른 역사적 맥락에서 기록된, 완전히 다른 저술이

77 Bauckham, *Jude, 2 Peter*, 133. Bauckham은 베드로후서가 위서일 가능성이 있고, 이 서신의 일차 독자들도 그렇게 인지했으리라고 결론 내린다(134-35, 158-62). 저자 관련 논쟁은 지난 25년 동안 괄목할 만한 진전을 보이지 않고 있다. Bauckham은 베드로후서가 위서라는 가장 훌륭한 주장을 제시하는 반면, Michael Green(*Second Epistle General*, 13-39)은 베드로가 저자라는 가장 훌륭한 논의를 제시한다.

다."[78] 폰버그와 대조적으로(위의 내용을 보라), 보컴은 베드로후서가 헬레니즘 및 묵시 전승 모두를 포함한다고 간주한다. 베드로후서 저자는 그의 이방인 청중을 위해 헬레니즘 관점에서 복음을 해석한다. 그러나 "베드로후서 저자는 종말론적 내용을 변호해야 하며, 종말론을 반영하는 사도의 윤리적 가르침도 옹호해야 한다."[79] 헬레니즘 관점을 묵시적 특징과 겨루게 하는 것은 베드로후서를 특별하게 만드는 요소다. 또한 보컴은 베드로후서에 등장하는 적대자들의 정체성이 영지주의라는 점을 배격한다. 오히려 이 적대자들의 "목적은 기독교를 그것의 종말론과 윤리적 엄격주의에서 해방시키는 것으로 보인다. 종말론과 윤리적 엄격주의는 적대자들의 문화적 환경에서, 특히 재림에 대한 기대가 분명한 실패로 드러난 후에는 그들을 당혹스럽게 하는 것이었다."[80]

베드로후서의 논쟁 형식에 관한 네이레이의 분석을 토대로, 보컴은 베드로후서 저자의 변증적 옹호와 공격적 논쟁을 다음과 같이 베드로후서의 구조적 특징으로 본다.

반대에 대한 응답 1:
(a) 사도의 증언(1:16-18)
(b) 구약성서의 예언이 지닌 가치(1:19)
반대에 대한 응답 2: 구약성서 예언의 영감(1:20-21)
거짓 교사들에 대한 베드로의 예언(2:1-3a)

78 Bauckham, *Jude, 2 Peter*, 143.

79 위의 책, 154. 베드로후서의 종말론에 대해서는 다음을 보라. John I. Snyder, *The Promise of His Coming: The Eschatology of 2 Peter* (San Mateo, Calif.: Western Book, 1986).

80 Bauckham, *Jude, 2 Peter*, 156.

반대에 대한 응답 3: 최후 심판의 확실성(2:3b-10a)

거짓 교사들에 대한 경고(2:10b-22)

조롱하는 자들에 대한 베드로의 예언(반대 4[4절]; 3:1-4 포함)

반대에 대한 응답 4:

(a) 하나님 말씀의 주권(3:5-7)

(b) 주님의 오래 참으심(3:8-10)

권면(3:11-16)[81]

더 최근에 듀에인 왓슨(Duane F. Watson, 1988년)은 베드로후서의 수사법을 분석했다.[82] 그의 결론에 의하면, 베드로후서는 의도적인 수사법을 사용한다. 즉 "베드로후서는 조언과 설득을 통해 청중이 특정한 사고방식 및 행동 양식을 버리게 하려는 명백한 의도를 지닌다."[83] 베드로후서에 등장하는 수사학적 상황은 거짓 교사들의 존재로, 이들은 다른 이들을 거짓 가르침과 부도덕한 행위로 실족시키고 있다. 거짓 가르침의 기본 내용은 그리스도의 재림과 그에 동반되는 최후 심판을 부정하는 것으로, 이를 통해 거짓 교사들은 자신들의 윤리적 방탕을 정당화한다.[84] 왓슨은 그의 분석을 통해 다음과 같은 수사학적 개요를 제안한다.[85]

I. 서론(1:3-15; 서신의 첫 인사인 1:1-2은 준서론에 해당)

81 위의 책, 135.

82 수사비평 및 관련 참고 문헌에 대한 설명에 대해서는 위의 "베드로전서" 단락을 보라.

83 Watson, *Invention, Arrangement, and Style*, 85. Watson은 법정 수사법(1:16-2:10a; 3:1-13)과 과시적 수사법(2:10b-22)을 다루고 있는 베드로후서의 단락에 주목한다.

84 위의 책, 81-82.

85 같은 책, 141-42.

II. 본론(1:16-3:13)

A. 첫 번째 비난과 반박(1:16-19)

B. 두 번째 비난과 반박(1:20-21)

C. 역비난(2:1-3a)

D. 세 번째 비난과 반박(2:3b-10a)

E. 전환(2:10b-22)

F. 변화 또는 두 번째 서론(3:1-2)

G. 네 번째 비난과 반박(3:3-13)

III. 결론(3:14-18)

위의 개요는 앞서 보컴이 제안한 개요와 유사하다. 하지만 차이점이 있다면 전자는 베드로후서의 다양한 부분이 수사학적 기능과 연관되어 있음을 분명히 밝히고, 베드로후서 3장과 관련하여 다른 하부 구조를 제시한다는 점이다.

또한 왓슨은 수사비평과 편집비평을 동시에 사용하여 베드로후서와 유다서의 관계를 살핀다. 왓슨은 두 서신의 우선순위를 일체 가정하지 않고, 각각의 서신을 살펴봄으로써 어느 저자가 본인의 수사학적 목적을 위해 다른 저자의 본문을 편집했을지 판단한다. 왓슨은 두 서신의 공통 내용 중 어떤 부분은 증거가 불충분하다고 결론 내린다. 즉 가끔은 유다서가 베드로후서에 의존하지만, 대다수의 경우에 있어서 베드로후서가 유다서를 편집한 것으로 보인다.[86]

『악함 가운데 선함』(*Virtue amidst Vice*, 1997년)에는 베드로후서에 대

86 같은 책, 168-87. 또한 Watson은 자신의 수사학적 분석을 베드로후서 및 유다서의 문학적 완결성에 관한 질문에 적용한다(147-59).

한 대릴 찰스(J. Daryl Charles)의 논문이 실려 있다. 이 논문의 부제는 『베드로후서 1장의 덕 목록』(*The Catalog of Virtues in 2 Peter 1*)이지만, 이 논문은 베드로후서에 대한 다양한 주제를 논한다.[87] 찰스의 공헌 중 가장 중요한 것은 베드로후서 배후에 있는 윤리적 쟁점에 대한 강조다. 그의 주장에 따르면 "교리가 아닌 윤리적 문제가 공동체 분란의 원인이다."[88] 찰스는 그리스-로마 사상, 특히 스토아 철학의 윤리적 세계관에 관한 많은 배경을 제공하며, 바로 이런 배경하에서 1:5-7의 덕 목록을 이해한다. 비록 베드로후서의 관점과 강조점이 이런 배경과 차이를 보이지만, 베드로후서의 일반적 도덕 용어는 더 넓은 차원, 즉 그리스-로마 세계의 윤리적 담론에서 사용되는 도덕 용어를 공유한다.[89] 찰스가 베드로후서의 윤리적 요소를 강조하는 점은 유용하지만, 윤리와 가르침을 이분법으로 나누고, 교리적 요소를 거부하는 그의 시도는 그다지 유용하지 않다. 왜냐하면 베드로후서에서 믿음과 행위는 서로 얽혀 있으며, 서로에게 영향을 미치기 때문이다.[90]

87 J. Daryl Charles, *Virtue amidst Vice: The Catalogue of Virtues in 2 Peter 1*, JSNTSup 150 (Sheffield: Sheffield Academic Press, 1997). Charles는 "초기 가톨릭" 관점에서 베드로후서를 이해하는 것을 거부하는 데 찬성한다(11-43). 또한 그는 베드로후서를 유언서 장르로 이해하는 데 반대를 표명한다(49-75).

88 위의 책, 49; 참조. 84-98.

89 같은 책, 99-152; 참조. J. Daryl Charles, "The Language and Logic of Virtue in 2 Peter 1:5-7," *BBR* 8 (1998): 55-73.

90 베드로후서에 관한 최근의 다른 연구는 다음을 보라. James M. Starr, *Sharers in Divine Nature: 2 Peter 1:4 in Its Hellenistic Context*, ConBNT 33 (Stockholm: Almqvist & Wiksell, 2000); Thomas J. Kraus, *Sprache, Stil und historischer Ort des zweiten Petrusbriefes*, WUNT 2.136 (Tübingen: Mohr [Siebeck], 2001); Anders Gerdmar, *Rethinking the Judaism-Hellenism Dichotomy: A Historiographical Study of Second Peter and Jude*, ConBNT 36 (Stockholm: Almqvist & Wiksell, 2001); Michael J. Gilmour,

결론

지난 25년간의 베드로전후서 연구사는 이 두 서신에 대한 나름대로의 이해가 어떻게 기존의 고착화된 합의 내용을 탈피하여 새로운 관점으로 이동하게 되었는가를 나타낸다. 이와 같은 새로운 연구의 발전은 베드로전·후서가 초기 기독교 발전 과정에서 우리가 경청할 만한 가치가 있는 독특한 목소리를 어떻게 내고 있는지 보여준다.

The Significance of Parallels between 2 Peter and Other Early Christian Literature, Academia Biblica 10 (Atlanta: Society of Biblical Literature, 2002).

제19장

마가복음

Peter G. Bolt

피터 G. 볼트

마가복음에 대한 최근 연구는 그 양이 상당하다. 이전 시기에 마가복음 연구가 이미 많이 이루어졌기 때문에, 본 논문은 우선 초기 연구를 간단히 살펴본 후,[1] 지난 20여 년간 이루어진 마가복음 연구에 특별히 주목하여 현 상황을 평가할 것이다.

1 마가복음 해석의 역사에 대해서는 다음을 보라. W. R. Telford, *Mark*, NTG (Sheffield: Sheffield Academic Press, 1995); idem, introduction to *The Interpretation of Mark*, ed. W. R. Telford, IRT 7 (London: SPCK, 1985; rev. ed., 1995), 1-61; F. J. Matera, *What Are They Saying about Mark?* (New York: Paulist Press, 1987); S. P. Kealy, *Mark's Gospel: A History of Its Interpretation from the Beginning until 1979* (New York: Paulist Press, 1982); R. P. Martin, *Mark, Evangelist and Theologian* (Exeter: Paternoster, 1972).

초기 시대

마가복음 해석사에 대한 연구는 그 과정의 면면을 잘 규명해준다. 마가복음 해석사의 특징은 "장기간의 무관심과 최근의 재발견"으로 표현할 수 있다.[2] 초기 교회 시대에 기록된 문헌 중 마가복음 관련 자료의 부족은 마가복음이 받았던 홀대를 암시한다. 4세기에 에우세비오스는 총 5권으로 이루어진 문헌에 대해 언급했는데, 이 문헌의 저자는 파피아스(Papias)로서 복음서를 다루고 있다(기원후 130년경). 이 문헌의 제목은 『주님의 신령한 말씀 해석서』(*Exposition of the Oracles of the Lord*)다. 비록 제목 외에 우리에게 알려진 내용이 없지만, 이 문헌은 복음서에 대해 기록한 최초의 주석으로 여겨진다.[3] "마가복음이 [마태복음]을 충실히 따르고 있으며, 마가는 마태의 종으로, 마태복음을 요약하는 사람처럼 보인다(*De Consensu evangelistarum* 1.2 [4])"는 아우구스티누스의 발언은 예전에 마가복음이 받은 무관심을 설명해주는 이유가 될 수 있다. 즉 마가복음은 마태복음의 축약본으로 여겨졌던 것이다.[4] 더욱이 아우구스티누스의 영향력을 고려해볼 때, 위와 같은 그의 언급은 마가복음이 이후 오랫동안 그를 추종하는 자들 사이에서 홀대받게 되는 원인을 제공했을 것이다. 마가복음에 대한 무관심을 분명하게 언급했던 사람은 5세기 말 안디옥의 빅토르(Victor of Antioch)였는데, 그는 마가복음 주석이 전무한 상황을 불평했다. 그리고 이 무관심을 타파하기 위한 시도

2 Telford, *Mark*, 26.

3 Kealy, *Mark's Gospel*, 11.

4 이는 확실히 마가복음에 대한 무시와 관련하여, 예를 들면 *Pseudo-Jerome*의 저자가 추정했던 이유다.

로 교부들의 마가복음 관련 언급(이는 교부들이 다른 복음서를 주석하는 과정에서 마가복음에 대해 부수적으로 언급한 내용을 말함)을 종합하여 마가복음 주석을 편집했다.[5] 교황 그레고리우스 1세(590-604년)의 두 제자는 스승인 그레고리우스가 욥기와 에스겔서 설교문에 기록해놓은 마가복음 관련 내용을 종합하여 마가복음 주석을 편집했는데, 이는 빅토르가 보여준 방식과 동일하다.[6] 사실 이런 편집본들은 정상적인 주석으로 보기 어려우므로,[7] 실제 현존하는 최초의 마가복음 주석서는 7세기 초에 기록된 「위(僞) 히에로니무스서」(*Pseudo-Jerome*)다.[8] 위(僞) 히에로니무스서 저자가 자신의 저서를 최초의 마가복음 주석으로 간주했다는 사실은, 이 저자가 당시에 자신의 저서 외에 다른 마가복음 주석을 알지 못했음을 나타낸다.[9] 마가복음에 대한 관심은 중세 및 종교개혁 시대에 조금 생겼지만, 마가복음은 주로 복음서의 조화를 다루고 있는 주석서의 일부분으로 등장했을 뿐이다. 이 부분은 마태복음에 나오지 않는 마가복음 내용에 관한 논평을 의미한다. 16세기에 이르러서야 마가복음

5 Kealy, *Mark's Gospel*, 28. Victor가 사용했던 자료는 다음에 정리되어 있다. H. Smith, "The Sources of Victor of Antioch's Commentary on Mark," *JTS* 19 (1918): 350-70.

6 Kealy, *Mark's Gospel*, 29.

7 Victor의 저술은 종종 "주석서"로 인정받지만(예. Kealy, *Mark's Gospel*, 28; Telford, *Mark,* 10), 이는 주석서의 개념을 다소 느슨하게 적용한 결과다. 다음을 보라. M. Cahill, "The Identification of the First Markan Commentary," *RB* 101 (1994): 264-67.

8 다음을 보라. M. Cahill, trans. and ed., *The First Commentary on Mark: An Annotated Translation* (New York: Oxford University Press, 1998). *Pseudo-Jerome*의 저자가 아일랜드의 수도승 Cummeanus였다는 제안이 *Votus Latina*에 실리게 되어, "이른 시기에 정설로 굳어졌지만" 이 제안에는 논란의 여지가 많다. 다음을 보라. Cahill, *First Commentary on Mark*, 5 n. 6; "First Markan Commentary," 262. 이는 Kealy(*Mark's Gospel*, 36)가 Cummeanus와 *Pseudo-Jerome*를 개별 목록으로 인용하고 있는 실수를 설명해줄 수 있다.

9 Cahill, "First Markan Commentary," 263-64.

은 하나의 단일 복음서로 주목받게 되었지만,[10] 마가복음 연구가 실제로 등장하게 된 시점은 19세기였다. 이 무렵 학자들은 마태복음, 마가복음, 누가복음의 상호 연관성 관련 질문을 해결하고자 했는데("공관복음 문제"), 이 과정에서 이전에 그토록 홀대받았던 마가복음을 연구해야 한다는 새로운 자극을 받게 되었다.

근대 시대

19세기 학계는 마가복음이 최초로 기록된 복음서이며, 그다음에 마태와 누가가 마가복음을 사용했다는 결론을 내렸다. 마가복음 우선성은 그 존재가 추정되는 Q(마태복음 및 누가복음에 동일하게 언급되는 내용의 출처가 되는 자료)와 결합하여 "두 자료설"을 탄생시켰다. 이후 20세기의 공관복음 연구 역시 누가복음과 마태복음에 개별적으로 나타나는 특수 내용의 출처를 언급했는데, 이 출처는 L과 M으로 명명되었다. 보통 마가복음 우선성이 가정되지만, 마태복음 우선성도 가공할 만한 논리적 힘을 갖고 지속적으로 주장된다. 마태복음 우선성은 20세기 막판에 해당하는 지난 수십 년간 상당한 지지를 받아왔다.[11]

10 Kealy, *Mark's Gospel*, 48-49을 보라.

11 W. L. Lane("The Present State of Markan Studies," in *The Gospels Today: A Guide to Some Recent Developments*, ed. J. H. Skilton [Philadelphia: Skilton House, 1990], 69-72)은 1970년대와 1980년대에 공관복음서 사이의 관계를 논하는 일련의 학회와 연구물을 언급한다. 이 논의는 지금도 진행 중이다. 예를 들어, 다음을 보라. G. Strecker, ed., *Minor Agreements: Symposium Göttingen 1991* (Göttingen: Vandenhoeck & Ruprecht, 1993).

19세기에 마가복음이 공관복음서 중 가장 이른 시기에 기록된 원시적 형태의 복음서라는 인식이 확립된 후, 이 인식은 "역사적 예수 탐구"를 위해 마가복음을 자세히 연구하고자 하는 강한 자극을 불러일으켰다. 마가복음 저자가 사용한 자료—이 자료 중에 어쩌면 원-마가(Ur-Markus)라고 불리는 마가복음 원본도 포함될 수 있다—를 발견하고 예수에 대한 역사적 사실을 개관하고 복원하려는 경이적인 노력이 증가했다. 이런 개관이 제공되자, 이를 토대로 "예수의 삶"에 대한 일련의 내용이 재구성되었다. 바로 이 "예수 운동의 삶에 대한 연구"를 통해 마가복음은 수 세기에 걸친 홀대 이후에 제대로 된 관심을 받게 되었다.[12]

이때까지 근대 학계의 가정은 마가복음이 예수와 관련된 역사적 정보를 직접 제공한다는 것이었다. 1901년에 빌리엄 브레데(William Wrede)는[13] 이런 가정에 이의를 제기하며 다음과 같이 주장했다. 즉 마가복음의 "메시아 비밀"(messianic secret) 주제는 마가가 자신의 신학적 목적을 이루기 위해 전승에 부여한 내용이라는 것이다. 브레데 이론의 세부 내용은 일일이 인정받는 데 실패했지만, 이후 다음과 같은 내용이 보편화되었다. 즉 마가복음의 저자는 역사적 전승의 단순한 수집가가 아니라 창조적 작가이며, 그의 신학적 의도가 마가복음의 최종 모습을 형성하는 데 기여했다는 것이다.

양식비평의 시대는 두 번의 세계 대전 발발 사이에 도래했다. 슈미트(K. L. Schmidt)[14]는 마가복음의 "진주와 줄" 특징에 주목하면서, 각각

12 Martin, *Mark, Evangelist and Theologian*, 37.

13 W. Wrede, *The Messianic Secret*, trans. J. Greig (1901; reprint, Cambridge: Clark, 1971).

14 K. L. Schmidt, *Der Rahmen der Geschichte Jesu* (1919; reprint, Darmstadt: Wissenschaftliche Buchgesellschaft, 1964).

의 전승 단락이 느슨한 지리적·시간적 틀에 의해 이어져 있다고 주장했다. 디벨리우스와 불트만은[15] 양식을 분리 및 분류하여 전승의 삶의 자리(Sitz im Leben), 즉 관련 양식이 사용되고 형성되는 삶의 정황을 확립했고, 전승 역사를 재구성했다. 이 양식비평가들의 주요 연구 결과는 마가복음을 더 이상 목격자의 증언으로 보지 않고, 마가복음에서 말하는 사건들과 얼마간 떨어진 때에 기록된 공동체의 산물로 보는 것이었다. 이런 결론으로 마가복음의 역사적 가치에 대한 확신이 흔들리게 되었다. 그러나 테일러(V. Taylor)처럼 마가복음 기사의 역사성을 의심하지 않는 양식비평 학자들도 있었다.

편집비평은 2차 세계 대전 이후에 등장했다. 편집비평의 관심은 다음과 같은 편집비평 학자들의 선구자적 연구에 암시되어 있다. 즉 로마이어(E. Lohmeyer),[16] 라이트풋(R. H. Lightfoot),[17] 리젠펠트(H. Riesenfeld),[18] 그리고 로빈슨(J. M. Robinson)이다.[19] 그러나 마가복음 연

15 M. Dibelius, *From Tradition to Gospel*, trans. B. Lee (1919; Cambridge: Clark, 1971); R. Bultmann, *The History of the Synoptic Tradition*, trans. J. Marsh, 2nd ed. (Oxford: Blackwell, 1968).

16 E. Lohmeyer, *Galiläa und Jerusalem*, FRLANT 52 (Göttingen: Vandenhoeck & Ruprecht, 1936).

17 R. H. Lightfoot, *History and Interpretation in the Gospels* (London: Hodder & Stoughton, 1934); *Locality and Doctrine in the Gospels* (London: Hodder & Stoughton, 1938); *The Gospel Message of St. Mark* (Oxford: Clarendon, 1950).

18 H. Riesenfeld, "On the Composition of the Gospel of Mark," in *The Gospel Tradition*, trans. E. Rowley and R. Kraft (1954; Oxford: Blackwell, 1970). Riesenfeld는 Lightfoot의 주장에 의존한다.

19 Robinson의 논문은 1954년에 작성이 마무리되고, 이듬해인 1955년에 통과되었다. 그리고 1956년에는 논문 일부가 번역되어 *Das Geschichtsverständnis des Markus-Evangeliums*이라는 제목으로 출판되었다. 또 논문의 축약본인 *The Problem of History in Mark*가 1957년에 발간되었다. 다음을 보라. *The Problem of History in Mark and Other Marcan Studies* (Philadelphia: Fortress, 1982), 9 n. 3.

구에 새로운 방향을 제시한 학자로는 빌리 마르크센(Willi Marxsen)[20]을 꼽을 수 있다.[21] 편집비평 학자들은 마가복음이 창조적 저자의 작품으로, 저자는 이 작품 안에서 분명한 신학적 목적을 추구했다고 간주한다. 마가복음에서 삶의 정황은 다음과 같이 세 개의 층으로 나누어진다. 즉 예수가 처했던 삶의 정황, 전승이 회자된 교회가 처했던 삶의 정황, 그리고 복음서 저자와 마가복음의 수신자인 마가 공동체가 처했던 삶의 정황이다. 마가복음은 더 이상 예수가 아니라, 마가 공동체의 상황을 직접 증언하는 주된 자료로서의 역할을 맡는다.

자료·양식·편집비평의 조합이 복음서 연구에 가공할 만한 영향력을 미친다는 사실은 이미 증명되었다. 무수히 많은 전방위 연구와 논문이 이런 관점에서 줄지어 발표되고 있다. 그러나 이런 방법론들이 큰 확신 가운데 지속적으로 사용된다 하더라도, 그 사용 기간이 이미 오래된 관계로 많은 단점이 속출하게 되었다.

한 가지 예를 들자면, 오랜 기간 문제로 지적되어온 복음서에 대한 파편적 접근 경향은 학자들의 관심 방향을 점진적으로 틀어놓아 마가복음을 전체적인 측면에서 다루게 만들었다. 편집비평 학자들의 경이로운 노력으로 "사라져가는 편집자" 현상이 발생하게 되었다. 여기서 "사라져가는 편집자"라는 표현은 구약성서의 비슷한 문제를 언급하기 위해 존 바튼(John Barton)이 고안해낸 말이다.[22] 원래 자료비평은 본문의 다양한 현상, 즉 원자료의 내용을 어설프게 짜깁기하여 발생하는 차이

20 Willi Marxsen, *Mark the Evangelist: Studies on the Redaction History of the Gospel*, trans. J. Boyce et al. ([1956]; Philadelphia: Fortress, 1969).

21 Kealy, *Mark's Gospel*, 159-61.

22 J. Barton, *Reading the Old Testament: Method in Biblical Study* (London: Darton, Longman & Todd, 1984), 56-58.

점으로 인해 촉진되었다. 결국, 편집비평은 원자료가 얼마나 정교하게 엮여 있는지 파악하는 단계에 도달했다. 아이러니하게도 편집자의 솜씨가 좋을수록, 그의 존재를 처음부터 상정할 필요성은 점점 줄어든다!

1995년에 리처드 보컴은 편집비평의 주요 가정 중 하나에 심각한 의문을 제기했다.[23] 수십 년 동안, 학자들은 복음서가 불특정 다수의 청중이 아니라 특정하게 구분된 청중, 대개 특정 문제로 씨름하던 교회 소그룹 같은 청중을 위해 기록되었다고 가정했다. "현재 기록된 복음서 관련 연구들은 거의 모두 다음과 같은 검증되지 않은 가정을 공유한다. 즉 각 복음서 저자는 특정 공동체의 교사로서 각각의 복음서를 이 개별 공동체를 위해 기록했는데, 기록 당시에 복음서 저자들이 염두에 둔 것은 개별 공동체가 처한 구체적인 상황, 특성 그리고 필요였다."[24] 예를 들어 이런 가정은 마가 공동체의 위치가 로마였는지, 갈릴리였는지, 아니면 시리아였는지에 관한 여러 논의 속에 분명히 반영되어 있다.[25]

이전 학계 역시 각 복음서가 구체적인 장소에 있는 특정 공동체를 위해 기록되었다고 주장했지만, 편집비평 연구는 이런 가정을 마가복음 해석의 기본 전제로 만들었다. 1960년대 후반과 1970년대 초에[26] 이

23 다음을 보라. R. Bauckham, "For Whom Were Gospels Written?" in *The Gospels for All Christians: Rethinking the Gospel Audiences*, ed. R. Bauckham (Grand Rapids: Eerdmans, 1998), 9-48. 이 소논문은 원래 1995년에 영국 신약성서학회에서 발표되었다.

24 위의 책, 11.

25 마가 공동체가 어디에 존재했는지에 관한 논쟁에 대해서는 다음에 요약되어 있다. J. R. Donahue, "The Quest for the Community of Mark's Gospel," in *The Four Gospels 1992*, ed. F. Van Segbroeck et al., 3 vols., BETL 100 (Leuven: Leuven University Press, 1992), 2:817-38.

26 마가 학계는 이런 방향으로 흘러왔는데, 그에 대한 예는 다음에서 볼 수 있다. T. J. Weeden, *Mark — Traditions in Conflict* (Philadelphia: Fortress, 1971); K.-G. Reploh, *Markus, Lehrer der Gemeinde: Eine redaktionsgeschichtliche Studie zu den Jungerperikopen*

가정은 "해석 전략의 기초가 되었는데, 이를 통해 특정 복음서에서 다루는 특정 공동체의 특수한 정황과 필요를 발견했다."[27] 이는 마치 복음서를 통해 역사적 예수를 재구성하려다 실패로 끝나버린 시도가 복음서의 수신자로 가정된 역사적 공동체의 탐구로 대체되어버린 듯했다.[28] 이 현상은 일종의 알레고리적 독해로 연결되었는데, 이런 독해에서 등장인물과 사건은 "마가 공동체 안에서 생성해내고 있는 무언가"를 지시하는 "암호"로 간주되었다.[29] 결국 예수에 관한 내용으로 보이는 내러티브가 마가 공동체라는 교회 이야기로 귀결되었다.

보컴이 이런 가정은 절대 자명하지 않으며, 복음서가 당초 불특정의 일반 청중을 위해 기록되었다고 보는 것이 더 이치에 맞는다고 주장했을 때, 영국 학자들 사이의 반응은 어린 소년이 "임금님은 벌거숭이!"라고 외쳤을 때의 반응을 연상시켰다. 기본적인 복음서 비평의 이런 측면은 보컴의 주장이 제기된 1995년 이전의 다른 여러 측면과 더불어, 많은 학자의 마음에 이미 의심을 사고 있었다. 일반 청중을 옹호하는 여러 목소리는 수년 전에 제기된 적이 있었다. 예를 들어 1981년에 로버트 파울러(Robert Fowler)는 다음과 같이 언급했다.

> 마가복음의 정확한 기록 장소를 맞추는 일은 불가능하다. 마가복음에 사용된 용어는 비록 풍성한 표현력과 생동감을 지니고 있지만, 동시에 투박하고 지적으로 그다지 세련되지 못하다. 그 결과 마가복음은 로마 제국 어디에서

des Markus-Evangeliums (Stuttgart: Katholisches Bibelwerk, 1969); H. C. Kee, *Community of the New Age* (Philadelphia: Westminster, 1977).

27 Bauckham, "For Whom Were Gospels Written?" 19.

28 위의 책, 20.

29 같은 책, 19-20.

도 기록되었을 가능성이 있다. 왜냐하면 로마 제국 내에서는(거의 모든 지역 내에서) 그리스어로 마가복음 수준의 글을 쓸 수 있는 초등 교육이 언제나 제공되었기 때문이다.[30]

대략 5년 뒤 보컴의 등장을 기대하면서, 메리 앤 톨버트는 복음서 연구에 있어 검증되지 않은 가정, 즉 마가복음이 "지역적으로 규명 가능한 개별 그룹, 곧 **특정** 공동체"를 대상으로 기록되었다는 가정을 공론화했다.[31] 이는 장르에 관한 오해로, 복음서를 마치 바울 서신과 동일 부류인 양 간주한다. 사실 마가복음은 "특정 지역 공동체가 지닌 문제에 반응하기 위해 쓰인 것이 **아니라**, 고대 연애 소설처럼, 광범위한 독자층을 위해 기록되었다."[32]

이런 질문들을 더 일반적으로 이해하려는 움직임은 마가복음 주석서에도 등장하기 시작했다. 예를 들어 1991년에 모나 후커는 "마가복음이 로마 제국 내 어딘가에서 작성되었다"고 주장했다.[33] 복음서 연구의 패러다임이 얼마 전부터 변화하고 있었던 것이다.[34]

30 R. M. Fowler, *Loaves and Fishes: The Function of the Feeding Stories in the Gospel of Mark*, SBLDS 54 (Chico, Calif.: Scholars Press, 1981), 183. 이 연구서는 Fowler의 1978년 박사 논문을 출판한 것이다.

31 M. A. Tolbert, *Sowing the Gospel: Mark's World in Literary-Historical Perspective* (Minneapolis: Fortress, 1989), 303. Bauckham("For Whom Were Gospels Written? 17 n. 16)은 Tolbert의 기여에 제대로 주목하고 있다.

32 Tolbert, *Sowing the Gospel*, 304.

33 Morna Hooker, *A Commentary on the Gospel according to St. Mark*, BNTC (London: Black, 1991), 8. Hooker는 다음과 같이 첨언한다. "이 결론은 관련 영역을 좁히는 일과 거리가 멀다!"

34 마가 공동체가 구별된 개체라는 견해는 쉽게 사그라지지 않는다. 이 견해를 지속하는 연구서는 다음과 같다. W. R. Telford, *The Theology of Mark* (Cambridge: Cambridge University Press, 1999), 15-17. 주석서로는 J. R. Edwards, *The Gospel according to*

패러다임의 변화 시기

"패러다임 변화"의 징후는 이전 패러다임에서 문제가 발견되는 현상뿐만 아니라, 새로운 이론의 등장도 포함한다. 대니얼 해링턴(Daniel Harrington)이 주목하는 내용에 따르면, 1975년부터 1984년 사이에 새로운 방법론을 사용하는 여러 논문이 출판되었다. 예를 들어 키(Kee)[35]는 "사회-문화-역사적" 방법론을 채택했고, 켈버[36]는 사회과학자들의 구전 연구 기법, 로빈스[37]는 "사회 수사학적 분석"을 사용했다.[38] 윌리엄 레인(William Lane)은 다음과 같이 논평한다. 즉 1978년부터 1987년까지의 시기에 "새롭고 창조적인 접근법들"이 개발되었으며, "서사비평과 구조주의 주석"이 역사비평 패러다임의 실질적 대안이 되었다는 것이다.[39]

이와 같이 복음서(또는 전체 성서) 연구에서 "역사" 패러다임에서 "문학" 패러다임으로의 전환이 이루어진 것은 1976년에 이미 주목되었지만,[40] 이후로도 이 변화는 계속 진행되고 있다. 노먼 페린은 이런 전환과 관련하여 가장 영향력 있는 학자 중 하나였다. 그리고 1975년부터 1984년까지의 기간은, 적어도 미국에서 마가복음 연구의 "페린 이후"

Mark, PNTC (Leicester: InterVarsity, 2002); J. R. Donahue and D. J. Harrington, *The Gospel of Mark*, SP (Collegeville, Minn.: Liturgical Press, 2002)가 있다.

35 Kee, *Community of the New Age.*

36 W. H. Kelber, *The Oral and Written Gospel: The Hermeneutics of Speakers and Writing in the Synoptic Tradition, Paul and Q* (Philadelphia: Fortress, 1983).

37 V. K. Robbins, *Jesus the Teacher: A Socio-Rhetorical Interpretation of Mark* (Philadelphia: Fortress, 1984)

38 D. Harrington, "A Map of Books on Mark (1975-1984)," *BTB* 15 (1985): 13.

39 Lane, "Present State of Markan Studies," 60.

40 다음을 보라. D. Robertson, "Literature, the Bible as," in *The Interpreter's Dictionary of the Bible, Supplementary Volume*, ed. K. Crim et al. (Nashville: Abingdon, 1976), 547-51.

시기로 볼 수 있는데,[41] 이 시기에 페린의 새로운 관심, 즉 문학적 관점에서의 마가복음 연구는 그의 여러 제자를 통해 발전하게 되었다. 이 새로운 문학비평은 마가복음을 편집된 전승의 묶음으로 보는 대신, 진정한 서술(genuine narration)로 간주했다. 복음서 저자 마가는 점점 더 흥미로운 이야기의 저자로 간주되었다. 본문을 창문 혹은 거울에 비유하는 일은 역사비평과 문학비평 사이의 차이점을 기술하는 데 종종 언급된다. 역사비평은 본문을 **통해** 보는 것으로, 이는 마치 본문의 이면에 깃든 역사(또는 신학)를 볼 수 있는 창문과 같은 반면, 서사비평은 거울처럼 본문을 **들여다보는** 것으로 "우리는 본문이라는 거울 표면에서 하나의 독립된 세계를 발견한다."[42]

이 페린 이후 시기는 확실히 중복되는 시기다. 왜냐하면 이 시기에 역사비평 연구가 연이어 출판되는 가운데, 문학적 관심사를 표명하는 연구들도 존재했기 때문이다. 또 이 시기에 마가복음 연구에서는 기존의 과도한 역사적 관심을 제쳐두고 본문 자체를 우선적으로 살펴보자는 요구가 제기되었다.[43] 우선, 새로운 문학적 방법론을 적용하여 역사비평 방법론이 지배하던 시기에 제기된 문제들을 해결하고자 했다. 이와 관련된 내용은 켈버가 편집한 논문집 『마가복음의 수난』(*The Passion in Mark*)[44]과 듀이(J. Dewey)의 『마가복음의 공개 토론』(*Markan Public*

41 Harrington, "Map of Books on Mark," 12. 참조. Donahue and Harrington, *Gospel of Mark*, 12.

42 Lane, "Present State of Markan Studies," 60.

43 다음을 보라. N. R. Petersen, *Literary Criticism for New Testament Critics* (Philadelphia: Fortress, 1978).

44 W. H. Kelber, ed., *The Passion in Mark: Studies on Mark 14—16* (Philadelphia: Fortress, 1980).

Debate),[45] 그리고 파울러의 『떡과 물고기』(*Loaves and Fishes*)[46]에서 찾아볼 수 있다. 점진적으로 문학적 연구가 독자적 정당성을 갖게 되었고, 복음서 연구에 관한 하나의 "급류"로 부상하게 되었다.[47]

1985년, 해링턴은 다음과 같이 언급했다. "1960년대 말과 1970년대 초에는 마가복음 저자의 문학적 창조성을 강조하고, 가능한 한 마가복음 이전의 전승 개념을 제거하려는 경향이 점점 높아졌다."[48] 또 해링턴이 1960년대 말과 1970년대 초까지의 기간을 연구하면서 주목한 것은 "마가가 문학적 예술가라는 점진적 인지와 문학비평을 통해 마가복음이 해석되어야 한다는 필요성"이었다.[49] 이 기간에 더 많은 문학적 접근법이 등장했는데, 이는 빌레지키안(Bilezekian),[50] 스탠다트(Standaert),[51] 커모드(Kermode),[52] 로즈(Rhoads)와 미치(Michie),[53] 스탁(Stock)[54]과 같은 학자들의 연구에 반영되어 있다. 포스트모던 세계로의 전환이 제대로

45 J. Dewey, *Markan Public Debate: Literary Technique, Concentric Structure, and Theology in Mark 2:1—3:6*, SBLDS 48 (Chico, Calif.: Scholars Press, 1981).

46 앞의 각주 30번을 보라.

47 C. L. Blomberg, "Synoptic Studies: Some Recent Developments and Debates," *Them* 12 (1987): 43. 이 급류는 아직도 가라앉지 않았다.

48 Harrington, "Map of Books on Mark," 12.

49 위의 책, 13.

50 G. G. Bilezekian, *The Liberated Gospel: A Comparison of the Gospel of Mark and Greek Tragedy* (Grand Rapids: Baker, 1977).

51 B. Standaert, *L'Évangile, selon Marc: Composition et genre littéraire* (Nijmegen: Stichting Studentenpers Nijmegen, 1978). 이 논문은 후에 *L'Évangile, selon Marc: Commentaire* (Paris: Cerf. 1983)로 출판되었다.

52 F. Kermode, *The Genesis of Secrecy: An Interpretation of Narrative* (Cambridge, Mass.: Harvard University Press, 1979).

53 D. Rhoads and D. Michie, *Mark as Story: An Introduction to the Narrative of a Gospel* (Philadelphia: Fortress, 1982).

54 A. Stock, *A Call to Discipleship: A Literary Study of Mark's Gospel* (Wilmington, Del.: Glazier, 1982); *The Method and Message of Mark* (Wilmington, Del.: Glazier, 1989).

진행되고 있었던 것이다.

포스트모던 시기

이 새로운 패러다임의 분야는 "후기 구조주의"로 불렸다. 구조주의의 어떤 특징은 "구조주의적 해석"이라고 알려진 방법론하에 진행된 성서 연구에 차용되었다. 여기서 "구조주의적 해석"이란 성서 연구 분야의 특수 용어로, 일반적 구조주의 안건과 비교할 때 다소 이상한 표현이다. 구조주의의 목표는 인간의 사고 유형을 보편적으로 설명하고, 문학을 포함하여 인간 문화의 모든 측면에 표현된 "심층 구조"를 발견하는 것이다. 한 편의 문학작품을 신중히 분석하면, 그 분석으로부터 "표층 구조"를 발견할 수 있지만, 구조주의 비평가에게 이 표층 구조는 본문의 "심층 구조" 발견을 향한 시작 단계에 불과하다. 구조주의 해석은 본문 이면의 역사 탐구를 위한 역사비평과 혼동되지 말아야 한다. 구조주의 비평가들이 관심을 보이는 심층 구조는 사고 가능한 인간 정신의 "신화적" 심층 구조다. 구조주의는 본문 이면의 역사를 식별하는 데 관심이 없다. 실제로 구조주의를 비판하는 자들은 구조주의의 몰역사적 특성을 주저 없이 지적한다.

"구조주의적 해석"이라는 새로운 용어를 탄생시킴으로써, 성서비평가들은 그들의 관심이 표면 수준에 집중하고 있음을 보여주는데, 이 표면 수준에서는 구조주의적 분석이 제공하는 통찰이 사용된다. 구조주의적 해석은 특별히 비유의 의미를 밝히는 데 사용되어왔다. 대니얼과 얼린 팻(Aline Patte)은 그리마스(A. J. Greimas)가 제시한 구조주의적 통찰을 사용하여 마가복음 15-16장을 분석했다.[55] 페르난도 벨로

(Fernando Belo)는 또 다른 프랑스 구조주의 비평가인 바르트(R. Barthes)의 통찰 및 변증법적 유물론과 연계하여 구조주의를 사용했다.[56] 엘리자베스 말본(Elizabeth Malbon)은 마가복음을 구조주의 측면에서 본격적으로 분석한 최초의 학자이자, 아마도 마지막 학자일 것이다.[57] 말본은 여기서 "내러티브 공간"(지정학적, 지형학적, 건축학적)에 초점을 맞추고 있는데, 이 "내러티브 공간"은 마가복음을 형성하며, 우리는 이 "내러티브 공간"을 통해 마가복음의 "신화적 의미"에 접근한다.

소수의 연구만이 구조주의 접근법을 전적으로 적용했지만, 구조주의는 후기 구조주의 시대의 다양한 문학 연구에 영향을 미쳤다. 1987년에 크레이그 블롬버그는 복음서 연구에서 발견되는 두 가지 형태의 후기 구조주의, 즉 독자반응비평과 해체주의에 관해 언급했는데,[58] 둘 다 이 시대의 또 다른 특징인 독자 중심으로의 변화를 반영한다.

해체주의는 "상당히 융통성 있는 독서 전략"[59]이며, 자크 데리다(Jacques Derrida)와 폴 드 만(Paul de Man)의 영향을 받았다. 본문에 접근하는 데 있어서 해체주의는 데리다의 관점, 즉 "집중—중요하고 결

55 D. and A. Patte, *Structural Exegesis: Form Theory to Practice: Exegesis of Mark 15 and 16, Hermeneutical Implications* (Philadelphia: Fortress, 1978).

56 F. Belo, *A Materialist Reading of the Gospel of Mark*, trans. M. O'Connell (Maryknoll, N.Y.: Orbis, 1981).

57 E. S. Malbon, *Narrative Space and Mythic Meaning in Mark* (San Francisco: Harper & Row, 1986; reprint, Sheffield: JSOT Press, 1991).

58 Blomberg, "Synoptic Studies," 38-45. 이 단계에서 최근 이루어진 발전은 "더 새로운 문학비평"으로 알려져 있다. 여기서 "더 새로운"이라는 표현이 사용된 이유는 이전의 문학비평, 즉 자료비평과 구별하기 위함이다.

59 S. D. Moore, "Deconstructive Criticism: The Gospel of the Mark," in *Mark and Method: New Approaches in Biblical Studies*, ed. J. C. Anderson and S. D. Moore (Minneapolis: Fortress, 1992), 85.

정적이며 혹은 문학작품에 중심이 되는 것에 초점을 맞추는 - 이 아닌, "해체" - "부차적이고 특이하며 주변적이고 미미하며 기생적이고 이도 저도 아닌 경우에 초점을 맞추는" 그리고 "배제되고 소외되고 사각지대에 가려 있고, 텅 비어 있는 것에 초점을 맞추는"[60] - 를 따른다. 이런 해체주의 독해의 목적은 단순히 해체주의 비평가를 기쁘게 하는 것일 수 있다. 해체주의 독해는 때에 따라 더 심각한 의도를 지니는데, 예를 들어 탓-시옹 베니 류(Tat-Siong Benny Liew)의 『파루시아 정치학』(*Politics of Parousia*, 1999년)[61]은 해체주의와 사회 정치적 관심사를 식민주의 측면에서 결합한다.

해체주의 입장을 견지하는 연구는 마가복음 연구사를 통틀어볼 때 드물다.[62] 그런데도 해체주의의 영향은 다양한 포스트모던 연구에서 감지되는데, 이 연구의 특징으로 다음과 같은 가정을 들 수 있다. 즉 특정 본문의 의미가 본문을 읽는 독자와, "중요하지 않은 내용을 중심으로" 마가복음을 이해하는 사람들에게 달려 있다는 것이다. 마가복음은 다양한 입장에서 읽힐 수 있으므로, 이런 연구들은 종종 각각이 취하는 특수 입장을 다소 변호하는 경향이 있으며, 다음과 같은 강한 주장을 담는다. 즉 어느 누구도 이 연구에 나오는 마가복음 이해가 모든 사람에게 적용된다고 말할 수 없다는 것이다.[63] 이 연구들과 더불어, 마가복음 본문을 거울에 비유하는 것은 더욱 적합한 일이라 하겠다. 왜냐하

60 Moore, "Deconstructive Criticism," 85-86. 집중에 관한 일련의 용어들은 Derrida가 출처이고, 해체에 관한 일련의 용어들은 Moore가 출처다.

61 Tat-Siong Benny Liew, *Politics of Parousia: Reading Mark Inter(con)textually*, BIS 42 (Leiden: Brill, 1999).

62 다음을 보라. Moore, "Deconstructive Criticism," 84-102; *Mark and Luke in Poststructuralist Perspectives: Jesus Begins to Write* (New Haven: Yale University Press, 1992).

면 마가복음 독자는 본문이라는 "거울"을 보면서 이 거울에 맺힌 자신의 상황을 보기 때문이다.

본문에 대한 이런 포스트모던적 견해는 다양하고 특수한 입장에서 마가복음을 읽도록 만들었는데, 이는 이념적 독해,[64] 페미니스트적 독해,[65] 불교적 독해,[66] 흑인 관점의 독해,[67] 심지어 알코올 중독자 갱생을 위한 독해[68]도 포함한다. 이런 독해는 종종 마가복음이 전달하고자 하는 내용에 귀를 기울이기보다는, 특수 목적을 위해 마가복음을 사용한다. 해체주의 입장에서 연구를 진행한 류는 이런 이유로 다음과 같이 기술한다. "나는 마가복음 연구를 사용하여 억압을 정당화하기보다는 해방을 촉진하고 싶다. 내 생각에 마가복음처럼 도구적 성향이 강한

63 예를 들어 다양한 페미니즘의 압박 속에서 Janice Anderson은 그녀의 독해가 유일한 페미니스트적 이해가 아니라고 주장한다. 다음을 보라. J. C. Anderson, "Feminist Criticism: The Dancing Daughter," in Anderson and Moore, *Mark and Method*, 103-34.

64 예를 들어 Belo, *Materialist Reading of the Gospel of Mark*.

65 마가복음의 페미니스트적 이해에 대해서는 다음을 보라. Anderson, "Feminist Criticism," and the essays in A.-J. Levine, ed., *A Feminist Companion to Mark* (Sheffield: Sheffield Academic Press, 2001). 페미니스트 관점의 연구들은 마가복음의 특정 구문들을 다루고(예. M. A. Beavis, "From the Margin to the Way: A Feminist Reading of the Story of Bartimaeus," *JFSR* 14 [1998]: 19-39), 마가복음 전체를 다루기도 한다(J. L. Mitchell, *Beyond Fear and Silence: A Feminist-Literary Reading of Mark* [New York: Continuum, 2001]). 마가복음을 더 정교한 페미니스트적 관점에서 다루는 연구들은 다음과 같다. H. Kinukawa, *Women and Jesus in Mark: A Japanese Feminist Perspective* (Maryknoll, N.Y.: Orbis, 1994); L. M. Harder, *Obedience, Suspicion, and the Gospel of Mark: A Mennonite-Feminist Exploration of Biblical Authority*, SWR 5 (Waterloo, Ont.: Canadian Corporation for Studies in Religion, 1998).

66 J. P. Keenan, *The Gospel of Mark: A Mahayana Reading* (Maryknoll, N.Y.: Orbis, 1995).

67 B. K. Blount, *Go Preach! Mark's Kingdom Message and the Black Church Today* (Maryknoll, N.Y.: Orbis, 1998).

68 J. C. Mellon, *Mark as Recovery Story: Alcoholism and the Rhetoric of Gospel Mystery* (Chicago: University of Illinois Press, 1995).

책을 단순히 무시해버리거나 '쓰레기 취급'하는 것은 비생산적인 처사다." 따라서 류의 목적은 "마가복음 같이 오래되고 어쩌면 친숙하기까지 한 본문을 비판적 시선으로 재조명하여 인간의 해방을 위한 실제적 투쟁에 적용하는 것이다."[69]

물론 이와 같은 많은 연구는 의도적으로 주관적 독해에 충실하다. 여기서 주관적 독해란 본문의 의미가 당대의 독자에 의해 결정되는 것을 말한다. 그러나 독자에 대한 초점이 언제나 주관적 독해와 유아론적 이해를 의미하는 것은 아니다. 최근의 많은 연구는 마가복음 본문 자체가 독서 경험을 통제하여 독자들에게 영향을 미친다고 가정한다. 이런 관점에서 보면, 내러티브는 독자에게 영향을 미치며, 내러티브 연구는 내러티브가 어떻게 독자에게 영향력을 행사하는지 밝혀내고자 한다. 이처럼 내러티브에 대한 독자 중심적 접근법은 두 가지의 넓은 흐름, 즉 서사비평과 독자반응비평으로 분류될 수 있다.

서사비평은 마가복음 본문을 하나의 전체로 다루면서, 마가복음의 "표층 구조"를 통해 이야기 세계 안에서 일어나는 일을 규명하고자 한다. 여기서 말하는 표층 구조는 등장인물과 그들의 상호 작용, 플롯, 이야기로 표현된 사건, 시간적·지리적·지형학적 배경, 이야기의 진행을 포함한다. 이와 같은 방식을 통해 서사비평은 마가복음 본문을 문학 작품으로 다루고, 이야기에 내재된 의미를 풀어내고자 한다.[70] 데이비

69 Liew, *Politics of Parousia*, 21.

70 서사비평에 관한 개론적 내용에 대해서는 다음을 보라. E. S. Malbon, "Narrative Criticism: How Does the Story Mean?" in Anderson and Moore, *Mark and Method*, 23-49 (reprinted in E. S. Malbon, *In the Company of Jesus: Characters in Mark's Gospel* [Louisville: Westminster John Knox, 2000], 1-40); M. Powell, *What is Narrative Criticism?* (Minneapolis: Fortress, 1990).

드 로즈(David Rhoads)와 도널드 미치(Donald Michie)가 함께 저술한 얇은 분량의 『이야기로서의 마가복음』(*Mark as Story*)은[71] 마가복음의 내러티브 분석에 엄청난 영향력을 미쳤다. 『이야기로서의 마가복음』은 최근에 개정되었는데, 듀이(J. Dewey)가 참여한 이 개정판은 문학적 연구의 발전에 초점을 맞추고 있다. 비록 포스트모던의 쟁점에 관한 강조는 이 개정판에서 찾아볼 수 없지만, 포스트모던 독해가 지닌 영향력은 다음과 같이 분명히 언급되어 있다. 즉 "우리는 모든 독해가 특정 렌즈를 통한 이해임을 알게 되었다. '객관적' 독해란 있을 수 없다. 그러므로 단 하나의 '타당한' 독해도 있을 수 없다. 오히려 우리 모두는 우리가 처한 특정한 사회적 위치에서 읽는데 이 위치에는 성, 연령, 인종, 민족 집단, 국적, 사회 계층, 경제 수준, 교육, 종교 활동 등이 포함된다. 또한 사회적 위치는 각 개인의 내러티브 해석 방식에 영향을 미친다."[72] 이런 견지에서 저자들이 독자에게 상기시키고 있는 것은 "우리의 독해가 다양한 독해 중 하나"라는 점과, "우리가 처한 사회적 위치를 불가피하게 반영한다"는 점이다.[73] 그럼에도 불구하고 저자는 독자가 마가복음을 있는 그대로 이해하길 열망한다.[74]

1996년에 스티븐 스미스(Stephen Smith)는 서사비평으로 마가복음을 다룬 저술을 출판했다. 이 저술의 각 장은 "저자, 독자, 본문" 및 "관점", "아이러니"와 더불어 등장인물, 플롯, 시간, 장소를 각각 다루고 있

71 Philadelphia: Fortress, 1982.

72 D. Rhoads, J. Dewey, and D. Michie, *Mark as Story: An Introduction to the Narrative of a Gospel,* 2nd ed. (Minneapolis: Fortress, 1999).

73 위의 책, xii; 참조. 147.

74 같은 책, 147.

다.[75] 저자, 독자, 본문, 관점 및 아이러니라는 관심사를 통해 우리는 서사비평에서 독자반응비평으로 완전히 넘어왔다. 독자반응비평은 서사비평가들의 연구를 포함하지만, 내러티브가 독자에게 영향을 미치는 방식에 대해 질문함으로써 서사비평의 지경을 초월한다.

본문의 서로 다른 관계를 독자의 탓으로 돌리는[76] 다양한 독자반응비평의 스펙트럼은 본문의 의미가 독자에게 달려 있는 "주관적" 영역에서부터, 본문이 그 안에 내재하는 기법들을 통해 독자를 통제하는 "객관적" 영역에까지 이른다.[77] 내러티브는 내러티브의 **내용**에 해당하는 "이야기"와 내러티브의 **방식**에 해당하는 "담론", 이 두 단계로 개념화될 수 있다.[78] 독자반응비평이 특별히 관심을 보이는 단계는 담론인데, 왜냐하면 내러티브는 담론을 통해 독자와 접촉하고 독자를 내러티브 안으로 끌어들여 영향을 미치기 때문이다.

독자반응비평을 통한 통찰은 1981년 로버트 파울러의 『떡과 물고기』를 기점으로 마가복음 연구에 적용되기 시작했다.[79] 그러나 이때까

75 S. H. Smith, *A Lion with Wings: A Narrative-Critical Approach to Mark's Gospel* (Sheffield: Sheffield Academic Press, 1996).

76 다음을 보라. J. L. Resseguie, "Reader-response Criticism and the Synoptic Gospels," *JAAR* 52 (1984): 307.

77 다음을 보라. R. M. Fowler, "Who is 'the Reader' of Mark's Gospel?" *SBLSP* 22 (1983): 31-53. Fowler는 다음의 두 학자를 언급한다. W. C. Booth, *The Rhetoric of Fiction* (Chicago: University of Chicago Press, 1983)과 S. E. Fish, *Self-consuming Artifacts: The Experience of Seventeenth-Century Literature* (Berkeley: University of California Press, 1972). Fowler에 의하면, 이들은 본문을 철저히 따르는 비평가들이며, "본문의 수사학적 힘"(43)을 믿고 있다. Fowler가 제시하는 비평가 분류표를 보라(35).

78 S. Chatman, *Story and Discourse: Narrative Structure in Fiction and Film* (Ithaca, N.Y.: Cornell University Press, 1978).

79 방법론에 관한 Fowler의 개론적 설명을 보라. Fowler, "Reader-Response Criticism: Figuring Mark's Reader," in Anderson and Moore, *Mark and Method*, 50-83. 후기 구조주의비평이 복음서 연구에 미친 영향에 관한 분석 및 비판에 대해서는 다음을 보라.

지 독자 중심의 접근법들은 비성서 문학 집단에서 당연하게 여겨지고 있었으므로 모든 저자는 독자반응비평이 지니는 "공통의 특성에 관한 진부한 가설"을 논할 수 있었다.[80] 처음에는 독자반응비평의 통찰을 사용하여 역사비평의 목적을 달성하려는 경향이 있었지만, 점차 이런 통찰은 단순히 마가복음 독해 경험을 설명하는 데 사용되었다. 바스 밴 이어셀(Bas van Iersel)은 독자반응비평으로 마가복음을 주석한 최초의 인물이다. 1986년에 이어셀은 대중 눈높이의 마가복음 주석을 출판했는데,[81] 이는 1998년에 그가 총력을 기울여 출간한 마가복음 주석을 예비하는 것이었다.[82] 1992년에 하일(J. P. Heil)은 『행동 지침으로서의 마가복음』(*The Gospel of Mark as a Model for Action*)을 출간했는데,[83] 비록 이 책의 부제가 『독자반응 주석』(*A Reader-Response Commentary*)이지만, 그렇다고 독자반응이 방법론적으로 철저히 적용되고 있는 것은 아니다. 이 책의 "독자반응" 요소는 이야기의 각 등장인물에만 국한되며, 이 등장인물들은 현대 독자에게 모범을 제시하는 용도로 사용된다. 같은 해에 로버트 파울러는 『읽는 자는 깨달을진저』(*Let the Reader Understand*)를 출판하여 마가가 독자들을 본문에 개입시키기 위해 사용한 여러 본문 관련 기법을 드러내고자 했다. 여기에는 직접 및 간접 해설, "우회적 수사

S. D. Moore, *Literary Criticism and the Gospels: The Theoretical Challenge* (New Haven: Yale University Press, 1989).

80 J. Slawinski, "Reading and Reader in the Literary Historical Process," *New Literary History* 19 (1988): 521.

81 B. M. F. van Iersel, *Reading Mark*, trans. W. H. Bisscheroux ([1986]); Edinburgh: Clark, 1989).

82 B. M. F. van Iersel, *Mark: A Reader-Response Commentary*, trans. W. H. Bisscheroux, JSNTSup 164 (Sheffield: Sheffield Academic Press, 1998).

83 J. P. Heil, *The Gospel of Mark as a Model for Action* (New York: Paulist, 1992).

법", 모호성과 불명확성이 있다. 이 책은 현재 유일하게 마가복음 담론을 제대로 다루고 있는 주석서다.[84]

독자반응 이론이 비평 영역에 괄목할 만하게 기여한 것은 "일시적 독서 경험이 지니는 풍성함과 역학 관계"에 주목한 점이다.[85] 독서 경험의 이 역학 관계는 내러티브의 관계 당사자들을 나타내는 모델을 사용하여 분석될 수 있다. 그리고 이 모델은 독자반응비평가들 사이에서 꽤 흔한 모델이다(표 19.1을 보라).[86] 표 19.1의 박스는 본문 자체를 나타내며, 이 박스 밖, 즉 본문 밖의 실제 세계에는 실제 저자와 독자가 존재한다. 따라서 실제 저자와 실제 독자는 단순히 본문 독해를 통해 쉽게 접근할 수 있는 존재들이 아니다. 반면에 내포 저자와 내포 독자는 본문의 구조물이라 할 수 있는데, 이는 내포 저자와 내포 독자가 본문에 의해 채색되기 때문이다. 내포 독자는 결국 "본문의 요소로서, 실제 독

84 R. M. Fowler, *Let the Reader Understand: Reader-Response Criticism and the Gospel of Mark* (Minneapolis: Fortress, 1992; reprint, Harrisburg, Pa.: Trinity, 2001). 내 소논문도 집중화와 거리두기 개념에 특별히 주목하면서 마가복음에 대한 담론을 탐구한다. P. G. Bolt, *Jesus' Defeat of Death: An Analysis of the Role of the Suppliants in the Persuasion of Mark's Early Graeco-Roman Readers*, SNTSMS 125 (Cambridge: Cambridge University Press, 2003). 독자반응 이론과 이 이론의 마가복음 적용에 관한 논의는 다음을 보라. W. R. Tate, *Reading Mark from the Outside: Eco and Iser Leave Their Marks* (Bethesda, Md.: Christian Universities Press, 1995).

85 Fowler, "Who Is 'the Reader' of Mark's Gospel?" 49.

86 이 모델은 Chatman의 표(*Story and Discourse*)를 수정한 것이다. 나는 여기에 "등장인물들"을 추가했는데, 이는 등장인물들이 저자를 대변하거나 독자의 관점에서 작용할 수 있기 때문이다. Fowler는 "비평가"와 "비평적 독자"의 위치에 대해 논한다("Who Is 'the Reader' in Reader Response Criticism?" *Semeia* 31 [1985]: 5-10; *Let the Reader Understand*, 4-5, 263-64). 다른 학자, 특히 Paul Danove와 van Iersel(van Iersel, *Mark* 16-21을 보라)은 Chatman의 표를 약간 변형하여 사용한다. "내레이터/내레이티" 축은 마가복음과 관련하여 유용성이 떨어지는데, 이는 마가복음 독서 과정에 내포 저자/독자가 포함되기 때문이다(Fowler, "Who Is 'the Reader' of Mark's Gospel?" 40).

자를 초대하여 그 독자가 특정한 방식으로 반응하도록 한다."[87]

표. 19.1 채트먼의 내러티브 역학

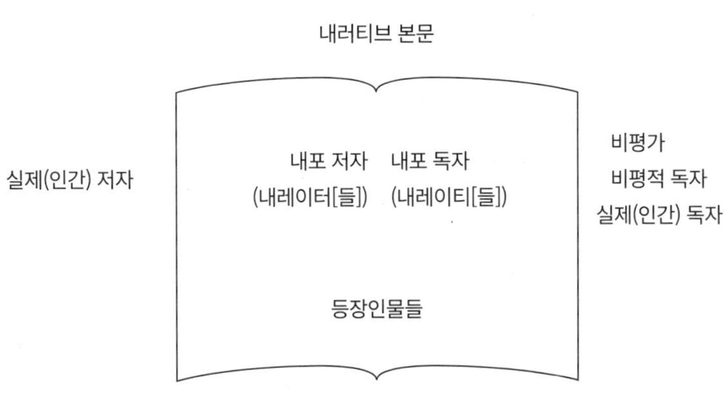

"실제" 독자들은 본문의 원래 내용과 반하는 독서를 할 수 있고, 그 결과 "이상적" 독자이기보다 "저항하는" 독자가 된다. 그러나 실제 독자는 내러티브를 온전히 이해하기 위해 "내포 독자"[88]가 될 준비가 되어야 하고, 이런 준비는 "불신의 정지"로 불리는 움직임 안에서 발생한다. 이런 일련의 과정은 내러티브 자체에 전달하고자 하는 무언가가 있다고 가정하고, 실제 독자가 내러티브의 온전한 영향을 받기 위해 내러티브 세계 안으로 들어가야 할 필요성을 가정한다.

87 Van Iersel, *Mark*, 17-18.

88 Fowler, "Who Is 'the Reader' in Reader Response Criticism?" 12. 사전 준비로서 "비평가"는 먼저 독자, 심지어 "비평적 독자"가 되어야 한다. 참조. Fowler, "Who Is 'the Reader' of Mark's Gospel?" 32-38; Moore, *Literary Criticism and the Gospels*, 98-107.

내러티브-독자 연구는 지속적으로 발표되고 있으며, 마가복음의 몇몇 내러티브 방법(성격 묘사,[89] 아이러니,[90] 한 이야기 안에 다른 이야기가 삽입되어 두 이야기를 함께 이해하도록 하는 "샌드위치" 기법[91]과 같은)과 더불어 개별 문단들을 다룬다. 내러티브-비평적 관점 역시 믿음과 불신,[92] 시간,[93] 시기,[94] 갈등,[95] 이적[96]과 같은 마가복음의 다양한 주제를 이해하는 데 도움을 준다.

내러티브에서 등장인물이 차지하는 중요성을 고려해볼 때, 마가복음의 다양한 등장인물과 등장인물 그룹이 상당한 주목을 받아온 것은

89 다음에 실린 소논문들을 보라. D. Rhoads and K. Syreeni, eds., *Characterisation in the Gospels: Reconceiving Narrative Criticism*, JSNTSup 184 (Sheffield: Sheffield Academic Press, 1999).

90 J. Camery-Hoggart, *Irony in Mark's Gospel: Text and Subtext*, SNTSMS 72 (Cambridge: Cambridge University Press, 1992).

91 J. R. Edwards, "Markan Sandwiches: The Significance of Interpolations in Markan Narratives," *NovT* 21 (1989): 193-216; T. Shepherd, *Markan Sandwich Stories: Narration, Definition, and Function* (Berrien Springs, Mich.: Andrews University Press, 1993).

92 C. Burdon, *Stumbling on God: Faith and Vision in Mark's Gospel* (London: SPCK, 1990); C. D. Marshall, *Faith as a Theme in Mark's Narrative*, SNTSMS 64 (Cambridge: Cambridge University Press, 1989; reprint, 1994); M. R. Thompson, *The Role of Disbelief in Mark: A New Approach to the Second Gospel* (New York: Paulist Press, 1989).

93 B. D. Schildgen, *Crisis and Continuity: Time in the Gospel of Mark*, JSNTSup 159 (Sheffield: Sheffield Academic Press, 1998).

94 A. C. Hagedorn and J. H. Neyrey, "'It Was out of Envy That They Handed Jesus Over' (Mark 15:10): The Anatomy of Envy and the Gospel of Mark," *JSNT* 69 (1998): 15-56.

95 J. D. Kingsbury, *Conflict in Mark: Jesus, Authorities, Disciples* (Minneapolis: Fortress, 1989); J. S. Hanson, *The Endangered Promises: Conflict in Mark*, SBLDS 171 (Atlanta: Society of Biblical Literature, 2000).

96 T. Dwyer, *The Motif of Wonder in the Gospel of Mark*, JSNTSup 128 (Sheffield: Sheffield Academic Press, 1996).

놀라운 일이 아니다. 예수, 예수의 제자들,[97] 그리고 예수의 적대자들[98]과 같은 주요 등장인물들은 마가복음에서 처음부터 끝까지 내내 등장함으로써 내러티브에 연속성을 제공한다. 예수의 제자들은 편집비평 학자들에게도 관심의 대상이었는데, 왜냐하면 편집비평 학자들의 눈에 비친 예수의 제자들은 마가 당시의 교회 구성원들을 비유적으로 상징했기 때문이다.[99] 한편 서사비평가들은 예수의 제자들이 이야기 내에서 맡는 역할에 집중하지만, 독자들과 관련된 제자들의 역할로 인해 제자들에게 호의적이었다. 예수, 제자들, 적대자들을 제외한 다른 모든 등장인물은 "조연 인물"(minor characters)[100]로 하나로 묶어서 보는 경향이 있다. 그러나 조연 인물 중 여성,[101] 무리[102]와 같은 일부만이 주목을 받아왔다. 하지만 "간청하는 자들"—마가복음에는 각자의 필요에 따라 도움을 받기 위해 예수에게 나아오는 13명의 인물이 나타난다—은 특수 그룹으로 구분해서 생각해야 한다. 그들은 마가복음의 의사소통 역학에서 중요한 기능을 담당한다.[103] 내포 독자는 간청하는 자들과 결합되

97 예를 들어 다음을 보라. E. S. Malbon, "Disciples/Crowds/Whoever: Markan Characters and Readers," in *In the Company of Jesus*, 70-99. 다음도 보라. Kingsbury, *Conflict in Mark*.

98 E. S. Malbon, "The Jewish Leaders in the Gospel of Mark: A Literary Study in Markan Characterization," in *In the Company of Jesus*, 131-65. 다음도 보라. Kingsbury, *Conflict in Mark*.

99 예를 들어 다음을 보라. Weeden, *Mark: Traditions in Conflict*.

100 E. S. Malbon, "The Major Importance of Minor Characters in Mark," in *In the Company of Jesus*, 189-225; J. F. Williams, *Other Followers of Jesus: Minor Characters as Major Figures in Mark's Gospel*, JSNTSup 102 (Sheffield: JSOT Press, 1994).

101 많은 연구 중 한 예로 다음을 보라. E. S. Malbon, "Fallible Followers: Women and Men in the Gospel of Mark," in *In the Company of Jesus*, 41-69.

102 예를 들어 다음을 보라. Malbon, "Disciples/Crowds/Whoever."

103 Bolt, *Jesus' Defeat of Death*를 보라.

므로, 간청하는 자들은 독자가 내러티브의 움직임 안으로 들어갈 수 있는 일종의 "출입구"를 제공한다.

포스트모던 시대의 관심은 종종 현대 독자에게 집중되지만, 주석가들이 마가복음을 이야기와 담론 수준에서 동시에 분석함으로써 그들의 관심이 마가복음 본문에서 마가복음의 초기 독자들로 계속 이동하는 것도 충분히 가능하다. 마가복음의 내러티브 수사법 연구는 마가와 마가의 세계를 이해하는 데서 출발하는데, 이 연구의 목적은 마가복음이 고대 독자에게 호소했던 방법을 찾는 것이다. 이는 그리스-로마 자료에 의존하는 과정을 필요로 하며, 이 과정은 고대 독자가 마가복음 독해에 적용했으리라고 기대되는 "레퍼토리"를 재구성하는 과정의 한 부분이 된다. 이와 같은 현상 역시 새롭게 등장한 추세로 볼 수 있다.

마가복음과 그리스-로마 세계

마가복음을 그리스-로마 맥락에서 이해하고자 하는 경향은 마가복음의 장르에 관한 논의를 포함하는데, 이는 바른 현상이다. 리처드 버리지(Richard Burridge)는 그의 일관된 주장을 통해, 마가복음은(다른 복음서들과 함께) 그리스-로마 시대의 *bios* 또는 "생애"(엄밀하지 않은 의미에서의 "전기")로 이해되어야 한다고 말했다.[104] 비록 이 주장이 새로운 제

104 R. Burridge, *What Are the Gospels? A Comparison with Graeco-Roman Biography*, SNTSMS 71 (Cambridge: Cambridge University Press, 1992; reprint, 1995). 다음도 보라. D. Dormeyer, *Das Markusevangelium als Idealbiographie von Jesus Christus, dem Nazarener* (Stuttgart: Katholisches Bibelwerk, 1999).

안은 아니지만, 관련 질문을 신중히 다룬 버리지에게 많은 사람이 설득되었다. 다른 학자들은 마가복음을 영웅 숭배와 관련된 "아레탈로지 전기" 같은 특별한 유형의 전기로 봐야 한다고 주장했다.[105] 또 다른 학자들은 마가복음에 대한 통찰을 그리스 희곡에서 얻고 있는데, 이들은 마가복음이 일종의 그리스 비극이라고 주장한다.[106] 이들 중에는 연애 소설에서 마가복음에 관한 통찰을 얻는 자들도 있다.[107] 더 최근에 데니스 맥도널드(Dennis MacDonald)는[108] 마가복음에 직접적 영향을 미친 자료가 70인역과 호메로스의 서사시라고 주장한다. 아델라 야브로 콜린스(Adela Yarbro Collins)는 마가복음의 장르를 에녹서와 다니엘서와 같은 묵시적 본문을 배경으로 하는 "묵시 형태의 역사서"라고 생각하지만,[109] 그럼에도 불구하고 그녀 역시 그리스-로마 맥락에서의 마가복음 독자층에 민감하게 반응하고 있다.[110]

마가복음과 그리스-로마 세계의 문학 및 문화 사이의 관계는 여러

105 L. M. Wills, *The Quest of the Historical Gospel: Mark, John, and the Origins of the Gospel Genre* (London: Routledge, 1997).

106 예를 들어 Bilezekian, *Liberated Gospel*; Stock, *Call to Discipleship*; S. H. Smith, "A Divine Tragedy: Some Observations on the Dramatic Structure of Mark's Gospel," *NovT* 37 (1995): 209-31; M. A. Inch, *Exhortations of Jesus according to Matthew; and, Up from the Depths: Mark as Tragedy* (Lanham, Md.: University Press of America, 1997).

107 Tolbert, *Sowing the Gospel*.

108 D. R. MacDonald, *The Homeric Epics and the Gospel of Mark* (New Haven: Yale University Press, 2000).

109 A. Y. Collins, "Is Mark's Gospel a Life of Jesus?" in *The Beginning of the Gospel: Probings of Mark in Context* (Minneapolis: Fortress, 1992), 1-38.

110 Collins는 다른 저술에서 마가복음을 그리스-로마 맥락에 위치시킨다. 예를 들어 다음을 보라. "Apotheosis and Resurrection," in *The New Testament and Hellenistic Judaism*, ed. P. Borgen and S. Giversen (Aarhus: Aarhus University Press, 1995), 88-100; "The Signification of Mark 10:45 among Gentile Christians," *HTR* 90 (1997): 371-82.

방식으로 탐구되어왔다.[111] 예를 들어, 허먼 웨첸(Herman Waetjen)은 볼프강 이저(Wolfgang Iser)의 독자반응 접근법을 렌스키(Lenski)의 농민 사회 연구에 기초한 사회학적 모델과 결합하여 마가복음 독자들이 처했던 사회 세계를 묘사한다.[112] 휘트니 샤이너(Whitney Shiner)는 그리스-로마 세계의 비교 자료를 사용하여 마가복음 독자들의 수사학적 기능을 탐구한다.[113] 티모시 드와이어(Timothy Dwyer)[114]와 캐슬린 콜리(Kathleen Corley)는 고대 세계와 마가복음 내에서 각각 "이적"과 "여성"[115]을 다룬다. 내 연구는 치유와 축귀 이야기를 질병, 마술[116]에 대한 고대의 이해에 비추어서 그리고 로마 제국의 체제 측면에서 평가하고 있다.

111 여기에 언급된 학자들 외에 다른 학자들도 자신들의 마가복음 연구에 그리스-로마 자료를 활용한다. 예를 들어 Robbins, *Jesus the Teacher*; M. A. Beavis, *Mark's Audience: The Literary and Social Setting of Mark 4:11—12*, JSNTSup 33 (Sheffield: JSOT Press, 1989); Tolbert, *Sowing the Gospel*.

112 H. C. Waetjen, *A Reordering of Power: A Sociopolitical Reading of Mark's Gospel* (Minneapolis: Fortress, 1989).

113 W. T. Shiner, *Follow Me: Disciples in Markan Rhetoric*, SBLDS 145 (Atlanta: Scholars Press, 1995).

114 Dwyer, *Motif of Wonder in the Gospel of Mark*.

115 K. E. Corley, *Private Women, Public Meals: Social Conflict in the Synoptic Tradition* (Peabody, Mass.: Hendricksen, 1993).

116 현재까지 마가복음과 마술에 관한 지속적인 연구는 존재하지 않는다. 그러나 마술과 공관복음 또는 역사적 예수에 관한 문제를 가볍게 다루는 다음 연구들이 있다. M. Smith, *Jesus the Magician: Charlatan or Son of God?* (Berkeley, Calif.: Seastone, 1978; reprint, 1998); J. M. Hull, *Hellenistic Magic and the Synoptic Tradition,* SBT 2.28 (London: SCM, 1974); M. E. Mills, *Human Agents of Cosmic Power in Hellenistic Judaism and the Synoptic Tradition,* JSNTSup 41 (Sheffield: JSOT Press, 1990); B. Kollmann, *Jesus und die Christen als Wundertäter: Studien zu Magi, Medizin und Schamanismus in Antike und Christentum,* FRLANT 170 (Göttingen: Vandenhoeck & Ruprecht, 1996).

독해 경험은 두 가지 이동으로 나누어 생각해볼 수 있다.[117] 만일 본문이 독자에게 영향을 미치는 방식으로 구성되어 있다면, 우리는 중심축이 되는 "본문에서 (내포) 독자로의 이동"을 분석할 수 있다. 이 중심축은 이야기와 담론 모두를 포괄하지만, 본문이 어떻게 내포 독자에게 영향을 미치는가에 특별히 주목한다. 두 번째 중심축은 "(실제) 독자에서 본문으로의 이동"이다. 실제 독자는 개인의 특정한 이해를 독서 경험에 대입하므로, 이 "레퍼토리"는 그들이 내포 독자가 "되어" 마가의 이야기를 읽는 동안, (실제) 독자에서 본문으로 이동하는 과정의 일부가 될 것이다. 비록 마가복음 초기 독자들의 레퍼토리를 완전히 복원하는 일이 앞으로도 거의 불가능하다 할지라도, 복원 자체는 원칙적으로 얼마든지 가능하다. 실제로 우리는 고대 세계에 관한 우리의 확장된 지식을 토대로, 적어도 부분적으로나마, 이 레퍼토리의 복원을 시도할 수 있다. 이는 사회사 영역에서 발생한다.[118]

이와 같은 사회사는 마가복음의 청중이 처음부터 정해지지 않은 불특정 다수라는 주장과 조화를 이루면서 다음과 같은 목표를 삼을 필요가 있다. 즉 기원후 1세기에 마가복음을 듣는 일반 청중의 레퍼토리 안에 존재했다고 가정할 수 있는 광범위한 사회 현상을 밝혀내는 일이다.[119] 특히 마가복음의 용어와 개념 자료가 자동으로 연상시키는 사회 현상에 특별한 관심을 기울여야 한다. 아마도 이런 사회 현상을 통해 마가복음의 내러티브는 실제 독자에게 직접적이고 즉각적인 영향을

117 이 문단에 대해서는 다음을 보라. Bolt, *Jesus' Defeat of Death.*

118 이와 관한 개론적 내용은 다음을 보라. D. Rhoads, "Social Criticism: Crossing Boundaries," in Anderson and Moore, *Mark and Method,* 135-61(그러나 Rhoads는 이 소논문에서 사회사 이상의 내용을 다룬다).

119 다음을 보라. Bauckham, "For Whom Were Gospels Written?" 46.

미쳤을 것이다.

내러티브에서 내포 독자로 또 실제 독자로 이어지는 최근 마가복음 학계의 여정은 우리를 원점, 즉 역사적 문헌으로서의 마가복음이라는 출발점으로 데려다놓는다.

역사로의 회귀

우리는 마가복음에 대한 관심이 초기에 현저히 낮았음을 이미 언급했다. 그럼에도 불구하고 마가복음을 수용한 역사에 대한 관심이 부활한 것은[120] 마이클 케이힐(Michael Cahill)이 출간한 최초의 마가복음 주석서와, 교부들의 마가복음 인용을 제시해준 토마스 오든(Thomas Oden)과 크리스토퍼 홀(Chistopher Hall)의 도움 때문이다.[121] 브렌다 샤일드건(Brenda Schildgen)은 마가복음의 수용을 더 늦은 시기로 간주하지만,[122] 아마도 마가복음은 기록된 시점부터 바로 읽혔을 것이다. 비록 우리가 이 시기에 이루어진 최초의 마가복음 독해 경험에 접근하기는 어렵지만 말이다. 초기의 실제 독자에 대한 관심으로부터 마가복음의 "수용 역사"는 시작된다.

120 Cahill, "First Markan Commentary," 258 n. 1: "포스트모던 시대의 성서학계는 다음과 같은 지표로 특징지어진다. 즉 주석의 역사가 해석 원칙의 핵심으로 다시 주목받고 있다는 것이다." Cahill은 역사비평 해석의 결함을 극복하기 위한 시도로서 이전 주석서들의 사용과 Ulich Luz의 "영향사"(Wirkungsgeschichte)를 인용한다.

121 T. C. Oden and C. A. Hall, eds., *Mark*, ACCS 2 (Downers Grove, Ill.: InterVarsity, 1998).

122 B. D. Schildgen, *Power and Prejudice: The Reception of the Gospel of Mark* (Detroit: Wayne State University Press, 1999).

이와 같은 역사로의 회귀에는 문학적 연구에 대해 일반적으로 반대하는 데 대한 대답이 있다. 역사에서 문학으로 전환된 패러다임의 변화 이후, 어떤 문학비평가들은 역사적 질문 자체를 완전히 무시해버렸고, 또 다른 학자들은 문학적 질문에 너무 집중한 나머지 역사적 질문을 시야에서 놓쳐버렸다. 따라서 이전의 패러다임에 친숙한 다수의 학자가 역사적 질문이 등한시되는 데 대해 반대를 표명했던 것이다.[123] 1990년에 윌리엄 레인은 이와 같은 역사적 무시가 지속될 수 없음에 주목했다.

> 마가복음의 역사성을 인지하면서 인간 예수에 관해 역사적 질문을 제기하는 것은 바람직한 일이다. 역사적 질문을 무시하는 현재의 행태는 근본적으로 시정되어야 한다.[124]

그러나 마가복음 학계가 역사 의식을 회복해야 한다는 주장이 역사 의식의 출처가 되는 역사비평으로의 회귀를 요청하는 의미로 간주되어서는 안 된다.[125] 이런 관점을 반영하는 연구들이 지속적으로 발표되고 있지만, 다른 형태의 패러다임이 속출하는 원인이 되었던 역사비평 방법론의 문제점은 여전히 그대로 남아 있다. 더욱이 내러티브에 대한 집중으로 인해 우리가 마가복음을 하나의 일관된 전체로 이해하는 데

123 Frank Matera는 복음서 연구가 역사적 계선(moorings)을 놓치는 데 대한 우려를 자주 표한다(*What Are They Saying about Mark?* 74, 91, 92).

124 Lane, "Present State of Markan Studies," 72.

125 복음서 연구는 자료·양식·편집비평과 같은 방법론에 오랫동안 의존해왔으므로, 마가복음의 역사에 대한 질문을 다루면서 이런 방법론에 다시 의존하지 않기는 어려운 일이다. 다음을 보라. Matera, *What Are They Saying about Mark?* 74.

진전이 있었다는 점에는 논란의 여지가 없다. 이는 마가복음을 본질상 전체론적으로 적절히 다루지 못했던 방법론으로 단순히 회귀함으로써 무시될 수 없다.

마가복음 내러티브에 대한 전체론적 연구 이후 이어지는 역사로의 회귀는 다른 종류의 역사적 과업으로의 회귀가 될 것이다. 이 회귀는 "포스트내러티브" 운동이 되어야 한다. 즉 내러티브로서의 마가복음을 연구한 이후라야 비로소 고대 세계에서 마가복음이라는 하나의 내러티브가 어떻게 수용되었는가에 관한 질문이 제기될 수 있다.

이와 같은 새로운 환경에서 마가복음의 목적에 관한 질문은 이전 패러다임 아래 했던 동일한 질문과 매우 다르게 보인다. 기원후 1세기 청중의 관점에서 마가복음에 접근할 때 요구되는 것은 마가복음과 청중의 레퍼토리가 동시에 사용하는 어휘 및 개념에 주목하는 일이다. 예를 들어 간청하는 자들의 병을 묘사하기 위해 마가가 사용하는 용어는 기원후 1세기 세계에서 흔히 사용되었으므로, 당시의 청중은 고열, 중풍, 실명으로 고생하는 것이 무엇을 의미하는지 알고 있었다. 크레이그 에반스(Craig Evans)의 마가복음 주석서는 로버트 귤리히(Robert Guelich)가 시작한 Word Biblical Commentary를 완성한 것으로, 이 주석서는 마가복음과 고대 세계 사이를 개념적으로 연결하는 데 매우 유용한 자료가 된다. 초기 독자들은 예수가 사용한 용어의 상당수가 로마 제국주의 체제의 선전과 교차한다는 사실을 놓치지 않았을 것이다.[126]

126 다음을 보라. C. A. Evans, *Mark 8:27-16:20*, WBC 34B (Nashville: Nelson, 2001), lxxx-xciii; Bolt, *Jesus' Defeat of Death*; A. Dawson, *Freedom as Liberating Power: A Socio-Political Reading of the,* 'Εξουσία *Texts in the Gospel of Mark*, NTOA 44 (Freiburg: Universitätsverlag; Göttingen: Vandenhoeck & Ruprecht, 2000).

초기 독자들은 마가복음에서 예수가 로마 황제를 대신하는 인물로 제시되고 있음도 인지했을 것이다. 앤 도슨(Anne Dawson)에 의하면, 마가복음에서 선포되는 자유는 로마 문화의 지배적 이데올로기가 지지하던 자유, 즉 아우구스투스의 「업적」(*Res gestae*)에 표현된 자유와 본질적으로 다르다. 마가는 아우구스투스에 의해 자유의 황금기가 도래했다는 제국주의적 선전에 대항하여, 하나님 나라 안에서 자유의 새로운 시대를 연 장본인이 나사렛 예수임을 선포했다.[127] 내 생각에,[128] 마가는 하나님 나라의 경험을 미래적 사건으로 보고 있지만, 하나님 나라는 시작되었고 십자가 처형을 당한 한 인간의 부활은 이를 보장한다. 제국주의적 수사법이 황제의 "복음"(gospel)을 선포했던 반면,[129] 사망 직전의 세상에 생명을 불어넣은 "구세주" 즉 마가복음의 "하나님의 아들"은 치유와 축귀 행위를 통해 사망의 그늘 아래에 있던 자들을 구출했다. 이는 예수 자신의 부활과 예수를 믿는 자들의 미래적 부활, 그리고 하나님 나라로의 유입 모두를 미리 맛보는 것이었다.

마가복음의 내러티브는 원래 맥락상 그리스-로마 청중이 살고 있는 세계 고유의 정치-종교 체제의 핵심을 찌르는 급진적 주장을 펼쳤다. 이는 단순히 마가복음이 일종의 정치 선언서였다는 뜻이 아니다. 마가복음의 급진적 주장에 실제로 정치적이고 사회적인 내용이 함축되어 있었지만, 이는 사실상 그 핵심에 있어서 신학적인 주장이었다.

127 Dawson, *Freedom as Liberating Power.*

128 Bolt, *Jesus' Defeat of Death*.

129 마가의 예수 묘사와 황제 관련 수사법 사이의 언어와 개념에서의 병행 목록은 다음을 보라. Evans, *Mark,* lxxx-xciii. 그리고 여기에 더 많은 병행이 추가될 수 있다.

신학으로의 회귀

브레데 이후 역사와 신학을 이분법으로 보려는 경향이 존재해왔다. 이후의 몇몇 내러티브 연구는 이 이분법에 내러티브 범주를 추가하여 삼분법을 만들어놓았다. 그러나 우리는 이 셋 중 하나를 택하는 것보다, 이 범주가 마가복음의 세 측면을 이루고 있다고 인지하는 것이 훨씬 합리적인 처사임을 알아야 한다. 마가복음은 신학적으로 의미 있는 역사적 사건에 관한 내러티브다.

케임브리지 대학교 출판사(Cambridge University Press)의 새 연속 출간물이 최근에 등장했는데, 이는 신약신학에 대한 관심의 부활을 증명한다. 텔포드(W. R. Telford)[130]의 저술은 곳곳에서 새로운 문학적 접근법도 인정하지만, 주로 역사비평 방법론 측면에서 마가 신학에 접근한다. 우선 텔포드는 마가복음의 역사적 배경과 신학을 논하는데, 예수의 인격, 메시지, 사역을 다룬다. 다음으로 그의 등장인물에 대한 논의는 주로 편집비평 논의에 기초한다. 이어서 텔포드는 신약신학에 대한 마가복음의 기여를 논하며, 마지막 장에서는 수 세기에 걸친 마가복음 수용사의 간단한 개관과 현대 세계에서 마가복음이 이루어야 하는 공헌을 제시한다.

텔포드의 접근법은 이전 세대의 접근법으로, 복원된 마가의 청중과 관련된 마가의 편집 행위를 분석함으로써 마가 신학을 확립한다. 그러나 역사로의 회귀와 관련하여 우리가 이미 주지했듯이, 신학으로의 모든 회귀는 포스트내러티브 연구의 관점에서 시행되어야 한다. 마가복

130 Telford, *Theology of Mark*.

음과 구약성서 간 상호 텍스트의 연계성을 비롯하여,[131] 마가복음의 내러티브와 수사법에도 세심한 주의를 기울임으로써 마가복음에 묘사된 역사적 사건의 신학적 의의를 발견해야 한다. 수많은 "신학적" 주제가 지속적으로 논의되고 있지만, 마가복음의 역사성과 관련된 신학적 논의는 이보다 훨씬 더 많다.

우리는 특히 마가의 기독론에 지속적인 관심을 기울여야 한다. 앞서 보았듯이, 편집비평의 맹점 중 하나는 마가복음이 예수에 관한 이야기를 표방하는 데도 불구하고 마가복음을 마치 교회에 관한 이야기인 것처럼 취급했다는 점이다. 마가복음의 장르가 전기와 유사하다는 견해에 새롭게 부여된 유효성뿐만 아니라, 예수가 마가복음의 핵심 인물이라는 인식과 맞물린 내러티브로의 관심 전환은 마가 신학에 미치는 예수의 중요성을 다시 주장했다.

따라서 마가의 기독론에 대한 연구가 지속적으로 출간되는 현상은 놀랄 만한 일이 아니다. 내러티브로의 관심 전환은 방법론에 있어서도 전환을 가져왔다. 역사비평 패러다임하에서의 기독론이 주로 예수의 호칭 및 그것의 역사에 집중했던 반면, 로버트 탄네힐은 1975년에 "내러티브 기독론" 관점에서 마가복음을 간단히 탐구하면서 새로운 흐름

131 마가복음에 의하면, 예수의 삶, 죽음, 부활과 연관된 사건들의 신학적 의의는 대개 구약성서의 언급을 통해 확보된다. 마가복음 본문은 다수의 구약성서 본문과 상호 텍스트적 관계를 형성하고 있다. 그중에서도 가장 관련이 많은 본문은 이사야서일 것이다. 다음을 보라. R. E. Watts, *Isaiah's New Exodus and Mark*, WUNT 2.88 (Tübingen: Mohr, 1997; reprint, Grand Rapids: Baker, 2000); S. E. Dowd, *Reading Mark: A Literary and Theological Commentary on the Second Gospel* (Macon, Ga.: Smyth & Helwys, 2000); R. Schneck, *Isaiah in the Gospel of Mark I—VIII*, BIBALDS 1 (Vallejo, Calif.: BIBAL Press, 1994), 시편, 다니엘서.

을 시작했다.[132] 마가복음의 내러티브 기독론이 일단 연구되었으므로, 예수의 호칭은 포스트내러티브 관점에서 재검토될 수 있다. 이 관점은 예수의 호칭이 마가복음의 전반적인 예수 묘사에 어떻게 기여하는지를 밝히고자 한다.[133]

다른 주제에 대한 연구와 마찬가지로, 해석자들은 예수에 대한 마가복음의 전반적 메시지를 언급함으로써 이 주제를 분석하는 것이 중요할 것이다.

마가복음 연구 자료

21세기 초에 마가복음 학자들이 사용할 수 있는 자료는 풍성하다. 마가복음의 특정 구문에 집중하는 논문이 언어학[134] 및 본문 연구[135]와 더불어 다양한 방법론의 관점에서 지속적으로 출간되고 있다. 마가복음 연구 초기의 문제가 마가복음 주석의 부재였다면, 현재의 문제는 마가복음 주석이 과도하게 넘쳐난다는 것이다! 1985년 대니얼 해링턴의 언급

132 R. C. Tannehill, "The Gospel of Mark as Narrative Christology," *Semeia* 16 (1975): 57-95.

133 다음을 보라. E. Broadhead, *Naming Jesus: Titular Christology in the Gospel of Mark*, JSNTSup 175 (Sheffield: Sheffield Academic Press, 1999).

134 Lane, "Present State of Markan Studies"를 보라. Lane은 1978년부터 1987년 사이의 연구를 비평하면서, 마가복음 문체에 관한 E. J. Pryke(1978)의 연구와, P. Dschulnigg(1984)의 연구, 그리고 마가복음에 미친 유대의 영향에 관한 E. C. Maloney(1979)의 연구와 M. Reiser(1984)의 연구를 요약한다.

135 다음을 보라. K. and B. Aland, *Text und Textwert der griechischen Handschriften des Neuen Testaments, IV. Die synoptischen Evangelien*, vol. 1.1-2, *Das Markusevangelium* (Berlin: de Gruyter, 1998).

에 의하면, 1974년 이래로 네 권의 학문적 주석서가 독일어로 출간되었고, 몇 권의 훌륭한 대중적 주석서가 영어로 출간되었다. 그러나 이때까지 영어로 된 주요한 학문적 주석서는 존재하지 않았다.[136] 1985년 이후에는 학문적이면서 동시에 대중적인 진정한 주석서가 봇물 터지듯 쏟아져 나왔다. 영어로 된 학문적 주석서의 저자로는 만,[137] 귤리히와 에반스,[138] 후커,[139] 건드리,[140] 위더링턴,[141] 밴 이어셀,[142] 마커스,[143] 도나휴와 해링턴,[144] 에드워즈,[145] 프란스[146]가 있다. 아델라 야브로 콜린스(Hermeneia 주석 시리즈)와 바버(R. Barbour, ICC 주석 시리즈)의 마가복음 주석서도 출간을 앞두고 있다.[147] 1991년에 모나 후커는 학계가 제기하

136 Harrington("Map of Books on Mark," 12)은 다음과 같은 학자들의 주석서를 언급한다. Pesch (1976-77), Gnilka (1978-79), Schmithals (1979), Ernst (1981).

137 C. S. Mann, *Mark: A New Translation with Introduction and Commentary*, AB 27 (Garden City, N.Y.: Doubleday, 1986). 이 주석서는 Joel Marcus가 저술한 마가복음 주석서로 대체되었다.

138 R. A. Guelich, *Mark 1—8:26*, WBC 34A (Dallas: Word, 1989); Evans, *Mark 8:27—16:20* (WBC 34B).

139 Hooker, *Gospel according to St. Mark.*

140 R. H. Gundry, *Mark: A Commentary on His Apology for the Cross* (Grand Rapids: Eerdmans, 1993).

141 B. Witherington III, *The Gospel of Mark: A Socio-Rhetorical Commentary* (Grand Rapids: Eerdmans, 2001).

142 Van Iersel, *Mark.*

143 J. Marcus, *Mark 1—8: A New Translation with Introduction and Commentary*, AB 27A (Garden City, N.Y.: Doubleday, 1999). 이 주석서는 Mann의 마가복음 주석서를 대체하는데, Mann은 마가가 마태복음과 누가복음을 사용했다는 "두 복음서 가설"을 채택하고 있다. 반면에 Marcus는 더 일반적 입장인 마가 우선성을 택하고 있다.

144 Donahue and Harrington, *Gospel of Mark.*

145 Edwards, *Gospel according to Mark*.

146 R. T. France, *The Gospel according to Mark*, NIGTC (Grand Rapids: Eerdmans; Carlisle: Paternoster, 2002; 『NIGTC 마가복음』[새물결플러스 역간]).

147 Telford, *Mark*, 11을 보라.

는 질문의 속성이 변하고 있음을 감지하면서, 문학적 관점에서의 마가복음 연구가 가져온 결과를 조심스럽게 제시했다.[148] 그러나 2002년에 이르러 이런 결과는 마가복음 주석의 공통 특징으로 확고히 자리 잡게 되었다.[149] 특화된 마가복음 주석서도 등장했는데, 예를 들어 벤 위더링턴 3세의 마가복음 주석서는 사회수사학적 관점에서 기록된 첫 번째 주석서이며,[150] 바스 밴 이어셀의 마가복음 주석서는 독자반응 측면에서 기록된 최초의 주석서다.[151] 대중 수준의 마가복음 주석서는 점점 많아지고 있는데, 어림잡아 1970년대에는 15권, 1980년대는 20권, 1990년 이후에는 36권 이상이 출간되었다.

마가복음과의 조우

1990년에 윌리엄 레인은 자신의 연구를 마무리하면서 다음과 같이 말했다. "마가복음 연구의 가장 큰 도전 과제는 본문의 주장 및 증언과의 생생한 만남을 저해하는 본문에 대한 접근을 피하는 것이다."[152] 마가복음에 대한 최근의 접근법으로 인해 마가복음 연구는 이런 만남에 다시 열린 자세를 취하게 되었다. 이는 마가의 기독론에 관한 어느 한 연

148 Hooker, *Gospel according to St. Mark*, 2-5을 보라.

149 Edwards(*Gospel according to Mark*, 3)에 의하면, 마가는 "능숙한 문학 예술가이자 신학자"다. Donahue와 Harrington(*Gospel of Mark*, 1)은 자신들의 접근법을 "내부 텍스트성과 상호 텍스트성" 측면에서 설명한다.

150 Witherington, *Gospel of Mark*.

151 Van Iersel, *Mark*.

152 Lane, "Present State of Markan Studies," 72.

구의 명확한 주장이기도 하다.[153] 다른 연구들은 마가복음이 독자에게 미친 문학적 영향을 논한다.[154] 마가복음의 수사학적 힘에 대한 재발견은 마가복음 이야기의 개작과 마가복음 이야기의 전체 혹은 부분의 "연행"(performance)에 대한 관심을 가져왔다.[155] 또한 마가복음을 토대로 하는 설교도 지속적인 관심을 받고 있다.[156] 더욱이 텔포드는 그의 마가 신학 관련 저술을 결론지으면서 현대 세계를 위한 마가 신학의 함축적 의미를 제시하고 제자도, 윤리, 정치, 성, 교회와 유대교의 관계 같은 다양한 쟁점에 대해 논평한다.[157]

153 L. T. Johnson, *Living Jesus: Learning the Heart of the Gospel* (San Francisco: HarperSanFrancisco, 1999). Johnson은 여기서 마가복음에 대해 단편적으로 다루고 있지만, 현재도 예수가 살아 있는 인격으로 존재하고 있다는 신비에 대해 논한다.

154 M. I. Wegener, *Cruciformed: The Literary Impact of Mark's Story of Jesus and His Disciples* (Lanham, Md.: University Press of America, 1995); M. L. Minor, *The Power of Mark's Story* (St. Louis: Chalice, 2001). Minor는 여기서 마가의 이야기 기법에 영속적인 힘이 있다고 주장하며, 이 힘을 통해 우리가 하나님이 창조한 모습 그대로의 인간이 된다는 것이 무엇을 의미하는지에 대한 새로운 통찰을 얻게 된다고 말한다. J. G. Cook, *The Structure and Persuasive Power of Mark: A Linguistic Approach*, SBL Semeia Studies (Atlanta: Scholars Press, 1995). Cook은 여기에서 다음과 같이 제안한다. 즉 마가복음에 지배적으로 등장하는 말씀과 행위를 통해 독자는 마가복음 본문을 복음으로 받아들이라는 권면을 받게 된다는 것이다.

155 다음을 보라. T. E. Boomershine, *Story Journey: An Invitation to the Gospel as Storytelling* (Nashville: Abingdon, 1988); D. Rhoads, "Performing the Gospel of Mark," in *Body and Bible: Interpreting and Experiencing Biblical Narratives*, ed. B. Krondorfer (Philadelphia: Trinity, 1992), 102-19. Boomershine은 자신의 박사 논문인 "Mark, the Storyteller: A Rhetorical-Critical Investigation of Mark's Passion and Resurrection Narrative"(Ph.D. diss., Union Theological Seminary, New York, 1974)에서 마가복음의 수사학에 관해 연구했다. 그리고 미국성서협회(American Bible Society)와 협력하여 마가복음의 다중 매체 "번역"에 대한 연구를 지속하고 있다.

156 B. Thurston, *Preaching Mark* (Minneapolis: Fortress, 2002); R. S. Reid, *Preaching Mark* (St. Louis: Chalice, 1999); D. J. Ourisman, *From Gospel to Sermon: Preaching Synoptic Texts* (St. Louis: Chalice, 2000); R. A. Jensen, *Preaching Mark's Gospel: A Narrative Approach* (Lima, Ohio: CSS, 1996).

157 Telford, *Theology of Mark*, ch. 4.

마가복음 연구는 큰 진전을 이루었다. 금세기 초반에 학자들은 마가복음이 예수의 생애를 둘러싼 역사적 사건을 이야기하는 내러티브이며, 기원후 1세기 그리스-로마 세계의 사람들을 위한 신학적 목적을 지닌 내러티브라고 간주한다. 마가복음은 예수가 십자가에 처형되었다가 부활한 그리스도요 하나님의 아들이라고 선포했다. 마가복음에 의하면, 이런 사건들은 거대한 신학적 의의를 지니는데, 왜냐하면 이 사건들이 장차 임할 하나님 나라에 관한 약속을 보장해주는 하나님의 사건이기 때문이다. 앞으로의 마가복음 연구는 의심할 여지 없이 "복음의 시작"에 대해 더 많은 논의를 제공할 것이다. 이 "복음의 시작"은 고대 세계에서 발생했지만 오늘날에도 우리의 시선을 끌며 우리의 삶과 접촉한다.

제20장

히브리서와 기원후 1세기 맥락

최근 연구 동향

George H. Guthrie
조지 H. 거스리

히브리서는 신약학계의 "신데렐라"로 불린다.[1] 그리고 히브리서 연구가 진행될수록, 이 표현은 여러 단계에 걸쳐 점점 더 잘 들어맞는다. 20세기 중반에 이 신데렐라가 신약성서 정경이라는 집에 자리 잡고 있는 것이 다소 어색해 보였다. 그녀(히브리서)는 자신이 말하는 멜기세덱처럼 신비롭고 수수께끼 같은 존재로, 분명한 기원이나 공인된 목적이 없이 바울과 복음서에 집중된 적극적 연구의 그늘 아래 살고 있다(그렇다고 바울과 복음서가 신데렐라의 사악한 두 언니와 유사하다는 말은 아니다!). 쉽사리 규명할 수 없는 저자, 기록 시기 및 수신자와 관련된 확실한 단서의 부재, 신약신학의 주류에서 벗어난 사고 유형, 다수의 초대 기독

1 J. C. McCullough, "Hebrews in Recent Scholarship," *IBS* 16 (April 1994): 66.

교 문헌보다 월등히 우월한 문체 등과 같은 특징으로 인해 히브리서는 하나의 기형으로 여겨졌다. 그녀를 추종하는 자들이 있었지만, 관련 연구의 양을 볼 때, 이 추종자들의 수 역시 상대적으로 적었다.

그러나 21세기가 시작되면서 우리는 히브리서 연구사에 새로운 발전을 맞이하게 된다. 즉 이 신데렐라가 드디어 무명의 처지를 벗어나 무도회장으로 향하게 된 것이다. 우리는 지난 15년의 세월 동안 히브리서 주석서, 논문, 소논문의 꾸준한 출간을 목도해왔고, 히브리서를 집중적으로 다루는 학위 논문 연구는 증가 일로에 있다. 본 논문이 입증하고 있듯이, 문학적 분석, 비교 배경 연구, 수사학적 분석, 사회수사학적 분석, 담론 분석 및 다수의 개념 관련 연구가 히브리서를 대상으로 시행되었다. 신약성서 연구 발전에 헌신된 자들은 히브리서에 대한 높아진 관심을 주목하고 축하해야 한다. 왜냐하면 히브리서가 유창한 화법과 심도 있는 내용으로 신약성서 무도회의 가운데 자리를 차지해서가 아니라, 드디어 음지를 탈출하게 되었기 때문이다. 히브리서와 관련하여 새롭게 등장한 이해는 히브리서의 사유 배경이 복잡하고, 단순하거나 단일한 문화 또는 신학의 맥락에 반해 부적절하게 읽히고 있다는 것이다. 히브리서는 1세기의 여러 "세계"가 결집하는 지점을 형성한다. 더욱이 최근의 연구에 의하면, 히브리서는 모든 신비와 독특한 특징에도 불구하고 신약성서의 나머지 책을 비롯하여 1세기에 생성된 기독교와도 기존에 추정된 것보다 더 체계적인 연계를 맺고 있다. 따라서 히브리서는 신약성서 사고에 관한 더 광범위한 대화에 기여할 수 있는 내용이 많다.

본 논문의 목적은 현재 행해지는 히브리서 연구를 통해 히브리서가 그리스-로마, 유대교, 초기 기독교 맥락과 맺고 있는 관계를 밝힐 수 있음을 알리는 데 있다. 이를 위해 우리는 히브리서의 배경과 사유의 틀에 관한 연구를 개괄적으로 볼 수 있는 소논문 및 연구물에 대한 간단한 조사를 그 출발점으로 삼는다. 그다음에 우리는 범위가 가장 포괄적인 사회철학적 맥락—그리스-로마 세계 자체를 의미함—을 헤쳐나와, 기원후 1세기 기독교 운동의 일부분을 이루는 히브리서의 직접적 맥락에 도달하게 되는데, 이 과정에서 히브리서와 관계를 맺고 있는 다양한 문화적·신학적 맥락을 고려하고 동시에 현대 학계가 이끄는 최근의 연구 동향과 궤도를 강조하고자 한다.

히브리서 연구의 개요

더 넓은 맥락에서의 히브리서 연구를 염두에 두면서, 우리는 히브리서에 관한 최근의 학문적 논의를 제공해주는 몇 가지 이전 개요를 먼저 개괄한다.[2] 지난 사반세기 동안 주요 히브리서 주석서에 관한 분석 외에도, 이와 같은 시도가 소논문과 논문 형태로 적어도 다섯 번 이상 행해졌다. 1980년부터 1981년까지 맥컬로프(J. C. McCullough)는 1, 2부로 된 소논문을 학술지 *Irish Biblical Studies*[3]에 기고했는데, 여기서 다루

2 관련 논의는 특히 1980년대 중반 이후에 이루어진 연구에 초점을 맞춘다. 이전 히브리서 연구에 대한 중요 개관은 다음을 보라. Erich Grässer, "Der Hebräerbrief 1938-1963," *TRu* 30 (1964): 138-236, now republished in Erich Grässer, *Aufbruch und verheißung: Gesammelte Aufsätze zum Hebräerbrief*, ed. Martin Evang and Otto Merk, BZNW 65 (Berlin and New York: de Gruyter, 1992), 1-99; Ceslas Spicq, "Hébreux (Épître aux)," *DBSup* 7:226-79; G. W. Buchanan, "The Present State of Scholarship on Hebrews," in *Judaism, Christianity, and Other Greco-Roman Cults*, ed. Jacob Neusner, 4 vols., SJLA 12 (Leiden: Brill, 1975), 1:299-330.

3 J. C. McCullough, "Some Recent Developments in Research on the Epistle to the Hebrews," *IBS* 2 (1980): 141-65; 3 (1981): 28-43. 이 소논문의 내용 배치는 얼핏 보

는 주제는 히브리서의 저자, 종교적 배경(여기서는 히브리서와 필론, 히브리서와 쿰란, 영지주의, 메르카바[*Merkabah*] 신비주의가 논의된다), 히브리서의 기록 시기와 히브리서가 발송된 지역, 문학 장르, 문학 구조, 구약성서 사용(히브리서의 구약성서 사용은 맥컬로프의 박사 논문 주제이고[4] 그는 여기서 본문 관련 쟁점과 주석 방법론을 다루고 있다), 소논문 "개별 주제 및 문단"(이 소논문은 특히 "언약" 주제와 히브리서 6:4-6을 다룬다)에 대한 비평이 포함된다. 그의 제목을 통해 알 수 있듯이, 맥컬로프는 이 소논문을 통해 포괄적인 내용을 다루려 하지 않았다. 오히려 그는 대략 이십 년 전 히브리서 연구 분야에서 제기된 주장에 초점을 맞추었다. 맥컬로프의 소논문에서 종교적 배경과 구약성서 사용에 관한 내용은 가장 유용한 부분이다.

1985년에 헬무트 펠트(Helmut Feld)가 발표한 『히브리서』(*Der Hebräerbrief*)는 히브리서 연구에 대한 훨씬 광범위한 비평을 담고 있다.[5] 펠트는 특히 에리히 그래서(Erich Grässer)의 훌륭한 연구 논문(Forschungsbericht)인 "히브리서 1938-1963년"[6]이 출간된 이후 성취된

면 다소 별나 보이는데, 이는 McCullough가 먼저 "저자"를 다룬 후, "종교적 배경"과 "저술 시기 및 청중"을 다루기 때문이다. 그러나 저술 시기와 청중에 대한 McCullough의 주요 결론은 종교적 배경 논의에서 비롯된다. 그러나 히브리서의 저술 시기 및 청중에 관해 우리가 말할 수 있는 것이 거의 없다는 그의 결론은 *1 Clement*의 저술 시기로 추정되는 기원후 96년보다 덜 강조되고 있다. 또 "개별 주제 및 문단"에 관한 단락은 실질적으로 하나의 주제("언약" 개념)와 하나의 문단(6:4-6)에만 초점을 맞추고 있다. 비록 이 단락에서의 논의는 종합 비평을 의도로 기술된 소논문의 목적에 다소 부합하지 않지만, 그럼에도 불구하고 유익하다.

4 J. C. McCullough, "Hebrews and the Old Testament" (Ph.D. diss., Queen's University, Belfast, 1971).

5 Helmut Feld, *Der Hebräerbrief*, EdF 228 (Darmstadt: Wissenschaftliche Buchgesellschaft, 1985).

6 Erich Grässer, "Der Hebräerbrief 1938-1963," *TRu* 30 (1964): 138-236.

연구 결과를 비평하면서, 해당 주제에 대한 동시대 논의를 형성한 시초로 주목받으려 했던 이전 연구의 결과들을 언급했다. 펠트는 히브리서의 역사적 배경에 대해 의문을 품고 히브리서의 저자, 수신자, 수신지, 기록 시기, 정황 및 의도, 장르, 문학 구조, 종교 및 문학-역사적 배경(여기에는 구약성서의 사용, 고대 유대교에 관한 윤곽, 영지주의, 신약성서의 전반적 사고와 히브리서와의 관계가 포함된다), 해석의 역사를 다루었다. 80쪽에 달하는 펠트의 『히브리서』에는 신학적 쟁점과 광범위한 참고문헌이 균형 있게 실려 있다. 펠트가 『히브리서』에서 다루는 신학적 쟁점은 히브리서의 주요한 또는 근본적인 모티프로, 여기에는 구약성서의 의의, 기독론(하나님의 아들, 인간 예수, 대제사장 모티프), 하늘나라에서의 제사 의식과 새 언약, 창조와 종말론, 그리스도인의 삶(믿음, 배교, 믿음 공동체 내에서의 삶을 포함하는), 히브리서의 사고와 논리에 대한 평가가 있다. 문학에 대한 펠트의 비평은 비록 그 범위가 광범위하고 최근 수십 년간 이루어진 히브리서 연구 중 가장 중요한 연구가 무엇인지 잘 인지하고 있지만, 확실한 독일 학풍을 띠고 있는데, 이와 같은 독일식 연구의 흐름은 특히 에른스트 케제만과 에리히 그래서의 영향으로 정착되었다.

링컨 허스트(Lincoln Hurst)의 역작인 『히브리서: 사상적 배경』(*The Epistle to the Hebrews: Its Background of Thought*)은 펠트의 『히브리서』와 성격이 다르지만, 우리의 현재 관심사에 매우 중요하다.[7] 허스트는 옥스

7 L. D. Hurst, *The Epistle to the Hebrews: Its Background of Thought*, SNTSMS 65 (Cambridge: Cambridge University Press, 1990). 히브리서 사상의 배경과 관련하여 다음도 보라. Jeremy Punt, "Hebrews, Thought-Patterns and Context: Aspects of the Background of Hebrews," *Neot* 31 (1997): 119-58.

퍼드 대학교에서 캐어드의 지도 아래 박사 논문을 완성했는데, 허스트의 『히브리서: 사상적 배경』은 바로 이 박사 논문의 축약본이다. 비록 축약본이지만 이 책은 히브리서 사고의 틀에 관한 여러 제안을 세심하고 통찰력 있게 다룬다. 허스트가 히브리서 본문에 접근하는 방식은 두 개의 움직임으로 나눌 수 있다. 첫 번째 움직임은 "비기독교 배경"으로, "알렉산드리아의 필론과 플라톤 철학", "쿰란", "영지주의", "사마리아 사람들", "메르카바 신비주의"를 포함하는 "기타 비기독교 배경"을 다룬다. "기독교 배경"에 관한 부분은 『히브리서: 사상적 배경』의 두 번째 주요 움직임을 형성한다. 여기서 허스트는 "스데반 전승", 히브리서와 "바울 신학"의 관계, 히브리서와 "베드로전서"의 관계를 심사숙고한다. 허스트의 결론에 의하면, 히브리서에 주요 영향을 미친 요소로는 70인역의 기독론적 해석, 사도행전 7장에 보존된 기독교 전승, "바울 신학과 유사한" 신학과의 상호 작용, 그리고 유대교 묵시 사상을 꼽을 수 있다.[8] 허스트의 가장 중요한 기여 중 하나는 그의 연구가 이전의 연구 결과, 특히 로널드 윌리엄슨(Ronald Williamson)[9]의 주장에 기초하고 있다는 점이다. 어떤 학자들은 로널드 윌리엄슨의 논의를 통해 20세기 중반에 제기된 난공불락의 주장, 곧 히브리서가 본질상 플라톤 철학 혹은 필론의 사상에 속한다는 주장이 폐기되었다고 간주한다. 허스트는 필론의 사유 세계와 일치하는 히브리서의 구문을 대대적으로 다루고, 다음과 같은 어휘 즉 ὑπόδειγμα, σκία, ἀντίτυπος, ἀληθινός, εἰκών을 살피면서 윌리엄슨의 주장을 확장했다. 이때 허스트는 히브리서에 등장하는

8 위의 책, 133.

9 Ronald Williamson, *Philo and the Epistle to the Hebrews*, ALGHJ 4 (Leiden: Brill, 1970).

이 어휘들이 유대교 묵시 틀에 잘 들어맞음을 증명했다.

1994년 4월과 6월에, 맥컬로프는 자신이 기존에 해놓은 히브리서 학계 관련 조사를 재검토한 후 보강했다. 이 내용은 지난번과 마찬가지로 *Irish Biblical Studies*에 1, 2부로 나뉘어 게재되었다.[10] 여기서 맥컬로프는 자신의 이전 소논문들이 발표된 이래 13년 동안 발생한 "히브리서에 대한 관심의 소부흥"을 기록한다. 1960년부터 1979년 사이에 20권 미만의 히브리서 주석서와 10편 미만의 소논문이 출간된 반면, 1980년부터 1993년 사이에는 40여 권의 히브리서 주석서－그중 몇몇은 히브리서 이해에 매우 실질적인 도움을 준다－와 거의 40편의 논문이 출간되었다. 1, 2부로 나뉜 맥컬로프의 소논문은 1980년부터 1993년 사이에 발표된 히브리서 주석서, 논문, 소논문을 집중적으로 다룬다. 맥컬로프는 "히브리서의 구약성서 사용"과 "개별 주제 및 문단"을 제외하고, 그의 이전 논문에서 다룬 배경과 관련된 주요 쟁점들을 되짚어본다. 즉 저자, 수신자(인종을 비롯하여, 히브리서의 수신지 및 정황과 관련된 쟁점 포함), 장르 및 구조, 그리고 히브리서의 저술 시기를 다룬다. 히브리서 사상의 배경과 관련된 중요 주제는 히브리서 저자의 정체성이 아니라 프로필을 논하는 가운데 다뤄지고 있는데, 맥컬로프가 지적했듯이 히브리서 저자의 프로필은 저자 논의의 핵심이 되었다. 히브리서의 구약성서 사용에 관한 논의가 생략되었다는 것은 지난 13년간 이 논의에 괄목할 만한 진전이 없었다는 사실을 반영한다.[11]

10 J. C. McCullough, "Hebrews in Recent Scholarship," *IBS* 16 (April 1994): 66-86; (June 1994): 108-20.

11 그러나 관련 연구는 다양한 층에서 진행되고 있었다. 다음을 보라. R. E. Clements, "The Use of the Old Testament in Hebrews," *SwJT* 28 (1985): 36-45; M. L. Loane, "The Unity of the Old and New Testaments as Illustrated in the Epistle to

1994년에 크레이그 쾨스터(Craig Koester)가 발표한 연구는 맥컬로프의 소논문을 제대로 보완해준다.[12] 쾨스터는 그의 연구에서 히브리서의 "역사적·사회적·종교적 맥락" 외에도, 최근의 히브리서 주석서 몇 권을 평가하고, 히브리서의 문학적·수사학적 연구를 다루며, 특정 신학 주제와 중요 구문을 고려하면서 히브리서의 "해석사와 영향"에 대해서도 간단하게 언급한다. 신학 주제와 중요 구문에 대한 부분은 최근의 많은 연구 논문 및 소논문에 대한 간략한 비평을 제공한다. 쾨스터의 개관은 최근 Anchor Bible 시리즈 중 하나로 출간된 그의 히브리서 주석서에서 상당히 확장된다.[13] 이 주석서에서 쾨스터는 히브리서의 "해석사와 영향"에 관한 유용한 정보를 제공하며, 교회사의 중요한 네 시기를 비롯하여 히브리서의 "사회적 배경", "형식적·수사학적 측면", "히브리서의 선

the Hebrews," in *God Who Is Rich in Mercy*, ed. P. T. O'Brien and D. G. Peterson (Homebush West, N. S. W.: Lancer, 1986), 255-64; P. G. Müller, "Die Funktion der Psalmzitate im Hebräerbrief," in *Freude an der Weisung des Herrn,* ed. E. Haag and F. L. Hossfeld, SBB 13 (Stuttgart: Katholisches Bibelwerk, 1986), 223-42; M. R. Cosby, *The Rhetorical Composition and Function of Hebrews 11 in Light of Example Lists in Ancient Antiquity* (Macon, Ga.: Mercer University Press, 1988 [publication of his 1985 dissertation done at Emory University]). 같은 시기의 다른 논문은 다음과 같다. Herbert W. Bateman, "Jewish and Apostolic Hermeneutics: How the Old Testament Is Used in Hebrews 1:5-13 (Dead Sea Scrolls)" (Ph.D. diss., Dallas Theological Seminary, 1993; published by Lang, 1997); Dale Leschert, "Hermeneutical Foundations of the Epistle to the Hebrews: A Study in the Validity of Its Interpretation of Some Core Citations from the Psalms" (Ph.D. diss., Fuller Theological Seminary, 1991; published by Mellen, 1994); Charles P. Baylis, "The Author of Hebrew's Use of Melchizedek from the Context of Genesis" (Ph.D. diss., Dallas Theological Seminary, 1989); Fred A. Malone, "A Critical Evaluation of the Use of Jeremiah 31:31-34 in the Letter to the Hebrews" (Ph.D. diss., Southwestern Baptist Theological Seminary, 1989).

12 Craig R. Koester, "The Epistle to the Hebrews in Recent Study," *CurBS* 2 (1994): 123-45.

13 Craig R. Koester, *Hebrews: A New Translation with Introduction and Commentary*, AB 36 (New York: Doubleday, 2001), 19-168.

별된 신학적 쟁점"과 "히브리서 본문"에 대해 논한다.

이 시점에서 쾨스터의 주석서 외에 세 권의 주요 주석서를 언급할 필요가 있다. 윌리엄 레인의 두 권으로 된 주석서는 훌륭한 히브리서 개론으로, 자세하고 명료하며 철저하다.[14] 레인의 가장 큰 장점은 히브리서 배경 문제의 중요성에 대한 자신의 이해를 주석적 통찰 및 신학적 숙고와 결합하고 있다는 점이다. 히브리서의 사유 세계 및 정황에 대한 배경과 관련하여 레인의 주장은 철저한 숙고에 의한 것으로, 내 생각으로는 설득력이 있다.

해롤드 애트리지(Harold Attridge)의 히브리서 주석서는 레인과 쾨스터의 주석서에 비하면 다루는 내용이 적지만, 히브리서가 고대 맥락 및 문헌과 맺고 있는 주석적 상호 작용에 대한 내용은 결코 적지 않다.[15] 애트리지의 히브리서 주석서는 구약성서, 외경, 위경, 쿰란 문서, 탈무드, 미쉬나, 요세푸스, 필론, 그리스 및 라틴의 여러 저자들 간의 상호 참조로 가득하다. 한스-프리드리히 바이스(Hans-Friedrich Weiss)의 히브리서 주석서에도 주목할 필요가 있는데, 백여 페이지 분량의 이 주석서는 히브리서의 문학적 특징 및 구조, 근본 관심사 및 목적, 초기 기독교에서 히브리서가 차지하는 위치, 히브리서가 당시 종교 영역에서 차지하는 위치, 교회가 히브리서를 수용한 역사, 히브리서의 본문 등과 같은 주제를 다룬다.[16]

14 William L. Lane, *Hebrews 1—8*, WBC 47A (Dallas: Word, 1991); *Hebrews 9—13*, WBC 47B (Dallas: Word, 1991).

15 Harold Attridge, *The Epistle to the Hebrews: A Commentary on the Epistle to the Hebrews*, Hermeneia (Philadelphia: Fortress, 1989).

16 Hans-Friedrich Weiss, *Der Brief an die Hebräer: Übersetzt und erklärt*, KEK 13 (Göttingen: Vandenhoeck & Ruprecht, 1991), 35-132.

위에서 언급한 세 권의 히브리서 주석서가 히브리서의 모든 주제를 포괄하지는 않지만, 이 세 주석서를 하나로 합치면 이전에 이루어진 강력한 히브리서 개론을 접할 수 있다. 따라서 히브리서에 대한 연구를 이제 막 시작하려는 이들에게 이 세 주석서는 추천할 만하다.

히브리서와 기원후 1세기 맥락

히브리서와 그리스-로마 관습

히브리서 학자들은 히브리서의 탁월한 그리스어, 다양한 문체 사용, 논쟁 방식, 광범위한 어휘로 인해 오랜 기간 히브리서를 특별하게 여겨왔다. 이런 특징은 히브리서가 폭넓은 독서력을 지닌, 또 그리스-로마 방식의 고등 교육을 받은 저자의 저술임을 나타낸다. 최근 이루어진 히브리서 연구를 통해 충분히 분명해진 사항은 이런 특징이 히브리서와 사회적 맥락을 이어주는 주요 연결 고리 역할을 한다는 것이다. 다시 말해, 당시 널리 사용되던 언어학적·수사학적 관습이 히브리서에 기술적으로 사용되고 있는 점은 히브리서 저자가 그리스-로마 세계로부터 영향을 받았다는 분명한 표시가 된다.

수사학적 관습과 저자의 풍성한 어휘에 대한 예

수사학적 관습의 한 예로, 많은 학자가 히브리서의 *synkrisis* 혹은 비교 기법 사용에 주목한다.[17] 티머시 사이드(Timothy W. Seid)는 그의 박사 논문에서 이 수사학적 장치를 폭넓게 다루고 있다.[18] 사이드의 주장에 의하면 혈통, 가계, 탄생, 사망, 직분, 행위, 지위, 조상, 업적을 자세히 다루는 히브리서 7장은 *synkrisis* 장르와 일치하는데, 이는 그리스-로마 시대의 과시적 웅변과 밀접한 관련이 있다.

또 다른 수사학적 관습의 예는 예시(*exempla*)의 사용으로, 적어도 세 권의 히브리서 주석서가 히브리서 11장에 나타난 예시 기법에 특별히 초점을 맞추고 있다. 1985년에 마이클 코스비(Michael R. Cosby)는 에모리 대학교에서 박사 학위를 받았는데, 그의 학위 논문은 후에 단행본으로 출판되었으며, 요약된 내용은 학술지인 *Journal of Biblical Literature*에 소논문 형식으로 기재되었다.[19] 코스비는 대용(anaphora), 접속사 생략(asyndeton)을 비롯한 다른 기법의 사용이 고대 세계의 예시 목록에 폭넓게 등장하고 있음을 증명했다. 히브리서 11장의 예시 목록은 단순한 정보 전달을 목적으로 하지 않으며, 반복된 특정 표현에 담긴 역동적인 증거 축적은 이 예시 목록에 수사학적 힘을 부여한다. 이런 수사학적 힘이 노리는 효과는, 믿음으로 하나님께 반응하는 것이 올바른 일임을 청중이 자각하도록 압박하여 그들로 하여금 본보기가 되는 과거

17 예를 들어 다음을 보라. Attridge, *Epistle to the Hebrews,* 104; David E. Aune, *The New Testament in Its Literary Environment* (Philadelphia: Westminster, 1987), 213; Thomas H. Olbricht, "Hebrews as Amplification," in *Rhetoric and the New Testament: Essays from the 1992 Heidelberg Conference*, ed. S. E. Porter and T. H. Olbricht, JSNTSup 90 (Sheffield: JSOT Press, 1993), 375-87.

18 Timothy W. Seid, "The Rhetorical Form of the Melchizedek/Christ Comparison in Hebrews 7" (Ph.D. diss., Brown University, 1996). 다음도 보라. Idem, "Synkrisis in Hebrews 7: The Rhetorical Structure and Strategy," in *The Rhetorical Interpretation of Scripture: Essays from the 1996 Malibu Conference*, ed. S. E. Porter and D. L. Stamps, JSNTSup 180 (Sheffield: Sheffield Academic Press, 1999), 322-47.

19 Michael R. Cosby, *The Rhetorical Composition and Function of Hebrews 11, in Light of Example Lists in Antiquity* (Macon, Ga.: Mercer University Press, 1988); idem, "The Rhetorical Composition of Hebrews 11," *JBL* 107 (1988): 257-73.

의 인물들을 본받도록 하는 것이었다.

십 년 후, 앨런 불리(Alan D. Bulley)는 죽은 자들을 위한 추모 연설과 관련된 과시적 수사법의 특징을 조사하고, 믿음, 고난, 죽음 이 세 개념의 상호 관계를 증명함으로써 코스비의 연구를 확장하려 시도했다.[20] 불리의 결론에 의하면, 히브리서 11장의 예시 기법은 형태상으로 과시적 수사이고, 기능상으로는 의도적 수사법이다. 또한 그는 고난과 죽음이라는 주제가 히브리서의 해석적 움직임과 권면적 움직임 사이를 연결하는 핵심 포인트를 형성한다고 제안했다.

마지막으로, 파멜라 아이젠바움(Pamela Eisenbaum)은 그녀의 박사 논문에서 히브리서 11장의 영웅들이 성서 역사의 민족색을 제거하고 있음을 증명하고자 했다.[21] 아이젠바움은 이 영웅들과 이들의 특징이 선택된 기준에 관해 예리한 질문을 제기했다. 그녀의 결론에 따르면 이 영웅들의 프로필에 있어서 핵심 기준은, 그들이 이스라엘이라는 국가 측면에서 볼 때 소외된 자들이었다는 점이다. 따라서 이 영웅들의 "가치는 재평가된다." 다시 말해, 일국의 영웅들로서 그들에게 일반적으로 주어졌던 가치가 다른 가치로 변형된 것이다. 곧 그들은 소외된 자들로서 하나님께 신실했다. 결국 히브리서 저자는 11장의 영웅들을 사용하여 소외당하여 고심하고 있는 기독교 신자들에게 좋은 본보기를 제시

20 Alan D. Bulley, "Death and Rhetoric in the Hebrews 'Hymn to Faith,'" *SR* 25 (1996): 409-23.

21 Pamela M. Eisenbaum, "The Jewish Heroes of Christian History: Hebrews 11 in Literary Context" (Ph.D. diss., Columbia University, 1996). 이 소논문은 축약본의 형태로 다음과 같이 출판되었다. "Heroes and History in Hebrews 11," in *Early Christian Interpretation of the Scriptures of Israel: Investigations and Proposals,* ed. Craig A. Evans and James A. Sanders, JSNTSup 148 (Sheffield: Sheffield Academic Press, 1997), 380-96.

하며, 또 이 영웅들이 민족적 정체성에 관계없이 그들의 성서적 조상이 되고 있음을 알려준다. 따라서 아이젠바움의 이해에 의하면, 히브리서 11장은 그것의 예시 기법 사용으로 인해 성서 역사에 대한 혁신적인 기독교 해석을 보여준다.

클레이튼 크로이(N. Clayton Croy)는 히브리서에 사용된 수사학적 관습의 또 다른 예를 제시한다.[22] 우선, 크로이는 예수의 이미지를 히브리서 12:1-3에 나오는 운동선수 모델로 간주하는데, 이는 히브리서 저자가 수사학적 이론인 예시에 의해 형성한 것으로, 히브리서 청중에게 경주하는 자로서의 인내심을 촉구한다. 헬레니즘 도덕주의자들은 종종 운동선수 이미지를 사용하여 인내를 독려했다. 둘째, 크로이는 히브리서 12:4-13의 *paideia* 사용에 관해 다음과 같은 내용을 입증한다. 즉 히브리서 12:4-13의 *paideia*는 처벌적 의도가 아니라 비처벌의 교육적인 개념을 갖고 있는데, 이 개념은 유대교와 그리스-로마 문헌 모두에서 선례를 찾을 수 있지만, 특히 후기 스토아 학파에서 잘 발견된다는 것이다. 또한 크로이에 의하면, 운동선수 이미지와 도덕 교육의 비처벌 형태는 종종 함께 사용되어 서로의 개념을 강화했다.[23]

히브리서에서 사용된 것처럼 사회적 역학에 대한 두드러진 강조는 데이비드 드실바(David deSilva)가 행한 여러 연구의 중심 주제다. 드실바의 박사 논문은 루크 티머시 존슨(Luke Timothy Johnson)의 지도 아래

22 N. Clayton Croy, *Endurance in Suffering: Hebrews 12:1—13 in Its Rhetorical, Religious, and Philosophical Context*, SNTSMS 98 (Cambridge: Cambridge University Press, 1998). 이 연구서는 Croy의 박사 학위 논문인 "Endurance in Suffering: A Study of Hebrews 12:1-13 in Its Rhetorical, Religious, and Philosophical Context"(Ph.D. diss., Emory University, 1995)에 기초한다.

23 위의 책, 217.

발표되었고, 그가 저술한 사회·수사학적 주석서에는 이런 역학에 관한 그의 통찰이 실려 있다.[24] 드실바는 명예/수치라는 용어가 고대 그리스-로마 사회에서 작용했던 방식을 분석하기 위해 한 모델을 고안해냈다. 드실바의 관점에서, 히브리서의 원래 청중은 하나님과의 관계에서 명예를 소중히 여기도록 도전받았을 것이다. 여기서 하나님과 청중의 관계는 그리스도가 확립해놓은 후원자-의뢰인의 관계다. 따라서 히브리서의 청중은 세상에 의해 수치를 느끼기를 선택하도록 도전받았던 것이다. 드실바의 이 모델은 과하게 강조될 경우 히브리서 해석의 특정 부분에서 환원주의를 야기할 수 있지만, 드실바는 히브리서 내용을 신선한 관점에서 이해할 수 있게 해주는 일종의 렌즈를 개발한 셈이다.

위에서 언급한 모든 연구가 입증하는 것은, 그리스-로마 세계의 문학과 연설에서 흔히 볼 수 있는 특정 수사학 기법이 히브리서에서 사용되고 있다는 점이다. 이에 덧붙여, 나는 특정 문체 기법에 대해 언급하고자 한다. 이 문체 기법은 당시 수사학 핸드북에 모두 등장하며 히브리서에서도 발견된다.[25] 저자는 히브리서의 본문 작성에서 다음과 같은 문체 기법을 사용한다. 즉 다양한 리듬, 주기적 문체(이는 여러 절을 연결하고, 다양한 주제를 균형 잡힌 하나의 개체로 취급하며, 또 복잡한 구성 안에

24 David deSilva, *Despising Shame: Honor Discourse and Community Maintenance in the Epistle to the Hebrews,* SBLDS 152 (Atlanta: Scholars Press, 1995). 이 연구서는 deSilva의 박사 학위 논문인 "Despising Shame: The Social Function of the Rhetoric of Honor and Dishonor in the Epistle to the Hebrews"(Ph.D. diss., Emory University, 1995)에 기초한다. *Perseverance in Gratitude: A Socio-Rhetorical Commentary on the Epistle "to the Hebrews"* (Grand Rapids: Eerdmans, 2000); 다음도 보라. Idem, "The Epistle to the Hebrews in Social-Scientific Perspective," *ResQ* 36 (1994): 1-21; "Exchanging Favor for Wrath: Apostasy in Hebrews and Patron-Client Relationships," *JBL* 115 (1996): 91-116.

25 최근 주석서 중 특히 다음을 보라. Attridge, *Epistle to the Hebrews*, 20-21; Koester, *Hebrews,* 92-96.

존재하는 이 다양한 주제를 하나로 묶어준다[예. 1:1-4]), 수사학적 질문, 두운법, 대용어(특정 단어의 반복), 대조법(대조적 개념들의 병치), 음운법(단어나 음절의 특정 소리 반복), 접속사 생략법(나열되는 절이나 단어를 중간 접속사 없이 병치시킴), 연속 접속사법(접속사의 반복을 통해 절과 절을 연결), 용어 생략법(특정 표현을 속기 형태로 단순화시킴), 교차법, 생략법, 이사일의(二詞一意, 두 용어를 사용하여 하나의 개념을 표현), 전치법(원래 붙어 있어야 할 단어들을 분리), 이소콜론(isocolon, 동일한 형태의 절들을 병치), 완서법(이중 부정어 사용), 수미상관 구조(*inclusio*, 한 단락의 처음에 등장하는 문장이 같은 단락의 끝에도 비슷하게 등장하는 기법), "인용어"(hook-words, 한 단락의 끝과 다음 단락의 시작에 특정 용어를 사용한 전이), 말장난(어원학적 단어 놀이)이다. 이와 같은 문체 관련 기본 특징에 추가될 수 있는 수사법으로는 화법 관련 특징인 은유, 환유(특정 단어를 그것과 관련 있는 또 다른 단어로 대체), 제유(어떤 것의 한 부분을 통해 전체를 표현), 과장법, 환칭법(어떤 이름을 다른 말로 바꾸어서 표현)이 있다.

더욱이 연구가들은 오래전부터 히브리서의 풍부하고 다양한 어휘 사용에 주목해왔는데, 그중 169개 용어는 히브리서를 제외한 신약성서 어디에도 등장하지 않는다. 뜻이 모호한 단어에 대한 연구가 지속되고 있으며 어떤 연구들은 해석 및 번역 문제에 통찰을 제공해준다. 예를 들어, 존 리(John Lee)는 1997년 그의 소논문에서 히브리서 저자가 5:14에서 사용하는 ἕξις라는 단어를 고찰하면서 다음의 사실을 입증한다. 즉 "연습"이라는 뜻을 따르는 이 용어의 일반적 번역은 고대 세계에서 이 단어가 실제로 사용된 것과는 무관하다는 것이다.[26] 하지만 이런 오

26 John A. Lee, "Hebrews 5:14 and ἝΞΙΣ: A History of Misunderstanding," *NovT* 39 (1997): 151-76.

역과 이로 인한 오해는 어디에서나 볼 수 있는 흔한 현상으로, 오해의 역사는 불가타 성서로 거슬러 올라간다. 오히려 ἕξις는 상태 혹은 상황의 의미를 함축한다. 따라서 이런 관점에서 볼 때, 히브리서 저자가 단언하는 내용은 다음과 같다. 즉 영적으로 성숙한 자들은 그들의 **성숙도**에 의해 선과 악의 차이를 구분할 수 있도록 훈련된 지각을 소유하게 된다는 것이다.

히브리서의 구조와 그리스-로마 관습

히브리서의 구조에 관한 연구를 통해 히브리서 저자가 자신의 전문 지식과 복잡하게 섞여 있는 여러 기법을 능숙하게 사용하여 하나의 담론을 형성하고 있음이 입증되었다. 히브리서 구조에 대한 접근법은 기본적으로 다음과 같이 주제별로 구분할 수 있다. 즉 문학적 접근, 수사학적 접근, 핵심 구약성서 구문을 통해 히브리서에 틀이 제공된다고 주장하는 접근, 언어학적 접근이다.[27] 이 접근법 중 수사학적·문학적·언어학적 접근은 모두 어느 정도 그리스-로마 세계의 수사학 특징에 의존

27 다음을 보라. George H. Guthrie, *The Structure of Hebrews: A Text-Linguistic Analysis*, NovTSup 73 (Leiden: Brill, 1994), 23-41; Albert Vanhoye, *La structure littéraire de l'Épître aux Hébreux*, 2nd ed. (Lyon: Desclée de Brouwer, 1976), 13-15; Walter G. Übelacker, *Der Hebräerbrief als Appell: Untersuchungen zu exordium, narration und postscriptum (Hebr 1—2 und 13, 22—25)*, ConBNT 21 (Stockholm: Almqvist & Wiksell, 1989), 40-48. 구약성서 핵심 본문의 틀 위에 세워진 히브리서의 구조에 대해서는 다음을 보라. G. B. Caird, "The Exegetical Method of the Epistle to the Hebrews," *CJT* 5 (1959): 44-51; R. N. Longenecker, *Biblical Exegesis in the Apostolic Period* (Grand Rapids: Eerdmans, 1975), 175-85; R. T. France, "The Writer of Hebrews as a Biblical Expositor," *TynBul* 47 (1996): 245-76; John Walters, "The Rhetorical Arrangement of Hebrews," *AsTJ* 51 (1996): 59-70.

한다.

우선, 히브리서를 수사학의 일종으로 또는 당시에 행해진 연설 유형으로 규명하려는 시도는 성공을 거두지 못하고 있다. 이런 시도는 새로운 일이 아니다. 닐스 헤밍슨(Niels Hemmingsen), 헤르만 폰 조덴(Hermann F. von Soden), 시어도어 해어링(Theodore Haering), 한스 빈디쉬(Hans Windisch)의 오래전 연구들은 이미 히브리서의 구조를 고대 그리스 연설 유형에 맞춰 제시했다.[28] 더 최근에 바나바스 린다스는 히브리서의 각 부분이 첫 번째 청중에게 미친 수사학적 영향을 조사함으로써 히브리서를 재검토했다. 린다스는 히브리서 전체의 일관된 구조를 다루지는 않지만, 그의 결론에 따르면, 히브리서는 청중에게 특정 행동 양식을 따르라고 도전하는 깊이 있는 수사학적 기법과 맥을 같이한다.[29] 다른 학자들은 히브리서가 과시적 수사법에 더 가깝다고 이해하는데, 이는 칭송받을 만한 특징을 드높이고 수치스러운 행위를 비난함으로써 청중의 가치관을 강화하는 것을 목적으로 한다.[30] 해롤드 애트리지의 주장에 의하면 "히브리서는 분명히 과시적 연설로서, 그리스도의 의의를 기념하고 그리스도를 따르는 자들이 공유해야 할 가치관을

28 Niels Hemmingsen, *Commentaria in omnes Epistolas Apostolorum, Pauli, Petri, Iudae, Ioannis, Iacobi, et in eam quae ad Hebraeos inscribitur* (Frankfurt: Gerog Corvinus, 1579), 831 (quoted in Kenneth Hagen, *Hebrews Commenting from Erasmus to Bèze, 1516—1598*, BGBE 23 [Tübingen: Mohr Siebeck, 1981], 80-81); Hermann F. von Soden, *Urchristliche Literaturgeschichte: Die Schriften des Neuen Testaments* (Berlin: Alexander Duncker, 1905), 8-11, 127-28; Theodore Haering, "Gedankengang und Grundgedanken des Hebräerbriefs," *ZNW* 18 (1917-18): 153; Hans Windisch, *Der Hebräerbrief*, HNT 14 (Tübingen: Mohr Siebeck, 1931), 8.

29 Barnabas Lindars, "The Rhetorical Structure of Hebrews," *NTS* 35 (1989): 382-406.

30 히브리서에 등장하는 수사법의 종류에 관한 여러 제안에 대해서는 다음을 보라. Koester, *Hebrews*, 82; Lane, *Hebrews 1—8*, lxxviii-lxxix.

심어준다."[31]

폰 조덴과 해어링의 오래전 연구와 마찬가지로, 최근의 어떤 연구들은 연설 유형에 따른 히브리서의 구조를 규명하려고 시도한다. 발터 위벨라커(Walter G. Übelacker)는 히브리서의 구조를 광범위하게 다루고 있다.[32] 위벨라커 역시 히브리서를 심오한 담론으로 이해하면서 히브리서를 다음과 같이 나눈다. 머리말(*prooemium*, 1:1-4), 제안(*propositio*)을 위한 이야기(*narratio*, 1:5-2:18), 주장(*probatio*)과 반박(*refutatio*)으로 이루어진 논쟁(*argumentatio*, 3:1-12:29), 결론(*peroratio*, 13:1-21), 추신(*postscriptum*, 13:22-25). 위벨라커의 히브리서 1:1-4 및 1:5-2:18에 대한 해석은 그의 연구 논문에서 가장 핵심을 이루는데, 1:1-4이 1:5-2:18보다 상대적으로 더 많은 비중을 차지한다. 그리고 히브리서의 나머지 부분은 이 두 부분에 대한 위벨라커의 상세한 조사를 토대로 분석되고 있다.

카이요 니사일랴(Keijo Nissilä)는 히브리서의 대제사장 모티프가 지닌 기능을 이해하려는 시도로서 히브리서를 수사학적으로 분석하여 발표했다.[33] 니사일랴는 히브리서에서 아홉 개 문단을 선별하여 각각을 본문 분석(Textanalyse)과 주제 분석(Motivanalyse) 측면에서 조사한다. 특히 주제 분석은 언제나 die rhetorische Anwendung(해당 문단에서의 대제사장 모티프의 수사적 사용)을 염두에 두면서 마무리된다. 니사일랴의 히브리서 개관은 히브리서를 다음과 같이 세분한다. 서론(*exordium*,

31 Attridge, *Epistle to the Hebrews,* 14.

32 Übelacker, *Der Hebräerbrief als Appell*, 66-138.

33 Keijo Nissilä, *Das Hohepriestermotiv im Hebräerbrief: Eine exegetische Untersuchung,* Schriften der Finnischen exegetischen Gesellschaft 33 (Helsinki: Oy Liiton Kirjapaino, 1979), 1-5.

1:1-4), 이야기(*narratio*, 1:5-2:18), 논쟁(*argumentatio*, 3:1-12:29), 결론(*epilogus*, 13:1-25).

수사비평을 통한 통찰에 호의적인 사람들 사이에서도 발견되는 히브리서 연구의 한 흐름은 히브리서를 일종의 웅변으로 보거나 히브리서에 일련의 수사적 패턴을 부과하는 시도가 결국 도움이 되지 않음을 인지하는 것이다.[34] 윌리엄 레인은 다음과 같이 단호히 말한다. "우리는 히브리서를 고전 연설이라는 틀에 억지로 끼워 맞출 수 없다."[35] 그럼에도 불구하고 히브리서에 수사학적 문체가 광범위하게 사용되고 있다는 점에는 의심의 여지가 없다.

히브리서의 문학적 분석은 특히 앨버트 반호이(Albert Vanhoye)의 영향에 기반을 두고 있는데, 이는 본문을 나누는 기준이 되는 핵심적인 문학적 역학을 규명한다. 반호이는 다음과 같은 다섯 기법을 히브리서 구조를 이해하는 핵심 요소로 제안한다. 즉 주제 선언, 인용어(hook-words), 장르 변화, 특징적 용어, 수미상관 구조(*inclusio*)의 사용이다.[36] 더 최근에 나는 일종의 절충적 접근법을 제안했는데, 이는 이전의 문학적 접근법이 강조했던 기법의 특성, 전이 기법 유형의 특성, 본문 담론 분석에 관한 여러 언어학적 방법을 결합한 것이다.[37] 나는 반호이의 연구에 여러 이의를 제기했는데, 특히 반호이가 히브리서 4:14-16과

34 예를 들어 다음을 보라. David A. deSilva, *Perseverance in Gratitude*, 57; Koester, *Hebrews*, 82. Koester에 의하면, 고전 안내서들은 정치적 수사법과 과시적 수사법이 한 연설 안에 종종 발견되고 있음을 인지하고 있다(다음을 보라. Aristotle, *Rhetoric* 1.9.36; Quintilian, *Inst.* 3.7.28).

35 Lane, *Hebrews 1—8*, lxxix.

36 Vanhoye, *La structure littéraire de l'Épître aux Hébreux*, 37.

37 Guthrie, *The Structure of Hebrews*.

10:19-25에 분명히 나타나는 수미상관 구조를 간과하고 있음을 지적했다. 그러나 반호이의 연구와 내 연구가 모두 분명히 밝히는 것은 고대 그리스 문학에서 널리 사용되었던 수미상관 구조, 인용어와 같은 기법의 사용이[38] 히브리서 구조 형성에 지대한 역할을 감당하고 있다는 점이다.

결론

히브리서의 문체적·구조적 기법, 용어, 수사학적 관습에 대해 최근 수년간 이루어진 다양한 연구는 히브리서 저자가 고등 교육을 받고 그리스-로마 세계의 문어 및 구어 담론에 정통한 사람이었음을 분명하게 입증해준다. 따라서 그리스-로마 세계를 통해 히브리서 저자는 자신의 메시지를 역동적이며 정교하게 전달할 수 있는 수단을 얻게 된 셈이다. 다음에 살펴볼 주제는 기원후 1세기 맥락–보편적 유대교의 영향–에 관한 것으로, 우리는 계속해서 의사 전달의 방법론뿐만 아니라 히브리서의 사유 배경에 관한 질문도 직접적으로 다루게 될 것이다.

38 다음을 보라. Richard Volkmann, *Die Rhetorik der Griechen und Römer in systematischer Übersicht* (Leipzig: Teubner, 1885), 438, 471; Heinrich Lausberg, *Handbuch der literarischen Rhetorik: Eine Grundlegung der Literaturwissenschaft* (Munich: Hueber, 1960), 1.

히브리서와 더 넓은 의미의 유대교

히브리서를 비학문적 관점에서 격식을 차리지 않고 편하게 읽을 때라도, 히브리서의 유대교적 관심사를 눈치채지 못한다는 것은 불가능하다. 왜냐하면 히브리서에는 유대교 성서가 광범위하게 사용되고 있으며, 유대교 성서에 대한 신학적 관심이 존재하기 때문이다. 따라서 히브리서에 영향을 미친 요소의 범위를 한정하려는 시도들은 1세기 유대교에 관한 다양한 표현에 초점을 맞추고 있는데, 그중 어떤 시도는 다른 것에 비해 더 성공적인 결과가 나온다.

메르카바 신비주의, 영지주의, 쿰란

예를 들어 메르카바 신비주의를 히브리서 사유의 주요 배경으로 내세우려는 노력은 실패로 끝났다고 봐야 하는데, 이와 관련하여 크레이그 쾨스터는 다음과 같이 생각한다. "신비주의 전승은…이제 히브리서 해석에 거의 도움이 안 되는 것으로 널리 인정된다."[39] 히브리서 사유의 주된 배경으로 메르카바 신비주의를 처음 제시한 학자는 쉥케(H. -M. Schenke)였고, 이후 로널드 윌리엄슨(Ronald Williamson)과 호피우스(O. Hofius)가 같은 내용을 제시했다.[40] 링컨 허스트가 입증한 바에 의하면,

39 Koester, "Hebrews in Recent Study," 132.

40 H. -M. Schenke, "Erwägung zum Rätsel des Hebräerbriefes," in *Neues Testament und christliche Existenz*, ed. H. D. Betz and L. Schottroff (Tübingen: Mohr Siebeck, 1973), 433-34; Ronald Williamson, "The Background of the Epistle to the Hebrews," *ExpTim* 87 (1975-76): 232-37; O. Hofius, *Der Vorhang vor dem Thron Gottes: Eine exegetisch-religionsgeschichtliche Untersuchung zu Hebräer 6:19f. und 10:19f.*, WUNT 14

윌리엄슨과 다른 학자들이 제시한 유사 구절들은, 메르카바 신비주의와 히브리서 모두에 대해 공통 출처가 되거나 영향을 미친 시편과 묵시적 유대교 문헌과 같은 자료를 통해 설명될 수 있다. 윌리엄슨 자신도 이 점을 인정한다.[41] 게다가 쉥케, 윌리엄슨, 호피우스가 메르카바 신비주의를 이해하기 위해 사용하는 문헌은 대부분 신약성서 이후에 기록된 것이다. 이는 기원후 1세기에 "메르카바 신비주의"로 명명할 만한 실체가 과연 존재했는지에 대해 의문을 일으킨다.[42]

위와 같은 상황은 히브리서에 대해 영지주의 배경을 제안하는 상황과 유사하다. 영지주의 배경에 대한 제안은 특히 독일 학계에서 유명하며, 관련 연구로는 에른스트 케제만의 1939년 논문 『하나님의 방랑하는 백성』(*Das wandernde Gottesvolk*, 1984년에는 영역본 *The Wandering People of God*이 발간됨)에서부터 에리히 그래서와 게르트 타이센이 1960년대 발표한 주요 연구에 이르기까지 다양하다.[43] 표면상으로, 히브리서에 적용된 영지주의 해석 모델은 몇몇 부분에서 시사하는 바가 있다. "방랑하는 백성" 모티프는 그것의 하부 주제인 "쉼"[44]과 더불어 영혼이 어두운 물질 세계에서 천상의 영역으로 이동한다는 영지주의 관념과 일치하며, 예수의 여정과 사역은 "구원자 신화"를 배경으로 이해될 수 있다. 하지만 영지주의의 기원, 속성, 정확한 시기, 그리고 "구원자 신화"

(Tübingen: Mohr Siebeck, 1972).

41 Hurst, *Epistle to the Hebrews,* 82-85; Williamson, "Background of the Epistle," 236.

42 Hurst, *Epistle to the Hebrews,* 84-85.

43 Erich Grässer, *Der Glaube im Heberäerbrief*, Marburger theologische Studien 2 (Marburg: Elwert, 1965); Gerd Theissen, *Untersuchungen zum Hebräerbrief*, SNT 2 (Gütersloh: Mohn, 1969). 다음 논의를 보라. Weiss, *Der Brief an die Hebräer*, 103-6.

44 다음을 보라. Judith Hoch Wray, *Rest as a Theological Metaphor in the Epistle to the Hebrews and the Gospel of Truth*, SBLDS 166 (Atlanta: Scholars Press, 1998).

를 규명하는 일은 악명 높을 정도로 어렵다. 더욱이 제기된 유사 내용은 기원후 1세기의 주류 유대교를 통해 합리적인 설명이 가능하다. 한 학자는 다음과 같이 말했다. "혹자는 '영지주의 운동'이 얼마나 파편화되어 있었고 얼마나 널리 퍼져 있었는지 궁금할 것이다." 그리고 "기원후 1세기 기독교의 '영지주의 신화' 의존에 관한 이론들은 한 단체로부터의 상당한 영향을 가정하는데, 이 단체는 중요한 어떤 기록도 남기지 않았고, 우리는 이 단체의 주장에 관해 명확히 알고 있는 것도 없다."[45] 허스트가 주목하듯이 "소수의 예외를 제외하고, 히브리서에 대한 영지주의적 접근은 책임 있는 해석에 거의 영향을 미치지 못한다."[46]

히브리서의 사유 배경을 쿰란 문서에서 찾으려는 시도가 더 설득력이 높아 보인다.[47] 쿰란 문서에는 천사들의 중요한 역할, 다양한 메시아 개념, 종말론적 관점에 대한 측면, 모세와 예언자(들)의 중요성, 구약성서 사용과 같은 히브리서와 유사한 내용이 다수 등장한다.[48] 특히 11QMelchizedek은 히브리서 7장의 멜기세덱 설명과 관련하여 주목을

45 Jon Laansma, *"I Will Give You Rest": The Rest Motif in the New Testament with Special Reference to Mt. 11 and Heb. 3—4*, WUNT 98 (Tübingen: Mohr Siebeck, 1997), 151.

46 Hurst, *Epistle to the Hebrews*, 74.

47 다음을 보라. Y. Yadin, "The Dead Sea Scrolls and the Epistle to the Hebrews," *Scripta Hierosolymitana* 4 (1958): 36-53; F. C. Fensham, "Hebrews and Qumran," *Neot* 5 (1971): 9-21; P. E. Hughes, *A Commentary on the Epistle to the Hebrews*, (Grand Rapids: Eerdmans, 1977), 10-15; S. Kistemaker, *The Psalm Citations in the Epistle to the Hebrews* (Amsterdam: van Soest, 1961), 74. H. Kosmala는 *Hebräer, Essener, Christen: Studien zur Vorgeschichte der frühchristlichen Verkündigung*, SPB 1(Leiden: Brill, 1959)에서 히브리서 수신자들은 에세네파로 아직 기독교로 개종하지 않았지만, 믿음에 대한 기본적 교육을 받고 있었다고 제안한다.

48 관련 논의와 참고 문헌에 대해서는 다음을 보라. Koester, *Hebrews*, 62-63; Lane, *Hebrews 1—8*, cvii-cviii, 161; Hurst, *Epistle to the Hebrews,* 43-66; Punt, "Hebrews, Thought-Patterns and Context," 137-40.

끈다.[49] 그러나 이런 시도 역시 설득력이 떨어지는데, 왜냐하면 관련되는 유사 내용은 당시 지중해 세계에 퍼져 있던 더 넓은 의미의 유대교를 통해 설명될 수 있기 때문이다.[50] 그뿐 아니라, 히브리서와 쿰란 문서 사이의 개념적 차이도 진지하게 다뤄져야 하기 때문이다.

헬레니즘 유대교

히브리서의 여러 괄목할 만한 특징을 고려할 때 히브리서가 전반적으로 헬레니즘 유대교의 영향을 받은 저술이라는 통찰이 더 설득력 있다.[51] 히브리서 저자에게 성서란 그리스어로 기록된 구약성서를 의미하는데, 이 그리스어 버전의 구약성서는 헬레니즘 회당에서 사용되었고, 히브리서 저자의 언어에 여러 측면으로 영향을 미쳤다. 더욱이 윌리엄 레인을 비롯한 다른 학자들은 적어도 세 가지 다른 특징에 주목했는데, 그들에 의하면 히브리서는 이 세 가지 특징으로 헬레니즘 유대교의 사

49 M. de Jonge and A. S. van der Woude, "11QMelchizedek and the New Testament," *NTS* 12 (1965-66): 301-26; Y. Yadin, "A Note on Melchizedek and Qumran," *IEJ* 15 (1965): 152-54; R. Longenecker, "The Melchizedek Argument of Hebrews: A Study in the Development and Circumstantial Expression of New Testament Thought," in *Unity and Diversity in New Testament Theology*, ed. R. A. Guelich (Grand Rapids: Eerdmans, 1978), 173-79.

50 다음을 보라. Herbert Braun, *Qumran und das Neue Testament,* 2 vols. (Tübingen: Mohr Siebeck, 1966), 241-78; Grässer, "Der Hebräerbrief 1938-1963," 171-217.

51 특히 다음을 보라. Lane, *Hebrews 1—8*, cxlvii-cl; John and Kathleen Court, *The New Testament World* (Cambridge: Cambridge University Press, 1990), 322; Marie Isaacs, *Sacred Space: An Approach to the Theology of the Epistle to the Hebrews*, JSNTSup (Sheffield: JSOT Press, 1992), 48-49; Barnabas Lindars, *The Theology of the Letter to the Hebrews*, New Testament Theology (Cambridge: Cambridge University Press, 1991), 22-23. "헬레니즘 유대교"(Hellenistic Judaism)라는 용어 사용에 관한 주의 사항에 대해서는 다음을 보라. Punt, "Hebrews, Thought-Patterns and Context," 122-24.

상과 맥을 같이하고 있음이 증명된다. 첫째, 히브리서 저자는 1:1-4에서 "아들"을 소개하는데, 이와 관련하여 저자가 사용하는 표현은 헬레니즘 유대교의 신령한 지혜 전승 영향을 반영하는 것 같다.[52] 둘째, 히브리서 2:2은 하나님의 천사들을 율법의 중재자로 언급하는데, 이 신념은 특히 당시 헬레니즘 유대인들 사이에 널리 알려져 있었던 것 같다.[53] 셋째, 히브리서에서 중요한 본보기 인물 중 하나인 모세는(3:1-6; 8:3-5; 11:23-29), 그의 높은 권위와 하나님과의 접촉으로 인해 헬레니즘 유대교 내에서 많은 존중을 받고 있었다. 또 모세는 몇몇 유대교 전승에서 역사상 가장 위대한 인물로 간주되며, 많은 문헌이 그를 주요 인물로 다룬다.[54] 레인은 이런 특징을 근거로 히브리서를 기원후 1세기의 헬레니즘 유대교라는 넓은 흐름에 정확히 위치시킨다.[55]

알렉산드리아의 필론 혹은 유대교 묵시 사상?

기원후 1세기에 헬레니즘 유대교와 관련된 지식인 중 단연 눈에 띄는 사람은 알렉산드리아의 필론이다. 19세기 말에서 20세기 중반에 이르는 60년간, 학계는 필론의 사고 및 해석 방법, 그리고 용어가 히브리서 저자에게 미친 광범위한 영향에 대해 거의 합의를 이루었다. 이런 필론의 영향력을 누구보다 가장 강력하게 주장했던 학자는 세슬라스 스피크(Ceslas Spicq)였다. 두 권으로 이루어진 스피크의 히브리서 주석서는

52 W. L. Lane, "Detecting Divine Wisdom in Hebrews 1:1-4," *NTS* 5 (1982): 150-58.

53 Lane, *Hebrews 1—8*, liv, noting Acts 7:38, 53; Gal. 3:19; Josephus, *Ant.* 15.136.

54 M. R. D'Angelo, *Moses in the Letter to the Hebrews,* SBLDS 42 (Missoula, Mont.: Scholars Press, 1979), 95-131.

55 Lane, *Hebrews 1—8*, liv.

1952년에 출판되었는데, 그는 이 주석서에서 히브리서와 필론 사이의 광범위한 유사 내용을 해석 방법, 용어, 세계관 측면에서 다룬다.[56] 스피크는 이와 같은 연구 자료를 통해 다음과 같이 결론 내렸다. 즉 필론이 히브리서 저자에게 강한 영향을 미친 것은 사실이지만, 히브리서 저자는 기독교로 개종한 인물로서 기독교 운동의 영향 아래 예표론적 방법을 채택했다는 것이다.

레인과 허스트가 모두 주목하듯이, 난공불락으로 여겨졌던 위와 같은 입장이 강력한 두 사건을 통해 허물어지기 시작했다. 첫 번째 사건으로, 쿰란 문서의 발견과 연구는 히브리서 이해의 바탕이 될 수 있는 또 다른 유대교 배경을 제시했다. 스피크는 쿰란 문서를 통한 새로운 사실에 반응했는데, 자신의 기존 주장에 변화를 주며 다음과 같이 말했다. 즉 히브리서는 쿰란 공동체와 접촉하고 있었던 일군의 제사장들을 위해 기록되었다는 것이다.[57] 두 번째 사건으로, 일련의 연구들은 스피크의 연구가 과연 타당한지 의문을 제기했다. 바레트는 비록 필론의 이상주의에 대한 요소가 히브리서에 담겨 있다고 주장했지만, 이전에 플라톤/필론 관점에서 읽었던 히브리서의 많은 개념을 실은 유대교 묵시사상 차원에서 읽어야 함을 입증했다. 다음은 바레트의 결론이다. "히브리서의 어떤 특징은 알렉산드리아의 플라톤주의에서 비롯되었다고 종종 주장되었는데, 사실 묵시적 상징주의에서 비롯되었다."[58]

56 Ceslas Spicq, *L'Épître aux Hébreux,* 2 vols., Études bibliques (Paris: Gabalda, 1952), 1:39-91.

57 Ceslas Spicq, "L'Épître aux Hébreux, Apollos, Jean-Baptiste, les Hellénistes et Qumran," *RevQ* 1 (1959): 365-90.

58 C. K. Barrett, "The Eschatology of the Epistle to the Hebrews," in *The Background of the New Testament and Its Eschatology*, ed. D. Daube and W. D. Davies (Cambridge:

필론이 히브리서에 영향을 미쳤다는 주장은 1959년에 핸슨(R. P. C. Hanson)과 거의 10년 후에 슈뢰거(F. Schröger)에 의해 또 다른 타격을 입는다.[59] 이 두 학자는 히브리서와 필론 사이에 큰 차이점이 존재함을 발견했다. 하지만 스피크의 주장에 가장 큰 타격을 가한 연구는 로널드 윌리엄슨의 상세한 분석으로 1970년에 출간되었다.[60] 윌리엄슨은 스피크의 연구를 해체하여 세계관, 용어 사용, 주석 방법 측면에서 히브리서와 필론을 분석했다. 윌리엄슨은 스피크의 연구와 논리에 결함이 있음을 증명했다.

지난 20세기의 마지막 25년 동안 유대교 묵시 사상에 관한 연구에 괄목할 만한 진전이 있었다.[61] 우리는 이 진전을 통해 유대교 묵시 사상

Cambridge University Press, 1956), 393.

59 R. P. C. Hanson, *Allegory and Event: A Study of the Sources and Significance of Origen's Interpretation of Scripture* (Richmond, Va.: John Knox, 1959); Friedrich Schröger, *Der Verfasser des Hebräerbriefes als Schriftausleger* (Regensburg: Pustet, 1968).

60 Ronald Williamson, *Philo and the Epistle to the Hebrews*, ALGHJ 4 (Leiden: Brill, 1970).

61 묵시 사상을 다룰 때, 우리는 용어 문제에 즉시 직면하게 된다. Klaus Koch가 1970년대 초에 *The Rediscovery of Apocalyptic*에서 제기한 이후로 이 문제는 계속 논의되어왔다. Koch는 묵시문학 장르를 그가 묵시로 부르는 역사적 운동과 구분해놓았다. P. D. Hanson은 후에 묵시문학 양식과 묵시적 종말론의 신학적 측면, 그리고 묵시주의의 사회·종교적 운동 사이의 3단계 묘사를 주장했다. 그러나 이와 같은 Hanson의 설명에도 불구하고, 우리는 한 문학작품 안에서, 구체적으로 종말론적인 그리고 비종말론적인 묵시 요소에 대한 구분을 발견하지 못한다. 결과적으로 다음과 같은 유익한 구분은 최근에 이루어졌다. 즉 특정 저술 장르로서의 **묵시**(apocalypse), 사회적 운동으로서의 **묵시주의**(apocalypticism), 장르 또는 장르 이면의 신학적 관점에 사용되는 형용사로서 **묵시적**(apocalyptic), 말세에 하나님께서 어떻게 만물을 바르게 정리하시는지에 관한 특정 유형의 종말론을 의미하는 **묵시적 종말론**(apocalyptic eschatology)이 있다. 다음을 보라. K. Koch, *The Rediscovery of Apocalyptic*, SBT 2.22 (London: SCM, 1972); P. D. Hanson, *The Dawn of Apocalyptic: The Historical and Sociological Roots of Jewish Apocalyptic Eschatology*, rev. ed. (Philadelphia: Fortress, 1979), 429-44; L. J. Kreitzer, "Apocalyptic, Apocalypticism," in *Dictionary of the Later New Testament*

이 상당히 공간적 특징을 지닌 개념으로서 천상과 지상이라는 두 영역의 구분에 집중하고 있음을 알 수 있다. 이런 경향에 발맞춰 링컨 허스트는 바레트와 윌리엄슨의 연구를 확장하여 히브리서의 용어 사용이 유대교 묵시 사상의 공간과 시간의 이원론과 정확히 맞아떨어짐을 입증했다. 이와 관련하여 허스트는 자신의 결론에서 다음과 같이 말한다.

> 히브리서의 용어에서 **뚜렷하게** "플라톤적"이고 "철학적"이며 "실체적"(noumenal)인 것은 존재하지 않는다. 히브리서에 사용된 용어 중 상당수가 구약성서에서 유래한다. 우리는 충분한 지표를 통해 다음과 같은 합리적 결론에 도달할 수 있다. 즉 히브리서 **창작자**(*Auctor*)는 구약성서의 특정 개념을 유대교 묵시 사상의 틀 안에서 발전시켰으며, 필론은 동일한 주제들을 플라톤 철학의 틀 안에서 발전시켰다.[62]

이와 같이 유대교 묵시 사상을 배경으로 히브리서를 이해하는 경향은 지난 수십 년간 히브리서 연구에 큰 영향을 미쳤다.[63] 허스트는 플라

and Its Developments, ed. Ralph P. Martin and Peter H. Davids (Downers Grove, Ill.: InterVarsity, 1997), 55-68.

62 Hurst, *Epistle to the Hebrews*, 42.

63 이와 같은 의견의 큰 전환에도 불구하고, 이에 모두가 동의한 것은 아니었고, 많은 학자가 여전히 필론의 문화적 맥락과 히브리서의 문화적 맥락 사이의 어떤 연결을 주장한다. James Thompson(*The Beginnings of Christian Philosophy: The Epistle to the Hebrews*, CBQMS 13 [Washington, D.C.: Catholic Biblical Association, 1982])은 히브리서의 사유에 존재하는 필론적 요소를 지속적으로 주장한다. George MacRae("Heavenly Temple and Eschatology in the Letter to the Hebrews," *Semeia* 12 [1978]: 179-99)는 플라톤적 사고를 하는 히브리서 저자가 묵시 성향의 어느 집단에게 이야기를 전하고 있다고 제안한다. 따라서 관련 질문의 현 상태는 다소 복합적이다. 그러나 나는 사유의 틀과 관련하여, 히브리서를 묵시적 유대교 측면에서 이해하는 방식에 더 무게를 두어야 한다고 제안한다. 히브리서와 필론 사이에 용어상의 병행이

톤 철학의 영향을 히브리서 사유의 배경으로 주장하는 사람들이 답변해야 할 사항을 철저히 다룬다. 히브리서와 필론 사이에 공통으로 나타나는 역학 관계가 유대교 성서를 다루기 위한 이 둘의 개별적 노력을 의미한다는 허스트의 제안을 통해, 우리는 기원후 1세기의 유대교 회당 맥락에서 이루어진 유대교적 삶과 문화의 또 다른 측면을 접하게 된다.

회당 맥락

히브리서의 시작 부분이 편지보다는 설교에 가깝다는 사실과, 히브리서 저자가 히브리서를 사도행전 13:15의 예처럼 회당 강론에서 사용될 수 있는 "권면의 말씀"으로 부르고 있다는 것은 이미 잘 알려진 내용이다. 많은 현대 해석자들이 하트윅 사이엔(Hartwig Thyen)의 주장을 따르고 있는데, 그는 1955년에 히브리서가 여러 가지 강론의 특징을 포함하고 있음을 입증했다. 사이엔은 심지어 다음과 같이 주장했다. 즉 히브리서가 우리가 갖고 있는 당시의 강론 중 유일하게 온전히 보존된 강론이라는 것이다.[64] 다수의 현대 주석가들이 히브리서를 강론 형태와 동일시했다.[65] 윌스(L. Wills)는 당시의 강론이 예시에서 결론으로, 그다음 최종 권면으로 구성되어 있음을 증명했다. 윌스에 의하면 히브리서 저자는 이런 패턴을 일반적으로 사용하지만, 자신의 목적을 위해 이 패

있다는 사실은 부정할 수 없지만, 이는 개념의 틀과 별개로 다뤄져야 한다.

64 Hartwig Thyen, *Der Stil des jüdisch-hellenistischen Homilie*, FRLANT 65 (Göttingen: Vandenhoeck & Ruprecht, 1955), 106.

65 다음의 논의를 보라. Lane, *Hebrews 1—8*, lxix-lxxv; Koester, *Hebrews,* 80-82.

턴에 수정을 가하고 있다.[66] 블랙(C. C. Black)은 윌스의 결론에 동의하지만, 윌스가 규명한 패턴 안에서 고전 수사학과 일치하는 점과 고전 수사학의 영향이 발견된다는 데 주목한다. 따라서 블랙의 제안에 따르면, 히브리서는 초기 기독교 설교의 한 예지만, 수사학적 논쟁의 정교한 측면도 포함한다.[67] 위에서 논한 내용, 즉 히브리서가 그리스-로마 세계의 수사학과 문체의 관습을 사용했다는 사실은 블랙의 주장을 확실히 지지한다.

구약성서의 사용

히브리서 해석에서 구약성서의 사용보다 더 중요한 주제는 아마 없을 것이다.[68] 히브리서 저자가 구약성서를 사용하는 형태는 다음과 같다. 즉 광범위한 인용, 암시, 일반적 언급, 권위 부여를 위한 반향, 수사학적 의도와 권면을 위한 도구, 구조적 틀 형성을 위한 재료의 원천, 그리고 신학의 근원지 등이다. 따라서 히브리서에서 구약성서의 본문을 사용하는 데 대한 연구는 현재도 진행 중인 히브리서 해석에 핵심이 되며, 최근에는 이와 관련하여 괄목할 만한 진전도 이루어졌다. 그러나 이 주제의 중요성에 비추어볼 때, 최근 이 주제를 다루는 연구가 희박하다는 사실은 놀라울 뿐이다. 1985년에 클레멘츠(R. E. Clements)는 이 주제에

66 L. Wills, "The Form of the Sermon in Hellenistic Judaism and Early Christianity," *HTR* 77 (1984): 277-99.

67 C. C. Black II, "The Rhetorical Form of the Hellenistic Jewish and Early Christian Sermon: A Response to Lawrence Wills," *HTR* 81 (1988): 1-18.

68 히브리서의 구약성서 사용에 대한 최근 수년간의 연구에 대해서는 위의 각주 11번을 보라.

관한 짧은 소논문을 발표했다.[69] 폴 엘링워스(Paul Ellingworth)는 히브리서의 구약성서 사용과 관련된 현상을 다루었지만, 히브리서 저자의 다양한 방법론을 철저히 조사하지는 않았다.[70] 윌리엄 레인은 그의 권위 있는 히브리서 주석서 제1권에서, 히브리서 저자가 구약성서 본문을 다루는 것과 관련하여 폭넓게 논의한다. 여기서 레인은 다음과 같은 항목을 고려하는데 "히브리서 구조와 관련된 구약성서 본문의 기능", "히브리서 저자의 구약성서 의존도", 히브리서 저자의 신학에 대한 주요 자료, "히브리서 저자가 선호하는 구약성서 본문", "히브리서 저자의 구약성서 본문 사용" 등이다.[71] 레인이 지적했듯이, 앞선 항목 중 제일 마지막에 해당하는 "히브리서 저자의 구약성서 본문 사용"은 당시에 아직 출판되지 않았던 내 논문 "히브리서의 구조: 언어학적 본문 분석"("The Structure of Hebrews: A Text-linguistic Analysis")에 상당히 의존하고 있다. 레인은 내 논문의 외부 부심이었는데, 그가 자신의 히브리서 주석서에 내 논문을 사용한 시점은 내 논문이 거의 완성된 시기였다. 그러나 분량 제한으로 히브리서의 구약성서 사용에 관한 장(chapter)은 최종 논문에서 제외되었다. 이렇게 제외된 장은 1997년에 발간된 『후기 신약성서 및 발전에 관한 사전』(*Dictionary of the Later New Testament and Its Developments*)에 실린 내 소논문 "히브리서와 구약성서"("Old Testament in Hebrews")의 토대가 되었다. 내가 이 소논문을 통해 살피고 있는 내용은 다음과 같다. 히브리서의 구약성서 사용, 히브리서 저자의 본문

69 R. E. Clements, "The Use of the Old Testament in Hebrews," *SwJT* 28 (1985): 36-45.

70 Paul Ellingworth, *The Epistle to the Hebrews: A Commentary on the Greek Text*, NIGNT (Grand Rapids: Eerdmans, 1993), 37-42.

71 Lane, *Hebrews 1—8*, cxii-cxxiv.

유형, 히브리서 저자가 구약성서 본문 사용에서 적용하고 있는 일반적 형태(특히 미드라쉬, 연속 인용, 예시를 꼽을 수 있다), 구약성서 본문의 해석에서 사용된 원칙(예. 언어 유추, 덜 중요한 것에서 더 중요한 것으로 옮겨가는 논쟁 방식, 혼란 제거), 히브리서 저자가 자신의 본문을 다루는 데서 유래하는 신학적 함의 등이다.[72] 히브리서의 기술적 측면을 부각하는 다수의 주석서는 히브리서의 개별 구문을 대할 때, 히브리서 저자가 당시 유대교 주석에서 발견되는 특정 기법과 형태—특히 언어 유추, 덜 중요한 것에서 더 중요한 것으로 옮겨가는 논쟁 방식, 연속 인용과 같은—를 어떻게 사용하는지를 다룬다. 나는 댄 콘-셔박(Dan Cohn-Sherbok)의 연구를 토대로, 히브리서 곳곳에서 발견되는 혼란 제거, 강화, 함축적 의미 도출과 같은 원칙에 관한 내용을 신중하게 추가했다.[73] 위에서 그리스-로마의 관습(그중 다수는 제2성전기의 유대교 관습에 영향을 미쳤던 것으로 보인다)을 고려할 때 살펴봤듯이, 마이클 코스비와 파멜라 아이젠바움은 히브리서 11장의 예시에 관해 의미 있는 연구 업적을 이루었다.[74]

허버트 베이트먼(Herbert Bateman)의 연구는 히브리서와 다른 유대교 문헌 사이의 방법론상 유사점을 다룬 가장 뛰어난 최근 연구 중 하나로, 히브리서 1:5-14에 대해 탐구한다. 베이트먼은 4QFlorilegium과 히브리서 1:5-14에서 발견되는 미드라쉬의 특징 사이에 존재하는 광

72 G. H. Guthrie, "Old Testament in Hebrews," in Martin and Davids, *Dictionary of the Later New Testament*, 841-50.

73 다음을 보라. Dan Cohn-Sherbok, "Paul and Rabbinic Exegesis," *SJT* 35 (1982): 117-32.

74 Cosby, *Composition and Function of Hebrews 11*; Eisenbaum, "Jewish Heroes of Christian History."

범위한 유사점을 입증했다.[75] 4QFlorilegium과 히브리서는 모두 "연속 인용" 혹은 *haraz*("줄로 엮다")로 불리는 연쇄 형식(catena form)을 사용한다. 또 이 두 문서는 도입 공식을 사용하여 구약성서 구문을 소개하고, 개념상의 유사점을 기준으로 구문을 한데 모은다. 베이트먼의 연구는 위에 언급된 다른 연구들과 더불어, 히브리서가 당시 여러 방법론으로 점철된 유대교 구조의 한 부분이었음을 강조한다.

히브리서 저자가 사용한 구약성서 본문은 보편적으로 그리스어로 기록된 형태였다고 추정된다. 지난 한 세기 반 동안 제기된 논의는 어떤 그리스어 본문이 히브리서 저자의 구약성서 버전과 가장 가까운지에 초점을 맞추는데, 대부분 LXXA 또는 LXXB로 의견이 모아지고 있다. 1980년에 맥컬로프의 결론에 의하면, 예레미야서와 시편과 같이 구약성서에 속한 몇 권의 책에서는 히브리서의 인용 본문이 그 책의 교정본임이 분명하지만, 다른 구약성서 책에 관한 명백한 결론은 찾기 어렵다. 그러므로 맥컬로프는 70인역의 특정 교정본에 관한 대강의 결론 도출이 아니라 그리스 본문의 형태를 책별로 연구해야 할 필요성을 강조했다.[76]

더 최근에 학자들은 히브리서 저자의 구약성서 인용과 고대 구약성서 그리스어 본문 사이에 존재하는 차이점을 새롭게 설명해줄 방법을 찾고 있다. 여기서 학자들이 특별히 초점을 맞추는 내용은 히브리서 저자가 문체상의 이유로 자유로이 그리스어 버전의 구약성서 본문을 수

75 Bateman, *Early Jewish Hermeneutics and Hebrews 1:5—13: The Impact of Early Jewish Exegesis on the Interpretation of a Significant New Testament Passage,* AUS 193 (New York: Lang, 1997): 56-77, 149-206.

76 J. C. McCullough, "The Old Testament Quotations in Hebrews," *NTS* 26 (1979-80): 363-79.

정하는 부분과, 특정 신학 측면을 강조하기 위해 그리스어 버전의 구약성서 본문을 자유로이 의역하는 부분이다. 데일 레셔트(Dale Leschert)의 제안에 의하면, 히브리서 저자는 구약성서를 권위 있게 다뤘고, 일반적으로 구약성서를 일관성 있게 따르고 있다. 그러나 히브리서 저자는 구약성서 본문에 약간의 수정을 가하여 히브리서의 문학적 문체를 개선하거나 신학적 측면을 강조하고자 했다. 하지만 레셔트가 주목하듯이, 히브리서 저자가 사용한 그리스어 구약성서와 우리가 현재 보유하고 있는 70인역 본문 사이에 어떤 차이점이 있고, 이 차이점 중 어떤 것이 히브리서 저자에 의해 변경된 것인지 결정하는 일은 어려운 문제다.[77] 베이트먼도 다음과 같이 동일한 결론을 내린다. 즉 히브리서 저자는 자신이 속한 역사적 환경과 조화를 이루면서 문체적 균형과 신학적 강조를 위해 구약성서 본문을 자유로이 편집하고 있다는 것이다.[78] 그레이엄 휴즈(Graham Hughes)의 제안에 따르면, 히브리서 저자는 구 언약 본문에 반영된 새 언약을 다루면서 새로운 말씀(*logia*)을 생성해내고 있다. 그리고 이 생성 과정에는 히브리서 저자의 해석에 맞춘 구약성서 본문의 변경도 포함되는데, 이는 당시 주석가들이 사용했던 기법과 맥을 같이한다.[79] 히브리서 3장에서 저자의 시편 95편 사용에 관한 피터 엔스(Peter Enns)의 결론도 이와 매우 비슷하다. 엔스는 다음과 같이

77 D. F. Leschert, *The Hermeneutical Foundations of Hebrews: A Study in the Validity of the Epistle's Interpretation of Some Core Citations from the Psalms,* NABPR Dissertatioin Series 10 (Lewiston, N.Y.: Mellen, 1994), 245-47.

78 Bateman, *Early Jewish Hermeneutics and Hebrews 1:5—13*, 240.

79 Graham Hughes, *Hebrews and Hermeneutics: The Epistle to the Hebrews as a New Testament Example of Biblical Interpretation,* SNTSMS 36 (Cambridge: Cambridge University Press, 1979), 59.

말한다. "확실히 히브리서 저자는 자신의 신학적 의견을 개진하기 위해 구약성서 본문을 어느 정도 자유롭게 변경할 수 있었던 것으로 보인다. 예를 들면, 히브리서 저자의 주석 기법은 쿰란 공동체의 주석서에서 발견되는 기법과 유사하다."[80] 캐런 좁스(Karen Jobes)의 제안에 의하면, 히브리서 저자의 시편 40편 인용에서 발견되는 변화는 듣기 좋은 음성학적 유사성을 형성한다. 또 좁스는 히브리서에 있는 다섯 개의 다른 구약성서 인용에서 동일한 현상을 발견한다. 더욱이 좁스는 이런 변화를 통해 이전 시대와 새로운 시대의 단절을 강조하려는 신학적 목적이 달성된다고 제안한다.[81]

이상에서 언급한 학자들은 히브리서 저자가 구약성서 본문의 메시지에 실제적인 변화를 주고 있다고 제안함에 있어, 각자 느끼는 확신의 정도에 차이가 있다. 그러나 다수의 논의에 의하면, 히브리서 저자의 해석 내용은 본질상 구약성서 본문의 기본 의미와 일맥상통하지만, 그리스도를 통한 성취의 내용에 있어서는 상당한 차이를 보인다. 동시에 이 학자들은 본문 역사상 존재하는 다양한 종류의 히브리서와 그리스어 버전의 구약성서 본문으로 인해 이런 변화 중 몇몇은 설명이 가능하다는 점을 인정한다.

히브리서에 나오는 기독론적 해석에 관한 질문은 히브리서의 더 세분화된 세 번째 문화적 맥락, 즉 기원후 1세기에 부상한 기독교 내에서 히브리서가 차지하는 위상으로 우리를 데려다준다.

80 Peter Enns, "The Interpretation of Psalm 95 in Hebrews 3:1-4:13," in Evans and Sanders, *Early Christian Interpretation of the Scriptures*, 362.

81 K. Jobes, "The Function of Paronomasia in Hebrews 10:5-7," *TJ* 13 (1992): 181-91.

히브리서와 기원후 1세기에 부상한 기독교

앞서 살펴봤듯이, 히브리서는 그리스-로마 문화에서 행해졌던 높은 수준의 수사학적 관습에 대한 고등 교육을 받은 저자의 기교를 드러내고, 이 저자가 특별히 그리스어 구약성서를 사용함에 있어 헬레니즘 유대 회당 맥락의 영향을 크게 받았음을 나타낸다. 게다가 히브리서 저자의 사유 틀은 시간과 공간의 이원론과 관련하여 묵시적 유대교의 강한 영향을 받았다. 그러나 히브리서 저자에게 이 모든 현상은 생동감 있는 기독교적 현실관 내에서 일관성 있게 나타나며, 이는 목회적 상황 안에서 야기된 것이다. 우리는 히브리서의 가장 직접적인 신학적 맥락으로 용광로와 같았던 기원후 1세기 기독교를 지목할 수 있다.[82] 비록 "그리스도인"이라는 용어가 예수의 첫 번째 추종자들 모두를 지칭하는 일종의 별명으로서, 기독교 운동이 단일 형태의 독립체였다는 증명할 수 없는 주장을 암시하지만 말이다.[83] 히브리서 저자는 교회의 설교자 혹은 지도자로, 그의 청중이 기독교 신앙을 실천하는 가운데 인내할 수 있도록 애쓰고 있다.

기독론적 해석

히브리서가 당시 유대교 사유의 흐름과 가장 큰 차이를 보이는 내용은 히브리서의 그리스도 중심 성향이다. 히브리서 저자는 예수를 그리스

82 Lindars, *Theology of the Letter to the Hebrews*, 25; Ellingworth, *Epistle to the Hebrews*, 47.

83 Punt, "Hebrews, Thought-Patterns and Context," 149.

도요 하나님의 아들로 믿는 신자의 눈으로 구약성서 본문을 읽는다. 히브리서의 구약성서 주석에 관한 이전의 연구—히브리서 저자가 사용한 주석 방법을 본질적으로 필론의 주석 방법과 같다고 간주한다—에 변화가 생기면서, 학자들은 초기 그리스도인인 히브리서 저자의 해석학적 체계를 이해하고자 노력해왔다. 지난 반세기 동안 히브리서 저자의 해석학적 체계를 평가하기 위해 수많은 방법이 제기되었지만,[84] 여기서는 최근 몇 년간 가장 주목받고 있는 네 가지 방법에 초점을 맞추고자 한다.

첫 번째 방법인 "증거 본문"(proof-texting) 방식이 제시하는 내용은, 히브리서 저자가 구약성서 본문의 독단적 사용을 통해 자신의 기독교 설교에 요구되는 필요를 충족하고 있다는 것이다. 예를 들어 바이스의 히브리서 해석학에 대한 평가에 의하면, 히브리서 저자는 구약성서 본문의 원래 맥락과 제약 사항을 거의 또는 전혀 고려하지 않고 있다.[85] 오히려 히브리서 저자는 구약성서 내용을 독단적으로 사용하여 자신이 전제하는 내용에 끼워 맞추고 있다.[86]

84 여기에 언급된 방법에 덧붙여서 우리는 다음과 같은 방법들을 추가할 수 있다. 즉 많은 가톨릭 학자가 사용하는 더 완전한 의미 접근법(*sensus plenior* approach)과 Markus Barth가 "The Old Testament in Hebrews: An Essay in Biblical Herememeneutics," in *Current Issues in New Testament Interpretation,* ed. W. Klassen and G. F. Snyder (New York: Harper & Row, 1962), 65-78에서 제안하는 "대화적 해석법"(dialogical hermeneutics)이다.

85 Weiss, *Der Brief an die Hebräer*, 181.

86 Stephen Motyer는 이 비평에 두 가지 이의를 제기한다. 첫째, 이 주장은 히브리서에 분명히 나타나는 구원사(Heilsgeschichte)를 과소평가하는데, 이 구원사에는 역사적 거리와 역사적 진전이 확실히 감지된다. 둘째, 히브리서 저자는 구약성서를 무작위로 사용하거나 새로운 의도에 따라 구약성서 구문을 재배치하고 있다기보다는, 자신의 주장을 위해 구약성서 본문을 세밀하게 다루고 있다. 즉 히브리서 저자는 독자의 이해를 위해 일종의 주석 작업을 하고 있는 것이다. 그가 자료를 임의로 사용하는 것은 그

두 번째 방법은 폴 엘링워스가 제시한 것으로, 그리스도의 선재가 히브리서의 해석학을 이해하기 위한 열쇠임을 주장한다.

> 히브리서 저자의 구약성서 접근 방식은 다음과 같이 요약 가능하다. 즉 그리스도(하나님은 이 모든 날 마지막에 그리스도를 통해 말씀하심[1:1f.])는 살아서 세계를 창조했으며(1:2), 이스라엘 역사와 늘 함께했다. 따라서 구약성서의 모든 부분은 원칙적으로 그리스도를 언급하는, 또는 그리스도에 대한, 또는 그리스도에 의한 말씀으로 이해될 수 있다. 우리는 히브리서 본문의 단서들을 통해 실제적으로 구약성서 어느 부분에 이 원칙을 적용하는 것이 가장 적합한 일인지 알 수 있다. 구약성서 시대에 그리스도가 이미 역사하고 있었으므로, 단 한 절의 구약성서 본문일지라도 별다른 언급 없이…그리스도에게 적용될 수 있다.[87]

모티어는 위의 구약성서 접근 방식과 관련된 두 가지 문제점을 다음과 같이 올바르게 지적한다. (1) 시편 22편과 같은 구약성서 본문을 그리스도의 정체성에 적용하는 히브리서 저자의 행위는 그리스도의 선재 교리를 주장하는 것도 아니고, 이 선재 교리에 의존하고 있는 것

의 수사학 프로그램을 심하게 방해할 수 있었을 것이다. 히브리서는 역사적 문법 주석에 포함된 원칙에 호소하고 있는데, 이 원칙에는 맥락에 대한 민감성, 특정 단어의 의미, 관련 문단 내의 내재적 논리 같은 것이 있다. 따라서 증거-본문 접근을 히브리서 저자에게 돌리는 것은 너무 단순한 처사다. 결과적으로 히브리서 저자에 대한 이와 같은 비평은 히브리서의 구약성서 사용에 관한 광범위한 연구와, 그의 해석학 체계와 관련된 섬세한 연구에도 불구하고 다소 하향세에 있다. 다음을 보라. Stephen Motyer, "The Psalm Quotations of Hebrews 1: A Hermeneutic-Free Zone?" *TynBul* 50 (1999): 3-22, 특히 7-8.

87 Ellingworth, *Epistle to the Hebrews*, 41-42.

도 아니다(마치 시 95편과 잠 3장을 우리에게 적용한다고 해서, 이 적용이 우리의 선재를 요구하는 것은 아닌 것과 같다). (2) 하나님의 계시에는 연속성뿐만 아니라 불연속성을 나타내는 강한 요소들이 존재하고, 메시아가 오기 이전 시대와 현시대 사이의 기간이 명확히 구분되어 나타난다.[88] 이와 같은 역사적 특징들은 그레이엄 휴즈의 연구에서 더 명확하게 다뤄진다.

세 번째 방법은 그레이엄 휴즈가 제안한 방식으로, 그는 히브리서에 관한 해석학적 질문의 핵심을 다음과 같이 규명한다.

> 개념적 "틀"(이 틀은 해석자와 별개로 존재하며, 이 틀 사이에는 우리의 관심을 끄는 매우 흥미로운 연계성이 존재할 수 있다)과 해석자의 신앙적 신념(이 신념을 제외한다면, 개념적 틀 사이의 흥미로운 연계성은 기껏해야 모호하고 암시적인 개념에 지나지 않는다)은 어떤 관계가 있는 것일까?[89]

88 Motyer, "Psalm Quotations of Hebrews 1," 9-10.

89 Hughes, *Hebrews and Hermeneutics*, 105. Thomas Ladd Blackstone이 1995년 에모리 대학교 박사 논문 "The Hermeneutics of Recontextualization in the Epistle to the Hebrews"에서 Hughes의 주장을 다루는 내용도 보라. Blackstone은 상호 텍스트성에 관한 현대 이론들을 토대로, 히브리서의 재맥락화(recontextualization) — 단어 혹은 생각이 한 문학적 표현에서 다른 문학적 표현으로 이동하는 것 — 접근법을 살피면서, 인용구의 범주를 정적, 표면적, 유동적인 것으로 나눈다. 정적 재맥락화는 저자가 구약성서 본문의 원맥락적 의미를 고수하는 경우에 해당한다. 반면에 표면적 재맥락화는 저자가 본문의 원래 형태를 사용하고 원본문의 핵심을 그대로 가져가지만, 원본문이 지시하는 내용은 역사적 수정을 거치는 것이다. 이는 특히 저자가 새 언약의 공동체 내에서 성취된다고 주장하는 구약성서 구문과 관련이 있다. 마지막으로, 유동적 재맥락화는 구약성서 맥락이 분명하게 저자의 표면적 논의와 연결되지 않는 경우에 해당한다. Blackstone은 Hughes의 여러 제안을 수용하지만, "허용 해석"에 관해서는 유보적 입장을 취하면서, Hughes의 "허용"이 인간 계약의 영역에서 유래하는 정적 특질이라고 제안한다. 반면에 "살아 있는 음성"은 그것이 유래한 유기체와 유기적 관계를 맺는다. 하나님은 말씀하신다. 그리고 어느 지점에 다다르면 오래된 말씀을 통해 새 의미를 전달하신다. 그러나 Blackstone에게 중요한 것은, 히브리서 저자가 하나님의 살아

휴즈에게 구약성서 본문의 역사적 틀은 초기 교회의 해석 프로그램에 내재된 역사적 틀과 구분되는 동시에 일치한다. 단순한 역사적 조사를 통해, 이 두 종류의 틀 사이에 존재하는 관계를 분간하는 일은 불가능하다. 하지만 구약성서라는 틀은 새 언약의 해석자인 히브리서 저자가 그리스도에 비추어 발견되는 의미를 사용할 수 있게 "허가"한다. 따라서 휴즈는 이런 접근 방식을 "허가의 해석학"(hermeneutic of permission)으로 부른다. 구약성서의 말씀, 그리스도 안에 있는 말씀, 그리스도를 통한 말씀, 이 모두를 한데 모으는 것은, 하나님께서 구약성서와 그리스도를 통해 일관되게 말씀하심으로써 구약성서와 그리스도 사이에 연속성을 제공하신다는 사실이다. 그러므로 휴즈에게 있어 구약성서 본문과 신약성서 해석 사이에는 참된 역사적 연속성이 존재한다. 이 연속성은 구약성서 본문에 내재된 앞으로 성취될 일에 대한 기대와, 예수 그리스도가 실제로 이런 기대를 성취하는 특정 방식 속에서 발견된다. 휴즈에게 가장 중요한 것은 기독교 해석학이란 결국 "신앙의

있는 음성을 성서 역사에서 말씀하시는 것으로서, 동시에 이 폭넓은 성서 역사를 포괄하는 것으로 제시하고 있음을 이해하는 것이다. 내 생각에 이런 사고는 사실 Hughes의 연구에 존재하며, 이런 의미에서 나는 Blackstone이 사실상 Hughes의 주장에 어떤 진전을 가져왔는지가 궁금하다. Blackstone은 그의 결론을 통해 히브리서 해석에 중요한 구성을 부여하고자 하는데, 이 결론은 일반적 기대와 달리 큰 발전을 이루지는 못했다. 그러나 Blackstone의 연구는 크게 두 가지 측면으로 시사하는 바가 있다. 첫째, 히브리서에 대한 그의 재맥락화 분석은 다음의 내용을 입증한다. 즉 대다수의 모세오경 인용이 정적 특질을 지니며, 여기에서 히브리서 저자는 역사적 사실에 초점을 맞추고 있는 반면, 시편과 예언서로부터의 모든 인용은 표면적이거나 유동적 특질을 지닌다는 것이다. 이는 물론 모세오경의 내러티브 장르에 기인할 수도 있지만, 우리는 이런 구분을 통해 해당 자료를 또 다른 관점에서 볼 수 있다. 둘째, Blackstone은 인용되지 않은 구약성서의 내용이 히브리서 저자의 사상 발전에 영향을 미쳤음을 입증했다. 히브리서 저자의 구약성서 인용은 더 넓은 맥락에서 작용하며, 이는 그의 논의와 권면에 반영되어 있다. 이 두 번째 측면은 Motyer의 소논문에도 실려 있는데, 그는 우리가 여기서 다루는 히브리서의 해석학적 접근법에서 맨 마지막 범주를 대표하는 학자다.

해석학"으로 귀결된다는 점이다.[90] 휴즈는 신학이 인류학으로 축소될 수 없다고 말하면서 불트만의 견해에 이의를 제기한다. 결국 그의 히가의 해석학은 본질적으로 기독론적인 해석학이다.

마지막으로 통상 모형론적 해석학으로 불리는 방법이 있다. 이 방법에 관한 더 유용한 연구 중 하나는 모티어의 1999년 소논문으로서, 히브리서 1장의 시편 인용을 다룬다.[91] 모티어는 캐어드의 의견을 따르면서 다음의 사실에 주목한다. 즉 구약성서는 자체적으로 불충분성을 띠고 있는데, 이런 불충분성의 실현은 직접적으로 연관된 제도, 사람, 사건을 제외한 다른 수단을 통해서만 이루어져야 한다는 것이다. 모티어의 제안에 의하면, 히브리서 1장의 구절들은 세 범주로 나뉜다. 첫 번째 범주에는 당시 유대교나 적어도 초기 기독교에서 메시아 관련 내용으로 인정받던 구약성서 본문이 포함된다. 히브리서 1:5에 동시에 인용되고 있는 시편 2:7과 사무엘하 7:14이 이 범주에 속한다. 이 두 본문은 모두 4QFlorilegium에 등장한다. 여기서의 해석학적 현상은 다음과 같이 설명될 수 있다. 즉 시편 2편은 사무엘하 7장에서 세상을 다스릴 왕조와 관련하여 다윗을 향한 하나님의 약속에 기초한다. 그러나 이 약속은 다윗 혈통의 어떤 왕에게서도 이루어지지 않았다. 결국 사무엘하 7:14절 본문은 더 위대한 성취를 기대하고 있었음이 분명하고, 이는 모형론적 구조를 형성하여 히브리서 저자에 의해 채용되고 있다. 또한 이 범주에 속하는 구약성서 본문은 시편 110:1로, 이 말씀은 히브리서 1:13에서 인용된다. 이 본문이 초기 유대교에서 메시아적 관점으로 이해되

90 위의 책, 104-7, 118.

91 Motyer, "Psalm Quotations of Hebrews 1."

었다는 증거가 희박하지만, 이 본문에 대한 신약성서의 특별한 관심은 아마도 예수가 이 본문을 자신의 중요성과 관련하여 사용했기 때문일 것이다. 모티어는 사도행전 2:32-34에 나오는 시편 110:1에 대한 해석에 주목하는데, 여기서 베드로는 다윗이 결코 하늘에 오른 적이 없으므로 다윗은 시편을 성취하지 못했다고 언급한다. 따라서 메시아와 관련된 구약성서 본문 역시 캐어드의 개념인 구약성서 본문의 자기 고백적 불충분성을 나타낸다.

모티어의 두 번째 범주는 위와 동일한 원칙하에 메시아 관련 내용으로 이해된 구약성서 본문을 규명한다. 우리는 히브리서 1:8-9에 인용된 70인역 시편 44:7-8이 유대교나 신약성서의 다른 부분에서 메시아와 관련되어 해석되었다는 아무 증거도 갖고 있지 않다. 그러나 이전 범주에 속한 구약성서 본문들과 마찬가지로, 시편 44:7-8은 범우주적 승리와 통치를 다윗 계통의 왕에게 약속한다.

세 번째 범주에 속하는 구약성서 본문은, 모티어의 표현에 의하면, "멋대로 해석되어 본래 의미를 벗어나지만, 같은 맥락의 사고를 보여준다." 이와 관련된 예로, 우리는 히브리서 1:6의 신명기 32:43 인용과, 히브리서 1:10-12의 70인역 시편 101:26-28 인용을 들 수 있는데, 이 두 구약성서 인용문들은 연속 인용(catena) 형식을 띤다. 모티어는 히브리서 1:6의 인용 언어가 신명기 32:43의 영향을 받았다고 제안하면서도 이 인용이 신명기에서 나왔다는 점은 반박한다. 대신 그는 히브리서 1:6의 모체가 되는 본문으로 70인역 시편 96:7을 선택한다. 70인역에서 시편 96편의 시작은 이 구절이 이스라엘의 통치자가 된 다윗을 위한 내용임을 나타낸다. 따라서 이 시작 구절로 인해 시편 96편은 히브리서 1장의 다른 구약성서 인용과 마찬가지로 내용상 다윗 왕조의 통치와 관련된다. 모티어의 제안에 따르면, 히브리서 1:10-12의 70인역

시편 101:26-28 인용도 이와 유사하게 이해될 수 있다. 모티어는 계속하여 다음과 같이 언급한다. 70인역 시편 101편의 전반적 맥락은 주님을 통한 시온의 해방과 연관되는데, 이 시온의 해방을 통해 이 땅의 왕과 나라들은 주님의 이름을 두려워하게 될 것이다(시 101:16 LXX). 여기서 내가 첨언하고 싶은 내용은 70인역 시편 101:18을 통해 우리는 시온의 해방이 주님을 찬양하기 위해 창조된 다른 세대의 사람들을 위해 성취될 것임을 알게 된다는 것이다. 모티어에 의하면, 70인역 시편 101편이 강조하는 내용은 연속 인용 형식으로 히브리서에 언급되는 다른 구약성서 본문의 내용과 잘 맞아 떨어진다.

그러므로 모티어는 다음과 같이 주장한다. 즉 히브리서 저자는 일반화된 메시아 관련 구약성서 본문을 자신이 임의로 추가한 다른 구약성서 본문과 결합하고 있지만, "이렇게 결합한 구약성서 본문의 해석에는 당시 보편적으로 사용되던 본문 해석 기법을 그대로 사용한다"는 것이다.[92]

이와 같은 이해를 토대로 삼을 때, 히브리서 저자의 구약성서 사용은 기독론적이며 모형론적 성향을 보인다. 왜냐하면 히브리서 저자는 새 언약의 관점으로 관련 구약성서 본문을 해석하고, 아직 성취되지 않은 구약 시대의 예언이 그리스도 안에서 성취되고 있음을 목도하고 있기 때문이다. 그러나 동시에 히브리서 저자의 해석 방식은 맥락, 단어의 의미, 구약성서의 여러 내용 사이의 유추를 일관되게 강조한다. 이런 해석 방식은 "새 언약 해석학(new-covenant hermeneutic)이라고 다르게 부르는 게 더 나아 보인다. 왜냐하면 히브리서의 구약성서 사용 방

92 위의 책, 21.

식 중에는 광범위한 모형론의 틀에 들어맞지만, 실제로 모형론과 관계 없는 방식도 존재하기 때문이다.

당시 생성 중인 기독교와의 다른 연관성

스데반 전승

20세기 중반에 윌리엄 맨슨(William Manson)은 그의 영향력 있는 연설을 통해 히브리서와 스데반과 그의 동료로 대표되는 헬라파 유대인 사이의 광범위한 신학적 접점을 제시했다. 맨슨의 견해에 의하면, 이와 같은 성향의 신학적 발전을 가져온 원동력은 세계 선교의 진전에 대한 생각이었다.[93] 메시아의 직분과 의미는 "유대교 이상"(more-than-Jewish)으로 이해되어야 하며, 따라서 유대교의 전통적 특징인 율법, 성전, 땅과 같은 개념에 국한되지 말아야 한다. 사도행전 7:2-53의 스데반 연설에서 볼 수 있듯이, 이런 신학적 성향이 보여주는 이스라엘 역사에 대한 이해는 순종/불순종 관점에서 종교를 평가하는 틀을 통해 이루어진다. 하나님의 백성은 순례의 길로 부르심을 받았는데, 이 순례 여정에 있는 하나님의 백성의 특징은 그들이 하나님의 말씀을 순종하는 자들을 위한 약속의 말씀으로 믿고 따른다는 점이다(행 7:5-7, 17, 37-38, 52). 그리고 이런 특징은 히브리서에서 발견되는 주요 모티프 중 하나다(3:7-4:13). 따라서 하나님의 계시는 성전이나 땅과 같은 특정 장소에

93 W. Manson, *The Epistle to the Hebrews: An Historical and Theological Reconsideration* (London: Hodder & Stoughton, 1951), 25-46.

국한되지 않는다. 하나님의 법은 단지 받기만 하면 되는 게 아니라 지켜져야 한다. 모세의 주요 역할은 율법의 제공자라기보다는 하나님께 순종하는 종의 전형으로서 장차 오실 이를 지시하는 것이다(행 7:37; 히 3:1-6). 궁극적 순종은 주님이신 하나님의 그리스도께 복종할 때 이루어진다.[94]

히브리서와 소위 스데반 전승 사이의 접점은 확실히 존재하는 것 같다. 다수의 현대 학자가 히브리서와 스데반 전승이 동일한 전승을 따르고 있다고 확신한다. 누가가 사도행전 7장의 내용을 어느 정도까지 자의적으로 기록하는지는 앞으로도 계속 제기될 어려운 질문이지만, 히브리서와 스데반 전승의 연관성은 여전히 존재한다. 학자들 중에는 이런 연관성이 지닌 의미에 회의적인 이들도 남아 있다. 그러나 히브리서와 스데반 전승 사이의 문학적 의존 관계를 제안할 필요도 없고, 또-마르틴 샬르만(Martin Scharlemann)의 주장을 반박하면서-히브리서의 모든 내용이 사도행전 7장의 스데반 이야기와 일치해야 한다고 제안할 필요도 없다.[95] 히브리서와 스데반의 연설 사이에 존재하는 차이점으로는 하나님의 약속 성취에 관한 개념상의 차이, 처음 언약의 구속성에 관한 관점의 차이, 그리고 장막 평가에 대한 차이가 있다.[96] 그러나 히브리서 저자가 스데반 전승을 수용하여 독특한 방식으로 발전시킨 것은 놀라운 일이 아니다.[97] 관련 증거가 암시하는 것은 다음과 같다. 즉 초기 기독교는 정적이고 전통적인 제도에 환멸을 느낀 헬레니즘

94 Lane, *Hebrews 1—8*, cxlvi-cl.

95 Hurst, *Epistle to the Hebrews*, 106.

96 Koester, *Hebrews*, 57.

97 Lane, *Hebrews 1—8*, cxlvi-cl.

성향의 유대교로부터 강한 영향을 받았으며, 히브리서는 이런 초기 기독교의 한 흐름에 부합한다는 것이다. 이런 움직임이 초기 기독교 밖에서 발생했는지는 불분명하지만, 히브리서는 그 의미를 기독교 운동 내에서 제시한다.

바울의 기독교

히브리서와 바울 사이의 유사점은 광범위한데 빈디쉬, 허스트, 쾨스터를 비롯한 여러 학자가 둘 사이의 유사점에 관한 인상적인 목록을 제공한다. 이 목록은 "성자의 길"과 관련된 다양한 측면을 포함한다. 즉 성자의 선재와 창조에서의 역할, 성육신, 목숨을 버리는 순종, 희생적 죽음, 높임 받음, 자신의 백성을 위한 천상에서의 중보, 악한 권세를 이김, 그리고 성자의 재림에 대한 기대를 포함한다. 만물이 그에게 굴복하게 될 것이다. 게다가 바울과 히브리서는 새 언약의 우월성과 성령의 선물을 찬양하고, 아브라함을 믿음의 본으로, 광야의 방랑자들을 불순종의 본으로, 그리고 기독교 신자의 삶을 경주로 언급한다. 히브리서 결말의 구조적 요소와 용어는 바울을 반영하고 있으며, 히브리서 13:23에서 디모데를 언급한 점은 우리의 주목을 끈다. 허스트는 빈디쉬가 작성한 히브리서와 바울의 유사점 목록에 내용을 추가하면서 26개의 유사점을 제시하며, 쾨스터는 이보다 많은 29개의 유사점을 제시한다.[98]

동시에 현대 학자들은 히브리서와 바울 사이의 주요 차이점으로 인해 바울이 히브리서의 저자가 아니라는 합의에 거의 도달했다.[99] 히브

98 Hurst, *Epistle to the Hebrews,* 107-8; Koester, *Hebrews,* 54-55.

리서의 많은 이미지, 신학 주제, 그리고 단어가 바울 서신에 등장하지 않는다. 예를 들어 그리스도에게 적용되는 대제사장 모티프는 히브리서에만 유일하게 나타난다. 히브리서에 사용된 단어 중 169개는 신약성서의 다른 부분에서 찾아볼 수 없고, 히브리서에 구사된 그리스어의 수준은 바울 서신을 능가한다. 게다가 히브리서 저자의 그리스어 본문과 구약성서를 인용하는 방식은 바울과 차이를 보인다. 바울은 "기록된 바"라는 표현을 습관적으로 사용하는 반면, 히브리서 저자는 지중해 세계에서 그리스어를 사용하는 유대교 회당에서의 설교 방식을 따르면서, 하나님이 말씀하시는 형식으로 구약성서 인용의 시작을 알린다(예. "그가 이르시되"). 마지막 차이점은 다수의 학자에게 가장 중요한 것으로, 히브리서 저자가 최초 목격자들로부터 복음을 직접 전해 받았다는 진술이다(히 2:3). 그리스도로부터 복음을 직접 전해 받았다는 바울의 강력한 주장에 비추어볼 때, 히브리서 2:3의 진술을 바울이 했다고 보기는 어렵다(예. 롬 1:1; 고전 15:8; 갈 1:11-16을 보라).

바울과 히브리서 저자가 발전시킨 세 가지 표본 주제(인류의 운명, 순종과 높임 받음을 수반하는 그리스도의 겸손, 그리스도인의 삶에 작용하는 믿음의 역할)에 대한 추가 연구를 바탕으로, 허스트는 이 세 가지 주제가 유사한 발전 양상을 보인다는 결론을 내린다. 여러 지점에서 동일한 사고가 동일 용어 혹은 다른 용어와 이미지의 다양한 사용을 통해 표현된다. 허스트는 히브리서와 바울 서신 사이의 직접적인 문학적 의존 관계를 배제하지만,[100] 히브리서 저자가 한때 바울의 제자였을 가능성이 있

99 그러나 다음을 보라. D. A. Black, "Who Wrote Hebrews? The Internal and External Evidence Reexamined," *Faith and Mission* 18 (2001): 3-26.

100 그러나 히브리서가 문학적으로 갈라디아서에 의존한다는 다음의 주장을 보라. Ben

다는 주장이 아예 터무니없는 소리는 아니라고 제안한다. 따라서 허스트는 문학적 의존 관계와는 별도로, 바울이 히브리서에 영향을 미쳤을 가능성이 있음을 인정한다.[101] 가능성 있는 또 다른 설명은 히브리서와 바울 서신이 공통의 기독교 전승 중 중요한 내용을 각각 독립적으로 사용했다는 것이다.[102]

베드로전서

히브리서와 광범위한 언어 및 개념의 유사성을 보여주는 신약성서의 또 다른 책은 베드로전서다.[103] 이전의 연구들은 이 둘 사이의 여러 유사점을 제시했고, 이 제안에 쾨스터, 애트리지 같은 주석가들이 신선한 흐름을 형성했으며,[104] 히브리서의 사유 배경에 관한 허스트의 연구도 여기에 일조했다.[105] 이전 연구들이 제시한 유사점 목록을 취합하면서 허스트는 38개, 애트리지는 32개의 유사점을 제시하며, 쾨스터는 대략 23개의 유사점에 초점을 맞추고 있다. 애트리지가 제시하듯이, 히브리서와 베드로전서 사이의 유사점은 대략 다음과 같이 나누어 볼 수 있다. (1) 그리스도와 그의 행위를 나타내는 방식(예. 그는 "나타나

Witherington, "The Influence of Galatians on Hebrews," *NTS* 37 (1991): 146-52.

101 Hurst, *Epistle to the Hebrews*, 124.

102 다음을 보라. Koester, *Hebrews,* 56 n. 20; F. Schröger, *Der Verfasser des Hebräerbriefes als Schriftausleger*, Biblische Untersuchungen 4 (Regensburg: Puster, 1968), "Hebräerbrief," 216-17; Weiss, *Der Brief an die Hebräer*, 88.

103 다음과 같이 히브리서와 사도 요한을 연결하는 주장도 제기되었다. E. Cothenet et al., *Les écrits de Saint Jean et l'Épître aux Hébreux* (Paris: Desclée, 1984); C. J. A. Hickling, "John and Hebrews: The Background of Hebrews 2:10-18," *NTS* 29 (1983): 112-16.

104 Attridge, *Epistle to the Hebrews*, 30-31; Koester, *Hebrews,* 57-58.

105 Hurst, *Epistle to the Hebrews,* 125-30.

셨다"[히 9:26; 벧전 1:20; 5:4], 그는 "단번의" 죽음을 통해 구원을 베푸시고[히 7:27; 9:26; 10:12; 벧전 3:18], 이 단번의 죽음에는 "피 뿌림"의 의미가 포함된다[히10:22; 12:24; 벧전 1:2]). (2) 박해로 인해 격려가 필요한 공동체를 위한 그리스도의 사역의 의미(예. 그들은 "외국인과 나그네"이고[히 11:8-16; 12:22; 13:14; 벧전 2:11], 하나님의 집을 이루고[히 3:2-6; 벧전 2:5], 그들의 "목자"[히 13:20; 벧전 5:4]이신 그리스도를 바라보며[히 12:3; 벧전 2:21] 인내하도록 부르심을 받았다[히 10:32, 39; 12:2-3, 7; 벧전 2:20]). (3) 그리스도를 따르는 자들에게 주어질 소망의 결과(예. 그들은 마지막 날에[히 10:25; 벧전 4:7] "기업"[히 1:4; 6:12; 9:15; 벧전 1:4-5; 3:9]을 얻을 수 있다).

위와 같은 여러 유사점은 다음과 같은 특징으로부터 기인할 수 있다. 즉 공통의 그리스어 관용구 사용, 구약성서의 독립적 사용, 공통의 기독교 전승, 바울의 영향이다.[106] 하지만 히브리서와 베드로전서 사이에 존재하는 용어상의 여러 유사성과 이 용어 간의 깊은 신학적 일치는 인상적이고, 둘 사이에 어떤 문학적 관계가 있음을 암시한다. 비록 이 연관성이 현대 연구가 미치는 범위를 넘어서지만 말이다.

히브리서의 특수 상황

히브리서가 처했던 원래의 구체적 상황과 관련하여 현대 학계는 확실한 증거의 부재 때문에 많은 질문에 답을 못하고 있다. 그렇다고 최근에 이와 관련한 진전이 있는 것도 아니다. 히브리서 저자에 관한 연구는 저자가 구체적으로 누구인지를 밝히고자 하는 시도에서 저자의 프

106 위의 책, 130; Koester, *Hebrews*, 58.

로필에 대한 관심으로 바뀌었다. 히브리서의 저작 시기와 관련된 제안은 일반적으로 기원후 70년 이전과 이후로 나뉘지만, 현재 대다수 학자가 동의하는 바에 따르면, 더 이상 존재하지 않는 장막의 지위에 관한 히브리서의 언급은 예루살렘의 성전 파괴와 연결할 수 없다. 히브리서의 수신자들은 유대인, 이방인, 혹은 이 둘의 혼합으로 이해되며, 현재 다수의 주석가가 로마를 이 수신자들의 거처로 본다. 비록 다른 의견도 여전히 제기되지만 말이다.[107]

히브리서의 저술 이유에 관한 제안은 더 흥미로우며 대개 어떤 방식으로든 배교 문제에 초점을 맞추고 있다. 배교는 교회 밖에서 주어지는 박해로 발생했거나, 교회 안에서의 와해로 일어났던 것으로 이해된다.[108] 레인의 제안에 의하면, 히브리서는 네로 황제 치하의 가중되는 박해로 인해 그리스도를 따르겠다는 다짐이 약해지고 있는 상황에서 기록되었다.[109] 히브리서의 최초 수신자들이 그리스도를 폄하해야 할 위기에 처해 있었다는 주장에 반대하는 머리 아이잭스(Marie Isaacs)는 히브리서의 "거룩한 공간"에 관한 그녀의 우수한 논문에서 다음과 같이 제안한다. 즉 이 유대인 그리스도인들은 예루살렘과 예루살렘 성전의 상실로 슬퍼하고 있었으며, 결과적으로 히브리서의 목적은 이들의 눈이 "유일하게 거룩한 공간으로서 소유할 가치가 있는" 천국을 바라보게 하는 데 있었다는 것이다.[110] 바나바스 린다스의 제안에 따르면, 히브리서의 공동체 구성원들은 강한 죄의식과 죄책감에 압도되어 그들에게

107 이 주제에 대해서는 다음 학자들의 개론적 설명을 보라. Lane, Koester, Attridge, Weiss, Ellingworth.

108 Attridge, *Epistle to the Hebrews*, 12-13.

109 Lane, *Hebrews 1—8*, lx-lxvi.

110 Isaacs, *Sacred Space,* 67.

실질적 안도감을 줄 수 있는 유대교 관습에 의존하게 되었고, 이에 대한 반응으로 히브리서는 예수의 죽음을 단번에 드려진 대속 제사로 제시한다.[111] 히브리서를 사회·수사학적 맥락에서 이해하는 데이비드 드실바의 제안에 의하면, 히브리서의 첫 번째 청중은 그들의 사회적 지위 상실로 고심하고 있었다. 그들은 폭력적 박해 또는 유대교의 우월 의식에 맞서 대항하기보다, 교회로 인해 그들이 잃어버리게 된 사회적 존중과 물질을 회복하고자 하는 일반적 "보행자" 욕구(pedestrian desires)에 의해 무너지고 있었다.[112]

히브리서 신학에 대한 연구

지난 20년간 히브리서 연구를 통해 얻은 소득 중 하나는 히브리서 신학에 대한 관심의 회복이다.[113] 이와 관련하여 우리에게 유익한 연구로는 린다스의 『히브리서 신학』(*Theology of the Letter to Hebrews*), 과거의 신학 질문 연구 관련 펠트의 검토,[114] 히브리서 신학을 소개하는 몇몇 주요 주석서가 있다.[115] 이에 더하여, 다수의 논문이 히브리서 신학과 관련된 특정 논점을 다룬다. 여기서는 그중 몇 가지만 언급하고자 한다. 이미 주목했듯이, 머리 아이잭스는 히브리서의 "거룩한 공간"이 지닌

111 Lindars, *Theology of the Letter to the Hebrews*, 10.

112 DeSilva, *Perseverance in Gratitude*, 19.

113 아래 열거된 논문 외에 다음의 논평도 보라. Koester, "Hebrews in Recent Study," 133-36.

114 H. Feld, "Der Hebräerbrief: Literarische Form, religionsgeschichtlicher Hintergrund, theologische Fragen," in *ANRW* 2.25.4:3564-88 (참조. 3522-3601).

115 예를 들어 Lane, *Hebrews 1—8*, cxxv-cxlvii; Elliingworth, *Epistle to the Hebrews*, 63-77; Koester, *Hebrews*, 96-128.

중요성을 입증하며 다음과 같이 제안했다. 즉 땅과 장막에 대한 하나님의 약속은 하나님에 대한 접근 개념과 더불어 천상의 장소로 높임을 받은 예수에 비추어 재해석되어야 했다는 것이다.[116] 존 란즈마(Jon Laansma)는 히브리서 3-4장의 "안식" 모티프를 광범위하게 다루는 데 성공했다.[117] 란즈마는 자신의 연구에서 관련 주제를 간단히 소개한 후, 히브리어 구약성서, 70인역, 다른 유대교 문헌과 기독교 문헌에서 발견되는 안식 모티프를 본격적으로 다룬다. 특히 7장은 히브리서 3-4장의 맥락 안에서 안식 모티프에 초점을 맞추고 있으며, κατάπαυσις에 관한 학자들의 다양한 주장을 집중적으로 다루고 있다. 크리스천 로즈(Christian Rose)는 히브리서 10:32-12:3에 각별한 관심을 보이면서, "구름같이 둘러싼 허다한 증인들"에 관해 논한다.[118] 또 다비트 비더(David Wider)는 자신의 베른 대학교 박사 논문을 토대로 진행한 연구 논문에서 하나님 말씀의 속성, 수단, 효과에 대해 탐구한다.[119] 빅토 리(Victor Rhee)는 히브리서에서 말하는 믿음의 본질을 재검토하면서 히브리서의 믿음에 대한 이해를, 윤리적 견해 차원을 넘고 종말론적 견해 차원도 초월한, 핵심에서 그리스도가 중심이 되는 믿음의 개념으로 확장하기를 추구한다. 즉 리가 주장하는 히브리서의 믿음이란 그것의 모델과 대상을 예수 안에서 발견하는 믿음을 의미한다.[120] 존 던닐(John

116 Isaacs, *Sacred Space*, 131-33.

117 Laansma, *"I Will Give You Rest."* Laansma의 연구는 Wray의 *Rest as a Theological Metaphor*보다 우수하다.

118 C. Rose, *Die Wolke der Zeugen: Eine exegetisch-traditionsgeschichtliche Untersuchung zu Hebräer 10,32—12,3*, WUNT 60 (Tübingen: Mohr Siebeck, 1994).

119 D. Wider, *Theozentrik und Bekenntnis: Untersuchungen zur Theologie des Redens Gottes in Hebräerbrief*, BZNW 87 (Berlin and New York: de Gruyter, 1997).

120 V. Rhee, *Faith in Hebrews: Analysis within the Context of Christology, Eschatology, and*

Dunnill)은 히브리서를 "언약 갱신 의식"(covenant renewal rite), 곧 구약성서의 제사 용어로 선포된 기독교 케리그마로 이해한다.[121] 마지막으로, 헤어무트 뢰어(Hermut Löhr)는 쌍둥이 주제인 회개와 죄를 다룬다.[122]

결론

본 논문의 서두에서 히브리서를 성서학계의 "신데렐라"로 비유했는데, 히브리서가 최근에 받고 있는 많은 관심을 볼 때 히브리서를 신데렐라로 비유하는 것은 타당하고 축하할 일이다. 우리는 이제까지 검토한 최근 히브리서 연구를 통해 히브리서가 기원후 1세기 맥락과 체계적인 관계를 맺고 있음을 분명히 알 수 있다. 이 맥락 안에서 히브리서의 위치에 대한 우리의 이해는 최근 수년간 이루어진 노고로 진전을 이루었다. 앞으로 수년 안에 히브리서라는 복잡하면서도 매력적인 책이 더 잘 이해될 수 있기를 희망하며 연구에 매진하자. 그러나 이런 권면을 여전히 권위적으로 받아들이는 이들에게 하고 싶은 말은 다음과 같다. 곧 내가 제기하는 권면의 목적은 히브리서를 강압적으로 "우리에게 구속"하려는 것도 아니고, 히브리서와의 처절한 사투를 통해 그것을 옴짝달싹 못하도록 우리의 연구 도구로 고정해놓은 후, 히브리서의 비밀, 역사, 선포 내용을 일일이 끄집어내려는 것도 아니다. 오히려 우

Ethics, Studies in Biblical Literature 19 (New York: Lang, 2001).

121 J. Dunnill, *Covenant and Sacrifice in the Letter to the Hebrews*, SNTSMS 75 (Cambridge: Cambridge University Press, 1992), 261.

122 Hermut Löhr, *Umkehr und Sünde im Hebräerbrief*, BZNW 73 (Berlin and New York: de Gruyter, 1994).

리는 히브리서 본문 아래 자리를 잡고 앉아 새 언약의 메시지를 이해한 자들로서 히브리서 본문을 더 명확히 듣기 위해 애써야 하고, 또 하늘나라를 향해 순례 중인 자들로서 히브리서의 권면을 더 충실히 따르기 위해 노력해야 한다. 마르쿠스 바르트(Markus Barth)는 히브리서의 구약성서 사용에 관한 자신의 소논문 말미를 다음과 같은 말로 마무리한다.

> 변화무쌍한 "현대"의 히브리서 비평가들이 나타났다가 사라진다. 이 서신은 이들 모두로부터 살아남았다. 그리고 이 서신은 아직도 살아 있고 독특하며 다음과 같은 불가항력으로 작용하고 있다. 즉 우리의 관심을 이스라엘과 구약성서로 집중시키고, 유대인의 왕과 모든 약자의 제사장이 누구인지에 관한 지식과 이해를 형성하며, 평안, 인도, 격려의 말을 통해 그리스도를 선포하는 불가항력이다. 히브리서를 통한 그리스도의 증거는 히브리서에 대해 기록된, 또는 히브리서에 반대하는 모든 주석서에 담긴 증거보다 월등히 명확하고 강력하며 우월하다.[123]

123 M. Barth, "The Old Testament in Hebrews: An Essay in Biblical Hermeneutics," in Klassen and Snyder, *Current Issues in New Testament Interpretation*, 78.

제21장

최근 요한복음 연구

Klaus Scholtissek
클라우스 숄티섹

요한복음은 주석 연구의 선호 대상 중 하나다.[1] 이는 여기서 소개할 소논문을 통해서 뿐만 아니라 새로운 연구 보고서,[2] 참고 문헌,[3] 요한복

1 본 소논문은 다음과 같은 연구 보고서의 연장선상에 있다. Klaus Scholtissek, "Neue Wege der Johannesauslegung I-II," *TGl* 89 (1999): 263-95; 91 (2001): 109-33 (다음의 영어 번역본 참조. *CurBS* 6 [1998]: 227-59; 9 [2001]: 277-395); "Johannes auslegen I-II," *SNTSU* 24 (1999): 35-84; 25 (2000): 98-140; "Eine Renaissance des Evangeliums nach Johannes," *TRev* 97 (2001): 267-88.

2 관련 학술지에 실린 다음 연구를 보라. Xavier Léon-Dufour, *RSR* 55 (1967)-82 (1994); Michèle Morgen, *RSR* 84 (1996)-89 (2001); 참조. Léon Dufour, "Où en est la recherche johannique?" in *Origine et postérité de l'Évangile de Jean,* ed. A. Marchadour, LD 143 (Paris: Cerf, 1990), 17-41; Franz G. Untergaßmair, "Das Johannesvangelium: Ein Bericht über neuere Literatur aus der Johannesforschung," *TRev* 90 (1994): 91-108; Udo Schnelle, "Perspektiven der Johannesexegese," *SNTSU* 15 (1990): 59-72; idem, "Ein neuer Blick: Tendenzen der gegenwärtigen Johannesforschung," *BTZ* 16 (1999): 29-40; Francis J. Moloney, "Where Does One Look? Reflections on Some

음 연구의 현재 동향을 요약하는 출판물,[4] 요한 문헌 관련 개론적 질문에 대한 현재의 논의,[5] 그리고 주석 방법 관련 논의[6]를 통해서도 입증된다. 지난 수년간 주석에 대한 학자들의 노력은 공관복음서보다 요한복음에 더 많이 집중되어왔다. 이런 현상은 부분적으로 기존의 밀린 요구 때문일 수도 있지만, 주로 요한복음 자체에 관한 연구가 새롭게 착수되면서 발생했다. 질문을 제기하는 새로운 방법들로 인해 요한복음 본문 및 해석에서 새롭고 흥미로운 내용이 발견되고 있다. 이 새로운 접근법들은 지난 수십 년간 유지되어온 주석 관점을 주도면밀하게 반박한다. 예를 들어, 저자 요한이 공관복음서를 어느 정도 알고 있었다는 가정이 점점 더 힘을 얻고 있다.[7] 요한복음에 적용된 고전적인 문학비평이 효

Recent Johannine Scholarship," *Antonianum* 62 (2000): 223-51.

3 Gilbert van Belle, *Johannine Bibliography 1966-1985*, BETL 82 (Leuven: Brill, 1988); W. E. Mills, *The Gospel of John,* BBRNT 4 (Lewiston, N.Y.: Mellen Biblical Press, 1995). 다음을 보라. online: http://www.johannine.net.

4 다음을 보라. Robert Kysar, "John, the Gospel of," *ABD* 3:912-31; Jörg Frey, "Johannes I. der Evangelist," *DNP* 5:1056-58; Harold W. Attridge, "Johannesevangelium," *RGG* 4:552-62; Martin Hengel, *Judaica, Hellenistica et Christiana 2,* WUNT 109 (Tübingen: Mohr Siebeck, 1999), 293-334. 다음도 보라. David E. Orton, ed., *The Composition of John's Gospel: Selected Studies from Novum Testamentum* (Leiden: Brill, 1999).

5 다음을 보라. Raymond E. Brown, *An Introduction to the New Testament*, ABRL (New York: Doubleday; 1997), 333-405; Ingo Broer, *Einleitung in das Neue Testament*, NEBNTSup 2.1 (Würzburg: Echter, 1998), 179-248. 복음서 저자 요한의 정체성에 관한 다양한 의견을 광범위하게 개관하는 다음 연구도 보라. R. Alan Culpepper, *John, the Son of Zebedee: The Life of a Legend*, 2nd ed., Studies on Personalities of the New Testament (Edinburgh: Clark, 2000).

6 다음을 보라. Fernando F. Segovia, ed., *"What Is John?"* 2 vols., SBLSymS 3 and 7 (Atlanta: Scholars Press, 1996-98); Johannes Nissen and Sigfred Pedersen, eds., *New Readings in John,* JSNTSup 182 (Sheffield: Sheffield Academic Press, 1999).

7 Frans Neirynck는 수년간 이 견해를 주장해왔다. 다음을 보라. F. Neirynck, "John and the Synoptics in Recent Commentaries," *ETL* 74 (1998): 386-97; Manfred Lang,

용성 입증에 상당한 어려움을 겪고 있고,[8] 요한복음을 특수 종교 맥락(일반적으로 영지주의)에 집어넣으려는 시도는 신빙성이 떨어지는 것으로 드러났다.[9] 요한복음의 용어, 서술, 신학에 대한 특징을 규명하는 일은 점점 더 특수한 작업으로 이해되고 또 요한복음 해석의 난제로 여겨진다.[10] 요한복음이 가설로 복원된 원문서 즉 소위 Semeia-Quelle(표적 자료)로 불리는 문서에 주석 초점을 맞추고 있다거나, 요한복음 각 장의 배열에 변화가 가해졌다는 주장은 더 이상 설득력이 없다. 정경에 포함된 요한복음 본문은 다시 권위를 회복하고, 새롭게 발견되며, 주석적 해석의 주요 주제로 진지하게 다뤄지고 있다. 이 소논문은 이와 같은 요한복음 연구의 현재 동향에 대해 설명을 시도한다. 우선 북미의

Johannes und die Synoptiker: Analyse von Joh 18—20 vor markinischem und lukanischem Hintergrund, FRLANT 182 (Göttingen: Vandenhoeck & Ruprecht, 1998).

8 다음을 보라. Jörg Frey, *Die johanneische Eschatologie,* 3 vols., WUNT 96, 110, and 117 (Tübingen: Mohr Siebeck, 1997-2000); Scholtissek, "Johannes auslegen I," 51-59.

9 요한복음은 쿰란 문서의 직접적인 영향을 받은 것이 아니라, 쿰란 문서와 동일한 초기 유대교 맥락에서 유래한다. 이는 요한복음 전체에 그 흔적을 남겨놓았다. 다음을 보라. Richard Bauckham, "The Qumran Community and the Gospel of John," in *The Dead Sea Scrolls: Fifty Years after Their Discovery 1947—1997*, ed. Lawrence H. Schiffman et al. (Jerusalem: Israel Exploration Society, 2000), 105-15.

10 다음과 같이 새로 출간된 세 권의 독일어판 주석서가 이런 발전을 나타낸다. Ludger Schenke, *Johannes* (Düsseldorf: Patmos, 1998); U. Schnelle, *Das Evangelium nach Johannes*, THKNT 4 (Leipzig: Evangelische Verlagsanstalt, 2000); Ulrich Wilckens, *Das Evangelium nach Johannes*, NTD 4 (Göttingen: Vandenhoeck & Ruprecht, 2000). 다음도 보라. John Ashton, *Understanding the Fourth Gospel* (Oxford: Oxford University Press, 1993); D. Moody Smith, *John among the Gospels* (Columbia: University of South Carolina Press, 2001); idem, *John,* ANTC (Nashville: Abingdon, 1999); A. J. Köstenberger, *Encountering John: The Gospel in Historical, Literary, and Theological Perspective* (Grand Rapids: Baker, 1999); R. Alan Culpepper, Ruth B. Edwards, and John M. Court, eds., *The Johannine Literature* (Sheffield: Sheffield Academic Press, 2000); Marianne Meye Thompson, *The God of the Gospel of John* (Grand Rapids: Eerdmans, 2001).

요한복음 연구에 있어서 핵심이 되는 선별 주제를 소개하고, 이어서 고전 연구 패러다임 차원에서 실시된 비평과, 지금은 그 입지가 확고해진 새로운 견해를 간단히 제시한다. 그다음으로 본 논문은 요한복음 연구의 중요 주제를 다루고 요약하는 말로 마무리할 것이다.

요한복음에 대한 북미 연구의 중심 주제

레이몬드 브라운의 중요한 요한복음 주석서가 발표된 이래, 국제적으로 상당히 명망 높은 요한복음 연구 단체가 미국에 설립되었다. 이 연구 단체는 제4복음서 및 요한 문헌 주석과 관련하여 귀중한 소논문을 기고하고 기본 연구를 시행했다.[11] 무수히 많은 연구 제목, 주제, 의견이 존재하지만, 여기서는 그중 몇 가지만 선택해서 다룰 수밖에 없다.

요한 신학 및 요한 공동체의 역사 – 레이몬드 브라운

북미에서 출간된 요한복음 주석서 중 가장 영향력 있고 균형 잡힌 주석서는 레이몬드 브라운이 저술했다.[12] 브라운은 요한복음의 전승 역사와

11 예를 들어 다음을 보라. D. Moody Smith, *The Theology of the Gospel of John*, NTT (Cambridge: University Press, 1996); R. Alan Culpepper and C. C. Black, eds., *Exploring the Gospel of John* (Louisville: Westminster John Knox, 1996); T. L. Brodie, *The Gospel according to John and A Literary and Theological Commentary* (Oxford: Oxford University Press, 1993); Leon Morris, *Reflections on the Gospel of John,* 4 vols. (Grand Rapids: Baker, 1986-88); idem, *The Gospel of John*, rev. ed., NICNT (Grand Rapids: Eerdmans, 1995).

12 다음을 보라. R. E. Brown, *The Gospel according to John*, 2 vols., AB 29-29A (Garden

재구성된 요한 공동체의 역사를 함께 연결하려 시도하는 연구가 중에서 단연 거물이다.[13] 브라운은 여러 단계에서의 발전을 가정한다. 우선 예수의 말과 행위는 구전—공관복음 전승으로부터 독립된—의 형식으로 전달되었다. 이후에 공동체의 삶에서 일어난 특수 경험으로 인해 이 전승에 수정이 생기게 되었다. 마지막으로 타고난 설교가인 요한복음 저자가 복음서라는 문서 형태로 기록하게 되었다. 브라운에 의하면, 이 전승사는 다음과 같은 요한 공동체의 역사와 상관이 있다. 즉 요한 공동체 역사의 첫 번째 단계에서 팔레스타인에 거주하는 유대인 그리스도인들은 예수를 다윗과 같은 메시아로 고백하고, 이로 인해 회당으로부터 출교를 당하게 된다(이런 현상은 대략 기원후 70-80년까지 지속됨). 두 번째 단계에서 요한 공동체가 복음서 저자가 저술한 문서 형태의 복음서를 들고 소아시아로 이동한 후에 요한복음의 전 세계적 범위(참조. 요 12:20-23)가 더 명확히 반영된다. 요한1서와 요한2서는 이 공동체 내

City, N.Y.: Doubleday, 1966-70); *Introduction to the New Testament,* 333-405; *The Death of the Messiah: From Gethsemane to the Grave,* ABRL (New York: Doubleday, 1994); *Reading the Gospels within the church: From Christmas through Easter* (Cincinnati: St. Anthony Messenger Press, 1996), 33-43; *A Risen Christ in Eastertime: Essays on the Gospel Narratives of the Resurrection* (Collegeville, Minn.: Liturgical Press, 1900), 65-80; *The Gospel and Epistles of John: A Concise Commentary* (Collegeville, Minn.: Liturgical Press, 1988); *An Introduction to New Testament Christology* (London: Chapman, 1994), 196-213.

13 다음을 보라. R. E. Brown, *The Community of the Beloved Disciple: The Life, Loves, and Hates of an Individual Church in New Testament Times* (New York: Paulist Press, 1979); *Introduction to the New Testament,* 373-76. 다음 연구는 요한 공동체의 역사와 요한복음 신학 사이의 상관관계를 다룬다. J. Louis Martyn, *History and Theology in the Fourth Gospel* (Nashville: Abingdon, 1979); Rudolf Schnackenburg, *The Gospel according to St. John,* 3 vols. (London: Burns & Oats, 1968-82); R. Alan Culpepper, *The Gospel and Letters of John,* Interpreting Biblical Texts (Nashville: Abingdon, 1998), 54-61.

의 분열로 인해 기록되었다.[14] 마지막 단계에서 요한3서와 기존의 요한복음 내용에 현재의 마지막 장(21장)이 추가되었는데, 이는 요한 전승의 "초기 가톨릭" 전향을 의미한다.[15] 브라운은 재구성된 요한 공동체의 역사, 요한복음의 자료, 요한복음 편집에 관한 주석적 명제만으로는 요한복음이 의도하는 메시지를 파악할 수 없다고 주장한다(참조. 20:31).[16]

제4복음서에 대한 복음주의 해석의 주요 인물들

스티븐 스몰리(Stephen S. Smalley)

스티븐 스몰리는 요한복음에서 "요한복음 저자가 자신의 방식으로 해석한 독립되고 기본적인 역사 전승을 발견한다."[17] 스몰리에 의하면, 복음 전도자로서 제4복음서 저자의 관심은 주로 "모든 그리스도인의 믿

14 요한1서 연구의 현 상태에 대해 다루는 다음 연구는 신뢰할 만하다. Johannes Beutler, *Die Johannesbriefe,* RNT (Regensburg: Pustet, 2000), 11-33.

15 다음을 보라. Brown, *Introduction to the New Testament*, 363, 373-76.

16 위의 책, 378.

17 Stephen S. Smalley, *John: Evangelist and Interpreter* (Exeter: Paternoster, 1978), 7. 다음 연구도 보라. Smalley: "New Light on the Fourth Gospel," *TynBul* 17 (1966): 35-62; "The Johannine Son of Man Sayings," *NTS* 16 (1968-69): 278-301; "Diversity and Development in John," *NTS* 17 (1970-71): 276-92; "The Testament of Jesus: Another Look [on John 13-17: Response to E. Käsemann]," *Studia Evangelica* 6 (1973): 495-501; "The Sign of John XXI," *NTS* 20 (1974): 275-88; "Recent Johannine Studies," *ExpTim* 87 (1975-76): 247-48; "Johannine Spirituality," in *The Westminster Dictionary of Christian Spirituality*, ed. G. S. Wakefield (Philadelphia: Westminster, 1983), 230-32; "The Christ-Christian Relationship in Paul and John," in *Pauline Studies,* ed. D. A. Hagner and M. J. Harris (Exeter: Paternoster, 1980), 95-105; "The Johannine Community and the Letters of John," in *A Vision for the Church*, ed. M. Bockmuehl and M. B. Thompson (Edinburgh: Clark, 1997), 95-104; *1—3 John*, WBC 51 (Waco, Tex.: Word, 1984).

음이 의존하는 역사적·전통적 토대"를 안전하게 보존하는 데 집중되어 있다. 반면에 해석가로서 "요한은 자신의 공동체를 위해 복음을 공동체의 특수 상황과 연결하면서 복음을 더 충분히 제시하고 설명한다."[18] 하지만 요한은 현대적 의미에서의 역사가가 아니며, "믿음의 역사적 토대"와 "믿음의 신학적 의미와 영원한 실존적 호소"를 하나로 묶을 수 있는 타고난 신학자다.[19] 스몰리는 세베대의 아들 요한(사랑하는 제자)과 요한복음의 저자 요한을 구별한다. 즉 사도 요한이 예수에 관한 요한 전승의 보존에 책임이 있었던 반면, 요한복음 자체는 한 명 이상의 다른 저자에 의해 기록되었다는 것이다.[20] 스몰리의 가정에 의하면, 요한은 그가 기록한 문헌을 자신의 제자들에게 전수했고, 그다음에 제자들이 이 문헌의 내용을 편집하고 수정했다.[21] 이 견해에 의하면 요한복음의 사도적 특징은 보존될 수 있고, 스몰리에게 이 보존은 요한복음의 서술에 역사적 신빙성을 부여하는 것과 동일하다. 스몰리는 예수의 설교 말씀(특히 오해의 내용, "나는 ~이다", "아멘, 아멘" 이야기, 그리고 요 17장에 등장하는 예수의 기도에 주목하라)과 더불어 지리적 설명의 신빙성 및 예수가 행한 "표적"의 역사적 특징을 강조한다.

조지 비슬리-머리(George R. Beasley-Murray)

조지 비슬리-머리는 균형이 잘 잡힌 제4복음서 주석서를 발표했는데,

18 Smalley, *John: Evangelist and Interpreter*, 150.

19 위의 책, 252.

20 같은 책, 81; 참조. Smalley, *1—3 John*, xxii. Smalley는 "John's Revelation and John's Community," *BJRL* 69 (1987): 551-71에서 사도 요한이 기록한 요한 문헌 중 요한계시록이 제일 먼저 기록되었다고 주장한다.

21 Smalley, *John: Evangelist and Interpreter*, 119-21.

이 주석서는 독일, 영국, 미국에서 이루어진 요한복음 연구를 고려하고 있다.[22] 공관복음서에 대한 요한 공동체의 지식이 점진적으로 증가하고 있었다는 비슬리-머리의 견해는 충분한 근거를 지닌다. 그는 요한이 요한복음 자료를 직접 사용했다는 주장을 거부하지만, 그럼에도 불구하고 균형 잡힌 연구 경향을 제시한다.[23] 결과적으로, 비슬리-머리는 초기 기독교 내의 한 종파를 상징했던 요한복음의 고립성도 인정하지 않는다. 그는 문학비평과 전승사 측면에서의 모든 분석이 얼마나 어려운 일인지 바르게 지적한다. 이 모든 분석은 요한복음이 출현했던 기간의 발전 과정, 또는 복음서 저자 자신의 이후 개입, 또는 복음서 저자의 뜻에 따라 행동하는 한 제자를 가정한다. 이 과정이 어떻게 확실히 인지될 수 있는가? 이 어려움으로 인해 비슬리-머리는 요한복음 탄생을 초래한 문학적 절차에 대해 더 광범위한 가설 제안을 꺼린다. 그는 요한복음의 최종 형태, 즉 정경 본문을 주석할 때 공시적 관점을 호소한다. 이 유형의 주석은 요한복음의 설교와 믿음에 대한 요구를 진지하게 다룬다(20:30-31).[24] 비슬리-머리는 요한복음이 단순히 고대의 한 종교적 맥락에 속한다고 보는 견해를 거부한다. 오히려 "요한복음은 고대 근동 종교들에 뿌리 내리고 있으며, 그 종교 가운데서 고대 이스라엘이 설립되었고 그로부터 그리스인들의 지식이 유래한다"[25]는 것이다.

22 George R. Beasley-Murray, *John*, WBC 36 (Waco, Tex.: Word, 1987). 요한복음에 관한 Beasley-Murray의 다른 연구도 보라. "John 12:31-32: The Eschatological Significance of the Lifting Up of the Son of Man," in *Studien zum Text und zur Ethik des Neuen Testaments*, ed. W. Schrage, BZNW 47 (Berlin: de Gruyter: 1986), 70-81; *Gospel of Life: Theology in the Fourth Gospel* (Peabody, Mass.: Hendrickson, 1991).

23 다음을 보라. Beasley-Murray, *John*, xxxv-xxxvii.

24 위의 책, xxxviii-liii.

25 같은 책, lxv.

요한복음 저자는 예수의 열두 제자 중 하나로서 초기 요한 공동체 내에서 결정적 권한을 갖고 있었던 사랑하는 제자와 동일시되어서는 안 된다. 요한복음 저자는 "성령이 자신의 행위 중 상당 부분을 보여주었던 사랑하는 제자 학파의 권위 있는 해석가"로 이해되어야 한다.[26] 맨슨(T. W. Manson), 라이트풋(R. H. Lightfoot), 슈나켄부르크(R. Schnackenburg)의 주장에 대체로 동의하면서, 비슬리-머리는 예루살렘에서 시작된 요한 공동체가 안디옥을 거쳐 에베소에 정착하게 되었다는 요한 공동체 역사를 가정한다.[27]

카슨(D. A. Carson)

카슨의 첫 번째 학문적 연구에서 그는 성서에서 개혁 신학의 고전적 주제인 하나님의 섭리 및 주권이 인간의 자유(즉 책임)와 어떻게 연결되는가를 다루었다.[28] 카슨은 구약성서, 초기 유대교 및 랍비 증언을 개관하는데, 이 증언의 내용은 하나님의 섭리 및 주권과 인간 자유에 대해 강조할 뿐, 두 양극 사이에 존재하는 긴장 해소에는 도움이 안 된다. 요한복음의 상황도 마찬가지다. 즉 요한복음에서 하나님은 자신의 계획을 통해 하나님 됨을 강하게 주장하시고, 동시에 인간은 응답을 기다리시는 하나님의 부르심과 관련하여 책임을 져야 하고 정죄를 받을 수도 있다. 요한복음에 관한 그의 소논문에서, 카슨은 요한복음에 사용된 자료를 재구성할 수 있는 가능성(이 자료 자체의 존재 가능성이 아니라)에 대

26 같은 책, lxxv.

27 같은 책, lxxx-lxxxi.

28 Donald A. Carson, *Divine Sovereignty and Human Responsibility: Biblical Perspectives in Tension* (Atlanta: Knox, 1981).

해 충분히 근거 있는 회의주의를 개진하고,[29] 예수의 역사적 사역과 관련하여 포괄적이고 신뢰할 만한 요한 전승을 단언한다. 그는 다드의 연구를 참고하여 이에 관한 자신의 주장을 진술한다.[30]

요한복음 특유의 오해는 문체 기법인데, 카슨은 변형된 방식으로 이 오해를 역사적 예수와 결부시키면서 다음과 같이 말한다. "이 오해가 요한복음의 관용 어구로서 인위적 표현일지라도, 이는 역사적 예수의 삶의 정황에 기초하고 있다."[31] 또한 고별 담론에 대해(요 14-17장), 카슨은 주류 주석 학자들이 일반적으로 허용하는 것보다 많은 말씀을 역사적 예수에게 돌린다.[32] 카슨은 요한복음이 기록된 목적의 특징으로, 유대교로 개종한 하나님 경외자 및 이방인들의 복음화는 물론 디아스포라 유대인들의 복음화를 지목한다. 그리고 그는 이 견해에 대한 지

29 D. A. Carson, "Current Source Criticism of the Fourth Gospel: Some Methodological Questions," *JBL* 97 (1978): 411-29. 다음도 보라. idem, "Recent Literature on the Fourth Gospel: Some Reflections," *Them* 99 (1983): 8-18; "The Function of the Paraclete in John 16:7-11," *JBL* 98 (1979): 547-66.

30 다음을 보라. C. H. Dodd, *The Interpretation of the Fourth Gospel* (Cambridge: Cambridge University Press, 1953); *Historical Tradition in the Fourth Gospel* (Cambridge: Cambridge University Press, 1963). 참조. D. A. Carson, "Historical Tradition in the Fourth Gospel: After Dodd, What?" in *Studies of History and Tradition in the Four Gospels*, ed. R. T. France and D. Wenham, Gospel Perspectives 2 (Sheffield: JSOT Press, 1981), 83-145; J. S. King, "Has D. A. Carson Been Fair to C. H. Dodd?" *JSNT* 17 (1983): 97-102; D. A. Carson, "Historical Tradition in the Fourth Gospel: A Response to J. S. King," *JSNT* 23 (1985): 73-81.

31 D. A. Carson, "Understanding the Misunderstandings in the Fourth Gospel," *TynBul* 33 (1982): 90.

32 D. A. Carson, *The Farewell Discourse and the Final Prayer of Jesus: An Expositioin of John 14—17* (Grand Rapids: Baker, 1980). Carson의 해석학적 접근법에 대해서는 다음을 보라. *The Sermon on the Mount: An Evangelical Exposition of Matthew 5—7* (Grand Rapids: Baker, 1978), 139-49; "Recent Developments in the Doctrine of Scripture," in *Hermeneutics, Authority and Canon*, ed. D. A. Carson and John D. Woodbridge (Leicester: Inter-Varsity, 1986), 5-48 (notes on pp. 363-74).

지로 요한복음의 구약성서 주석을 제시하고[33] 요한복음 20:31에 대한 번역(이 번역은 문제가 있지만, 카슨 자신은 옳다고 생각한다)을 다음과 같이 제시한다. "너희가 그리스도, 곧 하나님의 아들이 예수이심을 믿게 하려 함이요"("예수가 그리스도이시다"와 비교해보라).[34] 스몰리, 비슬리-머리와 달리 카슨은 사도 요한을 사랑하는 제자이면서 **동시에** 요한복음 저자와 동일시한다.[35]

요한복음의 내러티브 주석

제4복음서에 대한 새로운 연구의 독창성은 문학적 연구 방법론에 관한 활발한 토론에서 발견된다. 그중 가장 생산적인 방법론은 요한복음의 내러티브 해석일 것이다.[36] 여기서 등장인물의 제시와 프로필이 주요 질문으로서 주목받게 되는데, 이는 **성격 묘사**(characterization) 개념과

33 D. A. Carson, "John and the Johannine Epistles," in *It is Written: Scripture Citing Scripture,* ed. D. A. Carson and H. G. M. Williamson (Cambridge: Cambridge University Press, 1988), 245-64.

34 D. A. Carson, "The Purpose of the Fourth Gospel: John 20:31 Reconsidered," *JBL* 106 (1987): 639-51.

35 D. A. Carson, *The Gospel according to John* (Grand Rapids: Eerdmans, 1991), 69-81.

36 다음을 보라. Mark W. G. Stibbe, *John,* Readings: A New Biblical Commentary (Sheffield: Sheffield Academic Press, 1993); Francis J. Moloney, *Belief in the Word: Reading the Fourth Gospel, John 1—4* (Minneapolis: Fortress, 1993); idem, *Signs and Shadows: Reading John 5—12* (Minneapolis: Fortress, 1996); idem, *Glory not Dishonor: Reading John 13—21* (Minneapolis: Augsburg Fortress, 1998); idem, *The Gospel of John,* SP 4 (Collegeville, Minn.: Liturgical Press, 1998); Dirk F. Gniesmer, *In den Prozeß verwickelt: Erzähltextanalytische und textpragmatische Erwägungen zur Erzählung vom Prozeß Jesu vor Pilatus (Joh 18,28—19,16a.b)*, Europäische Hochschulschriften 23.688 (Frankfurt: Lang, 2000).

연결된다.[37] 이런 맥락에서 요한복음에 등장하는 여성의 중요성이 자주 다루어진다.[38]

앨런 컬페퍼(R. Alan Culpepper)

요한복음의 내러티브 해석에서 선구자가 되는 학자는 앨런 컬페퍼로, 1987년에 그가 발표한 『요한복음 해부』(*The Anatomy of the Fourth Gospel*)는 아직도 관련 연구의 현재 상태를 잘 대변해준다.[39] 컬페퍼가 발견한 많은 내용은 요한복음 주석에 관한 오늘날의 표준 지식으로 판단해볼 수 있다. 그는 서술자와 내러티브 관점, 서술된 시점과 서술이 발생한 시점, 플롯, 등장인물, 암시적 언급(오해와 아이러니,[40] 상징주의를 포함하는), 서술자의 언급, 암시적 독자에 대한 유용한 통찰을 제공한다. 이와 같은 내러티브와 관련된 흔적과 권위, 그리고 효과를 통해 우리는 요한복음 전체를 내러티브 분석 측면에서 볼 수 있다. 제4복음서 내러티브의 일관성은 요한복음 전체를 관통하는 축(플롯, 장면 전환에 따른 행위의 진전, 주제별 전개)을 통해서 뿐만 아니라 세밀한 구조를 통해서도 발생

37 다음을 보라. David R. Beck, *The Discipleship Paradigm: Readers and Anonymous Characters in the Fourth Gospel*, BIS 27 (Leiden: Brill, 1997); David Rhoads and Kari Syreeni, eds., *Characterization in the Gospels: Rediscovering Narrative Criticism*, JSNTSup 184 (Sheffield: Sheffield Academic Press, 1999).

38 다음을 보라. Colleen M. Conway, *Men and Women in the Fourth Gospel: Gender and Johannine Characterization*, SBLDS 167 (Atlanta: Society of Biblical Literature, 1999); Ingrid Kitzberger, "Synoptic Women in John: Interfigural Readings," in *Transformative Encounter: Jesus and Women Re-viewed*, ed. I. R. Kitzberger, BIS 43 (Leiden: Brill, 2000), 77-111.

39 R. Alan Culpepper, *The Anatomy of the Fourth Gospel: A Study in Literary Design* (Philadelphia: Fortress, 1987).

40 다음을 보라. K. Scholtissek, "Ironie und Rollenwechsel im Johannesevangelium," *ZNW* 89 (1998): 235-55.

한다. 이는 등장인물에 대한 내러티브 분석과 오해, 상징, 아이러니를 사용하여 독자를 조종하는 저자에 대한 내러티브 분석을 통해 발견될 수 있다. 컬페퍼의 내러티브 분석과 요한복음 해석은 요한복음의 등장 및 신학에 관한 역사비평의 통찰과 연계하여 유익하게 사용될 수 있다. 그의 분석은 다방면에 걸쳐 역사비평 관점을 분명히 밝히고 시야를 넓혀준다.[41]

프랜시스 몰로니(Francis J. Moloney)

프랜시스 몰로니는 내러티브 해석 방법이 적용된 요한복음 주석서를 집필했다.[42] 그의 주석은 내러티브 해석이 요한복음 본문에 유용하고 적합한 방법론임을 설득력 있게 보여준다. 왜냐하면 이 해석 방법은 요한복음의 발전 과정을 부정하지 않으면서 요한 신학의 일관성을 강조하기 때문이다. 몰로니의 목적은 요한복음 20:30-31에서 절정에 이르는 독자들에 대한 논리적인 조종을 입증하는 데 있다. 주로 몰로니는 "본문 배후" 세계가 아닌 "본문 앞" 세계를 묘사하는 데 관심이 있는데, 이는 그때와 현재의 요한복음 수용[43]에 관한 설명을 의미한다. 몰로니는 다음의 내용을 인상 깊게 입증하는 데 성공한다. "20세기와 21세기 독자들은 그리스도인의 삶에 대해 약 이천 년의 경험을 이야기하면서,

41 다음을 보라. R. Alan Culpepper, *The Johannine School: An Evaluation of the Johannine-School Hypothesis Based on an Investigation of the Nature of Ancient Schools*, SBLDS 26 (Missoula, Mont.: Scholars Press, 1975); idem, *John, the Son of Zebedee; The Gospel and Letters of John.*

42 Moloney, *Belief in the Word; Signs and Shadows; Glory Not Dishonor.*

43 Moloney는 다음의 연구를 언급한다. Sandra M. Schneiders, *The Revelatory Text: Interpreting the New Testament as Sacred Scripture* (Collegeville, Minn.: Liturgical Press, 1999).

요한복음에 대한 그들의 반응이 내포 독자의 경험과 요한 공동체에 속한 원독자의 경험으로 가득함을 발견한다."[44]

요한복음 연구의 신구(新舊) 패러다임

고전적 관점의 비평

20세기 말에는 요한복음 연구에 한 획을 긋는 전환이 발생했는데, 이는 기존의 지배적 패러다임인 문학비평과 종교사적 접근을 약화시켰다. 이 새로운 시작은 루돌프 불트만 이래로 요한복음 연구의 기준이 되어온 다음과 같은 대립 구도로부터 벗어나는 것을 특징으로 삼는다. 즉 현재적 종말론과 미래적 종말론의 대립, 믿음과 성화의 대립, 구원론과 윤리의 대립, 기독론과 교회론의 대립이다. 이 변화는 울리히 빌켄스(Ulrich Wilckens)의 최근 주석서에 인상적으로 기술되어 있는데,[45] 이는 지그프리트 슐츠(Siegfried Schulz)의 주석서와 명백한 대조를 이룬다.[46] 슐츠는 그의 스승 불트만을 따랐으며, 슐츠의 주석서와 빌켄스의 주석서는 같은 시리즈로 발간되었다.

44 Moloney, *The Gospel of John,* 19; 참조. *Belief in the Word*, 1-22.

45 Wilckens, *Das Evangelium nach Johannes.*

46 Siegfried Schulz, *Das Evangelium nach Johannes*, NTD 4 (Göttingen: Vandenhoeck & Ruprecht, 1987).

고전 문학비평

요한복음의 문학비평과 전승사에 관한 고전적 입장은 루돌프 불트만이 쓴 요한복음 주석서의 엄청난 영향을 받아 형성되었고,[47] 불트만 이후의 주요 주석서(루돌프 슈나켄부르크,[48] 위르겐 베커)에 영향을 미쳤지만,[49] 새로운 논문에서 해석상 자명한 전제 조건으로 더 이상 인정받지 못하고 있다.[50] 표적 자료의 존재에 의문을 제기하는 목소리가 수적으로 증가하고 있으며 설득력 있는 주장을 펼치고 있다.[51] 외르그 프라이(Jörg Frey)는 문학비평의 고전 패러다임을 가장 광범위하게 비판한다.[52] 걸작이라 할 수 있는 그의 연구서에서, 프라이는 현대의 모든 요한복음 연구를 이례적으로 폭넓게 논하면서 이 연구들이 현대 사상사에 뿌리를 두고 있음을 가시화한다.

요한복음 연구사를 다루는 그의 연구서 제1권에서, 프라이는 계몽주의 이후의 요한 종말론과 관련된 주석을 제시한다. 라이마루스(H. S. Reimarus)와 젬러(J. S. Semler)는 신약성서 종말론 전반에 의문을 제기하는 반면, 계몽주의 철학(레싱[G. E. Lessing], 칸트[I. Kant], 헤겔[G. W. F. Hegel], 슐라이어마허[F. Schleiermacher])은 종말론의 초점이 오로지 현재

47 R. Bultmann, *Das Evangelium des Johannes*, KEK (Göttingen: Vandenhoeck & Ruprecht, 1950).

48 Schnackenburg, *The Gospel according to St. John*, vols. 1-2.

49 Jürgen Becker, *Das Evangelium nach Johannes*, 2 vols., ÖTK 4 (Gütersloh: Gütersloher Verlagshaus Mohn, 1979-81).

50 이는 다음 연구에서 확증된다. Johannes Beutler, *Studien zu den johanneischen Schriften*, SBAB 25 (Stuttgart: Katholisches Bibelwerk, 1998).

51 다음을 보라. G. van Belle, *The Signs Source in the Fourth Gospel: Historical Survey and Critical Evaluation of the Semeia Hypothesis*, BETL 116 (Leuven: Peeters, 1994).

52 Frey, *Die johanneische Eschatologie*, vol. 1.

에 국한된 해석을 추구하는 경향을 보인다.[53] 이런 해석의 특징은 신약성서의 이야기를 당시의 지배적 세계관과 전제 조건에 맞춰 조정하는 일종의 폭력을 본문에 가하는 것이다. 이로 인해 계몽주의 시대에는 신약성서 증언의 시간적 구조를 인지하지 못했다(프라이에 의하면, 신약성서 본문은 "비시간화되었다"[untemporalized]). 즉 신약성서 본문의 시간적 구조, 특히 미래와 관련된 구조가 무시되었다는 것이다. 요한네스 바이스는 예수의 설교에서 자신이 재발견한 종말론적 요소에도 불구하고 "비종말론적" 요한복음에 대한 자신 및 알베르트 슈바이처의 선호를 완전히 제거할 수 없었다. 프라이는 제4복음서에 적용된 떠오르는 문학비평(벤트[H. H. Wendt], 벨하우젠[J. Wellhausen], 슈바르츠[E. Schwartz])이 체계적 관심을 통해 얼마나 강렬히 부각되는지 성공적으로 입증한다. 다양한 형태의 초기 종교사 연구(부세[W. Bousset], 슐라터[A. Schlatter], 바우어[W. Bauer], 불트만[R. Bultmann], 오드버그[H. Odeberg])는 현재와 연관된 종말론에도 관심을 보인다.

프라이는 불트만의 주석을 상세히 설명한다. 불트만에 의하면 요한복음 저자는 종말론을 역사로 대담하게 변형시켰으며, 이렇게 역사화한 종말론을 현재에 위치시켜놓았다. 그 결과, 요한복음 저자는 미래에 초점이 맞춰진 전통적 종말론을 제거해버렸다.[54] 그러므로 이 복음서 저자의 저술에서 부활절, 오순절, 재림은 모두 하나의 동일한 관점을 형성한다. 프라이는 이런 주석과 여기에 담긴 함의(요한복음 문헌사, 종교사, 전승사, 신학사에 관한)를 격하게 비판한다. 프라이에 의하면

53 위의 책, 1:13.

54 같은 책, 1:108.

문학비평은 일종의 도구로, 루터교의 칭의 교리가 요한복음 저자의 신학에서 연유하며, 초기 가톨릭주의는 가상의 "교회 개정"(revision of the Church)에서 연유하고 있음을 입증하는 데 사용된다. 프라이는 이런 흐름과 대조를 이루는 학자들의 주장을 언급하는데, 여기에 해당하는 학자들은 슈탤린(G. Stählin), 큄멜(W. G. Kümmel), 블랭크(J. Blank), 슈나켄부르크(R. Schnackenburg)다. 이들은 서로 강조하는 내용이 다르지만, 요한 종말론에 특정한 시간적 변증법이 존재한다고 가정한다. 또한 쿨만(O. Cullmann)의 해석은 구속사 성향을 띤다. 새로운 시작은 다양한 이유와 특별한 관심사로 요한복음을 공시적으로 이해하려는 학자들 가운데서 발견된다. 그러나 그들은 제4복음서의 역사적 맥락과 역사적 해석을 간과해버릴 위험이 있다.

요한은 영지주의를 금지하는가?

불트만의 요한복음 주석서 이후로 요한복음은 종종 영지주의를 금지하거나 논박하는 내용으로 이해된다.[55] 다수의 학자가 영지주의 탄생의 역사·종교적 맥락을 다음과 같은 방식으로 이해한다. 즉 "영지주의는 일종의 혼합주의 현상으로서 다양한 종교, 곧 이란의 이원론, 세속적인 플라톤 철학, 고대 세계의 다양한 신화, 구약성서의 종교, 특히 묵시 전승과 지혜 전승과 같은 유대교 주변 무리의 종교, 그리고 마지막

55 다음을 보라. Scholtissek, "Johannes auslegen I," 36-51. 제4복음서의 초기 수용 역사에 대해서는 다음을 참조하라. Titus Nagel, *Die Rezeption des Johannesevangeliums im 2. Jahrhundert,* ABG 2 (Leipzig: Evangelische Verlagsanstalt, 2000); Ansgar Wucherpfennig, *Heracleon Philologus: Gnostische Johannesexegese im zweiten Jahrhundert,* WUNT 146 (Tübingen: Mohr Siebeck, 2002).

으로 당시 생성 중이던 기독교의 혼합이다."[56] 요한복음의 특징을 영지주의 혹은 반영지주의로 보는 일은, 기독교 이전에 존재했던 영지주의의 기원 추정이 가능한지와 특히 기독교와 유사한, 그러나 기독교와 무관한 영지주의의 형태가 추정 가능한지에 달려 있다. 크리스토프 마크쉬즈(Christoph Markschies)에 의하면 "기독교 이전의 영지주의는 존재 가능성이 희박해 보인다. 왜냐하면 이를 뒷받침해줄 자료가 하나도 없기 때문이다."[57] 영지주의에 대한 논박을 요한복음의 배경으로 보는 주장에 강하게 반대하는 의견들이 있다. 현존하는 영지주의 본문은 대개 기원후 2, 3세기에 기록된 것이다. 요한의 이원론(빛/어둠, 하나님의 자녀/마귀의 자녀 등과 같은)은 유대교 문헌(묵시주의 집단인 쿰란)을 통해 설명이 가능하다. 영지주의 전체 체계의 근본이며 플라톤 철학에서 유래 가능한 영과 물질의 이원론은 요한복음에서 찾아볼 수 없다. 요한의 인류학은 성서적이다. 요한이 제시하는 하나님의 이미지는 유대교 전통에 뿌리를 두고 있다. 연구가들은 요한복음에서 섭리에 대한 교리가 발견된다고 거듭 주장하지만 이는 요한 신학의 주요 골자를 정면으로 반박

56 Hans-Josef Klauck, "Gnosis als Weltanschauung in der Antike" (1993), in *Alte Welt und neuer Glaube: Beiträge zur Religionsgeschichte, Forschungsgeschichte und Theologie des Neuen Testaments*, NTOA 29 (Freiburg: Universitätsverlag; Göttingen: Vandenhoeck & Ruprecht, 1994), 177-78; 참조. Idem, *Die religiöse Umwelt des Urchristentums*, 2 vols. in 1, StTh 9.1-2 (Stuttgart: Kohlmammer 1995-96), 2:145-98; 영역본은 다음과 같다. *The Religious Context of Early Christianity: A Guide to the Graeco-Roman Religions* (Edinburgh: Clark, 2000); 다음도 보라. Pheme Perkins, *Gnosticism and the New Testament* (Minneapolis: Fortress, 1993).

57 Christophe Markschies, "Gnosis/Gnostizismus," *NBL* (Zürich: Benziger, 1991): 1:868-71, 특히 869; 참조. Idem, *Die Gnosis* (Munich: Beck, 2001). 영지주의 가설에 대한 초기 비평은 다음을 보라. E. M. Yamauchi, *Pre-Chrisitian Gnosticism: A Survey of the Proposed Evidences* (Grand Rapids: Eerdmans, 1973).

하는 처사가 될 것이다. 따라서 요한복음을 영지주의와의 싸움으로 보는 주석은 배척되어야 한다.

그러나 요한복음의 영지주의 수용에 찬성하는 그럴듯한 주장이 가능하다. 타이투스 나겔(Titus Nagel)은 기원후 2세기의 요한복음 수용을 자세히 다룬 연구서를 집필했다.[58] 그의 주장에 따르면, 기원후 2세기 중반 이후가 되어서야 본문의 토씨 하나까지 보존하기 위한 정밀 방식이 개발되기 시작한다. 그 이전에는 구두 전승과 기록 전승이 나란히 존재했다. 요한복음 내의 영지주의 흔적에 관한 질문에 대해 나겔은 요한복음의 용어와 본문에서 후기 영지주의의 색채와 사용이 발견된다고 설득력 있게 주장하지만, 요한복음 자체가 영지주의적 특징을 갖고 있다는 주장에는 반대한다. 우리는 나겔의 분석을 통해 요한복음에 대한 초기의 광범위한 지식과, 교회(소아시아, 시리아, 로마, 이집트에 있던)의 요한복음 수용에 관해 알 수 있다. 이 결과로 인해, 제4복음서가 기원후 100-110년 사이에 소아시아에서 기록되었다는 주장은 더 설득력을 지니게 된다. 나겔에 의하면, 기독교 영지주의 문헌에 담긴 요한복음의 폭넓은 수용은 요한복음과 영지주의 체계 사이의 유사성이 아니라 다수의 기독교 영지주의 본문이 특정한 주석 경향과 특징을 지니고 있다는 사실에 기인한다. 확실히 기독교 영지주의 문헌은 요한복음을 권위 있는 문헌으로 포함시키는 데(또는 요한복음을 비판적으로 거부하는 데) 열렬한 관심이 있었다.

58 Nagel, *Die Rezeption des Johannesevangeliums.*

요한복음과 공관복음

20세기에 대다수 요한복음 연구가들은 요한복음이 공관복음을 전혀 모른 채 기록되었다고 확신했다. 오랜 기간 이런 합의를 거부해왔던 유일한 인물은 프란스 네이링크(Frans Neirynck)였다.[59] 오늘날 많은 독일어권 연구가들은 자신의 요한복음 주석서에서 요한복음 저자가 공관복음 중 적어도 하나 이상을 알고 있었다고 가정한다(예. 쉥케[L. Schenke], 슈넬레[U. Schnelle], 빌켄스[U. Wilckens]). 중간 입장은 요한복음보다 시기적으로 앞서는 공통 전승을 가정하는데, 이 공통 전승은 마가와 요한에 의해 사용되고 "후에 누가복음에 편입된 전승"[60]을 포함한다. 빌켄스의 요한복음 주석이 지닌 중요 특징 중 하나는 요한복음을 통해 공관복음에 관한 더 깊은 신학적 해석이 가능해진다는 믿음이다.

새 입장

"요한 문제"

요한복음과 관련한 개론적 질문은 지속적으로 다뤄진다.[61] 마틴 헹엘이 관련 연구서에서 요한복음이 기원후 1세기 말에 에베소에서 편집

59 Neirynck의 여러 연구 중 다음을 보라. "John and the Synoptics 1975-1990," in *John and the Synoptics,* ed. A. Denaux, BETL 101 (Leuven: Leuven University Press, 1992), 3-62; idem, "John and the Synoptics in Recent Commentaries." 다음 연구서에 있는 다른 소논문들도 보라. Denaux, *John and the Synoptics*.

60 다음을 보라. Brown, *Introduction to the New Testament,* 365.

61 다음을 보라. J. Beutler, "Johannesevangelium (u. -Briefe)," *RAC* 141 (1997): 646-63, 668-70.

되었다고 주장한 이후로,[62] 제4복음서의 처음 기록 장소를 시리아[63] 또는 이집트[64]로 보는 제안이 여전히 존재한다. 헹엘은 요한복음 저자가 역사적 예수의 제자 중 하나로, 예수의 마지막 예루살렘 방문 중 제자가 되어 예수를 직접 보았고, 그의 말씀을 직접 들었으며, 오랜 숙고 끝에 자신의 복음서를 기록했다고 간주한다. 그리고 이후에 요한복음 저자의 제자들이 이렇게 기록된 복음서를 편집했다는 것이다. 헹엘은 요한 1-3서도 저술한 요한복음 저자를 파피아스가 언급한 "장로" 요한으로 규명한다(참조. 요이 1장; 요삼 1장). 이와 같은 견해로 헹엘은 집단적이고 익명인 "요한 학파"의 존재를 거부한다.[65] 이와 관련하여, 브라운은 사랑하는 제자가 역사적 예수의 제자 중 하나로, 후에 요한 공동체의 가장 권위 있는 인물이 되었다고 말함으로써 더 신중한 판단을 내린다. 브라운에 따르면, 요한복음 저자는 사랑하는 제자의 제자였다. 또한 브라운은 "요한 학파"의 존재를 가정한다.[66] 우도 슈넬레(Udo Schnelle)

62 M. Hengel, *The Johannine Question* (Philadelphia: Trinity, 1989); 독일어 판은 다음과 같다. *Die johanneische Frage: Ein Lösungsversuch,* WUNT 67 (Tübingen: Mohr Siebeck, 1993). 다음 비평을 참조하라. Culpepper, *John, the Son of Zebedee*, 304-7.

63 다음을 보라. J. Becker, "Geisterfahrung und Christologie—ein Vergleich zwischen Paulus und Johannes," in *Antikes Judentum und Frühes Christentum*, ed. B. Kollmann, W. Reinbold, and A. Steudel, BZNW 97 (Berlin: de Gruyter 1999), 439-42.

64 다음을 보라. Klaus Berger, *Im Anfang war Johannes: Datierung und Theologie des vierten Evangeliums* (Stuttgart: Quell, 1997); Marco Frenschkowski, "(Joh 12,13) und andere Indizien für einen ägyptischen Ursprung des Johannesevangeliums," *ZNW* 91 (2000); 212-29.

65 참조. Culpepper, *The Johannine School*. 현행 연구에 대한 최근 개관에 대해서는 다음을 보라. Christian Cebulj, "Johannesevangelium und Johannesbriefe," in *Schulen im Neuen Testament? Zur Stellung des Urchristentums in der Bildungswelt seiner Zeit*, ed. T. Schmeller, HBS 30 (Freiburg: Herder, 2001), 254-342.

66 Brown, *Introduction to the New Testament*, 368-71. 다음의 논쟁도 보라. Theo Heckel, *Vom Evangelium des Markus zum viergestaltigen Evangelium*, WUNT 120 (Tübingen:

은 에베소를 제4복음서의 저술 장소로 주장하는데, 그에 의하면 요한복음의 저술 시기는 대략 기원후 100-110년이다. 요한복음 저자는 예수의 삶을 직접 목격하지 않았지만 "성령에 의해 재능을 부여받은 교사 중 하나로, 중재자이신 성령을 의지하여 자신의 공동체를 절대 권위자이신 예수에게 헌신시킨 인물이다."[67] 요한복음이 복음서 중 가장 늦게 기록되었다고 보는 학계의 폭넓은 동의에 반하여 소수의 설득력 없는 주장이 존재하는데, 이 주장에 의하면 요한복음은 현재 일반적으로 생각되는 저술 시기보다 먼저 기록되었다. 어떤 이들은 유대-로마 전쟁 이전에 요한복음이 기록되었다고 이야기한다.[68]

요한복음 양식과 전승사

요한복음을 공시적으로 해석하려는 새 경향에도 불구하고 어떤 연구가들은 여전히 제4복음서의 전승사를 선호하는데, 그들은 요한복음 전승사 복원이 가능하다고 믿는다. 마이클 라반(Michael Labahn)은 양식사 분석과 요한복음 기적 사건 해석에 전념한다.[69] 라반은 양식사를 요한

Mohr Siebeck, 1999), 106-44, 246-65. Moloney(*The Gospel of John,* 6-9)는 사랑하는 제자를 요한복음 저자로 본다.

67 다음을 보라. Schnelle, *Das Evangelium nach Johannes*, 1-27, 특히 5; 참조. Idem, *Einleitung in das Neue Testament*, UTB 1830 (Göttingen: Vandenhoeck & Ruprecht, 1999), 495-584.

68 다음을 보라. John A. T. Robinson, *The Priority of John*, ed. J. F. Coakley (Oak Park, Ill.: MeyerStone, 1987); Berger, *Im Anfang war Johannes* (참조. Scholtissek, "Neue Wege der Johannesauslegung I," 281f.).

69 Michael Labahn, *Jesus als der Lebenspender: Untersuchungen zu einer Geschichte der johanneischen Tradition anhand ihrer Wundergeschichten,* BZNW 98 (Berlin: de Gruyter, 1999). 다음도 보라. Idem, "Between Tradition and Literary Art," *Bib* 80 (1999): 178-203; *Offenbarung in Zeichen und Wort: Untersuchungen zur Vorgeschichte von Joh 6,1—25a und seiner Rezeption in der Brotrede*, WUNT 2.117 (Tübingen: Mohr

공동체의 역사와 요한복음 자체를 밝혀주는 필수불가결한 요소로 간주한다. 요한복음에 나오는 총 일곱 개의 기적(요 2:1-12; 4:46-54; 5:1-9, 10-16[그리고 7:21-24]; 6:1-15, 16-21;[70] 9:1-41; 11:1-54)에 대한 분석과 해석은, 일곱 "표적"이 신약성서에 최종 형태로 편입될 때까지 겪은 유사 양식 발전에 대한 묘사를 상세히 제시한다. 요한복음의 문학비평에 관한 고전적 질문이 다시 나타난 것이다. 라반은 요한복음 9장을 한편으로 상당한 동질 개체로 가정하지만, 다른 한편으로는 요한복음 9장 안에 네 단계가 존재하며, 각 단계가 양식사 관점에서 구분되어야 한다고 상정한다. 그러나 라반은 이 단계들을 정확히 제시하지 못하는데, 그에 의하면, 이는 요한복음 저자가 이 단계들을 자신의 용어와 문체로 수정했기 때문이다. 마이클 티오발트(Michael Theobald)의 생각에는, 몇몇 공상적 이론이 문학비평을 통해 탄생했다(예. 사랑하는 제자를 언급하는 모든 본문이 요한복음 저술이 완료된 이후에 삽입되었다는 제안).[71] 티오발트의 가정에 따르면, 요한복음에 나오는 예수의 설교 중에서 중요한 말씀으로부터 시작하여 설교 관련 전승사는 복원될 수 있다.[72]

Siebeck, 2000).

70 요 6장에 대해서는 다음을 보라. Scholtissek, "Die Brotrede Jesu in Joh 6," *ZTK* 123 (2001): 35-55.

71 M. Theobald, "Der Jünger, den Jesus liebte," in *Geschichte—Tradition—Reflexion*, ed. H. Cancik, H. Lichtenberger, and P. Schäfer (Tübingen: Mohr Siebeck, 1996), 3:219-55.

72 M. Theobald, "'Spruchgut' im Johannesevangelium," in *Das Urchristentum in seiner literarischen Geschichte,* ed. U. Mell and U. Müller, BZNW 100 (Berlin: de Gruyter, 1999), 335-67; *Herrenworte im Johannesevangelium*, HBS 34 (Freiburg: Herder, 2002).

국제적 흐름을 좇아 독일어권 연구가들은 요한복음의 공시적 해석이 가능한 방법을 사용했다. 외르그 프라이가 옹호하는 명제는 현행 연구에서 갈수록 지지를 얻고 있는데, 이는 그의 스승 마르틴 헹엘에 의해 이전에 이미 강조되었으며 그 내용은 다음과 같다. 즉 요한복음은 수사적·실용적 측면에서 일관성이 있으며, 동일한 개념이 요한복음 전체 배후에 작용하고 있다는 것이다. 프라이에 의하면, 요한복음 21장만이 유일하게 요한 학파 편집자들에 의해 추가되었을 것이다. 프라이의 연구는 신약성서 요한복음 본문을 긴장과 신학적 주장을 지닌 하나의 전체로 진지하게 여기고, 고유의 사고 틀과 시간 구조 내에서 해석하라고 강력하게 요구한다.

토마스 포프(Thomas Popp)[73]는 제4복음서 본문의 일관성을 인상 깊게 입증하는 데 성공한다. 예를 들어, 그는 요한복음 2:23-3:36과 6:1-71—이 구절들은 기교적 형태와 신학적 개념(이 둘은 불가분의 관계)과 관련하여 종종 과소평가되고 있다—이 예수 그리스도의 복음에 대한 영적·회고적 해석 문헌으로 이해될 수 있음을 설득력 있게 증명한다. 하나님의 영, 곧 예수 그리스도의 영—이는 요한복음의 원천이며 요한복음은 부활절 이후에 역사하는 이 영의 인도하심을 강하게 언급한다—은 역동적 힘이며, 이 힘을 통해 복음에 관한 요한의 신학적·문학적 제시가 형성되었다. 요한복음은 성령을 통해 그리스도에 대한 믿음이 글로 기록된 형태로, 부활절 이후 "성령의 문법"을 증언한다(여기서 포프는 마르틴 루터가 쓴 "성령은 자신의 문법을 갖고 있다"[*Spiritus sanctus*

73 Thomas Popp, *Grammatik des Geistes: Literarische Kunst und theologische Konzeption in Johannes 3 und 6*, ABG 3 (Leipzig: Evangelische Verlagsanstalt, 2001).

habet suam grammaticam]를 참고한다). 이 문법을 해독하기 위해서는 성령의 인도를 "경청하고" "인지하며" "믿는" 것이 필요하다. 요한복음 저자에게 성령론은 요한복음 본문의 실제 형태와 수용에 있어서 중요한 기능을 담당한다. 형태와 내용은 이 둘의 불가분적 관계 속에서 진지하게 다뤄진다. 소위 성령의 문법은 방법론적·해석학적 측면 및 내용에서 더 구체적으로 규명될 수 있다. 요한복음의 문체 기법(반복, 확장, 변형, 유사, 사고의 나선형 움직임, 오해, 아이러니, 용어상의 의미론적 모호함, 수미상관 구조, 교차 배열, 표제어 혹은 표제어 무리를 사용하는 구성, 은유)은 이 "영적인 문법"에 포함된다. 포프는 요한복음이 독자에게 여러 번 읽으라고 초대하고, 독자는 거듭된 독서를 통해 더 깊은 이해를 얻게 된다고 강조한다. 이런 방식의 독서는 예수 그리스도와의 만남으로 인도하고, 이 만남을 통해 예수는 자신을 드러낸다. 따라서 요한복음은 문학적 기교의 산물로 진지하게 여겨져야 한다(슈트라트만[H. Strathmann]). 저자와 본문 편에서의 저작(*Poiesis*), 그리고 수용자 편에서의 감지(*aesthesis*) 및 정화(*katharsis*), 이 모든 개념은 서로에게 종속된다. 방법론적·해석론적 관점에서 볼 때 요한복음의 한결같은 문학적·신학적 개념과 일관성은 요한복음 2-3장, 6장의 예를 통해 입증되는데, 이와 관련하여 포프는 설득력 있는 주장을 제시한다. 이 조사 결과는 요한복음의 "양태적"(aspectual) 그리고 "종합적 사고방식"을 강조한다. 요한복음은 "사도적 기독론의 연속선상에서 행해지는 그리스도에 대한 새로운 해석으로, 그리스도에 대한 지각과 의미를 새롭게 하기 위해 성령이 기록하고 제공하는 새로운 주석으로도 특징지을 수 있다."[74]

74 위의 책, 40.

요한 연구에 새롭게 제기된 가장 유망한 기여 중 하나는 **다시 읽기**(relecture)라고 불리는 패러다임이다. 다시 읽기란, 예수에 대한 요한 전승의 성장 역사를 적대 진영 간 논쟁으로 이해하지 않고, 창조적 연속 과정으로 이해하는 것을 의미한다. 여기서 역사의 초기 단계는 거절되지 않고 오히려 수용된다. 즉 이 초기 단계는 수용된 후, 새로운 도전에 의해 통합되고 포함되며 심화된다. 이런 의미에서 요한복음의 성장 과정은 성숙을 향한 과정으로 간주될 수 있다. 이 개념은 특히 진 춤슈타인(Jean Zumstein)에 의해 개발되었다.[75] 춤슈타인의 제자 안드레아스 데트빌러(Andreas Dettwiler)는 다시 읽기를 사용하여 예수의 고별 담론을 해석한다.[76] 데트빌러는 요한복음 13:31-16:33의 복잡한 본문을 새롭게 읽을 수 있는 관점을 제시한다. 신학적 사유의 흐름과 고별 담론의 성장 역사는 더 이상 대립하는 주장의 역사가 아니라 이전 형태의 고별 담론 내용을 강화하고 전개하는 유기적 연속 과정으로 간주된다. 데트빌러의 주석 명제에는 상당한 타당성이 있다. 즉 요한복음 15:1-7

75 Jean Zumstein, *Kreative Erinnerung: Relecture und Auslegung im Johannesevangelium* (Zürich: Pano, 1999).

76 Andreas Dettwiler, *Die Gegenwart des Erhöhten: Eine exegetische Studie zu den johanneischen Abschiedsreden (Joh 13,31—16,33) unter besonderer Berücksichtigung ihres Relecture—Charakters,* FRLANT 169 (Göttingen: Vandenhoeck & Ruprecht, 1995). **다시 읽기**(*relecture*)에 대한 부연 설명은 다음을 보라. K. Scholtissek, "Relecture—zu einem neu entdeckten Programmwort der Schriftauslegung," *BL* 70 (1997): 309-15; idem, "Relecture und Réécriture: Neue Paradigmen zu Methode und Inhalt der Johannesauslegung aufgewiesen am Prolog 1,1-18 und der ersten Abschiedsrede 13,31-14,31," *TP* 75 (2000): 1-29. 참조. Konrad Haldimann, *Rekonstruktion und Entfaltung: Exegetische Untersuchungen zu Joh 15 und 16*, BZNW 104 (Berlin: de Gruyter, 2000); Susanne Ruschmann, *Maria von Magdala im Johannesevangelium: Jüngerin, Zeugin, Glaubensbotin,* NTAbh 40 (Münster: Aschendorff, 2002).

은 요한복음 13:1-17, 34의 다시 읽기이고, 요한복음 16:4b-33은 요한복음 13:31-14:31의 다시 읽기다. 요한복음 이해에 있어서 다시 읽기란 부활한 그리스도에 대한 자가 해석(self-interpretation) 과정, 즉 성령의 인도하심을 받는 과정을 의미한다. 춤슈타인은 요한복음의 내러티브 해석과 다시 읽기 패러다임의 결합 가능성을 보여준다. 이 가능성의 기본 원칙은 다음과 같다. "다시 읽기는 단순히 특정 본문을 반복하는 것이 아니라, 이 본문을 특정 맥락 안으로 되돌려놓는 것이다."[77] 여기서 특정 맥락은 새로운 상황 혹은 새로운 질문의 맥락을 의미한다. 춤슈타인에 의하면, 요한 신학에서 내용의 일관성은 "주석 자체에 기반한 기독교 신앙의 독립적 주석"[78]에서 발견될 수 있다. 부활 사건 이후에 발전된 기독교 신앙의 관점에서 볼 때, 요한복음은 "발전 단계의 해석학" 안에서 신앙의 방식을 제시한다. 요한복음의 "신앙 전략"은 두 가지를 목표로 삼는다. 바로 복음을 개별적으로 심화하는 것과, 복음으로의 접근을 더 용이하게 만드는 것이다. 이 두 목표는 다양한 사람이 예수와 만나는 요한복음의 사건을 통해 강조된다. 그러므로 요한복음은 "**신실한 자들의 신앙**을 일깨우기 위해 애쓰는 매개적 권위"로 이해되어야 한다.[79]

나는 두 본문의 통시적 관계를 반영하는 다시 읽기 외에도 요한복음의 본문 간 공시적 관계 내에서도 유사 과정이 발견될 수 있다고 생각한다. 이 유사 과정은 바로 다시 쓰기(réécriture)다. 다시 쓰기 과정에서는 동일 저자가 하나의 기본 원칙을 채택한 후 변형하고 다르게 표현

77 Zumstein, *Kreative Erinnerung*, 20.
78 위의 책, 13.
79 같은 책, 36.

한다.[80] 요한복음의 사유에서 발견되는 다시 쓰기의 특징은 다음과 같은 방식의 용어 사용을 통해 입증이 가능하다. 즉 인용 반복, 문장 또는 문장 일부 반복, 사회적 의미를 지닌 단어의 반복을 통해서다. 요한복음 6장에 나오는 예수의 설교에는 6:35의 "나는…이다" 말씀이 6:41, 48, 51에서 다시 언급된다. 요한복음 저자에 의해 반복적으로 변화를 겪는 기본 원칙은 1:26의 세례 요한의 말에 표현되어 있다. "너희 가운데 너희가 알지 못하는 한 사람이 섰으니." 이와 같은 세례 요한의 메시아 규칙은 기본 원칙으로 이야기가 진행되면서 부활 전승을 포함하여 요한복음의 거의 모든 장면에서 드러난다.[81]

"요한의 주목 방식"

프란츠 무스너는 "요한의 주목 방식"이라는 유용한 용어를 소개했다.[82] 이 용어는 요한복음 저자의 해석학적 관점을 의미한다. 즉 그는 부활 이전 예수의 삶과 사역, 그리고 부활하여 영광을 받은 그리스도의 실재를 "통합적 관점에서" "주목한다." 이와 같은 견해는 우리가 곧 검토할 연구에서 심화되고 예증될 것이다.

은유와 미학

오토 슈반클(Otto Schwankl)[83]은 요한 문헌에서 빛과 어둠

80 다음을 보라. Scholtissek, "Relecture and réécriture."

81 다음을 보라. K. Scholtissek, "'Mitten unter euch steht der, den ihr nicht kennt' (Joh 1,26): Die Messias-Regel des Täufers als johanneische Sinnlinie," *MTZ* 48 (1997): 103-21.

82 참조. Franz Mussner, *Die johanneische Schweise und die Frage nach dem historischen Jesus*, QD 28 (Freiburg: Herder, 1965); 참조. Clemens Hergenröder, *Wir schauten seine Herrlichkeit: Das johanneische Sprechen vom Sehen im Horizont von Selbsterschließung Jesu und Antwort des Menschen*, FzB 80 (Würzburg: Echter, 1996).

의 은유에 관한 연구를 발표했는데, 이는 요한복음의 은유 사용에 대한 논의에 중요한 기여를 했다. 다양한 은유의 가능성, 생동감 및 창조성은 새로운 지평을 열어놓았다. 은유는 "아직 제대로 된 이름을 지니지 못한 상상력에 호칭을 부여하는 가장 중요한 수단 중 하나다."[84] 슈반클은 빛의 은유를 "폭로의 언어"(language of disclosure)로 정의하며, 요한복음에서 보는 것과 믿는 것 사이의 관계에 대해 숙고한다. "요한의 주목 방식"은 "은유적 차원의 주목(watching)과 봄(seeing)"으로 이해될 수 있다. 따라서 명확한 은유의 말씀뿐만 아니라, 요한복음 전반에 사용된 언어 역시 이런 폭로적 특성을 지닌다. "요한복음의 빛 은유에는 세계사, 구속사, 모든 인생의 개인사에 관한 극적인 과정이 포함된다. 이 과정은 은유의 극작법(dramaturgy) 사용을 통해 표현되고 압축되며 심화되어 마무리된다."[85] 요한복음에 사용된 언어의 "은유적 힘"은 동시에 해석학적 프로그램이다. 요한복음은 "복음화"에 관심을 표명하는 일종의 "세계교회주의 포럼"(ecumenical forum)이다. 즉 "요한복음이 문화 영역의 일부가 되는 과정은 성육신 사건의 결과다."[86]

얀 판 데어 바트(Jan van der Watt)는 요한복음의 가족 은유를 정밀 조사한 최초의 학자다.[87] 그는 이 가족 은유가 요한복음의 주요 은유로

83 Otto Schwankl, *Licht und Finsternis: Ein metaphorisches Paradigma in den johanneischen Schriften*, HBS 5 (Freiburg: Herder, 1995).

84 위의 책, 31.

85 같은 책, 354.

86 같은 책, 400.

87 Jan G. van der Watt, *Family of the King: Dynamics of Metaphor in the Gospel according to John*, BIS (Leiden: Brill, 2000). 요한복음의 가족 은유에 대해서는 다음도 보라. K. Scholtissek, "Kinder Gottes und Freunde Jesu," in *Ekklesiologie des Neuen Testaments*, ed. R. Kampling and T. Söding (Freiburg: Herder, 1996), 184-211; idem, *In ihm sein und bleiben: Die Sprache der Immanenz in den johanneischen Schriften*, HBS 21

서 반복되는 모티프로 구성되어 있음을 입증할 수 있다. 다른 은유들도 이 모티프 주변에 그물망 형태로 배열될 수 있다. 아버지, 어머니, 아들, 자녀, 결혼, 신랑, 사랑, 출생-삶-죽음, 친구, 종, 고아, 집, 빵(음식), 물(마실 것), 재산, 집주인의 권리, 교육, 지식 전승, 상호 명예와 존중, 보호, 보혜사에 관한 은유는 모두 가족 은유의 핵심부에 해당한다. 판 데어 바트는 요한복음 저자가 복음을 주석할 때 이런 은유를 사용하고 있음을 강조한다. 요한복음 저자는 자신에게 도움이 되는 한 이런 은유들을 사용한다. "이미지의 형태는 메시지의 지배를 받는다. 요한은 이미지가 메시지를 가장 효과적으로 전달할 수 있는 방식으로 자신의 이미지를 적용하고 발전시킨다."[88]

성령을 통한 기억과 성령의 인도하심 크리스티나 호겐-롤스(Christina Hoegen-Rohls)는 다음의 내용을 입증한다. 즉 부활 사건 이후에 요한복음 저자가 보여주는 관점은 스스로 선택한 관점으로 일종의 틀을 형성하며, 그는 이 틀 안에서 자신의 자료를 이해하고 제시하려 한다는 것이다.[89] 요한복음에는 저자의 이런 역할을 강조하는 힌트가 다수 존재한다. 즉 부활 사건 이전과 이후에 확연히 차이가 나는 서술자의 진술, 고별 담론의 내용에 속하지 않는 예수의 약속과 부활 사건 이후의 시간에 적용되는 예수의 약속, 고별 담론에서 보혜사 성령을 보내주겠다는 예수의 5가지 약속, 요한복음 17장에서 예수가 진술하고 기도하는 내용, "우

(Freiburg: Herder, 2000), 162-65, 179-84, 222-53.

88 Van der Watt, *Family of the King*, 413.

89 Christina Hoegen-Rohls, *Der nachösterliche Johannes: Die Abschiedsreden als hermeneutischer Schlüssel zum vierten Evangelium*, WUNT 2.84 (Tübingen: Mohr Siebeck, 1996).

리" 또는 "나" 이야기에 담긴 고백과 성령의 역사에 대한 요한의 이야기다. 요한의 성령론을 분석하고 해석하면서, 호겐-롤스는 적절한 범주를 사용하여 요한복음에 등장하는 휴지(休止), 연속성, 시간 사이의 상호 연계성을 보여준다. 그리고 그녀는 고별 담론이 요한 방식의 복음 제시에서 해석학적 열쇠가 된다는 자신의 명제를 설명한다. 요한복음 13-17장은 본문의 내용에 대한 주석의 시도일 뿐만 아니라 모든 방법론 및 해석학의 시도를 위한 시금석이다. 요한 신학은 스스로를 "보는 것"과 "인지하는 것"으로 이해하는데, 이는 성령의 예언자적 사역에 기인하며, 다음의 두 내용을 동시에 보존한다. 즉 하나님의 최종 계시가 권위 있게(그러나 유일하지는 않게) 나타나는 영역으로서 부활 사건 이전에 지상에서의 예수 사역과, 예수와 성부를 새롭게 만날 수 있는 시간으로서 부활 사건 이후의 상황이다.

최근에 출간된 요한복음 고별 담론에 관한 연구서들은 고별 담론의 형태[90]와 서술 방식[91]을 탐구하며, 고별 담론을 다시 읽기[92]로 이해하거나, 요한복음 본문[93]에 관한 연속적 주석[94]으로 제시한다.

90 다음을 보라. Martin Winter, *Das Vermächtnis Jesu und die Abschiedsworte der Väter: Gattungsgeschichtliche Untersuchung der Vermächtnisrede im Blick auf Joh. 13—17*, FRLANT 161 (Göttingen: Vandenhoeck & Ruprecht, 1994).

91 다음을 보라. D. Francois Tolmie, *Jesus' Farewell to the Disciples: John 13:1—17:26 in Narratological Perspective,* BIS 2 (Leiden: Brill, 1995).

92 다음을 보라. Dettwiler, *Die Gegenwart des Erhöhten*.

93 다음을 보라. Christian Dietzfelbinger, *Der Abschied des Kommenden: Eine Auslegung der johanneischen Abschiedsreden*, WUNT 95 (Tübingen: Mohr Siebeck, 1997). 다음도 보라. Idem, *Das Evangelium nach Johannes,* 2 vols., ZBKNT 4 (Zürich: Theologische Verlagsanstalt, 2001).

94 다음을 보라. H.-J. Klauck, "Der Weggang Jesu," *BZ* 40 (1996): 236-50; Haldimann, *Rekonstruktion und Entfaltung*.

현대 요한 연구의 중요 주제

요한과 그의 유대교 뿌리

요한과 유대교의 관계에 대한 쟁점은 다음과 같은 내용에 상응한다. 즉 점점 중요해지는 유대인과 그리스도인의 대화, 구약성서와 신약성서의 관계 같은 성서신학의 질문에 대한 관심, 기독교 복음의 "유대교 뿌리"에 관한 설명, 신약성서 저자들의 구약성서 주석이다. 요한 연구도 이와 같은 과정에 동참한다.[95] 중대한 주제 가운데 하나는 요한복음에서 유대인을 향한 적대적 태도에 대한 문제로, 이는 특히 요한복음의 "유대인들"이라는 용어 사용에서 발생한다. 제4복음서의 여러 분야에 관한 새 연구들은 요한복음 저자 및 그가 사용하는 예수 전승의 유대교 뿌리를 설득력 있게 제시한다. 요한의 구약성서 주석은 종종 이런 연구들을 통해 이루어진다.[96]

95 다음을 보라. U. Schnelle, "Die Juden im Johannesevangelium," in *Gedenkt an das Wort,* ed. C. Kähler, M. Böhm, and C. Böttrich (Leipzig: Evangelische Verlagsanstalt, 1999), 217-30; K. Scholtissek, "Antijudaismus im Johannesevangelium?" in *"Nun steht aber diese Sache im Evangelium…": Zur Frage nach den Anfängen des christlichen Antijudaismus,* ed. R. Kampling (Paderborn: Schöningh, 1999), 151-81; Thomas Söding, "'Was kann aus Nazareth schon Gutes Kommen?': Dei Bedeutung des Judeseins Jesu im Johannesevangelium," *NTS* 46 (2000): 21-41; Andreas Lindemann, "Mose und Jesus Christus: Zum Verständnis des Gesetzes im Johannesevangelium," in Mell and Müller, *Das Urchristentum in seiner literarischen Geschichte*, 309-34; Urban C. von Wahlde, "Die Darstellung von Juden und Judentum im Johannesevangelium" (1993), in *Studien zu einer neutestamentlichen Hermeneutik nach Auschwitz,* ed. P. Fiedler and G. Dautzenberg. SBAB 27 (Stuttgart: Katholisches Bibelwerk, 1999), 89-114.

96 다음을 보라. Bruce G. Schuchard, *Scripture within Scripture: The Interrelationship of Form and Function in the Explicit Old Testament Citations in the Gospel of John*, SBLDS

울리히 빌켄스에 의하면, 요한복음의 언어와 주제는 철저히 성서적이다. 요한복음 저자는 유대교의 예식 전승을 알고 있고, 이 전승을 직접 전해 받은 자이며, 자신의 공동체가 행하는 예전(liturgical) 관습을 반영하고 있다. 빌켄스에 의하면, 요한복음 저자가 반응해야 했던 신학적 주요 난제는 유대인 진영이 비난하는 신성모독이었다.[97] 요한복음 저자는 예수의 재판 동안 제기된 이런 비난을 전면에 내세우면서 예수의 모든 사역을 조명한다. 요한복음 저자의 주된 관심사는 유일하신 하나님 및 성부와 성자의 일치를(참조. 요 10:30) 모순 없이 선언하는 것이다. 성부와 성자의 상호 내재에 관한 말씀과, 특히 성자와 믿는 자들에 관한 말씀은 이런 신학적 과제를 처리하는 방식이 된다. 예수가 보냄을 받은 이유는 믿는 자들로 하여금 성부와 성자의 일치 및 교제에 참여하도록 하기 위함이었다. 빌켄스는 요한복음에서 이미 발견할 수 있는 유대인과 그리스도인의 대화에 관해 언급한다. "유대인과 그리스도인들은 모두 유일하신 하나님을 절대적으로 인정하며, 그 결과 이 두 당사자는

133 (Atlanta: Scholars, 1992); Andreas Obermann, *Die christologische Erfüllung der Schrift im Johannesevangelium: Eine Untersuchung zur johanneischen Hermeueutik anhand der Schriftzitate,* WUNT 2.83 (Tübingen: Mohr Siebeck, 1996); Maarten J. J. Menken, *Old Testament Quotations in the Fourth Gospel: Studies in Textual Form,* CBET 15 (Kampen: Kok Pharos, 1996); idem, "Observations on the Significance of the Old Testament in the Fourth Gosepl," *Neot* 33 (1999): 125-43; Margaret Daly-Denton, *David in the Fourth Gospel: The Johannine Reception of the Psalms*, AGJU 47 (Leiden: Brill, 2000).

97 다음을 보라. U. Wilckens, *Das Evangelium nach Johannes*; idem, "Monotheismus und Christologie," *JBTh* 12 (1997): 87-97; 참조. Tobias Kriener, *"Glauben an Jesus"—ein Verstoß gegen das zweite Gebot? Die johanneische Christologie und der jüdische Vorwurf des Götzendientes,* NTDH 29 (Neukirchen-Vluyn: Neukirchener Verlag, 2000).

세상에서 어떤 다른 분쟁 당사자도 공유할 수 없는 깊이의 논쟁 안에 함께 얽혀 있다."[98]

요한복음의 반유대교?

라이문트 비어링어(Reimund Bieringer)가 다른 학자들과 편집 발간한 연구서는 요한복음의 반유대교에 관한 질문을 집중적으로 다루는 25개의 소논문을 싣고 있는데,[99] 이 연구서는 편집자들의 사려 깊은 머리말을 소개한다. 편집자들은 소논문 기고자들의 다양한 입장을 제시하면서 각 소논문을 비판적으로 평가한다. 요한복음 연구에서 나타나는 다양한 입장은 아래의 다섯 가지 주요 질문에 어떻게 반응하는가에 따라 분류된다.

1. **요한복음은 유대인에게 적대적인가?** 이 질문은 요한복음에 대한 해석, 본문 자체에 대한 해석, 본문의 저자 측면에서 각각 구별되어야 한다. 요한복음 해석사는 몇몇 개별 주석가뿐만 아니라 사실상 모든 주석가 집단이 반유대교의 태도로 요한복음을 해석해왔음을 보여준다. 그러나 비어링어를 비롯한 위의 편집자들에 의하면, 이는 단순히 요한복음 이후의 해석사에서만 발견되는 현상이

98 Wilckens, *Das Evangelium nach Johannes,* 126.

99 참조. R. Bieringer, D. Pollefeyt, and F. Vandecasteele-Vanneuville, eds., *Anti-Judaism and the Fourth Gospel,* Jewish and Christian Heritage Series 1 (Assen: Van Gorcum, 2001). 다음의 축약본도 참조하라. *Anti-Judaism and the Fourth Gospel* (Philadelphia: Westminster John Knox, 2001). 다음도 보라. R. Kysar, "Anti-Semitism and the Gospel of John," in *Anti-Semitism and Early Christianity: Issues of Polemic and Faith*, ed. C. A. Evans and D. A. Hagner (Minneapolis: Fortress, 1993), 113-27.

아니다. 요한복음 본문에 유대인을 향한 적대적 판단이 들어가 있으나, 요한복음 본문의 저자로서 복음서 저자는 반유대교와 무관하다는 주장은 변증법적 전략이라는 소리를 들으며 이 편집자들로부터 거부당한다. 저자의 생각을 유대교 내 논쟁의 결과로 설명하는 것도(던[J. D. G. Dunn], 폰 발데[U. C. von Wahlde]), 저자의 맥락에 속한 특수 상황의 결과로 설명하는 것도(드 보어[M. de Boer]) 충분하지 않다. 특히 요한복음 8:31-59에 나오는 논쟁 말씀에 관해서는 더욱 그렇다. 마지막으로 유대교와 기독교의 방식 차이로 인한 결별이 요한복음을 기록할 당시에 이미 완료되었는지는 결코 확실하지 않다(라인하르츠[A. Reinhartz]). 이 편집자들은 요한복음과 그 저자에게서 반유대교라는 혐의를 제거해주지 않는다.

2. **요한복음에서 "유대인들"은 누구인가?** "유대인들"은 기독교 내 적대자들(드 종[H. J. de Jonge]), 예루살렘의 유대교 지도자들(폰 발데), 요한 공동체의 유대인 이웃(모티어[S. Motyer]), 유대 지역의 거주민들과 같이 다양하게 규명된다. 이렇게 다양한 의견에 반하여, 위의 편집자들은 다음과 같은 사실을 제시한다. 즉 예수 당시의 "유대인들"과 요한복음 저자 당시의 "유대인들"은 서로 구별이 불가능하다는 것이다. 이 편집자들에 의하면, 그들을 "불신자들"로 간주하는 일반적 해법도 "유대인들"이라는 용어에 담긴 반유대교 가능성을 떨어뜨리지 못한다.
3. **제4복음서에 반영된 요한 공동체와 "유대인들" 사이의 갈등은 어떻게 이해되어야 하는가?** 우리가 실제로 존재했던 역사적 갈등을 부정하지 않으면서, 이 갈등을 기독교 내에서 발생한 있는 그대로의 사건으로 묘사하기 원한다면(드 종), 이 갈등은 기독교 내 갈등이나(J. D. G. 던), 기독론에 관한 유대인과 그리스도인의

갈등(춤슈타인[J. Zumstein]), 이 두 가지 중 하나로 해석될 가능성이 있다.

4. **요한 기독론과 기독교 신앙이, 대체(대체 모델)의 의미에서, 유대교 신앙을 대신하고 있는가?** 어떤 학자들의 견해에 따르면, 요한 기독론은 그리스도를 믿지 않는 유대인들이 구원에서 배제되는 방식으로 이스라엘을 향한 약속의 유산을 주장한다(컬페퍼[R. A. Culpepper]). 반면에 다른 학자들은 요한 기독론의 목적을 "이스라엘의 회복"(판 벨[G. van Belle]) 또는 "성취"(accomplishment, "이행"[fulfillment]이 아닌)이자 이스라엘 구속사의 "정점"(춤슈타인)으로 본다. 춤슈타인의 주장에 반대하며, 위 편집자들은 다음과 같은 사실을 제시한다. 즉 "이행"과 "대체"(replacement)는 적어도 역사적 관점에서 볼 때 형제자매처럼 존재해왔다는 것이다.
5. **오늘날 요한복음을 읽을 때 어떤 해석학적 통찰이 유익한가?** 부어그래브(R. Burggraeve)와 더불어, 위 편집자들은 요한복음의 핵심 메시지가 요한복음 내 자기모순에도 불구하고 스스로를 단언하고 있음을 확인해준다. 해석학적 절차와 관련하여, 이 편집자들이 요구하는 계시에 대한 신학적 이해는 모든 구약성서 구절에 동일 권위의 계시를 허용하지 않는 것이다. 이 편집자들에 의하면, 요한을 요한과 비교 및 대조하여 해석하는 것은 가능한 일이고 또 필요한 일이다. 요한의 주 메시지에는 일종의 규범적인 세계, "반유대교를 초월하는 총체적 사랑과 생명을 지닌 대안 세계"가 담겨 있다.[100]

100 Bieringer, Pollefeyt, and Vandecasteele-Vanneuville, *Anti-Judaism and the Fourth Gospel*, 44.

클라우스 벵스트(Klaus Wengst)는 요한복음을 철저하게 랍비식 증언의 배경으로 설명한다.[101] 그는 "열방의 백성"이 예수로 인해 하나님을 신뢰하게 된다는 것—이 신뢰는 이스라엘 안에 이미 존재하며, 성자 예수의 필요 없이 앞으로도 존재할 것이다—을 유대인과 그리스도인의 관계에 대한 기본 모델로 가정한다.[102] 벵스트는 프란츠 로젠츠바이크(Franz Rosenzweig)의 다음과 같은 유명한 이야기를 언급한다. 즉 믿는 유대인들은 이미 성부 하나님과 함께하고 있으므로, 그들은 예수 그리스도의 중재가 필요 없다는 것이다.[103] 특히 벵스트의 이해에 의하면, 요한복음의 예수는 열방을 위해 "세상의 구세주"로서 "이스라엘에서 나온 메시아"이지만(참조. 요 4:42), 이스라엘을 위한 메시아는 아니다.[104] 랍비 문헌에 관한 여러 언급이 요한복음 본문의 랍비 문헌에 대한 의존을 나타내지 않지만, 벵스트가 지적하고자 하는 것은 "유대교적 표현 및 사고의 가능성"이다.[105] 물론 초기 기독교의 종교적 맥락에 속한 (거의 모든) 다른 문헌을 무시하는 것은 문제가 있다. 유대교적 삶의 자리 및 유대-그리스도인의 삶의 자리에 관한 자신의 논문에 의거하여,[106] 벵스트는 요한복음의 출현을 유대-로마 전쟁(기원후 70년) 이후의 바리새파 유대교와 유대-그리스도인(Judeo-Christian) 공동체 사이에 벌

101 V. Klaus Wengst, *Das Johannesevangelium*, 2 vols., THKNT 4 (Stuttgart: Kohlhammer, 2000-2001).

102 위의 책, 1:149.

103 같은 책, 2:119-21.

104 같은 책, 2:254.

105 같은 책, 1:28.

106 V. Klaus Wengst, *Bedrängte Gemeinde und verherrlichter Christus: Ein Versuch über das Johannesevangelium*, 3rd ed. (München: Kaiser, 1990).

어진 논쟁 안에 위치시킨다. 이 공동체는 회당에서 출교당한 소수 집단으로서 심한 압박을 받고 있다고 생각했다. 내용에 있어서 메시아에 대한 질문은 요한복음의 초점으로, 요한복음은 특별히 유대-그리스도인들 즉 당시 다수를 이루던 유대교-바리새파 무리에 가입해야 할 위기에 처했던 그들을 위해 기록되었다. 벵스트는 요한 기독론을 철저히 하나님 중심의 메시아론으로 간주한다. 더 정확히 말해서, 이는 성자 예수를 보냄 받은 자로 강조하는 기독론이다. 이와 같은 특징의 기독론은 "십자가에서 수치스럽게 처형당한"[107] 예수의 메시아적 위엄과 관련하여 유대인들의 거부에 반박하기 위한 노력이다. 그리스도에 관한 다른 모든 호칭은 이 유형 안에 포함된다. 이런 이해는 요한복음의 결과론적 해석이지, 적합한 해석은 아니다.

요한 종말론

제4복음서 저자의 종말론은 요한 연구에서 가장 빈번히 논의되는 주제 중 하나다. 요한복음 5:28-29을 주석하면서, 우도 슈넬레는 현재와 미래 모두를 언급하는 종말론에 대한 요한의 "공관적" 견해를 주장한다. "부활 사건 이후의 견해를 의도적으로 취하는 서술자의 관점과, 장차 발생할 일을 알려주는 보혜사 성령은…요한복음 저자가 자신이 속한 공동체의 현재 상황과 관련하여 품고 있는 신중한 숙고를 강조한다. 요한복음 저자의 의도는 역사 밖에 믿음을 위치시키는 것이 아니라, 그리스도의 사역의 색다른 차원, 즉 사실적·지역적·시간적 차원을 이해하

107 Wengst, *Das Johannesevangelium*, 1:34.

는 것이다."[108]

1. 외르그 프라이에 의하면, "때가 오나니 곧 이때라"(요 4:23; 5:25)는 요한복음의 표현은 프라이가 주석을 통해 재구성한 요한 종말론의 기본 원칙이다.[109] 프라이의 주석은 요한의 시간 이해에 관한 질문으로 설득력 있게 출발하는데, 이는 프라이의 요한 종말론 해석에 지침으로 작용한다. 프라이는 제4복음서의 시간 사용을 탐구하고 요한의 시간 용법에 시간을 구분하는 능력이 있음을 보여준다. 요한복음 4:23과 5:25의 이중적 때에 대한 말씀과 관련하여 프라이는 신학적 의미 내에서 일종의 긴장을 감지하는데, 이는 요한복음 저자가 의도한 것으로서 이런저런 식으로 해결되어서는 안 된다. 시간적 모순은 요한복음 저자(또는 요한복음 교정가)가 서투르다는 표시가 아니라 "의도적으로 선택된 표현 수단이다."[110] 요세프 블랑크(Josef Blank)와 함께, 프라이는 요한 종말론의 "기독론적"—즉 "개인적"—함의를 주장한다. 다시 말해 예수 그리스도를 통해 "시간은 조우하고, 그로 인해 종말론적 구원의 존재가 부활한 그리스도의 존재에서 비롯된다"는 것이다.[111] 현재를 언급하는 말씀과 미래를 언급하는 말씀은 서로를 배제하지 않고, 오히려 서로를 확증하고 자극한다.

프라이의 연구서 제3권은 요한1-3서와 요한복음의 종말론적 말

108 다음을 보라. Schnelle, *Das Evangelium nach Johannes,* 108-10, 특히 110.

109 참조. Frey, *Die johanneische Eschatologie,* vols. 2, 3.

110 Frey, *Die johanneische Eschatologie*, 2:151.

111 Ibid., 2:243. 참조. Schnelle, "Perspektiven der Johannesexegese"; idem, "Johannes als Geisttheologe," *NovT* 40 (1998): 17-31.

씀을 집중적으로 다룬다. 프라이의 관심사는 요한 문헌 수신자들의 견해를 밝히는 데 있으며, 이는 요한 공동체의 종말론적 전승과 연관이 있다. 요한 서신이 요한복음보다 먼저 기록되었다고 보는 프라이는 가현설 지지자들로 인한 분열을 분석하면서 이 분열의 종말론적 측면을 다음과 같은 내용에 따라 나눈다. 즉 요한서신 저자(참조. 요일 2:18-19; 요 11:24), 예수 재림에 대한 기대(요일 2:28)와 최후 심판에 대한 기대(요일 4:17), 그리고 요한1서 3:1-2에 나타나는 요한 공동체의 종말론적 전승에 따른 분석이다. 프라이의 정확한 관찰에 의하면, 요한1서 3:1-2에 나타난 구원의 확실성과 미래에 대한 기대는 서로 경쟁 구도에 있지 않다. 요한복음 13-17장의 고별 담론[112]은 요한복음의 해석학적 열쇠다. 왜냐하면 고별 담론을 통해 요한의 전형적인 특징인 서로 다른 시간대의 상호 연결성이 분명하게 드러나기 때문이다.[113] 프라이는 고별 담론을 "3차원적 시간"으로 부르고 또 고별 담론이 "**예수의 시간과 요한 공동체의 시간을 시간적·사실적 범위 내에서 계획적으로 연결하고 있다**"고 말한다.[114]

요한복음 13:31-14:31을 해석하면서, 프라이는 위르겐 베커(Jürgen Becker)[115]의 논지, 즉 요한복음 저자가 14:23에서 현재를

112 요한복음의 의미를 통해 우리는 요 13-17장에 단 하나의 고별 담론이 존재한다고 자신 있게 추정할 수 있다. 이에 대한 이유에 대해서는 다음을 보라. K. Scholtissek, "Abschied und neue Gegenwart: Exegetische und theologische Reflexionen zur johanneischen Abschiedsrede Joh 13,31-17,26," *ETL* 75 (1999): 332-58, 특히 348-50.

113 참조. Hoegen-Rohls, *Der nachösterliche Johannes*; Scholtissek, "Abschied und neue Gegenwart."

114 Frey, *Die johanneische Eschatologie*, 3:234.

115 Becker는 "Die Hoffnung auf ewiges Leben im Johannesevangelium," *ZNW* 91 (2000):

언급하는 말씀을 지지하고 14:2-3에서 미래를 언급하는 종말론적 말씀을 일축했다는 주장을 설득력 있게 반박한다.[116] 프라이는 요한복음 13:31-32의 "이중적 시간 관점"을 가리키는데, 이 관점은 고별 담론 전체를 특징짓고 있다. 프라이의 주석에서 요한복음의 부활절, 오순절, 재림에 관한 일반적 의미는 거부되고, 대신 시간대를 "구별해주는 공관적 관점"으로 대체된다.[117] 이와 같은 유형은 요한복음 3, 5, 11장의 종말론적 본문에 관한 상세한 해석을 통해 입증된다. 요한복음 5:19-30을 보면, 기독론이 종말론보다 우선순위에 있음을 분명히 알 수 있다. 하나님의 아들 즉 시간보다 우선하고 하나님의 권위를 지닌 그는 하나님과 독특한 관계를 맺고 있는데, 이 관계는 기능적 성향을 지니고 있을 뿐만 아니라[118] 존재론적 측면에서도 이해되어야 한다. 이와 같은 내용을 출발점으로 삼아, 프라이는 5:24-25(현재 언급)과 5:28-29(미래 언급)의 종말론적 말씀을 예수의 기독론적 권위를 설명하는 말씀으로 해석한다. 생명의 현재적 소통과 이 소통의 종말론적 최종 효과, 그리고 마지막 때 죽은 자들의 부활 약속은 서로를 완성하고 확증해준다.

2. 프라이의 주장을 거부하는 한스-크리스티안 캄러(Hans-Christian Kammler)[119]에 의하면, 요한 기독론은 전적으로 현재를 지시하고

192-211에서 자신의 주장을 재확인한다.

116 동일 내용이 다음에도 등장한다. Scholtissek, *In Ihm sein und bleiben*, 210-74.

117 Frey, *Die johanneische Eschatologie*, 3:167.

118 이에 반대하는 연구는 다음과 같다. Wengst, *Das Johannesevangelium*, 1:226-27.

119 Hans-Christian Kammler, *Christologie und Eschatologie: Joh 5,17-30 als Schlüsseltext johanneischer Theologie,* WUNT 126 (Tübingen: Mohr Siebeck, 2000).

있다. 미래를 지시하는 말씀이 문학비평 방법론에 의해 생략되지는 않지만 그 내용은 현재를 지시한다고 해석된다(그러나 칼러의 이와 같은 주석은 설득력이 없다). 칼러에 의하면 이 특징은 요한복음 5:17-30뿐만 아니라 6:39c, 40c, 44c, 54b, 11:25-26, 12:48c, 14:2-3, 17:24에도 적용된다. 칼러에게 5:17-30의 핵심 메시지는 성부와 성자의 일치, 즉 예수의 신성이다. 현재에만 국한된 종말론은 이와 같은 요한의 고 기독론에 대한 설명이다. 칼러는 요한복음의 엄격한 예정론, 즉 인간의 자유 의지를 철저히 배제하는 문제 있는 명제를 이처럼 의심스러운 견해와 연결한다. 모든 피조물을 구원하시려는 하나님의 보편 의지는 구체적인 것으로 대체된다. 칼러는 요한복음 3:16과 요한복음 전체에 대한 주석을 통해 바로 이 점을 확증하려 하지만 그의 견해는 단호히 거부되어야 한다.

여성의 뛰어난 역할

공관복음서와 비교해보면, 요한복음에서는 여성의 역할이 두드러진다(사마리아 여인, 베다니의 마리아와 마르다, 막달라 마리아).[120] 전통 주석가 및 페미니스트 주석가들은 모두 요한복음에서 여성에 관한 중요한 증언을 탐구한다.[121] 산드라 슈나이더스(Sandra Schneiders)[122]는 여성이

120 요한복음의 막달라 마리아에 대해서는 다음을 보라. Ruschmann, *Maria von Magdala im Johannesevangelium.*

121 다음을 보라. R. E. Brown, "Roles of Women in the Fourth Gospel," *TS* 36 (1975): 688-99; Adele Reinhartz, "The Gospel of John," in *Searching the Scriptures*, ed. E. Schüssler Fiorenza, 2 vols. (New York: Crossroad, 1994), 2:561-600; Rut Habermann,

요한복음에서 행위자와 설교자로 강조되고 있음을 등한시하는 전통적 주석을 비판한다. 그녀는 제4복음서(그리고 신약성서 전체)의 가부장적 주석을 문화적 영향을 받은 견해의 결과라고 폭로한다. 슈나이더스는 제4복음서의 저자가 여성의 종교적 경험에 민감했다고 말한다. 결과적으로 여성은 신학적 토론에서 파트너로, 복음에 대한 재능 있는 설교가로, 공개적으로 믿음을 고백하는 자로, 그리고 주님의 식탁에서 수종을 드는 자로 등장한다. 여성은 예수와 직접 관계를 맺고 남성 제자들과 무관하게 행동한다. 마르다는 예수를 "섬기면서" 성만찬의 함의를 인지한다. 막달라 마리아는 부활 사건의 주요 목격자로서, 사도 전승을 담보해주는 인물로 규명된다. 슈나이더스에 의하면, 사랑하는 제자는 막달라 마리아와 현저한 유사점을 지니는 "본문의 패러다임"(textual paradigm)으로 특징지을 수 있다. 이 본문의 패러다임은 요한 학파의 권위를 확인해주고, 동시에 남성과 여성 모두를 위한 이상적 제자도를 포함한다. 슈나이더스는 사마리아 여인을 "요한복음 저자의 **또 다른 자아**"(alter ego)로 간주한다.

요한의 영성

"신실한 자들의 믿음 일깨우기"

독자들은 요한복음이 신학적으로 그리고 영적으로 뛰어난 점이 있다

"Das Evangelium nach Johannes," in *Kompendium Feministische Bibelauslegung,* ed. L. Schottroff and M.-T. Wacker (Gütersloh: Kaiser, 1999), 527-41.

122 다음을 보라. S. M. Schneiders, *Written That You May Believe: Encountering Jesus in the Fourth Gospel* (New York: Crossroad, 1999), 93-114, 126-48, 189-201, 211-32.

고 확신한다. 진 춤슈타인은 제4복음서의 의도를 "신실한 자들의 믿음 일깨우기"[123]라고 훌륭하게 요약해놓았다. 요한복음은 "만남의 복음"으로 읽히고 해석되어야 한다. 즉 요한복음은 부활한 예수와 만나도록 독자를 초대하고 그런 만남 안으로 독자를 이끄는 복음인 것이다.[124] 산드라 슈나이더스[125]는 요한복음이 믿음에 관한 특별한 영적 경험의 결과라는[126] 올바른 가정으로 그녀의 해석을 시작한다. 이와 같은 영적 차원의 고려는 역사비평 방법과 호환되며, 사실 본문 자체가 이를 요구한다. 요한복음을 영적 측면에서 고려할 때, 요한복음의 출현을 초래한 공동체의 믿음이 해석학적 해석 작업(hermeneutical task of interpretation)을 위해 진지하게 다뤄진다. 그리스도인들은 그때나 지금이나 이 공동체의 믿음 안에 존재하는 요한복음을 읽는다. 계몽주의 시대까지 행해진 성서에 대한 고전적 해석이[127] "개인적인 동시에 공동체적인 변화"를 목적으로 삼았다면,[128] 근대의 역사비평 탐구는 역사적 정보를 추구했다. 이 역사적 정보 추구로 인해 "성서에 대한 학술 연구는 점점 더 종교적·신학적 불모지가 되어버렸다."[129] 슈나이더스는 개인적이고 공동

123 Zumstein, *Kreative Erinnerung*, 36.

124 이 주제와 관련하여 더 자세한 사항은 다음을 보라. Peter Dschulnigg, *Jesus begegnen: Personen und ihre Bedeutung im Johannesevangelium*, Theologie 30 (Münster: LIT, 2000).

125 Schneiders, *Written That You May Believe*.

126 다음을 보라. S. M. Schneiders, "The Johannine Resurrection Narrative: An Exegetical and Theological Study of John 20 as a Synthesis of Johannine Spirituality," 2 vols. (S.T.D. diss., Pontificia Universitas Gregoriania, 1975).

127 다음을 보라. S. M. Schneiders, "Scripture and Spirituality," in *Christian Spirituality: Origins to the Twelfth Century*, ed. B. McGinn and J. Meyendorff, World Spirituality 16 (New York: Crossroad, 1985), 1-20.

128 위의 책, 16.

129 같은 책, 20.

체적인 "영적 만남"의 상실과 성서 메시지의 "실존적 실천"의 상실에 반대하기를 원한다. 따라서 그녀는 "요한복음의 해석학적 열쇠"인[130] 요한복음 20:30-31의 주석에서 제4복음서의 정경적 특징—즉 규범적 특징—을 거룩한 성서로서 강조한다. 이렇게 엄숙한 최종 선언에서, 제4복음서의 본문 자체가 그리스도를 만나고 그리스도를 계시하는 장소로 확립된다.[131] 사람들은 예수와의 만남을 통해 변화되고 개종될 것이다. 또한 요한복음의 문학적 특징은 "독자의 가장 깊은 영적 역동성을 자극하는 요한복음의 거대한 힘"을 가리킨다.[132] 요한복음 저자가 사용하는 다양한 문체 수단의 목적은 매번 독자들을 예수와의 새로운 만남으로 이끄는 것이다. 그리고 이 새로운 만남을 통해 독자들의 이전 확신은 동요되고 의심을 받는다. 슈나이더스에 의하면, 제4복음서의 신학과 영성은[133] 예수와 그의 제자들이 맺는 관계의 두 가지 측면을 배경으로 발전한다. 예수와 제자들의 관계는 한편으로 예수 그리스도의 계시에, 다른 한편으로는 예수의 죽음과 부활 이후에도 이어지는 관계의 지속성에 기초한다. 기본적으로 예수 그리스도를 통한 하나님의 계시는 "자기 계시", "자기 소통, 자기 개방, 자기 선물"로 정의된다. 슈나이더스의 연구는 요한복음의 "변화시키는" 역동적 힘, 즉 믿음과 독자들의 삶을 향한 그 힘을 주석적으로 그리고 해석학적으로 새롭게 다루고

130 같은 책, 5.

131 이에 대해서는 Schneiders, *The Revelatory Text*를 보라.

132 Schneiders, "Scripture and Spirituality," 4.

133 다음을 보라. K. Scholtissek, "Mystagogische Christologie im Johannesevangelium?" *GuL* 68 (1995): 412-26; 참조. Idem, "'Mitten unter euch steht der, den ihr nicht kennt' (Joh 1,26)," 103-21; idem, "'Er kam in sein Eigentum und die Eigenen nahmen ihn nicht auf' (Joh 1,11)," *GuL* 72 (1999): 436-51.

있다는 인상을 우리에게 준다. 예수와의 만남에 대한 요한복음의 이야기 형식은 개인과 교회의 믿음 체험을 언급하고 이런 경험을 수반하는데, 이는 생략되거나 일종의 영적 개심으로 격하되어서는 안 되며, 요한 신학의 깊이 있는 기본 원칙으로 존중되어야 한다.

내재에 관한 말씀

요한 문헌의 특징 중 독특한 것은 상호 거주의 표현과 상호 내재에 관한 말씀이다. 내가 저술한 『그의 안에 거하다』(*In ihm sein und bleiben*)[134]는 비교를 위해 구약성서, 초기 유대교 문헌, 헬레니즘 세계의 문헌을 자세히 다루면서 이런 말씀에 해당하는 어구나 은유를 조사하고, 요한 문헌의 상호 내재에 관한 모든 증언을 해석하고 분석한다. 성부와 성자 사이의 관계에서 부활 사건 이후 성자와 그리스도인 사이의 관계로 옮겨지는 상호 내재에 관한 말씀은 요한 신학의 핵심으로 이어진다. 이 말씀은 기독교 신앙의 체험을 하나님 안에서 안전한 것으로, 그리고 인간 내면에 깊이 존재하시는 하나님으로 묘사한다.

신비주의?

가장 곤혹스러우면서도 흥미로운 요한 연구 주제 중 하나는 요한복음에 신비주의가 존재하는가라는 질문이다(만일 신비주의가 있다면, 어떤 의미에서의 신비주의를 말하는가?).[135] 신약성서 주석가들이 이 영역과

134 다음을 보라. Scholtissek, *In Ihm sein und bleiben*; idem, "'Rabbi, wo wohnst du?' Zur Theologie der Immanenz-Aussagen im Johannesevangelium," *BL* 74 (2001): 240-53.

관련하여 전통적으로 회의적 반응을 보인 반면, 제이 카나가라지(Jey Kanagaraj)[136]와 에이프릴 드카닉(April DeConick)[137]은 초기 유대교와 랍비의 승천 및 환상 신비주의를 조사한 후, 요한복음에 실제로 신비주의가 존재한다는 결론을 내린다. 베른하르트 노이엔슈반더(Bernhard Neuenschwander)[138]는 불교의 선(禪) 신비주의와 요한복음과의 비교를 시도한다. 이런 학자들의 연구는 여러 부분에서 혹은 대부분에 있어서 매우 미심쩍다.

맺는 말

요한에 대한 새 연구의 입장은 공시적 해석 경향을 분명히 드러낸다. 요즘은 과거 연구사의 초기 단계에서보다 정경의 요한복음 본문에 대한 신뢰가 더 높고(요 21장 본문은 주의를 요함), 요한복음 본문의 저자에 대한 신뢰도 더 높다. 양식, 언어, 내용에 관한 긴장은 대부분 공시적으

135 다음을 보라. K. Scholtissek, "Mystik im Johannesevangelium?" in *Pneuma und Gemeinde: Christein in der Tradition des Paulus und Johannes*, ed. J. Eckert, M. Schmidl, and H. Steichele (Düsseldorf: Patmos, 2001), 295-324.

136 Jey J. Kanagaraj, *"Mysticism" in the Gospel of John: An Inquiry into Its Background*, JSNTSup 158 (Sheffield: Sheffield Academic Press, 1998).

137 April D. DeConick, *Seek to See Him: Ascent and Vision Mysticism in the Gospel of Thomas*, VCSup 33 (Leiden: Brill, 1996); *Voices of the Mystics: Early Christian Discourse in the Gospels of John and Thomas and Other Ancient Christian Literature*, JSNTSup 157 (Sheffield: Sheffield Academic Press, 2001).

138 Bernhard Neuenschwander, *Mystik im Johannesevangelium: Eine hermeneutische Untersuchung aufgrund der Auseinandersetzung mit Zen-Meister Hisamatsu Shin'ichi*, BIS 31 (Leiden, Brill, 1998).

로 설명된다. 예를 들어, 지금까지도 문학비평이 대부분 생략하는 종말론적 말씀은 내적 긴장을 유발하는 요소로 이해될 수 있지만, 그럼에도 불구하고 일관된 메시지를 지닌 것으로 이해될 수 있다. 전반적으로 요한복음은 그 안에 담긴 독특한 특징과 긴장으로 인해 주석적 해석의 대상이 된다. 요한복음에 대한 이런 새로운 접근은 본문에서 지금까지 배경에 숨어 있던 다음과 같은 현상, 즉 내러티브 구조 및 구성 요소, 은유적 전략과 과정, 아이러니와 역할의 변화, 다시 읽기와 다시 쓰기를 통해 성취된 신학적으로 중요한 연속성을 발견한다. 그럼에도 불구하고 오늘날 요한 연구에는 문학비평과 전승사의 가능성에 관한 주장이 다양하게 존재한다. 요한복음의 특정 본문을 설명하기 위해 대립적·경쟁적 신학을 사용하는 연구의 패러다임은 이와 정반대의 접근법과 대치하게 되었다. 이 정반대의 접근법은 다음과 같이 서로 다른 두 가지 방식을 통해 작용한다. 즉 다시 읽기를 선택한 어떤 연구가들은 창조적 연속 과정을 가정한다. 그리고 이 창조적 연속 과정은 동시에 전승의 영향을 받는다. 본문의 통일성을 선택한 다른 연구가들은 이전 요한복음 본문을 복원하고, 요한복음 내에서 발생한 문학적 성장 과정을 복원하려고 시도한다. 요한복음 본문의 출현에 관한 상세한 내용 역시 계속 논란이 될 것이다. 왜냐하면 요한복음에서 복음서 저자는 나름의 방식으로 존재했던 전승에 인위적으로 손을 댔기 때문이다.

다양한 방법론의 접근은 개별 접근법의 능력을 비판적으로 그리고 현실적으로 평가할 수 있는 통합이 필요하다. 예를 들어, 내러티브 해석은 삶의 자리에 대한 고전적인 질문과 요한복음의 신학 개념도 다뤄야 한다. 역사비평 방법의 역사는 새롭고 적절한 접근법을 간파하는 능력과, 이 접근법들을 다양한 방법론적 절차 구조 안으로 통합하는 능력으로 특징지어진다.

요한 연구의 변화 중 하나는 제4복음서 저자가 공관복음서 중 하나 이상을 알고 있었는지에 대한 질문과, 그가 공관복음서 내용을 사용했는지에 관한 질문에 이전보다 훨씬 더 개방적이라는 점이다. 요즘은 요한복음 저자가 하나 이상의 공관복음을 알았고, 자신의 신학적 의도에 맞춰 공관복음서를 다루고 변경하며 사용했다는 가정이 점점 증가하고 있다.

요한 문헌의 특수 주제에 대한 많은 연구는 각각의 강점과 약점을 지닌 채, 제4복음서의 전반적 신학 개념에 주목해야 할 필요성을 가리킨다. 자세한 주석과 통합적 관점은 서로 상응한다. 요한의 신학적 사고의 기본 원칙 중 하나는 유일신 하나님에 대한 성서적 이미지다. 기독론은 종말론적 구원 교리로서 이 이미지에 통합되고, 성서적 인류학과, 하나님이 선민 이스라엘에게 주신 약속의 역사 역시 이 이미지에 자리를 잡는다.

요한복음 저자의 해석학적 입장과 그가 보고 주목하는 방식을 깨닫는 일은 요한복음 해석의 한 부분이다. 요한의 저술은 부활 사건 이후 그리스도의 사역에 대한 기억으로부터 발전하며, 이 기억은 성령의 인도함을 받는다. 장소 및 시간적 차원은 이런 종류의 신학 용어 내에서 서로 연결된다. 이와 같은 종합적 사고방식은 초기 기독교 내의 긴 과정에서 유래하고, 신약성서 정경에서 제4복음서가 차지하는 중심 위치를 설명해주는 이유가 된다. 요한복음 저자는 독자들을 조종하여 견해와 확신을 납득시키려 한다(참조. 요 20:31). 요한복음 독자들은 마치 요한복음 저자처럼 주목하는 자로서, 경청하는 자로서, 믿는 자로서, 그들이 찾는 것을 발견하기 위해 요한의 주목 방식과 보는 방식을 공유하게 될 것이다. 여기서 그들이 찾는 것이란 바로 "넘치는 생명"(요 10:10)이다.

제22장

최근 요한계시록 연구 동향

Grant R. Osborne
그랜트 R. 오스본

우리는 역사상 가장 폭발력 있는 성서 지식의 가운데에 있다. 현세대보다 더 많은 성서 지식이 발견되고 출간된 적은 없었다. 실제로 성서의 모든 책과 관련된 프로젝트가 발표되고 있으며, 이런 프로젝트를 활용한 많은 주석서가 집필 중이다. 이 현상은 요한계시록에서 가장 확실하게 발견된다. 1906년 스위트(H. B. Swete)와 1920년 찰스(R. H. Charles)의 권위 있는 연구가 발표된 이후, 원어로 기록된 주요 주석서가 출판되기까지는 70년이 걸렸다. 그 후 얼마 지나지 않은 1992-1999년 사이에 네 권의 주요 요한계시록 주석서가 각각 토마스(R. L. Thomas), 기이즌(H. Giesen), 오니(D. E. Aune), 비일(G. K. Beale)에 의해 출간되었고[1] 또 다른 한 권이 2002년에 등장했다.[2] 더욱이 요한계시록과 관련하여 오래된 여러 이론이 공격을 받아 그 내용이 무효화되었고, 일부 합의된 주장(만일 합의된 주장이라는 것이 학계에서 가능하다면)이 등장하기 시작했다.

매우 창조적이었던 지난 이십 년을 요약하고, 요한계시록에 대한 연구 상태를 확인하는 일이 본 소논문의 과업이다. 이와 같은 일을 하면서, 나는 오로지 관심과 논의의 주요 초점이 되어온 쟁점을 선택할 것이다. 본 소논문의 목적은 독자가 요한계시록의 다면적 속성을 볼 수 있도록 돕고, 또 이에 대해 이해하는 방법을 독자에게 알려주는 것이다.

장르와 사고방식

요한계시록의 장르는 언제나 묵시로 알려져 왔다. 그러나 요한계시록에는 서신과 예언서의 특징도 존재한다. 실제로 래드(Ladd)는 1957년에 요한계시록이 "예언적-묵시"로 분류되어야 한다고 제안했다.[3] 하지만 장르의 함의에 대한 이해는 최근 몇 년간 비약적으로 발전했다.[4] 이와 같은 발전은 부분적으로 해체주의 학파 비평가들의 이의 제기에 기

1 R. L. Thomas, *Revelation 1—7: An Exegetical Commentary*, 2 vols. (Chicago: Moody, 1992-95); H. Giesen, *Die Offenbarung des Johannes,* RNT (Regenburg: Pustet, 1997); D. E. Aune, *Revelation*, 3 vols., WBC 52A-C (Dallas: Word, 1997-98); G. K. Beale, *The Book of Revelation*, NIGTC (Grand Rapids: Eerdmans, 1999; 『NIGTC 요한계시록 주석』[새물결플러스 역간]).

2 G. R. Osborne, *Revelation*, BECNT (Grand Rapids: Baker Academic, 2002).

3 G. E. Ladd, "Why Not Prophetic-Apocalyptic?" *JBL* 76 (1957): 92-200.

4 다음을 보라. D. Hellholm, "Methodological Reflections on the Problem of Definition of Generic Texts," in *Mysteries and Revelations: Apocalyptic Studies since the Uppsala Convention,* ed. J. J. Collins and J. H. Charlesworth, JSPSup 9 (Sheffield: Sheffield Academic Press, 1991), 135-63. Hellholm은 통시적이고 공시적인 고려 사항 사이의 상호 의존을 주장한다.

인하는데, 그들의 주장에 의하면 장르의 상호 혼합으로 인해 개개의 장르는 더 이상 순수하지 않고 분류될 수도 없다. 장르는 이제 해석의 열쇠를 제공하는 대신 상호 침투성과 혼동으로 특징지어진다.[5] 따라서 통일된 기준은 존재하지 않는다. 해체주의 학파 비평가들의 논의에 의하면, 어떤 본문의 목적(*telos*)이나 "성취된 구성"(achieved configuration)도 종합화/체계화 기능을 이루었다고 말할 수 없으며, 이는 "해당 본문의 임시 일반성"을 제시해줄 수 있다. 결과적으로 어느 본문의 내적 작용을 다룰 수 있는 규범적 이론은 존재하지 않는다.[6] 다시 말해, 장르는 우리의 본문 해석을 돕는 분류 장치로서의 기능을 할 수 없다. 이런 난제는 학계에 긍정적 영향을 미쳤다. 그 결과 장르의 개념은 독자를 향한 장르의 인식론적·존재론적 기능으로 이동하게 되었다. 이제 우리는 다음과 같이 세 가지 기능으로 장르를 바라본다. (1) 장르의 분류 기능으로, 이는 어떤 본문의 모방(즉 모방된 문학의 역사적 유형) 배경을 정의하기 위해 기본이 되는 역사적 기준을 설명해준다. (2) 장르의 인식론적 기능으로, 이는 고대 사람들이 사고의 틀 내에서 어떻게 메시지를 말하고 해석했는지 설명해준다. (3) 장르의 존재론적 기능으로, 이는 고대 저자들로 하여금 의미 및 중요성을 전달하도록 허용해준 생각의 범주를 설명해준다.[7] 묵시와 관련하여[8] 장르 이해에 대한 상당한 연구가 1979-1989년 사이에 이루어졌다. 그 시작은 세계성서학회(SBL)

5 J. Derrida, "The Law of Genre," *Glyph* 7 (1980): 207-9; Geoffrey Hartman, preface to *Deconstruction and Criticism*, ed. H. Bloom et al. (New York: Seabury, 1979), vii-ix.

6 D. Kambouchner, "The Theory of Accidents," *Glyph* 7 (1980): 150-55.

7 G. R. Osborne, "Genre Criticism—Sensus Literalis," *TJ* 4 (1983): 23.

8 계시록을 묵시로 보는 데 이의를 제기하는 세 가지 방향의 주장이 있다. (1) B. W. Jones ("More about the Apocalypse as Apocalyptic," *JBL* 87 [1968]: 325-27)는 요한계시록

의 장르 프로젝트로서, 이 프로젝트의 결과로 『묵시: 장르의 형태론』(*Apocalypse: The Morphology of a Genre*)을 제목으로 하는 학술지 *Semeia* 14호(1979년)가 발간되었다. 이 학술지의 목적은 유대교 묵시를 더 정확히 규명하여 유대교의 예언 문학과 구별하는 것이었다. 1979년 8월에 국제 묵시주의 학회(International Colloquium on Apocalypticism)가 스웨덴 웁살라에서 열렸고, 그 결과 『지중해 세계와 근동 지역의 묵시주의』(*Apocalypticism in the Mediterranean World and the Near East*)가 1983년에 발간되었다. 이 연구서는 이집트, 아카디아, 페르시아의 고대 유사 문헌을 기초로 묵시의 기원을 더 신중히 이해하고자 했다. 1981년부터 1987년 사이에 세계성서학회는 초기 기독교 묵시주의에 관한 회담과 세미나를 개최했는데, 그 결과 1986년에 『초기 기독교 묵시주의: 장르와 사회적 배경』(*Early Christian Apocalypticism: Genre and Social Setting*)을 제목으로 *Semeia* 36호를 발간하여 초기 기독교 형태의 배후에 있는 사회

의 저자가 익명이 아니라는 이유로 요한계시록의 묵시 성향을 부정한다. 그러나 이 주장은 요한계시록의 특징 하나를 다른 것보다 강조하는 것으로, 요한계시록의 모든 특징에 부합하는 묵시 문헌은 없다. 게다가 Aune(*Revelation*, lxxxviii)는 요한계시록이 유대교 묵시가 아니라 기독교 문헌이고, 역시 익명의 저자가 아닌 *Shepherd of Hermas*와 병행하고 있음을 입증했다. (2) F. D. Mazzaferri(*The Genre of the Book of Revelation from a Source-Critical Perspective*, BZNW 54 [Berlin: de Gruyter, 1989])는 요한계시록이 묵시보다는 구약성서의 예언과 맥을 같이한다고 주장한다. 그러나 이 주장은 일종의 이접성의 오류(disjunctive fallacy)다. 왜냐하면 요한계시록은 구약성서의 예언과 묵시 모두를 따르고 있기 때문이다. (3) B. J. Malina(*On the Genre and Message of Revelation: Star Visions and Sky Journeys* [Peabody, Mass.: Hendrickson, 1995], 10-18)는 다음과 같이 주장한다. 즉 요한계시록을 묵시로 부르는 이유는 19세기에서 파생한 "거짓 정보"에 기인하며, 고대 사람들은 요한계시록을 천체의 환상과 우주적 상징주의에 초점을 맞추고 있는 "점성학적 예언"으로 여겼다는 것이다. 그러나 유대교 묵시와의 병행 내용은 기원후 1세기의 점성학 제의와의 병행 내용을 확실히 능가하고, 요한계시록의 많은 사건은 천상의 영역에서 발생하지 않는다(다음의 비평을 보라. Beale, *Revelation*, 42-43).

적 배경을 규명하고자 했다. 마지막으로, 세계성서학회 주관의 심포지엄이 1989년에 개최되어 유대교 묵시주의의 윤곽을 더 신중히 규명하고자 했고, 이 심포지엄의 결과물인 『신비와 계시: 웁살라 학회 이후의 묵시 연구』(*Mysteries and Revelations: Apocalyptic Studies since the Uppsala Colloquium*)가 1991년에 발간되었다.

이토록 창조적인 십 년의 세월이 가져온 두 가지 중요한 결과가 주목받을 것이다. 첫째, "묵시" 용어를 신학적 개념으로 잘못 사용하여(예. 슈바이처, 불트만, 케제만) 무수히 많은 정의가 난무하게 되었고, 그로 인해 통제가 불가능하게 변해버린 상황은(즉 학자마다 서로 다른 묵시 개념을 갖고 있었다) "묵시"를 일종의 문학체(body of literature), 즉 장르에 국한함으로써 바로잡을 수 있게 되었다.[9] 그러나 "묵시" 용어의 오용은 오늘날까지도 많은 학술 발간물 속에서 발견된다. 둘째, 장르 개념 내에 존재하는 형태, 내용, 기능 관련 범주 사이의 상호 관계는 지속적으로 발전하고 있다. 콜린스는 (벌써) 고전이 되어버린 그의 소논문을 통해 형식(환상과 신의 현현, 내세로의 여행, 하늘나라의 책, 내세의 중재자, 인간 수신자, 익명성)과 내용(시간 축에 속하는 기원학, 우주 생성론, 원시 사건, 역사 검토, 지식을 통한 현재적 구원, 종말론적 위기, 종말론적 심판, 악한 자들과 세상, 종말론적 구원, 그리고 공간 축에 속하는 내세적 요소, 내세적 종교, 내세적 존재)의 주요 측면을 제안한다.[10] 이런 주요 측면들은 아직도 거의 다

9 다음을 보라. R. E. Sturm, "Defining the Word 'Apocalyptic': A Problem in Biblical Criticism," in *Apocalyptic and the New Testament*, ed. J. Marcus and M. L. Soards, JSNTSup 24 (Sheffield: JSOT Press, 1989), 37; J. J. Collins, "Genre, Ideology, and Social Movements in Jewish Apocalypticism," in Collins and Charlesworth, *Mysteries and Revelations*, 13.

10 J. J. Collins, "Introduction: Toward the Morphology of a Genre," *Semeia* 14 (1979):

받아들여지고 있지만, 오니는 다음과 같은 내용을 덧붙이려 할 것이다. 먼저 형식 측면에서 추가할 내용은 일인칭 시점의 자서전적 형태로 내러티브를 제시하는 것과, 계시적 환상의 의도된 구조를 "핵심적인 계시 메시지가 문학적 절정을 형성"하는 방식으로 제시하는 것이다. 다음으로 내용 측면에서 추가할 사항은 인간 존재에 관한 초월적(종말론적) 관점을 전달하는 것이다.[11] 헬홈(Hellholm)과 오니는 장르가 기능적 측면도 포함해야 한다고 요구한다. 헬홈은 목적 또는 기능이 모든 장르의 필수 요소라고 주장하고, 묵시의 의도는 신적 권위를 통해 위기에 처한 집단을 권면하고 위로하는 것이라고 제안한다.[12] 오니는 다음과 같은 세 가지 기능을 추가할 것이다. 첫째, 초월적 메시지를 정당화하는 기능, 둘째, 본문의 계시 내용을 감춤으로써 본래 계시적 체험의 새 실현을 중재하는 기능, 셋째, 수신자들을 권면하여 그들의 사고와 행동을 초월적 관점에 기초하여 변경하도록 하는 기능이다.[13] 이를 토대로, 나는 묵시 장르의 정의에 관한 다음의 요약을 추천한다.

> 묵시는 하늘의 비밀이 내세적 존재에 의해 예언자에게 계시적으로 전달되는 것을 포함하는데, 예언자는 내러티브의 틀 안에서 환상을 제시한다. 환상은 현재 상황에 우선하는 초월적 실재로 독자들을 인도하고, 독자들에게 그들의 고난 가운데서 인내하도록 권면한다. 환상은 하늘의 신비를 실제 세계

6-8.

11 D. E. Aune, "The Apocalyse of John and the Problem of Genre," *Semeia* 36 (1986): 86-87.

12 D. Hellholm, "The Problem of Apocalyptic Genre and the Apocalypse of John," *Semeia* 36 (1986): 27.

13 Aune, "Problem of Genre," 89-91.

에 존재하게 만들고, 현재의 위기를 일시적이고 환상에 불과한 상황으로 묘사함으로써 평범한 경험을 뒤바꾼다. 이런 환상의 기능은 믿는 자들을 위해 세상을 변화시키는 하나님에 의해 성취된다.[14]

이런 의미에서 묵시는 전형적인 문학 양식과 묵시적 신앙 체계를 고수하는 집단의 사고방식을 모두 포함한다. 이는 찰스, 로마이어, 비슬리-머리나 마운스의 연구와 같이 묵시를 하나의 장르로 바라보는 견해로부터 급진적으로 이탈하는 것이 아니라, 이전 연구에서는 볼 수 없었던 정밀함을 지닌다. 더욱이 요한계시록은 기원전 약 200년부터 기원후 100년 사이에 꽃을 피운 유대교 묵시문학을 토대로 해석되는데, 여기에는 이사야 24-27장, 에스겔 37-39장, 스가랴서, 다니엘서와 같은 성서적 원형도 포함된다.[15] 위에 언급한 중요 주석서는 거의 다 종합적·개념적 유사점을 예로 들고 있으며, 이 예는 종종 다른 책과 함께 언급된다. 실제로 보컴[16]은 이런 유사점이 그 수가 너무 많아서 요한이 자신이 사용하는 이미지를 특정 문헌이 아니라 공통의 묵시 전승에서 자주 가져오고 있는 것 같다고 주장한다.

요한계시록은 예언 내용이 중심이 되므로, 단순히 묵시가 아니라

14 Osborne, *Revelation*, 14. 여기서 나는 다음 세 학자가 제시하는 정의를 결합하고 있다. Collins, Aune, C. Rowland, *The Open Heaven: A Study of Apocalypticism in Judaism and Early Christianity* (London: SPCK, 1982).

15 포로기 및 포로 후기에 작성된 최초의 묵시 성서 본문에 대해서는 다음을 보라. S. L. Cook, *Prophecy and Apocalypticism: The Postexilic Social Setting* (Minneapolis: Fortress, 1995). Cook은 천년왕국 집단이 원래 페르시아의 영향이 아니라 이스라엘의 제사장(사독 계열의) 배경에서 유래했다고 주장한다.

16 R. Bauckham, "The Use of Apocalyptic Traditions," in *The Climax of Prophecy: Studies on the Book of Revelation* (Edinburgh: Clark, 1993), 39.

"묵시적 예언"[17] 혹은 더 나은 것으로서 "예언적 묵시"[18]라는 이름표를 실용적으로 붙일 수 있다. 혹자는 다음과 같이 말할 수 있다. 즉 예언이 더 권위적이고 낙관적인 반면(만일 사람들이 회개하면 심판을 받지 않을 것이다), 묵시는 더 환상적이고 부정적이라는 것이다(지금은 소망이 없지만 미래에는 신원과 심판이 보장된다). 그러나 예언과 묵시는 모두 믿는 자들에게 주어질 미래의 구원과 믿지 않는 자들에게 주어질 확실한 심판에 초점을 맞추고 있다. 다음과 같이 설득력 있는 주장이 제기될 수 있다. 즉 묵시는 원래 예언 운동의 한 부분으로 발전했으며, "주로 기원전 8세기부터 기원전 6세기까지의 시기에 해당하는 예언 환경에서 이란과 근동 지역의 관념과 유사한 내용을 형성했다."[19] 대부분의 묵시 문헌에 예언적 분위기가 존재하므로, 우리가 요한계시록의 예언적 속성을 간단히 알아보는 일은 유용하다.

요한계시록의 서막과 결말에서 요한은 자신의 책을 "예언"이라고

17 R. Bauckham, *The Theology of the Book of Revelation* (Cambridge: Cambridge University Press, 1993), 2. J. R. Michaels(*Revelation*, IVPNTC [Downers Grove, Ill.: InterVarsity, 1997], 14-16)는 요한계시록을 "예언 서신"으로까지 부르고 있는데, 이는 요한계시록에 등장하는 "나" 화법 문체에 기인한다. Michaels의 생각에 따르면, 요한계시록은 정말로 묵시가 아니라 신약성서에 포함된 "기록된 예언"에 대한 책이다.

18 Aune, *Revelation,* lxxxix. 다음도 보라. Ladd, "Why Not Prophetic-Apocalyptic?" 92; G. A. Krodel, *Revelation,* ACNT (Minneapolis: Augsburg, 1989), 51.

19 G. R. Osborne, "The Origins of Apocalyptic," in *The Hermeneutical Spiral: A Comprehensive Introduction to Biblical Interpretation* (Downers Grove, Ill.: InterVarsity, 1991), 233. 다음도 보라. D. Hellholm, ed., *Apocalypticism in the Mediterranean World and the Near East* (Tübingen: Mohr, 1983). 특히 다음을 보라. 이집트 병행 문헌에 관한 J. Bergman의 소논문, 아카디아 제국에 관한 H. Ringgren의 소논문, 페르시아 제국에 관한 A. Hultgård)의 소논문; Collins, "Genre Ideology, and Social Movements," 25-32. 여기서 Collins는 광범위한 근동 지역과 유대교 묵시에 미친 헬레니즘의 영향을 주장하기 위해 Helge Kvanvig의 연구를 토대로 삼고 있다. Beale(*Revelation,* 37)은 묵시를 "예언의 강화"로 부르며, 예언과 묵시의 분리를 거부한다.

부른다(1:3; 22:7, 10, 18, 19). 그리고 그는 아마도 로마령의 아시아 지역 교회를 섬겼던 예언자 집단의 지도자였을 것이다(22:6, 9).[20] 22:6에서 "예언자들의 영의 하나님"은 하나님께서 "예언자들의 영"을 통해 말세의 비밀을 주도적으로 계시하심을 의미한다. 여기서 예언자들의 영은 "예언의 성령"으로, 각 예언자는 이 예언의 성령에 힘입고, 자신의 영을 통해 선포하게 된다."[21] 22:9에서 천사는 요한 및 "네 형제 예언자들"과 "함께 된 종"으로, 여기서 요한의 형제 예언자들은 신실한 성도를 의미할 수 있지만(비일[Beale]), 그보다는 요한의 지도를 받던 예언자 집단을 의미하는 것 같고, 이들은 교회의 지도자로 섬기고 거짓 교사들을 대적했다(보컴, 기이즌, 오니). 교회 회중은 종종 "성도들과 예언자들"로 구분되거나(11:18; 16:6; 18:24), "성도들과 사도들과 예언자들"로 구분된다(18:20). 보컴의 생각에 의하면, 예언자들은 교회에 요한계시록을 읽어주었을 뿐만 아니라 그 내용을 상세히 설명해주었으며, 이로 인해 교사 집단이 생성되었다.[22] 요한은 예언 사역에 임명되었는데(10:8-11), 그의 임명 방식은 에스겔을 의도적으로 연상시킨다(겔 2:8-3:3). 그리고 요한은 천사로부터 "많은 백성과 나라와 방언과 임금에게 예언하라"는 말을 들었다(10:11).

일곱 교회에 보낸 편지는 그 안에 담긴 예언의 내용으로 가장 잘 알려져 있는데, 3인칭 형식(예수가 "…하는 이"로 언급됨)으로 기록된 이 편

20 아시아 지역의 예언자 집단에 대해서는 다음을 보라. D. E. Aune, "The Prophetic Circle of John of Patmos and the Exegesis of Revelation 22:16," *JSNT* 37 (1989): 103-16.

21 이 정의는 다음에서 발견된다. G. D. Fee, *The First Epistle to the Corinthians*, NICNT (Grand Rapids: Eerdmans, 1987), 696.

22 Bauckham, *Cliamx of Prophecy*, 86-87.

지는 회개와 윤리적 책임으로의 부름과 더불어 경청하라는 예언적 부름도 포함한다.[23] 게다가 예수는 요한을 통해 1인칭 형식의 예언적 신탁을 교회에 알려주는데(1:8, 17; 16:15; 22:7, 18-19), 이는 구약성서의 "주께서 말씀하시길"이라는 표현과 유사하다. 이와 같은 계시 방식의 도움으로, 독자는 요한이 그저 교회를 위한 충고의 서신을 기록한 것이 아니라(베드로 서신이나 바울 서신처럼), 하나님과 그리스도가 직접 주신 예언의 메시지(그리고 환상)를 교회에 전달하는 통로가 되었음을 알 수 있다. 쉬슬러 피오렌자의 말처럼, 요한계시록은 초기 기독교 예언의 문학적 산물이자, 요한의 지도를 받은 예언자 집단이 가르친 초기 기독교 묵시 전승의 산물이다.[24]

요한계시록의 서신 형식을 관찰하는 것은 유익하다. 일반적 인사 형식이 1:4-5에 나온다("요한은 아시아에 있는 일곱 교회에 편지하노니…은혜와 평강이 너희에게 있기를 원하노라"). 그러나 이상하게도 이 인사말은 프롤로그 이후에 나온다. 또한 요한계시록 말미에(22:21) 짧은 축도가 등장하는데, 요한은 이렇듯 요한계시록을 서신 형식으로 둘러싸고 있다. 더욱이 2-3장의 일곱 편지는 실제로 그리스도가 각 교회에 차례로 보내는 편지다. 이는 중요한 의미를 지니는데, 왜냐하면 이 편지의 언

23 특히 다음을 보라. U. B. Müller, *Prophetie und Predigt im Neuen Testament: Formgeschichtliche Untersuchungen zur urchristlichen Prophetie*, SNT 10 (Gütersloh: Mohn, 1975), 47-107. Müller는 일곱 편지를 양식비평 관점에서 연구하는데, 그의 주장에 의하면, 이 일곱 편지는 회개에 대한 설교와 구원에 대한 설교 안에 초기 유대교 예언 양식을 보존한다.

24 E. Schüssler Fiorenza, "Apokalypsis and Propheteia: Revelation in the Context of Early Christian Prophecy," in *L'Apocalypse johannique et l'apocalyptique dans le Nouveau Testament,* ed. J. Lambrecht et al., BETL 53 (Leuven: Leuven University Press, 1980), 121-28.

어가 요한계시록의 나머지 부분에 자주 반영되어 나타나기 때문이다. 이는 요한의 환상이 각 교회가 현재 겪고 있는 지역 문제를 다루고 있음을 보여준다. 따라서 요한계시록을 미래 사건을 밝혀주는 사례집이 아니라, 미래 예언을 통해 현재의 교회를 다루기 위한 신학적 지침서로 저술된 "예언적 서신"(오니[Aune]가 부른 것처럼)이라고 부르는 것이 옳다. 요한계시록은 권면의 기능을 한다. 즉 요한 시대(그리고 우리 시대)의 그리스도인들에게 그들이 살고 있는 종말의 시대에 비추어 다른 방식의 삶을 살도록 도전하고 있는 것이다. 인내와 극복에 대한 윤리적 요구가 필수적으로 나타나는데, 이는 묵시문학 안에 하나님의 사람들에게 신실함을 요구하는 독특한 윤리적 요소가 존재하기 때문이다.

> 요한계시록의 근본적 관점은 미래의 주인이신 하나님에 대한 굳은 믿음을 갖고, 하나님 나라의 초월적 실재를 토대로 박해를 견뎌내라는 권면이다. 그러므로 하나님이 "이제도 계시고 전에도 계셨고 장차 오실 이"(1:4b), 곧 과거, 미래 그리고 현재의 주인이시라는 것을 깨닫게 될 때(비록 그렇게 보이지 않을 지라도) 우리는 세속적 요구에 부응하라는 세상의 일시적 유혹과 압박을 견뎌낼 수 있다.[25]

마지막으로 우리는 요한계시록을 내러티브로 보는 바(D. L. Barr)의 논지를 살펴볼 필요가 있다.[26] 이 논지의 핵심은 요한계시록이 순차적

25 Osborne, *Revelation,* 14-15.

26 다음을 보라. D. L. Barr, *Tales of the End: A Narrative Commentary on the Book of Revelation* (Santa Rosa, Calif.: Polebridge, 1998); "The Apocalypse of John in the Light of Modern Narrative Theory," in *1900th Anniversary of St. John's Apocalypse: Proceedings of the International and Interdisciplinary Symposium* (Athens: Holy Monastery of St.

으로 연결된 일련의 행위를 담고 있으며, 그 내용은 주로 예수에 관한 이야기, 즉 예수가 이 땅의 악한 세력과 벌이는 우주적 싸움이라는 것이다. 요한계시록은 플롯과 전개되는 서술(narration)을 포함한다. 즉 요한계시록은 직접 계시의 장면에서(1-3장) 천상의 예배 장면으로(4-11장), 그리고 거룩한 전쟁의 절정 장면으로(12-22장) 이동하는 3막의 구성을 보인다.[27] 비록 세부 내용 사이의 불일치가 존재하지만, 요한계시록에 대한 내러티브 접근은 확실히 값진 통찰을 제공할 것이다.

기록 시기와 사회 상황

초기 기독교 저자들은 요한계시록의 기록 시기로 다음과 같이 네 가지 다른 시기를 제안했다(각 시기는 로마 황제와 관련이 있으며, 해당 황제의 치세 동안 요한계시록이 기록되었음을 의미한다). 즉 클라우디우스(기원후 41-54년, 이 시기를 주장한 사람은 에피파니우스), 네로(기원후 54-68년, 이 시기는 시리아어로 기록된 요한계시록 사본에 등장), 도미티아누스(기원후 81-96년, 이 시기를 주장한 사람은 이레나이우스, 빅토리누스, 에우세비오스, 알렉산드리아의 클레멘스, 오리게네스), 트라야누스(기원후 98-117년, 이 시기를 주장한 사람은 도노테우스, 테오필락투스)의 시기다.[28] 하지만 학자

John, 1999), 259-71. 다음도 보라. J. R. Michaels는 *Interpreting the Book of Revelation* (Grand Rapids: Baker, 1992), 95-106에서 "Narrative Criticism: The Voices of The Revelation"에 대해 논한다. C. W. Hedrick, "Narrative Asides in the Gospel of John," in *1900th Anniversary of St. John's Apocalypse*, 650-53.

27 Barr, *Tales of the End*, 1-2, 10-15; "Modern Narrative Theory," 262-65.

28 D. A. Carson, D. J. Moo, and L. Morris, *An Introduction to the New Testament* (Grand

들의 논의에서 요한계시록의 저술 시기로 언제나 주목받는 시기는 네로 황제의 박해(기원후 66-68년) 또는 도미티아누스 황제의 박해(기원후 92-95년) 기간이다. 19세기에는 네로 황제의 박해 기간을, 20세기에는 도미티아누스의 박해 기간을 요한계시록의 저술 시기로 보는 견해가 지배적이었다. 요한계시록을 예루살렘 멸망에 관한 예언과 유대인의 배교에 대한 비판으로 보는 사람들은 네로 황제 통치의 후반부를 요한계시록의 저술 시기로 생각하는 경향이 있다.[29] 또한 네로 황제만이 실제 박해를 가했다고 믿는 사람들은 요한계시록의 저술 시기를 기원후 67-68년 사이로 본다.[30] 그러나 역사적 자료와 요한계시록의 배후 정황에 대한 증거의 우세로 인해(아래를 보라) 압도적인 다수의 학자가 네로 황제 이후를 요한계시록의 저술 시기로 본다.

학자들은 지난 이십 년간 요한계시록의 사회 상황에 주된 초점을 맞춰왔다. 과거에는 요한계시록의 기록 동기에 대해 반기독교 성향인 도미티아누스 황제 치하에서 로마의 공식 박해가 발생한 때문이라는 가정이 일반적이었다(스위트, 벡위드[Beckwith], 찰스). 그러나 이런 견해

Rapids: Zondervan, 1992), 473-74.

29 다음을 보라. J. Massyngberde Ford, *Revelation: Introduction, Translation and Commentary*, AB 38 (Garden City, N.Y.: Doubleday, 1975); J. A. T. Robinson, *Redating the New Testament* (Philadelphia: Westminster, 1976), 221-53; Rowland, *The Open Heaven*, 403-13; D. C. Chilton, *The Days of Vengeance: An Exposition of the Book of Revelation* (Fort Worth, Tex.: Dominion, 1987); K. L. Gentry, *Before Jerusalem Fell: Dating the Book of Revelation* (Tyler, Tex.: Institute for Christian Economics, 1989).

30 E. Lipinsky, "L'apocalypse et la martyre de Jean à Jérusalem," *NovT* 11 (1969): 225-32; A. A. Bell, "The Date of John's Apocalypse: The Evidence of Some Roman Historians Reconsidered," *NTS* 25 (1979): 93-102; R. B. Moberly, "When Was Revelation Conceived?" *Biblica* 73 (1992): 376-93; J. C. Wilson, "The Problem of the Domitianic Date of Revelation," *NTS* 39 (1993): 587-605.

는 1980년대에 상당한 비판을 받았는데, 이 시기에 행해진 연구들은 도미티아누스 황제 치하에서 어떤 공식적 박해도 사실상 발생하지 않았음을 입증했다. 이와 같이 역사적 배경을 재설정한 거물은 톰슨으로, 그는 새로운 방식으로 자료를 조사하여 도미티아누스 황제를 잔혹한 독재자의 부정적 이미지로 묘사하는 기본 자료들이 트라야누스 황제의 통치 동안 소(小) 플리니우스가 중심이 된 일군의 저자들의 작품임에 주목한다. 이 일군의 저자들은 타키투스, 수에토니우스, 디온 크리소스토모스, 그리고 한 세기 이후의 디오 카시우스다. 톰슨[31]의 논의에 의하면, 이들의 도미티아누스 황제에 대한 묘사법—아첨꾼, 감지된 적을 향한 의심과 미친 듯한 잔인함, 그의 형 티투스에 대한 질투심, 권력욕, 로마 제국령 지역을 수탈하는 자—은 사실에 기초한 묘사라기보다 완전히 정치적인 묘사였다. 이 저자들은 트라야누스 황제를 돋보이게 하는 방식으로 도미티아누스 황제를 묘사하고자 했고, 전자가 선한 존재로 보이도록 후자를 악한 존재로 묘사했다. 그러나 동전과 금석학적 증거, 그리고 도미티아누스 황제와 동시대에 살았던 다른 저자(예. 퀸틸리아누스, 프론티누스, 스타티우스, 마르티알리스, 실리우스 이탈리쿠스)에 근거하면, 꽤 다른 모습의 도미티아누스 황제가 드러난다. 여기서 다른 모습이란 자신의 아버지 베스파시아누스와 형 티투스에게 겸손하고 공손하며, 군사적 측면에서 성공하고, 치세를 잘하는 유순한 성격의 정치가 도미티아누스를 가리킨다. 도미티아누스 황제는 원로원에 반대하여

31 L. L. Thompson, *The Book of Revelation: Apocalypse and Empire* (New York: Oxford University Press, 1990), 96-101. 다음도 보라. A. Y. Collins, *Crisis and Catharsis: The Power of the Apocalypse* (Philadelphia: Westminster, 1984), 69-73; D. Warden, "Imperial Persecution and the Dating of 1 Peter and Revelation," *JETS* 34 (1991): 207-11; Barr, *Tales of the End*, 165-69.

단호하게 행동했는데, 이는 하류층 백성의 복지에 관한 그의 관심에 기인하며 정의에 대한 그의 관심을 입증해준다.[32] 더욱이 톰슨은 계속해서 다음과 같이 말한다. 즉 그리스도인들은 로마의 도시 생활에 완전히 참여했으며, 모든 반대는 제국적 규모가 아닌 국소 규모로 발생했다. 유대인들의 반대가 있었지만, 그리스도인들은 대개 로마 사회 질서 내에서 평화로운 삶을 살았다.[33] 짧게 말해서, 도미티아누스 황제 당시에는 공식적인 박해가 없었다는 것이다(이 견해에 대한 반응은 아래를 참고하라).

이와 유사한 논의가 황제 숭배에 대한 쟁점—즉 황제를 신으로 숭배—을 중심으로 제기된다. 요한계시록을 볼 때, 이 문제는 분명히 아시아 지역에서 중대한 문제였다(13:4, 14-17; 14:9; 15:2; 16:2; 19:20; 20:4). 역사적으로 로마는 왕을 신으로 보는 고대 근동(예. 이집트, 페르시아)의 견해에 참여하지 않았지만, 공화국이 막을 내리고 제국이 시작되는 시점에(율리우스 카이사르의 사망 이후 그의 조카 옥타비아누스가 등장했던 시기로, 옥타비아누스는 기원전 27년에 아우구스투스 황제로 즉위함), 이 고대 근동의 견해가 수용되기 시작했다. 이 황제 숭배는 평민들이 율리우스 카이사르와 아우구스투스(그리고 이후에 클라우디우스와 베스파시아누스)를 자신들의 가정 수호신에 편입시키면서 시작되었고, 주요 가정 사이에도 급속히 확산되었다. 그러나 황제 숭배 관행의 목적은 서거한 황제를 신격화하는 것이었다(생전에 티베리우스 황제와 클라우디우스 황제는 신격화라는 이 영예를 거부했다). 네로 황제는 신격화되지 못했

32 Thompson, *Book of Revelation*, 102-9; Aune, *Revelation*, lxviii.

33 Thompson, *Book of Revelation*, 116-32.

다. 확실히 황제는 신이라기보다 이 땅에서 신들을 대표하는 자로 간주되었지만,[34] 이런 대표자의 역할은 대중에게 신성한 것으로 비쳤다. 이는 여러 신전과 우상 숭배 이미지 및 조각상을 통해 입증된다. 곧 도시들은 경쟁적으로 *neokoros* 혹은 성전지기로 불리기를 원했다. 즉 황제 중 한 명에게 봉헌할 신전의 건축 허가를 원했다. 도미티아누스가 *deus praesens*(현존하는 신)로 인정받으려 했고 "우리의 주, 우리의 신"으로 불리기 원했다는 몇 가지 증거가 있으며, 주화에는 그를 "신들의 아버지"라는 왕좌에 앉도록 했다.[35] 그러나 톰슨은 도미티아누스가 신격화되기를 원하지 않았다고 주장한다.[36] 앞서 보았듯이 도미티아누스를 칭호에 집착하는 오만한 인물로 폄하하는 무리는 바로 플리니우스와 연결된 저자들이라는 것이다. 이런 칭호는 스타티우스, 퀸틸리아누스와 같은 도미티아누스 황제의 지지자들의 저술에서는 발견되지 않는다. 만일 도미티아누스가 이런 칭호를 요구했다면, 우리는 그를 지지하는 저술에서도 이와 관련한 내용을 발견하리라고 기대할 텐데 말이다. 그러므로 도미티아누스가 신격화를 추구했다거나, 자신을 위해 *dominus*("주") 또는 *deus*("신") 같은 칭호를 요구했다는 확실한 증거는 없다.

그러나 박해의 배경과 황제 숭배에 관한 이 새로운 견해는 최근에 여러 관점에서 비판받는다. 비일[37]에 의하면, 톰슨은 자신의 주장을 과

34 Giesen, *Die Offenbarung des Johannes,* 28-30.

35 D. L. Jones, "Roman Imperial Cult," *ABD* 5:807.

36 Thompson, *Book of Revelation*, 104-7.

37 Beale, *Revelation,* 6-12. 여기서 Beale은 다음의 두 연구에 부분적으로 의존한다. S. R. F. Price, *Rituals and Power: The Roman Imperial Cult in Asia Minor* (Cambridge: Cambridge University Press, 1984); S. J. Friesen, *Twice Neokoros: Ephesus, Asia, and the Cult of the Flavian Imperial Family,* Religions in the Graeco-Roman World 116 (Leiden: Brill, 1993).

장하고 있으며, 진실은 양 극단의 사이에 위치한다. 도미티아누스의 지지자들과 이후에 그를 반대하는 자들 모두 편향된 기술을 했으며, 도미티아누스가 사람들에게 자신을 신처럼 숭배하도록 요구한 적이 결코 없었을지라도, 그는 어쨌든 신이라는 칭호를 받아들였다. 그리고 도미티아누스의 치세에 대한 부정적 평가는 나름의 사실 근거가 있다. 그가 귀족 출신의 그리스도인들을 박해했고, 반유대교적이었다는 증거가 존재한다. 비일은 "강화된 로마 제국 정책에 대한 몇몇 증거"를 발견하는데, 이 정책은 "그리스-로마 사회의 정치-종교적 삶에 노골적으로 동참하지 않는 그리스도인들에게 점점 더 무자비해졌다."[38]

얀젠(Janzen)[39]의 주장에 의하면, 주화는 도미티아누스 측이 가지고 있던 과대망상증을 어느 정도 가리킨다. 이 주화는 심지어 그의 아내가 신성한 황제의 어머니로 불렸음을 보여준다. 보타(Botha)[40]는 단일한 "황제 숭배"는 없었다고 지적한다. 대신에 각 도시는 저마다의 의식을 개발했고, 비록 이런 개발 행위가 자발적이었지만, 이는 후원자 체계의 부분으로서 기대되는 행위였다. 그러므로 이와 같은 행위 참여에 대한 압박은 지역적 성향을 띠었고 도시마다 편차를 보였다. 슬레이터(Slater)[41]는 그 증거를 다음과 같이 잘 요약한다. 즉 로마 제국령 지역에 살고 있는 사람들은 도미티아누스를 사랑했는데, 이는 그가 로마 제국

38 Beale, *Revelation,* 9.

39 E. P. Janzen, "The Jesus of the Apocalypse Wears the Emperor's Clothes," *SBLSP* 33 (1994): 643-49.

40 P. J. J. Botha, "God, Emperor Worship, and Society: Contemporary Experiences and the Book of Revelation," *Neot* 22 (1988): 87-91.

41 T. B. Slater, "On the Social Setting of the Revelation to John," *NTS* 44 (1998): 234-38.

의 총독들이 자행한 경제적 착취를 제지했기 때문이다. 그 결과 로마 제국 내 엘리트 계층은 도미티아누스를 격렬하게 혐오했다. 플리니우스 계열의 저자들은 트라야누스 황제 치하에서 저술 활동을 했으므로, 그들이 플라비우스 가문의 황제, 특히 도미티아누스 황제를 폄하하는 것이 정치적으로 유리한 상황이었다. 그러나 동시에 황제 숭배는 도미티아누스 황체 치하에서 성장했다. 비구찌(Biguzzi)[42]는 다음과 같은 많은 증거를 제공한다. 즉 아시아는 황제 숭배의 중심지였으며, 아시아의 주요 도시들은 신전 건립이라는 특권 획득을 위해 서로 경쟁했다. 이 경쟁의 첫 번째 우승자는 기원전 29년 버가모였으며, 그다음 우승자는 기원후 21년 서머나였다. 에베소는 세 번째 우승자로 그 일대에 플라비우스 왕조를 뿌리내리는 데 중심 역할을 했다. 에베소는 7미터 높이의 티투스 황제의 상을 신전에 세웠고(어떤 이들은 이 상을 도미티아누스 황제의 상이라고 생각함), 이 신전에서 행해진 황제 숭배는 팍스 로마나의 기치 아래 에베소 사람들을 연합시키는 수단으로 비쳤다.

게다가 주어진 자료를 더 면밀히 조사해보면, 도미티아누스 황제 치하에서 어떤 박해도 일어나지 않았다는 주장은 입증되지 않는다. 다만 로마 제국이 공식적으로 박해를 부추겼다는 증거가 없을 뿐이다. 요한계시록의 증거는 박해가 있었다는 점을 지지하는데, 가까운 과거에 벌어진 박해를 언급하는 구절(1:9; 2:3, 9, 13; 3:8; 6:9; 어쩌면 13장도 포함됨)과, 임박한 조직적 박해를 경고하는 구절(6:11; 13장; 17:6; 18:24; 19:2;

42 G. Biguzzi, "Ephesus, Its Artemision, Its Temple to the Flavian Emperors, and Idolatry in Revelation," *NovT* 40 (1998): 280-89. 다음도 보라. A. Brent, "John as Theologos: The Imperial Mysteries and the Apocalypse," *JSNT* 75 (1999): 101-2. Brent에 의하면, 요한은 제의를 감독했던 이교도 관리인 *theologos*에 대응하는 기독교 관리로, 요한계시록을 통해 황제 숭배에 반대하려 했다.

20:4)이 이 증거에 속한다.[43] 황제 숭배의 힘이 점점 세지면서, 특히 아시아 지역에서 박해 문제가 도미티아누스 황제 치하에서 점차 불거져 트라야누스 황제 치하에서는 정점에 이르렀다. 플리니우스가 기원후 113년에 트라야누스 황제에게 보낸 유명한 서신이 이 사실을 뒷받침하는데, 이 편지에서 플리니우스는 그리스도인들을 체포하여 재판에 넘기기 위해 법적 전례를 찾는다.[44] 이에 대한 답으로 트라야누스가 플리니우스에게 준 원칙은 그리스도인의 색출에만 목적을 두지 말고, 체포되어 그리스도인으로 유죄 판결을 받은 모든 이를 처형해야 한다는 것이었다. 이런 압박은 기원후 1세기 말 기록된 「클레멘스 1서」(*1 Clem.*) 1:1("갑작스럽고 반복되는 역경"이 교회 위에 떨어지고 있다)과 7:1("우리는 같은 경기장에 서 있고, [베드로와 바울의 순교 기간과 같은] 동일한 투쟁이 우리 앞에 놓여 있다")에서도 발견된다.[45] 드실바[46]는 광범위한 박해의 증거 부재를 지적하지만, 로마 제국과 로마의 종교 생활 사이의 관계로 인해 모든 시민은 공식 종교 행사, 즉 신전에서의 예배 의식과 일상생활의 중심에 있었던 우상 숭배 연합 연회와 같은 행사 모두에 참여해야 하는 엄청난 부담을 안게 되었다. 소아시아는 로마에 대한 열심으로 유명했으며, 이런 열심은 특히 황제 숭배에 적용되었다. 따라서 황제 숭배에 참여하지 않는 일이 그리스도인을 색출해내는 결정적 증거가 되었고,

43 Beale, *Revelation,* 12 n. 65. Aune(*Revelation,* lxv)는 1:9; 6:9-11; 7:9, 14; 11:7-8; 12:11; 13:7; 14:13; 16:6; 17:6; 18:24; 20:4에 초점을 맞춘다.

44 Pliny, *Letters,* 10.96(이는 다음 연구서에 다시 나온다. Barr, *Tales of the End*, 166-67). 다음도 보라. Krodel, *Revelation,* 39-42.

45 Beale, *Revelation,* 13. 여기서 Beale은 다음의 연구를 토대로 삼는다. L. W. Barnard, "Clement of Rome and the Persecution of Domitian," *NTS* 10 (1964): 251-60.

46 D. A. deSilva, "The Social Setting of the Revelation to John: Conflicts Within, Fears Without," *WTJ* 54 (1992): 274-77. 다음도 보라. Michaels, *Revelation,* 22.

이로 인해 그리스도인에 대한 박해가 지역 규모로 발생했을 것이다. 심지어 레디쉬(Reddish)는 사실 당시 교회가 "공식적 박해와 순교로 위협받고 있었다"고까지 설명한다.[47] 매싱버드 포드(Massyngberde Ford)는 당시 상황에 더 가까이 접근하며 다음과 같이 말한다. 즉 도미티아누스 황제 치하에서 조직적 박해가 발생하지는 않았지만, 그리스도인들이 로마 제국의 종교 의식에 참여하기를 거절한 결과로 인해 가해진 일상에서의 압력과 사회로부터의 추방이 있었다는 것이다.[48]

황제 숭배의 영향과 이로 인한 박해의 정도를 결정하는 일은 요한계시록 배후의 사회 상황을 평가하는 데 지대한 영향을 미친다. 예를 들어 콜린스[49]의 주장에 의하면, 당시 그리스도인에 대한 박해가 거의 없었으므로, 그리스도인들이 느꼈던 소외감은 외부의 선동이 아닌 기독교 공동체 내에서 발생했다. 예수를 믿는 자들은 어떤 위기도 감지하지 못했으므로 요한계시록 저자는 이런 이해를 일깨우고자 했다는 것이다. 문제는 "경제적 착취와 로마의 문화적 제국주의"였고, 이로 인해 요한계시록의 환상은 하나님의 통제 아래 있는 상징적 우주를 건설하며, 이 상징적 우주에서 믿는 자들은 하나님의 제사장으로서 로마의 압박에 굴하지 않는 자들이다.[50] 이와 유사한 방식으로, 바[51]는 다음과 같

47 M. G. Reddish, "Martyr Theology in the Apocalypse," *JSNT* 33 (1988): 85.

48 J. Massynberde Ford, "Persecution and Martyrdom in the Book of Revelation," *Bible Today* 29 (1990): 144-46; 다음도 보라. idem, "The Priestly People of God in the Apocalypse," *Listening* 28 (1993): 246-47.

49 Collins, *Crisis and Catharsis*, 141-60; 다음도 보라. Thompson, *Book of Revelation*, 27-28.

50 Collins, "Apocalypse and Politics," *Forum* 8 (1992): 302-5. Thompson(*Book of Revelation*, 169-70)은 당시에 위기가 전혀 없었다고 주장한다. 당시 그리스도인들은 십자가에서 처형당한 왕과 자신들을 동일시함으로써 사회에서 격리되었고, 이로 인해 요한계시록 저자는 기독교 신자들이 승리자가 되는 대안적 상징 세계를 개발함

이 주장한다. 즉 요한계시록은 "신화적 치료"(mythic therapy)를 제공했는데, 이는 독자들의 관점을 변화시켜 그들로 하여금 용을 물리치신 그리스도와 동화되게 함으로써 "로마 제국의 문화와 기독교 신념" 사이의 싸움에서 승리를 발견하게 하려고 계획했다는 것이다. 쉬슬러 피오렌자[52]에게 요한계시록의 "수사 전략"(rhetorical strategy)은 요한계시록의 목적을 이해하는 데 열쇠가 된다. 왜냐하면 이 수사 전략은 "상징적 우주"를 탄생시키며, 이 상징적 우주는 독자들이 새로운 세계로 들어가 로마 제국의 힘에서 벗어날 수 있게 하고, 그로 인해 로마 제국의 힘이 수반하는 "박탈과 결핍"을 수용할 수 있게 해주기 때문이다. 이 수사 전략은 새로운 사회적 실재를 건설함으로써 성취되는데, 새로운 사회적 실재란 현재의 억압 가운데 주어지는 희망적인 미래 세계이자, 하나님께서 절대 주권으로 통치하시는 세계다. 이와 유사하게 기이즌[53]은 다음과 같이 주장한다. 즉 요한은 독자들을 격려하고 있는 것이 아니라, 그들에게 황제 숭배의 음흉한 속성을 경고하며 그 일에 참여하지 말라

으로써 일종의 "순환 고리"를 만들어냈다는 것이다. E. Schüssler Fiorenza("Epilogue: The Rhetoricality of Apocalypse and the Politics of Interpretation," in *The Book of Revelation: Justice and Judgment*, 2nd ed. [Philadelphia: Fortress, 1998], 231 n. 18)는 이를 "계시록 연구의 탈정치화 경향"이라고 부른다.

51 Barr, *Tales of the End*, 178-80. 다음도 보라. idem, "The Apocalypse as a Symbolic Transformation of the World: A Literary Analysis," *Int* 38 (1984): 49-50. 이 소논문에서 Barr는 다음과 같이 말한다. 즉 요한계시록은 희생자가 승자가 되는 새로운 세계관을 그리스도인들에게 부여하는 "카타르시스"를 제공한다.

52 Schüssler Fiorenza, *Justice and Judgment*, 187-99.

53 Giesen, *Die Offenbarung des Johannes*, 34-36; 다음도 보라. Idem, "Ermutigung zur Glaubenstreue in schwerer Zeit: Zum Zweck der Johannesoffenbarung," *TTZ* 105 (1996): 61-63; "Das Buch mit den sieben Siegeln—Heil für Aussenseiter," in *1900th Anniversary of St. John's Apocalypse*, 592-601. 여기서 Giesen은 황제 숭배를 "기독교 신앙의 위협"(Gefährdung für den christlichen Glauben)으로 제시한다.

고 명하고 있다는 것이다. 위험은 순교가 아니라 이교도 세상에 끌리는 것이다. 크레이빌(Kraybill)[54]에 의하면, 문제는 박해가 아니라 타협이다. 교회는 "이교도 세상에서 안락함"을 느끼게 되었고, 따라서 요한계시록은 믿는 자들에게 그리스도와 황제, 둘 중 하나를 선택하라고 요구한다. 로마 제국의 문화 수용이라는 외부적 압박이 문제가 아니라, 요한의 예언자적 집단과 로마 제국의 문화를 수용하려는 기독교 분파 사이에 발생한 내부적 싸움이 문제라고 보는 견해를 향한 움직임이 일고 있다. 르 그리스(Le Grys)[55]는 쟁점이 외부가 아니라 내부 요인, 즉 예언자적 권위의 위기라고 여긴다. 이는 니골라 당의 위험(2:6)과 그들이 기독교의 타협에 미치는 영향을 의미한다. 할랜드(Harland)[56]는 요한과 그의 추종자들이 용기 있는 소수였다고 주장한다. 왜냐하면 당시 대부분의 그리스도인들은 자유롭게 폴리스에 참여하고 사회적 모임의 회원이 된다거나 황제를 숭배하는 등 사회 공동체에 융화되는 삶을 살았기 때문이다. 쾨스터(Koester)[57]는 이런 접근을 요약하며, 다음과 같은 세 가

54 J. N. Kraybill, "Apocalypse Now," *Christianity Today* 43 (1999): 37-38.

55 A. Le Grys, "Conflict and Vengeance in the Book of Revelation," *ExpTim* 104 (1992): 77-79. 다음도 보라. S. S. Smalley, *Thunder and Love: John's Revelation and John's Community* (Vancouver: Word, 1994), 121-28; H. O. Maier, "Staging the Gaze: Early Christian Apocalypses and Narrative Self-Representation," *HTR* 90 (1997): 149-50.

56 P. A. Harland, "Honouring the Emperor or Assailing the Beast: Participation in Civic Life among Associations (Jewish Christian and Other) in Asia Minor and the Apocalypse of God," *JSNT* 77 (2000): 99-121. Harland는 자신이 제시하는 증거의 상당 부분을 다음 연구에서 가져온다. P. Trebilco, *Jewish Communities in Asia Minor*, SNTSMS 69 (Cambridge: Cambridge University Press, 1991). 여기에서 Trebilco는 유대교 공동체의 유사한 동화를 보여준다. 이런 주장은 일종의 도발적 가능성으로 볼 수 있지만, 다음과 같은 이유로 다소 의문이 든다. 즉 주요한 제설혼합주의의 기독교 제의였던 니골라당의 제의가 단지 버가모와 두아디라, 이 두 교회에서만 영향을 미쳤고, 에베소 교회에서는 이미 배격되었기 때문이다.

57 C. R. Koester, "The Distant Triumph Song: Music and the Book of Revelation," *Word*

지 위협에 주목한다. 즉 문화적 동화를 요구하는 거짓 교사들의 유혹, 지역 회당들과의 갈등과 지역 당국에 고발될 위험, 그리고 번영으로 인한 현실에의 안주다.

요한계시록 배후의 사회 세계에 관한 위와 같은 이론들은 확실히 상당한 진실을 담고 있다. 그러나 이보다 훨씬 많은 내용이 존재한다. 일곱 교회(사실 아시아 지역의 모든 교회를 의미한다)는 유대교 및 로마 세계에서 유래하는 적대적 환경 안에 존재했다. 여기서 핵심은 박해가 단순히 감지되는 수준이 아니라 실제로 일어났다는 점을 이해하는 것이다. 먼저 "사탄의 회당"(2:9; 3:9)은 그리스도인들과 적이 되었고(이는 사도행전 전반에 나타나고 있는 현상이다), 기원후 1세기 마지막 이십여 년 동안 적개심은 증가했다.[58] 로마가 섬기는 신들 대신 하나님을 섬기도록 유대인들에게 허락해준 특권은 그리스도인들에게도 확장해서 적용되었는데, 이는 로마 사람들이 일반적으로 기독교를 유대교의 한 종파로 여겼기 때문이다. 그러나 유대인들은 그리스도인들을 비유대인으로 맹렬히 비난했고, 이로 인해 로마 제국의 태도가 변하기 시작했다는 몇몇 증거가 있다. 브레딘(Bredin)[59]은 캐피톨린 신전 재건을 위해 유대인들에게 부과한 세금에 주목한다. 유대인들은 이 세금을 납부하고 황제 숭배에 참여하는 일에서 해방되었다. 하지만 그리스도인들은 이 세금을 납부하기를 거부했고, 이로 인해 유대인들은 그리스도인을 비유대

and World 12 (1992): 248-49.

58 계시록에서 박해의 주체가 로마인이 아니라 유대인이라는 견해에 대해서는 다음을 보라. A. J. Beagley, *The "Sitz im Leben" of the Apocalypse with Particular Reference to the Role of the Church's Enemies,* BZNW 50 (New York: de Gruyter, 1987).

59 M. R. J. Bredin, "The Synagogue of Satan Accusation in Revelation 2:9," *BTB* 28 (1998): 161-64.

인이자 로마에 저항하는 문제아라고 비난했다. 이 사건으로 많은 사람이 그리스도인들을 등지게 되었다. 따라서 비록 공식적 박해는 없었지만, 그리스도인들에게 로마 방식의 삶에 참여하라고 강요하는 극심한 경제적·사회적 압박이 존재했다. 비일[60]은 사회적 조합(guilds)과의 타협을 강요하는 거대한 압박을 묘사하는데, 그중에서도 특히 각 조합의 수호신들을 숭배하는 연중행사와 관련된 압박(니골라 당은 이 압박에 굴복했다)을 자세히 설명한다. 믿는 자들이 거부할 때, 일곱 편지에 반영된 것처럼, 그들은 거대한 반감과 박해를 경험했다. 하트맨(Hartman)[61]은 종교적 상황과 관련된 다음의 세 가지 주요 요인을 발견한다. 즉 이단(니골라당), 압박(비공식적이고 국소적이지만 현실이고 곧 그 수위가 오르는), 열심의 부족(주류 에토스에 타협하여 동화되려는 경향)을 말한다.

그러므로 콜린스, 톰슨, 바 등과 같은 학자들의 주장은 이런 상황을 과소평가하는 것이다. 감지된 위기보다 훨씬 많은 위험이 존재했고, 그리스도인들이 처한 어려움은 이미 시작되었으며, 그 수위는 이어지는 수년간 더 높아졌을 것이다. 그러나 이 학자들의 다음과 같은 주장은 여전히 적절하다. 즉 요한계시록이 초월적 영역인 "상징적 우주"를 탄생시키고, 그 안에서 하나님의 백성은 반문화적 존재이자 동시에 하나님의 세계 및 그의 백성의 실재에 대한 목격자가 된다. 드실바의 말처럼, 요한계시록의 교회는 사회와 유리되는 가운데서도 커뮤니타스(*communitas*)를 유지하라는 말씀과, 타협하여 사회적 관습을 수용하라는 유혹에 저항하라는 말씀을 듣는다.[62] 이런 세계관은 새로운 윤리 기

60 Beale, *Revelation,* 30.

61 L. Hartman, "The Book of Revelation: A Document for Its Time as John Sees It," in *1900th Anniversary of St. John's Apocalypse*, 207-10.

준으로서 순응을 거부하고 그리스도에 대한 헌신이 야기하는 사회로부터의 거절을 실제로 수용한다. 드실바에 의하면, 요한계시록은 믿는 자들을 설득하여 이교도의 방식을 따르라는 압박에 맞서게 하고, 믿는 자들에게 인내를 독려하며, 믿음이 연약한 자들에게 타협하지 말 것을 경고하기 위해 기록된 "명예 담론"(honor discourse)[63]이다.

결론적으로, 요한계시록이 대안적 우주를 제시하고 당시 교회가 실제로 감지하지 못했던 위기를 보여준다는 콜린스와 톰슨의 언급은 옳다. 실제로 요한계시록에는 이교도 사회와의 타협을 거절하라는 도전과 더불어, 초월적 영역의 실재와 이 실재의 확실한 승리를 인지하라는 요구가 존재한다. 그러나 요한계시록의 상황은 가상이 아니라 실제 상황이다. 그리스도인들은 거대한 압박과, 로마 문화 방식의 수용 거부로 인해 산발적으로 발생하는 국지적 박해를 겪고 있었다. 이로 인해 어떤 그리스도인들(니골라당)은 압박에 굴복했다. 이 압박은 사회적 차원에서뿐만 아니라 경제적 차원에서도 가해졌는데, 왜냐하면 동업 조합(trade guilds)이 이교도 질서의 한 부분을 이루고 있었기 때문이다. 그리고 이 조합은 수호신들을 숭배했고 황제를 신으로 섬겼다. 따라서 요한계시록의 기록 목적은 다음과 같다. 즉 신실한 자들에게 인내의 상급을 확신시키고, 하나님이 여전히 통치하시며 그들을 분명히 신원하시리라는 사실을 약속함으로써 그들을 위로하고, 그들 중 믿음이 흔들리는 "겁쟁이들"에게 믿음을 버린 배교자들이 당하게 될 고통을 경고하기 위

62 DeSilva, "Social Setting," 301-2; 다음도 보라. Idem, "The Construction and Social Function of a Counter-Cosmos in the Revelation of John," *Forum* 9 (1993): 47-62.

63 D. A. deSilva, "Honor Discourse and the Rhetorical Strategy of the Apocalypse of John," *JSNT* 71 (1998): 80-87.

함이었다(21:8).

페미니스트 해석

요한계시록에 대한 의미 있는 페미니스트 반응이 존재해왔지만, 이는 주요 저술에서 사실상 간과되었다. 예를 들어 피핀(T. Pippin)의 영향력 있는 연구[64]는 오니, 비일, 톰슨의 최근 요한계시록 주석서에 언급조차 되지 않으며, 이 주석서들은 요한계시록 17장의 은유적 표현인 "음녀 바벨론"에 관해 어떤 페미니스트 비평도 논하지 않는다. 콜린스는 여성사와 요한계시록에 대한 연구를 실시했는데,[65] 이 연구는 성서가 "우리의 억압에 대한 기록"이라는 원칙에 기초한다. 콜린스는 특히 2:20-23의 이세벨을 향한 요한의 공격에서 남성 중심적 편견을 보고 있는데, 이는 고린도전서 8-10장의 우상에게 바친 고기에 관한 바울의 다소 비판적인 주장보다 훨씬 가혹하다. 더욱이 요한계시록 14:1-5의 성적 금욕 강조는 순결을 위해 요구되고 있으며, 여성을 악의 근원으로 공격한다. 결국 요한계시록에서 이상적인 그리스도인은 남성인데, 왜냐하면 남성이 더 순결하고 여성은 위험하기 때문이다.

피핀은 요한계시록을 더 강력한 페미니스트 관점에서 해석하는데, 이 해석은 성의 규약(gender codes)을 해제하고, 요한계시록의 여성 억

64 T. Pippin, *Death and Desire: The Rhetoric of Gender in the Apocalypse of John* (Louisville: Westminster John Knox, 1992).

65 A. Y. Collins, "Women's History and the Book of Revelation," *SBLSP* 26 (1987): 80-91, 특히 81-84.

압적 견해와, 요한계시록을 남성 중심의 정치적 관점으로 해석하게 만드는 서구의 편견을 폭로한다. 피핀에 의하면, 요한계시록의 초점은 구원이 아닌 재난과 죽음에 있으며, 요한계시록의 기층에는 여성 혐오가 존재하여 요한계시록에 등장하는 여성의 삶을 죽음과 멸망의 측면에서 읽는다. 이와 같은 내용은 17장에서 "음녀 바벨론"의 멸망과, 고통의 침상에 던져질 여선지자 이세벨과의 전쟁(2:22-23)에 가장 잘 반영되어 있다. 심지어 12:14의 "여자"는 보호받기 위해 광야로 추방된다.[66] 그리고 이 여자는 새 예루살렘의 환상 가운데 "여자들의 묵시"를 보는데, 이는 신부 이미지가 남성 중심의 제사장 이미지로 재빨리 대체되어버리기 때문이다.[67] 다른 곳에서 피핀[68]은 다음과 같이 말한다. 즉 여성은 14:4의 순결로부터 배제되고, 모범 그리스도인은 남성일 뿐만 아니라, 여성은 새 예루살렘에서도 제외된다는 것이다. 이미지는 뒤집히고 여성은 추방된다. 심지어 12장의 해를 옷 입은 "여자 주인공"은 이름조차 없으며 단순히 기관을 나타낼 뿐이다. 그녀는 생산적일 때에만(즉 아들을 임신하고 있을 때에만) 생산적 가치를 지닌다. 듀이(J. Dewey)[69]는 여성이 새 예루살렘에서 배제된다는 견해에 반대하지만, 여성이 소외되고 있음에 동의하며 14:4-5을 "계시록 저자의 남성 중심적 사고방식이 적

66 다음을 보라. Pippin, *Death and Desire*. Idem, "The Heroine and the Whore: Fantasy and the Female in the Apocalypse of John," *Semeia* 60 (1992): 69도 보라.

67 Pippin, *Death and Desire*, 47-48.

68 Pippin, "The Heroine and the Whore," 69-71. 다음도 보라. Idem, "Eros and the End: Reading for Gender in the Apocalypse of John," *Semeia* 59 (1992): 193-209. J. Schaberg는 "Response to Tina Pippin's 'Eros and the End,'" *Semeia* 59 (1992): 220-21에서 다음과 같이 첨언한다. 즉 여성은 승리자가 아닌 도망자가 되어야 하고(12:6), 144,000명에 포함되지 않으며, 본문에서 영원히 사라져버리고 다시 보이지 않는다는 것이다.

69 J. Dewey, "Response: Fantasy and the New Testament," *Semeia* 60 (1992): 87-88.

용된" 구절로 본다. 실제로 요한계시록은 수동적 고난과 폭력을 칭송하고 있으므로 남성이나 여성을 해방시킬 수 없다는 것이다. 이와 유사하게, 김(J. K. Kim)[70]은 다음과 같이 주장한다. 즉 "음녀 바벨론"은 먼저 이방 남성에 의해 침략당하고, 이후 동족 남성에게 버림받은 식민지 여성을 묘사한다는 것이다. 이처럼 여성은 소외당하고 희생되었다.

쉬슬러 피오렌자의 논의에 의하면, 피핀과 다른 학자들의 해체적 접근은 요한계시록의 여성 이미지를 "실제 여성"으로 간주하는—즉 이미지를 상징이 아니라 여성의 전형으로 보는—토착화된 혹은 문자적 이해다. 쉬슬러 피오렌자는 17-18장에 나오는 성적 은유인 음녀를 "관습적 은유"로 간주한다. 따라서 요한계시록을 구체적으로 성과 관련되었다고 보기보다 포괄적으로 성을 다루고 있다고 이해하는 편이 더 낫다.[71] 쉬슬러 피오렌자에 의하면 성에 관한 문자적 해석학도 가능하지만, 성 언어를 "사회정치적, 문화언어학적 지배 체계 즉 로마 제국주의의 측면에서" "비판적이고 수사학적이며 다중 체계적으로 해석"하는 편이 더 낫다. 이 경우에 성 관련 쟁점에 대한 인종적·계급적·경제적 압박이 추가로 발생한다.[72] 바는 피핀을 비평하면서, 이세벨/발람, 음녀/

70 J. K. Kim, "'Uncovering Her Wickedness': An Inter(con)textual Reading of Revelation 17 from a Postcolonial Feminist Perspective," *JSNT* 73 (1999): 61-81.

71 E. Schüssler Fiorenza, "Only Justice Can Stop a Curse: Response to Tina Pippin's *Death and Desire*"(이 소논문은 1993년 11월 워싱턴 D.C.에서 개최된 세계성서학회 연례 회의에서 발표됨); *Justice and Judgment*, 208, 216.

72 Schüssler Fiorenza, *Justice and Judgment*, 218-19. Schüssler Fiorenza는 계 17-18장에서 다음과 같이 이데올로기적 투쟁의 네 영역을 발견한다. (1) 바벨론은 여성으로 상징화된 도시로, 이 상징의 요지는 로마 제국의 압제에 대한 정의(justice)다. (2) 매춘에 대한 관념은 구약성서에서 차용된 것으로, 종교적 매춘인 우상숭배에 대한 관습적 상징이다. (3) 이세벨은 실제 여선지자로, 여성이 초기 교회에서 지도력이 있었음을 나타낸다. 문제는 성이 아니라 교리 및 정치문화적인 것이다. (4) 세 명의 주요 인물

짐승의 경우처럼 악한 여성은 언제나 악한 남성과 짝을 이루고 있다고 말한다. 그리고 "남성의 악역이 여성의 악역보다 두드러진다"라고 말한다. 요한계시록에는 12장의 여자와 19장의 신부처럼 긍정적인 여성도 등장한다. 콜린스[73]는 요한계시록에서 여성 의인화가 그리스 전승에서 차용되었음을 지적한다. 예를 들어 17장의 음녀는 로마의 이미지이자 여신 로마로서 예언적 전례를 갖고 있으며, 그리스 윤리 전승과 연결되어 있는데, 이 전승에서는 선악이 여성으로 나타난다. 따라서 이런 특징은 로마 문화를 도덕적으로 비난하는 것이다. 간단히 말해, 요한계시록은 여성 탄압과 관계가 없다. 음녀 바벨론은 여성 혐오적인 거부감의 표현이 아니라, 구약성서와 그리스-로마의 메타내러티브(metanarrative)에서 도출된 상징이다.[74]

즉, 하늘의 여왕(계 12장), 땅의 여왕(계 17장), 새 하늘과 새 땅의 여왕(계 21장)이 있다. 여기서 대조는 이 여성들 사이에서가 아니라, 불의의 옛 세상과 정의의 새 세상 사이에서, 그리고 멸망을 가져오는 힘과 안녕(well-being)을 가져오는 힘 사이에서 이루어진다(같은 책, 219-26).

73 A. Y. Collins, "The Apocalyptic Ekphrasis," in *1900th Anniversary of St. John's Apocalypse,* 462.

74 D. L. Barr, "Playing with Polyvalence or Master(bat)ing the Text? The Seductive Reading of the Apocalypse in Tina Pippin's *Death and Desire*"(이 소논문은 1993년 11월 워싱턴 D.C.에서 개최된 세계성서학회 연례 회의에서 발표됨). 다음도 보라. A. D. Callahan, "The Language of the Apocalypse," *HTR* 88 (1999): 57. Callahan은 여기에 호색적인 이미지가 하나도 없다고 답한다. "외설적 요소가 아니라 법의학적 요소들이 요한계시록 본문을 지배한다." 요한계시록의 용어는 "도시 포위에 관한 군사 용어"다.

해석

해석과 관련하여 두 가지 쟁점이 있다. 하나는 요한계시록에 접근하기 위한 적절한 방법론(들)을 결정하는 일이고, 다른 하나는 요한계시록의 상징을 해석하는 방식을 결정하는 일이다. 나는 이 두 쟁점에 대해 각각의 연구 상태를 순서대로 제시할 것이다. 역사적으로 다음과 같은 네 가지의 방법론 중 하나를 선택하는 일이 중대한 의미를 지니는데, 이는 방법론의 선택이 결국 요한계시록과 관련된 모든 세부 사항의 이해에 결정적인 영향을 미치기 때문이다. 이 네 가지 방법론은 실증주의(피오레의 요아힘[Joachim of Fiore], 프란체스코 교단 수도사들, 종교개혁가들, 일곱 편지에 관한 스코필드 유형의 세대주의자들), 요한계시록의 예언이 이미 이루어졌다고 믿음(찰스, 스위트, 롤로프[Roloff], 쉬슬러 피오렌자, 콜린스, 톰슨, 바, 젠트리[Gentry]와 칠턴 같은 기독교 재건주의자들), 이상주의(밀리건[Milligan], 헨드릭슨[Hendriksen], 후크마[Hoekema], 휴즈), 미래주의(유스티누스, 이레나이우스, 래드, 왈보어드[Walvoord], 토마스)다.

그러나 지난 30년 동안 학자들이 여러 방법론을 동시에 사용하면서 자신들을 "절충주의자"로 부르는 현상은 점차 보편화되었다(모리스, 존슨, 롤로프, 기이즌, 마운스, 비일, 오스본). 실제로 모든 학자가 실증주의적 접근의 제한적 가치(설사 가치가 있다손 치더라도)로 인해, 이 방법론을 피하려 할 것이다. 그러나 그들은 요한계시록의 관점을 가장 잘 재생해내려고 나머지 세 가지 방법론을 결합해서 사용하고자 할 것이다. 이에 관한 학자들의 신념은 각각의 방법론을 극단적으로 사용할 때 위험이 따른다는 것이다. 예를 들어 해링턴의 말에 의하면, 미래주의 방법론은 "중대한 오역을 초래한다…. 복수에 찬 어린양이 이 땅에 거주하는 자들을 멸망시킬 때, 선택된 소수만이 공중의 안전지대로 옮겨진다는 생각은 기독교적이지 않다."[75] 물론 이와 같은 해링턴의 언급은 미래주의 입장을 희화화한 것이지만, 미래주의 입장은 극단적 경계에 꼭 들어맞을 수 있다. 따라서 오늘날 대부분의 학자들은 요한계시록의 예언이 이미 이루어졌다고 믿는 방법론과 이상주의 및 미래주의 입장이 서로 작용하도록 하여, 각각의 강점은 극대화하고 약점은 최소화하도록 한다. 그러나 사실상 거의 모든 경우에서, 한 방법론이 나머지 방법론들을 지배하게 될 것이다. 예를 들어, 비일은 자신의 요한계시록 접근 방식을 "수정 이상주의의 구속사적 형식"(redemptive-historical form of modified idealism)이라 부른다.[76] 그러나 실제로 비일의 접근 방식은 이상주의 방법론과 미래주의 방법론(미래가 이미 시작되었음을 의미하는)의 혼합으로써 현재에서 미래에 이르는 교회 시대를 묘사한다. 예를 들어 13:1-10의 "짐승"은 교회 역사상 존재하는 "많은 적그리스도"를 지칭하고, 동시에 역사의 끝에 등장할 최후의 적그리스도를 의미한다.[77] 마운스의 해석에 의하면, 짐승은 역사의 끝에 나타날 한 개인을 의미하는 것이 아니라 첫째로 로마 제국을, 그다음으로 대대로 내려오는 "신성화된 세속적 권위"를 의미한다. 그는 결국 예언의 현재적 성취를 믿는 방법론과 이상주의 방법론을 결합하고 있다.[78] 그러나 마운스는 요한계시록이 종말론적 미래에 세계 체제가 직면하게 될 격동적 대단원을 가리킨다고 믿는다는 점에서 미래주의 입장도 수용한다.

나는 요한의 환상이 주로 하나님에 의한 역사의 종말을 묘사하는

75 W. J. Harrington, *Revelation*, SP (Collegeville, Minn.: Liturgical Press, 1993), 16.

76 Beale, *Revelation,* 48.

77 위의 책, 680-81.

78 R. H. Mounce, *The Book of Revelation,* 2nd ed., NICNT (Grand Rapids: Eerdmans, 1998), 246.

데 목표가 있다고 본다. 이런 의미에서 내 입장은 미래주의 관점에 우선순위를 둔다.[79] 요한계시록의 짐승은 마지막 적그리스도이며, 인, 나팔, 대접은 종말(종말에 관한 추가 내용은 아래를 보라) 직전에(그리고 부분적으로 동시에) 연달아 발생할 최후 심판을 상징한다. 그러나 예언이 이미 실현되었다고 보는 관점 역시 핵심을 이루는데, 왜냐하면 이 환상들이 미래의 상황을 통해 요한 당시 교회의 상황을 묘사하고 있기 때문이다. 분명히 이 세 가지 측면은 서로 완전히 동화될 수 없는데, 이는 예언의 현재적 성취를 주장하는 사람은 요한계시록이 과거와 현재 사건을 언급한다고 말하고, 미래주의 접근을 주장하는 사람은 요한계시록이 미래 사건을 언급한다고 말하기 때문이다. 따라서 요한계시록을 이해할 때, 한 관점이 다른 관점보다 두드러지게 적용되어야 하지만(비일은 이상주의 방법론이, 나는 미래주의 방법론이 두드러져야 한다고 본다), 요한계시록은 전반적으로 이 세 가지 관점과 모두 관련이 있다. 요한계시록의 이미지는 대부분 기원후 1세기의 유사 이미지, 특히 그리스-로마 시기의 이미지 및 로마 통치와 관련된 이미지에서 도출된다. 요한계시록의 짐승은 네로 황제와 같은 최후의 인물을 가리키며, 바빌로니아는 거룩하지 못한 마지막 로마 제국을 가리킨다. 이런 의미에서, 요한이 처한 현 상황에서 교회는 세계 역사의 최종 단계에 처한 하나님의 백성을 의미하고 또 이들로 비유된다. 즉 저자 요한은 의도적으로 중의적 표현을 사용하면서, 그의 독자들이 이 두 가지 의미를 이해하길 바라고 있다. 마지막으로 이상주의 입장 역시 중요한데, 왜냐하면 미래에 대한 환상도 모든 세대의 교회에 적용되는 영속적 상징이기 때문이다. 짐승

79 Osborne, *Revelation,* 22.

이 주로 최후의 적그리스도를 가리키지만, 이 짐승이 모든 세대의 교회에 등장하는 "많은 적그리스도"에게 적용된다는 비일의 말은 옳다.

상징에 관한 해석은 우리를 두 번째 쟁점으로 이끈다. 책 중에 그 배경과 함께 신중히 이해되어야 할 책이 있다면, 바로 요한계시록이다. 다음과 같은 그릇된 가정은 오늘날 소위 예언 운동이 야기하는 주된 과오다. 즉 그릇된 가정이란 요한계시록의 상징이 현재 사건을 통해 그 의미가 드러난다는 것으로, 그 결과 상징을 이런 방식으로 이해하는 독자들은 본래 배경으로 돌아갈 수 없게 된다. 프리슨[80]의 말처럼, 우리는 요한계시록을 이해하기 위해 사회적 역사를 요한계시록 본문과 연결시켜야 한다. 다시 말해, 우리는 요한계시록의 상징에 관한 배경 정보를 확보해야 한다. 상징은 원독자들의 사회적 상황을 다루는 특정한 의사소통 기능을 갖고 있었는데, 이로 인해 독자들은 새로운 상징 세계를 보게 되었다.[81] 여기서 열쇠가 되는 내용은 다음의 질문처럼 매우 간단하다. 즉 각 상징은 기원후 1세기의 사유 세계에서 어떤 기능을 했고, 상징의 의미를 파악하기 위해 어떤 배경 정보를 사용할 수 있는가?

이 접근법을 택할 경우에, 우리는 "등가 언어"(language of equivalents)를 활용하여 우리의 지식—기원후 1세기의 묵시 세계와 당시 유대교 세계에서의 구약성서 사용, 그리고 그리스-로마 배경에 관한—을 맥락에서 사용된 상징의 방식과 연결한다. 비일[82]의 주장에 의하면, 1:1에서 요한은 다니엘 2:28-30, 45의 의미로 *esēmanen*을 사용하는데, 여기

80 S. J. Friesen, "Revelation, Realia, and Religion: Archaeology in the Interpretation of the Apocalypse," *HTR* 88 (1995): 306-14.

81 다음을 보라. E. Schüssler Fiorenza, "The Followers of the Lamb: Visionary Rhetoric and Socio-Political Situation," *Semeia* 36 (1986): 125-30.

82 Beale, *Revelation,* 50-52.

서 하나님은 상징적 환상을 통해 진리를 "나타내신다." 따라서 *esēmanen*은 "상징을 통한 의사소통"을 의미하고 독자로 하여금 상징 배후의 실재를 해석하도록 요구한다. 비일은 의사소통의 층을 다음과 같이 네 가지로 구분한다. 즉 언어학 층(주석적 본문 연구), 환상 층(요한의 환상 체험), 참고 층(각 상징은 역사적 배경 측면에서 이해됨), 상징 층(상징에 함축된 의미를 질문함)을 말한다. 요한계시록의 상징은 은유이기 때문에 그림처럼 또한 참고용으로 이해되어야 한다.[83] 이런 의미에서 "문자적 의미"와 "상징적 의미"에 관한 오래된 이분법은 무너진다. 기이즌, 비일, 오니와 같은 학자들의 최근 요한계시록 주석서는 독자들이 긴장을 유발하는 상징을 다루고 있음을 인식한다. 이 상징은 독자들을 새로운 사고 세계로 끌고 들어가지만, 그들이 속한 현실 세계도 여전히 언급하고 있으므로 긴장을 유발한다. 13장의 두 "짐승" 이미지는 다니엘 7장과 더불어 욥기 40-41장으로 거슬러 올라간다. 그러나 동시에 이 두 짐승 이미지는 다음과 같은 기원후 1세기 세계로부터 그 의미를 도출한다. 즉 "네로 환생" 전설(바다에서 나온 짐승), 황제 숭배의 제사장들, 특히 "대제사장", 지방 총독들 또는 "아시아의 코뮌"(*commune* of Asia)이다. 이 아시아 코뮌의 수장은 "Asiarch"(땅에서 나온 짐승)로 불렸다.[84] 이와 같은 상징의 의미 파악은 복잡한 일이지만, 불가능하지는 않다.

상징 해석의 자료는 구약성서와 중간사 문헌(특히 묵시 문헌), 그리고 그리스-로마 세계(즉 요한계시록의 원독자들의 사회 세계)에서 유래한

83 은유의 참고 차원에 대해서는 특히 다음을 보라. J. M. Soskice, *Metaphor and Religious Language* (Oxford: Clarendon, 1985), 51-53.

84 이에 대해서는 다음을 보라. D. A. deSilva, "The 'Image of the Beast' and the Christians in Asia Minor: Escalation of Sectarian Tension in Revelation 13," *TJ* 12 (1990): 185-208; Aune, *Revelation,* 756-57.

다. 구약성서, 중간사 문헌, 그리스-로마 세계에 관한 지식의 폭발적 증가는 믿을 수 없을 정도이며, 이 지식의 상당 부분이 오니의 뛰어난 주석서에 실려 있다. 이 주석서는 우리 시대의 위대한 학문적 성취 중 하나임이 분명하다. 그러나 문제는 너무 많은 가능성이 탐구된 나머지, 실제로 선택을 통해 최상의 가능성을 추려내기가 불가능해 보인다는 점이다. 3:15-16의 "뜨거움", "차가움", "미지근함" 같은 상징은 그 해석이 꽤 간단하다. 우드(Wood)의 소논문과 이보다 먼저 발표된 러드윅(Rudwick)과 그린(Green)의 소논문 발표 이후,[85] 라오디게아 교회가 라오디게아 지역의 상수도에 비유되고 있다는 주장이 일반적으로 수용된다.

그러나 21:19-20의 열두 개 기초석과 같은 상징은 의미 규정이 훨씬 복잡하다. 이 기초석들은 (1) 고대 이집트와 아랍 문헌의 12개의 별자리 표시와 관련된 12개의 보석 목록을 거꾸로 뒤집어놓은 것일 수 있고(찰스, 로마이어, 파러, 키들, 캐어드, 비슬리-머리, 초기의 모리스, 존슨, 롤로프), (2) 대제사장의 흉갑에 붙어 있던 보석의 목록일 수도 있는데, 열두 보석 중 여덟 개는 70인역 출애굽기 28:17-20, 39:10-13에 상응한다(리시, 글래슨, 매싱버드 포드, 후기의 모리스, 스위트, 크로델, 마운스, 비일, 오니). 혹은 (3) 하나님의 백성에게 주어지는 영광을 일반적으로 묘사하는 것일 수도 있다(래드, 윌, 기이즌, 해링턴). 이들 중 12개 기초석과 가장 관련이 있는 내용은 대제사장 흉갑과 관련된 것인데, 네 개의 다른 보석은 70인역 출애굽기 28:17-20의 보석과 동등한 의미를 지닌다고

85 M. J. S. Rudwick and E. M. B. Green, "The Laodicean Lukewarmness," *ExpTim* 69 (1957-58): 176-78; P. Wood, "Local Knowledge in the Letters of the Apocalypse," *ExpTim* 73 (1961-62): 263-64.

봐도 무방하다.[86]

구약성서 사용

구약성서가 요한계시록의 핵심에 있음에도 불구하고 많은 주석서가 요한계시록의 구약성서 사용을 전혀 논하지 않는 것은 놀라운 일이다(예. 비슬리-머리, 크로델, 롤로프, 뷰캐넌, 마이클스, 오니).[87] 요한계시록에 정확히 몇 개의 구약성서 암시가 나오는지는 학자마다 주장이 다르지만,[88] 모든 학자가 동의하는 내용은 신약성서에서 요한계시록보다 더 많이 구약성서를 암시하는 책은 없다는 것이다.

폴린(Paulien)[89]의 지적처럼, 문제는 요한계시록의 특정 구절에서 구약성서의 부분 인용, 암시, 반향을 규명하는 데 따르는 어려움이다. 더 흥미로운 사실은 "기록된 바" 혹은 "성령이 이르시되"와 같은 도입부의

86 다음을 보라. Beale, *Revelation*, 1080-88; J. Joosten, "χαλκηδών (Ap 21,19)," *RHPR* 79 (1999): 135-43.

87 이 주제에 대해 1980년대 중반 이후에 나온 일곱 개의 중요 논문에 대한 포괄적 평가에 대해서는 다음을 보라. G. K. Beale, *The Use of the Old Testament in Revelation*, JSNTSup 166 (Sheffield: Sheffield Academic Press, 1998), 15-59. 이 일곱 개의 논문은 다음과 같다. 다니엘서에 대한 Beale 자신의 논문, 에스겔서에 대한 Vogelgesang의 논문, 계 8:7-12의 암시에 대한 Paulien의 논문, 에스겔서에 대한 Ruiz의 논문, 이사야서에 대한 Fekkes의 논문, Bauckham의 *The Climax of Prophecy*, 요한계시록 전반에 대한 Moyise의 논문이다.

88 Beale(*Revelation*, 77 n. 16)의 지적에 의하면, 세계성서공회연합회(UBS)에는 394개, 네슬레-알란트(NA)에는 635개가 있다. 또 Kilpatrick은 HKAINH ΔΙΑΘΗΚΗ에서 493개, Swete는 278개, Charles는 226개를 주장한다.

89 J. Paulien, "Elusive Allusions: The Problematic Use of the Old Testament in Revelation," *BR* 33 (1988): 37-38.

정형화된 문구가 요한계시록에 단 한 번도 등장하지 않는다는 점이다. 요한계시록의 암시는 본문이라는 비단에 직접 짜여 있는데, 이는 때로 구약성서의 "편집적 사용"이라 불린다.[90] 여기서 궁금한 것은 구약성서의 어떤 책이 요한계시록에서 가장 영향력을 미치는가이다. 이에 대한 대답으로 비일[91]은 다니엘서를 제시하는데, 그 이유는 규모 면에서 다니엘서가 가장 광범위하게 사용되기 때문이다. 비일의 말에 의하면, 요한계시록은 전반적으로 다니엘 2장과 7장에 대한 미드라쉬다. 하지만 비일의 주장은 통계 측면에서 맞지 않다. 왜냐하면 가장 많이 언급되는 구약성서의 책은 총 46번 언급되는 이사야서이기 때문이다. 또 31번 언급되는 다니엘서 외에도 에스겔서는 29번, 시편은 27번 언급된다. 그리고 구약성서의 암시 횟수를 내림차순으로 정리해보면, 창세기, 신명기, 예레미야서, 요엘서, 스가랴서 순이 된다.[92] 모이스(Moyise)의 말처럼, "계시록은 신선한 유형의 작품으로 다니엘서를 가장 중요한 자료 중 하나로 사용한다."[93] 요한에게 구약성서 전체는 하나의 자료이며, 그

90 다음을 보라. J. Paulien, "Dreading the Whirlwind: Intertextuality and the Use of the Old Testament in Revelation," *AUSS* 39 (2001): 9-10. Paulien이 여기에서 활용하는 문구는 D. Dimant가 다음 연구에서 생성해낸 것이다. "The Use and Interpretation of Mikra in the Apocrypha and Pseudepigrapha," in *Mikra: Text and Translation, Reading, and Interpretation of the Hebrew Bible in Ancient Judaism and Early Christianity*, ed. M. J. Mulder (Philadelphia: Fortress, 1988), 381-84.

91 G. K. Beale, "The Use of the Old Testament in Revelation," in *It is Written: Scripture Citing Scripture*, ed. D. A. Carson and H. G. M. Williamson (Cambridge: Cambridge University Press, 1998), 318-36.

92 이는 H. B. Swete의 통계 자료에 의한 것으로, 다음 연구에 실려 있다. *The Apocalypse of St. John* (London: MacMillan), cliii n. 1. 다음도 보라. S. Moyise, *The Old Testament in the Book of Revelation*, JSNTSup 115 (Sheffield: Sheffield Academic Press, 1994), 16. Moyise에 의하면, 요한계시록에서 이사야서는 122회, 시편은 97회, 에스겔서는 83회, 모세오경은 82회, 다니엘서는 74회, 소예언서는 73회, 예레미야서는 48회 언급된다.

93 Moyise, *The Old Testament in the Book of Revelation*, 63. 다음도 보라. J.-P. Ruiz, *Ezekiel*

는 이 자료를 자유로이 사용했다. 이 주제와 관련한 연구가 폭발적으로 증가했는데 그중에는 요한계시록의 다니엘서, 이사야서, 에스겔서 사용에 관한 주요 연구들이 있다.[94]

여기서 주요 쟁점은 요한이 어느 정도로 자유롭게 구약성서를 사용하고 있는가이다. 학자들은 요한이 자신이 사용하는 구약성서 본문의 원맥락과 의미에 충실한지 아닌지를 논쟁한다. 쉬슬러 피오렌자는 요한계시록의 선집(選集) 문체, 즉 맥락에 대한 언급 없이 한 암시에서 다른 암시로 이동하는 문체의 특징에 대해 말하면서 다음과 같이 결론 내린다. "요한은 구약성서를 해석하는 것이 아니라 구약성서의 단어, 이미지, 구절, 유형을 일종의 용어 저장고로 사용하여 자신의 신학을 명시하거나 자신의 신학적 비전을 표현한다".[95] 롤로프는 "구약성서의 모델에 관한 상징과 이미지는 저자의 구성 방식과 시적 표현력을 통해 자유로이 조정되고 수정된다"[96]라고 덧붙인다. 비일에 의하면, 많은 사람으로 하여금 요한이 구약성서의 원맥락을 무시했다고 믿게 만드는 네 가지 요소가 있다. (1) 인용의 비형식적 특성, (2) 자신에게 부여된 예언의 영으로 인해 구약성서의 권위가 아닌 자신의 권위에 초점을 맞추는 요한, (3) 요한의 독자들, 이들은 헬레니즘적이면서 동시에 문맹으

in the Apocalypse: The Transformation of Prophetic Language in Revelation 16,17—19,10, EHS 23.376 (Frankfurt: Lang, 1989), 121.

94 G. K. Beale, *The Use of Daniel in Jewish Apocalyptic Literature and in the Revelation of St. John* (Lanham, Md.: University Press of America, 1984); Ruiz, *Ezekiel in the Apocalypse*; J. Fekkes, *Isaiah and Prophetic Traditions in the Book of Revelation: Visionary Antecedents and Their Development,* JSNTSup 93 (Sheffield: Sheffield Academic Press, 1994).

95 Schüssler Fiorenza, *Justice and Judgment*, 135.

96 J. Roloff, *Revelation,* trans. J. E. Alsup, CC (Minneapolis: Fortress, 1993), 12.

로 구약성서의 원의미를 밝혀낼 수 없었을 것이다. (4) 구약성서 인용 본문을 요한이 의식적으로 해석하고 있다는 증거의 부재다.[97] 요한계시록의 구약성서 사용을 설명할 때, 파러(A. M. Farrer)가 저술한 『이미지의 재탄생』(*A Rebirth of Images*)이라는 제목이 일반적으로 인용된다. 파러는 독자의 상상력을 강조하는데, 여기서 독자는 구약성서의 이미지 변형을 통해 새로운 관념 세계로 들어간다.

그런데 저자가 구약성서의 맥락을 무시하고, 또 자신이 암시하는 구약성서의 의미를 무시한다는 이런 견해가 자료를 통해 입증될 수 있을까? 우리는 요한계시록 1:7이 스가랴 12:10을 사용한 것처럼, 요한이 구약성서 구절을 창조적으로 사용하고 있음을 확실하게 입증할 수 있다. 원래 스가랴 12:10은 "다윗의 집"의 부활과, 자신들의 죄로 인해 슬퍼하는 "예루살렘 주민들"을 말하고 있지만, 요한계시록 1:7에서 요한은 이 이미지를 임박한 심판을 슬퍼하는 "땅에 있는 모든 족속"으로 바꿔버린다. 그러나 요한이 스가랴서의 이미지를 "중의적"으로 사용하여 모든 족속이 취할 두 길을 소개하고 있을 가능성도 있다. 즉 모든 족속은 죄로 인해 슬퍼하거나(구원의 길[참조. 5:9-10; 11:13; 14:6-7; 15:4; 21:24, 26]), 하나님을 대적한 결과 지금 받는 하나님의 진노로 인해 슬퍼하게 될 것이다(심판의 길[참조. 6:15-17; 11:18; 14:8-11; 16:6; 18:2-3, 6-8]).[98] 실제로 요한은 이스라엘에 관한 구절을 땅에 있는 모든 족속에 적용함으로써 구약성서의 맥락을 변형한다. 그러나 동시에 요한은 구약성서의 맥락에 충실하다. 즉 요한은 구약성서의 원맥락을 완전히 인

97 Beale, *Revelation,* 81-86.

98 Osborne, *Revelation,* 26, 68-72.

지한 상태에서, 자신이 환상을 통해 본 새로운 종말론적 상황에 관련 구약성서 본문을 적용하여 이 본문을 변형하고 있는 것이다.

페크스(J. Fekkes)의 주장에 따르면, "예언적 행위와 권위가 주석적 행위와 양립할 수 없다고 보는 것은" 오류다.[99] 요한계시록의 선집(選集) 문체가 맥락에 대한 충실함을 반드시 배제하는 것은 아니다. 물론 구약성서의 맥락을 요한의 현 상황에 적용시킴으로써 해석이 형성되지만, 요한의 예언의 영은 무로부터 창조하는 것이 아니라 사실 독자들이 변형된 환상의 주석적 토대를 이해해주길 기대한다. 페크스에 의하면 요한계시록의 해석적 문체는 마태, 바울, 히브리서 저자의 해석적 문체와 일치하는데, 이 저자들도 요한계시록 저자와 마찬가지로 구약성서 본문을 신약성서 배경에서 성취된 것으로 변형했다. 뷰캐넌(G. W. Buchanan)은 이런 해석적 문체를 "모형론"[100]이라 부르는데, 이는 구속사에서 사건들 간의 유사성을 의미한다. 모이스는 이 해석적 문체를 "상호 텍스트성"(intertextuality)이라 부르는데, 그에 의하면 상호 텍스트성은 "공유된 언어의 역동적 상호 작용"으로 정의된다.[101] 그렇다고 이런 특징이 맥락에 대한 고려의 결핍을 의미하지는 않는다. "가장 근본적인 것은 다음과 같다. 즉 요한은 두 맥락을 잇는 다리를 건설하여 요한계시록 전체에 계속해서 울려 퍼지고 있는 상호 작용을 활기차게 만

99 Fekkes, *Isaiah and Prophetic Traditions*, 286-90.

100 G. W. Buchanan, *The Book of Revelation: Its Introduction and Prophecy*, Mellen Biblical Commentary (Lewiston, N.Y.: Mellen Biblical Press, 1993), 14.

101 Moyise, *Old Testament in the Book of Revelation*, 138(108-38을 보라). 다음도 보라. J. R. Michaels, "Old Testament in Revelation," in *Dictionary of the Later New Testament and Its Developments*, ed. R. P. Martin and P. H. Davids (Downers Grove, Ill.: InterVarsity, 1997), 852.

들고 있다." 다시 말해 이는 "변증법적 모방으로, 이를 통해 구약성서의 상징적 세계는 역동적으로 사용되고, 광범위한 상호 작용이 두 세계 사이에서 발생한다."[102] 이 상호 작용은 일종의 변형 과정으로, 요한이 모형론을 통해 원맥락을 하나님이 보내주신 환상에 적용할 때 발생한다. 다음은 비일의 결론이다. "요한의 구약성서 해석은…구약성서의 원맥락에 대한 존중을 보여주고, 구약성서 자체의 형성시키는 영향력을 나타낸다."[103]

이 쟁점은 어쩌면 모이스와 비일 사이의 논쟁을 통해 입증될 수 있는데, 이 논쟁은 요한이 구약성서 맥락을 어느 정도 충실하게 반영하는지에 관한 것이다. 모이스[104]는 요한이 이런 논의 과정 안으로 독자들을 끌어들여 그들을 새로운 의미나 이해로 이끈다고 말한다. 그러므로 요한계시록의 독자에게 구약성서의 의미는 제한되지 않는다. 물론 비일은 요한이 언제나 구약성서의 원맥락에 세심한 주의를 기울인다고 굳게 믿고 있다. 하지만 모이스[105]의 반응에 의하면, 실제로 신약성서는 구약성서에 새로운 의미를 부여하고, 이를 구약성서의 맥락에서 가져온다. 결국 의미는 저자에게만 존재하는 것이 아니라 독자에게도 존

102 S. Moyise, "Intertextuality and the Book of Revelation," *ExpTim* 104 (1993): 295.

103 Beale, *Use of the Old Testament in Revelation*, 45. Beale은 요한의 구약성서 사용 배후에 존재하는 네 가지 기본 전제를 다음과 같이 발견한다. (1) 그리스도는 새 이스라엘을 집단적으로 대표한다. (2) 역사는 하나님의 계획 아래 하나로 통합되므로, 이전 부분들은 모형론적 관점에서 이후 사건들에 상응한다. (3) 그리스도의 첫 번째 오심은 종말의 성취 시대를 개시했다. (4) 그러므로 정경 역사의 후반부는 정경 역사의 앞선 부분을 해석하고, 그리스도는 구약성서를 해석하기 위한 열쇠가 된다.

104 Moyise, *Old Testament in the Book of Revelation*, 110-11.

105 S. Moyise, "The Old Testament in the New: A Response to Greg Beale," *IBS* 21 (1999): 54-58.

재한다. 모이스에 대한 응답으로, 비일[106]은 의미는 자료에 관한 질문일 뿐만 아니라 인식론적 접근에 대한 질문이라고 주장한다. 우리가 허쉬(E. D. Hirsch), 밴후저(K. J. Vanhoozer), 또는 라이트(N. T. Wright)의 접근법을 따른다면, 저자는 자신의 주장을 펼치도록 허락되어야 하고, 따라서 해석가의 임무는 의의(significance)로부터 의미(meaning)를 분리해내는 것이다. 폴린(J. Paulien)은 중간 입장을 취하려 노력하면서 다음과 같이 주장한다. 즉 신약성서 저자들은 실제로 구약성서의 더 큰 맥락을 존중하지만, 독자는 언제나 의미와 관련되어 있다는 것이다. 폴린의 말에 의하면, "성서에 대한 권위 있는 해석은 지나치게 자주…신중한 주석이 아니라, '독자 반응'으로 가득한 추정에 기초하는데, 이 해석이 해당 본문의 의도를 정확히 반영한다고 여겨졌다. 이와 같은 본문 독해의 근거가 되는 것은 권위 있는 본문에 대한 충실함보다 자주 이 본문을 통제하려는 충동이었다."[107] 결론적으로 우리가 말할 수 있는 것은 다음과 같다. 즉 요한의 구약성서 사용은 원맥락을 충실히 고려하지만 동시에 구약성서를 자유로이 변경하는데, 이는 구약성서의 더 큰 요점을 그의 교회의 새로운 맥락에 적용하기 위함이다.

마지막으로 우리는 요한계시록의 구약성서 사용에 관해 다음과 같은 여러 방식에 주목한다.[108]

106 G. K. Beale, "Questions of Authorial Intent, Epistemology, and Presuppositions and Their Bearing on the Study of the Old Testament in the New: A Rejoinder to Steve Moyise," *IBS* 21 (1999): 152-80.

107 Paulien, "Dreading the Whirwind," 21(18-22을 보라).

108 나는 여기에서 Beale의 *Use of the Old Testament in Revelation*, 60-128, 같은 저자의 *Revelation,* 86-96과 Fekkes의 *Isaiah and Prophetic Traditions,* 70-101에 나오는 자료를 결합한다.

1. 문학적 원형: 구약성서의 구절은 요한계시록에서 주요 부분의 모델이 될 수 있다. 예) 다니엘서와 요한계시록 13장, 에스겔 37-48장과 요한계시록 20-22장, 에스겔 2:8-3:3과 요한계시록 10:8-11.
2. 유사 주제: 여러 단위(clusters)의 전승 자료는 특정 주제를 발전시킨다. 예) "성전"(聖戰) 주제[109] 혹은 그리스도에게 적용되는 신령한 호칭들.
3. 모형론 혹은 유사 성취: 장막/성전(= 하늘 성전)과 같은 구약성서의 장소나, 스가랴 1장, 6장의 기병들(= 계 6:1-8의 기병들)과 같은 구약성서의 존재뿐만 아니라, 리워야단(= 용), 또는 다니엘서의 작은 뿔(= 바다에서 나온 짐승)과 같은 구약성서의 존재도 요한계시록의 이미지를 통해 성취된다.
4. 보편화: 이스라엘에 적용되는 구약성서의 말씀을 세상이나 교회에 적용한다. 예) 요한계시록 1:7에 적용된 스가랴 12:10(이스라엘의 비탄에 관한 내용), 또는 요한계시록 1:6; 5:10에 적용된 출애굽기 19:6("제사장 나라"에 관한 내용).
5. 간접 성취: 이미지를 고조시키기 위해 구약성서 구절을 격식 없이 사용한다. 예) 요한계시록 11장의 두 목격자 이미지 배후에 있는 모세와 엘리야, 또는 요한계시록 1:12-13의 "인자 같은 이" 배후에 있는 다니엘 7:13의 개시적 사용(이는 예수가 단 7:13에 나오는 높임 받음을 성취하기 시작했음을 의미함).

109 다음을 보라. R. Bauckham, "The Apocalypse as a Christian War Scroll," in *Climax of Prophecy*, 210-37; C. H. Giblin, *The Book of Revelation*, GNS 34 (Collegeville, Minn.: Liturgical Press, 1992), 25-36.

6. 역 사용: 구약성서 구절은 실제로 요한계시록에서 반대 의미를 갖는다. 예) 요한계시록 3:9에서 유대인 박해자들은 믿는 자들에게 절하게 될 것이다(이는 사 45:14; 49:23; 60:14에 나오는 유대인의 소망과 반대됨). 또는 요한계시록 12:7-8에서 천사 미가엘이 사탄을 이기게 될 것이다(이는 단 7:21에서 뿔이 성도들을 이길 것이라는 내용과 반대됨).
7. 주목할 만한 마지막 측면: 요한이 히브리어 구약성서 혹은 70인역 구약성서를 활용하는 경향으로, 요한은 주어진 맥락에 맞춰 두 구약성서 중 하나에 의존한다.[110]

통일성과 구조

언뜻 보기에, 요한계시록에서 언어 및 사고의 통일성은 요한계시록 전체의 통일성을 가정하게 만든다. 스위트는 요한계시록의 다채로운 변화에 반응하며 다음과 같이 말한다. "다른 묵시 문헌을 슬쩍 보기만 해도, 우리는 묵시 장르가 본질적으로 일관되지 않고 그 안에서 장면, 화자, 감탄사, 반복, 모순이 황당할 정도로 변하고 있음을 알 수 있다.…묵시 장르의 느슨함을 고려해볼 때, 요한계시록은 인상 깊게 일관된 작품으로서 한 사람이 기록했다고 간주될 수 있다."[111] 사실 최근 대다수의

110 다음을 보라. S. Moyise, "The Language of the Old Testament in the Apocalypse," *JSOT* 76 (1999): 112-13. 이 주제 역시 격한 논쟁 가운데 있는데, 몇몇 학자는 요한이 이 두 종류의 구약성서를 모두 사용하지만, 히브리어 구약성서 본문에 더 중점을 둔다고 생각한다. 다음을 예로 들 수 있다. J. P. M. Sweet, *Revelation*, PNTC (London: SCM, 1979), 40; Fekkes, *Isaiah and Prophetic Traditions*, 17.

주석가가(비슬리-머리, 크로델, 롤로프, 마운스, 비일, 키너) 요한계시록의 통일성을 가정하고 있으며, 심지어 편집 이론을 논하지도 않는다. 그러나 자료비평의 층을 구별하고자 하는 시도가 수년간 꾸준히 지속되고 있으며, 이 층을 이해하는 일은 중요하다.

일반적으로 세 가지 유형의 자료비평 이론이 있는데 다음과 같다.[112]

1. 편집 이론(compilation theories): 몇몇 개별 유대교 묵시와 기독교 묵시가 결합되었다는 이론으로, 요한계시록에 두 권의 유대교 묵시 문헌이 결합되었다고 보거나(웨이랜드[Weyland]), 각각 한 권의 유대교 묵시 문헌과 기독교 문헌이 결합되었다고 본다(스피타[Spitta], 바이스). 다른 학자들의 생각에 의하면 요한계시록에는 기독교 문헌들이 결합되었는데, 아마도 이 기독교 문헌은 두 권으로 네로 황제와 베스파시아누스 황제 치하에서 기록되었거나(부아마르), 세례 요한 집단의 일원과 이후 제자들에 의해 기록되었다(매싱버드 포드).
2. 개정 이론(Revision theories): 이 이론에는 다음과 같은 주장들이 존재한다. (1) 요한계시록이 일련의 단계를 거쳐 탄생한 단일 작품으로, 한 명의 그리스도인 저자의 유대교 묵시라는 주장(비셔[Vischer], 휠른[Whealen]), (2) 요한계시록의 원저자 사후에 그의 제자가 요한계시록 원문에 내용을 삽입했다는 주장(찰스), (3)

111 Sweet, *Revelation,* 35.

112 나는 여기서 다음에 실린 뛰어난 개관을 참고하고 있다. Schüssler Fiorenza, *Justice and Judgment*, 160-64; D. Guthrie, *New Testament Introduction,* 4th ed. (Downers Grove, Ill.: InterVarsity, 1990), 967-69; Aune, *Revelation*, cx-cxvii.

단일 저자가 단계적으로 기록했다는 주장(크래프트[Kraft]), (4) 두 개의 편집본이 있었다는 주장으로, 두 번째 편집본에 일곱 편지, 맺음말, 그리고 몇 개의 내용이 삽입되었다고 본다(프리젠트[Prigent]).

3. 단편 이론(Fragmentary theories): 유대교 묵시의 단편들이 요한계시록의 원본문에 포함되었다는 이론(부세).

오니는 최근에 위의 세 이론을 편집비평의 포괄적 이론에 접목했다.[113] 오니에 의하면, 요한계시록은 서로 다른 여러 묵시 내용으로 이루어진 복합체로, 단일 저자에 의해 20년 이상 30년 미만의 기간에 기록되었다. 요한계시록은 아래와 같이 3단계에 걸쳐 편집되었다.

1. 12개의 개별 독립 단위가 기원후 50년대와 60년대에 결합되었다(7:1-17; 10:1-11; 11:1-13; 12:1-17; 13:1-18; 14:1-20; 17:1-18; 18:1-24; 19:11-16; 20:1-10, 11-15; 21:9-22:5). 요한계시록 저자는 아마도 그리스도인이 아니라 유대인일 때에도 몇몇 내용을 저술하고(7:1-8; 11:1-13), 기독교로 개종한 이후에 나머지를 저술했을 것이다.
2. 요한계시록의 첫 번째 편집본은 기원후 69-74년 사이에 편집되었는데, 추가 내용을 통해 요한계시록이 소개되고(1:7-12a), 하나의 전체로 통일되었다. 이는 종말론적 틀을 제공하고(예. 20:4-6), 각 부분을 하나로 묶어주며(예. 1:20; 4:1, 5; 5:6; 9:4; 10:7; 11:7, 14a), 유대교 본문을 기독교화함으로써(예. 12:11; 14:13; 16:6; 17:6) 이루

113 Aune, *Revelation*, cxviii-cxxxiv.

어졌다.

3. 요한계시록의 최종 편집본은 2세기의 시작과 함께 등장했다. 추가 내용을 통해 요한계시록을 틀에 맞추고(1:1-3, 4-6; 1:12b-3:22; 22:6-21), 그리스도와 하나님의 일치를 강조했다.

위와 같은 이론은 그 범위와 정교함에 있어 기가 막힐 정도로 훌륭하다. 그러나 여느 이론들처럼 이 이론도 과도한 추정에 근거하고 있으며 복잡하다.[114] 사고의 움직임과 언어의 통일성이 요한계시록 전체를 잘 결속해주고 있으므로, 이를 설명해줄 자세한 이론은 필요 없다. 예를 들어 일곱 편지의 언어가 요한계시록 나머지 부분에서 반향을 일으키는 방식은, 일곱 편지가 뒤에 이어지는 내용이 기록되기 이전에 작성되었음을 보여준다. 더욱이 쌍으로 나오는 내용과 반복은 개별 수정이 아니라 주제를 위한 의도적 현상으로 보는 편이 낫다. 요한계시록의 주제—하나님의 절대 주권, 하나님과 하나를 이루는 존재이자 하나님을 대신해 사람들을 사신 어린양 그리스도, 사탄의 무익함, 세상을 향한 하나님의 사역, 열방의 심판과 구원—는 요한계시록 전반에 걸쳐 훌륭하게 그리고 군더더기 없이 엮여 있으므로, 요한계시록이 개별 페리코프들로부터 어떻게 편집될 수 있었는지를 이해하는 일은 어렵다. 요한계시록의 편집 이론은 양식/전승비평가들의 오래된 짜깁기 편집 이론과 흡사하고, 복음서의 편집비평과 서사비평을 야기했던 동일한 약점을 지니고 있다.

114 다음도 보라. J. M. Court, *Myth and History in the Book of Revelation* (Atlanta: John Knox, 1979), 16. Court는 자료비평의 시도를 조사한 후에 다음과 같이 결론 내린다. "현대 컴퓨터 분석의 수학적 기술은 요한계시록의 상당한 통일성을 나타낸다."

요한계시록의 구조는 더 난해한 쟁점이다. 이 문제에 대해 연구하는 학자들의 수만큼이나 많은 주장이 존재하는 것 같다! 물론 같은 쟁점이 신약성서의 다른 책에도 적용되지만(예. 마태복음), 요한계시록은 하위 장르(서신, 예언, 묵시)의 결합으로 인해, 그리고 이야기가 전개되면서 발생하는 복잡한 변화로 인해 특히 난해하다. 역사적으로 이 쟁점의 열쇠는 요한계시록의 연대기적 정리(대부분의 세대주의 접근과 찰스) 혹은 주제별 정리(특히 요점 반복 측면에서)에 달려 있다. 후자의 경우라면, 요점 반복은 요한계시록 4-20장 전체에 적용되는가, 아니면 인, 나팔, 대접에만 적용되는가? 그러나 오늘날 핵심 자리를 차지하고 있는 것은 문학적 질문이다. 한편으로, 사고의 움직임은 눈치를 채기 쉽지만, 각 단계마다 다음과 같이 복잡한 내용이 존재한다. 요한계시록의 프롤로그는 1:1-8인가 아니면 1:1-10인가? 다음에 나오는 세 단락은 간단히 규명되지만(1:9-20; 2:1-3:22; 4:1-5:14), 우리는 요한계시록 4-5장의 보좌 환상을 인, 나팔, 대접(1:9-5:14; 6:1-16:21)의 핵심 단락을 소개하는 세 번째 부분으로 보는가? 아니면 핵심 부분(1:9-3:22; 4:1-16:21)의 첫 번째 단락으로 보는가? 오늘날 학자들은 후자 쪽으로 의견 일치를 보인다. 요한계시록 5장 및 10장의 두루마리는 서로 동일한가?(이에 대한 답은 분분하다) 요한계시록에는 두 개의 막간극(7:1-17; 10:1-11:13)이 있는가, 아니면 세 개(7:1-17; 10:1-11:13; 12:1-14:20)가 있는가? 그리고 이 막간극은 세 번의 심판 7중주와 어떻게 어울리는가? 첫 번째, 두 번째 막간극은 여섯 번째 인과 여섯 번째 나팔에 속하는가?(역시 논란의 여지가 많다)[115] 마지막으로 우리는 17:1-22:5을 구조적으로 어떻게 이해하고 있는가? 이 부분의 첫 번째 단락은 18:24, 19:5, 19:10, 이 셋 중 어디에서 끝나고, 두 번째 단락은 19:21, 20:15, 21:8, 이 셋 중 어디에서 끝나는가?

많은 학자가 문학적 특징을 요한계시록의 핵심으로 여긴다.[116] 예를 들어 "내가 성령에 감동되어"(1:10; 4:2; 17:3; 21:10, 이는 환상 체험을 나타냄)라는 표현은 1:1-8, 1:9-3:22, 4:1-16:21, 17:1-21:8, 21:9-22:5, 22:6-21의 개요를 초래한다.[117] 또 혹자는 "속히/장차 일어날 일들"(1:1, 19; 4:1; 22:6)이라는 구절을 사용하여 1:19-3:22, 4:1-22:6의 개요를 도출한다.[118] 요한계시록의 개요와 관련된 다른 가능성 있는 표현으로는 "와서 보라"가 있는데, 이는 1:1-3:22, 4:1-16:21, 17:1-22:5, 22:6-21의 개요를 만들어낸다. 또 "내가 보았고, 주목하라"는 표현은 요한계시록을 여섯 부분(1:8-3:22; 4:1-6:17; 7:1-8; 7:9-15:4; 15:5-17:18; 18:1-22:21)으로 나눈다.[119] 이 구절들은 중요하지만, 그중 어느 것도 요한계시록의 개요를 지배하는 핵심 기준이 되기에 충분하지 않은 것 같다. 이 구절

115 Beale(*Revelation*, 108)은 계 1-16장의 구조에 대한 광범위한 합의가 존재한다고 말하는데, 그 개요는 다음과 같다. 1:1-8(프롤로그), 1:9-3:22(일곱 편지), 4:1-8:1(일곱 인, 4:1-5:14은 때로 구별된 단락으로 간주됨), 8:2-11:19(일곱 나팔), 12:1-14:20(일곱 표적), 15:1-16:21(일곱 대접). 그러나 나는 이와 관련하여 어떤 합의도 발견할 수 없는데, 그 이유는 아래의 개요에서 입증될 것이다. 많은 개요가 1:6-20을 일곱 편지에 포함하지 않는다. 그리고 학자들이 요한계시록의 중심부에서 다음과 같은 두 단락, 즉 4:1-11:19과 12:1-16:21을 발견하는 일은 흔하다(Bauckham, Aune, Osborne).

116 훌륭한 개관으로 다음을 보라. U. Vanni, *La struttura letteraria dell'Apocalisse,* 2nd. ed., Aloisiana 8A (Brescia: Morcelliana, 1980), 105-67. Vanni 역시 "번개, 음성, 우레"(4:5; 8:5; 11:19; 16:18)와 같은 문구, 4:8-11; 5:8-14; 7:9-12; 11:15; 15:3-4; 19:1-8의 송영, 그리고 이런 요소들이 요한계시록 구조에 미치는 영향을 논하고 있다.

117 이 개요를 사용하는 학자는 다음과 같다. C. R. Smith, "The Structure of the Book of Revelation in the Light of Apocalyptic Literary Conventions," *NovT* 36 (1994): 384-87. 다음의 학자들도 이 개요를 인정한다. M. C. Tenney, *Interpreting Revelation* (Grand Rapids: Eerdmans, 1958), 32-34; G. E. Ladd, *A Commentary on the Revelation of John* (Grand Rapids: Eerdmans, 1972), 14-17.

118 동일한 내용이 다음에도 등장한다. Beale, *Revelation,* 111.

119 R. J. Korner, "'And I Saw…': An Apocalyptic Literary Convention for Structural Identification in the Apocalypse," *NovT* 42 (2000): 160-83.

들을 차라리 요한계시록 저자의 문체적 특징으로 보는 편이 낫다.

개요의 기본 유형은 아래와 같이 여섯 가지가 있다.[120]

1. 많은 학자가 요한계시록에서 교차 대칭 구조(chiastic structure)를 발견한다. 신구약성서에서 교차 대칭을 발견하는 현재의 경향을 처음 시도한 학자는 룬트(N. W. Lund)인데, 그는 요한계시록에서 아래와 같은 교차 대칭을 발견했다.

A 프롤로그(1장)
  B 일곱 편지(2-3장)
    C 일곱 인(6:1-8:1)
      D 일곱 나팔(8:2-9:17; 11:14-19)
        E 로마 제국을 향한 교회의 증언(10:1-11)
          F 유대교를 향한 교회의 증언(11:1-13)
          F′ 유대교의 교회 박해(12:1-17)
        E′ 로마 제국의 교회 박해(13:1-18)
      D′ 일곱 천사(14:1-15:4)
    C′ 일곱 대접(15:5-16:21)
  B′ 일곱 천사(17:1-22:5)
A′ 에필로그(22:6-21)[121]

120 그중 처음 네 가지는 다음에 기술되어 있다. S. L. Waechter, "An Analysis of the Literary Structure of the Book of Revelation according to Textlinguistic Methods" (Ph. D. diss., Mid-America Baptist Theological Seminary, 1994), 173-82.

121 N. W. Lund, *Chiasmus in the New Testament: A Study in Formgeschichte* (Chapel Hill: University of North Carolina Press, 1942), 323-30; idem, *Studies in the Book of Revelation* (Chicago: Covenant, 1955), 34-35.

요한계시록의 교차 대칭에 관한 주장 중 가장 유명한 것은 쉬슬러 피오렌자의 주장으로,[122] 그녀에 의하면 숫자 일곱의 유형, 두 개의 두루마리 환상, 삽입 및 연동 방식은 요한계시록에서 다음과 같은 네 개의 주요 단락을 형성한다. 즉 개시 환상과 일곱 편지(1:9-3:22), 일곱 개의 봉인된 두루마리(4:1-9:21; 11:15-19; 15:1, 5-16:21; 17:1-19:10), 예언의 내용이 담긴 작은 두루마리(10:1-15:4), 심판과 구원의 환상(19:11-22:9)이다. 요한계시록의 행위소 분석(actantial analysis)을 통해, 쉬슬러 피오렌자는 요한계시록의 중심 단락으로 10:1-15:4을 제시하고, 요한계시록의 나머지 부분은 아래와 같은 일곱 부분의 교차 대칭 구조에 속한다고 주장한다.

A 1:1-8
  B 1:9-3:22
    C 4:1-9:21; 11:15-19
      D 10:1-15:4
    C′ 15:1, 5-19:10
  B′ 19:11-22:9
A′ 22:10-21

다른 학자들은 더 복잡한 형태의 교차 대칭을 제안한다. 핵심은 언제나 중심 단락을 기술하는 것인데, 왜냐하면 요한계시록은 중심 단

122 Schüssler Fiorenza, *Justice and Judgment*, 174-77.

락을 축으로 움직이기 때문이다. 스트랜드(Strand)[123]의 교차 대칭은 다음과 같이 11개의 부분으로 이루어진다. A(1:1-11), B(1:12-3:22), C(4:1-8:1), Da(8:2-11:18), Db(11:19-14:20), E(15:2-4), Db′ (15:1, 5-16:21), Da′ (17:1-18:24), C′(19:1-21:4), B′(21:5-22:5), A′(22:6-21). 리(Lee)는[124] 스트랜드의 교차 대칭보다 더 복잡한 모델을 제시하는데, 리의 구조는 20개의 단락과 두 부분의 중심 단락(13:1-18과 14:1-20)으로 이루어진다. 문제는 이런 교차 대칭 모델들이 요한계시록의 내용상 연결을 나열하는 것에 불과하고, 각 경우에 있어 중심 단락 선택에 억지스러운 면이 있는 것처럼 보인다는 것이다. 대다수 학자가 요한계시록의 중심이 12-13장과 선과 악의 대결이라는 데 동의한다. 따라서 이 학자들의 교차 대칭 모델의 제안 중 가장 설득력 있는 것은 아래와 같은 비일의 모델이다.[125]

A 프롤로그(1:1-8)

B 환상과 편지(1:9-3:22)

C 일곱 인(4:1-8:1)

D 일곱 나팔(8:2-11:18)

E. 말세의 전쟁(11:19-14:20)

123 K. A. Strand, "Chiastic Structure and Some Motifs in the Book of Revelation," *AUSS* 16 (1978): 401-8; 다음도 보라. Idem, *Interpreting the Book of Revelation: Hermeneutical Guidelines with Brief Introduction to Literary Analysis* (Worthington, Mich.: Ann Arbor Publishers, 1976).

124 M. V. Lee, "A Call to Martyrdom: Function as Method and Message in Revelation," *NovT* 40 (1998): 174-75.

125 Beale, *Revelation,* 131. Beale은 이 모델을 자신의 선택이 아니라 하나의 흥미로운 가능성으로 제시한다.

D′ 일곱 대접(15:1-19:10)

C′ 세상의 마지막 심판(19:11-21:8)

B′ 영광 중에 있는 온전한 교회의 환상(21:9-22:5)

A′ 에필로그(22:6-21)

비일의 모델은 적절한 중심 단락을 갖고 있지만, 혹자는 각 단락이 실제로 상응하는지 여전히 궁금해한다(예를 들어 B와 B′, C와 C′). 비일의 교차 대칭 분석에 드러난 양상은 흥미롭고 시사하는 점이 많지만, 그렇다고 그의 분석이 전적으로 설득력이 있는 것은 아니다.

2. 다른 학자들은 요한계시록이 그리스 연극을 본뜬 극놀이(dramatic play)라고 여긴다. 이와 관련하여 가장 유명한 주장은 보우먼(J. W. Bowman)[126]의 주장이다. 그는 다음과 같이 요한계시록을 정확히 7막으로 이루어진 연극으로 보는데, 여기서 각 막은 일곱 장면이 있다(이 연극은 프롤로그[1:1-8]와 에필로그[22:6-21]의 틀로 이루어진다). 제1막: 이 땅의 교회(1:9-3:22), 제2막: 역사에서 하나님의 목적(4:1-8:1), 제3막: 시련 속 교회(8:2-11:18), 제4막: 교회의 구원(11:19-15:4), 제5막: 고통 속 세상(15:5-16:21), 제6막: 세상의 심판(17:1-20:3), 제7막: 천년왕국(20:4-22:5). 스핑크스(L. C. Spinks)[127]는 범주 선택에 있어 약점들을 인지하고 있지만, 기본적으로 보우먼의 구조에 동의한다. 반면에 바[128]는 요한계

126 J. W. Bowman, "The Revelation to John: Its Dramatic Structure and Message," *Int* 9 (1955): 440-43.

127 L. C. Spinks, "A Critical Examination of J. W. Bowman's Proposed Structure of the Revelation," *EvQ* 50 (1979): 211-22. 다음도 보라. J. L. Blevins, *Revelation as Drama* (Nashville: Broadman, 1984).

128 D. L. Barr, "The Apocalypse as a Symbolic Transformation of the World: A Literary

시록을 다음과 같이 세 막으로 이루어진 연극으로 여긴다. 부활하신 그리스도가 일곱 편지를 받아쓰게 하고(1-3장), 어린양이 봉인된 책을 열며(3-11장), 용은 선택받은 자들과 전쟁을 하고 결국 패한다(12-22장).

3. 많은 학자가 요한계시록을 일곱 개의 시리즈로 조직한다. 우리는 이미 이 내용을 쉬슬러 피오렌자의 일곱 부분으로 이루어진 교차 대칭 모델과, 보우먼이 제시한 각 막이 일곱 장면을 갖고 있는 7막 연극 모델에서 보았다. 요한계시록이 일곱 개의 시리즈라고 주장한 최초의 학자 중 하나는 로마이어(E. Lohmeyer)[129]였다. 그는 자신이 묵시 자료로 생각하는 것(4:1-21:4)을 다음과 같이 일곱 단락으로 나누었다(이 일곱 단락의 도입부는 4:1-5:14이다). 6:1-8:1, 8:2-11:14, 11:15-13:18, 14:1-20, 15:1-16:21, 17:1-19:10, 19:11-21:4. 또 로마이어는 각 단락을 일곱 개의 하부 단락으로 나누어 설명했다.[130] 파러 역시 일곱 부분으로 이루어진 요한계시록의 구조를 발견했다.[131] 그는 요한계시록을 여섯 개(1949년, 이때 파러는 요한계시록을 안식일 환상을 기준으로 예전용으로 조직한다) 또는 네 개(1964년)의 주요 단락으로 나누었는데, 각 단락은 일곱 개의 하부 단락으로 이루어진다. 그 여섯 단락은 1-3장, 4-7장, 8:1-11:14, 11:15-14:20, 15-18장, 19-22장이다. 콜린스[132]는 연동 및 요점 반복 기

Analysis," *Int* 38 (1984): 44-45.

129 E. Lohmeyer, *Die Offenbarung des Johannes,* HNT 16 (Tübingen: Mohr, 1926), 1-2. Lohmeyer는 개론을 제공하는 것이 아니라 주석서 전체에 걸쳐 그의 추론을 논한다.

130 일곱 개의 하부 단락으로 이루어진 일곱 개의 주요 단락을 발견하려고 하는 유사한 시도에 대해서는 다음을 보라. E. R. Wendland, "7 X 7 (X 7): A Structural and Thematic Outline of John's Apocalypse," *Occasional Papers in Translation and Textlinguistics* 4 (1990): 371-87.

131 A. M. Farrer, *A Rebirth of Images: The Making of St. John's Apocalypse* (Westminster: Dacre, 1949), 36-58; *The Revelation of St. John the Divine: Commentary on the English Text* (Oxford: Clarendon, 1964).

법을 토대로 파러의 구조를 다시 작업했고, 그 결과 다음과 같이 일곱과 관련된 여섯 가지 내용을 발견했다. 즉 일곱 메시지(1:9-3:22), 일곱 인(4:1-8:5), 일곱 나팔(8:2-11:19), 순번이 매겨지지 않은 일곱 환상(12:1-15:4), 바빌로니아에 관한 부록(17:1-19:10)을 갖고 있는 일곱 대접(15:1-16:20), 예루살렘에 관한 부록(21:9-22:5)을 갖고 있는 순번이 매겨지지 않은 일곱 환상(19:11-21:8)이다. 매싱버드 포드[132]에 의하면, 맨 처음 기록된 요한계시록 본문에는 일곱과 관련된 여섯 개의 시리즈가 있었지만, 이후의 편집가에 의해 여섯 개가 일곱 개로 바뀌게 되었다. 그리고 이 일곱 관련 시리즈는 모두 개별적으로 도입부를 갖게 되었다. 즉 일곱 편지는(2:1-3:22) 1:9-20에 이어서, 일곱 인(6:1-17[7:1-17은 막간극])은 4:1-5:14에 이어서, 일곱 나팔(8:7-11:14)은 8:1-6에 이어서, 일곱 표적(12:1-14:20)은 11:6-19에 이어서, 일곱 대접(16:2-16)은 15:1-16:1에 이어서, 바빌로니아 멸망의 일곱 단계(17:1-19:5)는 16:17-21에 이어서, 일곱 개의 최후 사건(19:11-22:5)은 19:6-10에 이어서 등장한다. 다른 제안들과 마찬가지로, 각각의 주장은 강점이 있고 자료들을 제대로 파악하고 있다. 그러나 우리는 이 일곱에 도달하면서 잘라버린 내용도 생각해야 한다. 우리가 분명하게 일곱과 관련된 네 가지(편지, 인, 나팔, 대접)를 지나쳐 버린다면, 요한계시록 어디에서도 일곱과 관련된 내용을 찾는 일은 쉽지 않다. 예를 들어, 보컴[134]은 요한계시록 12-14장(또는 12:1-15:4) 혹은 19:11-21:8에서 일곱 단락을 발견하는 일의 어려움을 지적

132 Massyngberde Ford, *Revelation,* 46-50.

133 A. Y. Collins, *The Combat Myth in the Book of Revelation,* HDR 9 (Missoula, Mont.: Scholars Press, 1976), 16-44.

134 Bauckham, *Climax of Prophecy*, 5-6, 15-18.

한다.

4. 어떤 학자들은 요한계시록을 초기 예배 및 축제 형식에 기초한 예전(禮典) 작품으로 간주했다. 우리는 이미 파러의 첫 번째 연구에서 이와 관련된 내용을 보았지만 다른 학자들도 이런 접근을 받아들였다. 오로크(J. J. O'Rourke)[135]는 요한계시록 저자가 그의 책을 저술할 때 기존의 예전 자료를 사용했다고 주장한다. 이는 카네기(D. R. Carnegie)[136]의 주장과 대조를 이루는데, 그는 송영(hymns)은 요한계시록 구조의 필수 부분이지만 요한계시록 저자에 의해 지어졌다고 여긴다. 포코니(P. Pokorny)[137]는 "성자 요한의 요한계시록을 기독교 예전"이라 부르며, 예전이 요한계시록의 교회론 및 기독론의 핵심이라고 주장한다. 프리전트[138]는 여기서 더 나아가 다음과 같이 생각한다. 즉 요한계시록은 회당 예전에 맞춰 구성되었고, 송영은 4:8의 삼성송(trisagion)과 22:20의 "주 예수여, 오시옵소서"와 같은 핵심 고백뿐만 아니라 4-5장의 배후에 있는 유월절 성만찬 예전과 더불어 요한계시록의 중심에 있다는 것이다. 쉐퍼드(M. H. Shepherd)[139]는 급기야 다음과 같이 주장한다. 즉 요한계시록의 구성은 교회의 부활절 예전을 따르고 있으므로, 찰고(Scrutinies, 1-3장), 철야예배 및 일과(Vigil and Lessons, 4-5, 6장), 입회(Initiation, 7,

135 J. J. O'Rourke, "The Hymns of the Apocalypse," *CBQ* 30 (1968): 399-409.

136 D. R. Carnegie, "Worthy Is the Lamb: The Hymns in Revelation," in *Christ the Lord*, ed. H. H. Rowdon (Downers Grove, Ill.: InterVarsity, 1982), 243-56, 특히 246-47.

137 P. Pokorny, "St. John's Revelation: Structure and Message," in *1900th Anniversary of St. John's Apocalypse*, 504-7.

138 P. Prigent, *Apokalypse et Liturgie* (Paris: Delachaux et Niestlé, 1964), 39-79. 다음도 보라. Idem, *L'Apocalypse de Saint Jean* (Paris: Delachaux et Niestlé, 1981).

139 M. H. Shepherd, *The Paschal Liturgy and the Apocalypse* (Richmond: John Knox, 1960), 77-84.

8장), 집회(Synaxis — 기도[8장], 율법[8-9장], 예언[10-11장], 복음[12-15장, 16-18장], 찬송[19장]이 포함됨), 성만찬(19장, 20-22장)으로 이루어진다는 것이다. 하지만 예전과 예배가 중요하더라도, 우리는 요한계시록이 전체적으로 예전과 예배를 중심으로 구성되어 있는지 질문해야 한다. 왜냐하면 쉐퍼드의 제안은 너무 사색적이고, 예전 자체가 기원후 1세기 이후에 발전되었기 때문이다. 톰슨은 예배가 요한계시록에서 통일시키는 존재라고 주장하고, 바는 더 나아가 하나님께 드리는 적절한 예배가 요한계시록의 핵심 주제라고 제안한다.[140] 그러나 이 두 학자 모두 요한계시록의 구조를 예배 주제를 중심으로 조직하지는 않는다.

5. 몇몇 학자는 요점 반복(recapitulation)이 요한계시록 구조의 핵심이라고 여긴다. 이런 주장을 최초로 제기한 학자 중 하나는 보른캄[141]이다. 그는 요한계시록이 기본적으로 일곱 인으로 봉해진 두루마리(계 5장)의 내용을 드러낸다고 주장했다. 그러므로 15:1-19:21은 이 두루마리의 내용을 밝히면서 8:2-14:20의 요점을 반복한다는 것이다. 많은 주석가가 이 내용을 따르면서 유사한 접근을 취했다(예. 렌스키, 밀리건, 모리스, 캐어드, 멀홀랜드[Mulholland], 비슬리-머리). 콜린스[142]에 의하면, 요한계시록의 요점 반복은 다음과 같은 다섯 개의 일련의 사건 — 12:1-15:4과 19:11-21:8에 나오는 인, 나팔, 대접, 두 번 등장하는 순번이 매겨지지 않은 환상들 — 을 통해 나타난다. 기블린(Giblin)[143]은 요한

140 Thompson, *Book of Revelation*, 53; D. L. Barr, "The Apocalypse of John as Oral Enactment," *Int* 40 (1986): 255.

141 G. Bornkamm, "Die Komposition der apokalyptischen Visionen in der Offenbarung Johannes," *ZNW* 36 (1937): 132-49.

142 Collins, *Combat Myth*, 32-44.

143 Giblin, *The Book of Revelation*, 12-18; idem, "Recapitulation and the Literary

계시록 4-22장의 요점 반복을 다음과 같은 3단계 안에서 발견한다. 즉 4:1-8:6의 칭송과 인, 8:7-15:8의 일곱 번 울려 퍼진 나팔 소리, 16:1-22:11의 최후 심판과 구원이다. 헨드릭슨과 후크마의 주장에서 볼 수 있듯이,[144] 요점 반복은 네덜란드 개혁 신학의 입장을 대변하는 주요 해석 수단이 되었다. 헨드릭슨과 후크마는 요한계시록이 일곱 개의 일련의 사건으로 이루어지고, 각 사건은 그리스도의 초림과 재림 사이의 기간을 설명해준다고 여긴다. 이 방법론의 핵심은 물론 요점 반복이 어느 정도까지 적용될 수 있는가에 달려 있다. 대부분의 학자는 인, 나팔, 대접에 이 방법론이 적용된다는 데 동의하지만, 이를 제외한 나머지 부분에 대해서는 상당한 불일치가 있다.

6. 마지막으로 웨크터(Waechter)[145]는 일종의 본문 언어학적 접근법(text-linguistic approach)을 개발했다. 그는 어순 및 언어학적 강조에 관한 어휘 원칙과 구문 원칙을 사용하고, 문단 분류 및 구성 요소 간 관계뿐만 아니라 "이 일이 있은 후에", "성령으로", "일곱"과 같은 지시어를 통해 표시되는 담화 경계를 신중히 서술하면서 다음과 같은 요한계시록의 구조를 제안했다. 즉 요한계시록 1장은 기대를 품게 만들고, 요한계시록 2-3장은 설명을 제공하거나 교회들이 직면한 문제를 제시한다. 그다음에 이어지는 세 개의 주요 부분(4:1-8:1; 8:2-11:19; 12:1-18:24)은 갈등과 고조된 긴장을 야기한다. 두 개의 정점이 존재하는데, 하나는 19:1-10의 정점/절정으로서 높은 생동감과 수사적 힘을 갖고 있고,

Coherence of John's Apocalypse," *CBQ* 56 (1994): 94-95.

144 W. Hendriksen, *More Than Conquerors: An Interpretation of the Book of Revelation* (1939; reprint, Grand Rapids: Baker, 1967), 22-31; A. A. Hoekema, *The Bible and the Future* (Grand Rapids: Eerdmans, 1979), 221-23.

145 Waechter, "Analysis of the Literary Structure," 73-150.

다른 하나는 19:11-20:15의 개입하는 에피소드로서 21:1-22:7의 정점/대단원을 준비한다. 그리고 이 대단원은 최종 해결책을 제시하고 뒤이어 22:8-21의 맺음말이 등장한다. 웨크터가 제시하는 이 구조의 여러 세부 사항이 도전받을 수 있겠지만, 이 방법론은 본문 자체의 발전에 기초하고 있으므로 중대한 진보다. 하지만 최종 결정은 수사학적 강조 및 문단 분류에만 기초해서는 안 되고, 요한계시록의 상세한 주석이 뒷받침되어야 한다.

요한계시록 구조에 관한 접근법이 복잡하고 다양하다는 사실은 일반적으로 인정받을 수 있는 요한계시록의 구조 모델을 제시하는 것에 대한 모든 희망을 포기하는 핑계가 될 수 있다. 따라서 (1) 요점 반복, (2) 8:1-5(나팔) 및 15:2-4(대접)의 도입 단락, (3) 소위 세 개의 막간극 (7:1-7; 10:1-11:13; 12:1-14:20)에 대한 쟁점을 유념하면서, 우리는 주어진 자료를 공정히 다루기 위해 노력하는 수밖에 없다. 그런데 여기서 가장 큰 문제점은 이와 같은 세 개의 유념 사항이 서구의 선형적 사고 (linear thought)에 기초한다는 것이다. 그리고 요한이 이런 유념 사항을 염두에 두고 요한계시록을 저술했을지는 의심스럽다. 요한계시록의 구조를 온전히 충족하는 모델은 없을 것이다. 왜냐하면 4:1-5:14과 같은 문단들은 최후 심판의 일곱 사건을 준비하는 서론 부분인 동시에 이 일곱 사건과 긴밀히 연결되며, 12:1-14:20은 일종의 막간극인 동시에 거대한 우주적 전쟁에서 적대자들이 처하게 될 별개의 환상을 기술하고 있기 때문이다. 그러나 나는 다음과 같은 구조를 제안한다.[146]

146 Osborne, *Revelation*, 30-31.

프롤로그(1:1-8)

I. 일곱 교회에 대한 말씀(1:9-3:22)

A. 개시 환상(1:9-20)

B. 일곱 교회에 보낸 편지(2:1-3:22)

II. 위엄과 심판의 하나님(4:1-16:21)

A. 하나님의 절대 주권과 심판(4:1-11:19)

1. 보좌 환상-하늘의 하나님과 어린양(4:1-5:14)

a. 보좌에 앉으신 하나님(4:1-11)

b. 인을 떼기에 합당하신 그리스도 어린양(5:1-14)

2. 어린양이 일곱 인을 떼다(6:1-8:1)

a. 네 명의 말 탄 자들에 대한 묵시(6:1-8)

b. 다섯 번째 인-죽임 당한 성도(6:9-11)

c. 여섯 번째 인-진동하는 천체(6:12-17)

d. 막간극: 땅과 하늘의 성도(7:1-17)

e. 일곱 번째 인(8:1)

3. 일곱 나팔 소리(8:2-11:19)

a. 나팔 심판 소개(8:2-6)

b. 처음 네 나팔(8:7-12)

c. 다섯 번째 나팔의 울림과 첫 번째 화 선포(8:13-9:11)

d. 여섯 번째 나팔의 울림(9:12-21)

e. 막간극: 예언과 증인(10:1-11:14)

(1) 요한과 작은 두루마리(10:1-11)

(2) 요한의 성전 및 재단 측량(11:1-2)

(3) 두 증인(11:3-13)

f. 일곱 번째 나팔의 울림과 세 번째 화 선포(11:14-19)

B. 하나님과 악한 세력 사이의 큰 충돌(12:1-16:21)

1. 막간극: 큰 충돌의 묘사(12:1-14:20)

a. 하나님 및 그의 백성과 용 사이의 충돌(12:1-13:18)

(1) 여자와 용(12:1-6)

(2) 하늘의 전쟁(12:7-12)

(3) 땅의 전쟁(12:13-17)

(4) 전쟁을 일으키는 두 짐승(12:18-13:18)

b. 144,000의 노래(14:1-5)

c. 세 천사의 메시지(14:6-13)

d. 땅의 추수(14:14-20)

2. 큰 충돌의 절정(15:1-16:21)

a. 도입-천사들과 마지막 재앙(15:1-8)

b. 마지막 일곱 대접 심판(16:1-21)

III. 종말에 임할 최후 심판(17:1-20:14)

A. 큰 바빌로니아의 멸망(17:1-19:5)

1. 붉은 빛 짐승을 탄 큰 음녀(17:1-18)

2. 큰 바빌로니아가 무너짐(18:1-24)

3. 할렐루야 합창-하나님의 공의로운 심판으로 인한 기쁨(19:1-5)

B. 그리스도의 재림 때 발생할 최후 승리와 악한 제국의 종말(19:6-21)

C. 그리스도의 천년 통치와 사탄의 최후 멸망(20:1-20)

D. 흰 보좌 심판(20:11-15)

IV. 새 하늘과 새 땅(21:1-22:5)

A. 새 하늘과 새 땅의 도래(21:1-8)

B. 새 예루살렘과 지성소(21:9-27)

C. 새 예루살렘과 마지막 에덴동산(22:1-5)

에필로그(22:6-21)

현대 신약성서 연구

1쇄발행 2018년 2월 7일
지은이 크레이그 L. 블롬버그, 대럴 L. 복, 제임스 D. G. 던,
크레이그 A. 에반스 외
엮은이 스캇 맥나이트, 그랜트 R. 오스본
옮긴이 송일
펴낸이 김요한
펴낸곳 새물결플러스

편집 왕희광 정인철 최율리 박규준 노재현 한바울 신준호 정혜인
김태윤 이형일 서종원
디자인 김민영 이재희 박슬기
마케팅 임성배 박성민
총무 김명화 이성순
영상 최정호 조용석 곽상원
아카데미 유영성 최경환 이윤범

홈페이지 www.holywaveplus.com
이메일 hwpbooks@hwpbooks.com
출판등록 2008년 8월 21일 제2008-24호
주소 (우) 07214 서울특별시 영등포구 양평로 11, 4층(당산동5가)
전화 02) 2652-3161
팩스 02) 2652-3191

979-11-6129-050-8 93230

책값은 뒤표지에 있습니다.

이 도서의 국립중앙도서관 출판예정도서목록(CIP)은 서지정보유통지원시스템 홈페이지(seoji.nl.go.kr)와 국가자료공동목록시스템(nl.go.kr/kolisnet)에서 이용하실 수 있습니다. CIP2018001982